（清）王鳴盛 著 顧美華 標校

蛾術編

上

上海書店出版社

整理説明

　　蛾術編是清代著名學者王鳴盛（1722—1797）的學術筆記，親屬、師友咸謂其爲萃一生心力之作。因篇幅鉅大，所以遲至作者去世近半個世紀後纔刊行，世稱道光世楷堂本者是也。上世紀商務印書館曾據以斷句排印，是爲該書第一個排印本。由於刻本使用不便，學者多取資於商務斷句本。本世紀初，中華書局有嘉定王鳴盛全集之刊，此書自亦收入，並施加新式標點，使用更便於商務本，但全集不別册單行，讀者仍有望洋之歎。本社曾標點出版過作者的十七史商榷，故特約請上海古籍出版社資深編輯顧美華女士，據世楷堂本對蛾術編進行標校整理，以應學界之需。原書中的避諱字，凡可回改者皆依據典籍予以直接回改。行文或引文中若有不恰之處，在參核原書的基礎上出校訂正。作者的寫作體例並不嚴格，因此標點的體例亦隨之偶有改變。本書的整理工作歷時十年，編輯審讀亦逾年餘，雖從事者皆有認真從事之心，因書中內容涉及頗廣，時有難以兼顧之慮，又迫於功令，不得不殺青付梓，訛誤在所難免，誠懇識者如有發現，即予糾誤，以備來日修訂完善。

上海書店出版社

二零一二年十月

目　録

蛾術編序 ……………………………………………………… 1

凡例 ……………………………………………………………… 11

卷一　説録一

五經先後次敘 ………………………………………………… 1

立學 …………………………………………………………… 3

史漢敘列五經行次多誤皆傳寫刻鏤之譌 …………………… 5

"傳注"之"注" ……………………………………………… 7

唐石經以前只有五經或九經或十二經 ……………………… 7

易經詩經等名 ………………………………………………… 9

前漢諸儒少兼經 ……………………………………………… 10

進五經正義表 ………………………………………………… 11

唐人周易疏之謬 ……………………………………………… 12

唐人尚書等疏承襲前人 ……………………………………… 13

孔穎達等各疏序所舉前人疏見隋志者 ……………………… 18

孔穎達等各疏序所舉前人疏見各史者 ……………………… 19

同修疏人 ……………………………………………………… 24

卷二　説録二

南、北學尚不同…………………………………………………… 25

劉焯、劉炫會通南、北，漢學亡半，其罪甚大 ………………… 31

諸儒姓名孔穎達序與各史異 ………………………………… 32

南國子監板 …………………………………………………… 33

北國子監板 …………………………………………………… 33

經典釋文 ……………………………………………………… 34

注與釋文誤連 ………………………………………………… 36

張柬之駁王元感 ……………………………………………… 37

七經孟子攷文補遺 …………………………………………… 38

古書多亡于永嘉 ……………………………………………… 39

朱子但言九經疏 ……………………………………………… 39

十三經注疏 …………………………………………………… 39

鄭康成總解經之書 …………………………………………… 40

采集羣書引用古學 …………………………………………… 40

讖緯 …………………………………………………………… 43

卷三　説録三

周易十二篇古本 ……………………………………………… 48

重卦不始于文王,伏羲已有 ………………………………… 51

爻辭非周公所作 ……………………………………………… 52

説卦三篇非河内女子所得,漢初已有 ……………………… 53

子夏易傳 ……………………………………………………… 53

孟喜、京房之學 ……………………………………………… 55

京房易傳 ……………………………………………………… 55

兩京房 ………………………………………………………… 56

鄭氏周易 ……………………………………………………… 56

虞翻之學祖述孟氏,其例最密 ……………………………… 57

周易古本王弼所亂,以爲費、鄭者非 ……………………… 57

王弼、韓康伯注 ……………………………………………… 59

朱子所定古本,宋、元已亂,不始于明 …………………… 60

惠氏易 ………………………………………………………… 61

卷四　説録四

尚書古、今文 ……………………………………… 63

舜典首二十八字 …………………………………… 65

唐石經尚書并非梅賾本, 惟説文所引爲真 ………… 66

光被 ………………………………………………… 67

君帝 ………………………………………………… 69

羣書所引尚書逸文可疑者及誤者 ………………… 70

伏子賤 ……………………………………………… 71

先鄭後馬 …………………………………………… 71

鄭康成所據地理志, 伏無忌作 …………………… 71

汲冢周書 …………………………………………… 71

卷五　説録五

詩世次 ……………………………………………… 73

六亡詩 ……………………………………………… 74

詩序 ………………………………………………… 75

四家詩 ……………………………………………… 76

詩序斷非衛宏所作 ………………………………… 77

鄭康成説經會通衆家, 不拘一師 ………………… 79

閻氏誤信葉氏漢文無引毛詩序 …………………… 80

卷六　説録六

三禮 ………………………………………………… 82

“三百”即周禮 ……………………………………… 83

周禮不可疑 ………………………………………… 83

六篇、五篇 ………………………………………… 84

周禮鄭注 …………………………………………… 84

干寶周禮注 ………………………………………… 84

冬官補亡 …………………………………………… 84

儀禮有五名 ………………………………………… 86

經、記之分 ………………………………………… 86

篇次 ……………………………………………… 88

喪服傳 …………………………………………… 89

儀禮脱文誤字 …………………………………… 90

逸禮 ……………………………………………… 90

禮記譔人姓名 …………………………………… 92

壁中書有禮記,兼經與記言之,又有左傳 ……… 94

劉向載戴記,歆不載戴記,戴非删向所校 ……… 95

別録 ……………………………………………… 95

樂記分篇 ………………………………………… 96

小戴非删大戴,三篇非馬融所增 ……………… 97

檀弓刻誤 ………………………………………… 98

唐月令 …………………………………………… 98

中庸説 …………………………………………… 98

"衣錦"二句非鄘風 ……………………………… 99

大學古本 ………………………………………… 99

"此謂知本"二句 ………………………………… 99

大戴禮記 ……………………………………… 100

大戴禮記盧辨注 ……………………………… 103

卷七　説録七

三傳廢立 ……………………………………… 104

三傳互異 ……………………………………… 107

左氏與公羊、穀梁各有經 …………………… 107

鄭康成意以左氏、公羊爲勝于穀梁 ………… 108

服虔左傳注 …………………………………… 108

服虔注有傳無經 ……………………………… 109

春秋託始隱公 ………………………………… 110

左氏論斷多謬 ………………………………… 110

公羊何休學 …………………………………… 111

公羊傳疏 ·· 111

穀梁范甯注亞于何休 ······························ 112

廢傳説經 ·· 113

宋制 ··· 114

卷八　説録八

論語譔人姓名 ······································· 116

魯、齊、古文三家 ··································· 118

何晏集八家説 ······································· 118

皇侃論語疏 ·· 119

民無德而稱焉 ······································· 119

孝經古、今文 ······································· 120

孝經疏 ·· 124

朱子刊誤 ·· 125

爾雅譔人 ·· 125

爾雅有序篇 ··· 126

郭注不全 ·· 127

邢序 ··· 127

邢疏勦襲 ·· 128

孟子之學長于詩、書 ······························ 128

孟子漢置博士 ······································· 129

趙注不全 ·· 130

孫疏僞託 ·· 131

孟子鄭注 ·· 132

卷九　説録九

史記但稱太史公,亦無卷數 ····················· 133

司馬遷所援據之書 ································· 134

十二諸侯實十三 ···································· 136

三劉前、後漢書 ···································· 137

沮渠牧犍 ……………………………………… 137

李百藥北齊書 ………………………………… 137

宋、歐修新唐書不同時 ………………………… 138

五代史不立韓通傳 …………………………… 140

卷十　説録十

遼、宋、金三史 ………………………………… 141

宋以後史學有五 ……………………………… 142

改修宋史 ……………………………………… 143

宋太祖本紀各本異同 ………………………… 147

各帝謚法本紀所書不同………………………… 147

各帝字 ………………………………………… 149

各紀監板不同,今以仁、英、神、哲、徽、欽見例 ……… 149

各紀新編或删或存,今以咸平六年見例 ………… 151

宋史補 ………………………………………… 152

宋宰輔年表 …………………………………… 153

宋史非徇神、哲實録 ………………………… 153

劉整不當在宋史 ……………………………… 153

華陽宮記 ……………………………………… 154

或有年或無年 ………………………………… 154

宋史新編無榮王希瓐、福王與芮傳……………… 154

洪邁傳"淳熙"當作"紹熙" …………………… 155

卷十一　説録十一

遼史所采取 …………………………………… 156

金國本女真避興宗諱 ………………………… 158

金源 …………………………………………… 158

熙宗即位不改元 ……………………………… 158

大金集禮 ……………………………………… 158

金史補 ………………………………………… 159

元史世系 ……………………………… 160

元史一人兩傳 ……………………… 161

通鑑續左傳 ………………………… 163

資治通鑑序 ………………………… 163

通鑑外紀 …………………………… 165

通鑑長編 …………………………… 166

薛應旂、王宗沐通鑑 ………………… 167

九朝編年備要 ……………………… 167

邵氏史學 …………………………… 169

卷十二　説録十二

越絶書 ……………………………… 170

竹書紀年 …………………………… 171

高誘注戰國策 ……………………… 171

劉向所著 …………………………… 172

南部新書 …………………………… 172

錦里耆舊傳 ………………………… 172

青溪弄兵、出師二録 ………………… 173

北狩行録 …………………………… 173

南燼紀聞 …………………………… 174

三朝北盟會編 ……………………… 174

名臣事略 …………………………… 175

焚椒録 ……………………………… 175

山海經 ……………………………… 176

水經注 ……………………………… 177

元和郡縣圖志 ……………………… 179

江南、浙江通志 ……………………… 179

八府一州志書 ……………………… 179

謂"地志不可用古名"太迂 ………… 184

西域記 ……………………………………………………… 184

卷十三　説録十三

唐六典 ……………………………………………………… 186

唐開元禮 …………………………………………………… 187

朱子家禮 …………………………………………………… 188

唐律疏義 …………………………………………………… 188

釋名 ………………………………………………………… 189

白虎通義 …………………………………………………… 190

急就章、匡謬正俗 ………………………………………… 190

汗簡載僞古文尚書 ………………………………………… 190

十部算經 …………………………………………………… 190

司馬法 ……………………………………………………… 192

史炤通鑑釋文 ……………………………………………… 192

劉歆七略 …………………………………………………… 192

十七史 ……………………………………………………… 192

文淵閣無薛史 ……………………………………………… 193

經義攷 ……………………………………………………… 193

通典、通志、通攷 ………………………………………… 193

卷十四　説録十四

管子 ………………………………………………………… 196

晏子春秋 …………………………………………………… 196

曾子 ………………………………………………………… 197

子思 ………………………………………………………… 197

玄學 ………………………………………………………… 198

老子 ………………………………………………………… 198

列子 ………………………………………………………… 199

鬼谷子 ……………………………………………………… 199

子華子 ……………………………………………………… 200

淮南子 …………………………………………… 200

鹽鐵論 …………………………………………… 202

人物志 …………………………………………… 203

太極圖説 ………………………………………… 203

能改齋漫録 ……………………………………… 203

續齊諧記 ………………………………………… 203

藝文類聚 ………………………………………… 203

合刻叢書 ………………………………………… 204

汲古閣刻 ………………………………………… 205

本草 ……………………………………………… 206

曹憲、吕向文選 ………………………………… 207

七十二家集 ……………………………………… 207

初唐四子集、盛唐二集 ………………………… 210

後村居士集 ……………………………………… 210

天下同文集 ……………………………………… 210

卷十五　説字一

説文序、目在書後 ……………………………… 211

六書原本八卦,出非一時 ……………………… 212

文、字、書 ……………………………………… 213

六書大意 ………………………………………… 214

六書分君臣佐使 ………………………………… 222

卷十六　説字二

六書倉頡已備,其名至周始定 ………………… 225

大篆與古文異多同少 …………………………… 226

倉頡、爰歷、博學 ……………………………… 228

秦時古文已絶 …………………………………… 229

艸書 ……………………………………………… 230

王莽六體 ………………………………………… 230

壁中書 ······················· 233

虛造不可知之書 ·············· 234

疑葢 ························· 235

古、籀、篆 ···················· 235

分部許氏特創 ··············· 236

或作五百四十二部 ·········· 237

引經用古文 ················· 237

卷十七 説字三

説文引周禮 ················· 239

許氏引師説尊之如經 ········ 239

注中有正文無 ··············· 240

任意更改、減省、增加、移徙 ···· 242

俗以一字誤分爲二 ·········· 245

俗以二字誤合爲一 ·········· 247

一字兩从注各有例 ·········· 247

一字數从只入一部 ·········· 248

重出字 ····················· 248

許氏兼變隸 ················· 248

訓釋用隸書 ················· 248

引孔子言 ··················· 249

引諸家言 ··················· 249

前後兩敍 ··················· 249

所收字數 ··················· 250

分部次敍 ··················· 250

每部中字次敍 ··············· 253

卷十八 説字四

賈逵修舊文 ················· 256

太尉南閣祭酒 ··············· 257

字林亡説文存 ……………………………………… 258

反切 ………………………………………………… 258

新附 ………………………………………………… 261

説文各本異同 ……………………………………… 262

二徐本異同 ………………………………………… 266

説文補義 …………………………………………… 269

卷十九　説字五

卷一上攷證 ………………………………………… 271

卷一下攷證 ………………………………………… 277

卷二十　説字六

卷二上攷證 ………………………………………… 282

卷二下攷證 ………………………………………… 289

卷二十一　説字七

卷三上攷證 ………………………………………… 295

卷三下攷證 ………………………………………… 302

卷二十二　説字八

卷四上攷證 ………………………………………… 306

卷四下攷證 ………………………………………… 313

卷二十三　説字九

卷五上攷證 ………………………………………… 322

卷五下攷證 ………………………………………… 327

卷二十四　説字十

卷六上攷證 ………………………………………… 333

卷六下攷證 ………………………………………… 344

卷二十五　説字十一

卷七上攷證 ………………………………………… 349

卷七下攷證 ………………………………………… 356

卷二十六　説字十二

　　卷八上攷證··· 365

　　卷八下攷證··· 377

卷二十七　説字十三

　　卷九上攷證··· 380

　　卷九下攷證··· 385

卷二十八　説字十四

　　卷十上攷證··· 391

　　卷十下攷證··· 398

卷二十九　説字十五

　　卷十一上攷證··· 406

　　卷十一下攷證··· 415

卷三十　説字十六

　　卷十二上攷證··· 419

　　卷十二下攷證··· 425

卷三十一　説字十七

　　卷十三上攷證··· 434

　　卷十三下攷證··· 442

卷三十二　説字十八

　　卷十四上攷證··· 449

　　卷十四下攷證··· 457

卷三十三　説字十九

　　爾雅不可駮··· 466

　　鬱陶··· 467

　　偓寋、潦倒··· 467

　　人物··· 468

　　工夫··· 469

　　小篆有脚·· 469

　　分、隷、行·· 469

日、曰 …………………………………………… 470

類篇、集韻 ……………………………………… 470

論反切所自始 …………………………………… 470

集古反切合爲一書 ……………………………… 472

高岡、玄黄 ……………………………………… 472

音學五書及韻補正論古音 ……………………… 473

讀書偶得以佐顧氏 ……………………………… 474

卷三十四　說字二十

段玉裁論古書 …………………………………… 476

騶虞、權輿 ……………………………………… 477

"三台"當作"三能" …………………………… 478

調、同非韻 ……………………………………… 478

夢、萌等字古音 ………………………………… 479

吳下方言合于古音 ……………………………… 480

熊、罷、能等字古音 …………………………… 480

"裘"應作渠之反 ……………………………… 480

繆 ………………………………………………… 481

"丘"字似可從唐人作去鳩切 ………………… 481

"命"讀爲慢 …………………………………… 482

"不"字音 ……………………………………… 482

佛 ………………………………………………… 483

三十六字母 ……………………………………… 483

卷三十五　說字二十一

韻書功過大小 …………………………………… 486

韻書古本已亡 …………………………………… 487

廣韻 ……………………………………………… 488

"祁"有二音,疑廣韻爲宋人所刪 …………… 489

顏元孫所分與廣韻異 …………………………… 489

廿三先、廿四仙 …………………………………………… 490

應姓平仄皆可用 …………………………………………… 490

文、殷、吻、隱、問、燉 …………………………………… 490

寒、歡 ……………………………………………………… 493

新添類隔 …………………………………………………… 494

二僊 ………………………………………………………… 494

五支 ………………………………………………………… 494

監、添、咸、銜、嚴、凡 …………………………………… 494

迥、拯、等、徑、證、嶝 …………………………………… 495

五十二儼 …………………………………………………… 495

隊、代、廢 ………………………………………………… 496

卷三十六　説字二十二

"映"、"敬"屢改 …………………………………………… 497

蠶、栘、欜、陷、鑑、梵 …………………………………… 498

一書中彼此互異 …………………………………………… 498

物、迄 ……………………………………………………… 499

葉、帖、洽、狎、業、乏 …………………………………… 499

毛晃增修互注禮部韻略 …………………………………… 500

韻會、韻府從略 …………………………………………… 502

每韻款式顧刻與張、曹不同 ……………………………… 503

壬子新刊禮部韻略 ………………………………………… 503

元版古今韻會舉要 ………………………………………… 505

卷三十七　説地一

尚書禹貢導山 ……………………………………………… 506

禹貢九州 …………………………………………………… 508

九州未言水道 ……………………………………………… 513

爾雅釋地九州 ……………………………………………… 513

釋山五嶽有兩條,後條爲正 ……………………………… 518

周禮職方氏賈疏非是 ……………………………… 520

七國都 …………………………………………… 521

梁敗于齊,喪地于秦,辱于楚 …………………… 522

卷三十八　説地二

漢十三部 ………………………………………… 523

省并朔方 ………………………………………… 524

郡國太守、刺史治所 ……………………………… 525

許、鄴、洛三都 …………………………………… 525

三國疆域 ………………………………………… 525

晉地志與漢志異 ………………………………… 526

南北朝地理得其大槩亦可 ……………………… 527

隋罷州置郡 ……………………………………… 528

唐改郡爲州 ……………………………………… 528

外官要領惟採訪、節度二使 …………………… 529

宋地理志據元豐 ………………………………… 530

宋史地理校誤 …………………………………… 532

卷三十九　説地三

西王母 …………………………………………… 534

禹貢雍州末節水道 ……………………………… 534

梁州末節水道 …………………………………… 537

黑水 ……………………………………………… 538

三危 ……………………………………………… 545

河源 ……………………………………………… 547

積石、龍門 ……………………………………… 551

卷四十　説地四

冀州梁、岐非吕梁、狐岐 ……………………… 553

秦、魏必争之地惟河西爲要 …………………… 556

長安 ……………………………………………… 558

鄭縣、新鄭 ………………………………………………… 559

南陵、沂水 ………………………………………………… 559

雒 …………………………………………………………… 560

阿陽 ………………………………………………………… 560

涇水過郡三 ………………………………………………… 561

河水過郡十六 ……………………………………………… 561

六郡良家子 ………………………………………………… 561

京兆下邽 …………………………………………………… 562

漢安郡 ……………………………………………………… 562

雒縣 ………………………………………………………… 562

街東街西 …………………………………………………… 562

西明寺 ……………………………………………………… 563

華陽觀 ……………………………………………………… 564

東門 ………………………………………………………… 565

驪山人池亭 ………………………………………………… 565

商山 ………………………………………………………… 565

卷四十一　說地五

朱圉 ………………………………………………………… 567

華山 ………………………………………………………… 567

岍、岐、荆 ………………………………………………… 568

終南、惇物、鳥鼠 ………………………………………… 569

涇屬渭汭 …………………………………………………… 570

漆沮既從 …………………………………………………… 571

原隰 ………………………………………………………… 572

岷山 ………………………………………………………… 573

江原至夏水 ………………………………………………… 574

江水過郡七 ………………………………………………… 576

朐忍 ………………………………………………………… 576

嶓冢山 ……………………………………………………………… 576

沱、潛既道 ………………………………………………………… 582

和夷 ……………………………………………………………… 584

織皮西傾，因桓是來 …………………………………………… 587

卷四十二　説地六

禹貢豫州末節水道 ……………………………………………… 589

荆州末節水道 …………………………………………………… 590

朔方 ……………………………………………………………… 591

太行 ……………………………………………………………… 592

大伾 ……………………………………………………………… 593

降水、大陸 ……………………………………………………… 594

大陸 ……………………………………………………………… 598

清漳過郡五 ……………………………………………………… 599

汾水過郡二 ……………………………………………………… 599

沇水過郡九 ……………………………………………………… 599

卷四十三　説地七

廣平國 …………………………………………………………… 600

緰氏非建初置 …………………………………………………… 601

淮 ………………………………………………………………… 602

漳 ………………………………………………………………… 602

九江 ……………………………………………………………… 602

濁漳 ……………………………………………………………… 603

石頭城 …………………………………………………………… 604

湘州 ……………………………………………………………… 604

山東 ……………………………………………………………… 605

黎 ………………………………………………………………… 606

沙鹿 ……………………………………………………………… 607

諸馮、負夏、鳴條 ……………………………………………… 607

有窮 ···································· 608

空桑 ···································· 608

卷四十四　説地八

雍州洛水、豫州雒水音同字别 ········· 610

伊、洛、瀍、澗 ······················· 612

孟津 ·································· 614

"導沇水，東流爲濟，入于河，溢爲滎" ·· 615

豫州滎波 ······························ 618

菏澤、孟豬 ···························· 619

盤庚遷都亳殷 ·························· 620

文王時"三亳阪尹" ···················· 621

導淮自桐柏 ···························· 624

卷四十五　説地九

荆州沱、潛 ···························· 625

雲夢 ·································· 627

楚都有五，滕文公之楚過宋係順道 ····· 630

九江 ·································· 633

卷四十六　説地十

"東至于澧"諸節 ······················ 640

彭蠡 ·································· 646

導漢"東匯澤爲彭蠡" ·················· 647

交阯 ·································· 649

崇山 ·································· 651

卷四十七　説地十一

禹貢冀州末節水道 ···················· 653

兗州末節水道 ························· 655

徐州末節水道 ························· 660

揚州末節水道 ························· 664

卷四十八　説地十二

碣石 ……………………………………………… 666

衡漳 ……………………………………………… 668

恒、衛 …………………………………………… 672

九河 ……………………………………………… 673

出河之沛 ………………………………………… 676

雷夏、灉、沮 …………………………………… 681

卷四十九　説地十三

故大河、屯氏河 ………………………………… 684

漯水過郡三 ……………………………………… 685

泗水過郡六 ……………………………………… 686

睢水過郡五 ……………………………………… 686

廣陽國 …………………………………………… 686

北海平壽、壽光、斟縣 ………………………… 687

東平國 …………………………………………… 688

魯國 ……………………………………………… 689

薛縣 ……………………………………………… 689

淮陽郡 …………………………………………… 690

合肥 ……………………………………………… 691

盛唐 ……………………………………………… 691

沛國 ……………………………………………… 691

蒲姑地名,非人名 ……………………………… 691

太公反葬于周,其事難行 ……………………… 692

雩門 ……………………………………………… 692

歸三田 …………………………………………… 693

墮三都 …………………………………………… 694

孔子所生郰,非鄒,亦非陬 …………………… 694

滅滕事當從漢志 ………………………………… 695

任國風姓,趙岐注誤 ················· 696

於陵 ·························· 696

卷五十　説地十四

濰、淄 ······················· 697

汶 ·························· 698

沂 ·························· 699

蒙、羽 ······················· 700

羽山 ························· 700

大野 ························· 701

泗濱浮磬 ······················ 702

三江 ························· 703

敷淺原 ························ 704

吳郡 ························· 705

丹楊 ························· 706

三江 ························· 708

震澤 ························· 710

三吳 ························· 713

閶門 ························· 713

勾吳 ························· 713

故吳城有二 ····················· 714

沈尢村 ························ 714

膠城 ························· 715

申浦 ························· 715

卷五十一　説人一

三皇五帝 ······················ 717

五帝、夏、殷及周初皆無年 ·············· 720

八元、八愷 ····················· 722

后稷見棄 ······················ 723

辨夏、商歷年謬妄之説 ·········· 724

外丙、仲壬 ·········· 725

太甲元年十二月 ·········· 725

臣扈 ·········· 727

高宗肜日 ·········· 728

祖甲 ·········· 729

文王受命稱王改元 ·········· 729

武王伐紂之年 ·········· 731

先王連后稷數 ·········· 732

世數未足盡信,何況其年 ·········· 732

用甲子紀年,六國以下仍不用 ·········· 733

卷五十二　説人二

成王多得周公屬黨 ·········· 735

康誥 ·········· 737

多士三月 ·········· 739

先作洛後遷殷 ·········· 739

王退,即辟于周,命公後 ·········· 741

周公居攝七年 ·········· 742

在新邑烝祭,又告文王廟封伯禽 ·········· 743

顧命年月日 ·········· 745

卷五十三　説人三

散宜生 ·········· 747

微仲 ·········· 748

商容現存 ·········· 748

夷逸 ·········· 748

周公、召公相成王,召公不説,周公作君奭 ·········· 748

穆王訓夏贖刑 ·········· 750

臩命 ·········· 750

厲王黶妻 ……………………………………………… 751

君氏 …………………………………………………… 752

魯桓公、楚穆王 ……………………………………… 753

桓公、子糾 …………………………………………… 753

書弒閔公及仇牧，不書宋督 ………………………… 754

寺人披 ………………………………………………… 754

僬僥 …………………………………………………… 754

簡璧 …………………………………………………… 755

晉悼公謚法 …………………………………………… 755

周公 …………………………………………………… 755

老子之流沙 …………………………………………… 756

老子杳冥詭異 ………………………………………… 756

卷五十四　説人四

魯哀公 ………………………………………………… 760

太宰嚭未嘗見誅，史記誤 …………………………… 761

某年係某帝王弟幾年 ………………………………… 761

孔父子奔魯 …………………………………………… 762

君子 …………………………………………………… 763

孔子生卒年月日 ……………………………………… 763

委吏 …………………………………………………… 765

孔子至衞 ……………………………………………… 765

顏讎由 ………………………………………………… 765

左丘明 ………………………………………………… 765

顏淵、季路 …………………………………………… 766

南容 …………………………………………………… 766

孟懿子 ………………………………………………… 767

四科十哲非皆從陳、蔡 ……………………………… 767

曾點 …………………………………………………… 769

曾子直呼子夏名數其罪事，未可信 ……………… 770

有姓 ………………………………………………… 770

陳亢 ………………………………………………… 770

弟子、門人可通稱 ………………………………… 771

衍聖公之名所自始 ………………………………… 772

表六國本秦記 ……………………………………… 772

禮樂征伐自大夫出 ………………………………… 772

三桓微 ……………………………………………… 773

子思年 ……………………………………………… 773

離婁 ………………………………………………… 773

公輸子 ……………………………………………… 774

辨趙岐以公孫衍、張儀爲合從之謬 ……………… 774

魯共公元年誤前一年 ……………………………… 775

孟子受業子思之門人 ……………………………… 775

卷五十五　説人五

閻氏攷孟子生卒出處年月先後，今改正 ………… 778

孟子享年甚長，約有九十餘 ……………………… 788

孟子本不以歲月先後爲次叙 ……………………… 790

卷五十六　説人六

鄒即邾 ……………………………………………… 792

孟子所至之地 ……………………………………… 792

七邑中六邑皆齊地，惟范不知何時至 …………… 795

嬴去齊都三百餘里 ………………………………… 797

孟子至薛係田氏之薛，且必在至滕後 …………… 798

投老蹤跡不出一二百里 …………………………… 798

孟子及門人封爵 …………………………………… 799

孔距心、王驩 ……………………………………… 799

曾元、曾西、公明儀、公明高 …………………… 800

告子　………………………………………… 801

卷五十七　説人七

秦始皇刻石　……………………………………… 803

蘇昌泄祕書　……………………………………… 804

劉向傳不及賈誼　………………………………… 805

鄭興官，二書異　………………………………… 805

沈田子林子傳　…………………………………… 805

文中子　…………………………………………… 805

唐玄宗非真友愛　………………………………… 809

汪姓　……………………………………………… 810

俱文珍　…………………………………………… 811

唐范公告身　……………………………………… 811

皮日休未嘗陷賊爲學士　………………………… 814

楊晟自刎　………………………………………… 814

卷五十八　説人八

鄭康成　…………………………………………… 815

鄭氏世系　………………………………………… 816

鄭氏世系圖　……………………………………… 817

鄭氏出處　………………………………………… 817

鄭康成年譜　……………………………………… 824

鄭氏著述　………………………………………… 826

鄭氏羣書表　……………………………………… 830

鄭氏師友　………………………………………… 832

鄭氏傳學　………………………………………… 835

鄭氏軼事　………………………………………… 836

卷五十九　説人九

鄭氏冢墓　………………………………………… 838

鄭氏碑碣　………………………………………… 839

鄭氏後裔 ………………………………… 840

鄭氏古蹟 ………………………………… 842

鄭氏崇祀 ………………………………… 844

鄭氏品藻 ………………………………… 845

卷六十　説人十

宋太宗 …………………………………… 858

受禪乃太宗與趙普本謀 ………………… 860

王安石怒交阯言新法不便 ……………… 861

蔡攸以進奉得少師 ……………………… 862

三路都統葛王褒 ………………………… 862

完顏宗賢 ………………………………… 862

巫伋等爲金國祈請使 …………………… 863

虞允文拒戰金主亮 ……………………… 863

以張浚爲宣撫處置使 …………………… 863

楊皇后年反長于寧宗,不可信 ………… 863

度宗紀張順三見 ………………………… 864

瀛國公立係四歲 ………………………… 865

潘大卨 …………………………………… 865

元軍軍錢塘江沙上 ……………………… 865

宋、元宰相位號 ………………………… 865

王景等七人傳 …………………………… 866

向敏中事不實 …………………………… 866

夏竦欲誅保塞兵 ………………………… 867

梁顥登第之年 …………………………… 867

以蔡確詩爲譏訕非冤 …………………… 867

張浚 ……………………………………… 868

黃鍔代黃潛善死 ………………………… 870

傅亮被擒後死 …………………………… 870

史浩、史彌遠、史嵩之本貫不同 ·················· 870

敖陶孫 ·· 872

陳宜中殺鄭虎臣 ·································· 872

文天祥爲右丞相 ·································· 873

梁成大、李知孝 ·································· 873

趙延壽與葉隆禮所載異,餘亦然 ·················· 874

徽宗天會十三年薨,皇統二年復封郡王 ············ 875

史鑑盛稱徐武功 ·································· 875

卷六十一　説物一

斗 ·· 877

冶氏"殺矢刃長寸"云云,賈疏與戴震皆非 ·········· 878

載重十五斤 ······································ 879

鍰、鋝 ·· 879

山節藻梲 ·· 882

瑚璉 ·· 883

金滕"啓籥" ······································ 884

碑碣 ·· 885

觚不觚 ·· 885

箸 ·· 886

枕 ·· 886

燭 ·· 887

鈹 ·· 887

方策 ·· 887

卷六十二　説物二

睍睆、緜蠻 ······································ 889

鴟鴞 ·· 889

騶虞 ·· 891

古無騎馬事 ······································ 892

城門之軌 ……………………………………… 893

婁豬 ………………………………………… 893

龜四體 ……………………………………… 894

蘜 ………………………………………… 894

唐棣 ………………………………………… 896

綠竹 ………………………………………… 896

葭草 ………………………………………… 897

蒟 ………………………………………… 898

王瓜非黃瓜 ………………………………… 898

蒲盧 ………………………………………… 899

卷六十三　説制一

禹濬畎澮距川 ……………………………… 900

九州田分九等 ……………………………… 901

周溝洫之制 ………………………………… 902

周井田之制 ………………………………… 905

三等授田 …………………………………… 907

税法輕重之制 ……………………………… 909

卷六十四　説制二

六鄉 ………………………………………… 919

廛里以下九等田 …………………………… 921

六遂 ………………………………………… 922

鄉遂出車 …………………………………… 923

三等采地 …………………………………… 924

四處公邑 …………………………………… 937

餘夫、圭田 ………………………………… 939

廛無夫里之布 ……………………………… 940

囿里數 ……………………………………… 941

卷六十五　説制三

制軍 ……………………………………………………… 942

車之卒伍 ………………………………………………… 943

辨可任 …………………………………………………… 945

起徒役 …………………………………………………… 946

軍將 ……………………………………………………… 947

辨盡發之非 ……………………………………………… 948

邦國鄉遂之軍 …………………………………………… 951

邦國境内之軍 …………………………………………… 956

千乘 ……………………………………………………… 956

卷六十六　説制四

顧命宫室制度 …………………………………………… 964

明堂在國之陽,不在應門内 …………………………… 973

西南其户 ………………………………………………… 975

卷六十七　説制五

禘郊祖宗 ………………………………………………… 979

六天 ……………………………………………………… 982

圜丘、南郊分祭六天 …………………………………… 983

用牲于郊 ………………………………………………… 987

社于新邑 ………………………………………………… 988

郊社禘嘗 ………………………………………………… 990

春秋二節 ………………………………………………… 990

卷六十八　説制六

廟制 ……………………………………………………… 992

辨王肅“七廟”之非 …………………………………… 995

“吾不欲觀” ……………………………………………… 997

禋于六宗 ………………………………………………… 997

辨諸家六宗之非 ………………………………………… 999

卷六十九　説制七

春王正月 ……………………………… 1006

社主 ……………………………………… 1009

告朔餼羊 ………………………………… 1010

伐木詩兼饗、食、燕禮 …………………… 1010

反坫 ……………………………………… 1011

天子諸侯各有三朝 ……………………… 1012

拜下 ……………………………………… 1015

樹塞門 …………………………………… 1016

虞、夏、商、周朝禮 …………………… 1016

殷國 ……………………………………… 1021

執圭 ……………………………………… 1021

聘禮、掌客不同 ………………………… 1021

攝主 ……………………………………… 1022

卷七十　説制八

黄衣狐裘 ………………………………… 1024

表而出之 ………………………………… 1025

寢衣 ……………………………………… 1025

扱地 ……………………………………… 1025

吴孟子 …………………………………… 1026

呼妻兄弟爲舅 …………………………… 1026

吉服 ……………………………………… 1027

祭墓 ……………………………………… 1029

號祝 ……………………………………… 1030

哀子 ……………………………………… 1031

孺悲 ……………………………………… 1031

宰我問喪 ………………………………… 1031

舊君服 …………………………………… 1032

卷七十一　説制九

同年 ……………………………………………… 1034

試郎吏 ………………………………………… 1035

唐進士試詩賦 ………………………………… 1035

定期取數 ……………………………………… 1038

秋試貢士聘處士爲主試 ……………………… 1038

鄉會試專用宋、元朱、蔡、朱、胡、陳五種 ……… 1039

袁亮知宋儒考古之非 ………………………… 1040

六官始顓頊 …………………………………… 1040

卿士出爲諸侯 ………………………………… 1041

唐、虞五等爵 ………………………………… 1042

牧誓官制 ……………………………………… 1042

門子 …………………………………………… 1044

代耕 …………………………………………… 1045

漢九卿 ………………………………………… 1046

光祿卿 ………………………………………… 1046

魏時京官之制 ………………………………… 1047

外官制 ………………………………………… 1047

卷七十二　説制十

書疏言量之數與漢志異 ……………………… 1052

五秉 …………………………………………… 1053

原思粟九百 …………………………………… 1053

錢法 …………………………………………… 1054

儀象攷略 ……………………………………… 1055

卷七十三　説制十一

洪範曰"肅時雨若"等 ………………………… 1069

歲月日時等 …………………………………… 1070

日月之行則有冬有夏 ………………………… 1071

六沴 …………………………………………… 1072

改赤道爲朱道 …………………………… 1073

推文王受命之歲 ………………………… 1073

朔日辛卯 ………………………………… 1073

一日分十二時 …………………………… 1074

歲年 ……………………………………… 1075

閏月無中氣 ……………………………… 1076

社日 ……………………………………… 1078

重三、重陽、七夕、重九 ………………… 1079

黄梅 ……………………………………… 1079

卷七十四　説制十二

在齊聞韶 ………………………………… 1080

太師摯章 ………………………………… 1081

詩亡 ……………………………………… 1081

雅、頌得所 ……………………………… 1084

龜法久亡,惟當闕疑 …………………… 1086

貞屯悔豫是再筮得兩卦 ………………… 1088

環攻 ……………………………………… 1089

三宥 ……………………………………… 1090

歷人、戎敗人,宥 ………………………… 1090

卷七十五　説集一

賦、比、興 ……………………………… 1091

許宋黎楚諸國之風 ……………………… 1092

詩人自述其名 …………………………… 1093

朱子仍用毛詩 …………………………… 1094

程大昌論南、雅、頌、國風等名皆妄 …… 1094

重韻 ……………………………………… 1094

同紐字不可連押 ………………………… 1095

古今韻通押 ……………………………… 1098

服中不當作詩 ……………………………………… 1100

四大名家論詩 ……………………………………… 1100

射雉賦誤 …………………………………………… 1100

詩紀漏去鼓吹曲 …………………………………… 1101

前谿歌 ……………………………………………… 1101

詩式 ………………………………………………… 1102

卷七十六　説集二

杜子美 ……………………………………………… 1103

以旬爲年 …………………………………………… 1112

韓昌黎 ……………………………………………… 1112

卷七十七　説集三

李義山 ……………………………………………… 1124

温飛卿 ……………………………………………… 1132

借韻 ………………………………………………… 1140

卷七十八　説集四

東坡用韻 …………………………………………… 1142

便旋 ………………………………………………… 1146

雲中下蔡 …………………………………………… 1147

馳鶩功名有園不居 ………………………………… 1148

陸君實輓詩 ………………………………………… 1149

宋詩紀事 …………………………………………… 1149

劉須溪無受業陸象山事 …………………………… 1150

馬鞍山 ……………………………………………… 1150

趙昕嘉定志 ………………………………………… 1151

卷七十九　説集五

明詩選 ……………………………………………… 1152

虎邱築城 …………………………………………… 1156

袁凱入遜國諸臣 …………………………………… 1156

"䲭" ·· 1156

徐溥 ··· 1157

李空同 ······································ 1157

何大復詩誤 ································ 1158

顧華玉 ······································ 1158

姚淶 ··· 1158

李滄溟 ······································ 1159

王元美 ······································ 1160

楊用修夫人 ································ 1161

高僧多漏 ··································· 1161

洪武正韻 ··································· 1161

"餘不" ······································ 1161

王、朱連用同紐 ························· 1161

第四橋 ······································ 1162

"駮蹄" ······································ 1163

"戌""丁"對誤 ··························· 1164

駈驉 ··· 1164

初三月 ······································ 1164

百八鐘、十三樓 ························ 1165

珠絡鼓、玉交杯 ························ 1165

自壽詩、自賀詩 ························ 1165

卷八十　説集六

李陵荅蘇武書 ··························· 1167

文中子推奉曹植 ························ 1167

三易三多 ··································· 1167

詩筆 ··· 1168

文選體 ······································ 1168

文章變例 ··································· 1169

墓志書曾祖 ……………………………………… 1169

外王父 …………………………………………… 1169

譔文不繫職司 …………………………………… 1169

曾鞏與弟布不同居 ……………………………… 1170

鳌學 ……………………………………………… 1170

元黄溍之文 ……………………………………… 1170

卷八十一　説通一

三十而立 ………………………………………… 1173

必也正名 ………………………………………… 1175

爲學病在好博 …………………………………… 1178

太極圖及先天圖 ………………………………… 1181

七十餘萬日 ……………………………………… 1181

窺日視月 ………………………………………… 1182

罕言仁 …………………………………………… 1182

與顏、冉論仁皆成語 …………………………… 1182

克己復禮 ………………………………………… 1182

回不改其樂，樂是樂道 ………………………… 1183

“不至于穀”，漢人本以“穀”爲“禄” ………… 1183

“可與適道”與“唐棣之華”爲一章 …………… 1184

雅言、執禮 ……………………………………… 1184

無爭 ……………………………………………… 1185

述而第一、第二、第三章 ……………………… 1185

學不厭，誨不倦，夫子自任，非自謙 ………… 1185

狂 ………………………………………………… 1186

物 ………………………………………………… 1186

生今反古 ………………………………………… 1186

辭達而已矣 ……………………………………… 1187

卷八十二　説通二

方 ……………………………………………………… 1188

侃侃，誾誾 …………………………………………… 1189

束脩 …………………………………………………… 1189

遊必有方 ……………………………………………… 1190

數 ……………………………………………………… 1191

喪 ……………………………………………………… 1191

至于犬馬 ……………………………………………… 1191

色難 …………………………………………………… 1192

無友不如己 …………………………………………… 1192

體物不可遺 …………………………………………… 1192

立言之法 ……………………………………………… 1193

孟子“春秋天子之事” ………………………………… 1194

嫁 ……………………………………………………… 1194

滕 ……………………………………………………… 1194

徵 ……………………………………………………… 1194

居居究究 ……………………………………………… 1195

少艾 …………………………………………………… 1195

執熱 …………………………………………………… 1195

折枝 …………………………………………………… 1196

皇甫持正戒虛張 ……………………………………… 1196

聖門事業圖 …………………………………………… 1196

讀書必有得力之書 …………………………………… 1197

諸葛武侯、孫思邈語 ………………………………… 1197

抱蜀 …………………………………………………… 1197

跋 ……………………………………………………… 1198

　　西莊先生著述富有，同時後進稱其遠儕伯厚、近匹弇州，而先生自任，亦曰：“我于經有尚書後案，于史有十七史商榷，于子有蛾術編,于集有詩文,以敵弇州四部,其庶幾乎!"然諸書皆已風行,而蛾術編則向未窺全豹也。己亥春,余從其鄉張吟樓、司馬鑑處見之,乃先生外孫姚八愚茂材承緒藏本,凡九十三卷,假歸盡讀,如獲拱璧,即欲付剞劂氏。會同邑连青厓進士鶴壽見過,忻任勘校,以編中說刻、說系二門已見金石萃編及王氏家乘,因鈔說錄至說通八門爲八十二卷,而每卷之中,間加案語。先生于前代諸儒及近時亭林顧氏、東原戴氏,多所辨駁,而青厓所見,又與先生異同。予惟攷據之學,言人人殊,要之是非不謬,俟諸後之論定;而各衷一說,亦足廣學者見聞焉。爰竝付梓而爲誌其顚末云。道光二十一年辛丑季冬吳江沈楸惪翠嶺氏識。

蛾術編序

嘉定王光禄西莊先生撰著尚書後案、十七史商榷兩書，行世已久，又聞尚有蛾術編一書，凡九十餘卷。余前作文選旁證時，訪求之而未見，今年重至蘇臺，連廣文青厓以校刊本來示，索爲之序。嗚呼！書之大端，同年陶文毅公論之詳矣，余復何贅？惟念是書光禄殁後祕置篋中者且五十年，若隱若見，久未彰著，一旦得廣文參攷鉤稽，若注家之有疏，足相發明，豈不大快人意。且光禄之以“蛾術”名其書者，亦自志其續學之勤而已。朝習莫益，真積力久，迄晚歲目盲，其功虧竟。是善學者如齊王之食雞，必取其跖數千而後足。而體大物博，或攷證偶疏，則未免有之。夫泰山不讓土壤，河海不擇細流，偏駁之疑起矣，而海岱之高深自若也。王伯厚困學紀聞，後世頗多評論，或有蚍蜉撼樹之譏，然古人異同出入，相與有成，詎不足爲知者道哉。廣文此舉，將見光禄之書藉以傳，而廣文亦即藉光禄之書以傳，殆昔人所謂杜征南、顏祕書爲左丘明、班孟堅功臣是已。因書以復之。時道光辛丑冬，長樂梁章鉅序。

著書難，著書而有人傳之爲尤難。余觀梁阮孝緒七録所載當代名書，凡經典五百九十一種，傳記一千有二十種，子兵、文集諸録四千六百七十九種，大率傳者少而不傳者多。世尟探奇嗜古之儒，勤鈔而寶護之，雖有八覽、十志，不轉瞬而飽羽陵之蠹矣。嘉定王光禄，著有蛾術編九十五卷，攷據精能，搜羅宏富，久已推重士林，然未有刊本。吳江沈君翠嶺，風雅士也，探奇嗜古，孜孜不倦，既刻昭代叢書五百種，復以是編屬迋生青厓詳加校勘，青厓又于每段後加以按語，糾謬正訛，或反覆紬繹，觸類引伸，或討論精覈，明辨以晰，誠藝林快事也。余惟光禄之書卷帙浩繁，非積有重資，不能鏤板，歲月既久，安知不煙飛塵散，而光禄一生之精力不于是泯没乎？然則沈君之傳書，其功不在著書下也。又聞沈君將開雕長洲吳枚菴所選國朝文徵，而并爲之補其遺、續其後，以爲宇內大觀，余尤喜沈君傳書之志甚鉅，豈獨爲光禄一人幸哉！青厓，余壬午分校所得士。是編刻成，問序于余，余自慙薄植無文，而得附名此書以傳于後，亦何幸也。道光二十三年歲在癸卯四月，固安楊承湛序。

　　稽古之難也，其始憚糾紛而未經博覽，其繼騖夸謾而未極精研，故必兼二者之長，乃可以言學。間觀諸子雜興，類各自立説，唐代如王氏摭言、封氏聞見記等，則掇拾遺逸，雖尠睹閎旨，而攷證名物，往往取資焉；宋之夢溪筆談、容齋五筆、困學紀聞，爲近世所競稱，然尚苦未備。外此譔述益孤陋，或憑胸肊、多踣駁，識者譏之。迨我朝儒術彬蔚，事泝其原，理覈其是，駸駸乎最盛矣。嘉定王西莊光禄，具通敏之才，早謝簪紱，矢志讀書，至老而忘倦，所著尚書後案、十七史商榷，已風行宇內。又有蛾術編，網羅繁富，六藝百氏，旁推交通，靡弗洞暢。大抵先生之學，經義主鄭康成，文字主許叔重，宗尚既正，遂雄視一切，凡汗漫絶無依據之談，攻瑕傾堅，不遺餘力。案漢人傳授，皆號專門，尊奉本師，罔敢棄家法，異同之論，致煩天子親臨白虎觀稱制剖決。後儒作疏，亦墨守傳注，惟恐踰越，苟有乖違，胥加駁難。自世儒少見多怪，中實空桴，徒事縣測，妄生荊棘，一知半解，輒驚新奇，而此達彼室，失諸目睫，轉欲凌蔑前哲，高自標置，終墮昏蒙，人復掎其後，蓋是丹非素，伊昔而然。然則持故訓以別歧趨正，賴先生爲中流之砥柱也。先生與同邑錢竹汀少詹齊名，錢務篤實，而先生淹貫有餘，既歿，徵行入史館，遂附少詹列儒林傳中，金匱珍藏，永垂不朽。茲編出，使先生生平含咀英華、張皇幽眇之能，較然尤共見。余詞垣後進，忝撫吳，適值刊編主者來問序，公暇竟閱，輒闡大意。弁其端曰"蛾術"者，先生自謂積三十年之功始克就，又戴記"時術之"，喻其功乃服成大垤者也①。綴學之士，尚觀此而知所積以求其博且精矣哉。時道光九年歲在己丑仲春月館後學安化陶澍譔。

丁未歲秋，余司教松陵，適沈君翠嶺刻王光禄蛾術編成，屬余爲序。余惟光禄纂述之勤，與沈君流傳之意，序者綦詳，且經迮君青垕參校，博洽宏通，致爲精審，余又何言？第以愚者千慮，豈無一得？展誦之餘，略抒所見，順其篇章，條列于左，或可爲讀光禄書者搜討之助。

如光禄謂"易釋文引桓玄說。桓玄注易，從未見于他書"。按釋文序錄，易之注解傳述人，于荀九家集注十卷下，列謝萬、韓伯、袁悦之、桓玄、卞伯玉②等十人，而隋書經籍志有桓玄繫辭注二卷，是桓氏有易注，特今佚耳。

論張衡、桓譚不信讖緯。據後漢書張衡傳注謂衡信緯，則譚可知。按藝文類聚引桓譚新論云："明堂，唐虞謂之'五府'。府，聚也，言五帝之神聚于此。"此本尚書帝命驗文，見史記正義及索隱，是譚信緯之證也。

謂羣書引尚書逸文可疑及誤者。云史記河渠書首引"夏書曰：禹抑洪水十三年，過家不入門。陸行乘車，水行載舟，泥行蹈毳，山行即橋"，說文木部"檋"下引虞書同，又云說文辵部引"虞書曰：怨匹曰逑"，皆尚書逸文之可疑者。竊意"四載"之文，本尚

---

① "服"，原作"復"，據禮記學記注改。
② "伯"字原脫，據經典釋文補。

書家説，如説文日部引"虞書曰：仁覆閔下"，本古尚書説也；大部引"詩曰：不醉而怒謂之釃"，本毛詩蕩傳文也。引經師訓説而稱"書曰"、"詩曰"，許書每多此例。審是則河渠書之引夏書，亦猶是矣。至"怨匹曰逑"，據説文辵部"逑"下云："斂聚也。虞書曰：旁逑孱功，又曰怨匹曰逑。"此"又曰"猶"一曰"耳。言"逑"義爲斂聚，又爲怨匹之稱，非承上虞書言之，許載之以廣異義，或"又"爲"一"字之誤，則二者均非逸書也。

又云："説文木部：'梠，木也。書曰：竹箭如梠。子賤切。'今無考。"此亦尚書説也。禹貢揚州"篠簜既敷"、"瑤琨篠簜"，史記夏本紀引"篠簜"，俱作"竹箭"。此非訓詁字，今文尚書如是。"如梠"者，葢今文家説竹箭形如梠耳。梠之形狀未聞，其字從木，晉聲。尚書大傳説"橋高高然而仰，梓晉晉然而俯"，是"晉"有低小之義，則"梠"之從晉，不僅取聲，葢木之低小者，竹箭之形似之，故舉以爲況，非逸文無以攷也。

閻百詩謂明嘉靖九年后蒼從祀孔廟，戴聖以贓吏見黜。考漢書止言其爲九江太守枉法。夫枉法非受贓也。至鄭樵通志橫加以"贓吏"之名，明嘉靖間，張孚敬大正祀典，遂黜戴聖而進后蒼，此事之極冤抑者。閻氏素精考證，亦隨聲附和，謬矣。而光禄止極言后蒼非傳述禮記者，而于戴聖事竟不爲別白，豈亦以爲贓吏與？

至論爾雅譔人，以爲周公、孔子、子夏合作。詩七月疏引鄭駁異義云："玄之聞也，爾雅者，孔子門人所作，以釋六藝之文。"此言葢近是。光禄篤守鄭學者，竟未引及，若得此，則合作之説可以不發矣。

若乃説文示部引周禮不在周禮中者，如示部"禘"下"周禮曰：五年一禘"、"祫"下"周禮曰：三年一祫"之類，此亦引周禮説而稱周禮者，如引詩傳稱"詩曰"、引古尚書説稱"虞書曰"之比。而光禄謂"漢書藝文志有周官經六篇、周官傳四篇，無周禮。許自言禮周官，_{説文序}。不言周禮也。'禘'、'祫'等字下所引，許意約周家之禮爲周禮，非指書名，或所引即在周官傳中"。今案許書肉部"脄"下曰"周禮有腒脄"，天官庖人職文也；邑部"郮"下"周禮曰：任郮地"，地官載師職文也；刀部"副"下"周禮曰：副，辜祭"，則春官大宗伯職文；弓部注"周禮曰：天子六弓"，則夏官司弓矢職文，是可證許時稱周官爲"周禮"，不得云非指書名矣。至"禡"下云："周禮曰：禡于所征之地。"光禄謂"許引他經而亦稱周禮"，意謂此本王制文也，不知此亦引周禮説。考許書引經傳，于今所稱十三經者不引及戴記、穀梁；其稱"禮曰"、"禮記曰"者，皆儀禮文；其引月令，則稱明堂月令，是所引爲明堂陰陽記中之月令，非戴記之月令也，"禡"下所稱非王制文可知矣。

其論許書重出字云："説文'屎或从木，尼聲'，大徐以爲重出，以木部本有'柅'字，注云'木梨。从木，尼聲'，故大徐以'屎'下重文作'柅'爲重出。"不知木若梨者，"柅"之正訓，而"屎"之或體作"柅"，故許列于"屎"下，云"屎或从木，尼聲"，非重出也。"屎"爲絡絲篝柄，故易姤初六"繫于金柅"，荀爽、虞翻皆以"柅"爲絡絲具，以"柅"即"屎"也。若以爲重出，而易義遂不可通。

坎九五"祇既平"，從説文作"禔"，訓安，云"地道變盈而流謙"。九五體坎互艮，艮止坤安，不至盈滿，因安致平，故无咎，象曰"中未大也"，正美之也。按李鼎祚周易集解"中未大也"作"中未光大也"，虞翻曰："體屯五中，故未光大。"是漢易"大"上有"光"字。"祇既平"之"祇"既用説文，于象傳則用王弼本以爲"變盈流謙"之證，得毋不相符合乎？

説文示部"禂，禱牲馬祭也。詩曰：既禡既禂。"此引三家詩也。毛詩作"既伯既禱"者，"禱"與"禂"通；"伯"者，"禡"之假借字也。王制釋文云："禡，馬怕反，又音伯。"葢古音讀"禡"如伯，故毛詩古文假"伯"爲之。傳云："伯，馬祖也。將用馬力，故先爲之禱其祖。禱，禱獲也。"許訓"禂"爲"禱牲馬祭"者，周禮甸祝云

"禂牲禡馬"，杜子春云："禂，禱也。爲馬禱無疾，爲田禱多獲禽牲。"許本此爲説。下引三家詩，見禱牲馬之祭字當爲"禂"耳。應劭漢書序傳注云："至所征伐之地，表而祭之，謂之禡。禡者，馬也。馬者，兵之首，故祭其先神也。"蓋本三家詩説，與毛傳義合，則"伯"爲"禡"之假借無疑。既伯既禱，即"既禡既禂"耳，亦即"禂馬禂牲"耳。光禄以許所引爲毛詩古本，以"既伯既禱"爲俗本，斥傳説爲謬，爲繳繞回曲，且曰"斷不可從"，由注經者泥于爾雅之文，皆釋"禡"爲師祭，不能確指其祭者爲何因，並不知"伯"即"禡"之假字，遂莫能通其義爾。

晷，從日，咎聲。謂"咎非聲"，以爲"未詳"。按："軌"從車，九聲。"氿"從水，九聲。"咎"、"九"同音，"晷"與"軌"、"氿"皆讀詭，不得爲"咎非聲"矣。蓋古音或讀"咎"、"九"爲詭，故從咎、從九之字音詭，轉音讀如高，故"咎"與"皋"通，皋陶字爲咎繇，"磬"、"櫜"等字皆從咎得聲，皆讀高，而"尻"從尸，九聲，讀苦刀反，此其證也。

周頌絲衣"載弁俅俅"，許書人部引作"弁服俅俅"。以爾雅證之，此詩古蓋有兩讀，一讀"戴弁俅俅"，故釋言云："俅，戴也。"一讀"弁服俅俅"，故釋訓云："俅俅，服也。"是知經字不同，自古已然。許所據同釋訓本，或三家詩如此；毛則同釋言本。"戴"作"載"者，古字"載"、"戴"通。

皋陶謨云"亦行有九德"，據"亦"爲"人之臂亦"，謂以九德扶掖其行，説極精確。然玉篇云："亦，臂也。今作'掖'。書云：亦行有九德。"固以尚書之"亦"作扶掖解矣。顧氏，梁人，蓋本尚書舊説。

説文敘稱書孔氏古文，要亦不廢今文，如川部"虞書曰：濬〈〈〈距川"，古文尚書也；谷部"睿"下"虞書曰：睿畎澮距川"，今文尚書也。何以明之？"睿"字重文作"濬"，云"古文'睿'"，"〈"字重文作"畎"，云"篆文'畎'從田，犬聲"，則知川部所引者古文，

谷部所引者今文也。光禄欲易川部之“潚”爲“睿”、易谷部之“畎
澮”爲“〈〈〈”，謂許本云書用古文，唐人誤改爲“畎澮”，是泥于
“書孔氏”之言，不知今、古文之别，且易“潚”爲“睿”，于許氏明稱
“古文”者，反以篆文易之矣。

易繫辭“揉木爲耒”，謂許書無“揉”字，書“柔遠能邇”，古人
不加手。今玫揉木之“揉”本作“煣”，説文火部“煣”下云：“曲直
木也。”漢書食貨志用繫辭文，作“煣木爲耒”，是古本作“煣”，有
其字矣。“揉”乃俗字，書之“柔遠能邇”，“柔”本訓安，與“揉”音
義迥别，不得爲“揉”不加手之證。

書梓材“至于屬婦”，説文人部引“屬婦”作“媰婦”，此亦今、
古文之異。光禄謂崔子玉清河王誄云“惠于嫠孀”，“嫠”是妊身、
“孀”是無夫，皆婦人之可憐憫者，今經作“屬”，“屬”音通“嫠”，則
從説文作“媰婦”正合。語殊不明晰。今謂古文作“屬婦”，與上
“敬寡”爲對文。“敬寡”者，鰥寡也。古字“敬”與“矜”通，“矜”與
“鰥”通，故吕刑“哀敬折獄”，大傳作“哀鰥折獄”。釋言云：“孺，
屬也。”則“屬”即“孺”，謂孺稚也。此對文也。以今文作“媰婦”
言之，則謂鰥寡及妊身者。崔子玉“惠于嫠孀”之云，則合二句以
成文，“嫠”謂“媰婦”，“孀”即上“敬寡”耳。崔、許同用今文，不能
强合于古文也。

詩節南山“天方薦瘥”，傳云：“薦，重。瘥，病。”許書田部引
作“薦畦”，説爲殘田者，此亦三家詩。漢書董仲舒傳云“周室之
衰，其卿大夫緩于誼而急于利，亡推讓之風而有爭田之訟，故詩人
疾而歌之曰‘節彼南山，維石巖巖’”云云，是三家有説此爲爭田致
訟之詩者。則此言師尹何爲不平而致訟乎？天方重疊此殘蕆之
田，因亂而失田者宏多矣。謂飢饉薦臻，爭田無益也。

書無逸“祖甲”，鄭以爲帝甲，王肅以爲太甲，謂王爲妄。按
洪适隸釋載熹平石經尚書殘碑，于無逸篇此節，有“或怨肆高宗
之享國百年自是厥後”十四字，云：“此碑獨闕‘祖甲’，計其字當在

中宗之上，以傳序爲次也。”按漢書韋玄成傳王舜、劉歆毀廟議
云：“于殷，太甲曰太宗，太戊曰中宗，武丁曰高宗。周公爲無逸
之戒，擧殷三宗①以戒成王。”亦以祖甲爲太甲，序在中宗之上。
是今文尚書“其在祖甲”節在殷王中宗前，古文則在高宗下，是其
簡册之異。王以帝甲非令主，故用今文説注古文，又順古文節次，
因爲先盛德、後有過之説。蕭雖亂經，此注要不爲妄。

　　史記各國世家，事每有與左傳異者，所謂“網羅放失散逸舊
聞”，不必盡同左氏也。光禄謂史遷不得見左傳，故事多與傳不
合。夫世家敘事，多有直書傳文者，豈不得見左氏乎？其報任安
書云“左丘失明，厥有國語”，其見傳可知。且左氏獻自張蒼，于
諸書爲最先出，史遷安有不見者？

　　鄭注論語子禽爲孔子弟子，集注引“或曰：亢，子貢弟子”，謂
“或見其問子貢‘子爲恭也’，遂妄爲此説”。然天下安有弟子以其
師與同學絜長較短，且謂師不賢于同學者？則或説不爲無因。要
之，問子貢者，一子禽，一陳子禽。子禽爲陳亢，陳子禽非陳亢
也。漢書古今人表分陳亢、陳子禽爲二人，自有所本。據鄭檀弓
注，則陳亢爲齊人，陳其姓也；陳子禽蓋陳人。疑子在陳時，子禽
見子貢恭于孔子，故有是言。書“陳子禽”，所以别于陳亢之稱子
禽也，猶書衛公子荆、衛公孫朝之比，以魯有公子荆，曹有公孫
朝，故書“衛”以别之耳。

　　至謂劉向爲西漢俗儒，其書傳世甚多，皆鄙俚而附會。夫劉
向校書天禄，每一書已，輒條其篇目，撮其指意，録而奏之，後代目
録之學所由昉，向非中壘，則經典日就湮没耳。且其所上章疏封
事，原本經術，即賈、董無以過。至新序、説苑、列女傳諸書，博采
傳記，以爲鑒戒，尤具深心，而遺文逸事，多賴以傳，足資考證。謂
之“鄙俚附會”，是其立論不無少偏哉？

---

①　“三”，原作“二”，據漢書改。

　凡此所云,皆承<u>沈君</u>不廢異同之意。署冷官閒,書籍不備,僅陳梗概,不盡所知。世有好學深思之士,由<u>迀君</u>參校,更爲推闡,如箋注<u>困學紀聞</u>之例,則于鄙説或有取焉。<u>丹徒</u> <u>趙彦修</u>撰。

凡　例

一、是編原本九十五卷，今止校刊八十二卷，尚有説刻十卷，詳載歷代金石，已見王蘭泉先生金石粹編，無庸贅述；説系三卷，備列先世舊聞，宜入王氏家譜。

一、作易注者王弼、造書傳者梅賾，固屬經中之蠹，是編專主鄭學，無怪其冰炭不相入。然崇信徐遵明爲大儒，而謂公羊疏出其手，亦恐無據。又歷讟杜元凱剽竊、蔡九峯妄繆，未免出言過分。諸如此類，今爲稍圓其説。

一、近時譚攷據者，前以顧亭林、後以戴東原兩先生爲最，學有根柢，言皆確實。是編務必力斥之，斯乃文人相輕之積習，今從節。

一、是編徵引浩博，今將各書原文校對，有先生所引而原書並無者，如南齊陸澄傳與王儉書之類，有原本現在而先生未見者，如宋禮志高堂隆之類。今特一一注明，以便查核。

一、前人舊説，是編有引用之而不載所出者，如戴東原水經注序之類，今亦各爲標明此係某人之説，庶幾知其來歷。

一、説字諸卷，攷正許書各本同異，而亦間正俗字。但近人所用俗字甚多，不止于此，故于每卷之末推廣言之，非好爲煩瑣也。

一、吕刑“百鍰”、攷工“三錞”，辨論千餘言，既載于前，復録于後，句句相同。此必偶然失檢，未經抹去。諸如此類，概從删節。

一、僻居鄉曲，家無藏書，專就架上所有，詳爲校正。遇有疑義，亦專就一己所見，加以案語。或失之太繁，如宋史新編凡例，連篇引之，以是編採摭甚多也；或失之太簡，如北盟會編所紀李綱、宗澤、韓世忠諸事，絕不一引，以是編僅載書名也。匆匆付梓，俱未刪改，姑以俟博雅君子。吳江迮鶴壽青厓氏識。

蛾術編卷一

説　録　一

五經先後次敘

五經先後次敘，史記儒林傳首詩、次書、次禮、次易、次春秋，漢藝文志首易、次書、次詩、次禮、次樂、次春秋、次論語、次孝經、次小學，與史記次敘不同。以意推之，漢志遠勝于史記，蓋漢志全依劉歆七略，歆首列六藝略，班固因之，其次敘當亦依歆。司馬遷當漢武帝時，雖儒學之興已百年，而條理猶未緒正，故隨便編列，未遑詳審。至陳農求書，書益完備；劉向校書，書乃整比。歆卒父業，自然條理較史記爲精。漢志："成帝時，詔光禄大夫劉向校經傳、諸子、詩賦。每一篇已，向輒條其篇目，撮其指意，録而奏之。向卒，哀帝復使向子侍中奉車都尉歆卒父業，歆于是總羣書而奏其七略。今刪其要，以備篇籍。"班志即七略，要亦本之向也。志中每條家數、篇數下或注"入某篇"、"出某篇"，師古曰："凡言'入'者，謂七略之外，班氏新入之；其言'出'者，與此同。"故以時代言之，易始伏羲，書始堯、舜，詩始商，禮、樂定于周公，春秋作于孔子，先後本秩然；以義理言之，易究陰陽，書道政事，詩理性情，禮、樂以象治功之成，春秋以立褒貶之法，先後亦不紊也。至其總論，以樂、詩、禮、書、春秋分配仁、義、禮、智、信，而以易爲五經之原，此別一説，姑置弗論。下文又云五經，不言六藝，此則以樂並入禮，故變"六"言"五"，竝非除去周易不列五經。其于六藝之末提行別爲一條，總目上文云"序六藝爲九種"者,論語、孝經皆記夫子之言,宜附于經,而其文簡易,可啓童蒙,故雖別分兩門,其實與文字同爲小學。小學者,經之始基,故附經也。鶴壽案:史記儒林傳先敘言詩,言尚書,言禮,次及言易,言春秋。司馬氏蓋有所本。先生謂"隨便編列,未遑詳審",非也。詩、書、禮敘在先者,左傳云:"郤縠説禮、樂而敦詩、書,趙衰曰:'詩、書,義之府也;禮、樂,德之則也。蓋必先敦詩、書而後能説禮、樂。'"王制云:"樂正崇四術,立四教,順先王詩、書、禮、樂以造士。春、秋教以禮、樂,冬、夏教以詩、書。"鄭注:"春、夏,陽也。詩、樂者聲,聲亦陽也。秋、冬,陰也。書、禮者事,事亦陰也。互言之者,皆以其術相成。"據此觀之,古來教學之法,本以詩、書居先,禮、樂居次,證以論語"子所雅言"而益信。故子思曰:"夫子之教,必始于詩、書,而終于禮、樂。"子長之敘儒林,亦依古人爲學次第,並非隨便編列,特未及于樂耳。若及于樂,亦必次于禮後明矣。易、春秋何以居末?古者以易爲筮卜之書,故掌于太卜,而不隸于樂正,史官則"左史記言,右史記事",事爲春秋,言爲尚書,舉尚書則足以該春秋矣。然亦有時肄業及之,論語比考讖云:"孔子讀易,韋編三絕,鐵撾三折,漆書三滅。"楚語云:"莊王使士亹傅太子箴,申叔時曰'教之春秋而爲之聳善而抑惡焉,以戒勸其心'"是也。若其次敘,則易、春秋本在詩、書、禮之後。左傳云:"昭公二年,韓宣子來聘,見易象與魯春秋。"是春秋在易後也。漆園吏曰:"詩以道志,書以道事,禮以道行,樂以道和,易以道陰陽,春秋以道名分。"董仲舒曰:"詩、書序其志,禮、樂純其養,易、春秋明其知。"是易、春秋在詩、書、禮、樂後也。莊生係周末人,寬夫爲漢大儒,其言如此,可知詩、書、禮、樂、易、春秋,本古來流傳之次敘,史記依之。迨劉歆定七略,乃始以易居首,以書先詩,而漢志襲用之耳。然子長依本來之次,孟堅用新定之次,二家並無軒輊,乃先生謂"漢志遠勝于史記,以時代言之,以義理言之,皆先後秩然不紊",則又不然。"時代"云云,悉本于陸德明,其謂易始伏羲,書始堯、舜,似矣。然禮、樂亦始于伏羲,豈得以定自周公而列于詩後?若因定自周公而列于詩後,則商頌定自孔子,安得在周公以前?春秋乃周之舊典,禮經何以獨居于末?"義理"云云,略本于宋理宗,其謂易究陰陽,書道政事,固宜居先矣。然豈有性情未理而能究陰陽、道政事者邪?又安見褒貶之法必立于治功既成之後邪?總之,班、馬各有所據,不必左班而右馬。唯漢志兼載樂、論語、孝經、小學諸家,此則史記所未列,足以補儒林傳之缺。

經典序録："經解以詩爲首。七略、藝文志，周易居前。阮孝緒七録，亦同此次。王儉七志，孝經爲初。"鶴壽案：經解託名于子孔子，其以樂居先、禮居後，而以易間斷其中，殊爲顛倒。宋世所傳鄭氏孝經注，齊、梁以來，多有異論。陸澄以爲非康成所注，請勿藏于祕省，而王儉不依其請，故七志首孝經。

立學

漢百官公卿表："奉常，秦官，掌宗廟禮儀。景帝中六年，更名太常"，博士屬焉。"博士，秦官，掌通古今，秩比六百石，員多至數十人。武帝建元五年，初置五經博士。宣帝黃龍元年，稍增員十二人。"諸侯王官如漢朝，景帝中五年省博士官。案：奉常爲博士所屬，兼掌祕書。然西京居是職者，惟叔孫通能定朝儀；王臧爲申公弟子，議建明堂；孔臧與從弟安國論古文尚書；韋元成世傳魯詩，皆能舉其職，餘無聞也。鶴壽案：應劭謂奉常掌典三禮。據漢表，昭帝時，蘇昌爲太常，"坐籍霍山書泄祕書免"，則知其兼掌祕書也。叔孫通爲奉常在高帝七年、十二年，王臧在元光元年，孔臧在元朔二年，韋元成在五鳳二年。

儒林傳："公孫弘爲學官，請爲博士官置弟子五十人，復其身。太常擇民年十八已上、儀狀端正者，補博士弟子。郡國有好文學、敬長上、肅政教、順鄉里者，令、相、長、丞上所屬二千石，師古曰：令，縣令。相，侯相。長，縣長。丞，縣丞。二千石，郡守及諸王相也。二千石謹察可者，常與計偕，詣太常，得受業如弟子。一歲皆輒課，能通一藝已上，補文學、掌故缺。其高第可以爲郎中，太常籍奏。即有秀才異等，輒以名聞。其不能通一藝，輒罷之。""昭帝時，舉賢良文學，增博士弟子員滿百人。宣帝末，增倍之。元帝好儒，更設員千人。成帝末，增弟子員三千人。平帝時，王莽秉政，增元士之子得受業如弟子，勿以爲員。師古曰：常員之外，更開此路。歲課甲科四十人爲郎中，乙科二十人爲太子舍人，丙科四十人補文學、掌故。"儒林傳贊："自武帝立五經博士，開弟子員，設科射策，勸以官禄，訖于元始，百有餘年，傳業者寖盛。”

漢志：“田何傳易，訖于宣、元，有施、孟、梁丘、京氏，列于學官；濟南伏生，以書教齊、魯間，訖孝宣世，有歐陽、大小夏侯氏列于學官。魯申公、齊轅固、燕韓生三家詩，皆列於學官。又有毛公之學，自謂子夏所傳，而河間獻王好之，未得立。”歆作七略時尚未立。儒林傳贊：“初，書惟有歐陽，禮后，易楊、春秋公羊而已。至孝宣世，復立大、小夏侯尚書，大、小戴禮，施、孟、梁丘易，穀梁春秋。至元帝世，復立京氏易。平帝時，又立左氏春秋、毛詩、逸禮、古文尚書，所以罔羅遺失，兼而存之。”平帝所立，旋廢。鶴壽案：史記儒林傳云：“高帝未遑庠序之事，孝惠皆用武力之臣，孝文本好刑名，孝景不任儒者，故諸博士具官待問，未有進者。及今上即位，招方正賢良文學之士，言詩，于魯則申培公、于齊則轅固生、于燕則韓太傅；言尚書，自濟南伏生；言禮，自魯高堂生；言易，自菑川田生；言春秋，于齊、魯自胡毋生，于趙自董仲舒。”此即漢表所云“初置五經博士”也。又云：公孫弘請曰：“丞相御史言，爲博士官置弟子五十人。”此即漢儒林傳所引也。據武帝紀，置五經博士在建元五年，爲博士置弟子員在元朔五年。其實五經之立學，不始于武帝。漢初，叔孫通自楚歸高祖，即拜爲博士。孔襄爲惠帝博士。其時猶襲秦官，未必專司一經。至文帝則規模大備，魏名臣奏云：“西京學官博士七十餘人。”漢舊儀亦云：“文帝時，博士七十餘人。”劉歆讓太常博士書云：“孝文皇帝始使掌故鼂錯，從伏生受尚書，詩始萌芽。天下衆書，往往頗出，皆諸子傳說，猶廣立于學官，爲置博士。”趙岐孟子題詞云：“孝文皇帝欲廣遊學之路，論語、孝經、孟子、爾雅皆置博士。後罷傳記博士，獨立五經而已。”據此，則文帝時傳記猶立于學，況五經乎？後漢翟酺傳：“酺上言，孝文皇帝始置一經博士。”漢楚元王傳云：“文帝聞申公爲詩最精，以爲博士。”史記儒林傳云：“韓生推詩之意，作內、外傳，孝文時爲博士。”此即一經博士也。他如濟南張生治尚書、洛陽賈生作左傳訓詁，皆爲孝文博士。轅固治詩，景帝時爲博士；董仲舒、胡毋生治公羊春秋，皆爲孝景博士。漢儒林傳又云：“文帝時，徐生以頌爲禮官大夫；景帝時，田王孫受易于丁寬，爲博士。”然則文、景之際，已立五經博士矣。而漢表謂武帝初置者，一則以前雖立博士，未有主名，文帝立魯齊詩、景帝立韓詩，但有詩博士而已，至武帝，始立書、禮、易、春秋四博士,並詩而爲五。王伯厚曰"文帝以賈誼爲博士,不稱左氏博士。宣帝以江公之孫爲博士,授穀梁,未名穀梁博士,至甘露三年始置穀梁博士",是其證也。一則孝文于傳記皆置博士,孝武但存五經,其他傳記則悉罷之,故本紀特書曰"置五經博士"。吕東萊曰:"非始置也,即獨立五經,罷去傳記時也。"漢世經學,以得立學官爲顯,或先或後,至平帝時始具。元始元年又立樂經,益博士員,經各五人。其終漢之世不得立者,唯費直、高相兩家之易而已。"

晉書荀崧傳:"元帝踐阼,方修學校,簡省博士,置周易王氏,尚書鄭氏,古文尚書孔氏,毛詩鄭氏,周官、禮記鄭氏,春秋左傳杜氏、服氏,論語、孝經鄭氏博士各一人,凡九人。其儀禮、公羊、穀梁及鄭易,皆省不置。崧乃上疏曰:'世祖武皇帝應運登禪,崇儒興學,太學有石經古文,先儒典訓,賈、馬、鄭、杜、服、孔、王、何、顏、尹之徒,章句傳注眾家之學,置博士十九人。陛下龍飛,恢崇道教,樂正雅頌,于是乎在。伏聞節省之制,皆三分置二,博士舊置十九人,今五經合九人,準古計今,猶未能半。今九人以外,宜爲鄭易置博士一人,鄭儀禮博士一人,春秋公羊博士一人,穀梁博士一人。孔子作春秋,丘明、子夏親受,丘明爲之傳。公羊高親受子夏,立于漢朝,董仲舒之所善也。穀梁赤師徒相傳,暫立于漢世。向、歆,漢之碩儒,猶父子各執一家,莫肯相從,是以三傳並行于先代,通才未能孤廢。今去聖久遠,其文將墮,與其過廢,寧與過立。臣以爲三傳雖同曰春秋,而發端異趣,三家異同之説,義則戰爭之場,辭亦劍戟之鋒,于理不可共博士,宜各置一人,以博其學。'元帝詔共博議,議者多請從崧所奏。詔曰:'穀梁膚淺,不足置博士。餘如奏。'"鶴壽案:穀梁言大襘之禮,與毛詩雲漢傳合;言蒐狩之禮,與車攻傳合,是深于古者也。公羊以妾母夫人爲禮,而穀梁黜之;公羊以宋襄公之師文王不是過,而穀梁非之,又精于義者也。奈何以膚淺目之?荀崧所奏,惜會王敦之難,俱不行。

史漢敘列五經行次多誤皆傳寫刻鏤之譌

王氏鏊刻史記,儒林傳敘首總論一段,次提行起列申公云云,此魯詩也;次提行起列清河王太傅轅固云云,此齊詩也;次提行起列韓生云云,此韓詩也。一經之中,各家分列,不相連綴。次提行起列伏生云云,此尚書儒也。伏生爲今文,孔安國爲古文,而連敘之者,安國亦受業于伏生,故不分列尚差可。以上毛氏鳳苞刻同次。王氏以索隱解尚書事一段畢,下緊接"諸學者多言禮"云云,不提行。毛氏雖空一格,亦不提行。次王氏又緊接"自魯商瞿受易"云云,不提行。毛氏雖空一格,亦不提行。此皆大謬。書、禮、易經異,何得牽連? 次王氏提行列董仲舒云云一段,次又提行列胡毋生云云一段,次又提行列瑕丘江生云云一段。毛氏則但于胡毋及瑕丘上各空一格,不提行。攷漢儒林傳,胡毋生傳公羊春秋,與董仲舒同師,或可與仲舒連綴;若瑕丘江生,則傳穀梁春秋者,何得與上文牽連? 王刻是,毛氏大非。惟漢儒林傳每經中一師之學,輒提行起,方見漢人各守家法之意。然發首總敘一段至"補文學掌故云"句應挂空,下文"自魯商瞿"云云,應提行起。毛刻緊連接,亦非。鶴壽案:古人寫書,策爲大,方次之,簡爲小,皆有一定之制。儀禮聘禮記云:"百名以上書于策,不及百名書于方。"古之所謂"名",即今之所謂"字"也。漢藝文志云:"劉向以中古文校歐陽、大、小夏侯三家經文,酒誥脫簡一,召誥脫簡二。率簡二十五字者,脫亦二十五字;簡二十二字者,脫亦二十二字。"此專就字數之多寡言之。若其連綴之法,則合數簡而爲篇,故揚子法言云"酒誥之篇俄空焉"。提行之法,則斷數字而爲章,故漢志云"閭里書師,合蒼頡、爰歷、博學三篇,斷六十字以爲一章,凡五十五章,並爲蒼頡篇"。蓋滿六十字之外,即別爲一章,更起一行,所以醒閱者之目也。先生此條,因王氏、毛氏所刻不能一一提行,非但眉目不清,并亂傳經者之門户,故切切言之。

　　史儒林、漢藝文皆稱"六藝",而漢儒林又稱"六學"。然藝文雖有樂六家,惟樂記是經,亦非夫子所定,其餘皆後儒所記。況樂記,戴氏已入禮記,而史、漢儒林樂經皆無師,論語、孝經、小學亦皆不列其師,可見樂宜附禮,小學宜附經,皆毋庸別列正名,但當言五經。然小學卻爲經之根本,自唐衰下訖明季,經學廢墜,千餘年無人通經，總爲小學壞亂，無小學自然無經學。

"傳注"之"注"

説文水部"注"字注云："灌也。从水，主聲。之戍切。"兩漢、魏、晉諸儒釋經，曰"注"、曰"傳"、曰"箋"、曰"解"、曰"學"，名稱不一。後南北朝、唐、宋人作疏，遂統名爲"注疏"，則"注"可該衆名。儀禮首題"鄭氏注"，賈疏云："注，如水之注。"劉知幾史通第五："'傳'之義，以訓詁爲主。降及中古，名'傳'曰'注'。傳，轉也，轉授無窮。注，流也，流通靡絶。"唐開成石經雖俗謬，然如"周易王弼注"之類未變也。明毛氏汲古閣刻四書，于論語、孟子則皆題曰"朱熹集註"，五經于書經則曰"蔡沈集註"。説文無"註"字，此近鄙別字。

唐石經以前只有五經或九經或十二經

自周、漢迄宋、元，羣書所稱經典，繁其名數，何暇備列？歸諸要，則五經而已。陽數盛于五，故五行、五方、五時、五星、五色、五聲、五味、五臭、五事、五臟、五性、五倫，莫不"五"者，而五經足以配之。漢平帝紀："元始五年，徵天下通知逸經、古記、小學，及以五經、論語、孝經、爾雅教授者，所在爲駕一封軺傳，遣詣京師。""五經"者，禮、春秋皆兼三，即唐人所謂九經；而論語、孝經、爾雅皆小學，附于經，實十二經。舊唐書儒學傳："太宗以經籍去聖久遠，文字多譌謬，詔前中書侍郎顏師古攷定五經，頒于天下。又以儒學多門，章句繁雜，詔國子祭酒孔穎達與諸儒撰定五經義疏，凡一百七十卷，名五經正義，令天下傳習。"舊唐書高宗紀："永徽四年，頒孔穎達五經正義于天下，每年明經，令依此考試。"此仍以五經言之者，穎達五經疏有禮記，無周禮、儀禮，春秋無公羊、穀梁。迨後賈公彥于永徽末補周禮、儀禮二疏，公羊仍徐遵明疏，穀梁則楊士勛疏。及至開成石刻，或稱五經，或稱九經，或稱十二經，劉禹錫張參新修五經記，見英華卷八百十六。唐元度制九經字樣，晁公武云石刻十二經，合孝經、論語、爾雅言之。胥是物也。鶴壽案：漢藝文志易經十二篇,尚書古文經四十六卷,詩經二十八卷,禮古經五十六卷,周官經六篇,春秋古經十二篇,孝經古孔氏一篇,唯禮記、論語、爾雅不稱經,則已有七經矣。下文云"三十而五經立",蓋其時尚未有"七經"之名也。後漢一字石經有周易、尚書、魯詩、儀禮、春秋經、公羊傳、論語,而靈帝紀云:"熹平四年,詔諸儒正五經文字,刻石立于太學門外。"宦者傳亦云"汝陽李巡白帝與諸儒共刻五經文于石"者,并春秋、穀梁爲一,不數論語也。蔡邕傳云"與堂谿典等奏求正定六經文字",張馴傳亦云"與蔡邕共奏定六經文字"者,分春秋、穀梁爲二,不數論語也。至隋經籍志則云:"後漢鐫刻七經,著于石碑。"七經之名始于此。下文又云:"魏正始中,又立一字石經(一當作三),相承以爲七經正字。"據水經注,漢經在堂東,魏經在堂西。隋志又云:"相承似魏所刻,即漢之七經。"而戴延之西征記稱禮記多敗,舊唐書又言三字石經左傳古篆書十二卷,則已有九經矣。隋志但稱七經,蓋其時尚未有"九經"之名也。至唐會要則云:"太和七年,敕唐元度覆定石經字體,刱立石九經,并孝經、論語、爾雅。""九經"之名始于此。唐國子監石經,并春秋經、左氏傳爲一,增出周禮、孝經、爾雅,實十二經,而稱九經者,不數孝經、論語、爾雅也。唐石經告成于開成二年。後蜀亦有石經之刻,吕陶曰:"孟氏取易、書、詩、春秋、禮記、周禮刻于石,以資學者。皇祐中,京兆田公附以儀禮、公羊傳、穀梁傳,九經備焉。"蓋亦不數孝經、論語、爾雅。至晁公武讀書志則云:"鴻都石經,茫昧人間。唐太和中,復刻十二經,立石國學,'十二經'之名始于此。"又云:"蜀相母昭裔取九經琢石于學宫(實則十經)。皇祐中,田元均補刻公羊、穀梁二傳,然後十二經始全。至宣和間,席升獻又刻孟子參焉。"總之,論語當尊爲經,周易、尚書、毛詩、周禮、儀禮、春秋本稱經,禮記、左氏傳、公羊傳、穀梁傳、孝經、爾雅、孟子附于經可也。

　　班固志藝文,序六藝爲九種,其實則五經也。唐人輯爲義疏以試士者,仍惟五經,故唐六典:"禮部尚書、侍郎之職,掌天下貢舉之政令。凡舉試之制,每歲仲冬,率與計偕。其科有六,一曰秀才,此科取人稍峻,貞觀以後遂絶。二曰明經,三曰進士,四曰明法,五曰書,六曰算。凡正經有九:禮記、左氏春秋爲大經,毛詩、周禮、儀禮爲中經,周易、尚書、公羊春秋、穀梁春秋爲小經。通二經者,一大一小,若兩中經;通三經者,大、小、中各一;通五經者,大經並通,其孝經、論語、老子,並須兼習。凡明經,先帖經,然後口試並答策,取粗有文性者爲通。_{吏部員外郎職注云:"周禮、左氏、禮記各四條,餘經各三條,孝經、論語共三條,皆録經文及注意爲問。"}凡進士,先帖經,然後試雜文及策,文取華實兼舉,策須義理愜當者爲通。凡明法,試律令,取識達義理、問無疑滯者爲通。凡明書,試説文、字林,取通訓詁兼會雜體者爲通。凡明算,試九章、海島、孫子、五曹、張丘建、夏侯陽、周髀、五經、綴術、緝古,取明數造術、辨明術理者爲通。凡此六科,求人之本。"案:大、小、中經之制,亦見選舉志,而百官志又云"論語、孝經、爾雅附于中經",故知唐之大、小、中經,即漢之六藝九種也。

經典釋文孝經用鄭康成注,及玄宗御注,元澹作疏,至宋而邢昺作論語、爾雅疏,然亦不過九經而已。

易經詩經等名

漢志易經十二篇、詩經二十八卷,"易"字、"詩"字下,宜逗一逗,不連讀。知者,如尚書則云尚書古文經四十六卷,又云經二十九卷,以此經有壁中所得古文,有伏生所傳今文,兩載之,故尚書下亦須一逗,古文經則冠以"古文"字,而伏生書且但稱經矣。準此,則知易、詩皆提起字,漢人不稱易經、詩經也。漢傳注與經別行,首提易、詩等名,下列經者,以見經自爲經、傳注自爲傳注也。禮類云:禮古經五十六卷,又云經七十篇,"七十"當作"十七",其例亦同。惟孝經不可單稱,"孝"宜配"經"字。至汲古閣刻五經,則云易經、書經、詩經。_{鶴壽案:漢志云"凡易十三家",凡書九家","凡詩六家","凡孝經十一家"。臣瓚曰:"孝經云:'續莫大焉。'"桓譚新論云:"古孝經千八百七十二字。"可見易、書、詩古皆單稱,惟孝經連"經"字。}

鄭康成云:"尚書'尚'字,孔子所加。"宋儒删去,稱書經。

毛詩題以經師之氏,別于齊、魯、韓,明家法也。而宋儒但稱詩,于數千年下,以己意參合各本而定之,故不屑承毛氏名。若就漢學,則詩必系毛。

春秋有<u>左氏</u>春秋、<u>公羊</u>春秋、<u>穀梁</u>春秋。

前漢諸儒少兼經

前漢諸儒皆專治一經，其兼通他經者甚少，惟<u>孟卿</u>通禮、春秋，<u>胡常</u>通古文尚書、<u>左氏</u>、穀梁，<u>徐敖</u>通毛詩、古文尚書，<u>申公</u>通魯詩、穀梁，<u>瑕丘江公</u>通詩、穀梁，<u>韋賢</u>通詩、禮，<u>后蒼</u>通詩、禮，<u>韓嬰</u>通易、詩，<u>榮廣</u>、<u>王孫</u>、<u>皓星公</u>通詩、春秋，<u>尹更始</u>通<u>左氏</u>、穀梁。其兼通五經者，惟<u>夏侯始昌</u>、<u>董仲舒</u>。以上皆見<u>儒林傳</u>。至<u>東漢</u><u>馬融</u>、<u>許慎</u>等兼經始盛，<u>鄭氏</u><u>康成</u>尤能會通。然<u>范書</u><u>儒林傳</u>所載，亦皆專治一經者，兼經仍復寥寥。<u>鶴壽</u>案：先生謂<u>東漢</u><u>馬融</u>、<u>許慎</u>等兼經始盛。然<u>馬融</u>以前，尚有<u>鄭衆</u>、<u>賈逵</u>，亦兼經者，不應略之。又謂<u>范書</u><u>儒林傳</u>所載皆專治一經者，兼經仍復寥寥。今觀<u>范書</u>所載，<u>劉昆</u>少習容禮，<u>平帝</u>時，受施氏易于沛人<u>戴賓</u>。<u>孫期</u>習京氏易、古文尚書。<u>包咸</u>師事博士右師<u>細君</u>，習魯詩、論語，<u>建武</u>中，授皇太子論語，爲之章句。<u>衞宏</u>從<u>九江</u><u>謝曼卿</u>受學，作毛詩序；後從大司空<u>杜林</u>，更受古文尚書，作訓旨。<u>張元</u>少習<u>顏氏</u>春秋，後除爲郎，會<u>顏氏</u>博士缺，<u>元</u>試策第一，拜爲博士。諸生上言，<u>元</u>兼說<u>嚴氏</u>，不宜專爲<u>顏氏</u>博士。<u>李育</u>少習公羊春秋，又讀左氏傳，作難左氏義四十一事。此兼通二經者也。<u>孔僖</u>傳云："自<u>安國</u>以下，世傳古文尚書、毛詩，<u>僖</u>與<u>崔篆</u>、<u>孫駰</u>同遊太學，習春秋，因讀<u>吳王</u><u>夫差</u>時事，<u>僖</u>廢書而歎。"<u>景鸞</u>傳云："能理齊詩、施氏易，兼受河洛圖緯，作易說及詩解，文句兼取河洛，以類相從，名爲交集；又撰禮內、外記，號曰禮略，又作月令章句。"此兼通三經者也。他如<u>尹敏</u>，初習<u>歐陽</u>尚書，後受古文，兼善毛詩、穀梁、左氏春秋。<u>魏應</u>少好學，<u>建武</u>初，詣博士受業，習魯詩。<u>章帝</u>時，諸儒于<u>白虎觀</u>講論五經同異，使<u>應</u>專掌難問。<u>順帝</u>時，<u>蔡元</u>講論五經同異，甚合帝意。則皆兼通五經矣。<u>張馴</u>傳云："能誦春秋左氏傳，以大夏侯尚書教授，拜議郎，與<u>蔡邕</u>共奏定六經文字。"<u>程曾</u>傳云："受業<u>長安</u>，習<u>嚴氏</u>春秋，著書百餘篇，皆五經通難，又作孟子章句。"則又兼通六經矣。<u>任安</u>受孟氏易，兼通數經。<u>楊政</u>受梁丘易，善說經書，京師爲之語曰"說經鏗鏗<u>楊子行</u>"。<u>戴憑</u>習京氏易，正旦朝賀，<u>光武</u>令羣臣能說經者更相難詰，<u>憑</u>奪五十餘席，京師爲之語曰"解經不窮<u>戴侍中</u>"。<u>何休</u>精研六經，作春秋公羊解詁，又注訓孝經、論語，與其師博士<u>羊弼</u>追述<u>李育</u>意，以難二傳，作公羊墨守、左氏膏肓、穀梁廢疾。則并兼通衆經矣，豈獨五經無雙許叔重而已哉？儒林傳所標目者四十二人，而兼經已得十八人，亦不爲寥寥矣。

進五經正義表

唐長孫無忌等進五經正義表云："臣無忌等言：臣聞混元初闢，三極之道分焉；醇德既醨，六籍之文著矣。于是龜書浮于温洛，爰演九疇；龍圖出于榮河，以彰八卦。故能範圍天地，埏埴陰陽，道濟四溟，知周萬物。所以七教八政，垂炯戒于百王；五始六虚，貽徽範于千古。詠歌明得失之迹，雅、頌表興廢之由。實刑政之紀綱，乃人倫之隱括也。昔雲官司契之后，火紀建極之君，雖步驟不同、質文有異，莫不開兹膠序，樂以典墳。敦稽古以宏風，闡儒雅以立訓；啓含靈之耳目，贊神化之丹青。姬、孔發揮于前，荀、孟抑揚于後。馬、鄭迭進，成均之望鬱興；蕭、戴同升，石渠之業愈峻。歷夷險其教不隊，經隆替其道彌尊。斯乃邦家之基，王化之本者也。伏惟皇帝陛下，得一繼明，通三撫運。乘天地之正，齊日月之暉。敷四術而緯俗經邦，蘊九德而辨方軌物。御紫宸而訪道，坐玄扈以裁仁。化被丹澤，政洽幽陵。三秀六穗之祥，府無虚月；集囿巢閣之瑞，史不絶書。照金鏡而泰階平，運玉衡而景宿麗。可謂鴻名軼于軒、昊，茂績冠于勳、華。而垂拱無爲，遊心經典。以爲聖教幽賾，妙理深玄；訓詁紛綸，文疏踳駮。先儒競生別見，後進爭出異端，未辨三豕之疑，莫祛五日之惑。故祭酒上護軍曲阜縣開國子孔穎達，宏才碩學，名振當時，貞觀年中，奉敕修撰，雖加討覈，尚有未周。爰降絲綸，更令刊定，敕太尉揚州都督監修國史上柱國趙國公臣無忌等，上稟宸旨，傍摭羣書。釋左氏之膏肓，翦古文之煩亂，探曲臺之奧趣，索連山之玄言。囊括百家，森羅萬有。比之天象，與七政而長縣；方之地軸，將五嶽而永久。筆削已了，繕寫如前。臣等學謝伏恭，業慙張禹，雖罄庸淺，懼乖典正，謹以上聞，伏增戰越。謹言。永徽四年二月二十四日，太尉揚州都督上柱國趙國公臣無忌等上。"盧氏文弨羣書拾補曰："此表文苑英華不載,見錢孫保求赤影鈔宋本周易注疏之首。今所傳梓本皆無之,故備録于此。宋人避諱缺筆處,今皆改寫正字。"

唐人周易疏之謬

孔穎達等周易疏序言:"王輔嗣注,江左諸儒並傳其學,河北學者罕及之。其江南義疏十有餘家,皆辭尚虛玄,義多浮誕。原夫易理難窮,雖復玄之又玄,至于垂範作則,便是有而教有。若論住内住外之空、就能就所之説,斯乃義涉于釋氏,非爲教于孔門也。"此段斥各疏之非,而不述其名。下文又力辨各疏之非,然後接"今奉敕删定"云云,則此疏不用舊疏。但王輔嗣、韓康伯本屬亂道,全是異端。南人浮誕,尊信之;北人篤實,不信也。學尚南北不同,其説詳後。唐初,漢易學見存,孔北人,偏廢漢易,用王、韓易,根本已失,其疏又何足道? 穎達知江南各疏之虛玄浮誕,豈知王、韓本自虛玄浮誕,用王注而欲鬬以釋澗儒之謬,此抱薪救火,以湯止沸也。且既云"删定",則非盡出心裁,下文又言"去其華,取其實",則是仍有取之者。今攷疏中有所引褚氏、張氏、莊氏、周氏、何氏、盧氏、虞氏,殆即得之江南義疏十餘家中。然序既但有貶斥,不舉姓名,疏内稱氏無名,亦與他疏異,今未暇詳攷。予嘗歎九經之傳于世,義訓之亡,莫甚于易;正文之亡,莫甚于書。覈而論之,書正文已亡其半,又爲偽本所汩,要之二十八篇經存,而傳注亦尚可尋,俗人不深惡之。易正文無恙,而義訓蕩廢僅存者,俗儒視爲怪物,因俗學深入人心故也。則易之戹甚于書,皆起于唐疏之棄北用南也。鶴壽案:先生所深斥者,王弼周易注、尚書梅賾傳。所著尚書後案三十卷,末附尚書後辨,專主鄭康成一家之言,其鄭注殘闕者,取馬、王傳注益之,亦足以表彰漢學矣。先生謂今本尚書及偽孔傳出皇甫謐手,其實皆王肅所造以難鄭者也。而後案兼引王注,似失檢點。周易鄭注雖亡,然有唐著作郎李鼎祚集解十卷在,其中所采孟喜、京房、馬融、荀爽諸家及鄭注甚多。近孫氏岱南閣叢書又著周易集解十卷,其略曰:"蒙念學者病王弼之玄虛,慨古學之廢絶,因以李氏易解合于王注,又采集書傳所載馬融、鄭康成諸家之注，及史氏周易口訣義中古注，附于其後，凡説文、釋文所引經文異字、異音，附見本文，庶幾商瞿所傳，漢人師説，不墜于地，俾學者觀其所聚，循覽易明。其稱‘解’者，李氏所輯；稱‘注’者，王弼所注；稱‘集解’者，蒙所采也。"此正與先生同志，有裨易學不小。所惜兼采王弼注及孔氏疏，蓋亦如尚書後案兼采王肅注以補未備也。然既病王弼之玄虛，胡弗并王注、孔疏而盡去之？

晉范甯傳云："時以浮虛相扇，儒雅日替，甯以爲其源始于王弼、何晏。二人之罪，深于桀、紂。乃著論曰：‘或曰：黃、唐緬邈，至道淪翳；濠、濮輟詠，風流靡託。爭奪兆于仁義，是非成于儒墨。平叔神懷超絶，輔嗣妙思通微。振千載之頽綱，落周、孔之塵網。斯蓋軒冕之龍門，濠梁之宗匠。夫子以爲罪過桀、紂，何哉？答曰：子信有聖人之言乎？夫聖人者，德侔二儀，道冠三才。雖帝皇殊號，質文異制，而統天成務，曠代齊趣。王、何蔑棄典文，不遵禮度，游辭浮説，波蕩後生。飾華言以翳實，騁繁文以惑世。搢紳之徒，翻然改轍；洙、泗之風，緬焉將墜。遂令仁義幽淪，儒雅蒙塵；禮壞樂崩，中原傾覆。古之所謂‘言僞而辨，行僻而堅’者，其斯人之徒歟！昔夫子斬少正于魯，太公戮華士于齊，豈非曠世而同誅乎！桀、紂暴虐，正足以滅身覆國，爲後世鑒戒耳，豈能回百姓之視聽哉？王、何叨海内之浮譽，資膏粱之傲誕，畫螭魅以爲巧，扇無檢以爲俗，鄭聲之亂樂，利口之覆邦，信矣哉！吾固以爲一世之禍輕，歷代之罪重；自喪之釁小，迷衆之愆大也。’甯崇儒抑俗，率皆如此。"學者觀甯此論，則知弼、晏乃孔門皋人，周易象皆實象，而弼以假象説之，竟似莊周寓言，豈可立學官、作義疏哉！

唐人尚書等疏承襲前人

唐人作疏，多承襲前人舊本，非出自譔。今觀孔穎達尚書疏序云："古文經雖然早出，晚始得行，江左學者咸悉祖焉。近至隋初，始流河朔。其爲正義者，蔡大寶、巢猗、費甝、顧彪、劉焯、劉炫等。諸公旨趣，多或因循帖釋注文，義皆淺略，惟劉焯、劉炫最爲詳雅。然煒乃纖綜經文，穿鑿孔穴，詭其新見，異彼前儒，非險而更爲險，無義而更生義。竊以古人言誥，惟在達情，雖復時或取象，不必辭皆有意。若其言必託數，經悉對文，斯乃鼓怒浪于平流，震驚飆于靜樹，使教者煩而多惑，學者勞而少功。過猶不及，良爲此也。炫嫌煒之煩雜，就而刪焉。雖稍省要，又好改張前義，義更太略，辭又過華。雖爲文筆之善，乃非開獎之路。義既無義，文又非文，欲使後生若爲領袖，此乃炫之所失，未爲得也。今奉明敕，考定是非，爲之正義，凡二十卷。”愚謂貶各疏而揚二劉，折服已甚，雖仍多不滿，然此疏皆襲取之。知者，舜典“鞭作官刑”，疏云：“此有鞭刑，則用鞭久矣。大隋造律，方使廢之。”武成“罔有敵于我師”，疏云：“史官敘事稱‘我’者，猶如自漢至今，文章之士論國事皆云‘我大隋’。”吕刑“宫辟疑赦”，疏云：“大隋開皇之初，始除男子宫刑，婦人猶閉于宫。”此皆隋儒語也。知孔疏多襲取煒、炫，自運者少，所以“大隋”、“我大隋”字，尚刪未淨。其龘疏如此。

毛詩疏序云：“漢氏之初，詩分爲四，申公騰芳于鄢、郢，毛氏光價于河間。貫長卿傳之于前，鄭康成箋之于後。晉、宋、二蕭之世，其道大行；齊、魏、兩河之間，茲風不墜。其近代爲義疏者，有全緩、何允、舒瑗、劉軌思、劉醜、劉煒、劉炫等，然煒、炫並聰穎特達，文而又儒，擢秀幹于一時，騁絕轡于千里，固諸儒之所揖讓，日下之所無雙，其于作疏內特爲殊絕。今奉敕刪定，故據以爲本。然煒、炫等負恃才氣，輕鄙先達，同其所異，異其所同，或應略而反詳，或宜詳而更略。準其繩墨，差忒未免；勘其會同，時有顛躓。今則削其所煩，增其所簡，唯意存于曲直，非有心于愛憎。凡四十卷。”愚謂既云“詩分爲四”，則魯、齊、韓、毛也，乃下文但舉申培魯詩、毛萇毛詩，絶不及轅固齊詩、韓嬰韓詩，貫長卿以下則單承毛詩言之，并魯詩亦置不道。其說別見。至于論疏家短長，推重二劉，極其折服，正與書疏序同，而此且直言“據以爲本”，則承襲更不待言。

　禮記疏序云："禮記<u>大</u>、<u>小二戴</u>，共氏分門；<u>王</u>、<u>鄭</u>兩家，同經異注。從<u>晉</u>、<u>宋</u>逮<u>周</u>、<u>隋</u>，傳業者<u>江左</u>尤盛。爲義疏者，南人有<u>賀循</u>、<u>賀瑒</u>、<u>庾蔚之</u>、<u>崔靈恩</u>、<u>沈重</u>、<u>范宣</u>、<u>皇侃</u>等，北人有<u>徐遵明</u>、<u>李業興</u>、<u>李寶鼎</u>、<u>侯聰</u>、<u>熊安生</u>等。其見于世者，惟<u>皇</u>、<u>熊</u>二家而已。<u>熊</u>則違背本經，多引外義，猶之<u>楚</u>而北行，馬雖疾而去逾遠矣。又欲釋經文，唯聚難義，猶治絲而棼之，手雖繁而絲益亂也。<u>皇氏</u>雖章句詳正，微稍繁廣，又既遵<u>鄭氏</u>，乃時乖<u>鄭</u>義，此是木落不歸其本，狐死不首其丘。此皆二家之弊，未爲得也。然以<u>熊</u>比<u>皇</u>，<u>皇氏</u>勝矣。雖體例既別，不可因循，今奉敕删理，仍據<u>皇氏</u>爲本，其有不備，以<u>熊氏</u>補焉。翦其繁蕪，撮其機要，爲之<u>正義</u>，凡七十卷。"此所舉<u>賀循</u>等疏，皆爲<u>鄭</u>注疏也，而上文並舉<u>王</u>、<u>鄭</u>，殊爲牽混。觀其並舉<u>大</u>、<u>小戴</u>，此疏與<u>大戴</u>無涉而亦舉及，則所言各疏與<u>王肅</u>無涉可知。諸家皆不評，只評<u>皇</u>、<u>熊</u>，而所承襲者<u>皇</u>多<u>熊</u>少顯然。

　左傳疏序云："<u>杜元凱</u><u>左氏集解</u>，<u>晉</u>、<u>宋</u>傳授，以至于今。其爲義疏者，則有<u>沈文阿</u>、<u>蘇寬</u>、<u>劉炫</u>。然<u>沈氏</u>于義例粗可，于經傳極疏。<u>蘇氏</u>則全不體本文，唯旁攻<u>賈</u>、<u>服</u>，使後之學者鑽仰無成。<u>劉炫</u>于數君之内，實爲翹楚，然聰慧辯博，固亦罕儔，而探賾鉤深，未能致遠。其經注易者，必具飾以文詞；其理致難者，乃不入其根節。又意在矜伐，性好非毁，規<u>杜氏</u>之失，凡一百五十餘條。習<u>杜</u>義而攻<u>杜氏</u>，猶蠹生于木而還食其木，非其理也。雖規<u>杜</u>過，義又淺近，所謂'捕鳴蟬于前，不知黃雀在其後'。然比諸疏，猶有可觀。今奉敕删定，據以爲本，其有疏漏，以<u>沈氏</u>補焉，若兩義俱違，則特申短見，爲之<u>正義</u>，凡三十六卷。"此其襲<u>劉炫</u>又顯然者。蓋<u>穎達</u>所譔，惟<u>周易疏</u>自作者多，其餘皆取前人。<u>鶴壽</u>案：五經正義諸序，累隊重複，文體最爲卑弱。先生又聯翩引之，不加翦裁，似非著書之體。禮記疏序云："南人有<u>庾蔚之</u>、<u>范宣</u>、<u>皇侃</u>，北人有<u>徐遵明</u>、<u>熊安生</u>。"原本"庾蔚"下無"之"字，"宣"上無"范"字，"皇侃"作"皇甫侃"，"徐遵明"作"道

明”，“熊安”下無“生”字。今依盧氏文弨校本，“庚蔚”下補“之”字；衞湜禮
記集說，“宣”上補“范”字，“熊安”下補“生”字；隋經籍志，“皇”下刪“甫”
字，以便觀覽。至“道明”當作“遵明”，更不待言。又左傳疏序中之沈文阿，
原本作“文何”，今亦據陳書改正。先生俱有辨在後。

　　賈公彥周禮疏序，全是述周官緣起大意，又有序周禮廢興一
篇，述傳此經者家數，至其作疏之所以然、本之何人皆不及，則此疏
似是公彥自譔。儀禮疏序云：“周禮注有多門，儀禮注，後鄭而
已。其爲章疏，則有二家：信都黃慶者，齊之盛德；李孟悊者，隋之
碩儒。慶則舉大略小，經注疏漏，猶登山遠望而近不知；悊則舉小
略大，經注稍周，似入室近觀而遠不察。二家之疏，互有修短，時之
所尚，李則爲先。”此下于二家各舉其謬者一條，而其餘足見矣。
又云：“今以先儒失路，後宜易塗，故悉鄙情，聊裁此疏，未敢專欲，
以諸家爲本，擇善而從，兼增己義。”觀其“未敢專欲”云云，則非專
取黃、李。其辨黃一條內又云：“喪服一篇，凶禮之要，是以南、北
二家，章疏甚多，時之所以，皆資黃氏。”其實各篇內皆有參各疏
處，不獨喪服爲然。要之，公彥此疏亦取前人。

　　公羊傳疏二十八卷、穀梁傳疏二十卷，毛氏汲古閣板皆無作
疏人序，卷首標題之下，亦絕不言向來作疏者有何家數、今之作疏
本于何人；明國子監板，前有宋景德時中書省所下刻書牒文，亦無
作疏人名序。由今攷之，公羊出徐遵明，穀梁出楊士勛。鶴壽案：
舊唐書經籍志云：春秋穀梁傳疏十三卷，楊士勛譔。新唐書藝文志作十二
卷。崇文總目亦云：唐國子四門助教楊士勛譔。此無可疑者。獨春秋公羊傳
疏三十卷，新、舊唐書皆不載，崇文總目雖載之，無譔人名氏，唯董迪廣川藏
書志云：“世傳徐彥所作，不知何代。意其在貞元、長慶後也。”紀曉嵐先生
曰：“春秋莊公三年，公羊疏稱‘改葬桓王在恒星不見之後’云云，全襲楊士勛
穀梁疏。”今攷貞觀中，楊士勛與孔穎達奉詔譔春秋正義，則董迪謂徐彥在貞
元、長慶後，不爲無因矣。至于徐遵明，則魏儒林傳但云：“陽平館陶趙世業
家有服氏春秋，是晉世永嘉舊本，遵明乃往讀之，復經數載，因手譔春秋義章
三十卷。”然則遵明所譔著者乃服氏春秋，非公羊春秋也。而先生以爲公羊

疏出遵明，毫無所據。蓋見北齊儒林傳敍云“經學諸生，多出自魏末大儒徐遵明門下”，故以此疏推尊之爾。

　　舊唐書儒林傳："貞觀十四年，詔曰：‘梁皇侃、褚仲都、周熊安生、沈重、陳沈文阿、周弘正、張譏、隋何妥、劉炫等，並前代名儒，經術可紀，所在學徒，多行其疏。宜加優異，以勸後生。可訪①其子孫，録名奏聞，當加引擢。’"太宗所以加恩于諸人者，以孔穎達等用其疏也。褚仲都，不知可即是周易疏中褚氏否？鶴壽案：先生于唐人周易疏一條云："致疏中有所引褚氏、張氏、莊氏、周氏、何氏、盧氏、虞氏，殆即得之江南義疏十餘家中。然稱氏無名，未暇詳致。"此條引舊唐書褚仲都，云"不知可即是周易疏中褚氏否"，並不提及隋經籍志中之褚仲都。其實疏中所引七氏，即據隋志已有五氏可推。雖五氏不皆南人，然孔氏既斥江南各疏爲非，安見所引者之盡爲南人邪？隋志云："周易講疏十六卷，梁五經博士褚仲都譔。"南史孝義傳云："仲都，吳郡錢塘人，善周易，爲當時之冠。"儒林傳云："全緩受易于仲都。"觀正義所引"雷資風而益遠，風假雷而增威"，其說略似子夏易傳。隋志又云："周易講疏三十卷，陳諮議參軍張譏譔。"南史儒林傳云："譏字直言，清河武城人，受學于周弘正。梁武帝于文德殿釋乾、坤文言，譏與陳郡袁憲等與焉。賜裙襦絹，云‘表卿稽古之力’。"正義于乾卦初九即引張氏曰"陽數有七有九，陰數有八有六"，或係譏之說也。隋志又云："周易義疏十六卷，陳尚書左僕射周弘正譔。"陳書云："弘正字思行，汝南安城人，起家梁太學博士。時于城西立士林館，弘正居以講授，聽者傾朝野焉。又啓梁武帝周易疑義五十條，請釋乾、坤二繫。"據顏之推謂"武皇、簡文，講論老、莊，宏辯奉贊大猷"，則周氏義疏固王弼之流亞爾。以上三家，當即孔氏所引。唯何氏凡有三家，不知所引者爲誰。隋志云："周易十卷，梁處士何胤注。"梁處士傳云："胤字季恆，盧江灊人。師事沛國劉瓛，受易及禮記、毛詩，起家齊秘書郎。高祖踐阼，詔爲特進右光祿大夫，胤固辭，乃敕曰：‘頃者學業淪廢，儒術將盡，本欲屈卿暫出，開導後生。既屬廢業，此懷未遂，延佇之勞，載盈夢想，理身虛席，須俟來秋，所望惠然申其宿抱耳。’"當時欽重如此。隋志又云："梁有周易疑通五卷，宋中散大夫何諲之

---

① "訪"，原作"詔"，據舊唐書儒學上改。

譔。"又云:"周易講疏十三卷,國子祭酒何妥譔。"北史作三卷。北史儒林傳云:"妥字栖鳳,西城人。入周,仕爲太學博士。文帝受禪,除國子博士。譔周易講疏、孝經、莊子義疏,行于世。學士自江南來者,蕭該、包愷並知名。"以上三家,李鼎祚集解所引者只有何妥,正義于文言等條下所引何氏,皆略其名。隋志又云:"周易一帙,十卷,盧氏注。"亦不詳其名。此五氏之見于隋志者也。其餘莊氏、虞氏,正義所引莊氏最多,見于乾卦者已有二十餘條,其大旨與褚仲都相類。

孔穎達等各疏序所舉前人疏見隋志者

孔穎達等各疏序所舉前人疏爲所承用者,欲攷其書,當先求之隋經籍志。蓋隋書亦唐初所修,穎達等所見各疏,當皆隋代所遺,修隋書者自宜采入。今取而攷之,尚書則有尚書義疏三十卷,蕭詧司徒蔡大寶譔;尚書百釋三卷、尚書義三卷,梁國子助教巢猗譔;尚書義疏十卷,梁國子助教費甝譔;尚書疏二十卷、尚書文外義一卷,顧彪譔;尚書述義二十卷,國子助教劉炫譔。毛詩則有毛詩總集六卷"集"當作"義"、毛詩隱義十卷,梁處士何胤譔;毛詩義疏二十卷,舒瑗譔;毛詩述義四十卷,國子助教劉炫譔。禮記則有禮記新義疏二十卷,賀瑒譔;禮記義疏四十卷,沈重譔;禮記義疏九十九卷、禮記講疏四十八卷,皇侃譔。左傳則有春秋左氏經傳義略二十五卷,陳國子博士沈文阿譔;春秋左氏傳述義四十卷,東京太學博士劉炫譔。鶴壽案:著書之體,須歸一例。先生于尚書疏蔡大寶、巢猗、費甝、劉炫皆載其官,于顧彪獨不載,而于禮記疏賀瑒、沈重、皇侃則皆不載。推先生之意,以爲就其原本耳。但原本書類上文云:"今文尚書音一卷,祕書學士顧彪譔。"詩類云:"毛詩義疏二十八卷,蕭歸散騎常侍沈重譔。"禮類上文云:"喪服文句義疏十卷,陳國子助教皇侃譔。"故下文不再述耳。唯舒瑗、賀瑒則不書其官,然下文論語類又云:"諡法五卷,梁太府賀瑒譔。"凡此皆宜一例補入。其穎達所舉而隋志無者,劉焯、劉炫二人同時名重,穎達並舉之,而隋志絶無焯著述,不可解者一。何胤毛詩總集、隱義,志用小字夾注,而其下有"亡"字。初疑衍"亡"字,然此志之例,大約亡者則入注"亡"字,似非衍。但穎達既舉而評之，則見其書，而隋志云"亡"，不可解者二。若志又有賀瑒禮論要鈔一百卷，似非專説禮記；庾蔚之禮論鈔二十卷、禮答問六卷，亦似非禮記義疏；崔靈恩三禮義宗，則爲總説三禮之書，予不欲汎列，故皆不及。至賈公彦所云黄慶、李孟悊，則隋志無之。鶴壽案：隋志雖無劉焯著述，而儒林傳載之。新、舊唐書皆云："尚書義疏二十卷，劉焯譔。"蓋隋書非出一人之手，故傳有而志無爾。先生于禮論要鈔等書，謂非專説禮，故不欲汎列。然如毛詩譜二卷，太叔求及劉炫注；毛詩集小序一卷、春秋左傳杜預序集解一卷，皆劉炫注，是專説詩、春秋者，似未可略。

孔穎達等各疏序所舉前人疏見各史者

孔穎達等自序所舉疏家見于各史者，尚書疏序所舉凡六家。隋儒林傳云："餘杭顧彪，字仲文。煬帝時爲祕書學士，譔古文尚書疏二十卷。"此傳敘首云："煬帝即位，舊儒多已凋亡，二劉拔萃出類，學通南北，博極今古，後生鑽仰，莫之能測。所製諸經義疏，搢紳咸師宗之。"劉焯傳云："字士元，信都昌亭人。以著述爲務，賈、馬、王、鄭所傳章句，多所是非，著五經述議，並行于世。劉炫聰明博學，名亞于焯，故時人稱二劉焉。天下名儒後進，質疑受業，不遠千里而至者，不可勝數。論者以爲數百年來，博學通儒，無能出其右者。大業六年卒，年六十七。"劉炫傳云："字光伯，河間景城人。少聰敏，閉户讀書，强記默識，莫與爲儔。左畫方、右畫圓、口誦、目數、耳聰，五事同舉，無有遺失。周武帝平齊，與著作郎王劭同修國史，俄直門下省，兼于内史省攷定羣言，除殿内將軍。又與諸儒修定五禮。煬帝時，盜賊蜂起，凍餒而死，年六十八。著尚書述議二十卷，行于世。"愚謂隋經籍志于各疏并顧彪疏，皆不稱"古文"，而儒林顧彪傳乃云古文尚書疏，則各疏必亦稱"古文"，志略之耳。梅賾獻書，自稱古文，南士浮誕，好信異説，闃然羣起而"古文"之，豈知此書乃不古不今者乎？又孔穎達推重二劉特甚，隋儒林亦然，且襃譽劉焯尤過于炫。穎達于詩、書皆兼評焯、炫疏,乃隋經籍志全不載焯書,罣漏良爲可異,或者于儒林焯傳言其著五經述議,于炫傳列其各經疏亦名"述議",則意二劉之書多同,故志列炫不及焯。然觀穎達評,固各自爲書,宜並列爲是。北齊儒林傳敘首云:"齊時儒士罕傳尚書之業,徐遵明兼通之,授李周仁、張文敬、李鉉、權會,並鄭康成所注,非古文也。下里諸生,略不見孔氏注解。武平末,河間劉光伯、信都劉士元始得費甝義疏,乃留意焉。"此段,學者更宜著眼。觀尚書卷首疏稱:"鄭玄書贊云:'我先師棘下生子安國,本作"棘子下生",從閻若璩改。亦好此學,衞、賈、馬二三君子之業,則雅才好博,既宣之矣。'又云:'歐陽氏失其本義,今疾此蔽冒,猶復疑惑未悛。'是鄭意師祖孔學,傳授膠東庸生、劉歆、賈達、馬融等學,而賤夏侯、歐陽等。何意鄭注尚書,亡逸並與孔異,篇數並與三家同。又劉歆、賈達、馬融等並傳孔學,云'十六篇逸',與安國不同者,良由孔注之後,其書散逸,傳注不行。以庸生、賈、馬等惟傳孔學經文三十三篇,故鄭與三家同,以爲古文,而鄭承其後,所注皆同賈達、馬融之學,題曰古文尚書,篇與夏侯等同,而經字多異。"此疏之謬,正與北齊書同。鄭所增多之汩作、九共等篇,真古文也,則以爲張霸僞書。鄭雖不注增多篇,然所注二十九篇,亦古文也,而南朝及隋、唐人反指爲今文。亡者全亡,逸者逸在祕府,非亡也,何意秦火所不能亡者,反亡于晉。鄭學之孤已甚,僞本一出,勢不能不以僞奪真,直至閻若璩始有的見,然但可爲知者道耳。觀北齊書,知二劉疏實出費甝,穎達疏全取二劉,取二劉則費在其中,故疏中不復舉費名,間舉顧彪而已。若蔡大寶、巢犄,穎達雖見其書,未知采否。鶴壽案:作疏之人,其生卒年月,自有各史,無容縷述。既述之,須前後一例。先生于劉焯載其年,而于劉炫脫去"年六十八"句,今依本傳補入。

毛詩疏序所舉凡七家。陳儒林全緩傳云:"字宏立,吳郡錢塘人。梁太清初轉國子助教,專講詩、易。大建中卒,年七十四。”南史于全緩不言講詩，謬甚。梁處士何胤傳云：“字子季，廬江灊人。師事沛國劉瓛，受毛詩。在齊貴顯。高祖踐阼，給白衣尚書禄。中大通三年卒，年八十六。胤注毛詩總集六卷、毛詩隱義十卷。”北齊儒林劉軌思傳云：“渤海人。説詩甚精，少事同郡劉敬和，敬和事同郡程歸則，故其鄉曲多爲詩者。”此傳敘首云：“通毛詩者，多出魏劉獻之。獻之傳李周仁，周仁傳董令度、程歸則，歸則傳劉敬和、張思伯、劉軌思。其後能言詩者，多出二劉之門。”二劉蓋指敬和、軌思也，本屬同門，其後軌思遂事敬和耳。隋劉焯傳已詳見前。而焯傳又言“少與河間劉炫同受詩于同鄉劉軌思”，則彼時軌思實爲毛詩大師。劉炫傳云：“著毛詩述議四十卷，行于世。”與焯疏名同，而各爲一家。此穎達藍本。若舒瑗、劉醜，則無攷。鶴壽案：先生于顧彪等載其字并及其里居，而于全緩、何允則全脱之，今亦依本傳補入。

　　禮記疏序所舉凡十一家。晉賀循傳云：“字彦先，會稽山陰人。其先慶普，漢世傳禮，世所謂‘慶氏學’。族高祖純，博學有重名，漢安帝時爲侍中，避安帝父諱，改爲賀氏。循，元帝建武初拜太常，疾篤，授左光禄大夫、開府儀同三司。大興二年卒，年六十。循少玩篇籍，博覽衆書，尤精禮傳。”穎達先言“從晉、宋逮周、隋，禮學江左尤盛”，然後言“爲義疏者南人則賀循等”云云，以循冠首，則穎達所舉，確指此賀循。且循本慶普後裔，真禮學大宗，且本傳載“朝廷有大典禮，循每建議施行”，則其生平以禮學名世顯然。然傳但稱其學精于禮傳，而不云作禮記義疏，隋經籍、新舊唐書經籍、藝文諸志皆有循喪服譜、喪服要記，而無禮記疏，要之，穎達固親見其書而首舉及之。穎達所舉皆南北朝人，晉惟循一人爲最在前。梁儒林賀瑒傳云：“字德璉，會稽山陰人。祖道力，善三禮。瑒少傳家業。天監初，召見説禮義，高祖異之，詔爲皇太子定禮。瑒悉禮舊事，時高祖方創定禮、樂，瑒所建議，多見施行。九年疾卒，年五十九。著禮講疏。”南史儒林無賀瑒，遷入列傳。要之，瑒亦係循之後人，或羣從子姓。庾蔚之，隋經籍志有，已見前。崔靈恩傳云："清河武城人。少篤學，尤精三禮，先在北爲太常博士，天監十三年歸國，制三禮義宗四十七卷。"南史略同。周儒林沈重傳云："字德厚，吳興武康人。博覽羣書，尤明詩、禮。梁大通三年，起家王國常侍。中大通四年，補國子助教。大同二年，除五經博士。梁元帝在藩甚歎異之，及即位，迎重西上。江陵平，重留事梁主蕭詧，累遷都官尚書、領羽林監。詧又令重于合歡殿講周禮。高祖以重經明行修，遣宣納上士柳裘至梁徵之。保定末，重至京師，詔令討論五經。六年，授驃騎大將軍、開府儀同三司、露門博士。建德末，重以入朝既久，表請還梁，高祖許焉。梁主蕭巋拜重散騎常侍、太常卿。大象二年，來朝京師。開皇三年卒，年八十四。重學業該博，爲世儒宗。多所譔述，咸得指要，其行于世者，禮記義三十卷。"梁儒林皇侃傳云："吳郡人。侃師事賀瑒，盡通其業，尤明三禮，譔禮記講疏五十卷。書成奏上，詔付祕閣，召入壽光殿，講禮記義。大同十一年卒，年五十八。"南史略同。魏儒林徐遵明傳云："字子判，華陰人。年十七，師屯留王聰，受禮記。後詣平原唐遷，居蠶舍讀三禮，不出門院，凡經六年。遵明講學于外二十餘年，海內莫不宗仰。孝昌末，渡河，客任城。永安二年，爲亂兵所害，年五十五。遵明弟子李業興表請爲遵明贈謚，不許。"北齊儒林傳敘首云："三禮並出徐遵明之門。徐傳業于李鉉、沮儁、田元鳳、馮偉、紀顯敬、呂黃龍、夏懷敬，李鉉又傳刁柔、張買奴、鮑季詳①、邢峙、劉書、熊安生，安生又傳孫靈暉、郭仲堅、丁恃德，其後生能通禮經者，多是安生門人。諸生盡通小戴禮，于周、儀禮兼通者，十二三焉。"北朝名儒，遵明推首，而三禮尤爲大師，觀此可見。魏儒林李業興傳云："上黨長子人。與高隆之等在尚書省議定五禮。武定七年卒，年六十

----

① "詳"，原作"祥"，據北齊書儒林傳改。

六。"北齊儒林李鉉傳云："字寶鼎,渤海南皮人。年十六,從章武劉子猛授禮記。以鄉里無可師,詣大儒徐遵明受業。二十三讚三禮義疏。"周儒林熊安生傳云："字植之。事徐遵明,服膺歷年。東魏天平中,受禮于李寶鼎,遂博通五經,然專以三禮教授。齊河清中,爲國子博士。天和三年,齊請通好,兵部尹公正使焉,與齊人語及周禮,齊人令安生至賓館,與公正言,公正嗟服。還,具言于高祖,高祖欽遲之。及高祖入鄴,幸其第,不聽拜,親執其手,引與同坐,詔給安車駟馬,隨駕入朝。至京,敕于大乘佛寺。參議五禮。宣政元年,拜露門學博士、下大夫。年八十餘,致仕,卒。安生學爲儒宗,當時受業擅名于後者,劉焯、劉炫等皆其門人。讚禮記義疏四十卷,行于世。"若侯聰,則無攷。鶴壽案:此條于賀瑒、徐遵明脱去其字,于李鉉脱去其里居,今各依本傳補入。先生謂隋志沈重,孔穎達作沈重宣,今據衞湜禮記集説,知宣爲范宣,字宣子,濟陽人,東晉員外郎,隋志載有禮記音二卷。

左傳疏序所舉凡三家。陳儒林沈文阿傳云："字國衞,吳興武康人。研精章句,博采先儒異同,自爲義疏,治三傳。世祖即位,遷通直散騎常侍兼國子博士。天嘉四年卒,年六十一。"南史同,多一句,云"讚春秋義記,行于時"。隋儒林劉炫傳云："著春秋攻昧十卷、春秋述議四十卷。"此即穎達所據以爲本者。其攻昧,殆即穎達所謂"炫規杜氏之失一百五十餘條"者也。若蘇寬,則無攷。玩穎達序,雖見蘇寬之書,實未采其一句。自今論之,左傳當以服虔爲主,其次則取賈逵,其説詳後。觀穎達云"蘇全不體本文,惟旁攻賈、服",炫之攻昧,如説文攴部云"攻,擊也"是也;寬之旁攻賈、服,如攷工記注云"攻猶治也"是也。然則左傳各疏,蘇寬最佳,所可恨者,彼時服注具存,何不竟用服注作疏,而反作杜疏? 穎達列寬于文阿後炫前,寬必北人,疑亦從齊、周入隋,因杜注盛行,牽于時風,姑就杜爲疏,而隱以扶賈、服作此調劑之計。穎達既無卓識,奉賈、服以存古,反黨杜而斥蘇,紕繆極矣。

賈公彥儀禮疏序所舉凡二家。黃慶、李孟悊,皆無攷。

同修疏人

與孔穎達、賈公彥共譔正義者,馬嘉運、趙乾叶、蘇德融、趙弘智、王德韶、李子雲、朱長才、隨德素,王士雄、齊威、賈普曜、朱子奢、李善信、柳士宣、范義頵、張權、周玄達、趙君贊、谷那律、李元植,並見孔、賈序。新唐書志于易多顏師古、司馬才章、王恭、王談、于志寧五人,于書多刊定一條,凡若干人。穎達禮記疏與公彥共定,新、舊唐舊志別載公彥禮記正義,恐即是今穎達本。左傳疏與楊士勛共定。若公羊疏,則必徐遵明。

蛾術編卷二

説　録　二

南、北學尚不同

南人輕浮淺躁，北人沈潛篤實；南人虛夸誕妄，北人誠樸謙謹，故學尚不同。兩漢、三國，經師林立，南人惟一虞翻，包咸、韋昭亦可備數，其餘大儒皆北人。此謂傳注也，若夫義疏之體，起南北朝，而所宗主者，南、北亦大不同。魏儒林傳敘首言立學、置生徒、幸太學、釋奠、講經等典故，而末段則略舉諸儒姓名，云：“漢世鄭玄並爲衆經注解，服虔、何休各有所説，玄易、書、詩、禮、論語、孝經，虔左氏春秋，休公羊傳，盛行于河北。”此段乃經學中第一緊要關目，何以從未有人理會到此？予爲拈出，學者急須著眼。周易當以孟喜、虞翻爲主，鄭康成于此經卻未爲精詣，然鄭易究與孟不甚相遠，北學既宗鄭易，則孟亦在其中，能發揮孟者，虞翻爲最善。翻實南人，若無創于北，亦何能研究乃爾？至于北朝崇尚鄭注書、詩、三禮、論語、孝經，服注左傳，何注公羊，其擇取允當絕倫，并何注公羊疏亦疑徐遵明作，信乎經學之在北不在南也。下文又云：“王肅易亦間行焉。”“肅”當作“弼”。又云：“晉世杜預注左氏，預玄孫坦、坦弟驥，于劉義隆世並爲青州刺史，傳其家業，故齊地多習之。”隋儒林傳敘首云：“南、北所治章句，好尚互有不同。江左周易則王輔嗣，尚書則孔安國，左傳則杜元凱；河、洛左傳則服子慎，尚書、周易則鄭康成，詩則並主于毛公，禮則同遵于鄭氏。南人約簡,得其英華;北學深蕪,窮其枝葉。"此段通論南、北學尚之異,挈領提綱,亦頗能得其總要。然于何休公羊,竟不齒及,則其標舉北學,已遠不及魏收。愚前論公羊疏必係北朝精于實學、篤守師法之人所爲,若徐遵明是。今觀魏收言何休公羊盛行于河北,愚説猶信。乃作隋書者,于此疏竟夷然不屑,置若罔聞,無識之甚!至其評斷云"南得英華,北得枝葉",大有揚南抑北之意。殊不知王易、僞孔書、杜左,經中之蟊賊也,反以爲英華,何哉?此種議論,必出于劉焯、劉炫。隋書,唐人所修,彼時俗學漸熾,古學漸微。幸而詩則並主于毛氏、禮則同遵于鄭氏,四經得以長留天地間,并公羊亦未蕩廢,然而十一經中,古學已亡其五。數千百年之下,撫卷三歎,能不深惜之!鶴壽案:此條總論五經。

先生謂易當以孟喜、虞翻爲主者,蓋以鄭注已亡,見李鼎祚集解者,寥寥無幾,王應麟所輯周易鄭康成注,亦止一卷。而虞翻固傳孟喜之學者也,漢藝文志有孟氏周易章句二篇,隋經籍志云:"周易八卷,漢曲臺長孟喜章句,殘缺。阮孝緒七錄作十卷。"近惠定宇先生所著易漢學,孟長卿易首列卦氣圖説,此即唐一行所謂"十二月卦,出于孟氏章句,其説本于氣,而後以人事明之"者也。次列推卦用事日,此即劉洪所謂"因冬至大餘倍其小餘,坎用事日加小餘千七十五滿乾,法從大餘中孚用事日求次卦,各加大餘六、小餘百三,其四正卦各因其中日而倍其小餘"者也。長卿六日七分諸説,與京君明相出入,故漢志又云"易孟氏京房十一篇,災異孟氏京房六十六篇"。其章句與今文異者,如"夕惕若厲無咎",作"夕惕若屬"爲句;"履虎尾愬愬終吉","愬愬"作"虩虩",下有"恐懼"二字;"用拯馬壯吉","拯"作"抍",無"用"字之類,見説文解字。又如"咸其輔頰舌","頰"作"俠";"懲忿窒欲"作"恎浴";"日中則昃"作"稷"之類,見經典釋文。隋經籍志又云:"周易九卷,吳侍御史虞翻注。"其書雖亡,而李氏集解采摭甚備。翻博學洽聞,所著有周易、論語、國語、老子、參同契注解,周易日月變例、周易集林、律曆、太玄、明楊、釋宋等書。漢末,馬融作易傳、鄭康成作易注,荀爽、劉表、宋忠、李譔、王朗、董遇皆以易名家,而翻獨傳孟氏學,觀其上獻帝奏云:"臣高祖父故零陵太守光,少治孟氏易,至臣五世。臣習經于枹鼓之間,講論于戎馬之上,蒙先師之説,依經立注。"則知孟氏易乃其家學。又奏云:"潁川荀諝,號爲知易,所説'西南得朋，東北喪朋'，顛倒反逆，了不可知。"蓋"西南得朋"者，謂陽得其類，月朔至望，從震至乾，與時偕行也；"東北喪朋"者，謂陽喪滅坤，坤終復生，月之三日，成震出庚也。惠氏易漢學，虞仲翔易首列八卦納甲圖，正以發明此段陰陽消息之理也。然虞氏易亦不盡同孟氏，如"陰凝于陽爲其嘺于无陽也"，與荀氏同；"累其角得失勿恤野容"，與鄭氏同；"萃亨"無"亨"字，與馬氏同；"洗心"作"先心"，與京氏同，似非專主一家者。先生又謂"鄭注書、詩、三禮，服注左傳，何注公羊，北朝崇尚，允當絕倫者"。僞孔書傳固不足數，然鄭注亦已殘缺，先生蓋欲以尚書後案追配前儒也。詩有鄭箋、三禮有鄭注，無容擬議，左傳何以必用服注？先生蓋專主鄭氏一家言，而服注中有鄭注在內故也。世説云："鄭玄欲注春秋，尚未成，與服子慎遇，宿過舍，先未相識，服在外車上，與人説已注傳意，玄聽之良久，多與己同，乃就車與語曰：'吾久欲注，尚未了，今當盡以所注與君。'遂爲服氏注。"但其書無一存者。隋經籍志云："春秋左氏傳解誼三十一卷，漢九江太守服虔注。又有左傳注十卷，殘缺；音三卷，亡。膏肓釋痾十卷、春秋成長説九卷、塞難三卷、漢議駁二卷，亡。"舊唐書經籍志有左氏音隱一卷、何氏春秋漢記注十一卷，今僅散見各疏中。且服虔之前，尚有賈逵，范書稱其"弱冠能誦五經，兼通五家穀梁之説，尤明左氏傳，注左氏三十篇，永平中獻之。顯宗重其書，寫藏祕館。建初元年，詔逵入講北宮白虎觀、南宮雲臺，使出左氏傳大義長于二傳。逵于是摘出左氏三十事，帝令逵自選公羊嚴、顏諸生高才者二十人，教以左氏，與簡紙經傳各一通。"今其説亦僅散見各疏中。若謂服注可以采集而用之，則賈注亦宜采集也。陸澄曰："左氏，泰元取服虔而兼取賈逵經，服傳無經，雖在注中，而傳又有無經者。今留服而去賈，則經有所闕。"觀此則賈、服固當並用矣。先生以公羊疏爲徐遵明所作，故極其推重，然何以隋、唐諸志絕不登載，直至崇文總目始著？漢時穀梁，有尹更始、劉向、周慶、丁姓、王彥五家之説，魏、晉以來，又有唐固、糜信、孔衍、江熙、程闡、徐仙民、徐乾、劉瑤、胡訥十數家。范甯以爲不足觀，乃與長子泰、中子雍、小子凱、從弟邵，商略名例，博采諸儒，成其父汪之志。晁説之稱其"精深遠大，得子夏真傳"，而先生不及之，何邪？總之，風氣雖分南、北，好尚各有不同，北人豈必皆篤實，南人豈必盡輕浮？觀諸史所載南人之長于經學者，南齊書云："劉瓛，沛國相人。學冠當時，京師士子貴遊，莫不下席受業。""陸澄，吳郡吳人。行坐眠食，手不釋卷，國學議置鄭、王易，澄謂鄭不可缺"，即先生亦深取其説。梁儒林傳云：

"何佟之,盧江灊人。少好三禮,當時國家吉凶禮皆取決焉。""嚴植之,建平秭歸人。徧治鄭氏禮、周易、毛詩、左氏春秋"而又有吳郡皇侃,武康沈峻,山陰賀瑒、孔僉、孔子祛。陳儒林傳云:"沈文阿,吳興武康人。研精章句,自爲義疏,治三禮、三傳。"又有沈洙、沈不害,亦武康人。戚袞,吳郡鹽官人,遊學京都,受三禮于國子助教劉文紹,北人宋懷方,自魏攜儀禮、禮記疏,祕惜不傳,獨授戚生。顧越,亦鹽官人。而又有吳郡陸詡、吳興沈德威、會稽賀德基、錢塘全緩。自齊、梁以來,名儒林立,安見南人無鑽研北學者哉?

南豈無良儒,皆衍北學之宗風;北亦有漫士,實中南人之蠱毒。

北齊儒林傳敘首云:"經學諸生,多出自魏末大儒徐遵明門下,河北講鄭康成所注周易,遵明以傳盧景裕及清河崔瑾,景裕傳權會,權會傳郭茂。權會早入京都,郭茂恒在門下教授,其後能言易者,多出郭茂之門。河南及青、齊之間,儒生多講王輔嗣所注周易,師訓蓋寡。"魏書云"王弼易亦間行焉",與此所云"師訓蓋寡"正合。王弼,三國魏志無傳,僅于鍾會傳末附綴六句,述其注易及老子而已。周易,羣經之弁冕,其注若當時人皆尊信,雖陳壽亦不敢略之如此,弼北人,而其學不能行于北,但能行于南,可見北人亂道,亦必須南人附和方能行也。從曹魏直至李唐,方以弼注爲主,公然盡廢漢經師舊學,此真事之奇者,裴松之注采孫盛曰:"易之爲書,窮神知化,非天下之至精,其孰能與于此? 世之注解,殆皆妄也,況弼以附會之辨,而欲籠統玄旨者乎? 故其敘浮義則麗辭溢目,造陰陽則妙賾無間,至于六爻變化、羣象所效,日時歲月、五氣相推,弼皆擯落,多所不關。雖有可觀者焉,恐將泥夫大道。"盛乃有此侃侃正論,抑何明確。會嘗論易無互體,弼亦擯互體,故史家以弼附于會傳。繫辭曰:"雜物撰德,非其中爻不備。"若無互體,六十四卦只説六十四事,何足以彌綸天地、經緯萬端乎? 南齊陸澄傳"永明元年,領國子博士。時國學置鄭、王易","國學"下當有"議"字。此下載澄與王儉書"王弼注易,玄學所宗,今若弘儒,鄭不可廢"云云。澄雖未能極口詆黜王弼,想彼時江左玄風大扇,故作巽詞。然其云:"元嘉建學之始,玄、弼兩立,逮顏延之爲祭酒,黜鄭置王,意在貴玄,事成敗儒。"元嘉,宋文帝年號。
延之詩人、文人,而談經學,宜其舛矣。澄又云:"杜預注傳、王弼
注易,俱是晚出,並貴後生。杜之異古,未如王之奪實。"此兩節澄
之説,精妙絶倫,説詳十七史商榷。玄學者,老、佛也。弼全用
老、佛以説易,故澄爲此言。魏儒林李業興傳云:"天平二年,蕭
衍親問曰:'聞卿善于經義,儒玄之中,何所通達?'業興曰:'少爲
書生,止讀五典,至于深義,不辨通釋。'"五典,五經也;深義,玄學
也。衍又問:"易曰太極,是有無?"業興對:"所傳太極是有,素不
玄學,何敢輒酬?"北朝人好古守正如此,宜王易不能行于北矣。
鶴壽案:先生引陸澄傳"時國學議置鄭、王易",下載澄與王儉書云"王弼注
易,玄學所宗。今若弘儒,鄭不可廢",徧檢澄傳,並無此語,未知從何處拾
來? 因憶先生所著尚書後案君奭篇引後漢書卷六十四延篤傳云"文王牖里,
閎散懷金",以後漢書檢之,乃在卷五十四延篤傳下篇史弼傳內。史、漢雖日
用之書,下筆亦不無舛錯。

　　前已引北齊儒林傳,"尚書之業,徐遵明兼通之,授李周仁
等,並鄭康成所注,非古文也。諸生略不見孔氏注解。武平末,劉
光伯、劉士元得費甝疏,乃留意焉。"武平,北齊後主年號。鄭所
傳正係古文,作史者無知,反稱爲今文。因其不注增多篇,只有二
十九篇,故混稱今文。説文自序云"其偁書,孔氏古文也",此真
孔,非偽孔。偽孔出皇甫謐,北人也,蓋本于王肅,予前言"北人
中南人之蠱毒"是也。偽孔但能行于南,不能行于北。南人立學
置博士,歷四百餘年,始能流傳到北,予前言"北人或有亂道,亦必
須南人附和方能行也"。南北朝信使交通,北豈不知南有偽孔?
良由北人樸實,寧使保殘守闕,心惡孔書假託,不肯信也。鶴壽案:
皇甫謐,安定朝那人。王肅父朗,東海郡人,肅生于會稽。先生謂偽孔出自
士安,嫌是北人,故又言本于子雍。其實偽古文、偽孔傳,皆出自子雍之手,
直至梅賾始獻之耳。

　　魏儒林李業興傳云:"天平四年,蕭衍散騎常侍朱異問:'洛
中委粟山是南郊邪?'業興曰:'委粟是圜丘,非南郊。異曰:'比

聞郊、丘異所,是用鄭義,我此中用王義。'業興曰:'然。南、北學尚,託諸空言,亦見諸行事。'"鶴壽案:魏志云:"肅善賈、馬之學,而不好鄭氏,采會同異,爲尚書、詩、論語、三禮、左氏解及譔定父朗所作易傳,皆列于學官。其所論駁朝廷典制、郊祀宗廟、喪紀輕重,凡百餘篇。時樂安孫叔然,授學鄭玄之門,人稱東州大儒,肅集聖證論,以譏短玄,叔然駁而釋之。"蓋肅專主難鄭,故鄭主郊、丘異所,而肅不然。世所傳家語一書,亦肅所僞造以難鄭者也。

北齊儒林傳敘首云:"河北諸儒能通春秋者,並服子慎所注,亦出徐生之門。張買奴、馬敬德、邢峙、張思伯、張雕、劉晝、鮑長暄、王元,則並得服氏之精微。"觀此,則服氏在北朝,頗盛名家。魏儒林徐遵明傳云:"知趙世業家有服氏春秋,是晉世永嘉舊本,乃往讀之。復經數載,譔春秋義章三十卷。"遵明識之卓而取之精若此。梁儒林崔靈恩傳云:"清河武城人。先在北爲太常博士,天監十三年歸國。靈恩先習左傳服解,不爲江東所行,乃改説杜義,每文句常申服以難杜,遂著左氏條義以明之。時有會稽虞僧誕,申杜難服,以答靈恩,世並行焉。"南史同。靈恩起北,雖歸南,猶崇北學,彼僧誕又何責焉?周儒林樂遜傳云:"字遵賢,河東猗氏人。魏正光中,聞碩儒徐遵明領徒趙、魏,乃就學左氏春秋大義。大象二年,位開府儀同三司大將軍,授東揚州刺史。隋開皇元年卒,年八十二。遜著左氏春秋序論,又著春秋序義,通賈、服説,發杜氏違。""服"字誤作"成",從北史改。服左出遵明,其傳授之盛若此,宜杜氏不能行于北矣。鶴壽案:先生極服膺徐遵明,惜其書無傳。觀樂遜爲遵明高弟而通賈、服説,則知北朝時賈注並行,今略舉數條于左:桓五年"癗動而鼓"云:"癗,發石。"文七年"正德利用厚生"云:"正德,人德。利用,地德。厚生,天德。"宣二年"于思于思"云:"白頭貌。"襄九年"冠而生子"云:"人君禮十二而冠。"昭元年"遷閼伯于商丘"云:"商丘在漳南。"其説較杜注爲長。至于服注,大半爲杜所襲取。其杜所不取者,若桓六年"接以太牢"云:"接者,子初生接見于父。"僖十年"狐突適下國"云:"晉所滅以爲下邑"諸條。若欲盡去杜而用服,所見亦太偏矣。

劉焯、劉炫會通南、北，漢學亡半，其罪甚大

學皆北是南非，而易、書、左，唐人廢北用南，其端皆發于劉焯、劉炫。隋儒林傳敘首云"二劉拔萃出類"云云，已見前。又劉焯傳云"少與河間劉炫同受詩于同鄉劉軌思，受左傳于廣平郭懋當①，問禮于阜城熊安生"云云，已見前。又劉炫傳云"縣司責其賦役，吏部尚書韋世康②問所能，炫自爲狀曰：'周禮、禮記、毛詩、尚書、公羊、左傳、孝經、論語孔、鄭、王、何、服、杜等注，凡十三家義，並堪講授，周易、儀禮、穀梁用功差少'"云云。又史臣論云："劉焯道冠縉紳，數窮天象，既精且博，洞幽究微，鉤深致遠，源流不測，數百年來，斯人而已。劉炫學實通儒，才堪成務，九流七略，無不該覽，雖控賾索隱，不逮于焯，裁成義説，文雅過之。"合各條觀之，凡作史者竭力推奉之語，皆二劉大罪案也。唐虞以下，羣聖迭興，直至周衰，惟吾夫子爲生民未有之一人，故學無常師；自非夫子，誰敢祖述堯舜，憲章文武，金聲玉振，集其大成而删定五經乎？夫子没，七十子各守其家法，歷六國、暴秦、東、西兩漢，經生蝟起，傳注麻列，人專一經，經專一師，直至漢末，有鄭康成，方兼衆經；自非康成，誰敢囊括大典，網羅衆家，删裁繁誣，刊改漏失，使學者知所歸乎？自有二劉會通南、北，而漢學遂亡其半矣。

鶴壽案：觀士元、光伯本傳，則二人之淵博，誠爲六朝以來之傑出者。先生必欲痛斥之，并援孔子、康成以壓倒之。無論其他，即以左傳言之，先生既欲斥杜申服，而光伯非援服以難杜者邪？先生前謂攻昧十卷，即炫所以規杜之失者，然舊唐書經籍志別有炫所譔春秋規過三卷，孔穎達所謂一百五十餘條當在此。今觀光伯所規，如閔元年辛廖，杜注云"晉大夫"，光伯曰："若在晉國而筮，何得云'筮仕于晉'？又辛甲、辛有，並是周人，何故辛廖獨爲晉大夫？服氏以爲'畢萬在周，筮仕于晉'，是也。"此一條，明是舉服以駁杜。其與服稍異者，如莊三十二年"能投蓋于稷門"，子慎曰："能投千鈞之重，過門之

---

① "當"，原作"常"，據隋書劉焯傳改。
② "康"，原作"惠"，據隋書劉炫傳改。

上。"光伯曰:"投車蓋過于稷門。"説太淺耳,然亦不甚相遠。他如"以嘉粟旨酒"之"粟爲穗貌",以"祭仲"之"仲"爲非名,謂"蒐于被盧先軫始佐下軍",謂"用厤復用炭乃天子之制",以"使西鉏吾庀府守"爲府庫守藏,謂"冠是大禮,當徧羣廟",謂"公姑姊止襄公父之姊一人"。若此之類,安知其非本服注以規杜者邪?今既痛斥光伯,則必并規過諸條而盡去之,勢必違服申杜而後可。

兩漢立學十四家,去取不公明,説見十七史商榷。唐人作九經疏,其去取亦謬,推其故,皆起于二劉。

諸儒姓名孔穎達序與各史異

孔穎達各疏序舉作疏諸儒姓名,予據毛鳳苞汲古閣板拈出,又從任太學兆麟、家秀才汝翰借明北國子監十三經注疏勘對相同,又購得惠徵士棟用宋刻纂圖互注禮記本,每頁板心有刻工姓名者,校毛板,并用宋本附釋音禮記注疏同校,字句小有異者甚多,而孔序舉疏家姓名則同。攷之各史,多與穎達異,穎達誤也。如庾蔚之見隋經籍志,梁儒林司馬筠傳周捨議禮引庾蔚之説,新、舊唐書經籍、藝文志亦皆稱庾蔚之,穎達作庾蔚,誤。沈重亦見隋經籍志,周儒林有沈重傳,又見此傳敘首,北史亦有傳,皆稱沈重,穎達作沈重宣,誤。皇侃亦見隋經籍志,梁儒林有傳,其字作"偘",攷侃字見説文川部从佪从川外,口部、品部、人部皆無偏字,南史亦作"侃",梁書"偘"字不知從何而來,謬甚。然此傳言侃爲青州刺史皇象九世孫,則其姓皇甚明,穎達作皇甫侃,誤。徐遵明,魏儒林有傳,又見李業興傳中、北齊儒林傳敘首、李鉉傳中、周熊安生傳中,穎達作徐道明,誤。李鉉,北齊儒林有傳,云字寶鼎,然稱名不稱字,又見此傳敘首,惟周儒林熊安生傳中嘗一稱李寶鼎,其餘則未見,穎達直稱李寶鼎者,殆因南北朝人多以字行故邪?熊安生,周儒林有傳,此傳敘首稱熊生,此汎稱,非名,又見北齊儒林傳敘首、隋儒林劉焯傳中,北史儒林亦有熊安生傳,末一段云:"將通名,見徐之才、和士開二人相對,以之才諱雄、士開諱安,乃稱觸觸生。"則此姓名甚著,穎達作熊安,誤。沈文阿亦見隋經籍志,陳儒林有沈文阿傳,南史同,穎達作沈文何,誤。

鶴壽案:沈重、范宣係是兩人,禮記疏序脱去"范"字,先生偶然失檢。至于徐遵明誤作道明、沈文阿誤作文何,此以筆迹相近而誤。遵明字子判、文阿字國衛,則作"遵"、作"阿"者屬是,猶之南史儒林傳云張譏譔周易義三十卷,隋經籍志作張機,然譏字直言,則作"譏"者屬是。又毛詩疏序所舉舒瑗,隋志作舒援,其字無聞,則作"瑗"、作"援",未知誰是,先生亦未之及。

南國子監板

王貽上帶經堂集:"康熙十九年爲國子監祭酒,請修經史刻板摺子'明南、北兩雍皆有十三經注疏、二十一史刻板,南監板存否,久不可知,國學板一修于前明萬曆二十三年,再修于崇禎十二年,至今急宜修補'"云云。案:明南國子監十三經注疏板本,予生平從未見過,想已久燬。

北國子監板

明北京國子監十三經注疏周易,朝列大夫國子監祭酒李長春校,每卷皆以校人姓名冠于首,板心"萬曆十四年",末附王弼略例一卷,邢璹注。此經不將經典釋文散入,刻附于末,別爲一卷。福建板,巡按御史李元陽、提學僉事江以達校者,與此同。而汲古閣毛刻則無之,別將略例刻入于其所謂津逮祕書,最爲可笑。北監尚書,亦祭酒李長春及奉訓大夫司經局洗馬管司業事盛訥校,第三卷則祭酒易以田一儁,板心"萬曆十五年"。毛詩,祭酒黄鳳翔、承直郎司業楊起元校,板心"萬曆十七年"。周禮,祭酒曾朝節、右春坊右中允劉應秋校,板心"萬曆二十一年"。儀禮,亦祭酒曾朝節及司業周應賓校,板心同上。禮記,亦祭酒田一儁及司業王祖嫡校,板心"萬曆十六年"。左傳,祭酒盛訥校,板心"萬曆十九年"。公羊,亦祭酒曾朝節校,板心"萬曆二十一年"。穀梁,亦曾朝節及劉應秋校,板心同上。尚書以上八經,皆將釋文散入,毛刻同。孝經,祭酒韓世能校,板心"萬曆十四年"。論語,亦祭酒李長春校,板心同上。二經皆無釋文,毛刻同。釋文所音孝經,用鄭康成注,注疏本開元御注,則無釋文固宜。爾雅,亦曾朝節、周應賓校,板心"萬曆二十一年"。此雖有釋文,但只存其音,凡所引用古人語,盡行削去,并其音亦大半改爲直音,反切存者甚少,毛刻同。孟子,祭酒劉元震及司業楊起元,又祭酒盛訥、司業蕭良有校,板心"萬曆十八年"。愚謂學術敗壞,至明神宗時已極,讀書種子殆將絕矣。校之是非,姑置勿論,但此刻在前,毛刻在後五六十年,號爲稍精,而今攷之,大略皆同,其釋文之或入或不入、或入而删削,亦皆同,惟易別附于後,毛刻獨無。鶴壽案:陸子淵河汾燕閒録謂"雕板始于隋文帝開皇十三年",恐未必然。柳玭訓序,謂在蜀時,嘗閱書肆鬻字書小學,率皆雕本,則是始于唐中葉以後。至宋眞宗咸平四年,將九經義疏頒行州縣,而印板盛行。明國子監板雖修于萬曆年間,從前屢經修輯:洪武十五年,命修國子監舊藏書板;永樂二年,命工部修補國子監各樣經籍板;弘治四年,南京國子監祭酒謝鐸上言:"國子監各樣書板,朽壞日甚,乞改東西書庫爲書樓。"嘉靖五年間,建陽書坊刊本盛行,字多訛舛,巡按御史楊瑞、提學副使邵銳疏請專設儒官校勘經籍,上遣侍讀汪佃行詔,校畢還京。十五年,祭酒呂柟乞重刊儀禮。萬曆二年,祭酒張位上言:"辟雍乃圖書之府,故自昔辨譌證謬,必以秘書及監本爲徵,今十三經注疏久無善本,請命工部給資鏤刻。"其時見存者,四書集注,板四百五十一;周易傳義,板五百一十三;尚書集注,板三百二;毛詩集注,板三百四十二;禮記集説,板七百一十八;春秋四傳,板八百九十三;論語集注考證,板五十而已矣。

經典釋文

武進臧玉林經義雜記云:"周顯德二年二月,詔刻易、書、周禮、儀禮四經釋文,皆田敏、尹拙、聶崇義校勘。自是相繼校勘禮記、三傳、毛詩音,並拙等校勘。建隆三年,判監崔頌等上新校禮記釋文;開寶五年,判監陳鄂與姜融等四人校孝經、論語、爾雅釋文上之;三月,李昉知制誥,李穆、扈蒙校定尚書釋文。陸德明釋文用古文尚書,命判監周惟簡與陳鄂重修定,詔定刻板頒行。咸平二年十月十六日,直講孫奭請摹印古文尚書音義,與新定釋文並行,從之。是書周顯德六年田敏等校勘,郭忠恕覆定古文,并書刻板。景德二年二月甲辰,命孫奭、杜鎬校定莊子釋文。案:釋文敘録云'梅賾奏上孔傳古文尚書,後范甯變爲今文集注,今以孔氏爲正',其目載孔安國古文尚書傳十三卷。據此知陸德明尚書釋文本用古文,周顯德六年田敏等校勘、郭忠恕覆定者是也。但世間已有范甯所變今文尚書,釋文及隋、唐志皆十卷。故開寶五年命周惟簡等重修,刻板頒行。則改古文爲今文,非德明之原本矣。及咸平二年,孫奭復請摹印古文釋文,與新定釋文並行,尚今、古文並存。今世所行尚書釋文,皆是今文,則爲周惟簡等改定之本,而非孫奭等復請摹印之本矣。兩本並行,一存一没,非因人情喜新厭舊之故與。"愚謂經典釋文本自爲一部,首尾完具,自五代及宋分析每經,各爲一部,逐漸校刻,其後復以散入注疏,而古人真面目不復見,幸而文淵閣全書三十卷復出,葉林宗影寫之,納蘭成德刻入通志堂經解,近盧學士文弨又重校刻。鶴壽案:臧氏此條根據玉海,所敍原委極其明晰,先生録其原文。但此條已載明開寶五年命陳鄂重修定尚書釋文。馬端臨係元初人,在王伯厚之後,則下文通考一條可不必載。

　　予所見有宋板周禮,每句旁有圈,有鄭注、有釋文,釋文首冠以"陸曰"二字,無疏。每卷尾列經若干字、注若干字、音義若干字。"音義"者,釋文也。末一條云"余仁仲刻于家塾"。余仁仲刊本,見相臺岳氏書塾刊正九經三傳沿革例。跋云:"歲在戊戌重裝。海虞窮民錢孫保識。"孫保字求赤,戊戌係順治十五年。顧文學之逵買得,予從顧處一觀。又有宋板左傳,有杜注、有釋文、無疏,卷首題云:"謹依監本寫作大字,附以釋文,三復校正刊行",兼刊圖表於卷首,春秋諸國地理圖、春秋名號歸一圖。淳熙柔兆涒灘仲夏閩山阮仲猷種德堂刊。段明府玉裁買得,予從段處一觀。予所藏宋板附釋音毛詩注疏,前有毛詩正義序,後有劉氏文府印、叔剛印、桂軒印、一經堂印。次毛詩譜序,次卷第一,有傳,有箋,有陸德明音義,有正義。然余氏周禮、阮氏左傳、劉氏毛詩雖均屬宋板,實皆書坊所刻,余既去疏而附釋文者,取簡净也,劉三者兼取，漸趨于備也。而予別藏惠棟手校，用淳化宋板本校毛板禮記正義，每頁板心有刻書人姓名者，云"宋板無釋文"，則知宋板本無釋文，其後書坊傳刻，漸趨完備，至明始概行附入，然猶或有或無，或全或删。

經典釋文散入九經正義，周易獨不散入，殊不可解。其中所引"師讀"，疑是淮南九師之音。又引"三家"，疑即荀氏九家所載。又引王伯玉、王嗣宗及李斐注漢書，皆不知何許人。又引子夏傳薛虞記，據姤九五正義，記即傳之義疏，而德明云"虞不知何許人"。又引桓玄說，桓玄注易，從未見于他書。

尚書釋文係宋陳鄂删定，非德明元本，見文獻通攷卷一百七十七。

注與釋文誤連

監板九經，經用大字，注字略小而亦單行，疏則小字雙行，各鐫白文冠之。釋文亦小字雙行，每節各附注之下、疏之前，其首加一小圈別之。尚書舜典"肆類于上帝"下，傳有王云、馬云，此誤刻釋文連入傳。毛詩關雎"后妃之德也"下，鄭箋之下，用小字雙行刻"后妃，芳非反"，此釋文也。下文用單行刻爾雅云云一段，約百餘字，此俱係釋文，刻書者誤亂其例。陳風東門之池下，釋文"孔安國云'停水曰池'"云云，亦誤連鄭箋。儀禮第二卷士昏禮"壻，悉計反。從士、從胥，俗作'婿'，女之夫"，亦釋文，誤連鄭注。左傳僖十五年"曰上天降災"云云，釋文"自'曰上天降災'以下凡二十二字，檢古本皆無，杜注亦不得有，有是後人加也"，誤連杜注。鶴壽案：尚書釋文"王曰：上帝，天也"以下二十二字，混入于注，并毛詩諸條，山井鼎七經孟子攷文已詳言之，若左傳"曰上天降災"至"惟君裁之"，混入傳文者凡四十二字，不止二十二字，釋文亦云"四十二字"，孔疏本"兩君"下尚有"相見"①二字。

---

① "相"原作"兩"，據左傳正義改。

閻若璩曰："鄭箋毛詩東門之池序引孔安國云'停水曰池'，不知何從得此訓？安國生平止傳論語、孝經，二書無'池'字，意是別有訓説，流于東漢，鄭得之載于此。泰誓有'陂池'，作傳者于'陂'字既用毛傳'澤障曰陂'，又于'池'字用鄭箋'停水曰池'，若以自實其語，且反見康成之箋原本于此。"閻不知孔安國云"停水曰池"云云，乃陸氏釋文，刻書者誤連鄭箋，故遂據以立説。儀禮昏禮釋文"壻，悉計反"云云，亦誤連鄭注，閻即據以爲鄭注，謂"鄭亦有反切"，誤正與此同。以閻之精于攷據，尚有此失，信乎識古之難也。

張柬之駁王元感

舊唐書張柬之傳：弘文館直學王元感論三年之喪合三十六月，柬之駁曰："孔、鄭、何、杜之徒並命代挺生，範模來裔，宮牆積仞，未易可窺。但鑽仰不休，當漸入勝境，詎勞終年矻矻，虛肆莠言？請所有掎摘先儒，願且以時消息。"三年之喪，鄭、王異説，論者多是鄭非王，而王元感獨主三十六月，則鑿空妄造者也。張柬之所駁，尤足爲後學之戒。孔、鄭、何、杜，謂孔安國尚書傳，鄭康成毛詩箋、三禮注，何休公羊傳解詁，杜預左氏傳集解也。于其本朝正義所定九經注僅取四家者，毛萇統于鄭，穀梁以經小，略之也，孔安國乃僞本，左傳應用服虔，事屬已成，衆口一辭，惟有超世之識者乃能辨之。鶴壽案：三年之喪，前儒已有兩説，王肅謂二十五月，據三年問也；鄭康成謂二十七月，據間傳也。杜佑通典又以爲二十八月。今案三年問云"三年之喪，二十五月而畢"，孔穎達謂若不以是裁斷，則送死之情何時得已，復吉之禮何有限節？吳澄謂："二十四月則兩期矣，二十五月者，第三年之月也。大祥後，除練服，去絰杖，則喪事畢。其喪後所服，至二十七月禫祭畢而除者，此非喪之正服也。"間傳云："父母之喪，既虞卒哭，疏食水飲；期而小祥，食菜果；又期而大祥，食醯醬；中月而禫，飲醴酒。""中月"者，大祥之後更間一月而爲禫祭，凡二十七月。以上二説，當以何者爲準？據三年問云"二十五月，哀痛未盡，思慕未忘"，則猶在可斷不可斷之間。然則二十五月者，先王制禮之意也；二十七月者，孝子無已之情也。推孝子之情，則當以間傳爲準。杜佑用康成之説，又加至二十七月終，則是二十八月畢喪，二十九月始吉，幾于無限制矣。故宋仁宗天聖中更定五服年月，以二十七月爲斷也。雖張柬之歷引春秋、尚書、禮記、儀禮，以爲二十五月不刊之典，而末又引鄭注云："自始至禫，凡二十七月。""禫"之爲言澹，澹然平安也。二十五月、二十七月，其議本同。竊以子之于父母，有終身之痛，豈徒歲月而已乎？是柬之亦兼取鄭説矣。若王元感所謂三十六月，于禮毫無所據，其意不過謂一年十二月，合三年計之，當有三十六月耳。抑豈以漢文制大功十五日、小功十四日、纖七日，斷自既葬後，其未葬之前，仍服斬衰，至魏武帝令葬畢便除，無所爲三十六日之服，今以月易日，豈不至當？然元感著論在永昌時，厥後玄宗、肅宗之喪，且改三十六日爲二十七日矣。先生特引此條，並非爲禮制起見，不過借孔、鄭、何、杜一語，欲以申其宗鄭尊何、黜孔略杜之意耳。然柬之著論引何休曰："僖公以三十三年十二月乙巳薨，至文公二年冬公子遂如齊納幣，纔二十四月。杜預以長曆推乙巳是十一月十二日，經文有誤，此年冬已滿二十五月，故傳曰禮也。據此推步，杜之攷校，豈公羊所能逮？"則柬之固宗杜而黜何矣。引孔安國曰："湯以太甲元年十一月崩，至三年十一月大祥，故太甲中篇云'惟三祀十有二月朔，伊尹以冕服奉嗣王歸于亳'，此尚書三年之喪二十五月之明驗也。惟鄭注儀禮'中月而禫'，以中月間一月，凡二十七月。"則柬之又尊孔而略鄭矣。

七經孟子攷文補遺

日本下毛野參議遺址有足利學，多藏書。紀州人山井鼎，一姓神，字君彝，偕其同里人根遜志字伯修者往探，得古本七經孟子，乃彼土唐以前王、段、吉備諸氏自中華齎往，是衛包未改從俗字之前本也。鼎乃譔爲攷文三十二卷，郡山教官物茂卿爲序。鼎書既成，爲西條侯府掌書記，又有東都講官物觀字叔達者，與石之清、平義質、木晟爲之補遺。鶴壽案：山井鼎所據者，只有古本、足利本而已，若以別本較之，亦互有短長。即如梁惠王章句上"長老之稱"，攷文古本下有"也"字；"而爲王之敵乎"，足利本無"而"、"之"二字，此皆無關緊要者。"皆專事焉"，攷文古本"專"作"尊"，與宋本同；"頭半白班班者也"，足利本作"頭半白曰頒班班者也"，此比監本爲長。"牝鹿也"，攷文古本"牝"誤作"特"；"各入保城二畝半"，攷文古本"城"誤作"域"，則反不如監本矣。

古書多亡于永嘉

經典釋文:"漢始立歐陽尚書,宣帝復立大、小夏侯博士,平帝立古文。永嘉喪亂,衆家之書並滅亡,而古文孔傳始興。"按:魏儒林傳敘首云:"自晉永嘉之後,宇内分崩,生民不見俎豆之容,黔首惟覩戎馬之跡,禮樂文章,埽地將盡。"隋儒林傳敘首云:"晉室分崩,中原喪亂,五胡①交爭,經籍道盡。"德明云云,謂立學已久者盡亡,而魏書、隋書尤明切。隋經籍志亦云歐陽,大、小夏侯並亡于此時。詳見尚書後案。

朱子但言九經疏

蜀相毌音貫昭裔取唐九經本刻于成都,未究而國滅,但有易、書、詩、周禮、儀禮、禮記、左傳、論語、孝經、爾雅十經。宋皇祐中,田況補刻公、穀二傳。宣和中,席益又刻孟子,十三經之名始于此。而蜀地僻遠,石經不甚傳中土,雖曰十三經,朱子未嘗用也,大全文集延和奏劄内載:"臣昨任南康軍日,嘗具狀奏乞賜白鹿洞書院印板本九經注疏。"又繳納南康任滿合奏稟事件狀"臣嘉奏乞賜白鹿洞書院國子監九經注疏"一條,内稱:"太宗皇帝嘗詔以國子監九經賜廬山白鹿洞書院,今乞仍詔國子監將印板本九經注疏給賜本洞。"鶴壽案:呂陶謂孟蜀石經只有九種,皇祐中,京兆田公附以儀禮、公羊、穀梁。今攷石經毛詩二十卷,將仕郎試祕書省校書郎張紹文書,儀禮十七卷,亦張紹文書,"祥"字皆缺其畫。則孟蜀所刻實有十經,儀禮非田元均所加也,當以晁公武爲正。

十三經注疏

顧炎武日知録云:"自漢以來,儒者相傳,但言五經,而唐時立之學官則云九經者,三禮、三傳分而習之,故爲九也。其刻石國子學則云九經,并孝經、論語、爾雅。宋時程、朱諸大儒出,始取禮記中之大學、中庸及進孟子以配論語,謂之四書,本朝因之,而

---

① "胡",原作"姓",據隋書儒林傳改。

十三經之名始立。"案:推孟配孔,尊崇實始程、朱,顧謂十三經注疏之名至明始立,確甚。蓋孟子自在諸子,自王安石妄欲比孟,孟始尊矣,席益所爲刻也,然學者猶但知九經。至南渡後,四書之名立,其勢有不可不進爲十三經者。趙岐注不成注,而邵武士人疏嫁名孫奭,更不成疏,朱子力辨其妄,要不能廢,至明遂彙刻爲十三經注疏。

鄭康成總解經之書

鄭康成作六藝論,六藝者,易、書、詩、禮、樂、春秋也。書已亡,散見各經疏及唐以前書引者尚多,六藝論,方叔機注,見禮記正義。今海寧陳鱣仲魚輯本存。許慎作五經異義,每舉經中諸儒異同條列之,次加"謹案"二字,則許評斷語。鄭康成作駁五經異義,每舉異義一條,次加"玄之聞也",則駁語。書已亡,散見各經疏及唐以前書引者尚多。經疏所引,每云"鄭氏無駁",則知鄭之遵許亦不少。鶴壽案:漢藝文志以易、書、詩、禮、樂、春秋爲六藝,故名六藝論,隋志云:一卷。五經異義兼周禮諸經在內,隋志云:十卷。駁五經異義雖見舊唐書,無卷數。

鄭康成弟子從問疑義,逐條記録,名曰鄭志。其弟子之名,見各疏中甚多,趙商、張逸二人爲之冠。又有鄭記,似即鄭志之類,而其體不知如何分別。二書皆亡,散見各經疏及唐以前書引者尚多,有王聘珍,江西建昌南城人,乾隆己酉選拔貢生,曾至吳門見訪,自言采集鄭志成一編,予未見。鶴壽案:後漢鄭玄傳云"門人相與譔玄答諸弟子問五經,依論語作鄭志八篇",隋經籍志則云:"鄭志十一卷,魏侍中鄭小同譔。"小同,玄之孫也。隋志又云:"鄭記六卷,鄭玄弟子譔。"劉知幾曰:"弟子追論師注及應答,謂之鄭志;弟子分授門徒,各述師言,更不問答,編録其語,謂之鄭記。"然則二書之分,一出門人,一出玄之孫;一問答,一不問答,故與其弟子趙商、張逸外,又有冷剛、田瓊、炅模、焦喬、王權、鮑遺、陳鏗、崇精。

采集羣書引用古學

古學已亡,後人從羣書中所引,采集成編。此法始于宋王應

麟周易鄭康成注及詩攷，昔吾友惠徵士棟仿而行之，采鄭氏尚書
注，嫁名于王以爲重。予爲補綴，并補馬融、王肅二家，入之後
案，并取一切雜書益之，然逐條下但采其最在前之書名注于下，以
明所出。如此已足，若宋、元人書亦爲羅列，徒以炫博，予甚悔之，
而書已行世，不及删改。門人嚴蔚豹人，采集春秋内傳古注，輯存
三卷。所采家數，自服虔、賈逵、劉歆以下，約如干家。豹人知有
遺漏，實能補之，誠爲有功。若哀六年引夏書"維彼陶唐"六句，
今在尚書五子之歌，以爲太康時，而本疏云"賈、服、孫、杜皆以爲
夏桀之時"，豹人既引本疏足矣，而尚書疏堯典篇目下疏亦云"賈
逵、服虔注左傳，亂其紀綱，云夏桀時"，豹人未之及也。此等如
必重累舉之，無益于事，徒費筆墨，亦何爲哉！予既笑余蕭客之
陋，又深悔己之未能免于陋，舉此一条为例，戒集古者勿蹈此。若
襄二十九年，歌周南、召南，曰"始基之矣，猶未也"，賈逵曰："言
未有雅、頌之成功"，見史記吳世家注。豹人既引，但周南関雎
序疏以此句屬服虔，豹人未及，雖服用賈語，但左傳服爲主，此類
卻不妨重累舉之。豹人嫌初刻有漏，補緝重刻，今觀二刻皆無此
條。若昭二十四年引泰誓"紂有億兆夷人"，杜預云："言紂衆億
兆，兼有四夷"，疏但舉偽孔泰誓注"夷人謂平人"爲孔、杜異解，
他無所及，尚書疏卻言左傳服虔注以夷人爲夷狄之人，杜預攘竊
服注極多，而忌其名重，擯黜不數，最爲無恥昧心，此條正攘竊者。
豹人但采本疏，不參他經之疏，故此條初刻、重刻亦皆漏卻服虔，
此類則必不可不補者。杜之竊服甚多，不能備見，舉一二以爲例。

鶴壽案：豹人既是門生，胡弗舉所遺而告之？想刊刻時，先生亦未見到耳。凡
經義有兩説，如莊十八年"有蜮"，"蜮"即螣也，服虔以爲短狐；宣十一年"令
尹蒍艾獵城沂"，艾臘，叔敖之兄，服虔以爲即叔敖。杜用服而不表其名，誠
爲攘竊。他如"分至"、"啓閉"等條，人人同解，並無異説，則不得概謂之攘竊
矣。且杜既竊服甚多，何以欲去杜邪？

　　尚書多士疏云："漢書地理志及賈逵注左傳，皆以爲遷邶、

鄘之民于成周,分衛民爲三國。"攷襄二十九年左傳:"吳札觀樂,歌邶、鄘、衛。"杜預曰:"武王伐紂,分其地爲三監。三監叛,周公滅之,更封康叔,并三監之地,故三國盡被康叔之化。"疏云:"漢書地理志云:周既滅殷,分其畿內爲三國,詩國風邶、鄘、衛是。邶,以封紂子武庚;鄘,管叔尹之;衛,蔡叔尹之,以監殷民,謂之三監。故書序曰:'武王崩,三監叛,周公誅之,盡以其地封弟康叔。故邶、鄘、衛三國之詩,相與同風。'此注取漢志爲説也,漢世大儒孔安國、賈逵、馬融之徒,皆以爲然,故杜亦同之。"左傳此疏雖不引賈注,然亦言"賈逵以爲然"。若多士疏云云,則的係賈左傳注。且左傳疏引漢志于"封弟康叔"下删"遷邶、鄘、衛之民于雒邑"句,賴多士疏,方知此句出賈逵,且并知下文又有"分衛民爲三國"句,則漢志亦無。竊謂班固與逵雖同時,而逵稍在前,據後漢書,逵于顯宗永平中已獻所作左傳解詁,若固漢書,則于永平中方始受詔作之,至章帝建初中乃成書,出賈書之後約二三十年,志文同于賈注者,乃固取賈,非賈用固。抑又思邶既紂子武庚所封,鄘乃首倡逆亂,連結武庚之管叔所封,蔡叔但從之而已,故周公殺管叔、放蔡叔,其罪大有重輕,想邶、鄘民皆從亂,即所謂"殷頑民"也,是以遷之于雒而虛其地,衛民則不遷,康叔盡得三國地,而民則但得衛一國民,其情形如此。漢以下討叛平亂遷其民事,見史者甚多,皆法古也。嚴初刻、重刻于賈注此條皆漏。再攷毛詩邶鄘衛譜疏,服虔注左傳,亦與賈同,而彼疏引服注,又多"鄘在紂都之西"一句,嚴亦不采毛詩譜疏。予尚書儒也,專就記憶熟者攷如右,他經未暇詳及。鶴壽案:殷者,紂都也,周書作雒解云:"俘殷獻民,遷于九畢。"多士序云:"成周既成,遷殷頑民。"則賈謂"遷邶、鄘之民于成周",信矣。作雒解又云"俾康叔宇于殷",則賈謂"分衛民爲三國",益信矣。

偶見宋傅寅禹貢集解于荆州"包匭菁茅"引鄭注"菁,蔓菁也"。此乃鄭周禮注,疏因偽孔以菁、茅爲二物,故引此説之。疏明言"鄭以菁、茅爲一",傅乃誤以周禮注爲尚書注,又妄改"蔓

菁”爲“蔓菁”，近人余蕭客遂據傅攈入古經解鉤沈。書此以爲好
古而不知所擇者之戒。鶴壽案：尚書疏引鄭云：“菁，蔓菁也。”周禮醢人
注云：“鄭司農謂菁菹，韭華菹。玄謂菁，蔓菁也。”今案“蒬菁”與“蔓菁”非一
物，“蒬”當是析蓂，爾雅云：“析蓂，大薺。”郭注云：“似薺，葉細。”蓋薺菜中之
一種。尚書疏云：“蒬菁處處皆有，而令此州貢者，以其味善也。”蔓菁即今之
蕪菜，詩邶風云“采葑采菲”，毛傳云：“葑，須也。”爾雅云：“須，葑蓯。”坊記
注云：“葑，蔓菁也。陳、宋之間謂之葑。”方言云：“蕘蒬，蕪菁也，陳、楚之郊
謂之蘴，魯、齊謂之蕘，關之東西謂之蕪菁，趙、魏謂之大芥。”郭注云：“蘴，今
江東字作‘菘’也。”傅寅雖誤以周禮注爲尚書注，然改“蒬菁”爲“蔓菁”，似
亦攷據過周禮注矣。各疏中所引他經注，非明眼不能採取，如周禮
春官天府疏采鄭康成尚書顧命注云：“大訓者，禮法先王禮教，即
虞書典謨是也。”愚案王肅注以大訓爲虞書典謨，僞孔傳同。而
鄭云“禮法先王禮教”，典謨非專説禮也，先王多矣，不特虞也。鄭
意明明與王、孔異，且又不云典謨之類，而云即此是也。此必賈公
彥混取孔傳，攈入鄭注中，殊不知王肅有心，動與鄭違，僞孔專取
王注，故以虞書實“大訓”，而豈可攈入乎？近日余蕭客輯漢人經
注之亡者爲鉤沈，有本係後人語妄攈入者，有本是漢注反割棄者。
書不可亂讀，必有識方可以有學，無識者觀書雖多，仍不足以言學。

讖緯

緯書者，經之緯也，亦稱讖，劉熙釋名以爲“讖，纖也。其義纖
微”。秦語：“秦三十二年，燕人盧生奏籙圖。”此似緯之始也。而
張衡則云：“自漢取秦，莫或稱讖，夏侯勝、眭孟之徒，以道術立
名，其所述著，無讖一言。劉向父子領校祕書，亦無讖録。成、哀
之後，乃始聞之。”蓋其説盛于王莽，是以書正義云：“秦焚書後，
羣言競出，緯文鄙近，不出聖人，通人攷正，謂起哀、平。”據此則似
緯書概不足信矣。然如周易乾鑿度實夫子之微言，鄭康成注特爲
精確，欲通易者舍此無由。凡若此等，必非哀、平間人所能僞造，
當出七十子之徒，漢初脱秦火之厄而復出者也。光武尤加敬信，
故東漢以緯爲内學，如夏侯湛稱東方朔“研精圖緯”，蔡邕稱郭有

道“探綜圖緯”,皆是也。隋志謂:“宋大明中始禁圖讖,梁天監後又重其制。隋高祖禁之愈切,煬帝發使四出,搜天下書籍,與讖緯相涉者皆禁之。自是無復其學。”然禁緯不始于宋,漢末已禁之,故鄭康成箋詩、注禮多稱“説”,正義以爲即緯也。時禁緯,故云“説”。又引鄭志答張逸問爲證,而王氏應麟困學紀聞亦云然。惟是上雖禁之,而當時傳習者多,故晉泰始三年禁緯,而禮志所列仍有天皇大帝、五帝名。後魏太和九年禁緯,而祀典亦有天皇大帝、五帝名,東平王蒼所校、郗萌所譔、宋衷所注,南北朝文士每多援引。宋均注易緯九卷、詩緯十卷、禮緯三卷、樂緯三卷、春秋緯三十八卷、論語緯十卷、孝經緯五卷,鄭康成注書緯三卷、詩緯三卷,猶載于唐藝文志。予嘗攷之,河圖九篇,洛書六篇,又別有三十篇,合四十五篇。七經緯三十五篇,合河、洛、七緯爲八十篇。七緯篇名見後漢方術樊英傳注,謂易稽覽圖、乾鑿度、坤靈圖、通卦驗、是類謀、辨終備,書璇璣鈐、攷靈曜、刑德放、帝命驗、運期授,詩推度災、氾曆樞、含神務,禮含文嘉、稽命徵、斗威儀、樂動聲儀、稽燿嘉、叶圖徵,孝經援神契、鉤命決,春秋演孔圖、元命包、文燿鉤、運斗樞、感精符、合誠圖、攷異郵、保乾圖、漢含孳、佐助期、握誠圖、潛潭巴、説題辭也。此外散見羣書者,易有天人應,書有洛罪級,禮有記默房、瑞命記,樂有五鳥圖,孝經有中黄讖、威嬉拒、左右握、雌雄圖、分野圖、内事圖,春秋有命曆序、少陽篇、玉板讖、孔録法、撰命篇,則皆七緯之小篇名矣。李尋云:六緯,不數孝經耳。河圖九篇,洛書六篇,李鼎祚周易集解所載康成注專舉之,蓋其正篇也,三十篇則支別也。今散見羣書者,河圖,二字有叶光、視萌、絳象、玉版、龍文、攷鉤、龍魚,三字有握矩起、真紀鉤、記命符、挺佐輔、稽燿鉤、帝通紀、帝覽嬉、括地象、始開圖、闓苞受、赤伏符、會昌符、合古篇、提劉子、祕徵篇、録運法;洛書,有靈準聽、甄曜度、摘亡辟、寶號命、録運期。或正或別,今皆不能辨矣。又有論語讖,在七緯之外,篇名有曰陰嬉、曰撰攷、曰崇爵、曰紀潛、曰摘衰聖、曰摘輔象、曰承進誠。若夫緯書有緯、有候，緯則諸經之緯，候則尚書中候是已。案璇璣鈐云："孔子得黄帝玄孫帝魁之書，迄于秦穆公，凡三千二百四十篇。斷遠取近，定可以爲世法者百二十篇，以百二篇爲尚書，十八篇爲中候。"攷中候篇名，曰敕省圖，三皇、五帝事也；曰運衡、曰握河紀，堯事也；曰攷河命，堯及舜事也；曰稷起，稷事也；曰契握，契事也；曰雒予命，湯事也；曰我膺瑞、曰雒師謀，文王事也；曰合符后，武王事也；曰準讖哲，齊桓公、管仲事也；曰霸免，五霸事，霸，把也，把天子之事也；曰覬期，秦事也；曰苗興，聖人苗裔興起也；曰摘雒戒、曰儀明，不知何指。其篇數可攷者，後漢曹褒傳注引宋均云："堯巡于河、洛得龜龍之圖、書。舜受禪後，習堯禮得之，演以爲攷河命，凡三篇，在中候也。"則知攷河命有三篇，其餘不可知矣。此外又有曰神靈圖、曰孔子有雒讖、曰五帝鉤命決圖、曰孔老讖、曰老子河洛讖、曰尹公讖、曰劉向讖、曰堯戒舜禹、曰孔子王明鏡、曰郭文金雄記、曰王子年歌、曰嵩高道士歌、曰孔子閉房記，蓋雜緯也。以上諸名，皆予從羣書采獲者也。歐陽永叔欲取九經正義刪去讖緯，幸而其言不果行。後諸緯並亡，惟乾鑿度存，近日始從永樂大典中鈔出稽覽圖、坤靈圖、通卦驗、是類謀、辨終備，是乾鑿度共得六種，而易緯幾全。別有乾元序制記，其名雖未見于經史，然馬氏經籍攷、陳氏書録解題皆言之。以上七種，幸皆有康成注，洵儒林之鴻寶也。拘儒之論，以康成注經引緯，痛加詆訶，然朱子論語集注用馬融説"君爲臣綱，父爲子綱，夫爲妻綱"，乃禮含文嘉文；詩集傳"周天三百六十五度四分度之一"，乃易乾鑿度、書攷靈曜、洛書甄曜度文，未嘗以爲朱子之病，何獨責康成哉？摯虞文章流別論云："緯候之作，雖非正文之制，取其縱橫有義，反覆成章。"劉勰文心雕龍云："六經彪炳而緯候稠疊；孝、論昭晢而鉤讖葳蕤。無益經典，有助文章。是以平子恐其迷學，奏令禁絶；仲豫惜其雜真，未許煨燔。"愚謂摯、劉皆文人，故其言如此。緯雖無益于經，康成所注皆有益者，學者宜研究之。鶴壽案：乾鑿度託名黃帝，實竊取孔子，其說謂"有太易而後有太初，而後有太始，而後有太素"，非即竊取繫辭"太極生兩儀"云云乎？次及古帝之代興，乾、坤、巽、艮之四門，坎、離、震、兑之四正，無一不是竊取繫辭者。先生乃謂"欲通易者舍此無由"，何邪？易緯尚有垂皇策、萬形經、乾文緯、攷靈緯等名，即見于乾鑿度；書緯尚有帝命期、鉤命決；孝經緯尚有古祕圖、口授圖、應瑞圖；春秋緯尚有含文嘉、括地象、攷曜文、白虎通編珠、藝文類聚引之。河圖又有說徵示、期運授、皇參恃，洛書又有稽命曜。七緯之外，論語則有素王受命讖、紀滑讖、比攷讖等名，尚書中候則有合符后。詩思文疏引之。而先生皆不之及，必有說焉。惟中候摘雒戒云"若稽古周公旦，欽惟皇天順踐阼，即攝七年，鸑鷟見，蓂莢生，龍銜甲"，此必漢末人獻諛王莽之辭。而南齊祥瑞志引中候儀明篇曰："仁人傑出，握表之象，曰角姓，合音之于。"何禎解音"之于"爲"曹"字，蘇偘則云："蕭，角姓。"蓋亦皆獻諛之辭。先生難以措辭，故直云"不知何指"也。又謂論語集注"君爲臣綱"三句出含文嘉，詩集傳"周天三百六十五度四分度之一"出乾鑿度、攷靈曜、甄曜度。竊謂自生民以來，即有此三綱；自造曆以來，即有此天周之法，作緯書者特竊取之以張大其議論耳，先生何篤信之哉？

後漢桓譚傳：光武時，譚上疏曰："巧慧小才伎數之人，增益圖書，矯稱讖記，可不抑遠之哉？"其後會議靈臺，譚復極言讖之非經。鄭興傳："帝嘗問興郊祀事，曰：'吾欲以讖斷之。'興對曰：'臣不爲讖。'"尹敏傳："世祖以敏博通經記，令校圖讖，敏對曰：'讖書非聖人所作，中多近鄙別字，頗類世俗之詞，恐疑誤後生。'"此漢之不信緯者，爲其雜以僞耳。張衡鬥緯語已見上，亦出後漢衡傳。衡雖不信，又云："河、洛、六藝，篇錄已定，後人皮傳，無所容篡。"則知稽覽圖等，衡未嘗不信也。又李賢注引衡集上事云："河洛五九，六藝四九，凡八十一篇。"上文據樊英傳注。五經與樂經、孝經共七，凡緯三十五。如衡傳注，則六藝之緯三十六，比英傳注多一篇，似以衡傳注爲正。衡鬥緯甚力，尚信八十一篇，況桓譚輩乎？且曹褒傳云："褒譔次漢禮，雜以讖記。"沛獻王輔傳云："輔好經書及圖讖。"則知讖緯之在漢，通儒無不習之。若劉勰稱仲豫者，苟悦也，又言苟悦明其詭誕，而悦傳並無以緯爲詭誕之説。

易通卦驗"天地成位"以下兩節，見周禮疏序，所引緯文及鄭注，皆與此文互有不同，大約賈所引乃唐初之本是也。若近儒馬驌繹史、孫瑴古微書所引，亦與今本異，則不足信。

蛾術編卷三

説　録　三

周易十二篇古本

漢藝文志易經十二篇，師古曰："上、下經及十翼，故十二篇。"孔穎達周易疏云："十翼，孔子所作，先儒更無異論。上彖一、下彖二、上象三、下象四、上繫五、下繫六、文言七、説卦八、序卦九、雜卦十。鄭學之徒，並同此説。"案上、下經者，上經自乾至離三十卦之卦辭、爻辭，下經自咸至未濟三十四卦之卦辭、爻辭也。伏羲先畫八卦，名之曰乾、坤、震、巽、坎、離、艮、兑，而又系以"消"、"息"兩言，又因而重之，遂爲六十四卦。春秋定四年疏云："易曰：伏羲作十言之教，曰乾、坤、震、巽、坎、離、艮、兑、消、息。"此必七十子之微言大義，隋、唐間尚有存者，故左傳疏引之。然伏羲惟有十言而已，猶未作卦辭、爻辭也。文王乃作卦辭，于乾曰"乾元亨利貞"，于坤曰"坤元亨"至"安貞吉"等云云是也；又作爻辭，于乾曰"初九，潛龍"至"无首吉"，于坤曰"初六，履霜"至"利永貞"等云云是也。分爲上、下二篇，是爲經也。孔子作傳十篇，傳以翼經，故名之曰"翼"。"上彖一、下彖二"者，于乾曰"大哉乾元"至"乃利貞"，于坤曰"至哉坤元"至"應地無疆"等云云，所以翼上經三十卦之卦辭，爲彖上傳，于咸曰"咸，感也"至"天地萬物之情可見矣"等云云，所以翼下經三十四卦之卦辭，爲彖下傳也。"上象三、下象四"者，于乾曰"天行"至"不息"，又曰"潛龍勿用，陽在下”至“不可爲首也”；于坤曰“地勢”至“載物”，又曰“履霜堅冰，陰始凝也”至“以大終也”等云云，所以翼上經三十卦之爻辭，爲象上傳；于咸曰“山上有澤”至“受人”，又曰“咸其拇，志在外也”至“滕口説也”等云云，所以翼下經三十四卦之爻辭，爲象下傳也。“上繫五、下繫六”者，“天尊地卑”至“存乎德行”，爲繫辭上傳；“八卦成列”至“失其守者其辭屈”，爲繫辭下傳是也。“文言七”者，梁武帝云：“文言是文王所制。”攷文言“元者善之長也”一節，係左傳襄九年魯穆姜筮，遇艮之隨，而爲“隨元亨利貞”説其義如此，後十五年而孔子始生，則似“善之長也”云云，不得爲孔子之言，故梁武帝以爲文王所制。若然，“初九”以下設爲問答，而稱“子曰‘龍德而隱者也’”云云，何也？蓋“元者善之長也”云云，本是孔子之言，後來左丘明作傳，乃引而用之耳。梁武帝見其上無“子曰”字，又見左傳有此數語，遂以爲文王所制，其實非也。文言者，文王之言，即象辭、爻辭；文言傳者，孔子發明文王象辭、爻辭言外之意，以盡乾、坤二卦之蘊，而餘卦可因以類推。“元者善之長也”云云，是釋乾卦之象辭，不設問答，故無“子曰”字；“初九”以下，是釋乾卦之爻辭，設爲問答，故加“子曰”字。自“元者善之長也”至“天玄而地黄”，皆反覆發明乾、坤二卦象辭、爻辭之意也。“説卦八”者，分別八卦與其象類，“昔者聖人之作易也”至“爲妾，爲羊”是也。“序卦九”者，“有天地然後萬物生”至“未濟終焉”是也。“雜卦十”者，“乾剛坤柔”至末是也。　鶴壽案：周易十二篇，上、下經，文王所分。蓋伏羲畫卦時，每卦只有六畫，簡帙尚不繁重，至文王作卦辭，則簡帙漸多，遂分爲二篇，班固謂“文王作上、下篇”是也。三十卦、三十四卦，多寡不同者，上經首乾、坤，“天地定位”也；下經首咸、恆，“山澤通氣，雷風相薄”也。上經終坎、離，下經終既濟、未濟，“水火不相射”也。十翼，孔子所作。諸書言十翼之次第，各有不同。史記孔子世家云“晚而喜易，序、彖、繫、象、説卦、文言”，此以序卦在彖傳前，繫辭在象傳前，説卦在文言前，而無雜卦。漢藝文志云：“孔氏爲之彖、象、繫辭、文言、序卦之屬十篇。”隋經籍志云：“孔子爲彖、象、繫辭、文言、序卦、説卦、雜卦。”其言不甚詳悉。史記正義既列序卦于說卦之先，經典辭文又廁文言于象傳之後，唯易緯通卦驗云："孔子作上象、下象，上象、下象，上繫、下繫，文言，說卦，序卦，雜卦，爲十翼。"此蓋漢人相沿之篇第，孔氏正義因之，最爲允當。但後儒論古本周易，則又言人人殊，有言東萊費氏易者。崇文總目云："費直以象、象、文言雜入卦中。"吳仁傑謂："鄭康成易猶以文言、說卦、序卦合爲一卷。"則以文言雜入卦中，不自直始也。漢儒村傳："費直易亡章句，徒以象、象、繫辭十篇之言解說上、下經。"既云"亡章句"，則以象傳、象傳雜入卦中，亦不自直始也。俗本漢書誤以"之言"爲"文言"耳。若果是"文言"二字，不當在"十篇"之下。有言北海鄭氏易者，魏志云："鄭康成合象、象于經。"吳仁傑謂："合象傳、象傳于經，于象傳加'象曰'二字，于象傳加'象曰'二字。"今案包犧六畫謂之象，"乾元亨利貞"謂之象，"初九潛龍勿用"謂之文。所謂象者，指六畫之卦；所謂象辭者，指卦下之辭；所謂爻辭者，指爻下之辭。今乃冠"象曰"于"大哉乾元"之上，冠"象曰"于"天行健"之上，先象而後象，不亦倒置乎？"潛龍勿用，陽在下也"，乃是釋爻義，豈得謂之象乎？康成之賢，必不出此。然則康成所合于經者，是象、象之注，非象、象之傳也。魏志"象傳"下，蓋脫一"注"字。有言山陽王氏易者，古易經、傳皆不相連，王弼謂象與大象本論卦體，小象以釋爻義，宜相附近，故于乾卦加"象曰"、"象曰"各一，自坤卦以下，每卦加"象曰"者一、"象曰"者七，又取文言附于乾、坤二卦之後，加"文言曰"各一，而經、傳自此紛如矣。且既稱經，不得名傳，弼又分上經乾傳第一、泰傳第二、噬嗑傳第三，下經咸傳第四、夬傳第五、豐傳第六，不知于義何居？其門人韓康伯又以上、下繫爲第七、八，說卦、序卦、雜卦爲第九，略例爲第十，遂使義、文之上、下經不成上、下篇，而孔子之十翼亦不成十翼矣。唐李鼎祚周易集解略如王弼本，特散序卦于各卦之首，而復以序卦一篇複載于說、雜之間。宋胡旦周易演聖通論，象一，大象二，小象三，乾文言四，坤文言五，上繫六，下繫七，說卦八，序卦九，雜卦十。夫象一而已，何分大小？象、象、序三傳，上、下經且不分，乾、坤文言何以獨分五？胡瑗易傳分上象、下象爲二，並文言爲一，其餘與胡旦同。夫象、序不分上、下，象何以獨分上、下邪？晁說之錄古周易，卦爻第一，象第二，象第三，皆不分上、下；文言第四，繫辭第五，亦不分上、下，加說卦、序卦、雜卦，則並經、傳爲八篇矣。程迥古易考十二篇別爲章句，不與經相亂，然移文言于繫辭之前，究與古本不同。王原叔易，見于吳仁傑古周易考內者，其次第尤爲舛錯，置爻辭于象辭之先，是加屨于冠也；以"乾元亨利貞"爲十翼之首，是混傳于經也。周燔九江易傳自乾傳第一至豐傳第六，全依王弼，上、下繫第七、八，全依韓康伯，説卦、序卦、雜卦則分爲三，唯冠"天行健"于"大哉乾元"之上，不爲無見。吴仁傑古周易又謂："十翼，彖傳也，象傳也，繫辭上、下傳也，文言也，説卦上、中、下也，序卦也，雜卦也；并上、下經，是爲十二篇。上經、下經之目，本之費直、孟喜；繫辭上、下傳之文，本之王肅；彖、象、繫辭、文言之次，本之藝文志；而説卦爲三篇，則河内女子所得之數也，其篇第在古如此。"以上各本，互有不同，唯吕大防周易古經、吕祖謙古易悉如乾鑿度篇數，此古來流傳之次第，故朱子本義從之。宋末，俞玉吾作周易集説，于爻傳上、爻傳下之外，分"天行健，君子以自强不息"之類，別爲象辭一卷，則是改十翼爲十一翼矣。迨元吴澄作易纂言，篇第悉如古本，唯取"危者安其位也"至"可不慎乎"，以爲舊本錯簡在繫辭上、下傳中，夫子既釋乾、坤二卦，其餘六十二卦、三百七十二爻之辭不能徧釋，故上、下經各釋九爻以發其例，而他爻可以類推，是爲文言傳。後人以所釋乾、坤二卦之辭附入本卦，于是所釋十六卦爻辭凡十八節，不復成篇，遂散入繫辭傳，并釋乾卦上九爻辭亦重出于十八節之間。艸廬此論最爲精確，古本當亦如此。

重卦不始于文王，伏羲已有

司馬貞三皇本紀："太皞庖犧氏始畫八卦，炎帝神農氏遂重爲六十四卦。"易疏卷首八論，第二論重卦之人，謂："鄭康成之徒以爲神農重卦，孫盛以爲夏禹重卦，史遷等以爲文王重卦，皆非是，惟王輔嗣以爲伏羲重卦爲確。"乾鑿度云："垂皇策者羲。"詳觀乾鑿度之文，明是伏羲既畫八卦，即自重爲六十四卦。康成注乾鑿度，必不以重卦爲出神農，穎達欲推重王弼，故誣康成也。左傳疏云："伏羲作十言之教，曰乾、坤、震、巽、坎、離、艮、兑、消、息。"以伏羲于八卦外，惟增"消"、"息"二字，然未可泥。鶴壽案：繫辭稱"八卦成列，因而重之"，則重卦始于伏羲。其謂始于神農者，蓋見繫辭云："庖犧氏之王天下也，作結繩以爲罔罟，蓋取諸離。"離在八卦之内，故知伏羲只畫八卦也。又云："神農氏作，斲木爲耜，揉木爲耒，蓋取諸益。"益在八卦之外，故知神農重爲六十四卦也。其謂始于夏禹者，蓋見洪範云："七、稽疑：曰貞、曰悔，占用二。"内卦爲貞，外卦爲悔。爻從下起，下體爲本，因而重之,故以下卦爲貞,貞之言正,下體是其正也;上卦爲悔,悔之言晦,上體是其終也。洪範夏禹所作,故知重卦是夏禹也。其謂始于文王者,周禮云:"太卜掌三易之法,一曰連山,二曰歸藏,三曰周易,其經卦皆八,其別皆六十有四。"連山,夏易也;歸藏,殷易也。夏易重自大禹,則殷易必重自成湯,周易必重自文王矣。春秋疏引易曰"伏羲作十言之教",蓋易緯文,禮記疏引鄭康成六藝論云"伏羲作十二言之教","二"字係衍文。古者以一字爲一言,乾、坤、震、巽、坎、離、艮、兌凡八言,加消、息,則十言。于八卦外添出"消"、"息"二字,所以總括其餘五十六卦。九家易注云:"陽息而升,陰消而降。"陽稱"息"者,起復成巽,萬物盛長也;陰言"消"者,起姤終乾,萬物成熟,熟則給用,給用則分散也。

爻辭非周公所作

伏羲畫六十四卦,文王作卦辭、爻辭,孔子作十翼,故乾鑿度、通卦驗歷數三聖,但云伏羲、文王、孔子。漢藝文志"易更三聖",韋昭音義説同。參同契云:"伏羲畫卦,文王演辭,夫子庶聖,十翼輔之。三君天挺,迭興御時。"馬融、陸績云爻辭周公作,只言三聖,以父統子業者,非也。説者皆以升六四"王用亨于岐山",王弼以爲岐山之會,疏實以文王。攷此爻,荀爽以巽升坤上,據三成艮,巽爲岐,艮爲山,"王"謂五,並無文王之説。既濟九五"東鄰殺牛,不如西鄰之禴祭","西鄰"謂文王,"東鄰"謂紂,攷此爻,虞翻以泰、震爲東,兌爲西,坤爲牛,震動五殺坤,故"東鄰殺牛";在坎多青,爲陰所乘,故"不如西鄰之禴祭",並無謂文王與紂之説。王弼亦無此説。惟崔憬有之,何足據? 若明夷六五"箕子之明夷",謂"武王觀兵後,箕子方因奴,文王不宜豫言",則箕子實當作"荄茲"。此孟喜之説,趙賓述之,施讎、梁丘賀疾喜并及賓,班固不知而譏之,馬融因象傳有"箕子以之",遂從作箕子,其實非也。詳見惠氏棟周易述。鶴壽案:謂爻辭非周公所作,上自紀瞻,下至李舜臣、徐在漢輩,言之屢矣。此據漢藝文志"人更三聖"、"世歷三古"之説,然左氏云:韓宣子適魯,見易象曰"吾乃知周公之德",則爻辭明是周公所作,宣子以魯爲周公之後,故特提周公。先生不信馬融、陸績,而引荀爽説以駁"王用亨于岐山",

引虞翻説以駁“東鄰殺牛，西鄰禴祭”，并據漢儒林傳，明箕子之爲“荄兹”，是矣。然仍有難通處，泰之六五云“帝乙歸妹，以祉元吉”，虞翻曰：“震爲帝，坤爲乙。帝乙，紂父。歸，嫁也。震爲兄，兑爲妹，故嫁妹。祉，福也，五變體爲離，離爲大腹，則妹嫁而孕，得位正中，故以祉元吉。”文王，紂之臣也，囚于姜里而演易，其敢舉朝廷之事，公然繫諸卦爻辭？歸妹之六五又云“帝乙歸妹，其君之袂，不如其娣之袂良”，不幾于諷刺乎？唯周公遭流言之謗，避居東都，殷已滅亡，故得以帝乙之事形之于筆，倘謂帝乙不作是解，則先生所極信者虞翻，而翻固曰紂父矣。

禮記禮運疏云：“易歷三古，伏羲爲上古，文王爲中古，孔子爲下古。故易緯云：‘蒼牙通靈，昌之成運，孔演命，明道經。’蒼牙，伏羲也；昌，文王也；孔，孔子也。故易繫辭云：‘易之興也，其于中古乎？’謂文王也。”周、秦、先漢並無周公作爻辭之説。

説卦三篇非河内女子所得，漢初已有

隋志以説卦三篇與書太誓一篇，同爲宣帝時河内女子所得。此説蓋本之後漢王充論衡，其實非也。劉歆移太常博士書言“太誓後得”，不指何年，然太誓自漢初已有之，婁敬説高祖即引其語，董仲舒對策又引之。説卦三篇既與同得，則非宣帝時可知。史記世家已有説卦之名，則司馬遷已見之。漢志易十二篇下，即云“施、孟、梁丘三家”，然則經二篇、十翼十篇，施讎、孟喜、梁丘賀已如此，是漢初已有。歐陽永叔疑十翼之名起于後世，宋儒多不信説卦三篇，元俞玉吾至以序卦、雜卦之名始于韓康伯。妄甚，不足辨。

子夏易傳

子夏易傳，漢志無，隋志載有二卷，其引于孔穎達疏者，如泰上六“城復于隍”云：“隍，城下池也。”咸九五“咸其脢”云：“在脊曰脢。”遯上九“肥遯”云：“肥，饒裕也。四五雖在于外，皆有内有應，猶有反顧之心，惟上九最在外，無應于内，心無疑顧，是遯之最優，故曰‘肥遯’。”夬九五“莧陸夬夬”云：“莧陸，木根草莖，剛下柔上也。”姤九五“以杞包瓜”，疏云：“子夏傳作‘杞苞瓜’，薛虞記云：‘杞，杞柳也。杞性柔靭，宜屈撓，似匏瓜。’”井九二“井谷射鮒”云：“井中蝦蟆，呼爲鮒魚也。”六四“井甃”云：“甃，修治也。以塼壘井，修井之壞，謂之爲甃。”其引于李鼎祚集解者，如“乾元亨利貞”云：“元，始也。亨，通也。利，和也。貞，正也。言乾稟純陽之性，故能首出庶物，各得元始開通，利諧貞固，不失其宜，是以君子法乾而行四德，故曰‘乾元亨利貞’矣。”“初九，潛龍勿用”云：“龍，所以象陽也。”比卦辭云：“地得水而柔，水得土而流，比之象也。夫凶者生乎乖爭，今既親比，故云‘比，吉也’。”蠱卦辭云：“‘先甲三日’者，辛、壬、癸也；‘後甲三日’者，乙、丙、丁也。”陸德明釋文所引尤多，今不具載。春秋秦晉戰于韓，傳疏引子夏易傳云：“輹，車下伏兔也。”攷小畜三云“輿脫輹”大畜二云“輿脫輹”，大壯四云“壯于大輿之輹”，未知此傳在何條？小畜疏又引子夏傳云：“輻，車劇也。”劉肅大唐新語云：“開元初，左庶子劉子玄奏易傳非子夏造，請停。”子玄爭論，頗有條貫，文苑英華卷七百六十六劉子玄易傳議曰：“按漢藝文志，易有十二家，而無子夏作傳，至梁阮氏七録，始有子夏易六卷，或云韓嬰作，或云丁寬作。然據漢志，韓易有十二篇，丁易有八篇，求其符會，則事殊隙刺者矣。夫以東魯伏膺，文學與子遊齊列；西河告老，名行將夫子連蹤。而歲越千齡，時經百代，其所著述，沈翳不行，豈非後來，假憑先哲？亦猶石崇謬稱阮籍、鄭璞濫名周寶。必欲行用，深以爲疑。”司馬貞易傳議曰：“案劉向七略有子夏易傳，但此書不行已久，所存者多失真本，荀勗中經簿云：‘子夏傳四卷，或云丁寬所作。’是先達疑非子夏矣。隋經籍志云：‘子夏傳殘缺，梁六卷，今二卷。’知其書錯謬多矣。王儉七志引劉向七略云：‘易傳，子夏、韓氏嬰也。’今題不稱韓氏，而載薛虞記。又今祕閣有子夏傳薛虞記，其質粗略，旨趣非遠，無益後學，不可將帖正經。”鶴壽案：子夏易傳，張璠謂：“馯臂所作，薛虞記。”虞不知何許人，臂則漢儒林傳云“商瞿受易于孔子，以授橋庇，庇授馯臂”者也。孫坦謂杜鄴所作，蓋據漢本傳，鄴字子夏。元壽元年日食，鄴對曰“明陽爲陰所臨，坤卦乘離，明夷之象"，故知之也。然杜氏于易，未聞師傳，而鄧彭祖亦字子夏，趙汝楳謂彭祖所作，蓋據漢儒林傳，彭祖傳梁丘賀之易也。然則孔穎達、李鼎祚、陸德明所引，雖非出自卜氏，尚爲古本，今則偏之又偏。因學紀聞引"帝乙歸妹"，云子夏傳謂"湯之歸妹"，京房載湯嫁妹之辭曰"無以天子之尊而乘諸侯"云云，今本並無之，則不但非唐以前本，并非張弧之作矣。先生所引文苑英華一段，出唐會要。

今所傳本多至十一卷，又是宋人假託，并非穎達、鼎祚、德明、司馬貞、子玄所見者矣。通志堂彙刻經解以此冠全書，無識之甚。

孟喜、京房之學

孟喜、京房之學，漢儒林傳多誣善之詞，詳見十七史商榷，兹不贅。

兩漢以來，七十子之學，惟孟喜獨得其傳，其説易卦氣圖，以坎、離、震、兑爲四正卦，餘六十卦，卦主六日七分，合周天之數。内辟卦十二，謂之消息卦，乾盈爲息，坤虚爲消，其實乾、坤十二畫也。孟喜傳之京房，房有八卦六位圖，又有世、應、遊、歸、飛、伏之説。

京房易傳

京房易學，今存者有易傳三卷，所説者世、應、遊、歸、飛、伏，乃卜筮家所用。今之用錢代蓍，以占吉凶，唐以前已如此，出于京氏易傳也。鶴壽案：世、應、遊、歸、飛、伏，出火珠林。用八卦爲本，得本卦者以上爲世爻，得歸魂卦者以三爲世爻，其餘六卦以所變之爻爲世。世之對爲應。于世爻用飛伏法，凡卦見者爲飛，不見者爲伏。八卦以相反者爲伏，八卦所變世卦，自一世至五世以本生純卦爲伏，遊魂、歸魂卦則近取所從變之爲卦伏。此不過假易之名，以行其壬遯之術耳。

此非隨經訓釋之書也。漢藝文志云"漢興，田何傳易，訖于宣、元，有施、孟、梁丘、京氏列于學官"，列其目云："孟氏京房十一篇，災異孟氏京房六十六篇，京氏段嘉十二篇。"此上一條列雜災異，曰災異，則爲占休咎設，疑易傳在此條中。此下一條列章句，則但云"施、孟、梁丘各二篇"，不言京氏，是京房無章句。即其發首第一條列"易經十二篇"，亦但云"施、孟、梁丘三家"，不言京氏。京房爲孟喜門徒，其經必與施、孟之本同，乃不列其經者，意其未嘗順文解釋，以作章句，故七略不數，而班氏從之，然則京房無章句明甚。隋經籍志突有漢魏郡太守京房章句十卷，未詳。釋文云："阮孝緒七録云十二卷。"鶴壽案：漢儒林傳云："京房受易焦延壽。延壽嘗從孟喜問易，會喜死，房以爲延壽易即孟氏學，翟牧、白生曰：'非也。'至成帝時，劉向校書，以爲諸易家説皆祖田何，唯京氏爲異。儻焦延壽得隱士之説，託之孟氏，不相與同。"又云："田何以易授王同、丁寬，同授楊何，何授京房；寬授田王孫，王孫授施讎、孟喜、梁丘賀。"然則何之弟子有京房者傳田氏學，其經必與施、孟之本同。若延壽之弟子有京房者傳焦氏學，其經安得與施、孟之本同？蓋劉向已斥之矣。今先生所叙者，乃是講"世、應、遊、歸、飛、伏"之京房，而忽云京房爲孟喜門徒，無乃誤兩京房爲一京房邪？儒林傳又云："喜得易家候陰陽災變書。"蓋喜既傳田氏易，而又得災變書，故藝文志易類首尾各列施、孟、梁丘三家，言其傳經及章句也，中間別列孟氏京房災異篇數，言其雜著也。房所得與喜並列者，唯災異耳。

兩京房

漢有兩京房，皆治易，其一字君明，東郡頓丘人，事梁人焦延壽，初元四年以孝廉爲郎，元帝以爲魏郡太守，爲石顯所譖，誅，有傳，又見儒林傳，其弟子有任良、姚平、段嘉、乘弘。其一爲淄川楊何弟子，爲太中大夫，梁丘賀從受易，出爲齊郡太守，宣帝時聞京房爲易明，求其門人，得賀，見儒林傳。師古以爲別一京房，非延壽弟子，是也。劉向校書，以爲諸易家説皆祖田、楊，惟京氏爲異。今君明易傳存，梁丘賀之師，其學無傳。鶴壽案："劉向校書"四句，当叙在"其弟子有任良、姚平"之上，不然，仍是誤兩京房爲一京房矣。

鄭氏周易

王應麟集鄭氏周易，"後世聖人易之以書契"注云"書之于木，刻其側爲契，各持其一，後以相考合"，出書正義。案經典釋文尚書序引鄭康成云："以書書木邊，言其事，刻其木，謂之書契也。"與正義異，王氏失采，當于此條下用小字夾注"經典釋文作"云云。

虞翻之學祖述孟氏，其例最密

吴志：“虞翻字仲翔，會稽餘姚人。與少府孔融書，并示以所著易注。融答書曰：‘聞延陵之理樂，覩吾子之治易，乃知東南之美者，非徒會稽之竹箭也。又觀象雲物，察應寒温，原其禍福，與神合契，可謂探賾窮通者也。’”裴松之注引翻別傳云：“翻初立易注，奏曰：臣聞六經之始，莫大陰陽。是以伏羲仰天縣象而建八卦，觀變動六爻爲六十四，以通神明，以類萬物。臣高祖父故零陵太守光，少治孟氏易；曾祖父故平輿令成，纘述其業；至臣祖父鳳，爲之最密。臣先考故日南太守歆，受本于鳳，最有舊書，世傳其業，至臣五世，蒙先師之説，依經立注。又臣郡吏陳桃，夢臣與道士相遇，布易六爻，撓其三以飲臣，臣乞盡吞之。道士言：‘易道在天，三爻足矣。’豈臣受命，應當知經？所覽諸家解，不離流俗，義有不當，輒悉改定。”蓋翻之自負如此，而翻之易于例爲最密。闡孟易者，非翻其誰？翻所作周易注九卷，載隋志者，至宋而亡，惟唐李鼎祚周易集解采虞注獨備。鶴壽案：易卦起初只有三爻，因而重之，乃有六爻，飲三爻即足以該六十四卦矣。“夢與道士相遇”云云，本屬妄誕，翻既託此以自誇張，何以飲三爻足矣，竟不得其解也。先生見別傳内有“臣祖父鳳爲之最密”句，因謂“翻之易于例爲最密”，卻不説出密在何處？今觀虞氏注專以互體釋經，故論象甚密，別傳所謂“最密者”，其指此與？

周易古本王弼所亂，以爲費、鄭者非

周易古本，就漢、唐人説釋之，其次敍可以想見。漢靈帝熹平四年所刻石經，蔡邕書者，亡已久矣。唐文宗開成二年所刻石經，今現存西安府儒學，吾友畢尚書沅，曩爲陝西巡撫，揭以見惠，今據以勘毛氏汲古閣十三經注疏本，無甚大異，取象傳分散入經文每卦卦辭之下，次將象傳每卦中第一節總説一卦之象者升居經文爻辭之前，次以爻辭，而又將象傳分散入每卦每爻爻辭之下，然後次之以繫辭等。于是歐陽修爲之説云：“漢易分爲三，有田何之易、焦贛之易、費直之易，今行世者惟有王弼易，其原出費氏，費氏興，而古十二篇之易遂亡其本。"朱子晦菴記嵩山晁氏<small>名説之，</small><small>字以道</small>。卦爻彖象説，亦謂古經始變于費氏。攷漢儒林傳："費直治易，亡章句，徒以彖、象、繫辭、文言解説上、下經。"言"亡章句"，則知直未嘗自爲書以傳，解經者乃口説其義耳，非亂其本也。且藝文志言："劉向以中古文校施、孟、梁丘經，或脱去'无咎'、'悔亡'，惟費氏經與古文同。""中古文"即魯共王壞孔壁所得，藏在祕府者，乃古經真本，夫子所手定也，獨費氏本與之合，則費本之善可知，安有變亂古經之事？魏志："高貴鄉公問博士淳于俊：'孔子作彖、象，鄭康成作注，今彖、象不與經相連而注連之，何也？'俊對曰：'鄭合彖、象于經，欲使學者尋省易了也。'"玩此，則鄭氏經、注各爲一本，經不連而注連之。隋經籍志："費直傳易，其本皆古字，號曰古文易，馬融爲傳，以授鄭康成，康成作注，自是費氏大興。"費氏易既合于古文，鄭篤好古學而傳之，雖作注别有簡便之本，以爲講授，必自有古經元本也。惟孔穎達疏云："夫子所作象辭，原在六爻經辭之後，王輔嗣以爲象者本釋經文，宜相附近，其義易了，故分爻之象辭各附其當爻下。"據此，則合傳于經，盡廢十二篇之舊，實出王弼。穎達作疏時，鄭注具存，猶目睹之，如果改古本出于費、鄭，穎達何以專歸于弼乎？<small>鶴壽案：王弼變亂古</small>本，而變亂之中又不得其次，如乾卦彖傳曰："天行健，君子以自强不息。"此釋"乾"字，當在前；象辭曰"大哉乾元"至"萬國咸安"，此釋"元亨利貞"四字，當在後，今乃倒置之。乾、坤二卦文言傳既移置卦下，何以"亢龍有悔"至"是以動而有悔也"複出于繫辭中而不删去？况"危者安其位者也"至"繫于苞桑"是否九五之文言，同人"先號咷"至"其臭如蘭"是同人九五之文言，自"天祐之"至"无不利也"是大有上九之文言，"勞謙君子"至"以存其位者也"是謙九三之文言，"知幾其神乎"至"萬夫之望"是豫六二之文言，"小人不恥不仁"至"此之謂也"、"善不積"至"何校滅耳凶"是噬嗑初九、上九之文言，"顏氏之子"至"元吉"是復初九之文言，"初六，藉用白茅"至"其无所失矣"是大過初六之文言，"憧憧往來"至"德之盛也"是咸九四之文言，"作易者其知盜乎"至"盜之招也"、"公用射隼于高墉之上"至"語成器而動者也"是解六三、上六之文言，"天地絪緼"至"言致一也"是損六三之文言，"君子安其身"至"立心勿恆凶"是益上九之文言，"困于石"至"妻其可得而見邪"是困六三之文言，"德薄而位尊"至"言不勝其任也"是鼎九四之文言，"不出户庭"至"慎密而不出也"是節初九之文言，"鳴鶴在陰"至"可不慎乎"是中孚九二之文言，胡弗悉移于每卦各爻之下，而乃錯雜于繫辭之中？若謂此數條並非文言傳，則"亢龍有悔"一條今在繫辭傳者，豈聖人立言參錯如此邪？

弼雖合傳于經，而獨于乾卦爻辭下不附象傳，仍聚一處，列于"自强不息"之後，蓋以此稍存古本舊觀，然全經之顛倒錯亂已甚，此區區者何足存古？且以文言傳附乾、坤二卦後，而向之在繫辭後者，今乃升六十四卦之首矣。其經肆自用，不已妄乎？且不但移其位置也，"大哉乾元"上"彖曰"二字、"天行健"上"象曰"二字、"元者，善之長"上"文言曰"三字，及自坤至未濟諸卦，每爻附象傳，皆有"象曰"二字，皆王弼所增加，古本無也。

王弼、韓康伯注

隋經籍志：周易十卷，魏尚書郎王弼注六十四卦六卷，韓康伯注繫辭以下三卷。王弼又撰易略例一卷。周易繫辭二卷，晉太常韓康伯注。晉韓伯傳："伯字康伯。"不言其注周易繫辭，略之也。攷南齊陸澄傳與王儉書："王弼于注經中已舉繫辭，故不復別注，今若專取弼易，則繫說無注。"乃魏志鍾會傳裴松之注引何劭王弼傳曰："弼注易。潁川人荀融，難弼大衍義。"而今韓康伯注繫辭屢引弼語，是弼雖不注繫辭，而別有大衍義，今不傳矣。宋程子伊川易傳、張子橫渠易說、楊氏簡慈湖易傳，皆不注繫辭等傳，然伊川每卦前冠以序卦傳。既取序卦，則非不信繫辭者，特未暇及耳。鶴壽案：通志有王弼周易窮微論一卷，中興書目有王弼易辨一卷，冊府元龜有顧悅之難王弼易義四十餘條。

王弼乾文言注"仲尼旅人，則國可知矣"二語，本京房易傳説旅卦之詞。

唐郭京作易舉正，自言得王、韓手寫傳授真本，與世行本不同者，舉而正之，凡一百三條，其實皆京妄爲之以欺人，所云"得王、韓手寫本"者,安有此事?毛氏刻入津逮祕書,可云無識。鶴壽案:京自序言依定本舉正其訛,總一百三十五處、二百七十三字。洪邁曰:"坤初六象曰'履霜堅冰,陰始凝也',京本無'堅冰'二字。凡舉正一百三節。"趙汝楳、王應麟諸人屢斥其非。近惠氏棟又取屯六二象曰"即鹿无虞,何以從禽也"諸條,以李氏所錄漢易攷之,指其妄謬十一處,勝于一炬焚之矣。

魏志鍾會傳:"山陽王弼好論儒道,辭才逸辯,注易及老子,爲尚書郎,年二十餘卒。"裴松之注略言曹爽以弼補臺郎,正始十年卒,年二十四。案正始十年四月改元嘉平,是年爲己巳,然則弼生于黃初七年丙午。弼之父業,業之父覬,覬爲劉表壻,業即表之外孫。族父粲,仲宣之子,以反誅,業爲粲後。

弼又作周易略例,邢璹爲注。新唐書蕭宗紀:"初封陝王,性好學,玄宗遣賀知章等侍讀左右。"中有邢璹名。王鉷傳:"鉷弟銲,與邢縡善。"縡,鴻臚少卿璹子也。注易略例者,未知即此人否?

朱子所定古本,宋、元已亂,不始于明

顧炎武日知錄云:"周易經二篇、傳十篇,自漢以來,爲費直、鄭玄、王弼所亂,取孔子之言,逐條附卦爻下,程傳因之。及朱子本義,始依古文,故于'周易上經'條下云:'中間頗爲諸儒所亂,近世晁氏始正其失,而未能盡合古文,呂氏又更定著爲經二卷、傳十卷,乃復孔氏之舊云。'洪武初,頒五經于天下儒學,而易兼用程、朱二氏,亦各自爲書。永樂中修大全,乃取朱子卷次割裂,附之程傳之後,而朱子所定古文仍復殽亂。'彖,文王所繫之辭。上者,經之上篇;傳者,孔子所以釋經之辭也。後凡言傳者放此',此乃'彖上傳'條下義,今乃削'彖上傳'三字而附于'大哉乾元'之下,又削去'上者,經之上篇'六字。'象者,卦之上下兩象及兩象之六爻,周公所繫之辭也',乃'象上傳'條下義,今乃削'象上傳'三字而附于'天行健'之下。'此篇申彖傳、象傳之意,以盡

乾、坤二卦之蘊,而餘卦之説可以例推云',乃'文言傳'條下義,今乃削'文言傳'三字而附于'元者,善之長也'之下。其'彖曰'、'象曰'、'文言曰'字,皆朱子本所無,復依程傳添入。後來士子厭程傳之多,棄去不讀,專用本義,遂即監板傳義本刊去程傳,而以程之次序爲朱之次序。今四書板本每張十八行,每行十七字,而注皆小字,詩、書、禮記並同,惟易每張二十二行,每行二十三字,而本義皆作大字,與各經不同,明爲後來所刻,是依監板傳義本而刊去程傳,凡本義中言'程傳備矣'者,又添一'傳曰'而引其文,皆今代人所爲也。"愚謂顧氏此説亦非也。易爲王弼所亂,然以班志、孔疏攷之,古本了然可睹,此有何難?晁以道、吕伯恭紛紛自居復古之功,已爲可笑,顧乃反誣費、鄭以亂經之罪,豈不謬哉!朱子本義雖用古本,與程傳異,身没未久,而門人節齋蔡淵伯靜已變其例,及理宗寶祐中,有天台克齋董楷正叔纂集周易傳義附録,將程子傳與朱子本義合爲一,而大變朱子之本。元文宗天曆時,鄱陽董氏刻用天台董氏本,而小有不同。以上參用王懋竑朱子年譜攷異、戴震經攷説。予今購得周易程朱傳義十卷,卷首題"伊川程頤正叔傳,晦菴朱熹元晦本義,東萊吕祖謙伯恭音訓",每卷皆三賢並列。卷首冠以易圖八及卦變圖,題曰"朱子集録",末附朱子筮儀一篇。有長方墨印記,云"至正丙戌良月虞氏務本堂刊"。丙戌係至正六年,乃元順帝之十四年也。其書兼載傳、義并附音訓,而經文次第則與今流俗書坊至惡之本全無別異,所小不同者,惟"上者,經之上篇"六字未删而已。然則朱本宋、元已亂,不但與後來士子無涉,亦并非修大全者所改,顧説殊爲不確。且晦菴易解全依邵堯夫,既非古義,又何古本之有?顧氏之學切實不浮,然限於時風,故議論如此。

惠氏易

惠氏士奇,字天牧,號半農,吳縣人。康熙己丑進士,官翰林院侍讀學士。力宗古義,所著易説,獨得漢易之傳。子棟,字定宇,號松厓。乾隆辛未,薦舉經學。恨王輔嗣以假象説易,根本老氏之虚玄,而漢經師之業不存也,于李鼎祚集解取虞翻之説,以上溯孟喜,推明卦氣,衍以納甲,作周易述二十卷。其第七卷下經自鼎卦以下闕,第八卷全闕,第十卷象下傳自鼎卦以下闕,第十四卷象下傳自鼎卦以下闕,第二十卷説卦傳、序卦傳、雜卦傳並闕,門人江藩號鄭堂補之,然後虞氏之説明,而孟氏之學亦卓有端緒。其周易述,好事者已刻之,而補則尚未刻也。又別譔漢經師説易之原流。作易漢學七卷,曰孟長卿,曰虞仲翔,曰京君明,曰鄭康成,曰荀慈明。其意以虞氏易即孟氏易,京雖親受業于孟,而書已失傳,故反次于虞;鄭注易最在後,老耄昏忘,道塗倥傯,故不能密也;荀爽最後出,而推闡獨精,故特進之,附于五家之末。又易微言二卷,易例二卷,明堂大道録八卷,禘説二卷,皆已刻。而微言等繁其名稱,宜歸併省,語亦輾轉抽演,反有入于多岐者。明堂與禘,應讓鄭氏專家,强説亦無取。

　　周易述增改經字頗多,如乾九三"夕惕若厲","若"下增"夤"字,辨别見;履卦彖詞增"利貞"二字,惠云"據荀爽注有此二字",攷荀注見李鼎祚集解,云"六三履二非和正,故云利貞也"。竊謂利,和;貞,正也。非和正則不利貞矣。荀注當云"故不云利貞也",傳寫誤脱"不"字,惠誤據而增。繫辭"作易者其知盜乎","作"改"爲";"死期將至","期"改"其"。此二條,集解、石經元板皆與今本同,惠改亦非。鶴壽案:惠半農先生易説第二條即辨"夕惕若"下有"夤"字,故周易述因之。至履卦以六三之陰履九二之陽,天下豈有陰加于陽之上而利貞者哉?荀注脱去"不"字,誠如先生所云,李鼎祚本"亨"下有"利貞"二字,蓋據誤本荀注而謬增者也。他如"晉"當爲"晉"、"巽"當爲"巺",從説文;"磐"當作"般"、"疇"當作"禹",從鄭本,"寵"當作"龍",從王肅本;"毓"當作"埶";從薛虞本;"祐"當作"右",從馬融本;"簪"當作"戠",從虞翻本,皆字字有來歷。

蛾術編卷四

尚書古、今文

尚書古、今文，千古聚訟不休。其信晚晉梅賾所獻本者，皆無識陋儒，即有疑之者，直云書止今文二十八篇，而孔壁所得，遭巫蠱之難，遂以失傳，梅本乃後人假託。此等議論，于真僞之辨，全不能得其要領。孔壁真古文，雖平帝暫立旋罷，然藏在祕府，劉向父子校書親見之，班氏載之藝文志。至東漢，其學更盛，杜林、衞宏、賈逵、馬融、鄭康成諸大儒，皆遞相傳授不絶，其中增多者，篇數則十六篇，内九共分出八篇，故亦稱二十四篇，而非今之二十五篇也；其篇目則有汨作、九共諸篇，而無仲虺、太甲、説命諸篇，即篇名之同者，舜典亦自別有一篇，而非今之分"慎徽"以下充之者也。其與今文同有者，則伏生二十八篇，連民間所得太誓爲二十九篇，又于其中分出盤庚二、太誓二、康王之誥一爲三十四篇，而非今之分爲三十三篇者也。其篇總共五十八，乃是二十四與三十四合爲五十八，而非今之三十三與二十五合爲五十八者也。其卷數則四十六卷，乃是于三十四篇内，盤庚三篇同卷，太誓三篇同卷，顧命、康王之誥二篇同卷，實二十九卷；于二十四篇内，九共九篇同卷，實十六卷，共四十五卷，加序一卷爲四十六，而非今之引序各冠篇首，除序尚四十六者也。彼既爲真，則此自爲僞，自唐貞觀以後，無一人識破，直至近時，太原閻先生若璩、吳郡惠先生棟，始著其說，實足解千古疑團。予小子得而述之，既作後案，遂取注、疏、釋文及史記、漢書等臚列于卷首而辨之，學者從是攷焉，可以霍然矣。鶴壽案：先生辨真古文篇數、卷數爽若列眉，但謂僞孔書自唐貞觀以後無一人識破，直至近時閻、惠始著其說，則甚不然。劉知幾曰："古文尚書得之壁中，孔安國以校伏生所誦，增多二十五篇，更以隸古字寫之，編爲四十六卷，司馬遷屢采其事。至後漢，孔氏本遂絕，其見于經典者，諸儒皆謂之逸書。"此在唐人已識破僞孔書矣，及宋而識破之者漸衆，吳才老曰："增多之書皆文從字順，非若伏生之書詰曲聱牙。夫四代之書，作者不一，乃至二人之手而定爲二體，其亦難言矣。"朱晦翁曰："今文多艱澀，古文反平易。然伏生背文暗誦，乃偏得其所難，而安國玆定于科斗古書錯亂磨滅之餘，反專得其所易，則有不可曉者。"又曰："某嘗疑安國書是假書，其注亦非安國所注。"迨元而識破之者愈衆，熊與可曰："孔壁真古文不傳，至梅賾別得古文尚書二十五篇，凡漢儒注經指爲逸書者，遂皆有其書。然所謂'古文'者，不如今文之古矣。"吳幼清曰："梅賾析伏氏書二十八篇爲三十三篇，雜以新出之書，通爲五十八篇，并書序一篇，凡五十九篇。伏氏書雖難盡通，然辭義古奧，其爲上古之書無疑，梅賾所增平緩卑弱，不類漢以前文字，今澄所注，止以伏氏二十八篇之經爲正。"王與耕曰："古文禹謨，深有可疑，蓋禹與皋陶、舜答辭，自具見于皋陶謨、益稷篇中，如'予思日孜孜'、'帝慎乃在位'，此即禹所陳之謨矣，安得別有大禹謨一篇？且益贊堯一段，安得爲謨？舜讓禹一段，當名爲'典'；禹征苗一段，當名爲'誓'，今皆混名之曰'謨'，則與餘篇體製不類。又説者以征苗爲攝位後事，謂其稟舜之命，而其末有'禹班師振旅'、'帝誕敷文德'二語，夫舜以耄期倦勤而授禹，禹安得舍朝廷而征有苗，舜安能以耄期而敷文德哉？此必不可信。"然則唐、宋、元諸名儒，皆不信僞孔書，他如梅氏之讀書譜、羅氏之尚書是正諸書，排擊僞孔者正復不少，以爲尚書惟傳自伏生者爲真古文，其出自孔壁者盡後儒僞作，大柢依約諸經論、孟中語，並竊其字句而緣飾之，大禹謨"后克艱厥后"二語竊論語"爲君難"二語，五子之歌竊孟子"怵惕"二字。諸儒不但指其篇次，而且摘其辭句，乃先生猶以爲無一人識破，何也？

　　孔壁真書，兩漢雖班班具在，而不立博士，馬、鄭諸儒但注古、今文同有之三十四篇，而增多二十四篇未及爲注。馬融云："逸十六篇，絶無師説。"衞宏、賈逵亦未爲增多篇作傳注也。是以延至魏、晉之際，其學又微。皇甫謐名重晉初，見此學之將絶也，遂別爲改作，且代安國爲傳，即今本也。其意以有安國傳，則馬、鄭必爲所壓伏耳。未幾而永嘉喪亂，真古文果亡。東晉元帝時，梅賾遂獻謐本，遽得立學矣。然鄭氏所注三十四篇，至唐尚存，舊唐書孔穎達傳云"明鄭氏尚書"，乃其作疏不用鄭氏。蓋僞本始盛于江左，至隋，劉焯、劉炫尊信作疏，聲欬大張，穎達倘依鄭，則經且少其半，孰信而從之？不得已用僞本，漫指鄭所述古文逸篇乃張霸僞書。此蓋昧心以徇俗，欺意而蔑古也。自宋至明，攻詆鄭學者徧天下，故辨孔之僞者猶有之，而識鄭之真者則無之。嗚呼！古聖經典，孔子手定，秦火既亡其半，幸而復出者，兵亂又從而滅之，而僞託之書反得懸諸日月，經之或傳或否，其無定若此。吾輩著述，惟自適已事耳。不特當時無鍾期，敢必後世有子雲乎？鶴壽案：僞孔書乃王肅所造，與元晏無涉，説已見前卷。

舜典首二十八字

"慎徽"與上"欽哉"相連，直至"陟方"句，皆堯典也。"曰若"十二字，姚方興所造，梅賾本無；至"濬哲"十六字，則又劉炫所造，方興本亦無之。朱竹垞謂舜典之首，本有"曰若稽古帝舜曰重華建皇授政改朔"十五字，宜削去姚方興僞造二十八字，而以十五字補之，且云此十五字乃高堂隆所引。攷魏志隆本傳無之，不知竹垞何據？亦不知其何所見而謂此十五字應冠舜典之首。李善注文選王元長策秀才文，引帝王世紀曰："舜始即真，改正朔，以土承火，色尚黃，尚書中候所謂‘建黃授正改朔’。"則此乃緯書之文也，竹垞誤"黃"爲"皇"耳。其文義不似堯典，必非虞史之文。若云"建黃"，則尤謬。蓋五行雖各有色，以成五色，而王者所尚則止于三，配三正而迭更者也。寅正者尚黑，或以黑爲青，而云尚青，丑正者尚白，子正者尚赤。正朔三而復，則三色亦三而復，未聞有尚黃者。舜改堯之丑正爲子正，則舜易白而爲赤，中候言"建黃"，是妄也。皇甫謐既無識，且好怪僻，遂云"以土承火，色尚黃"。背先民而徇野言，不亦異乎！鶴壽案：經典釋文云："齊明帝建武中，吳興姚方興采馬、王之注，造孔傳舜典一篇，云于大桁頭買得之，梁武時爲博士，議曰：'孔序稱伏生誤合五篇，皆文相承接，所以致誤。舜典首有"曰若稽古"，伏生雖昏耄，何容合之？'遂不行用。曰若稽古十二字是方興所上，孔氏傳本無，七錄亦云。然方興本或此下更有'濬哲文明'十六字，凡二十八字，聊出之，于王注無施也。"而先生謂"濬哲文明"十六字劉炫所加者。劉知幾曰："姚方興所造舜典，江陵板蕩，其文北入中原，學者得而異之，隋學士劉炫遂取此一篇，列諸本第。"鄭公曉亦云："舜典首二十八字，隋開皇時人僞爲之，假設姚方興，以伸其歲月爾。"此即先生所據也。然御覽卷八十一引尚書中候致河命云："曰若稽古帝舜曰重華，欽翼皇象。"王延壽魯靈光殿賦云："粵若稽古帝漢，祖宗濬哲欽明。"王粲七釋云："濬哲文明，允恭玄塞。"緯書出于哀、平之際，文考、仲宣又是漢、魏人，則是漢、魏間早有此見成之句，方興既襲起首十二字，安知不更襲以下十六字，而有待于劉炫邪？至朱竹垞欲以高堂隆所引"曰若稽古帝舜"十五字以易方興所造二十八字，此見沈約宋書，未爲無據。宋禮志云："明帝即位，便有改正朔之意，朝議多異同，侍中高堂隆議曰：自古帝王皆改正朔，書稱'曰若稽古帝舜曰重華，建皇、授政、改朔'。"先生豈未之見邪？高堂隆所引"建皇"二字，當即致河命"欽翼皇象"之謂，文選注引尚書中候作"建黃"者，或因"皇"、"黃"同音而誤，自皇甫謐以色尚黃解之，遂爲不通之論矣。

唐石經尚書并非梅賾本，惟說文所引爲真

真古文尚書已亡于永嘉，東晉梅賾忽獻僞古文尚書。案說文自序："孔子書六經，用倉頡古文。"梅書既稱古文，又自言出于孔壁，則其字似當從古，然僞孔序云："壁中得先人所藏虞、夏、商、周之書，皆科斗文字。科斗書廢已久，時人無能知者，以所聞伏生書攷論文義，定其可知者爲隸古，定更以竹簡寫之。"蓋科斗西漢已失傳，晉人安能假託？故初獻即假稱安國，改經文爲隸書，更寫以竹簡，而不用古文。隋經籍志有"今字尚書十四卷，孔安國傳"，即此本也。穎達作疏蓋用此本。此雖非古文，但云"隸古"，則亦必稍參以古字。後玄宗時，衛包又改從開元文字，開成

石經用之,直傳至今,所以文字平易明順。所謂"開元文字"者,不但絕異古文,亦迥非梅書,宋薛季宣忽出書古文訓,苟逞臆臆,絕無據依,固不足信。若説文許慎既自言"書偁孔氏,皆古文也",子沖上書安帝云:"臣父本從賈逵受古學,攷之于逵,作説文。"而逵實傳孔壁真古文尚書者,慎必不肯欺人,且其時王肅、束晢、皇甫謐一班作僞人未出,故説文所引尚書與今本異者,的爲孔壁真本無疑。大凡古書一經後人之手,必遭變亂,説文幸因小學放廢,人皆束之高閣,故未大遭改竄,遺經之引見其中者,誠至寶也。

光被

新安戴吉士震,號爲精于經。乙亥歲,予官京師,作尚書後案,吉士偶過予,爲予論堯典"光被四表","光"當作"橫",予未敢信。吉士没,其文集出,内有與予札,云:"昨讀所注今文尚書,逐條之下,辨正字體、字音,悉準乎古;及論詁訓,先徵爾雅,然後廣搜漢儒之説,功勤而益鉅,誠學古之津涉也。震偶舉卷首一'光'字,語未竟而退,不可不終其説。孔傳'光,充也',陸氏釋文無音,穎達正義曰'光,充。釋言文',據郭本爾雅'桄、頴,充也',注曰:'皆充盛也。'釋文曰:'桄,古黄反,孫叔然作光。'用是言之,'光'之爲充,爾雅具其義。漢、唐諸儒,凡于字義出爾雅者,則信守之篤。然如'光'字,雖不訓,靡不解者,訓之爲充,轉致學者疑。詁訓之體,遠而近之,不廢近索遠。蔡仲默書集傳'光,顯也',似比近可通古説。必遠舉'光,充'之訓,何歟?雖孔傳出魏、晉間人手,此字據依爾雅,密合古人屬辭之法,非魏、晉間人所能,必襲取師師相傳舊解,見其奇古有據,不敢易爾。後儒不用爾雅及古注,殆笑爾雅迂遠、古注膠滯,如'光'之訓充,兹類實繁。余獨謂病在後儒不徧觀盡識,輕疑前人,不知而作也。自有書契以來,科斗而篆籀,篆籀而徒隸,字畫俛仰,浸失本真。爾雅'桄'字,六經不見。説文:'桄,充也。'孫愐唐韻:'古曠切。'樂記'鐘聲鏗,鏗以立號,號以立橫,橫以立武',鄭注曰:'橫,充也,謂氣作充滿也。'釋文曰：'橫，古曠反。'孔子閒居'夫民之父母乎，必達于禮樂之原，以致五至而行三無，以橫于天下'，鄭注曰：'橫，充也。'疏家不知其義出爾雅，古字蓋'橫'、'桄'通。漢書'黃道'爲'光道'，則又古篆法'黃'⿰、'㲂'⿰近似故也。六經中用'橫'不用'桄'，堯典古本必有作'橫被四表'者。'橫被'，廣被也，正如記所云'橫于天下'、'橫乎四海'是也。'橫四表'、'格上下'對舉，溥徧所及曰橫，貫通所至曰格。四表言'被'，以德加民物言也；上下言'于'，以德及天地言也。集傳云'被四表、格上下'，非古文屬辭意矣。'橫'轉寫爲'桄'，脫誤爲'光'，追原古初，當讀古曠切，庶合充霶廣遠之義，而釋文于堯典無音，于爾雅乃古黃反，殊少精覈。述古之難，若此類者，遽數之不能終其物"云云。吉士之說誠辨，後予檢王莽傳云"昔唐堯橫被四表"，益駭服其說，吉士卻不知引。及檢毛詩周頌噫嘻疏引鄭注，知鄭本已作"光"，解爲光燿，則吉士之說可不用矣，故後案內不載。然予之說，假令吉士尚在，聞之仍必不服，何則？吉士爲人，信心自是，眼空千古，殆如韓昌黎所謂"世無仲尼，不當在弟子列"，必謂鄭康成注不如己說精也。漢儒說經，各有家法，一人專一經，一經專一師。鄭則兼通衆經，會合衆師，擇善而從，不守家法。在鄭自宜然，蓋其人生于漢季，其學博而且精，自七十子以下，集其大成而裁斷之，自漢至唐千餘年，天下所共宗仰。予小子則守鄭氏家法者也，方且逕處義疏之末，步孔、賈後塵，此其道與吉士固大不同。道不同，不相爲謀。吉士果知有鄭注而不取，則聽客之所爲，各尊所聞可矣。所嫌者，吉士札反覆千言，援引浩博，獨鄭光燿之義，載在毛詩疏者，隻字未舉及，縱無說以駁鄭，乃即硬抹摋一語亦無。然則吉士于世所稱十三經注疏者，檢閱尚未周而輕于立解，此則未免稍鹵莽。三十餘年前，予雖與吉士往還，曾未出鄙著相質，吉士從未以札見投，突見于其集。昔樂安李象先自刻集，內有詭稱顧亭林與之書論地理，象先答以書，辨顧說爲非，亭林呼爲"譎觚"。今吉士札譎與否不足辨，獨鄙見謂鄭注載毛詩疏者，竟未檢照，而遽欲改經字、創新説爲鹵莽，此則吉士在地下亦當首肯。至段玉裁重刻戴集，仍存此文，段已檢得詩疏鄭注，而此篇中並未代爲增入。不作僞，尚可取。段爲戴弟子，或信戴不信鄭，則亦聽客之所爲。鶴壽案：戴氏據爾雅"枂、潁，充也"，孫炎本"枂"作"光"，又據説文"枂，充也"，孫愐唐韻"枂"音古曠反，知堯典古本必有作"横被四表"者。今案今文尚書作"横"，漢王莽傳云"唐堯横被四表"，王褒傳云"横被無窮"，後漢馮異傳云"横被四表，昭格上下"，崔篆慰志賦云"聖德滂以横被分"，班固西都賦云"横被六合"，張衡東京賦云"惠風横被"。蓋今文尚書，漢人用之熟矣，戴氏不遽以爲本堯典者，是其虚心之處。古文尚書作"光"，噫嘻箋云"光被四表"，疏引堯典注云："言堯德光燿及四海之外。"先生據以折戴氏之説，似矣。但字有本字，有假借字。枂，本字也；光與横，假借字也。康成以"光"爲燿，此就"光"之本義釋之；僞孔以"光"爲充，此就"光"之假借釋之，其實枂、横、光三字古人通用。枂者，車下横木。横，擴而充之也。今文作"横"，古文作"光"，其字皆係假借，其義正同，訓充之義爲長，訓燿之義爲短，不得以出自鄭注而泥之。

戴于漢儒所謂家法，竟不識爲何物。豈惟戴震，今天下無人不説經，無一人知家法也。即如"光被四表"，見于魏公卿上尊號奏，載洪适隸釋。康成卒于建安五年，魏受禪初，距其没僅二十年，天下尚書皆守其家法，作"光被"。若僞孔之出，在晉元帝渡江初，相去幾及百年，並非至孔始改"光"，奈何遽欲改爲"横"？戴于洪适輩，視如蟻蟓。古之狂也肆，若戴氏，其狂而幾于妄者乎？

君帝

諸廷槐曰："皇帝哀矜"，此沿閣本之誤。釋文單行本則云"君帝，'君'宜作'皇'字"，與閣本注、疏中所采釋文不同，正德、嘉靖本亦然。開成石經乃作"皇帝"，則衛包改也，古本直作"君帝"。鶴壽案：釋文因傳有"君帝"之語，遂謂"皇"宜作"君"，其實傳以"君帝"釋"皇帝"，以別于秦之皇帝耳。觀疏引釋詁以解傳，則經宜作"皇"明矣。

羣書所引尚書逸文可疑者及誤者

史記河渠書首引夏書曰："禹抑洪水十三年，過家不入門。陸行乘車，水行載舟，泥行蹈毳，山行即橋。"説文木部"楯"字下引虞書同。白虎通號篇引尚書曰："不施予一人。"社稷篇："社稷所以有樹何？尊而識之，使民望見即敬之，又所以表功也。故周官曰：'樹之各以土地所生。'尚書曰：'大社唯松，東社唯柏，南社唯梓，西社唯栗，北社唯槐。'"御覽引之，以爲尚書逸篇也。王者不臣篇："王者臣有不名者。先王老臣不名，親與先王戮力共治國，同功于天下，故尊而不名也。尚書曰'咨爾伯'，不言名也。"説文辵部引虞書曰："怨匹曰逑。"案左傳桓三年，晉師服曰"嘉耦曰妃，怨耦曰仇，古之命也"，疑即指此逸書。攴部"敿，棄也。从攴，喬聲。周書以爲'討'。詩云：'無我敿兮。'市流切。"今周書無"敿"字。亏部"粤，亏也。審慎之辭。从亏，从宷。周書曰：'粤三日丁亥。'王伐切。"案：惟召誥有"越三日丁巳"，其餘並無同者。木部"楢，木也。从木，晉聲。書曰：'竹箭如楢。'子賤切。"今無攷。心部"憀，輕易也。从心，蔑聲。商書曰：'以相陵憀。'莫結切。"逸文無攷。後漢馮衍傳李賢注引周書小開篇曰："'汝何敬非時，何擇非德？德枳維大人，大人枳維公，公枳維卿，卿枳維大夫，大夫枳維士，登登皇皇。君枳維國，國枳維都，都枳維邑，邑枳維家，家枳維欲無疆。'言上下相維，遞爲藩蔽也。其數有八。"此所引本誤，説詳後案。"德枳"以下文，尤不可知。以上各條，諸書雖皆以爲尚書，似是逸篇，然多可疑者及誤者，聊存以俟再攷。鶴壽案：此條所引，以原書校之，不甚相符。説文木部"欙"字下引虞書曰"山行乘欙，澤行乘舟"，與史記異，並不在"楯"字下。白虎通號篇所引，即盤庚"不惕予一人"。社稷篇所引，本稱逸篇，不必再引御覽。王者不臣篇所引，即今舜典之"咨伯"。説文攴部"周書以爲'討'"，"周書"當作"虞書"，"討"即皋陶謨之"天討"。木部"竹箭如楢"，當是引周禮職方氏。後漢馮衍傳注所引，本稱周書小開篇，先生原本誤作"呂刑"，今改正。

伏子賤

後漢伏湛傳：“九世祖勝，字子賤，所謂濟南伏生者也。”子賤之字，僅見于此。湛子孫世爲公卿，直至曹操弑伏后，伏氏始絶。

先鄭後馬

予采鄭康成尚書注及馬融、王肅三家爲一編，以鄭爲主，馬、王與鄭不合者駁之。鄭嘗從學于馬，而先鄭後馬者，馬爲梁冀艸奏誣李固，品節有乖，且後漢趙岐傳：“岐娶扶風馬融兄女。融外戚豪家，岐鄙之，不與融相見。”李賢注引三輔決録注：“岐與友書曰：‘馬季長雖有名當世，而不持士節，三輔高士未嘗以衣裾撇其門。’刻本作“敝”，校者改“撇”，説文作“擎”。賤融如此。”

鄭康成所據地理志，伏無忌作

予采集羣書中尚書鄭康成注，又譔後案，以疏解之。中一條云：鄭注禹貢引地理志，間與班志不同，則非班書，卻多與續郡國志合。而是書晉司馬彪作，鄭不及見。宋余靖序後漢書云：“明帝詔伏無忌、黃景作地理志。”劉昭注補續漢志序云：“推檢舊記，先有地理。”是東漢別有地理志。鄭據當代之書，故不盡與班合，而司馬彪則取之以作志者，故與鄭合也。後漢伏湛傳：“玄孫無忌，亦傳家學，博物多識。順帝時，爲侍中屯騎校尉。永和元年，詔無忌與議郎黃景，校定中書五經、諸子百家、藝術。元嘉中，桓帝復詔無忌與景、崔寔等譔漢記。”余靖説似即據此。但後漢盧植傳：“植與諫議大夫馬日磾、議郎蔡邕、楊彪、韓説等，並在東觀，校中書五經記傳、補續漢記。”言“補續”，則是即無忌書，二處皆但言漢記，不言地理，而靖斷然言之。靖雖趙宋人，恐別有所據。鶴壽案：鄭康成生于靈、獻之世，東漢有天下已一百四五十年，郡縣更改者多矣。鄭于禹貢所引地説或係古書，所引地理志或即伏無忌書。

汲冢周書

世所謂汲冢周書者，左傳疏云：“漢藝文志有周書篇目，其書今在，或云是孔子刪尚書之餘。”鶴壽案：周書自度訓解第一，至器服解第七十，加序一篇，凡七十一篇，正與漢藝文志數目相同，劉向以爲周時誥、誓、號令，是也，此與汲冢之書毫不相涉。杜預左氏春秋集解後序云："太康元年，余自江陵還襄陽，修成春秋集解始記，會汲郡汲縣有發其界內舊冢者，得古書七十五卷，周易及紀年最爲分了，周易上、下篇與今正同，別有陰陽説，而無彖、象、文言、繫辭；其紀年篇，起自夏、殷、周，皆三代王事，無諸國別也，唯特記晉國，起自殤叔以至今王。"晉束皙傳云："太康二年，汲郡人不準盜發魏襄王墓，得竹書數十車，紀年十三篇、易經二篇、易繇陰陽卦二篇、卦下易經一篇①、公孫段二篇、國語三篇、名三篇、師春一篇、瑣語十一篇、梁丘藏一篇、繳書二篇、生封一篇、大曆二篇、穆天子傳五篇、圖詩一篇、雜書十九篇，凡七十五。七篇簡書折壞，不識名題。"晉書又于每篇之下，各標其書之大旨，蓋與今所傳之周書絕不相類。楊慎謂漢志本有周書，李善注文選，還在晉後，而其所引，只稱逸周書，不曰汲冢周書也。至宋太宗修太平御覽，首卷列目，始有汲冢周書之名，蓋當時儒臣求汲冢七十五篇而不得，遂以逸周書七十一篇充之，晁公武、洪适、陳振孫、黃震輩皆未眼深玖耳。

　　汲冢周書十卷，晉孔晁注。晁，俗"鼂"字。後有巽巖李燾序。又一本，後有嘉定十五年夏四月十一日東徐丁黼序，前有至正甲午冬十一月四明黃玠序。案：鼂，晉書無傳，惟傅玄傳：武帝下詔曰："敢有直言，勿有所距，雖文辭有謬誤，言語有失得，皆當恕之。近者孔鼂、綦母𬱟，皆按以輕慢之罪，所以皆原，欲使四海知區區之朝，無諱言之忌也。"

---

　　①　"卦"字原脱，據晉書束皙傳補。

蛾術編卷五

説　録　五

詩世次

三百篇編次之第，自當以世之先後，然據毛、鄭、召南甘棠作于武王之時，行露作于文王之時，而甘棠在前、行露在後。衞風芄蘭爲刺惠公，河廣已當戴公、文公之時，則是春秋魯僖公時，而其下伯兮又爲宣公之時，即春秋魯桓五年蔡人、衞人、陳人從王伐鄭之事，則其世次之顛倒，有不可解者，當闕疑。鶴壽案：三百篇之次第顛倒者，不可勝數。如黍苗，宣王之詩也，而次于後；正月，幽王之詩也，而次于前。序者不得其説，遂并楚茨、信南山、甫田、大田、瞻彼洛矣、裳裳者華、桑扈、鴛鴦、魚藻、采菽十詩皆爲刺幽王之作，恐不然也。今先生所舉甘棠等五詩，猶是隔世者耳。乃有一人之身，而其詩亦倒置者，如碩人，莊姜初歸事也，而次于後；綠衣、日月、終風，莊姜失位而作，燕燕，送歸妾作，擊鼓，國人怨州吁而作也，而次于前。渭陽，秦康公爲太子時作也，而次于後；黄鳥，穆公薨後作也，而次于前。此皆經有明文可據，而顛倒錯亂如此，必非孔子所正之原本。故鄭康成謂十月之交以下四篇皆刺厲王時，漢時經師移其篇第耳。今試以鄭氏詩譜攷之，其無所更動者，唯周南十一篇、邶風十九篇、齊風十一篇、魏風七篇、唐風十二篇、秦風十篇、陳風十篇、檜風四篇、曹風四篇、豳風七篇、大雅三十一篇、周頌三十一篇、魯頌四篇、商頌五篇。其有所更動者，召南十四篇，采蘋舊在草蟲之前，儀禮歌召南三篇，越草蟲而取采蘋，是其證也。甘棠、何彼襛矣作于武王時，故置在騶虞後。鄘風十篇，載馳作于戴公時，故置在定之方中前。衞風十篇，芄蘭作于惠公時，故置在有狐

後;河廣作于文公時,故置在木瓜後。王風十篇,兔爰作于桓王時,故置在葛
藟後。鄭風二十一篇,清人作于文公時,故置在溱洧後;褰裳作于屬公時,故
置在山有扶蘇前。小雅八十篇,常棣作于成王時,故置在由儀後;十月之交
以下四篇作于屬王時,故置在六月前。凡更動者十三處,康成蓋據世次之大
略言之,其實乃有不可解者。左傳引楚莊王曰:武王作武,其卒章曰"耆定爾
功",其三曰"敷時繹思,我徂維求定",其六曰,"緩萬邦,屢豐年"。今詩但以
"耆定爾功"一章爲武,而其三屬賚,其次屬桓,章次復相隔越。此豈本在一
章,至孔子刪詩而分之邪?

六亡詩

小雅南陔、白華、華黍、由庚、崇邱、由儀六篇,序皆云"有其
義而亡其辭"。蓋南陔等名皆取之詩辭,詩有其辭,則篇有其名,
故知亡也。儀禮以其詩被之于笙而曰"樂"、曰"奏",猶鄉射禮
"樂正命太師曰奏騶虞",而周禮鐘師騶虞、貍首、采蘋、采蘩皆
曰"奏",籥章"龡豳詩"、"龡豳雅"、"龡豳頌",則豳被于籥而曰
"龡"。燕禮"升歌鹿鳴,下管新宮",左傳"宋公享昭子,賦新
宮",而或被于管,或賦其辭,以是知笙詩、籥詩皆有其辭也,特亡
之耳。鶴壽案:此在前儒已詳論之。鄭康成曰:"南陔六篇,鄉飲酒禮用焉。
孔子論詩時俱在,遭戰國及秦而亡之,其義則與衆篇之義合編,故存。"嚴粲
曰:"董氏謂:'笙入者有聲而無詩,非失亡之,乃本亡也。'此說非是。樂以人
聲爲主,人聲即所歌之詩也,若云無其辭,則無由有其義矣。"郝敬曰:"儀禮
鄉射'奏騶虞、貍首',騶虞有辭也,亦云'奏'。周禮奏九夏,國語稱'金奏肆
夏、樊遏、渠',肆夏即時邁;樊遏爲韶夏,即執競;渠爲納夏,即恩文。皆有
辭,而皆云'金奏',則奏亦辭也。金奏有辭,笙奏獨無辭乎?周禮籥章'以籥
龡豳詩',即七月也。籥龡七月,猶笙龡六詩也。七月有辭,而六詩獨無辭
乎?明堂位'升歌清廟,下管象',象即維清,謂管奏維清于堂下也。管有辭,
而笙獨無辭乎?"今案貍首,劉敞以爲即鵲巢之詩,篆文"貍"似"鵲","首"似
"巢"。新宮,熊朋來以爲即斯干之詩。斯干,宣王新建宮室。此雖意度之
辭,然既有其篇,必有其義;既有其義,必有其辭。凡逸詩大率皆有辭,然則詩
序所謂"亡其辭"者,乃"遺亡"之"亡",非"有無"之"無"。古字"亡"、"無"通
用,董氏因此誤。觀叔孫穆子聘晉,伶簫詠歌鹿鳴之三,鹿鳴以下既可與

簫相和而歌,則南陔以下豈不可與笙相和而歌哉?

詩序

古人作詩,必有感于政事而後作;太師采詩,必有繫于政事而後采。王者夙夜畏威,惟恐政有所闕,故使公卿至于列士獻詩,瞽獻典,史獻書,師箴,瞍賦,矇誦,百工諫,庶人傳語,近臣盡規,親戚補察,瞽史教誨,所以有大雅、小雅;巡守之年,命太師陳詩以觀民風,所以有十五國風。孔子懼失其傳,特加整比,以授子夏,子夏授毛公,爲之作序,詩所以與國史相表裏。而采詩之官廢,則國史亦廢,春秋所以不得不修也。宋鄭漁仲輩,憑一時之臆見,取千餘年相傳之書而深詆之,蓋因詩辭隱躍不露,遂疑古序爲鑿空撰出耳。不知古詩與近體,判若秦、越,近體不成爲詩,猶真書不成爲字。今日讀漢、魏、六朝樂府,若無解題,猶不能辨其爲何語,何況三百篇?執近體以例漢、魏、六朝樂府已不可,而乃欲執以例三百篇,此所謂夏蟲不可與語冰也。蓋詩有詠古而意在傷時者,七月、信南山、采菽之類是也;有言此而意在刺彼者,叔于田、椒聊之類是也;有託爲其人之言寓意者,卷耳、江有汜、采綠之類是也;有不明言其失,但敘其人之事而其失自見者,氓之類是也;有篇首見意,後皆託爲其人之言者,雲漢之類是也;有通章託言,全不露正意者,鴟鴞之類是也;有露一二冷語可思者,碩人、猗嗟之類是也;有前數章全不露,直至末章方明説者,載馳、有狋者弁之類是也;有首露一二語,後全不露者,楚茨之類是也;有辭初緩而後漸近者,旄丘、四月之類是也;有言似輕而意實重者,凱風之類是也;有首章辭意已盡,後數章但變文疊韻者,樛木、螽斯、黃鳥、無衣、緜蠻之類是也;有前敘事、後託爲其人之言者,野有死麕、大車、小戎之類是也;有首章見意、後數章皆託他人之言者,蕩之類是也;有前數章反言,至末始見正意者,都人士、隰桑之類是也。雖或即事直陳,而皆有悠揚委曲之趣、言外不盡之旨,未有徑情直發者,故序之于詩爲功甚大。若讀詩序,而必據經傳中確有實事相合者方以爲信,否則盡以詩無明文疑之,然則就其確有實事之詩,如碩人、清人、黄鳥、鴟鴞,亦皆隱躍不露,未嘗直指爲某事,儻今日無左傳、尚書證之,則宋儒亦必將痛詆古序爲鑿空撰出矣。嗟乎!假令本無此人,本無此事,詩本非爲此事作,而鑿空撰出,雖孔子亦有所不能,況漢儒哉!且從序說,則詩無一篇無關繫者;從宋儒說,則皆里巷狹邪之歌、男女燕媟之作、朋友贈答之空言、文人閑適之支辭而已。詩而如是,不必待孔子之删,當日太師奉天子命,爲采風鉅典,而取此等詩貢之天府,彼淫奔者,儼然挾其閨房調笑、惟恐人知之言,傳之通邑大都,上之國君,君儼然取其境内之淫詩而畁之太師,太師取淫詩獻之天子,天子覽淫詩,特命播之宮縣,而列國公卿大夫宴饗盟會之間,歌淫詩以見志,如左氏傳所記,皆事之必不可信者也。鶴壽案:作詩之旨,賴有序而始明。茉苢序以爲"婦人樂有子,爲后妃之美也",而其詩不過形容采撷之情狀而已。黍離序以爲閔周室宮廟之傾圮也,而其詩不過慨歎禾黍之苗穗而已,若舍序以求之,則不知其何指。乃宋儒說詩者往往自出心裁,不從古義。馬端臨曰:"文公詩傳指爲淫奔者二十有四,桑中、東門之墠、溱洧、東方之日、東門之池、東門之楊、月出,序以爲刺淫,而文公以爲淫者所自作;静女、木瓜、采葛、丘中有麻、將仲子、遵大路、有女同車、山有扶蘇、蘀兮、狡童、褰裳、丰、風雨、子衿、揚之水、出其東門、野有蔓草,序本指他事,而文公又以爲淫者所自作。夫以淫昏不檢之人,發而爲放蕩無恥之辭,而其詩篇之煩多如此,夫子猶存之,則不知所删者何等篇乎?"今得先生此論,尤爲暢快。

四家詩

詩有四家,魯、齊、韓三家皆立學,而毛詩晚出最微,自萇以下,四傳皆一人,王莽立之,旋廢,中興後始盛,亦未立學。范書儒林傳序多自相矛盾,如前云光武立五經博士凡十四,易施、孟、梁丘、京氏,尚書歐陽、大、小夏侯,詩齊、魯、韓、毛,禮大、小戴,春秋嚴、顏,數之共得十五,與上"十四"不合,當有衍文。後云古文尚書、毛詩、穀梁、左氏春秋不立學官,則知所衍者蓋"毛"字也。參以百官志,博士十四人,詩三,魯、齊、韓氏而已,應劭漢官儀並同,益知爲衍文無疑。**孔僖傳**云:"自**安國**以下,世傳古文尚書、毛詩。"**安國**未聞受毛詩,此疑爲"**魯詩**"之譌。不然,**孔僖**以上,或有別受毛詩,因傳**安國**古文尚書,遂連類及之。鶴壽案:大毛公名亨,魯人,爲詩詁訓傳;小毛公名萇,趙人,爲河間獻王博士。世謂小毛公作傳,非也。小毛公授貫長卿,長卿授解延年,延年授徐敖,敖授陳俠,爲王莽講學大夫,是四傳皆一人也。孔安國世傳毛詩,無可攷證。安國論語注于"如切如磋"條,但云"能自切磋琢磨者也",不云詩衛風淇澳篇,唯"南容三復白圭"條則引詩云"白圭之玷"四句。

魏志文帝紀:"黄初四年,鵜鶘鳥集靈芝池,詔曰:'此所謂洿澤也。**曹詩**刺恭公遠君子而近小人。'"此毛詩説也,而已見**魏**初詔,則知**後漢**雖未立毛詩,而好古之儒習之者亦衆。

詩序斷非衛宏所作

後漢儒林傳言**衛宏**作毛詩序。漢人解經,名稱甚繁,安知**宏**序非章句訓釋之書? 而**鄭樵**輩據此,遂以爲**宏**序即"**關雎**,后妃之德也"云云者是。愚謂序若係**宏**所作,**康成**焉肯作箋? **宏**于**康成**雖云先進,然**宏**爲光武議郎,究係同代之人,輩行相望,相去不爲甚遠。**宏**若附益小序,**康成**亦必能辨;若云明知而姑徇之,**康成**一代大儒,名且出**宏**之上,即或推重而援引其言亦可矣,何至尊之與經相配,而退處于傳注之列? **鄭**于**毛公**尚多別異,未嘗專從。**宏**之去**毛**,地望卑矣,時代近矣,何反推以配經乎? **毛公**既以序分置篇首,性好簡略,但作詩傳而不爲序作傳,至**康成**遂爲作箋。**康成**既爲序作箋,則序必非**衛宏**作明矣。鶴壽案:昔人以詩序爲孔子所作,論語曰"周有大賚,善人是富",與賚序同。緇衣引子曰"長民者,衣服不貳,從容有常,以齊其民,則民德歸壹",與都人士序同。孔叢子記夫子讀詩曰"于周南、召南,見周道所以盛也。于柏舟,見匹夫執志之不可易也。于淇澳,見學之可爲君子也",次及考槃、木瓜以下,凡二十一詩,皆與序同。又左傳載高克帥師,與清人序同;國語載"正考甫得商頌五篇",與那序同。序言"情動于中",治世、亂世之音,同于樂記;序言風、雅、頌、賦、比、興,同于周禮;序言"公乃爲詩以遺王,名之曰鴟鴞",同于金縢。然則序作于夫子之前,則是夫子所録;作于夫子之後,則是取諸夫子之遺言也。然康成則以爲子夏所作。鄭志于常棣曰:"此序子夏所爲,親受聖人。"沈重謂:"據鄭譜意,大序是子夏作,小序是子夏、毛公合作。"今案詩之傳説,子夏所傳而毛公述之,則序亦子夏所傳而毛公述之。唯毛公所自述,故傳詩而不傳序。以序放于子夏,故南陔六篇,雖其辭亡而其義存也。以序述于毛公,故十月之交四篇,皆大夫刺幽王,鄭箋改爲刺厲王,而謂"經師移其篇第"也。乃范蔚宗以爲衞宏作序,其誰信之?

　　後漢儒林傳先舉前書魯詩、齊詩、韓詩三家皆立博士,趙人毛萇傳詩,是爲毛詩,未得立,次列魯、齊、韓三家諸儒,傳末一條乃列傳毛詩者,云:"衞宏,字敬仲,東海人,少與河南鄭興俱好古學。初,九江謝曼卿善毛詩,迺爲其訓,宏從曼卿受學,因作毛詩序,善得風、雅之旨,今傳于世。"又云:"中興後,鄭衆、賈逵傳毛詩,後馬融作毛詩傳,鄭康成作毛詩箋。"李賢注:"箋,薦也。薦成毛義也。張華博物志曰:'鄭注毛詩曰箋,不解此意,或云毛公嘗爲北海相,康成是郡人,故以爲敬。'"何義門讀書記載所評後漢書云:"此云謝曼卿爲其訓,明毛詩雖傳,無序傳也。"又云:"范氏世有經學,其言多有根柢,後儒但據此傳,言詩序之出于衞宏,而不悟毛傳之出于馬融,何也? 或疑馬融別有詩傳,亦非,范氏明與鄭箋連類言之矣。注引博物志云云。按康成親受經季長,以箋爲致敬,亦得。愚謂説經何事,可鹵莽乎? 魯、齊、韓皆俗學,毛詩出于子夏,最爲有本。此古學也,惟好古者傳之,微不得立。迨後三家並亡,禄利之路反不行,而毛獨存,誠斯文之厚幸。若謝曼卿訓、衞宏序、馬融傳皆已不傳,後人無由知其書爲何語。趙宋妄徒,突指序爲出自衞宏。攷王伯厚漢藝文志攷證、朱竹垞曝書亭集論魯詩、韓詩皆有序,散見羣書所引用,與毛詩序不同。此説精絶。竹垞又謂:"論者謂序作于衞宏,不知毛雖後出,亦在漢武時,詩必有序而後可授受,魯、韓皆有序,毛豈獨無序,直至東漢俟宏序以爲序乎?"竹垞此論更明快絶倫。竹垞亦好古,故能信古如此。然謂宏作序,此妄説流傳已久,吾何敢望何氏不信? 所可駁者,何又特創新説,直言毛詩之出,絶無所謂序,亦並無所謂傳也,序則宏作、傳則融作耳。試思毛詩疏,孔穎達據劉焯、劉炫譔成者,今家置一編,疏中述作序、作傳人甚分明,且鄭箋改毛義甚多,疏云"鄭改毛"、"鄭不從毛",又或引某申毛駁鄭、某據鄭難毛,如此者奚止百數十條? 今一旦忽舉毛傳移而屬之馬融,惡乎可? 且何氏獨未之思乎? 毛詩故訓傳三十卷,載漢藝文志,此志出劉歆、班固手,二人安知後有馬融欲作此傳而豫載于此? 道破不值一笑。

鄭康成説經會通衆家,不拘一師

小雅十月之交以下四篇,毛以為刺幽王,鄭改為刺厲王。其上節南山、正月二篇已是刺幽王,故鄭以為毛公作詁訓傳時,移其篇第,疏引尚書中候"剡者配姬以放賢",剡即豔妻為證。漢谷永傳:"永舉方正,直言極諫,對曰:'閻妻驕扇。'"師古注以為魯詩,即引詩"閻妻扇方處",言"厲王無道,內寵熾盛"。蓋魯作"閻",毛作"豔";魯作"扇",毛作"煽"。然則豔與剡、閻皆通,女姓也。下文永又並言"抑褒、閻之亂",則以褒屬幽、閻屬厲尤明。後漢左雄傳載其疏,亦云:"幽、厲昏亂,褒、豔用權。"上並舉二王,下並舉二后,正魯詩説。而李賢注乃以"褒"為褒姒,"豔"為色美,不知此與左傳"美而豔"之"豔"字不同。鄭康成先通魯詩,注禮記時尚未得毛傳,故坊記"先君之思,以畜寡人",用魯詩説曰:"此衛夫人定姜詩。"觀其為毛詩作箋,既得毛傳後,仍參用魯詩矣。鄭又以"番維司徒",幽王時鄭桓公友為司徒,非番。歐陽氏詩本義駁之,謂幽王在位十一年,至八年始以友為司徒,其前七年安知無番? 此則疏中代為解云:"番為司徒在豔妻盛時,則豔既為后,番始為司徒。鄭語:桓公既為司徒,方問史伯,史伯乃説褒姒事,末云'竟以為后',則桓公初為司徒,褒姒未為后,知桓公不得與番相代。"歐陽氏未察耳。宋人輕肆駁難,而于九經義疏未暇周覽,往往如此。要之,鄭毛詩箋既參用魯詩,則于他經亦皆會

通衆家,不拘一師。大儒而必守家法則學散,末流而妄效大儒則學
亂。鶴壽案:"豔妻"之"豔",魯詩作"閻",尚書中候作"剡",三字通用。剡
者,妻之氏,非妻之姓。猶之褒姒,褒者其氏,姒乃其姓,氏與姓不同。孔疏
以剡爲姓,非也。且疏但知其爲姓,而不言其出處。今案左傳云:"取于有閻
之土,以供王職。"杜注云:"有閻,衛所受朝宿邑,蓋近京畿。"豔妻之先世嘗
居其地,故受氏爲閻氏。猶之"番維司徒",番亦其氏。"番"與"蕃"通,魯國
有蕃縣,其受氏或以此。又鄭箋云"幽王時,司徒乃鄭桓公友,非此篇之所云
番也",此不過明此詩非刺幽王耳。歐陽之駁誠爲隔壁,穎達之疏尤爲可笑。
鄭語:"幽王八年,桓公爲司徒,問于史伯,對曰:'褒姁有獄,入女于王,王斃
是女也,使至于爲后,而生伯服。'"則是褒姒久已爲后矣。乃疏謂"初爲司徒
時尚未爲后",且謂"鄭語:桓公爲司徒,方問史伯,對以褒姒事,末云'竟以爲
后'",今檢國語,並無"竟以爲后"四字,作疏人之弄筆如此。

　　"煽"字在說文火部新附,此俗字也。魯俗學,毛乃古學,豈
有古學反用俗字之理?明監板、毛板皆作"煽",唐石經同,蓋唐
人所改。

閻氏誤信葉氏漢文無引毛詩序

　　閻若璩曰:"詩,齊、魯、韓三家皆立學,毛詩晚出,未嘗立學,
中興後始顯。史稱孔安國,申公弟子,則所受魯詩也,今書傳如
'以悦使民,民忘其勞','在心爲志'、'寶賢任能',皆詩序文。堯
典'昊天言元氣廣大',大禹謨'仁覆愍下謂之旻天',益稷'刊槎
其木'、'廥,續也',禹貢'九州之澤已陂障',伊訓'湯有功烈之
祖,故稱焉',太誓上、中篇'澤障曰陂'、'冢,土社也'、'周,至
也',牧誓'肆,陳也',文侯之命'彤弓以講德習射',皆毛傳文。
攷西京諸儒,非無兼通五經者,獨于一經之内,分門專家,莫肯他
從。如劉向受穀梁,子歆以左氏難向,向不能非,然猶自持穀梁
義;歆欲建左氏,諸博士不肯對,惟恐破之,墨守如此。故董仲舒
治公羊,對策云'春秋大一統',即公羊説也;梅福治穀梁,上書云
'春秋宋殺其大夫',即穀梁説也。關雎之詩,謂'佩玉晏鳴,歎康
王之后'者,杜欽説也,可知其爲魯;謂'后夫人之行侔乎天地'

者,匡衡説也,可知其爲齊;商頌不謂作于商,而謂美宋襄公,司馬遷説也,可知其爲韓;魯頌不謂作于史克,而謂公子奚斯作,揚雄説也,亦可知其爲韓,其各守家法如此,今安國舍魯從毛,明係魏、晉間魯詩衰,毛詩方顯,故不覺出此。葉夢得謂漢代文章無引毛詩序,惟黄初四年有'共公遠君子、近小人'之説,毛詩至此始行。"愚案:"説以先民,民忘其勞"見兑象傳,餘皆確矣。但葉夢得之言,實承襲鄭漁仲,非始夢得,而此説其實不然。古文苑李尤漏刻銘云:"挈壺失職,刺流在詩。"左傳,季札見歌秦,曰:"美哉! 此之謂夏聲。"服虔解誼云:"秦仲始有車馬禮樂之好,侍御之臣,車四牡田守之事,與諸夏同風,故曰夏聲。"詩正義引之。蔡邕獨斷載周頌三十一章,盡録詩序,自清廟至般詩,一字不異,何得云漢文無引毛詩序,直至黄初始行邪? 但引毛序者皆東漢人,若西漢則無之。安國書傳之僞,固其顯然者耳。鶴壽案:鄭樵謂"漢人文字未有引詩序"者,惠定宇既引服虔左傳解誼、蔡邕獨斷以駁鄭矣,今先生又襲取以駁閻,且云引毛序者皆東漢人,若西漢人則無之。然毛序與毛傳一也,西漢人雖無引毛序者,卻有用毛傳者,"素衣朱襮",傳云:"襮,領也,諸侯繡黼丹朱中衣也。"焦贛曰:"素衣朱襮,衣素表朱也。""爲龍爲光",傳云:"龍,寵也。"焦氏易林曰"蓼蕭露瀼,君子寵光",是用"蓼蕭"毛義也。"戎狄是應",今作"膺"者,蓋沿孟子之誤,史記建元以來侯者年表云"戎狄是應,荆荼是徵",裴駰注引毛傳云:"應,當也。"東漢人用毛傳者尤多。"薄送我畿",傳云:"畿,門内也。"呂覽云"出則以車,入則以輦,務以自佚,命之曰招蹙之機",高誘注云:"蹙機,門内之位也。詩曰'不遠伊邇,薄送我畿',此不過蹙之謂。""與子同澤",傳云:"澤,潤澤也。"劉熙釋名云:"汗衣,近身受汗之衣也,詩謂之'澤'。"不從説文作"襗",是用毛義也。"陟則在巘",傳云:"巘,小山别于大山也。"釋名云:"小山别大山曰巘。"不從爾雅作"鮮",又用毛義也。"威儀棣棣,不可選也",傳云:"物有其容,不可數也。"朱穆集載絶交論云:"威儀棣棣,不可算也(俗本依詩改'選')。"論語鄭注云:"算,數也。"與毛訓同。"傳爾單厚",毛本作"亶",故傳云:"信也";鄭本作"單",故箋云"盡也",王符潛夫論引此詩作"亶"。先生胡弗悉引之乎?

蛾術編卷六

説　録　六

三禮

　　唐九經疏禮、春秋各分爲三，漢藝文志皆合爲一。隋經籍志、新舊唐書經籍、藝文志、經典釋文皆先周禮，次儀禮，次禮記；漢志先儀禮，即以禮記附入儀禮，不分爲二，周禮則別敍。是今人稱三禮，漢人則二禮也，漢志並無儀禮、禮記、周禮名目。朱竹垞先生才高學博，世人震于其名，并以實學推之，然猶以記爲經、以經爲記。鶴壽案：漢藝文志云"禮古經五十六卷，經十七篇"，此即儀禮也。次云"記百三十一篇"，班固自注曰："七十子後學者所記。"此即禮記也。次又云"明堂陰陽三十三篇"，自注曰："古明堂之遺事。""王史氏二十一篇"，自注曰："七十子後學者。劉向別録云六國時人。"此亦儀禮之類也。據固稱"漢興，魯高堂生傳士禮十七篇。禮古經者，出于魯淹中，及孔氏學十七篇，文相似，多三十九篇。明堂陰陽、王史氏記所見，多天子、諸侯、卿大夫之制，雖不能備，猶瘉后倉等推士禮而致于天子之説"，則知明堂陰陽、王史氏爲儀禮之類。先生所以譏竹垞者，以爲記百三十一篇，此乃後人所記，並不是經，竹垞所著經義攷，竟將此句編入儀禮內，故謂其"以記爲經"。其實竹垞不誤也。竹垞明知漢志以禮記附入儀禮，不分爲二，今若將"記百三十一篇"句別編在禮記內，則與漢志背謬，故仍附在儀禮內。先生原本云"漢志並無儀禮、禮記、周禮名目"，今攷自西漢以後，早有儀禮、禮記、周禮名目，阮孝緒曰"博士侍其生得古經十七篇，今之儀禮是也"，范蔚宗曰"曹襃傳禮記四十九篇，教授諸生千餘人"，鄭康成曰："禮器'經禮三百'，謂周禮也，周禮其官三百六十。"竹坨作經義攷,安得不分爲三?既分爲三,而仍以"記百三十一篇"句附在儀禮内,此正其善讀書處。

"三百"即周禮

禮記疏:"周禮見于經籍,其名異者,禮器云'經禮三百',中庸云'禮儀三百',春秋説云'禮經三百',禮説云'有正經三百',漢藝文志云'周官經六篇',皆云三百,故知俱是周官。周官三百六十,舉其大數,而云三百也。"鶴壽案:原文禮器上尚有"孝經説云'禮經三百'"句,漢藝文志上尚有"周官外題謂爲周禮"句。其名異者凡有七處,不知先生何以删其二。

周禮不可疑

閻若璩曰:漢藝文志:"六國之君,魏文侯最爲好古。孝文時,得其樂人竇公,獻其書,乃周官大宗伯之大司樂章也。"劉向校書,得樂記二十三篇,末篇曰竇公,即載斯事,惜不傳。南齊時,雍州有大盜發楚王冢,獲科斗書攷工記,説者以證攷工記非先秦人所作。然則魏文侯當六國初已寶愛大司樂章,彼謂周禮爲六國陰謀之書者,何足與深辨?

周禮疏:"周禮,始皇特惡之。孝武帝開獻書之路,出于山巖屋壁,復入祕府,高堂生、蕭奮、孟卿、后蒼、戴德、戴聖五家之儒莫得見焉。至成帝時,劉歆校理祕書,始得列序,著于錄略,衆儒共排,歆獨識之,知是周公致太平之迹。河南緱氏杜子春,永平初,能通其讀,鄭衆、賈逵往受業焉。其後馬融、鄭康成等,各有傳授。"杜子春,緱氏縣人,而隋志乃云"緱氏及杜子春",誤以緱氏爲人姓氏。愚謂劉歆識古,移書博士,欲立周官而未得,其學至東漢始盛。近有一名公,據王莽傳"發得周禮,以明殷鑒"①兩言,凡遇周官之不能通者,則一舉而歸之歆所增竄,此徒爲有識者所笑。鶴壽案:前一條指何休,不待言矣。此一條蓋指方望溪也。襄陽有盜發楚王冢得科斗

---

① "殷鑒",漢書王莽傳作"因監",注引李奇説曰:"殷因於夏禮,周監於二代。"

書云云,見南齊文惠太子傳。

六篇、五篇

禮記疏:"六藝論云:周官,壁中所得六篇。漢書説河間獻王得周官五篇,失冬官一篇,購不得,取攷工記以補其闕。"漢書云五篇,六藝論云六篇,其文不同者,爲冬官之亡也,然則在孔壁既出之後而亡之。

毛公詩傳多引周官,秦、漢之間周官自在,否則毛公何由見之?明非出自河間獻王矣。然董仲舒不見周官,毛在董前,反得見之,此不可解。二戴又在董後,而云"莫得見焉",誤矣。

周禮鄭注

後漢鄭康成傳載其所注諸經頗詳,惟不及周禮,必係傳寫脱落,詳見十七史商榷。史承節碑有之。鶴壽案:史承節碑云:"公所注周易、尚書、毛詩、儀禮、周官、禮記、孝經、尚書大傳、中候、乾象曆,又著天文七政論、魯禮禘祫義、六藝論、毛詩譜、□□□駁許慎五經異義、答臨孝存周禮難,凡十六書。"碑在高密縣城西北五十里礪阜山之原。然如發墨守、鍼膏肓、起廢疾,以及易緯注、禮緯注之類,亦未及。

干寶周禮注

禮記曲禮"主人延客祭",釋文引干寶周禮注云:"祭五行六陰之神與人起居。""天子之六工",疏引干寶攷工記注云"凡言司者總其領也"云云。案干寶周禮注似唐初尚在,賈疏一字不及。

冬官補亡

周禮闕冬官,以攷工記補之。宋俞庭椿謂"司空之篇,實雜出于五官之屬",作復古編,將他官改入冬官,王與之、丘葵、吳澄、何喬新輩信其説,相繼改竄,真妄人也。予于讀經之暇,偶然悟及,謂冬官之散見于他經,則有可采以補者,如儀禮覲禮:"天子賜舍,曰:'伯父,女順命于王所,賜伯父舍。'"鄭注:賜舍猶致館也,所使者司空與。此司空致館之事。侯氏乃朝,"嗇夫承命,告于天子。鄭注:嗇夫蓋司空之屬也,爲末擯,承命于侯氏,下介傳而上,上擯以告天

子。天子曰：'非他。伯父實來，予一人嘉之。伯父其入，予一人將
受之。'"鄭注：上擯又傳此而下至嗇夫，侯氏之下介受之，傳而上，上介以告
其君，君乃許入。此嗇夫爲末擯之事。左傳昭十七年，"夏六月甲戌
朔，日有食之，祝史請所用幣。平子曰：'惟正月朔，慝未作，日有
食之，于是乎伐鼓用幣，禮也，其餘則否。'太史曰：'在此月也，日
過分而未至，三辰有災，于是乎百官降物，君不舉，辟移時，樂奏鼓，
祝用幣，史用辭，故夏書曰：辰弗集于房，瞽奏鼓，嗇夫馳，庶人走。
此月朔之謂也。'當夏四月謂之孟夏。"孔疏：嗇夫，周禮無文，鄭注覲
禮："司空之屬也。"此嗇夫救日食主幣之事。月令：季春之月，"命舟
牧覆舟"，命司空"循行國邑，周視原野"，"命野虞毋伐桑柘"，"命
工師'令百工'審五庫之量"；孟夏，"命野虞出行田原，爲天子勞
農"；季夏，"命漁師伐蛟取鼉"，"命澤人納材葦"，"命虞人入山行
木"；孟冬，"命工師效功，陳祭器，按度程"，"命水虞、漁師收水泉
池澤之賦"。又如文王世子"公族有死罪，磬于甸人"，注云："甸
人，掌郊野之官。"左傳又有山人、縣人、輿人、隸人、衡鹿、舟鮫、虞
侯、祈望之類，似皆可采，以補冬官。或言地官有山虞、澤虞，野虞屬山
虞，澤人、水虞即澤虞也。天官有獸人、甸師，漁師即獸人，甸人即甸師也。再
攷。鶴壽案：此條引覲禮以補冬官之闕，原本連"侯氏至于郊"一節、"侯氏入
門右"一節，一并引在內。但"侯氏至于郊，王使人勞"，此秋官大行人之事，與
冬官無涉。"侯氏入門右，坐奠圭，擯者謁，侯氏降階再拜稽首，擯者延之曰
升"，此春官大宗伯之事，亦與冬官無涉。其餘又歷引賈疏"交擯"等文，今悉
節去。他如澤人、水虞明是地官之澤虞，甸人明是天官之甸師，先生亦明知之
而仍牽引在內，何也？其實諸書所載，可以補冬官之闕者甚多，國語"周之秩
官曰：敵國賓至，司空視塗"，左傳鄭子産曰"晉文公之爲盟主也，司空以時平
易道路，圬人以時塓館宮室。虞閼父爲周陶正，先王賴其利器用也，封胡公于
陳"，詩甫田"田畯至喜"箋云"田畯，司嗇，今之嗇夫也"，疏云"在田司主稼
穡，故謂之司嗇"，通志氏族略云"司工氏，周宣王時司工錡，因官氏焉"。若
此之類，不猶愈于月令之野虞、漁師，左傳之衡鹿、舟鮫乎？

少皞氏有鳲鳩氏，當司空；又有鶻鳩氏，當司事。堯典司空與

共工亦各爲一官,若周制則惟有司空一官,司事與共工之職,不之
設也。

儀禮有五名

禮記疏儀禮之别,有七處而有五名,一則孝經説"春秋及中
庸,並云威儀三千",二則禮器云"曲禮三千",三則禮説云"動儀
三千",四則謂爲儀禮,五則漢藝文志謂爲古禮經。凡此七處五
名,並儀禮也。"三千"者,非謂篇有三千,但事之殊别有三千條
耳,今行于世者惟十七篇。閻若璩曰:"禮儀三百,朱子從漢書臣
瓚注,指爲儀禮,良是。此即禮器'經禮三百'也。漢人稱儀禮爲
禮經,以别于七十子後學者所録之記。當周公時,號文盛,篇凡三
百。"愚謂中庸"禮儀三百"、"威儀三千",孔疏:"三百,周禮;三
千,儀禮。"閻氏以禮經對記爲稱,是也。若"三百",究宜從孔穎
達指周禮。若指儀禮,則下"威儀"又是儀禮,不當以二句皆指一
經言。至以"三百"爲儀禮篇數,尤爲臆斷。

經、記之分

漢藝文志"禮古經五十六卷",此謂孔壁所得古文禮經也,内
三十九篇亡。又云"經十七篇,后氏、戴氏",即今儀禮。又云"記
百三十一篇,七十子後學者所記",此則記也。其下又有曲臺后倉
九篇,所説亦儀禮,今亡。若戴德傳記八十五篇,則今大戴禮記
是;戴聖傳記四十九篇,則今禮記是。禮記亦不出百三十一篇之
内。但在西漢,不但不立學官,并藝文志亦不稱禮記,但云記,直
至馬融與盧植、鄭康成始爲解詁,與周官、儀禮通爲三禮焉。志
又云:"漢興,魯高堂生傳士禮十七篇,訖孝宣世,后倉最明,戴
德、戴聖、慶普皆其弟子。"儒林傳則歷敘高堂生、蕭奮、孟卿、后
倉、戴德、戴聖、慶普,其所傳授,皆指儀禮而言。禮記疏引鄭六
藝論,以高堂至二戴爲五傳弟子,是也。宋章如愚作山堂攷索,
經史門載樂史儀禮五可疑之説,明永新劉定之復摭入十科策略,
爲場屋發問張本。其説以爲漢儒傳授曲臺雜記,後馬融、鄭衆始

傳周官，而儀禮未嘗以教授，班固七略、劉歆九種並不著儀禮，魏、晉、梁、陳間，其書始行。此真不辨菽麥之言。章氏惑其説，謂高堂生所傳士禮十七篇，其篇數偶與儀禮同。試思儀禮非高堂生所傳，而高堂所傳復是何書？亦妄而可笑矣。朱彝尊以高堂生所傳十七篇及記百三十一篇，皆指爲禮古經，是不知古文與今文之分，而又以記爲經也；以后倉曲臺記載入禮記，又以藝文志、儒林傳所述五傳弟子皆爲禮記，是又以經爲記也。朱氏本非經師，説經有誤，未足深責，但其所講者目録也，村書臚列極博，而經、記舛毉如此，則于目録之學太疏。鶴壽案：漢志謂禮古經與高堂生十七篇文相似，是十七篇雖有古、今文之異，其爲經則同也。其爲經既同，志又未嘗別之爲今文，則安得分別列之？漢時並不分儀禮、禮記爲二，則記百三十一篇又安得分別列之？朱氏經義攷悉依漢志原文載入，而謂其不知古文、今文，以記爲經，過矣。後代既分儀禮、禮記爲二，則今日作經義攷不得不以后倉曲臺九篇編入禮記內，何也。如淳曰：“行禮射于曲臺，后倉爲記，故名曰曲臺記。”后倉乃漢宣帝時人，其所著書不得爲經，故退入于禮記類，與大戴、小戴同列，乃先生又謂其“以經爲記”。夫百三十一篇之記，出自七十子後學者所述，遠在秦、楚之前，竹垞載之于儀禮，尚謂其“以記爲經”，至九篇之作，出自高堂生第四傳之弟子，降在昭、宣之世，竹垞入之于禮記，反謂其“以經爲記”，何邪？若謂曲臺所説，是儀禮之類，故宜爲經，則大戴、小戴所説，何嘗非儀禮之類？況大戴、小戴二書，即采取于百三十一篇之記，尚且不得列于經，而曲臺記係后倉自著，豈反得爲經？先生又謂竹垞以儀禮五傳弟子皆爲禮記，何邪？鄭康成曰：“傳禮者十三家，唯高堂生及五傳弟子名世。”“五傳弟子”者，高堂生、蕭奮、孟卿、后倉及戴德、戴聖爲五，所傳皆儀禮也。此條，竹垞見在載于儀禮內，並不載于禮記內。先生又謂大戴、小戴並未立于學官，藝文志所謂宣帝時戴德、戴聖、慶普三家立于學官者，蓋立其儀禮，非立其禮記。此則竹垞又早知之矣。賈公彥儀禮疏云：“劉向別録即此十七篇之次是也。大、小戴皆冠禮爲第一，昏禮爲第二，相見爲第三，自玆以下，大戴以士喪、既夕、士虞、特牲、少牢、有司徹、鄉飲酒、鄉射、燕禮、大射、聘禮、公食、覲禮、喪服爲次，小戴于鄉飲、鄉射、燕禮、大射四篇，依別録次第，而以士虞、喪服、特牲、少牢、有司徹、士喪、既夕、聘禮、公食、覲禮爲次。”經義玫又全載其文,則竹垞豈有不知所立之爲儀禮者?總之,先生偶見漢志中無儀禮、禮記之名目,遂借此以駁竹垞耳。況漢志周官經六篇,亦即在禮古經一類中,先生又謂"周官則別敍",何邪?

閻若璩曰:"后倉從祀孔子廟庭,在嘉靖九年。張孚敬枋國大正祀典,黜戴聖而進后倉。推孚敬之意,以春秋三傳有左氏、公羊氏、穀梁氏,尚書今文有伏生、古文有孔安國,毛詩有毛公,獨三禮儀禮有高堂生,周禮有杜子春,而禮記有戴聖。今戴聖以臧吏見黜,不可不思一人以補之,于是見藝文志有'訖孝宣世,后倉最明,戴德、戴聖、慶普皆其弟子',儒林傳有'倉説禮數萬言,號曰后氏曲臺記,授大戴、小戴',遂以后倉爲有功禮記而祀之。不知后倉之明禮,亦明高堂生之儀禮耳,與禮記絕不相蒙也。今世俗概以禮記爲曲臺記,此語不知何所自來,而孚敬亦從而靡,甚矣孚敬之不學也。弘治初,程敏政上疏,議孔子廟庭祀典,亦謂后倉有功禮記,宜與左氏、伏生等一體從祀,則孚敬之誤,不獨誤讀漢書,亦緣敏政有以先之。不特此也,以鄭夾漈之博奧,猶謂"漢世諸儒傳授,皆以曲臺雜記,故二戴禮在宣帝時立學官,周禮、儀禮,世雖傳其書,未有名家者",此何異説夢乎?更進而溯之,以后氏曲臺記爲即今禮記,誤實始徐堅等初學記。堅云見禮記正義,今禮記正義無斯語,堅復誤耳。"以上皆閻説,精確之至。鶴壽案:鄭樵著通志一書,處處滿口矜張,今居然與通典、通攷並列,其實妄謬極多,別有説詳見後。今得百詩先生指斥,可知其于三禮尚昏憒如此,何況他書邪?

漢書高堂生,高堂是姓,而不著其名。後漢書儒林傳李賢注:"高堂生名隆。"按隆,魏人,賢誤也。

篇次

儀禮篇次先後,劉向別録及大戴、小戴所傳各不同,鄭康成從別録,即今本是也。鄭所以從別録者,不但以其尊卑、吉凶,倫序不紊,蓋向親校祕書日,覩孔壁古文,别録所載,依孔壁之舊,故鄭用之。至大戴除冠禮第一、昏禮第二、士相見禮第三外,自兹以下,篇次則異,以士喪爲第四,既夕五,士虞六,特牲七,少牢八,有司徹九,鄉飲酒十,鄉射十一,燕禮十二,大射十三,聘禮十四,公食十五,覲禮十六,喪服十七。小戴于鄉飲、鄉射、燕禮、大射四篇,亦依別録次第,而以士虞爲第八,喪服九,特牲十,少牢十一,有司徹十二,士喪十三,既夕十四,聘禮十五,公食十六,覲禮十七。

喪服傳

敖繼公曰:"他篇有記者多矣,未有有傳者,有記復有傳,惟喪服耳。先儒以傳爲子夏作,未必然也。今且以記明之。漢藝文志言禮經之記,'七十子後學者所記'是也。而此傳則不特釋經文而已,亦有釋記文者焉,則是作傳者又在作記者之後,明矣。今攷傳文,其發明禮意者固多,而其違悖經義者亦不少,然則此傳豈必皆知禮者所爲乎? 而歸之子夏,過矣。夫傳者之于經、記,固不盡釋之也。苟不盡釋之,則必間引其文而釋之也。夫如是,則其始也,必自爲一編而置于記後,蓋不敢與經、記相雜也。後之儒者,見其爲經、記作傳而別居一處,憚于尋求,欲從簡便,故分散傳文,而移之于經、記每條之下焉。此于義理雖無甚害,然使初學者讀之,必將以其序爲先後,反謂作經之後即有傳,作傳之後方有記,作記之後又有傳,先後紊亂,轉生迷惑,則亦未爲得也。但其從來既久,某亦未敢妄有釐正,姑識于此。"閻若璩曰:"子夏喪服傳,初必另爲卷帙,不插入經,何者? 傳固自有體也,毛公學自謂出于子夏,傳與經別,公羊高、穀梁赤親受經于子夏,作傳皆無經文,且人以喪服傳爲子夏所作者,特以語勢相連,與公羊體類,因弟子而決先師,其淵源如此,何獨至喪服傳,子夏輒自亂其例乎? 必不爾矣!"據公羊因弟子決先師,見喪服標題下賈公彥疏。鶴壽案:長壽儀禮集說後序云:"禮古經十七篇,十三篇之後皆有記,士相見、大射、少牢上、下則無之,或者有之而亡逸焉爾。夫記者,後人述所聞以足經意也,舊各置于本篇之後,所以尊經也。朱子作通解,乃以記文分屬于經文之下,以從簡便,予不能從。蓋記有特爲一條而發者,有兼爲數條而發者,有于經意之外別見他禮者。若但爲一條而發,固可用通解之例,非是則未見其可也。"

儀禮脱文誤字

顧炎武九經誤字書名下應增"攷"字,但書中補脱者多,則雖名以"誤字攷"亦不妥,較原名差可耳。摘取儀禮中脱文凡數十條。予所購得前明福建板十三經注疏,巡按御史李元陽、提學僉事江以達校刻者,每遇"桓"字,則小字雙行,刻"淵聖御名",是此書仿照南宋本所刻也,然儀禮脱落,與顧氏所舉同。即顧氏所舉尚多未盡,嘉定金曰追樸園作儀禮正譌,有出于顧氏所校之外者,已詳文集。

逸禮

禮記疏引六藝論云:"孔子壁中古文,禮凡五十六篇,十七篇與高堂生所傳同,而字多異;十七篇外,則逸禮是也。"尚書本百篇,孔壁所得裁五十八篇。禮古經五十六卷,蓋一篇爲一卷,此與尚書同出者。藝文志云"禮自孔子時不具",則全經之亡者多矣。攷漢志"禮古經者,出于魯淹中及孔氏,學七十篇文相似,多三十九篇",劉敞云:"學"當作"與","七十"當作"十七"。戴震云:"學"即"校"字,謂以古經校高堂生所傳,得多三十九,"學"不必改爲"與"。此孔安國得于壁中,而河間獻王亦得而獻之。哀帝時,劉歆欲以立于學官,諸博士不肯置對,遂不得立。平帝時立之,旋廢。鄭康成本習小戴禮,謂小戴所傳之禮經。後以古經校之,取其義長者爲鄭氏學,今鄭注有所謂"古文作某",即安國本;所謂"今文作某"者,乃從小戴本也。逸禮三十九篇,則藏在祕府,絕無師説,惟康成注三禮引之。如天子巡守禮云"制幣丈八尺,純四𧝓",中霤禮云"以功布爲道布,屬之几",烝嘗禮云"射豕者",軍禮云"無干車,無自後射",朝貢禮云"純四𧝓,制丈八尺",禘于太廟禮云"日用丁亥,不得丁亥,則己亥、辛亥亦用之,無則苟有亥焉可也"。又中霤禮云:"凡祭五祀于廟用特牲,有主有尸,皆先設席于奧。祀户之禮,南面設主于户内之西,乃制脾及腎爲俎,奠于主北,又設盛于俎西,祭黍稷、祭肉、祭醴皆三，祭肉、脾一，腎再，既祭徹之，更陳鼎俎，設饌于筵前，迎尸略似祭宗廟之儀。”王居明堂禮云：“孟春，出十五里迎歲。仲春，帶以弓韣，禮之祺下，其子必得天材。季春，出疫于郊，以禳春氣。”又中霤禮云：“祀竈之禮，先席于門之奧，東面設主于竈陘，乃制肺及心肝爲俎，奠于主西，又設盛于俎南，亦祭黍三，祭肺、心、肝各一，祭醴二，亦既祭徹之，更陳鼎俎，設饌于筵前，迎尸如祀户之禮。”又王居明堂禮云：“孟夏，毋宿于國。”又中霤禮云：“祀中霤之禮，設主于牖下，乃制心及肺、肝爲俎，其祭肉，心、肺、肝各一，他皆如祀户之禮。祀門之禮，北面設主于門左樞，乃制肝及肺、心爲俎，奠于主南，又設盛于俎東，其他皆如祭竈之禮。”又王居明堂禮云：“仲秋，九門磔禳，以發陳氣，禦止疾疫，命庶民畢入于室，曰：‘時殺將至，毋罹其灾。’乃命國釀。季秋，除道致梁，以利農也。”又中霤禮云：“祀行之禮，北面設主于軷上，乃制腎及脾爲俎，奠于主南，又設盛于俎東，祭肉，腎一、脾再，其他皆如祀門之禮。”又王居明堂禮云：“孟冬之月，命農畢積聚，繫收牛馬。季冬，命國爲酒，以合三族，君子説，小人樂。”逸奔喪禮云：“不及殯日，于又哭猶括髮，即位不袒，告事畢者，五哭而不復哭也。哭父族與母黨于廟，妻之黨于寢，朋友于寢門外，壹哭而已，不踊。凡拜，吉喪皆尚左手，無服祖免爲位者，惟嫂與叔。凡爲其男子服，其婦人降而無服者麻。”凡二十五條，爲篇名者八，皆見康成三禮注者，王伯厚謂“如斷圭碎璧，猶可寶者”是也。元吴草廬補輯儀禮逸經八篇，投壺一，奔喪二，公冠三，諸侯遷廟四，諸侯釁廟五，中霤六，禘于太廟七，王居明堂八。其自述云：“逸禮三十九篇，唐初猶傳，天寶之亂，遂燬于兵。”草廬説不知何所自來，獨朱子文集及語類有“唐初其書尚在”一語，與他語互異。因徧攷隋經籍志、新舊兩唐志，俱無禮古經五十六篇或逸禮三十九篇之目。賈公彦疏周禮、儀禮，于鄭注所引逸禮，不能辨出何書；孔穎達疏月令，能知所引爲中霤禮文矣，然亦不言具存，則可證唐初無見傳之事也。陸氏釋文引王度記，惠定宇云是逸禮，又引黃潁說，不知何許人。鶴壽案：鄭注月令，于祀戶、祀竈、祀中霤、祀門、祀行，並不言所引何禮，而孔疏謂"'凡祭五祀于廟用特牲'之下，皆中霤禮文"，則似目見其書者，故吳幼清以爲中霤禮、禘于太廟禮、王居明堂禮唐初猶存，其實別無所據也。吳氏補儀禮逸經八篇外，尚有補儀禮傳十篇，冠義一，昏義二，士相見義三，鄉飲酒義四，鄉射義五，燕義六，大射義七，聘義八，公食大夫義九，朝事義十。吳氏自序云"射義一篇，迭陳天子、諸侯、卿大夫之射，雜然無倫，釐之爲鄉射義、大射義二篇。士相見義、公食大夫義，用劉氏原父所補。惟覲義闕。然大戴朝事一篇，實釋諸侯朝覲天子及相朝之禮，故以備覲義"，此蓋好古之極而爲是編也。乃明洪武中劉有年遂以此十八篇爲古之儀禮逸經，而上之于朝，不亦夢夢哉！先生又謂"賈公彥疏周禮、儀禮，于鄭注所引逸禮，不能辨出何書"，此或漏略之故。賈氏于周禮疏則引五帝記云"立庠序之學，則父子有親，長幼有序"，于儀禮疏引三正記云"大夫著五尺，士著三尺"，則賈氏何嘗不知逸禮所出也？

閻若璩曰：牛弘列傳，弘有明堂議，云："劉向別録及馬宮、蔡邕所見，當時有古文明堂禮、王居明堂禮，其書皆亡，莫得而正。"王居明堂禮，正逸禮三十九篇之一，康成引入禮注者，蔡又前于康成，故又引入明堂月令論。弘云書亡，是隋已不傳，故隋經籍志無其目也。朱子謂"五十六篇禮不知何代何年失了，可惜"，由今攷之，逸禮原與古文尚書同出孔壁，古文尚書亡于永嘉，則逸禮亦亡于永嘉與？要之，逸書、逸禮之亡，皆爲康成不注之故，然則毛詩、周官及十七篇之得存，皆康成作注之力，功莫大焉。二千年來，一人而已！其生平兼通衆經，著述繁富，綱條之所包絡者實多，是以日不暇給，不可反以其不注逸書、逸禮爲康成恨也。

禮記譔人姓名

漢志以記爲七十子後學者所記，而孔疏亦云："孔子沒後，七十子之徒共譔所聞，以爲此記。"乃隋志則云："河間獻王得仲尼弟子及後學者所記百三十一篇，獻之。"此譌也。閻若璩曰："漢志稱'七十子後學者所記'，蓋七十子既喪，源遠而末益分，其時之學者各譔所聞，故多雜，隋志誤會，乃增'及'字，遂畫爲二種人。試

觀漢志于王史氏下亦注‘七十子後學者’，劉向謂王氏、史氏六國
時人，則‘七十子後學者’，豈有仲尼弟子在内哉？閻説是也。其
譔人姓名見于疏者，中庸，子思所作；緇衣，公孫尼子所譔。鄭康
成云：“月令，吕不韋所修。”盧植云：“王制，漢文時博士所録。”史
記封禪書云：“文帝使博士諸生刺六經中作王制。”若檀弓疏云：“檀弓在
六國時。知者，以仲梁子是六國時人，此篇載之故也。”案篇中有
“仲梁子曰”，鄭但云魯人，疏亦但引定五年“魯有仲梁懷”，是仲
梁，魯人之姓，故知仲梁子魯人，不知何由知爲六國時人？殆以意
説也。三年問一篇，全是荀子禮論篇文，疑是編記者取而入之。
樂記，劉瓛以爲亦公孫尼子所作，朱子謂非聖人之書，戰國賢士
爲之，蓋因“人生而静”四句，係文子引老子語決之，獨胡致堂謂
是子貢作。閻若璩辨之曰：“此書載魏文侯、子夏問答，文侯受子
夏經藝，爲二十五年事，見魏世家，是年子夏已百有八歲，子貢若
存，當百二十一歲，理之所無，儒者之不核實如是。大學一篇，朱
子分爲經、傳，而謂經乃‘孔子之言，曾子述之’，已屬無據；又謂傳
文成于曾氏門人之手，則更未敢以爲然也。朱子意不過見中有
‘曾子曰’，以古弟子于師方稱‘子’，不知禮記四十九篇，稱曾子
者百，一爲曾申，餘俱曾參，可見‘曾子’爲記禮者之通稱，孟子七
篇稱‘曾子’者二十二，益驗其爲通稱。”此二辨亦是。鶴壽案：禮記
譔人姓名，不獨子思、公孫尼子、荀卿、吕不韋、漢博士也。胡寅謂禮運子游
作，樂記子貢作，羅璧謂樂記毛生作。夫以禮運爲子游作者，據篇首“言偃
問夫子”也；以樂記爲子貢作者，據篇中“子貢問師乙”也。子夏至魏文侯二
十五年百有八歲，子貢長子夏十三歲，子夏可至文侯時，子貢獨不可至文侯
時乎？唯毛生所作，則非今之樂記。

　　孔氏畏秦法峻急，藏其書。秦始皇焚書阬儒，係三十四五年
事，藏書在此時，是秦末所藏已有禮記，則謂王制漢文帝博士作者
非。但記百三十一篇中之樂記，内有竇公，據漢志，文帝得竇公，
魏文侯時樂人也，師古注引桓譚新論云“竇公年百八十歲”，豈壁

中書所言竇公是六國時，尚未入漢乎？抑樂記爲劉向校書時所續得，而壁中樂記未必有此乎？鶴壽案：漢文帝令博士作王制，宣帝時戴聖采入四十九篇內，成帝時劉向校書，王制于別錄屬制度。先生于前文屢言戴聖之四十九篇不立于學官，于後文又明言劉向別錄載四十九篇，分制度、通論等名目，蓋與百三十一篇兩載之也。夫百三十一篇並非出自壁中，則王制一篇，安知非漢博士所作邪？甚矣，先生欲駁竹垞，則唯恐百三十一篇混入禮古經而竭力排之；今欲駁盧植，則又言秦末所藏已有禮記，竟將四十九篇混入禮古經，若亦出自壁中者。但班固已明言"七十子後學者所記"，則周末漢初人俱在內矣，至漢志謂文帝時得魏文侯之樂人竇公，獻周官大司樂章，蓋竇公之先世嘗爲魏文侯樂官，子孫于秦焚書時藏此大司樂篇，至文帝時獻之耳。自始皇阬儒之日，至文帝登極之時無過三十餘年，竇公亦無過數十歲人，而桓譚不得其解，遂誤以爲百八十歲，此則必無之事。先生既不信百二十一歲之子貢，何轉信百八十歲之竇公也？

壁中書有禮記，兼經與記言之，又有左傳

閻若璩曰："孔安國壁中所得，實止論語、孝經、尚書、禮經四部，無禮記。漢志魯共王壞孔子宅一段，以禮記亦爲孔壁所得，竊疑禮記'記'字爲衍文，或'經'字之譌。"愚謂閻氏說微誤。武帝末，魯共王壞孔子宅，欲以廣其宮，而得壁中書。羣書所載，多少互有不同。漢藝文云得古文尚書及禮記、論語、孝經，劉歆移書太常博士、許慎說文自序則于四者之外多春秋，而歆稱春秋左氏，慎但稱春秋，疑春秋即左氏，家語後序又言所得惟尚書、孝經、論語。然可參攷而定也。閻氏疑漢志"記"爲衍，又欲直改"記"爲"經"，未免專輒。觀說文與漢志同作"禮記"，則"記"字非譌。家語以爲孔騰藏壁中，尹敏傳以爲孔鮒所藏，壞宅得禮記者，禮與記也，合經、記言之也。劉歆云逸禮有三十九篇，不言五十六者，言三十九則十七在其中，而記亦在其中矣。若漢志偶遺左傳不數，而劉歆、許慎數之，確有可信。慎自序云："孔子書六經，左丘明述春秋，皆以古文。"慎並提孔、左言之，爲壁中所得有左傳故也。由此觀之，壁中所得之數，以劉歆、許慎所說爲正。至

家語,王肅私定,借此作棓擊鄭氏張本,何足爲憑!

偽孔尚書序云:"壞宅,得古文虞、夏、商、周之書,及傳、論語、孝經。"陸德明曰:"傳,春秋也。一云周易十翼非經,謂之傳。"愚謂以爲春秋是也,以爲十翼及孔疏言"傳"字即指論語、孝經",與劉歆、許慎不合,皆非。

劉向載戴記,歆不載戴記,戴非删向所校

成帝河平三年,命劉向校中祕書,別録載戴記;至哀帝時,使向子歆卒父業,七略不載戴記。班固因七略爲藝文志,故但于禮一門内總載記百三十一篇,而無二戴篇數。蓋戴記四十九,較原書僅存三之一,故七略仍載百三十一,不載四十九。儒林傳云:"聖號小戴,以博士論石渠,至九江太守。"論石渠在宣帝甘露中,大、小戴删定禮記在宣、成間,皆在向校書之先,後人因隋經籍志先言劉向攷校經籍,次言大、小戴記,遂以爲二戴因劉向校定者而删其煩重,非也。鶴壽案:歆以大、小戴所采不出百三十一篇内,故不兩載,若謂因小戴僅存三之一而不載,則大戴尚存三之二,何以亦不載邪?

別録

禮記四十九篇,據鄭目録攷之,于劉向別録屬制度者六,曲禮上下、王制、禮器、少儀、深衣是也;屬通論者十六,檀弓上下、禮運、玉藻、大傳、學記、經解、哀公問、仲尼燕居、孔子閒居、坊記、中庸、表記、緇衣、儒行、大學是也;屬明堂陰陽者二,月令、明堂位是也;屬喪服者十一,曾子問、喪服小記、雜記上下、喪大記、奔喪、問喪、服問、閒傳、三年問、喪服四制是也;屬世子法者一,文王世子是也;屬子法者一,内則是也;屬祭祀者四,郊特牲、祭法、祭義、祭統是也;屬樂者一,樂記是也;屬吉事者六,投壺、冠義、昏義、鄉飲酒義、燕義、聘義是也。孔疏于樂記下謂"別録載禮記四十九篇,樂記在第十九",據此知小戴所删原有樂記,並非馬融增入。且今本樂記見居第十九,則知劉向所載即今之次第。但別録既載小戴禮記四十九篇,而又分爲"制度"、"通論"等

名目,以類相從,蓋記百三十一與小戴四十九兩載之也。樂記本十一篇,小戴合爲一篇,劉向校書共得二十三篇,別録于禮記外更列樂記,故孔疏云:"劉向爲別録時,載所入樂記十一篇,又載餘十二篇,總爲二十三篇。"孔疏于喪服四制下云:"按別録無喪服四制之文,蓋諸篇之文各以類從者,闕此一篇,而目録則仍列喪服四制耳。"

樂記分篇

漢志樂記二十三篇入樂類,與禮類中所載之記百三十一篇雖各爲一目,然小戴就百三十一篇而删之,爲四十九篇,内有樂記,則知百三十一篇内即有樂記二十三篇矣。今之樂記本十一篇,合爲一篇,殆即出于小戴。據皇侃所分,自首至"則王道備矣"爲樂本,自"樂者爲同"至"則此所與民同也"爲樂論,自"王者功成作樂"至"故聖人曰禮樂云"爲樂禮,自"昔者舜作五弦之琴"至"故先王著其教焉"爲樂施,自"夫民有□血氣心知之性"至"是以君子賤之也"爲樂言,自"凡姦聲感人"至"則所以贈諸侯也"爲樂象,自"樂也者,情之不可變者也"至"然後可以有制于天下也"爲樂情,自"魏文侯問于子夏曰"至"彼亦有所合之也"爲魏文侯,自"賓牟賈侍坐于孔子"至"不亦宜乎"爲賓牟賈,自"君子曰'禮樂不可斯須去身'"至"可謂盛矣"爲樂化,自"子贛見師乙而問焉"至末爲師乙,凡十一篇。至于二十三篇之如何分篇法,及其中于今爲一篇原爲十一篇之外,尚多十二篇者,雖不知作何語,今孔疏中猶備載其篇名,學者檢之自得。鶴壽案:漢武帝時,河間獻王與毛生等共采周官及諸子言樂事者作樂記,其内史丞王定傳之,以授王禹。禹,成帝時爲謁者,數言其義,獻二十四篇。劉向校書,得樂記二十三篇,與禹不同,而羅璧謂"毛生作樂記",則誤以王禹記當之耳。向所校二十三篇,其十一篇入禮記者,別録云樂本、樂論、樂施、樂言、樂禮、樂情、樂化、樂象、賓牟賈、師乙、魏文侯是也。褚少孫取之,以補史記。皇侃作禮記講疏,各有升降,樂施、鄭在第三,褚以樂象章"樂也者施也"至"所以贈諸侯也"係于"皆以禮終”之下，皇在第四。樂言，鄭在第四，褚、皇皆在第五。樂禮，鄭在第五，褚、皇皆在第三。樂情，鄭在第六，褚在第四，皇在第七。樂化，鄭在第七，褚在第九，皇在第十。樂象，鄭在第八，褚、皇皆在第六。賓牟賈，鄭在第九，褚在第十，皇與鄭同。師乙，鄭在第十，褚與鄭同，皇在第十一。魏文侯，鄭在第十一，褚在第九，皇在第八。孔氏正義蓋依皇侃也。迨吳澄作禮記纂言，則又改樂言居第二，樂象居第三，樂情居第五，樂論居第六，樂禮居第七，樂化居第八，魏文侯居第十，將古人之書紛紛移置。其十二篇不入禮記者，別録云“奏樂第十二、樂器第十三、樂作第十四、意始第十五、樂穆第十六、説律第十七、季札第十八、樂道第十九、樂義第二十、招本第二十一、招頌第二十二、賓公第二十三”，孔疏所引是也。今先生據孔氏正義以明皇氏所分十一篇，其節次如此。往見俗本以樂施章末節移作樂言章首節，是全不看注疏者也。

小戴非删大戴，三篇非馬融所增

疏引六藝論云：“戴德傳記八十五篇，則大戴禮是也；戴聖傳禮四十九篇，則禮記是也。”乃隋經籍志則云：“戴聖删大戴之書爲四十六篇，謂之小戴記。漢末，馬融傳小戴之學，又足月令一篇、明堂位一篇、樂記一篇，合四十九篇。而鄭康成受業于融，又爲之注。”此説不知何所本。攷後漢橋玄傳：“七世祖仁從同郡戴德學，當作戴聖。著禮記章句四十九篇，號曰橋君學。成帝時，爲大鴻臚。”仁，即班固所云“小戴授梁人橋仁季卿”者也。疏于樂記下云：“按别録，禮記四十九篇，樂記第十九。”然則橋仁當成帝時親受業于小戴，其篇已四十九，劉向當成帝時校祕書，著别録，所載小戴禮記亦已四十九篇，三篇非馬融所增入明矣。據六藝論，則二戴各就百三十一篇而删之以爲八十五、四十九，非小戴删大戴之書甚明。惟是大戴篇目起三十九、終八十一，而其中又缺四篇，則其缺者或即聖之所已載。蓋當馬融、盧植、鄭康成諸大儒並注小戴，其書盛行，後人見大戴絶無傳注，而其中有與小戴複出者，不須兩載，遂從而删去之，存其原第，故起三十九篇耳。鶴壽案：戴東原先生館于曲阜孔氏，有攷證大戴禮記一書，孔巽軒刊補注，引其説曰：“隋志戴聖删戴德之書爲四十六篇，馬融足月令、明堂位、樂記，合爲四十九篇。今玫孔氏正義于樂記云'案別録，禮記四十九篇，樂記第十九'，然則樂記篇第，劉向列之別録，即與今不殊。後漢橋玄傳云：'七世祖仁，著禮記章句四十九篇。'劉向當成帝時校理祕書，橋仁親受業于小戴，成帝時爲大鴻臚。劉、橋所見篇數已爲四十九，不待馬融足之明甚。作隋書者，徒附會大戴闕篇，以爲即小戴所録，而尚多三篇不符，遂漫歸之融耳。"先生此條，蓋悉本之。

檀弓刻誤

檀弓"子夏問諸夫子曰'居君之母與妻之喪，居處、言語、飲食衎爾'"是一節，下文"賓客至"云云，當別爲一節。今刻誤合爲一，又以子夏節疏誤在"賓客至"一段之下，當改正。明福建板、常熟毛氏板並同。

唐月令

唐玄宗黜月令舊文，更附益時事，名御刊定禮記月令，改置第一。宋景祐二年，始復舊月令，而唐月令別行，唐開成中石經及徐堅初學記所引，皆唐月令也，于昏旦中星，悉改從唐時節氣星象。鶴壽案：李林甫改月令云："正月之節，日在虛，昏昴中，曉壁中，斗建寅位之初。立春之日，東風解凍。後五日，蟄蟲始振。後五日，魚上冰。正月中氣，日在危，昏畢中，曉尾中，斗建寅位之中。雨水之日，獺祭魚。後五日，鴻雁來。後五日，艸木萌動。"自此至十二月悉改之，甚至以"天氣上騰、地氣下降"爲一候，"閉塞而成冬"爲一候。其不通如此。

論語"鑽燧改火"，馬融注引周書月令，與今月令不同，知逸周書月令解別是一篇。

中庸説

漢志"中庸説二篇"，與上"記百三十一篇"各爲一條，則今之中庸乃百三十一篇之一，而中庸説二篇，其解詁也，不知何人所作，惜其書不傳。師古乃云"今禮記有中庸一篇，亦非本禮經，蓋此之流"，反以中庸爲説之流。師古虛浮無當，往往如此。

文獻通攷卷一百四引中庸"武王末受命"一節，全用朱注，不用注疏，餘引三禮皆用注疏。據王壽衍序，馬爲宋末元初人，可見

朱子所定四書及易本義、詩集傳，元初已駸駸遵用而廢注疏。鶴
壽案：通攷一書，略于文而詳于獻，其所引大半是宋人之説，不係四書集注之
行不行也。

"衣錦"二句非鄘風

歐陽修曰："'衣錦尚絅，文之著也'，此鄘風君子偕老之詩。
夫子謂其盡飾之過，恐其流而不返，故章删其句也。"鄘風無"衣
錦"句，"文之著也"乃是中庸釋詩之辭。朱子但引衛碩人、鄭之
丰，並無君子偕老之説。鶴壽案："衣錦尚絅"句，衛碩人、鄭之丰皆無
之，故鄭注不指何詩，孔疏云"此鄘風碩人之篇，美莊姜之詩"，猶可言也，朱
子則云衛碩人、鄭之丰，然則究係何詩之句邪？

大學古本

王陽明答羅整菴書云："來教謂'某大學古本之復，以人之爲
學，但當求之于内，而程、朱格物之説，不免求之于外，遂去朱子之
分章而削其所補之傳'，非敢然也。大學古本乃孔門相傳舊本，今
讀其文詞既明白而可通，論其功夫又易簡而可入，亦何所據而斷此
段之必在彼、彼段之必在此，與此之如何而缺、彼之如何而誤，而遂
改正補緝之，無乃重于背朱而輕于叛孔乎？"陽明此段，頗可節取。
蓋古本之當從，有識者皆知之，即近日李安溪立意欲規摹朱子，獨
于此案亦不以朱子爲然。鶴壽案：大學古本，"其本亂"至"未之有也"，
下接"此謂知本"至"故君子必誠其意"，下接"詩云'瞻彼淇澳'"至"此以没
世不忘也"，下接"康誥曰'克明德'"至"止于信"，下接"聽訟"至"此謂知
本"。孔疏："所謂'誠其意者'至'大畏民志'以上，皆是誠意之事，意謂行身
之本①，能自知其身，是知其本，故曰'此謂知本'也。"鄭注"瞻彼淇澳"云云，
"此心廣體胖之詩也"，"民不能忘，以其意誠而德著也"，"大畏其心志，使誠
其意不敢訟"，"本，謂誠其意也"。

"此謂知本"二句

"此謂知本，此謂知之至也"二句，本在"所薄者厚，未之有也"

---

① "謂"，原作"爲"，據禮記注疏改。

之下，朱子以己意移而置之"大畏民志，此謂知本"之下，而目爲衍文，無乃冤甚！自補"格物"傳結二句云："此謂物格，此謂知之至也。"于是又有吳氏程著述饒氏之説，謂"知本"即"物格"之誤，而東陽許氏述饒氏説尤詳，謂"'知'字仿彿與'物'字相類，'本'字從木，亦是'格'字偏傍"，遂以此二句不爲衍文，而古經真若有所謂"格物"傳者，此二句乃其結語而有誤字耳。此等不通文義而率意肆談，殆所謂自有肺腸者與？

大戴禮記

六藝論："戴德傳記八十五篇。"晉陳邵周禮論序："戴德删古禮二百四篇爲八十五篇，謂之大戴禮。"今始于三十九篇，終于八十一篇，其前不見者三十八篇，其後不見者四篇，當因已見于小戴禮記，故後人從而去之；其中間又缺四十三、四十四、四十五、六十一，凡四篇，疑亦以此遭删也。其分爲十三卷，則後人所分，非原第也。篇首題"漢九江太守戴德譔"，按儒林傳，德事孝、宣爲信都太傅，聖則爲九江太守，今德書乃題"九江太守"，晁公武云"是後人誤題"。隋志云"漢信都王太傅戴德譔"，風俗通義引之，稱"太傅禮"。

卷一王言，與家語王言解略同；哀公問五義，與家語五儀解前半篇及荀子哀公篇前半篇同；哀公問于孔子與小戴哀公問同，自章首至"然後以其所能教百姓"家語問禮篇有之，自"孔子侍坐"以下與家語大婚解略同；禮三本與荀子禮論篇同。卷二禮察，自篇首至"徒善遠罪而不自知"與小戴經解同，其後取舍之説，皆與賈誼論時政疏同；夏小正與小戴之月令、逸周書之時訓解相爲表裏，而文更古雅。其中有經有傳，正月"緹縞"之下有云"何以謂之？小正以著名也"，此二句朱子儀禮經傳通解移置篇題之下，其意以"正"字句斷，若解書名"小正"之義。其實此乃爾雅疏。蓋"何以謂之"句言小正書法，以緹著而先見，故名"緹縞"也。作爾雅疏者既引"緹縞"一節經、傳，而又釋之如此，校大戴者誤竄入之。卷三保傅，與賈誼疏及新書同。自立事至天圓共十篇，分爲卷四、卷五，篇題並冠以“曾子”。漢藝文志有曾子十八篇，今其全者已亡，而隋、唐志俱有曾子二卷，殆十八篇中之僅存者。此十篇而分二卷，當即是也。隋、唐志所載，恐是從大戴中抽出別行耳。其中曾子大孝與小戴祭義同。卷六武王踐阼，鄭注學記引之，孔疏以“師尚父亦端冕”及“西折而南”皆爲鄭所加。又丹書之言曰“敬勝怠者強，怠勝敬者亡”，瑞書則云“敬勝怠者吉，怠勝敬者滅；義勝欲者從，欲勝義者凶”，今各本不與穎達所見同，殆俗儒未省照，徒據鄭、孔稱引竄改也。衛將軍文子，自章首至“亦未逢明君也”，與家語弟子行篇略同。卷七五帝德，與家語略同。帝繫一篇，世本有之，今世本已亡，而此幸存。勸學，自章首至“豈有不至哉”即荀子勸學篇，末段荀子宥坐篇有之。卷八子張問入官，與家語略同。盛德，自“民之爲奸邪”以下，家語有之；自“德法者御民之衘”至“御天地與人與事者亦有六政”，家語執轡篇有之。古本自“聖王之盛德”至“揖朝出其南門”皆爲盛德篇，蓋前論盛德之義，後論明堂之制，實一篇，宋人妄分“明堂者古有之也”以下，別爲明堂篇。攷許慎五經異義論明堂，稱禮戴説盛德記，魏李謐傳、隋牛弘傳俱稱盛德篇，或稱泰山盛德記，其他注疏屢引之，劉昭注續漢志、杜佑通典亦引之，皆如此。蓋唐以前無明堂篇，朱子引明堂不引盛德，知宋時本已爲妄人所亂，惟其添出明堂，故排至諸侯遷廟爲七十三，而諸侯釁廟亦爲七十三，韓元吉、鄭元祐皆謂其重出，熊朋來、吳澄皆云有兩七十三，若依古本以明堂合于盛德，則千乘以下篇次適合其數，何重出之有乎？卷九千乘等四篇，卷十一小辨、用兵、少閒三篇，王應麟以爲即漢志孔子三朝七篇，蜀志秦宓傳：“昔孔子三見哀公，言成七卷。”注引七略曰：“孔子三見哀公，作三朝記七篇，今在大戴禮。”裴松之案：“中經部有孔子三朝八卷，一卷目録，餘者七篇。”是也。七篇應相連，中隔以卷十者，篇帙殽亂也。文王官人即逸周書官人解。遷廟、釁廟,儀禮逸經也,釁廟見小戴雜記篇。卷十二朝事,釋朝聘之義,猶小戴之冠義等篇,乃儀禮之傳也,前半篇及末段,俱周禮春官典命、秋官大行人小行人司儀職文,中間"聘禮上公七介"至"諸侯務焉",與小戴聘義同。投壺,儀禮逸經也,與小戴投壺同,有經文,有記文。卷十三公冠,儀禮逸經也,與家語冠頌篇略同,亦有經文,有記文。本命,家語有之,自"有恩有義"至"聖人因教以制節",與小戴喪服四制同。易本命,自"凡地"以下至"聖人爲之長",家語執轡篇有之。鶴壽案:夏小正云"何以謂之,小正以著名也",戴東原曰:"'小正以著名'者,謂小正立言之體,以緹著而先見,故不曰緹緹,而名其物候曰'緹緹'。此可以正儀禮經傳通解之誤"今先生謂二句是作爾雅疏者既引"緹緹"而又釋之如此,非小正本文,此言良是。先生又謂小正比月令、時訓文更古雅,其中有經有傳。但漢世諸經解詁,皆與本書別行,故熹平石經春秋傳不載經文,即先生于周易,亦深辨合傳于經之非,然則小正亦別有全經,此特其傳耳,後人乃就此篇分別經、傳,失其真矣。東原有大戴禮記目録、後語兩篇,刊在集中。先生所云"武王踐阼,鄭注學記引之",中間辨別丹書、瑞書之異,直至"徒據鄭、孔稱引竄改也"一段,悉録戴氏原文,惟誤寫"鄭、孔"二字爲"康成",但上文注、疏並引,若誤作康成,則脱卻穎達矣,今特更正。先生所云某篇與某書同、某篇自某句至某句與某書同,則又全取陸元輔之説,如陸云王言篇與家語王言解大同小異,舉其書又舉其篇,先生亦云然;陸云禮察篇取舍之義取賈誼疏,舉其人未舉其篇,先生亦云然。在元輔或隨便措辭,而先生豈可隨之?則當云"與賈誼論時政疏同",今故特爲補入。至陸曰某篇與家語某篇同,更不宜襲之,家語乃王肅刺取傳説,雜以己意,僞造此書以難鄭者,甚至公冠篇述孝昭冠辭,云"陛下"者謂昭帝也,"文武"者謂文帝、武帝也,而肅竊其文,遂并列爲成王冠頌,豈非笑談?東原曾論及,前先生斥之,而今又襲之,何邪?

　　後漢李雲傳論禮有五諫,李賢注:"謂諷諫、順諫、闚諫、指諫、陷諫也。諷諫者,知患禍之萌而諷告也;順諫者,出辭遜順,不逆君心也;闚諫者,視人君顏色而諫也;指諫者,質指其事而諫也;陷諫者,言國之害,忘生爲君也。見大戴禮。"徧檢之並無此文,則知今本又多脱去者。

大戴禮記 盧辨注

周盧辨傳云：“辨字景宣，范陽涿人。少好學，博通經籍，舉秀才，爲太學博士。以大戴禮未有解詁，辨乃注之。其兄景裕，爲當時碩儒，謂辨曰：‘昔侍中注小戴，今爾注大戴，庶纂前修矣。’”周儒林傳敍首云：“太祖受命，雅好經術，黜魏、晉之制度，復姬旦之茂典。盧景宣學通羣藝，修五禮之缺。”魏儒林傳敍首云：“永熙中，魏末年號。釋奠國學，于顯揚殿詔中書舍人盧景宣講大戴禮夏小正篇。”鶴壽案：王伯厚曰：“大戴禮非鄭氏注。朱文公引明堂篇鄭氏注云‘法龜文’，蓋未攷北史也。”

蛾術編卷七

三傳廢立

合漢藝文志、儒林傳、續漢百官志、後漢儒林傳參攷之，西漢公羊最盛，穀梁次之。公羊先立學，宣帝復立穀梁，左氏未得立。哀帝時，劉歆白左氏可立，帝以問諸儒，皆不對。歆數見丞相孔光，爲言左氏以求助，光不肯，惟五官中郎將房鳳、光禄勳王龔許歆，共移書讓太常博士。大司空師丹奏歆非毀先帝所立，出龔等補吏，龔弘農、歆河内、鳳九江太守。至平帝時，王莽始立之，旋廢。中興後，光武爲公羊嚴氏彭祖、顔氏安樂、置兩博士，而穀梁廢不立。時鄭興、陳元傳左氏，尚書令韓歆上疏，欲爲左氏立博士，范升與歆爭之，陳元上書訟左氏，遂以魏郡李封爲左氏博士。後羣儒蔽固者數廷爭之，及封卒，光武重違衆議，因不復補。蓋終東漢世，左氏、穀梁皆不得立。服虔字子慎，河南滎陽人，作左氏傳解行之，左氏之盛，實始于此，自後公、穀日衰。史通云："漢代公羊擅名三傳，今挂壁不行，綴旒無絶。"公羊如此，穀梁可知。鶴壽案：左氏博士于兩漢雖旋立旋廢，而其書則自漢初以及東漢之末，未嘗一日廢也。漢儒林傳云："漢興，北平侯張蒼及梁太傅貫誼、京兆尹張敞、太中大夫劉公子皆修春秋左氏傳，誼爲左氏傳訓故，授趙人貫公，爲河間獻王博士，子長卿，授清河張禹。禹與蕭望之同時爲御史，數爲望之言左氏，望之善之，薦禹于宣帝。禹授尹更始，更始傳子咸及翟方進、胡常、琅邪房鳳。咸授劉歆，常授黎陽賈護。哀帝時，待詔爲郎，授蒼梧陳欽。欽以左氏授王莽，至將軍。"則是終漢之世未嘗廢，不獨司馬遷之史記屢用左氏也。後漢儒林傳云："建初中，詔高才生受左氏春秋。"雖不立學官，然皆擢高第爲講郎。又云：張馴能誦春秋左氏傳；尹敏兼善左氏春秋；李育嘗讀左氏傳，雖樂文采，然謂不得聖人深意，作難左氏義四十一事；穎容善春秋左氏，著條例五萬餘言；謝該明左氏春秋，建安中，河東人樂詳條左氏疑滯數十事以問該，皆爲通解之，名爲謝氏釋，行于世，少府孔融上書薦之曰"黃熊入寢①，亥有二首，非夫洽聞者，莫識其端也"，此正爲其精于左氏而言。其他見于列傳者，陳元有左氏訓詁，孔奇有左氏删，孔嘉有左氏説，鄭興有左氏條例章句訓詁，鄭衆有左氏難記條例，賈徽有左氏條例二十一篇，賈逵有左氏解詁三十篇。則是終東漢之世未嘗廢，不獨靈帝時服虔作傳，又不獨章帝時班固作五行志屢引左氏經、左氏傳而已也。光武雖廢穀梁博士，而章帝時嘗詔高才生受之，尹敏、賈逵諸家亦兼通之。

　　左傳疏歷序左氏廢興云："左丘明作傳，遭焚書廢滅，魯共王壞孔子宅，得春秋左氏，皆古文舊書，多者二十餘通，藏于祕府。武帝時，河間獻王獻左氏。孝武之世，議立左氏，公羊之徒上書訟公羊，抵左氏，左氏之學不立。成帝時，劉歆校祕書，見古文左氏，好之，引傳釋經，義理備焉。歆以爲左丘明好惡與聖人同，親見夫子，而公、穀在七十二弟子後，傳聞與親見，其詳略不同，及歆親近，欲立左氏，博士不肯。和帝元興十一年，鄭興父子及歆創通大義，奏上，左氏始得立學。至章帝時，賈逵上春秋大義四十條以抵公、穀，又與左氏作長義，自後二傳微，左氏顯矣。"此段疏，其謬不可勝言。公、穀口説流行，不專在竹帛，固非秦火所能滅，漢儒林傳云"漢興，北平侯張蒼、梁太傅賈誼皆修春秋左氏傳，誼爲左氏傳訓故"，是左氏已興于漢初，秦火亦未嘗滅也。張蒼卒于景帝五年，已百餘歲，其修左氏必在文帝以前；賈誼則卒于文帝之世，而已作訓故矣。壞宅乃在武帝時，左傳不待壞宅始

---

① 黃熊入寢，原作"黃能入寢"，據漢魏六朝百三家集孔融薦謝該上書改。

出也,但壞宅所得復有之耳。祕府有左氏,蓋先出漢初,而作疏者誤會,似以左氏專出孔壁,非也。和帝元興時,劉歆安得尚在?元興只一年,安得有十一年?左氏若得立學,百官志何以不載?和帝何得反居章帝之前?種種紕繆,似全不知史傳人妄造,大可怪。鶴壽案:孔氏此疏誠爲紕繆,原文云"河間獻左氏",此句必有脱文,先生增作"河間獻王獻左氏",以爲必無但云"河間獻左氏"之理。所增"王"字是也,所增"獻"字則非,據疏上文云"魯共王壞孔子宅,得左氏春秋",則此亦當作"得",改作"獻",何所據乎?即改作"得",亦是無據,漢河間獻王傳云"得古文經傳",所謂"傳"者,即漢藝文志禮類中百三十一篇之記及論語,並不言得左氏,況改爲"獻左氏"乎?"獻左氏"三字,出自先生意造,乃下條又引張蒼獻左氏以駁之,此則穎達所不受也。原文云"光武之世,議立左氏學",先生據下文"成帝時劉歆校祕書",改作"孝武之世",是也,但上文已云漢武帝時,中間只隔一句,又云"孝武之世",必無此文法。此句蓋因光武中興嘗立十四博士,作疏者怳惚誤記,遂以孝武爲光武耳,然則改之不如衍之也。先生云"公、穀口説流行,非秦火所能滅",則疏亦未嘗言秦火滅公、穀,先生云左傳未經秦火,則當家家有之,何待張蒼修之、獻之?先生云"壞宅所得,復有左傳",此言又誤。漢志但言孔壁中得古文尚書及禮記、論語、孝經,河間獻王傳亦但言得周官、尚書、禮、禮記、孟子、老子,劉歆移書讓太常博士亦但言孔壁中得逸禮三十九篇、書十六篇,天漢後孔安國獻之,皆不及左氏。惟説文解字敍云"壞宅,得禮記、尚書、春秋、論語、孝經",而下又云"張蒼獻春秋左氏傳",可知上"春秋"二字係衍文也。先生云"左氏若得立學,百官志何以不載",此亦作疏者誤記。河間獻王嘗立左氏春秋博士,光武亦以李封爲左氏博士,故遂以此屬諸和帝耳。況此疏前人早已駁過,困學紀聞云:"和帝元興止一年,安得有十一年?一誤也。鄭興子衆,終于章帝建初八年,不及和帝時,二誤也。章帝之子爲和帝,先後失序,三誤也。"盧文弨云:"此七字改作建武初元,便可通。"

　　許慎説文敍:"北平侯張蒼獻春秋左氏傳。"據此,則左傳係張蒼所獻。計蒼于秦時已爲御史,主柱下方書,高祖爲沛公時,即來歸高祖,左傳既爲蒼所獻,則必在漢初。以爲河間獻王獻,此書始得出者,非也。

司馬遷十二諸侯年表序云："魯君子左丘明，因孔子史記，成左氏春秋。"又自序云："左丘失明，厥有國語。"國語即傳也。遷書世家，采左傳甚多，翟義亦通左傳，前漢左氏之學極盛，但不立學耳。鶴壽案：國語畢竟別是一書，韋昭之言可證，先生以爲即左氏傳，恐非。

三傳互異

左氏親受經于聖人，公羊、穀梁皆子夏弟子，相去不過再傳，其是非宜不大謬，然猶有彼此互異者。蓋晚周、秦、漢諸儒受經，各守師説，號爲專門名家，無足怪也。即如隱元年秋七月，天王使宰咺來歸惠公仲子之賵，左氏、公羊皆以仲子爲惠公之妾、桓公之母，特左以仲子見在，歸賵爲豫凶事；公羊以爲仲子之喪，而穀梁獨以爲孝公之妾、惠公之母。蓋左氏是也，公羊半是也，穀梁全非也。二年十有二月己卯，夫人子氏薨，左無傳，杜預推其意，以爲桓公之母即仲子，而公羊則以爲隱公之母，穀梁則又以爲隱公之妻，然此猶同以爲魯之夫人也。至三年夏四月辛卯，君氏卒，左氏以爲君氏聲子，隱公之母也，杜注："隱不敢從正君之禮，故亦不敢備禮于其母。"公羊、穀梁乃作"尹氏"，而以爲"天子之大夫"，其乖剌甚矣。以上二條，則左氏皆是，而公羊、穀梁皆非。後儒之治春秋，于三傳相合者，但當一意遵守，毋庸置議；惟三傳互異者，當更折衷之，或會通以求其合，或參他經以定其歸，皆可也。偶舉此以爲例，觀此即得治春秋之法。鄭康成鍼膏肓、發墨守、起廢疾，蓋兼通三傳，不主一師，此鄭氏家法也。然予雖爲此論，而又竊自疑，此在漢人則可，吾輩欲爲漢人之所爲，懼近于僭。然則如服虔、何休，當各存其説，即欲折衷，要不離三傳以求之，若廢傳自立義，吾不知之矣。

左氏與公羊、穀梁各有經

左氏經與公羊、穀梁經不同，漢藝文志"春秋古經十二篇"，此左氏之經也；其下又云"經十一卷"，小字夾注云"公羊、穀梁二家”，則公、穀之經同也。如左氏“君氏卒”，公、穀並作“尹氏”，可見左氏經獨言“古”者。孔子之經、左氏之傳皆用古文，而孔壁所得又有古文左傳，故左氏經獨稱“古經”。朱氏經義攷所載多誤。鶴壽案：孔壁所得，從無古文左傳，辨已見前，朱氏經義攷並不誤。

鄭康成意以左氏、公羊爲勝于穀梁

穀梁傳序疏引六藝論云：“左氏善于禮，公羊善于讖，穀梁善于經。”康成之于禮深矣，又篤好讖，蓋讖書，七十子之微言大義具在焉，康成削其駮駮，而擇其精者以證經，故謂“左氏善于禮”者，左氏據禮以通春秋者也。“公羊善于讖”者，公羊援讖以定春秋者也。惟穀梁意取簡約，專以演繹經文爲事，而其他不復旁及焉，則“善于經”而已矣。康成蓋意以爲左氏、公羊皆勝于穀梁，乃俗儒反疑康成此言爲推尊穀梁，豈不謬乎？

服虔左傳注

左傳自劉歆、賈逵始能說其義，然猶未備也，其爲之解詁而卓然名家者，莫如服虔。世說文學篇：“服虔既善春秋，將爲注，欲參攷同異，聞崔烈集門生講傳，遂匿姓名，爲烈門人賃作食，每至講時，輒竊聽戶壁間，既知不能踰己，稍共諸生敘其短長。烈聞，不測何人，然素聞虔名，意疑之，明早往，及未寤，便呼：‘子慎！子慎！’虔不覺驚應，遂相與友善。”“鄭康成欲注春秋傳，尚未成，行與服遇，宿過舍，先未相識，服在外車上，與人說己注傳意，康成聽之良久，多與己同，就車與語曰：‘吾久欲注，尚未了，聽君向言，多與吾同，今當盡以所注與君。’遂爲服氏注。”然則鄭、服合也。鄭徧注諸經，于春秋但作鍼膏肓等，以有服注也。新唐書儒學元澹傳：“澹述隋王邵之言，謂‘魏、晉專經者不能博究，惟欲父康成、兄子慎，寧道孔聖誤，諱言鄭、服非。’”澹固不好鄭、服者，然就其所述，則知自漢以後，鄭、服並稱，爲世所重若此。杜預作集解，其自序乃云：“劉子駿創通大義，賈景伯父子、許惠卿皆先儒美者，末有潁子嚴，雖淺近，亦復名家，故舉劉、賈、許、潁之違，以見同異。"孔穎達疏云："杜以先儒之内,四家差長,故特舉其違,自餘服虔之徒,殊劣于此輩,故棄而不論。"愚謂左傳諸家,服爲之冠,方且遠出劉、賈,若許、潁豈可並論? 杜忌服名重,欲以後出跨其上,故不取耳。

服虔注有傳無經

南齊陸澄傳:國學議置杜、服春秋,澄與王儉書論之曰："左氏,泰元中取服虔,而兼取賈逵經。服傳無經,雖在注中,而傳又有無經者故也。今留服而去賈,則經有所闕。"愚謂"傳又有無經"當作"經又有無傳",二字互倒。服虔注傳不注經,間于傳注中補經注,但經又有無傳者,則注中或不及補。若賈逵,則經、傳兼注,故欲兼置賈注。澄之意如此。襄三十一年疏言:"昭二十四年服虔載賈逵語云:'是歲,孟僖子卒,屬其子,使事仲尼。仲尼時年三十五。'"攷昭二十四年經"仲孫貜卒",杜注:"無傳。孟僖子也。"服若兼注經,則當于"貜卒"下注"孟僖子也,賈逵云'屬其子'云云,何必特提"是歲,孟僖子卒"? 玩其文,明係服之書有傳無經,故解二十四年一年事畢,方續之曰"是歲"云云也。疏言"服虔載賈逵語",則知服注采賈語必載其名,而僖子屬其子事仲尼事在昭七年,傳云:"僖子將死,召其大夫曰:'吾聞有達者孔某。'"杜注卻云"二十四年,僖子卒,傳終言之","僖子卒時,孔子年三十五"。明係杜竊取服注,而並没賈、服名不載也。而且"二十四年,僖子卒,傳終言之"三句,焉知非亦係服注,杜攘取爲己有乎? 抑服何不竟于昭七年,僖子屬子事仲尼下,直云"仲尼時年三十五",乃必綴于二十四年之末,反使杜預得以遷移,恰好置在七年傳中,以掩其攘取之迹乎? 則又當知古人著述,可下筆即下,其位置豈能一定邪? 鶴壽案:此條不過揚杜之短,以見其竊服耳。但"孟僖子卒"云云,並無兩説,隨便某人作注,皆此數語,何必更表服氏之名? 且先生苟欲揚杜之短,則可引者甚衆,即此"昭七年,春王正月,暨齊平",杜注云:"燕與齊平。前年冬齊伐燕,間無異事,故不重言燕,從可知。"孔疏云:"賈逵、何休以爲魯與齊平，許惠卿以爲燕與齊平。服虔曰：'襄二十四年仲孫羯侵齊，二十五年崔杼伐我，自爾以來，齊、魯不侵伐，且齊是大國，無爲求與魯平。此六年冬齊侯伐北燕，將納簡公，齊侯貪賄而與之平，故傳言齊求之也。'"舉此一條，亦可算杜竊服並竊賈。而服虔連注于六年冬，則服注之有傳無經，亦從此可見矣。

陸澄雖云經無傳者，服不能補，而其實無傳之經，服補注者亦多，即昭二十四年可見。

春秋託始隱公

春秋託始于隱公，何也？平王東遷，周室弱，夫子欲興東周，志不遂，筆之空言，自以爲列國陪臣，不敢修周史而修魯史，則宜以當平王世之惠公託始焉可也，惠公元年，平王三年。乃不始于惠公而始隱公，何也？魯，宗國也，素秉周禮，而篡弒之惡，桓公爲甚。桓之篡弒，隱公有以啓之，不紀隱，桓之弒不彰，泝其本而託始于隱，職是故與。攷史記十二諸侯年表，魯自惠公以前，篡弒之事屢見矣，不始于桓也。然則其託始于隱，何也？或曰：惠公以前舊史紀實，故仍之也。鶴壽案：惠公以前舊史莫攷，惟史記魯世家云："幽公弟潰，殺幽公而自立。武公與長子括、少子戲朝周宣王，宣王欲立戲爲魯太子，樊仲山父諫，弗聽，卒立戲，是爲懿公。括之子伯御，弒懿公而自立。宣王殺伯御，而問魯公子能道順諸侯者，穆仲曰：'懿公弟稱。'乃立稱于夷宮。"所謂紀實者，其指此與？

左氏論斷多謬

左氏傳論斷多謬，如鄭祭足帥師取溫之麥，秋又取成周之禾，君臣之大義倒置，射王中肩于是兆其端矣。左氏舍此，而曉曉焉責其交質。夫以天王而下與小侯交質，下淩上替甚矣，乃舍此而責其忠信之不足。鄭莊公伐許，入其國都，逐其君，取其地，罪莫大焉，乃美其有禮，而以"經國家、定社稷、序民人、利後嗣"歸之，何其誖也。然左氏，紀載之書也，論斷非其所長；公、穀，論斷之書也，紀事則得諸傳聞，不如左氏之有徵。治春秋者，攷事宜從左氏，書法宜參公、穀，至專門家法則當並存之。鶴壽案：左氏論斷之謬甚多。如鬻拳強諫楚子，臨之以兵，幾近于篡弑矣，而反謂鬻拳爲愛君。趙盾亡不越竟，反不討賊，直一叛臣矣，而乃謂"惜也，越竟乃免"，其不明大義如此！然論斷之謬，莫甚于公羊。其論隱、桓之貴賤，而曰"子以母貴，母以子貴"，夫謂"子以母貴"可也，若謂"母以子貴"，則開後世妾母陵僭之禍矣。公子結媵陳人之婦于鄄，遂及齊侯、宋公盟，而曰"大夫受命不受辭，出境有可以安社稷、利國家者，專之可也"，無怪後世之臣有生事異域，而以安社稷、利國家爲解者矣。紀侯大去其國，實迫于齊襄之肆橫并吞，聖人蓋傷之也，而曰襄公"復九世之讎"，無怪後世之君有窮兵黷武，而以春秋復讎之義自許者矣。他如祭仲執而鄭忽出，罪在祭仲，則又以爲反經之權，然則爲人臣者竟可廢置其君邪？種種紕繆，不可枚舉。若穀梁則不至于此。先生意在推重徐遵明，不得不推重何休；推重何休，不得不推重公羊。但何休之注公羊，亦大有誣公羊者，所謂"讖緯之文"、"黜周王魯"，公羊何嘗有是言哉？所謂五始、三科、九旨、七等、六輔、二類、七缺，皆出于何休意造，公羊更何嘗有是言哉？至于專門家法，蓋指專守一家之説而言，若康成之會通三傳，即非家法，乃先生云專門家法則當三傳並存，竊所不解。

公羊何休學

後漢儒林傳："何休爲人，質樸訥口而雅有心思，精研六經，世儒無及者。大傅陳蕃辟之，與參政事。蕃敗，休坐廢錮，乃作春秋公羊解詁，覃思不闚門十有七年。"由此觀之，休于春秋最深，其學爲最精。王嘉拾遺記："何休木訥多智，歷代圖籍莫不咸誦，門徒有問者，則爲注記，而口不能説。作左氏膏肓、公羊墨守、穀梁廢疾，謂之'三闕'。鄭康成鋒起而攻之。京師謂康成爲'經神'，何休爲'學海'。"愚謂康成于邵公，雖意有不同，其歸一也。

公羊傳疏

公羊疏必徐遵明作。常熟毛氏汲古閣板無作疏人姓名，明國子監板同。舊唐書經籍志、新唐書藝文志不但無作者姓名，且無此書。晁公武郡齊讀書志不著譔人，卻又言"李獻民云徐彥譔"。獻民不知何人，其言不知何據，陳振孫書錄解題稱廣川藏書志云："世傳徐彥譔，不知何據，然亦不能知其定出何代，意其在貞元、長慶後也。景德中，侍講邢昺校定傳之。"馬端臨云："公羊疏，崇文總目不著譔人名氏，援證淺局，出于近世，或云徐彥譔。皇朝邢昺等奉詔是正，始令太學傳授，以備春秋三家之旨。"愚謂斯文未喪，漢儒之功大者四人，于經、傳則鄭康成爲最，次何休，次虞翻，次服虔；于文字則許慎；若義疏則最善者公羊，次毛詩、禮記、儀禮、次周禮、次左傳、次尚書，若穀梁注疏，使爲附庸亦足矣。服與鄭齊名而居末，何也？服功在傳不在經也。何休亦功在傳而亞于鄭，何也？無休則無公羊，無公羊則無春秋也，公羊無疏則堙滅，故以爲各疏之冠也。予所品第如此。鶴壽案：廣川藏書志云"公羊世傳徐彥作"，先生以爲無據，今乃歸諸徐遵明，更何據邪？

穀梁范甯注亞于何休

范蔚宗鄭康成傳論曰："王父豫章君，每攷先儒經訓，而長于康成，常以爲仲尼之門，不能過也，傳授生徒，專以鄭氏家法。"李賢注："蔚宗祖父甯，字武子，晉武帝時爲豫章太守。用鄭家法者，言甯教授專崇鄭學也。"愚謂甯能專守家法，想諸經皆各有得，于解穀梁也何有？唐疏穀梁用甯，誠爲允當，可以亞于何休而無愧。

晉書范甯傳："甯少篤學，多所通覽，許桓溫，闢王弼、何晏。居官，興學校，養生徒，絜己修禮，志行之士莫不宗之。自中興已來，崇學敦教，未有如甯者，多所獻替，有益政道。時營新廟，博求辟雍、明堂之制，甯據經傳奏上，皆有典證。朝廷疑議，輒諮訪之。甯指斥朝士，直言無諱，爲小人王國寶驅扇，出補外郡。復以興學事爲人彈奏，免官，卒于家。"綜計甯生平，實爲完人。傳末一段云："甯以春秋穀梁氏未有善釋，遂沈思積年，爲之集解，其義精審，爲世所重。"南齊陸澄與王儉書亦云：穀梁用范甯，則麋可以不立。鶴壽案：范甯傳"多所通覽"句下云："簡文帝爲相，將辟之，爲桓溫所諷，遂寢不行，故終溫之世，兄弟無在列位者。時以虛浮相扇，儒雅日替，甯以爲其源始于王弼、何晏，乃著論論之。溫薨之後，始爲餘杭令，興學校。"今先生改爲"許桓温，關王弼、何晏"，下五字可解，上三字不知作何解。以後"出補外郡"五句，是先生總括大段，而稱之爲完人。今查本傳，武帝雅好文學，甚被親愛，遭王國寶驅扇，因被疏隔，求補豫章太守，帝不許，宷固請。夫豫章居江州之半，誠爲名郡，安有求補太守而自擇其地，且固請之者乎？臨發上疏，則有更張郡縣之說，謂"荒小郡縣，皆宜合并，不滿五千户不得爲郡，不滿千户不得爲縣"。及之郡，"大設庠序，遣人往交州採磐石，以供學用，改革舊制，不拘常憲，遠近至者千餘人，資給衆費，一出私録。并取郡四姓子弟，皆充學生，課讀五經，又起學臺，功用彌廣"，江州刺史上言曰："太守臣宷，入參機省，出宰名郡，而肆其奢濁，所爲狼藉。郡城先有六門，宷悉改作重樓，更開二門，合前爲八，私立下舍七所。臣伏尋宗廟之設，各有品秩，而宷自置家廟，又下十五縣，使左宗廟、右社稷，準之太廟，皆資人力。又奪人居宅，工夫萬計。宷若以古制宜崇，自當列上，而敢專輒，惟在任心。州既聞知，即符從事，制不復聽。而宷嚴威屬縣，惟令建立。願出臣表，下太常，議之禮典。"帝于是罪宷，會赦而免。由此觀之，宷非惟大興土木，不恤民財，而且私立家廟，僭妄之甚。先生阿私所好，猶稱以爲完人乎？

廢傳説經

文中子已云"三傳作而春秋散"，亦見笠澤叢書。而廢傳説經，始于唐之啖助、趙匡、陸淳輩。韓昌黎贈盧仝云："春秋三傳束高閣，獨抱遺經究終始。"仝之經術，諒可知也，而昌黎推之如此，蓋中唐人習氣然矣。自此以降，諸儒駕空鑿虚，各據己私，以窺測聖人之旨。夫書法當從事實，廢左氏而空言書法，可乎？公羊、穀梁發明書法，親得之于孔氏之門，廢公羊、穀梁而言書法，可乎？至胡傳出，而支離迂腐，臆斷智馳，傳亡而經亦亡矣。自明以胡傳試士，試官取事之因傳連及者并出之，號爲"合題"，于是此經之義若射覆然。夫聖人之修春秋也，于述之中，微示作之意。昔周禮有太史、小史、内史、外史，而列國亦各有史記，如韓宣子所見之魯春秋是也。是故惠公以前之春秋，聖人所善而仍之者也。隱公以下，史不闕文，事不紀實，而又適當平王四十九年，王迹將熄之日，故託始于此，有日則書日，有月則書月，名稱從其名稱，爵號從其爵號,盟則書盟,會則書會,以至卒、葬、戰、伐,皆因赴告之文、史記之舊,此通例也。史之所無,補以示義;史之所有,列以示戒,此特筆也。通例者,聖人之公心;特筆者,聖人之精義。蓋據事直書,善惡自見,而善惡之大者、微者,則用特筆以發之,如此而已矣。然此皆不外三傳求之也。如唐、宋諸儒以爵位、名字之類定爲褒貶予奪,則既失其本事之實,而亂臣賊子,空名亦無以懼之。鶴壽案:宋人之說春秋者,皆以空疏之腹,爲臆度之辭,若唐人啖、趙、陸,尚不至此。觀呂溫代陸淳進表云:"臣以故潤州丹陽縣主簿啖助爲嚴師,以故洋州刺史趙匡爲益友,攷左氏之疏密,辨公、穀之善否,務去異端,用明本意。助或未盡,敢讓當仁?匡有可行,亦刈其楚,輒集注春秋經文。"則三人尚攷核三傳者也,然已不免爲子京所譏矣。

新唐書云:"左氏與孔子同時,以魯史附春秋而作傳,公羊高、穀梁赤皆出子夏門人,三家言經,猶悉本之聖人,其得與失蓋十五。義或謬誤,先儒畏聖人,不敢輒改也。啖助撟訕三家,不本所承,自用名學,憑私臆決,尊之曰'孔子意也'。趙、陸從而唱之,遂顯于時。嗚呼!孔子没乃數千年,助所推著,果其意乎?其未可必也。以未可必而必之則固,持一己之固而倡兹世則誣。誣與固,君子所不取,助果謂可乎?徒令後生穿鑿詭辨,訽前人,舍成說,而自謂紛紛,助所階已。"新唐書傳贊出宋祁,乃有此言,不特切中唐人說春秋之弊,凡宋、元、明人解經病痛,皆可以此論爲良藥。

宋制

宋史選舉志:"禮部貢舉,設進士、九經、五經、開元禮、三史、三禮、三傳、學究、明經、明法等科。"則春秋三傳固著于令式,凡帖經、墨義無不用之者也。王安石變法,罷詩賦、帖經、墨義,士各占治易、詩、書、周禮、禮記一經,兼論語、孟子,遂罷春秋不用矣。熙寧八年,頒安石所著書、詩、周禮義于學官,是名三經新義,而春秋廢。元祐中,禮部始請復置春秋博士,尚書省請復詩賦,與經義兼行。四年,所定經義、詩賦兩科之制,仍用春秋三傳。紹聖中,復用王學。四年,遂罷春秋,既而復立,崇寧又罷。程子云:"新進游酢、楊時輩入太學,學中以異類待之,又皆學春秋,愈駭俗矣。"見伊洛淵源録。而東坡送程建用詩:"十年困新説,兒女爭捕影。"趙次公注云:"'新説'言王介甫三經新義也,時學者號之曰新經,多言性命之説,故以'捕影'言之。"又云:"今年聞起廢,魯史復光景。"程縯注云:"王荊公興新學,以春秋爲破爛朝報,廢之。元祐初,詔復春秋。"吁!安石之罪,可勝誅哉!鶴壽案:國家有兩大政,一曰課農,而安石以青苗法亂之;一曰取士,而安石又以三經新義亂之,孟子所謂"作于其心,害于其政"者也。

蛾術編卷八

論語譔人姓名

鄭康成云："論語，仲弓、子游、子夏等所譔。"此說當有所本。朱子集注從程子說，以爲成于有子、曾子之門人，故二子不名。閻若璩攷得禮記稱曾子者九十九，可見"曾子"乃通稱，非必門人。愚亦攷得檀弓有"有子既祥而絲屨組纓"一段，稱有子者一；"有子問于曾子曰'問喪于夫子乎'"一段，稱有子者八；"有子與子游立"一段，稱有子者二。檀弓豈有子門人乎？雖其中仍有稱"有若"者，然足見"有子"亦是通稱，不可據以爲門人之稱其師也。鶴壽案：漢藝文志但言"論語者，孔子應答弟子、時人，及弟子相與言而接聞于夫子之語也。當時弟子各有所記，夫子既卒，門人相與輯而論篹，故謂之論語"，不指譔人姓名。惟論語識則云："子夏等六十四人共撰仲尼微言。"此即康成所本，然又指出仲弓、子游，不知何據？他如論衡、釋名、文心雕龍諸書，亦皆渾稱孔子弟子所記，至柳宗元乃云："曾參少孔子四十六歲，曾子老而死，是書記曾子之死，則去孔子也遠矣，其時孔子弟子略無存者矣，吾意曾子弟子爲之也。"然柳州但以爲曾子弟子，未添出有子弟子。至程子又以論語敘述處從未有稱曾子、有子之名者，故歸諸二子之弟子。自程子而外，宋永亨則云："論語所記孔子與人語及門弟子問答，皆斥其名，未有稱字者，雖顏、冉高弟，亦曰回、曰雍，至閔子獨云子騫，終此書無指名，意其出于閔氏。觀'閔子侍側'之辭，與冉有、子貢、子路不同，則可見矣。"胡寅則曰："子思、檀弓皆纂修論語之人，檀弓亦曾子門人也。"何異孫則曰："柳宗元辨正,以爲論語必子春、子思爲之。若公冶長一篇,多論人物,恐是子貢門人所記;先進一篇,稱'閔子侍側',恐是閔子門人所記;第十九篇多子貢、子夏之言,然亦必曾子門人記之,以有'曾子曰'故也。"以上數條,各有引證,獨不及仲弓、子游、子夏,而康成並舉。子夏既見論語讖矣,則仲弓、子游亦必有所據,若僅僅以書法推之,凡論語敍述處,大概稱字者多,如"仲弓爲季氏宰"、"子游爲武城宰"、"子夏爲莒父宰",何一不稱字者?即"或曰雍也仁而不佞",此或人必是夫子之同輩,故呼其名,且記與夫子問答之辭,亦不得舉仲弓之字也。

　　論語記魯哀公之類稱謚者,雖似後人追改,但曾子少孔子四十六歲,孔子卒時,曾子年僅二十有八,據史記,夫子弟子惟子張、子賤二人年小于曾子,是曾子在弟子中爲甚少,其卒也當老壽,而論語已載其臨終之言。此論已見柳柳州文。又左傳終于哀公二十七年,有遇孟武伯于衢事,後不知幾年武伯卒,其子孟敬子繼之。史記世家"哀公子悼公,立三十七年卒",皇甫謐云:"悼公立四十年。"而檀弓載悼公之喪,季昭子問孟敬子"爲君何食"事,乃論語已有曾子將死,孟敬子問其病,曾子告以爲政之道。可見論語一書,其出最後,蓋距孔子之卒已久。鶴壽案:先生于前一條引康成說,論語出自仲弓、子游、子夏,此一條引史記、左傳,以見論語之作,距孔子之卒已久,則又似非仲弓、子游、子夏所撰矣。然先生既宗鄭學,胡弗爲康成致證之?據史記孔子世家,孔子生于魯襄公二十二年。據仲尼弟子列傳,子夏少孔子四十四歲,則子夏之生,在魯定公三年也。據十二諸侯及六國年表,又十二年而魯哀公立,又二十九年(魯世家作二十七年)而魯悼公立,又三十七年而魯元公立。元公四年,魏文侯之元年也。文侯十八年受經于子夏(魏世家載受經事在二十五年),樂記有文侯問樂于子夏事,想亦在是時,計是時子夏已百有一歲。若就魏世家計之,則百有八歲矣。然受經問樂,載在經史,鑿鑿有據,自古聖賢多享大壽,論語一書,安知不出自子夏之手?且是時去魯悼公之没已二十二年,則孟敬子之見于論語,亦何足異?至于仲弓、子游,其年亦可計算。史記雖不載仲弓之年,而王肅家語云"少孔子二十九歲",蓋生于魯昭公二十年,至魯悼公三十年無過九十四歲,當亦親見季昭子問孟敬子"爲君何食"事。史記又載子游少孔子四十五歲,則當魯悼公之喪無過七十七歲,子夏授經時雖已百有一歲,而與仲弓、子游等撰論語,必在其前一二十年,去魯悼公之没不遠。若至授經時,則仲弓之年已百有十六歲,恐未必在。如此推闡,知康成之説必有自來矣。前卷内所引闓百詩説,但據魏世家文侯二十五年受子夏經藝,故云子夏已百有八歲,不復查六國年表。若據年表,則子夏亦百歲老人耳。

魯、齊、古文三家

漢傳論語者三家:魯論語,常山都尉龔奮、長信少府夏侯勝、丞相韋賢及子玄成、太子太傅夏侯建、前將軍蕭望之傳之;齊論語,昌邑中尉王吉、少府宋畸、琅邪王卿、御史大夫貢禹、尚書令五鹿充宗、膠東庸生傳之;古文論語出壁中,孔安國傳之。張禹受魯論于夏侯建,又受齊論于庸生、王吉,包咸、周氏爲之章句,此參合二家以爲一者也。鄭康成就張侯之篇章,攷之齊、古爲之注,此參合三家以爲一者也。然此二家皆以魯論爲本,惟馬融獨從孔氏古文説。魏有陳羣、王肅、周生烈三家,未知所從何本? _{鶴壽案:傳魯論語者,尚有魯荆州刺史扶卿及王吉之子駿,漢藝文志論語類有魯王駿説十二篇。}

何晏集衆家説,而其本亦依魯論,爲二十篇。齊論多問王、知道二篇,爲二十二篇。其二十篇中章句,頗多于魯論。古文亦無問王、知道二篇,但分堯曰篇"子張問政"以下爲一篇,有兩子張,_{如淳則云"名曰從政"。}其篇次亦不與齊、魯論同。_{新論云:"文異者四百餘字。"}

何晏集八家説

論語疏謂"何晏集孔安國、包咸、周氏、馬融、鄭康成、陳羣、王肅、周生烈八家之説",是有周氏,又有周生氏。漢周氏,不詳何人。魏周生氏,疏云"燉煌人",晉中經簿云"魏侍中周生烈,本姓唐,外養周氏",七錄云"字文逸,本姓唐,魏博士、侍中",而廣韻則以爲魏初徵士,鄭樵氏族略有周生氏,云見姓苑。新唐書藝文志子類有"周生烈子五卷",在儒家類。王應麟困學紀聞引周生烈子云:"舜嘗駕五龍以騰唐衢,武嘗服九駿以馳文塗,此上御也，謂五臣、九臣。"今何晏集解稱"周曰"者凡十三條，不辨其孰爲周氏，孰爲周生氏也。而疏中又引王弼説。弼無論語注，當是王肅。又引江熙、樂肇、蔡謨、衞瓘、范華説。江熙者，范甯穀梁集解屢引之。鶴壽案：廣韻以周生烈爲魏初徵士，即據魏志也。下條既引魏志，此條可以不引。王弼有論語釋疑三卷，見隋經籍志，故皇侃疏引之者不一而足。經典釋文于"麾燓"引弼注云"公廄也"，于"逸民"引弼注云"朱張，字子弓，荀卿以比孔子"，則安得謂弼無論語注？至于江熙作論語集解，所列者十三家，廣陵太守高平樂肇、司徒濟陽蔡謨、太保河東衞瓘俱在内，唯范華則不習見耳。

魏志王肅傳："魏初徵士燉煌周生烈，臣松之案：此人姓周生，名烈，何晏論語集解有烈義例，所著述見晉武帝中經簿。亦歷注經傳，頗傳于世。"烈嘗爲涼州刺史張既禮辟，見既傳。所謂何晏集解有烈義例者，今集解中無之，不知何人删去。

孝經第一行標題稱"正義"，不稱"注疏"，第二行但題"宋邢昺校"，論語、爾雅則直題"宋邢昺疏"，明國子監、汲古閣刻同。朱子于鄉黨"山梁雌雉"下引疏，直稱"邢氏曰"，然宋史儒林邢昺傳則云："咸平二年受詔，與杜鎬、舒雅、孫奭、李慕清、崔偓佺等校定周禮、儀禮、公羊、穀梁春秋傳、孝經、論語、爾雅義疏。"然則論語、爾雅二疏，昺校定而已，非其所譔也。

皇侃論語疏

邢昺論語疏淺陋不堪，而皇侃論語疏已亡，近從日本復傳至中土，誠藝苑之鴻寶也。

民無德而稱焉

論語"齊景公有馬千駟，民無德而稱焉①"，唐石經正作"德"，汲古閣十三經、秦鑁九經並同，即四書蒙引不載經文，然其講中亦作"德"；皇侃論語疏作"民無得而稱焉"，汪份四書大全同。攷

----

① 民無德而稱焉，論語此句前有"死之日"三字。

"其斯之謂與",唐以前並無"誠不以富"一説,王肅曰"此所謂以德爲稱",則作"德"正合。

孝經古、今文

漢初,河間顏貞出其父芝所藏孝經十八章,此今文也,長孫氏、博士江翁、少府后倉、諫大夫翼奉、安昌侯張禹傳之。古文出魯共王壞孔子宅,凡二十二章,安國傳之。漢藝文志云:"經文皆同①,惟古文字讀多異。"桓譚新論云:"古孝經千八百七十二字,今異者四百餘字。"今文有鄭氏注,世稱爲康成譔,陸澄辨其非是。愚攷梁載言十道志解南城山云:"孝經注,蓋康成胤孫所作也。見大唐新語及太平御覽卷四十二。然則此注雖非康成親著,要爲有本,是以荀昶作孝經集解,以鄭爲優,范蔚宗、王儉亦信之,而北魏、北齊皆立之學官。且此注即有謬誤,而顏芝本劉向曾以參校古文,省除繁惑,定爲十八章,本司馬貞。則經文固的然可信者。至孔氏古文,則曠代亡逸,不復流行。見本疏,疑與尚書並亡于永嘉之亂。閻若璩謂亡于梁而突出于隋,未詳所出。荀昶作集解,廣集衆家,其時已不見孔傳,中朝並無其本,本司馬貞。予作尚書後案,辨安國未嘗作書傳,據此知亦未嘗作孝經傳。則其亡也久矣。所云增多四章及文字異者四百餘,皆不可攷矣。不意隋開皇十四年,祕書學生王逸于京市買得一本,送著作王劭,以示劉炫,仍令校定,而此書更無兼本,難可依憑,炫輒以所見率意刊改,分庶人章爲二,曾子敢問章爲三,曾子敢問章即聖治章也。僞作閨門一章,以合二十二章之數。其文云"閨門之內具禮矣,嚴親嚴兄,妻子臣妾猶百姓徒役也",凡二十一字。當日劉子玄能辨鄭注之非康成,乃反欲廢鄭而行孔,則謬乃倍之,幸司馬貞力黜其妄,見本疏及英華卷七百六十六。故玄宗御注仍以十八章爲定。孝經疏非出一人手,前云今文稱鄭康成注,古文稱孔安國注,先儒詳之,皆非真實,此言似有識,而後一段反以子玄欲立孔

---

①　"經",原作"今",據漢書藝文志改。

氏爲是,則謬矣。奈何司馬光反尊信劉炫僞古文。吳澄始據桓譚新論之言,攷古文與今文增減、異同率不過一二字,無所謂四百餘者,決其爲僞,吳氏之識卓矣。鶴壽案:今文孝經出于顏芝,漢成帝時,劉向重爲校定,則非顏芝之今文矣。唐玄宗時,司馬貞削去閨門章而更其次敍,則石臺所刻又非劉向之今文矣。今世所行十八章,蓋即石臺本也。古文孝經出于孔壁,劉向云:“庶人章分爲二,曾子敢問章分爲三,又多一章,凡二十二章。”班固曰:“經文皆同,唯古文爲異。‘父母生之,續莫大焉’、‘故親生之膝下’,諸家説不安處,古文字讀皆異。”而許沖上其父説文則云“孝昭帝時魯國三老所獻”,則是有二本也。劉向所謂“又多一章”,並無其名,劉炫乃造庶人章以足之,并造孔注焉。鄭注與僞孔注俱亡,今世所行者,唯唐玄宗注而已。山東沂州府費縣西南之南城山,西上二里有石室,相傳鄭康成于此注孝經。先生既不引出此段,則“南城山”三字宜刪。隋經籍志云:“安國之本,亡于梁亂。陳及周、齊,唯傳鄭氏。至隋,祕書監王劭于京師訪得孔傳。”此即閻百詩所謂“亡于梁而突出于隋也”,何以云未詳所出? 祕書學生王逸,唐會要作“祕書學士”,文苑英華作“王孝逸”,疏文誤。

劉炫僞本,唐末已亡,近從日本得來,從庶人章中分出一章,名爲孝平章第七,自此以下章數,逐章遞降其次,至聖治章爲第十,又從其中分出父母生續章第十一、孝優劣章第十二,下又遞降其次,至廣揚名章爲第十八,下則增入僞譔閨門一章爲第十九,下又遞降其次,以至二十二,并孔傳皆炫之所爲。鶴壽案:劉炫僞孔安國,今日本又僞劉炫,而先生猶以爲劉炫本而屑屑辨之,謬矣。

文苑英華卷七百六十六載劉子玄孝經注議:“今所傳孝經,題曰鄭注,爰在近古,皆云鄭即康成。晉穆帝永和十一年及孝武帝太元元年,再聚羣臣,共論經義,有荀茂祖二字一作‘昶’者譔集孝經諸説,以鄭氏爲宗。齊陸澄以爲非康成所注,請不藏祕省,王儉不依其請,遂傳于時,魏、齊則立于學官,著于律令。蓋由膚俗無識,致斯譌舛。然孝經非康成所注,其驗十有二條。案鄭君自序注禮、書、詩、論語、周易,都無注孝經之文,其驗一也。鄭君卒後,其弟子追論師所著述,及應對時人,謂之鄭志,其言鄭所注者,惟有毛詩、三禮、尚書、周易,都不言鄭注孝經,其驗二也。又鄭志目録記鄭所注,五經外有中候、書傳、七政論、乾象曆、六藝論、毛詩譜、答臨碩難禮、駁許慎異義、發墨守、鍼膏肓,此下脱"起廢疾"三字。及答甄子然等書,寸紙片言,莫不悉載,若有孝經注,無容匿而不言,其驗三也。鄭之弟子分授門徒,各述師言,更相問答,編録其語,謂之鄭記,唯載詩、書、禮、易、論語,不及孝經,其驗四也。趙商作鄭先生碑文,具稱諸所注箋駁論,亦不言注孝經,晉中經簿,周易、尚書、尚書中候、尚書大傳、毛詩、周禮、儀禮、禮記、論語凡九書,皆云'鄭氏注,名玄',至于孝經,則稱鄭氏,無'名玄'二字,其驗五也。春秋緯演孔圖注云:'康成注禮、詩、易、尚書、論語,其春秋、孝經,唯有評論。'宋均,康成弟子,師所著述,無容不知,而云'春秋、孝經唯有評論',其驗六也。孝經緯注引鄭六藝論敘孝經云'玄又爲之注,司農論如此,而均無聞焉。有義無辭,令予昏惑',舉鄭之語而云'無聞',其驗七也。春秋緯注云'爲春秋、孝經略説',則非注之謂,所言'玄又爲之注'者,汎辭耳,非事實,其序春秋亦云'玄又爲之注'也,寧可復責以實注春秋乎? 其驗八也。後漢史書存于代者,有謝承、薛瑩、司馬彪、袁山崧等,其爲鄭康成傳者,載其所注,皆無孝經,其驗九也。王肅孝經傳首有司馬宣王之奏云'奉詔令諸儒注孝經,以肅説爲長',若先有鄭注,亦應言及,而都不言鄭,其驗十也。王肅注書,發揚鄭短,凡有小失皆在訂證,若孝經此注亦出鄭氏,被肅攻擊最應煩多,而肅無言,其驗十一也。魏、晉朝賢論辨時事,諸注無不撮引,未有一言引孝經之注,其驗十二也。凡此證驗,易爲討覈,而代之學者不覺其非,乘彼謬説,競相推舉,諸解不立學官,此注獨行于代。觀夫言語鄙陋,義理乖疏,固不可以示彼後來,傳諸不朽。至古文孝經孔傳,本出孔氏壁中,語甚詳正,無俟商榷,而曠代亡逸,不復流行。至隋,王孝逸于京市買得一本,送與王劭,劭以示劉炫,炫輒以所見率意刊改,因著古文孝經稽疑一篇。劭以爲此書經文盡正，傳義甚美，而歷代未嘗置于學官，良可惜也。然則孔、鄭二家雲泥致隔，今綸旨發問，校其短長，愚謂行孔廢鄭，于義爲允。"鳴盛案：劉議似是實非，所言各書舉鄭注不及孝經，此何足泥？就其所據鄭志不言注孝經，亦不言注論語，安得謂鄭不注論語乎？且范蔚宗作傳，固言有孝經注，豈不足信？而劉復據謝承等不言注孝經，試問范亦遺卻周禮注，豈鄭實未注周禮乎？故知不足泥也。縱使有疑，亦當過而存之。尤謬者，古文孝經及傳，明係劉炫作僞，而反欲行孔廢鄭邪？鶴壽案：唐會要所載劉知幾議，一言以蔽之曰："據各書不言鄭注孝經，故知其僞。"今先生必錄其全文，不過欲駁行孔廢鄭之說，以爲鄭注雖非出自康成，究竟出自康成之胤孫。然而胤孫之注，恐不逮康成，且梁載言十道志謂出自康成胤孫，其言亦何所據乎？故先生又靠住范蔚宗傳。然太平御覽尚有一條引後漢書云："康成遭黃巾之難，客于徐州。今孝經序，鄭氏所作。南城山西上可二里有石室焉，俗云是康成注孝經處。"此必見于袁山松、華嶠諸家之書，胡弗一并引之？英華同卷又載司馬貞孝經注議："今文孝經是漢河間王所得顏芝本，至劉向，以此本參校古文，省除繁惑，定爲十八章。其注相承云是鄭康成所注，而鄭志及目錄不載，故往賢共疑焉。唯荀昶、范蔚宗以爲鄭注，故昶集解孝經，具載此注，而其序以鄭爲主。是先達博選，以此注爲優。且其注縱非鄭氏所作，而義旨敷暢，將爲得所，其數處小有非穩，實亦未爽經傳。其古文二十二章，元出孔壁，先是安國作傳，緣遭巫蠱，代未之行。荀昶集注之時尚有孔傳，中朝遂亡其本。近儒欲崇古學，妄作此傳，假稱孔氏，輒穿鑿改更，又僞作閨門一章，劉炫詭隨，妄稱其善。且閨門之義，近俗之語，非宣尼之正說。案其文云'閨門之內具禮矣乎，嚴兄，妻子臣妾繇百姓徒役也'，是比妻子于徒役，文句凡鄙，不合經典。又分庶人章從'故自天子'已下，別爲一章，仍加'子曰'二字。然'故'者連上之詞，即爲章首，不合言'故'。是古文既亡，後人妄開此等，以應二十二章之數，非但經文不真，抑亦傳習淺僞，注'用天之時,因地之利',其略曰'脱衣就功,暴其肌體,朝暮從事,露髮塗足,少而習之,其心安焉',此語雖旁出諸子,而引之爲注,何言之鄙俚乎? 與鄭氏之所云'分別五土,視其高下,高田宜黍稷,下田宜稻麥',優劣懸殊,曾何等級! 今議者欲取近儒詭説,殘經缺傳,而廢鄭注,理實未可。望請準式孝經鄭注與孔傳依舊俱行。"貞此議勝劉氏遠甚。鶴壽案:此條亦見唐會要。"閨門之内"三句似有脱文,當依邢疏。觀司馬貞言"其注縱非鄭氏所作"云云,似爲鄭注竭力周旋,則鄭注容有不協之處。今案其書雖亡,其句尚有存者,"仲尼居"注云:"居,講堂也。""曾子侍"注云:"卑者在尊者之側曰侍。""先王有至德要道"注云:"禹,三王最先者。五帝官天下,三王禹始傳于子。以父配天,故爲教孝之始。至德,孝悌也。要道,禮樂也。""以顯父母"注云:"父母得其顯譽也。""資于事父"注云:"資者人之行也。""謹身節用以養父母"注云:"行不爲非,度財爲費,什一而出,無所復歎。""其政不嚴而治"注云:"政不煩苛也。""先王以敬讓而民不爭"注云:"若文王敬讓于朝,虞、芮推畔于田,則下效之。""詩云'赫赫師尹'"注云:"師尹若冢宰之屬也。""不敢遺小國之臣,而况于公侯伯子男乎"注云:"昔聘問天子無恙,五年一朝,郊迎芻禾百車,以客禮待之,夜設庭燎。庭燎者,在地曰燎,執之曰燭,樹之門外曰大燭,于内曰庭燎。五年一巡狩,勞來別優。侯者候伺,伯者長,男者任也。""言思可道"注云:"言中詩書。""五刑之屬三千"注云:"科條三千,謂墨、劓、宫、割、大辟。""教以孝"注云:"天子事三老,兄弟五更。""天子有爭臣七人"注云:"左輔右弼,前疑後丞,使不危殆。""光于四海,無所不通"注云:"孝悌之至,則重譯來貢。"以上諸條,義皆醇正,然比諸詩箋、禮注之典雅古奥,相去遠矣。其他所存之句尚多,即如"用天之道"注云:"謂春生夏長,秋收冬藏。""分地之利"注云:"分别五土,視其高下,若高田宜黍稷,下田宜稻麥,丘陵阪隰宜種桑枲棗棘是也。"司馬貞蓋舉其略耳。王伯厚以爲鄭小同所作,殆即據十道志解而云然。

孝經疏

孝經疏題云"臣邢昺奉敕校定",不云昺譔。宋史儒林傳亦云然。其自序云:"注疏已備,今特剪截元疏。"此語甚明。舊唐書孔穎達傳:"庶人承乾令譔孝經義疏①,穎達因文見意,更廣規諷,

---

① "令",原作"今",據舊唐書改。

學者稱之。"而新唐書志賈公彥、孔穎達並有孝經疏,所疏乃鄭注也。舊唐書元行沖傳"開元七年,上令行沖撰御所注孝經疏義,列于學官",新儒學"元澹字行沖"傳同。昺所校者,即御注元疏也,其中"治"皆諱"理",明出唐人無疑。鶴壽案:孝經自漢文、景置博士,其後晉元帝有孝經傳,武帝有孝經講義,梁武帝有孝經義疏,簡文帝亦有義疏,明帝有孝經義記。逮唐玄帝作孝經注,崇文總目謂"取王肅、劉劭、虞翻、韋昭、劉炫、陸澄六家之説,參孔、鄭舊義"。天寶四載九月,以御注石刻于太學,謂之"石臺孝經",今尚在西安府學中。爲碑凡四,故拓本稱四卷,而行本則爲九卷。自宋詔邢昺修輯元行沖義疏,而御注遂行于世。

朱子刊誤

一大學也,而朱子分爲經一章,傳十章。又作孝經刊誤,亦欲以篇首六七章爲經,而其後皆爲傳。此等以意立説,亦姑聽之。獨怪其于經文十八章,自漢、唐以來從無異義者,輒據衡山胡侍郎、玉山汪端明、沙隨程可久二三俗輩妄語,竟指爲誤,遂欲改竄刪削,顛倒移易之,而于劉炫僞造之古文,反掇拾而列于經,得毋誤其所不誤,而不誤其所誤與?

爾雅誤人

爾雅,或云周公作,或云子夏作。今按:"'如切如磋',道學也。'如琢如磨',自脩也。'瑟兮僩兮',恂慄也。'赫兮喧兮',威儀也。'有斐君子,終不可諼兮',道盛德至善,民之不能忘也",此大學釋詩之文,而詩則衞人所以美武公也,其文見于爾雅,武公在厲王之世,去周公遠甚。下文復釋"張仲孝友"、"其虛其徐"、"式微式微"、"徒御不驚"、"襢裼"、"暴虎"、"篷篨"、"戚施"諸語,今按諸詩皆作于周公後遠甚,則謂爾雅爲周公、孔子、子夏合作,當矣。鶴壽案:爾雅非一人所作,張揖上廣雅表云:"昔在周公,纘述唐、虞,宗翼文、武,克定四海,勤相成王六年,制禮,以導天下,著爾雅一篇,以釋其義。今俗所傳三篇,或言仲尼所增,或言子夏所益,或言叔孫通所補,或言沛郡梁文所著①,皆解家所説,先師口傳,疑莫能明也。"經典釋文云:

---

① "著",廣雅所録張揖表作"考"(陳振孫書録解題引同),爾雅序疏引作"著",經典釋文序録則稱"補"。

“釋詁一篇,周公所作;釋言以下,仲尼及子夏諸家所增。”今案張揖謂“周公所作”者,周公賦憲受臚,作諡法解,其訓釋字義云“勤,勞也”、“肇,始也”、“怙,恃也”、“典,常也”、“康,虛也”、“惠,愛也”、“綏,安也”、“致,成也”、“懷,思也”,皆與爾雅同義,是周公作爾雅之證也。謂“仲尼所增”者,孔子作十翼以贊周易,彖傳云“師,衆也”、“比,輔也”、“晉,進也”、“遘,遇也”,又序卦傳云“師者衆也”、“履者禮也”、“頤者養也”、“晉者進也”、“遘者遇也”、“震者動也”,聖義闡敷,式昭雅訓,是孔子增爾雅之證也。謂“子夏所益”者,發明章句,始于子夏,儀禮子夏喪服傳,其親屬稱謂與爾雅釋親同,陸德明周易釋文、李鼎祚周易集解所引子夏易傳,並非今之偽本,如云“元,始也”、“芾,小也”,觀象玩辭,必求近正,是子夏益爾雅之證也。謂“叔孫通所補”、“梁文所考”者,如釋地“北陵西隃”下云“雁門是也”,釋山“河南華、河西嶽、河東岱、河北恒、江南衡”下云“泰山爲東嶽,華山爲西嶽,霍山爲南嶽,恒山爲北嶽,嵩高爲中嶽”,釋獸“鼫鼠”下云“秦人謂之小驢”,此皆漢初傳爾雅者附記于各篇之中,是叔孫通所補、梁文所著之證也。蓋爾雅創自周公,而成于七十子,故揚雄謂游、夏之儔所記,以解釋六藝者也。其諸篇之目,皆周公所定,張揖所謂“一篇”者,統諸篇在内,猶言“一卷”;所謂“三篇”者,指後人增益,遂至三卷。陸德明謂釋詁是周公所作,餘篇爲後人所增益。此則不然,如“羕”之爲“永”,“嵩”之爲“崇”,此皆後來滋乳之字,而釋詁篇載之,則非周公之原文矣。又如“燕有昭余祁”,職方以爲并州藪;“東方之美者,有醫無閭之珣、玗、琪焉”,職方以爲幽州鎮,則非後人所增益矣。

爾雅有序篇

漢藝文志:“爾雅三卷,二十篇。”三卷者,卷帙繁多,分爲上、中、下;二十篇者,自釋詁至釋畜凡十九篇,別有序篇一篇。邢昺序云:“聖賢間出,訓詁遞陳,周公倡之于前,子夏和之于後。”疏云:“釋詁一篇,蓋周公所作;釋言以下,或言仲尼所增、子夏所足。”①今序篇不知是周公作乎,仲尼、子夏作乎? 顧廣圻云:“毛詩疏引爾雅序篇云:‘釋詁、釋言通古今之字,古與今異言也。釋訓,言形貌也。’郭璞既作注,則序篇亦當有注,而今亡之。序云

---

① “疏云”,此段是疏所引經典釋文序録語,非疏文。

'別爲音、圖',疏云:'注解外別爲音一卷、圖贊二卷。'今亦亡。"

郭注不全

爾雅郭璞注,不知爲何人删削,即如釋山"泰山爲東嶽",郭注:"泰山在奉高縣西北。""霍山爲南嶽",郭注:"在衡陽湘南縣南。"郭又云:"今在廬江灊縣西南,灊水出焉,別名天柱山。漢武帝以衡山遼曠,因讖緯皆以霍山爲南嶽,故移其神于此,今彼土俗人皆呼之爲南嶽。南嶽本自以兩山爲名,非從近來也。""華山爲西嶽",郭注:"在弘農華陰縣西南。""恒山爲北嶽",郭注:"在常山上曲陽縣西北。"以上郭注,孔穎達尚書舜典疏、毛詩崧高疏、禮記王制疏、賈公彥周禮大司樂疏皆引之,而今本爾雅惟"南嶽"下存二句,云"即天柱山,灊水所出也";"北嶽"下存"常山"二字;"中嶽"下存一句,云"大室山也",其餘盡遭删去。且郭意本謂南嶽自有兩名,一名衡山,一名霍山,漢武始移其神于廬江霍山,借同名之山祀之耳。一經删削,反似郭以南嶽本自古即在天柱,非出遷移矣。予未暇細檢,恐所删必不止此一處。鶴壽案:偶見後漢馬融傳李賢注引爾雅"蚹蠃螔蝓",郭注云"以尾塞鼻",下有"零陵、南康人呼之,音餘,建平人呼之,音相贈遺之遺,又音余救反,皆土俗輕重不同耳",今各本皆無此條。郭注釋獸,每以零陵、南康等土之音爲證,且注中具有音切,此亦爲俗人删削之一條也。

釋訓"綽綽、爰爰,緩也"下疏云:"郭云'悠悠、偌偌、丕丕、簡簡、存存、懋懋、庸庸、綽綽,盡重語。'""旭旭"下疏云:"郭氏讀'旭旭'爲好好。"二條皆疏有而注無,不知是作疏人所删,抑或別人所删。太平御覽引郭注:"守宮槐在朗陵縣南,有一樹似槐,晝聚合相著,夜則舒布。"初學記引郭注:"江東有樹,與此相反,俗因名爲合昏。既晝夜異,而其理等耳。"二條今注俱闕,然則郭注之遭删者多矣。

邢序

程敏政云:"爾雅疏序在舒館直雅集中,題曰'代邢昺作'。

序有云：'其爲注者，則有犍爲文學、劉歆、樊光、李巡、孫炎。雖各名家，猶未詳備。惟東晉郭景純注，甚得六經之旨，最爲稱首。其爲義疏者，則俗間有孫炎、高璉，皆淺近俗儒，不經師匠。'蓋有兩孫炎，作注者漢末孫叔然，然疏者不知何時人，既爲郭注作疏，必六朝以下人。"鶴壽案：作爾雅注者，劉歆以前尚有犍爲舍人，邢疏亦屢引之。孫炎，字叔然，漢宣帝時人，其邢序所云俗間之孫炎，此必有誤字，豈有作爾雅疏，而亦氏孫名炎者？

郭景純經學淺陋，注爾雅甚簡略，其前諸家必皆勝于郭，邢昺乃以郭爲稱首，取其簡略易爲疏耳。今當以孫叔然爲主，孫注亡則參取各家。

邢疏勦襲

唐人作諸經正義，博採羣言，以釋經注，至邢氏爾雅疏，但勦取他經正義爲之。如釋天一段，全襲月令及黍離疏；五嶽一段，全襲崧高疏，此類甚多。

孟子之學長于詩、書

趙岐孟子題辭："孟子通五經，尤長于詩、書。"案：滕定公薨，孟子告然友以齊疏之服，趙注："齊疏，齊衰也。"似未見儀禮。與北宮錡論周室班爵禄，皆不合周禮，似未見周禮。左傳襄十四年："衛獻公奔齊，孫氏追之。初，尹公佗學射于庾公差，庾公差學射于公孫丁。二子追公，公孫丁御公，子魚曰：'射爲背師，不射爲戮。'射兩軥而還。尹公佗曰：'子爲師，我則遠矣。'乃反之。公孫丁授公轡而射之，貫臂。"佗與差爲孫氏逐公。子魚，庾公差。佗不從丁學，故言"遠"，反之還射丁，丁射貫佗臂。此事與孟子不同。庾公之斯當即庾公差，公孫丁似子濯孺子。庾公差射兩軥，與去金、發乘矢相近，而二子之學射相反，尹公佗還射丁而丁射佗則大異矣，似未見左傳。若詩，則七篇中所引甚多。萬章篇論堯、舜三代事，并他篇中論伊尹、周公，末章論堯、舜至文王，皆貫通尚書大旨立言。其言注江、注海，不合禹貢，蓋約略言之。朱子謂:"但取字數足以對偶。"若以水道言之,濟自入海,漯乃河之支流,當云"瀹濟、瀹漯注之河,疏九河,注之海";汝、泗入淮,淮自入海,漢入江,江自入海,當云"決汝、泗注之淮,決漢注之江,排淮、江注之海"。然如此則文勢紆回,不見警策,孟子隨口説出,只是借作議論,不沾沾事實耳。沈存中謂:"淮、泗入江,乃禹之舊迹。"朱子已辭而闢之。或云:左傳哀公九年,吳城邗溝通江、淮,杜注云:"于邗築城穿溝,東北通射陽湖,西北至末口入淮,今廣陵邗溝是。"孟子據春秋後事而言。此尤謬妄,不如以江、淮入海之路相近,孟子順便而言,尤爲直截也。孟子尤長于春秋,趙岐不通經,故不知之。鶴壽案:孟子知性知天,易之奥也;以意逆志,詩之綱也;言稱堯、舜,書之要也;井田爵禄之制,可以知禮;王伯義利之辨,可以知春秋,故邠卿謂其"通五經"也。七篇之中,凡引詩者三十五,凡引書者二十九,故邠卿謂其"尤長于詩、書"也。今先生亦謂其"長于詩、書","尤長于春秋",而謂其未見儀禮、周禮,并未見左傳。夫江、淮、河、漢所行之道,禹貢固歷歷載之,既長于書,何以曰"排淮、泗而注之江"?然朱子謂"但取字數足以對偶",猶可言也,若春秋之事迹全在左傳,不讀左傳,則無以明春秋,先生既謂其"未見左傳",又謂其"尤長于春秋",未免自相矛盾。然則尹公佗學射于庾公差一段,何以解諸?曰:先生不云乎?"孟子隨口説出,只是借作議論,不沾沾事實耳。"

孟子漢置博士

閻若璩曰:"趙岐序孟子:'孝文皇帝欲廣遊學之路,論語、孝經、孟子、爾雅皆置博士。後罷傳記博士,獨立五經。'朱子謂其説爲妄,孟子、爾雅皆置博士,在漢書並無可攷。不知漢書固有其説也。劉歆移太常博士書:'孝文皇帝時,天下衆書頗出,皆諸子傳説,猶廣立于學官,爲置博士。'此非孟子、爾雅皆置博士之驗乎?其謂'後罷傳記博士,獨立五經',則指武帝建元間而言。蓋武帝以董仲舒對策,凡不在六藝之條、孔子之術者,皆絶其道,勿使並進,故止立五經博士。"閻説甚是。武帝本紀贊云:"罷黜百家,表章六經。"孟子亦在諸子之列,故罷。楊倞荀子序:"孟子有

趙氏章句，漢氏亦嘗立博士，傳習不絶。"唐文粹皮日休請孟子爲
學科書："孟子之文，粲若經傳。天惜其道，不燼于秦。自漢氏得
之，常置博士，以專其學。今有司除茂才、明經外，其次有熟莊周、
列子書者，亦登于科，其縣科也未正。伏請有司去莊、列之書，以
孟子爲主，有能通其義者，其科選視明經。"①

趙注不全

　　今孟子趙岐注已非全本，檢尋其故，即作疏人所删。盡心篇
"恥之于人大矣"章疏，申解注中所引隰朋恥不若黄帝、顔淵慕虞
舜事，云："凡于趙注有所要者，雖于文段不録，然于事未嘗敢棄之
而不明。"今注中並無隰朋等語，是作疏者删去，而自述删例如此。
其餘梁惠王篇"齊宣王見孟子于雪宫"章疏，申解注中"文王不敢
盤于遊畋也"，云："此引周書無逸篇文。"公孫丑篇"天時不如地
利"章疏，申解注中"得乎丘民而爲天子"，云："此蓋經之文。""沈
同以其私問"章疏，申解注中"禮樂征伐自天子出"，云："此論語
之言。"滕文公篇陳代章疏，申解注中"伯夷亦不屑就也"，云："此
乃公孫丑篇末之文也。""外人皆稱夫子好辨"章疏，申解注中
"禹、稷胼胝、周公仰思、仲尼皇皇"云云。離婁篇"不仁者可與
言"章疏，申解注中"如臨深淵，戰戰恐懼也"云云。"居下位而不
獲于上"章疏，申解注中"曾子三省，大雅矜矜"，云："此引荀卿之
言。""不孝有三"章疏，申解注中"堯二女"云云。萬章篇"至于禹
而德衰"章疏，申解注中丹朱、商均云云。"敢問不見諸侯"章疏，
申解注中"伊尹三聘而後就"，"沮溺耦耕，接輿佯狂"云云。告子
篇"魯欲使樂正子爲政"章疏，申解注中"聞善言，虞舜是也"、"禹
聞讜言，答之以拜"至"合符者也"云云。盡心篇"舜之居深山之
中"章疏，申解注中"聖人潛隱若神龍"云云。"孟子自范之齊"章
疏，申解注中"此章言人性皆同，居使之異。君子居仁，小人處

---

① "視"，原作"似"，據唐文粹、文苑英華改。

利,譬如王子殊于衆品者也"云云。"曾晳嗜羊棗"章疏,申解注中"上章稱曰豈有非義而曾子言之者"云云。"孔子在陳"章疏,申解注中"色屬内荏"至"子帥以正,孰敢不正"云云。今注中皆無此文。

孫疏僞託

趙岐在漢儒中最媟陋,注"非禮之禮,非義之義",引"陳質娶婦長拜之"、"藉交報讎";注"求全之毁",引"陳不瞻將赴君難,聞金鼓之聲,失氣而死"。疏以爲史記之文,史記並無此事。此皆虞初小説,奚堪入目? 而孫奭疏尤誕妄,疏"西子",引西施入吳市,觀者輸金錢一文,此成何語? 朱子謂邵武士人作,托名孫氏。見文集語録,常熟顧大韶仲恭炳燭齋隨筆亦云然。序云:"臣前奉敕,與同判國子監王旭、國子監直講馬龜符、國子學説書吳易直、馮元等,作音義二卷,已經進呈。今輒罄淺聞,爲之正義。"音義今現存,崑山徐氏刻經解有之。攷宋史儒林本傳,備舉奭所著書,云掇五經切治道者爲經典徽言,又譔崇祀録、樂記圖、五經節解、五服制度。嘗奉詔與邢昺、杜鎬校定諸經正義、莊子、爾雅釋文,攷正尚書、論語、孝經、爾雅謬誤及律音義,絶不言作孟子疏,且并不言作音義。要之,音義是真,疏實僞託。鶴壽案:趙注好用古事,其注"非禮之禮",引"陳質娶婦而長拜之也",不知其所用何書。其注"求全之毁",引"陳不瞻將赴君難",事見説苑。説苑作"陳不占",古字"瞻"與"占"同音通用。邵武士人既不能舉其書,而先生直比諸虞初小説,亦太甚矣。至于孟子音義固出孫奭之手,據宗古上音義序云:"爲之音者,有張鎰、丁公著。今既奉敕校定,宜在討論。張氏徒分章句,漏略頗多;丁氏稍識指歸,譌謬時有。若非刊正,詎可通行?"是音義果出于奭,而正義並不出于奭。晁氏讀書志謂"大中祥符中上于朝",非是。

"孟子曰王子宮室"以下,趙岐另爲一章,作疏者則合上"孟子自范之齊"節爲一章,向來疏家亦無此體。其駮趙處,如"少艾"非美好,頗確;若"二女果","果"爲"侍",見説文,而疏以爲果實,則妄甚矣。

孟子鄭注

孟子七卷，鄭玄注，見隋經籍志。此不可解。鶴壽案：後漢書所載，有程曾孟子章句，此固不可攷。七錄所載，有綦母邃孟子注，李善注文選，引"秋陽以暴之"注曰："周之秋，于夏爲盛陽也。""驅龍蛇而放之菹"注曰："澤生草言菹。"即隋志所載劉熙孟子注，李善亦引之，獨鄭氏注則無攷。

蛾術編卷九

説　録　九

史記但稱太史公，亦無卷數

漢藝文志春秋類有"太史公百三十篇"，即史記也，而不名史記，則史記之名起于後人，亦但有篇數，並無卷數。詳見十七史商榷。鶴壽案：古者史官所記，概謂之史記。班固曰"孔子因魯史記而作春秋"，則是未修之春秋本名史記也。太史公自序云："父談執遷手曰：'自獲麟以來，四百有餘歲，諸侯相兼，史記放絕。'"則是春秋至周末所記皆名史記也。又曰："'今海内一統，明主賢君、忠臣死義之士，余爲太史而弗論載，余甚懼焉。'遷俯首曰：'請悉論先人所次舊聞弗敢闕。'卒三歲而遷爲太史令，紬史記、石室金匱之書。"則是漢興至武帝所記亦名史記也。若遷所述黃帝以來紀于太初百三十篇，不名史記，桓譚曰："遷著書成，以示東方朔，朔皆署曰太史公。"或曰"遷外孫楊惲所稱"，恐未必然。司馬貞曰："遷自尊其父著述，稱之曰'公'。"其說是也。"太史"者，漢武帝所置官名；"公"者，尊之之稱。自序云"談爲太史公"，蓋尊其父也。其末又云："著十二本紀、十表、八書、三十世家、七十列傳，凡百三十篇，五十二萬六千五百字，爲太史公書。"其書雖出自遷，而遷以爲父談所作，蓋尊其父，遂以名其書也。遷既名其書爲太史公，故七略亦稱太史公百三十篇，而藝文志因之，固自注云："十篇有録無書。""十篇"者，孝景本紀、孝武本紀、漢興以來將相名臣年表、禮書、樂書、律書、三王世家、傳靳刪成列傳、日者列傳、龜策列傳也。藝文志又云"馮商所續太史公七篇"，韋昭曰："商，字子高，受詔續太史公十餘篇，在班彪別録。"其書不傳，今所傳者，元、成間褚少孫所補也。孝景本紀取諸班書，孝武本紀取諸封禪，禮書取諸荀子，樂書取諸樂記，龜策列傳中多韻語，其餘各篇大率皆抄錄舊文耳。然馮與褚所補，並無史記之名，至宋，中散大夫徐廣作史記音義十二卷，中郎外兵參軍裴駰作史記集解八十卷。然則史記之名，其起于晉代乎？

司馬遷所援據之書

漢司馬遷傳贊曰："孔子因魯史記作春秋，左丘明論輯其本事以爲傳，又纂異同爲國語。又有世本，錄黃帝以來至春秋時帝王公侯卿大夫祖世所出。春秋之後，七國並爭，秦兼諸侯，有戰國策。漢興，伐秦定天下，有楚漢春秋。故司馬遷據左氏、國語，采世本、戰國策，述楚漢春秋，接其後事，訖于大漢。"據班氏述遷所采書，只此五六種。蓋百家殽雜，皆棄不取，此所以爲有識。五六種內，楚漢春秋，陸賈譔，已亡。世本亦亡，史記索隱曰："劉向云：'世本，古史官明于古事者所記，錄黃帝已來帝王諸侯及卿大夫系諡名號，凡十五篇。'"閻若璩孟子攷論世本不足盡信，其說甚確。然有當論者，劉向渾言古史官所記，究不知何時，以意揣之，既訖于春秋，自出春秋時人，而玩向與班氏說，則此書亦有世無年。但遷既采此書，則意者夏、商本紀間書各王在位年數，并共和以至平王四十九年甲子紀年，皆得之世本，而共和以前，則斷無紀年也。漢藝文志春秋類列世本十五篇，自注云："古史官記黃帝已來訖春秋時諸侯大夫。"此即取別錄，而脫"帝王公卿"字及"祖世所出"、"系諡名號"字。鶴壽案：子長博極羣書，史記之作，皆有所本。十二本紀昉于古禹本紀、尚書世紀也，三十世家昉于古世家言也，十表昉于周譜牒、晉紀年也。班氏謂其所采五六種，蓋舉最要者言之耳。今觀全書所采，自五經而外，其他百家傳記，不可勝數。五帝本紀雜采五帝德、帝繫姓，夏禹本紀全錄古文尚書，周后稷本紀兼用逸周書、韓詩傳，秦始皇本紀曰："吾讀秦紀，至于子嬰。"十二諸侯年表曰："鐸椒爲楚威王傅，采取春秋成敗，爲鐸氏微。趙孝成王時，其相虞卿，上采春秋，下觀近世，著虞氏春秋八篇。呂不韋者，秦莊襄王相，集六國時事，爲八覽、六論、十二紀。荀卿、孟子、公孫固、韓非之徒，各捃摭春秋以著書。漢相張蒼曆譜五德，上大夫董仲舒推春秋義，頗著書焉。"六國年表曰："余于是因秦記，起周元王，表六國時事，訖二世。"秦楚之際月表曰："太史公讀秦楚之際。"高祖功臣侯年表曰："余讀高祖侯功臣，察其首封所以失之者。"惠景間侯者年表曰："太史公讀列封至便侯。"曆書則取諸太初曆，天官書則取諸巫咸、甘公、石申，封禪書則取諸虞書、秦記、管子，河渠書則首舉夏書。吳太伯世家曰："余讀春秋古文，乃知中國之虞，與荊蠻、勾吳兄弟也。"衛康叔世家曰："余讀世家言，至于宣公之太子。"孔子世家曰："余讀孔氏書，想見其為人。"管晏列傳曰："吾讀管氏牧民、山高、乘馬、輕重、九府及晏子春秋。"司馬穰苴列傳曰："余讀司馬兵法，閎郭深遠。"孫子吳起列傳曰："世俗所稱師旅，皆道孫子十三篇，吳起兵法世多有。"仲尼弟子列傳蓋出古本家語，故曰："孔氏古文近是。余以弟子名姓文字，悉取論語弟子問，并次為篇。"商君列傳曰："余嘗讀商君開塞耕戰書，與其人行事相類。"孟子荀卿列傳曰："余讀孟子書，至梁惠王。"屈原賈生列傳曰："余讀離騷、天問、招魂、哀郢。"酈生陸賈列傳曰："余讀陸生新語書十二篇，固當世之辨士。"儒林列傳曰："余讀功令，至于廣厲學官之路，未嘗不廢書而歎。"大宛列傳曰："禹本紀言河出昆侖，其高二千五百餘里。今張騫窮河源，惡睹所謂昆侖者乎？禹本紀、山海經所有怪物，余不敢言。"以上諸條，皆子長自述所讀之書，而即用以編輯史記者，豈唯三代世表云"余讀諜記，黃帝以來皆有年數，稽其曆譜諜，終始五德之傳，古文咸不同"，十二諸侯年表云"太史公讀春秋曆譜諜，至周厲王"，如下條所引而已哉。

　遷所采書只有五六種，張守節正義論例云："史記采六家雜説。""六家"即班氏云云，"雜説"則六家外或間有，然亦僅矣。蓋其采之之慎如此。然司馬貞補史記自序云："太史公代為史官，親掌圖籍。"今觀三代世表敍首則云"余讀諜記"，又云"稽其曆譜諜"，十二諸侯年表敍首則云"太史公讀春秋曆譜諜"，又云"曆人取其年月，譜諜獨記世謚"，索隱曰："劉杳云：三代系表旁行邪上，並效周譜。譜起周代。藝文志有古帝王譜，自古為春秋學者，有年曆、譜諜之説，杜預作春秋長曆及公子譜，蓋因於舊説，故太史公得讀焉。"

　　世本，班志凡十五篇，見周禮、禮記注疏者，有作篇；左傳疏者，有氏姓篇；史記注者，有居篇。新唐書高祖紀贊云："攷于世本，夏、商、周皆出黄帝。"則歐陽永叔嘗見世本，至朱子時方失傳。鶴壽案：漢藝文志所載世本十五篇，不著譔人姓名。隋經籍志云"世本王侯大夫譜二卷"，又云"世本二卷，劉向譔；世本四卷，宋衷譔"。今案劉向明言"世本，古史官明于故事者所記"，則非出自向手矣。羣書引世本者，皆稱宋衷注，則衷非譔書之人矣。劉知幾亦但言"楚、漢之際，好事者録自古帝王公侯卿大夫之世，終于秦末，號爲世本"，唯班彪曰："定、哀之間，魯君子左丘明論集史文，作左氏傳三十篇。又譔異同，作國語二十篇。又記録黄帝以來至春秋時帝王諸侯卿大夫，作世本十五篇"。其説近是。然子長所著本紀、世家亦不盡依之。世本敍商世系曰："昌若生遭圉，遭圉生根國。"而殷本紀曰："昌若卒，子曹圉立，曹圉卒，子冥立。"世本敍周世系曰：公非、辟方、高圉、侯侔、亞圉、雲都。而周本紀則但曰："公非卒，子高圉立，高圉卒，子亞圉立。"世本敍魯世系曰：孝公名就，幽公名圉，微公名弗，屬公名翟，慎公名摯。而魯世家曰：考公酋，幽公宰，魏公濞，屬公擢，真公濞。是史記不全據世本也。他如山海經注引世本云"共鼓、貨狄作舟"，玉篇引世本云"雍父作臼，祝融作市"，此皆在作篇。後漢書注引世本云"黄帝都涿鹿"，文選注引世本云"孰哉居藩籬，孰姑徙句吴"，此皆在居篇。水經注引世本云"許、州、向、申，姜姓也，炎帝後"，尚書疏引世本云"有扈，姒姓；畢、毛，姬姓，文王庶子"，此皆在氏姓篇。唐時其書全在，故五經正義、史記索隱、後漢書注往往引之。宋代猶存，其散見于路史國名紀、通志氏族略、姓氏急就篇，與夫御覽、廣韻諸書者，俱可攷焉。

十二諸侯實十三

十二諸侯年表，索隱曰："篇言十二，實敍十三者，賤戎蠻，不數吴，又霸在後故也。"愚謂索隱説未盡然。此篇所表凡三百六十五年，而吴直至壽夢元年方有年可表，時爲周簡王元年、魯成公六年。自此至末，見于表者僅百有九年，然則不過三之一弱。吴世家泰伯至壽夢十九世，雖載其名，傳聞約略而已，故不數。鶴壽案：年表不數吴國，當如先生所云。若司馬貞謂"賤戎蠻"，非也。吴爲仲雍之後，是姬姓之至長而至親者，安得謂之戎蠻乎？俗儒無識，咸以楚熊繹、徐偃王爲戎狄。試思鬻熊，文王之師也；若木，伯益之裔也，則何戎狄之有乎？然其説亦有自來。左傳成七年，吴伐郯，季文子曰："中國不振旅，蠻夷入伐。"

故後人遂指吳爲戎蠻。但左氏只就地形言之，則吳在蠻夷耳，豈真斥吳爲蠻夷之種類哉？

三劉前、後漢書

宋史劉敞、弟攽、子奉世傳，于敞傳但云“字原父，臨江新喻人，集賢院學士”，言其學博而工文，未及前、後漢書；于攽傳則云“字貢父，中書舍人，邃史學，作東漢刊誤，爲人所稱頌”；于奉世傳則云“字仲馮，端明殿學士，最精漢書學”，如此而已。又三劉漢書標注六卷，注云：“劉敞、劉攽、劉奉世。”又劉攽漢書刊誤四卷，此最分明，惟“漢書”當作“東漢”。陳振孫直齋書録解題云：“兩漢刊誤補遺十七卷，國子博士吳仁傑譔，補三劉之遺也。”仁傑據攽“東漢”之名，遂并三劉西漢標注，俱稱爲兩漢刊誤。二書元本已亡，而明南、北國子監刻俱羼入，但漏落者多。震澤姚光介據監本及他書所引，輯爲二書，予未見。趙希弁郡齋讀書附志云：“西漢刊誤一卷，東漢刊誤一卷，劉攽譔。”又後志云：“三劉漢書六卷，劉敞、弟攽、子奉世譔。”附志誤，後志不誤。三劉之説，雖多舛謬，然亦多有可取處。詳十七史商榷。

沮渠牧犍

晉載記，沮渠蒙遜以宋元嘉十年死，子茂虔立六年，爲魏所擒而滅。攷通鑑有牧犍，攷異曰：宋書、十六國春秋作“茂虔”。本蒙遜兄子，蒙遜卒，國人議立之事，又有牧犍通于其嫂李氏，及魏人虜牧犍事，通鑑反詳于載記，宜補入。鶴壽案：牧犍，蒙遜世子菩提之兄，即茂虔也。宋大且渠蒙遜傳云：“太祖元嘉十年四月，蒙遜卒，菩提年幼，第三子茂虔時爲酒泉太守，衆議推茂虔爲主，襲蒙遜位號。”十六國春秋亦云“蒙遜第三子”。兹作“蒙遜兄子”，未知何據？“犍”，正字也；“犍”，俗字也。漢有犍爲郡，俗本皆作“犍”。

李百藥北齊書

唐太宗貞觀元年，李百藥受詔譔北齊書，十年成，見舊唐書本傳。今所傳者，惟十八篇爲百藥元文，其餘皆已亡矣，後人取北史充入之，凡稱高歡爲神武、高洋爲文宣及無論、贊者，皆非百藥所作。又有取北史諸傳而無其本貫者，彼自承上祖父言之耳，乃竟失補。趙明誠金石錄北齊臨淮王造像碑跋云："臨淮王者，婁定遠也。定遠從弟叡既附見定遠傳，而于外戚傳又重出，南北朝諸史猥并類如此，可笑也。"案北齊書外戚婁叡傳凡七人，乃百藥之筆，論、贊先列卷首，篇内稱神武爲高祖，不稱神武。婁氏本后族，然如昭者，功名甚盛，人又可重，即其子定遠，本無大罪，枉被和士開誣死，不入外戚，但入列傳，百藥本如此。自李延壽作北史，人共信之，廢各史不觀，北齊書遂致殘缺。有人抄北史婁昭、定遠及叡傳以補北齊書，乃致叡兩處並見，百藥書無此也。又百藥于叡傳，明言"叡無器幹，惟以外戚貴幸，縱情財色，爲時論所鄙"，其所以入外戚之故甚明，如霍光、長孫無忌不入外戚正其例，深得類族辨物之道，趙明誠乃詆南北朝諸史猥并，豈不冤哉！

鶴壽案：北齊書帝紀八卷，最龐雜者，莫如世宗文襄紀，其首與北史同，其末多出于東魏孝靜紀，其間與侯景往復書，俱見梁侯景傳，而序列一無倫次。顯祖文宣紀有論有贊，孝昭紀、後主紀皆有論無贊。列傳四十二卷有論無贊者一卷，文宣四王、孝昭六王、武城十二王傳是也；有贊無論者四卷，自元坦至元韶傳，及儒林、文苑、恩倖傳是也；論、贊俱有者十四卷，自列傳第五趙郡王琛傳至列傳第三十五源彪傳是也，其餘二十三卷論、贊俱無。此書大半出自後人添補，故有參差重複之病。至先生謂"外戚婁叡傳乃百藥之筆，論、贊先列卷首"云云，今案婁叡傳當是百藥原本，然卷首止有敍外戚數語，並無論、贊，豈即以敍首數語爲論、贊耶？但儒林、文苑、循吏、酷吏、方伎、恩倖諸傳亦皆有敍首。

宋、歐修新唐書不同時

吳縝新唐書糾謬自序云："唐書紀、志、表則歐陽公主之，傳則宋公主之。所主既異，而不務通知其事，故紀有失而傳不知，傳有誤而紀不見。"又云："其始也，修紀、志者則專以褒貶筆削自任，修傳者則獨以文詞華采爲先，不相通知，各從所好；其終也，遂合爲一書而上之。"胡宗愈奏請進糾謬云："新唐書，歐陽修、宋祁所譔,修譔帝紀、表、志,祁爲列傳,各據所聞,商略不同,故其所書事迹,不免或有差誤。"愚攷二公修書,乃本不同時,即或同在局,而歐入宋出,若相避然。宋史宋祁傳言"慶曆中,兄庠復知政事,罷祁翰林學士,改龍圖學士、史館修譔,修唐書",又言"修唐書十餘年,自守亳州,出入内外,嘗以藁自隨,爲列傳百五十卷"。攷祁修書凡七年,而自皇祐元年至三年獨秉筆,自此出知亳州,皆書局自隨,以至于成,凡歷十六年也。歐陽修傳:"自慶曆三年,出外十二年,至至和元年,遷翰林學士,俾修唐書。"時去祁初爲刊修官時凡十年矣,此下繼以奉使契丹,知嘉祐二年貢舉,知開封府,旬月改羣牧使,唐書成,拜禮部侍郎兼翰林侍讀學士,時嘉祐五年也。修在局凡歷六七年,不但修之登第入禁林後于宋,其入局亦後于宋十年,而曾公亮進表列刊修官姓名歐陽修、宋祁、范鎮、王疇、宋敏求、吕夏卿、劉義叟,歐在宋前者,歐公見掌内制,宋公帶職出守,内任重于外任故也。然則不但其始本衹有宋,即其後歐在局而宋已出外,然則繢所謂"不務通知其事"及"各從所好"、胡宗愈所謂"各據所聞"者,固其宜矣。歐陽公年譜文集分爲十編者附有此譜,雖不見譔人姓名,要爲可信。"至和元年甲午八月戊申,詔公修唐書","嘉祐五年庚子七月戊戌,上新修唐書二百五十卷。庚子,推賞轉禮部侍郎"。然則二公修書不同時甚明。鶴壽案:五代時,晉史官張昭遠等譔唐書,宰相劉昫删集爲紀二十、志五十、列傳百五十,凡二百卷。宋仁宗慶曆四年,賈昌朝建議修唐書。五年,詔王堯臣、張方平、宋祁等刊修,久而未就。至和元年,乃命歐陽修譔紀、表、志,宋祁譔列傳,范鎮、王疇、宋敏求、吕夏卿、劉義叟同編修,凡十有七年而成。嘉祐五年,提舉曾公亮上之,紀十、志五十、表十五、列傳百五十,廢舊傳六十一,增新傳三百三十一,又增三志、四表,凡二百二十五卷,録一卷。舊史百九十萬字,新史百七十五萬九百三十字。此條載在國史志。然則宋祁之受詔刊修在慶曆五年,歐陽修之奉命譔述在至和元年,前後相去凡有十年,二公修書不同時,國史志已言之鑿鑿,何待攷諸二公之本傳哉?據言行録云:"其後又詔歐陽公看詳宋公所著列傳,令删修爲一體,公曰:'宋公前輩,且人所見多不同,豈可悉如己意?'

于是無改。"夫以衆人而爲一史,則必有一人主裁之,方能出于一例。唐有天下三百年,其事實多矣。歐陽修主紀、表、志,宋祁主傳,膠東郡公道彥等,紀書"降封縣公",而傳乃"郡公",是"紀有失而傳不知"也;天平節度傳所敍止有四人,而紀乃七人,是"傳有誤而紀不見"也。天文、律曆、五行志則劉義叟爲之,方鎮、百官表則梅堯臣爲之,禮儀、兵志則王景彝爲之,詳略不一,去取無當。吳縝乃摘其舛駁,作新唐書糾謬二十卷,一曰責任不專,二曰課程不立,三曰初無義例,四曰終無審覆,五曰多采小説而不精擇,六曰務因舊文而不推攷,七曰不知刊修之要而各狥私好,八曰不舉校勘之職而惟務苟容。其所譏彈,不信然哉?

五代史不立韓通傳

五代史莊宗還三矢之類皆妄謬,見通鑑攷異。通攷引陳氏説,謂其不爲韓瞠眼立傳非是,且韓通之死,太祖猶未踐極,當在周臣明矣,何以無傳?而舊五代史亦復略去。若修宋史者補入宋史中,則不得已也。以上十七史目録之學,稍爲增補,餘皆詳見商榷。

蛾術編卷十

説　錄　十

遼、宋、金三史

遼、宋、金三史皆元人所修，遼史，至正四年三月中書右丞相都總裁脫脫等表進；金史，至正四年十一月中書右丞相領三史事阿魯圖等表進；宋史，至正五年十月阿魯圖等表進，皆有刻本而板已不存。成化十六年，總督兩廣右都御史桂陽朱英刻宋史于粵東，序謂其抄本藏于祕省，人間傳錄之本，皆珍重不肯出。遼、金二史，嘉靖間刻之。元刻刷印甚少，未能流傳于世，旋遭兵火，板亦焚燬矣。鶴壽案：元順帝至正三年，命托克托、阿魯圖等修遼、宋、金三史，呂思成、揭傒斯等佐之，至正五年告成，蓋歐陽原功之筆居多。遼史紀三十、志三十一、表八、傳四十六，凡一百十六卷；宋史紀四十七、志一百六十二、表三十三、傳、世家二百三十五，凡四百九十六卷；金史紀十九、志三十九、表四、傳七十二，凡一百三十五卷。夫以不及三年之功，而修史至七百四十七卷之多者，三史皆有舊本故也。遼史在遼時有耶律儼本，在金時有陳大任本，宋亡之後，董文炳在臨安主留事，曰「國可滅，史不可滅」，遂以宋史館諸記注盡歸于元都，貯國史院。金累朝實錄在順天張萬戶家，元世祖中統二年，王鶚請修遼、金二史，詔左丞相耶律鑄、平章政事王文統監修，尋又詔史天澤同監修，其金朝衛紹王記注已亡失，則王鶚采當時詔令及楊雲翼等所記足成之。及宋亡，又命史臣通修三史，故托克托等進遼史表云：「耶律儼語多避忌，陳大任詞乏精詳。世祖皇帝敕詞臣譔次三史，首及于遼。」進宋史表云：「世祖皇帝拔宋臣而列政途，載宋史而歸祕府，既編戡定之勳，尋奉纂修之旨。"進金史表云："張柔歸金史于先，王鶚采金事于後。"而元史托克托傳又云："仁宗延祐、文宗天曆間，屢詔修之。"蓋宋、金雖各有國史，至其末年，國祚已移，豈復尚有記載？是必元朝命史官采摭，而史官以耳目所接，記載較親，故宋、金末年，紀、傳更覺詳明，大約宋度宗、金宣宗以前之史皆舊本，而宋恭宗、端宗、帝昺、金哀宗之史，皆元人所輯也。其所以未有成書者，托克托傳云："以義例未定，或欲以宋爲世紀，遼、金爲載記，或以遼立國在宋先，欲以遼、金爲北史，宋太祖至靖康爲宋史，建炎以後爲南宋史，各持論不決故耳。"至順帝時，詔遼、宋、金各爲一史，于是據以編排，而紀、傳、表、志本已完備，故不及三年而成書乃如許。三史之中，金史爲最，典制修明，圖籍詳備，足徵一代憲章，賴有元好問諸人私相綴輯，故能如此；遼史爲下，僅據耶律儼、陳大任二家之書，其餘毫無搜採；宋史卷帙雖多，殊嫌繁蕪，雖自謂詞之繁簡以事，文之今古以時，亦欲自成一書，不敢強附前人，但有記一事而先後參錯，錄一人而彼此互異者，則亦詳而不精矣。其立傳惟計官階，敍述止詳邊擢，傳道學則詮次失倫，載儒林亦猥雜無紀，是豈足備金匱石室之珍？故明湯義仍、王損仲俱有事修改，惜其書不傳。況正統、偏安，尤爲作史之要旨，陳壽志三國而不知尊蜀，托克托主三史而不知尊宋，其失一也。其時王理祖、謝端著三史正統論，咸欲以宋爲正統，然一時諸臣之論，終以元承金、金承遼之故而疑之，仍並立爲三，迨後柯奇純譔宋史新編，合宋、遼、金爲一，以宋爲正，而以遼、金附焉。論者謂其識見高出正史，則即比諸新唐書、新五代史，亦不爲過矣。

成化刻宋史，刻者但爲之序，卷首不列名；遼、金二史刻者，南祭酒張邦奇、江汝璧，列名紀、志、表、傳之各首卷而已，則其名每部僅四見也。萬曆二十七年，北監刻三史，則祭酒方從哲、司業黃汝良數百卷書列數百卷名，本無甚校閱之勞，反多改壞，乃好名如此，何也？從哲爲相，貪庸誤國，觀其校書之不能盡職，濫列姓名，其人可知，而自成化、而嘉靖、而萬曆，世道人心之降而愈下，亦于此見。

宋以後史學有五

自宋以後，史學有五，有正史，即有改定正史之人，其餘史料諸書，未暇泛列。若編年一體，唐以前皆無足觀，至宋有通鑑，始赫然與正史並列,外有通鑑前編、通鑑續編、通鑑綱目、通鑑紀事本末,凡五。予合正史、編年覈論之,具于左方。

改修宋史

宋史改修者不一,獨柯維騏之新編刊刻成書,播在藝林。維騏字奇純,莆田人。嘉靖二年進士,授南京户部主事,謝病歸,通籍五十載,未嘗一日居官。合宋、遼、金三史爲一,以宋爲主,復參諸家紀載可傳信者,補其闕遺,歷二十寒暑始成,凡二百卷。朱竹垞跋云:"三史取材,紀傳則有曾鞏、王偁、杜大圭、彭百川、葉隆禮、宇文懋昭,編年則有李燾、楊仲良、陳均、歐陽守道,禮樂則有聶崇義、歐陽修、司馬光、陳祥道、陳暘、陸佃、鄭居中、張暐,職官則有孫逢吉、陳騤、徐自明、許月卿,輿地則有樂史、王存、歐陽忞、税安禮、王象之、祝穆、潘自牧,志外國則有徐兢,著録則有王堯臣、晁公武、鄭樵、趙希弁、陳振孫,類事則有徐夢莘、孟元老、李心傳、葉紹翁、吕中、馬端臨、趙秉善,述文則有趙汝愚、吕祖謙。諸書具在,以予淺學,亦曾過讀。其他宋、金、元人文集約存六百家,郡縣山水志以及野史説部又不下五百家。及今改修,文獻尚猶可徵。予欲據諸書攷其是非,後定一書,惜老矣,未能也。"愚謂竹垞見聞誠博,予所見如王偁東都事略、葉隆禮契丹國志、宇文懋昭大金國志、陳祥道禮書、樂史太平寰宇記、王存九域志、歐陽忞輿地廣記、晁公武趙希弁郡齋讀書志、徐夢莘三朝北盟會編、葉紹翁四朝聞見録、馬端臨文獻通攷、吕祖謙宋文鑑,皆采取之。若陳均九朝編年備要、司馬光書儀、陳暘樂書、王象之輿地紀勝殘本、祝穆方輿勝覽、鄭樵藝文校讎略、李心傳建炎以來朝野雜記、趙汝愚歷代名臣奏議,或厭其蕪穢,或病其雜亂,皆不取。李燾續通鑑長編雖有可取,亦未暇抄。若歐陽修之于禮樂,則必係嘉祐太常因革禮,予實未見其書,然讀書敏求記不載,竊疑此乃後人假託爲之,只因竹垞學識不高,往往被欺。若陳暘,不但書不佳,亦因其人逢迎紹述,亦不取。聶崇義三禮圖與宋無涉,而竹垞濫爲載入，著録反不入尤袤遂初堂目；孟元老東京夢華録已入矣，而吳自牧夢粱録獨漏去不舉，皆不可解。且柯氏正爲未及徧讀諸書，故能成此。若謂文獻無徵而欲取之羣書，徒亂人意。他日跋李燾書，謂燾在宋人史學中推爲第一，然則何以處司馬温公？又概駁陳桱、王宗沐、薛應旂"目未覩長編，輒續通鑑行世，柯維騏、王惟儉之改修宋史亦然，此猶夏蟲不可以語冰，松柏之鼠不知堂密之有美樅者"，是或一道也。而竹垞竟以見李燾書不見李燾書分其優劣，毋乃不可乎？鶴壽案：向曾見朱竹垞先生所著五代史補注，倣裴松之三國志注體例，採集各書以補五代史之闕漏，其精博直與裴氏等。若宋史亦得竹垞翦裁而補益之，必大有可觀，乃先生譏其學識不高，未免文人相輕之論。且太常因革禮既未見，豈得因讀書敏求記所不載，而遽斷其爲假託乎？新編播在人口，攬之即得，當與宋史並傳。臨川湯顯祖義仍、吉水劉同升晉卿咸有事改修，槀皆未就。近日吳中陳黃中和叔改修者，予但聞其入王安石于姦臣，頗爲公論，亦未暇覓觀之。獨祥符王惟儉宋史記二百五十卷，字損仲，萬曆二十三年進士，累官工部左侍郎。汴梁之亂，槀已淪于水，僅吳興潘昭度家有抄本，朱竹垞從潘抄得，謂其未見，出人意表，要爲宇内尚有此書。新城王尚書貽上抄得其凡例一卷，予亦祇得此，今載于此而論之。名書曰宋史記，移志居末，此乃無關緊要。更瀛國公爲帝㬎，而增入端宗、帝昺二紀，此襲新編，皆不足論。一、"宣尼作經，左丘立例，後世學者亦恐過爲揣摩之詞，今即不逐事立凡，亦須少爲區別。如侯王曰'薨'，宰執而封公王者亦曰'薨'，卿輔曰'卒'，官卑而直諫理學者亦曰'卒'，其姦邪者削官曰'死'，濫刑者備官曰'殺'，刑當而有皋者曰'伏誅'。金、遼、夏、元，爭戰雲擾，得其地曰'取'，取而復陷者曰'入'。宰執免罷，原無低昂，而姦回退位，方書'罪免'。朱紫略分，用存體例。"此條且緩商。一、"帝紀即春秋之經也，所宜舉其大綱，以俟志、傳發明。今宋史繁蕪，景德一年之事二千餘言，足以當它史之一帝；高宗一朝之事幾二百紙，足以當他史之全紀。核其所録,乃縣丞、醫官畢載,召見、入對亦書,徒累翻閲,何關成敗? 今宜力加删削,用成史法。"愚攷宋史本紀之謬,誠有如惟儉所譏者,而邵經邦讀史筆記云:"帝紀者,紀一王之治亂,後世多抄實録,名雖編年,氣不相接,讀者茫然。宋紀凡一人一事,必爲二目,如除既有文,授又疊出,建議施行,類皆數見,讀盡一通,漫無緊要,所謂斷爛朝報,良可浩歎。"見弘簡録卷首。邵氏此言,亦屬的確,學者不可不知。然惟儉本不可得見,柯氏新編所删改亦有不當,須分别觀之。若東都事略,以本朝人記本朝事,中多避忌,不當者更多,而世人耳食,輒言"宜依事略",亦非也。

鶴壽案:元末周以立因宋、遼、金三史體例未當,有志重修,至明英宗正統中,其孫敍請于朝,詔許自譔詮次;世宗嘉靖初,廷議更修宋史,使嚴嵩董其事,皆未成書。迨三十四年,柯維騏宋史新編出,體例謹嚴,遠駕托克托之上。觀其凡例首條云:"宋接帝王正統,契丹、女真相繼起西北,與宋抗衡,雖各建號享國二百年,不過如西夏元昊之屬,均爲邊夷。宋國史有契丹、女真傳,實因前史舊法。元人修宋史,削遼、金各自爲史,稱帝、書'崩'與宋並,時號三史,蓋主議者以帝王之統在遼、金也。按金楊興宗當宋南渡,著龍南集,明正統所在。元楊維禎聞修三史,作正統辨,謂遼、金不得與,斯足徵脱脱等纂輯之謬。今會三史爲一,以宋爲正,遼、金與宋之交聘、交兵,其卒、其立,酌載本紀,仍詳君臣行事爲傳,列于外國,與西夏同。"此一條所以明大統也。次條云:"宋帝昺降元,元封帝爲瀛國公,端宗、帝昺相繼即帝位于閩、廣,未幾國亡。元人修宋史,並削去帝號,不入本紀。揆以春秋之義,三帝之統何可没也? 今改定。按帝昺號曰孝恭懿聖,非廟謚也,只依續通鑑綱目稱帝昺;若端宗謚曰裕文昭武愍孝,蓋據廣炎。"此一條所以正帝號也。其餘駁正舊史者甚多,如云:"舊史先循吏而後道學,似失本末之序,今以道學居首,次儒林,次循吏,次文苑。"又云:"舊史立公主傳,前史無之,宗室年表乃襲新唐書,非關勸戒,今削去。公主事有大者,則附載各傳。"又云:"舊史本紀不載詔令,蓋沿新唐書之失,我朝洪武,大臣修元史,本紀準兩漢體,今依之。"又云:"舊史天文志紀變異,削事應,五行志又存事應,何其自相矛盾! 今按宋國史東都天文志及中與天文志,録其占測合時事者,若皇祐、宣和儀象刻漏類附之,以備一代制作。"又云:"舊史年表缺景炎、祥興,及文天祥、陸秀夫二相,今增入。"又云:"舊史列傳編次多失當,忠義傳宜依世代,不宜第其等差,且其間如孫昭遠、曾孝序、高永年等,遇禍與呂祉同,不宜混載。至于文天祥、謝枋得、江萬里、徐宗仁、李庭芝,乃忠義最著者,反不得與,似失立傳本旨。蔡元定宜入道學,譙定、劉勉之、郭雍宜入儒林,朱壽昌、郝戢、侯可、鄭綺、高談宜入卓行,今悉更定。"又云:"舊史事跡逸漏者多,如選舉志載太宗賜進士儒行篇,則仁宗賜進士王堯臣等中庸、王拱辰等大學,豈宜獨缺?地理志載徽宗延福宮艮嶽之制,則保和、寶籙二事,均爲亂政,不宜獨略。禮志南郊篇載仁宗詔太祖定配南郊,其高宗紹興十三年詔太祖、太宗定配,卻不載。胡夢昱以諫貶、陳洙以死諫,龔明之、翁蒙之、許迥、王遷、馮貫道、揚文修之行誼,金史褚承亮義不仕金,並宜立傳。岳飛傳載布衣劉允升上書訟冤,獨遺進士知決事,且缺理宗改諡忠武。李全傳載教授高夢月不污僞命,獨遺海陵簿吳嘉事,且缺全子壇自元來歸贖父過。此類不能悉舉。"又云:"舊史文多訛誤,如王十朋爲起居舍人同起居郎胡銓奏四事,文集可攷,本傳誤以'同'爲'除';律曆志載胡銓論樂,脫林鍾、太簇分數二十餘言,且誤以安豐王爲曹王,此類悉爲更定。"又云:"舊史纂輯出于衆手,故紀事多異同,如本紀岳飛討楊太,太赴水死,賊黨黃誠斬太首,挾鍾子儀、周倫詣都督府降,牛皋傳則云'楊么先舉鍾子儀投于水,繼乃自仆,皋投水擒么'。按楊太即楊么,今兩存其名,而事則依皋傳。張去爲傳,去爲陰沮用兵,杜莘老乞斬之,以作士氣,陳俊卿傳則不言莘老。按莘老傳,以髡兵事彈治致仕,非陰沮用兵,今改定去爲傳。食貨志孟庾提領財用,請以總制司爲名,因經制額增,析爲總制錢,陳遘傳則云總制使翁彥國倣其式,號總制錢,今依食貨志。其他有語同而重見者,有既立傳而重載他傳者,悉爲刪正。"觀此數條,則舊史之紕繆不一,新編之斟酌盡善,俱可見矣。王損仲之凡例,何以過此?故黃佐稱之曰:"本紀則正大綱而存孤危,志、表則略細務而舉要領,列傳則崇勳德而誅亂賊,先道學而後吏治。遼、金與夏皆列外國傳,等諸四裔焉,于是春秋大義,始昭著于萬世。論、贊之文,並非因襲,簡而詳,贍而精,嚴而不刻,直而有體,南、董之筆,西漢之書,不得專美于前矣。"康大和亦曰:"宋之立國,以揖遜開基,以忠厚傳世,以恩禮待士大夫,以至誠待夷狄,宋臣謂其超越古今,語非夸也。惟是兵力稍弱,國勢寖衰,然南渡偏安,紀綱尚在,至于厓山播遷,綴旒已絕,而忠蓋之臣,伏節死義,猶彬彬相望,視遼、金夷俗,德義不修,攻敓是逞者,逕庭遠矣。是編尊宋統而附遼、金,豈非古人一斷案哉!"乃先生謂"所刪改有不當"，豈指劉整立傳之類邪？若王偁東都事略所載北宋九朝之事，本紀十二、世家五、列傳一百有五、附錄八，凡一百三十卷，敍事簡該，論斷平允，宜爲士林所徵信，而先生又謂"世人耳食"，何也？

宋太祖本紀各本異同

太祖本紀，東都事略云"其先出帝高陽氏之後"，此等冒頭，實爲可厭。僖祖仕唐至文安令，宋史作"歷永清、文安、幽都令"，新編作"唐幽都令"。今按此未見事略之非，若不從正史，宜參取之。手刃皇甫暉，正史并新編同，而事略作"手劍擊暉，生獲之"。陳橋事，正史作"太宗入白"，新編添"與掌書記趙普同入白"，甚妙，事略皆無之，爲太宗諱，直言"軍士露刃叩寢門"而已。不知禪事皆太宗與普所爲，事略非也。若百官就列，陶穀出周禪詔于袖中，無詔文云云，事略删去穀名而添入詔文，尤謬。

各帝謚法本紀所書不同

自昔廟號有一定，而謚法則無定，唐諸帝謚，字數多寡不齊，載舊唐書，可攷也。宋史太祖本紀起云"啓運立極英武睿文神德聖功至明大孝皇帝"，末云"謚曰英武聖文神德皇帝，大中祥符元年加上尊謚曰啓運"云云，則知前所書者乃加謚也。自此相沿，似爲定例者，上謚初以六字，加謚以十六字爲率。但宋史所書，亦有參差不一，如仁宗、英宗、神宗、哲宗、徽宗、高宗、孝宗、光宗、寧宗，所書或詳或略，要不害其爲同也。惟是太宗但起云"神功聖德文武皇帝"，末亦但云上謚"神功"云云，不載其加謚；真宗起用十六字謚，而末卻用文明武定章聖元孝皇帝，然後繼以加謚，于初謚獨多二字；理宗起末並同，獨不見其初上六字之謚。今于太宗末，據王偁書以補之，曰"羣臣上謚曰神功聖德文武皇帝。大中祥符五年，加上尊謚曰至仁廣運神功聖德文武睿照大明廣孝皇帝"；真宗末，據王偁書以正之，曰"羣臣上謚曰文明章聖元孝皇帝。慶曆七年，加上尊謚曰應符稽古神功讓德文明武定章聖元孝皇帝"，其初謚內"武定"二字衍。若理宗，只有咸淳二年所上之加謚，無初謚;度宗惟初謚六字,蓋國已將亡,無暇加謚。其餘若欽宗,亦止謚六字,而帝㬎等則不必論。鶴壽案:舊唐書高祖、太宗本紀皆冠加謚于首,備載初謚于末,高祖紀起云"神堯大聖大光孝皇帝",此天寶十三年二月所上加謚也;末云"羣臣上謚曰大武皇帝",此初謚也;高宗上元元年八月,改上尊號曰神堯皇帝,此亦加謚也。太宗紀起云"文武大聖大廣孝皇帝",字數與太祖同,末云"百寮上謚曰文皇帝。上元元年八月,改上尊號曰文武聖皇帝",字數與太祖不同。至中宗紀,則末云"百官上謚曰孝和皇帝。天寶十三載二月,改謚曰大和大聖大昭孝皇帝",而起云"大和聖昭孝皇帝",豈省文邪?宋史太祖諸帝紀,亦皆加謚在前、初謚在後,獨太宗、仁宗、英宗、神宗四帝紀,不載加謚,柯維騏新編依大祀紀例增入。新編太宗紀起云"至仁應道神功聖德睿烈大明廣孝皇帝",末云"上尊謚曰神功聖德文武皇帝,天禧元年加今謚"。真宗紀起云"膺符稽古神功讓德文明武定章聖元孝皇帝",末云"上尊謚曰文明武定章聖元孝皇帝,慶曆七年加今謚"。今案真宗初謚,或者本有"武定"二字,加謚蓋因其舊,而東都事略偶遺之,亦未可知,安見初謚內"武定"二字爲衍文?若太宗之加謚失載于宋史者,柯維騏已補之,何待先生引東都事略以補之乎?新編加謚與東都事略不同者,一據大中祥符五年,一據天禧元年,如舊唐書高祖紀不冠以上元元年所加之謚,而冠以天寶十三年所加之謚也。倘謂未見新編,故引王偁書以補太宗紀,則先生于後條明云"各紀新編或刪或存",今以真宗咸平六年見例,則太宗紀豈獨未見乎?

宋史神宗紀首云"神宗紹天法古運德建功英文烈武欽仁聖孝皇帝",其末則但書當時所上"英文烈武聖孝"六字之謚,不載其後來加謚十六字。按之本史徽宗紀,政和三年加上神宗,作"體元顯道法古立憲帝德王功英文烈武欽仁聖孝",凡二十字。洪邁容齋續筆云:"國朝祖宗謚十六字,惟神宗二十字,'體元'云云,蓋蔡京所定也。"神宗信用姦相王安石之邪説,變亂祖宗之法度以禍天下,自是羣姦相繼,皆祖安石,而京爲之渠魁,故于神宗標出"帝德王功",且特加四字,以爲表異。作史者惡京所爲,削而不書,然則十六字謚起于何時?意必哲宗紹聖年間所上。鶴壽案:據宋史,神宗之謚凡四改,一曰英文烈武聖孝皇帝,元豐八年所上也;一曰紹天法古運德建功英文烈武欽仁聖孝皇帝,紹聖二年所加也;一曰體元顯道帝德王功英文烈武欽仁聖孝皇帝，崇寧三年所更上也；一曰體元顯道法古立憲帝德王功英文烈武欽仁聖孝皇帝，政和三年所復加也。宋史據紹聖二年，東都事略、鼂公邁歷代紀年皆據崇寧三年，而無"法古立憲"四字，歷代紀年并不載政和加諡。蓋宋諸帝諡皆止十六字，神宗不應多四字，然則徽宗紀所載二十字，雖見容齋續筆、岳珂媿郯錄，恐未可信。

各帝字

高宗紀首云"諱構，字德基"。攷北宋諸帝皆無字，雖小説載欽宗字伯志，而本紀不載，惟高宗載其字。孝宗諱昚，字元永。自光宗以下，仍不言有字。高、孝兩朝，紀中屢載其賜字曰某，度宗亦然。

各紀監板不同，今以仁、英、神、哲、徽、欽見例

仁宗紀天聖五"詔西川、廣南在官物故者，遣人護送其家屬還鄉"，"西川"，北改"西州"，非是。明道二①"出金銀器，易左藏緡銀一十萬以助修内"，"銀"，北作"錢"；"一十"，北作"二十"，是。寶元二②"鑄當一錢助邊費"，"一"，北作"十"，是。皇祐元年"春正月甲戌朔，日有食之"，攷本志及遼史，是年爲重熙十八年，俱作"甲午朔"，此作"甲戌朔"者誤，北監亦作"甲戌"，北監不能改也。即遼史六月壬戌朔逆數之可見，又即前慶曆八年十二月乙丑朔順數之更了然。皇祐五"賊所過郡縣，免其舊租"，"舊"，北作"田"，是。

英宗紀，"英宗體乾應曆隆功盛德憲文肅武睿聖宣孝皇帝"，"憲"字從北增。

神宗紀"齊、密、登、華、邠、雍、鄜、絳、潤、婺、海、定、饒、歙、吉、建、江、潮等十八州"，"雍"，北作"燿"，是。"詔近臣以奉官不當，經三劾者"，"奉"，北作"舉"，是。"始御便殿，攷校諸軍武技"，"攷"，北作"句"，是。九年"進仁宗婉容周氏爲賢妃"，北

---

① 宋史仁宗紀載此事于明道元年。
② 宋史仁宗紀及續通鑑長編載此事于康定元年。

無"賢"字,非是。"遣王克臣等弔慰于遼","克臣",北作"苑臣"。"詔試諸醫生","詔試",北作"試諸",非是。十年"詔修仁宗、英宗廟","廟",北作"史"。"河決澶州曹村埽","柯",北作"村",是。三年"以慈聖光獻皇后弟昭德軍節度使曹佾爲司徒,兼中書侍郎、護國軍節度使",北作"兼中書令改護國軍"云云,是。

　　哲宗紀"成國公俣爲咸寧郡王","成國公俣",宋史新編同,北作"偌",非是。元祐六"減天下囚罪一等,徒以下釋之","徒",北作"杖",非。紹聖元"復新城兩廂","廂",北作"廟"。紹聖三"遣郎官御史按察監司職事","監",從北改。元符二"洮口安撫使王贍復邈川城","口",北作"西",是。

　　徽紀崇寧三"改定六曹,以吏、戶、儀、兵、刑、工爲序","吏",北作"士"。"詔西邊用兵,能招納羌人者,與斬級同賞","西邊"下,北多"法"字;"招"下,北無"納"字。四月"遼遣蕭良來,爲夏人求還侵地","蕭良",遼史作"蕭得里底","得里底",華言良。大觀元"九月庚戌,饗太廟。辛亥,大饗明堂",攷"饗明堂"上,北無"大"字,此必校書者見上"饗太廟"無"大"字,疑其岐誤而刪去之,恐非。政和五"改集賢殿爲右文殿","賢",北作"英"。政和六"升溫州爲應德軍","德",北作"道"。宣和元"夏四月丙子朔,日食",金史同,遼史不載。宣和三"詔二浙、江東被賊州縣,給復三年","二",北改"兩"。"洛陽、京畿訛言有黑青如人,或如犬,夜出掠小兒食之,二歲乃息",北無"二歲"字,非。宣和四"置宣和殿及太清樓祕閣","殿",北亦作"樓",恐非。

　　欽宗本紀"百官多潛遁",北作"百姓",恐非。"鎮洮軍節度使、中太乙宮使种師道,爲河南、河東路宣諭使","河南",北誤同,當作"河北"。"夏人陷鎮武城",北作"鎮威"。辛未"申銅禁",北"銅"作"鉬",疑非。鶴壽案:宋史南板謬誤難以枚舉,即北板亦差落甚多。錢竹汀先生云:"寧宗紀嘉定四年之後、七年之前,有三年、五年,而無六年,蓋'五'訛爲'三'、'六'訛爲'五'耳。宰輔表章良能參知政事在六年,而紀載于五年,此其證也。"

各紀新編或删或存,今以咸平六年見例

各帝紀新編或删或存,其去取大略可見,予亦未暇覼縷。偶閱至真宗紀,咸平六年一年之中,或可從,或不可從,聊書之以見例。如春二月"戊寅,幸飛山雄武營,觀發機石連弩,遂晏射潛龍園";"甲申,封賢懿長公主爲鄭國長公主";三月"己酉,餞种放還山";九月"己丑,蒲端國獻紅鸚鵡";十月"丁丑,狐出皇城角樓,獲之。戊寅,給軍中傳信牌";十一月"壬寅,幸大相國寺";十二月"甲戌,萬安太后不豫,詔求良醫",此萬不可不删者。其餘删者,則頗在可存可去間,寧以多存爲妙。若"以西涼府六谷首領潘羅支爲朔方軍節度、靈州西面都巡檢使",新編作"以六谷酋長①潘羅支爲朔方軍節度使",則作"西涼府六谷首領"爲當,所省只三字,使讀者不知六谷在何處,何如仍之? 其"靈州西面都巡檢使",都巡檢,節度無不兼之,則可省也。稱李繼遷爲趙保吉,攷繼遷本拓跋氏,唐賜姓李、宋賜姓趙,名保吉。真宗初,屢跳梁犯邊,死後廟號太祖,陵號裕陵矣,必不肯復用宋所賜名,稱之亦聊復爾爾,以此改舊史,徒爲煩碎。"西蕃八部二十五族納質來歸",新編删"五"字,大非。鶴壽案:新編于咸平四年云"夏四月壬寅,趙保吉遣弟繼瑗入謝",則當駁之于元年;于咸平五年云"六谷首領潘羅支等貢馬,第給其直",則當駁之于五年,豈先生所閱者適在六年邪? 然下條又言"咸平四年,呂蒙正以本官同平章事",則曾通閱之矣。"西蕃八部二十五族",新編偶脱"五"字,此係八部之數目,豈奇純所能增減之哉?

若夫"以呂蒙正爲太子太師、萊國公",新編作"呂蒙正罷爲太子太師",此則舊史紕繆之尤者。"萊國",本傳作"蔡",是,此誤不待言。而蒙正本傳已三入相,咸平四年以本官同平章事,郊祀禮成,加司空兼門下侍郎,至六年以老疾罷政事,授太子太師、封

---

① "酋",原作"芮",據宋史外國傳改。

國公。不但如職官志以爵以土，虛稱以備恩數，即太子太師亦不過虛名無實。今曰"以蒙正爲太子太師"云云，假以懵愚無識者讀此，不知爲罷其政事，直似別加一貴官封爵，則奈何？若事略，于此一年僅止六七事：契丹寇望都、祐薨、元傑薨、蒙正罷、詔求直言、李繼遷次西涼，其餘一概不載，荒略已甚，而蒙正事且直書"呂蒙正罷"，是又武斷已極。總之，宋史四百九十六卷，豈能一一攷論？就此一年中事言之，惟有蒙正事當添一"罷"字于"爲"字之上，其餘複出者亦多，當別記之。一切改修，紙墨愈多，不必也，要惟精于史者一目了然，否則不勝其惑矣。

景德三年"以中書侍郎兼工部尚書平章事寇準爲刑部尚書"，"爲刑部尚書"者，罷其政事也，亦當添"罷"字于"爲"字上。鶴壽案：新編于景德三年云"二月戊戌，寇準罷爲刑部尚書"，蓋已添"罷"字矣。

真宗本紀贊云"宋自太祖幽州之敗，惡言兵矣"，"太祖"，南北監本並同，"祖"當作"宗"，北板未改南板之誤。

宋史補

宋史第三十五卷孝宗本紀，明南雍張邦奇校者，脫第八頁，以第九頁升上爲第八頁，其七頁末"四川制置司應"下，徑接"庫錢貼進"，誤也，今據元本補錄其文如右：下又以三十三卷之十一頁爲此九頁，遂自"措置"至"九月己酉楊存"止，四百字複衍于此。神廟補刊者復改"楊存"二字爲"地震"，以泯其迹，今當刪去。"黎州邊事，隨宜措置。癸卯，詔臨安府承宣旨審奏如故事。甲辰，金遣徒單守素等來賀明年正旦。是月，詔以太上皇明年七十有五，議行慶壽禮，太上皇不允，帝進黃金二千兩爲壽。是歲，江、浙、淮西、湖北旱，蠲租發廩貸給，趣州縣決獄，募富民賑濟補官，故歲雖凶，民無流殍。安南入貢"。此下挂空提行，起云"八年春正月甲寅，停折知常官，汀州居住。丙辰，詔內侍見帶兵官並與在京宮觀，著爲令。乙亥，詔福建歲撥鹽于邵武軍市軍糧。二月壬午，詔去歲旱傷郡縣，以義倉米日給貧民，至閏三月半止。黎州土丁張百祥等不堪科役爲亂，統領官劉大年引兵逆撃之，土丁潰去，大年坐誅。戊子，禁浙西民因旱置圍田者。裁童子試法。己丑，禁廣西諸州科賣亭户食鹽。庚寅，詔三省樞密六部置籍稽攷興利除害等事。戊戌，以保康軍節度使士歆爲嗣濮王。三月丁未朔，幸佑聖觀。戊午，以潮州賊沈師爲亂，趣帥憲捕之。辛未，幸聚景園。閏月辛巳，命諸路帥臣、監司分州郡臧否爲三等，歲終來上。戊子，賜禮部進士黄由以下三百七十有九人及第出身。庚寅，修揚州城。甲午，幸玉津園。壬寅，減在京及諸路房廊錢什之三，德壽宮所減，月以南”。以上汪秀才焩語予如此，後見盧學士文㲄羣書拾補同。

宋宰輔年表

宋史宰輔年表“開寶六年癸酉九月己巳，薛居正自吏部侍郎參知政事，加門下侍郎同平章事”，居正于乾德二年已參知政事矣，此乃云云者，自二年至五年及開寶元至五，九年中居正常爲參知也。宰輔表之例，惟真宰相每格中必列其名，參知則不然，惟書拜與罷，餘但空格。

宋史非徇神、哲實録

宋神、哲兩朝實録，蔡卞、蔡京本王安石日録爲之，是非顛倒，邪正舛誤。高宗嘗言，兩朝大典爲姦臣所壞，邵遠平因以爲宋史之所當正者，首在乎此。予謂神、哲實録誠妄矣，若宋史斥姦扶正，褒貶尚公，似非信京、卞邪説而曲徇實録者，未知邵氏于意云何？

劉整不當在宋史

宋史新編凡例云：“劉整視劉豫、酈瓊尤甚。”整，宋史無傳。以整係元人，不得以瓊爲比。至明修元史，則整有傳矣，而新編竟收入宋史叛臣。試思整固宋之叛臣，實爲元之功臣，但當聽元史爲列傳，明著其叛宋入元可也，今乃入之宋叛臣。維騏身爲明臣，獨不知明之修元史邪？且如此，則楊大淵獨非仕宋降元者乎？大淵殺宋降臣王仲，元使來招降者，而其後降元，功名甚盛，遂赫然爲元臣，況整乎？惟留夢炎，宋史、元史皆無傳，聊爲收入宋叛臣差可。予十七史商榷動爭姚察當爲陳人，今思事有不可拘者。傳末帶趙孟頫評語，被元世祖折倒，小人一錢不值，早被元人看破，亦妙。鶴壽案：元之功臣，即宋之叛臣。柯氏蓋以宋、元各自爲史，故元史雖已有劉整傳，而新編復列之也。且新編一書，以誅亂臣爲先，故其凡例第一條明正統，第二條正帝號，而第三條即云舊史叛臣傳多降金之臣。按酈瓊等事同劉豫，而宋末降元帥臣如劉整等，視豫、瓊尤甚。留夢炎以宰相仕元，視杜充何殊？乃瓊等只載金史，整、夢炎德其助己，皆爲之諱，春秋之大義滅矣。今各纂其事，列而暴之，無令亂臣賊子幸免惡名于後世也。

華陽宮記

當汴京失守，蜀僧祖秀徧遊華陽宮，即壽山艮嶽也，遂爲之記。東都事略于朱勔傳末附載其文，纚纚幾千言，于史法則非。王損仲以爲書中妙處，恐未然，而其言卻足以備監戒，宜別爲記錄，不當入事略。

或有年或無年

新編凡例云："舊史諸臣列傳，凡乏聲名勳業者，概書年若干，至若名臣如寇準等，名儒如張載等，並缺不書。今削其濫者，補其可攷者。"攷宋史太祖五十，太宗五十九，真宗五十五，英宗三十六，神宗三十八，徽宗五十四，高宗八十一，孝宗六十八，光宗五十四，寧宗五十七，而仁宗、哲宗、欽宗、理宗、度宗皆無年。其他尚可，若仁宗爲三代以下罕有之令辟，享國四十二年，而無年；理宗在位四十，哲宗亦在位十五。本紀自據實錄，實錄未有無年者，而所書參差如此，則何怪乎諸臣之或有或無，紛紛無定哉？

宋史新編無榮王希瓐、福王與芮傳

宋史新編凡例云："舊史事跡逸漏者多，舉其大者：英宗父濮王允讓、孝宗父秀王子偁，在宗室有傳，何理宗父榮王希瓐、度宗父福王與芮不爲立傳？"凡例既有此言，自必補入，而王惟儉凡例亦云："宗室傳英廟皇考濮王、孝廟皇考秀王俱入傳，而理、度二

帝亦外藩入繼者，乃不之及，何也？新編增入榮王希瓐、福王與
芮，是也，今從之。"今惟儉宋史記雖不見，而新編見存，乃宋史理
宗紀猶云"父希瓐，追封榮王"，度宗紀云"父嗣榮王與芮，理宗
母弟"云云，尚一見其名，而新編宗室傳並無其人，殊不可解。鶴
壽案：新編宗室傳目録于燕王德昭下注云"榮王希瓐附"，然猶未及福王與
芮，讀至第六十一卷宗室傳，于燕王德昭後另提行，云"榮王希瓐居山陰，寧
宗選子與莒入宮，立爲沂靖惠王嗣，及寧宗崩，史彌遠矯詔立之，時希瓐已
卒，追封榮王。次子與芮，淳祐初封嗣榮王。理宗晚無子，頗屬意與芮之子
孟啟。度宗既即位，封福王，主榮王祀事。"與莒，理宗也；孟啟，度宗也。榮
王、福王新編明明載之，而先生謂"宗室傳並無其人"，何也？

　　與芮當元兵破臨安，同謝太后及帝㬎隨伯顏至大都，見于元
陳桱通鑑續編。又賈似道之貶，福王與芮素恨似道，募有能殺似
道者，使送之貶所，見宋史似道傳。而希瓐之事竟無可攷。鶴壽
案：新編宗室傳云："德祐元年，與芮判紹興府。明年，恭帝降元，伯顏挾帝
及母后宗室北去，元主忽必烈封與芮爲平原郡公，籍臨安。"

洪邁傳"淳熙"當作"紹熙"

　　宋史洪邁傳："淳熙改元，進煥章閣學士，知紹興府。""淳
熙"當作"紹熙"，光宗即位之元年，觀容齋三筆可見。

蛾術編卷十一

説録十一

遼史所采取

遼史所采取，有耶律儼、陳大任兩家。大任無所表見。儼，本傳稱其析津人，本姓李氏，遷知樞密院事，修皇朝實録七十卷。此傳多微詞，至云"善伺人主意，妻邢氏有美色，出入禁中，儼教之曰'慎勿失上意'，由是權寵益固"。以斯人修史，定多曲筆，故脱脱等進書表亦云"耶律儼語多避忌"也。然儼既修實録，自多采取，而今且偕大任之書俱不傳，惟葉隆禮契丹國志存，以宋淳熙七年表進其書，自稱"祕書臣"，想元人修定時亦宜采取，而遼史進表不言。遼史本紀三十卷，志三十一卷，表八卷，列傳四十六卷。志最詳，紀、傳略相等，表最略，乃史家之變也。而隆禮書，紀十二，傳止于七，更屬非體。附載者八卷，皆冗雜無倫敘。以晉表、澶淵關南誓書、議割地界書爲第二十卷，南北朝饋獻禮物、外國貢進禮物、諸小國貢進禮物、契丹回賜物件爲第二十一卷。其二十二卷州縣載記、控制諸國、四至地里、四京本末諸條，則地理志也；二十三卷族姓原始、國土風俗、併合部落、兵馬制度、建官制度、宮室制度、衣服制度、漁獵時候諸條，則營衛志、兵衛志、百官志、禮樂志、儀衛志也。鶴壽案：遼史修于遼人者凡三次。其始，遼太宗詔有司編始祖奇善可汗事迹，聖宗詔修日曆官冊書細事。及至興宗時，耶律孟簡請修國史，編耶律嚇嚕、烏哲、休格三傳以進，始開局編修，耶律古裕、耶律庶成、蕭罕嘉努實任其事，乃録約尼氏以來事迹及諸帝實録凡二十卷上之。第一次也。道宗大安元年，史臣進太祖以下七帝實録，蓋即耶律古裕等所編而審訂之。第二次也。天祚帝乾統三年，又詔耶律儼纂太祖以下諸帝實録，共成七十卷，于是遼代事迹麤備。第三次也。修于金人者凡二次。金熙宗皇統中，詔耶律固、伊喇因、伊喇子敬等續修遼史，而卒業于蕭永琪，凡紀三十卷、志五卷、傳四十卷，皇統七年上之。第一次也。章宗又命伊喇履提控刊修遼史，党懷英、郝俁充刊修官，伊喇益、趙渢等七人爲編修官，又有賈鉉、蕭貢、陳大任等同修，凡民間遼時碑誌以及詩文集，悉送上官，以備采録。泰和元年，更增三員，有改除者，聽其以書自隨。党懷英致仕後，詔陳大任繼之。第二次也。至元順帝命托克托修遼史，即據耶律儼、陳大任二書爲藍本，故后妃傳序云“儼、大任遼史后妃傳大同小異，酌取以著于篇”，曆象閏攷中注云，儼本某年有閏，大任本某年無閏。夫元時可采取之書甚多，如富弼之契丹議盟别録，王曙之契丹須知、契丹實録，張隱之契丹機宜通要，胡嶠之陷遼記，史愿之北遼遺事，與夫無名氏之契丹禮物録、契丹國王記、疆宇圖、地理圖，何一不可徵據？蓋不獨葉隆禮之契丹國志也。然托克托等急于成書，疏于稽攷，即如遼、金二史國語解，是其所深悉者，乃猶聽其差誤，毫不檢點，何況其他！是以天祚紀云：“乾統元年，初以楊割爲生女直部節度使，是歲楊割死，傳于兄之子烏雅束，束死，其弟阿骨打襲。”楊割即金史之盈歌，據金史世紀，以癸未歲卒，則在遼乾統三年，非元年也。烏雅束以癸巳歲即世，當天祚帝天慶二年，而遼紀并失書。二史既同時刊修，竟不相照應。又道宗紀載初改元清寧，次咸雍，次太康，次大安，各十年；次壽隆，止七年。據洪遵泉志引李季興東北諸蕃樞要云，“契丹主天祐年，號壽昌”，又引北遼通書云“天祚即位壽昌七年，改元乾統”，竈公邁歷代紀年云，遼道宗改元清寧、咸雍、太康、大安、壽昌。東都事略附録云，紹聖三年，改元壽昌。文獻通攷云“洪基在位四十七年，其紀元自咸熙①改太康，又改大安，皆盡十年，然後爲壽昌”。夫遼聖宗諱隆緒，而道宗爲聖宗之孫，豈有以祖諱爲年號者？乃云年號壽隆，何疏略至此！

---

① “咸熙”，通攷原文如此，當作“咸雍”，且漏列清寧。

金國本女真避興宗諱

宇文懋昭大金國志敘金國初興本末云:"金國本名朱里真,語訛爲女真,或曰慮真,避契丹興宗名,又曰女直。"遼史興宗紀:"興宗神聖孝章皇帝諱宗真。"鶴壽案:金太祖于宋徽宗宣和七年擒遼天祚帝,遂滅遼,而其先爲遼之臣子,故避興宗諱也。明修續通鑑綱目,已改正曰女真。

金源

宇文懋昭大金國志云:"以其國産金,及有金水源,故稱大金。"金史地理志:"上京路,即海古之地,金之舊土也。國言'金'曰'按出虎',以按出虎水源于此,故名金源。建國之號,蓋取諸此。"

熙宗即位不改元

嗣君即位不改元,乃禮之極變。金史熙宗本紀:"熙宗諱亶,太祖孫,景宣皇帝子。天會十年,太宗命爲諳班勃極烈。十三年正月己巳,太宗崩。庚午,即皇帝位。"攷是年正月丙午朔,則己巳爲月之二十四日也。熙宗紀天會十四年正月己巳朔,是熙宗即位之年,又明年十五年正月癸亥朔,是熙宗即位之二年,紀于此二年仍當提行另起,今不提,非是。

大金集禮

金史禮志敘首云:"世宗命官參校唐、宋故典沿革,始彙次之,至明昌初書成,凡四百餘卷,名曰金纂修雜録。宣宗南播,疆宇日蹙,旭日方升,爝火滅矣。圖籍散逸,既莫可尋,而其宰相韓企先等所論列、禮官張瑋與其子行簡所私著自公記,亦亡其傳。故書之存,僅集禮若干卷,其藏于史館者,又殘缺弗完,姑掇其郊社宗廟諸神祀、朝覲會同等儀而爲書。"攷大金集禮四十卷,不但卷第十二至卷第十八及卷第二十六、卷第三十三等元闕也①,即其見

---

① 據文淵閣本四庫全書,集禮卷十八存,卷十二至卷十七因殘闕過甚併爲一卷,非全闕。

存者,如卷第十載皇帝夏至日祭方丘儀,方丘,北郊也,而其前並無冬至日祭南郊圜丘儀,則殘缺殊多,禮志當別有據。此書朱竹垞未見,故集中如唐開元禮及政和五禮新儀皆有跋,而此書獨無。鶴壽案:金史太祖紀云:"收國元年夏五月甲戌,拜天射柳。"禮志云:"金之郊祀,本于其俗有拜天之禮,其後太宗即位,乃告祀天地,蓋設位而祭。天德以後,始有南北郊之制,大定、明昌,其禮寖備。南郊壇在豐宜門外,冬至日合祀昊天上帝、皇地示于圜丘。"世宗紀云:"大定十一年十一月丁亥,有事于圜丘,大赦。"禮志云:命宰臣議配享之禮,左丞石琚言:"禮記'萬物本乎天,人本乎祖',此所以祖配上帝也。配之者,侑神作主也。自外至者無主不止,故推祖考配天。兩漢、魏、晉以來,皆配以一祖,至唐高宗,始以高祖、太宗崇配。垂拱初,又加以高宗,遂有三祖同配之禮。至宋,亦嘗以三帝配,後禮院上議,以爲對越天地,神無二主,由是止以太祖配。臣謂冬至親郊祀從古禮。"帝曰:"唐、宋以私親,不合古,不足爲法,今止當以太祖配。"又謂宰臣曰:"本國拜天之禮甚重,今汝等言依古制築壇亦宜。我國家紹遼、宋主,據天下之正,郊祀之禮豈可不行?"乃以八月詔曰:"國莫大于祀,祀莫大于天,振古所行,舊章咸在。仰唯大祖之基命,紹我本朝之燕謀,奄有萬邦,于今五紀。因時制作,雖增飾于國容;推本奉承,猶未遑于郊見。況天麻滋至,而年穀屢豐,敢不敷繹曠文,明昭大報!取陽升之至日,將親饗乎圜壇,嘉與臣工,共圖熙事。以今年十一月十七日有事于南郊,咨爾有司,各揚乃職,相予祀事,罔或不欽。"乃于郊見前一日,徧見祖宗,告以郊祀之事。其日,備法駕鹵簿,躬詣郊壇行禮。章宗紀云:"承安元年十一月戊戌,有事于南郊,大赦改元。""二年十一月甲辰,有事于南郊。"禮志所載儀注,自齋戒,大祀散齋四日、致齋三日,至擇日稱賀,極其詳備。今大金集禮已殘缺不全,未知禮志曾采取于此否?然金禮大半本于宋禮,故禮志序首云:"金人入汴,悉收其圖籍,載其車輅、法物、儀仗而北。既而即會寧建宗社,庶事草創。皇統間,熙宗巡幸析津,始乘金輅,導儀衛,陳鼓吹,而宗社朝會之禮亦次第舉行。繼以海陵命官修汴故宮,繕宗廟社稷,悉載宋故禮器以還。世宗既興,復收嚮所還宋故禮器。"章宗紀亦云:"明昌五年,初用唐、宋典禮。"

金史補

金史監本第七十六卷太宗諸子傳第二頁缺,今據舊本補:每頁二十行,每行二十二字,第一頁尾係"宗磐陰相黨與而宗雋"止,第三頁首係"為太保右丞相兼中書令"起。"遂為右丞相用事。撻懶屬尊功多,先薦劉豫,立為齊帝,至是唱議以河南、陝西與宋,使稱臣。熙宗命羣臣議,宗室大臣言其不可,宗磐、宗雋助之,卒以與宋。其後宗磐、宗雋、撻懶謀作亂,宗幹、希尹發其事,熙宗下詔誅之,坐與宴飲者皆貶削決責有差。赦其弟斛魯補等九人,并赦撻懶,出為行臺左丞相。皇后生日,宰相、諸王妃主命婦入賀,熙宗命去樂,曰:'宗磐等皆近屬,輒搆逆謀,情不能樂也。'以黃金合及兩銀鼎獻明德宮太皇太后,并以金合銀鼎賜宗幹、希尹焉。"此下挂脚另起,云:"宗固本名胡魯,天會十五年,為燕京留守,封幽王。宗雅本名斛魯補,封代王。宗偉本名阿魯補,封虞王。宗英本名斛沙虎,封滕王。宗懿本名阿鄰,封薛王。宗本本名阿魯,封原王。鶻懶封翼王。宗美本名胡里甲,封豐王。神土門封鄆王,斛孛束封霍王,斡烈封蔡王。宗哲本名鶻沙,封畢王。皆天眷元年受封。宗順本名阿魯帶,天會二年薨,皇統五年贈金紫光禄大夫,後封徐王。宗磐既誅,熙宗使宗固子京,往燕京慰喻宗固。既而翼王鶻懶復與行臺左丞相撻懶謀反,伏誅。詔曰:'燕京留守幽王宗固等,或謂當絕屬籍,朕所不忍。宗固等但不得稱皇叔,其母妻封號從而降者,審依舊典。'皇統二年,復封宗雅為代王,宗固為判大宗正。三年。"

元史世系

元史太祖本紀敘其先世,自孛端叉兒以下,與陶宗儀南村輟耕録大元世系一條,仿佛相似,而字數往往多寡不齊,異同時有。至周復俊六梅館集元史弼違序云:"孛端叉兒母阿蘭,一乳生三子,季即孛端叉兒。種類滋蕃,部落離析,曰合答吉,曰散肘,曰吉狃。"又謂:"札即刺氏世居烏垣之北,是謂蒙古,與鬼羅乃蠻九姓回鶻故城和林比壤。九世至也速該,攻塔塔兒,獲其酋鐵木真,而以名其子。"與元史及輟耕録又各不同,恐係無稽之言,不可信。

鶴壽案:元史宗室世系表云:"元之世系,藏之金匱石室者甚祕,外廷莫能知。其在史官,固特其概,而致諸簡牘,又未必盡得其詳,則因其所可知而闕其不知,亦史氏法也。"元史太祖紀述其先世,自孛端叉兒始。錢竹汀先生嘗引祕史以補其闕曰:"孛端叉兒之前,尚有十一世,最初曰巴塔赤罕,二世曰塔馬察,三世曰豁里察兒蔑兒干,四世曰阿兀站孛羅溫,五世曰撒里合察兀,六世曰也客你敦,七世曰搗鎖赤,八世曰合兒出,九世曰孛兒只吉歹蔑兒干,十世曰脫羅豁勒真伯顏,十一世曰朵奔蔑兒干。元史作脫奔咩哩犍,即孛端叉兒之父也。孛端叉兒之孫蔑年土敦,元史作咩麻篤敦,生子七,其五人闕名。祕史云,七子曰哈出曲魯克,曰合臣,曰合赤兀,曰合出剌,曰合赤溫,曰合闌歹,曰納臣把阿禿兒。元史之既拏篤兒罕,即哈出曲魯克也,有子曰海都,其母曰那莫侖,元史作莫拏倫,爲咩麻篤敦妻。祕史海都爲世嫡,其餘六人各有子孫,別爲族姓,元史謂押剌伊而部殺莫拏倫及其六子,滅其家,唯納真爲贅壻,故不及難。納真即納臣也。元史與祕史多不合。海都生三子,曰伯升豁兒多黑申,曰察剌孩領忽,曰抄真斡兒帖該。伯升豁兒多黑申生一子,曰屯必乃薛禪。屯必乃生三子,長曰合必勒合罕,'合罕'之號自此始。合必勒生七子,次子把兒壇把阿禿兒,即也速該之父也。合必勒遺言以從兄想昆必勒格之子俺巴孩爲合罕,是爲泰赤烏氏俺巴孩,與塔塔兒部結昏,親自送女,被執,獻于金,金人殺之。部人立合必勒之第四子曰忽圖剌合罕,忽圖剌没,太祖繼,稱成吉思合罕。"宋濂、王禕等未見祕史,無怪其紀載失實,況陶宗儀諸人所言世次,豈足信哉?

元史一人兩傳

元史中一人兩傳者,如第一百二十一卷有速不台傳,第一百二十二卷又有雪不台傳。速不台傳事蹟較詳,且有子兀良合台事,宜歸并于前一處。第一百二十三卷直脫兒傳既附見從子忽剌出,至一百三十三卷又有忽剌出傳;第一百三十一卷有完者都傳,第一百三十三卷又有完者拔都傳,此皆是一人,宜合而爲一。至若第一百五十卷有石抹也先傳,云其先述律氏,又改石抹氏,敘其生平幾六百字,第一百五十二卷石抹阿辛傳云迪列紇氏,敘其事不過云:"歲乙亥,率北京等路民一萬二千餘户來歸,太師國王木華黎奏授鎭國上將軍、御史大夫,從擊蓋州死焉。"而其事大約相同，至敘其子查剌及其孫庫禄滿事，則同爲一人，更無可疑，亦宜歸并于前一處。第一百三十三卷孛蘭奚傳，目作孛羅奚，未知孰是。鶴壽案：宋、遼、金、元四史，皆有一人兩傳者，蓋以編輯不出一人之手，彼此未嘗通校，故有重出之病。元史中速不台即雪不台，完者都即完者拔都，顧亭林日知録嘗指出之。又有與宋史重出者，元史之兀良合台即宋史之兀良哈解，征交趾由粤西北歸者。又有與金史重出者，元史之速不台即金史之碎不解，圍汴京、擄金妃后及宗族北去者。其所以致誤之故，皆由蒙古以國語爲名，譯作漢字，但取其音相同，其字不必畫一，修史者各據所譯漢字立傳，而不覺其事迹之從同也。元人以國語爲名，或取顔色，如"察罕"者白也，"哈剌"者黑也，"昔剌"者黄也，"忽蘭"者紅也，"孛羅"者青也，"闊闊"亦青也。或取數目，如"朶兒別"者四也，"塔木"者五也，"只兒瓦歹"者六也，"朶羅"者七也，"乃蠻"者八也，"也孫"者九也，"哈兒班答"者十也，"忽陳"者三十也，"乃顔"者八十也，"明安"者千也，"禿滿"者萬也。或取珍寶，如"按彈"者金也，"速不台"者珠也，"納失失"者金錦也，"失列門"者銅也，"帖木兒"者鐵也。或取形相，如"你敦"者眼也，"赤斤"者耳也。或取吉祥，如"伯顔"者富也，"只兒哈郎"者快樂也，"阿木忽郎"者安也，"賽因"者好也，"也克"者大也，"蔑兒干"者多能也。或取物類，如"不花"者牝牛也，"不忽"者鹿也，"巴而思"者虎也，"阿爾思蘭"者師子也，"脱來"者兔也，"火你"者羊也，"昔寶"者鷹也，"昂吉兒"者鴛鴦也。諸如此類，豈漢人所能猝辨？故修史不能無誤。所可異者，舊唐書列傳五十一既有王求禮，一百三十七又有王求禮；七十二既有楊朝晟，九十四又有楊朝晟。宋史列傳一百六既有李熙靖，二百十二又有李熙靖。攷其事迹，實係一人，並非偶同姓名，此則修史者之草率也。至如遼史有兩蕭塔喇噶，一在列傳十五，一在二十；有兩蕭罕嘉努，一在列傳二十六，一在三十三；又有三耶律托卜嘉，一在列傳二十六，一在二十九，一在四十一。金史有兩達蘭，一在列傳第十，一在十五；又有四羅索，舊史作"婁室"，一在列傳第十，其三俱在五十七，同爲一傳，當時以大婁室、中婁室、小婁室别之；又有兩額爾克，舊史作"訛可"，亦同爲一傳，當時以草火訛可、板子訛可别之。此則名雖同而人各别，蓋遼、金、元人皆以國語爲名，諸人國語之名本同故耳。

通鑑續左傳

司馬光資治通鑑託始于周威烈王二十三年命魏、趙、韓爲諸侯，以爲周不能守名器，故託始于此，蓋借此以立議論、示鑑戒，爲名教防閑，其實公本意則爲不敢上續春秋，但續左傳而始于此，説詳十七史商榷。

資治通鑑序

宋神宗御製資治通鑑序，諸刻本皆不載，餘姚盧學士文弨從宋本鈔得，刻入羣書拾補，文云：“朕惟君子多識前言往行，以畜其德，故能剛健篤實，輝光日新。書亦曰：‘王人求多聞，時惟建事。’詩、書、春秋，皆所以明乎得失之迹，存王道之正，垂鑑戒于後世者也。漢司馬遷紬石室金匱之書，據左氏、國語，推世本、戰國策、楚漢春秋，采經摭傳，罔羅天下放失舊聞，攷之行事，馳騁上下數千載間，首記軒轅，至于獲麟止，作爲紀、表、世家、書、傳，後之述者，不能易此體也。惟其是非不謬于聖人，褒貶出于至當，則良史之才矣。若稽古英考，留神載籍，萬幾之下，未嘗廢卷。嘗命龍圖閣直學士司馬光，論次歷代君臣事迹，俾就祕閣繙閱，給吏史筆札，起周威烈王，訖于五代。光之志以爲周積衰，王室微，禮樂征伐自諸侯出。平王東遷，齊、楚、秦、晉始大，桓、文更霸，猶託尊王爲辭，以服天下。威烈王自陪臣命韓、趙、魏爲諸侯，周雖未滅，王制盡矣。此亦古人述作造端立意之所繇也。其所載明君、良臣切磨治道，議論之精語、德刑之善制，天人相與之際，休咎庶徵之原，威福盛衰之本，規模利害之效；良將之方略、循吏之條教，斷之以邪正，要之于治忽，辭令淵厚之體，箴諫深切之義，良謂備焉。凡十六代，勒成二百九十六卷，列于戶牖之間，而盡古今之統，博而得其要，簡而周于事，是亦典刑之總會，册牘之淵林矣。荀卿有言：‘欲觀聖人之迹，則于其粲然者矣，後王是也。’若夫漢之文、宣，唐之太宗，孔子所謂‘吾無間焉’者。自餘治世盛王，有慘怛之愛，有忠利之教，或知人善任，恭儉勤畏，亦各得聖賢之一體，孟子所謂

'吾于武成取二三策而已'。至于荒墜顛危，可見前車之失①；亂賊姦宄，厥有履霜之漸。詩云：'殷鑒不遠，在夏后之世。'故賜其書名曰資治通鑑，以著朕之志焉耳。"末云："治平四年十月，初開經筵，奉聖旨讀資治通鑑。其月九日，臣光初進讀，面賜御製序，令候書成日寫入。"文弨曰："案英宗以治平四年正月崩，神宗即位，踰年改元，故此仍繫以治平也。據玉海，是年十月己酉，初御邇英，即此所云'初開經筵'也。己酉，四日也，九日乃甲寅也。英宗命司馬光編集歷代君臣事迹，光先以戰國至秦二世爲八卷，名曰通志，進呈，英宗悦之，命續其書。神宗經筵進講者，當即此八卷之書。其合成二百九十四卷，乃元豐七年所上，序不應預定卷數，祇當云'勒成若干卷'，今序有卷數者，書成日寫入所加也。"又進資治通鑑表，宋本結銜"端明殿學士"云云，在表後，諸刻本則移于表之前。次"元豐七年十一月進呈"凡二行，諸刻亦皆有。次開列銜名云"檢閱文字承事郎臣司馬康，同修奉議郎臣范祖禹，同修祕書丞臣劉恕，同修尚書屯田員外郎充集賢校理臣劉攽，編集端明殿學士兼翰林侍讀學士、太中大夫臣司馬光"，凡五行，卑者在前，尊者在後，諸本無。次獎諭詔書："敕司馬光修資治通鑑成事。史學之廢久矣，紀次無法，論議不明，豈足以示懲勸、明久遠哉？卿博學多聞，貫穿今古，上自晚周，下迄五代，發揮綴緝，成一家之書，襃貶去取，有所據依，省閲以還，良深嘉歎。今賜卿銀絹、對衣、腰帶、鞍轡馬，具如別録，至可領也。故兹獎諭，想宜知悉。冬寒，卿比平安好，遣書指不多及。"次一行云"十五日"。文弨曰："諸刻本在獎諭前，非是。此敕所署日應在後。"鶴壽案：溫公通鑑，治平中，辟官屬編集，前、後漢則劉貢父，自三國歷七朝而隋則劉道原，唐記五代則范純父。公乃刪削冗長，舉撮機要，關國家興衰、生民休戚，善可爲法、惡可爲戒者，凡一千六百六十一年之事。其所徵引，自正史而外，若陸賈楚漢

---

① "見"，原作"鑒"，據群書拾補改。

春秋、趙長君吳越春秋、司馬彪九州春秋、崔鴻十六國春秋、蕭方三十國春秋、荀悦漢紀、袁宏後漢書、柳芳唐曆、高峻小史之類，凡三百二十三家。元豐間，成書二百九十四卷，又略舉事目，年經國緯，以備檢尋，爲目錄三十卷。參攷羣書，評其同異，俾歸一途，爲攷異三十卷。自謂"生平精力，盡于此書"。既患通鑑浩大，難于領略，而目錄第撮精要之語，無復首尾，乃著通鑑舉要八十卷，又采戰國以來至周之顯德，凡諸國治亂，集以爲圖，每行記一年之事，六十行爲一重，六重爲一卷。其年取一國爲主，而以朱書他國元年綴于其下，凡一千三百六十二年，離爲五卷，治平元年上之。而今本有六卷者，蓋自威烈王二十二年，上距共和元年，增多四百三十有八年，係公晚年所修。是爲通鑑歷年圖。又自宋一天下，迄于熙寧，著爲百官表。乃若威烈王丁丑而上，伏羲書契以來，論纂成書，則爲稽古錄二十卷。陳瓘曰："讀通鑑然後知司馬文正公之相業也。此書編年紀事，先後有倫，凡君臣治亂、成敗安危之迹，若登乎喬嶽，區宇澄清，周顧四方，悉來獻狀，雖調元宰物輔相彌綸之業，未能窺測，信爲典型之總會矣。"

通鑑外紀

資治通鑑外紀十卷。司馬公作通鑑，始于周威烈王命韓、趙、魏爲諸侯，下訖五代。劉恕嘗語光曷不起上古？光答："事包春秋，經不可續，不敢始于獲麟。"恕意謂闕漏，因譔此書，起三皇、五帝，止周共和，載其世次，起共和庚申，至威烈王二十二年丁丑，四百三十八年，號曰外紀。愚謂外紀視稽古錄已屬蛇足，然恕躬與通鑑編纂之任，則猶差可。而宋末金履祥又作前編，許謙序云："先生嘗謂司馬文正公作通鑑，祕書丞劉恕作外紀以記前事。顧其志不本于經，而信百家之説，是非既謬于聖人，此不足以傳信。"又言其書用皇極經世曆。履祥之學謬陋淺妄，一無足取，詆訾劉恕，誠爲不自量。其用皇極經世曆得失，可置之勿論。此外若蘇轍古史、羅泌路史、胡宏皇王大紀，增架虛浮，吾何以觀之哉？鶴壽案：先儒謂外紀一書，網羅攷撫詳矣，獨惜其博焉而未粹，擇焉而未精。包犧以來、黄帝以前，詭異不經之説，往往畢載；而史記所錄西伯、尚父陰謀修德以傾商之事，亦復兼采。至于論十六相之未舉、四凶之未去，始堯知舜于側微，天下未服，故遺之大功二十，使臣民仰其功業，是乃唐太宗用李勣之微術，曾謂聖人亦出此哉？又論夏禹攝政，虞舜南巡往而不返，欲兆庶專意戴禹，而遠邁無徯望之意也，此豈足以語聖人事乎？其論傅説也，謂其出于胥靡之中，一旦舉用，衆必骸懼，故高宗託諸夢寐，以服羣臣耳。若此之類，識者自能辨其當否？

通鑑長編

續資治通鑑長編五百二十卷，宋眉山李燾字仁父號巽巖譔。原本殘缺，從永樂大典"宋"字函中校補，僅佚徽、欽兩朝。燾因當時學士大夫各信所傳，不攷諸實錄，因踵司馬光通鑑例，采一祖八宗事作此書。以光修通鑑時先成長編，燾謙不敢言續通鑑，故但謂之續通鑑長編。文獻通攷卷一百九十三載其進書狀四篇：一、隆興元年知榮州時，先以建隆迄開寶年事十七卷上進；一、乾道四年爲禮部郎官時，寫到建隆元年至治平四年閏三月五朝事迹一百八卷上進；一、淳熙元年知瀘州時，纂輯治平以後、中興以前六十年事迹二百八十卷上進；一、淳熙九年知遂寧府時，以文字太繁，本末頗難立見，略存梗概，庶易檢尋，創爲建隆至靖康舉要六十八卷上進。卷數與今不符，今本後人所分也。逐條之下，亦仿光攷異例，參校諸説，定其真妄。愚謂唐三百年，長編凡六百卷，刪爲八十卷，刪本存而六百卷斷不能復存，以史家自有體裁，學者之心思不得疲耗于泛涉，即宋史藝文志亦但載燾續通鑑長編一百六十八卷而已。李氏作説文五音韻補，其于文字既淺謬，而此書特輯其本朝事，專務多采，亦復何爲？葉水心推重，以爲春秋之後僅見此書，其説不知于意云何？即如太祖大事莫過于禪授，而攷之長編，亦不過綴拾湘山野錄、蔡惇直説，終歸虛浮。夫太祖原非被弑，但觀宋后之見晉王而愕然，且謂"吾母子之命縣于官家之手"，則太宗不臣之心固彰彰矣，長編殊不能微而彰也。鶴壽案：李仁父表進續資治通鑑長編，玉海云："乾道四年四月丙辰，禮部郎李燾言：'臣于去年八月奉旨，從汪應辰奏，取臣所著續資治通鑑，自建隆迄元符，令有司繕寫校勘，藏之祕閣。臣尋于十四日賜對，面奉旨，令早投進，又令給札。臣先次寫到建隆元年至治平四年閏三月五朝事迹，共一百八卷，内建隆元年至太平興國元年太祖一朝事迹，雖曾于隆興元年具表投進，後來稍有增益，謹重録進。治平以後,文字更加整齊,節次修寫。臣此書非可便謂續資治通鑑,姑謂續資治通鑑長編,庶幾可也。其篇帙或相倍蓰,則長編之體當然,寧失于繁,猶光志云爾。今寫成一百七十五册,并目録一册上進。'五月壬戌朔,詔熹纂述有勞,特轉兩官。六年三月二日,詔降下長編付祕省,令依通鑑字樣大小繕寫,仍將李燾銜位列于卷首,依光銜位修寫。淳熙十年三月六日,熹爲遂寧守,始上其全書,自建隆至靖康凡九百八十卷,舉要六十八卷。上甚重之,以其書藏祕府。先是,淳熙二年進神、哲三百四十册,四年進徽、欽三百二十册。熹以司馬光作資治通鑑,唐三百年長編,范祖禹掌之,祖禹所修六百餘卷,光細删之,止八十卷,故熹纂集用光義例,廣記備言,以待後之作者。熹又譔江左方鎮年表十六卷,自晉永嘉詑陳貞明,以孫氏不能保淮,李氏不能踰浙,又亡荆及巴蜀,故削而不著。"此條可與文獻通攷參觀。史家固貴直筆,然熹爲宋臣,敢以太宗不臣之事標諸史册乎? 先生責之,過矣。

薛應旂、王宗沐通鑑

薛應旂宋元通鑑一百五十七卷,王宗沐宋元資治通鑑六十四卷。應旂字仲常,常州武進人,嘉靖乙未進士,歷浙江提學副使。明詩綜第四十二卷。宗沐字新甫,臨海人,嘉靖三十三年進士,拜右副都御史、總督漕運兼巡撫鳳陽。明史第二百二十三卷。薛書成于嘉靖丙寅,王書成于隆慶丁卯。薛官終于浙江提學,改陝西;王官終于刑部左侍郎,奉敕閲視宣大山西諸鎮邊務,贈刑部尚書,諡襄裕。今各據其書中列銜書之。二書同時修纂,各不相知,要其空陋同也。

九朝編年備要

九朝編年備要三十卷,宋莆田陳均譔。均字平甫,號雲巖,又號壼山。書成于紹定二年己丑,有建安真德秀、長樂鄭性之及朝議大夫直敷文閣知漳州林岊三序。真序載西山先生集。均幼侍從祖丞相正獻公,得其家學,盡獲覩國朝史録諸書及眉山李氏續通鑑長編,意酷嗜之,患篇帙之繁,删煩撮要,輯成此編,大旨本于李氏。正獻乃陳俊卿,在宋史列傳第一百四十二卷,興化人,而均莆田人者,福建路興化軍領莆田縣,備要列名以縣言之,而傳以軍言之。傳如此者甚多，要之，此傳之謬也。古人著貫，但有單著其縣者，而無單著其州軍者。洪邁在宋史列傳第一百三十二卷，惟修欽宗實錄，多本孫覿，附耿南仲，惡李綱，此事稍覺可議，立朝固無瑕玷，況又係皓之子，而宋史俊卿傳，俊卿"劾奏洪邁姦險讒佞，不宜在左右，罷之"，則俊卿議論未爲公平。其書有均自序，假或人誚之者曰僭、曰疏、曰舛，空難空解，豪無實語，知均胷無所見，聊以自喜而已。乃又言："通鑑綱目義例精密，'綱'者春秋書事之法，'目'者左氏備言之體，自司馬公之作，至是始集大成，不復遺憾。均竊不自揆，放而依之。"均推奉綱目，豈知綱目本出趙師淵手，均之書實尚出李燾下也。

書有凡例一卷，有正例，有雜例，凡十五條，其餘尚有變例，該括不盡，則不能盡書。災祥、沿革、號令、征伐、生殺、除拜、宰執拜罷貶降薨卒，以上爲正例；行幸、賜宴、繕修、郊祠、賞賜、進書、振恤、蠻夷朝貢、蠻夷君長死立，其例或云"隨事斟酌而書之"，或云"今參酌用之"，或云"有關係則書之"，空滑極矣，雖有例實無例也。所載引用書目，只二十一種，竊恐子虛、亡是者尚不少。端平初，有言于朝，下福州取其書，得初品官。蓋宋人進書冒濫得恩數者，至末世益多。

陳桱通鑑續編二十四卷，四明陳桱子經輯，有至正十年庚寅桱自序，又有至正十八年戊戌臨海陳基敬初、二十一年辛丑鄱陽周伯琦伯温、二十二年壬寅齊郡張紳士行三序。陳腐迂謬，淺陋空庸，不但不可取，亦且何足辨。

續資治通鑑綱目二十七卷，成化十三年商輅、萬安等修成上進，而周禮、張時泰遞爲發明。爛時文頭巾，三家村教書，鈔謄舊籍，陳陳相因，吾何暇觀之？

以上三種，惟商氏書不成書，而其名尚正；若陳均既自幼酷嗜李燾書，又言"大旨本李氏"，而書仍照綱目體，分爲大字小字，然猶曰書名九朝編年也；若陳桱名通鑑續編，書全依綱目，此真不辨菽麥者。_{鶴壽案}：陳均九朝編年備要所載宋太祖至欽宗九朝事迹，大半以李燾長編爲藍本，而益以各帝日曆、實錄諸書。其所書者皆係大事，不及細微，尚爲簡要。至陳桱通鑑續編，紀遼在唐及五代時事一卷，紀宋南渡以後事二十二卷，而其起首一卷紀盤古氏至高辛氏，蓋本于胡宏皇王大紀，此則開卷已大謬矣。司馬光稽古録、劉恕通鑑外紀、蘇轍古史皆起自伏羲，而皇王大紀則起自盤古，此乃小説家言，豈可以登諸史傳？若商輅續通鑑綱目，更不足觀，即如宋史寧宗紀嘉泰元年三月臨安大火，四年三月臨安大火，而續通鑑綱目重載二災于嘉定，蓋爲五行志所誤而未之檢也。

邵氏史學

弘簡録二百五十四卷，邵經邦譔。經邦字仲德，仁和人，明正德十六年進士，累官刑部員外郎，嘉靖三年坐言事謫戍。其書續鄭樵通志，起唐、五代，迄宋、遼、金，凡六百六十四年。但改本紀曰"天王"，不知本紀，史臣題目之詞，不分帝王，若"天王"則春秋所以稱天子周王號，加"天"以別僭王者，秦以下兼皇帝號而改曰"王"，似未可。傳則分爲十一等，首宰輔，次功臣，次侍從，次臺諫，次庶官，次皇后、公主，次系屬，次儒學，次文翰，次旌德，次雜行。但宰輔中因削去"姦臣"一目，而李林甫、盧杞、崔胤、柳璨與房、杜、姚、宋漫然無分。雜行中如"逸民"一門，竟與佞倖、宦官及叛逆之藩鎮並列，亦似未妥。且諸臣既以爵敘，而秦檜反居岳飛之上；韓、柳、歐、蘇入文翰，與胡曾、許渾、李公麟、周邦彦漫然無分，亦未妥。又訾唐書段秀實、顔真卿不入忠義，因入之旌德，使段、顔與安金藏輩漫然無分。宋史爲宋作，乃以忠于周之韓通冠宋"忠節"之首，反譏舊列"周三臣"爲謬，三臣中，李筠、李重進俱入五代周臣，獨韓通雜宋臣中，亦不可解。彼作宋史者，見歐已無傳，不得不補于宋史，如邵氏，則儘可以二李與韓皆入周臣，乃入宋臣，此何説乎？甚且文信國之名，亦混入康保裔一流，尤屬欠妥。大凡前史成例，非甚不利已，不可輕爲增刪竄改也。聊論之如此。

蛾術編卷十二

越絶書

越絶書十五卷,不著譔人姓名。王充論衡案書篇云:"會稽吳君高之越紐録,劉子政、楊子雲不能過也。"今作越絕書,似譌,然其篇末云:"以去爲姓,得衣乃成;厥名有米,履之以庚。禹來東征,死葬其疆;不直自斥,託類自明。寫精露愚,俟告後人;文屬辭定,自于邦賢。以口爲姓,承之以天;楚相屈原,與之同名。"楊慎云:"此以隱語見其姓名也。去得衣乃'袁'字,米覆庚乃'康'字,禹葬之鄉則會稽也,是乃會稽人袁康。其曰'不直自斥,託類自明',厥旨昭然,欲後人知也。'文屬辭定,自于邦賢',蓋所共著非康一人也。'以口承天','吳'字;'屈原同名','平'字,與康共著此書者乃吳平也。"此言似確。至云"臨淮袁太伯、袁文術即其人",則謬。既稱會稽,又籍臨淮;既稱太伯,又字文術,任意摶擖,非也。鶴壽案:明之楊升庵,今之毛西河,其所著論,止圖眼前好看,不顧他人根究,即如此條,以論衡證之,其說不攻自破。論衡云:"東番鄒伯奇、臨淮袁太伯、袁文術,會稽吳君高、周長生之輩,位雖不至公卿,誠能知之橐橐,文雅之英雄也。觀伯奇之元思、太伯之易章句、文術之箴銘、君高之越紐録、長生之洞歷,劉子政、楊子雲不能過也。"然則袁太伯是一人,袁文術是一人,吳君高是一人。升菴既據越紐録篇末隱語以爲袁康所譔,其友吳平共成之,又見論衡案書篇之第六條適有袁太伯、袁文術,而遂以爲即袁康,獨不思一在臨淮、一在會稽，一著易章句、一善箴銘、一著越紐録，王充固分別言之哉。至隋經籍志謂“越絶記十六卷，子貢譔”，蓋見書中多子貢説吳存魯之事，故遂以爲出自子貢爾。

竹書紀年

朱子有答林擇之書，使之求汲冢竹書紀年。此書今不傳，傳者贋本。杜元凱稱其著書文意大似春秋經，推此足見古者國史策書之常。今散見史記注中，如魏世家索隱引紀年曰：“惠成王二十九年五月，齊田盼伐我東鄙。九月，秦衛鞅伐我西鄙。十月，邯鄲伐我北鄙。王攻衛鞅，我師敗績。”此當時史官據實書當時之事，與春秋曷異乎？鶴壽案：竹書紀年原本雖不可得，而其原文散見于史記注中者最多，即他書所引亦復不少。山海經海內南經注云“后稷放帝朱于丹水”，大荒東經注云“殷王子亥賓于有易”，大荒西經注云“夏后開舞九招”。而“周惠王子多父伐鄶”①，見水經洧水注；“晉翼侯焚曲沃之禾”，見澮水注；“楚共王會宋平公于湖陽”，見比水注；“智伯瑤城高梁”，見汾水注；“田公子居思伐邯鄲，圍平邑”，見河水注。尚書正義引汲冢古文云“盤庚自奄遷于殷”，漢地理志臣瓚注引汲郡古文云“梁惠王發逢忌之藪以賜民”，後漢東夷傳注引竹書紀年云“后芬三年，九夷來御”。凡此皆其原文。其書起自夏、殷、周，皆三代王事，無諸國別，唯特記晉國，起自殤叔元年，次文侯、昭侯至曲沃莊伯，皆用周正建寅之月爲歲首，編年相次，晉國滅，獨記魏事，下至魏哀王二十年，謂之“今王”，蓋魏國之史記也。至晉武帝太康二年，汲郡人不準盜發魏襄王冢，此書復出，其原委載在武帝紀、束晳傳、衛恆傳、王接傳、荀勗傳及杜預左傳後序者甚詳。

汲郡竹書紀年注乃晉武帝命束晳、隨款二人譔。今有“約按”者，云沈約譔。然隋經籍志載紀年並無約注，梁書約本傳亦無此言。

高誘注戰國策

高誘注戰國策三十三卷，雅雨堂有刻本。或云此即從鮑彪本

---

① “惠”，原作“屬”，據水經注改。

中抄出，以東、西周互易其次而已，並非高氏原本尚存，而別有人傳之。俟再攷。鶴壽案：漢藝文志："戰國策三十三篇，記春秋後。"姚宏曰："隋經籍志：劉向錄三十四卷，高誘注二十一卷，京兆尹延篤論一卷。唐藝文志：劉向所錄闕二卷，高誘注增多十一卷，延叔堅之論尚存。今世所傳三十三卷，崇文總目：高誘注八篇，今十篇，武安君事在中山卷末。"王應麟曰："劉向校定三十三卷。紹興中，鮑彪升其第二卷爲首，又自更定訓釋。"吳師道曰："頃歲余辨正鮑彪戰國策注，讀呂子大事記，知剡川姚宏亦注是書，卷末載李文叔、王覺、孫朴、劉敞語。其自序云：'朴元祐初在館中，取曾鞏本，參以蘇頌、錢藻、劉敞所傳，并集賢院新本定之。'簡質謹重，深得古人論譔之意。"近黃丕烈所得宋槧姚氏本，後有跋云："戰國策經鮑彪殽亂，非復高誘原本，而姚宏校正本博采春秋後語諸書，吳正傳駁正鮑注，最後得此本，歎其絕佳，且謂于時蓄之者鮮矣。此本乃伯聲較本，又經前輩勘對疑誤，采正傳補注，標舉行間，天啓中得諸梁溪安氏，無何又得善本于梁溪高氏，紙墨精好，此本遂次而居乙。要之，此兩本實爲雙璧。"黃君重校刊之，謂："盧氏雅雨堂刻本雖據陸敕先抄校姚氏本，而實失其真，往往反從鮑彪所改及加字并抹除者，未知盧、陸誰爲之也。夫鮑之率意竄改，其謬妄不待言，乃更援而入諸姚氏本中，是厚誣古人矣。今用家藏至正乙巳吳氏本互勘，爲札記三卷，詳列異同，推原盧氏致誤之由而訂其失，兼存吳氏重校語之涉于字句者，亦下己意，以益姚氏之未備，大旨專主闕疑存古，不欲苟取文從字順"云云。然則既經黃氏重刻，雅雨堂本可棄置矣。

劉向所著

漢劉向傳："采傳記行事，著新序、説苑，凡五十篇。"此二書，明何良俊刻甚精。又序次列女傳，凡八篇。向，西漢之俗儒，其書傳世甚多，頗俚鄙而附會，遠不如其子歆。又有列仙傳，其敍見御覽卷六百七十二。

南部新書

宋史錢惟演傳："從弟易，字希白，著有南部新書。"予藏有抄本。

錦里耆舊傳

陳振孫書錄解題曰："前應靈縣令平陽勾延慶譔。開寶三年，祕書丞劉榮得此①，其詞蕪穢，請延慶修之，改曰成都理亂記。天成之後，別加編次，起咸通九載，迄乾德四年，百餘年蜀事大略具矣。續傳蜀人張緒所譔，起乾德乙丑，迄祥符己酉。自平蜀之後，朝廷命令、官僚姓名及政事因革，以至李順、王均、劉旰作亂之迹，皆略載之。知新繇縣太常博士張約爲序。"攷正德間慎獨精舍刻文獻通攷，引陳氏説，誤脱去"四年，百餘年蜀事大略具矣。續傳蜀人張緒所譔，起乾德"，凡二十二字。朱竹垞誤據之，遂云慶譔續傳，且有李順、王均、劉旰作亂之迹，又惜張約序已亡。不知慶所譔并非續傳，續者自是張緒，李順等載緒書，張約序亦是序緒書，竹垞皆誤。而近人更謂此書開寶中作，不應預見祥符，皆爲誤本文獻通攷所誤。鶴壽案：錦里耆舊二傳，蓋記前蜀王建、後蜀孟知祥時事也，書錄解題作八卷，而今本止有四卷。書錄解題謂"起唐懿宗咸通九年"，而今本起唐僖宗中和五年，豈陳振孫所見別是一本與？

青溪弄兵、出師二錄

青溪弄兵、出師二錄各一卷，皆王彌大輯。弄兵錄跋云："方勺仁聲作泊宅編，此事載在第五卷，嘉泰元年四月十日，王彌大約父命表姪陳知新錄出，時在金陵。"出師錄跋云："青溪方臘事迹，余既于方勺泊宅編錄出，今觀國朝續會要二百五十三卷出師門，專載方臘事，則又錄出，以參攷前書。嘉泰改元夏至日王彌大識。"此錄記方臘事，與宋史宦者童貫傳附方臘所載無異，惟南監板"臘，睦州青溪人，世居縣堨村"，當依弄兵錄作"石堨村"，而北監板亦脱"石"字。方勺泊宅編在商濬稗海第三函，其下卷載方臘事，亦作"碣村"。

北狩行錄

北狩行錄一卷，蔡京之子絛所譔。攷宋史姦臣蔡京傳，京子八人，儵先死，攸、翛伏誅，絛流白州死，絛以尚帝姬免竄，餘子及

諸孫皆分徙遠惡郡,初不言儵從太上皇北遷。録中之言,未審虛實。每自稱"都尉",知其尚帝姬也。有一條"癸丑六月二十四日,沂王樗、駙馬都尉劉文彥首告太上謀反金國"云云,自敘己之周旋患難忠赤之狀。計宋南渡,後人恨蔡氏刺骨,未必有人假儵名爲書以欺後世,姑存之。鶴壽案:同時曹勛以靖康二年從宋徽宗入金,至建炎二年南歸,著有北狩見聞録一卷,此係身所親歷,當爲信史。若蔡儵之書,則真僞莫辨。

南燼紀聞

南燼紀聞一卷,記金兵圍汴、二帝北行事,託名辛棄疾。攷宋史本傳,棄疾,歷城人,少與黨懷英同學,號辛、黨。始筮仕,懷英遇坎,留事金;棄疾得離,決意南歸。自耿京聚兵山東,稱天平節度使,棄疾爲掌書記。紹興三十二年,京令棄疾奉表歸宋,時年方二十三。則棄疾以紹興十年庚申生,靖康間棄疾尚未生,何由知其事? 而書中乃似朝夕隨侍二帝北行者,所記全不可信。鶴壽案:自古小人皆有悔過之心,蔡儵既爲小人之子,見父子兄弟俱遭誅殛,幸而得尚帝姬,免于遠竄,乃託言從太上皇北行,竭力周旋,以冀自附于忠貞,則北狩行録之作,必出自儵手無疑。獨辛幼安詞賦翩翩,南歸之後,累官浙東安撫使,進樞密承旨,德祐初追諡忠敏,行事甚著,乃有人焉,作南燼紀聞,嫁其名而不論其世,此不可解者。

三朝北盟會編

三朝國史北盟會編二百五十卷,徐夢莘譔。夢莘字商老,臨江人,紹興二十四年進士。紹熙中,爲荊湖北路安撫司參議官,除直祕閣。自序曰:"靖康之禍,古未有也,揆厥造端,誤國首惡,罪有在矣。試問誤國首惡爲誰? 曰:王安石也。不但趙良嗣、郭藥師非首惡,即童貫亦非也,即蔡確、蔡京亦非也,即呂惠卿、章惇亦非也。安石以陋謬淺妄之學術、凶狡狂鷙之性情,始而戾主倚爲金湯,終之羣凶奉爲魁帥,流毒至于生民塗炭、宗社爲墟,洵可云滔天首惡矣。"其中採秦檜論兵機三事劄子,賊檜初心原非遽欲爲金姦細,而其中叵測,則有見于初進議時。其書終于金主亮被弑、金世宗立,可謂識體。鶴壽案:他人之亂天下皆以貨財,安石之亂天下獨以文字。宋神宗詔王元澤修三經義,安石爲之提舉,蓋以相臣之尊,所以假命于其手也。詩、書多出元澤暨諸門弟子,周禮新義則安石親爲筆削。熙寧八年,頒于國子監,且置諸解義之首,而不知其爲亂天下之書也。晁公武曰:"周禮,王莽嘗取而行之,馴致大亂。宋設經義局,安石自爲周官義十餘萬言,以其書理財者居半,愛之,如行青苗之類皆稽焉。所以自釋其義者,蓋以所創新法盡傳著之,務塞異議者之口。後其黨蔡卞、蔡京紹述安石,期盡行周禮焉,'圜土'、'方田'皆是也。久之,禍難並起,與莽曾無少異,殆書所謂'與亂同事'邪?"閻若璩曰:"荊公爲江東提點刑獄時,與周茂叔相遇,語連日夜,退而精思,至忘寢食。荊公博辨騁辭,人莫敢與抗衡,獨呂晦叔以精識約言服之,嘗曰:'疵吝每不自勝,一詣長者,不覺消釋。'荊公之屈服于正人如此。何一旦柄國,而遂愎諫自信,豈真性之不可易邪,抑貧賤時能下人,而富貴後即矜己邪?"徐夢莘收羅野史及他文書多至二百餘家,爲編年之體,會稡成書,傳聞異辭者又從而訂正之,號三朝北盟會編(一作集編),自政和七年海上之盟,迄逆亮海陵王之斃,上下四十五載,具列事實,并錄制敕、詔誥、國書、奏疏、記序、碑誌之文,成二百五十卷,又綱目一册。寧宗慶元二年下臨江軍,抄録以進,十一月,除直秘閣。後又得未見書補編三帙。觀其自序以徽、欽二宗之難歸咎于安石,有以夫。

名臣事略

國朝名臣事略十五卷,趙郡蘇天爵伯修輯,天曆己巳冀郡歐陽元、至順辛未南鄭王理序,元統乙亥余志安刊于勤有書堂。惟第一至第四卷爲蒙古人,其餘皆色目人及漢人也。元史諸傳,亦略采之,但木華黎傳蕭阿先,元史作"蕭也先";兀葉兒,元史作"吾也而";烏里卜,元史作"兀里卜"。此等不可勝計,名曰"對音",與古人字少展轉假借之義正合。

焚椒録

焚椒録一卷,遼王鼎撰。案遼史道宗本紀,清寧八年六月"御清涼殿,放進士王鼎等九十三人",本傳作"五年擢進士第",誤也。仕至觀書殿學士。又本紀,太康元年"十一月辛酉,皇后被誣,賜死。殺伶人趙惟一、高長命,並籍其家屬”。其被誣之由,因乙辛誣后與趙惟一亂,鼎載之最詳,而遼史于道宗宣懿皇后蕭氏傳甚略。惟錄中言后“所以取禍有三,曰好音樂、能詩、善書”,則與史后妃贊內“度曲知音,爲致誣讒之階”者正合。又遼史順宗濬傳:濬即宣懿所生,后死,太子亦廢死,後道宗知其冤,謚昭懷太子,子延禧即天祚皇帝。而公主表道宗之第二女糺里,亦宣懿所生,以匡救天祚,竟誅乙辛,鼎錄未之及。若葉隆禮諸人,絕不一見其名,尤荒率。

山海經

吳越春秋越王無余外傳云:“禹巡行四瀆,與益、夔共謀,行到名山大澤,召其神而問之,山川脈理、金玉所有、烏獸昆蟲之類,及八方之民俗、殊國異域土地里數,使益疏而記之,故名之曰山海經。”鶴壽案:先生據趙氏之說,以爲山海經皆伯益所記,此不過言其大略耳。其實細別之,有作自禹、益者,有述自周、秦者,有傳自漢人者。五藏山經二十六篇,禹、益所作。禹與伯益主名山川,定其秩祀,量其道里,類別草木鳥獸。禹貢稱“奠高山大川”,爾雅稱“三成爲昆侖丘”,孔子告子張曰“牲幣之物,五嶽視三公,小名山視子男”,列子引夏革云云,呂不韋引伊尹書云云,多出此經,故知二十六篇爲禹、益之書也。其海外經四篇、海內經四篇,則周、秦人所述。禹鑄鼎象物,使民知神姦,按其文有國名、有山川、有神靈奇怪,鼎亡于秦,故其先時人猶能説其圖以著于册。至劉向校經,并而爲十三篇,班固作藝文志依之,無大荒經以下五篇。其大荒經四篇似釋海外經,海內經一篇似釋海內經,則漢人所傳,故其篇中有成湯,有王亥、僕牛,劉秀又釋而增其文以附于後,凡得十八篇。畢秋帆曰:“海內東經末云‘岷三江①首’至‘漳水出山陽東’,此古水經也。隋經籍志、舊唐書經籍志皆有水經二卷,郭璞注,無譔人姓名,皆次在山海經後,當即此也。其文云‘涇水出長城北山,沇水出象郡鐔城西’,則知是秦人所著;餘暨、彭澤、朝陽、淮浦之類,皆漢縣名,則知是劉秀所釋。乃水經注云:‘山海經,創之大禹,紀錄遠矣。

---

① “岷三江”,原作“岷山江”,據山海經海內東經改。

故海內東經曰:盧江出三天子都,入江彭澤西。'是誤以此水經爲禹書也。"

水經注

杜佑通典曰:"攷水經晉郭璞注三卷、後魏酈道元注四十卷,皆不詳所譔者名氏,亦不知何代之書。佑謂二子博贍,解釋固應精當,訪求久之方得。其經云濟水'過壽張',則前漢壽良縣,光武更名。'又東北過臨濟',則前漢狄縣,安帝更名。洭水'過湖陸',則前漢湖陵縣,章帝更名。汾水'過永安',則彘縣,順帝更名。故知順帝已後纂敘也。景純注解又甚疏略,亦多迂怪。"王應麟困學紀聞曰:"經云'武侯壘',又云'魏興安陽縣',注謂'諸葛武侯所居'、'魏分漢中,立魏興郡','江水東徑永安宮南,則昭烈託孤于武侯之地也'。其言北縣名,多曹氏時置;南縣名,多孫氏時置,是又若三國已後人所爲也。改信都從長樂,則晉太康五年也,然則非後漢人所譔。隋志云'郭璞注',不著譔人,舊唐書志云'郭璞譔'。愚謂所載及魏、晉,疑出于璞也。新唐書志始以爲桑欽,而又云'一作郭璞譔',蓋疑之也。經云'河水又北薄骨律鎮城',注云:'赫連果城也。'乃後魏所置,其酈氏附益與?按漢儒林傳:古文尚書,塗惲授河南桑欽君長。晁氏讀書志謂欽,成帝時人。意者欽爲此書,而後人附益。今郭注不傳。"按杜氏引四事,並水經之文;王氏引五事,僅魏興安陽一事屬水經,餘皆酈注誤入經者。水經濁漳水"東北過信都縣西",注敍張甲河右瀆稱長樂耳[①]。今攷水經之例,所序一水,不重舉水名,重舉乃注也,其因注繁,分作數卷,卷首更舉水名者,後人妄加。凡經並曰"過",注則曰"逕",間有傳寫互譌者,不過三五處。凡經無有言"故城"者,言"故城"皆屬注。經文、注文各有承接起止,自王應麟之前已殽亂,後人經、注不辨,故謂水經非一人一時所作,歸之桑欽,又歸之郭氏、酈氏附益,臆説紛然,無足怪也。鶴壽案:水經有二書,一是

---

① "稱",當爲"逕"之譌。

郭璞所注,止有三卷,自"岷三江首"至"漳水出山陽東",今附于山海經海內東經之末者也。一是酈道元所注,凡有四十卷,自河水篇至禹貢山水澤地篇,今世所通行者也。其分三卷者,經有長城、象郡等名,必是秦人所譔;其分四十卷者,經有魏興、魏寧等名,必是魏人所譔,然譔人姓名皆不得而知。自杜君卿已混二書爲一書,故前云濟水"過壽張"①,而後云"景純注解甚疏略",則是以魏人之水經,當秦人之水經矣。至新唐書則云"桑欽水經三卷,一作郭璞譔"。今案以水經爲桑欽所譔,與唐六典注同,然酈道元于漯水注引桑欽曰"漯水出高堂",于濁漳水注引桑欽曰"絳水出屯留西南,東入漳",于易水注引桑欽曰"易水出北新城西北,東入滱",于濡水注引桑欽曰"盧子之書,言晉既滅肥,遷其族于盧水",今水經皆無之,則安得以爲桑欽所譔哉?

又按桂陽郡漢寧,漢順帝永和元年立,吳改曰陽安,晉武帝太康元年改曰晉寧,而水經鍾水"北過魏寧之東"注云:"魏寧,故陽安也,縣南西二面岨帶清谿。"蓋魏得魏寧,其地在水西;吳得陽安,其地在水東北。吳、魏接境,各分有漢寧耳。作水經實魏人,故無晉太康已後郡縣名。水經注四十卷,宋時已亡五卷,今之卷帙及目録乃後人妄分,以就四十之數,而舊目不可復覩矣。卷二十九沔水下,攷其地當在卷二十八沔水中之前;卷三十三之末水經云"又東過巫縣南,鹽水從縣東南流注之",卷三十四之首仍屬此條注文,因經誤入注,注誤爲經,遂裂在異卷也。鶴壽案:戴東原校水經注序,其略云:"酈道元不言水經譔自何人,唐藝文志始以爲桑欽譔。欽在班固前,固嘗引其說,與水經違異。晉以來,注水經凡二家,郭璞注虞時猶存。杜君卿言二家皆不詳所譔者名氏。崇文總目云'水經注亡者五卷',今所傳即宋之殘本,後人又加割裂,以傳合四十卷之數。如注文'江水又東逕巫縣故城南',注訛列爲經,遂與前經文'又東過巫縣南'割分異卷。唐六典注云:'水經所引天下之水百三十七,今自河水至斤員水,止百二十三,脱逸十有四水,蓋在五卷中也。'通鑑地理通釋引水經四事,惟魏興安陽一事屬經文,餘三事咸酈注之訛爲經者,故其作書時世益莫能定。水經立文,首云某水所出,以下無庸重舉水名,而注內詳及所納羣川,加以採摭故實,彼此相雜,則

---

① "濟",原作"沛",據本篇前文及水經注改。

水名不得不重舉。經文敍次所過郡縣，一語實賅一縣，而注則沿溯縣西，以終于東，詳記所逕委曲。經據當時縣治，至善長作注時，縣邑流移，是以多稱‘故城’，經無言‘故城’者也。凡經例云‘過’，注例云‘逕’。以是推之，雖經、注相淆，而尋求端緒，可歸條貫。善長于經文涪水‘至小廣魏’，解之曰‘即廣漢縣也’；于鍾水‘過魏寧縣’，解之曰‘故陽安也，晉太康元年改曰晉寧’。然則水經上不逮漢，下不及晉初，實魏人纂輯無疑。"今案戴氏于水經，實在攷校一番，故其所言皆出心得。先生襲取此序，但補出通典全文及通鑑地理通釋全文，而改作困學紀聞而已。

元和郡縣圖志

舊唐書："李吉甫字宏憲，趙郡人，分天下諸鎮，紀其山川險易故事，各寫其圖于篇首，爲五十四卷，號爲元和郡國圖。"今此書抄本流傳甚多，而名爲元和郡縣圖志。竊以唐與漢不同，當稱"郡縣"，不當稱"郡國"；且今書圖已亡，獨志在，不得省"志"字。舊傳所載，其初成書時未定之名也。河南府河南縣中橋，咸通三年造，上距吉甫卒已四十九年，則此書後人附益者多矣。鶴壽案：是書名稱不一，舊唐書憲宗紀云"元和八年，李吉甫進元和郡國圖三十卷、十道州郡圖五十四卷"，唐會要作"元和州縣郡國圖"，新唐書藝文志云"李吉甫元和郡縣志五十四卷、十道圖十卷"，宋國史志作"元和郡國志"，中興書目云"自京兆府至隴右四十七鎮，皆圖在篇首，今本四十卷，并目錄二卷，圖闕，題爲郡縣圖志"。

江南、浙江通志

各省通志，繁芿已甚，姑就江、浙二志評之，江南遠勝浙江。即如江南有建置沿革表，浙江無之；江南職官志各代皆有總論，頗見眉目，而浙人惟務汎濫抄撮而已。修江南志者，顧棟高復初、陳祖范見復，兩先生潛心經史，不肯徇俗，不肯欺人，學有本原，所以有此。鶴壽案：江南通志，趙公弘恩所修，黃之雋主裁之，尚有未校正處。浙江通志，嵇公曾筠所修，引書必載原文，以見信而有徵，豈得譏其"汎濫"邪？

八府一州志書

今江、鎮、常、蘇、松、太、嘉、湖、杭八府一州，雖分隸江、浙，

其實乃同鄉也。江寧府北瀕大江而東接鎮江之丹徒；鎮江府北瀕
大江而東界常州之武進；常州府北瀕大江而西接鎮江之丹陽，東
接蘇州之吳縣、常熟；蘇州府北瀕大江而南界浙江之嘉興，西界
常州之無錫；松江府東南二面皆界大海，而西界蘇州之吳江，北界
蘇州之崑山；太倉州東南二面皆界大海，而西界蘇州之新陽，北界
蘇州之昭文；嘉興府東南二面皆界大海，而北接江南之震澤，西接
湖州之歸安，西南接杭州之仁和；湖州府東接江南震澤，西界安
徽廣德，南界仁和，北界太湖；杭州府東界赭山、海口，西界桐廬，
南界蕭山，北界湖州之德清。江寧爲兩江總督省會，蘇州爲江蘇
巡撫省會，杭州爲浙江巡撫省會。此八府一州，利害休戚皆共之。
蓋西北江寧府句容縣之良常、茅山，下接金壇，並連寧國、廣德諸
山，迤邐而南，直至吳興、德清諸山，以迄于天目，其西皆山也。山
中之水匯于太湖，爲之胸腹，而東面皆海，爲之尾閭，北則揚子江，
南則錢唐江，中間一塊約略方正，其上游爲壩以攔截之，下流爲閘
以啓閉蓄洩之，故利害休戚皆共之也。

　　抄本建康實錄二十卷，宋史藝文志有此書，宋嘉祐四年及紹
興十八年，凡兩次雕印。予所得者，惠紅豆先生抄本。

　　景定建康志五十卷，南宋理宗景定二年，金華馬光祖華父以
資政殿學士爲沿江制置大使、江東安撫使、知建康軍府事，屬其幕
僚承直郎宣差充江南東路安撫使司幹辦公事豫章周應合撰，開書
局于郡圃鍾山閣下。首留都錄，次地理圖，次表，次疆域，次山
川，次城闕，次官守，次儒學，次文籍，次武衛，次田賦，次風土，
次祠祀，次傳，次拾遺。始于三月，成于七月，僅五閱月而書成。
竊意其草率必甚，而其書甚有條理，雖乾道、慶元兩經修輯，應合
僅續六十年之事，而其才實有過人者。内表起周元王四年越城長
干時，凡千七百載，以時、地、人事分之，僅三卷，不似後來地志之
濫也。鶴壽案：是書首列留都四卷，蓋以宋高宗建炎二年即金陵爲建康府，
遂爲留都重鎮故也。次列圖、表、誌、傳四十五卷，末附補遺一卷。

今江寧府治江寧、上元二縣，而句容即瀕江，下連鎮江。鎮
江府領四縣，丹徒爲治所。京口名義見十七史商榷，絕高曰
"京"，因山爲壘，望海臨江，非京都之口也。又京口一地而有六
稱，見商榷。想唐以前宋山謙之南徐州記已亡，宋以前必有爲京
口志者，而今無存。

咸淳毘陵志三十卷。攷宋毘陵志，教授三山鄒補之所譔，十
二卷，見宋史藝文志及陳氏書録解題，今不傳。今本乃咸淳四年
郡守四明史能之重修。能之係司封郎中史彌鞏第二子，嵩之之叔
父，終身以引嫌避權勢，真賢者也。然但稱其進士，不言歷官，太闕
略矣。能之序自言："淳祐辛丑，予爲武進尉時，宋公慈爲守，病
舊志太略，俾鄉之大夫士增益之。越三十年，余來守，取而閲之，猶
故也，乃命同僚與郡士博習者網羅見聞，又取宋公未竟之書于常
簿季公家，譌者正，缺者補，閱旬月而成。"宋公所病太略者，大約
即鄒氏書，史所修則仍宋公本，又續三十年事也。合諸家本抄之，
尚缺第二十卷一卷。詞翰門第四卷後忽列技藝一門，乃元延祐
時人增入于清言寫荷花事，蓋鄉里無知之輩所爲。卷首列圖，有
"東至蘇州府、西至應天府"云云，非史志之舊，必史圖已佚，後人
取明志妄補者。

吳地記一卷，陸廣微譔，附後集一卷。攷吳江縣，五代所立，
廣微，唐乾符間人，而已有吳江縣，何也？ 前記出唐人手，後集宋
人附入。鶴壽案：吳越王錢鏐殺董昌，盡有浙東、西之地，僭號天寶，在梁太
祖開平二年，而陸廣微在唐僖宗時，安得書中稱錢氏諱"鏐"？ 則必非其原本
矣。然所載吳中故事，實有資于攷證。

吳郡圖經續記三卷，元豐七年州民前許州司户參軍朱長文
譔。自序稱"舊圖經係大中祥符間命官編輯，今亡存矣。由祥符
至元豐七十年，未有紀述。朝請大夫臨淄晏公出守是邦，乃故相
國元獻公之子，屬長文綴緝，乃作是記，凡圖經已備者不録"。鶴
壽案：此書既精且博，故爲書雖止三卷，而所列實有二十八門，是地志之佳者。

吴郡志五十卷,范成大撰。紹定二年,汴人趙汝談序云:
"初,范公爲吴郡志成,有譁者曰:'是書非石湖筆。'守憚,弗敢
刻。紹定初元,廣德李侯壽朋以尚書郎出守,拜石湖祠,退從其家
求遺書,得斯志,而書止紹熙三年,其後大建置,如百萬倉、嘉定新
邑、許浦水軍等①,皆未載,于是會校官汪泰亨增所缺,遺書來屬汝
談序。"鶴壽案:致能于紹興二十四年舉進士,後世守成都,官至資政殿學
士、提舉洞霄宮,生長吳郡,故于吳中典故事迹以及名門望族,無不洞悉本末。
此志凡分三十九門,極其詳贍,汪泰亨不逮也。

中吴紀聞六卷,淳熙元年宣教郎賜緋魚袋龔明之撰。淳熙元
年,歲在甲午,南宋孝宗即位之十二年,序稱"今年九十有二",則
生于北宋神宗元豐六年癸亥。此書皆記吴之文獻。鶴壽案:龔明之
在范成大以前,其書博采吴中故老之嘉言懿行以及風土人文,凡圖經所未載
者,賴有是書以補之。

吴都文粹六卷,蘇臺鄭虎臣集。虎臣殺賈似道,實爲快士。
此書搜輯鄉邦詩文有關典故者。

紹熙雲間志三卷,紹興四年癸丑仲冬,奉議郎、特差知秀州華
亭縣主管勸農公事兼兵馬都監兼監鹽場主管堰事借緋楊潛撰。
此書六月編次,十月書成。凡南渡後志書大約如此,蓋前人已曾編
類,今特重加整理故爾。

今松江府領七縣,華亭、婁縣爲治所,餘則奉賢、金山、上海、
南匯、青浦,其實只華亭一縣地,故雲間志足以該之。太倉州領
四縣,鎮洋附郭。嘉定有元秦輔之練川志,今無存。

至元嘉禾志三十二卷,至元戊子,經歷單慶請郡博士徐碩纂
輯,編成,萊山劉侯傑來守,實始刻之。序者,郭晦、唐天麟也。元
有兩至元,至元戊子爲元世祖二十五年。晦,宋淳祐十年進士;天
麟,寶祐四年進士;而碩則咸淳四年陳文龍榜進士,三人皆故國科

---

① "浦",原作"補",據趙序及吴郡志改。

第。此書爲卷三十二，以沿革、星野、道里、風俗、城社、坊巷、鄉里、鎮市、山阜、江海、湖泖水附、浦溆、溪潭㳇附、陂塘、河港浜灣附、涇溝、堰閘、户口、物産、賦税、征榷、學校、科舉、廨舍、院務①、倉庫、徼巡、官驛、郵置、橋梁、樓閣、堂館、亭宇齋屋附、寺院、宮觀道院附、冢墓、仙梵②并宋登科題名，總居十五卷之内；自十六卷至二十六卷，凡爲碑碣者十一；自二十七卷至三十二卷，凡爲題詠者六。核其多寡，碑碣、題詠二門，反多于前三十八門，詳略倒置已甚。係舊物，姑存之。此外又有溆水志，載鹽邑志林。

鶴壽案：元代松江府華亭縣亦隸嘉興路，故嘉禾志兼載之，其分樓閣、堂館、亭宇爲三卷③，未免凌雜鹽米。若其録碑碣至十一卷之多，固攷據者所需也。溆水志八卷，紹定三年鹽税官羅叔韶使常棠爲之，首列輿圖，分爲十四門，其書止有四十四頁，最爲該括。溆水鎮在海鹽縣東三十里。

　湖州府無元以前舊志，烏程鄭元慶芷畦所輯，頗有可觀，但出近代。

　咸淳臨安志一百卷，中奉大夫、權户部尚書兼知臨安軍府事潛説友譔。内闕第十六卷圖十頁，第六十四卷人物歷代列傳，第九十卷紀遺門紀事，第九十一卷首闕二頁，第九十八卷、第九十九卷俱紀遺門紀文，第一百卷紀遺門歷代碑刻目，共五全卷并缺頁，較朱竹垞所抄多二卷，盧文弨從鮑以文不全宋抄本補入者，而圖十頁及九十一卷之首二頁則竹垞不言，想竹垞亦缺也。鶴壽案：周彦廣譔乾道臨安志，第一卷記宮闕、官署，題曰“行在”，最爲得體，所以別于府志也。故咸淳臨安志亦倣其體例，自第一卷至第十五卷先敍行在，至第十六卷以後乃爲府志。

　乾道臨安志殘本，臨安府尹長興周淙譔。本十五卷，今僅存一卷至三卷。陳振孫書録解題譏其首卷爲行在所，于宮闕、殿閣

---

①　原志“院務”目下有“局附”二小字。
②　原志此目前尚有“人物”目，後尚有“古蹟”目，則碑碣前之目數實爲四十門。
③　此三目皆在卷九中，則“三卷”之説有誤。

全不記載。案彦廣于宮闕、殿閣非全不記載,但太略耳。至于官署、橋梁、園亭、坊巷及職官姓氏,實爲潛志藍本。

謂“地志不可用古名”太迂

閻若璩謂蘇明允嘉祐集不得稱老泉集,老泉乃是子瞻,其實宋人皆已稱爲老泉矣。至謂楊君謙循吉方沐髮,王守溪以新修姑蘇志投之,楊瞥見其題籤,以水灑地,麾而去之,直斥爲不通,謂蘇州府志不得稱姑蘇也,則迂謬已甚。宋人所修地志,無有不用古名。即唐以前,如吳地記、洛陽伽藍記、荆州記、西京雜記、華陽國志、南徐州記、錦里耆舊傳,何嘗不用古名乎?

西域記

新唐書太宗女合浦公主傳:“嫁房遺愛①。御史劾盜,得浮屠辨機金寶神枕,自言主所賜。初,浮屠廬主之封地,會主與遺愛獵,見而悦之,具帳其廬,與之亂,更以二女子從遺愛,私餉億計。至是浮屠誅死,殺奴婢十餘。”玉海:“唐西域記十二卷,貞觀中玄奘譯,辨機譔。玄奘徧歷西域一百三十八國,因記其山川、聚落、風俗、古跡之詳。一云玄奘所歷一百一十國,傳聞二十八國,山川、風俗、釋氏事迹皆録。”案西域記十二卷,予得自釋藏,每卷首題“三藏法師玄奘奉詔譯,大總持寺沙門辨機譔”。前有序,不署何人譔,文云:“玄奘輒隨遊至,舉其風土。不有所叙,何記化洽?今據聞見,于是載述。”據此似玄奘述之,辨機記之。又言:“編録典奧,綜覈明審,立言不朽,其在兹焉。”竊意斷無同時僧有兩辨機之事,以一淫亂沙門,乃意在譔述,亦理所無。然載在正史者,不可不信。而又有尚書左僕射、燕國公張説製序,稱“法師諱玄奘,姓陳氏,潁川人。與令兄長捷法師,蔥山矯迹,畢究方言。于是詞發雌黄,飛英天竺;文傳貝葉,聿歸振旦。太宗文皇帝,製三藏聖教序七百八十言;今上昔在春闈,裁述聖記五百七十九言。奉詔翻

---

①　“嫁”,原作“降”,據新唐書諸公主傳改。

譯梵本凡六百五十七部”，而絕無一言及辨機。攷今聖教序“玄奘周游西宇十有七年，窮歷道邦，詢求正教，總將三藏要文凡六百五十七部，譯布中夏，宣揚勝業”，與張説序合。西域記國數亦與玉海所言一百三十八國合。而其書究係玄奘作乎，與辨機同作乎，荒虛誕幻，吾何由而知之？鶴壽案：新唐書藝文志有程士章西域道里記二卷，王玄策中天竺國行記十卷，高宗遣使分往康國、吐火羅，訪其風俗、物産，畫圖以聞，詔史官譔西域圖志六十卷，裴矩西域圖記三卷，達奚通海南諸蕃行記一卷，以上五書編在地理類。而玄奘大唐西域記十二卷，注云“姓陳氏，緱氏人”，辨機西域記十二卷，則皆載在釋氏類，本不以當地理志也。

總述云：“索訶世界，舊曰娑婆世界，又曰娑訶世界。有四洲焉，東毘提訶洲，舊曰弗婆提，又曰弗于逮。南贍部洲，舊曰閻浮提，又曰剡浮洲。西瞿陀尼洲。舊曰瞿邪尼，又曰劬伽尼。北拘盧洲。舊曰鬱單越，又曰鳩樓。”遠西艾儒略職方外紀云：“大地全圖之外，另各設爲一圖，曰亞細亞，中國在此洲内。曰歐邏巴，大西洋在此洲。曰利未亞，曰亞墨利加。”其墨瓦蠟尼加一洲則居極南，西洋人亦未到，故圖不立。

蛾術編卷十三

説録十三

唐六典

新唐書韋述傳:"開元詔修六典,徐堅搆意歲餘,歎曰:'吾更修七書,而六典歷年未有所適。'及蕭嵩引述譔定,述始摹周禮六官,官領其屬,事歸于職,規制遂定。"案:今本係王文恪鏊所刻。

鶴壽案:新唐書藝文志云:"開元十年,起居舍人陸堅被詔集賢院修六典,玄宗手寫六條,曰理典、教典、禮典、政典、刑典、事典。張説知院,委徐堅,經歲無規制,乃命毋煚、余欽、咸廙業、孫季良、韋述參譔,始以令式象周禮六官爲制。蕭嵩知院,加劉鄭蘭、蕭晟、盧若虛。張九齡知院,加陸善經。李林甫代九齡,加苑咸。二十六年書成。"唐會要云:"六典三十卷,歷十六年,知院四人,參譔官十二人,内自省、臺、寺、監,外鎮戍、嶽瀆、關津,上自三師、三公,至令、丞、曹、掾、簿、尉。貞元二年定班序,每班以尚書省爲首,及監察泜祭;元和元年高郢奏警嚴,及牛僧孺奏升諫議爲三品,皆據六典。"宋熙寧十年,命劉摯等校六典。元豐三年,禁中鏤板,以摹本賜近臣及館閣。曾子固曰:"其本原設官因革之詳,上及唐、虞,以至開元,典文不煩,其實甚備,可謂善述作者。前有明皇自序,篇首皆稱'御譔'、'李林甫等注',惟第四篇則曰'張九齡等奉敕譔'。"今案修譔六典者不止十二人。據賀知章傳云:"張説爲麗正殿修書使,薦知章及徐堅、趙冬曦入院譔六典。"則是有十四人也。徐堅之薦在前,出自張説;韋述之薦在後,出自蕭嵩。至張九齡于開元二十三年已罷中書令,而第四篇猶謂九齡奉敕譔,蓋失改耳。

唐開元禮

唐開元禮一百有八卷，前有序例三，其餘吉禮七十五、賓禮二、軍禮十、嘉禮十八。玫當時尚有凶禮二十，朱竹垞稱："降凶禮于五禮之末，蓋貞觀已然。至顯慶成書，出許敬宗、李義府手，削去國恤，開元儒臣終不能釐正。"則是開元禮無凶禮矣。且即嘉禮，竹垞言有四十卷，則合前凡一百三十，而此本衹十八，何也？蓋此書已亡于宋，明季人鈔提通典偽爲之①。鶴壽案：先生所言開元禮數卷②，蓋據集賢注記所載也。新唐書禮樂志云："玄宗開元十年，以國子司業韋縚爲禮儀使，以掌五禮。十四年，通事舍人王喦上疏，請刪去禮記舊文，而益以今事。詔付集賢院議，學士張説以爲，禮記不刊之書，去聖久遠，不可改易，而唐貞觀、顯慶禮儀注前後不同，宜加折衷，以爲唐禮。乃詔集賢院學士右散騎常侍徐堅、左拾遺李鋭，及太常博士施敬本譔述，歷年未就，而説卒。蕭嵩代爲學士，奏起居舍人王仲丘譔定一百五十卷，是爲大唐開元禮，由是唐五禮之文始備。"藝文志則云："張説引王喦就集賢院詳議，請修貞觀、永徽五禮爲開元禮，命賈登、張烜、施敬本、李鋭、王仲丘、陸善經、洪孝昌譔緝，蕭嵩總之。"而又有蕭嵩開元禮義鏡一百卷、開元禮京兆義羅十卷、開元禮類釋二十卷、開元禮百問二卷、韋渠牟貞元新集開元後禮二十卷。今案開元禮蓋本貞觀、顯慶二禮修之也。禮樂志云："太宗時，中書令房玄齡、祕書監魏徵與禮官、學士等，因隋之禮，增以天子上陵、朝廟、養老、大射、講武、讀時令、納皇后、皇太子入學、太常行陵、合朔、陳兵太社等，爲吉禮六十一篇、賓禮四篇、軍禮二十篇、嘉禮四十二篇、凶禮十一篇，是爲貞觀禮。"是貞觀禮有凶禮也。唐會要云："永徽二年，議者以貞觀禮未備，詔長孫無忌等十三人緝定，勒成一百三十卷、二百九十九篇，至顯慶三年奏上之。蕭楚材、孔志約以國恤禮爲豫凶事，敬宗、義府然之，于是刪去。"是顯慶禮雖去國恤五篇，尚有凶禮六篇也。至于開元禮，不獨先生所據集賢注記明言"凶禮二十卷"，唐六典亦云："五禮之儀，吉禮圜丘至拜埽，其儀五十有五；賓禮蕃國朝至燕蕃使，其儀有六；軍禮親征至儺，其儀二十有三；嘉禮皇帝加元服至宣赦，其儀五

---

① "鈔提"，疑"鈔撮"之訛。
② "數卷"，當作"卷數"。

十；凶禮振荒至王公禮制通議，其儀十有八。"奈何疑其無凶禮哉？

朱子家禮

宋史儒林廖德明傳："德明在粵，刻朱熹家禮。"此書家置一編，尊之如經典，然皆俗刻本也。商丘宋犖刻甚精，而書則與俗本無異，惟予鄉試座主東昌鄧先生諱鍾岳所刻，係照宋板付梓，予未見。寶應王氏懋竑白田艸堂文集力辨此書非朱晦菴作。

唐律疏義

唐律疏義三十卷，唐長孫無忌等譔。崇文總目史部刑法門有律疏三十卷，當即唐律，蓋無忌等進表亦稱"律疏三十卷"也。但崇文總目爲鄭樵刪削，糟粕空存，又幾經傳寫，殘缺殽譌，不足憑信。晁公武郡齋讀書志、趙希弁郡齋讀書附志，兩處史部刑法類皆只有宋人書。希弁讀書後志史部刑法門，唐人書只趙綽金科易覽；陳振孫直齋書錄解題史部法令類律文十二卷、音義一卷，宋天聖中孫奭譔。雖振孫説其十二卷與唐律合①，要亦非唐人書也。馬端臨通攷史部刑法類、明文淵閣書目史部皆無之，焦竑國史經籍志史類忽載"律疏三十卷"，雖無作者姓名，似是唐人書，但宋各家目及文淵閣目所無，焦氏何由得見？不過鈔撮崇文總目，臚而列之，非實見此書。焦氏之書，大半皆子虛、亡是，即如法令中首載律本二十一卷，賈充、杜預譔、漢晉律序注一卷、律解二十一卷②，晉張斐譔，尚有蔡法度所譔晉宋齊梁律二十卷，宗躬所譔齊永明律八卷，范泉所譔陳律九卷，無譔人名如後魏、北齊等律，亦概依隋經籍志照樣鈔謄以欺人耳。鶴壽案：新唐書藝文志云："散頒天下格七卷、留本司行格十八卷，長孫無忌等奉詔譔，永徽三年上。律疏三十卷，長孫無忌、李勣、于志寧、唐臨、段寶元、劉燕客、賈敏行等奉詔譔，永徽四年上。"刑法志云："高宗初即位，詔律學之士譔律疏，又詔長孫無忌等增損格敕，其曹司常務日留司格，頒之天下曰散頒格，龍朔、儀鳳

---

① "卷"，原作"興"。
② "律解"，國史經籍志作"雜律解"。

中，李敬元、劉仁軌又加刊正。”據此則散頒格、留司格成于律疏之後，而藝文志反列于前者，以所上年月爲次也。

文獻通攷無唐律疏義，惟言“律文十二卷”。陳振孫云：“自魏李悝、漢蕭何以來，更三國、六朝、隋、唐，因革損益備矣。”而新刑法志云：“唐律書因隋之舊，爲十二篇，一名例，二衛禁，三職制，四户婚，五廐庫，六擅目，七賊盜，八鬬訟，九詐僞，十雜律，十一捕亡，十二斷獄。”與今書合。

釋名

今世所傳釋名，署云“漢劉熙成國譔”。新唐書藝文志小學類劉熙釋名八卷，隋及舊唐書經籍志則云熙字成國，後漢安平太守，著釋名。經籍攷云：“安南太守，作‘安平’者誤也。”古愛東山黎崱譔安南志略，内載歷代羈臣，云：“劉熙，不知何郡人，與薛綜、程秉避亂交阯。”吴志云：“劉熙論大義。”韋昭曰：“熙作釋名八卷，物類至煩，難復詳究。”則釋名出于熙審矣。乃後漢文苑傳云“劉珍字秋孫”，注云：“諸本有作‘祕孫’者。其人名珍，與祕義相扶。”愚謂不但珍、祕相扶，此下又言“一名寶”，則當爲“祕”明矣。又云：“南陽蔡陽人，永初中與劉騊駼、馬融校定東觀五經、諸子傳記、百家藝術。永寧元年，作建武以來名臣傳。延光五年，爲衛尉，卒官。譔釋名三十篇，以辯萬物之稱號。”劉珍與劉熙非一人，所著似別一書。鶴壽案：釋名止有一書，而著是書者實係兩人，蓋劉珍創之于前，劉熙續之于後也。何以知之？高祖諱邦，而釋州國篇云：“大曰邦。邦，封也。”光武諱秀，而釋天篇云：“酉，秀也，秀者物皆成也。”殤帝諱隆，而釋山篇云：“陵，隆也，體隆高也。”沖帝諱炳，而釋天篇云：“丙，炳也，物生炳然皆著見也。”其于漢帝諸諱，全不避忌。魏以漢司隸所部河南、河東、河内、弘農、并冀州之平陽，合五郡，置司州，而釋州國篇云：“司州，司隸校尉所主也。”漢無司州之名，舊本題“安南太守劉熙譔”，漢亦無安南郡，惟三秦記云：“中平五年，分漢陽，置南安郡。”“安南”當是“南安”之訛。中平爲靈帝第四改元，已在漢末，然則劉熙必爲三國時人矣。若劉珍，則當生于章帝、和帝時。章帝在位十三年，和帝在位十七年，據本傳云：“永初中爲謁者僕射,延光四年拜宗正。"永初爲安帝第一改元,延光爲安帝第五改元,下去中平五年尚有六十餘歲,安所得南安郡而守之乎? 然本傳稱"謏釋名三十篇",言之鑿鑿,以此知劉珍創始之,劉熙續成之也。劉珍所著三十篇,何以劉熙自序云"凡二十七篇"? 曰:劉熙本實不止此,觀韋昭傳,則尚有官爵篇,後人見所存者止有二十七篇,遂妄改其序文耳。

白虎通義

後漢儒林傳:"建初中,大會諸儒于白虎觀,攷詳同異。肅宗親臨稱制,如石渠故事,顧命史臣著爲通義。"注云:"即白虎通義是。"予所藏者,元大德九年東平張楷刻。

急就章、匡謬正俗

舊唐書顏籕傳:"字師古,注急就章行于世。永徽三年,師古子揚庭爲符璽郎,表上師古所譔匡謬正俗八卷,高宗下詔付祕書閣。"今雅雨堂有刻本。鶴壽案:漢史游所譔急就篇三十四章,分釋名物,極其古雅,頗有禆于初學。顏師古爲之注,王伯厚又爲之補注。匡謬正俗八卷,師古所譔,前四卷論讀經訓詁音釋,後四卷論諸書字義、字音以及俗語之訛,是亦藝林所不可少也。

汗簡載僞古文尚書

汗簡所載古文云"見尚書"者,其中多有二十八篇所無,而出僞孔氏二十五篇中之字,如"董"字、"倦"字、"羿"字、"餉"字、"洋"字、"醇"字、"孕"字、"厚"字、"私"字之類,皆出僞孔,伏生所無也。則知作汗簡者竟誤信東晉晚出之書,以爲真孔壁所得,其識不過如薛季宣一流人。即此一端,其他所載恐亦未必皆確。鶴壽案:從來談金石文字者本係難信,即如宣和博古圖所載鼎彝之類,皆以寸計。夫鼎以載牛羊豕,豈數寸所能容? 其爲宋人僞造無疑。郭忠恕所譔汗簡三卷,亦此類耳,乃夏竦猶信以爲真古文,而竊據之作古文四聲韻五卷,可謂無識。

十部算經

新唐書百官志:"算學博士二人,從九品下,助教一人,掌教八品以下及庶人子爲生者。二分其經以爲業,九章、海島、孫子、五

曹、張丘建、夏侯陽、周髀、五經算、綴術、緝古爲顓業。”舊唐書
李淳風傳：“太史監候①王思辯表稱五曹、孫子十部算經，理多踳
駮，淳風復與國子監算學博士梁述、太學助教王真儒等，受詔注五
曹、孫子十部算經。書成，高宗令國學行用。”按唐人算學之書，
列爲功令用以試士者，九章、海島、孫子、五曹、張丘建、夏侯陽、
周髀、五經算、綴術、緝古，所謂十部算經是也。鶴壽案：算經十書
者，九章算術一也，不著譔人姓名，分方田、粟米、衰分、少廣、商功、均輸、盈
不足、方程、句股爲九卷，魏劉徽注，唐李淳風釋。音義一卷，宋李籍注。海
島算經二也，劉徽譔并注。本名重差，書止一卷，附在句股之末。孫子算經
三也，係後人所譔，非出孫武，分上中下三卷，北周甄鸞注，李淳風釋。五曹
算經四也，不著譔人姓名，分田曹、兵曹、集曹、倉曹、金曹爲五卷，甄鸞注。
張丘建算經五也，分上中下三卷，甄鸞注，李淳風釋。夏侯陽算經六也，亦分
上中下三卷。張丘建、夏侯陽，不知何代人，據宋史禮志算學祀典云“封晉張
丘建信成男，夏侯陽平陸男”，則皆爲晉人。據張丘建算經自序云“夏侯陽
之方倉”，則張丘建又在夏侯陽之後。舊有甄鸞、韓延注，今已亡。周髀算經
七也，出于商、周之間，分上下二卷，漢趙爽注，甄鸞重述，李淳風釋。音義一
卷，李籍譔。五經算術八也，甄鸞譔，分上下二卷，李淳風注。綴術九也，南
齊祖沖之譔，亦分上下二卷，李淳風注，今其書已亡。緝古算經十也，唐王孝
通譔並注，書止一卷。新唐書選舉志：“取士之科，明算居一，限以年數。孫
子、五曹共一歲，九章、海島共三歲，張丘建、夏侯陽各一歲，周髀、五經算共
一歲，綴術四歲，緝古三歲，記遺、三等數，皆兼習之。凡算學，録大義本條爲
問答，明數造術，詳明術理，然後爲通。試九章三條，海島、孫子、五曹、張丘
建、夏侯陽、周髀、五經算各一條，十通六，記遺、三等數帖讀十得九，爲第。
試綴術七條，緝古三條，十通六，記遺、三等數帖讀十得九，爲第。落經者雖
通六，不第。”蓋唐人以九章、海島、孫子、五曹、張丘建、夏侯陽、周髀、五經算
八者爲經，而綴術、緝古二者不謂之經也。術數記遺一卷，漢徐岳譔，甄鸞
注。其言曰：“黃帝爲法，數有十等，及其用也，乃有三焉。十等者，億、兆、京、
垓、秭、壤、溝、澗、正、載也。三等者，上、中、下也。下數十十變之，若言十萬

---

① “候”，原作“侯”，據舊唐書改。

日億，十億曰兆，十兆曰京也；中數萬萬變之，若言萬萬曰億，萬億曰兆，萬兆曰京也；上數數窮則變，若言萬萬曰億，億億曰兆，兆兆曰京也。下數淺短，計事不盡；上數宏廓，世不可用，故其傳業惟以中數。”今案此特假爲博大之言，不得事實。夫所謂“萬萬變之”者，其由萬至億，亦必歷一萬、二萬以至十萬爲一位，其歷十萬復然，其歷百萬及千萬亦復然，極之億億、兆兆無不然，舍是無以成算，然則不過繁更位數名稱，以巧炫耳目爾。“三等數”當是乘除諸分及開平冪、開立積也。

司馬法

司馬法，漢藝文志百五十五篇，宋元豐間存五篇，編入武經七書，内仁本、天子之義二篇最純。

史炤通鑑釋文

顧炎武重刻廣韻，久而覺其不完，作後序云：“史炤通鑑釋文所引廣韻，其不載于廣韻者甚多。”顧氏未必見通鑑釋文，此説不知何據？鶴壽案：王伯厚曰：“通鑑釋文三十卷，史炤譔，高宗紹興三十一年上。”

文淵閣書目有册數，無卷數，所載通鑑，多者一百四十册，少者七十册。有胡三省通鑑音注一百六十册，蓋已散入正文者也。它如司馬公自譔之目録、攷異、稽古録及詳節、前例、少微、前編皆有，而獨無史炤釋文。

劉歆七略

漢成帝即位，詔劉向領校中五經祕書。河平中，劉歆受詔，與父向領校祕書，講六藝、傳記、諸子、詩賦、數術、方技。哀帝即位，歆復領五經，卒父前業，乃集六藝羣書，別爲七略。語在藝文志。

十七史

文淵閣書目亦分經、史、子、集。經雖分易、詩、書等，史則直云第幾厨，無正史、編年、雜史等名，自史記至五代史畢，後略及十七史詳節等，即繼以通鑑及綱目，凡解釋二書者皆以類從，聚于一處載畢，然後及宋、遼、金、元諸史。蓋史學至宋而彙成十七史，實爲一大結束。通鑑與綱目皆十七史也。自宋至明初，言史者但以十七爲備，以宋史等别爲一類。鶴壽案：唐書二百卷，中興書目云：“五代晉宰相劉昫、史官張昭遠等譔。唐三百年，國史野録參錯不一，至昫删集，爲紀二十、志五十、列傳一百五十，今謂之舊唐書。”五代史一百五十卷，目録二卷，中興書目云：“開寶六年四月，詔梁、後唐、晉、漢、周五代史，宜令參政薛居正監修，盧多遜、扈蒙、張澹、李穆、李昉等同修。七年閏十月書成，凡記十四帝、五十三年，爲紀六十一、志十二、傳七十七，今謂之舊五代史。”十七史外增此二史，乃爲詳備。

文淵閣無薛史

文淵閣書目，五代史共十部，最少者十册，最多者十六册。此目以册計者甚薄，五代史纂誤只四五十頁，亦分二册。所載皆歐陽氏新史，無薛居正舊史。

經義攷

竹垞朱氏經義攷載陸璣毛詩草木鳥獸蟲魚疏。璣字元恪，陸德明、孔穎達皆引之。德明云“官吳太子家令”，似是官于孫吳者，然其書引郭璞語，則又是晉人。此書詩疏中所引，或稱詩義疏，而梁劉芳别有詩義疏，竹垞不知。經義攷于劉芳一條下所引詩義疏，皆陸璣語也。又載高誘禮記注，無卷數，亦無來歷，直云未見。誘并未注禮記，竹垞誤以誘吕覽注爲禮記注。又載通禮義纂，以爲漢人，其實是宋初詔竇儀所修，見玉海。

通典、通志、通攷

唐宰相杜佑君卿，當大曆初，爲尚書主客郎，雅有遠度，志于邦典。先是，劉秩采經史制度沿革廢置，議論得失，自黃帝迄天寶末，倣周官六官，爲政典三十五篇，房琯稱其才過劉向。佑因廣之，參以新禮，爲二百篇，以食貨、選舉、職官、禮樂、刑法、州郡、邊防八門分類，號曰通典，三十六年成書，德宗時上之，世稱該洽。至通志則輯自鄭樵漁仲。樵居夾漈山，搜奇訪古，初爲經旨、禮樂、文字、天文、地理、蟲魚、艸木、方書之學，皆有論辨，條其綱目，而名之曰略，凡二十略，又取史遷以下十五代之史，删併記傳，以唐書、五代史本朝大臣所修，不敢議，迄隋而止，合二十略，統曰通志。高宗幸建康，嘗命奏進，會樵病卒，淳熙間上之。宋末馬貴與又別譔文獻通攷。貴與爲觀文殿大學士延鸞子，宋亡，不樂仕進，專事著述，以杜氏通典尚有闕略，乃綴緝攷評，部分彙別，自天寶以前，則增益其事迹之未備，離析其門類之所未詳；自天寶以後至宋嘉定之末，則續而成之，爲門二十有四。書成後，内寺王壽衍上之于朝。蓋貫弗二十五代，文章莫大乎是哉。夫此三通者，誠堪鼎足矣。然佑原本劉氏，兼采六典，王冀公謂其中四十卷爲開元禮，馬氏則曰：“節目之間，未爲明備；去取之際，頗欠精審。蓋古者因田制賦，賦乃米粟之屬，非可析于田制之外；古者任土作貢，貢乃筐篚之屬，非可雜于税法之中。乃若敍選舉，則秀孝與銓選不分；敍典禮，則經文與傳注相混；敍兵，則盡遺賦調之法。凡若此類，寧免小疵。至于天文、五行、藝文，歷史各有志，而通典闕如。又王溥作唐、五代會要首立帝系一門，敍各帝歷年久近、傳授始末，次及后妃、皇子、公主之名氏、封爵，二者歷代之統紀係焉，而杜亦不之及。”蓋通典之可議如此。夾漈于元豐晚出之僞三墳則信之，于毛、鄭久傳之小序則詆之，陳直齋已譏其私心自是，不知而作。至于二十略者，馬氏謂：“天文、地理、器服失之太簡，古器服制度甚多，今止樽罍一二，亦云器服。若禮及職官、選舉、刑罰、食貨五者，天寶以前盡寫通典全文，天寶以後竟不續增，又以通典細注稱爲己意附其旁，而無所發明。疏陋如此，乃自詡‘本前人之典，而亦非諸史之文’，不亦誣乎！”明胡元瑞又譏藝文、校讎二略，錯謬疊出，如敍崔曙于許渾後之類。不特此也，地理略前敍川瀆，原流不備，其後仍襲杜氏州郡序文及開元十道圖耳；諡略僅取蘇氏三百十一條而增損之，其諡義竟不復見，何邪？蓋通志于三通爲最下。要之，通典條貫古今，端如貫珠，李翰序之，謂“近代譔集御覽、藝文、玉燭之類，博則博矣，然率多文章之事、記問之學，至于刊列百度，緝熙皇猷，至精至粹，其道不雜，比于通典，非其倫也。"本傳亦謂"儒者服其約而詳",則杜書誠有不可及者。鄭之序二十略,自云"五略,漢唐諸儒所得聞;其十五略,漢唐諸儒不得而聞",未免言大而夸。本傳稱其"敷陳古典,自成一家",馬氏又以爲"氏族、六書、七音等略,攷訂詳明,議論精到",竊以爲過矣。若通攷之作,自田賦、錢幣、户口、職役、征榷、市糴、土貢、國用、選舉、學校、職官、郊社、宗廟、王禮、樂、兵、刑、輿地、四裔,俱爲通典成規;經籍、帝系、封建、象緯、物異,則通典所未有而補之者。凡敘事則本之經史而參以會要及百家傳記,凡論事則取當時臣僚奏疏及名流燕談、稗官記録,其史傳可疑、論辨未當者,則以己意附其後,庶幾可輔翼通典者與。鶴壽案:三通之優劣,前儒論之詳矣。"三千"與三通並行,亦藝苑之珠船、蓬池之寶筏也。宋太平興國二年,詔李昉、扈蒙、李穆、湯悦、徐鉉、張洎、李克勤、宋白、陳鄂、徐用賓、吳淑、舒雅、吕文仲、阮思道等,以前代修文御覽、藝文類聚、文思博要及諸書分門編爲千卷;八年十一月,詔:"史館所修太平總類,宜令日進三卷,朕當親覽焉。"宰相宋琪等曰:"天寒景短,日閲三卷,恐聖躬疲倦。"太宗曰:"朕性喜讀書,頗得其趣,開卷有益,豈徒然也。"十二月書成,凡五十四門,自天地事物迄皇帝王霸,分類編次。詔曰:"太平總類包括羣書,指掌千古,頗資乙夜之覽,何止名山之藏。用錫嘉稱,以傳來裔,可改名太平御覽。"又太平興國七年,以諸家文集,其數至繁,各擅所長,蕪蔓相間,乃命李昉、扈蒙、徐鉉、宋白、賈黄中、吕蒙正、李至、李穆、楊徽之、李範、楊礪、吳淑、吕文仲、胡汀、戴貽慶、杜鎬、舒雅等,閲前代文章,撮其精要,以類分之,爲千卷,目五十卷。楊徽之尤精風雅,特命編詩爲百八十卷。雍熙三年書成,號曰文苑英華。宋白等上表曰:"席繡經史,堂列縑緗,咀嚼英腴,總覽翹秀。"太宗覽而善之。至景德時,又詔三館分校以前所編次,未盡允愜,擇前賢文章換易之,卷數如舊。又景德二年,命王欽若、楊億修歷代君臣事迹,億以西京雜記、明皇雜録之類不可與經史並行,止以國語、戰國策、管子、孟子、韓子、淮南子、晏子春秋、吕氏春秋、韓詩外傳與經史俱編,歷代類書修文殿御覽之類,采掘銓擇,分三十一部,部有總序,千二百四門,門有小序,凡一千卷。祥符六年,欽若等以獻,真宗題曰册府元龜,御製序云:"粵自正統,至于閏位,君臣善迹,邦家美政,禮樂沿革,法命寬猛,官師論議,多士名行,靡不具載,用存典型。"

蛾術編卷十四

管子

陸士衡猛虎行,李善注引江邃文釋云:"管子:'士懷耿介之心,不蔭惡木之枝。'惡木尚能恥之,況與惡人同處?"管子亡逸數篇,恐是亡篇之文而邃見之。鶴壽案:張巨山曰:"管子,天下奇文也。讀心術、白心、内業諸篇,知其功業之所本。"趙用賢曰:"管子書多古字,如'況'作'兄'、'釋'作'澤'之類。'召忽云兄與我齊國之政也',而注乃謂'召忽謂管仲爲兄';'澤命不渝',而注以爲'澤恩之命',陋甚。"葉水心曰:"管子非一人之筆,亦非一時之書,莫知誰所爲。以其言毛嬙、西施、吳王好劍推之,當是春秋末年。又'持滿定傾'、'不爲人客'等,亦種、蠡所遵用也。"今案漢藝文志,管子八十六篇,列于道家,而弟子職一篇則在孝經類,蓋古塾師之教條,管子作内政用以教士之子爾。隋、唐諸志列于法家。今所傳本凡逸十篇,牧民解、王言、謀失、正言、言昭、修身、問霸、問乘馬、輕重丙、輕重庚是也。

晏子春秋

柳子厚謂晏子春秋非嬰著,墨氏之徒勦合而成。今觀漢志儒家首列晏子春秋,柳説恐未是。鶴壽案:儒家五十有三,而晏子春秋居首,此據劉向所定也。向言:"所校中外書晏子三十篇、八百三十八章,除復重二十二篇、六百三十八章,定著八篇。晏子博聞强記,通于古今,事齊靈公、莊公、景公,以節儉力行、盡忠極諫道齊,國君得以正行,百姓得以附親。不用則退耕于野,用則必不詘義,不可脅以邪,白刃雖交胸,終不受崔杼之劫。

諫齊君,縣而至,順而刻,及使諸侯,莫能詘其辭。其博通如此,蓋次管仲。內能親親,外能厚賢,居相國之位,受萬鍾之祿,故親戚待其錄而衣食五百餘家,處士待而舉火者亦甚衆,齊人以此重之。其書六篇,皆忠諫其君,文章可觀,義理可法,皆合六經之義。又有復重,文辭頗異,不敢遺失,復列爲一篇。又有頗不合經術,似非晏子言,疑後世辨士所爲者,復以爲一篇。"今案:觀本書所載及劉向之言,固宜列于儒家。柳宗元文人無學,謂墨氏之徒爲之,晁公武、馬貴與並承其誤,可謂無識。晏子尚儉,禮所謂"國奢則示之以儉也"。其居晏桓子之喪盡禮,亦與墨氏異。孔叢子云:"察傳記,晏子之所行,未有異于儒焉。"儒道甚大,孔子言儒行,有過失可微辨而不可面數,故公伯寮愬子路而同列聖門,晏子尼谿之阻,何害爲儒?且古人書,外篇半由依託,劉向所謂"疑後世辨士所爲"者,惡得以此病晏子哉?

曾子

漢志曾子十八篇,今所傳亡八篇,其十篇見大戴記。大孝篇及樂正子春事,乃後人增輯僞本也。鶴壽案:漢藝文志禮古經之外,有記百三十一篇,戴延君刪之,存八十五篇,謂之大戴禮記,內有曾子十篇,立事第四十九,本孝第五十,立孝第五十一,大孝第五十二,事父母第五十三,制言上、中、下第五十四、五、六,疾病第五十七,天圓第五十八。而儒家復有曾子十八篇。今觀大戴所存十篇,皆粹然儒者之言,然則此十篇本在曾子十八篇中,七十子後學者采入記百三十一篇中,而戴氏因之者也。其大孝一篇,俱見小戴禮記祭義篇中,自"曾子曰:孝有三,大孝尊親"至"此之謂也",小戴即系以"草木以時伐焉"至"非孝也"數語,大戴則于"此之謂也"句下直接以"孝有三,大孝不匱"至"則可謂孝矣"云云,而以"草木以時伐焉"數語置于篇末。此必校書者見小戴有此數語,乃附記于篇末爾。先生遂疑大孝篇爲後人增輯,然後其餘九篇何從增輯?且樂正子春事即在大孝篇中,何必分舉之也?

子思

漢志禮類有記百三十一篇、中庸說二篇,儒家有子思二十三篇。今小戴記中之中庸,斷非儒家子思二十三篇,亦非禮家所列中庸說。鶴壽案:隋經籍志亦云"子思子七卷,魯穆公師孔伋譔",唐志同。今觀孟子問:'牧民之道何先?'子思曰:'先利之。'"司馬溫公通鑑引之。又子思曰:"民以君爲心,君以民爲體。"其言明且清,李善文選注引之。沈約謂禮記中庸、表記、坊記、緇衣皆取子思子，然則中庸一篇，或本在二十三篇中，而七十子後學者取以編入百三十一篇內，亦未可知。

玄學

經典釋文不取孟子而用老子、莊子，封演聞見記："高宗乾封元年，還自岱岳，過真源，詣老君廟，追尊爲玄元皇帝。"舊唐書禮儀志："開元二十年正月己丑，詔兩京及諸州各置崇玄學，其生徒令習道德經及莊子、列子、文子等，每年準明經例舉送。天寶元年二月丙申，詔莊子號南華真人，文子號通玄真人，列子號沖虛真人，庚桑子號洞虛真人。改莊子號南華真經，文子爲通玄真經，列子爲沖虛真經，庚桑子爲洞虛真經。"玄宗多欲而好道，亦當時風氣如此。

老子

老子道德經河上公注，不載漢志，而隋志、新唐書志有之。玄宗注二卷，即今立石者是。晉書載記，苻堅禁老、莊圖讖之學。因其説稍近仙玄，故與圖讖並禁也。文苑英華卷七百六十六劉子玄議："今俗行老子河上公注，序云：'漢文帝時人，結草菴于河曲，以所注老子授文帝，因沖空上天。'此乃不經之鄙言，流俗之虛語。注者欲神其事，故假造其説，豈如王弼英才雋識所注爲優？必黜河上公，升王輔嗣，實得其宜。"又同卷司馬貞議："注老子者河上公，憑虛立號，漢史實無其人，然以養神爲宗，以無爲爲體，其詞近，其理弘；王輔嗣窮神用乎橐籥，守靜默于玄牝，其理暢，其旨微。今請王、河二注俱行。"案劉肅大唐新語云："開元初，右庶子劉子玄請停河上，行王弼。爭論頗有條貫，會蘇、宋拘于流俗，竟排斥之。"司馬貞又別議。今二注並傳，而王注不及河上之顯，若玄宗注雖存，更無人提及。"鶴壽案：孔子問禮于老聃，即著道德經之老子也。葛玄謂老子西游天下，關令尹喜曰："大道將隱乎，願爲我著書。"于是作道德五千文。漢文帝時，河上公授素書道德經章句二卷，道經自體道至爲政第三十七，德經自論德至顯質第八十一。晁公武謂李耳以周平王四十二年授關令尹喜，凡五千七百四十八言，述道德之旨，其末云"使民復結繩而用之"，蓋三皇之道也。唐開元二十年，左常侍崔沔與道士王虛正、趙仙甫，并諸學士參議修老子疏，又令司馬承禎以三體寫經，因刊正文句，定著五千三百八十言爲真本。其時崇尚玄學如此。至于作注之家，漢志所載有鄰氏經傳四篇，傅氏經説三十七篇，徐氏經説六篇，劉向説四篇；隋志所載，有河上公注二卷，王弼注二卷，鍾會注二卷，孫登注二卷、音一卷，劉仲融注二卷，盧景裕經二卷，李軌音一卷，梁曠經四卷，嚴遵指歸十一卷，毋丘望之指趣三卷，顧歡義綱一卷、義疏一卷，孟智周義疏五卷，韋處元義疏五卷，梁武帝講疏六卷，戴詵義疏九卷。又有節解二卷、章門一卷，不著譔人姓名。而唐時所盛行者，河上公注及王弼注也。隋志又云："梁有戰國時河上丈人注二卷。"玟高士傳，河上丈人不知何國人，明老子之術，自匿姓名，居河之湄，著老子章句。當戰國之末，諸侯交爭，馳説之士咸以權勢相傾，唯丈人隱身修道，老而不虧。然則其注更在河上公之前矣。

列子

　　列子八篇，晉張湛處度注，唐當塗縣丞殷敬順釋文，所引有王弼老子注，高誘、向秀、郭象莊子注，許慎淮南子注，楊倞荀子注，廣雅、字林，及梁簡文帝語。此皆釋文，非張注。張與殷雖無標識，似易相亂，實則泛論玄理者張，訓釋字義者殷，不難分也。孟子屢以楊朱、墨翟並稱，今墨子存而楊子無書，獨列子載楊朱之言最多，雖有假託，然爲我之旨尚可攷見。宋儒言楊近老、墨近佛。墨勤力濟務，絶不似佛之以出生死爲事。楊朱則在老、佛之間。列子多引楊朱，故張湛謂其與佛書相參，可謂知言，但歸于肆任、順性、忘懷，言列子則是，言聖學則非。修己以敬，何得以爲僞而肆任、順性哉？鶴壽案：高似孫謂列子並無其人，係莊周寓言，然班固明言先莊子，則實有其人矣。柳子厚以爲楊子書者，以力命篇既有楊朱爲其友季梁歌之事，而楊朱一篇大半是楊朱語，且有"積一毛以成肌膚，積肌膚以成一節，一毛固一體萬分中之一物"，此正與孟子合也。

鬼谷子

　　鬼谷子三卷，漢志不載，皇甫謐序，陶弘景注。隋志占氣家有鬼谷子一卷，<u>楊用修</u>云即<u>鬼臾區</u>，似臆説。_{鶴壽}案：<u>史記</u>云"<u>蘇秦</u>師事<u>鬼谷先生</u>"，<u>道藏目録</u>云"<u>鬼谷子</u>姓<u>王</u>，名<u>詡</u>，<u>晉平公</u>時人"，則與<u>蘇秦</u>相去遠矣，恐不可信。<u>王伯厚</u>謂<u>史記正義</u>以鬼谷爲谷名，在<u>雒州</u><u>陽城縣</u>北五里。<u>七録</u>有<u>蘇秦</u>書，<u>樂壹</u>注云："<u>秦</u>欲神祕其道，故假名鬼谷也。"今案此因<u>史記</u><u>蘇秦列傳</u>有"簡練以爲揣摩，及期年，揣摩成"之語，而<u>鬼谷子</u>適有<u>揣</u>、<u>摩</u>二篇，遂附會其説。唯<u>中興書目</u>云"<u>周</u>時高士，無鄉里族姓名字，以其所隱，自號<u>鬼谷先生</u>"者近是。書凡三卷，自<u>捭闔</u>至<u>符言</u>十二篇，<u>轉丸</u>、<u>胠篋</u>二篇已亡。又有本經陰符七篇，及<u>持樞</u>、<u>中經</u>，共二十一篇。<u>隋志</u>始著録，新、舊二<u>唐書</u>直題曰<u>蘇秦</u>譔，然<u>漢志</u>從橫家有<u>蘇子</u>三十二篇，若使假名鬼谷，<u>班固</u>何以不言？<u>柳子厚</u>譏其險盩峭薄，妄言亂世。今觀其詞反覆變幻，<u>蘇秦</u>得其緒餘，即掉舌爲從約長，誠從橫家之祖也。舊注有<u>樂壹</u>、<u>皇甫謐</u>、<u>陶弘景</u>、<u>尹知章</u>四家。至占氣家有<u>鬼谷子</u>，當別是一書。

子華子

<u>子華子</u>十篇，本無其書，特因<u>家語</u>載<u>程本</u>字<u>子華</u>，與<u>孔子</u>傾蓋而語，遂妄造此。<u>晁公武</u>云："元豐後舉子所爲。"<u>朱子</u>以書出<u>會稽</u>，疑即<u>越</u>人<u>王銍</u>、<u>姚寬</u>作。

世間多有僞書，如<u>張商英</u>僞<u>黃石公</u><u>素書</u>，<u>張昇</u>僞<u>元命包</u>，<u>孫定</u>僞<u>關尹子</u>，<u>阮逸</u>僞<u>元經</u>，<u>毛漸</u>僞<u>三墳</u>，<u>徐靈府</u>僞<u>文子</u>，<u>戴師愈</u>僞<u>麻衣易</u>，<u>吾丘衍</u>僞<u>晉乘</u>、<u>楚檮杌</u>，<u>姚士粦</u>僞<u>於陵子</u>，而<u>子華子</u>亦其一也。

淮南子

<u>漢</u><u>淮南王安傳</u>："<u>安</u>招致賓客、方術之士數千人，作爲内書二十一篇，外書甚衆，又有中篇八卷，言神仙黃白之術，亦二十餘萬言。"案今本總二十一卷，爲<u>原道訓</u>、<u>俶真訓</u>、<u>天文訓</u>、<u>地形訓</u>、<u>時則訓</u>、<u>覽冥訓</u>、<u>精神訓</u>、<u>本經訓</u>、<u>主術訓</u>、<u>繆稱訓</u>、<u>齊俗訓</u>、<u>道應訓</u>、<u>氾論訓</u>、<u>銓言訓</u>、<u>兵略訓</u>、<u>説山訓</u>、<u>説林訓</u>、<u>人間訓</u>、<u>修務訓</u>、<u>泰族訓</u>，而以<u>要略</u>終焉。似止于内書，餘外書及中篇皆亡矣。<u>明</u><u>萬曆</u>中<u>新安</u><u>汪一鸞</u>刻。<u>江布衣聲</u>、<u>余布衣蕭客</u>先後語予"<u>淮南子</u>世傳<u>高誘</u>注，而<u>許慎</u>注無聞，獨<u>道藏</u>中<u>許</u>注足本與<u>高</u>注不同"，予

屬彭進士紹升從玄妙觀道士顧姓借得道藏太清部"動"字、"神"字、"疲"字三函，係明正統十年刻，以校汪刻，二本多同，惟汪刻題"漢河東高誘注"，藏本題"太尉祭酒臣許慎記上"。如第三卷注"鍾律上下相生"云"誘不敏也"，第一卷"蛟龍水居"注"蛟，讀人情性交易之'交'，緩氣言乃得"，第十三卷"軵其肘"注"軵，讀近'茸'，急察言之"。此等讀法，與誘呂氏春秋、戰國策注略同，其爲誘注無疑。序稱"自誘之少，從故侍中同縣盧君受其句讀"，謂盧植也。又稱"建安十年辟司空掾，除東郡濮陽令"。後漢書無誘傳，觀此則其爲誘注益復顯然。乃知藏本道流無知，漫改題許慎耳。前數卷，藏本比汪刻多十之二三，語多艱奧晦澀，其音讀汪刻盡改爲直音，予略取藏本補正，若第十至第十二、第十四、十五、第二十、二十一凡七卷，藏本比汪刻反少，甚至并直音亦無之。高誘注見李善文選注所引者約二三十條，惟宋玉風賦注引主術訓"譬之猶揚塸而弭塵"，許慎曰："塸，塵塺也。"劉孝標廣絕交論注引齊俗訓"澆天下之淳"，許慎曰："澆，薄也。"只此與高注同，其餘無一同者。即有江文通詣建平王上書注引覽冥訓"庶女告天，雷電下擊"云云，許慎注與高注多異同參差，故李善引許注，又引高注，未嘗混而爲一。其他如史記龜策傳"淵生珠而岸枯"、"明月之珠藏于蚌中，蛟龍伏之"，徐廣注俱引許慎淮南子注，後漢書王望傳李賢注引許慎淮南子注，今藏本皆無之。鶴壽案：漢藝文志雜家有淮南內二十一篇，淮南外三十三篇，而無中篇八卷，天文家又有淮南雜子星十九卷。隋經籍志有許慎注，又有高誘注。舊唐書經籍志淮南子注解，高誘譔。又有淮南鴻烈音，何誘譔，而新唐書藝文志誤以爲高誘譔，不知高誘時無翻切也。宋史藝文志許注二十一卷，高注十三卷，蓋當時兩注並行，後乃刪并脫誤耳。許注與高注已混而爲一，故地形訓"九塞太汾"注云"在晉"，而呂覽注則云"未聞"，同爲高注，何一聞一不聞也？俶真訓"鏤之以剞劂"注云："剞，巧工鉤刀也。劂者，規度刺畫墨邊筬也。"本經訓注則云："兩巧刺畫盡頭黑邊筬也。劂，鋸尺削兩刃句刀也。"同在一書，何前與後不同也？文選注引許注"三光"云"日月星"，"明月珠"云"夜光之珠，有似明月"，藝文類聚引許注"柳下惠"云"展禽樹柳行惠"，一切經音義引許注"奇屈之服"云"屈短奇長"，皆高注也。列子釋文引許注"策錣"云"馬策端有利鋒，所以剌不前"，太平御覽引許注"方諸見月"云"諸，珠也。方，石也。以銅盤受之，下水數升"，則皆與高注異。文選注引許注"莫鑒于流潦"云"楚人謂水暴溢爲潦"，"雞棲井榦"云"皆屋構飾也"，太平御覽引許注"騏麟鬪而日月食，鯨魚死而彗星出"云"騏麟，大角獸，故與日月符。鯨魚，海中魚之王也"，"一璞塞江"云"璞，塊也"，此乃高注所無。又文選注引"統之候風"許注云"統候風者，楚人謂之五兩"，今高注則"綜"作"倪"，云"世謂之五兩"；"自南至東南，有裸人國、黑齒民"許注云"其民不衣，其人黑齒"，今高注則云"裸國在東南，黑齒在東北"，但有"其人黑齒"，而無"其民不衣"之文，可見兩注之混淆漏落多矣。

　　杜工部赴奉先縣詠懷詩"憂端齊終南，澒洞不可掇"，近儒注云："許慎注淮南子，澒讀如項羽之'項'，洞讀如'同遊'之'同'。"其實是高誘注。又覩月呈漢中王云"欲得淮王術，風吹暈又生"，近儒注："淮南子'畫隨灰而月暈闕'，許慎注曰：'有軍士相圍守則月暈，以蘆灰環，闕其一面，則月暈亦闕乎上。'"恐亦是高誘注。鶴壽案：覽冥訓"畫隨灰而月運闕"，高誘注云："運，讀'連圍'之'圍'。運者，軍也。將有軍事相圍守，則月運出也。以蘆草灰隨牖下月光中，令圍畫，缺其一面，則月運亦缺于上也。"但此條太平御覽已引作許慎注矣，注杜詩者蓋從類書中抄撮耳。

鹽鐵論

　　鹽鐵論十卷、六十篇，漢桓寬撰，明弘治十四年辛酉知江陰縣事新淦涂君賓賢刻，吳郡都穆爲跋。漢書公孫賀等傳贊中撮舉寬鹽鐵論之大旨論之。寬字次公，宣帝時汝南人。鶴壽案：漢昭帝始元六年，郡國舉賢良、文學之士，與桑弘羊等議鹽鐵榷酤事，所論皆食貨之政，而列于儒家者，政事、文學皆儒者之能事也。武帝時頗多策士，後先奏對，各異其說，董仲舒一言主正，公孫氏一言主和。自此以降，賢良、文學若茂陵唐生、九江祝生輩，聲稱孝昭之世，跡其行事，雖少概見，然深致其說，立意較然，不詭于道，真孔、孟之徒哉。漢代作者，此書爲最，自本議至雜論，其言治理，並可設施，儒者之能事畢矣。

人物志

魏志劉邵傳：“邵作人物志。”案今本作三卷、十二篇，魏散騎常侍廣平劉邵譔，涼儒林祭酒燉煌劉昞注。隋、唐經籍志篇第皆與今同，在名家。新唐書志“昞”誤作“炳”。史通云：“十六國春秋：郭瑀有女始笄，妙選良耦，有心于劉昞，別設一座，曰：‘吾欲覓一快婿，誰坐此席者？’昞奮衣來坐曰：‘昞其人也。’”又劉邵傳末附仲長統昌言。

太極圖説

陸象山疑太極圖非周元公作。然潘興嗣與元公爲友，志其墓已及此書，則可信矣。獨怪王季平作東都事略，于元公傳獨不及太極圖隻字，此亦似別有所見，非偶遺之，學者不可不知也。朱子作近思録，冠以太極圖，首云“無極而太極”，似非近思之謂。鶴壽案：近思録，呂祖謙同譔，取周、程、張三子之言分爲十四門，非朱子一人之書也。

能改齋漫録

馬氏經籍攷云：“能改齋漫録，太常寺主簿臨川吳曾虎臣譔。”今予見曾親筆書唐范隋柱國告身跋，自署崇仁，則馬氏誤矣。鶴壽案：是編乃雜攷之書，凡十卷，分十三類，事始、辨誤、事實、沿襲、地理、議論、記詩、記事、記文、方物、樂府、神仙、鬼怪是也。臨川縣今爲江西撫州府治，崇仁縣在其西，相去僅百里。

續齊諧記

梁吳均續齊諧記一卷，元吳郡陸友跋云：“齊諧志怪，蓋莊生寓言。今均所續，特取義云耳，前無其書也。”此説蓋本文獻通攷。案廣韻云：“宋有員外郎東陽無疑，譔齊諧記七卷。”亦見新唐書藝文志。文選顔延年應詔曲水四言詩，李善注亦引東陽無疑齊諧記，然則均蓋續東陽氏之書，馬端臨及陸氏説非也。

藝文類聚

舊唐書令狐德棻傳：“武德五年，遷祕書丞，與侍中陳叔達等

受詔譔藝文類聚。”歐陽詢傳：“武德七年，詔與裴矩、陳叔達譔藝
文類聚一百卷。”今書獨署詢名，吳郡陸子元刻，浙江布政司參政
胡續宗序。鶴壽案：新唐書藝文志又云：“歐陽詢藝文類聚一百卷，令狐德
棻、袁朗、趙弘智等同修。”序曰“流別、文選，專取其文；皇覽、徧略，直書其
事”，分四十八門，事實居前，詩文列後。內有蘇味道、李嶠、宋之問、沈佺期
詩，則後來所添入也。

合刻叢書

取前人零碎著述難以單行者，彙刻為叢書。其在宋，則石盧
龔士卨有五子合刻，鄞山左圭禹錫有百川學海，溫陵曾慥端伯有
類說，秀水朱勝非藏一有紺珠集；其在元，則天台徐一夔大章有
藝圃搜奇，華亭陶宗儀九成有說郛；其在明，則海上陸楫思豫有
古今說海，四明余有丁有子彙，太末舒石泉有集賢書舍六子合
刻，新安程榮有漢魏三十六種叢書，會稽商濬有稗海，新安吳琯
有古今逸史，鄞縣屠隆長卿一字緯真有漢魏叢書，海寧胡文煥有
格致叢書，武林鍾人傑有唐宋叢書，雲間陳繼儒眉公有祕笈六
編，海虞毛鳳苞子晉有津逮祕書。

百川學海左圭自序稱“昭陽作噩歲柔兆執徐月”，謂癸酉年丙
辰月，當係南宋度宗咸淳九年之三月。明年甲戌七月帝崩，又越
二年丙子夏，元兵入臨安，宋亡。此書中有李之彥東谷所見，係
咸淳四年戊辰所作，而華亭錢福序稱左圭為宋人，非元人。錢乃
前明化、治間人，其言必可信，則癸酉為咸淳九年。

藝圃搜奇卷首標“錢唐陳世隆彥高原贈”，序稱“至正戊申續
藝圃搜奇秀水陶越艾村原贈”。

唐宋叢書，鍾人傑刻，以有宣和畫譜者為真，近有一卿姓人
為序者無畫譜，係偽本。

夷門廣牘，周履靖彙輯并自序，又有劉鳳、黃洪憲、張獻翼、
何三畏序。

津逮祕書刻成于崇禎庚午，有陳函煇跋，又海鹽胡震亨孝轅

跋云：“毛君子晉刻津逮祕書成，憶昔予與亡友沈汝納刻諸雜書，未竟而殘于火，其僅存者近亦歸之君，因并合之以行。酈氏水經注云‘積石山上有石室，其中有積卷焉，世士罕津逮者’，此津逮之所由得名也。”或云津逮祕書目第六集内有金石録、墨池編二種，毛實未刻，目則有之。

祕册彙函，胡震亨與秀水沈士龍汝納、新都孫震卿百里同刻于萬曆癸卯，三人各有序。

漢魏叢書，東海屠隆序。武林何允中文開甫跋云“叢書彙自括蒼何先生，新安程氏止刻三十七種，予搜益其半。往見緯真氏分典雅、奇古、閎肆、藻豔四家，恐失作者之意，兹仍何氏經史子集舊目”云。

商濬稗海，康熙間漁櫓山人蔣國祚序云：“四海外如中國者凡九，裨海環之，又如是者九，瀛海環之。雖其言猶河漢無極，而六合之外，存而不論，安必其無邪？暇日取稗海中諸編共相攷訂，訛者正之，疑者闕之。既卒業，因取裨海之説以釋是書名‘海’之意。案漢藝文志云：‘小説家者流，蓋出于稗官，街談巷語、道聽塗説者之所造也。’‘稗官’字出此，字從禾傍，取稊稗之義，本去聲，如淳音排，作平聲讀，地理志琅邪郡稗縣，應劭音裨，則此字固有平音矣。蔣國祚序”云云。蔣氏雖未至以禾傍爲衣傍，然書名稗海，正取“稗官”之稱，以“海”見其多耳，與裨海有何干涉？今以裨海釋名書之意，則牽混矣。

稗海内孫君孚談圃、後山詩話、龍城録，百川學海中已有，而龍城與彼顛倒不同，大約以百川爲是。馬永卿嬾真子，乃南宋初人，而敘在歐陽公歸田録之前，可見其雜亂無章。

汲古閣刻

毛氏汲古閣十三經，除總序，共一萬一千八百四十六頁；十七史，除總序、緣起，共二萬二千二百九十三頁；四書，共四百五十一頁；津逮祕書，共一百四十五種，計一萬六千六百三十七頁。

本草

漢平帝紀:"元始五年,徵天下通知方術、本草者,遣詣京師。"郊祀志:"成帝時,匡衡等奏罷本草待詔七十餘人皆歸家。"游俠樓護傳:"誦醫經、本草、方術數十萬言。"由此觀之,本草在漢時,其學已盛。新唐書于志寧傳:志寧與司空李勣修定本草并圖,合五十四篇,帝曰:"本草尚矣,今復修之,何所異邪?"對曰:"昔陶弘景以神農經合雜家別錄注之,江南偏方不周曉藥石,往往紕繆,四百餘物今攷正之,又增後世所用百餘物,此以爲異。"帝曰:"本草、別錄何爲而二?"對曰:"班固唯記黃帝内、外經,不載本草,至齊七錄乃稱之。世謂神農氏嘗藥以拯含氣,而黃帝以前,文字不傳,以識相付,至桐、雷乃載篇册,然所載郡縣多在漢時,疑張仲景、華佗竄記其語。別錄者,魏晉以來吳普、李當之所記,其言華葉形色、佐使相須,附經爲説,故弘景合而錄之。"帝曰:"善。"其書遂行。鶴壽案:據平帝紀"舉通知方術、本草者",則漢時已有其書,而藝文志何以不著錄?蓋漢書爲孟堅未成之書,後曹大家補之,或遺亡也。夫衛生之道,莫大于醫藥。帝王世紀云:"黃帝使岐伯嘗味草木,定本草經。"文選注引天老養生經曰:"神農本草、名醫別錄、經方小品,養生之要。"①又引本草曰:"上藥一百二十種爲君,主養命以應天;中藥一百二十種爲臣,主養性以應人。"謝靈運山居賦云:"本草所載,山澤不一;雷、桐是別,和、緩是悉。參核六根,五華九實。二冬並稱而殊性,三建異形而同出。"然則本草不可不亟講也。隋經籍志有神農本草八卷,雷公集注四卷,甄氏三卷,桐君藥錄三卷,陶隱居太清草木集要二卷,名醫別錄三卷,蔡英本草經四卷,徐大山二卷,原平仲靈秀本草圖六卷。新唐書藝文志有神農本草三卷,吳普本草因六卷,李氏三卷,殷子嚴音義二卷,本草病源合藥節度五卷,要術三卷,要妙五卷,陶弘景集注神農本草七卷。顯慶四年,李勣、長孫無忌、辛茂將、許

---

① 此條"文選注引"云云,乃轉錄自玉海卷六十三,且誤"養生要"爲"養生之要",文選養生論注所引天老養生經无此文句,而所引文獻有神農本草、名醫別錄、經方小品、養生要。

敬宗、孔志約、許孝崇、胡子象①、蔣季璋、蘭復珪、許弘直、巢孝儉、蔣季瑜、吳嗣宗、蔣義方、蔣季琬、許弘、蔣茂昌、呂才、賈文通、李淳風、吳師哲、顏仁楚、蘇敏等，譔本草二十卷、目録一卷、藥圖二十卷、圖經七卷。唐六典注云：“凡藥八百五十種，三百六十神農本經，一百八十二名醫別録，一百十四新修本草，新附一百九十四，有名無用。”宋中興書目云：“梁七録載神農本草三卷，陶隱居序曰：‘疑仲景、元化等所記。今以本經三品，藥三百六十五種，名醫副品亦三百六十五種，合爲七卷。’唐顯慶中李勣等刊定，增一百十四種。”

曹憲、呂向文選

劉肅大唐新語著述篇：“江淮間爲文選學者，起自江都曹憲。貞觀初，徵爲弘文館學士，不起，就拜朝散大夫。譔文選音義十卷，年百餘歲卒。”憲之書不傳，傳者獨有李善及五臣，新唐書文藝傳“憲始以文選授諸生，同郡李善相繼傳授”是也。肅宗紀，初封陝王，玄宗遣賀知章等侍讀，中有呂向，殆即五臣注文選者之一。鶴壽案：曹憲在新唐書儒學傳，不在文藝傳，其文云：“始以梁昭明太子文選授諸生，而同郡魏模、公孫羅、江夏李善相繼授，其學大興。”先生蓋檢錯卷數也。若呂向則在文藝傳，其文云：“字子回，涇州人。開元十年，召入翰林，兼集賢院校理。嘗以李善釋文選爲繁冗，與呂延濟、劉良、張銑、李周翰等更爲詁解，時號五臣注。”先生不引此而獨引肅宗紀，且云“殆即五臣注文選者之一”，豈未見新唐書邪？藝文志云：曹憲文選音義卷亡。李善注六十卷。公孫羅注六十卷、音義十卷。五臣注三十卷，衢州常山尉呂延濟、都水使者劉承祖男良、處士張銑、呂向、李周翰注，開元六年工部侍郎呂延祚上之。

七十二家集

七十二家集，福建漳州府龍谿縣人霍雲居張燮協和氏彙刻。其總目云：周一人：宋大夫集，楚宋玉著，三卷。漢十二人：賈長沙集，雒陽賈誼著，三卷；司馬文園集，蜀郡司馬相如著，二卷；董膠西集，廣川董仲舒著，二卷；東方大中集，平原東方朔著，二卷；王諫議集，蜀郡王褒著，二卷；揚侍郎集，蜀郡揚雄著，五卷；馮曲

---

① “象”，原作“蒙”，據新唐書藝文志改。

陽集，京兆馮衍著，二卷；班蘭臺集，北地班固著，四卷；張河間集，南陽張衡著，六卷；蔡中郎集，陳留蔡邕著，十二卷；孔少府集，魯國孔融著，二卷；諸葛丞相集，瑯琊諸葛亮著，二卷。魏七人：魏武帝集，武帝曹操著，五卷；魏文帝集，文帝曹丕著，十卷；陳思王集，陳王曹植著，十卷；王侍中集，山陽王粲著，三卷；陳記室集，廣陵陳琳著，二卷；阮步兵集，陳留阮籍著，五卷；嵇中散集，譙國嵇康著，六卷。晉十人：傅鶉觚集，北地傅玄著，六卷；孫馮翊集，太原孫楚著，二卷；夏侯常侍集，譙國夏侯湛著，二卷；潘黃門集，滎陽潘岳著，六卷；傅中丞集，北地傅咸著，四卷；潘太常集，滎陽潘尼著，二卷；陸平原集，吳郡陸機著，八卷；郭弘農集，河東郭璞著，一卷；孫廷尉集，太原孫綽著，二卷；陶彭澤集，潯陽陶淵明著，五卷。宋五人：謝康樂集，陳郡謝靈運著，八卷；顏光祿集，瑯琊顏延之著，五卷；鮑參軍集，東海鮑照著，六卷；謝法曹集，陳郡謝惠連著，二卷；謝光祿集，瑯琊謝莊著，四卷。齊二人：謝宣城集，陳郡謝朓著，六卷；王寧朔集，瑯琊王融著，四卷。梁十八人：梁武帝集，武帝蕭衍著，十二卷；梁昭明太子集，太子蕭統著，十二卷；梁簡文帝集，簡文帝蕭綱著，十六卷；梁元帝集，元帝蕭繹著，十卷；江醴陵集，濟南江淹著，十四卷；沈隱侯集，吳興沈約著，十六卷；陶隱居集，秣陵陶弘景著，四卷；任中丞集，樂安任昉著，六卷；王左丞集，東海王僧孺著，三卷；陸太常集，吳郡陸倕著，二卷；劉户曹集，平原劉孝標著，二卷；王詹事集，瑯琊王筠著，二卷；劉祕書集，彭城劉孝綽著，二卷；劉豫章集，彭城劉潛著，二卷；劉中庶集，彭城劉孝威著，二卷；庾度支集，新野庾肩吾著，三卷；何記室集，東海何遜著，三卷；吳朝請集，吳興吳筠著，四卷。陳五人：陳後主集，後主陳叔寶著，三卷；徐僕射集，東海徐陵著，十卷；沈侍中集，吳興沈炯著，三卷；江令君集，濟陽江總著，五卷；張散騎集，清河張正見著，二卷。北魏二人：高令公集，渤海高允著，二卷；溫侍讀集，濟陰溫子昇著，二卷。北齊二人：

邢特進集，河間邢邵著，二卷；魏特進集，鉅鹿魏收著，三卷。北周二人：庾開府集，新野庾信著，十六卷；王司空集，瑯琊王襃著，三卷。隋五人：隋煬帝集，煬帝楊廣著，八卷；盧武陽集，范陽盧思道著，三卷；李懷州集，博陵李德林著，二卷；牛奇章集，安定牛弘著，三卷；薛司隸集，河東薛道衡著，二卷。其自述云："向刻漢魏文集，各具一臠，挂漏特甚，因爲採取而補之。所載皆詩賦文章，若經翼、史裁、子書、稗説，不敢混收。是集以六朝爲界，唐後雄文蔚起，篇帙既廣，殆不勝收；體格漸離，宜從姑舍。且注解有出六朝以上人者，附于篇中，外此則不載。至其人出處、世次、朝代，一以史書爲準。而所採諸家，亦必以二卷爲率，其不能足二卷者，存而不論。"張君好古，殊見搜羅苦心，但藏板稍僻，播在中土者甚少。吾鄉張溥天如所輯百三家集，有總序，又每集前皆有序，于協和所采皆有之，獨少宋玉一家，蓋玉集采取惟在楚詞、文選，則亦毋庸贅列矣。若夫新安汪氏彙編漢魏六朝二十二家集，金閶世裕堂梓行者，曾無一家出于二張所采之外，而序引亦皆艸艸，然予插架特並存三家而不廢。鶴壽案：文選，總集也；七十二家集，別集也。總集始于摯虞文章流別、杜預善文、謝沈名文集、孔逭文苑，而昭明太子文選繼之。別集見于新唐書藝文志者，苟況集二卷，宋玉集二卷，先秦之文也；自漢武帝集二卷至揚雄集五卷，凡二十一家，前漢之文也；自崔篆集一卷至王粲集十卷，凡五十七家，後漢之文也；自魏武帝集三十卷至鍾會集十卷，凡五十一家，魏文也；許靖集二卷、諸葛亮集二十四卷，蜀文也；自張溫集五卷至紀隲集二卷，凡十五家，吳文也；晉之集，自宣帝至滕演，凡二百六十八家；宋之集，自武帝至袁粲，凡六十八家；齊之集，自竟陵王至張融，凡十三家；梁之集，自文帝至後梁明帝，凡二十七家。後魏則有文帝、高允以下十一家集，北齊則有陽休之、邢邵以下四家集，後周則有明帝、趙平王以下八家集，陳則有後主、沈炯以下十四家集，隋則有煬帝、盧思道①以下二十六家集。此漢魏六朝以來別集之大略也，今則散佚者居其大半矣。

---

①　"思"，原作"忠"，據隋、舊唐書經籍志改。

初唐四子集、盛唐二集

初唐四子集亦張燮刻,王勃、楊炯、盧照鄰、駱賓王也。刻至照鄰而燮卒,其弟紹和刻駱集繼之。又刻盛唐二集,李邕、蕭穎士也。予別有仁和虞九章、宛上顏文選注駱集。六人中李邕竟以讒誅死。玄宗之失德亦多矣,獨此一事哉?

後村居士集

宋刻後村居士集五十卷,劉克莊潛夫著,淳祐九年己酉春竹溪林希逸譔序。詩十六卷,詩話二卷,詩餘二卷,記二卷,序二卷,啓四卷,樂語、雜啓、上梁文合一卷,疏、青詞合一卷,題跋二卷,祭文二卷,祝文二卷,墓志五卷,表牋一卷,玉牒初草二卷,書三卷,行狀三卷。總目分上、下卷,二十以前爲上卷,二十以後爲下卷,目録末行注"迪功郎新差昭州司法參軍林秀發編次"。克莊位卑無事迹,然文章甚有名,宋史文苑傳詳于北宋,南渡寥寥數人,克莊竟不入,不可解。克莊散文僅能具體,無甚可取;詩則力埽陳言,獨開生面,自成一家矣。題姚三錫書鈔云"漢儒之罪甚秦灰",宋季家法盡喪,瀾倒波翻,吾何尤乎克莊? 鶴壽案:劉克莊,莆田人。淳祐中賜同進士出身,官至龍圖閣直學士,諡曰文定,其位亦不爲卑矣。汪景龍云:潛夫落梅詩有"東君謬掌花權柄,卻忌孤高不主張"之句,或以示柄臣,由此閒廢十載。其詩初學晚唐,後學放翁。

天下同文集

天下同文集五十卷,元廬陵周南瑞輯,大德甲辰同里劉將孫序,稱"政厖土裂,三光五嶽之氣分;大音不完,必混一而後振。今混一之盛,開闢所未有。南瑞此編,選精刻妙"云云。案吳艸廬集有贈周南瑞序,稱:"南瑞字敬修,扁'濂溪'二字于室,人多譏之。但廬陵之周與舂陵之周必同所出,此不足議,惟慕濂溪而不得其門,徒好文詞之陋,宜熟讀通書。"予謂南瑞所編次者如是,其學識固卑,但艸廬以通書進南瑞,竊恐通書亦何足爲學? 惟不及太極圖,稍爲有見。

蛾術編卷十五

説　字　一

説文序、目在書後

　　漢人之書，序、目皆在末尾，徐鉉校原本説文亦然。宋、元以下，序、目在前矣。今説文前先有標目，每部首皆有反切，攷毛扆跋，乃知徐鉉所加。但卧、身、㐆、衣四部，誤列于尾部之後，書中及許氏原目俱在重部之後、裘部之前，仍不誤。攷宋刻乃知徐鉉本不誤，係毛氏錯亂。今取徐鉉校原本説文，隨文發揮，參之以鉉弟鍇通釋。鶴壽案：史記太史公自序，從"昔在顓頊，命南正重以司天"至"自黃帝始"，序文也，從"維昔黃帝，法天則地"至"俟後世聖人君子"，目録也，而在百三十篇之末；班孟堅漢書敍傳，從"班氏之先與楚同姓"至"故密爾自娱于斯文"，序文也，從"皇矣漢祖，纂堯之緒"至"正字文，通古今"①，目録也，而在百篇之末。是漢人著書，序、目皆不在前。淮南子二十一篇，其末一篇曰要略，高誘謂"作鴻烈之書二十篇，略數其要，明其所指，序其微妙，論其大體"，是要略一篇即序文也，而目録即在序文中，故曰"有原道、有俶真、有天文、有墬形、有時則、有覽冥、有精神、有本經、有主術、有繆稱、有齊俗、有道應、有氾論、有詮言、有兵略、有説山、有説林、有人間、有修務、有泰族"。此本古法。孔子删書，作序三十六篇綴于卷末，唐時作疏者移于各篇之首，非也。孔子贊易，所序六十四卦亦必綴于卷末，漢時讀經者列諸雜卦之前，亦非也。

---

①　漢書叙傳末句作"函雅故，通古今；正文字，惟學林"。

六書原本八卦,出非一時

説文許慎自序,開首從庖犧氏作易八卦敘述起,然後繼以神農氏結繩爲治、黃帝史倉頡造書契。蓋未有書契,先有八卦,八卦爲六書原本,而出非一時。僞古文尚書序以書契與八卦同時而造,俱出伏羲,非也,詳見尚書後辨。鶴壽案:尚書後辨于僞孔序,引閻百詩古文尚書疏證云:"此言書契起于伏羲,司馬貞三皇本紀、劉恕外紀、陳桱外紀皆本之,非也。繫辭曰:'上古結繩而治,後世聖人易之以書契。'後世聖人指黃帝、堯、舜,豈伏羲乎?許慎説文自序曰:'黃帝史倉頡見鳥獸之跡,初造書契。'晉衛瓘傳:子恆作書勢曰:'昔在黃帝,創制造物,有沮誦、倉頡者,始作書契以代結繩。'則書契之作,始于黃帝無疑矣。謂庖犧氏爲萬世文字之祖,此自爲畫八卦言之。六書之學原本于八卦,八卦之畫不待于六書,孔序非是。"先生此條但引閻氏以駁僞孔,而于原本八卦出非一時之由,並未説出。今案説文自序即用繫辭。繫辭"始作八卦",韓康伯注云:"聖人作易,无大不極,无微不究。大則取象天地,細則觀鳥獸之文與地之宜也。"孔穎達疏云:"近取諸身,若耳、目、鼻、口之屬;遠取諸物,若雷、風、山、澤之類,舉遠近則萬事在其中矣。"繫辭"蓋取諸離",韓注云:"離,麗也。罔罟之用,必審物之所麗,魚麗于水,獸麗于山也。"孔疏云:"諸儒象卦制器,皆取卦之象之體,今韓氏之意,直取卦名,因以制器。案上繫云'以制器者尚其象',則取象不取名也,韓氏乃取名不取象,于義未善。"孔氏所以駁韓氏者,孝經援神契云"三皇無文",是五帝以下始有文字。三皇者,風俗通謂遂皇、戲皇、農皇也。五帝者,史記謂黃帝、顓頊、帝嚳、堯、舜也。繫辭:"上古結繩而治,後世聖人易之以書契。"説文自序謂"神農氏結繩爲治",亦用繫辭。蓋庖犧以前至于神農,皆未有文字,故結繩而治,及黃帝時造書契,始以文字記事。繫辭"易之興也,其于中古乎",虞翻注曰:"興易者,謂庖犧也,文王書經,繫庖犧于乾五,乾爲古,五在乾中,故興于中古。繫辭以黃帝、堯、舜爲後世人,庖犧爲中古,則庖犧以前爲上古。"張惠言曰:"乾五見離,火生乎木,庖犧以木德王,帝出乎震,故文王位之乾五。"此虞氏義也。依虞氏義,是神農以前並無文字,然則繫辭所謂"取諸離者",但取離卦爻象之體,爲罔罟以佃漁耳。若依韓氏説取離卦之名,則是庖犧時已有文字矣。不知其時但有八卦爻象之體,乾爲三畫,取象于天;坤爲六畫,取象于地而已,尚無乾、坤、坎、離、震、艮、巽、兑等字。至黄帝時造書契，始因三畫之卦而名之爲乾，因六畫之卦而名之爲坤。但庖犧畫卦，已形之于點畫，故倉頡見鳥獸蹏远之迹，遂從而推廣之，舉凡天下事物悉形之于點畫。若庖犧以來，始終結繩而治，從未有形之于點畫者，則倉頡恐亦不悟也。此是八卦爲六書之原本也。或曰：重卦始乎庖犧。繫辭言神農氏作耒耜之利，蓋取諸益，日中爲市，蓋取諸噬嗑，似庖犧氏已有六十四卦之名，故神農氏取之，則文字不始于黄帝時。曰：是不然。庖犧所重之卦，亦止有其爻象之體，逮倉頡造書契，乃因震下巽上之象而造益之文，因震下離上之象而造噬嗑之文，安得謂八卦與書契並出一時哉？

文、字、書

自序云："倉頡見鳥獸蹏远之迹，知分理之可相别異，初造書契，百工以乂，萬品以察，蓋取諸夬。""依類象形，故謂之文。其後形聲相益，即謂之字。字者，言孳乳而浸多也。著于竹帛，謂之書。書者，如也。"攴文部云："錯畫也，象交文。"尚書僞孔序疏引説文云："文者，物象之本也。"正與許自序義合，而文部無之，蓋脱落。子部云："字，乳也。从子在宀下。"尚書"鳥獸孳尾"，僞傳云："乳化曰孳。"而史記五帝本紀"孳"作"字"，正與許自序義合。僞孔序疏云："書者，舒也。書緯璿璣鈐云：'書者，如也。寫其言，如其意，得展舒也。'劉熙釋名云：'書者，庶也，以記庶物。'"璿璣鈐正與許自序義合。聿部"書，著也"，亦正與自序"著于竹帛"合，而釋名亦得通一義也。總之，"文"、"字"、"書"有三名，就其造作之初，象分理别異之形而言，謂之"文"；就其從文而生、展轉增加、如人生子而言，謂之"字"；就其著于竹帛、積成簡編而言，謂之"書"。其實三者皆通。論語"則以學文"，馬融曰："古之遺文。"皇侃疏云："五經六籍是也。""文行忠信"，皇疏引李充曰："典籍辭義謂之文。"則"文"即"書"。孟子"不以文害辭"，趙岐注云："文謂一字。"則"文"即"字"。然許氏必曲覈而詳列之者，自稱其書曰説文解字，故溯流窮源，明辨晳也。君子于其言，無所苟而已矣。唐太宗諱民，高宗諱治，故"治"改"乂"，"民"改"品"，宋刻仍之，"官"改"工"則未詳。鶴壽案：此一種既名説字，則凡所書之字，宜悉依説文。乃開首引自序云"百工以义,萬品以察","序",原文作"敍",今改作"序"。支部云:"敍,次第也。从支,余聲。"咎繇謨曰:"天敍有典。"釋詁曰:"舒、業、順、敍,緒也。"广部云:"序,東西牆也。从广,予聲。"顧命曰:"天球河圖在東序。"則"敍"不當書"序"也。"以",原文作"㠯",今改作"以"。㠯部云:"㠯,用也。从反巳。"蓋與"巳"篆形勢略相反。今或作"以"者,由隸變加人于右也。據左氏宣十五年傳"反正爲乏",孔疏引説文自敍"形聲相益"句下尚有"文者物象之本"一句,今已佚去。自序云"箸于竹帛謂之書",今依俗本作"著"。"箸",本作"者",假借从竹。者,別事之詞也。箸,飯敧也。敧者傾側之意,箸必傾側用之,故曰飯敧。假借爲"箸明"字,故"者明"之"者"从竹,俗本从艸,説文無此字也。聿部云:"書者,箸也。"本亦作"者",今本假借从竹耳。咎繇謨曰"百工惟時","工"與"官",古通用。

六書大意

自序説六書大意云:周禮,八歲入小學,保氏教國子,先以六書。一曰指事。指事者,視而可識,察而見意,上、下是也。二曰象形。象形者,畫成其物,隨體詰詘,日、月是也。三曰形聲。形聲者,以事爲名,取譬相成,江、河是也。四曰會意。會意者,比類合誼,以見指撝,武、信是也。五曰轉注。轉注者,建類一首,同意相受,考、老是也。六曰假借。假借者,本無其字,依聲託事,令、長是也。案保氏注,鄭司農云:"六書,象形、會意、轉注、處事、假借、諧聲也。"疏云:"六書象形之等,皆依許氏説文,云'象形'者,日、月之類,象日月形體而爲之;云'會意'者,武、信之類,人言爲信,止戈爲武,會合人意;云'轉注'者,考、老之類,建類一首,文意相受,左右相注;云'處事'者,上、下之類,人在一上爲上,人在一下爲下,各有其處,事得其宜;云'假借'者,令、長之類,一字兩用;云'諧聲'者,即形聲也,江、河之類,皆以水爲形,以工、可爲聲。但書有六體,形聲實多,若江、河之類,是左形右聲;鳩、鴿之類,是右形左聲;草、藻之類,是上形下聲;婆、娑之類,是上聲下形;圃、國之類,是外形內聲;闉、闍、衡、衔之類,是外聲內形,此聲形之等有六也。"愚攷鄭首象形,形雖是造六書之本,似宜冠首,但許以指事爲首,與鄭作"處事"不同。許舉上、下二字爲説,緣丄、丅之字,使人一目了然,毋庸擬議者,推此而言,則一、二、三等,亦是指事,指事當居首矣。司農作"處事",殊非。賈傅會以爲"人在一上"、"人在一下",其實上、下並不从人,乃又妄申説,云"各有其處,事得其宜",此人事之後起者,宜其退居第四矣,斷從許自序爲確。次象形者,上、下無形可象,字立而形乃見,故居首。日、月先有是形而字即象之,故居次也。次形聲者,上、下視而可識,不必贅以聲;象形業已畫成其物,無暇再加聲。至于江、河,則先有此水名矣,將造此字而但著水形,無以顯江、河,故用形聲配合。然則形聲即從象形而生,必當次象形。後鄭衆改"諧聲",不知字重在形,不重在聲,故每部中字从某、某聲者,總歸所从之字爲部首,不歸聲也。賈亦明知當云"形聲",故臚列左右、上下、外内。但艸部"百芔也,从二中",俗改作"草",並非上形下聲。"闤"字,門部,在新附,説文所無之字,何得舉以爲説?"闠,市外門也,从門,貴聲",則是外形内聲。"銜"字,金部,云"馬勒口中,从金、从行,行馬者也",則又内外皆形而無聲也。次會意者,江、河尚有形,可配以聲;武、信則無形可配,只得舍卻象形,專取其意,然欲摹寫字意,必須取兩字成一字,意乃顯矣,聲則無暇及也。次轉注者,江聲曰:"説文云'同意相受',則轉注者轉其意也。合兩字以成一誼者爲會意,取一意以槩數字者爲轉注。春秋左傳曰'止戈爲武',穀梁傳曰'人言爲信',故武、信爲會意。轉注則由是而轉焉,如'挹彼注兹'之'注'。'老'屬會意,人老則須髮變白,故'老'从人、毛、匕,此合三字爲誼者也。立'老'字以爲首,所謂'建類一首'。考與老同意,故受'老'字而从老省。'考'字之外,凡與'老'同意者,从老省而屬老,是取一字之意以槩數字,所謂'同意相受'也。"江此説可節取。乃又云:"五百四十部,凡部首皆可爲'建類一首',每部云'凡某之屬皆从某',九千三百五十三文,除部首外,其餘皆可爲同意相受,皆是轉注。"此則非也。即如江、河从水,象形也,工可取其聲;老部"考"字從老,會意也,從丂,亦取其聲。非有意,蓋形聲、會意、轉注三者,皆合比兩字而成,但形聲兩字一形一聲,會意兩字皆意無聲,此其別也。形聲從象形生出,未離本始;轉注從會意生出,展轉方見,此其別也。從水,未見其必爲江河,然衆水並流,中有微陽,江河之形,顯然明著。若人毛由黑化白,字中何能顯著?不過意而已矣。然則會意已不及形聲,退居第四。轉注又從會意出,安得不退居第五?然以老部言之,如"耊"字,"年八十曰耊,從老省,從至","從至"亦頗有意,故不云"至聲"。蓋七十曰老,再加十年,老之至矣,故"從至"。"𦒻"字,"老人行才相逮,從老省,易省,行象,讀若樹",則"從易省"亦會其意,非聲。"孝"字,"善事父母者,從老省,從子,子承老也","子"字有意非聲。此三字正與武、信同,仍歸會意,不得云轉注。此外七字,一爲部首,其餘六字、耆、耇、耉、耈、耆、考,乃但可爲轉注耳。若云五百四十部皆轉注,則但言五者足矣,安得別列"轉注"一目,而名之爲六書乎?終之以假借者,<u>江聲</u>曰:"<u>説文</u>云'依聲託事',則假借者循聲而借也。蓋諧聲者,定厥所從而後配以聲,聲在字後者也;假借則取彼成文而即仍其聲,聲在字先者也。'令'者,縣令也,假諸號令;'長'者,官長也,借取修長,是即仍所借字之聲也。<u>説文</u>止云'令,發號也','長,久遠也',其借誼則俱未之及。蓋假借一書,爲誼極蕃,凡一字而兼兩誼、三誼者,除本誼之外皆假借也。"<u>江</u>此條亦可節取。六書皆造字之法,而假借但取成文用之,毋庸復造,此必當居末者也。總而論之,<u>許氏</u>推演六書大意,逐節排比,秩然不紊,惟就其次以繹其説,旨趣瞭然矣。<u>鶴壽</u>案:"六書"者,周官保氏掌之以教國子,司徒掌之以教萬民,而大行人所稱"諭書名、聽聲音",又屬諸瞽史,分職專司。則字書之分而爲六,自古而然矣。但其先後次第,經無明文。<u>鄭司農</u>、<u>班孟堅</u>皆以象形居首,蓋天下事必先象其形,而後可以指其事也。今既論<u>説文</u>,則自當依<u>許君</u>之次。<u>戴東原</u>曰:"造字之始,無所馮依,宇宙間事與形兩大端而已,指其事之實曰指事,一二、上下是也,象其形之大體曰象形,日、月、水、火是也。文字既立，則聲寄于字，而字有可調之聲；意寄于字，而字有可通之意，是又文字之兩大端也。因而博衍之，取乎聲諧曰諧聲，聲不諧而會合其意曰會意，四者書之體止此矣。由是之于用，數字共一字者，如初、哉、首、基之皆爲始，卬、吾、台、予之皆爲我，其義轉相爲注，曰轉注；一字共數用者，依于義以引伸，依于聲而旁寄，假此以施于彼，曰假借。所以用文字者，斯其兩大端也。六者次第出于自然，立法歸于簡易，叔重必有所師承。厥後世遠學乖，罕覩古人制作本始，謂諧聲最爲淺末者，後唐徐諧之疏也；以指事爲加物于象形之文者，宋張有之謬也；謂形不可象則指其事、事不可指則會其意、意不可會則諧其聲者，諸家之紛紊也；謂轉聲爲轉注者，起于最後，于古無徵，特蕭楚諸人之臆見也。蓋轉注之爲互調，失其傳且二千年矣。"段茂堂曰："六書，文字、聲音、義理之總匯也，有指事、象形、形聲、會意，而字形盡于此矣。字各有音，而聲音盡于此矣。有轉注、假借，而字義盡于此矣。異字同義曰轉注，異義同字曰假借。有轉注而百字可一義也，有假借而一字可數義也。字形、字音之書有如大篆，字義之書有如爾雅。趙宋以後言六書者，不知轉注、假借所以包括詁訓之全，而謂六書爲倉頡造字六法，說轉注多不可通。"今案東原先生以爾雅之訓詁當説文之"轉注"，其說良是。而分指事、象形、形聲、會意爲字之體，轉注、假借爲字之用，此尤不刊之論也。

　　"視而可識"者，不待象而其形已彰；"察而見意"者，不必會而其意可見。伏羲初創一畫，若作一點爲主字，或作一豎爲丨字，似皆可。但畫卦用手一舉而畫之，自然從左起畫、至右止畫，此順其手之勢，宜爲橫而不宜爲從者。許言"上、下"，則一、二、三之爲指事不待言。上則丨在一之上，下則丨在一之下，不問而知上、下在一畫之後矣。此指事爲制字之本，斷無先之者也。鶴壽案：段茂堂説文注，人皆譏其擅改篆文，余謂改之而無據，不可以訓，若改之而有據，固可適從。即如宋板徐鉉本一部"上"字，古文作丄，篆文作𠄞，而古文"帝"字下注云："古文諸丄字皆从一，篆文皆從二。二，古文'上'字。"示部"示"字，篆文作𥘅，注云："从二。二，古文'上'字。"據此則知古文丄當爲二，而篆文𠄞當爲丄矣。説文以二、一爲指事，段注云："此謂古文也。有在一之上者，有在一之下者，視之而可識爲上下，察之而見上下之意。許于二部曰：'二，高也。此指事''二，底也，此指事。'敘復舉以明之。指事之別于象形者，形謂一物，事昡衆物，專博斯分，故一舉日月，一舉二一，二一所昡之物多，日月祇一物，此指事、象形所由分矣。指事亦得稱象形，故乙、丁、戊、己皆指事，而丁、戊、己解曰象形，子、丑、寅、卯皆指事，而皆解曰象形，一、二、三、四皆指事，而四解曰象形。有事則有形，而其實不能混，指事不可以會意殽合，兩文爲會意，獨體爲指事，<u>徐全楚</u>及<u>江艮庭</u>往往誤認。”

　　<u>江聲</u>曰：“日，實也，太陽之精不虧，故從囗，象其帀也；月，太陰之精，三五而盈，三五而闕，故外郭不周，象其闕也。是謂‘畫成其物，隨體詰詘’。由此推之，凡山、水、魚、鳥等實有其形而字象之者，胥視此。”鶴壽案：說文以日、月爲象形，段注云：“有獨體之象形，有合體之象形。獨體如日、月、水、火是也；合體者，從某而又象其形，如眉從目而以𠂤象其形，箕從竹而以甘象其形是也。獨體之象形則成字可讀，附於從某者不成字，不可讀。此等字，半會意、半象形，一字中兼有二者，會意則兩體皆成文，故與此別。”

　　<u>論語</u>曰“能近取譬”，則“譬”有近意。“取譬相成”者，取其聲之近而已。<u>鄭康成</u>說假借之法，曰“趨于近之”，說詳下。假借可取聲之近，則形聲亦取其近。江，今人讀古雙切者，雙音亦變音近疆，而古音則古紅反，讀爲工，故曰“工聲”。古無平、上、去、入之分，或以“可”爲“何”，合戈反，故“河”得可聲。其上文先云“以事爲名”，則指偏旁從水而言。水，形也，而云“事”，則知指事爲象形之本，說詳後。鶴壽案：說文以江、河爲形聲，段注云：“其字半主義，半主聲。半主義者，取其義而形之；半主聲者，取其聲而形之。不言義者，不待言也。許所謂以‘事爲名，取譬相成’者，江、河之字以水爲名，譬其聲如工、可，因取工、可成其名也。其別于指事、象形、會意者，指事、象形獨體，形聲合體。會意合體主義，形聲合體主聲，聲或在左右，或在上下，或在中外。亦有一字二聲者，有亦聲者，會意而兼形聲也；有省聲者，既非會意，又不得其聲，則知其省某字爲之聲也。”

　　<u>江聲</u>曰：武、信爲會意。武、信之外，如孔子曰“推十合一爲士”，<u>韓非</u>曰“背厶爲公”，<u>逮安</u>說“𠈌人爲匈”，以及“皿蟲爲蠱”、“卂夕爲夗”、“臼辰爲晨”之等，皆合兩字而成誼者也。亦有合三

字爲誼者,孔子曰"黍可爲酒,禾人水也"是也,皆所爲"比類合誼,以見指撝"者。鶴壽案:説文以武、信爲會意,段注云:"會者,合也,合二體之意也。一體不足以見其義,故必合二體之意以成字。比合人言之義,可以見必是信;比合戈止之義,可以見必是武。凡會意之字,从人言,从止戈,皆二字聯屬,不得曰从人从言,从戈从止。"

戴震字東原,休寧人。乾隆乙未進士,翰林院庶吉士。曰:"轉注者,其義可以轉相注釋,如爾雅釋詁、釋訓等初、哉、首、基之類,皆始也。而'始'亦可訓初。許云轉注'考、老是也',老部'老'字注云'考也','考'字亦注云'老也'。則知'始也'者,'建類一首'也,初、哉等皆'同意相受'也。"愚謂戴説非也。文字之學與訓詁之學,各專一家,説文雖兼訓詁,然以文字爲主;爾雅通釋文字,卻以訓詁爲主,不可猥并。況許自敍此段方説造字本原,訓詁在後,戴拘于考、老之互相訓而爲此説。若審如此,則説文中屬轉注者寥寥,何足以爲六書之一乎?竊以形聲緊蒙象形,會意則舍形取意,轉注從意而轉加之以聲,凡説文中从某、某聲而所从之字爲象形者,形聲也;所从之字爲會意者,皆轉注也。鶴壽案:先生不信戴氏之説,以爲轉注從意而轉加之以聲。不知轉注者,數字展轉互相訓,所以用指事、象形、形聲、會意四種文字。如先生説,則轉注止用得會意一種文字矣。説文以考、老爲轉注,段注云:老部曰"老者,考也","考者,老也"。以考注老,以老注考,是爲轉注。蓋"老"之形从人、毛、匕,屬會意;"考"之形从老,丂聲,屬形聲,而其義訓則爲轉注。爾雅首條,"初"爲衣之始,"哉"爲草木之始,"首"爲人體之始,"基"爲牆始築,"肇"爲戶始開,"祖"爲始廟,"元"爲始吉,"胎"爲始生,"俶"爲始獻,"落"爲宮室始成而祭之,"權輿"之爲始蓋古語,説文未嘗不同此義也。其有以假借爲轉注者,如"曾"下云"曾,益也","曾"即"增"。"匕"下云"匕,合也","匕"即"比"。爾雅訓"哉"爲始,謂"哉"即才之假借也;毛傳訓"遐"爲遠,謂"遐"即遐之假借也。故轉注中可包假借。必二之者,分別其用也。既假借而後與假義之字相轉注,未假借則與本義之字相轉注,六書中轉注、假借二者,所以包羅爾雅而下一切訓詁音義,而非論字形也。

　　江聲曰:"師"從𠂤,取衆意;"官"從𠂤,與師同意,則"官"爲"師"之轉注。"善"與"美"同意,亦如之,皆異部之轉注也。愚謂誩部"譱,吉也,從言、從羊,此與美同意",羊部"美,甘也,羊在六畜主給膳也,美與善同意",帀部"師,二千五百人爲師,從𠂤、從帀。𠂤四帀,衆意",𠂤部"官,吏事君也,從宀,從𠂤,𠂤猶衆也。此與師同意",此皆會意也。合兩字以成一字,而兩字皆取其意,則歸之會意。此四字許明云會意,而江反以爲轉注,可以言許氏學乎? 總之善、美、師、官之類,一字兩從,可以入誩,亦可以入羊;可以入帀,亦可以入𠂤。若六書,則定從一書,不可復移,而江忽犯形聲,忽侵會意,斷不可也。

　　張守節史記正義論音例云:"先儒音字①,比方爲音。魏祕書孫炎始作反音,又未甚切。鄭康成云:'其始書之也,倉卒無字,或以音類比方假借爲之,趨于近之而已。'"守節所引鄭説,不知見于何書? 似即鄭所論六書假借之法,實非論音讀,守節援之以説音切耳。蓋鄭于六書別有論著,而今亡矣,其言與依聲託事正合。鶴壽案:轉注者專主字之義,假借者兼主字之聲。説文以令、長爲假借,段注云:"令"之本義發號也,"長"之本義久遠也。縣令、縣長本無字,而由發號、久遠之義引申展轉而爲之,是謂假借。許書有言"以爲"者,如"來,周所受瑞麥來麰也",而以爲"行來"字;"烏,孝鳥也",而以爲"烏呼"字;"朋",古文"鳳",神鳥也,而以爲"朋攩"字。有言"古文以爲"者,如"洒"下云"古文以爲"灑埽"字,"疋"下云"古文以爲詩大雅"字,"丂"下云"古文以爲巧字"。而與"來"、"烏"、"朋"字不同者,本有字而代之,與本無字有異也。許書又有引經説假借者,如"敃",人姓也,而引商書"無有作敃",謂洪範假"敃"爲"好"也。"莫",火不明也,而引周書"布重莫席",解云"蒻席也",謂顧命假"莫"爲"蘪"也。"聖",古文"坙",以土增大道上也,而引唐書"朕聖讒説殄行",解云"聖,疾惡也",謂堯典假"聖"爲"疾"也。此由古文字少之故。大抵假借始于本無其字及其後也,既有其字而多爲假借,許以漢人通借繁多,學者不識何

字爲本字，何義爲本義，故爲之依形以説音義，而製字之本義昭然可知。本義既明，則用此字之聲而不用其義者，乃可定爲假借。本義明，而假借亦無不明矣。

漢藝文志云：“周官保氏六書，謂象形、象事、象意、象聲、轉注、假借，造字之本也。”此先後次敍及異字，與許及鄭不同。攷後漢書，鄭衆卒于章帝建初八年，班固卒于和帝永元中，而許慎自述其作説文始于永元十二年庚子，至安帝建光元年辛酉，慎已病，不能行，遣其子冲齎詣闕以獻，凡二十二年書始成。則鄭、班二人皆在慎之前頗遠，説六書不同者，慎改鄭、班，別有所據。鶴壽案：有象形、象事，而後有象意、象聲；有形、事、意、聲爲文字之體，而後有轉注、假借爲文字之用。則班與許略同，且形在事之先也。

江聲于文字主許慎，乃所作六書説刻之石，不從許氏次敍，并不從鄭衆周禮注、班固藝文志，直以己意定其先後，云象形、會意、諧聲是正，指事、轉注、假借是貳；指事統于形，轉注統于意，假借統于聲。予面質之：“一、二、三于六書何屬？”江亦不能不以爲指事。然則指事居首，象形所以助指事之所不及，何得指事反爲象形副貳？又于“不”、“至”等字盡反許説，謂許雖謂之象形，其實是指事。書中如此者不可殫述。毛扆據北宋板徐鉉校説文本刻之，自敍作“形聲”甚明，而江引此改爲“諧聲”，予又面質之，則云據李燾本。今俗刻説文五音韻譜皆云是李燾譔，作“形聲”甚明，江何據而知李燾本作“諧聲”也？北魏術藝江式傳，延昌三年上表論文字，多用許氏自敍前篇，六書次敍及作“形聲”，與許同甚明，李延壽北史江式傳則作“諧聲”。魏收在前，延壽在後，彼特據鄭衆改耳。延壽改舊史最多謬妄，予十七史商榷力辨之。

徐鍇始以訓詁爲轉注，戴震、吳穎芳、字西林，錢唐人，著説文理董。江聲從而和之。穎芳云：“古人造字，未嘗胸中排列六書，曰吾將取指事、象形，吾將取形聲、會意、轉注、假借。及其字成，无不合于六書者，是以轉注、假借即在四者之中。”不知六書中轉注斷

然別爲一書,若從穎芳説,當減爲"五書"矣。且鄭樵六書略攻擊
説文不遺餘力,王柏、程端禮、戴侗、周伯琦一班妄人隨聲附和,
言許慎但知象形、諧聲二書,説會意已少,至指事、轉注、假借,毫
無知識。甚而至于樓鑰班馬字類敍云:"叔重説文野陋淺薄,謬
妄欺世。"愚謂此輩何足責? 可怪吳、江二人知尊信説文,乃不知
一、二、三、四、五、六之敍,遂致大惑,終身不解。

　　戴侗六書故全是杜譔,其作諧聲則從鄭衆,而卻又以己意擅
改爲"龤聲",江聲卻與之暗合。説文侖部"龤"字注引尚書"八音
克龤",今本作"諧"。攷"龤,樂和龤也",故引虁典樂之言以證,
若"克諧以孝",未必用此字。言部"諧"字注:"詥也。从言,皆
聲。""詥"字注:"諧也。从言,合聲。""詥"字無攷,而皆聲、合聲,
亦有和合之意,況其上文"計,會也",下文"調,和也","話,合會善
言也","會"、"合"、"和"、"調"與"諧"、"詥"類聚一處,其意顯然
可見,惟樂聲之和當从侖,語言文字之和仍从言,戴何據而改之?
妄矣!

六書分君臣佐使

　　指事,君也;象形,臣也;形聲、會意、轉注,佐也;假借,使也。
天下字無先于一、二、三,斷不可謂之象形,萬不得目爲會意,其爲
"視而可識"、"察而見意"之指事無疑。説文鑿鑿注明"指事"者,
只有上、丁二字,因一、二、三不待言耳。故指事,君也。日、月、山、
水等,指事所不能及,則"畫成其物"。象形者,大臣居宰輔之任,
助君布政者也。象形不足以盡,則半形半聲以佐之。無形而但有
意者,形聲之所不能盡,則會意以佐之。又不能一一用意,則凡同
意者,半意半聲轉相爲注以佐之。三者皆衆小臣遞佐大臣者也。
五者備,而文字之用略周矣。然一事但供一事之用,恐不足給,故
有假借。明永嘉方日謙子升韻會小補,每韻先取一字數音者,其
一字一音者,別爲獨音而列于後,甚屬寥寥,可見天下字數音者居
其七八,獨音者居其二三,除本音外,餘音皆假借也。字有數義,

<u>説文</u>往往不備，除本義外，餘義亦假借也。舊、焉皆鳥名，"舊"借作新舊，"焉"借作語助，皆"依聲託事"也。蓋造成字後，惟人意之所驅遣，所謂使也。<u>鶴壽</u>案：天地間先有日月山水而後有日用飲食，若製字而必以君臣佐使論，則象形宜爲君，指事宜爲臣。不然，則先臣而後君也。以轉注爲佐，則假借之依聲託事，亦所以佐五者之闕佚也；以假借爲使，則轉注之同意相受亦所以給四者之使令也。此論雖新，恐非其實。

　　指事必爲君。其形視而可識，不待象也；其意察而即見，毋庸會也。至于視之不可識，然後有象形；察之不能見，然後有會意。江、河從水，以事爲名，工、可取譬相成。然水，形也，而謂之"事"，形統于事也。令、長，會意也，借爲縣之令、長，亦謂之"託事"。蓋假借亦從指事而起，如"上"，時亮切，借爲"登上"之"上"，則時掌切矣。"下"，胡雅切，借爲"降下"之"下"，則胡駕切矣。五者皆出指事，指事非君而何？

　　<u>徐鍇</u><u>繫傳</u>于上部備論六書相比偶之意，反覆幾千言，所苦形聲與轉注纏繞不清，如云松、柏，木之別名，同受意于木；又云江、河同謂之水，水不可同謂之江、河，松、柏同謂之木，木不可同謂之松、柏。散言之曰形聲，總言之曰轉注。豈知江、河、松、柏皆半形半聲，全與轉注無涉，轉注則半意半聲而無形，故薹、耆、耇、耆、耄、考可同謂之老，而老亦可同謂之薹、耆、耇、耆、耄、考，豈若江、河與水，松、柏與木，但可一注，不可轉注者乎？必如予説"形聲從象形來，轉注從會意來"，方覺截然不紊。

　　<u>戴震</u>曰："轉注如釋詁，數字同一解，'老'訓考，'考'訓老，轉相爲注。若如<u>江聲</u>之説，則轉注一書，忽犯形聲，忽侵會意，不得分爲六矣。"<u>江聲</u>辨曰："六書是古人造字之術，若訓詁已落後一層，恐非是。且六書中惟象形字可獨用書成文，其餘則或兩字、或三字配合，不得不兼三書、兩書，不可以某字屬某書截然六分之也。"愚謂"訓詁落後一層"駁得倒<u>戴震</u>，而不得不兼兩書、三書之説，卻不可以回護<u>江聲</u>之説。何也？如予之説，薹字半意半聲而

無形。以此推之，半形半聲者仍屬形聲，全是意者仍屬會意，惟半意半聲者屬轉注，于"建類一首，同意相受"，及"轉相爲注，從意而轉"，倍覺分明。六書之中，鑿鑿另有此一種書，截然不可混殽，何"忽犯形聲，忽侵會意"之有？何"不得不兼三書、兩書"之有？何不可六分之有？于一、二、三、四、五、六次敍守得定，絲毫不可顛倒移易矣。鶴壽案：別俗異言、古雅殊語，必轉注乃可知。爾雅稱"初、哉、首、基、肇、祖、元、胎、俶、落、權輿，始也"，凡數字同義，則用此字可，用彼字亦可。戴東原謂"轉注如釋詁數字同一解"，而江艮庭謂"訓詁已落後一層"，此由不知六書中轉注、假借二者已包括訓詁諸書也。然其誤會自漢已然，班固藝文志以爾雅、小爾雅、古今字入孝經家，以史籀、八體、倉頡、凡將、急就、元尚、訓纂、別字、倉頡傳、倉頡訓纂、倉頡故爲小學家，不知爾雅、小爾雅、古今字與倉頡傳、倉頡訓纂、倉頡故同爲訓詁之書，是六書中之轉注、假借也。且曰"象形、象事、象意、象聲、轉注、假借六者造字之本"，此言尤謬。指事、象形、形聲、會意乃造字之法，轉注、假借則用字之法，有史籀、八體、倉頡、凡將、急就、元尚、訓纂、別字等篇以著指事、象形、形聲、會意之文，乃有爾雅、小爾雅、古今字、倉頡傳、倉頡訓纂、倉頡故等篇以說轉注、假借之用，則不得歧而二之矣。

蛾術編卷十六

六書倉頡已備,其名至周始定

或問:六書自倉頡已備乎?曰:據自敍繹之,倉頡已備,但其名則至周始定。上言"倉頡初作書,依類象形,謂之文",是倉頡有指事、象形。下言"其後形、聲相益,謂之字","其後"也者,或即指倉頡,則并有形聲。又言"著于竹帛謂之書"。昭十二年傳"左史倚相能讀三墳、五典",疏引僞孔書敍云:"伏羲、神農、黃帝之書,謂之三墳,言大道也;少昊、顓頊、高辛、唐、虞之書,謂之五典,言常道也。"周禮"外史掌三皇五帝之書",注云:"楚靈王所謂三墳、五典是也。"疏云:"三墳,三皇時書;五典,五帝之典。"則倉頡已有書籍,所造字已多,既有形聲,亦必有會意、轉注。假借原爲字少而設,疑倉頡亦當有。六書殆已備乎,其名則未有。又言:"迄五帝、三王之世,改易殊體。"愚謂敍言"改易",其實兼有增多。此下方言"周禮保氏"云云,則許意明以六書至周始定。意者自黃帝至周文、武,文字孳乳大備,而周公始定此名,蓋倉頡非先立此六書名目方造字,乃造成已久,後人追定其名也。鶴壽案:先生謂六書倉頡已備則是,謂其名至周始定則非。造字必始于一、二、三,此蓋依庖犧畫乾、坤二卦爲之,黃帝臣隸首作算數,即用此一、二、三字推衍之,是指事已備也。然指天之高而造"上"字,指地之低而造"下"字,不即名之曰指事而何?次造"水"、"火"等字,庖犧畫坎、離二卦,坎以象水,離以象火,略具形模。至倉頡，則造"火"以象南方之行，炎而上；造"水"以象北方之行，衆水並流，中有微陽之氣，是象形已備也。然象日之實而造"日"字，象月之闕而造"月"字，不即名之曰象形而何？次造"風"、"澤"等字，庖犧所畫震、艮二卦，震爲雷，艮爲山，其字已在象形中矣。而又畫巽、兑二卦，巽爲風，"風"字從虫，象形也，而凡，其聲也；"兑"爲澤，澤字從水，象形也，而睪，其聲也。半形半聲，合而成字，是形聲已備也。然合水與工而造"江"字，合水與可而造"河"字，不即名之曰形聲而何？天地、水火、風雷、山澤既見于指事、象形、形聲矣，于是有合兩字之義而爲一字者，數始于一，終于十，故"士"字從一、十，孔子所謂"推十合一爲士"也；器受蟲害者爲蠱，故"蠱"字從蟲、從皿，左傳所謂"于文皿蟲爲蠱"也，則會意已備。而"武"從止、戈，"信"從人、言，皆是比合其義，即名之曰會意焉。又有數字同義而可以通用者，如"初"爲裁衣之始，"基"爲築牆之始，裁衣、築牆雖異，其訓爲始則同，乃取裁衣之始以當築牆之始，則轉注已備。而以"考"注"老"，以"老"注"考"，若水之相灌注，即名之曰轉注焉。況古初字少，甚至有但有其事並無其字者，如有上下即有東西南北，然無"西"字，西，鳥在巢上也，而借以爲"東西"之"西"；有君臣父子即有朋友，然無"朋"字，朋，古文"鳳"也，而借以爲"朋友"之"朋"，則假借已備。而"宏"、"廓"之皆爲大，四十字可相假；"儀"、"若"之皆爲善，"靖"、"惟"之皆爲謀，十七字可相假，若器物之借用，即名之曰假借焉。然則六書之法，倉頡定之；六書之名，亦即倉頡名之，豈待周禮保氏始分某字爲指事、某字爲象形哉？且吳穎芳謂"古人造字未嘗胸中排列六書"云云，先生于前卷力斥其非，而此言"倉頡非先立六書名目"云云，議論何又與吳氏相同也？

大篆與古文異多同少

自敍云："及宣王太史籀，著大篆十五篇，與古文或同或異。"汲古閣刻及明天啓七年世裕堂刻分韻本皆脱"或同"二字。徐鍇曰："倉頡所作，歷代改變，故史籀作大篆，大體不甚相遠。"徐説是。蓋倉頡初造，及歷代增改，通稱"古文"，史籀因而定之。近刻脱落，使人疑籀專逞私臆，故與古文立異，賴徐鍇繫傳存古本，據以補入。李文仲字鑑敍引此，并北魏書及北史江式傳皆有"或同"二字。自敍又云："至孔子書六經，左丘明述春秋傳，皆以古文，厥意可得而説。"而漢藝文志于小學首列"史籀十五篇"，班固自注云：

"周宣王太史作大篆十五篇，建武時亡六篇矣。"師古曰："籀，音胄。"班又云："史籀篇者，周時史官教學童書也，與孔氏壁中古文異體。"則不知許所云"與古文或同或異"者，謂倉頡下至周初古文乎，謂孔壁古文乎？徐鍇之乃知自倉頡下至文、武、周公時之古文，即是孔子書六經而藏于壁中之古文，惟史籀與此古文雖或有同者，要之別爲一體，此爲籀文而非古文矣。班又云："倉頡七章者，秦丞相李斯所作也；爰歷六章者，車府令趙高所作也；説文作"中車府令"，此脱"中"字。博學七章者，太史令胡毋敬所作也，文字多取史籀篇，而篆體復頗異，所謂'秦篆'者也。是時始造隸書矣，起于官獄多事，苟趨省易，施之于徒隸也。"此説"隸書"名義甚明。江式云："以程邈所作，邈，徒隸，即謂之'隸書'。"邈嘗居官，豈徒隸手？由此觀之，秦篆與大篆同多異少，大篆與古文異多同少。古文由來至遠，奇奧艱深，故史籀改趨省易，至秦篆更省易矣。隸書繼作，即與後世楷書同，而秦篆亦幾幾近之，乃其文字多取史籀，可見大篆與古文異多同少。然夫子必矯之而用古文，何也？籀文周代後起之俗字，周易，伏羲、文王作；尚書，虞、夏至西周史官作；詩，大半出西周以前；禮、樂皆出周公，故不用宣王以下之字書之。且史籀十五篇，建武但亡其六，則尚存九篇，班與許自必親見之，孔子、左氏用古文書經傳藏壁中，魯共王發得之，入于祕府，兩漢大儒皆見之，許亦從師受之，此所以目驗而知孔、左經傳即古文，非籀文也。周宣王石鼓今在國子監，予親見之，韓退之、歐陽永叔皆云史籀作，其字體略用秦篆，與古文作科斗形、頭麤尾細者迥別。

鶴壽案：大篆與古文同者，許書不復載，其異者則十四篇中悉載之，自一部籀文顗起，至酉部籀文顉止，蓋大備矣。籀，太史名，自敍云："漢興，有尉律，學僮十七以上，始試，諷籀書九千字，乃得爲史。"此非史籀之"籀"，竹部云："籀，讀書也。謂能取尉律之義，推演發揮，而繕寫至九千字之多也。"二者不相涉。六經，易、書、詩、禮、樂、春秋也。孔子書六經以古文，于壁中經知之；左氏述春秋傳以古文，于張蒼所獻知之。左氏並不在壁中經內，故自敍分別言之曰："壁中書者，魯恭王壞孔子宅，而得禮記、尚書、春秋、論語、孝經。又北平侯張蒼，獻春秋左氏傳。"而先生謂孔子、左氏古文經傳並藏孔壁，誤矣。且左氏之出，遠在六經之前。攷漢楚元王傳，劉歆讓太常博士書，以逸禮三十九篇、書十六篇係之孔壁，于春秋左氏，但云藏于祕府，不言所出。以許氏自序參之，其藏本殆即蒼所獻，當在惠帝三年"既除挾書之律"之後，下距武帝末共王壞孔子宅，幾及百年，而先生謂共王得之，入于祕府，又誤矣。況前卷說錄內三傳廢興一條，先生云祕府有左氏，蓋先出漢初，而此又云左氏與六經同出孔壁，何也？

倉頡、爰歷、博學

自敍云："其後諸侯分爲七國，言語異聲，文字異形。秦始皇帝初兼天下，丞相李斯乃奏同之，罷其不與秦文合者。斯作倉頡篇，中車府令趙高作爰歷篇，太史令胡毋敬顏師古急就章注敍自注云："毋，音無。"作博學篇，皆取史籀大篆，或頗省改，所謂小篆者也。"小篆，漢藝文志作"秦篆"。倉頡、爰歷、博學，後人或稱爲三倉，魏志武帝紀建安五年裴松之注云："馗，古'逵'字，見三倉。"隋經籍志亦云："三倉三卷。"名三倉者，漢藝文志云："漢興，閭里書師合倉頡、爰歷、博學三篇，斷六十字以爲一章，凡五十五章，并爲倉頡篇。"三倉之名所自來矣。郭璞注北山經，引有埤蒼；李賢注後漢書，引有埤蒼，又有廣蒼。"埤"有附益意，"廣"者增廣，此二書或即爰歷、博學并入後得此名也。鶴壽案：三倉者，藝文志倉頡一篇，自注云"上七章"。既以倉頡爲上篇，則必以爰歷爲中篇，博學爲下篇矣。自揚雄作訓纂後，班固續十三章，賈魴作滂喜篇。梁庾元威云："倉頡五十五章爲上卷；揚雄作訓纂，記滂喜，爲中卷；賈升郎更續，記彥均，爲下卷，人稱爲三倉。張揖作三倉訓詁，陸璣詩疏引三倉說，郭璞作三倉解詁。"蓋魏、晉時早有三倉之稱矣。訓纂終于"滂熹"二字。"滂熹"者，滂沱大盛，賈魴用以爲篇目，而終于"彥均"二字，故庾氏云"揚記滂喜，賈記彥均"，隋志云"揚作訓纂，賈作滂喜"，一也。"喜"與"熹"古通用。彥，音盤，大也。其班所續十三章，并在賈三十四章之內。

以倉頡、爰歷、博學爲三倉，徐鍇繫傳如此，而江式云："倉頡、爰歷、博學合一篇，爲上卷；揚雄訓纂，爲中卷；後漢永元中，郎中賈魴作滂熹篇，爲下卷，故曰三倉。"王應麟漢藝文志攷證如此。但北魏術藝江式傳，式于延昌三年欲修古今文字四十卷，上表論字學，凡一千七八百字，史全載之，北史略同，並無此説。其所舉書名，自周、秦下至魏、晉甚備，但舉及三倉，初不言三倉如何分卷。江式所修之書不但不傳，在當時并未成其議論，除北魏書、北史外，決無他處再有所見，應麟之言恐誤。

秦時古文已絶

自敍云："秦燒滅經書，滌除舊典，大發隸卒，興役戍，官獄職務繁，初有隸書，以趨約易，而古文由此絶矣。自爾秦書有八體，一曰大篆，二曰小篆，三曰刻符，四曰蟲書，五曰摹印，六曰署書，七曰殳書，八曰隸書。"案八體首列大篆，古文擯而不與，益見秦書本于史籀，史籀與古文異多同少。又云："漢興，尉律：學僮十七已上，始試，諷籀書九千字，乃得爲史。又以八體試之，郡移太史并課最者，以爲尚書史。"徐鍇曰："尉律，漢律篇名。"愚謂"八體"緊蒙上文"秦書八體"而言，漢藝文志此段與許大相矛盾。彼志于"保氏六書"下即接云："漢興，蕭何草律，亦著其法曰：太史試學僮，能諷書九千字以上，乃得爲史。又以六體試之，課最者以爲尚書、御史史書令史。六體者，古文、奇字、篆書、隸書、繆篆、蟲書也。"此下方敍秦三倉及隸書，顛倒不明。果如其説，則秦時古文未絶，直傳至漢，而漢初習者且極盛矣。若依許，則六體乃王莽方有，西漢初並無也。其説詳後。十七史商榷已詳辨之。惟"諷籀書九千字"，當從漢志去"籀"字。此"諷"是諷誦，下試八體，方是試使書之。所諷不知何書，若云籀書，斷無如此之多。又"以爲尚書史"，彼志作"尚書、御史史書令史"。"令史"者，掾屬也，謂尚書、御史之令史能史書者也。"史書"，大篆、小篆也，漢初沿襲秦故也。許刪"御史"二字，但御史大夫亦係政本，此二字從彼志不刪亦可。漢人善史書者甚多，尚書、御史之令史多矣，而此令史則以能史書得名,依彼志添"史書令"三字亦可。鶴壽案:秦焚六經,則六經之古文絕矣。然太史籀作大篆,古文亦采入其中。秦書有八體,一曰大篆,則古文之入于籀文者猶未盡亡,而刻符、蟲書等間或用之,即李斯倉頡篇中亦多古字,則非悉擯古文而不與也。學僮所諷籀者,即是尉律之書。"諷"者,口誦之也。"籀"者,以筆綴集之也。即此是試學僮之事,故云"乃得爲史"。下言試以八體,則又是一事。先生疑"籀"即係籀文,故以爲"所諷不知何書"。夫説文全部止有九千餘字,則籀文安得如許之多?史記太史公自敍云:"紬史記金匱石室之書。""紬"與"籀"同音通用,亦謂綴集之也。先生既致據説文,豈未見竹部訓"籀"爲讀書乎?周禮稱"史掌官書以贊治",注云:"贊治者,若今起文書草也。"凡官府郡縣皆有掌書之史,不獨尚書、御史有之。段茂堂云:"八體,漢志作'六體',攷六體乃亡新時所立,漢初蕭何草律,當沿秦八體耳。漢志固以試學僮爲蕭何律文也,自'學僮十七'至'輒舉劾之',許與班略異,而可互相補正。班云'太史試學僮',許則云'郡縣試之,而後郡移太史試之';班云'諷書',許則云'諷籀書';班云'六體',許則云'八體',此許詳于班也。班云'以爲尚書、御史史書令史',許但云'尚書史';班云'吏民上書,字或不正,輒舉劾',許不云'吏民上書',此班詳于許也。"二書未可偏廢。

艸書

自敍于"漢興"之下、"尉律"之上,云"有艸書"。艸與隸同時而起,非有先後,即如阝字、乡字、阝字,凡隸書中帶艸者甚多,無艸則無隸,艸與隸相爲表裏也。鶴壽案:艸書連上八體言之。秦有八體,隸書居末,漢興又有艸書,字體之變極矣。段茂堂注:"漢興,艸書不知誰作。章帝時,齊相杜度號善作之。宋王愔曰:元帝時,史游作急就章,解散隸體,麤書之,章艸之始也。趙壹曰'起秦之末',有非艸書一篇。"

王莽六體

自敍云:"孝宣時,召通倉頡讀者,張敞從受之。涼州刺史杜業、沛人爰禮、講學大夫秦近亦能言之。孝平時,徵禮等百餘人,令説文字未央廷中,以禮爲小學元士,黃門侍郎揚雄采以作訓纂篇,凡倉頡已下十四篇,凡五千三百四十字,羣書所載,略存之矣。及亡新居攝,使大司空甄豐等校文書之部,自以爲應制作,頗改定古文。時有六書,一曰古文,孔子壁中書也;二曰奇字,即古文而異者也；三曰篆書，即小篆，秦始皇帝使下杜人程邈所作也；四曰佐書，即秦隸書；五曰繆篆，所以摹印也；六曰鳥蟲書，所以書幡信也。"案孝平時徵諸臣說文字事，見漢書平帝本紀及王莽傳，合三倉及爰禮等所說、揚雄所續，共只五千餘字。而藝文志乃言蕭何草律，學僮諷籀書多至九千字以上，其謬顯然。益見當從說文作"諷書"，"籀"字衍。所諷之書，大約即尉律之類，而史籀所作大篆十五篇亦在其中。所列亡新六體書，即藝文志所指爲蕭何草律、以試學僮者，許別有所據而改正之，辨已詳商榷。至六體中但云"篆書"，不分大篆、小篆，益見秦篆與史籀大篆同多異少，故可并合爲一。鶴壽案：藝文志云："倉頡多古字，俗師失其讀。宣帝時，徵齊人能正讀者，張敞從受之，傳至外孫之子杜林，爲作訓故。"張敞字子高，平陽人，美陽得鼎，嘗按銘勒而上議。杜業字子夏，繇陽人，敞外孫。林，業之子也。桓譚新論云："秦近君說堯典篇目兩字至十萬餘言，說'曰若稽古'三萬言，或即近也。"前漢孝平紀云："元始五年，徵天下通知逸經、古記、天文、曆算、鐘律、小學、史篇、方術、本艸及以五經、論語、孝經、爾雅教授者，在所爲駕一封軺傳，遣詣京師，至者數千人。"王莽傳作"元始四年禮說文字"，正其時也。段茂堂曰："藝文志云：'漢時，閭里書師合倉頡、爰歷、博學三篇，斷六十字以爲一章，凡五十五章，并爲倉頡篇。'此謂漢初倉頡篇祇有三千三百字也。又云：'司馬相如作凡將篇，史游作急就篇，李長作元尚篇，揚雄作訓纂篇，順續倉頡，又易倉頡中重複之字，凡八十九章。'此謂雄所作訓纂三十四章二千四十字，合五十五章三千三百字，凡八十九章五千三百四十字也。班但言章數，許但言字數，而數適相合。不數急就、元尚者，二書皆倉頡中正字，既取倉頡，則在內也。不數凡將者，其字雖出倉頡外，亦已晐于訓纂中也。本祇有倉頡、爰歷、博學、凡將、急就、元尚、訓纂七目，又析之爲十四，其詳不可得聞矣。自揚雄作訓纂後，班固作十三章，賈魴作滂喜篇，韋昭謂班固十三章在賈魴三十四章之內，許所云五千三百四十字，未數班、賈所作也。懷瑾書斷云：'倉頡、訓纂八十九章，合賈廣班三十四章，凡百二十三章，文字備矣。'按八十九章、五千三百四十字，又增三十四章、二千四十字，凡七千三百八十字，許全書有九千三百五十三字，葢于五千三百四十字之外，他采者四千十三字。班、賈等篇，既在網羅之內；班、賈而外，亦歸漁獵之中。班前于許，賈則同時。許即不見班、賈之書，而未央廷中百餘人所説、揚雄所未采、凡將所出倉頡外，藝文志所稱別字十三篇，是皆許所本也。自倉頡至彥均，章皆六十字，凡十五句，句皆四言，許引'幼子承詔'、郭注爾雅引'考妣延年'是也。凡將七言，蜀都賦注引'黃潤纖美宜製禪'、藝文類聚引'鐘磬竽笙築坎矦'是也。急就篇前多三言，後多七言。元尚無攷。若隋志所載班固太甲篇、在昔篇，即在十三篇內，藝文志所載倉頡傳、揚雄倉頡訓纂、杜林倉頡訓纂、倉頡故，此四篇皆釋倉頡五十五章之作。"今案段氏所述可謂詳矣，至于藝文志明言"諷書"，許書明言"諷籀書"，而先生互易其文，想未知"籀"字作綴集解，而疑爲史籀之名，故既云所諷之書即尉律，而又云大篆亦在其中也。九千字以上，謂學僮綴集其文至如此之多，豈謂三倉等篇之字數哉？亡新篆書，許氏明言小篆，先生又何以云不分大小邪？

藝文志先云："武帝時，司馬相如作凡將篇，無復字；元帝時，黃門令史游作急就篇；成帝時，將作大匠李長作元尚篇，皆倉頡中正字也。凡將則頗有出矣。"然後接云："至元始中，徵天下通小學者以百數，各令記字于庭中。揚雄取其有用者以作訓纂篇，順續倉頡，又易倉頡中重復之字，凡八十九章；臣復續揚雄，作十二章，凡一百三章，無復字，六藝羣書所載略備矣。"愚謂凡將字既有出于倉頡之外，則知相如本賦家，性尚浮夸，必不精當。自許氏以前，字書存者獨史游，其餘盡亡矣。今觀游之書，決不及三倉。彼亡此存，有幸不幸焉。二家如此，李長可知。葢三家皆非有功于字學者，故許略去不道。觀藝文志，知班固于字學亦多疏舛，故許并其所續揚雄之書，亦棄不論。鶴壽案：謂司馬相如用字不精當，猶可言也。如"律"，正字也，而相如賦作"嵂"；"吾"，正字也，而相如賦作"珸"；"玓瓅"，正字也，而相如賦作"的皪"。此皆俗字。然如"蕭"之作"蕭"、"葛"之作"輵"，別體亦可用。至班固續訓纂十三章，并在賈魴滂喜篇內，許未嘗棄而不論也。

固續揚雄，韋昭注云"十三章"，如此方與上文雄八十九章并固書共一百三章合，大字正文作"十二章"，傳寫誤也。小篆，李斯作，而此云程邈者，徐鍇曰："李斯改史篇爲秦篆，而邈復同作也。"鶴壽案：各本皆作"臣復續揚雄，作十三章"，從無作"十二章"者，不知先生所據何本？但自倉頡至訓纂，祇有八十九章，加固所續十三章，當云"一百二章"，而固云"一百三章"，則"三"字有誤，先生乃云章數相合，是又誤也。説文自敍"秦始皇帝使下杜人程邈所作也"，此句當在"四曰左書"，即"秦隸書"之下，蓋李斯作小篆，程邈作秦隸書，兩不相涉，徐鍇説非是。

壁中書

自敍云："壁中書者，魯恭王壞孔子宅，而得禮記、尚書、春秋、論語、孝經。又北平侯張蒼獻春秋左氏傳，郡國亦往往于山川得鼎彝，其銘即前代之古文，皆自相似，雖叵復見遠流，其詳可得略説也。"恭王壞宅得書，事見漢藝文志、景十三王傳、尚書僞孔敍、劉歆移太常博士書。此言"得禮記、尚書、春秋、論語、孝經"，然上文已言孔子書六經、左丘明書春秋傳皆以古文，則似所得兼有左傳。藝文志不言有春秋，僞孔敍不言有禮、春秋，劉歆但不言論語、孝經，其餘皆同，而禮則言逸禮三十九篇，春秋并連言左氏丘明所修，然後總之云"皆古文舊書"。合而攷之，許所言爲最備。蓋許所云禮記，即藝文志之禮古經五十六卷。古經出魯淹中及孔氏，孔氏即謂"壁中"也。次經十七篇，高堂生等所傳，非古文；又次記百三十一篇，即許所云記也。尚書者，即藝文志之尚書古文經四十六卷。春秋者，兼經、傳言之，非壁中但有經，直至張蒼始得傳也。鄭康成書贊云："書初出屋壁，皆周時象形文字，今所謂科斗書。"以形言之爲科斗，指體即周之古文。此條見僞孔敍及孔疏。後漢盧植傳：植作尚書章句，上書曰："臣少從通儒故南郡太守馬融受古學，古文科斗，近于爲實。"李賢注："古文，謂孔子壁中書也。形似科斗，因以爲名。"爾雅："科斗，活東"，郭注："蝦蟇子。"邢疏："此蟲頭圓大而尾細，古文似之。"鶴壽案：先生謂春秋"兼經、傳言之，非壁中但有經，直至張蒼始得傳"，然張蒼獻傳在前，魯共王壞孔子宅在後。故段注云："春秋，謂經文，班志言春秋古經十二篇是也。春秋經、傳，班不言出誰氏，據許云北平侯張蒼獻春秋左氏傳，意經、傳皆其所獻。古經與傳別，然則班志春秋古經十二篇、左氏傳三十卷，皆蒼所獻也。而許以經系之孔壁，以傳系之北平侯，恐非事實。"今案孔子以古文寫六經，但寫春秋而已，決不連左氏傳寫。經文自出孔壁，傳文自出張蒼，安得不分系之邪？

虛造不可知之書

自敍云："世人詭更正文，鄉壁虛造不可知之書，變亂常行，以燿于世。諸生競逐，説字解經，諠稱秦之隸書爲倉頡時書，云父子相傳，何得改易？乃猥曰'馬頭人爲長'，'人持十爲斗'，'虫者，屈中也'。廷尉説律，至以字斷法，苛人受錢，'苛'之字止句也。若此者甚衆，皆不合孔氏古文，繆于史籀。"案此段痛指俗儒之謬，在漢已然，又何尤乎唐、宋！字異及多少不同，參各本定之。以古籀爲祖父、小篆爲子孫，可也；以隸書即倉頡，妄矣。"馬頭人爲長"者，惢，從倒亡、從兀、從匕，而作長。"人持十爲斗"者，上𠄔象形，而作卝，故譏之也。"苛之字止、句也"者，許述俗儒之言如此，而徐鍇反云不知而説之，非也。陳羣新律敍云："令乙有呵人受錢，同引漢律文。"而彼作"呵"，與許作"苛"不同者，葢古字依聲假借耳，其實作"呵"、作"苛"皆得。天官閽人注"苛其出入"，釋文云："苛，本又作'呵'。"可見二字可通。又天官宮正注有"幾呵"，地官比長注有"呵問"，漢書李廣傳有"呵止"，江充傳有"呵問"，釋其義，皆與陳羣引律義同。而秋官萍氏注有"苛察"，環人注有"苛留"，並作"苛"，繹彼釋文及疏，其音義皆與"呵"同，可見二字可通用。然玉篇："屰，古文呵。""呵"爲"屰"者，"呵"本從止、從可，或亦借"苛"爲之，而俗儒誤以爲從止、從句，不知古"可"與"句"不相通，故許氏以爲不合古文也。自漢之俗儒妄説"苛爲止、句"，故説文手部引酒誥"盡執抲"，"抲，摣也"，意亦與"呵"略同。晉人不識字，誤以"可"與"句"通，僞造古文尚書，竟改"抲"爲"拘"矣。或曰：管子五輔云"上彌殘苛，下愈覆鷙"，注云："殘苛，當作'殘苟'。"據此，則"苛"字本作止、句'，故得誤爲"苟"。廷尉説律，夫有所受之。愚謂字形相涉致誤，豈可援據反以"止、句也"

作許慎意？或説繆與徐鍇同。鶴壽案："馬頭人爲長"者,謂"馬"上加
"人"便是長字,會意。"人持十爲斗"者,漢隸字"斗"作卄,象人持十,但有似
乎"升"字,又似乎"什"字。"虫爲屈中"者,虫、蟲本象形字,隨體詰詘,隸字
祇令筆畫有横直可書,並非从中而屈。其下"苛爲止、句"者,"苛"字从艸,可
聲,假爲"訶"字,而隸書譌爲"岢",説律者乃曰此字从止、句,句讀同鈎,謂止
之而鈎取其錢,于字意、律意皆失之矣。

疑蓋

自敍云："是非無正,巧説衺辭,使天下學者疑。蓋文字者,經
藝之本,王政之始。"惠棟曰:字定宇,吳人。薦舉經學。"'疑蓋'猶
區蓋。"愚謂慎子沖上表亦云"巧説衺辭,使學者疑",則"疑"字絶
句,惠説非也。

古、籀、篆

自敍云："今敍篆文,合以古、籀。"案:前已歷述字學原流,倉
頡始造,下至周初,歷代附益,是謂"古文"。史籀始作字書,字則
改變,别爲一體。目以"大篆"者,疑李斯作篆而追稱,籀未必名篆
也,是謂"籀文"。斯與程邈因籀而增修倉頡篇,并爰歷、博學,是
謂"篆文"。至此方欲述己譔著説文體要,故先作總筆,挈其綱維。
前黜隸書之妄,云"不合古文,謬于史籀",已將古、籀並言矣,此又
言"今敍篆文,合以古、籀",似以秦篆爲主,古籀爲輔,何也？字體
隨時而變久矣,許當東漢之衰,不得不以秦篆爲主,古、篆爲輔,説
文每字于三體之中,擇取其一以爲正,其餘若有可取,則列爲重
文,此其例也。鶴壽案:説文一部先載篆文"一"字,下附古文"弌";二部先
載篆文"二"字,下附古文"弍"字;三部先載篆文"三"字,下附古文"弎"字。
先生謂説文以秦篆爲主,似乎可信,而其實非也。"一"、"二"、"三"之篆文乃
古文也,"弌"、"弍"、"弎"之古文乃古文奇字也。何以知"一"、"二"、"三"之
爲古文？蓋倉頡六書,其原出于八卦,所造"一"、"二"、"三"字,即本于乾卦
之三畫,豈有先造"弌"、"弍"、"弎"字而後造"一"、"二"、"三"字者乎？藝文
志云"倉頡多古字",蓋李斯作倉頡篇,即采取古文、籀文而增減之,其與古
文、籀文異者,許氏乃附見古文、籀文于下,其同者則即謂之篆文而已。觀説

文上部先載古文"二"字,下附篆文"𠄍"字,則非以秦篆爲主明矣。

艸部大字別爲一條,云:"左文五十三,大篆从茻。"許以爲五十三字,秦人省筆皆从艸,無害于六書,舉世便之。即此見説文以秦篆爲主也。若欲没去大篆不載,許亦不肎,好古之心與隨時之義,並行不悖。就中"蓬"字重文"莑"字注云"籀文'蓬'省","籀文"下當增一"或"字。葢兩字籀文皆从茻,非"莑"从艸也。若籀文"莑"从艸,則當入正部中,而以"莑"入重文矣。

分部許氏特創

自叙述其著書之例云:"分別部居,不相雜厠。"後敍云"此十四篇、五百四十部"云云。顔之推家訓書證篇云:"許愼説文,檢以六文,貫以部分,使不得誤,誤則覺之。其爲書,隱括有條例,剖析窮根源,若不信其説,則冥冥不知一點一畫有何意焉。"徐鍇繫傳云:"分部相從,自愼爲始。"吾友金壇段玉裁字若膺,乾隆庚辰舉人,貴州玉屏縣知縣。復暢其説曰:"説文五百四十部,葢許氏創爲之。前此李斯倉頡篇皆四字句,如説文敍引'幼子承詔'、郭璞注爾雅釋親篇引'考妣延年'、顔之推家訓書證篇引'漢兼天下','海内并厠','豨黥韓覆','畊討滅殘'皆是。此書四字句,爾雅釋器疏引倉頡篇云"食臭敗也",恐是倉頡篇中訓詁語。司馬相如凡將篇則七字句,如文選劉淵林注左太沖蜀都賦引'黃潤纖美宜製襌'、歐陽詢藝文類聚引'鐘磬竽笙筑坎侯'皆是。而説文口部引'司馬相如説:淮南宋蔡舞嗃喻'亦疑是也。揚雄訓纂篇少有偁引之處,惟説文手部云'捼'揚雄作'挱',艸部云'艸'揚雄作'𢬧',斗部云'揚雄、杜林皆以爲軺車輪幹',黽部云'揚雄説:匽黽,蟲名'。攷漢藝文志云:'訓纂一篇,揚雄作。'此謂雄自著也。又云'揚雄倉頡訓纂一篇',此謂雄訓釋李斯等倉頡篇也。説文所引四條,是倉頡訓纂中語,其自著訓纂篇,志云'順續倉頡',則亦四字句可知。又云'臣復續揚雄,作十三章',然則班固十三章亦是四字句。外此如張懷瓘書斷引蔡邕聖皇篇'程邈刪古立隷文',

亦是七言;周易正義引蔡邕勸學篇‘鼯鼠五能,不成一技術’,_宋本、錢孫保本皆作“術”,俗作“五”,誤也。亦是四言、五言,然則秦、漢人無有分部列字者。至史籀史篇引見他書者絕少,惟說文𦥯部‘奭’字下引史篇‘召公名奭’,缶部‘匋’字下引史篇‘讀與缶同’,恐亦史篇訓詁語,而非史篇正文。說文敍云‘分別部居,不相雜廁。其建首也,立一爲耑,引而申之,畢終于亥’,並不言所本,則爲許氏創造可知也。”段氏此論甚確。段氏所引倉頡、凡將,除說文外,皆本王應麟漢藝文志攷證,攷證又舉攷工記注引倉頡“鞄芺”及“柯欘”,急就章補注自敍又舉史記正義引揚雄訓纂“户、扈、鄠”,皆不足證其作四言句,故段氏不及。急就章云“分別部居不雜廁”,指羅列衆物及名姓字,以類相從耳。惠定宇謂“許氏以前,凡字書皆分部”,非是。孫淵如重輯倉頡篇目自敍云:“倉頡篇,其例與急就同,詞或三字、四字,以至七字,取六藝羣書之文,以便幼學循誦。”

或作五百四十二部

張关和撰吳均增補復古編敍云“漢許慎説文以五百四十二字爲部”,郭忠恕所書説文部分刻石者亦作“五百四十二部”,此等皆不足道。_{鶴壽案:許氏所定十四篇,始“一”終“亥”,凡五百四十部,其字皆相蒙而下,部數無容增減,而林罕字源偏旁小説敍云“五百四十一部”,郭忠恕與夢英書云“見寄偏旁五百三十九字”,或增其一,或減其一,相傳偶有異同也。}

引經用古文

自敍云:“其偁易孟氏、書孔氏、詩毛氏、禮周官、春秋左氏、論語、孝經,皆古文也。”案“易孟氏”,孟喜也。惠定宇撰易漢學,分爲五家,異流同原,而以孟氏冠首,孟實傳壁中古文易者。“書孔氏”,孔安國也。孔氏有古文尚書,安國以今文讀之,逸書比伏生多十六篇,内九共九篇,實二十四篇,非東晉梅賾所獻、皇甫謐輩僞造者。“詩毛氏”,毛萇也。魯人大毛公爲詁訓傳,趙人小毛公傳之，爲河間獻王博士，其原出子夏，與齊、魯、韓三家不同。“禮周官”，疑兼禮古經及記統言之，復繼以周官也。春秋，公羊傳西漢先立學，左氏後得，直至劉歆始表彰，東漢益盛，不但別自爲傳，并其經亦與公羊、穀梁不同。古文論語與張禹等所傳不同。孝經詳後。鶴壽案：許氏所引經文，未必皆壁中古文，其引易也，“以往吝”又作“以往遴”，“需有衣袽”又作“繻有衣袽”，“爲的顙”又作“爲馰顙”，“重門擊柝”又作“重門擊欜”；其引書也，“鳥獸毴髦”又作“鳥獸氄毛”，“方鳩僝功”又作“旁逑孱功”，“濬〈巜距川”又作“睿畎澮巨川”，“天用剿絶其命”又作“天用勦絶”，“若顛木之有甹櫱”又作“若顛木之有甹枿”；其引詩也，“桃之枖枖”又作“桃之枖枖”，“江之永矣”又作“江之羕矣”，“江有汜”又作“江有洍”，“靜女其袾”又作“靜女其姝”，“擊鼓其鏜”又作“擊鼓其鼞”，“是褻袢也”又作“是紲袢也”，“衣錦褧衣”又作“衣錦檾衣”，“薈兮蔚兮”又作“嬒兮蔚兮”，“赤舄掔掔”又作“赤舄己己”，“嘽嘽駱馬”又作“痑痑駱馬”，“不敢不蹐”又作“不敢不趚”，“噂沓背憎”又作“僔沓背憎”，“缾之罄矣”又作“瓶之窒矣”，“無然詍詍”又作“無然呭呭”，“憬彼淮夷”又作“穬彼淮夷”；其引論語也，“色艴如也”又作“色艴如也”。此由漢初經師各有傳受，互有異同，許氏隨手綴集之，所以不能畫一。

蛾術編卷十七

説　字　三

説文引周禮

説文所引周禮,多今周禮無此文者,并有引他經而謂之周禮者,許意約周家之禮爲周禮,非指書名。葢漢藝文志但有周官經六篇、周官傳四篇,無周禮,許自序言"禮周官",不言周禮也,或所引即在周官傳中,亦未可知。如示部"禘"字注"周禮曰'五歲一禘'","祫"字注"周禮曰'三歲一祫'","禬"字注"周禮曰'禬之祝號'","禡"字注"周禮曰'禡于所征之地'",以上除"禡"字注所引乃禮記文,餘各條今周禮並無。又示部"社"字注"周禮曰'二十五家爲社,各樹其土所宜之木'",王部"閏"字注"周禮曰'閏月,王居門中終月也'",今周禮地官大司徒"設其社稷之壝而樹之田主,各以其野之所宜木",春官太史"閏月,詔王居門終月",則字句微異。

許氏引師説尊之如經

口部"圛"字注引"尚書曰'圛圛升雲,半有半無'",日部又引"虞書曰'仁覆閔下'"。許氏引師説尊之如經,故直稱爲"尚書曰"、"虞書曰",其重家法如此。後儒攻乎異端,邪説有作,故于漢人傳注棄若土苴。鶴壽案:"尚書"本作"商書"。"曰圛"二字,本另爲一句,第二"圛"字下本有"者"字。梁顧野王玉篇口部引説文云:"商書'曰圛',圛,升雲者,半有半無。"據此知"尚書"本作"商書",謂洪範也。洪範在周書,而說文五引皆稱"商書"者,箕子不臣周,故左傳三引亦皆稱"商書"也。卜部"舥"字注引"商書'曰貞、曰舥'",據此知口部注所引即洪範。"曰圛"二字,本另爲一句,但玉篇誤置"者"字于"升雲"下,而後之校勘説文者遂讀爲"尚書曰"一句,而以"圛"字連第二"圛"字讀之,并去"者"字,而以"圛圛升雲"爲一句矣。宋陳彭年廣韻入聲二十二昔韻"圛"字注引説文云:"商書'曰圛',圛者,升雲半有半無。"據此知第二"圛"字下本有"者"字,而玉篇誤置于"升雲"下也。唐張參五經文字亦云:"圛者,升雲半有半無,見周禮注。"然則許氏先云"圛,回行也。从口,睪聲",此"圛"字本義,次引尚書"曰圛",此又是一義,故引周禮注以釋商書"曰圛"之義,以別于回行之訓也。即日部所引"虞書曰'仁覆閔下'",元熊忠古今韻會亦作"虞書説",許氏五經異義明言"仁覆愍下"出古尚書説,則"曰"字本作"説"字,從可知矣。先生乃據俗本,以爲許氏尊其師説,故稱爲"尚書曰"、"虞書曰",獨不思尚書大半皆帝王之辭,若以師説當經文,將誣帝王乎,抑誣經師乎?

注中有正文無

注中有正文無之字甚多,如艸部"菡萏"注"芙蓉","芙蓉"字在新附。"蓮,芙蕖實","茄,芙蕖莖","荷,芙蕖葉","蔤,芙蕖本"、"蕅,芙蕖根",正文無"蕖"字。辵部"遳"字注"讀若住",正文無"住"字。齒部"齹"字注"从佐,齒聲",正文無"佐"字。徐鉉曰:説文無"佐",當从"徣",傳寫之誤。言部"誺"字注"累也","諉"字注"累也",正文無"累"字。肉部"膚"字注"臑也","肌"字注"臑骨也",正文無"臑"字。"腎"字注"水藏","肺"字注"金藏","脾"字注"土藏","肝"字注"木藏",巾部"帑"字注"金幣所藏也","心"部首字注"土藏",正文無"藏"字。後漢鄧禹子訓傳李賢注所引同。竹部"箭"字注"矢也。从竹,前聲",正文無"前"字。"劉"字注"从竹,劉聲",木部"杕"字注"劉杕",水部"瀏"字注"从水,劉聲",正文無"劉"字。漢天子姓而訓杀也,故諱之。木部"牀"字注"安身之坐。从木,爿聲",正文無"爿"字。"櫟"字重文"欘"字注"櫟,或从艸",火部"爇"字注"燒也。从火,蓺聲",正文無"蓺"字。林部"無"字注"豐也。从林、㚗",正文無"㚗"字。弓部"甹"字注"木生條也。从马,由聲",正文無"由"字。禾部"稊"字注"疏也。从禾,希聲",正文無"希"字。徐鍇曰:當言从爻、从巾,無"聲"字。爻者稀疏之義,巾象禾之根莖。至于"萮"、"睎",皆當从稊省。説文無"希"字故也。麻部"廲"字注"麻,蘿也",正文無"蘿"字。疒部"癋"字注"小兒癋瘲病也。从疒,悤聲",正文無"悤"字。"長"字部首注"兀者,倒亡也",人部"倒"字在新附。夫部"𡚱"字注"讀若伴侣之'侣'",門部"閭"字注"閭,侣也。二十五家相羣侣也",人部"侣"字在新附。水部"海"字注"天池也","汪"字注"池也",巛部"邕"字注"四方有水自邕城池者",正文無"池"字。"染"字注"以繒染爲色。从水,杂聲",正文無"杂"字。糸部"緪"字注"牶額也",正文無"牶"字。田部"畍"字注"境也。从田,介聲",土部"境"字在新附。𨸏部"隄"字注"塘也。从𨸏,是聲",土部"塘"字在新附。子部"挽"字注"生子免身也。从子、从免",正文無"免"字。鶴壽案:"芙蓉"本作"夫容",後人依新附加艸,釋玄應衆經音義引説文云"蕳蘭,扶渠華",則五"渠"字本無艸頭也。但,俗作"住"。佪,誤作"佐"。象,俗作"累"。勹部"匌"字注云"膚也",則肉部"膚"字注本云"匌也",此乃轉注之法,而後人誤加肉耳。"肌"字注亦本作"匌",從可知。五臓之"臓",俗皆作"藏"。"前"當作"𣦃"、"劉"當作"鎦"。戴侗六書故云"唐本説文有爿部",張參五經文字亦有爿部,許書"將"、"牂"、"斨"、"牆"、"壯"、"戕"、"狀"、"將"字注皆曰"爿聲",則必有爿部矣。唐玄度謂篆文"𣏂"析之兩向,右爲"片",左爲"爿",李陽冰亦謂"木"字右旁爲"片",左旁爲"爿",則片部後必有爿部矣。"藝"本作"埶"。"爽"字从大、卅,"卅"字見漢石經論語,即"四十"字之并也。許書字多由聲、希聲,則本有其字而佚之。"稀"俗作"蘿"。徐鉉曰:"癋,从疒、从心,悤省聲也。"到縣之"到"、伴侣之"侣",本無人旁,俗誤加之。徐堅初學記引説文云"池者,陂也。从水,也聲",則許書本有"池"字,故𨸏部"陂"字注云"池也",此亦轉注之法,證以衣部注"襬讀若池",水部注"滇,益州池",而益信矣。"染"字从水、从木、从九,俗本作从水、杂聲者,誤也。裴光遠曰:"木者,所以染,栀、茜之屬也。九者,染之數也。""牶"本作"牶",俗訛爲"牶"。竟,盡也,假借爲"四竟"字。唐,大言也，假借爲"陂唐"字，而俗乃謬加土旁。許書無"免"字，當亦如"由"、"希"之偶佚耳。

任意更改、減省、增加、移徙

後人于説文，有任意更改者，如"歊"作"飲"、"鴑"作"鳶"之類；有任意減省者，如"窓"作"恰"之類；有任意增加者，如"賮"作"賰"、"奖"作"獎"、"悥"作"愛"之類，此皆甚不可者。至于任意移徙，如"咊"作"和"、"窠"作"榕"、"略"作"畧"、"袚"作"翅"、"軀"作"鷗"、"蠏"作"蟹"、"飱"作"飧"、"烌"作"秋"、"赴"作"徒"、"赻"作"從"、"躄"作"蹲"、"齎"作"臍"、"甛"作"甜"、"𦬸"作"辣"、"藁"作"槁"、"蒿"作"稿"、"稞"作"夥"、"愿"作"惬"、"愉"作"愈"、"畊"作"界"、"朗"作"舅"、"䖆"作"鷥"，皆是也。左傳昭二十一年"其御顧爲鷥"、定元年"榮駕鵝"，又作"鵝"。其所以不可者，束部"棗"字注云"羊棗也。從重束。子皓切"，"棘"字注云"小棗叢生者。从並束。己力切"。案：束，木芒也，讀若刺，七賜切。一重束，爲"十月剝棗"之"棗"，一並束，爲"墓門有棘"之"棘"，截然爲二，音義皆別。觀此則知古人造字不但點畫有定，不可增減，即其位置上下左右亦皆有意，不宜輕有移徙。衣部"袌"字注"褱也。從衣，包聲。論語曰'衣弊緼袍'。薄褒切"，"裒"字注"裒也。從衣，包聲"，鉉曰："俗作'抱'，非是。薄保切。"二字同一從衣、包聲，音亦相近，而衣在左則平聲，訓褱，衣在上下則仄聲，訓裒，義訓異而音亦不同。今尚書召誥"保抱攜持"、毛詩抑篇"亦即抱子"、禮記曲禮"君子抱孫"，皆作"抱"。"抱"乃手部"捊"字之重文，步侯切，今人乃以爲"褱裒"字，讀薄報切。心部"怛"字注"憯也。從心，旦聲。得案切"，重文"悬"字注"或從心在旦下。詩曰'信誓悬悬'"。"旦"不過從之得聲，非義，在左、在上似無不可，而分爲重文，則知偏旁位置自有一定，且引詩在重文下，不在正文下，許氏據毛氏古文，亦審核而知，唐石經改爲"旦"，其義遂失。辰部"辰"字注"血理分袤行體中者。從辰、從血。莫獲切"，重文"脈"

字注"籀文"。正文與籀文皆从辰、从血，不過一則左辰右血，一則左血右辰，截然分爲兩體，然則古所未有而吾任意移徙其偏旁，非無知妄作乎？<u>鶴壽案</u>：此條所舉甚略，今稍爲推廣之。後人所任意更改者，若"匑"之改爲"旁"，"裼"之改爲"祴"，"祝"之改爲"呪"，"祕"之改爲"秘"，"塸"之改爲"琉"，"玒"之改爲"玒"，"玓"之改爲"的"，"菩"之改爲"答"，"蕺"之改爲"蒯"，"藩"之改爲"藕"，"蒜"之改爲"荻"，"蒂"之改爲"蒂"，"芯"之改爲"忙"，"苴"之改爲"蚁"，"葰"之改爲"荽"，"蔦"之改爲"蓬"，"蓰"之改爲"叢"，"藿"之改爲"蘿"，"蔭"之改爲"廢"，"苞"之改爲"春"，"筠"之改爲"筠"，"牴"之改爲"觚"，"吖"之改爲"屎"，"噞"之改爲"啼"，"啁"之改爲"嘲"，"呰"之改爲"些"，"嘖"之改爲"賾"，"哨"之改爲"峭"，"罗"之改爲"罬"，"趬"之改爲"躁"，"壁"之改爲"擘"，"崕"之改爲"唯"，"勔"之改爲"勘"，"徙"之改爲"跳"，"迹"之改爲"跡"，"迫"之改爲"胉"，"巡"之改爲"巡"，"逮"之改爲"迫"，"復"之改爲"退"，"微"之改爲"激"，"衝"之改爲"衝"，"踏"之改爲"碏"，"剕"之改爲"剕"，"蹻"之改爲"嶠"，"跔"之改爲"蹁"，"跟"之改爲"狠"，"觚"之改爲"疎"，"器"之改爲"噐"，"句"之改爲"勾"，"説"之改爲"悦"，"諒"之改爲"亮"，"詒"之改爲"貽"，"註"之改爲"里"，"謳"之改爲"訛"，"詽"之改爲"喃"，"謜"之改爲"源"，"訐"之改爲"迂"，"敧"之改爲"欹"，"豎"之改爲"竪"，"效"之改爲"効"。以上六十字，皆與正文小異，是任意更改者也。任意更改之字不可勝數，欲推廣之而僅舉六十字者，昔倉頡、爰歷、博學三篇，閭里書師斷六十字爲章，故今以之爲例也。而減省、增加、移徙之字，亦如此例。後人所任意減省者，若"琢"之省爲"王"，"薆"之省爲"蓤"，"笑"之省爲"矣"，"茶"之省爲"茶"，"苔"之省爲"苔"，"版"之省爲"板"，"稱"之省爲"秤"，"逦"之省爲"迦"，"稗"之省爲"稚"，"齩"之省爲"咬"，"踽"之省爲"偊"，"番"之省爲"香"，"糧"之省爲"粮"，"陳"之省爲"陣"，"臼"之省爲"臼"，"眇"之省爲"妙"，"瞑"之省爲"眠"，"眉"之省爲"眉"，"雊"之省爲"呴"，"鴈"之省爲"鳧"，"突"之省爲"実"，"髖"之省爲"腡"，"骿"之省爲"胼"，"脱"之省爲"倪"，"前"之省爲"前"，"賴"之省爲"耘"，"角"之省爲"角"，"笆"之省爲"囷"，"猪"之省爲"筲"，"箕"之省爲"其"，"曹"之省爲"曹"，"虧"之省爲"平"，"虐"之省爲"虐"，"盅"之省爲"冲"，"粤"之省爲"停"，"鼍"之省爲"矩"，

“餸”之省爲“飫”，“𩚵”之省爲“秼”，“鉆”之省爲“玷”，“㕗”之省爲“厚”，“磔”之省爲“矺”，“櫨”之省爲“查”，“槲”之省爲“柝”，“牀”之省爲“床”，“杖”之省爲“仗”，“罟”之省爲“罘”，“櫶”之省爲“桥”，“椚”之省爲“柣”，“朾”之省爲“打”，“㞢”之省爲“之”，“華”之省爲“花”，“稽”之省爲“嵇”，“桼”之省爲“柒”，“圖”之省爲“圕”，“貿”之省爲“貴”，“㡈”之省爲“希”，“幷”之省爲“并”，“晉”之省爲“晋”，“圅”之省爲“函”，“㮚”之省爲“栗”。以上六十字，其筆迹皆減省于正文而不必省者也。後人所任意增加者，若“皇”之加爲“凰”，“琅”之加爲“瑯”，“虛”之加爲“墟”，“字”之加爲“牸”，“蔽”之加爲“蔽”，“莫”之加爲“暮”，“悉”之加爲“蟋”，“吻”之加爲“脗”，“耋”之加爲“耋”，“止”之加爲“趾”，“律”之加爲“葎”，“延”之加爲“綖”，“尊”之加爲“樽”，“童”之加爲“瞳”，“奉”之加爲“捧”，“孰”之加爲“熟”，“右”之加爲“佑”，“左”之加爲“佐”，“迆”之加爲“迤”，“盾”之加爲“鶥”，“雚”之加爲“鸛”，“瞿”之加爲“氍”，“烏”之加爲“嗚”，“惠”之加爲“蟪”，“爰”之加爲“鶢”，“居”之加爲“鶋”，“觜”之加爲“嘴”，“筱”之加爲“篠”，“篝”之加爲“籌”，“乃”之加爲“迺”，“鼓”之加爲“皷”，“豈”之加爲“凱”，“虞”之加爲“鸆”，“缺”之加爲“蒛”，“昆”之加爲“崑”，“侖”之加爲“崙”，“舍”之加爲“捨”，“弟”之加爲“悌”，“空”之加爲“箜”，“侯”之加爲“篌”，“㢈”之加爲“篷”，“邛”之加爲“筇”，“景”之加爲“影”，“宋”之加爲“寂”，“克”之加爲“剋”，“科”之加爲“蝌”，“康”之加爲“甋”，“冡”之加爲“蒙”，“充”之加爲“琉”，“欲”之加爲“慾”，“領”之加爲“嶺”，“須”之加爲“鬚”，“文”之加爲“紋”，“卷”之加爲“捲”，“匊”之加爲“掬”，“崔”之加爲“摧”，“馮”之加爲“憑”，“鹿”之加爲“轆”，“幸”之加爲“倖”，“夫”之加爲“玞”。以上六十字，其筆迹皆增加于正文而不必加者也。夫省之固將以趨便，加之或將以求新，猶可言也，至于同此一字而倒置其上下、變亂其左右，此何謂邪？然而任意移徙者又不可勝數，除先生所舉外，試再以六十字言之。若“蘇”之移爲“蘓”，“鄢”之移爲“隱”，“鄰”之移爲“隣”，“氈”之移爲“氊”，“敨”之移爲“婄”，“緜”之移爲“綿”，“颯”之移爲“颩”，“軸”之移爲“轴”，“鸛”之移爲“鸛”，“鷛”之移爲“鷛”，“鸕”之移爲“鸕”，“鴥”之移爲“鴪”，“鵁”之移爲“鵁”，“鶺”之移爲“鶺”，“鷿”之移爲“鷿”，“鷈”之移爲“鷈”，“鷚”之移爲“鷚”，“鵹”之移爲“鵹”，“鴸”之移爲“鴸”，“虢”之移爲“䖭”。以上皆左右互移者。“呰”之移爲“訿”，“翕”之移爲“翖”，“羣”之移爲“群”，“駕”之移爲

"鮈","鷟"之移爲"鶌","鴛"之移爲"鵝","殯"之移爲"櫄","案"之移爲
"桉","檠"之移爲"椷","梨"之移爲"梸","蓄"之移爲"噄","貪"之移爲
"殯","夒"之移爲"巎","儵"之移爲"鰍","蔞"之移爲"蕸","鱉"之移爲
"蝤","仚"之移爲"仙","盲"之移爲"眗","夒"之移爲"蹴","𡐌"之移爲
"崒"。以上皆從上而移于左右者。"蹴"之移爲"蹩","蹐"之移爲"蹩","謨"
之移爲"暮","昉"之移爲"昮","翊"之移爲"翌","鴨"之移爲"鷺","鵝"之移
爲"鷟","鷁"之移爲"鸑","鷉"之移爲"鷟","楉"之移爲"棻","橄"之移爲
"欒","楲"之移爲"棸","拓"之移爲"枀","暉"之移爲"暈","眈"之移爲
"晃","期"之移爲"朞","坊"之移爲"坙","愮"之移爲"幂","敠"之移爲
"鷟","炮"之移爲"炰"。以上皆從左而移於上下者。况又有上下相移，若
"耆"之爲"署"、"崇"之爲"宗"；内外相移，若"裵"之爲"俳"、"匯"之爲"滙"
者，非皆任意移徙，隨上下左右而亂置之乎？必欲羅而列之，正難更僕數也。

俗以一字誤分爲二

俗以"臚"爲陳列，"膚"爲皮膚，音義皆別，截然二字，而不知
"膚"即"臚"之重文，在肉部。俗以"帥"爲將帥，"帨"爲佩帨，而
不知"帨"即"帥"之重文。俗以"常"爲常變，"裳"爲衣裳，而不知
"裳"即"常"之重文，在巾部。俗以"抗"爲扞抗，"杭"爲木名，又
爲州名，音義皆別，而不知"杭"即"抗"之重文，在手部。見毛詩"一
葦杭之"及杭世駿杭氏得姓致。"西"本東西之"西"，在部首，其重文
有三，"棲"字注"西或从木、妻"，俗乃以"棲"作止宿解，與東西字
分爲二。此二字，廣韻猶在一組，集韻則"西"字一組内雖亦有"棲"，而
"妻"字一組内別出"棲"字，注云"簡閲車馬皃"。

"雲"字，部首，"山川气也。从雨、云，象雲回轉形"，重文
"云"字注"古文省'雨'"。此本一字，廣韻平聲二十文"雲"字注
"山川氣也"，此下隔斷十字，方出"云"字，注"辝也，言也"。集韻
平聲二十文"雲"字注"山川氣也"，"云"字注"言也，語辭也"。雖
同在一組，而截然分列，若不知其爲一字。

戈部"或"字注："邦也。从口，从戈，以守一。一，地也。于逼
切。"重文"域"字注："或又从土。"鉉曰："今俗以'或'爲疑或不定

意，'域'無復或音。"葢自唐末、宋初已如此，故大徐辨之。廣韻入聲二十四職"域"字注"居也，邦也。雨逼切"，二十五德"或"字注"不定也，疑也。胡國切"。截然兩字，異義異音，且判分二韻，而不知"域"即"或"之重文。

"氣"字本作"气"，乃元氣、陰陽二氣之字，後別以饋客芻米之"氣"作"气"字用，以"氣"之重文"氣"字作饋客芻米用，又因"氣"之重文有"氣"字，遂去米而借"既"字用之。不知"氣"、"氣"、"氣"三字實一字，皆是饋客芻米，"既"自是小食，"气"自是元气，不可亂分，亦不可溷并。

俗以"鳳"爲神鳥，"朋"爲朋友，"鵬"爲大鵬，而不知"朋"、"鵬"皆"鳳"字之重文。俗以"訝"爲驚疑，"迓"爲奉迎，音雖同，義則全別，而不知"迓"即"訝"之重文。周禮"訝士"義爲迎。

"亯"字，部首，"獻也。从高省，曰象孰物形。孝經曰：'祭則鬼亯之。'許兩切，又普庚切，又許庚切。"重文"亯"字注："篆文'亯'。"案：反切後人所加，許兩切是其本音，因隸廢本文不用，取重文"亯"字之形而變爲"享"，以作享獻字；又取"享"字去一畫作"亨"，訓爲通，以作亨嘉之"亨"，則許庚切矣；又于"亨"字下加四點，訓爲烹，以作烹飪之"烹"，則普庚切矣。且以"獻"也入上聲養韻，"通"也、"烹"也入平聲庚韻。然今毛詩"或剝或亨"，儀禮土冠禮注"烹于鑊曰亨"，"亨"即"烹"人猶知之，而"亨"之即"享"人鮮知者。朱子答楊元範："大有卦'亨，享'二字，據説文本是一字，故易中多互用，如'王用亨于岐山'，亦當爲'享'，如'王用亨于帝'之云也。"

人部"儐"，即"儐"之重文，俗妄分"儐"爲儐介，"儐"爲儐黜。云(不是"云"，乃育的上半)部"毓"，即"育"之重文，俗妄分"育"爲養育，"毓"爲生毓。鶴壽案：字有古合而用分者。如"气"、"乞"，一字也，今以"气"爲雲气，"乞"爲懇乞。"識"、"幟"，一字也，今以"識"爲記識，"幟"爲旂幟。"離"、"樆"，一字也，今以"離"爲別離，"樆"爲黃樆。"沱"、

"池",一字也,今以"沱"爲滂沱,"池"爲汙池。"箸"、"著",一字也,今以"箸"爲箸梜,"著"爲著述。"游"、"斿",一字也,今以"游"爲敖游,"斿"爲旌斿。"崇"、"嵩",一字也,今以"崇"爲崇高,"嵩"爲嵩山。"均"、"韻",一字也,今以"均"爲平均,"韻"爲聲韻。"求"、"裘",一字也,今以"求"爲取求,"裘"爲衣裘。"昔"、"腊",一字也,今以"昔"爲夙昔,"腊"爲肉腊。若此之類,聊舉十字爲例。他如"扮"訓握也,讀若粉,今則讀布患切,而爲打扮字。"拓"訓拾也,或作"摭",今則讀如橐,而爲開拓字。"俺"訓大也,于業切,今則讀若安,而爲自稱之詞。又如"賑"訓富也,今則爲振給之用。"靠"訓相違也,今則爲依倚之義。"挨"訓擊背也,今則爲比附之意。或解異而音尚同,或解異而音亦異,其遷流正不知何底矣。

俗以二字誤合爲一

又有二字誤合爲一字者。弓部"彊,弓有力也",此彊弱之"彊",虫部"强",蟲名,反切與"彊"同,而截然兩字,俗遂廢蟲名本義,借"强"爲"彊",并力部"勥,迫也",正當爲勉勥解,而亦以"强"代之,遂并三字爲一字。餘似此者甚多。鶴壽案:字又有古分而今合者。秬,斗秬也;石,山石也,今通用"石"。佮,會合也;合,合口也,今通用"合"。迻,遷徙也;移,禾名也,今通用"移"。䉼,量名也;庾,倉廩也,今通用"庾"。糪,漸米也;釋,解釋也,今通用"釋"。鬾,鬼鬾也;神,天神也,今通用"神"。莐,莐藩也;芹,楚葵也,今通用"芹"。遬,難行也;吝,恨惜也,今通用"吝"。趣,趣進也;漸,漸江也,今通用"漸"。徦,良久也;遐,徐行也,今通用"遐"。此類皆由學者取其省便,忘其本原,今亦舉十字爲例。甚至有合三字爲一字者。格,枝格也;挌,敲擊也;格,木長也,今則通用"格"矣。佰,什佰也;敀,常敀也;伯,伯仲也,今則通用"伯"矣。然好修之"修"豈可以當肉脩之"脩",沖動之"沖"豈可以當盅虛之"盅",鄉黨之"黨"豈可以當朋攩之"攩",綢繆之"繆"豈可以當妄謬之"謬"?逤逳,聚會也,奈何用"交錯"字?偓偍,跛不能行,爲人所引也,奈何用"提攜"字?象,獸名也;像,形像也;襐,襐飾也。菊,蘧麥也;蓻,治牆也;蘜,日精也。字既不同,義亦各異。諸如此類,安得不詳審之?

一字兩从注各有例

一字兩从,如食部"飱"字注"从夕、食",只用一"从"字,而玉部"琥"字注"从玉,从虎",則用兩"从"字,此亦有例。葢"飱",舗也,舖,申時食也,申時則夕矣,故夕、食連言。若"琥",則發兵瑞玉,爲虎文,故用兩"从",而其下復云"虎亦聲",非兩从之字皆有此一句。

一字數从只入一部

二字合爲一字,一形一聲,故每言"从某,某聲"。部首之字似宜無所从,今部首字言"从某"者,葢此字有从某,而他字則又从此字,不得不立之爲首。更有一部只一字,亦以爲首而獨立一部。至于一字兩从,今但定入一部,葢一字無入兩部之理,許氏無説以明之,想必于兩从中擇其所重者入之。

重出字

木部"屎"字重文"柅"字注"屎或从木,尼聲",鉉曰:"柅,女氏切。木若棃。此重出。""敖"字,出部、放部兩收。鶴壽案:艸部有兩"藍"字,前云"染青也。从艸,監聲",此正字;後云"爪萐也。从艸,監聲",此誤字,當作"藍",从艸,濫聲。玉篇兩字並載,一从監,一从濫。廣韻:"藍,爪萐也。出説文。"則説文本有"藍"字,後人于後一字脱去水旁,並非重出也。

許氏兼變隸

説文解字專爲説古、籀、篆也,而于注中亦兼及變隸。如"𦥑",部首,"㪺手也。从𠂇,从又",注云:"居竦切。今變隸作廾。""𠬞",部首,"引也。从反廾",注云:"普班切。今變隸作大。""网"字,部首,下有小字夾注云:"今經典變隸作冈",不言"鉉曰",疑許氏自注。鶴壽案:每字下反切皆徐鉉所加,此三條注在反切之下,系鉉注故也。先生明知反切爲鉉所加,何又疑變隸爲許注乎?

訓釋用隸書

夢英偏旁字源自序曰:"炎漢中興,復置小學,許叔重乃集籀、篆、古文數家之學,以隸書訓釋,爲説文三十卷。"夢英之言雖未足深據,然正文用古文、籀文、篆文,小字夾注用隸書,以理推之,當然。

引孔子言

説文引孔子之言，如"王"部首引"一貫三爲王"，"璠"字注引"美哉璵璠，遠而望之奐若"云云，王應麟謂齊論語問玉篇文，"士"部首引"推十合一爲士"之類，此皆垂爲典訓，的確可信。乃鄭樵以爲必出讖緯，何所據邪？樵云："秦焚經而經存，漢解經而經亡。"劉後村題姚三錫書鈔詩云："漢儒之罪甚秦灰。"學問至宋南渡後，滄海横流，滔滔不返矣。

引諸家言

説文引諸家之言，如"王"部引董仲舒曰"古之造文者，三畫而連其中謂之王。'三'者天、地、人也，而參通之者王也"，見春秋繁露。"中"部首引尹彤説。艸部"芸"字注引淮南子。"蘄"字注引譚長説。牛部"犧"字注引賈侍中説。獨逵稱官不名。口部"嗙"字注引司馬相如説，"嘷"字重文引譚長説。言部"讋"字注引傅毅説。"辛"部首引張林説。"廾"部首重文"拜"字注引揚雄説。"卑"字注引黄顥、杜林説。爪部引王育説。苹部、皿部、東部皆引官溥説。丌部"典"字注引莊都説。巿部引周盛説。卣部"㮚"字重文"䙴"字注引徐巡説。後漢杜林傳："沛南徐巡，始師事衞宏，後皆更受林學。"黹部"黺"字注引衞宏説"黺，畫粉也"。市（不是"市"）部"袷"字注引司農説。司農，未知先鄭司農否？説文所引，僅見此條。犬部引甯嚴説。水部"溺"字注引桑欽説，"渭"字注引杜林説。亡部"匄"字注引逯安説。虫部"蝝"字注引劉歆、董仲舒説，"蟹"字注"有二敖八足，旁行，無蛇、鱓之穴，無所庇"，此荀子勸學篇文，而許不言。金部"鉊"字注"大鎌也。从金，召聲"，張徹説。内部"离"字注引歐陽喬説。不能備引，隨舉數條。

前後兩敍

説文有前、後兩敍。前敍蓋初下筆先定其規模而作，後敍作于和帝永元困頓，係十二年庚子，至建光元年辛酉方上進，疑初稾粗完作後序，修改增益，爲功又二十餘年也。慎嘗作五經異義，又注淮南子。異義引見各經疏，淮南子注引見李善文選注，約計作異義必在三四十餘，復作說文，久之上進，方卒，必六七十或七八十矣。本傳云"馬融常推敬之"，則慎是融之前輩。融卒于延熹九年，年八十八。當慎病遣子獻書時，融年四十三，則其時慎年必六七十矣。

所收字數

後敍云"九千三百五十三文，重一千一百六十三"。以今攷之，正文多七十三，重文多一百十二，蓋後人增入也。徐鉉于各部末多有新附字，今此則皆不在新附內，而于許所言數外又多出若干，則知許元本爲後人附益者多。鉉等于進表後附一條云："左文一十九，說文闕載，序例及注義偏旁有之，今錄于諸部。"此已在新附外，而予今攷多出者，則又在"十九"之外。鶴壽案：先生所據者徐鉉本也。後敍段注云："今依大徐本所載字數核之，正文九千四百三十一，比原數增多七十八；重文千二百七十九，比原文增多一百一十六。"與先生所核之數不同。段注云："此由歷代有沾注者，今難盡爲識別。"

分部次敍

分五百四十部，其先後次敍，據後敍云："方以類聚，物以羣分。同條牽屬，共理相貫。雜而不越，據形系聯。引而申之，以究萬原。畢終于亥，知化窮冥。"據此意以觀，全書牽聯系屬之例，灼然可知。徐鍇說文繫傳作部敍二卷，綴于其後，自一部下，推原所以編排緣由，仿序卦傳而云"故次之以上"。上卷終于黹部，下卷始于人部。徐鍇于人部別自起頭，一若以"一"固當居首，而"人"爲萬物之靈，亦當別起，其前不必有所承矣。徧觀他部則無一部不有說牽聯者，獨"里"字下並無一言，遽接"故次之以田"者，非無說以處此也，謂"田"、"里"相承，不待言而可知也。愚謂許既分部，部之前後不可無一編次之道，從"一"字連貫而下，至連之無可連，則不欲強爲穿鑿，聽其斷而不連，別以一部重起，全書中如此者屢矣,不止"黹"與"人"也。徐鍇乃必欲盡連之,獨闕"黹"與"人",故有穿鑿,一病也。且有跳過上一部,甚或跳過數部而遥接者,徐鍇必欲使銜尾相承,則鑿説多,二病也。部敍多以字形相似牽連,不必定有意義,而徐鍇必以文義貫通,遂多强説,三病也。即如"玨"下次"气","气"遥接"三",不接"玨",而鍇云"山澤以出气,山澤之精,玉石所出,故次之以气"。"气"下次"士","士推十合一",遥接"一貫三爲王",不接"气",而鍇云"气象陶蒸,人事以成,故次之以士"。"士"下次"丨",不過因"士推十合一",而"十"中有"丨",聊以字形相似牽連,而鍇云"士,事也,不可不一,道心惟微,故次之以丨"。以上三條皆非。"屮"下次"小","小"遥接"丨",不接"屮",故鍇云"艸、蓐、屮皆中也,中初分爲小,小才可分,故次之以小"。鍇此條最明通。鍇既知遥接之例,他處何不用之而多鑿説乎? 再攷"焱"下次"炅","炅"遥接"毳","毳"從炅省,不接"焱",而鍇云"明而使人,故次之以炅"。"烏"下次"華",斷而不連,亦無遥接,華部重起,徐鍇明知之,故别分一卷,而必强説云"烏之言雜,雜久必推棄,故次之以華"。"予"下次"放",亦似斷而不連,亦無遥接,當闕疑,而鍇强説云"受予多者逐,故次之以放"。"骨"、"肉"、"筋"下次"刀"、"刃"、"㓞"、"丯"、"耒"五部,下次"角"者,肉筋從骨牽連,骨,人獸皆有,角惟獸有,因思治骨角用刀,故以"刀"等雜在其間。至"角"下次"竹",則又因"筋"字從竹,遥接"筋",不接"角",而鍇强説云"骨之堅者角,艸之堅者竹,故次之以竹"。"久"下次"桀",此上自"舛"以下,"䑞"、"韋"、"弟"、"夂"、"久"五部,皆以字形稍相似牽連,"桀"亦然,謂之不必定有意義可也,或"桀,舛在木上",謂之遥接"舛"更確,不接"久",而鍇云"違而久者磔之,故次之以桀"。以上五條皆非。"甝"下次"日",此上自"口"以下,"員"、"貝"、"邑"、"甝"四部皆從口,字形似牽連,而"日"則實也,太陽之精不虧,從口、從一,象形,其爲遥接"口"顯然,不接"甝",故鍇云"物圜爲日,日亦物也,故次之以日"。此條精當。再攷說文第八卷以"人"居首,自此盡一卷中皆人身所有之事,即或衣履器物人身所用者,因字形牽連順便及之,至牽連者畢,則又回顧遥接,終之以"旡"。旡,氣逆也,而人身形體字尚未畢,因字數已繁,分入第九卷,其爲總承人部而來則一,故九卷復列頁、百等部,直至彭部,人身字方竟。此遥接之大者,全書中變例,後敍所謂"方以類聚,物以羣分"是也。如此立說,方明通不滯,徐鍇必使"旡"、"頁"緊相膠黏,遂强云"旡而頹其首,故次之以頁"。"惢"下次"水",斷而不連,亦無遥接,許氏以"水"入第十一卷,其分析之意,當亦因適值"水"不接"惢",而鍇云"惢,疑也。心,大火也。火,水之妃,故次之以水"。"劦"下次"金",此上自"土"以下,"垚"、"堇"、"里"三部皆從土而來,"田"、"畕"、"黃"、"男"四部又從田而來,"力"、"劦"二部又從男而來,牽連已畢,乃復回顧,遥接"土",土生金,故次"金",不接"劦",而鍇云"金生于土,力而取之,故次之以金"。"嘼"下次"甲",斷而不連,亦無遥接,當闕疑,不接"嘼",而鍇云"嘼亦有甲,故次之以甲"。"巴"下次"庚","巴"承上"巳",而"庚"遥接"巳",不接"巴",而鍇云"巴,蛇食象,有所藏者實也。庚,木實,故次之以庚"。以上五條皆非。若乃"長"下次"勿",鍇云"長而動搖者勿,故次之以勿"。案說文:"勿,州里所建旗。象其柄有三游,雜帛,幅半異,所以趣民。"春官司常"掌九旗之物名,雜帛爲物",此唐人妄改,當作"爲勿",爾雅釋天云"緇廣充幅長尋曰旗",九旗勿與旐並言,旐尚長,則勿亦長,長則遠者咸見,故能趣民。"我"下次"丨","丨"下次"琴",鍇云"我,鉤啄也,所以鉤制留止也,故次之以丨;琴所以自禁心之散也,故次之以琴"。案說文"我,頃頓也。從戈,從扌。扌,古'垂'字,一曰古'殺'字","丨,鉤逆者","琴,禁也"。爾雅釋樂疏引白虎通云:"琴者,禁也。禁止于邪,以正人心也。"予所藏大德九年刻白虎通,比俗刻增甚多,然無此條,蓋已不全。鍇說確甚。他類此者尚多,在淺識者或疑爲迂曲，實則精妙無雙，稽古功深，故能有此。鶴壽案：説文相蒙之部，皆以形象爲次敍，其連部相蒙爲次敍者，如上部蒙“一”，以古文“上”作“二”也，示部蒙古文“二”，三部蒙“示”，以“示”有三垂也。王部蒙“三”，以一貫三也。玉部蒙“王”，形相近也。玨部蒙玉，“玨”可附玉部，而另爲一部者，因“班”、“琿”等字又从“玨”故也。其隔部相蒙爲次敍者，如告部中隔一部而蒙“牛”，气部中隔三部而蒙“三”，丨部中隔三四部而蒙“王”與“玉”。甚至有隔十二部而相蒙，如“足”之蒙“止”是也。有隔三十四部而相蒙，如“言”之蒙“口”是也。其數部相蒙爲次敍者，如“可”、“兮”、“号”、“亏”、“之”皆蒙“丂”，“兩”、“网”、“襾”、“巾”之皆蒙“冂”，“兄”、“先”、“皃”、“兆”、“先”、“禿”、“見”之皆蒙“儿”是也。其字形略相似而相蒙者，丵部次于“辛”，其形下體類辛也。冓部次于“華”，其形上體類華也。革部次于蒙“臼”之後，以古文“革”从臼也。其字形不相似而相蒙者，牙部次于“齒”，牙之形無所蒙，而其爲物則齒類也。爻部次于蒙“卜”之後，卦爻之事與卜相近也。衣部次于“身”，衣从二人，且所以彰身也。其有字形不相蒙，而以事類相次者，木部之後，既蒙之以東部、林部矣，而“才，艸木之初也”，“叒，榑叒也”，出部、帀部、出部、𣎵部、生部、乇部、𠂹部、𠌶部、華部、禾部皆言艸木之事也。亦有絶不相蒙者，非但“幺”之與“冓”、“人”之與“黹”，兩部不相蒙；而“𠧪”之次于“東”、“𠧪”之次于“𠧪”、“束”之次于“𠧪”，三部皆不相蒙；“朩”之次于“麻”、“耑”之次于“朩”、“韭”之次于“耑”、“瓜”之次于“韭”，四部皆不相蒙也。其相蒙者，可以字形推之；其不相蒙者，不必以字義求之，如大徐之説，宜爲先生所譏矣。

每部中字次敍

每部中字之前後，亦以意義爲次敍。即如一部五字“一”、“元”、“天”、“丕”、“吏”，上部四字“上”、“帝”、“旁”、“下”。此字少之部，其鑿有先後次敍，不言可知。若字數稍多之示部，首之以“祐”，漢安帝名故也，此下自“禮”至“禔”皆吉祥之字，自“神”至“禓”皆鬼神祭祀之字，自“祲”至“禫”皆凶惡之字，先後意義亦自按文可求。至于字數極繁之部，則間有隨手位置，不拘次敍者。如木部，“松”、“柏”自當居衆木之長，乃位置甚後，而首冠以“橘”，橘雖佳果，若梅之吐華在春首，百卉之華皆在其後，乃讓“橘”在前,而"梅"且居"橙"、"柚"、"櫨"、"棃"、"樗"、"柿"之後,似隨意者。又每部中字各以類相從,今木部櫬木可爲大車軸,枋木可作車,槭木可作大車輮,朳"車𫐄",當聚一處,今各分散。"樗,棗也"、"梂,棗也"、"樸,棗也"、"櫍,酸小棗"、"櫏,味稔棗",宜聚一處,今"樗"與"梂"等及"櫏"各分散。又部中無"棗"字,亦無"桑"字。枳木似橘,宜與"橘"聚一處;樏、樗果似李,宜與"李"聚一處,今各分散。"檗,黃木"、"欘,黃華木"、"桅,黃木",宜聚一處,今各分散。"枏,梅也"、"梅,枏也"、"柍,梅也",宜聚一處,今"枏"、"梅"與"柍"各分散。"楡,母杶也"、"檍,杶也"、"杶,木也"、"櫄,杶也",宜聚一處,今各分散。"槮,木也"、"枕,山槮也",宜聚一處,今各分散。"櫃,鉏柄"、"樫,大木,可爲鉏柄",宜聚一處,今各分散。以上各條,似其小小疏闊處,未暇詳攷,姑舉此一部爲例。鶴壽案:各部中字敍次自然皆有意義,然亦有順便者,即如示部首載"祜"字,固是尊王之義,而祜者福也,乃便載"禧"、"禛"、"祿"、"禠"等字,以其與"祜"爲一類也。然後另起,載"神"、"祇"、"祕"、"齋"等字,而繼之以"禍"、"禂"、"社"、"祧"。然後再起,載"祲"、"禍"、"祟"、"祥"等字。若論意義,莫尊于天神、地祇,則"祜"字之下當先載神祇之類,神祇能福人禍人,然後次之以"禧"、"禛"、"祲"、"禍"等字矣。又如草部,先載"菡"、"蘭"二字,次之以"蓮"、"茄"、"荷"、"蔤"、"蕅"五字。凡物皆先有根,而後有本、有莖、有葉、有華、有實。"蕅,扶渠根"、"蔤,扶渠本"、"茄,扶渠莖"、"荷,扶渠葉"、"菡蘭,扶渠華"、"蓮,扶渠實"何以"蓮"先于"茄"、"荷"與"蔤"先于"蕅"乎?然則字之次敍,不過以大段排之,必謂字字相次,各有意義,亦大拘泥矣。

邑部所載"郡"、"邑"、"鄉"、"亭"之名,水部所載水名,皆從西而東,自北而南,迤邐敍次。然其中或有不能盡拘者,以隨類相從,順便及之故也。大規模皆有條理,而小小者隨意置之,著述之法,此爲最善。

艸部字數極繁,首以"莊",漢明帝名。次"蓏",在木曰果,在地曰蓏,此字似可作部首,然既從艸、瓜,下又無"从蓏"字,故次二,別嫌明微也。次神艸,次五穀,次似穀者,次可爲布者,次菜蔬

可茹，次可染、可忘憂者，次香艸。以上條理甚密，此下位置不拘甚
多，至"芽"字以下，則又艸生長、枝葉茂盛、蕪蔓零落等通名，不專
一，皆有次弟，而稍不拘者亦有之。次人用艸之事，并艸器。若乃
蓮屬聚一處，蒿屬聚一處，茱屬聚一處，而"苹，蓱也"，"蓱，苹也"，
相隔甚遠者，五十三文大篆从茻，"蓱"在其中故也。蓋大段皆有
次，而間亦不拘。美善字在前，凶醜字在後，糸部"緐"字注"經
也"，引左傳"夷姜緐"，乃反居"彝，宗廟常器"之先。綱條包絡者
多，精神不及管攝，故有偶疏者。鶴壽案：字有與部首並文、重文者，若
"玨"爲並文而另爲部，以"班"、"瑼"等字从玨也，"祘"則無从之者，故在示
部。若"茻"爲重文而另爲部，以"莫"、"莽"等字从茻也，"蘿"則無从之者，故
在艸部。此説文之通例。

蛾術編卷十八

賈逵修舊文

慎子沖上書云“先帝詔侍中騎都尉賈逵修理舊文”，又云“臣父本從逵受古學”，又云“慎博問通人，攷之于逵，作説文”。沖上書當安帝初，“先帝”謂顯宗、肅宗、和帝也。後漢逵傳：“逵字景伯。父徽，從劉歆受左氏春秋，兼習周官，受古文尚書于塗惲，學毛詩于謝曼卿，作左氏條例。逵悉傳父業，弱冠能誦左氏傳，爲之解詁五十一篇，永平中獻之。顯宗重其書，藏祕館，拜爲郎。肅宗好古文尚書、左氏傳，建初元年，詔逵入講北宮白虎觀、南宮雲臺，帝使出左氏義長于二傳者，逵具條奏之。數爲帝言古文尚書與經傳、爾雅詁訓相應，詔令譔歐陽、大、小夏侯尚書古文同異，逵集爲三卷。帝復令譔齊、魯、韓詩與毛氏異同，并周官解故。八年，詔諸儒各選高才生受左氏春秋、古文尚書、毛詩，遂行于世。和帝永元八年，爲侍中領騎都尉，内備帷幄，兼領祕書近署。十三年卒。”此傳述逵修理舊文如此之詳，而慎自序所謂書孔氏、詩毛氏、禮周官、春秋左氏皆受之逵明矣。梁江總借劉太常説文詩云“劉棻慕子雲，許慎詢景伯”，正謂此。北魏江式傳，式上表云：“賈逵即許慎所從受古文之本師也。”鶴壽案：從逵受古學，非但受書孔氏、詩毛氏、周官、春秋左氏，并倉頡古文、史籀大篆亦受之矣。據逵本傳，逵上言：“五經家皆無以證圖讖，明劉氏爲堯後者，左氏獨有明文。五經家皆言顓頊代黃帝,堯不得爲火德,左氏以爲少昊代黃帝,即圖讖所謂帝宣也。如令堯不得爲火,則漢不得爲赤。"其所發明,補益實多。書奏,帝嘉之,賜布五百四、衣一襲,令逵自選公羊嚴、顏諸生高才者二十人,教以左氏,與簡、紙經傳各一通。李賢注:"春秋晉大夫蔡墨曰:'陶唐氏既衰,其後有劉累,學擾龍,事孔甲,范氏其後也。'范會自秦還晉,其處者爲劉氏,明漢承堯後也。"范蔚宗論曰:"鄭、賈之學,行乎數百年中,遂爲諸儒宗,亦徒有以焉爾。桓譚以不善讖流亡,鄭興以遜辭僅免,賈逵能附會文致,最差貴顯。世主亦此論學,悲矣哉!"今案春秋左氏傳凡十九萬六千八百四十五字,比他經字數獨多,逵引傳文以證圖讖,雖爲范史所譏,然左氏古文固賴以傳。古曰文,今曰字。説,釋也;解,判也。許書名説文解字者,"文"、"字"指古文、籀文、小篆三體也,"説"、"解"指指事、象形、形聲、會意、轉注、假借六書也,今人從便稱説文耳。沖上書言"博問通人,攷之于逵,作説文解字",許書之名僅見于此,先生引之,不宜省"解字"二字。

太尉南閣祭酒

沖書稱"臣父故太尉南閣祭酒慎",畢秋颿云:"後漢許君本傳但云'爲郡功曹,舉孝廉,再遷洨長,卒于家',不及'太尉祭酒'者,缺也。漢舊儀曰'丞相設四科之辟,第一科曰德行高妙、志節清白,補西曹南閣祭酒',又曰'太尉東、西曹掾,秩比四百石,餘掾比三百石'。然則南閣祭酒爲太尉西曹掾史也。百官志曰'太尉掾史屬二十四人',漢書稱周澤爲'太尉議曹祭酒',所謂'比三百石'者是。玉海曰'後漢太尉六十四人',許君自言其書成于'永元困頓之年',爲永元十二年,是時則張酺爲太尉也。"案漢舊儀亡,畢所據蓋引見注中者。鶴壽案:"閣",當作"閣"。段茂堂曰:"閣爲庋閣之處,閤爲閨閤小門。"太尉南閣祭酒,謂太尉府掾曹出入南閣者之首領也。百官志"太尉掾史屬二十四人,黃閣主簿録省衆事","黃閣"即"南閣"也。沈約謂:"三公黃閣者,天子當陽,朱門洞開,三公近天子引嫌,故黃其閤。"陳元爲司空南閣祭酒,言南以別于他曹。今説文各本署曰"漢太尉祭酒許慎記","太尉祭酒"四字不連,如淳謂"祭祀時,尊長以酒沃酹",故吳王濞于宗室中爲祭酒,豈太尉有數人,而叔重爲之祭酒乎?凡史言"故某官"者,皆謂最後致仕之一任,沖云"故太尉南閣祭酒",不云"故洨長",疑是洨長落職,又至京師充三府掾，已而歸里卒于家也。案沖又言慎"前以詔書校書東觀"，亦未見本傳。蓋安帝永初四年，詔謁者劉珍及五經博士，校定東觀五經、諸子、傳記、百家藝術，整齊脫誤，是其事也。儒林傳云"太后詔劉珍與劉騊駼、馬融，校定東觀五經、諸子"，馬融傳云"永初四年，拜爲校書郎中，詣東觀典校秘書"，許亦分司其事也。許于永元十二年創造説文，歷十一年，至永初四年復校書東觀，又十一年而書成。其官終于太尉掾，故沖上書署之，其爲浚長則在前矣。

字林亡説文存

新唐書百官志："國子學博士五人，掌教三品以上及國公子孫、從二品以上曾孫爲生者，五分其經以爲業，暇則習隸書、説文、字林、三倉、爾雅。書學博士二人，助教一人，掌教八品以下及庶人子爲生者，石經、説文、字林爲顓業，兼習餘書。"而唐六典貢舉之政，明書"試説文、字林"。據此，字林與説文，唐時用以課士、試士者，宋史藝文志亦載之，今字林亡而説文存。鶴壽案：晉呂忱表上字林六卷，附託許氏説文，別古籀奇惑之字，文得正隸，不差篆意。隋志作七卷，唐李賢注後漢書、李善注文選往往引用之，而見于陸德明經典釋文者尤多，如蚍蜉之"蚍"，字林作"蛘"，鵲巢之"鵲"，字林作"䧿"，其字形既不同；樗木之"樗"，字林九稠反，姆教之"姆"，字林亡甫反，其字音亦微異。蓋唐人以此課士，故得與説文並行也。

反切

徐鉉等校定説文進表云："説文之時未有反切，後人附益互有異同，孫愐廣韻行之已久，今並以孫愐音切爲定，庶夫學者有所適從。"案漢末鄭康成門人北海孫炎叔然始作反切，許時未有，故説文但解文字而已，其中注"讀若某"，或引書以證，云"讀若"云云之某字，如此者亦有十之一。今韻書最古者，莫若宋真宗大中祥符元年所修廣韻，前列唐玄宗天寶十載陳州司法孫愐修廣韻序，蓋隋文帝仁壽元年陸法言先譔切韻五卷，舊唐書經籍志"陸慈譔"，慈似法言名，以字行者。切韻者，本乎四聲，紐以雙聲疊韻，唐高宗儀鳳二年長孫訥言爲之箋注，廣韻因之而作也。舊唐書經籍志小學類無唐韻，他書注并無孫愐姓名。集部有孫緬集，六朝人，非唐孫愐。舊志粗率不足據。新唐書藝文志則云“孫愐唐韻①十卷”。切韻爲唐韻之本，唐韻則廣韻之本也。顧亭林據廣韻之反切而駁其不合古音，然其書名廣韻，不名唐韻，正爲此也。今以説文反切比對廣韻反切，兩三卷皆同，惟“豐”字，説文“敷戎切”，廣韻“敷空切”，不足爲異，此即徐鉉所附入者。徐鍇繫傳反切，則不用孫愐而用朱翱。翱不知爲何許人，每卷首與鍇並列銜稱臣，而鍇在前、翱在後，且翱官亦係祕書省校書郎，則其爲與鍇同時同官同仕南唐無疑。然馬令、陸游南唐書皆無其人，即吳任臣十國春秋亦無之。今以毛板説文反切與繫傳反切隨手取一二卷校之，多不同，而或有相同者，舌部“舓”字他合切，“卤”字部首女滑切，卤部“商”字式陽切，言部“謂”字于貴切，“詵”字所臻切，“膺”字於證切，“源”字於怨切，“謀”字莫浮切，“訂”字他頂切，“詳”字似羊切，“誥”字古到切，“詔”字之紹切，“訡”字是吟切，“誓”字時制切，“諍”字側迸切，“譮”字女交切，此皆相同者，大約居十分之一。至于音或近而字不同者，“只”字，朱翱真彼反，孫愐諸氏切；“句”字，朱翱梗尤反，孫愐古侯、九遇兩切；“世”字，朱翱詩袂反，孫愐舒制切；“言”字，朱翱疑袁反，孫愐語軒切；“詩”字，朱翱式其反，孫愐書之切；“讖”字，朱翱測浸反，孫愐楚蔭切；“訓”字，朱翱吁問反，孫愐許運切；“諄”字，朱翱主均反，孫愐章倫切；“詻”字，朱翱顔各反，孫愐五陌切；“訊”字，朱翱思震反，孫愐思晉切；“諶”字，朱翱是任反，孫愐是吟切；“計”字，朱翱已惠反，孫愐古詣切；“診”字，朱翱遲鎮反，孫愐之刃切，似朱近北音，孫近南音。支部“攲”字，朱式人反，作申聲；孫直刃切，作陳聲。“敦”字，朱得昏反，作登聲，孫丁回切，作堆聲。鶴壽案：許氏之書凡有三本，各有反切。徐鉉所定説文解字，其音用唐韻；徐鍇所譔説文繫傳，其

---

① “唐”，原作“廣”，據新唐書藝文志改。

音朱翱所加；又譔説文韻補，其音楚金自加。顔氏家訓音辭篇云："古今言語，時俗不同，著述之人，楚夏各異。倉頡訓詁，反'稗'爲逋賣，反'娃'爲於乖；戰國策音'刿'爲免；穆天子傳音'諫'爲閒；説文音'憂'爲棘，讀'皿'爲猛；字林音'看'爲口甘反，音'伸'爲辛。韻集以'成'、'仍'、'宏'、'登'合成兩韻，'爲'、'奇'、'益'、'石'分作四章；李登聲類，以'系'音羿；劉昌宗周官，讀'乘'若承。此例甚廣，必須努校。前世反語，又多不切，徐仙民毛詩音反'驟'爲在遘，左傳音切'椽'爲徒緣，不可依信，亦爲衆矣。今之學士，語亦不正，古獨何人，必應隨其譌僻乎？通俗文曰'入室求曰搜'，'搜'反爲兄侯，然則'兄'當爲所榮反矣。今北俗通行此音，亦古語之不可用者。璵璠，魯之寶玉，當音餘煩，江南皆音藩屏之'藩'。岐山當音爲奇，江南皆呼爲神祇之'祇'。江陵陷没，此音被於關中，不知二者何所承案？以吾淺學，未之前聞也。"顔氏此言，泛論反切古今不同，若二徐既注説文，宜歸一定，而亦互有異同，則非著書之道。錢竹汀曰："説文九千三百五十三字，形聲相從者十有其九，或取同部之聲，今人所云疊韻也；或取相近之聲，今人所云雙聲也。二徐校刊説文，既不審古音之異于今音，而于相近之聲全然不曉，故于'從某某聲'之語，往往刊落。然小徐猶疑而未盡改，大徐則毅然去之。如'元'從一、兀，小徐云'俗本有聲字，人妄加之也'。案'元'、'兀'聲相近，'兀'讀若夐，'瓊'或作'琁'，是夐、璇同聲，兀亦與琁同音也。'髡'從兀，或從元；'軏'，論語作'軏'，皆可證'元'爲兀聲。小徐不識古音，轉以爲俗人妄加，大徐并不載此語，則後世何知'元'之取兀聲乎？'普'從日，竝聲，案古音'竝'如旁，'旁薄'爲雙聲，'普薄'聲亦相近，漢中嶽泰室闕銘'竝天四海，莫不蒙恩'，'竝天'即'普天'也，小徐以爲會意字，謂'聲'字傳寫誤多之，大徐遂刪去'聲'字，世竟不知'普'有竝音矣。'朒'從月，出聲。案'出'有去、入兩音，'朒'亦有魯忽、芳尾兩切，則'朒'爲出聲何疑？小徐乃云'本無聲字，有者誤也'，而大徐亦遂去之，此何説乎？'昆'從日，比聲。案比、頻聲相近，'批'或作'螕'，'昆'由比得聲，取相近之聲也。小徐不敢質言非聲，乃創爲'日日比之'之説，大徐采其語而去'聲'字，毋乃是今而非古乎？"錢氏此論，專指二徐之擅改許氏舊音，紕繆甚多，況其所加之反切，則紕繆必更多矣。今案許書原本雖無反切，而呂忱字林之後有説文解字舊音四卷，隋經籍志載之。其見于陸德明釋文者，如"玖，紀又反"，"葚，時審反"，"芨，布末反"，"哇，虛記反"，"喈，莊百反"，"逢，式六反"，"淮，孚往反"，"鴻，以水反"，"鸛，止仙反"，

“鵲，七略反”之類。其見于李善文選注者，如“袷，古洽切”，“珕，力計切”，“詬，火逅切”，“攲，邱知切”，“瞭，于例切”，“𤓰，叔豉切”，“鸉，力幼切”，“幺，于遥切”，“髃，五口切”，“棼，扶云切”之類。其見于司馬貞史記索隱者，如“褆，市支反”，“啖，唐敢反”，“齰，士白反”，“剽，數妙反”，“壅，於貢反”，“毲，式芮反”，“拉，力答反”，“跳，徒調反”，“扛”音江，“閩”音明之類。其見于李賢後漢書注者，如“詁，古度反”，“詿，古賣反”，“棱，力登反”，“棁，陀結反”，“㤿，公亞反”，“帑，它藏反”，“傿，一建反”，“裛，于業反”，“揄”音投，“搕”音启之類。其見于徐堅初學記者，如“椊，子内反”，“朼，俾利反”，“犻，普外反”，“悢，力强反”，“犄，力拙反”，“牼，四更反”，“羠，因几反”，“羒，扶分反”，“豛”音役，“渰”音掩之類。其見于楊齊宣晉書音義者，“襘，古外反”，“頫，甫于反”，“渦，屋戈反”，“淛，之舌反”，“讋，之涉反”，“訂，直鼎反”，“鹽，以瞻反”，“䳰，山六反”，“濦”音殷，“畱”音流之類。他如孔穎達毛詩正義云“蹎，丁千反”，“躓，竹二反”，“槮，此音反”，“操，此遥反”，“擊，方結反”；張參五經文字云“蓋，公害反”；唐玄度九經字樣云“卤，染入反”，“帑，乃胡反”，“㚃”音拘，“直”音仍，“他”音拖；裴駰史記集解云“姅”音半。又如“牽，恥達反”，“霩，火郭反”，“芈”音彌，“兆”音兆，“韜”音遶，歐陽詢藝文類聚載之。“麪，彌箭切”，虞世南北堂書鈔載之。“姎，烏郎反”，杜佑通典載之。“禺”音愚，白居易六帖載之。此皆説文本音，在二徐時，其書諒未遺佚，乃棄而不用，而易以孫愐、朱翱之音，亦可謂無識矣。

新附

徐鉉等校定説文進表云：“有經典相承傳寫及時俗要用而説文不載者，承詔皆附益之，以廣篆、籀之路，亦皆形聲相從，不違六書之義。”攷每部後有新附字者，約計十之二三，在徐氏亦明知其非古，相承已久，不可復改耳。夫子書六經皆古文，至唐貞觀作正義，變改已多，玄宗命衞包改古字以从俗，開成石經及後唐長興創爲刻木，皆是物，徐所據以附者即此。至“時俗要用”，用徐所附足矣。若執泥形聲相從，不違六書之義，無害于古，則徐氏以後凡皂隸厮養所造皆象形、諧聲，滔滔者伊于何底。徐鍇書在鉉前甚久，其時並無新附，而繫傳中有將新附字雜入正文者，恐係妄人所爲，詳見後。鶴壽案：説文解字十四篇，徐鉉本第一篇凡十四部，新附

"禰"、"袚"等三十一字;弟二篇凡三十部,新附"犍"、"橦"等三十四字;弟三篇凡五十三部,新附"詢"、"讜"等十六字;弟四篇凡四十五部,新附"瞼"、"眨"等二十四字;弟五篇凡六十三部,新附"籍"、"筠"等十五字;弟六篇凡二十五部,新附"桅"、"榭"等二十一字;弟七篇凡五十六部,新附"瞳"、"曬"等四十二字;弟八篇凡三十七部,新附"侶"、"倀"等三十五字;弟九篇凡四十六部,新附"預"、"屬"等三十八字;弟十篇凡四十部,新附"駛"、"騃"等三十一字;弟十一篇凡二十一部,新附"濚"、"溥"等三十一字;弟十二篇凡三十六部,新附"闈"、"闉"等三十字;弟十三篇凡二十三部,新附"緔"、"緋"等三十六字;弟十四篇凡五十一部,新附"矍"、"銘"等十八字,通計所附四百有二字。

説文各本異同

徐鉉校定説文進表云:"唐大曆中,李陽冰篆迹殊絕,于是刊定説文,修正筆法,然頗排斥許氏,自爲臆説。夫以師心之見,破先儒之祖述,豈聖人之意乎? 今之爲字學者,亦多從陽冰之新義,所謂貴耳賤目也。"愚謂陽冰刊定者不可復見,既排斥許氏,則其亡不足惜,鉉此論甚佳。

陽冰之後,直至南唐,鉉之弟鍇始譔説文通釋四十卷,内繫傳三十卷,即將正文十四卷分爲二十八,又敍目二卷外,部敍二卷,通論三卷,袪妄一卷,類聚一卷,錯綜一卷,疑義一卷,系述一卷。宋人多誤稱全書總名繫傳,馬端臨沿之。繫傳有功許氏,微疵辨已見前,袪妄詆斥陽冰尤快,亦偶有采取陽冰者。鶴壽案:説文束部注云:"本芒也。象形,讀若刺","棗,從重束","棘,從並束"。亦部注云"人之臂亦也。從大,象兩亦之形"。夾、陜從亦,乃李陽冰謂"持束作亦"出自李丞相,是少監固專攻祭酒者也。故大徐曰:"夗,説文作夊,李斯小變其勢,李陽冰乃云從開口形,是爲臆説。"大徐又曰:"無,本蕃廡之'廡',李斯借爲有無之'無',後人尚其簡便,故皆從之。有無字本從亡,李陽冰乃云不當加亡,且蕃廡字從大,從卌,數之積也,從林亦蕃多之義,若不加亡,何以得爲有無之'無'?"大徐所駁良是。但于竹部"笑"字注引李陽冰説"從竹,從夭。竹得風,其體夭屈如人之笑",而不從許氏作"從竹,從犬",則謬矣。至説文無丌部,當是後來偶佚。木部"牀"字注云"安身之几坐也。從木,從爿聲",許書"將"、"牂"等字皆曰"爿聲",必在丌部。徐鍇曰:"左傳蒍子馮詐病,

‘掘地下冰而㸚焉’，至于恭坐則席也，故从爿。‘爿’則‘㸚’之省，象人袤身有所倚著。至于‘牆’、‘壯’、‘戕’、‘狀’之屬，並當从㸚省聲，李陽冰言‘木石爲片，左爲爿，音牆’，説文無‘爿’字，其書亦異，故知其妄。”小徐此駁非是。

　　馬令南唐書鍇傳敍述歷官事迹甚略，言其以開寶八年卒于金陵圍城中，卒之踰月，南唐亡，不言解説文。陸游南唐書本傳則云：“字楚金，會稽人，遷廣陵。文詞與兄鉉齊名。常夢錫薦于烈祖，未及用，烈祖殂。元宗立，起家祕書郎。殷崇義誣奏，貶烏江尉。歲餘召還，授右拾遺集賢殿直學士。忤權要，以祕書郎分司東都。元宗愛其才，復召爲虞部員外郎。後主立，遷屯田郎中、知制誥、集賢殿學士，改官名，改右内史舍人、宿直光政殿，兼兵、吏部選事。鍇嗜讀書，少精小學，所讎書尤審諦。開寶七年七月卒，年五十五，贈禮部侍郎。著説文通釋。鍇卒逾年，江南見討。比國破，其遺文多散逸。”今説文通釋具存，卷首列銜“文林郎守祕書省校書郎”。若分司官，不得謂之“守”，然則此書乃鍇初入官時作。其時鍇年尚少，故陸云“少精小學”也。南唐自元宗中興元年，已去帝號稱“國主”，奉周正朔，入宋，奉宋正朔，至後主嗣位之十五年，宋太祖開寶八年十二月，爲宋所滅。陸書鍇卒于七年七月，則下至唐亡尚一年半，而馬書乃云“卒于八年圍城中，踰月唐亡”，大相抵牾，恐陸書爲是。自南唐元宗初鍇作通釋，下至宋太宗雍熙三年，鍇兄鉉始復校成定本上進，計相去約四十餘年。

　　鍇于通釋之外，別譔説文韻補。宋史徐鉉傳附弟鍇事云：“鍇亦善小學，嘗以許慎説文依四聲譜次爲十卷，目曰説文解字韻補。”鉉序之曰“許慎説文方今僅存，而學者殊寡。秉筆操觚，要資檢閱，而偏旁奧密，不可意知，尋求一字，往往終卷，力省功倍，思得其宜。舍弟鍇特善小學，因命取叔重所記，以切韻次之，聲韻區分，開卷可覩。今此書止欲便于檢討，無恤其他，故聊存詁訓以爲別識”云云。此序載徐公文集，以家藏鈔本勘宋史，無異。其後

巽巖李燾別作五音韻譜。徐鍇韻補已亡,而五音韻譜前明多有
刻本,世人共信爲燾作。攷燾書有前、後序及後跋一段,皆載文獻
通攷卷第一百八十九,序云:"韻譜便于檢閲,然局以四聲,則偏旁
要未易見。"觀此語,知鍇書將説文全書俱依唐韻四聲編之,雖便
于檢閲,但不歸五百四十部,則不知有部首分領若干字之法。鉉
序謂"聊存訓詁以爲別識",則小字夾注亦不全載,所云"從某"、
"某聲"等,恐亦多删去者。且部首下"凡某之屬皆從某"一句,想
鍇已盡删去矣。一部之字分入數韻,部首字與部中字混然無別,
雖逐字注有從某字,但説文多有一字兩從,且有三四從者,何以知
其定從某? 況有收其字而注不言所從者,更不可知。故燾譏其
"局以四聲,偏旁未易見"也。燾又云:"乃因司馬光所上類篇,依
五音先後,悉取説文次弟安排,使若魚貫然,開編即可了也。説文
所無而類篇新入者皆弗取。若有重音,則但舉其先而略其後,雖
許氏本在上、去、入聲,而類篇在平聲,亦移載平聲,大抵皆以類篇
爲定。"此一段乃燾自述其別譔五音韻譜體例。推原燾意,以爲欲
救徐書不識偏旁之弊,必須先將五百四十偏旁字依韻編之,每部
中字則仍聚一部中,不用拆開,但部首易檢矣,而一部中先後檢閲
亦費目力,不如兩利俱存之,于一部中仍依四聲先後。算來古今字
書,從無每部用四聲爲先後者,惟類篇爲然,遂用以編次。其書始
"東"終"甲",凡十二卷。明刻雖多,大約各本略同。許前、後序、
及子沖上表、徐鉉進表等,皆移置于前,而燾自序及跋皆無。每卷
首標説文解字五音韻譜,亦不列李燾銜名。今隨手取類篇第一
卷示部與説文原本勘對,"祇",類篇在"褆"字前,分韻在"褆"字
後,從説文。"齋",類篇在"祡"字前,分韻在"祡"字後,從説文
音,不從其次。"祉",類篇在"襗"字前,分韻在"襗"字後。"禂",
類篇在"齋"字前,作平聲,分韻在"禱"字後,作仄聲,取後略前,
本平反仄,從説文。"纛",類篇在"祜"字前,分韻在"祭"字後,取
後略前,從説文者。"禪",類篇在"祅"字下,作平聲,分韻在"祢"

字後,作仄聲,取後略前,本平反仄,从説文。"禜",類篇在"祊"
字下,平聲,分韻在"禡"字下,仄聲。"䄔"、"禁",類篇皆在平聲,
分韻在"祜"字下,仄聲。類篇先"福",次"祝",次"禄",分韻先
"禄",次"福",次"祝"。"祓",類篇在"祭"字下,分韻在"祝"字
下。前後顛倒不一者如此。反切有不同者,"禔",類篇章移、常
支、田移、古委、居僞五音,分韻市支切。"祇",類篇章移、常支、翹
夷三音,分韻巨支切。"衹",類篇丞夷切,分韻旨移切。"祠",類
篇詳兹、象齒二音,分韻似兹切。"禧",類篇虛其切,分韻許其切。
"祡",類篇鉏佳、鋤加二音,分韻仕皆切。"齋",類篇莊皆切,分
韻側皆切。反切不同且勿論,其顛倒處則皆从説文,並不以類篇
爲定。類篇重音,則取其後,略其前;類篇本平聲者,反移仄聲,與
自序大相矛盾,然則此本出燾手乎,非出燾手乎? 不可知矣。鶴壽
案:字各有形,即各有聲,然聲必从形出,故形能該聲,而聲不能該形。徐鍇韻
補、李燾韻譜,欲以韻書之次弟分排字書之次弟,宜其無當矣。司馬溫公類
編四十五卷,凡五百四十三部,蓋本集韻所收之字,而又補其所遺也。先生所
校説文,亦衹有二徐及李氏本,但三本之中,差誤脱落,不可枚舉。如屮部
"茛"字注,"銚弋"誤作"跳弋";辵部"巡"字注,"視行"誤作"延行";牙部
"犄"字注,"虎牙"誤作"武牙";羽部"翰"字注,"文翰"作"大翰";人部"催"
字注,"相擣"作"相儔";覞部"霓"字注,"止息"作"比息";石部"碝"字注,
"礐石"作"磐石";心部"愻"字注,"輖飢"作"朝飢";水部"淯"字注,"入沔"
作"入海";炎部"燅"字注,"積年"作"積中";戈部"或"字注,"以守一"作"又
从一";甲部古文注,"始于下見于上"作"始于十見于千",此皆差誤也。又如
玉部"璗"字注脱"瑟亦"二字,屮部"茚"字注脱"茚茚"二字,亥部古文注脱
"故字"二字,衣部"卒"字注脱"从衣,象形"四字,手部"摩"字下一本有"挈"
字,注云"摩也。从手,研聲。禦堅切",酉部"醽"字下一本有"酓"字,注云
"酒味苦也。从酉,今聲",此皆脱落也。其餘如此者甚多。

　　毛扆説文跋云:"李燾依韻重編,名五音韻譜。案平、上、去、
入爲四聲,宮、商、角、徵、羽爲五音。書中次序皆依四聲,而名曰
'五音',何也? 愚謂宮在上平聲,商在下平聲,徵在上聲,羽在去

聲,角在入聲,五音即四聲也。"

徐書便檢尋矣,而不知部首;李燾以部首分韻編次,則又不便檢尋。徐鉉校定原本,常熟汲古閣主人毛鳳苞之子扆,依北宋小字板改大字翻刻者,奉爲枕中鴻寶,參之以徐鍇繫傳足矣。汲古閣刻本布天下,其功之最大者莫如徐鉉説文。至繫傳,幾百年來無刻本,吾友汪慎儀名啓淑,新安人,兵部職方司郎中。刻之,功與毛同。徐鍇有類聚一卷,此繫傳之外篇,不過紬繹推演,啓發後人心思。乃宋末戴侗字仲達,永嘉人。淳祐中登進士第,由國子監薄守台州。德祐初,由秘書郎遷軍器少監。譔六書故三十三卷,盡更説文規模,變爲編類,分作九部,一曰數,二曰天文,三曰地理,四曰人,五曰動物,六曰植物,七曰工事,八曰雜,九曰疑,目下總説云:"書之目四百七十九,其百八十八爲文,四十五爲疑文。文,母也,皆大書。其二百四十四爲字。字,子也,皆細書。"愚謂案其目實四百七十八,非九;文百八十九,非八;字二百四十四,非五。此數尚誤,何論其他? 所謂"疑文",實無可疑,而其分類不知何意。其卷首有通釋一卷,指摘許氏之謬,是以欲廢許而自造一書,此亦妄人也已矣。明吳元滿又別自分類,展轉紛更,其妄益甚。

二徐本異同

二徐同胞兄弟,自相師友,其本宜無不同,然亦有偶異者,不但反切也。即如示部"禎"字,小徐在"禧"字前,大徐在"禧"字後;"禱"字重文"䄛"字,小徐在"䄚"字前,大徐在"䄚"字後;部末五字"禰"、"禂"、"祧"、"祆"、"祚",其四,大徐皆在新附,而"禰"字則并無之。"禰"字小徐本注:"秋畋也。从示,爾聲。臣鍇曰:獵者所以爲宗廟之事也,左傳曰'鳥獸之肉,不登于俎,則君不射',故从示。又祖禰也。息淺反。"愚謂既載"秋畋"云云,然後接"臣鍇"云云,則"秋畋"云云,似係許慎原文矣,而"鍇曰"云云,曲説所以"从示"之理,自成一義,卻又兼及"祖禰"一義。若大徐,入之新附而注云:"親廟也。从示,爾聲。一本云:古文禋也。泥米

切。”此則皆鉉之言。許自不收，又何有注？鉉直主“祖禰”一義
爲本義，卻亦旁及“古文禋”一説，就此一字，羣疑糾結，棼如亂絲。
今詳攷之，犬部“玀，秋田也。从犬，璽聲。息淺切”，無“獮”字。
“玀”既讀爲息淺切，似不應从璽得聲；而王部亦無“璽”字，印璽之
“璽”从土，爾聲，在土部，重文乃作“壐”，注云“籀文，从玉”耳。
竊以隱五年左傳臧僖伯説田獵之制云“春蒐夏苗，秋獮冬狩”，杜
注：“獮，殺也。以殺爲名，順秋氣。”釋文：“獮，息淺反。説文作
‘玀’。”此字無論从爾、从璽，既皆不得息淺反之音，而字則當依説
文，凡秋畋定作“玀”，不作“獮”。何則？許自言春秋主左氏，古
文出孔壁中，許通經，又精小學，舍此不信，則無所宗主。音之不
合，但可闕疑。雖德明所見本已作“獮”，在衞包未改前，然不可復
疑也。爾雅釋天及周禮夏官大司馬職，説四時田獵名，皆言“秋
獮”，其字皆當从許作“玀”，而其爲田獵之名，定入犬部，不入示
部，甚明審。小徐本“秋畋”云云，固斷非許慎之言，臣鍇曲説亦不
可用，此字其解、其音皆當从大徐作“親廟”、“泥米切”。所謂古文
“禋”者，亦是因“玀”字而迷謬，非“玀”，非“禰”，又非“獮”，亦當
抹撥之。此外“禢”字注云：“祝也。從示，虘聲。側慮反。”“祝”
即俗“咒”字，出佛書，讀若奏，古無此字。古頌禱與晉斥同作
“祝”，其音亦似奏耳。但若言頌禱，則既有“祝”矣，何用復造
“禢”字？若言晉斥，則毛詩蕩篇“侯作侯祝”，傳“作、祝，詛也”，
箋“祝詛求其凶咎”。釋文：“作側慮反。本或作‘詛’。”隱十一年
左傳“鄭伯使詛射潁考叔者”，襄十七年子罕曰“宋國區區，而有
詛有祝”。案“詛”字注云：“詶也。”上文“譸”訓詶，“詶”亦訓譸，
而“譸”下引周書“譸張爲幻”，則“詛”爲晉斥甚明，與俗所謂“咒”
義同，音亦通，何用復造“禢”字代之乎？此字經籍中從未見，大徐
竟删去，極是。“祧”字小徐注“从示、从兆，他彫反”，既無解釋，又
不言闕，況大徐云“遷廟也。从示，兆聲”，而小徐乃云“从兆”，種
種不合，皆非是。“祆”字注“胡神也。从示，夭聲。火千切”，則二

徐同。此字不但經籍不見,無所用之,收之何爲?"祚"字大徐云:"福也。从示,乍聲。臣鉉等曰:凡祭必受胙,胙即福也。此字後人所加。祖故切。"小徐注略同而誤以"乍聲"爲"从乍",乖謬太多,足見其不可信。且反切,大徐皆言"切",小徐皆言"反",今小徐于示部忽言"反",忽言"切",自亂其例。小徐書作在大徐未校說文之前,相去甚久,故大徐多采小徐說,而小徐全書中從無"臣鉉"云云,今此"祚"下"臣鉉"云云,小徐本何亦有之?斷宜從大徐删"禔"字,餘四字皆入新附。鶴壽案:"禰"當从繭、示,作"禰"。臧玉林謂:說文犬部云"玁,秋田也。从犬,璽聲。祿,玁或从豕,宗廟之田也,故从豕、示。"示部新附云:"禰,親廟也。从示,爾聲。一本云古文璽也。"徐鍇本以"禰"爲說文本字,注云:"秋畋也。从示,爾聲。獵者所以爲宗廟之事也,故从示。又祖禰也。"案爾雅釋文云:"獮,息淺反。說文从繭,或作'禰',从示。"玉篇犬部"璽,思淺切。秋曰璽,殺也,亦作'禰'","獮,同上"。則知秋獵字以犬、从繭爲正,玉篇从璽,即"繭"之駁。又①說文糸部有"繭",虫部無"璽",是當以爾雅釋文爲正。今徐鼎臣本从犬、从璽,不可信。玉篇云"玁,亦作'禰'"。陸德明引說文云"或作'禰',从示",知許書本有重文从示字,但大徐本既以"玁"爲"獮",因改"禰"爲"禰",小徐本于犬部移入示部,尚未易其訓,大徐又改爲示部新附字,則失之矣。犬部"祿"、"玁"或从豕,宗廟之田也,故从豕、示,字當爲"禰";"獮"或从示,宗廟之田也,故从示方合。或說文本有"祿"字而注有誤,亦未可知。

　　禮記王制云"天子五年一巡守,歸,假于祖禰","天子將出,造乎禰;諸侯將出,造乎禰","天子將出征,造乎禰";大傳云"上治祖禰,尊尊也","自義率祖,順而下之至于禰"。此恐後人所改,未必孔壁古文作"禰",疑當作"昵",漢郊祀志云"鼎宜視宗禰廟",漢有禰衡,可見漢時有此俗字。周禮守祧"掌守先生先公之廟祧",鄭注:"遷主所藏曰祧。"禮記祭法云"天下有王,分地建國,置都立邑,設廟祧壇墠而祭之。遠廟爲祧,有二祧,享嘗乃止。

---

① "又",原作"文",從上讀,據經義雜記改。

去桃爲壇",鄭注:"桃之言超也。"左傳亦多"桃"字。凡此亦疑後
人所改。康成"守桃"注明云"故書'桃'爲'濯'",尚書顧命"王
乃洮頮水",康成讀"洮"爲"濯"。古無平、上、去、入之分,"桃"、
"洮"平聲,"濯"入聲,可通用也。然"洮"、"濯"同從水,"桃"則與
"濯"似遠,因無此字,假借"濯"字用之,可見古實無"桃"字。張
參五經文字引呂忱字林,言說文漏去"桃"、"禰",則說文無此二
字甚明。此二字近理,許尚不收,何況其餘? 又大徐示部末"文六
十三,重十三",今數之皆合;小徐"文六十五,重十三",今數之,除
去"禰"字等,自部首"示"字至"禫"字正六十三字,"五"字乃"三"
字之誤,重文十三亦與大徐同。大凡書中重文俱無反切,今朱翱
于"絷"字已言"北行反",而重文"祊"字又注"逋萌反",儼若別爲
一字者。如此則只有六十四,無六十五;重文只有十二,無十三。
若連"禰"字等,則當云"文六十九",然則"禰"、"禂"、"桃"、
"祅"、"祚"乃後人將大徐新附四字攙入正文,而又擅加"禂"字,
其徐鍇原本當與大徐無異也。鶴壽案:二徐原本今不得見,姑就世俗通
行之本校之。其有大徐有而小徐無者,如玉部有"璵"字,走部有"趨"字,言
部有"謺"字,又有"詔"字、"註"字、"謐"字,目部有"睆"字,刀部有"剔"字,
角部有"觜"字,竹部有"笑"字,木部有"樧"字,人部有"借"字,又有"伴"字,
頁部有"顋"字,鬼部有"魑"字,山部有"峯"字,心部有"志"字,糸部有"綦"
字,酉部有"酸"字,此皆小徐本所無。今小徐本有"璵"、"借"等字者,皆張次
立所補也。大徐所加,"志"乃古文"識"字;"綦"則許書注中本有其字,固宜
增者;若"瑤璵"止作"瑤璵","謺對"當爲"應對",則有不必增者矣。其有小
徐有而大徐無者,如攴部有"敳"字,注云"毀也。從攴,褱聲";頁部有"顄"
字,注云"頭佳皃。從頁,斤聲",而大徐本無之。此其同異之故,或有意增減,
或無心脫誤。至于注文,亦有同異,如木部"柳"字注大徐作"檽椐"、小徐作
"檽椐"之類是也。

說文補義

　　說文解字補義十二卷,依分韻本而爲之,元進賢包希魯譔。
每字下載許氏原文畢,綴以補義,無補義者約居其半,永樂十八年

刻,胡儼爲序,孫彦孝後序稱"義有未暢則加以發明,有戾于理者則正之"。如"毋"字,許氏云"象女有姦之者",包氏以爲女當從一,一則其德不爽,故女加一爲"毋"。如此之類頗多。予所得乃趙宧光所藏,宧光痛加塗抹,以爲無當。愚謂包氏之學膚淺而杜譔,女有姦,故加一以禁止之,今經典所用"毋"字皆禁止意,豈"女德從一"之謂？鶴壽案:毋部注云:"止之詞也。從女、一。女有姦之者,一禁止之,令勿姦也。"曲禮釋文、大禹謨正義皆引説文云"其字從女,內有一畫,象有姦之形,禁止之,勿令姦"。古人云"毋",猶今人言"莫"也。今案"毋"字從女、一,會意,許以禁止勿姦解從一之義,而陸、孔以女內一畫象姦之形解所以從一,謬之又謬矣。

蛾術編卷十九

説　字　五

卷一上刻證

一部"元"字注："始也。从一、从兀。<u>徐鍇</u>曰:元者善之長也，故从一。愚袁切。"案:<u>繫傳</u>作"从一兀"，<u>大徐</u>引之云:"元，首也，故謂冠爲元服，故從兀。兀，高也，與'堯'同意。俗本有'聲'字，人妄加之。會意。"蓋本作"从一，兀聲"，<u>小徐</u>删"聲"字，<u>大徐</u>于"兀"上加一"从"字。今日若無<u>繫傳</u>，人幾不知其本作"兀聲"矣。案彡部"髡"字注云:"鬍髮也。从彡，兀聲。苦昆切。""髡"音與"元"近，"髡"从兀聲，則"元"正當从兀聲。"元"、"兀"皆疑母字，聲相近，二<u>徐</u>説非也。<u>鶴壽</u>案:"兀"下當有"聲"字。<u>錢竹汀</u>説已見前卷，<u>段茂堂</u>亦云:"以'髡'从兀聲、'軏'从元聲例之，<u>徐</u>説非是。古音'元'、'兀'相爲平入也。"

二部"帝"字重文注："古文諸上字皆从一，篆文皆从二。二，古文'上'字。辛、示、辰、龍、童、音、章，皆从古文上。"俗本"辛"下有"言"字，非。<u>鶴壽</u>案:帝，諦帝也。从二，朿聲。別作"啻"、"帯"，皆非。借爲"帝王"字。<u>徐鍇</u>曰:"古文'上'兩畫上短下長，一二之'二'則兩畫齊等。"<u>段茂堂</u>曰:"古文'示'作'爪'，'禮'作'爪'，'辰'作'屉'，此古文从一、小篆从二之證。"

示部"禔"字注："安福也。从示，是聲。易曰:禔既平。市支切。"今<u>毛</u>板注疏作"祗既平"，<u>經典釋文</u>引<u>鄭</u>云:"'祗'當爲

‘坻’,小丘也。京作‘禔’,説文同。安也。”周易集解坎九五爻詞“坎不盈,祇既平,无咎”,虞翻曰:“盈,溢也。艮爲止,謂水流而不盈。坎爲平。祇,安也。艮止坤安,故‘祇既平’;得位正中,故‘无咎’。”愚謂地道變盈而流謙,九五居尊位而體坎互艮,艮止坤安,不至盈滿,因安致平,焉得有咎?象傳“中未大”正美之也。此漢文帝、宋仁宗足以當之。許氏自言易稱孟氏。京房,孟喜之弟子,故同作“禔”,此古文也。觀鄭康成注,漢俗儒已改爲“祇”,鄭因其義不可通,故改“坻”,訓小丘。但小丘皆平,水將泛溢,焉得平乎?不如虞義善也。王弼乃曲説云:“爲坎之主而无應輔,未能盈坎,不盈則險不盡。祇,辭也。盡平乃无咎也。説既平乃无咎,則九五未免于咎也。”漢易賴李鼎祚得存,而其人本不通經,雖采虞義,仍從俗學,經、注皆改“禔”爲“祇”。予所據毛晉就胡震亨本手校者。鶴壽案:示,旌旂也。从二。借爲“神祇”字,又借爲“告示”字。禔,李善文選注引作“安”也,並無“福”字。京房作“禔”而虞翻作“祇”者,“是”與“氏”得相假借也。若康成改“祇”爲“坻”,“是”與“氏”不得相假借,則非矣。“祇”亦在示部,適也。从示,氏聲。别作“秖”、“衹”皆非,借爲“神祇”字。

“齋”字注:“戒潔也。”易繫辭“聖人以此齋戒”,虞氏以“丨𦬇絜齋”訓之。“戒絜”猶“絜齋”。“洗心曰齋”,本諸莊子,韓伯異端,宋人遵之。鶴壽案:檢李鼎祚周易集解及近日張惠言周易虞氏義,“聖人以此齋戒”句下,虞氏並未嘗以“丨𦬇絜齋”訓之,不知先生所據何本。

“齋”字重文“𩕕”字注:“籀文齋。从𩔖省。𩔖音禱。”當作“从示、从𩔖省,𩔖音禱,齊省聲”,以意增五字,其義乃明備。

“祀”字注:“祭無巳也。从示,巳聲。”重文“禩”字注:“祀或从異。”今俗别作“禩”,非。

“祖”字注:“从示,且聲。則古切。”案“且”本古薦肉几,略與“俎”同,音與“祖”同,故“祖”从且得聲,尚書牧誓“爾所弗勗”,鄭康成注:“所猶且也。”明“且”音與“所”近,故訓“所”爲且。見史記周本紀集解，詳尚書後案。

　　"祏"字注："宗廟主也。周禮有郊宗石室，一曰：大夫以石爲主。"袁準曰："終祜及郊宗石室。"虞書亦云："郊，郊祀。宗，宗祀也。"郊宗所以祭之主，廟已毀者皆藏于石室，故云"郊宗石室"。五經異誼曰："古春秋左氏說：古者先王日祭于祖考，月祭于曾高，時享及二祧，歲祫于壇，禘及郊宗石室。"又云："許君謹案：'大夫以石爲主'，無明文。"案管子云"君人之主，弟兄三世則佋穆同祖，十世則爲石"，此大夫以石爲主之證也。鶴壽案：先生所引五經異誼及管子文，多脫落謬誤。五經異誼云："古春秋左氏說：古者日祭于祖考，月薦于高曾，時享及二祧，歲祫及壇墠，終禘及郊宗石室。'終'者，謂孝子三年喪終，則禘于太廟以致新死者也。又春秋左氏曰'徙主于周廟'，言宗廟有郊宗石室，所以藏栗主也。今春秋公羊說：'卿大夫士非有土子民之君，不得祫享序佋穆，故無木主。大夫束帛依神，士結茅爲蕝。'許君謹案：春秋左氏傳曰'衞孔悝反祏于西圃'，祏，主也。言大夫以石爲主。今山陽民俗，祭皆以石爲主。"鄭君駁之曰："大夫士無佋穆，不得有主。少牢饋食，大夫禮也，束帛依神；特牲饋食，士祭禮也，結茅爲蕝。大夫以石爲主，禮无明文。孔悝之反祏有主者，祭其所出之君爲之主耳。"原文如此。禮稱"一壇一墠"，許以"終"爲"喪終"，先生改爲"歲祫于壇"，脫落"墠"字、"終"字。至"大夫以石爲主，禮无明文"，乃鄭駁許之詞，而先生冊去數句，直接"許君謹案"，則以鄭語當許語矣。管子山至數篇，桓公問管子曰："請問爭奪之事何如？"管子曰："以戚始。君人之主，兄弟十人，分國爲十；兄弟五人，分國爲五。三世則昭穆同祖，十世則爲祏。"管子明言"分國爲十"、"分國爲五"，則是諸侯也，並非大夫也。先生欲引證"大夫以石爲主"之說，不得不冊去"分國"二句，遷就其詞，又改"祏"字爲"石"，以爲其主用石之明證，不知宗廟之主皆用木。春秋莊十四年傳，原繁曰"先君桓公命我先人典司宗祏"，杜注："宗廟中藏主石室。"孔疏："宗祏者，慮有非常火災，于廟之北壁內爲石室以藏木主。"昭十八年傳"宋衞陳鄭災，鄭子產使祝史徙主祏于周廟"，杜注："祏，廟主石函。"孔疏："每廟木主皆以石函盛之，藏于廟之北壁內，所以避火災也。"五經異誼："今春秋公羊說：'祭有主者，孝子以主繫心，夏后氏以松，殷人以柏，周人以栗。'今論語說：哀公問主于宰我，對曰：'夏后氏以松，夏人都河東，河東宜松也。殷人以

柏,殷人都亳,亳宜柏也。周人以栗,周人都豐鎬,豐鎬宜栗也。'古周禮説,
'虞主用桑,練主用栗',無夏后氏以松爲主之事。許君謹案:從周禮説。論
語所云,謂社主也。"據此數條觀之,則主爲木主,石爲石函,孔穎達謂"'祏'
字從示,神之也"。衞孔悝反祏于西圃,亦係木主耳,不必以石爲之也。摯虞
決疑注:"凡廟之主,藏于户外北牆下,有石函,故名宗祏。函中笥以盛主。"許
稱"周禮有郊宗石室","石室"即石函也。天子之禮,遠祖之主,爲石室而藏
之。至祭上帝于南郊,祭五帝于明堂,則奉其主以配食,故謂之"郊宗石室"。
祭法言"禘郊祖宗",此舉"郊宗"以包"禘祖"也。然則主與石本二事,即許亦
從以木爲主之説,其言"石主"乃附及之義爾。

　　"禜"字注:"設緜蕝爲營,以禳風雨雪霜水旱癘疫于日月星辰
山川也。從示,榮省聲。一曰:禜衞使災不生。禮記曰:'雩禜祭
水旱。'"案繫傳,"榮"作"營","不生"下有"臣鍇案"三字。禜既
是爲營以禳,當作"營省",不當作"榮省",黄公紹韻會亦作"營
省",是也。引禮記果係許氏元文,則當在"營省聲"下,何以反在
"災不生"下? 大徐頗有以小徐語溷入許氏原文中者,知二者皆以
繫傳爲確。

　　"禂"字注:"禱牲馬祭也。從示,周聲。詩曰:'既禂既禂。'
都皓切。"繫傳"詩曰"上衍"臣鍇曰"三字。此許氏元文,觀經典
釋文毛詩吉日注云"禱,説文作'禂'",則可知。黄公紹韻會引
説文每不全引,此注亦不引"詩曰"云云,其下間以他語,而卻言
"今文詩作'既伯既禱'"。許慎自敍詩偁毛氏,皆古文也。公紹
知許據古文,故以俗本爲今文,益知此注引詩係許元文,而繫傳
"臣鍇曰"係衍文。攷許"禡"字注"師行所止,恐有慢其神,下而
祀之曰禡",今詩作"既伯"者,古音"伯"與"禡"本近也。若"禂"
則的係馬祭。蓋二祭皆爲出征,許氏列"禂"字于"禡"字後,因二
祭事同,類聚一處。宣王將田獵而行此二祭者,田獵亦師行之事
也。顧絳謂此詩以上、去通爲一音,用戊、禂、好、阜、阜、醜六韻。
愚謂"戊"古音若薶,"禂"當讀都僚切,以"周"雖職流切,亦可音
雕,凡雕、彫、琱、凋等字皆從周得聲,故許于"禂"字注曰"從示,周

聲"。詩既以上、去通爲一音，何不可更參一平聲乎？今詩乃作"禂"，禂，告事求福也，浮泛不切出征矣，此必漢俗人所改。更可異者，毛傳反以"伯"爲"馬祖"，繳繞回曲，斷不可從。鄭康成王制注云："禡，師祭也，爲兵禱。"詩皇矣"是類是禡"箋同，則與許義合。王制釋文"禡"音百，則"既伯"即"既禡"，毛反移"禂"字之訓以解"伯"，而改"禡"爲"禂"，訓爲"禱獲"，謬矣。鄭雖無駁，然以王制、皇矣注參觀，可知鄭意與許合。況皇矣，毛傳云"于內曰類，于野曰禡"，則又似不用"馬祖"説而與許合，可見應從許。詩吉日釋文既云"伯，馬祖也"，又云"禂，丁老反。馬祭也。説文作'禂'"，則明知毛誤而依違其間，竟以二者并合爲一，更覺可笑。鶴壽案：周禮甸祝"禂牲、禂馬"，爲牲祭求柔，爲馬祭求健，杜子春曰："禂，禱也。爲馬禱無疾，爲田禱多獲禽牲。詩云'既伯既禱'，伯，馬祭也。"杜引詩以證"伯"爲禱馬，則當讀者皓切。鄭康成讀"酹"爲"侏"，大也，鄭以上文既有"表貉"釋爲禱多獲，不應"禂牲"復釋爲禱多獲，故訓"禂"爲張大也。

　　説文之例，部首字並列兩字以成一字者，必在一部之末，獨示部末"祘"字之後尚有"禁"、"禫"二字，與全書例不合，必後人所亂。鶴壽案：頮、聶、森等字皆居部末，"禁"、"禫"二字固應列于"祘"字之先，然曲禮云"入竟而問禁"，則"禁"字後人所亂也，若"禫"字古文或作"道"，或爲"導"，此必後人所加，許書本無其字。

　　玉部"瑁"字注："諸侯執圭朝天子，天子執玉以冒之。"此字見書顧命，與"毒冒"本無涉，漢郊祀志"種五粱禾于殿中，驚鶴髓、毒冒、犀玉二十餘物漬種"，唐宋人皆加玉傍，假借用之，已爲誣妄，至前明并作"玳瑁"，更無理矣。

　　"珩"字注："佩上玉，所以節行止也。"案："行止"，玉篇作"行步"，比"行止"更協。

　　"琨"字注："夏書'揚州貢瑤琨'。"重文"瑻"字注："琨或从貫。"案漢地理志引書正作"瑻"。漢書號多古字，似"瑻"爲古文，但許自言書取孔氏，此引書在"琨"下，則必無誤。且竹部

“簜”字注引夏書“瑤琨筱簜”，則知作“琨”爲是。鶴壽案：古文尚書作“琨”，今文尚書作“瓘”。經典釋文云“琨音昆。馬本作‘瓘’，韋昭音貫”，蓋引韋昭漢書音義也。其實瑤琨之“琨”亦可不加玉旁，楚詞云“昆蔽象棋”，注云：“昆，玉也。”

　　“瑤”字注：“玉之美者。”案：當作“石之美者”。説文每部字之前後皆有次敍，玉部首三十餘字，或云“玉也”，或云“寶玉”，或云“美玉”，次三四十字，則爲瑞玉與天子諸侯所執及發兵、禱旱、冠佩、刀劍、車蓋、弁飾、玉器等用，次十餘字爲玉色、玉英華、治玉，次六七字皆玉聲。以上玉事已畢，次以“瑀”至“珉”三十餘字，或云“石之似玉者”，或云“石之次玉者”，或云“石之美者”，而“瑤”字之上，“琨”字、“珉”字皆“石之美者”，則“瑤”亦然。“瑤”字下皆珠、金、玫瑰、琅玕、珊瑚等，不復言玉，而玉部終矣。王肅禹貢注：“瑤琨，美石次玉者。”漢西域傳“罽賓出珠璣、珊瑚、虎魄、璧流離”，後來皆變爲从玉，作“琥珀”、“琉璃”等字，皆起于隋、唐。此内惟“琥”字、“珺”字有，皆自有解。又“大宛以蒲陶爲酒，馬耆目宿”，“蒲陶”之“陶”作“萄”，及“苜蓿”等字，亦皆起于隋、唐。

　　玉部重十六，小徐誤作“十五”。

　　玨部首注云：“二玉相合爲一玨。”重文“瑴”字注：“玨或从瑴。”左僖三十年傳“納玉十瑴”，杜注：“雙玉曰瑴。”鶴壽案：魯語“行玉二瑴”文，亦與内傳同。

　　士部“壻”字注：“夫也。从士，胥聲。”重文“婿”字注：“壻或从女。”案經典釋文儀禮士昏禮“壻，夫也。俗作‘婿’”，通志堂及盧氏文弨刻皆誤作“壻”。

　　“壿”字注：“舞也。从士，尊聲。”釋文于爾雅釋訓“壿壿”下雖引“舍人云‘舞貌’，毛傳同”，其下又引“説文‘士舞也’”，而云“宜從士、尊也”，可見説文本作“士舞”，傳寫脱去。鶴壽案：先生致正説文之字本屬無多，卻又兼斥俗字，俗字之流傳多矣，此半卷中所斥止有三四字，今略爲補綴。一部“天”从一、大，俗作“祆”，非。“丕”从一，不聲，俗作

“丕”，非。二部“丂”从二，方聲，俗作“旁”、“傍”，皆非。示部“祭”从示，以手持肉，俗作“祭”，非。“祀”从示，巳聲，俗从戊己之“己”，不从辰巳之“巳”，非。“禖”从示，某聲，俗作“祺”，非。“祓”从示，发聲，俗作“祓”，非。祝，祭主贊詞者，从示，从儿、口，俗作“呪”，非。“祕”从示，必聲，俗作“秘”，非。柴，祭天燓燎也，从示，此聲，俗作“柴”，非。王部“皇”，大也，借作“鳳皇”、“餘皇”字，俗作“凰”、“艎”，皆非。別有“皋”字，犯法也，秦以似“皇”字，改爲“罪”，“罪”乃捕魚器。玉部“玉”，象三玉連貫也，借爲屬玉字，俗作“瑂”，非。璗，冕璗也，从玉，流聲，俗作“琉”，非。“琀”从玉，含聲，俗作“唅”，非。“琅”从玉，良聲，俗作“瑯”，非。“玤”从玉，丰聲，俗作“庰”，非。“琢”从玉，豖聲，俗以點加下畫之上爲“玉”，點加中畫之上爲“琢”，皆非。“玉”字三畫均，別于“王”字中畫近上爾。“玒”从玉，工聲，俗作“珙”，非。環，璧也，从玉，睘聲，別作“鐶”，非，借爲“幻妄”字。瑕，玉小赤也，从玉，叚聲，借爲“雲霞”字。“瑍”从玉，曳聲，俗作“珊”，非。“玓”从玉，勺聲；“瓅”从玉，樂聲，俗作“的”、“皪”，皆非。“瑲”从玉，倉聲，俗作“璐”，非。“瑰”从玉，鬼聲，俗作“瓌”，非。別有“佩”字，當从人不从玉。玦，玉佩也，从玉，夬聲，別作“璚”，非。气部“气”，雲气也，俗用“氣”，乃“稟氣”字，或作“炁”，尤謬。凡此之類，所謂鄉壁虛造，不可用者也。

卷一下攷證

中部“熏”字注：“火煙上出也。从屮、从黑。屮黑熏象。”案：熏，隸變，後人傳寫如此，非許本，小徐仍作“熏”。鶴壽案：先生疑許書兼及隸變，故每逢隸變即載之，其實與許氏無涉，今但存其緊要者。

艸部“荅”字注：“小尗也。从艸，合聲。”借爲“對答”字。鄭司農注周禮有“秅秭麻荅”，當卽出倉頡篇。攷艸部竝無“菽”字。毛詩七月“七月烹葵及菽”、“禾麻菽麥”，小宛“中原有菽”，生民“蓺菽荏荏”，禮記月令“孟夏之月，食菽與雞”，左成十八年傳“周子之兄不能辨菽麥”，唐石經作“菽”。鶴壽案：艸，百卉也，古文作“屮”，俗用“草”，非。“對荅”之“荅”，俗作“答”、“富”，皆非。

“薑”字注：“禦溼之菜也。从艸，彊聲。”案：隸變作“薑”。禮記曲禮內則篇、論語鄉黨篇並同。鶴壽案：呂氏春秋本味篇引伊尹曰“和之美者陽樸之薑”，亦與禮記、論語同，蓋省文也。

"苹"字注："蓱也，無根浮水而生者。""蓱"字注："苹也。"此皆在艸部。水部"萍"字注："苹也，水艸也。从水、苹。苹亦聲。""苹"字、"蓱"字、"萍"字皆一物，說文兼載之，而小徐于"苹"字注作"萍也"，尤明析。小雅"食野之苹"，則陸生。說文無陸生之義，至詩"于以采蘋"，左傳"蘋有采蘩、采蘋"，釋艸："苹，萍，其大者蘋。"毛傳云："蘋，大萍也。"此本是"賓"字，唐人謬改爲"蘋"耳。艸部云："賓，大蓱也。"

"藡"字注"䒃蘘，可以作縻綆。从艸，襄聲"。宋本作"䒃藡"、"㲉聲"，小徐及玉篇同。

"蕆"字注："从艸，朒聲。"說文無"朒"字，顧野王引左傳云"無弃菅蕆"，顧說小徐竊取之。鶴壽案：今本左傳作"蒯"，史記云"馮驩有一劍蒯緱"，李登聲類云"蒯，艸，中爲索"，此俗字也。惟爾雅釋詁云"棲遟、憩、休、苦、朒、檕、呬，息也"，"朒"字見此。"菅蕆"之"蕆"，當依此加"艸"。

"菡"字，"萏"字注："未發爲菡萏，已發爲芙蓉。"明成化間內府所刻詩朱子集傳澤陂"有蒲菡萏"，注又作"菡藺"，謬甚。成化間時文極盛，古學廢盡矣。鶴壽案：經典釋文云"萏，爾雅作'藺'"，"藺"亦俗字也。唐人且然，何況明人。

"茉"字注："茉莍。从艸，朱聲。子寮切。"此即今人所謂"椒"者，故下文即列"莍"字，注云："茉，椒實。"不知何時別造从木之字，經典中如毛詩椒聊、載芟之類，皆改从之。說文但有"椒"字，注云"似茉萸，其性芳烈"，故與上"枌，香木"相連。艸部以"茉"、"椒"連言，蓋同類，而木部並無"椒"字。

"茌"字注："艸皃。從艸，在聲。濟北有茌平縣。仕甾切。"案前漢地理志泰山郡茌縣，應劭音淄，師古音杜疑反，續志屬濟北國，加"平"字，司馬彪自注："本屬東郡。"此縣屢改屬，許據當時見在地理。鶴壽案：茌平縣今屬山東東昌府。其地有茌山，縣以此得名。今皆改"茌"爲"茌"矣。

"蒔"字注："更別種也。从艸，時聲。時吏切。"尚書"舜命后稷播時百穀"，鄭注："'時'讀曰蒔。"尚書每以"時"與"是"通，則此經讀"時"爲"是"，謂后稷能播此百穀，于義亦得，而鄭必破爲"蒔"者，春末下稻種，出秧，至仲夏雨至，田中有水，乃拔取秧，分科段更復插之，俗名"蒔秧"，今吳下猶然，正許所謂"更別種也"。

"菑"字注："不耕田也。从艸、甾。側詞切。"漢書無"淄"字，凡淄水及淄川地名，或作"菑"，或作"甾"，高五王傳"五鳳中青州刺史奏菑川王終古罪"，公孫弘傳"菑川薛人"。

"蕝"字注引國語曰"致茅蕝表坐"。"致"與"置"通，後漢書"置"字皆作"致"。漢叔孫通傳"起朝儀，與弟子爲縣蕞野外，習之"，應劭曰："立竹及茅索營之，習禮其中。"如淳曰："謂以茅翦樹地，爲纂位尊卑之次也，春秋傳曰'置茅蕝'。"師古曰："'蕞'與'蕝'同，並子悅反。"

"藼"字注："漢律：會稽獻藼一斗。"禮記云："三牲用藙。"鶴壽案：内則注云："藙，煎茱萸也，漢律會稽獻焉，爾雅謂之'檓'。"先生即本鄭注以證"藙"字，是矣。但鄭以"藙"與"檓"爲一物，許以爲二物。"檓"即椒也。既講説文，當從許義。先生于前條曾引"檓似茱萸"，此引内則，何邪？

"苗"字注："蠶薄也。从艸，曲聲。"案禮記月令"季春之月具曲植蘧筐"，鄭曰："養蠶器也。曲，薄也。"隸變省艸。鶴壽案：曲部注云"象器曲受物之形"，此"曲"字正義；又云"或説：曲，蠶薄也"，此"曲"字旁義。然則"曲植"之"曲"可正作"曲"，不必加"艸"字。

"薄"字注："艸皃。从艸，津聲。子僊切。"集韻："艸皃。詩'薄薄者莪'，李舟説。"

"草"字注："草斗，櫟實也，一曰象斗。从艸，早聲。自保切。鉉曰：今俗以此爲艸木之'艸'，別作'皁'字爲黑色之'皁'。櫟實可以染帛爲黑色，故曰草，通用爲草棧字。今俗書皁或从白从十，或从白从七，皆無意義，無以下筆。"案地官"皁物"，司農云："今世間謂柞實爲皁。"

"萅"字注："推也。从艸、从日。艸春時生也。屯聲。昌純切。"案隸變作"春"，與"奉"、"泰"、"秦"同，不合，晉蘭亭敍如此。

右自"芥"至"莉"，大徐云："左文五十三，重二，大篆从茻。"後有茻部云："衆艸也。从四屮。"據此，則五十三字大篆皆作从茻，許不忍廢古，而以秦篆爲便，特破例載之。小徐一槩連列，豪無別異，且于"葦"下先"萊"後"葭"，大徐則先"葭"後"葦"。葦乃大葭，葭乃葦之未秀者，則鉉是鍇非。小徐于大徐"蔪"下去"茦"，誤移在後"菩"下，于前"蓮"下去"莆"，又前"蒋"下已有"苗"，注云"蒋也"云云，與大徐略同，今皆誤移，誤複在"茆"下，先"苗"後"莆"，又于前"菙"下去"萑"，誤移在"茸"下，凡此皆屬鉉是鍇非。

唐石經毛詩卷阿"藹藹王多吉士"、"藹藹王多吉人"，"藹"字説文無。説文言部"藹"字从言，葛聲。

茻部"莫"字注："日且冥也。从日在茻中。莫故切，又慕各切。"小徐云："俗作'暮'。"愚謂論語"莫春者"及蘭亭敍如此，詩"維莫之春"仍不誤。鶴壽案："莫"借爲帷莫、廣莫、無莫、病莫等字，別作"幙"、"漠"、"寞"、"瘼"，非。此半卷中，俗所改易之字，如中部葔牛之"葔"，俗作"犉牛"，又作"㸰牛"；"毒冒"之"毒"，俗作"瑇瑁"，又作"疇瑁"；"褒"字从火矣，俗作"墲"，則又加火也。艸部"董"字，俗以爲千里艸；"蒢"字，俗以爲千章荻。藿，豆名也，或用"霍"，霍山也。蘜，蘜華也，別作"菊"，蓬蔘也。蕙草之"蕙"，俗作"蘐草"。"蔆"字，爾雅依俗作"蔆"；"蔄"字，釋文依俗作"蔄"。"蓮"，艸相次，借爲蓮体字，而俗作"蔖"；"菉"，艸盛皃，借爲羽菉字，而俗作"葔"。"笑"，喜也，俗作"咲"、"咲"；"蘊"，藏也，俗作"蘊"、"韞"。"茶"、"茶"一字也，俗以"茶"爲苦菜，"茶"爲茶茗；"苢"、"苡"一字也，俗以"苢"爲菩苢，"苡"爲姓氏。蕈茀之"茀"，俗作"簞第"；元艾之"艾"，俗作"元黓"。"薄"，叢薄也，借爲簾薄字，而俗作"箔"；"蓐"，陳艸復生也，借爲因蓐字，而俗作"褥"；"芒"，艸耑也，借爲森芒、聞芒字，而俗作"茫"、"忙"。葛貫之"蔦"，俗作"蓬貫"；苗虎之"苗"，俗作"貓虎"。"沈葅"，俗作"沈埋"；"庇

蓫",俗作"庇廕";"六莖",俗作"六莖";"一苣",俗作"一炬";"藩籬",俗作
"藩籬";"筍簿",俗作"笋箨"。日入弇兹,俗作"崦嵫";竹箭有筠,俗作"有
筠";落落如玉,俗作"珞珞"。人蓫之"蓫",俗作"参";蘆菔之"菔",俗作
"蔔"。"蘋",芘艸也,借為遠蘋、蘋視字,與"邈"、"愳"通,俗作"藐",非其義
也。艸部"茻",衆艸也,別作"莽",逐兔艸中,夫豈艸茻之義與?

蛾術編卷二十

説 字 六

卷二上攷證

八部"㑒"字注："从意也。从八，豕聲。徐醉切。"案：此以"㑒"爲从意，而辵部"遂"訓亡，從辵，㑒聲，亦徐醉切。然則今"遂"字本作"㑒"，詩芄蘭"容兮遂兮"，毛傳："容儀遂遂然，有安舒意。"从意，故安舒。易家人："六二，无攸遂"，荀爽曰："坤道順從，无所得遂。"論語"遂事不諫"，包咸曰："事已遂。"皇侃疏引師説"遂是其事既行"。此皆有从意，則皆當作"㑒"。本部"曾，詞之舒"、"余，語之舒"，可見从八則有安舒宣達義，事得專遂及事既得行，皆有舒暢義，故爲从意也。"㑒"字廢久，無人能識，改經徇俗。"遂"訓亡，逃亡、亡逝皆是。禮記祭義"祭之後陶陶遂遂"，鄭注："相隨行之貌。"祭後思親，似有亡辵往徂之狀，明"遂"爲亡，故从辵，而今人不知矣。昭九年"王有姻喪，晉使趙成弔，且致襚"，杜注："襚，送死衣。"衣部"襚"字注解與杜同，雖曰"从衣，遂聲"，聲亦兼義，明"遂"爲亡。鶴壽案：先生謂"从八則有安舒宣達義"云云，今案月令云"百事乃遂"，"遂"訓成也。周語云"以遂八風"，"遂"訓順也。漢王陵傳云"上佐天子理陰陽，下遂萬物之宜"，"遂"訓達也。擅成事曰遂，公羊傳云"大夫無遂事"是也。物生出曰遂，漢郊祀歌云"青陽開動，根荄以遂"是也。兩事相因而及曰遂，詩泉水云"問我諸姑，遂及伯姊"，春秋傳云"齊桓公侵蔡，蔡潰，遂伐楚"是也。其義皆與从相近，則其字皆當作"㑒"。但"八"字象分別相背之形，故"分"字从八、刀，刀以分別物也；"公"字从八、厶，八猶背也。韓非子曰"背厶爲公"，既相違背，則似有不家之意，不知"家"字何以从八，若辵部"遂"字从辵，固取逃亡義，而亦與分背義相近也。

"仒"字注："分也。从重八。八，別也，亦聲。孝經説曰：'上下有別。'兵列切。"案尚書堯典"分仒三苗"俗譌爲"北"，竟似南北之"北"，鄭注："北猶別也。"後案已詳辨之。但周易、尚書、左傳、禮記、孟子"別"字甚多，許氏既言"八，別也"，又引孝經"別"字，同部"分"字注"別也，刀以分別物也"，采部"辨別也，象獸指爪分別也"，人部"伮，別也"，且自序"分理可相別異"，則許屢用"別"字矣。于此"仒"字下竟不列爲重文者，"別"乃漢俗字，自漢以下，此字雅俗通行，宜于"仒"下增一條云："'別'字，隸變。"又刀部"剖"、"副"二字相連，皆注"判也"。"副"音芳逼切，大雅生民"不坼不副"，陸德明引説文云："副，分也。""副"既與古"別"字作"仒"者同訓分，似可通作"別"，疑德明所見説文爲正，今作"判也"爲非。

采部首注云："辨別也，象獸指爪分別也。讀若辨。"尚書云"平章百姓"，鄭氏尚書作"辨章"，云"辨，別也"，音誼與"采"合而文異。鄭氏得之，偏孔氏古文非也。鶴壽案：詩采菽疏云："堯典'平章百姓'，書傳作'辨章'。""書傳"謂尚書大傳，今本無此語，散佚不完也，史記作"便章"，索隱云"便章，古文尚書作'平'，今文作'辨'"，是小司馬所見尚書大傳有之。班固典引曰"惇睦辨章之化"，答賓戲曰"劉向司籍，辨章舊文"，東觀漢紀曰"臣下百僚，力誦聖德，紀述明詔，不能辨章"，後漢劉愷傳曰"職在辨章百姓，宣美風俗"，此皆用今文尚書也。李賢注後漢書，兩引"辨章百姓"，鄭注云："辨，別也。章，明也。"蓋鄭注尚書讀"平"爲辨，從今文尚書也。采菽云"平平左右"，左傳作"便蕃"，毛傳云："平平，辯治也。"服虔云："平平，辯治不絕之兒。"鄭注論語云："便便，辯也。"古"平"、"便"、"辨"、"辯"四字通用，尚書"平"、"辨"皆訓使，堯典"平秩"伏生皆作"便秩"，鄭注周禮馮相氏"辨秩東作"、"辨秩南譌"、"辨秩西成"、"辨在朔易"，疏云："尚書皆作'平'，今皆云'辨'，據書傳而言。"然則亦從今文尚書改"平"爲

"辨"也。

半部"叛"字注："半也。"小徐云："離叛也。春秋曰'欒盈入于曲沃以叛'，使其邑于國分半也。"案左傳隱元年"京叛大叔段"，四年"衆叛親離"，莊二十九年"樊皮叛王"，昭十二年"南蒯以費叛如齊"，二十年"建與伍奢將以方城之外叛"，皆从半。據葛藟板。尚書胤征"畔官離次"，論語"亦可以弗畔"，"弗擾以費畔"，"佛肸以中牟畔"，皆據毛鳳苞板。則皆从田。田部"畔，田界也"，然則"叛"、"畔"皆假借。

牛部"㹀"字注："从牛，夒聲。"尚書云"㹀而毅"，讀若柔。經傳隸變作"擾"，从手，周禮職方氏："其畜宜六擾。"鶴壽案：詩還云"遭我乎猱之閒兮"，"猱"或作"㹀"，音乃高反。夒，猿之類也。"㹀"字从牛，夒聲，故讀而沼切，與"夒"音相近。若爾雅"犤牛"，郭注云："即㹀牛也。如牛而大，肉數千斤，出蜀中。"其字从夒不从夒，故讀渠追切，陸德明誤合爲一字。

"犁"字注："耕也。从牛，黎聲。"案説文字義不備，論語"犁牛之子"，則爲黑色解，而俗又省筆，廣韻先載"犂"，言"墾田器，亦耕也"，次列"犁"，言"上同"。字學變改，想唐已然。鶴壽案：此"犁"與"耕"互相爲訓也，故未部"耕"訓犁。蓋細別之則人耕謂之耕，牛耕謂之犁，混言之則犁即耕也。司馬牛名耕，又名犁，則"犁"與"耕"同。山海經稱后稷之孫叔均，是始作牛耕。人耕雖在前，牛耕雖在後，其爲墾田一也。

"犧"字注引賈侍中説。此非古字，古文苑秦惠王詛楚文"犧牲"字作"羲"。

告部首注云："牛觸人。角著橫木，所以告人也。从口、从牛。易曰'僮牛之告'。"案唐石經周易大畜六四作"童牛之牿"。"僮"爲僮子，"童"則童僕，後世乃互易之，此正當爲僮牛。其"牿"字，則牛部注云："牛馬牢也。从牛，告聲。"引周書費誓"今惟淫舍牿牛馬"，此于大畜之象一無所取。李鼎祚集解引虞翻曰："艮爲童，五已之正，萃坤爲牛。告，謂以木楅其角。大畜，畜物之家，惡其觸害。艮爲手，爲小木，巽爲繩，繩縛小木，橫著牛角，故曰

‘童牛之告’。”此亦正當爲“告”。二字唐人改也。劉氏云“牿之言角也”，陸績云“牿當作‘角’”。劉解、陸音皆非。魯頌“夏而楅衡”，箋云：“楅衡其牛角，爲其觸牴人也。”地官封人“祭祀飾其牛牲，設其楅衡”，注云：“楅設于角，衡設于鼻。”此正六四所取，若作“牿”，則爲桎梏意，非六四象。

　　口部“嗌”字，籀文作“益”，漢書百官公卿表“益作朕虞”，應劭曰：“益，伯益也。”師古曰：“益，古‘益’字。”

　　“咀”字注：“含味也。”案文選張平子思玄賦，李善注引倉頡篇“咀，噍也”。如果“咀”訓噍，則下有“噍”亦當注“咀也”，今云“齧也”，非“咀”，則“咀”亦非“噍”。此所引當是倉頡注，非正文，許不盡從三倉舊注。

　　“启”字注：“開也。从户、口。康禮切。”攴部“啟”字注：“教也。从攴，启聲。”論語曰：“不憤不啟。”“啓”既訓教，則非“開”，與“启”義不同。尚書“胤子朱啓明”，鄭、孔皆訓開，當作“启”，今唐石經乃作“啟”，經典凡訓開之字皆如此，而“启”廢不用矣。鶴壽案：學記曰：“夏、楚二物，收其威也。”攴，小擊也，故“教”字从攴，若施于启閉之“启”，則無謂矣。爾雅釋天云“明星謂之启明”，玉篇“启”字注引堯典“胤子朱启明”，字皆不从攴。

　　“右”字注：“助也。从口、又。徐鍇曰：言不足以左，復手助之。于救切。”案：此下當增一條，俗以此爲中屯之“屯”，別造“佑”字，人部無；俗又別造“佐”字，人部亦無。

　　“周”字注：“密也。”僞書太甲上“自周有終”，僞傳云“忠信爲周”，本國語文。王柏、金履祥輩乃云：“周，篆文似‘君’，當爲‘君’字之誤。”無稽之言也。

　　“吁”字與于部重複，小徐詳之。

　　漢書李廣傳“霸陵尉呵止廣”，江充傳“充呵問之”，衛綰傳“不孰何綰”，李奇曰：“何，呵也。”禮記曲禮“負劍辟咡”，鄭注：“口旁曰咡。”“咡”字亦見弟子職。二字説文口部俱無。鶴壽案：

孰何，史記作"譙呵"，索隱曰："'譙呵'音誰何，猶借訪。一曰譙呵者，責讓也。"

叩部"單"字注："大也。""單"與"亶"同，故云"大"。盤庚"誕告用亶其有衆"，馬融本"亶"作"單"，天保"俾爾單厚"。

"㕤"字注："呼雞重言之。从叩，州聲。讀若祝。"惠曰：古"州"、"祝"同音，左傳"衞州吁"，穀梁作"祝吁"。風俗通曰："呼雞朱朱。俗説雞本朱公化而爲之，今呼雞曰朱朱也。"鶴壽案：樂記"武王封帝堯之後于祝"，鄭注："祝或爲'鑄'。"潛夫論五德志篇："武王封堯冑于鑄。"祝、鑄聲之轉也。風俗通言"呼雞朱朱"，而博物志則云"祝雞翁善養雞，故呼祝祝"，是亦聲之轉耳。

走部"趨"字注："从走，薊聲。讀若髻結之'結'。"結，古"髻"字，亦作"結"，故云"从走，薊聲"。

"趩"字見石鼓文。鶴壽案：趩，走意。从走，憲聲。岐陽石鼓弟八鼓有此字。石鼓，周宣王太史籀所書，是籀文也，而其體與古文同，故不列于重文。

"赿"字注："漢令曰赿張百人。""赿張"即"蹶張"，漢申屠嘉傳"材官蹶張從高帝"，如淳曰："材官之多力能脚踏彊弩張之。律有蹶張士。"漢令即漢律。鶴壽案："赿"訓距，音車者反；"趑"訓蹶，音居月切。義既不同，音亦各異。以"赿張"爲"趑張"，非是。

"趢"字注："春秋傳曰'輔趢'。"常孰毛鳳苞汲古閣、崑山葛鼒永懷堂刻本左傳昭五年有輔趚，十五年有荀趚，皆晉臣名，而足部無"趚"字，則輔趢即輔趚，但經典釋文後人割散入經，長白納蘭成德通志堂重刻原足本，就人間所有傳抄付梓，校讐亦未必精，不可深據。五年釋文"趚，力狄反，又力各反，本又作'躒'"，十五年同。若原足本則兩處大字皆作"躒"，音同，而各贅以"本又作'趚'"。愚謂"作趚"、"作躒"皆謬，而"趚"稍近。蓋辵旁、足旁易相混，如"趥"，漢書作"踓"，"趌"訓僵，又从足，兩部皆收是也。"躒"則更非矣，毛、葛二刻是，釋文成刻誤倒耳。經典文字，南北朝大亂，陸德明不知"趚"之本爲"趢"，濫及又作"躒"，淺妄甚矣。

鶴壽案:从炁之字誤而从足者甚多,如"趨",正字也,而周禮注云"故書作'跢'";"趮",正字也,而易繫辭云"躁人之辭多";"跬",正字也,而禮記祭義云"君子跬步不忘孝",荀子云"不積蹞步",此由趨于便易故也。

"趄"字注:"趄田,易居也。"小徐繫傳云:"左傳'晉于是乎作爰田',國語'作轅田',皆假借,此乃正字,謂以田相換易也。"傳係僖十五年文,杜預曰:"分公田之税應入公者,爰之于所賞之衆。"孔疏、服虔、孔晁皆云"爰,易也。賞衆以田,易其疆畔",杜言云云,則亦以"爰"爲"易",謂舊入公者乃改易與所賞之衆。愚謂此注服氏與許"易居"正合,則"爰田"即"趄田"矣。國語"作轅田",韋昭解:"賈侍中云:轅,易也。爲易田之法,賞衆以田,易疆界也。或云:轅,車也。以田出車賦。"昭謂此欲賞以説衆而言,以田出車賦,非也。唐云:"讓肥取墝也。"玩此則賈逵國語注與服虔左傳注合。昭既駮去或説,明以賈爲是。唐云"讓肥取墝",亦以"轅"爲"易"也。爰田之制不甚可攷,而義訓易,其字本作"趄","爰"、"轅"皆假借,小徐説誠確。惠棟評説文,不知"趄田"即"爰田"之説出于小徐,而以爲楊慎,已誤。其左傳補注乃主田出車賦之説,如此則是加賦于民,非以取説于臣,傳何以載呂甥以公之賞爲惠之至,而告其衆曰"君亡之不恤,羣臣是憂"乎?韋已駮之,惠不見乎?更可異者,竟以或説歸之賈逵,尤非。鶴壽案:周禮大司徒:"凡造都鄙,不易之地家百畮,一易之地家二百畮,再易之地家三百畮。"大鄭云:"不易之地,歲種之,地美,故家百畮。一易之地,休一歲乃復種,地薄,故家二百畮。再易之地,休二歲乃復種,故家三百畮。"遂人"辨其野之土,上地、中地、下地,以頒田里,上地夫一廛,田百畮,萊五十畮;中地夫一廛,田百畮,萊百畮;下地夫一廛,田百畮,萊二百畮",小鄭云:"萊謂不耕者。"何休公羊注云:"司空謹别田之高下美惡,分爲三品,上田一歲一墾,中田二歲一墾,下田三歲一墾。肥饒不得獨樂,墝埆不得獨苦,故三年一换主易居,財均力平。"漢食貨志云:"民受田,上田夫百畮,中田夫二百畮,下田夫三百畮。歲耕種者爲不易上田,休一歲者爲一易中田,休二歲者爲再易下田。三歲更耕,自爰其處。"地理志云"秦孝公用商君,制轅田",張晏曰:"周制三年一易,以同美惡。商鞅始割列田地,開立仟伯,令民各有常制。"孟康曰:"三年爰土易居,古制也,末世浸廢。商鞅相秦,復立爰田。上田不易,中田一易,下田再易,爰自在其田,不復易居也。"段茂堂曰:"何休言'換主易居',班固言'更耕自爰其處',孟康言'爰土易居',許氏言'趄田易居'。'爰'、'轅'、'趄'、'換'四字音義同也。古者每歲易其所耕,則田廬皆易。言三年者,三年而上、中、下田徧焉,三年後一年仍耕上田,故曰'自爰其處'。孟康説古制易居爲爰田,商鞅'自在其田,不復易居'爲轅田,名同而實異,孟説是也。依孟則商鞅田分上、中、下而多少之,得上田者百畝,得中田者二百畝,得下田者三百畝,不令得田者彼此相易。其得中田二百畝者,每年耕百畝,二年而徧;得下田三百畝者,亦每年耕百畝,三年而徧。故曰'上田不易,中田一易,下田再易,爰自在其田,不復易居'。周制得三等田者彼此相易,今年耕上田百畝,明年耕中田二百畝之百畝,又明年耕下田三百畝之百畝,又明年而仍耕上田百畝,如是乃得休一歲、休二歲之法,故曰'三歲更耕,自爰其處',與商鞅法雖異而實同也。鞅之害民,在開仟伯。"今案古法換主易居,商鞅則不換主不易居,法似同而實異。惠半農曰:"晉惠公作爰田,秦孝公制轅田,皆賞田也。管子曰:'良田不在戰士,三年而兵弱。'爰田之法,以上田賞戰士,而中田下田授農人。蓋秦晉之良田盡歸戰士矣。"惠定宇曰:"作爰田,猶哀公之用田賦也;作州兵,猶成公之作丘甲也。外傳'爰'作'轅',以田出車賦也。服訓'爰'爲易,易田之法本是周制,何以云作'作'?秦孝公制轅田,豈亦賞衆以田邪?外傳所云賞衆是一時之事,爰田、州兵是田制兵制改易之始,故特書之。"或駁之曰:周制三年易田,自是美惡相均,無貧富不齊之患。晉自武公得國以後,授田不均,或有得不易、上田者,不復以中下之田相易,今惠公欲施恩于國人,故分別其一易再易之田,使強者不得久占,故曰惠之至也。若如賈説,以田出車賦,惠公當去國之時,民心未定,豈復更張田法以驚擾愚民邪?當以服説爲優。

　　"趄"字注:"止行也。"按後漢銚期傳注引説文云:"趄與蹞同。"説文本無此句,足部亦無"蹞"字。李賢因俗本周禮夏官隸僕"掌蹞宮中之事"作"蹞",妄附會之。不待衛包改經典,文字已大亂。

　　癶部"發"字注:"春秋傳曰'發夷藴崇之'。""發"今作"芟"。

鶴壽案：班固答賓戲"夷險發荒"，晉灼曰："發，開也。"今諸本多作"荗"。蓋本作"發"，後誤爲"發"，或改爲"荗"也。此半卷中俗字如八部鴒鷓之"鴒"本作"分"，蟾諸之"蟾"本作"詹"，矻石之"矻"本作"介"，別有壁隙之"隙"本作"𡭰"。采部熊蹯之"蹯"本作"番"，蟋蟀之"蟋"本作"悉"。"釋"，解説也，借爲悦釋字，別作"懌"，非。牛部"牟"，牛鳴也，借作牟子、牟等字，別作"眸"、"侔"，皆非。"牴"，觸也，別作"觝"，非。"奧"，牛馬閑也，別作"牢"，非。別有"𩨌"，車軸耑鍵也，別作"轄"、"鎋"，皆非。口部"吚"，俗作"屎"；"噭"，俗作"啼"；"啁"，俗作"嘲"；"呰"，俗作"些"；"吡"，俗作"詆"；"嘵"，俗作"憢"；"嘖"，俗作"賾"；"周"，俗作"賙"；"吁"，俗作"諝"；"咽"，俗作"嚥"；"哨"，俗作"峭"；"吻"，俗作"脗"；"凸州"，俗作"兗州"；"昆吾"，俗作"琨珸"；"吝"，俗又作"恡"、"悋"。別有"咕"，俗又作"吼"、"吽"；"唐"，俗又作"唐"、"蓎"、"塘"。品部"嵒"，俗又作"咢"、"𤾈"、"諤"。走部"赴"，禮記作"訃"；"趫"，漢書作"獢"。止部"止"，足止也，借爲"至止"字，別作"趾"、"阯"，皆非。"峙"，不前也，借爲峙踞字，別作"跱峙"，皆非。"澀"，不滑也，亦作"𥒚"，兩足相距不行也，俗作"澀"，非。"𣥂"，不行而進也，从止在舟上，俗用"前"，翦刀也。"亭歷"見爾雅，而陸德明作"葶歷"矣；"距虚"見爾雅，而韓昌黎作"駏驉"矣。"𤷾"，人不能行也，而王制作"瘖聾跛躄"，史記作"𤷾者槃散行汲"矣，獨不見爾雅"山小而衆巋"，山海經只作"歸"乎？

卷二下攷證

辵部首注云："春秋公羊傳曰：辵階而走。""辵"今作"躇"。

"延"字重文"征"字注："或从彳。"漢征和，年表皆作"延和"。

"迋"字注："往也。从辵，王聲。春秋傳曰：子無我迋。于放切。"彳部"往"字注："之也。于兩切。"唐石經毛詩揚之水"人實迋女"，毛傳："迋，誑也。"言部"誑"字注："欺也。从言，狂聲。居況切。""迋"與"往"雖係兩字，其義則同，與"誑"則音但相近，義固異也，而毛詩假借用之，可見古假借字音近即可借。至所引傳係昭二十一年文，杜預曰："迋，恐也。"攷此宋華亥與華貙作亂而敗，亥搏膺而呼謂貙曰"予爲樂氏矣"，故貙答云云，下即云"不幸而後亡",蓋言子勿恐我將如欒盈之見殺,使我急迫奔走,且再圖救,必不幸之至,然後出亡耳。"迋"雖訓往,實兼驚恐往寠意,但說文義不備,故復引傳增成之。

"逪"字注:"迹逪也。""迹"當爲"这",玉篇:"逪,今爲'錯',这逪也。"鶴壽案:玉篇云:"逪,这逪也。"既引玉篇,則當云"迹"宜依玉篇爲"这"。

"迻"字注:"迻也。""迻"字注:"迻,遷徙也。"隸變"迻"作"徙",與重文从彳作"徏"不同。鶴壽案:自此之彼爲"迻",故字从辵;禾相倚移爲"移",故字从禾。吕氏春秋曰:"苗其弱也欲孤,其長也欲相與俱,其熟也欲相扶。"相扶者,倚移也。倚移猶言阿那,鄭司農攷工記注兩引"倚移從風",今上林賦"旖旎從風",詩稱"隰有萇楚,猗儺其枝","隰桑有阿,其葉有難",宋玉高唐賦"猗旎豐沛"。說文于禾曰"倚移",于㫃曰"旖施",于木曰"橋施",皆訓阿那也。古有假"移"爲"迻"者,攷工記"飾車欲侈",故書"侈"爲"移",少牢饋食禮"移袂"即"侈袂"也。又有假"移"爲"多"者,表記"衣服以移之",注云:"移讀如禾汜移之'移'。移猶廣大也。"郊特牲"其蜡乃通,以移民也",注云:"移之言美也。"此皆假借字。而獨不可用之"迻徙",夫"迻徙"與稻禾何涉邪?

"遜"字注:"遁也。"小徐引"公遜于邾"爲證。案俗以此爲謙遜字,古只作"孫",今尚書"五品不遜"已从俗,論語"奢則不孫"、"孫以出之",尚存古。鶴壽案:此字後人所加,古只作"孫"。孫順之"孫"本作"愻",假借作"孫",禮記學記"入學鼓篋,孫其業也",論語"惡不孫以爲勇者",皆假借字。心部"愻"字注云:"順也。"唐書曰"五品不愻",今本尚書作"遜",或係衛包所改。緇衣"恭以涖之,則民有孫心",毛居正所見本"孫心"二字有并作"愻"者,王肅家語亦云"小人以不愻爲勇"。學記"不陵節而施之謂遜",說苑作"學不陵節而施之曰馴","遜"與"馴"皆訓順也。古文尚書"五品不愻",今文尚書作"不訓","訓"通作"馴",尚書大傳云:"百姓不親,五品不訓,則責之司徒。"史記五帝本紀"五品不馴",正義云:"馴音訓。"索隱云:"史記'馴'字,徐廣皆讀曰訓。訓,順也。"殷本紀"五品不訓",漢王莽傳"司徒主司人道,五教是輔,帥民承上,宣美風俗,五品乃訓",後漢周舉傳"帝下策問曰:五品不訓",劉愷傳"調訓五品",謝夷吾傳"下使五品咸訓于嘉時”,周禮地官注“教所以親百姓,訓五品”此皆用今文尚書作訓。“訓”者孫順也,若孫遁之“孫”則又是一義。詩狼跋“公孫碩膚”,箋云:“‘孫’讀當如公孫于齊之‘孫’,孫之言孫遁也。公攝政七年致太平,復成王之位,遜遁,辟此成功之大美,欲老。”疏云:“古之‘遜’字借‘孫’爲之。春秋昭二十五年經言‘公孫于齊’,春秋之例,内諱奔,謂之‘遜’,言昭公遜循而去位,此周公亦遜遁去位,故讀如彼文。‘遜遁’,釋言文,孫炎曰:‘遁,逃去也。’”莊元年經言“夫人孫于齊”,公羊傳曰:“孫猶孫也,内諱奔,謂之‘孫’。”注云:“孫猶遁也。”疏云:“凡言‘孫’者,孫遁自去之辭,與尚書序‘將孫于位,讓于虞舜’義同。”閔二年經言“夫人姜氏孫于楚”,其字皆不從辵,然則小徐所引“公遜于邾”及爾雅釋言文,皆後人所改耳。段茂堂曰:“釋名云‘孫,遜也’,‘遜,遁’在後生也。古就‘孫’字義引伸,卑下如兒孫,非別有‘遜’字。至部‘𦤇’字注云:‘從至,至而復孫。孫,遁也。’此亦古字有‘孫’無‘遜’之一證。”

　　“返”字注引商書“祖甲返”。案商書西伯戡黎有“祖伊反”,此傳寫誤作“甲”。返,書作“反”,當從説文,尚書後人所改。重文“仮”字注:“春秋傳‘返’從彳。”今春秋傳無“仮”字。

　　辵部小徐本移“遁”字于部末,移“遜”字于“遜”字下、“遄”字前。攷“循”訓遷也,在“運”下,許意以“遁”爲自遷,又有“一曰逃也”,此是旁義,故位置如此,小徐移于部末無理。若“遜”訓遁者,許意亦以爲自遷,故在“運”下,小徐略去“遁”訓遷也,以“逃”爲正義,故移“遜,逃也”下、“遁,亡也”前,不知魯哀公雖爲三家所逼而出,春秋書“遜”,仍以自遷爲詞,書法有深意,不可以“遜”作逃亡奔走,小徐移後大非。

　　辵部末“文一百一十八,重三十”,小徐本同,下注:“臣次立曰:今重二十七,補遺‘蠵’、‘僷’二字,共重二十九。”次立不知何人,數之實重三十,此不可解。

　　辵部新附有“逼”字,注:“近也。”隱十一年傳“實偪處此”,襄十年傳“晉伐偪陽”,皆從人,人部無“偪”字。

　　辵部新附有“逍”字,注:“逍遥,猶翱翔也。”鉉按:詩只用‘消摇’,此二字字林所加。”“遥”字注:“又遠也。”釋文:“逍,本又作

‘消’。遥,本又作‘摇’。”觀鈜説知宋初毛詩尚作“消摇”,若明刻則出趙宋人所改,升俗作正,退經爲別矣。獨禮記檀弓“孔子消摇于門”,釋文“消摇,本又作‘逍遥’”,則仍從古。鈜時字林尚在,目驗而知。然鈜偶指出他新附字出字林者尚多,示部“祧”、“禰”出字林,張參言之。“遥”字又訓遠,前正文內“邌”即古“遥”字。鶴壽案:惠定宇曰,“後漢崔駰譔張平子碑已用‘逍遥’字,不始于吕諶也,但經典只合用‘消摇’耳。今案莊子逍遥遊注,黄幾復云:“逍者,消也,如陽動冰消,雖耗也不竭其本;遥者,摇也,如舟行水摇,雖動也不傷其內。”字雖作“逍遥”,解仍作“消摇”。至“邌”字注“行邌徑也”,以爲即“遥”字,恐非。

辵部無“遊”字,㫃部“游”字注:“旌旗之旒也。从㫃,汓聲。”水部“汓”字注:“浮行水上也。从水、从子。”皆無重文“遊”。唐石經禮記曲禮“交遊稱其信也”,論語“父母在,不遠遊,遊必有方”,皆作“遊”。鶴壽案:㫃部首注云:“旌旗之游,㫃蹇之皃。从中曲而垂下,㫃相出入也。”“相出入”謂旌旗之游从風往復,人之一出一入亦如之,故引伸爲游行字。“游”,古文作“遊”,俗乃合二體而作“遊”。

彳部“德”字注:“升也。从彳,悳聲。”心部“悳”:“外得于人,內得于己也。从直、从心。”此道悳字,俗乃以“德”代之。禮記玉藻“立容德”,注:“如有予也。”疏:“立則磬折,如人授物與己,己受得之。賀云:‘德,有所施與之名。’身小俯嚮前,如授物與人。會前兩注也。”釋文:“德,得也。”此以音同,假借爲“得”。

“徼”字注:“循也。”或云:徼,古堯反,音交。徼幸,覬非分也,徼,循也,邊塞也。東北爲塞,西南爲徼。老子“常有欲以觀其徼”,邏卒曰“游徼”,漢書“中尉掌徼循京師”。又伺察也,論語“惡徼以爲知者”。“僥”與“徼”音同義别,中庸“行險以僥幸”,宜從“僥”。但説文無“僥”字,有“徼”字,則“徼幸”當假借音近之字用之,唐石經作“徼”,是。

“徇”字注:“行示也。”司馬法“斬以徇”,隸變作“徇”。泰誓疏引説文曰“徇,疾也,循行也”,與徐校本不同;五帝本紀“黄帝幼而徇齊”,裴駰曰:“徇,疾。”則尚書疏是。

　　“御”字古文从又、馬作“馭”,偽書“若朽索之馭六馬”,从古文,周禮八“馭”皆用此。

　　齒部“齯”字注:“老人齒。”爾雅釋文引説文云“老人兒齒”,此脱“兒”字。毛詩:“黄髮兒齒。”鶴壽案:爾雅釋詁云:“黄髮齯齒,壽也。”毛詩从古文只作“兒”,爾雅用今文故加“齒”。

　　足部“躓”字注:“跲也。从足,質聲。詩曰:載躓其尾。陟利切。”“跲”字注:“躓也。”此以“躓”、“跲”互相訓。禮記中庸“言前定則不跲”,鄭亦云“跲,躓也”。但今毛詩狼跋作“疐”。更部“疐”字注:“礙不行也。从更,引而止之也。更者,如更馬之鼻,从冂,此與‘牽’同意。陟利切。”則似與“躓”義近而音亦同,故陸德明直云“疐”與“躓”同,然詩毛傳、鄭箋皆訓爲“跲”,則知許所引是真毛本古文,作“疐”是後人所改也。鶴壽案:禮記大學注“懥或作‘懫’”,爾雅釋言云“疐,跲也”,則“躓”與“疐”似同字同義。許于“疐”字注又引詩曰“載疐其尾”,而“跲”與礙義亦不相遠,當是一字,惟“更馬之鼻”當作“更牛之鼻”,馬不更鼻也。

　　“蹲”字注:“踞也。从足,尊聲。”南山經“箕尾之山,其尾踆于東海”,郭注:“踆,古‘蹲’字。”許氏不入重文,新附亦無。文選張平子西京賦“怪獸陸梁,大雀踆踆”,薛綜注:“踆踆,大雀容也。”杜甫贈韋左丞詩:“祇是走踆踆。”廣韻諄:“踆,退也。”集韻:“止也,伏也。”鶴壽案:徐廣史記注“古‘蹲’字作‘踆’”,此郭注所本。莊子“踆于會稽”,字林云:“踆,古‘蹲’字。”其實古文無“踆”字,“踆”當爲“夋”,説文云“倨也”。

　　論語“足蹜蹜如有循”,鄭玄注:“舉前曳踵行也。”皇侃疏:“蹜蹜猶蹴蹴也。循猶緣循也。不敢廣步速進,恒如足前有所蹴,有所緣循也。”説文無“蹜”字,糸部“縮”字注“蹴也”,與皇疏以“蹜蹜”爲蹴蹴正合,則論語宜作“縮縮”。

孟子“獸蹄鳥跡”，足部無“跡”字，辵部首即“迹”，周禮“迹人”，論語“不踐迹”，古从辵。

辵部首注云：“古文以爲詩大疋字，或曰‘胥’字。所菹切。”記云“胥鼓南”，周禮有大小胥，皆訓雅，即“疋”字。

“延”字注：“通也。”俗作“疏”。禮記月令“其气延以達”，經解“疏通知遠”。鶴壽案：先生所引月令，據玉篇所載古本，今月令作“疏”，而俗又改作“踈”與“疎”矣。此半卷中俗字，如正部“乏”字，歲矢之具也，借爲空乏之字，反“正”爲“乏”，則不應作“乏”。是部“尟”字即“鮮”字，易繫辭曰“故君子之道鮮矣”，鄭康成本作“尟”，是少爲“尟”，則不應作“尠”。辵部“迹”不得爲“跡”，“迆”不得爲“迤”，“遯”不得爲“遁”，“迫”不得爲“胉”，“巡”不得爲“巡”，“迪”不得爲“迪”，“逮”不得爲“迨”，“遺”不得爲“匱”。“辻步”之“辻”既爲“徒”矣，何以又爲“跿”？“鶩遷”之“遷”既爲“遷”矣，何以又爲“愕”？山經之“趹踢”，只宜作“述蕩”；論衡之“踵塞”，只宜作“連寒”；詩傳之“瓴甋”，只宜作“瓴適”；釋木之“楰其”，只宜作“速其”；釋鳥之“鴟鵂”，只宜作“分遁”；釋魚之“是鱷”，只宜作“是逐”。彳部“彳亍”，小步也，不得爲“蹢躅”，不得爲“躑躅”；“徑”，步道也，不得爲“俓”、“鵛”；“律”，均布也，不得爲“箏”、“崋”。別有“徹”，通也，借爲車徹字，則亦不得別作“轍”。足部“蹝”之不宜爲“蹄”，“躧”之不宜爲“跿”，“蹢”之不宜爲“豴”，“歷”之不宜爲“厤”，“蹋”之不宜爲“踰”與“踏”，“躅”之不宜爲“躚”與“蹀”。爾雅之“鵯雉”，胡弗爲“蹲雉”？淮南之“重蹢”，胡弗爲“重跰”？王子之“歌嶠”，胡弗爲“歌蹻”？衞國之“石碏”，胡弗爲“石踏”？庖丁之“躊躇”，胡弗爲“躊躇”？李密之“狼狽”，胡弗爲“狼跟”？龠部“龠”，樂器也，借爲十龠爲合之“龠”，胡爲又加之以竹？種種謬誤，習焉不察故也。

蛾術編卷二十一

説　字　七

卷三上攷證

品部"嚚"字注：高聲也，一曰大呼也。从品，丩聲。公羊傳曰："魯昭公叫然而哭。"案"叫"字當作"嚚"，今公羊昭二十五年作"嗷"。周禮"夜嘑旦以嚚百官"，猶存古。鶴壽案：口部"叫"字注訓"嘑也"，與大嘑義微異，"嗷"字注訓"口也，一曰'嚚'，呼也"。案訓口者，史記貨殖傳云"馬蹄嗷千"，顏師古漢書注云："嗷，口也。蹄與口共千，則爲馬二百也。"今本説文"口"誤作"吙"，非是。又訓呼者，"呼"當作"嘑"，號也。曲禮云"毋嗷應"，注云："嗷，號呼之聲也。"此與大嘑義亦微異。

舌部"舓"字注："以舌取食也。"案孟子"是以言餂之也"，趙岐曰："餂，取也。"此字舌部不收，食部亦無。孟子注久無全書，戴震始訪得鈔本，末附孫奭音義，云："字書及諸書並無'餂'字，郭璞方言注音忝，謂挑取物也。其字从金，今此从食，傳寫誤也。本亦作'銛'，奴兼切。"愚謂金部"銛，鍤屬，讀若棪，桑欽讀若鐮"，食部"餂，相謁食麥"，皆與此無涉，不知其字明載説文"以舌取物"，與孟子意正合。俗有"舓"字，説文亦不收，史記吳起傳、漢鄧通傳俱可攷。

言部"譔"字注："專教也。从言，巽聲。此緣切。"案今人有著述，自署"某撰"，當作"譔"，周易繫辭"以體天地之撰"，李鼎祚集解："九家易曰：撰，數也。""雜物撰德"，釋文："撰，鄭康成作

‘算’，云‘數也’。”然則“天地之撰”亦當作“算”，作“撰”者後人改。集解載虞翻曰“撰德謂乾”，則必不作“撰”，惟崔憬始云“撰集所陳之德”，憬俗儒，已誤矣。惠棟周易述于兩處“撰”字雖姑依俗本作“撰”，而皆解爲數，則其意從康成作“算”。周禮夏官大司馬“中夏教茇舍，羣吏撰車徒”，鄭注：“撰，讀曰算。算車徒，謂數擇之也。”此“撰”字亦後人改。若鄭所見周禮，則疑假借“籑”字也。論語“異乎三子者之撰”，孔安國曰：“撰，具也。”禮記曲禮“侍坐于君子，君子欠伸，撰杖屨”，鄭注：“撰，猶持也。”釋文：“似轉反。”此二處亦疑假借“籑”字。説文手部無“撰”字，言部“譔”字既爲言教，則著述正當用此。禮記祭統云“鼎銘，古之君子論譔其先祖之美而明著之後世”，則正不誤。説文食部“籑，具食也”，“饌”字其重文，並無言教、論著意，但因其有具義，或假借用之。漢司馬遷傳“百年間天下遺文古事畢集，太史公父子籑其職”，師古曰：“籑，讀與‘撰’同。”其實惟訓具、訓持者當用之，訓數者以音同假借尚可，而論著則不宜用。又漢班固敍傳云“探籑前記”，則又借“籑”以爲著述字。此字是竹器，籩豆之屬，亦漢俗字，不知班氏何以用之。鶴壽案：揚子法言云“訓諸理，譔孝行”，此即著述之義。“譔”亦有訓作具者，楚詞大招云“四上競气，極聲變只。魂兮歸來，聽歌譔只”，注云：“譔，具也。言觀聽衆樂無不具也。”論語“異乎三子者之撰”，孔注亦訓具，鄭作“僎”，讀曰詮，詮之言善也，此與祭統“論譔其先祖之美”合，是“譔”與“僎”通矣。“僎”又與“選”通，論語“公叔文子之臣大夫僎”，漢古今人表作“大夫選”。“撰”亦與“選”通，漢食貨志“白撰”，史記平準書作“白選”。“選”又與“算”通，詩柏舟云“威儀棣棣，不可選也”，傳云：“物有其容，不可數也。”朱穆集載絶交論作“不可算也”，故大司馬“撰車徒”，鄭康成讀“撰”爲算。

　　“詻”字注：“論訟也。”漢天文志“太歲在西曰作詻”注“爾雅作‘作噩’”，殷阮君神碑①亦以“詻”爲“噩”，是“詻詻”即“噩噩”，

---

　　① “阮”，原作“阮”，據集古録、金石録改。

故云"論訟也"。禮記玉藻："言容諮諮。"鶴壽案："靈",俗字也。周禮占夢"以日月星辰占六夢之吉凶,二曰靈夢",杜子春曰:"'靈'當爲驚愕之'愕'。"其實"愕"亦俗字也,驚愕之"愕"當作"遌",揚子法言云"周書噩噩爾",當作"諮諮",玉藻注云:"諮諮,教令嚴也。"

　　"誾"字注:"和說而諍也。从言,門聲。語巾切。"鄉黨"與上大夫言誾誾如",朱子用之以破孔安國"中正貌"之訓。漢公孫賀等傳贊引桓寬鹽鐵論"斷斷焉,行行焉",師古曰:"斷斷,辨爭貌。行行,剛彊貌。""剛彊"與鄭合,"辨爭"以意說。明弘治十四年刻鹽鐵論作"誾誾焉,侃侃焉"。說文齒部"斷"字注"齒本也",此假借作"誾"字用。

　　"詳"字注:"審議也。"有作"佯"字解者,論語"其愚不可及也",孔注云"詳愚似實",史記屈原列傳"乃使張儀詳去秦",韓信傳"詳狂爲誣"。

　　"詁"字注引詩"詁訓"。詩,崧高之詩。章懷引說文曰:"詁訓,古言也。音古度反。"是讀與"故"同。鶴壽案:詩烝民云"古訓是式",毛傳:"古,故;訓,道。"鄭箋:"故訓,先王之遺典也。"烝民乃崧高之下一章,先生誤記矣。段茂堂曰:"此句或謂即引'古訓是式',或謂指毛公詁訓傳,皆非也。釋文于抑'告之話言'下云'戶快反',說文作'詁',則此四字當爲詩曰'告之詁言'。毛傳云'詁,言古之善言也',以古釋'詁',正與許以故釋'詁'同。陸氏所見說文尚未誤也。淺人以詩無'告之詁言'句,改爲'詩曰詁訓',不成語矣。"

　　"詥"字注:"合會善言也。""詥"有會合之誼,盤庚"乃話民之弗率",謂會合民之不率教者而與之言。籀文"詥"从會,猶存古意。

　　"訝"字注:"相迎也。从言,牙聲。周禮曰:諸侯有卿訝。吾駕切。"重文"迓"字注"訝或从辵",則迎乃"訝"之正訓,後人乃以"訝"爲驚疑,"迓"爲迎迓。案聘禮"訝賓于館",鄭曰:"迓,迎也。"此字非不可用,但必判而爲二,絕不相通,則非。方日升則于去聲二十二禡首列"迓",而"訝"別在獨音之首,截然離析爲二。

鶴壽案："訝"正字，"迓"俗字。古迎訝之"訝"皆借用"御"字，顏師古匡謬正俗曰："商書盤庚云'予御續乃命于天'，詩鵲巢云'百兩御之'，訓解皆爲迎，徐仙民並音訝。"今案師古所據，唐初本也，唐石經以下作"迓"者，皆衞包所改，正文當作"訝"，見周禮"掌訝"，聘禮"訝賓"。若詩鵲巢，傳云"御，迎也"；甫田"以御田祖"，箋云"御，迎也"；思齊"以御于家邦"，傳云"御，迎也"；書盤庚及牧誓"弗御克奔，以役西土"，皆訓爲迎，今書皆改爲"迓"。士昏禮云"媵御"，曲禮云"大夫士必自御之"，穀梁傳云"跛者御跛者，眇者御眇者"，列子云"遇駭鹿，御而擊之"，此皆"訝"字借用"御"者。今本説文"訝"字重文作"迓"，乃鉉所加十九文之一，而先生認爲許書本字，不知迎必有言，故字從言，豈必從辵哉？

"訥"字注："言難也。從言、內。"案禮記檀弓"其言呐呐然如不出諸其口"，"訥"或從口。許不入重文，口部亦無。鶴壽案："訥"一作"肉"。"肉"字在部首，注云："言之訥也。從口、內。"檀弓作"呐"，"內"移於外爾。

"訑"字注："沇州謂欺曰訑。從言，它聲。"案孟子"人將曰訑訑"，趙岐注："訑訑，自足其智，不嗜善言之貌。"孫奭音義則曰："訑，張云吐禾切。蓋言辭不正，欺罔于人，自誇大之貌。丁云音他，又達可切。説文曰：'欺也。'字作'詑'者，音怡。詑詑，自足其智，不嗜善言之貌。今諸本皆作'訑'，即不合注意，當借讀爲詑，音怡。"愚謂古"蛇"字本作它，象形，上古艸居患它，故相問無它乎？"蛇"則"它"之重文也，在部首。又"也"字在乁部，本作也，女陰也，象形，假借作語詞，此字與隸變"它"相似，易溷。俗不知"它"即"蛇"字，遂以"也"代"它"，凡言"無它"直作"無他"，因不可言"無也"，故加人，而上古問無它之義隱矣。左傳尹公佗，孟子作"尹公之他"，是也。人部無"他"字，俗既以"也"即"它"，并妄造"他"字矣。而毛詩東門之池，孟子"臺池鳥獸"、"數罟不入洿池"、"園囿汙池"，僞尚書泰誓"惟宮室臺榭陂池"，凡"池"，其始本作"沱"，亦因"它"誤爲"也"而改矣。水部"沱"字注："江別流也。臣鉉曰：沱沼之'沱'通用此字，今別作'池'，非是。"揚雄解嘲云"紆青拕紫"，師古曰："拕，曳也。"漢書猶存古字。而論語鄉黨作"拖紳"，則"它"溷于"也"故也。孟子"訑"字本作"詑"，下文"予既已知之"，不知而自謂知，正是欺。孟子沇州人，正當言"詑"，趙注亦合。趙所見本似未誤，因"它"、"也"相溷而誤耳。至張鎰、丁公著本不識字，張所說音義，以説"詑"字則得，而反以説"訑"字則誤，以"訑"即"詑"耳。丁并強加分析"訑"爲欺，音他，又達可切，非也；"施"爲自足其智，音怡，是也。瓜疇而芋區之，則大謬矣，豈知"訑"、"詑"説文皆無之邪？鶴壽案：戰國策云"寡人正不喜詑者言也"，楚詞惜往日云"或詑謾而不疑"，注云："詐欺也。"方言云："虔、儇，慧也。秦謂之謾，晉謂之㦇，宋楚之間謂之倢，楚或謂之譀，自關而東，趙魂之間謂之黠，或謂之鬼。"郭璞曰："'謾'言謾詑，'詑'音大和反。"夫"詑"既與"虔"、"儇"、"慧"、"謾"、"㦇"、"倢"、"譀"、"黠"、"鬼"爲類，則説文訓欺者是矣。"詑"既音大和反，則説文"從言，它聲"者是矣。張鎰謂"言辭不正，欺罔于人"，義固與許合，丁公著謂"音怡"，似與説文之音異，而先生以爲是者，詩羔羊云"退食自公，委蛇委蛇"，毛傳云："委蛇，委曲自得之貌。"其意與"自足其智"略相似。釋文云："蛇音移。"則"詑"亦得讀爲怡矣。它部重文"蛇"字係俗人所加，他人之"他"當作"佗"。

　　"譇"字注："譇拏，羞窮也。"玉篇又云："怒也。"羞窮則怒。鶴壽案：方言云："䎲咩、䛐謰，拏也。東齊周晉之鄙曰䎲咩，南楚曰䛐謰，或謂之支註，或謂之詁讄。拏，揚州會稽之語也，或謂之惹，或謂之譎。"郭璞曰："拏，言譇拏也。惹，言情惹也。譎，言誣譎也。"説文"拏"字注："牽引也。""拏"又作"挐"，玉篇云："譇挐，言不可解也。"後漢馮衍傳云"禍拏未解，兵連不息"，注云："拏謂連引也。"今案"譇拏"與情惹、誣譎同意，而許以爲羞窮者，甚爲羞澀辭窮，則支離牽引，事固有相因者矣。

　　"訾"字注："不思稱意也。詩曰：翕翕訿訿。"正文作"訾"，引詩作"訿"，前言左右上下不可移徙，此字當作"訾"。

　　"譌"字注："譌言也。從言，爲聲。"引詩"民之譌言"，五禾切。案唐石經毛詩正月作"訛言"；尚書堯典"平秩南訛"，孔傳"訛，化也"；毛詩無羊"或寢或訛"，毛傳"訛，動也"。説文無

“訛”字,石經三處皆謬。正月當从許作“譌”,堯典、無羊尤不應从化。惟石經兔爰“尚寐無訛”,此一處之謬,毛傳與無羊同訓動。説文口部“吪”字注“動也。从口,化聲”,正引兔爰爲證,則無羊、堯典亦當作“吪”,作“訛”者,經、注皆唐人誤改,孔氏古文尚書,許氏所祖,今訓化,亦係晉人妄改。鶴壽案:“譌”與“爲”、“僞”三字,古人通用。詩采苓“人之爲言”,箋云:“爲人爲善言以稱薦之,欲使見進用也。”定本作“僞言”,正月箋云:“人以僞言相薦入。”是“譌”與“爲”、“僞”同也。無羊“或寢或訛”,今韓詩尚作“譌”,薛夫子云:“譌,覺也。”書堯典“平秩南訛”,係衞包所改,古文尚書作“南僞”,亦或作“南爲”,周禮馮相氏注云:“辨秩南僞。”釋文云:“僞,五禾反。”顨經音辨云:“僞,化也。音訛”,引書“平秩南僞”,此據周禮音義也。集韻、類篇云“僞同吪,吾禾切”,本之史記,五帝本紀作“便程南爲”,索隱云:“爲,依字讀。春言東作,夏言南爲,皆是耕作營爲,勸農之事。孔安國強讀爲‘訛’字,雖訓化,解釋亦甚紆回也。”依小司馬“強讀爲訛”之言,則知孔氏本作“平秩南爲”,傳云“爲,化也”,蓋爲之即所以化之。鄭注“東作”曰“作,生也”,然則“南爲”,鄭必訓化。由生而化,由化而成,此是禾之節次。淮南子天文訓云“甲子干戊子,介蟲不爲;壬子干庚子,魚不爲;敦牂之歲,歲大旱,禾不爲;協洽之歲,歲有小兵,菽麥不爲”,高誘訓“不爲”爲不成,則混于“西成”;小司馬謂“爲”與“作”無二義,則又混于“東作”,不如訓化之爲長也。漢書王莽曰“予之東巡勸東作,南巡勸南僞,西巡勸西成,北巡勸蓋藏”,師古曰:“僞,讀曰訛。訛,化也。”莽用今文尚書,是今文尚書與古文尚書皆作“僞”也,依説文“吪,動也”之訓,似當作“南吪”,然説文但引“尚寐無吪”爲證,則堯典本不作“南吪”。

　　“譽”字注:“大呼自勉也。”案爾雅釋訓疏引説文曰“大呼自宛也”,“勉”與“宛”相似而誤。漢東方朔傳“郭舍人與朔射覆,舍人不勝,上令榜舍人,舍人不勝痛,呼譽”,師古曰:“譽,自宛痛之聲也。”鶴壽案:“自勉”,廣韻亦作“自宛”,鄧展曰:“譽”音瓜瓟之“瓟”。顏師古音叔高切。

　　“讓”字注:“相責讓。”案古謙讓字作“攘”,堯典“允恭克讓”,鄭曰:“推賢尚善曰讓。”説文手部“攘”字注“推也”,則堯典正當从手,不應用相責讓之字,而唐石經已誤从言,惟漢藝文志道家

"合于堯之克攘"，師古曰："攘，古'讓'字。"司馬遷傳"小子何敢攘焉"，漢書尚存古字。

"嗜"字注："嗌也，一曰痛惜也。"俗作"嗟"，經史皆改，"嗜"字廢不用。口部無"嗟"字。

"譝"字注："禱也，累功德以求福。"引論語"譝曰：禱爾于上下神祇"。今論語作"誄"。案此下明有"誄"字，注云"謚也"，則作"誄"非。

言部新附有"譜"字。案譜即表也，史、漢及鄭康成毛詩皆有之。後人改詩表作詩譜。鶴壽案：劉熙釋名云："譜，布也。布列見其事也。"劉勰文心雕龍云："譜者，普也。注敍世統，事資周普。"史漢雖止有表，而史記三代世表云"自殷以前，諸侯不可得而譜"，漢劉歆傳云"著三統曆譜"。鄭氏詩譜敍云："夷、厲以上，歲數不明，大史年表自共和始，歷宣、幽、平王而得春秋次弟，以立斯譜。"未聞其稱"詩表"也。"譜"字蓋自古有之。

言部無"註"字，水部云："注，灌也。從水，主聲。之戍切。"賈公彦儀禮卷首疏云："注者，注義于經下，若水之注物。"

音部新附"韻"字注："裴光遠云，古與'均'同。"嘯賦云"音均不恒"，李注："均，古'韻'字也。"然則古無"韻"字。

辛部"童"字注："男有皋曰奴，奴曰童。"人部"僮"："未冠也。從人，童聲。"後人以二字互易之，王褒僮約，恐傳寫改。柳宗元童區寄傳，則唐人誤用也。"童"從辛。辛，干上也。未冠何"辛"之有？鶴壽案：易蒙卦"匪我求童蒙"，詩芄蘭"童子佩觿"之類，皆當作"僮"；史記貨殖傳"卓王孫家僮八百人"，漢張安世傳"僮七百人，皆有手技"之類，皆當作"童"，不知何以互易。此半卷中，干部"干"者，一木之身也，借作干楯、干求、干犯字，今俗作"竿"。"屰"，古"逆"字，借爲順逆字，而又以"逆"別之。十部"博"，大通也，借爲博弈字，今俗作"愽"，并且作"簿"。言部"謷"，俗作"嗷"；"詍"，俗作"詨"；"説"，俗作"誖"；"説"，俗作"悦"；"詒"，俗作"貽"；"註"，俗作"呈"；"誩"，俗作"喃"；"譯"，俗作"憚"；"識"，常也、知也，今俗別作"藏"、"誌"；"譶"，多言也，今俗別作"沓"、"誻"；"詞"，音内言外也，今俗混用"辭"、"辤"。"諒"，信也，何以作"亮"？"訊"，詳問也，何以作

"叩"？"譒譒"，告也，何以作"播"？"諺"，傳言也，借爲俗語字，別作"喭"，非；"訒"，難言也，借爲識訒字，別作"認"，非；"識"，驗也，借爲悔過字，別作"懺悔"，非；"諸"，別異之詞也，借爲詹諸字，別作"蟾蜍"，非。然則"大簫爲筊"當作"言"，"南宮謠臺"當作"誃"，"奇賁非常"當作"該"，"天難忱斯"當作"訦"，"嘗夫喋喋"當作"謀"，"源源而來"當作"源"，從可知矣。音部"響"正也，"饗"俗也；"竟"正也，"境"俗也。丵部"叢"正也，"藂"俗也；"業"正也，"牒"俗也。収部"共"，兩手相對，借爲共奉字，正也，別作"拱"、"供"，俗也；"奉"正也，"俸"、"捧"俗也；"奐"正也，"煥"、"喚"俗也。別有契券之"券"，从刀，或从力，則倦也。异部璠與之"與"，不必从玉也；臼部要閒之"要"，不必从肉也。瓜疇而芋區之，庶幾近是。

卷三下攷證

革部"靬"字注："武威有麗靬縣。"驪靬，前、後漢志皆屬張掖，疑許慎時曾改屬，史失載。

"鞄"字注引"周禮柔皮之工鮑氏，'鞄'即'鮑'也"。鄭康成攷工記注云："倉頡篇有'鞄函'。"鶴壽案："鞄即鮑也"，承上句言之，則當作"'鮑'即'鞄'也"。鞄，正字；鮑，假借字。

"鞠"字注："履空也。徐鍇曰：履空猶言履殼也。""履空"當作"履工"。呂氏春秋"南家工人也，爲鞠。其父曰：'吾恃爲鞠以食三世矣。'"高誘注云："鞠，履也，作履之工也。"則"鞠"爲工人明矣，"空"乃"工"字之誤。徐氏以"空"爲"殼"，何據？鶴壽案：爾雅"輿革前謂之鞎"，注云："以韋鞨車軾。"疏云："鞎謂鞥也。"攷工記"飾車欲侈"，注云："飾車謂革鞥車也。"三倉云："鞥，覆也。""履空"即"履腔"，"鞠"謂以革幫于履底耳。高誘但言"作履之工"，蓋從略也。小徐言"履殼"，未嘗不是，而欲改"空"爲"工"，謬矣。

鬲部"鬳"字注："从鬲，虍聲。牛建切。"案虍非聲，未詳。小徐以爲音呼爲旁紐，亦未詳。鶴壽案：大徐于虍部從小徐用荒烏切，則此用牛建切非是。戴侗六書故謂虞省聲，亦非是。獻尊即犧尊，"犧"讀素何反，音仍與呼相近也。

"鬻"字注："涫也。"水部別有"沸"字，注云："畢沸濫泉。""畢

薷"之上疑有"某也詩曰"四字。詩蕩"如沸如羹",湯之沸爲
"薷",水之沸爲"沸"。俗以"沸"爲"薷","薷"字廢不用。鶴壽案:
司馬相如上林賦云"滭沸鼎薷",嚴夫子哀時命云"氣涫薷其若波",今俗既改
"涫"爲"滾",而亦改"薷"爲"沸"矣。

丮部"𩚏"字注:"食飪也。从丮,𩰊聲。易曰:𩚏飪。殊六
切。"今易作"亨飪"。俗以烹熟之"熟"从火,誰孰之"孰"作"孰",
禮記"飯腥而苴熟",漢書皆作"孰",張騫傳"進孰于天子",李廣
利傳"孰計之何從",吾丘壽王傳"年歲不孰",嚴安傳"五穀蕃
孰",夏侯勝傳"爲學精孰",董仲舒傳"五穀孰而屮木茂",相如賦
"盧橘夏孰",皆是。

又部"叔"字注:"拾也。从又,尗聲。汝南名收芋爲叔。"詩
七月"九月叔苴",疏引説文"叔,拾也,亦爲叔伯之字"。下句似
本説文,不然何必贅此言?

𠂆部"卑"字注:"徐鍇曰:右重而左卑。"案地勢右高左卑,若
謂右尊于左則大非,詳十七史商榷。

攴部"肇"字注:"从攴,肇省聲。""肇"當作"肇",見戈部。鶴
壽案:攴部"肇"字,後人所增入也。後漢和帝諱肇,許于戈部載"上諱"二
字,則"肇"字从戈不从攴可知。後漢和帝紀云"孝和皇帝諱肇字",賢引"伏
無忌古今注曰:'肁之字曰始,音兆。'許慎説文:'肇音大小反①,上諱也。'伏
侯、許慎並漢時人,而帝諱不同,蓋應別有所據。"段茂堂曰:"古有'肁'無
'肇'。从戈之'肇',漢碑或从𠬪,俗乃从攴作'肇',而淺人以之竄入攴部中。
玉篇曰:'肇,俗肇字。'五經文字曰:'肇作肇,訛。'伏侯作'肁',與許作'肇'
不同。和帝命名之義取始。肁者,户始開也,引伸爲凡始字,故伏云諱'肁'
而易之之字作始。實則漢人'肁'字不行,祇用'肇'字訓'始',如詩生民傳、
大戴禮記夏小正傳可證。外間所諱者'肇'也,故許云諱'肇',此則伏、許不
同之由,而今本後漢書正文亦譌作'肇'矣。李舟切韻云:'肇,擊也。'其字从

---

① "大小反",後漢書和帝紀作"大可反",而説文段注則引作"大小反",此
蓋據段注轉引。

戈，庫聲，形音義皆合直小切。許諱其字，故不爲之解。"先生疑"肇"、"肇"爲
兩字，未之攷爾。

"教"部首注云："上所施，下所效也。古孝切。""斆"字注云：
"覺悟也。从教、从冂。冂尚矇也，臼聲。胡覺切。"重文"學"字注
云："篆文斆省。"案：胡覺切，今人讀學問字正如此。南人讀入聲，
音入喉；北人仍呼作去聲，讀若效，卻以"斆"、"學"分作兩字，觀說
文二字是一。朱子論語注云："學之爲言效也。人性皆善而覺有
先後，後覺者必效先覺之所爲，乃可以明善而復其初也。"朱子此
注出于心得，而深合古義。凡人生而尚矇，遇師之教，擊其蒙，乃得
覺悟，此所謂後覺效先覺也。禮記學記："教然後知困，故教學相
長。"兑命曰"學學半"，注云："學人乃益己之學半。"釋文"學學，
上胡孝反，下如字"，"學人，胡孝反。又音教"，疏云："'學學半'
者，上'學'爲教，音斆，下'學'謂學習也。言教人乃是益己學之半
也。"此節經注甚明。古人字多假借，上"學"字特借"學"爲"教"
耳。陸德明音、孔穎達疏，每得失參半。陸氏以上"學"別音胡孝
反，不讀若教，非也；以注"學人"兩讀，先音胡孝反，亦非也；又音
教，是也。孔疏"上'學'爲教"，是也；而云"音斆"，非也。原陸、
孔所以誤者，因晉人僞造說命，謬改作"斆學半"，意以作"斆"則
不必假借，不知"學"即"斆"之重文，妄謂"斆"雖音效，乃教人義，
非自學，"學"方是自學，遂使陸、孔相沿，混入迷塗。文王世子云
"凡學，世子及學士必時"，釋文"學，户孝反，教也。'小樂正學
干'、'籥師學戈'、'學舞干戚'同"，此則無誤，豈非禮記假借"學"
字爲"教"字之明證乎？凡事必從師，爲學貴有本，人須先識得一
"學"字，知此字在教部，欲學必從教入，不可師心自用，方得學中
門户也。鶴壽案："教"字从攴、爻。攴，小擊也，書曰"攴作教刑"，音普卜
反；爻，仿也，學者仿而像之，从子，爻聲，音古肴反。上所施，故从攴；下所效，
故从爻。"爻"與"孝"音義俱異，而俗从孝作"教"，失之矣。"學"，篆文也；
"斆"，古文也。"斆"與"效"音義俱同，而俗讀"斆"爲效，又失之矣。

史記<u>張釋之</u>傳“<u>絳侯</u>豈斅此嗇夫諜諜利口?”此以音同,借“斅”爲“效”。

卜部“貞”字注:“一曰鼎省聲。”<u>惠</u>云:“籀文以‘鼎’爲‘貞’字,故云从鼎省。”

“用”部首注云:“从卜、中。<u>臣鉉</u>等曰:卜中乃可用也。”<u>惠</u>云:“<u>易</u>‘潛龍勿用’者,占詞卜中便可用。”

“備”字注:“具也。从用、茍省。會意。平祕切。”人部“備”字注:“慎也。从人,備聲。平祕切。”今人以“備”代“葡”,“葡”廢不用。<u>鶴壽</u>案:防備之“備”當从人,全葡之“葡”不从人。此半卷中,革部“鞻”則俗作“鞯”,“鞁”則俗作“屐”,“鞭”則俗作“屟”,“鞵”則俗作“鞋”。鬲部“鬲”,鼎屬,假爲“鬲”也,而俗作“隔”;鬲,土釜,讀若過也,而俗作“鍋”。弼部“鬻”,鍵也,而俗作“糊”;“鬻”,火乾也,而俗作“炒”。爪部“爪”,覆手也,非指甲也,而俗作“抓”以爲爪,且作“仈”以爲姓。丮部“丮”,持也,而俗于偏旁皆爲丸。“蓺”,種也,假爲執蓺也,威蓺也,而俗以“藝”爲技藝,“勢”爲威勢。又部止有“叉”,何以復有“釵”也;止有“父”,何以復有“釜”也;止有“叟”,何以復有“叟”也;止有“彗”,何以復有“篲”也?支部之“斁”,何以从欠也?聿部之“肆”,何以从聿也?臤部之“豎”,何以从立也?臣部之“臧”,何以从艸也?皮部之“皯”,何以从黑也?支部“效”既別作“傚”矣,而又爲“効”、“俲”;“敞”既別作“惝”矣,而又爲“廠”、“昶”;“斅”既別作“敦”矣,而又爲“斆”、“曘”,俗之不厭,而乃再三俗之乎! 然而車轍之“轍”,楊檄之“檄”,古止用“徹”也;軍陣之“陣”,古止用“陳”也;依仿之“仿”,古止用“放”也;敖游也,傲慢也,蟹蟊也,古止用“敖”也;歐疫也,歐除也,不可用驅馬之“驅”也。古字少則借用同音之字。用部之“用”,大鐘也,借作施用字,又借作城庸字,庸工字。今分鐘庸之“庸”爲“鏞”,城庸之“庸”爲“墉”,庸工之“庸”爲“傭”,何紛紛若此邪?

蛾術編卷二十二

說　字　八

卷四上攷證

目部"睚"字注："多白眼也。"睨爲多白眼，夫妻反目其象也。睚，省爲"反"。

"眊"字注："虞書'耄'字從此。"虞書無"耄"字，"耄期倦于勤"乃後出古文。意者此句亦有所自來，故入于此，而改"眊"爲"耄"與。漢書"耄"皆作"眊"，老部、毛部無"耄"字。鶴壽案："虞書"當作"商書"，或作"周書"。微子云"吾家耄遜于荒"，釋文："'耄'字又作'旄'。"呂刑云"惟呂命王享國百年耄荒"，釋文："'耄'本亦作'蠹'。""蠹"乃説文"薹"字之譌也。説文云："年九十曰薹，從老，蒿省聲。"曲禮云"八十九十曰耄"，注云："耄，惛妄也。"左昭元年傳云："老將知而耄及之。"禮記石經作"耄"，樂記注兩引"王耄荒"。今案"耄"，正字也；"薹"，俗字也；"旄"，假借字也。"耄"又作"秏"，周禮大司寇注云"書曰'王秏荒，度作詳刑，以詰四方'"，釋文作"旄"。賈昌朝羣經音辨曰"秏，老也。音耄。書'王秏荒'"，正據周禮注也。賈氏所據周禮音義作"秏"，與今本異。漢刑法志作"眊荒"，又引周禮"一曰幼弱，二曰老眊"。武帝紀云"哀夫老眊"，平帝紀云"眊悼之人"，彭宣傳云"年齒老眊"，微子篇鄭注訓"耄"爲亂，然則"耄"又與"眊"通也。許所見尚書或本作"眊"與？

"盱"字注："張目也。"易豫卦"盱豫悔"，注云："上視也。"詩卷耳："云何盱矣。"鶴壽案：左思魏都賦"盱衡而誥"，張載注："眉上曰衡。盱，舉眉大視也。"漢王莽傳"盱衡厲色"，李賢注："盱衡，舉眉揚目也。"

荀子非十二子篇"學者之嵬盰盰然"，盰盰，張目貌。此皆與豫卦同義。至卷耳傳云"盰，憂也"，此又是一義。今何人斯"云何其盰"、都人士"云何盰矣"，字尚作"盰"，而卷耳則誤作"吁"矣。

後漢光武紀："王邑將雲車十餘丈，瞰臨城中。"說文無"瞰"字。鶴壽案：漢人用"瞰"字甚多，如王褒洞簫賦云"魚瞰雞睨"，揚雄校獵賦云"東瞰目盡"，班固東都賦云"瞰四裔而抗稜"，張衡思玄賦云"瞰瑤谿之赤岸"，乃皆不引，豈連"高明之家，鬼瞰其室"亦忘之邪？今案門部有"闞"字，蓋即"瞰"字。

白部"者"字注："从白，㫖聲。㫖，古文'旅'字。"㫖亦作"㫋"㫋即"魯"字，故仲子生，有文在其手，曰"爲魯夫人"。

南史宋前廢帝紀：景和元年，帝肆罵孝武帝爲"齇奴"。鼻部無"齇"字。

皕部"奭"字注："此燕召公名，史篇名醜。徐鍇曰：史篇謂史籀所作倉頡十五篇也。"案：史籀作大篆十五篇，李斯作倉頡篇，此言"史籀作倉頡十五篇"，非也。前朙部朚字注："古文以爲'醜'字。"豈因召公名奭，字形與朚稍相似，故史籀附會以爲名醜乎？鶴壽案："朚"字注"古文以爲'覤'字"，大徐本誤作"醜"，段注已正之矣。

羽部"翰"字注引逸周書曰："文翰若翬雉。"案今本"翬雉"作"皋雞"，郭璞注爾雅作"彩雞"。

"翦"字注："羽生也。一曰夭羽。从羽，歬聲。即淺切。"案此字从羽不从刀，故云"羽生"，與俗所用翦伐之"翦"無涉。刀部自有"前"字，注云："齊斷也。从刀，歬聲。子善切。"此則當作翦伐用，而"翦"字實後人妄造。今毛詩"勿翦勿伐"，魯頌"實始翦商"，既非羽生之"翦"，又非齊斷之"前"，兩無所據。止部"歬"字注："不行而進謂之歬。从止在舟上。昨先切。"此俗所用前後之"前"。"前"即"歬"之變形，當作翦伐用，反作前後用，而又別作"剪"，刀下加刀，則更謬矣。

"翬"字注："臣鉉等曰：當从揮省。"惠云："古'煇'、'翬'、

'暉'皆以軍得音,徐云'從揮省',誤矣。"

　　"翳"字注:"翳也,所以舞也。詩曰:左執翳。"案君子陽陽第二章"君子陶陶,左執翿,右招我由敖",毛傳:"翿,纛也,翳也。"鄭箋:"翳,舞者所持,謂羽舞也。"釋文:"翿,徒刀反。"疏云:"釋言:'翿,纛也。'李巡曰:'翿,舞者所持纛也。'孫炎曰:'纛,舞者所持羽也。'又曰:'纛,翳也。'郭璞曰:'所持以自蔽翳也。'"據其上文"陽"、"簧"、"房"三字皆韻,此當言"執翿",而言"執翳"者,古人重家法,許據毛傳,即以訓故爲正文。鶴壽案:據徐鉉、徐鍇、李燾本及各刻本皆作"左執翿",從無作"左執翳"者,先生誤"翿"爲"翳",蓋徐鉉本小注用大字單行,而"左執翿"句卻與下文"翳"字相連,先生看成一句,又謂許氏以訓故爲正文也。

　　羽部無"翅"字,見後漢馮異傳。鶴壽案:羽部"敳"字即"翅"字也。左思魏都賦"甝甝精衛",李善注:"說文'胍'亦'翅'字。"同部"翔"字注"翄也",則竟移"羽"于右矣。孟子"奚翅食重",莊子"陰陽于人不翅于父母",則作"翅"不始于馮異傳。

　　佳部"雁"字注:"鳥也。從佳,瘖省聲。或從人,人亦聲。徐鍇曰:鷹隨人所指罐,故從人。於陵切。"重文"鴈"字注:"籀文雁從鳥。"案此條疑竇甚多,殊不可解。鶴壽案:觀段注自明。

　　奞部"夐"字注:"手持佳失之也。從又、從奞。徒活切。"隸變作"奪",與"寸"相亂。鶴壽案:夐,遺失也。今則以爲爭敚字,而遺失字乃用"脫"矣。不知"脫",消肉臞也,言其形象如解脫也。

　　萑部"舊"字注:"雒舊,舊留也。從萑,臼聲。許留切。"徐鍇曰:"今借爲新舊字。巨救切。""雒"即"鴟"字,有二切者,鳥名則平聲,新舊則去聲,古無四聲之分也。重文"鵂"字注:"舊或從鳥,休聲。"玉篇注云:"舊,俗作'鵂'。"此鳥二字爲名,今俗作"鵂鶹",并"留"亦加鳥。不知"鶹"字在鳥部,乃鶹離,別是一種鳥,與鵂留無涉,鵂留只當用"留"。爾雅"鶹離"作"鶹鷅"。

　　艹部苂字注:"庆也。從艹、火。兆,古文'別'。古懷切。"隸變作"乖"。堯典"分北三苗"，"分北"即"分別"，唐人誤作"北"。別有"北"字部首云"背呂也。象脅肋形"，亦古懷切。此字惟"脊"字从之，別無他用。孫愐唐韻未必收此。大徐因其形似"北"，亦以古懷切爲音，勿認作俗"乖"字。鶴壽案：刀部"別"字下不言"北，古文'別'"，當刪。

　　苜部"莫"字注引周書曰"布重莫席"，此所引孔安國真古文也，僞古文作"篾"。竹部無"篾"字。

　　玉篇苜部收"薎"字，僞古文尚書洛誥云"汝乃是不薎"，釋文："薎，徐莫剛反，又武剛反。"攷"薎"音莫剛反，當从"芇"得聲。説文"夢"从夕，瞢省聲，則此字亦瞢聲也。但"从侵"于六書無取，説文不載。玉篇入苜部，説文"苜，从屮、从目，讀若末"，依玉篇則并無從得聲。後漢趙岐傳"著要子章句"，劉氏刊誤曰[1]："古文'要'作'嫛'，與'覒'相似，疑'孟'與'覒'通，岐傳作'覒子章句'，而誤爲'嫛'耳。"詩谷風"黽勉同心"，釋文"黽勉猶勉勉也"，則"孟"亦"勉"。班固幽通賦"盍孟晉以迨羣兮"，曹大家注："孟，勉也。"秦本紀"芒卯"，索隱引譙周云："即孟卯。"淮南子"孟卯妻其嫂"，高誘注："戰國策作'芒卯'。"鶴壽案：雄誥"女乃是不薎"，玉篇引作"弗薎"，錢竹汀曰："釋故云：'孟，勉也。'爾雅所以訓釋六經，必六經有是字而後爾雅有是釋。六經中'孟'之訓勉，他未有見，意'孟'之古音近芒，雄誥'薎'字本是'孟'字，故鄭康成、王子雝及僞孔傳皆訓勉。"段茂堂曰："謂'孟'古音如芒則然，如孟諸、孟津、孟卯皆可證。謂徐邈'薎'讀莫剛反，與'孟'古音同，則不然。'薎'字从侵、从瞢省聲，與'夢'字瞢省聲同，凡瞢聲之字，古音在蒸、登部，不在陽、唐部，是以薎莫崩反，見于五經文字屮部，集韻在十七登，皆本釋文。釋文古本當是'徐莫崩反，又武剛反'，倘如今本，則莫剛、武剛音無分別，上'剛'字必有誤。玉篇、廣韻皆音武剛者，此'薎'之轉音，如'薨'字古音本在蒸、登部，今音轉在十三耕，今江、浙俗讀如茫，然則'薎'之古音與'孟'之古音迥別。謂二字雙聲可也，謂二字同音

---

　　① 此下引文出自吳仁傑兩漢刊誤補遺，非出劉氏刊誤。

非也。且説文限于五百四十部，‘覈’从侵，雖未得其解，説文不列侵部，則‘覈’無所屬從，如‘薪’字見爾雅泊古款識，从草，斤聲，説文不立草部，則無所屬從，不得謂不當有此字而圖改之也。”今案段氏所論古音，“覈”讀莫崩反則然，至謂“覈”、“薪”無所屬從則不然，經典既有其字，許氏何以不收？若謂不列侵部、草部，“覈”不可附于竹部，“薪”不可附于斤部乎？

　　羊部“羌”字注：“西戎从羊人也。从人、从羊，羊亦聲。”尚書牧誓疏引説文作“羌，西戎牧羊人”，此“从”字誤，小徐繫傳正作“牧羊”。鶴壽案：許稱南方蠻、閩从虫，北方狄从犬，東方貉从豸，西方羌从羊，西南僰、焦、僥从人，蓋在坤地頗有順理之性。惟東夷从大，大人也。據此則羌爲羊種，非牧羊人也。

　　雔部“靃”字注：“飛聲也。兩而雙飛者，其聲靃然。呼郭切。”案：俗省作“霍”，自唐以前經典皆用之，而説文不收，當于“靃”字下注一句。

　　鳥部“鳳”字注：“鴻前麐後，蛇頸魚尾，鸛顙鴛思，龍文龜背，燕頷雞喙，五色備舉。出於東方君子之國，翱翔四海之外，過崐崘，飲砥柱，濯羽弱水，莫宿風穴，見則天下大安寧。”重文“朋”字注：“古文‘鳳’，象形。鳳飛，羣鳥從以萬數，故以爲朋黨字。”重文“鵬”字注：“亦古文‘鳳’。”自後人觀之，“鳳”與“朋”、“鵬”截然不同，今北人呼朋友之“朋”音若蓬，此猶存古音。莊周妄造幻説，謂北冥魚化爲鵬，“背不知其幾千里，翼若垂天之雲，海運徙于南冥，水擊三千里，摶扶搖而上九萬里”。竊謂三代以上，好言符瑞，許述鳳狀，必據古書，莊猶近古，稍聞古義，依仿崐崘、弱水云云而爲言，則非不知“鵬”即“鳳”。司馬彪注陸德明釋文引崔譔説，既云“鵬”即古“鳳”字，而又云“非來儀之鳳也”，蓋因莊周云大幾千里，何能來儀廷中？不知莊特附會耳。

　　毛板十三經注疏尚書益稷“鳳皇來儀”，爾雅釋鳥“鶠鳳其雌皇”，皆作“皇”。而毛詩卷阿“鳳凰于飛”、“鳳凰鳴矣”，孟子“鳳凰之於飛鳥”，竟作“凰”，謬甚。

　　“鶅”字重文作“鷄”，注云：“司馬相如説，从奚聲。”案今西北人呼"鸕"若"窆"。鶴壽案：西北人讀入聲皆如去聲，此猶星宿之"宿"讀息逐反，亦可讀息救反也。

"雛"，"或从隹、一，一曰'鶹'字"。案"雛"，玉篇作"鶴"，从鳥，隼聲。似誤。然云"雛或从隹、一"，又似不誤。而以"隼"爲"鶹"，未詳。詩六月疏引説文云"隼，鷙鳥也"，今無之。易解上九"公用射隼于高墉之上"，詩沔水"鴥彼飛隼"。鶴壽案："雛"，祝鳩也，讀職追切。"鶹"當作"鷲"，鵰也，讀度官切。"隼"與"鷲"同物而異字異音，"雛"與"鷲"異物而同字同音，故"雛"、"隼"、"鷲"三字相通，若縣鶉、鶉羮之類，字當爲"鶴"，與此無涉。

"䳑"字注："䳑鵝也。古俄切。""䳗"字注："䳑鵝也。五何切。"案古俄切當音科，五何切當音譌。此鳥二字爲名，今人單稱爲鵝，俗又移我于左，王右軍愛鵝帖已如此。鶴壽案：揚雄方言云："鴈自關而東謂之䳑䳗，南楚之外謂之䳗，或謂之倉䳑。"郭璞曰："今江東通呼爲䳑。"然則單稱爲"䳗"，或單稱爲"䳑"，不自今人始矣。但"䳑鵝"即"駕鵝"，"䳑"一作"駕"，通作"駕"，是野鵝也，非家鵝也。史記司馬相如傳"弋白鵠，連駕鵞"，以其爲野鵝，故有待于弋也。漢揚雄傳"豈駕鵞之能捷"，若是家鵝，則舒遲而不能捷矣。方言尚未明析。張揖廣雅云："鴚鵞、倉鴚，雁也。""鴚"即"䳑"字，"䳑鵝"蓋雁之類。

"鴈"字注："鵝也。从鳥、人，厂聲。鉉曰：从人、从厂義無所取，當从雁省聲。五晏切。"鉉説舛錯。爾雅："舒雁，鵝。"疏引"某氏云：'在野舒翼飛遠者爲鷲。'李巡云：'野曰雁，家曰鷲。'"愚謂李巡説甚明。下文"舒鳧，鶩"，郭注："鴨也。"李巡曰："野曰鳧，家曰鶩。"此二節本爲分析"雁""鵝"、"鳧""鶩"家、野不同，種類則一，其文相連。今人家池沼中畜鵝、鴨，烹以給膳；雁、鳧則皆在野，舒翼遠飛。某氏反以在野者爲鵝，大謬。蓋雁、鵝本同族，而"鴈"字从隹、从鳥皆可，鉉于前"雁"下云"雁知時，大夫以爲摯，昏禮用之，故从人"，則从人大有取義。鉉既用孫愐"雁"、"鴈"皆五晏切，明知二字音義皆同，何云"从人無取"？"雁"、"鴈"一字，許于"雁"下云"厂聲"，此"鴈"下亦云"厂聲"，何云"从厂無取"？

許于"雁"下云"讀若鴈",此"鴈"下但云"厂聲",則"讀若雁"可知,鉉何必云"當从雁省聲"? 鶴壽案:"雁"字从隹,謂鴻雁也。鴻者,大也,並非鳥名,月令"鴻雁來賓"是也。"鴈"字从鳥,謂舒雁也。舒者,遲也,並非鴻雁,亦非舸騀,聘禮"出如舒鴈"是也。雁是野鳥,鴈是家騀,各爲一物,字亦不同。先生謂"从隹、从鳥皆可",非也。左襄二十八年傳,疏引"釋鳥云:'舒鳧,鶩。'舍人曰:'鳧,野名。鶩,家名。'郭璞曰:'鴨也。'然則謂之'舒'者,舒,遲也。家養馴,不畏人,故飛行遲,以'遲'別野名耳,其爲鴨一也。"此條釋"舒"字義甚精確,可取以駁某氏"舒翼飛遠"之説。

鳥部新附"鴋"字,韋昭國語注曰:"石首成鵖。舊音曰鵖,鳥甲切,即'鴋'字。"玉篇云:"鴋,一作'鼉',古文作'鶴'。"汗簡云:"鶴,古文'鴋',出郭顯卿字指。後人轉音于檢切。"

"鵁"字注:"鵁鶄,水鳥。"案今俗別作"鸂鶒"。

鳥部首重文烏字注:"古文'烏'。象形。"於字注:"象古文'烏'省。"案隸變作"於",與本形已別,又以作語助"于"字用,音雖相近,究非同音,舉世假借已久,不可驟改,各經惟毛詩用"于",餘皆"于"、"於"間雜。鶴壽案:"烏"本鳥名,許謂取其助氣,故以爲烏呼字。顏師古匡繆正俗曰:"今文尚書悉爲'於戲'字,古文尚書悉爲'烏呼'字,而詩皆云'於乎'。中古以來,文籍皆爲'烏呼'字。"今案經典、漢書"烏呼"無有作"嗚呼"者,唐石經誤爲"嗚",特十之一耳,近人則無不加口。顏氏所云古文尚書,謂梅頤本也;今文尚書,謂漢石經也。此半卷中,其爲俗字如夏部"闈鄉"之爲"閔鄉";目部"目宿"之爲"莜蓿","睰姑"之爲"藤姑","叢睉"之爲"叢胜","眉睞"之爲"眉睞","瞀睽"之爲"瞀睽","眇萬物而爲言"之爲"妙","盼目黑白分"之爲"盼";盾部"鴇盾"之爲"鵰";鼻部"犢鼻禈"之爲"襌";羽部"翹楚"之"翹"改爲"薚","鳳翯"之"翯"改爲"蘦","文翰"之"翰"改爲"輚","夏翟"之"翟"改爲"鸐",陸終之子名"翦"改爲"籛",夏后之臣有羿改爲"羿",大月氏有"五翕侯"改爲"五翎侯";隹部"雅"即烏雅也,今以爲風雅字,而"烏雅"別作"烏鴉";"離"即黃離也,今以爲別離字,而"黃離"別作"黃鸝";夏小正以"雉雊"爲"雉呴","鳴鴠"爲"鳴鳶";山海經以"雉度"爲"鵠鴾","雖渠"爲"鶌渠"。萑部之"蒦",變而爲"穫";艸部之"艼",雙而爲"丫";莒部之"蔑",變而爲"蔑";芊部之"美",變而爲"美";羊柯，漢郡也，偶而爲"牂柯"；童殺，牡羊也，移而爲"牯牛"；隹部之"雙"，二隹也，增而爲"雙"；羴部之"轟"，羣鳥相轟也，更而爲"襍"。至于鳥部，俗字尤多，白鶴之"鶴"有作"鸖"者，鮫鯖之"鮫"有作"鴢"者，鷸冠之"鷸"有作"鷁"者，鳴鶪之"鶪"有作"鵙"者。豈知"朤"正而"朋"俗，"鷔"正而"戴"俗，"鴳"正而"鵪"俗，"䴘"正而"鴟"俗？"鳥"，喜鵲也，借作"履鳥"之稱；別有"焉"，黄鳥也，借作語終之詞。俗既造"鵲"以代"鳥"字，又安知"焉"即古"燕"字哉？

卷四下攷證

幺部新附"麿"字，惠棟曰：漢書敍傳載班彪王命論有云"又況幺膺不及數子"，鄭氏曰："膺，小也。"師古曰："膺，莫可反。"説文骨部有"髍"字，即此"膺"也，古通用爲幺膺義。説文已有其字，不必更造此麻下幺也。

叀部"疐"字注："礙不行也。从叀，引而止之也。叀者，如叀馬之鼻，从冂，此與牽同意。"隸變作"疐"，通志堂刻釋文足本爾雅釋言篇"疐"字下引説文作"礙足不行"。覈許氏元文，雖不言"从足"，而其文實从叀、从足，合作"礙足"字，今本傳寫脱去。鶴壽案："疐"字从叀，"叀"字从幺省，其"甴"下之文作"厶"不作"口"。今"疐"字从叀，其"厶"字不與下"止"字相連，若"足"字則从口、止，與"疐"字下半作"疋"者絶不相同，何得云其文从足乎？通志堂釋文引作"礙足不行"，當是淺人所加。段茂堂曰："'叀馬之鼻'，當作'叀牛之鼻'，牛鼻有桊，所以叀牛也。"

受部"爰"字注："籒文以爲車轅字。"案左傳"晉作爰田"，國語作"轅田"。鶴壽案：爰，引也。轅所以引車也，故車轅之"轅"借用"爰"字。轅田者，自爰其處也。

"叞"字注："五指持也。从受，一聲。讀若律。吕戌切。"案："叞"，玉篇作"寽"，與"捋"同，隸變作"寸"。

"叙"字注："進取也。从受，古聲。古覽切。"籒文作"𣪘"，古文作"鼓"，隸變作"敢"，略存籒形，篆與古二字皆廢不用矣。

奴部"叡"字注："溝也。从奴、从谷，讀若郝。呼各切。"重文"壑"字注："叡或从土。"案汲古閣孟子"老弱轉乎溝壑"，"老羸轉于溝壑"，左邊皆少一畫。

　　“叡”字注：“深明也，通也。从奴、从目、从谷省。以芮切。”重文“睿”字注：“古文叡。”重文“壑”字注：“籀文叡，从土。”玫此字今概从古文，而漢書引洪範“思曰睿”，皆作“容”。錢少詹大昕遂云“容”與上“恭”、“從”、“聰”爲韻，作“容”爲是。愚謂“睿”之傳寫變而作“容”，以古文形相似而誤。“五事”一條，上下皆無韻，“恭”、“從”、“聰”未必有韻，況五事配五行，亦配五常，漢人皆以土屬智，土既是智，則知思必是“睿”而非“容”矣。思既是睿，則知土必是“智”而非“信”矣，二義互相參而益明。而籀文“叡”从土，此其確然可爲明據者。鶴壽案：古文尚書“思曰睿”，今文尚書作“思心曰容”，段茂堂曰：洪範五行傳“五事曰思心。思心之不容，是謂不聖，厥咎霿，厥罰恆風，厥極凶短折”，鄭注：“‘容’當爲‘睿’。睿，通也。”此據孔本以正伏本，其證一也。春秋繁露五行五事篇：“五事一曰貌，二曰言，三曰視，四曰聽，五曰思。王者貌曰恭，言曰從，視曰明，聽曰聰，思曰容。容者言無不容。恭作肅，從作乂，明作哲，聽作謀，容作聖。聖者，設也。王者心寬大無不容則聖，能施設事，各得其宜。”其證二也。説苑君道篇：“齊宣謂尹文曰：‘人君之事何如？’對曰：‘人君之事，無爲而能容下。夫事寡易從，法省易因，故民不以政獲罪也。大道容衆，大德容下，聖人寡爲而天下理矣。書曰：容作聖。’”此子政引今文尚書也。若作“睿”字，則與上文不屬，今本妄改作“睿”，非是。其證三也。五行志：“經曰五事，五曰思心，思心曰容，容作聖。傳曰：思心之不容，是謂不聖。思心者，心思慮也。容，寬也。孔子曰‘居上不寬，吾何以觀之哉’，言上不寬大包容臣下，則不能居望位。”“容”，今本皆作“睿”，此“睿”字少一畫也。經、傳皆作“容”而以寬訓之，一氣銜接，倘易爲他字則不相貫串，其證四也。應劭注漢書“‘容’，古文作‘睿’”，其下文云“睿，通也”。此識古文異字異義，而不若鄭氏注大傳直云“容”當爲“睿”者。以班氏主寬容之説，非可僢背。顏師古注漢書，乃改正文作“容”，謂“容”、“睿”爲一字，以傅合古文尚書，不知説文“容”在谷部，訓深通川也；“睿”在奴部，訓通也，“容”與“睿”截然兩字。小顏又改應注“睿，通也”爲“容，通也”，移置“古文作‘睿’”之上，強合“容”、“睿”爲今、古字。若張晏注亦刪節不完，想張注當云：“‘容’，古文作‘睿’。睿，通也，通達以至于聖。”今刪節之曰：“容，通達以至于聖。”使人不可讀。小顏之誤，由不解“古文作‘睿’”之“古文”謂古文尚書，而直訓爲古字，因謂"睿"與"睿"同字，"容"爲"睿"誤文。其實自小顏以前，班書無作"睿"者。其證五也。高誘注戰國策："五行傳曰：思心之不睿，是謂不聖。"其證六也。司馬紹統及晉書、隋書五行志皆引洪範五行傳曰："思心不睿，是謂不聖。"其證七也。惟沈約宋書作"思心不叡"，豈從鄭氏大傳注與？詩小明箋云"書曰'睿作聖'"，此鄭引古文尚書也。凱風傳云"聖，叡也"，箋云："叡作聖。"疏引鄭氏尚書注"叡，通于政事"。楚語"衞武公耄而好學，謂之睿聖武公"，韋昭注："睿，明也，書曰'睿作聖'。"此亦引古文尚書也。周書謚法解"叡，聖也"，毛詩故訓傳"聖，睿也"，"聖"、"睿"二字爲轉注，許皆訓通也，此正二字互訓之明證。説文思部云"思，容也"，錢辛楣以爲"睿"作"容"之證，不知"容"乃"睿"之誤文，不得因伏、董、劉、班説洪範作"思心曰容"而謂許同也。許乃訓字，非解尚書。今文尚書"思心曰睿"，"思"不訓容，謂思貴睿耳。若訓容，則將云"視，明也，聽，聰也，貌，恭也，言，從也"，豈成文理乎？"睿"訓深通川者，人之思如睿川然，"思"與"睿"雙聲，故以"睿"訓思，而睿與"容"相似，遂誤爲"容"耳。至于"容"、"睿"二字，形異音異義異。小篆"容"，古文作"㳘"；小篆"叡"，古文作"睿"，此形異也。"容"，私閏切；"睿"，以芮切，此音異也。毛詩故訓傳曰"㳘，深也"，馬注尚書、鄭注大傳、許造説文，皆曰"睿，通也"，此義異也。思如睿川而不期于睿，則有雖深而不通者矣，故必期于睿。容者人所同然，睿者道所必然，故"思曰睿"，猶"容曰睿"也。

　　歺部"摹"字注："死宗摹也。从歺，莫聲。"漢揚雄傳："雄校書天禄閣，治獄使者欲收雄，雄從閣自投下，幾死，京師爲之語曰：'惟寂寞，自投閣。'"宀部有"宗"字，無"寞"字。漢書號稱多古字，乃變"宗摹"爲"寂寞"，恐係唐、宋人所改，杜詩"寂寞身後事"，"寂寞江南雲霧裏"，從俗不足怪。若經典中如周易繫辭上傳"寂然不動"，惠棟周易述經、注、疏亦如此，誠所未喻。

　　"斁"字注："敗也。从歺，睪聲。商書曰：彝倫攸斁。當故切。"今洪範"斁"作"斀"。

　　"殨"字注："畜産疫病也。从歺，羸聲。郎果切。"案：若从羸，則宜爲郎果切，今从羸而云"郎果切"，不可解。宋本作"从羸"，無聲字。"殨"字既是畜産疫病，當爲"从歺、从羸"，此作"羸聲"，妄改也。

骨部“骴”字注：“鳥獸殘骨曰骴。骴，可惡也。从骨，此聲。明堂月令曰：‘掩骼薶骴。’骴或从肉。資四切。”案今禮記月令作“髊，可惡也”，未詳。此云“鳥獸殘骨”，其實月令掩薶必人殘骨，則人、獸得通稱。鶴壽案：徐鍇繫傳無“骴或从肉”四字，先生既參校各本，何以不言小徐無也？骴或从肉，淮南子説山訓“海水雖大，不受骴芥”，左思吳都賦“捫骴蠔”，不獨月令也。呂氏春秋作“髊”，玉篇作“胔”，周禮“蜡氏掌除骴”，注云：“故書‘骴’作‘脊’，鄭司農云：‘脊’讀爲殰。”玄謂：“月令曰‘掩骼埋胔’，骨之尚有肉者及禽獸之骨皆是。”

“體”字注：“骨擿之可會髮者。从骨，會聲。詩曰：體弁如星。古外切。”今淇澳作“會弁”。鶴壽案：體以獸骨爲之，所以擽鬢髮使入巾幘中者，猶象掭也。後人釋爲弁中之縫，非矣。

肉部“臚”字注：“皮也。从肉，盧聲。力居切。”重文“膚”字注：“籀文‘臚’。”案小徐繫傳“盧聲”作“盧省”，則似盧非聲。广部“盧”字注：“寄也。秋冬去，春夏居。从广，盧聲。力居切。”或者“臚”爲皮，皮寄于肉之上，故从肉而又从盧省乎？但皮附肉不可須臾離，豈可以“秋冬去、夏夏居”爲義？“盧省”果是義非聲，當云“盧亦聲”，而何以竟無此一句？豈若大徐本“臚”則从肉、盧聲，重文“膚”則从肉、盧省聲之爲直捷乎？且“盧”果是“盧省”，則重文“膚”字亦宜作“膚”，何得去广乎？疑小徐本傳寫有誤。易噬嗑六二“噬膚”，剝六四“剝牀以膚”，暌六五“厥宗噬膚”，夬九四“臀無膚”，姤九三同；詩狼跋“公孫碩膚”，毛傳：“膚，美也。”六月“以奏膚公”，毛傳：“膚，大也。”禮記禮運“膚革充盈”。“膚”字屢見，“臚”字絶無。惟爾雅釋言“臚，敍也”，郭注：“陳敍也。”史記六國表“臚于郊祀”，司馬貞曰：“臚訓陳也。”漢書叔孫通傳“大行設九賓臚句傳”，蘇林曰：“上傳詔告下爲臚，下告上爲句。”百官公卿表“掌客，秦官。武帝太初元年更名大鴻臚”，應劭曰：“郊廟行禮贊九賓，鴻聲臚傳之。”禮樂志天馬歌“殷勤此路臚所求"，應劭曰："臚，陳也。"凡此諸訓，想二字可互用，以其實一字也。"臚"、"膚"既是一字，則宜一音力居切者，讀若閭，此孫愐之音，大徐采入者也。"臚"果力居切，則"膚"亦力居切矣。許本無音，不知此讀與許合否？即使許亦讀閭，古人聲但取近，亦可從盧得聲，不必"盧省"。乃廣韻九魚則載"臚，力居切"，十虞則載"膚，甫無切"，若截不相同者。廣韻雖修于宋景德，實本唐天寶中孫愐之唐韻，蓋唐人已誤認爲兩。訓敍訓傳訓陳則作"臚"，訓皮訓美訓大則作"膚"。大徐于許學篤信謹守，許既無音，聊取唐韻音之，固知二字是一也。繫傳朱翱音連於反，與力居切異，亦明知二字是一，故不用俗音，直以己意讀。小徐曰"此字亦音閭，故漢人用鴻臚，今人言皮臚"，小徐亦篤信許氏，此言姑順俗讀爲説，其意若曰：俗皆以訓傳，則力居切，讀若閭，漢人用鴻臚，俗讀似也，其訓皮者，當別爲一音，乃今人言皮臚亦呼若閭，然則古訓猶存，據五代人語，以證二字音可通，音可通則義亦可互用矣。鶴壽案："皮膚"是本義本音，其餘皆借義借音，兩言可以了之。

　　"腎"字注"水藏也"，"肺"字注"金藏也"，"脾"字注"土藏也"，"肝"字注"木藏也"，"膽，連肝之府也"，"胃，榖府也"。俗"藏"作"臟"，"府"作"腑"，本部皆無。

　　"臑"字注："臂羊矢也。讀若檽。那到切。"沈彤曰："臑，羊豕臂。"釋文引字林作"臂羊豕"，誤倒其文。今説文誤倒，正與字林同，而又誤"豕"爲"矢"，更屬無理。抑每部中字之先後皆有次敍，此處所載皆人身之肉，此下相隔五十餘字，自"腯"字以下方言鳥獸，乃于此忽及羊豕之臂者，因上文"臂"字連及，且見內而"腎"、"肺"，外而"臂"、"肘"等，人獸皆有此字，既讀若檽，則非那到切。許氏書無音，豈可不遵？大徐采孫愐音，偶遇與許不合者，竟不裁斷，亦非。鶴壽案：今段注改云"臂，羊豕曰臑。讀若儒"，謂在人曰臂，在羊豕曰臑也。又改云"讀若儒"，謂從鄉射禮音義人于切，鉉用那到切乃轉音也。

“膻”字注引詩“膻裼暴虎”，繫傳曰：“謂袒衣見肉也①。”今詩作“袒裼”。

“隋”字注：“裂肉也。从肉、陸省聲。徒果切。”徐鍇曰：“隋文帝以爲國號。”案示部“祟”字重文“禟”字注“古文从隋省”，即此字，若“隓”則在自部，“敗城阜曰隓”。隋人不學，國號本爲“隨”，嫌其从辵，去之而作“隋”。裂肉、敗城皆大不祥，且徒果切音與“隨”大不同，豈不可笑？

“肜”字見商書“高宗肜日”，然此乃漢俗字，說文不收，不可入經。唐石經亦作“肜”，詩絲衣箋用之，其實是俗人所改。釋文云“肜本作‘融’”，當以“融”爲正。或云說文有“肜”字，注云“舟行也”。說文義多不備，此字當爲祭名，解从舟，彡聲，孫愐云丑林切，然則此字音若尋，而孫炎釋“肜”爲尋繹不絕之意，則知“肜”即“尋”，故可爲祭名。予謂據絲衣釋文，鄭實作“融”，且說文鬲部“融”爲炊氣上出，本有燖溫復祭之意，何必用从舟之字乎？鶴壽案：爾雅稱“繹，又祭也。周曰繹，商曰肜”，孫炎曰：“祭之明日尋繹復祭者，相尋不絕之意。”詩箋作“融”。張衡思玄賦“展泄泄以肜肜”，李善注引左傳“其樂也融融”。“融”與“肜”古字通，方言：“修、駿、融、繹、尋、延，長也。”祭而又祭，正是長義。玉篇、五經文字皆云从舟，即丑林切之“肜”字，則其音不合。集韻一東引李舟切韻云从肉，則其義無取。段茂堂曰：“此即說文丹部之‘肜’字，音徒東切。疊韻又爲融音，同部假借。商書固然，爾雅釋之，轉寫小差爾。”

肉部新附“朘”字，惠棟曰：“老子：‘未知牝牡之合而朘作，精之至也。’釋文引說文與此同，似唐本說文有之。”

刀部“劙”字注：“刀劍刃也。从刀，羉聲。鍇曰：今俗作‘鍔’。五各切。”重文“劄”字注：“籀文‘劙’，从刅、从各。”案：“从各”當作“各聲”，詩載芟“有略其耜，俶載南畝”，毛傳：“略，利也。”鄭箋：“‘俶載’當作‘熾菑’，以利耜熾菑之。”疏云：“‘略，

利’，釋詁文。”攷釋詁但云“剴，利也”，“剴”是刀劍刃，正當爲利，若“略”則安得有利訓？而釋詁實無此文。竊謂如果經文作“略”，毛、鄭必不解爲利，而孔亦必不誤以“略，利”爲釋詁文。至足本釋文則云“略，如字，利也，字書作‘剴’，同”，釋詁則云“剴，力約反”。詩本作“略”，蓋穎達作疏在前，所見毛詩本尚作“剴”，而陸德明釋文作于貞觀十七年以後，義疏既成，諸儒厭古文生僻而改之者頗多，德明不云“本作‘剴’”，而云“字書作‘剴’”，蓋所見本已改“剴”爲“略”矣。然于釋詁云“詩本作‘剴’”，則竟不知“略”爲後人所改也。“熾菑”非極利之耜，不能言耜之鏉如刀劍之利也。釋詁疏云“剴”、“略”音義同，邢昺無知，不足責。

　　“則”字注：“等畫物也。籀文作‘𠜾’。”古文苑詛楚文：“内之𠜾暴虐不辜。”

　　“刉”字注：“讀若殲。刀不利，于瓦石上刉之。古外切。”歺部“殲”字，孫愐云五來切，故以“刉”爲古外切，又讀若剴，今吳音讀若弊，雖變古音，而“弊”與“剴”古音實通。

　　“刳”字注：“判也。从刀，夸聲。苦孤切。”僞泰誓“刳剔孕婦”，疏引説文云：“刳，剖也。”但上文“副”、“剖”、“辨”皆訓判，次以“判”訓分，次以“劇”及“刳”亦訓判，則書疏不可信。鶡壽案：刲，刺也，易歸妹上六：“士刲羊。”刳，空物腸也，漢王莽傳：“與巧屠共刳剝之。”字義截然不同。

　　“刮”字注：“缺也。从刀，占聲。詩曰：白圭之刮。丁念切。”今詩抑篇作“玷”，俗解以爲“瑕也”。然傳云“缺也”，與許合。箋云“玉之缺尚可磨鑢而平”，若“瑕”當云“磨削而去”，不當云“平”，則知毛、鄭本皆作“刮”。説文玉部無“玷”字。狼跋“德音不瑕”，毛訓過，鄭訓疵，疏云：“玉之病，猶人有過。”鄭言“疵”，亦是玉病，此與刮缺何涉？釋文云：“玷，丁簟反，沈丁念反，説文作‘刮’。”觀此知陸所見本已作“玷”。德明自敍其書作于癸卯歲承乏上庠時，謂爲國子博士時也。癸卯，唐太宗貞觀十七年。大約經典文字,南北朝已多改壞,不待玄宗命學士衛包始改從俗字也。

　　刀部無"劉"字。"劉"是漢天子之姓而不載,似爲可怪。攷書盤庚"無盡劉",詩武篇"勝殷遏劉",左傳"虔劉我邊垂",此字訓殺,近于不敬,故避而不載。鶴壽案:漢時有"卯金刀"之謠,而"劉"字實從丣,若載之,則將從卯乎?抑仍從丣乎?許于刀部略之,而于金部云:"鎦,殺也。"徐鍇曰:"疑即'劉'字,從金、從丣,'刀'字屈曲,傳寫誤作'田'爾。"今案竹部"籀"字、水部"瀏"字皆劉聲,則許固有"劉"字矣。

　　今俗有"刁"字,只作姓氏用。"刀"則順撇,都牢切;"刁"則逆趯,都消切,據風俗通是齊大夫豎刁之後。不知古只有"刀"字,詩河廣"曾不容刀",注:"小船曰刀。"疏:"說文作'舠'。"皆只作"刀",無順撇、逆趯之别。廣韻六豪既有"刀",三篇又有"刁",注曰"軍器",即刁斗也,而廣韻反云"俗作'刀'",漢書貨殖傳有刁閒,蓋漢俗字。

　　耒部"耦"字注:"耕廣五寸爲伐,二伐爲耦。從耒,禺聲。"今以爲奇耦字。

　　"耘"字注:"除苗間穢也。從耒,員聲。羽文切。"重文"薅"字注:"'耘'或從芸。"今論語"植其杖而芸",孟子"芸者不變",皆作"芸";詩甫田"或耘或耔",載芟"千耦其耘",皆作"耘"。

　　角部"觓"字注:"角皃。從角,丩聲。詩曰:兕觵其觓。渠幽切。"今詩絲衣作"兕觥其觩"。下文"觵"字重文"觥"字注云:"俗'觵'從光。""觓"字尚是漢俗字,而篆⿱⿰人人⿱屮屮隸變爲丩差可,又改"求",則太遠。鶴壽案:穀梁成七年傳"展觓角而知傷",注云:"觓,捄捄然角皃。""觓"通于"捄",故詩作"觩"。

　　"觲"字注:"用角俛仰便也。從羊、牛、角。詩曰:觲觲角弓。息營切。"今詩"角弓"作"觲觲"。鶴壽案:"俛",各本皆作"低",無作"俛"者。低,下也;仰,高也,言獸之舉角高下馴擾也。

　　"衡"字注:"牛觸橫大木其角。"引詩"設其楅衡"。案此字本義是橫大木,以音同,借爲權衡之"衡"、縱橫之"橫"。此言"橫大木”，似東西爲横、南北爲縱之字，定爲“縱横”，而“縱”亦作“從”矣，然糸部“縱”字注“緩也”，从部“從”字注“隨行也”，木部“横”字注“闌木也”，則“縱”、“從”、“横”其本義皆非。東西爲横、南北爲縱，而“東”、“西”、“南”、“北”之字皆以假借爲之明矣。“衡”字本義爲横大木，故借作縱横之“横”甚多，詩南山“衡從其畝”，書禹貢“至于衡漳”，太誓“一人衡行于天下”，孟子引之；攷工記玉人注“衡，古文‘横’”，詩衡門傳“衡木爲門”是也。鶴壽案：大木不得横于角，“其角”二字係衍文，詩亦無“設其楅衡”句。此半卷中其爲俗字，如革部“棄”之爲“弃”，丝部“幾”之爲“譏”，受部“爭”之爲“諍”、“爰”之爲“援”，歺部“殟”之爲“殖”、“殅”之爲“殁”，骨部則骨容之“骨”爲“膏”、身體之“體”爲“体”、骭胘之“骭”爲“骭”，肉部則胯下之“胯”作“袴”，胙肉之“胙”作“祚”，肥脆之“脆”作“脆”。用“脩”者不知“脩”，用“醃”者不知“腌”，用“饍”者不知“膳”，用“誂”者不知“朓”。以“蠟臈”爲是而忘其爲“臘”也，以“轇膠”爲是而忘其爲“膠”也，以“胃曶”爲是而忘其爲“胃”也，以“芫悦”爲是而忘其爲“脱”也。豈知“肰”，犬肉也，借爲語助詞，奈何用“然”乎？“冐”，筋肉會處也，借爲緊要字，奈何用“肯”乎？刀部鳲鶵之“鳲”，只宜用刀也；敔剚之“剚”，只宜用“刜”也；寶刹之“刹”，只宜用“剃”也；鉤鎩之“鎩”，只宜爲“劈”也；剗伐之“剗”，只宜爲“前”也，行列之“列”，只宜爲“劉”也。刃部刀創之“創”，不得以爲“刱”也；耒部耕耤之“耤”，不得以爲“藉”也。至于角部，俗字尤多。“觜”，角觜也，有作“嘴”者矣；“衡”，杜衡也，有作“蘅”者矣；“𧢲”，精𧢲也，有作“𪱛”與“粗”者矣；“角”，獸角也，假借爲角里，而或作“角里”，或作“錄里”矣；“解”，刀判牛角也，假借爲解怠、解逅、公解，而一作“懈怠”、一作“邂逅”、一作“公廨”矣。無心攷核，隨意區分，其孰从而詰之？

蛾術編卷二十三

説 字 九

卷五上攷證

竹部"箘"字、"簵"字皆注"箘簵也","簵"字注引夏書"惟箘簵楛"。重文"簵"字注:"古文'簵',从輅。"今書作"簵楛"。説文自言書取孔氏古文,此竹部既以"簵"爲古文,則似梅書爲真古文矣。史記多俗字,漢書號稱多古字,今夏本紀作"簵"而地理志作"簵",益似梅書真出孔壁矣。但木部"楛"字下引此經作"唯箘輅楛",四字之中,三字小異,大約倉頡以下至周穆王,文字皆用古文,幾千年中,體製必非一種。禹貢一篇,孔氏亦並存他本,"惟"、"唯"、"簵"、"簵"、"輅"、"楛"、"枯",皆音近通借,故許兩从之,不可因此謂梅書爲真古文。

"筱"字注"小竹","簜"字注"大竹",引夏書"瑶琨筱簜"。今書"筱"作"篠",漢地理志同。説文無"篠"字,論語"遇丈人以杖荷篠",包咸曰:"篠,竹器名。"皇侃、邢昺本同。鶴壽案:禹貢"筱簜",梅本作"篠",當依説文作"筱",此是箭竹,與論語無涉。論語"荷蓧",皇本作"篠",邢本作"蓧",當依説文作"蓧",此是耘田器,與禹貢無涉。史記孔子世家引包氏注云:"蓧,草器名也。"則字當从艸。説文艸部"蓧"字注"蕓田器,从攸聲",引論語曰"以杖荷蓧",皇本誤"蓧"爲"篠",遂改"艸器名"爲"竹器名",而云"籬篾之屬"。豈因蕓田有用竹馬者,故云爾乎?先生于説文但見竹部之"筱",不見艸部之"蓧",一誤也;但見皇本論語引包作

“竹器”，不見孔子世家引包作“艸器”，二誤也；混箭竹與薅田器爲一物，三誤也；皇本作“篠”，邢本作“篠”，而謂皇、邢二本同，四誤也。

“籀”字注：“讀書也。从竹，㨨聲。春秋傳曰‘卜籀’云。”“㨨”即古“抽”字，故手部“㨨”或从抽。毛詩“不可讀也”，傳云：“讀，抽也。”箋云：“抽出也。”“籀”訓爲讀，“讀”訓爲抽，誼並得通。鶴壽案：籀者，抽繹之也。許氏自敍云：“尉律，學僮十七以上始試諷籀書九千字，乃得爲吏。”“諷籀”謂諷誦而抽繹之，滿九千字皆得六書之旨，乃得舉而爲吏也。言部“讀”字注云“讀，籀書也”，此云“籀，讀書也”，“籀”與“讀”轉注字，先生明知“籀”訓爲讀，何以前卷中竟以“籀書”爲史籀所作大篆十五篇，而謂“籀書”斷無九千言之多，不知所諷何書，當從漢志去“籀”字，作“能諷書九千字以上”爲是？未免前後異説。

“籢”字注：“鏡籢也。力鹽切。”徐鍇曰：“所以收斂也。”俗作“奩”，後漢光烈陰皇后紀“明帝視太后鏡奩中物”，李賢曰：“奩，鏡匣也。”廣韻“匲”字注：“鏡匣也。俗作‘奩’。”“籢”字注同。

“笑”字注：“此字本闕。徐鍇曰：孫愐唐韻[1]引説文云‘喜也。从竹、从大’，而不述其義。今俗皆从犬。李陽冰刊定説文，从竹、从夭義，云‘竹得風其體夭屈，如人之笑’，未知其審。私妙切。”或謂：漢書多古字，凡喜笑之“笑”皆作“芺”。此字本从艸不从竹，薛宣傳“壹芺相樂”，谷永傳“罷歸倡優之芺”，敍傳“談芺大噱”，師古皆云：芺，古“笑”字。艸部“芺”字注：“艸也。味苦，江南食以下氣。从艸，夭聲。烏浩切。”隸書艸頭或變爲𫇭，故漢書皆作“关”，或加口作“咲”，揚雄傳“樵夫咲之”，敍傳“主人逌爾而咲”。然則此假借艸名以爲人笑，後譌“艸”爲“竹”，誤“夭”爲“大”，或爲“犬”，陽冰刊定則是，其穿鑿則非。愚謂或説非也。此字自是从竹、从夭，項籍傳羽笑曰“迺夭亡我”，司馬遷傳“適足以見笑而自點，重爲鄉黨戮笑”，此“笑”之正字；其“关”則假借艸名，惟假借故或有加口旁者，非“笑”之本當从艸也。“笑”字現在竹

---

① “唐”，原作“廣”，據説文改。

部，并有孫愐引説文，而徐鍇云"左文一十九，説文所無"，未詳。鶴壽案："笑"字从犬不从"夭"，易同人九五"先號咷而後笑"，毛居正六經正誤云："'後笑'作'笑'，誤。'笑'字古作'关'，从八，象眉目悦皃，後轉作竹，轉作夭。夭，关之皃。'夭'本有點，省文作'夭'，俗訛作'笑'。東坡謂'以竹擊犬，有何可笑'者，戲言以譏王荆公字説之穿鑿耳。"惠定宇曰："'笑'字古文皆作'关'，李陽冰刊定説文，始从竹、从夭，故毛氏據以爲説，其實非也。古本漢書薛宣傳云'壺矢相樂'，應劭曰：'以壺矢相樂也。'今本云'壹关相樂'，晉灼曰：'書篆形壹关字象壺矢，因曰壺矢。'然則关爲古笑字明矣，李陽冰乃臆説。"今案惠氏謂"笑"字从夭不从犬，亦非也。段茂堂曰："徐鼎臣説孫愐唐韻引説文云'笑，喜也。从竹、从犬'，而不述其義。攷唐韻敍云：'仍篆隸石經勒存正體，幸不譏煩。'蓋唐韻每字皆勒説文篆體，此字从竹、从犬，孫親見之，故唐人無不作从犬者。顔元孫干禄字書云'咲通，笑正'，張參五經文字亦作'笑，喜也。从竹下犬'，玉篇、廣韻皆作'笑'。自唐玄度九經字様于'先笑'、'後笑'引楊承慶字統云：'从竹、从夭。竹爲樂器，君子樂然後笑。'字統每與説文乖異，見釋玄應書，楊氏求从犬之故不得，故改从夭，唐氏从之，李陽冰遂云'竹得風，其體夭屈如人之笑'。自後徐楚金缺此篆，鼎臣竟改'笑'作'笑'，而集韻、類篇乃有'笑'無'笑'矣。當以玉篇、唐韻、干禄字書、五經文字爲正。至于从竹、从犬之故，則不得而知之矣。"

竹部新附"笏"字，古文尚書曰："在治曶。"曶，古"笏"字，鄭注："曶者，笏也。臣見君所秉，書思對命者也。君亦有焉，以出内政教于五官。"此字漢時雖有，而先秦無之，故不載。

新附"筠"字注："竹皮也。从竹，均聲。王春切。"禮記禮器疏云："筠是竹外青皮，顧命'敷重筍席'，鄭云：'筍，析竹青皮也，禮記曰：如竹箭之有筠。'是知呼'筍'爲筠。"疑禮器本作"筍"。聘義"孚尹旁達"，注云："孚，讀爲浮；尹，讀如竹箭之筠。"經假借"尹"字而不言"筠"，則鄭注亦必作"筍"，俗妄改耳。

箕部首"其"字，本"箕"之重文，字作"𠀠"，注云："籀文'箕'。"隸變作"其"，後人遂分爲二，"箕"則簸箕，"其"則語助。

丌部"巽"字注："此易巽卦爲長女、爲風者。"今易改作"巽"，

乃王弼之妄。_{鶴壽案：卦名之"巽"從頭，備具之"巽"從㠯，二字形異義同。}

左部首注云："ナ手相左也。從ナ、從工。鉉曰：今俗別作
'佐'。"案人手便于用又，而ナ以助又，故左助之字從ナ。工，巧飾
也，巧則能助，故從工。"又"字部首云"手也。象形。三指者，手
之列多略不過三也。"此雖不言是人之又手，然手便于又，言"手
也"則又手可知。"右"字注云："手口相助也。從又、從口。鉉曰：
今俗別作'佑'。"此與左部首相發明。ナ部首云："ナ，手也。象
形。"今人所用"左"、"右"字，古本只作"ナ"、"又"，其手口相助之
"右"字本作ㅋ，隸變爲右，則"ナ"又無別。至于"左"、"右"，本皆
爲助，今以此充"ナ"、"又"字用，而輔助字妄造"佐"、"佑"代之，
幸易泰象傳"以左右民"、書益稷"左右有民"，皆爲助解，古學猶
有存者。_{益稷僞孔傳、馬融尚書注、鄭康成泰象傳注，皆以"左右"爲助。}

珏部首，知衍切。<u>惠棟</u>曰："玉篇云：今作'展'。"案尸部明明
有"展"字，從尸，襄省聲，知衍切。<u>惠氏</u>之學雖卓，亦不能無誤。
此條妄引之而不辨，大非。<sub>鶴壽案："珏"，極巧視之也。展布之"展"當
用"珏"字，而後人以展轉之"展"代之，故玉篇云"今作'展'"。惠氏引之，亦
以見俗皆用"展"而廢"珏"也。玉篇尸部"展"字注云"轉也，由也，適也"，無
展布義。惠氏豈未見尸部？特以其義不同耳。先生遽駁之而不辨，非是。</sub>

曰部首注云："詞也。從口，乙聲，亦象口气出也。"爾雅釋文
引說文作"從開口"，此傳寫脫"開"字。

喜部首注云："樂也。從壴、從口。"爾雅釋詁疏引說文云：
"喜者，不言而悦也。"今說文無此語。

鼓部"鼘"字注引詩"鼚鼓鼘鼘"。

"鼟"字注引詩"擊鼓其鼟"。

豆部首注云："古食肉器也。從口，象形。徒候切。"案經典五
穀中之尗無稱"豆"者。尗部首注云："豆也。尗象豆生之形也。
式竹切。""枝"字注："配鹽幽尗也。從尗，支聲。是義切。"重文
"豉"字注："俗'枝'從豆。"豉之爲物當起秦漢，乃尚從尗，至漢里

俗方从豆，則知以尗爲豆起秦漢間。艸部"荅"字注"小尗也"，不云"小豆"。"萁"字卻注云"豆莖也"，不云"尗莖"。古俗相間，許氏正文意求存古，而其解説亦或參用俗字，使人易曉。自秦漢人以"尗"、"豆"二音本通，語轉呼"尗"爲"豆"，故漢楊惲傳云"種一頃豆"，翟方進傳云"飯我豆食羹芋魁"，曹植詩云"煑豆然豆萁"，王羲之有噉豆帖。其實古人未嘗以尗爲豆也，其字亦不作"菽"，但作"尗"，詩七月、采菽、生民，禮記檀弓、月令，穀梁"齊桓公伐山戎，出其山蔥戎菽"，皆作"菽"者，恐唐人改。又部"叔"字注："拾也。"假借爲叔伯字。不知何人加艸而以代"尗"。説文無"菽"字。鶴壽案：韓策：張儀爲秦連衡，説韓王曰："韓地險惡，山居，五穀所生，非麥而豆，民之所食，大抵豆飯藿羹。""非麥而豆"，史記後語作"非菽而麥"，續云"古語只稱'菽'，漢以後方呼'豆'"。今案"尗"與"豆"古今語，亦古今字。周禮"三農生九穀"，鄭注云："黍、稷、秫、稻、麻、大、小豆、大、小麥。"是固漢人語矣。禮記投壺云"壺中實小豆焉，爲其矢之躍而出也"，此豈秦人語與？

"豋"字注："禮器也。从収持肉在豆上。讀若鐙，都滕切。"詩生民"于豆于登"，毛傳："木曰豆，瓦曰登。豆薦菹醢，登薦大羹。"疏引釋器云："木豆謂之豆，瓦豆謂之登。"傳、箋、疏及釋文都不言"登"有異文。癶部"登"字注："上車也。从癶、豆，象登車形。都滕切。"重文"鐙"字注："籀文'登'从収。"然則生民詩當作"豋"，如"祭"字从手持肉，亦與"豋"同意，若"登"自是登車，與"豆"、"豋"字音雖同而義則全別，即籀之"登"亦从収爲㯋手。然"鐙"之从"収"爲整容儀，"豋"之从収爲敬鬼神，意仍異也，知必是唐人厭"豋"之文繁義奧，假借改之。

豐部"豑"字注："爵之次弟也。从豐、从弟。"引虞書"平豑東作"，直質切。今書作"秩"。鶴壽"豑"案："豑"，壁中古文尚書也。孔安國以今文讀之，易"豑"爲"秩"。伏生大傳作"辯秩"，史記作"便程"，鄭氏周禮注作"辨秩"，此皆今文尚書也。

虎部"虔"字注："从虎，文聲，讀若矜。"鉉曰："文非聲，未詳。"案詩何艸不黃"矜"與"元"叶，古文"矜"音通。

"虒"字注："殘也。从虎，虎足反爪人也。魚約切。"今隸變省作"虐"。此字从虎，傳寫者誤入此。

"虡"字注："鐘鼓之柎也。飾爲猛獸。从虍、異，象形。其下足。其呂切。"重文"虞"字注："篆文'虡'。"案靈臺詩"虡業維樅"，毛傳："植者曰虡。""虞"即"虡"之誤。但篆文"虡"不過从異省"田"，自傳寫作"虞"，既非从虚，又非从丌，不知所从，無以下筆。俗加竹作"簴"，尤謬。鶴壽案：此字凡三變，梓人以木爲"虡"，其字如此；秦始皇收天下兵聚之咸陽，銷以爲鐘鐻，李斯小篆所以改"虡"爲"鐻"；後人不用小篆，則又改省古文而作"虞"。此半卷中，竹部"笈"正而"賤"俗，"筥"正而"籧"俗，"箈"正而"節"俗，"篅"正而"圌"俗，"簡"正而"簡"俗，"菜"正而"櫥"俗，"篝"正而"籌"俗，"籭"正而"篩"俗。"筤"，竹膚也，別作"簡"，而俗又作"篾"。"簸"，炊箅也，別作"笺"，而俗又作"篗"。"筍"，竹胎也，別作"簨"，而俗又作"笋"。爾雅"筕謂之箪"，此非"籧"之俗乎？攷工記"慌氏涷帛，清其灰而盝之"，此非"簏"之別乎？淮南子"推車至今無蟬匱"，此非"箯"之謬乎？"筰"，編竹也，借爲酒筰字，俗何以作"醡"乎？"箴"，所以縫衣也，借爲箴銘字，俗何以作"針"乎？"筭"，長六寸，以記數也，"算"，以會計也，俗何以俱作"笄"乎？曰部則"朁"正而"咎"俗，弓部則"乃"正而"廼"俗，旨部則"旨"正而"旨"俗，鼓部則"鼓"正而"皷"俗，豐部則"豔"正而"艷"俗，分部則"扮"正而"算"、"㦻"皆俗，豈部則"愷"正而"凱"、"飆"皆俗，豐部則"豐"正而"豔"、"豐"皆俗。虎部虓苗之"虓"，移"戔"于右而作"戲"，猶可言也；魁虎之"魁"，爾雅譌"日"爲"甘"，字林又从甘聲改讀若羆，爲下甘切，不可以訓。

卷五下攷證

丹部"𦱩"字注引書"惟其敿丹膣"，讀若催。今書"敿"作"塗"。冂部"崔"即"催"字。鶴壽案：今本梓材"惟其塗墍茨"，"惟其塗丹膣"，古本二"塗"字皆作"敿"，衞包改作"塗"，故孔疏云："二文皆言'敿'即古'塗'字。"丁度集韻十一模云："敿，同都切。塗也。周書'敿丹膣'。"十一莫云："徒故切。塗也。"賈昌朝羣經音辨云："'敫'音徒，書'惟其敫暨茨'，又同路切。"丁、賈皆據經典釋文。自陳鄂刪改古文尚書音義，而後人不知梓材古字矣。段茂堂曰："許所引不作'敫'而作'敿'，此古文尚書別本。'敿'訓閉也，故鄭君引尚書'杜乃擭'作'敿丹擭'，而言'敿'亦'涂'之假借字。或説文本作'敫'，轉寫更爲'敿'，不則許所據尚書上文亦當爲'敿墍茨'。陸氏引説文云'隤讀與霾同'，今本作'讀若崔'，字誤也。"

皂部"既"字注引論語"不使勝食既"。古"餼"字假借作"既"，見禮記。"氣"字重文作"槩"，又重文作"餼"，實一字。

㿻部首即條㿻字，俗作"暢"，非。申部無"暢"字。廣韻云："遠也。古但作'㿻'。"漢樂志"條㿻該成"，安世樂"清明㿻矣"，師古曰："古'暢'字。"今易坤文言傳"暢于四支"、禮記月令"命之曰暢月"、孟子"草木暢茂"，皆唐人改。鶴壽案：田部"昜"字注："不生也。臣鉉曰：借爲通暢之'暢'。別作'暢'，非是。"今案"昜"訓不生，猶詩頌以"顯"爲不顯，反言之而其義益明也。艸部"蘴"字注："艸茂也。从艸，昜聲。"諧聲而兼會意，與此正合。然則易、禮記、孟子"暢"字及詩"文茵暢轂"，古本皆當作"昜"，不當作"㿻"。

食部"餱"字注引周書"峙乃餱粻"。"峙"當作"偫"，"餱粻"，今本作"糇糧"。米部無"粻"字，今在新附。説文引書皆據孔壁古文，必無用俗字之理，則此當作"餱糧"。鶴壽案："峙"即説文"偫"字，"粻"爲俗字。而詩稱"以峙其粻"，禮稱"五十異粻"，故許亦兼用之與。

"飧"字注："餔也。从夕、食。思魂切。""餔"字注："日加申時食也。""餐"字注："吞也。从食，奴聲。七安切。"重文"湌"字注："'餐'或从水。"案：此並列"飧"、"餐"二字甚分明。詩伐檀第三章"不素飧兮"，釋文云："飧，素門反。字林云'水澆飯也'。"孔疏引説文云："飧，水澆飯也。從夕、食。言人旦則食飯，飯不可停，故夕則食飧，是飧爲飯之別名。"第一章"不素餐兮"，釋文云："餐，七舟反。説文作'餐'，云或从水。字林云'吞食也'。沈音孫。"以上釋文足本略同。爾雅釋言"粲，餐也"，郭注："今河北人呼食爲粲。"爾雅釋文足本云："飱，謝素昆反。説文云'餔也'，字林云'水澆飯也'。本又作'飡'，施七丹反。字林作'飱'，云'吞也'。"愚謂"飧"本从夕、食，後人移"夕"于左，汲古閣刻孟子"饔飧而治"如此，尚非大謬，至詩經注疏并釋文及釋文足本皆譌爲"殞"，不知"歺"，骨之殘也，五割切，讀若櫱，一變爲"歺"，再變爲"歹"，與"夕"何干？乃竟"飧"，變爲"飡"變爲"殞"，大謬。字林"水澆飯"必是因説文"飧"字重文"飡"字从水而解其義。今人食不進，沃以湯則易下，"飧"訓吞，故重文从水，揣字林之意必如此。此吕忱臆説，已不可用以釋"飧"，德明乃援以釋"殞"。"飧"爲夕食，即申時食，申時則夕矣，何嘗有水澆意？詩"飧"下足本云"説文作'飡'"，無此字，注疏本云"説文作'飧'"，此笑端，皆傳寫之誤。其實德明必是云"説文作'飧'"。葢以"飧"、"飡"攪作一團，不能分析，又引沈氏"音孫"，本是"飧"之音，反以爲"飡"之音。釋言以"餐"釋"粲"者，米部"粲"字注雖云"稻重一秅爲粟六斗，米半升曰粲"，"粲"是米之至精，然説文義多不備，"粲"亦可訓吞食，故云"餐"也，而郭璞解爲河北人語，此與夕食之"飧"何干？足本釋文本別爲一書，不全載經，但摘取經中一二字釋之，今釋言一篇並無"飧"字，乃摘取"殞"字列爲大字，其音則初引謝氏音素昆，説文訓餔，是竟以爲"飧"矣；又以爲水澆，又云"本又作'飡'"，又引施氏"音七丹"，則又以爲"餐"矣；又云字林作"飱"，而卻訓吞，似字林已誤溷二字爲一。此段之舛戾，如入醉夢中，穎達不能分別"飧"、"餐"，并以字林之言爲説文之言。幸説文原本尚存，有所折衷。鶴壽案：伐檀釋文"餐，七丹反"句，盧文弨本作"飱"，其引"説文作'飧'"句，盧本作"餐"，攷證云："'餐'字舊互誤，今从宋本改。"先生未見宋本，故云"説文作'飡'，無此字"，爾雅釋文足本引"字林作'飱'，云'吞食'"，通志堂、抱經堂本皆如此，先生又誤作"吞"也。今案趙岐孟子注"朝食曰饔，夕曰飧"，然左傳"僖負羈饋盤飧"、"趙衰以壺飧从"，"飧"不必夕食，則"饔"亦不必朝食。伐檀傳"孰食曰飧"，祈父傳"孰食曰饔"，許于

"飧"不言"孰食",于"饔"不言"朝食",蓋互見也。束皙補亡詩"潔爾晨餐",郭璞謂"晝食爲餐",然詩狡童言"使我不能餐兮","餐"亦汎言食耳,不必指爲朝食、晝食也。"餐"與"飧"音義各別,誤認爲一字,其謬固不待辨。方言曰:"饁,飵食也。陳楚之内相謁而食麥饘,謂之'饁',楚曰'飵';陳楚之郊、南楚之外相謁而餐,或曰'飵',或曰'飻';秦晉之際、河陰之間曰'䭢鎧',此秦語也。"郭璞謂"今河北人呼'食'爲'餐'",蓋亦方言之類。

"䬼"字注引詩"飲酒之䬼",今作"飫"。

"餧"字注:"魚敗曰餧。"今論語作"魚餒",食部無"餒"字。鶴壽案:此"餧"字篆文本作"餒",爾雅釋器"魚謂之餒",釋文云:"餒,奴罪反。説文'魚敗曰餧',字書作'餒'。"論語音義同。是陸所見説文本从"妥"不从"餧"也。

爾雅釋言,釋文引倉頡篇云:"餐,饋也。"食部"無餐"字。

缶部"匋"字注,徐鍇曰:"史篇讀與缶同。史篇,史籀所作倉頡篇也。"案:倉頡篇,李斯所作,小徐屢誤以爲史籀作。今人所用陶冶字,古正作"匋"。"陶"字自在阜部,乃地名也。今溷用"陶",而"匋"①字廢不用。鶴壽案:各本皆無"徐鍇曰"三字。史篇者,史籀所作大篆十五篇也。

"𩫖"字部首注:"度也,民所度居也。从回,象城𩫖之重。兩亭相對也。"今作"郭",非是。鶴壽案:"𩫖"象城内亭與城外亭相對,故其文从上亼下甲,今皆用"郭",乃國名也。此猶会易之"会",今皆用"陰",而不知"陰"乃水南山北也。

"軟"字注:"古者城闕其南方,謂之'軟'。"何休公羊注:"禮,天子周城,諸侯軒城。軒城者,缺南面以受過也。"鶴壽案:象闕之"闕"當作"闕",城缺之"缺"當作"缺"。詩子衿"在城闕兮",蓋假借字也。出其東門傳云:"闉,曲城也;闍,城臺也。"城門上有臺謂之闍,玫工記匠人、詩静女所謂"城隅"也;無臺謂之軟,詩子衿所謂"城闕"也。三面有臺而南方獨無臺,故謂之"軟",猶軒縣之缺其南面,不敢同于天子也。

---

① "匋",原作"淘",據文意改。

大徐所校説文，录部在前，亯部在後；小徐繫傳則亯部在前，录部在後，目録亦然。

“來”字部首注：“周所受瑞麥來䍡，一來二縫。”詩思文釋文引作“一麥二夆”。鄭注太誓云：“禮説武王赤馬穀芒，應䍡麥正。”穀之多芒，故云“一麥二夆”，若作“一來二縫”，殊不可解。鶴壽案：瑞麥自天而來，故謂之“來䍡”，以二字爲名。張揖廣雅分“䴥”爲小麥，“䴬”爲大麥，古無此説也。“來”是空字，故劉向傳作“䍺䍡”，韓詩内傳作“嘉䴬”。麥既自天而來，故亦單呼爲“來”，借爲往來之“來”，乃復加麥爲“䴥”，埤蒼曰：“秳䍡之麥，一麥二稃。”

韋部“䋣”字注：“从韋，糝聲，讀若酋。即由切。鉉曰：糝，側角切，聲不相近，未詳。”案：讀爲酋，聲之轉也，鉉不知古音。

“弟”字部首注：“韋束之次弟也。”毛詩卷首疏引説文云：“第，次也。字从竹、弟。”俗有“第”字，説文竹部、弟部皆不收。漢書作“弟”，張敞傳“二千石高弟”、王尊傳“以龖令高弟擢”是也。若京房傳“自第吏千石以下”、張禹傳“身居大第”、毋將隆傳“高第入爲京兆尹”、蓋寬饒傳“許伯入第”、馮野王傳“行能第一”，則參差不一。

桀部“桀”字注：“覆也。从入、桀。桀，黠也。軍法曰‘桀’。”韻會于“軍法”下有“入桀”二字，此脱。鶴壽案：“桀”是桀黠之人。“桀”者，從而籠罩之也。此半卷中，皿部之“盅”，俗作“冲”；“盒”，俗作“暑”；“盡”，俗作“儘”；“盜”，俗作“盄”。血部之“血”，俗作“盂”；“衄”，俗作“䶊”；“盥”，俗作“盜”；“衁”，俗作“停”。、部之“主”，鐙中火主也，借爲主宰字，俗作“炷”矣。井部之“荆”，法也，而俗用“刑”，則爲刑罰矣；“刱”，開刱也，而俗用“創”，則爲創痍矣。鬯部之“鬱”，香艸也，而俗用“鬱”，則爲木叢生矣。食部“饎”，正也，“䭒”，俗也，“飯”，正也，“飰”，俗也，“館”，正也，“舘”俗也；“錫”，正也，“錫”俗也；“飲”，正也，“飼”，俗也，“饕”，正也，“叨”，俗也；“飧”，正也，“飱”，俗也，“餘”，正也，“秣”，俗也。亼部昆侖之“侖”，俗多作“崙”；取舍之“舍”，俗多作“捨”。缶部鉆缺之“鉆”，俗多作“玷”；罄盡之“罄”，俗多作“愁”。矢部空侯之“侯”，俗多作“篌”。高部亭歷之“亭”，俗多作"葶"。富部之"富",古"福"字也,借爲對畣之"畣",而俗乃作"荅"。㐭部之"㐭",即倉㐭也,借爲氣稟之"稟",而俗乃作"廩"。甚至有一正字而二俗字者,言部之"言",變而爲"亯"、"亨";夊部之"致",變而爲"俶"、"緻"是也。有一正字而三俗字者,來部之"來",變而爲"徠"、"梾"、"鶆";弟部之"弟",變而爲"苐"、"第"、"悌"是也。

蛾術編卷二十四

説　字　十

卷六上攷證

木字部首注："冒也，冒地而生。東方之行。从屮，下象其根。"惠棟曰："春秋元命包云：'木者陽精，生于陰故水者木之母。木之爲言觸也，氣動躍也。其文八推十爲木，八者陰合，十者陽數。'丁固以'松'字爲十八公，本此。"

"柟"字注："梅也。从木，冄聲。汝閻切。""梅"字注："柟也。可食。从木，每聲。莫桮切。"重文"楳"字注："或从某。"案詩召南"摽有梅"，毛傳："盛極則落者梅。"鄭箋："梅實餘七未落，喻女春盛不嫁，至夏則衰。"釋文云："梅，木名。韓詩作'楳'。"則與説文重文合。秦風終南"有條有梅"，毛傳："梅，柟也。"釋文云："如鹽反。沈云：'孫炎稱荆州曰梅，揚州曰柟。徐乾學、盧文弨刻本"梅"、"柟"互倒，今從陸璣疏改。重實揚人，不聞名柟。'"孔疏："梅樹皮葉似豫樟。豫樟葉大如牛耳，一頭尖，赤心，華赤黃，子青不可食。柟葉大，可三四葉一藂，木理細緻于豫樟，子赤者材堅，子白者材脆。江南及新城、上庸、蜀皆多樟柟，終南山與上庸、新城通，故亦有柟也。"陳風"墓門有梅"，毛傳同上。小雅四月"侯栗侯梅"，傳不復説。"梅，柟"本釋木文，郭注："似杏實，酢。"重修政和經史證類備用本艸唐慎微注："柟木高大，葉如桑，出南方山中。圖經曰：'梅生漢中川谷，今襄漢川蜀江湖淮嶺皆有之。'"合而觀之，説文所謂"梅"、"柟"，即古今詩人好詠其花，南方山谷園圃處處有之之梅也。其證有六：上言"柟，梅"，下言"梅，柟"，而獨于"梅"下言"可食"，則許意以二木本一，而微異者，一可食，一不可食。孫炎注爾雅，言"荆稱梅，揚稱柟"，而沈重駁之，似重説是，孫注傳寫誤倒。蓋"柟"俗作"楠"，文選上林賦"梗、楠、豫章"皆良材，西北産者高大，子不可食，東南産者低小，子可食，以此微異。其證一。鄭箋言"梅實春盛夏落"，今驗梅子正如此。其證二。韓詩作"楳"，與重文合，可見"摽梅"之"梅"即此梅。其證三。孫愐音莫栖切，正與今人呼此木音合。其證四。玩沈重説揚人呼"梅"不呼"柟"，知南梅即北柟，何遜始有"卻月觀"、"臨風臺"之句，而杜詩云："東閣官梅動詩興，還如何遜在揚州。"其證五。郭璞云："似杏實，酢。"酢，酸也。今梅正如此。初學記："梅，杏類，樹及葉皆如杏而黑。尚書'鹽梅'，周禮'梅療'，禮記'梅諸'，俱取其酢味。"與郭注合。其證六。鶴壽案：物有其名同而其實判然不同者，召南摽有梅之"梅"，今之酸果也；秦風"終南有梅"、陳風"墓門有梅"之"梅"，今之柟樹也。召南傳云"盛極則落者梅"，秦風、陳風傳云"梅，柟也"。若果一物，則"柟也"之訓，當先見于召南傳矣。陸璣毛詩疏于摽有梅云"梅，杏類，樹及葉皆如杏而黑"，于"終南有梅"云"柟葉大，可三四葉一叢，荆州人日梅"。區別二物，最爲明顯。其混二梅爲一，則始于郭璞。爾雅云"梅，柟"，郭璞曰："似杏，實酢。"則誤以爲酸果矣。孫炎曰："荆州曰梅，揚州曰柟。"以爲樹名，不誤也。沈重駁之曰："重實揚人，不聞名柟。"則又混入酸果矣。今案重有是駁，而炎之釋乃益明。揚人但呼柟樹爲柟，不呼酸果爲柟，名不相蒙，由物不相類，是駁之不當申之也。且酸果之梅，生于江南，非秦、陳之地所有，故宋時范蔚宗在長安，陸凱寄梅并詩云："江南無所有，聊贈一枝春。"長安在終南山側，若果有此樹，何煩千里遠寄乎？唐杜甫詠梅詩，有"幹排雷雨"、"根斷泉源"及"枝摩蒼天"、"根蟠厚地"等句，此蓋詠柟樹也，若以較"巡簷索笑，冷蕊疏枝"等句，類邪不類邪？説文于"梅"字注云"可食"，許意蓋謂柟以材著，不以實著，故著此二字，若謂即酸果，則人人知其可食，何必贅言邪？惟于"櫨"、"梨"、"樗"、"柿"之後，"杏"、"柰"、"李"、

“桃”之前，忽間以“枬”、“梅”木類，而訓酸果之“某”、“槑”字，轉廁諸“楷”、“欚”木類之間，殊爲雜亂無章，許氏原文必不如此，其爲後人所互易無疑。蓋後人亦有認梅爲酸果者，故移而置諸前也。大抵“某”字作“梅”自漢已然，故韓詩標有楳又作“梅”之古文，趙岐孟子注引詩“莘有梅”，音義曰：“韓詩也。”柏梁詩亦云“枇杷橘栗桃李梅”。叔重難區而別之，後人復混而合之，字混而物亦與之俱混，誠爲可訝。然徵諸空言，不若驗諸實物，今試以枬樹與酸果之樹示五尺之童，亦何至不辨哉？先生所引孔疏“梅樹皮葉似豫章”云云，又引初學記“梅，杏類”云云，皆陸璣疏也，先生豈不知之？“梅”之爲“枬”，郭璞、沈重之誤，先生亦豈不知之？無如先有下條“某”字是柑非梅之説，不得不將枬樹之“梅”改爲酸果之“梅”矣。其曰“西北産者高大，子不可食；東南産者低小，子可食”，引上林賦“梬枬豫章”以發其端，豈知“子不可食”是豫章而非枬樹，先生所引爲孔疏者，明言之矣。羣芳譜云“枬生南方，故又作‘楠’，高者十餘丈，粗者數十圍”，安得謂之“低小”乎？先生改陸璣疏爲孔疏、初學記，然終南疏明言陸璣疏，摽有梅疏雖不載陸璣疏而初學記載之，明言詩義疏，則“梅”之非“某”，誰不知之邪？

　　“柰”字注：“果也。从木，示聲。奴帶切。”案小徐曰：“亦假借爲柰何。”史記、漢書有“柰若何”、“柰何”，猶言如何也，其字借木名之“柰”用之，俗乃別造“奈”爲語詞，妄也。如此則从大、从示皆聲而無義。義兩从者多，聲無兩从者。鶴壽案：“柰何”二字，左傳凡兩見，書召誥“曷其柰何弗敬”更在前，何必引史、漢邪？

　　“楈”字注：“木也。从木，胥聲。讀若芟刈之‘芟’。私閭切。”據此則“芟”音當近胥，然艸部“芟”字注：“刈艸也。从艸、从殳，所銜切。”从殳，義也，非聲，考字書、韻書無不讀所銜切者。鶴壽案：“芟”讀爲胥，此合韻也，猶之詩常武以“戎”字合韻“祖”、“父”字。

　　“梂”字注：“讀若三年導服之‘導’。”“梂”音澹，鄭注士虞禮云：“古文‘禫’或爲‘導’。”“三年導服”謂二十七月禫，“禫之言澹澹然”，故有是音。

　　“栠”字注：“柔也。从木，羽聲。其皁，一曰樣。況羽切。”“柔”字注：“栠也。从木，予聲，讀若杼。直呂切。”此下“樣”字

注:"栭實也。从木,羕聲。徐兩切。"此下繼以"杕"字、"枇"字、"桔"字。然後次"柞"字注云"柞木也。从木,乍聲。在各切"。案詩鴇羽"集于苞栩",釋文:"杼木也。"陸璣云:"今柞櫟也。徐州人謂櫟爲'杼',或謂之'栩',其子爲'皁',或言'皁斗',其殼爲汁,可以染皁,今京、洛及河內言'杼斗'①。"爾雅"栩"、"杼"注"柞樹"。愚謂如陸璣、郭璞説,可證"皁",又可證"杼",至于以"柞"即栩,則説文"栩"、"柔"、"樣"三字相連,以其三而實一也,何"柞"則隔別載之?明許氏不以"栩"爲柞。"柔"字注"予聲",當爲"予省聲"。鶴壽案:"栩"一名柔,一名柞,一名櫟,一名柞櫟,其子名樣。"樣"俗作"橡",艸部云:"草斗,櫟實也,一曰象斗。"但"栩"雖兼"柞櫟"之稱,而與"析其柞薪"之"柞"、"隰有苞櫟"之"櫟",並非一木。詩采菽云"維柞之枝,其葉蓬蓬",嚴粲曰:"柞,堅韌之木。新葉將生,故葉乃落,附著甚固。"②爾雅云:"櫟,其實梂。"陸璣曰:"河內人謂木蓼爲'櫟',椒樧之屬,其子房生爲梂。"若"栩"則今謂之皁筴樹也。三者截然不同,故説文"柞"不與"栩"連,"櫟"亦不與"柞"連。柔,木名也,杼,機杼也,字以上下左右分別,故"柔"字注云"讀若杼",明音同而義異也。爾雅"栩杼"之"杼",恐是後人所改。先生以"柔"爲"予省聲",非是。各本"栩"字注,隸文皆作"柔"不作"柔",則知篆文本作柔,今作柔者,傳寫之譌,因此字篆文上下兩豎尤易牽混故耳。

"杕"字注"劉劉杕。从木,弋聲。"案爾雅釋木"劉,劉杕",郭注:"劉子生山中,實如梨,酢甜,核堅,出交趾。"若郭注果是,則許當云"劉杕"也,必不云"劉劉杕",可疑。釋宮云"樴謂之杙",注云:"橜也。"説文不引,義不備也。鶴壽案:許以"劉杕"爲果名,故列于樣斗之下、枇杷之上,若以爲"橜弋",則當在"梱"、"橛"間矣。

"穀"字注:"楮也。从木,㱿聲。古禄切。"詩鶴鳴"其下維穀",惡木也。禾部"穀"字注:"百穀之總名。从禾,㱿聲。古禄

切。"字形相似,其義大異。

"松"字注:"木也。从木,公聲。"重文"枀"字注:"'松'或从容。"今人以"容"移于右作"榕",謂閩粤間別有榕樹。

"某"字注:"酸果也。从木、甘。闕。莫厚切。"重文"楳"字注:"古文'某'从口。"案:反切,唐孫愐所作,而愐並非就説文爲音,乃韻之音也,大徐取入之耳。"某"如果莫厚切,則爲誰某之"某",如論語"某在斯"是矣。但許既云"酸果",正當从木、甘。甘爲土味,土寄旺四季,故酸苦辛鹹中皆有甘味。廣韻二十三談:"柑,木名,似橘。"集韻同。蕭嵩傳:"荆州進黄柑,以紫紛包賜近臣。"竊謂此果酸中帶甘,天下通讀若甘,説文字,後人移其位置于上下左右者多,"某"即"柑"字移"甘"于右耳。許既釋其義,又著所从,似無所闕,而云"闕"者,本當云"从木、从甘,甘亦聲"。但徐鍇云:"尚書'唯爾元孫某'、禮記'孝王某','某'者,未定之位宅也。"廣韻四十五厚:"某,詔前人之言也。"或者三代及漢已有假借此字爲誰某者,如"賡"之爲"續"、"禫"之爲"導",音絶不同而可相通,許氏因此不敢言"甘聲",并不敢言"甘亦聲",但渾言"从木、甘",而又綴以"闕"乎?公羊傳"柑馬而秣之",崔實政論"方將相勒鞴靽以救之",則又假借爲"箝"字。李時珍本草綱目乃創説云:"梅,古文作'呆',象子在木上之形。梅乃杏類,故反杏爲'呆',書家訛爲'甘、木',後作'梅',從每諧聲也。或云梅者,媒也。媒合衆味,故書云'若作和羹',爾雅'鹽梅',而'梅'字亦從某也。"此因重文"楳"字从口,而穿鑿將"某"與前"枏也"之"梅"攪和爲一,又從"梅"之重文作"楳"而附會。不知古文荒遠,許雖漫爲收載,在漢已不得其解,豈可妄據?説文之例,字以類聚。愚前辨"枏也"之"梅",即詩家好詠其花、南方山谷園圃皆有之梅。"梅"下即次以"杏",以杏實梅類,故楊行密以杏爲甜梅,愚説于此益信。李乃以"呆"爲反杏,而欲合"梅"、"楳"與"某"、"楳"爲一,則中間何以相隔一百數十字?況"某"从甘,"楳"从口,二"呆"並列,已自不同,許氏不言其故,不可强解,乃欲與"梅"、"楳"混爲一乎?假如其説,則當以"槑"爲正文,"某"、"梅"、"楳"皆爲重文,大謬!且"某"與"梅"二音,如何可以牽合?"梅"乃支、微、齊、佳、灰,"某"則尤之上聲,與魚、虞、蕭、肴、豪、歌、麻可通,而與支微等無涉也。鶴壽案:古"柑"字只作"甘",上林賦"黃甘橙楱",郭璞曰:"黃甘,橘屬,而味精。"周處風土記云:"甘,橘屬,其味甜美特異。"此皆假借"甘"字義疏也。説文凡假借之義多不備,即以果木言之,若"章"、"象"、"君"、"還"之類,未易枚舉,如果"甘"字從木作"某",則自漢以來爲何無一人用之,而槑從假借乎?此字唐人尚作"甘",有藝文類聚、初學記諸書可證,至廣韻始有"柑"字,知木旁係唐以後人所加,不足爲典要。今云"某"當爲"柑",然則木部"案"字不必移于左旁,即可爲南方大木之"榕"矣。其誤一。"某"字是會意,非形聲,注云"闕"者,以義訓酸而形从甘,不得其解,大徐所謂許氏不聞于師,故闕之也,今乃作形聲字,謂古有借爲誰某用,音絶不同,許氏因此不敢言"甘聲"并"甘亦聲",不知許書中若"穎"字注"禾亦聲,讀又若齧","裻"字注"讀若督,一讀若祋"之類,兩音縣絶,許氏固並著之,何云"不敢"乎?其誤二。至舉"賡"字、"道"字相比擬,尤屬不倫。糸部"賡"字注:"古文'續'从庚、貝。"大徐曰:"今俗作古杭切。"據此則"賡"之爲"續",猶"槑"之爲"某"也。今沿唐韻以下之謬,而反以爲"續"字之假借,則是剞足徇屨矣。木部"桜"字注:"从木,炎聲,讀若三年導服之'導'。"寸部"導"字注:"从寸,道聲。"是"導"有二音,已明著于篇,不曰"从寸、道、闕"也。其誤三。"某"字既以橘屬爲本義,則必以沽三切爲本音,今玟"謀"、"媒"等字皆從某聲,以易、詩、春秋傳韻求之,皆近莫厚切,與沽三切絶不類,安有許氏訓聲舍本音而轉取假借之音者乎?其誤四。橘屬之"甘",今吳俗呼"柑子",味甘美而微帶酸,較之于梅相去甚遠,許于"梅"字注不云"酸果",而專以訓此字,竟使佳果受不白之寃,非但不知字義,並且全乖物理矣。其誤五。若使秦漢以來,本以"某"爲橘屬字,則其字从木、从甘,甘亦聲,雖五尺童子亦能訓之,而許氏乃綴之以"闕"乎?其誤六。詩終南首章"梅"與"裘"韻,四月四章"梅"與"尤"韻,此古韻灰、尤相通之證。古無四聲,故許書"謀"、"媒"皆从某聲,詩無"某"字而有"謀"、"媒"字,氓首章"謀"、"媒"與"絲"、"淇"、"期"韻,鳲鳩二章"梅"與"絲"、"騏"韻,皇皇者華三章"謀"與"駎"、"絲"韻,今人讀"媒"音同梅,並在灰韻,是古讀“梅”、“某”爲一音,了無疑義,乃徒執隋唐之韻以求“梅”、“某”之音,而謂如何牽合也。其誤七。以上諸條,其以“甘”爲“柑”,鄙俗尤甚。

“朴”字注:“木皮也。从木,卜聲。匹角切。”石經尚書舜典“朴作教刑”,“扑”字稍漫,細玩初作“朴”,改爲手旁。鄭注:“扑,檟楚也。”“扑”爲教官爲刑者,似用檟、楚二木之皮以撻之。隸書手旁與木旁易混,故變从手,其實即“朴”字。鶴壽案:“鞭扑”之“扑”即“攴”字,“檟”與“榎”同字,木皮豈用以攴人? 説殊附會。

“栞”字注引夏書“隨山栞木”,讀若刊,今本直作“刊”。

“枖”字注引詩“桃之枖枖”,今直作“夭”。

“樛”字注:“下句曰樛。从木,翏聲。吉虬切。”“朻”字注:“高木也。从木,丩聲。吉虬切。”釋文于詩“樛木”注引説文同,而云:“馬融、韓詩本並作‘朻’,字林己周反。”此興后妃逮下,宜取“下句”,若“高木”則無取。二字音同義異,韓不如毛。鶴壽案:“樛”、“朻”一字也,毛傳云“木下曲曰樛”,爾雅云“下句曰朻”,小徐曰“朻,高木下曲也”。

“格”字注:“木長皃。从木,各聲。古百切。”倉頡篇云:“格,量度也。”見文選蕪城賦李善注所引。宋人解大學:“格,至也;物,猶事也。窮至事物之理,欲其極處無不到也。”鄭注云:“格,來也。其知于善深,則來善物;其知于惡深,則來惡物。”予謂此字本當作“假”,疑皆假借。爾雅釋詁:“格,至也。”又云:“假、格,陟也。”釋言“格,來也”,郭注:“書曰‘格爾衆庶’。”釋訓“僁僁、格格,舉也”,郭注:“皆舉持物。”論語“有恥且格”,孟子“大人格君心之非”,何晏、趙岐皆云:“正也。”合之倉頡篇“量度”之訓,其義甚繁,而“木長皃”之訓,反未有及者。學記云“扞格而不勝”,鄭注:“如凍洛之‘洛’”,疏云“洛是堅彊,地凍則堅彊難入”,其解愈岐矣。説文“假”字注:“非真也。从人,叚聲。古疋切。一曰至也。虞書曰:假于上下。古額切。”方言云“假、佫,至也。邠唐冀兖之間曰'假',或曰'格'",郭璞注:"佫,古'格'字。"方言又云:"梁益之閒曰'佫'。"核以說文,則似"至也"之訓專屬之"假",不得爲"格"字之義,而"陞也"、"來也"、"舉也"、"正也"、"量度也",皆當屬之"假",并"扦格"、"凍洛"皆當屬"假",不可以解"格"也。"格"但"木長皃"假借字耳。周頌維天之命云"假以溢我",毛、鄭俱訓嘉;商頌那云"湯孫奏假",毛訓大,鄭訓升;烈祖云"鬷假無言",毛訓大,鄭訓至;"以假以享",毛、鄭俱訓大;"來假來饗",鄭訓升;長發云"昭假遲遲",鄭訓暇,凡此等字皆爲"假"字,無作"格"者。

"樸"字注:"木素也。从木,業聲。匹角切。"玉部無"璞"字,孟子"今有璞玉于此",戰國策"鄭人謂鼠璞",顏斶說齊宣王"太璞不完",晉書郭璞,此蓋漢之俗字。諸葛亮、杜預、郭璞、韓愈諸人名,皆取說文所無之俗字。

"柴"字注:"小木散材。从木,此聲。臣鉉等曰:師行野次,豎散木爲區落,名曰柴籬。後人語譌,轉入去聲,又別作'寨'字,非是。士佳切。"案後漢楊震傳"柴門絶賓客",吳甘寧傳"關羽結柴營",晉朱伺傳、"伺率諸軍圍陳鼇,重柴繞城",皆當作去聲讀。

"植"字注:"戶植也。常職切。"重文"櫃"字注:"或从置。"周書金滕"植璧秉珪",鄭康成曰:"植,古'置'字。"

"椓"字注:"夜行所擊者。从木,橐聲。易曰:重門擊椓。他各切。"此部前有"柝"字,隸變作"柝",俗以其音亦他各切,誤以當"椓"字,遂于"柝"下妄增"易曰"云云,不知"柝"訓判也,與"椓"何干?當刪。鶴壽案:"夜行所擊者",太平御覽引作"行夜所擊木",恐是依趙岐孟子注改。

"橦"字注:"帳極也。""極",宋本作"柱"。

"櫌"字注引論語"櫌而不輟",今作"耰"。

"梓"字注:"从木,关聲。鉉曰:當从朕省。""关",宋木作"犾"。鶴壽案:方言:"椎其横,關西曰橛。"而說文作"梓",與"桎"微異,故大徐以爲“當从朕省”。

“核”字注：“蠻夷以木皮爲篋。从木，亥聲。”玉篇：“胡革①、戶骨切。果實中也。”曲禮“賜果于君前，有核者懷其核”是也。孫恤音古哀切，則變爲平聲矣，恐非。鶴壽案：周禮稱“其植物宜覈物”，果中實當用“覈”字。詩稱“肴核維旅”，假借字。

“楫”字注：“舟櫂也。从木，咠聲。子葉切。”爾雅釋文引作“檝，舟棹也”，蓋誤。

“柧”字注：“棱也。从木，瓜聲。又柧棱，殿堂上最高之處也。古胡切。”“棱”字注：“柧也。从木，㚇聲。魯登切。”角部“觚”字注：“鄉飲酒之爵也。一曰觴，受三升者。觚从角，瓜聲。古乎切。”此酒器，與“柧”無涉。史記酷吏傳“破觚而爲圜”，漢書同，孟康曰：“觚，方也。”此特音同假借，其義全別，故説文分載兩部。班固西都賦“設璧門之鳳闕，上觚棱而棲金爵”，此即説文所云“殿堂最高處”。“觚”亦假借字，實則當爲“柧”也。論語“觚不觚”，馬融曰：“觚，禮器也。一升曰爵，三升曰觚。”皇侃疏引王肅曰：“當時沈湎于酒，故曰‘觚不觚’，言不知禮也。”蔡謨曰：“酒之亂德，自古所患，故禮説三爵之制②，尚書著明酒誥之篇，易有濡首之戒，詩有賓筵之刺，皆所以防沈湎。王氏之説是也。”邢昺引異義韓詩説“一升曰爵，二升曰觚。觚，寡也，飲當寡少”，與“孤”同意，故以沈湎多飲爲不觚。宋人乃創説云：“觚，器之有棱者也。不觚者，當時失其制而不爲棱。”不知説文每字必核其本義載之，旁義即不及。“觚”雖可假借爲“柧”，然“觚”下注斷不必及也。

“櫱”字注：“伐木餘也。从木，獻聲。商書曰：若顛木之有由櫱。五葛切。”重文“㭌”字注：“‘櫱’或从木，辥聲。”“栓”字注：“古文‘櫱’。”淮南子俶真訓曰：“百事之莖葉條栓，皆本于一根，

---

① “胡”，原作“音”，顯誤，重修玉篇作“爲”，亦誤，玆據同書“覈”字下音切改。

② “説”，當爲“設”之訛。

而條循千萬。"高誘曰:"'樺'讀作檗,旁生萌芽也。"鶴壽案:今尚書作"由櫱"。説文又云:"不,古文'檦',从木無頭,别作'枿'。"方言曰:"烈、枿,餘也。陳鄭之間曰'枿',晉鄭①之間曰'烈',秦晉之間曰'肆',或曰'烈'。"

"閑"字注:"止也。从木,从門。侯艱切。"案:宋本無此字。門部有"閑"字,注云"闌也。从門中有木。户閒切",實一字而兩部並列,解説、反切皆不同,殊可疑。此係後人失記在門部,妄補于此。"棐"字亦應在"輔弓弩"之"榜"字上。

木部,小徐繫傳比大徐校本約計所少幾及百名,亦有小徐有而大徐無者,其同有之字多顛倒錯亂,部末"閑"字,小徐亦無,今姑以大徐爲定。才部,小徐在下卷初,今在此卷末。

木部新附"榭"字注:"臺有屋也。从木,射聲。詞夜切。"泰誓"惟宫室臺榭",孔傳:"有木曰榭。"釋文本又作"謝",疏引釋宫云:"闍謂之臺,有木者謂之榭。"宣十六年傳"成周宣榭火",襄三十一年傳"無觀臺榭",釋文並同;哀元年傳"夫差次有臺榭陂池",吴射慈亦作"謝慈",是"射"與"謝"通。鶴壽案:"臺射"之"射"正作"射",通作"謝",俗作"榭"。惠定宇曰:"'成周宣榭火',左氏古文'榭'本作'射',邿敦銘曰'王格于宣射'是也。劉逵引國語云'射不過講軍實',今本作'榭'。説文無'榭'字,經傳通作'謝'。泰誓云'惟宫室臺榭',本作'謝',荀子云'臺謝甚高',吴射慈亦作'謝慈',是'射'與'謝'通。"摯虞三輔決録注云:"漢末大鴻臚射成,本姓謝名服,天子以爲將軍出征,姓謝名服,不祥,改之爲射氏,名成。"此由晉人不識古文,曲爲之説也。

"槬"字注:"衣架也。从木,施聲。"曲禮:"男女不同槬枷。"

"櫂"字注:"所以進船也。从木,翟聲。或从卓。史記通用'濯'。直教切。"案漢書皆以"櫂"爲"濯",元后傳"輯濯越歌",師古曰:"'輯'與'楫'同,'濯'與'櫂'同,皆所以行船,令執楫櫂人爲越歌也。"鄧通傳"以濯船爲黄頭郎",師古曰:"濯船,能持濯

---

① "鄭"原作"衞",據方言箋疏改。

行船也。‘濯’讀曰櫂,直孝反。”

　　林部“橆”字注:“豐也。从林、㷊。或説規模字,從大、卌,數之積也。林者,木之多也。商書曰:庶草繁橆。文甫切。”案:變隸作“無”,借爲有無之“無”,不知“無”字自在亡部,“𣞤”从亡,無聲,“文甫切”與“𣞤”字“武扶切”亦不同。“艸”誤作“草”,“緐”誤作“繁”,“橆”誤作“無”,皆傳寫之譌。今書作“蕃廡”,唐人所改。鶴壽案:此條已經段注訂正,今不贅。

　　才部首注云:“艸木之初也。从丨上貫一,將生枝葉也。一,地也。徐鍇曰:上一,初生枝;下一,地。昨哉切。”案:此部更無他字。丨部首注云:“上下通也。引而上行。”“才”字既从丨,且“丨”既云“引而上行”,即有艸木初生出地之意,故其下即繼以屮部,云“艸木初生也”。則“才”字似可入丨部,而必別列一部,未詳。鶴壽案:丨部尚有“引而下行”一義,謂“才”當在屮部之前則是,謂“才”當入丨部則非。此半卷中俗字,莫多于木部:“植”正而“査”俗,“松”正而“枩”俗,“桅”正而“梔”俗,“檘”正而“柝”俗,“榦”正而“幹”俗,“橕”正而“撐”俗,“檐”正而“簷”俗,“㯋”正而“欖”俗,“牀”正而“床”俗,“榫”正而“𣒌”俗,“橫”正而“幌”俗,“樞”正而“㡱”俗,“榜”正而“膀”俗,“梭”正而“艘”俗,“橙”正而“筬”俗,“横”正而“䉪”俗,“柔”正而“騥”俗,“采”正而“採”俗,“楮”正而“揩”俗,“槠”正而“鐥”俗,“析”正而“薪”俗,“椒”正而“㮤”俗,“握”正而“幄”俗,“檗”正而“蘗”俗,“柯”正而“牁”俗,“橦”正而“幢”俗,“椑”正而“牌”俗,“欑”正而“攢”俗,“櫱”正而“蘖”俗,“楗”正而“犍”俗,“梭”正而“楞”俗,“杠”正而“矼”俗,“棊”正而“碁”俗,“檽”正而“耎”俗,“梢”正而“槊”俗,“柂”正而“柁”俗,“榮”正而“蠑”俗,“楊”正而“鸉”俗,“柙”正而“押”俗,“打”正而“打”俗,“枇”正而“琵”俗,“杷”正而“琶”俗,“果”正而“菓”俗,“柏”正而“栢”俗,“杶”正而“椿”、“橁”並俗,“橌”正而“篊”、“胗”並俗,“㮔”正而“穩”、“稳”並俗,“橋”正而“嶠”、“㮧”並俗,“梧”正而“齬”、“鵠”並俗,“條”正而“絛”、“樏”並俗,“柎”正而“跗”、“趺”並俗,“橫”正而“橫”、“黌”並俗。此與東部東風草之“東”,俗必作“菄”;林部鬱金香之“鬱”,俗必作“欝”,皆大雅所弗尚也。

卷六下攷證

叒部首注云：“日初出東方暘谷，所登博桑叒木也。象形。”
“暘”宋本作“湯”，“叒木”即“若木”。鶴壽案：暘谷在嵎夷之地，非日
所出之湯谷也，當以宋本爲正。

出部“敖”字注：“游也。从出、从放。”案放部已收“敖”字，注
云：“出游也。”此當删。

米部“索”字注：“艸有莖葉可作繩索。蘇各切。”案亦借爲
“盡”也。呂覽下賢篇“以心與人相索”，高誘注：“索，盡也。”書
“牝雞之晨，惟家之索”，僞孔傳同。蔡沈云“索，蕭索也”，自造訓
詁，鄙俗不經。禮記“離羣索居”，鄭注：“索，散也。”

生部“隆”字注：“从生，降聲。力中切。”案“降”，古音讀若
洪，故爲隆之聲，説詳尚書後案。鶴壽案：孟子曰：“洚水者，洪水也。”
此即“降”讀爲洪之證。淺近之至，何必詳尚書後案。

橐部“橐”字注：“囊也。从橐省。石聲。他各切。”“囊”字
注：“橐也。从橐省，襄聲。奴當切。”經典釋文于篤公劉引説文
云：“無底曰囊，有底曰橐。”今説文脱去。朱子誤作“無底曰橐，
有底曰囊”。鶴壽案：釋玄應衆經音義引倉頡篇云：“橐，囊之無底者。”與
釋文所引合。但戰國策高誘注則云：“無底曰橐，有底曰囊。”朱子未嘗無本。
若以字義而論，“囊”取襄聲，“襄”亦有義，囊之盛物如瓜之懷瓤，囊之有底亦
猶瓜之有蒂也。橐如木櫓，空處其中，待物來而貯之，則不必其一定有底矣。

口部“囿”字注：“苑有垣也。”重文“𡇃”字注：“籀文‘囿’。”薛
尚功鐘鼎款識石鼓弟十鼓有“𡇃”字。

“員”字部首注：“从貝，口聲。”重文“鼎”字注：“籀文从鼎。”
鐘鼎款識石鼓弟八鼓有“鼎”字。

貝部“賂”字注：“遺也。从貝，各聲。鉉曰：當从路省乃得聲。
洛故切。”案古音“各”似“路”，鉉説非。

“贏”字注：“从貝，羸聲。鉉曰：當从羸省乃得聲。”案“羸”，
郎果切，故非聲。

“賓”字注：“所敬也。从貝，宀聲。必鄰切。”案此字篆作
“賓”，隸變或作“賓”，或作“賔”，皆非是，而“賓”爲近之。

“賈”字注：“行賈也。从貝，商省聲。式陽切。”隸假借作
“商”，“賈”字廢不用。鶴壽案：漢律曆志云：“商，章也。物成孰，可章度
也。”白虎通云：“‘商’之爲言章也，章其遠近，度其有亡，通四方之物。”其説
與漢志合。則“賈”借用“商”，義甚相協。

“買”字注：“市也。从网、貝。孟子曰：登壟斷而网市利。莫
蟹切。”孟子無“買”字，引之何爲？鶴壽案：許氏引“网市利”以解“買”
字“从网、貝”之意，豈以證“買”字哉？

貝部新附“贍”字注：“給也。”漢食貨志“秦竭天下，未足澹其
欲”，師古曰：“澹，古‘贍’字。”

今俗有“賬”字，謂一切計數之簿也。舊唐書玄宗紀開元十
四年、天寶元年戶口數，皆言“户部計帳”，新、舊地理志亦皆言
“户部帳”。

邑部“郟”字注：“周封黃帝之後于郟。讀若薊。上谷有郟
縣。”樂記“武王封黃帝之後于薊”，釋文：“‘薊’音計，今涿郡薊
縣是，即燕國都也。孔安國、司馬遷及鄭皆云，燕國邵公與周同
姓。案黃帝姓姬，君奭蓋其後。”鶴壽案：封于郟者，黃帝後也；封于燕
者，召公奭也。樂記稱武王封黃帝之後于薊。水經注云：“㶟水東北逕薊縣
故城南，武王封堯後於薊，今城內西北隅有薊丘，因丘以名邑。”“堯後”當作
“黃帝後”。史記燕世家“召公奭與周同姓，武王封之于北燕”，魏王泰括地
志云：“燕山在幽州漁陽縣東南六十里。”徐才宗國都城記云：“武王封召公
奭于燕，地在燕山之野，故國取名焉。”觀此則郟以薊丘得名，燕以燕山得名，
二國毫不相涉，故張守節謂薊、燕二國俱武王所立，因薊丘、燕山爲名，其地
足自立國，薊微燕盛，乃并薊居之。郟國莫知其姓，黃帝之子二十五宗爲十
二姓，唯玄囂與倉林皆姬姓，倉林之後無聞，玄囂之後爲周，詩甘棠箋云：
“召伯，姬姓。”譙周古史考云：“召公，周之支族。”春秋穀梁傳云：“燕，周之
分子也。”范甯注：“分子謂周之別子孫也。”然則或出太王，或出王季，俱未可
定。班固、王充、皇甫謐皆以爲文王之子，今案富辰敍文昭十六國，雖不數

燕,然云召穆公糾合宗族于成周,則必周之至戚矣。陸德明以爲黄帝後,斷不可信。

"妲"字重文作"岐"。漢地理志末段總論皆从邑、支。鶴壽案:漢匈奴傳云"秦襄公伐戎至郊",師古曰:"郊,古'岐'字。"

"邠"字注:"周太王國,在右扶風美陽。从邑,分聲。補巾切。""豳"字注:"美陽亭即豳也。民俗以夜市,有豳山。从山、从豩,闕。"案"豳"字解說,承上文美陽而言,文法與他處不同,今惟孟子作"邠",毛詩、周禮皆作"豳",其爲重文甚明。但重文皆言古文、籀文、篆文从某云云,即不言古、籀、篆,亦當言或从某云云。今皆不言,其體又別。日知録:"孟子字多近今,唐書邠州故作'豳',開元十三年以字類幽,故爲'邠'。"學如亭林,鄙俗已甚。鶴壽案:邠當是地名,豳當是山名,猶上文郊當是邑名,岐當是山名。杜氏通典云:"開元十三年改豳州爲邠州。"郭忠恕佩觿云:"改'豳'爲'邠',因似幽而致誤。"今案邠爲州名,正宜用"邠",恕先之言非是。

"黎"字注:"殷諸侯國,在上黨東北。从邑,利聲。利,古文'利'。商書西伯戡黎。郎奚切。"今作"黎"。

"鄦"字注云:"炎帝太嶽之胤,甫侯所封,在潁川。从邑,無聲。讀若許。虛呂切。"此爲許姓本字,俗假借"許"用之,今説文每卷首題"漢太尉祭酒許慎記",當時必不如此。

"鄨"字注:"邥鄨,犍爲縣。""邥",初印作"郁",宋本作"存"。案以邥鄨爲地名,是將別造一"邥"字,而今本部無"邥"字。宋本作"存鄨",疑非。小徐作"郁鄨",當是。鶴壽案:段茂堂曰:宋本皆作"存"。或作"邥"者,俗又譌"郁"矣。前志犍爲郡存鄨,今本"存"作"邥",而師古不爲音,知故作"存"。華陽國志、晉書尚作"存"。先生笑亭林爲鄙俗,如此條云云,得毋更相笑乎?

"郁"字注:"周公所誅郁國,在魯。"案書序"成王東伐淮夷,遂踐奄",鄭康成曰:"奄國在淮夷之北。孟子'周公誅紂伐奄'是也。"汪簡窠,古文尚書"奄"字,漢藝文志"禮古經出于魯淹中",此云"在魯",則爲魯國地明矣。而蘇林云"里名",非國,則非也。鶴壽案：奄國在淮北，其地近魯，故許以爲在魯也。又有奄里，在今山東兗州府曲阜縣東，此則奄國之民散處于魯者，不得謂奄中即奄國也。

　　"郭"字注"齊之郭氏虛"云云，逸周書作雒解"囚蔡叔于郭陵"，孔晁注："郭陵，地名。"未知即此否？

　　邑部敍天下郡國縣邑鄉亭，皆從西北而及東南，惟"邾"、"郖"等字下，次以"郫"、"䣙"等字，皆蜀地，而下有"那"字，以爲安定朝那，則又自東而西。鄱陽、長沙、桂陽、會稽等處之後，反敍宋、魯、鄶、鄭地名，則又自南而北。此爲稍亂。自"鄹"字以下至"㴩"字，直云"地名"，則以其無攷略之。

　　定六年傳："楚遷于郢。"唐石經此條漫滅，明永懷堂、汲古閣板並同。說文無"郢"字。

　　邠部"鄉"字注："里中道也。从邠、共，言在邑中所共。胡絳切。"重文"巷"字注："篆文从邑省。"案此重文乃隸變之"巷"字，其正體似即離騷"五子用失乎家衖"之"衖"字，今北地呼爲"衚衕"，即"衖"字反切也。鶴壽案：爾雅："衖門謂之閎。"又云："宮中衖謂之壺。""衖"即"鄉"之俗字，本胡絳切，而吳人皆讀弄，聲之轉耳。此半卷中俗字，莫多于邑部。鄉邨之"邨"，俗有作"村"者；廟廊之"廊"，俗有作"廊"者；郖陽之"郖"，俗有作"耶"者；鄙國之"鄙"，俗有作"耶"者。"邵"，高也；邵，曶邑也，而俗通用"邵"。洽，淡也；郃，郃陽也，而俗通用"洽"。那，正字也，而俗以"邘"爲邘季字，"那"爲朝那字。郇，正字也，而俗以"枸"爲枸邑字，"苟"爲苟氏字。一邦海也，別作"渤"、"澈"、"𣹟"，皆俗也。一臨琨也，別作"邛"、"筇"、"蛬"，皆俗也。"邪"，琅邪也，借爲未定之詞，別作"瑯"、"耶"、"爺"，皆俗也。"鄳"，江夏縣名也，借爲華跗之稱，別作"蕚"、"墱"、"齶"，皆俗也。他如帀部之"帀"，俗何以作"匝"、"迊"；㞢部之"㞢"，俗何以作"花"、"蘤"；口部之"回"，俗何以作"佪"、"迴"？"因"，就也，借爲昬因字，俗何以作"姻"？"囷"，閑也，借爲梐圂字，俗何以作"棬"？又如貝部"賣"，俗作"賭"；"賴"，俗作"頼"；"貤"，俗作"貽"；"齎"，俗作"賷"。"賛"，則俗作"贊"、"讚"、"囋"；"䫞"，則俗作"纓"、"瓔"、"櫻"。"負"，恃也，爾雅有"鷦雀"、"蜋蠻"，禮記言"禮樂偩天地之情"，皆當作"負"。別有"貫"字，貫穿也，今以錢貫之"貫"爲"摜"，習貫之"貫"爲"慣"，古只用"毌"，然則俗字反多于正字矣。

蛾術編卷二十五

説字十一

卷七上攷證

日部"旭"字注："从日,九聲。讀若勖。鉉曰:'九'非聲。未詳。"案:古音讀入聲皆如上聲,故"九"得爲"旭"之聲也。

"景"字注："光也。从日,京聲。居影切。"案:古物影字即用此。漢枚乘傳"人有畏其景者",主父偃傳"從之如搏景",項羽傳"贏糧而景從",張釋之傳"下之化上,捷于景嚮",皆是。莊子亦云"飛鳥之景"。葛洪始加彡。鶴壽案:"景,日光也",見文選注,今本脱"日"字。詩二子乘舟"汎汎其景",周禮大司徒"以土圭正日景",何曾有三彡? 不此之引,而引漢書、莊子何邪? 項羽傳亦當云項籍傳。

"暜"字注："从日,咎聲。居洧切。"案:"咎"非聲,未詳。鶴壽案:詩伐木二章"咎"與"簋"韻,王延壽魯靈光殿賦"暜"與"有"韻,皆可爲"暜"字咎聲之證。

"昴"字注："从日,卯聲。莫飽切。"案:"昴"爲西方宿,从丣,不从卯,小徐繫傳本亦誤。鶴壽案:凡从丣之字讀力九切,凡从卯之字讀莫飽切,"昴"字从卯不从丣。詩小星傳云:"昴,留也。古謂之'昴',漢人謂之'留'。"惠定宇據此以爲字當从丣,先生遂拾其餘論以説字,不知"丣"古音如某,故謂"昴"爲"留",而字則从卯也。

"暇"字注："閑也。从日,叚聲。胡嫁切。"案汲古閣本大學"小人閒居",孟子"今國家閒暇",凡"閒"皆當作"閑",有説文可證。蓋"閑"訓止也,止則暇,故爲閑暇。鶴壽案:説文"閒"字注:"陳也。从門開月入。""閑"字注:"閑也。从門中有木。"閒暇之"閒",正當从月,不得从木。"閒"是自己空隙,"閑"是他人阻閑,其義不同。説文此注,必係淺人所改。

日部新附"昉"字注:"明也。从日,方聲。分兩切。"隱二年公羊傳云:"始滅昉于此乎?"

㫃部"旅"字重文"㚓"字注:"古文'旅'。古文以爲魯衛之'魯'。"案:"魯"本鈍詞也,从白,鮺省聲。古國名只作"㚓"。隱元年傳:"宋武公生仲子,有文在其手,曰爲魯夫人。"疏云:"以宋女而作他國之妻,故傳加'爲',非手文有'爲'字。隸書起于秦末,手文必非隸書,古文'魯'作'㚓',手文容或似之。"孔疏是矣。然爪部"爲"字重文"𤓰"字注:"古文'爲'。"此手文所可有,疏云手文無"爲"字,未確。鶴壽案:掌中爲地無多,有一"㚓"字尚能辨之,若再有一𤓰字,則亦雜亂無章,莫能辨矣。要知有文在手本係傅會之詞,不必再爲申説。

月部"朏"字注引周書"丙午朏",召誥文、詳後案。鶴壽案:"朏"謂月之三日也。漢律曆志云:"周公七年'復子明辟'之歲。是歲二月乙亥朔,庚寅望,後六日得乙未,故召誥曰:'惟二月既望,粵六日乙未。'又其三月甲辰朔,三日丙午,召誥曰:'惟三月丙午朏。'是歲十二月戊辰晦,周公以反政,故洛誥篇曰:'戊辰,王在新邑,烝祭歲,命作策。惟周公誕保文武受命惟七年。'康王十二年六月戊辰朔,三日庚午,故畢命豐刑曰:'惟十有二年六月庚午朏,王命作策豐刑。'"今本漢書"丙午朏"下有"古文月采篇曰三日曰朏"十字,此漢魏人注語,王伯厚引尚書正義謂"'月采'當作'月令'",是也。顔師古誤以爲正文,而注其下云"月采説月之光采,其書則亡",陋矣。"朏"亦作"蠢"。

"霸"字注引周書"哉生霸",康誥文,詳後案。鶴壽案:霸,許謂承大月二日,承小月三日也。而劉歆謂死霸爲"朔",生霸爲"望"。漢律曆志云:"周書武成篇:'惟一月壬辰旁死霸,若翌日癸巳,武王乃朝步自周,于征伐紂。粵若來,二月既死霸,粵五日甲子,咸劉商王紂。'是歲四月己丑朔死霸。死霸,朔也;生霸,望也。是月甲辰望,乙巳旁之,故武成篇曰:'惟四月既旁生霸,粵六日庚戌,武王燎于周廟。'成王三十年四月庚戌朔,十五日甲子哉生霸,故顧命曰:'惟四月哉生霸,王有疾,不豫。'"今案"霸"與"明"相對,當指望後言之,若如許說,則生霸即是生明矣。

"有"字部首注:"不宜有也。春秋傳曰:日月有食之。从月,又聲。"案春秋釋例曰:"劉歆、賈逵因'有年'、'大有年'之經,'有鸛鵒①來巢'書所无之傳,以爲經諸言'有'皆不宜有之詞。"許君从賈逵受古學,故用其說。古文尚書以"有"爲"又",或以"又"爲"有",故許君釋"有"爲又聲。

"馘"字注:"有文章也。从有,戫聲。於六切。"隸變作"彧",通作"郁"。詩信南山"黍稷彧彧",后漢有荀彧字文若,論語"郁郁乎文哉"。

夕部"夤"字注:"敬惕也。从夕,寅聲。易曰:夕惕若夤。翼真切。"案此條繫傳與大徐本同,而其下云:臣鍇曰:"夕者,人意懈怠也,故孫武曰'暮氣歸',國魯語公父文伯之母曰'夕而計過,無憾而後即安'是也。"似引易乃許元文,鍇特發明之,當夕易怠,重復加敬爲夤矣。黃公紹韻會于"寅聲"下云"徐引易'夕惕若'","若"下無"夤"字,亦無"厲"字。因不信二徐,故去之。黃意以引易係徐鍇增也。愚案骨部"骼"字注:"从骨,易聲,讀若易曰'夕惕若厲'。"方明此省。唐石經、毛板注疏、胡震亨刻李鼎祚集解、王應麟集鄭氏易,皆作"夕惕若厲",無"夤"字。許兩引此經,不宜自歧,疑鍇亦有欺人處,鉉誤信之。惠士奇易說、惠棟易述皆增"夤"字,非是。棟既據周語及虞翻義,釋"乾"爲敬,"惕"爲懼,"厲"爲危,日則敬而又敬,夕則懼若履危,于義已備,若"夤"亦敬也,何必重累其詞乎?且敬則敬矣,何"若"之有?鶴壽案:此條駁正惠氏甚是。經義述聞云:乾九三"君子終日乾乾,夕惕若厲,无咎",惠氏周易述于"惕"下增"夤"字,其說曰:"說文夕部引易曰'夕惕若夤',許自敍其稱易,孟氏古文也,是古文易有'夤'字。虞翻傳:其家五世孟氏學,以

---

① "鸛",原作"鴝",據左傳、春秋釋例改。

‘乾’有夤敬之義，故其注易以‘乾’爲敬，俗本脱‘夤’，今從古增入也。’”惠
説非是。經文“夕”與“終日”相對，“惕若”與“乾乾”相對，若增入“夤”字，則
贅矣。“惕若”下本無“夤”字，請列五證以明之。文言曰：“故乾乾因其時而
惕，雖危无咎矣。”言“惕”而不言“夤”，則經文本無“夤”字，其證一也。李鼎
祚集解所列鄭、荀諸家之説，皆不屬“夤”字作解，則諸家本皆無“夤”字，其證
二也。若謂虞翻以“乾”有夤敬之義，故注易以“乾”爲敬，案説文曰：“惕，敬
也。”乾有“夕惕若”之文，故虞翻以“乾”爲敬，敬謂“惕”，非謂“夤”也。且翻
注文言曰“夕惕若屬，故不驕也”，注繫辭傳“其辭危”曰：“危謂乾三‘夕惕若
屬’，故辭危也。”則是翻本亦無“夤”字，其證三也。惠氏所據者，説文也，説
文：“夤，敬惕也。從夕，寅聲。易曰：夕惕若夤。”此“夤”字本作“屬”，今作
“夤”者，因正文“夤”字而誤，説文引易以證“夤”字從夕之義，非以其有“夤”
字而引之也。骨部“髂”字解曰“謂若易曰‘夕惕若屬’”，足證“夤”字之誤，
則是許所見本亦無“夤”字，其證四也。淮南子人間訓、漢王莽傳、風俗通義，
並引易曰“夕惕若屬”，乾元敘制記曰“三聖首乾德，夕惕若屬”，班固爲弟五
倫薦謝夷吾表曰“尸禄負乘，夕惕若屬”，張衡思玄賦曰“夕惕若屬以省愆
兮”，則是兩漢相傳之本皆無“夤”字，其證五也。攷訂經文，不可不慎，即使
説文引經果有“夤”字，且難以一廢百，况傳寫之誤，而可據以補經乎？

　　“姓”字注：“雨而夜除星見也。從夕，生聲。鉉曰：今俗別作
‘晴’。疾盈切。”漢天文志作“暒”，則當爲從夕、從星，與説文“星
見”正合，又當云“星亦聲”。

　　多部“䯍”字注：“齊謂多爲‘䯍’。從多，果聲。呼果切。”變
隸作“夥”。漢陳勝傳：勝故人見殿屋帷帳，曰：“夥！涉之爲王沈
沈者。”楚人謂多爲“夥”。

　　丂部“甹”字注：“木生條也。從丂，由聲。商書曰：若顛木之
有甹枿。徐鍇曰：説文無‘由’字，今尚書只作‘由枿’，蓋古文省
丂而後人因省之，通用爲因由等字。從丂，上象枝條華甹之形。臣
鉉等案：孔安國注尚書，直訓‘由’作‘用也’，‘用枿’之語不通。
以州切。”説詳後案。鶴壽案：今文尚書作“甹”，正字也；古文尚書作
“由”，假借字也。許亦兼用伏生書。

　　卤部“栗”字注：“栗木也。從卤、木。其實下垂，故從卤。力

質切。”重文“曩”字注:“古文‘橐’从西、从二卤。徐巡説,木至西方戰橐也。”案此爲棗橐之“橐”字,从卤,艸木實垂卤卤然,讀若調。至于東卤之“卤”,爲日入卤方,象鳥之入巢,隸變作“西”,全失其形。“橐”字及下“橐”字與卤何涉,乃以其形相似,皆改从西作“栗”、“粟”,展轉迷惑,殊爲無理。

禾部“穜”字注:“埶也。从禾,童聲。之用切。”“稙”字注:“早穜也。从禾,直聲。常職切。”“種”字注:“先穜後埶也。从禾,重聲。直容切。”“稑”字注云:“疾埶也。从禾,坴聲。詩曰:黍稷種稑。力竹切。”重文“穋”字注:“稑或从‘翏’。”合而觀之,古“穜”、“埶”字从童聲,而後人乃从重聲;“種”、“稑”,禾名,从重聲,而後人乃从童聲,蓋互易之。古人凡穜稙字从禾,以嘉穀養人,百艸之長也。木部別有“植”字,注云:“户植也。从木,直聲。常職切。”後人以“植”爲“稙”,而“稙”廢不用。引詩“種稑”,今毛板作“重穋”,傳云:“後埶曰重,先埶曰穋。”其从重似與説文合,但去其禾旁則何意? 必俗儒見其作“種”,乃種稙字,不得爲禾名,遂去其偏旁。“稑”字説文所引本之毛氏,今改爲“穋”,非毛之舊。“稺”字注:“幼禾也。从禾,屖聲。直利切。”此字本从屖得聲,而俗作“穉”。據“遟”字重文“遲”字注“籀文‘遟’从屖”,則誤尚有由,或又變爲禾旁佳,吾不知之矣。

“稀”字注:“疏也。从禾,希聲。徐鍇曰:當言‘从爻、从巾’,無‘聲’字。‘爻’者稀疏之義,與‘爽’同意,巾象禾之根莖。至于‘莃’、‘晞’,皆當从稀省,説文無‘希’字故也。”鶴壽案:“希”與“由”皆許偶脱之耳,説文从希之字甚多,小徐説非是。

“稷”字注:“齋也,五穀之長。从禾,畟聲。子力切。”案此下“齋”字注:“稷也。从禾,𠃟聲。即夷切。”一物互相訓。稷色黄,得土之正,故爲五穀之長。唐虞以此爲官名。天地正氣自在北,南則偏矣。我輩所食,稻也。北人食稷,故多壽。鶴壽案:程瑶田九穀攷曰:“稷、齋,大名也。粘者爲秫,北方謂之高粱,通謂之秫秫,又謂之蜀黍,高大似蘆。月令'首種不入',鄭云:'首種謂稷。'今以北方諸穀播種先後致之,高粱最先,管子書:'日至七十日,陰凍釋而蓺稷,百日不蓺稷。'日至七十日,今之正月也,今南北皆以正月蓺高粱。凡經言'疏食'者,稷食也。稷形大,故得疏稱。段茂堂曰:"九穀致至爲精析。其言漢人皆冒粱爲'稷',而'稷'爲秫秫,鄙人能通其語者,士大夫不能舉其字矣。"今案高粱,吳人謂之"環子粟",皆夏種而秋收。月令章句云:"稷秋種夏孰,歷四時,備陰陽,穀之貴者。"但從未見九月以後田中有高粱,月令章句不可信。即依管子"日至後七十日種稷",亦無如此之早,而程瑤田謂"今南北皆以正月蓺高粱",試觀南北地方,正月中皆一望平疇,何嘗有種高粱者邪?

"穚"字注:"耕禾間也。从禾,麃聲。春秋傳曰:是穚是袞。甫嬌切。"爾雅釋文引説文云:"穚,耨鉬田也。"杜注及詩毛傳皆以"穚"爲耘。

"秩"字注:"从禾,失聲。"後漢蔡茂傳:主簿郭賀曰:"於字,禾、失爲'秩'。雖曰失之,乃所以得禄秩也。"

"稾"字注云:"禾也。司馬相如曰:稾一莖六穗。"案:辨見顏氏家訓。索隱引説文云:"嘉禾一名稾。字林云:禾一莖六穗謂之稾。"隸變作"導"。鶴壽案:稾,擇也。封禪文云:"稾一莖六穗于庖,犧雙觡共抵之獸。""稾"字與"犧"字對言。擇米作飯必于庖也,以爲禾名誤矣,注"禾"字誤。

"秦"字注:"伯益之後所封國也,宜禾。从禾、春省。匠鄰切。"案此字不得爲"春"省,當是从舂省。"舂"字注云:"擣粟也。从廾持杵以臨臼,杵省。書容切。"意者秦地本因產善禾得名,故从禾,从舂省者,禾善則舂之精也。

"稱"字注:"銓也。从禾,爯聲。春分而禾生,日夏至晷景可度。禾有秒,秋分而秒定。律數十二,十二秒而當一分,十分而寸。其以爲重,十二粟爲一分,十二分爲一銖,故諸程品皆从禾。""重"當作"量"。准南子:"秋分蔈定而禾孰。"律數十二,故十二蔈而當一粟,十二粟而當一寸。鶴壽案:十二秒當一分,謂度起于此也;十二粟爲一分,謂權起於此也。一言尺寸,一言斤兩,"其以爲重"四字,是從尺寸轉到斤兩,不必改"重"作"量"。

"秅"字注:"二秭爲秅。从禾,乇聲。周禮曰:二百四十斤爲秉,四秉曰筥,十筥曰稯,十稯曰秅,四百秉爲一秅。宅加切。""周禮"當作"儀禮"。攷聘禮記"十斗曰斛,十六斗曰籔,十籔曰秉,二百四十斗,四秉曰筥",以下同。今説文作"二百四十斤",文殊舛錯。"秲"字注:"百二十斤也。稻一秲爲粟二十斤,禾黍一秲爲粟十六斤太半升。"兩"斤"字,宋本皆作"升",未知其審。鶴壽案:"十斗曰斛"以下是言米數,"四秉曰筥"以下方言禾數,故段注謂:"'二百四十斤爲秉',妄人所增也。"稻一秲爲粟二十斗,禾黍一石爲粟十六斗太半斗,段注已改正。

"稘"字注:"虞書曰:稘三百有六旬。"唐石經無攷,汲古閣刻注疏本及集傳本,"稘"皆作"朞"。鶴壽案:禾一孰則歲一周,故其字从禾。

禮部韻略"秧"字注引説文:"禾粟之穗,生而不成者,謂之薑蓈。"今説文無。

禾部新附"穩"字,書盤庚鄭注只作"安隱于其衆也",惟魏志董卓傳注引華嶠漢書曰"今海内安穩"。

黍部"䵒"字注引春秋傳"不義不䵒",今作"暱"。

米部"粲"字注:"稻重一秲,爲粟二十斗,爲米十斗曰毇,爲米六斗太半斗曰粲。""太半斗",汪刻説文繫傳誤作"米半升"。鶴壽案:此條許注或有脱文,九章算術曰:"粟率五十,糲米三十。"今有粟一斗,欲爲糲米,問得幾何? 答曰:六升。術曰:"以粟求糲米三之五而一。"許言"爲粟二十斗",則爲糲米當有十二斗,而何以云十斗也? 算術曰:"糲米三十,粺米二十七,鑿米二十四,御米二十一。""今有粟二斗一升,欲爲粺米,問得幾何? 答曰:一斗一升五十分升之十七。術曰:以粟求粺米二十七之五十而一。今有粟四斗五升,欲爲鑿米,問得幾何? 答曰:二斗一升五分升之三。術曰:以粟求鑿米十二之二十五而一。今有粟七斗九升,欲爲御米,問得幾何? 答曰:三斗三升五十分升之九。術曰:以粟求御米二十一之五十而一。"糲米十斗,舂爲九斗曰粺,粺即毇也,許言"爲米十斗",尚是糲米,則不當謂之毇也。

舂爲八斗曰鑿，舂爲七斗曰御，許言"爲米六斗大半斗曰粲"，粲即御矣。"爲粟十斗"句，于上下文皆不協。

"粗"字注："疏也。徂古切。""麤"字注："行超遠也。倉胡切。"二字義同，可通用，但音有平仄之分。若今人以"觕"字代者，牛部、角部皆無，而注中有之，糸部注云："繼，觕類也。"

"氣"字注："饋客芻米也。从米，气聲。春秋傳曰：齊人來氣諸侯。"重文"槩"字注："氣或从'既'。"重文"餼"字注："氣或从'食'。"案"气"字隸變，以"氣"代"气"，"气"廢不用，而"氣"字之本義則專用重文"餼"以當之。中庸"既稟"，用重文"槩"而省米。"乞"字亦即"气"字，今別作乞丐之"乞"。鶴壽案："气"本雲气字，借爲气裹之"气"，而俗又作"炁"以代之。此半卷中，日部"昱"則从羽爲"翌"矣，"暗"則从臽爲"暗"矣，"晧"、"旳"則从白爲"皓"、"的"矣。"暴"則加日而爲"曝"矣，"昔"則加月而爲"腊"矣，"昆"則加山、加馬而爲"崑"、"騉"矣，"昌"則加犬、加艸而爲"猖"、"菖"矣。別有"者"則加言、加水而爲"諸"、"渚"矣。"暜"之爲"曬"，"昈"之爲"昊"，"暉"之爲"暈"，"晄"之爲"晃"，全移其位置矣。"昇"之爲"忭"，"否"之爲"覓"，"暓"之爲"鼜"，"暱"之爲"禰"，蓋變其形模矣。於部"旅"之爲"穭"、"稆"也，"旌"之爲"軭"、"壓"也。晶部"曑"之从"厽"爲"參"也，"疊"之从田爲"疊"也。月部"霸"之从西爲"霸"也。片部"版"之从木爲"板"也。克部"克"之加寸爲"尅"也。禾部"耗"易而爲"耗"矣，"稱"易而爲"秤"矣，"秄"易而爲"籽"矣，"秔"易而爲"梗"、"粳"矣，"稬"易而爲"穤"、"糯"矣，"稁"易而爲"稿"、"犒"矣。豆稭之"稭"，易而爲"秸"、"藖"矣。科斗之"科"，加而爲"蚪"、"蝌"矣。康壺之"康"，加而爲"甌"、"甑"矣。米部"籟"之變爲"麴"也，"橫"之變爲"穬"也，"糩"之變爲"燴"也，"糧"之變爲"粻"而又爲"粮"也，"粢"之變爲"鄭"而又爲"糤"也，"粗"之變爲"糳"而又爲"繰"也。非俗而何？

卷七下攷證

起首朩部、林部、麻部，説文繫傳皆在上卷，而朩部與林部并合爲一。林部有"柀"字，麻部有"𪎫"字、"麤"字，皆脱去。每部末文若干、重若干，多有不合者。

林部“綵”字注引詩“衣錦綵衣”。案：詩衞碩人、鄭丰皆作“褧”，中庸引作“絅”，衣部“褧”字注仍引作“褧”。鶴壽案：綵，紵之類也。葛出于山，綵出于澤。字亦作“蔕”。褧衣蓋績綵爲之，故許云“褧，綵也”。

朩部“尗”字注：“配鹽幽尗也。”禮部韻略用其語。宋人以爲新異，紛紛解説而不得其義，見齊東野語。鶴壽案：許云：“尗，俗从豆，作豉。”史記貨殖傳“鹽豉千合”，漢食貨志“長安樊少翁賣豉”。“朩”即古“豆”字，“朩”正而“豆”俗也。作“豉”者，煑豆用鹽藏于温室之中。

韭部“虀”字注：“䪥也。从韭，次、皀皆聲。祖雞切。”重文“韲”字注：“‘虀’或从齊。”今但用“韲”，“虀”廢不用。一字而取兩字以成聲，亦變例。鶴壽案：米部“竊”字注，亦云“㝯、廿皆聲”也。

宀部“宸”字注：“户樞聲也。室之東南隅。”爾雅作“窔”。陸氏引説文云：“深皃。本或作‘宸’。”鶴壽案：室之東南隅有户在焉。君子之居恒當户，乃最明顯處，何幽深之有？穴部“窅”字注“冥也。从穴，巳聲”，與“宸”字異，德明誤引之耳。但俗本爾雅“宸”誤作“窔”，“窔”訓窅窔，窅皃。此德明致誤之由也。

“宭”字注引易“宭其屋”，今易作“豐”。

“窺”字注：“至也。从宀，親聲。初僅切。”見嶧山碑鄭文寶重刻者，亦見史記始皇本紀。

“㝚”字注引周書“陳㝚”，今書作“寶”。

“寶”字注：“珍也。从宀、玉、貝，缶聲。博皓切。”重文“鳳”字注：“古文‘寶’省貝。”案：此字訓珍，而俗遂从珍作“寚”，又作“寳”，不知此字从缶得聲，如俗則無聲矣。

“寢”字注：“臥也。从宀，侵聲。七荏切。”重文“寑”字注：“籀文‘寢’省。”癶部“癮”字注：“病臥也。从癶省，寑省聲。七荏切。”臥者，鄉晦宴息，人之常，故从人。“癮”則病臥，非臥之常，乃廢“寢”不用而取病臥字，且變改爲“寢”，進退無據。汲古閣論語“必有寢衣”、“寢不言”、“寢不尸”，並同。

"寏"字注："塞也。从宀，叔聲。讀若虞書曰'寏三苗'之'寏'。麤最切。"今書作"竄"。説詳後案。鶴壽案：先生所著尚書後案于"竄三苗"句注云："説文：寏，塞也。从宀，叔聲。讀若虞書曰'寏三苗'之'寏'。麤最切。竄，匿也。从鼠在穴中。七亂切。凡自匿曰'竄'，納之穴中閉塞之曰'寏'，二字音義全別。此經本作'寏'，今作'竄'者，衛包改也。"此條大謬。古文尚書當作"檠"，檠，正字也。今文尚書或作"竄"，竄，假借字也。説文之例，凡音同而字異者則言讀若某。此經本作"竄三苗"，故言"寏"讀若"竄"者。若使本作"寏"，則但引書以爲證而已，安得稱"讀若"乎？今説文改"竄"爲"寏"，自二徐本已然，此由淺人疑"竄"音七亂反與"寏"音麤最反不同，故妄改之。但用本字爲音，説文從無此例。"竄"字古音七外反，見周易訟象傳、宋玉高唐賦、班固西都賦、魏大饗碑辭、張協七命、潘岳西征賦、謝靈運謰譔征賦。古音"寏"與"竄"同也。孟子作"殺三苗"，此非殺戮之"殺"，亦即"竄"之假借字也。"竄"讀如鍬，昭元年傳曰"周公殺管叔而蔡蔡叔"，釋文云："蔡，説文作'檠'。"經典"竄"、"蔡"、"殺"、"檠"四字同音通用，皆謂放流之也。

宀部新附"寀"字注："同地爲寀。"書"疇咨若予采"，馬融注："采，官也。"采即僚采，不必別作"寀"字。

穴部"窶"字注引詩"陶覆陶穴"，宋本作"陶窶"。

"窒"字注引詩"瓶之窒矣"，今作"罄"。

疒部"㾒"字注："瞑言也。牛例切。"俗作"囈"。

疒部文十，除部首，餘九字皆"疒"省。"疒"字點畫已緐，不能全從，只可從省，此亦變例。

疒部"痤"字注："小腫也。从疒，坐聲。一曰族絫。鉉曰：今別作'瘯蠡'，非是。昨禾切。"左傳釋文："蠡，力果反。説文作'瘰'，云瘯瘰，皮肥也。"陸氏所見説文是足本，今刻有脱字，"瘯瘰"古無此字，有此病則以"族絫"代之。"絫"乃俗書，況又加疒，更非。"絫"當作"纍"。南北朝妄造之字極多，陸氏所見直爲"瘯瘰"，至大徐頗正定之。鶴壽案："族纍"是病，皮肥則不疾族纍矣。陸氏所引説文脱"不疾"二字。

"瞳"字注："脛气腫。从疒，童聲。詩曰：既微且瞳。時重切。"重文"尰"字注："籒文从允。"今詩作"尰"。然古字允聲每从童得聲，平聲每从重得聲，此正文、重文皆从童，而聲則从重，此經仍當作"瞳"。

"瘉"字注："病瘳也。从疒，俞聲。鉉曰：今別作'愈'，非是。以主切。"案詩正月云"胡俾我瘉"，角弓云"交相爲瘉"，毛傳皆訓病，則此字既爲"病瘳"，又爲"病"，與"亂"訓治同。孔安國論語注云："愈猶勝也。"何晏直訓勝。然足部"踰"字注："越也。从足，俞聲。羊朱切。""越"即"勝"也，何必別造"愈"字？若辵部"逾"字注云："迆進也。从辵，俞聲。周書曰：無敢昬逾。羊朱切。"此字雖與"踰"同音，義卻別。蓋"踰"非惡字，而"逾"乃冒昧亂次。論語"不踰矩"，孟子"踰牆相從"，皆當作"逾"。

"癡"字注："不慧也。"今俗作"痴"，不知起于何人。

冂部"冡"字注引周書"王三宿三祭三冡"。詳後案。鶴壽案：冡，今書顧命作"咤"，釋文云："咤，陟嫁反。亦作'宅'。又音妒。徐音託，又豬夜反。説文作'冡'，丁故反。馬本作'詫'，與説文音義同。"段茂堂曰：許云"冡，奠酒爵也，從冖，託聲。"書梅傳云："酌者實三爵于王，王三進爵、三祭酒、三奠爵。"許所據乃壁中古文，馬本作"詫"者，字之誤也，孔本作"咤"者，又"詫"之誤也。其作"宅"，則別本也。既釋爲"奠爵"，則有居義，故其字無妨作"宅"，蓋説書家有讀"冡"爲宅者。鄭訓爲"卻行"，亦于古音同部求之。據玉篇引周書"三冡"，云"本或作'吒'"，然則孔本亦作"冡"，而"咤"乃"吒"之譌也。

网部"罦"字注引詩"雉離于罦"，今作"罦"，因重文"罦"或从孚作"罦"而改。

"罜"字注："兔罜也。从网，否聲。鉉曰：隸書作'罘'，縛牟切。"後漢竇恂曾孫榮傳注，李賢引此已作"罘"。

"罭"字注："魚网也。从网，彧聲。""彧"，籒文"銳"，亦見金部"銳"字重文"彧"字注。艸部"蕍"字注則云"'彧'，古文'銳'"，"古"字誤。

　　"置"字注："赦也。从网、直。"直"下本有"聲"字①。陟吏切。"徐鍇曰："从直。與'罷'同意。直非聲，亦會意，置之則去之也。""罷"字注："从网、能。言有賢能而入网，即貰遣之。"案："直"音近置，當兼言"直亦聲"，大徐信小徐説，删"聲"字也。韻會引説文，于"从网、直"下連"直與'罷'同意"句，方接徐曰"亦會意"，此有意以小徐語溷入許氏原文，不足信。

　　巾部"帥"字注："佩巾也。从巾、𠂤。所律切。"重文"帨"字注："'帥'或从兑，今音稅。"案：𠂤，都回切。"从巾、𠂤"下，"从兑"下，皆脱"聲"字。廣韻"帥"字注："將帥也。"曹憲文字指歸云："佩巾也。"此字本爲佩巾，而將帥及方伯連帥字假借用之，或借鳥網之"率"字用之，義皆同也。經傳如詩"翟帥"、周禮"師帥"、春秋"主帥"、"元帥"，釋文但云"所類反"，易"長子帥師"、論語"三軍可奪帥"，則云"色類反"，孟子"氣之帥"，孫奭音義亦但云"所類反，或音衛"，人遂不知此字本義爲佩巾。至"帨"，則詩"無感我帨"、禮記"左佩紛帨"，釋文皆云"始鋭反。佩巾也"，人遂誤認"帥"、"帨"爲二字，而不知"帨"即"帥"之重文。"常"字注："下帬也。从巾，尚聲。市羊切。"而"裳"即"常"之重文。今人乃以"帥"爲將帥，"帨"爲佩巾，"常"爲常變，"裳"爲下帬。鶴壽案："帥"字段注甚詳。召南毛傳曰："帨，佩巾也。"鄉飲酒禮、鄉射禮、燕禮、大射儀、公食大夫禮、有司徹皆言"帨手"，注："帨，拭也，帨手者于帨。帨，佩巾。"據賈氏鄉飲、公食二疏，知經、注皆作"帨"，别無"挩"字。内則"盥卒授巾"，注云"巾以帨手"，即用禮經"帨手"字也。叞者，拭也。"刷"亦同"叞"。左傳"藻率鞞鞛"，服虔曰："藻爲畫藻，率爲刷巾。禮有'刷巾'。"許于刀部"刷"下亦云："禮有'刷巾'。"是則刷巾即左傳之"率"，"率"與"帥"字古多通用，如周禮樂師故書"帥"爲"率"，聘禮古文"帥"皆作"率"，韓詩"帥時農夫"，毛詩作"率"，皆是佩巾本字作"帥"，假借作"率"也。鄭曰："今文'帨'，古文作'説'。"是則"帥"、"率"、"帨"、"説"、"叞"、"刷"六字，古人同音通

用。後世分文析字，"帨"訓巾，"帥"訓率導，訓將帥，而"帥"之本義廢矣。率導、將帥字在許書作"達"、作"衛"，而不作"帥"與"率"，六書惟音同假借之用最廣。

　　"飾"字注："㠾飾。"見漢外戚孝平王皇后傳。鶴壽案：㠾，首飾也。漢史游急就篇已有"㠾飾刻畫無等雙"之句。

　　"帚"字注："糞也。从又持巾埽冂内。古者少康初作箕、帚、秫酒。少康，杜康也，葬長垣。支手切。"魏武帝詩："何以解憂，惟有杜康"，以其作秫酒也。長垣屬陳留。

　　"帑"字注："金幣所藏也。从巾，奴聲。乃都切。"案古以"帑"爲妻帑，蓋从巾，妻子執巾櫛事家長也。奴聲。唐石經毛詩常棣"樂爾妻帑"，禮記引詩同。文七年傳"荀伯盡送其帑"，文十三年"所不歸爾帑者"，昭十八年"郼子從帑于邾"，皆同。至尚書甘誓"予則孥戮汝"，變爲从子，孟子"罪人不孥"同。攷子部並無"孥"字，必俗人妄造。今以"帑"爲金幣所藏，經無此訓，然後漢鄧禹子訓傳，李賢注所引正同，則盛唐人所見説文本已如此。洪适隸釋中平五年巴郡太守張納碑已云："省息錢穀，還充府帑。"則似自古有此訓，姑闕疑。鶴壽案：巾有包藏之意，故"帑"字从巾。至妻帑之"帑"，本只作"奴"。奴者，罪人之子孫也，引而伸之，凡人之子孫亦稱爲奴，而又假借"帑"字用之，若改作"孥"，則奴已是子，而又加子，毋乃贅乎？

　　"市"部首注云："韠也。上古衣蔽前而已，市以象之，天子朱市，諸侯赤市，卿大夫此下脱"赤市"二字蔥衡。从巾，象連帶之形。分勿切。"重文"韍"字注："篆文'市'，从韋、从犮。鉉曰：今俗作'紱'，非是。"案：此以"韠"解"市"。韋部"韠"字注即以"市"之重文解之，云："韍也。所以蔽前。以韋此下脱"爲之"二字。下廣二尺，上廣一尺，其頸五寸，一命緼韍，再命赤韍。从韋，畢聲。卑吉切。"此以二字轉相訓，而蔽前之義則同。蓋太古未製裳，用艸木葉蔽前下體，後用獸皮，其後乃製裳，而反本復古，不忘其初，故仍象其形，施之于裳也。古市井字作"𣎴"，隸變作"市"，與"市"無別，故廢“市”不用，而以“韍”代。黹部“黼，白與黑相次文”，“黻，黑與青相次文”，未見“黻”之即爲“市”。而“黻”分勿切，與“市”同，似假借同音，非一物，然反覆攷之，“市”、“黻”是一。論語“禹致美黻冕”，皇侃疏云：“冕是首服爲尊，黻是十二章最下爲卑，卑尊俱舉，中可知也。一云黻非服章，政是韠韍之服，舉此則正服可知也。”皇氏雖分二説，後説以“韠”爲“黻”，與説文正合，則“黻”、“市”是一不待言。即前説以“黻”爲服章，似與“韠”非服章者不同。然尚書“黼黻絺繡”，鄭云：“黼也，黻也，紩以爲繡施于裳。”意者制章服後猶不忘本，雖加文繡，仍取蔽前遺式。故自其以獸皮爲之而言，則從韋而從犮得聲；自其黹繡而言，則從黹而亦從犮得聲，殆二而一者與。或慮其與市井字混，加艸以別之，然艸部不收，則此字起漢以下。詩候人“三百赤芾”，毛傳：“芾，韠也。一命緼芾黝珩，再命赤芾黝珩，三命赤芾蔥珩。大夫以上，赤芾乘軒。”疏云：“桓二年左傳‘袞冕黻珽’，則芾是配冕之服。易困卦九五‘困于赤芾，知用享祀’，則芾，祭祀所用也。士冠禮‘陳服皮弁素韠，元端爵韠’，則韠不施于祭服矣。玉藻説韠之制云：‘下廣二尺，上廣一尺，長三尺，其頸五寸，肩革帶博二寸。’書傳更不見芾之別制，明芾之形制亦同于韠，但尊祭服，異其名耳。言‘芾’、‘韠’者，以其形制大同，故舉類以曉人，別言之則祭服謂之‘芾’，他服謂之‘韠’，二者不同也。‘一命’云云，玉藻文，彼注云：‘玄冕爵弁服之韠，尊祭服，異其名。‘韍’之言蔽也。緼，赤黃之閒色，所謂韎也。周禮公侯伯之卿三命，下大夫再命。’曹爲伯爵，大夫再命，是大夫以上皆服赤芾。”覯此疏，“市”、“黻”是一，顯然。采芑“朱芾斯皇”，車攻“赤芾金舄”，采菽“赤芾在股”，皆是漢時所改。而采菽箋云：“芾，太古蔽膝之象也。冕服謂之‘芾’，其他服謂之‘韠’，以韋爲之。脛本曰‘股’，偪束其脛，自足至膝。”疏云：“箋本其有芾之由，故言‘太古蔽膝之象’，易乾鑿度注：‘古者田漁而食，因衣其皮。先知蔽前，後知蔽後。後王易之以布帛，而猶存其蔽前者,重古道,不忘本.'是説市之元由也。繫辭云:'包犧氏作,結繩而爲網罟,以佃以漁.'則佃漁而食,伏犧時也。禮運曰:'飲其血,茹其毛,衣其羽皮.'是'因衣其皮'也。以人情而論,在前爲形體之褻,宜所先蔽,故'先知蔽前,後知蔽後'。且服市于前,明是重其先蔽而存之也。禮運又曰:'後聖有作,治其絲麻,以爲布帛.'繫辭又云:'黃帝、堯、舜垂衣裳而天下治.'則易之以布帛,自黃帝以後。推此則太古蔽膝,伏犧時也,後王爲市,象太古之蔽膝,故云'市,太古蔽膝之象'。垂衣裳,服布帛,必始于黃帝,其存此象,未知起自何代也。明堂位曰'有虞氏服韍',注云:'舜始作之,以尊祭服.'言始尊祭服,異其名,未必此時始存象也。"覯此疏益明。朱氏彝尊龍尾硯歌題下自注"硯有'辛卯米市'四字",歌云:"騷人生年記辛卯,初度肇錫名何嘉。十稃彙開見八八,兩己相背無孤邪。"予見諸法帖,米往往自書其名,或曰市,或曰黻,然則唐宋以來,以"市"、"韍"、"黻"、"市"爲一字。秦始皇本紀:"齊人徐市等上書,言海中三神山,僊人居之。于是遣徐市發童男女數千人入海求僊人。""市"本分勿切。歐陽永叔日本刀歌:"其先徐福詐秦民,采藥淹留卯童老。"聞人俠注引仙傳拾遺:"徐福,字君房。"以"市"爲"福",乃音之譌,而不識字者竟作市井字讀,尤爲可笑。鶴壽案:詩候人疏云"縕,赤黃之閒色,所謂韎也",韎"字乃"韐"字之譌。"韐"之爲色,較赤爲黃,有似爵頭色。采芑傳云:"市,黃朱市也。"斯干箋云:"市,天子純朱,諸侯黃朱。"易鄭注云:"朱深于赤,則黃朱爲赤也。"易緯乾鑿度云:"困九五,文王爲紂三公,故言'困于赤紱'。至于九二,周將王,故言'朱紱方來'。"引孔子曰:"天子三公九卿朱紱,諸侯赤紱。"若縕韐則以韎章爲之,故以爲一命之服。"市",古文也。"韍",篆文也。"黻"、"沛"、"市",假借字也。惟"紱"與"市"爲俗字。

　　黹部"黼"字注引詩"衣裳黼黼",今作"楚楚"。

　　小徐繫傳于此卷之末脱去㡀、黹二部。鶴壽案:㡀,敗衣也;黹,箴縷所紩衣也。則黹部宜在前,許列于㡀部後者,以字形爲次弟也。此半卷中,韭部之"韱",何以爲"韱"? 瘖部之"病",何以爲"寫"? 宀部"宣"之爲

"瑄","宋"之爲"宑","寫"之爲"瀉","空"之爲"宜","容"之爲"蓉"、"榕","窦"之爲"窦"、"猰",穴部"突"之爲"鶏","突"之爲"罙","空"之爲"窒","窪"之爲"陑","窈"之爲"胸"、"坳","窨"之爲"㝐"、"楅";疒部之"瘦",何以爲"瘦"? 冂部之"冢",何以爲"蒙"? 网部"罩"不應从竹,"罌"不應从卯,"罠"不應从戀,"罵"不應从鞊,"羅"不應从羂、胃,"置"不應从殳、皷;巾部"飾"不當作"拭","幟"不當作"織","幃"不當作"褌","帖"不當作"貼","幄"不當作"惆"、"幬","幰"不當作"祕"、"松",蓋無往而非俗也。至于黹部之"黹",與"希"同字,故尚書"絺繡",鄭本作"希",注云"'希'讀爲黹",周禮"希冕"注云:"'希'或作'黹'",後人因說文無"希"字,以爲即古文"稀"字,非也,説文偶脱爾。

蛾術編卷二十六

説字十二

卷八上攷證

人部"僮"字注："未冠也。从人，童聲。徒紅切。"辛部"童"字注："男有罪曰奴，奴曰童，女曰妾。从辛，重省聲。辛，辠也。"後人以二字互易之，"僮"爲童奴，"童"爲未冠。

"仁"字注："親也。从人、二。鉉曰：仁者兼愛，故从二。如鄰切。"案禮記中庸："仁者人也，親親爲大。"鄭注："'人也'讀如相人偶之'人'，以人意相存問之言。"相人偶，故从二；相存問，故訓親。鶴壽案：臧氏經義雜記云：鄭康成注經每有"人偶"之語，蓋尊異親愛之意。詩匪風"誰能亨魚"，箋云："'誰能'者，言人偶能割亨者。""誰將西歸"，箋云："'誰將'者，言人偶能輔周道治民者。"疏云："'人偶'者，謂以人意尊偶之也。論語注'人偶，同位人偶之辭'禮注云'人偶相與爲禮儀'，皆同也。亨魚小伎，誰或不能？而云誰能者，人偶此能，割亨者尊貴之。若言人皆不能，故云'誰能'也。"聘禮"公揖入，每門每曲揖"，注云："每門輒揖者，以相人偶爲敬也。"釋曰："'以相人偶'者，以人意相存偶也。"公食大夫禮："賓入三揖"，注云："每曲揖，及當碑揖，相人偶。"禮記中庸"仁者人也"，注云："'人也'讀如相人偶之'人'，以人意相存問之言。"疏云："仁謂仁恩相親偶也。言行仁之法在于親偶，欲親偶疏之人，先親己親。"表記"仁者人也"，注云："'人也'謂施以人恩也。春秋傳曰：'執未有言舍之者，此其言舍之何？人也。'"疏云："仁者人也，言仁恩之道，以人情相愛偶也。注引成十六年公羊傳，證人是人偶相存愛之義。"廣雅釋詁"人"與"惠"、"愛"同訓爲仁。今案臧氏舉

"尊偶"、"存偶"、"相親偶"、"相愛偶"諸條，以明"人偶"之義，可謂詳矣。然尚有一條未備，詩碩人敘云："閔莊姜也。莊公惑于嬖妾，莊姜賢而不答。"疏云："夫人雖賢，不被答偶。""大夫夙退，無使君勞"，箋云："莊姜始來時，衛諸大夫朝夕者皆早退，無使君之勞倦者，以君夫人新爲妃耦，宜親親之故也。"配耦之"耦"，本當爲"偶"，故疏有"答偶"之言。説文"偶"字注："桐人也。""桐"當作"相"，傳寫之譌。鮑彪戰國策注："偶，相人也。"即用説文語。段茂堂謂"偶"者寓也，寓于木之人也，則竟作木偶解，非是。

　　"仞"字注："伸臂一尋，八尺。從人，刃聲。而震切。"俗有"認"字，謂相識認也。言部無此字，漢書作"仞"，儒林傳"喜因不肯仞"，師古曰："仞，名也。"至後漢書則皆改爲"認"矣。列子云："仞而有之。"鶴壽案：許氏謂周制寸、尺、咫、尋、常、仞諸度量皆以人之體爲法，寸法人寸口，尺起于寸，咫法中婦人手八寸，尋法人兩臂之長八尺，常倍尋。此注云"伸臂一尋"，則仞與尋無二矣，必非許氏原文。王肅、趙岐、曹操、李筌、顏師古、房玄齡、鮑彪諸人皆言"八尺曰仞"，鄭康成、包咸、高誘、王逸、李謐、司馬彪、郭璞、陸德明諸人皆言"七尺曰仞"，程瑤田通藝録曰："言七尺者是也。揚雄方言'度廣曰尋'，杜預左傳注'度深曰仞'，二書皆言人伸兩手以度物之名，而尋爲八尺，仞必七尺者，何也？同一伸手度物，而廣、深用之，其勢不得不異。人長八尺，伸兩手亦八尺，用以度廣，其勢全伸，用以度深，則必上下其左右手而側其身焉，身側則胸與所度之物不能相摩，于是兩手不能全伸而成弧之形，弧而求其弦以爲仞，必不能八尺，故七尺曰仞，亦其勢然也。説文云'測深所至也'，玉篇云'度深曰測'，'測'之爲言側也，余説與之合矣。"段茂堂曰："程説甚精。攷工記'廣二尋、深二仞謂之澮'，若同八尺，何不皆曰二尋，如上文'廣二尺、深二尺'之例也？許書于'尺'下尋、仞兼舉，尋者八尺，見寸部，則'仞'下必當云七尺，今本乃淺人所改耳。"今案人伸兩臂得廣八尺者，兼胸前之廣在內也。度廣則兼胸前之廣，若度深則不能兼胸前之廣，故只有七尺耳。程氏謂"胸與所度之物不能相摩"，非也。"仞"爲仞識字者，度廣則平量之，左右長短易見，度深則側量之，上下高深須仰瞻而俯察之，比諸尋常之視尤爲詳審故也。

　　"俅"字注引詩"弁服俅俅"，唐石經作"載弁俅俅"。釋文云："俅俅，恭慎也。説文作'絿'，同。"殊不可解。此字從人，求聲，何反引从糸之字作證邪？鶴壽案："綠"字注引詩"不競不綠"，陸誤引于此。

"伉"字注："人名，論語有陳伉。"石經作"陳亢"。

"伊"字注："殷聖人阿衡，尹治天下者。从人、尹。"小徐云："俗本作'尹聲'，誤。"玫山海經、尚書禹貢已有伊水，則"伊"字不始于伊尹，似説文非。但重文別出"㐆"字注云："古文'伊'从古文㐆。"則山海經、禹貢伊水字，古本爲"㐆"。水經注稱吕忱曰"河南㐆水"是。字林猶存古説，酈道元以別水當之，非也。禹貢伊水當作"㐆水"無疑。

"份"字注："文質備也。論語曰：文質份份。"石經作"彬"。

"俴"字注："讀若汝南潃水。虞書曰：方鳩俴功。"水部無"潃"字。"方鳩俴功"，辵部"述"字注引作"旁述孨功"。宋儒若東坡蘇氏、九峯蔡氏本皆改爲"僝功"。"僝"，説文無此字。"方鳩"，宋本作"旁救"，是。鶴壽案：古文尚書作"方鳩俴功"，今文尚書作"旁述孱功"。此以"鳩"爲"救"者，蓋壁中書如此。史記五帝本紀作"旁聚布功"，"聚"即"鳩"也。

"儦"字注："長壯儦儦也。从人，麤聲。春秋傳曰：長儦者相之。"石經昭七年傳："楚子享公于新臺，使長鬣者相。"杜預曰："鬣，鬚也。欲夸魯侯。"疏云："吳楚之人少鬚，故選長鬣者相禮。"錯曰："許在杜前，故義有異。"

"侗"字注引詩"神罔時侗"，石經作"恫"。

"倞"字注："彊也。从人，京聲。渠竟切。"案孫愐不知古音，渠竟切似當讀若勁矣，豈知古讀"京"若彊，从此得聲，則"倞"當音力讓切。古無平仄之分，平聲字可爲仄之聲也，訓爲彊則與力部"勍"字同，而音則微別。蓋"勍"當讀涼耳。孫于彼音渠京切，孫據後世之音，呼"京"爲驚，故讀"勍"若擎，此亦非也。若夫訓信之字，則自有"諒"从言，京聲，力讓切，在言部。不料後漢俗儒妄造"亮"字代之，蓋即"倞"字移"人"于下爲"儿"，移"京"于上，而

“京”本作“京”，今于其下半截分布減省作宀，于是至不通之“亮”字成焉。然經典絶無“亮”字，惟孟子云“君子不亮”，想原本必是“諒”字，趙岐徇俗而解爲信，至皇甫謐造偽尚書，獨多“亮”字，舜典“亮采惠疇”，“欽哉惟時亮天功”，皋陶謨“亮采有邦”，説命“王宅憂亮陰”，論語引仍作“諒”。周官“寅亮天地”，畢命“弼亮四世”，皆訓爲信。試思“諒”爲信，“倞”爲彊，二字音雖同，究有何干涉？乃假“倞”之形以成其文，冒“諒”之訓以爲其義，顛倒錯譌，迷惑後人。或又訓作明，今俗通稱“明”爲“亮”，觀諸葛武侯名亮而字孔明，則此義已起漢末矣。廣韻注：“亮，朗也、導也。”皆非是。

“倜”字注：“武兒。”大學引詩“瑟兮倜兮”，釋之曰：“恂慄也。”鄭注以“恂”爲嚴峻，毛傳：“寬大兒。”寬大則武，狹小則不武。荀子：“塞者俄且通也，陋者俄且倜也。”陋則不武，不陋則武，亦與許合。鶴壽案：“嚴峻”與“寬大”相反，即荀子亦以“陋陋”與“寬大”反對，何必曲爲之説。

“偏”字注引詩“豔妻偏方處”，石經作“煽”。

“僾”字注引詩“僾而不見”，石經作“愛”。

“幾”字注：“精謹也。”引明堂月令“歲將幾終”。案唐石經御删定月令李林甫注本“十二月，數將幾終，歲且更始”，此玄宗所改也。事不師古，豈可爲訓？鶴壽案：不獨此也，上二條“偏”作“煽”、“僾”作“愛”，俱係俗人所改。

“儐”字注：“導也。从人，賓聲。”重文“擯”字注：“‘儐’或从手。”論語“君召使擯”，鄭注：“有賓客，使迎之。”是“儐”可作“擯”。堯典“賓于四門”，鄭注：“賓讀爲‘儐’。舜爲上儐以迎諸侯。”周禮司儀職言將幣交擯之事，其下云“賓亦如之”，言大夫郊勞旅擯之事，其下云“賓使者如初之儀”，鄭彼注云：“‘賓’當爲‘儐’。”是“賓”又與“儐”通也。鶴壽案：“儐”與“擯”，其義不同，聘禮“賓用束錦”，“儐勞者”，“儐之如初”，“儐之兩馬束錦”，凡言“儐”者九。鄭注：“上于下曰‘禮’，敵者曰‘儐’。”上于下曰“禮”，如“主國之禮聘賓”是也；

敵者曰"儐"，如"儐勞者"、"儐歸饗餼者"是也。鄭據禮經字作"擯"，是以周禮司儀"賓亦如之"，"賓使者如初之儀"，皆云"賓"當爲"儐"，易"賓"爲"儐"，取賓禮相待之義，非擯相之義也。合二禮訂之，擯相字當从手，賓禮字當从人，許合"儐"、"擯"而一之，與鄭注異。

"侸"字注："立也。讀若樹。"今俗有"住"字，説文無。辵部"遳"字注："馬不行也。从辵，尌聲。讀若住。"則"住"字雖不收，卻見于注，且既从辵，則是人不行，當即古"住"字。鶴壽案："住"即"駐"之俗字，與"侸"字不相涉。

"儽"字注："垂皃。从人，畾聲。一曰嬾懈。落猥切。"通鑑周紀赧王二十年，趙主父使惠文王朝羣臣，而自從旁窺之，見其長子儽然也。"史炤釋文："儽，倫追切。疲也。"胡三省云："懶懈皃。少子臨朝而長子朝之，故其皃如此。"胡用説文固勝史，然何不直引説文，而云"俗省筆作'傫'"？

"佶"字注引詩"曷其有佶"，石經作"佸"。

"攲"字注："妙也。从人、从攴，豈省聲。鉉曰：'豈'字从攲省，'攲'不應從豈省，疑从耑省。耑，物初生之題尚攲也。無非切。"如鉉説則"耑"亦義，非聲。"微"字注："隱行也。从彳，攲聲。"引春秋傳"白公其徒微之"，無非切。愚謂"微"是微賤，"攲"則攲妙，尚書"側微"，毛詩"式微"，爾雅"微乎微"，孟子"微服"，正當从彳；若中庸"盡精微"，古必是"攲"字，後人妄加彳耳。

"假"字注引虞書"假于上下"，石經作"格"。鶴壽案：方言曰："假、徦，至也。邠唐冀兗之間曰'假'，或曰'徦'。""徦"即古"格"字。"假"訓至與"假"訓借，其義不同，但古書多借假爲"徦"，詩雲漢"昭假無贏"、泮水"昭假烈祖"，傳皆云："假，至也。"烝民"昭假于下"、玄鳥"來假祈祈"、長發"昭假遲遲"，箋皆云："假，至也。""假"與"格"通用，楚茨"神保是格"，傳云："格，來也。"抑篇"神之格思"，傳云："格，至也。"其實"假"皆當作"徦"，"格"皆當作"徦"。易"王假有廟"，虞翻云："假，至也。"尚書大傳"祖考來假"，王逸楚詞注："假，至也。"引書曰"假于上下"。史記云"假人元龜"、"假于皇天"、"假于上帝"，漢書云"惟先假王正厥事"，後漢書云"不顯之德，假于上下",此皆"假"之假借也。若那篇"湯孫奏假",烈祖"鬷假無言",則爲"嘏"之假借。假樂"假樂君子",維天之命"假以溢我",則又爲"嘉"之假借矣。

　　"價"字注:"賣也。从人,賣聲。余六切。"案唐石經周禮"司市以量度成賈而徵價",又云"掌其賣價之事","質人凡賣價者,胥師飾行價慝者,賈師禁貴價者",又云"凡國之賣價",凡"價"皆作"價"者,省筆也。繫傳乃以"賣也"爲"見也"。若云傳寫誤,則鍇曰"周禮借爲貨賣字"。"賣"音育,曰"借爲",則鍇意果以此字作見解,而作"貨賣"者,特借之耳。或以爲即論語"私覿"之"覿"字,攷"司市"前一條注:"徵,召也。價,買也。物有定價,則買者來也。"釋文云:"價,劉音育,聶氏音笛,字林他竺反。"疏云:"價賣之物價定,則召買者來,故云'徵價'也。鄭知價爲買者,以言徵召買者,故以價爲買。此字所訓不定。下文云'貴價'者,鄭注'貴賣之',是亦望文爲義也。""價"字音不定,故訓亦不定,既訓買又訓賣。貝部"賣"字注:"衒也。从貝,㚟聲。㚟,古文'睦',讀若育,余六切。""買"字注:"市也。从网、貝。孟子:登壟斷而网市利。莫蟹切。"竊以交易之事,本取相衒,"賣"字兩訓宜矣。但將物得財與人爲"賣",出財取物入己爲"買",流俗共知。"賣"字注云:"出物貨也。从出,買聲。莫懈切。"只因隸書出頭作"土",而"賣"字傳寫減省作"賣",竟似與出貨物之"賣"字全無分別。況"賣"字,鄭康成"買、賣"兩訓本易相殽,于是"衒也"之字,人幾不敢用,往往作"鬻",孟子"自鬻于秦",孫奭音義云"音育",張衡西京賦"鬻者兼贏","鬻良雜苦",薛綜注:"鬻,賣也。"隸變壞亂六書,其害如此。釋文"劉音育"是也。字林他竺反,聶音笛,皆近也。至于訓見,或古有此訓。"覿"字雖屢見經典,論語之外,如爾雅"覿,見也",郊特牲"不敢私覿",聘禮"賓奉束錦請覿",周禮司儀"私面"注"私覿也",恐是後人所改,説文不收,確係俗字。今鉉本作"價,賣也",毛板據北宋本,未可斷爲後人所改,況鄭注周禮兩訓,未見其必非本義,不敢偏信鍇而斷爲假借,互竝存之。

鶴壽案："債"字于周禮雖訓買，又訓賣，但貝部既有"賣"字、"買"字、"賞"字，其用已備，而此部又有"債"字，不幾于贅乎？"債"即古"覿"字，故小徐以爲"見也"。

"佩"字注引詩"佩彼有屋"，石經作"仳"。

"僻"字注："避也。从人，辟聲。詩曰：宛如左僻。一曰从旁牽也。普擊切。"此以"僻"訓避。石經作"宛然左辟"，後人改也。辵部"避，回也"，此其正字。而"僻"亦是"避"，故毛傳云"宛，僻毛作"避"，後人改。皃。婦至門，夫揖而入，不敢當尊，宛然毛解"如"爲然，後人改作"然"。而左僻。"則毛本作"宛如左僻"，訓"僻"爲避，明矣。陸德明所見毛詩已是改本，言"僻"爲"避"固確，下又言"一音婢亦反"，不知古"避"、"僻"雖二字，而音義皆同也。古于偏邪隱晦之義無其字，假借音近之"辟"字代之。"辟"字注："法也。从卩、从辛，節制其辠也；从口，用法者也。必益切。"因節制辠人，又係用法者，故書"惟辟作福"、詩"載見辟王"等又爲"君"。至作偏邪隱晦用，則無義，不過取音近。書洪範"人用側頗辟"，詩蕩"民之多辟"，雜記"所與遊辟也"，大學"辟則爲天下戮"，孟子"放辟邪侈"，皆是。後人乃因"避"現有正字，不煩再立"僻"字，遂以"僻"專作偏邪隱晦解，并改音普擊切，故于詩魏風去其人旁，直假借"辟"耳。他如中庸"莫之知辟"，安知非"僻"而後人去人旁乎？若"譬，諭也，从言，辟聲"，在言部。而中庸云"辟如行遠"、"辟如天地"，孟子云"辟若掘井"者，古人好假借，不但無其字者假借，即有其字亦假借，此別是一論。因"僻"字古音古義已失，故曉曉辨之。鶴壽案：今人以"避"爲退避字，"辟"爲邪辟字，其實"避"當爲"僻"，而古書通用"辟"，段茂堂曰："辟者，法也。引伸爲辟人之'辟'，辟人而人避之，亦曰'辟'，若周禮閽人'凡外内命婦出入，則爲之辟'，孟子'行辟人可也'，曲禮'若主人拜，則客還辟、辟拜'，郊特牲'有由辟焉'。包咸論語注：'躩，盤辟皃。'投壺'主人盤旋曰辟'、'賓盤旋曰辟'，大射儀'賓辟'注曰：'辟，逡遁不敢當盛。'自屛之者言，則閽人、孟子、郊特牲是也。自避之者言，則曲禮、投壺、論語注是也。舟部'般，辟也'，即旋辟、盤辟之謂。'辟'之言邊也,屛于一邊也。'辟'之本義如是,廣韻注'誤也,邪僻也',此引伸之義。今義行而古義廢矣。"

"伎"字注引詩"籥人伎忒",石經作"鞠人忕忒"。

"催"字注引詩"室人交徧催我",石經作"摧我"。

"伺"字注:"司也。从人、从犬。鉉曰:司,今人作'伺'。"案:後漢馬援傳注引東觀記曰:"援上書:'臣所假伏波將軍印,書伏字犬外嚮,恐天下不正者多。'事下大司空,正郡國印章。"攷後漢石刻傳于今者,皆八分書,不見有篆書。八分與隸無大異也。"犬外嚮"者,即今俗作"伏",故言"外嚮"。今俗"伺"字古只作"司"。見部"瞲"字注"司也","覛"字注"司人也",冏部首注云:"欲有所司殺形。"人部無"伺"字。頁部"頶"字注:"伺人也。"此必後人加人傍。

"弔"字注:"問終也。古之葬者,厚衣之以薪,从人持弓會敺禽。多嘯切。"吳越春秋越王問:"射道何所生?"陳音曰:"臣聞弩生于弓,弓生于彈,彈起于古孝子,不忍見父母爲禽獸所食,故作彈以守之。歌云:'斷竹續竹,飛土逐肉。'"俗但作"弔",非是。推其故,古次第字只作"苐",俗作"弟",慮與"苐"相溷,故省人。

"佋"字注:"廟佋穆。父爲佋,南面;子爲穆,北面。"經典"佋穆"字,後人皆改爲"昭"。鶴壽案:"昭"取向明,若从人則何所取義?蓋晉時爲司馬昭諱,改之耳。

"僊"字注:"長生僊去。从人、䙴,䙴亦聲。相然切。""仚"字注:"人在山上皃。从人、山。呼堅切。"俗移"人"于左、"山"于右以代"僊",非也。小徐"僊"、"企"相接,大徐"僊"下"褮"、"褮"下"仚",小徐是。

人部新附"倒"字注:"仆也。从人,到聲。當老切。"金曰追儀禮正譌引顧亭林石經攷曰:"'祭服不到',石經'倒'誤'到'。案釋文于經正文不釋,于注'偵倒'字始釋,則經文原係'到'字,作'倒'者後人加也,未可以石經爲非。'到'、'倒'古字通。"愚案説文無“倒”字，則“倒”字後人所加，并非“到”、“倒”通用。

論語“其愚不可及也”，孔安國注“佯愚似實”，皇侃本作“詳”，古無“佯”字。

匕部“𠤕”字注：“未定也。从匕，矣聲。矣，古文‘矢’字。語期切。”子部“疑”字注：“惑也。从子、止、匕，矢聲。徐鍇曰：止，不通也。反匕，幼子多惑也。語期切。”然則二字音義皆同，亦如“避”之與“僻”。鶴壽案：“𠤕”音魚乙切，不音語斯切，士昏禮“婦疑立于席西”，注云：“疑，止立自定之皃。”鄉飲酒禮“賓西階上疑立”，注云：“疑，讀爲仡然從于趙盾之‘仡’。疑，止立自定之皃。”鄉射禮“賓升西階上疑立”，注云：“疑，止也。有矜莊之色。”此即説文“𠤕”字也。鄭訓“疑”爲止，止者定也，此與子部“疑”字正相反，子部“疑”字訓惑未定也，妄人認“疑”與“𠤕”爲一字，遂于“𠤕”字注中增一“未”字矣。

𠂈部“𢻫”字注引詩“𢻫彼織女”，石經作“跂”。“𢻫”訓頃，頭不正也。改“跂”，其義大異。

丘部“屔”字注：“反頂受水丘。从丘，泥省聲。奴低切。”爾雅“水潦所止，泥丘”，據説文當作“屔”。夫子字仲尼，省筆。

㐺部“息”字注：“衆詞與也。書曰：息咎繇。”今書作“暨”。

𡈼部“徵”字注：“𡈼微爲徵，行于微而聞達者即徵之。”越語范蠡曰“天道皇皇，日月以爲常，明者以爲法，微者則是行”，韋昭注：“明，謂日月盛滿時。微，謂虧損薄食。法其明者以進取，行其微時以隱遁。”

“朢”字注：“月滿與日相朢。”今俗刻經書皆作“望”，非。鶴壽案：原注云：“朢，月滿也。與日相朢似朝君。从月、从臣、从𡈼。𡈼，朝廷也。”此解“从臣”之義甚明。“望”字注：“出亡在外，望其還也。从亡，朢省聲。”此解“从亡”之義甚明。易小畜“月幾朢”，書召誥“惟二月既朢”，其字當从臣；書堯典“望于山川”，詩燕燕“瞻望弗及”，孟子“望望然去之”，其字乃从亡，今則概用“望”矣。

小徐本于此卷之末至身部而止，脱去㐆部。

衣部“襄”字注：“丹縠衣。从衣，㠭聲。知扇切。”襄，俗作

“展”，與“襢”通。襃衣丹縠，本毛傳，康成以爲色白。

　　“裘”字注：“綟也。詩曰：衣錦裘衣。示反古。从衣，褧聲。去潁切。”案“裘”不當訓綟，“反古”不可解。_{鶴壽案}：綟草生于澤中，蓋麻之粗者，績以爲衣，謂之裘衣，故訓綟也。古者麻絲之作，必先麻而後絲，今以綟衣加于外，是反古也。

　　“袛”字注：“袛裯，短衣。从衣，氏聲。都兮切。”案新唐書李罕之傳：“初爲浮屠行匄市，窮日無得，抵鉢褫袛衹去。”董衝釋音：“袛，巨支切。衹，章移切。胡衣。”此宋祁偶記得説文，用以易去新、舊五代史之“僧衣”，自衒其奧博，但亦宜依説文作“袛裯”，乃妄改爲“袛衹”，則非。_{鶴壽案}：袛裯之“袛”，以“氏”得聲，其字从氏，袛衹之“袛”，以氏得聲，其字从氏。廣韻云“袛衹，尼法衣”，類篇云“裝漿謂之袛衹”，宋祁説文本此，似與“袛裯”無涉。

　　“褎”字注：“袂也。从衣，采聲。似又切。”重文“袖”字注：“俗‘褎’从由。”案衣袖字何以从采得聲？未詳。_{鶴壽案}：段注曰：“聲”字衍文。衣之有褎，猶禾之有采也，故从衣、采。

　　“袡”字注引論語“朝服袡神”，石經作“拖”。

　　“衧”字注：“諸衧也。从衣，于聲。”後漢光武本紀：“三輔吏士東迎更始，見諸將衣婦人衣，諸於繡鏔，莫不笑之。”李注引前書音義曰：“諸于，大掖衣也，如婦人之袿衣，本是‘衧’字，通爲‘于’，謁作‘於’。”

　　“襘”字注引詩“載衣之襘”，石經作“裼”，後人改。

　　“襱”字注云：“重衣皃。从衣，圍聲。爾雅曰：襱襱禯禯。鉉曰：説文無‘禯’字，爾雅亦無此語，疑後人所加。羽非切。”案爾雅：“儚儚、洄洄，惛也。”釋文云：“洄，沈音回，郭音韋。音義云：‘本或作襱。’字林：‘襱，重衣皃。于回反。’”所謂音義者，郭璞于注外別有音義也。字林既與説文合，據音義則知爾雅後人妄改“襱”作“洄”。_{鶴壽案}：玉篇、廣韻皆云“個個，惛也”，以爾雅上文“儚儚”例之，則亦當作“個個”，且二書皆據爾雅也。潛夫論云“個個潰潰”，即用爾雅文。釋文云"泅，本或作'惆'"，引字林云"重衣皃"，今許書云"裯，重衣皃"，然則許書之"裯裯襀襀"，即潛夫論之"佪佪潰潰"也。其實字當从心，太玄經云"疑恫恫失貞矢"，"恫"即"惆"字，以爾雅下文"惆也"例之，从中、从衣皆非。

"襛"字注："衣厚皃。"引詩"何彼襛矣"，唐石經"襛"字剥落，而鈒作"襛"甚明，汲古閣板同。乃明成化中内監所刻竟改爲禾傍，朱子改注爲"盛也"。不知毛傳"襛猶戎戎也"，杜詩"山市戎戎暗"，蓋以衣厚狀華，以華狀女色美盛，不可改字而直訓盛。禾部亦並無"穠"字。

"被"字注："寢衣也，長一身有半。"此論語鄉黨文，俗解改爲齋時所用，謬甚。

"袞"字注："大被。从衣，今聲。去音切。"隸變作"衾"。玫唐石經毛詩子衿"青青子衿"，毛傳："青衿，青領也。學子之所服。"釋文于小敍則云："衿音金，領也。本亦作'襟'。"于經文則云："學生以青爲衣領緣衿也。"說文無"衿"字。若果毛詩不誤，則"衿"即"袞"字，斷無衣中著今則爲大被，移今于右又變衣領。今衣部別有"裣"字，注云："交衽也。从衣，金聲。居音切。"而其上云："褋，裣緣也。"又上云："褸、襭皆衽也。"又上云："衽，衣裣也。"又上云："襋，衣領。""襮，黼領也。"以類相從，皆爲領，則訓領之字作"裣"，何得溷作"衿"？乃陸德明所見本已如此，而"襟"字更爲鄙俗，魏晉以下，六書放廢，小學大壞，不待唐人，經典文字已被變改甚多。鶴壽案：先生前謂字之上下左右不可任意移徙，蓋一移徙則非此字矣，此論甚是。今乃謂"子衿"之"衿"即是"袞"字，毋乃移"某"作"柑"之故智？方言云"衿謂之交"，郭注："衣交領也。"爾雅云"衣皆謂之襟"，郭注："交領。"詩"青青子衿"，漢石經雖作"裣"毛傳固訓爲青領也。今案深衣云"曲裣如矩以應方"，鄭注："裣，文領也。"然則方言之"衿"，爾雅之"襟"，漢石經毛詩之"裣"，皆即"裣"字，後乃轉爲"衿"字，又通用前襟之"襟"、交衽之"裣"耳。深衣云："衽當旁。"①凡裳之前後幅不相連屬，別用布

---

① 此句引文出玉藻，非出深衣。

以掩之，所謂衽也。以其當前後幅相交之處，故亦謂之交衽。許書明言"裣，交衽也"，故其上云"裣，裣緣也"，謂緣此裣者也，又上云"褸、褻皆衽也"。釋名云："衽，襜也，在傍襜襜如也。"又上云："衽，衣裣也。"喪服記云"衽二尺有五寸"，鄭注："衽所以掩裳際也。上正一尺，燕尾一尺五寸，凡用布三尺五寸。""衽"、"褸"、"褻"、"裣"四字與"裣"爲類，故在一處。若"襟"、"襟"、"裣"、"裣"四字皆是解領，別爲一類。許書明言"裣"爲交衽，而先生欲取以當交領，故牽合"襟"、"襟"言之，獨不思領屬于衣，衽屬于裳，一在上體，一在下體乎？

"袾"字注引詩曰"靜女其袾"，"姝"字注引詩曰"靜女其姝"。此當是兼取三家詩，石經作"姝"，唐人所改。

"衰"字注："艸雨衣。从衣，象形。穌禾切。"案"衰"又爲喪服，俗加艸作"蓑"。

"褚"字注："一曰製衣。"左傳："取我衣冠而褚之。"鶴壽案：漢南粵王趙佗傳"上褚五十衣，中褚三十衣，下褚二十衣，遺王"，顏師古注："以綿裝衣曰褚。"若左傳則又一義。

"壽"字注："久也。从老省，𠺫聲。殖酉切。"俗作"壽"，非。

毛部"犨"字注："毛盛也。从毛，隼聲。"引虞書"鳥獸犨氂"。石經作"毨毛"，詳後案。鶴壽案：冀部"襃"字注引虞書曰："鳥獸襃毛。"从朕、从衣。此今文尚書假借字也。此引作"犨"，乃是壁中古文。今本作"毨"，蓋別體字。"氂"亦假借字。

尸部"屑"字注："動作切切也。从尸，肖聲。"案書多士云："大淫泆有辭。""泆"，馬作"屑"，注云："過也。"上文言"上帝引逸"、"有夏不適逸"，傳以天欲民長逸樂，夏桀爲政，不之逸樂，大爲過逸之行。多方言紂"屑有辭"，桀、紂惡同，此自當作"屑"，即動作切切也。方言："迹迹、屑屑，不安也。江沅之間謂之迹迹，秦晉謂之屑屑，或謂之塞塞，或謂之省省，不安之語也。"郭璞注："皆往來之兒。"又云"屑，往勞也"，郭璞注："屑屑往來，皆劬勞也。"後漢王良傳："爲大司徒司直，以病歸。一歲復徵，至滎陽，候其友人，友人不肯見，曰：'不有忠言奇謀而取大位，何往來屑屑，不憚煩也。'"皆此意。

尸部新附"屢"字注:"數也。今之'婁'字本是屢空字,此字後人所加,从尸,未詳。"案詩曰"君子屢盟"、"屢豐年",論語"屢憎于人",説文无"屢"字,"婁"字注:"空也。从毋中女,空之意也。"徐氏本何晏説,訓爲數,非是。唐石經"巧言作屢",論語公冶長、先進皆作"屢",蔑棄古文已甚。

此卷内衣部,小徐敍次顛倒,脱落甚多,衣部、裘部、老部、毛部、毳部、尸部皆入下卷,與大徐本絶不相同,當是傳寫者亂分亂并。鶴壽案:説文第八篇,凡六百一十一文,重六十三。若依大徐所分上、下卷,則下卷止有一百六十六文,重二十三。故小徐以衣、裘等六部分入下卷與?此半卷中,其爲俗字,如人部"僎"之爲"撰","何"之爲"荷","佝"之爲"徇","作"之爲"做","佩"之爲"珮","佻"之爲"恌","偃"之爲"堰","儦"之爲"墉","仢"之爲"彴","似"之爲"姒","傀"之爲"魂","仿"之爲"髣","儺"之爲"旎","僖"之爲"億","儃"之爲"担","傍"之爲"僔","侃"之爲"偘","儻"之爲"倘","倡"之爲"娼","但"之爲"袒","佗"之爲"他"、"駝","倓"之爲"倭"、"媵","儋"之爲"甔"、"擔","仡"之爲"忔"、"氣","偄"之爲"愞"、"懦","傅"之爲"賻"、"傅","儹"之爲"僳"、"儡","伐"之爲"閥"、"垡",皆上是而下非也。𠂢部則"𡿺"是而"𠧪"非,"𠦝"是而"卓"、"鵫"皆非。㐺部則"从"是而"蓯"非,"幷"是而"并"、"亓"皆非。北部則"北"是而"背"、"倍"皆非。丘部則"虚"是而"墟"、"驉"皆非。尸部則"尸"正而"鳲"非,"居"正而"鶋"非,"屟"正而"屧"非,"屆"正而"屭"非,"屒"正而"羼"、"𩌄"皆非,"屑"正而"屑"、"𢕌"皆非。衣部"袷"之爲"袂","褘"之爲"褘","嬴"之爲"躶","袂"之爲"褹","褚"之爲"帾","衺"之爲"邪"、"斜","袉"之爲"袘"、"袻","褎"之爲"褏"、"袌","卒"之爲"卒"、"倅","襜"之爲"裧"為"袡"又爲"幨","衮"之爲"蓑"爲"裷"又爲"綣","袪"之爲"袪"爲"胠"又爲"扶","裵"之爲"裶"爲"霏"又爲"徘",亦上是而下非也。

卷八下攷證

"尾"字部首注:"微也。从到毛在尸後。古人或飾系尾,西南夷亦然。"案"尾"與"微"通,故訓爲微。書"鳥獸孳尾",史記作

"字微";論語"微生畝",莊子作"尾生"。史記裴駰注引説文云:
"尾,交接也。"今本無此語。玩"到毛在尸後"云云,其義甚明,不
應有"交接也"句。説文義多不備,即偶有一字兩解者,而此"尾"
字下不必又言"交接",裴駰所引可疑。"今隸變作尾"句,應是徐
鉉之言,不當直接孫愐反切下。

　　見部"覝"字注:"暫見也。从見,炎聲。春秋公羊傳曰:覝然
公子陽生。"小徐本同。案引公羊是哀六年傳,何休注:"闞,出頭
皃。"何休之本,必與許同作"覝",而釋文作"闞",云"見皃",引
字林云"馬出門皃",則陸已作"闞",非衛包改矣。但許云"暫
見",何云"出頭",正當爲"覝"。若"闞"在門部,注云"馬出門
皃",與"暫見"、"出頭"何涉?此部之末有"覎"字,小徐脱落。鶴
壽案:讀失丹切,"闞"讀丑禁切,音亦截然不同。"覎"即"兜"字。

　　覞部"覰"字注:"齊景公勇臣成覰。"汲古閣孟子作"成覼",
見部無此字。廣韻注:"覰,人名,出孟子齊景公勇臣成覰。"孟子
之誤改爲"覼",不知出何人之手。鶴壽案:成覰,淮南子作"成荆"。

　　欠部"欻"字注:"笑不壞顔曰欻。"案論語"夫子哂之",曲禮
"笑不至矧",皆當作"欻"。鶴壽案:"欻"當作"攺",與"哂"、"矧"字異。
段茂堂曰:各本篆作"欻"。廣韻"欻,式忍切。笑不壞顔也",集韻、類篇同。
今案曲禮"笑不至矧"注云:"齒本曰'矧',大笑則見齒。"然則見齒本曰
"矧",大笑也;不壞顔曰"攺",小笑也。二義不當同音,淺人因"已"與"弓"略
相似,妄合之耳。玉篇于"欨"、"欣"二文下曰:"攺,呼來切。笑不壞顔也。"
此希馮時所據説文也。于"歛"、"歆"二文間曰:"欻,式忍切。笑不壞顔也。"
此孫强、陳彭年所據誤本也。"哂"即"矧"字,後人因説文無"哂",乃造
"欻"耳。

　　"欥"字注引孟子"曾西欥然",汲古閣孟子作"蹵然"。趙岐
章句云:"蹵然猶趦踖也。"當从許。

　　"歔"字注:"人相笑相歔瘉。从欠,虒聲。以支切。"案後漢
王霸傳:"市人皆大笑,舉手邪揄之。"李賢引此,云:"歔歔,手相
笑也。"此賢妄改,又妄加欠傍作"歔",欠部並無"歔"字。毛板作

“瘉”,亦非。

“歎”,吟也。汲古閣論語“顏淵喟然歎”。説文“嘆”字注:“吞嘆也。一曰太息也。”與“歎”雖似可通,而上有“喟然”,恐當作“嘆”。“喟”字注:“太息也。”漢賈誼傳“可爲長太息”是也。先進篇“夫子喟然歎”,亦从欠,恐皆非。若樂記“壹唱而三歎”,則以从欠爲合。鶴壽案:歎,歎美也,有歡樂意,樂記云“長言之不足,故嗟歎之”、郊特牲云“卒爵而樂闋,孔子屢歎之”是也。嘆,嘆悼也,有悲憤意,詩中谷有蓷云“嘅其嘆矣”、檀弓云“戚斯嘆”是也。然則論語“喟然歎”,止當从欠,不得以“喟”字从口例之。

“欥”字注引詩曰“欥求厥寧”,石經作“遹求厥寧”。

“歙”部首注云:“歠也。”俗作“飲”。玉篇以“飲”字入食部,注云:“咽水也,亦歠也。”反以説文“歙”及“歙”之重文“僉”爲“飲”之重文,顛倒可笑。

无部“殤”字,漢書作“旤”,今俗作“禍”。

“㫄”字注:“事有不善言㫄也。爾雅:㫄,薄也。从无,京聲。鉉曰:今俗隸書作‘亮’。力讓切。”案“㫄,薄也”,爾雅無此言。訓薄之字,如左傳“作法于涼”,孟子“踽踽涼涼”,不作“㫄”也。至俗“亮”字乃妄改“倞”字爲之,以代“諒,信也”之字。此“㫄”字既訓爲不善言,又爲薄,與“亮”何涉?

小徐繫傳于此卷末脱去歙部、次部、无部。鶴壽案:説文第八篇凡三十七部,許有明文,小徐脱去歙、次等部,則其數不符矣。此半卷中,其爲俗字,如尺部尺蠖之“尺”爲“蚇”,四呎之“呎”爲“职”;履部“步履”之“履”爲“屨”,釋屩之“屩”爲“鞽”;舟部般服之“服”既爲“服”矣,而又爲“鵬”;尾部族屬之“屬”省爲“属”矣,而別爲“鸍”;方部之“斻”,以“航”代之;兄部之“兑”,以“卞”代之;秃部之“穨”,以“頹”代之;見部之“見”,以“現”代之,皆非也。欠部“欲”之變而爲“慾”也,“欥”之變而爲“呴”也,“歐”之變而爲“嘔”也,“歠”之變而爲“啜”也,“欨”之變而爲“厥”、“瘶”也,“款”之變而爲“欵”、“窽”也,“欺”之變而爲“鵠”、“鷁”也,“歙”之變而爲“喢”、“偺”也;與夫几部“兂”之爲“犹”,“充”之爲“珫”;次部“次”之爲“涎”,“盜”之爲“盗”,亦皆非也。

蛾術編卷二十七

説字十三

卷九上攷證

頁部"頂"字,籀文从鼎作"顁"。案"丁"、"鼎"同。漢書"丁季",又曰"春秋鼎盛"。

"頷"字注:"面黃也。""顑"字注:"飯不飽,面黃起行也。"離騷"長顑頷其何傷",王逸注:"顑頷,不飽皃。"洪興祖注:"顑頷,食不飽,面黃皃。"皆與説文合。

"顒"字注:"頭顒顒謹皃。""頊"字注:"頭頊頊謹皃。"五帝本紀帝顓頊,索隱引宋衷以顒頊爲帝之名,此必古語相傳,説文用之。鶴壽案:白虎通號篇云:"謂之顓頊何?顓者,專也。頊者,正也。能專正天人之道,故謂之顓頊也。"此釋"顒顒"、"頊頊"之義。五行篇云:"冬之爲言終也,其帝顓頊。顓頊者,寒縮也。"此釋"謹皃"。然"顒顒"、"頊頊"即是謹也,故風俗通云:"顓者,專也。頊者,信也。"漢貫捐之傳云"顓顓獨居一海之中",注云:"'顓'與'專'同,專專猶區區也。"莊子天地篇云:"頊頊然不自得",謹則不自得矣。

"頗"字注:"从頁,皮聲。""詖"字注:"古文以爲'頗'字。"古音"頗"讀若皮,與"義"叶。義,古"儀"字,唐玄宗以洪範"無偏無頗",與"義"不協,改爲"陂"。不知"陂"與"頗"皆从皮得聲,何以別異?既不通聲音,又不識文字,此之謂"不知而作"。鶴壽案:玉篇于人部"偏"字注引書"無偏無頗",此開元以前舊本也。唐玄宗天寶三年命衛包改古文，冊府元龜天寶四載下詔曰："典謨既作，雖曰不刊，文字或訛，豈必相襲？朕聽政之暇，乙夜觀書，匪徒閱于微言，實欲暢于精理。每讀尚書洪範，至'無偏無頗，遵王之誼'，三復斯文，並皆協韻，唯'頗'一字，實則不倫，又周易泰卦中'無平不陂'，釋文'陂'字亦有頗音。'陂'之與'頗'訓詁無別，爲'陂'則文亦會意，爲'頗'則聲不成文。應自煨燼之餘，編簡隊缺；傳受之際，差舛相沿；原始要終，須有刊革。朕雖先覺，兼訪諸儒，僉以爲然，終非獨斷。其尚書洪範'無偏無頗'字，宜攺爲'陂'。庶使先儒之義，去彼膏肓；後學之徒，正其魚魯，仍宣示國學。"今案開元以後始攺爲"陂"，則以前必無先作"陂"者，顏師古匡謬正俗、李善文選注引書作"無偏無陂"，此必後人所改也。乃段茂堂既于尚書譔異詳哉言之，而于説文注則云："古借'陂'爲'頗'，如洪範古本作'無偏無陂'，匡謬正俗、文選注所引皆作'陂'可證。迄乎天寶，乃據其時所用本作'頗'，而詔改爲'陂'，一若古無作'陂'者。不學而作，聰之過也。"如段之言，則古本作"陂"，玄宗豈獨未見古本邪，并匡謬正俗、文選注亦未見邪？

"籲"字注："呼也。从頁，龠聲，讀與籥同。商書曰：率籲衆戚。羊戍切。"石經"戚"作"慼"，俗字。讀與籥同，則不當羊戍切，陸德明音喻，張參音俞，皆非。見後案。

県部"縣"字，廣韻云："縣，古作'寰'。"而説文无"寰"字，似"寰"即"縣"，然謂楚莊王滅陳爲縣，"縣"名自此始，曷爲周禮作"縣"不作"寰"，改"寰"爲"縣"始于楚莊，又何據也？鶴壽案：周書作雒解云："制郊甸方六百里，因西土爲方千里，分以百縣。""縣"之名起于此。穀梁隱元年傳云："寰内諸侯，非有天子之命，不得出竟。"范甯注："'寰'即古'縣'字。"顏師古曰："古縣邑字作'寰'，蓋本于此。"段茂堂譏其臆説，非也。

須部"頾"字注："口上須也。鉉曰：俗別作'髭'，非。""頿"字注："頰須也。鉉曰：俗別作'鬚'，非。"案"髟"爲長髮，"須"爲面毛，則"頾"、"頿"自當从須，不从髟。石經左傳"周其有髭王"，三國志關張傳"鬚之絶倫軼羣"，皆俗字。

彡部"彡"字注引詩"彡髮如雲"，重文"鬒"字注："'彡'或从髟，真聲。"石經毛詩君子偕老作"鬒髮如雲"。

"文"部首注云:"錯畫也,象交文。"尚書偽孔敍疏引説文云:"文者,物象之本也。"今説文無此文。鶴壽案:"文者,物象之本",左傳宣十五年疏亦引之,或係許君自敍中語。

"辬"字注:"駁文也。从文,辡聲。布還切。"張平子西京賦"上辬華以交紛",俗作"斑",非是。石經禮記檀弓"貍首之斑然",周易賁卦釋文:"賁,古'斑'字。"

髟部"鬤"字注:"髮至眉也。"引詩"紞彼兩鬤",亡牢切。石經毛詩柏舟作"髳彼兩髦"。髟部無"髳"字,而"髦"字注云:"髮也。莫袍切。"則與"鬤"字音義皆不同,何得易之。

"髮"字注:"鬠也。从髟,犮聲。平義切。"小徐本同。"鬠"字注:"髮也。"則二字互相訓。而毛詩君子偕老疏引説文"髮,益髮也。"與今本不同。采蘩"被之僮僮",傳:"被,首飾也。"箋引禮記"髲髢",疏:"被者,首服之名。在首,故曰首飾。箋引少牢之文云'主婦髲鬠',與此'被'一也。少牢作'被錫',注云:'被錫讀爲髲鬠,古者或剔賤者刑者之髮,以被婦人之紒爲飾,因名髲鬠,此周禮所謂次也。''追師掌爲副編次',注云:'次,次弟髮長短爲之,所謂髮髢',即與'次'一也。知者,特牲云'主婦纚笄',少牢云'被錫纚笄',笄上有次而已,故知是周禮之'次'也。此言'被'與'髲鬠'之文同,故知'被'是少牢之'髲鬠',同物而異名耳。少牢注讀'被錫'爲'髲鬠'者,以剔是翦髮之名,直云'被錫',于用髮之理未見,故讀爲'髲鬠',剔髮以被首也。"

"紒"字注:"簪結也。"案:"紒"或作"髻",亦作"結",然則"紒"即"髻",新附有"髻"字,非。士冠禮"將冠者采衣紒",鄭注云:"古文'紒'爲'結'。"今本儀禮作"紛",唐人所改。鶴壽案:曲禮注:"結謂收斂之也。"廣雅云:"紒,結也。"曹憲曰:"案説文'紛'即籀文'髻'字也。"古"髻"字皆作"結",漢有假結、安箇結、大手結。周禮注:"結,俗作'髻'。"

卪部"卭"字注:"虞書曰:卭成五服。"石經作"弼"。

色部"艴"字注："色艴如也。从色,弗聲。論語曰:色艴如也。蒲没切。"引論語文即以作訓詁,疑有誤。鶴壽案:今論語作"勃",米部引作"孛",其齊論與?

辟部"𤔌"字注："治也。"尚書注疏及釋文所引皆作"法也",此傳寫之誤。據鄭康成尚書注,則此"𤔌"字當訓作避,文字之學,以許爲主,尚書、毛詩、三禮之學,以鄭爲主,許所引書既是據孔安國,此字自當作"𤔌",而其訓則當爲避,假借"𤔌"爲"避"也。鶴壽案:許訓"我之不𤔌"爲法,鄭訓"我之弗辟"爲避,周書作雒解云"周公立相天子,臨衞攻殷,降辟三叔",列子楊朱篇云"周公居東三年,誅兄放弟",鴟鴞毛傳云"寧亡二子,不可以毀我周室",史記周本紀云"周公誅管叔",管蔡世家云"周公殺管叔",宋微子世家云"周公殺管叔",此皆訓"𤔌"爲法之明證也。釋文云:"辟,扶亦反,治也。説文作'𤔌',云必亦反,法也。馬、鄭音避,謂避居東都。"陸所引説文不誤。今本作"治",誤也。先生尚書後案從今本説文,謂釋文"治"、"法"二字互譌。案陸氏以"治"系梅,以"法"系許,本無不合,孔傳"以法法三叔",下"法"字安知非"治"之誤?"𤔌"从井,井者法也,故"𤔌"訓法。"嬖"从乂,乂者治也,故"嬖"訓治,分別畫然。"𤔌"與"辟"字訓同,故以"辟"建首而即次以"𤔌"。徐楚金云"井者,法也",此與"荆"同意。"井者,法也"系"荆"字注引易説,知徐注可以知正文爲"法"字。玉篇云:"嬖,理也。""𤔌,治也。""理"即"治"之譌文,"治"乃"法"之譌文耳。"我之弗辟",梅讀"辟,扶亦反",鄭讀"避,毗義反"。梅以"居東二年罪人斯得"爲東征誅管叔,鄭以"居東"爲出處東國待罪,"罪人斯得"爲成王收捕公之屬黨,而大誥東征在周公居東三年成王迎周公反之後,其説乖異。魯世家雖讀"辟"爲"避",而曰"我之所以弗辟而攝行政者,恐天下畔周,無以告我先王",則非鄭説也,故云"周公奉成王命,興師東伐,作大誥,遂誅管叔"。然則"辟"之訓法,無可疑者。乃段茂堂謂推測聖心,無有乍聞流言,成王孤疑,一無顧忌,急行誅討之理,則鄭説爲長。而其字,壁中故書乃作"𤔌",叔重録之,"𤔌"之訓法,與梅説合,然終以鄭説爲長。古字多假借,不可泥其本義,"𤔌"乃"辟"之古文。鄭明知故書作"𤔌",而不欲如字訓法者,古經"譬"、"僻"、"避"字皆用"辟",而"避"字尤不須从辵,鄭謂"𤔌"即"辟"、"辟"即"避"也。魯世家用今文尚書,亦作"弗辟",説文不云"𤔌,古文'辟'",實叔重之誤。今案成王初立,三叔流言,主少國疑,周公不急誅之,而反避居東都,豈不釀成大釁,且置成王于何地?段氏不信許而欲從鄭,蓋亦惑于尚書後案之說也。

"叜"字注引虞書"有能俾叜",石經作"俾乂"。

包部"匏"字注:"瓠也。從包,從夸聲。包取其可包藏物也。薄交切。"案"夸",古音若枯,與薄交切音轉可通,似可從之得聲。但一部説文無云"從某聲"者,疑"聲"字衍。"從夸"者,匏形夸大也。

"苟"字部首注:"自急敕也。從羊省,從勹、口。勹口猶慎言也。從羊,與義、善、美同意。己力切。"案艸部"茍"字注:"艸也。從艸,句聲。古厚切。"此艸名而假借爲茍且之"茍",與"苟"字相近,而實不同。鶴壽案:"茍"字上從艸,"苟"字上從从,篆文絕不相類,自隸變爲廿,乃相近耳。"苟"即"亟"字,爾雅釋詁云:"悈、駿、肅、亟、遄,速也。"釋文云:"'亟',字又作'苟',同,居力反,經典亦作'棘',同。"詩靈臺云"經始勿亟",禮記少儀云"小飯而亟之",字皆作"亟"。六月云"我是用急",古本作"棘",而獨無用"苟"者。説文云:"悈,疾也。"郭璞釋詁注云"速亦疾也",是"亟"又通作"悈",其實皆"苟"字也。

嵬部"魏"字注:"高也。從嵬,委聲。牛威切。鉉曰:今人省山以爲魏國之'魏'。語韋切。"案鉉于孫愐反切之外又加一切,似分二音,而"今人省山"云云,則更不然。古本無"巍"字。"高也"與國名同作"魏",同牛威切,"魏"字山頭亦只居右。不知何時移山于中,以"巍"爲高也,讀平聲;去山頭以"魏"爲國名,讀去聲。若二字者,但"魏"雖去山,亦但可云"從嵬省",與"巍"有何別異而強分之?想曹氏稱帝,建國號魏已如此,于是詩魏風,左傳晉卿所封,周禮象魏,戰國策魏國,皆別爲"魏",元魏因之。唐石經魏葛屨、周禮"縣治象之灋于象魏",沿襲已久,而廣韻平聲八微"巍,高大皃,語韋切",去聲八未"魏,魏闕,又州名,亦姓,魚貴切",遂截然不可合矣。小徐繫傳于此卷之末脱去嵬部。鶴壽案:"魏"之訓高,以有山字而云然也。若去山字,則亦不成爲高矣,曹氏何以取此？此半卷中，頁部"項"正而俗作"傾"、"顙"正而俗作"額"，"穎"正而俗作"穎"，"頓"正而俗作"鈍"，"顥"正而俗作"皓"、"皜"，"頻"正而俗作"俯"、"俛"，"頻"正而俗作"顰"、"嚬"，"頦"正而俗作"頦"、"頒"，"領"正而俗作"嶺"、"袊"，"類"正而俗作"麒"、"娸"，"顛"正而俗作"顚"、"巔"，"題"正而俗作"鯷"、"題"。面部"醮"則屬"顀"矣；県部"縣"則屬"懸"矣；彡部"參"則屬"參"矣；文部"文"則屬"紋"矣；髟部"鬢"則屬"鬢"矣，"鬠"則屬"鬟"矣，"鬆"則屬"剃"矣，"鬘"則屬"騽"屬"輶"又屬"歘"矣；后部"吿"之屬"畔"又屬"吼"也；司部"司"之屬"伺"又屬"覗"也；卪部"卬"之屬"印"又屬"昂"也①；卩部"卻"之屬"却"又屬"郤"也，"卷"之屬"卷"屬"捲"又屬"蜷"又屬"蜷"也。"卩"正節也，"卪"反節也，今則以爲節奏也。包部"包"子未成形也，"胞"膀光也，今則以爲胎衣也。"匋"正字也，三倉作"匍匋"，論語作"鞠躬"矣。"勻"正字也，毛詩作"昀昀"，韓詩作"菅菅"矣。"臽"從勹、米，古文作"臼"，兩手也，俗乃加手爲"掏"矣。"匊"從勹，舟聲，"匃"從勹、合，合亦聲，皆訓帀也，俗乃易"舟"爲"週"，加匚爲"匝"矣。別有"匋"字，從勹、從缶，燒瓦竈也，俗又別作"窑"與"窯"矣。此皆弟九篇所無之俗字。

卷九下攷證

山部"嶽"字注："東岱、南靃、西華、北恆、中泰室，王者之所以巡狩所至。從山，獄聲。五角切。"重文"岳"字注："古文象高形。"靃、霍、崋、華，古今字。古音"角"若禄，五角切當讀若足，孫恤不知古音，仍讀若鶴。重文之古文，隸變作"岳"，唐石經尚書堯典"咨四岳"，舜典東岳、南岳、西岳、北岳，則作"岳"，毛詩時邁"及河喬嶽"，般"墮山喬嶽"，禮記王制"五嶽視三公"，則作"嶽"。"王者"下"之所以"三字衍。

"嶷"字注："九嶷山，舜所葬，在零陵營道。從山，疑聲。語其切。"小徐云："言山九峯相似可疑也。銀眉反。"今毛詩生民"克岐克嶷"，即此字。口部"嶷"字注："小兒有知也。從口，疑聲。詩曰：克岐克嶷。魚力切。"釋文云："岐，其宜反。嶷，魚極反。説

---

① 此部當在卷八上。

文作'嶷'，云'小兒有知'。"其義訓則毛傳云："岐，知意也。嶷，識也。"鄭箋云："岐岐然意有所知，其兒嶷嶷然有所識別。"疏云："以'岐'、'嶷'言'克'，克是其性智之能，故以'岐'爲有智之意，'嶷'爲有識之兒。"朱子改云："岐、嶷，峻茂之狀。"于是訓詁盡變而經不可説矣。要知許慎自言詩用毛氏古文，所引必毛本，九嶷既是山名，所載實可信。嶷，孫恤語其切，朱翺銀眉反，的屬平聲；嶷，孫恤魚力反，陸氏魚極反，確爲仄聲，二字判然。乃因"岐"從山，遂使"嶷"亦從山。陸作釋文，當隋時已變，故傳、箋解"嶷"爲識，順文卻將"識"強裝入"嶷"字，并陸之反切亦以"嶷"之切切"嶷"。作疏者以"'岐'、'嶷'言'克'，克是其性智之能"一語，何等明白，卻限于時風，以"嶷"之解解"嶷"。石經作"嶷"，則不足責。鶴壽案：楚詞云"九疑繽其並過"，漢武帝紀云"祀虞舜于九疑"，其字皆不從山，惟山海經作"嶷"，而郭注仍作"疑"，以其山九溪相似，故云"九疑"，則其字竟作"疑"可也。若史記五帝本紀云"帝嚳其德嶷嶷"，褚少生補龜筴傳云"求之于白蛇蟠杅林中者齋戒以待，嶷然"，則其字並當爲"嶷"。

　　山部新附"嶺"字注："山道也。從山，領聲。良郢切。"案漢書多作"領"，張耳陳餘傳"南有五領之戍"，服虔曰："山領有五。"嚴助傳"輿轎而隃領"，項昭曰："領，山領也。"南粵王趙佗傳"兵不能隃領"，東粵傳"兵未隃領，留屯豫章梅領"是也。若伍被傳"踰五嶺"，西域傳"西則限以蔥嶺"，則參差。

　　新附"嵩"字注云："中岳嵩高山也。從山、從高，亦從松。"韋昭國語注云："古通用'崇'字。息弓切。"古無"嵩"字、"崧"字，今石經毛詩"崧高維嶽"、爾雅"嵩高爲中嶽"，皆衛包改。

　　"崑"字、"崙"字注："崑崙，山名。漢揚雄文通用'昆侖'。"丘字部首注"中邦之居，在崐崘東南"，注中有而不列于正文，其文宜山在左。

　　"岍"字説文無，史記、漢書皆作"汧"，僞孔改從山，或衛包改之。石經尚書禹貢"導岍及岐"。

　　詩賦家所用山傍字,如班孟堅西都賦"巖峻崷崒,金石峥嶸",張平子西京賦"崛歲岌嶪"、"岻崿巉嶮"、"嵯峨嵥嶫"、"別風嶕嶢"、"亭亭岩岩"、"林岑崟崟"、"嶄巖嵓嶱",此内如"崷"、"峥"、"嶫"、"崿"、"巉"、"嶮"、"嵥"、"嶕"、"岩"、"崟"、"嶱"、"嶄"字,山部並無。"崒"作"崒","歲"作"峨"。李、杜、韓集中,此類字更多。鶴壽案:山部俗字不獨詩賦家也,書召誥"用顧畏于民喦",當作"嵒"。詩還篇"遭我乎猇之間兮",齊詩作"嶚"。爾雅"土戴石,砠",當作"岨";"無草木,岐",當作"屺"。"密肌",釋文作"鵩"。"多小石,磝",史記殷本紀"仲丁遷于隞",皆當作"嶅"。漢地里志"蜀郡有嶕山",當作"嶨";"雁門有嶂縣",當作"嶂"。至詩賦家莫如司馬相如,而"摧崣"等字咸爲別體矣,何論李、杜、韓。

　　屮部"盇"字注引虞書"予娶嵞山",石經作"塗"。

　　广部"庋"字注引詩"召伯所庋",石經作"芟"。

　　广部新附"廂"字注:"廊也。"案公食大夫禮"公揖退于箱",漢鼂錯傳"趨避東箱",金日磾傳"從東箱上",楊敞傳"敞夫人從東箱謂敞",董賢傳"引見東箱",王莽傳"太后詔謁者待殿東箱",周昌傳"呂氏側耳東箱",皆作"箱"。説文"箱,大車牝服也。從車,相聲。息良切"。説文義不備。

　　厂部"厡"字注:"仄出泉也。"案爾雅:"氿,泉側出。"鶴壽案:爾雅云"水醮曰厡",許于"氿"字注引作"水醮曰氿",一是水涸,一是水出,其字其義全相反。據詩有"洌氿泉",則許義非是。

　　危部"敁"字注:"敁嶇也。"案"敁",俗作"攲",又以"敁嶇"作"崎嶇",皆非。

　　石部"礫"字注:"小石也。從石,樂聲。郎擊切。"爾雅郭璞敍釋文引説文云:"礫,小礓石也。"石部無"礓"字,釋山釋文所引仍作"小石"。

　　"碧"字注引春秋傳"闕碧之甲",石經作"鞏"。

　　"确"字注:"礐也。從石,角聲。鉉曰:今俗作'確',非是。胡角切。"石經周易文言"確乎其不可拔",繫辭"夫乾,確然示人易矣",皆後人所改。

"磬"字注:"樂石也。从石、殸。象縣虛之形,殳擊之也。苦定切。"重文"硁"字注:"古文从巠。"案秦嶧山石刻云"刻此樂石",謂磬也,論語荷蕢曰"鄙哉硁硁",與古文意合。鶴壽案:"樂石"當作"石樂"。琴,絃樂也;簫,管樂也。春秋傳"魏絳有金石之樂",金樂,鐘也;石樂,磬也。史記秦始皇本紀:二十八年上鄒嶧山,刻石頌秦德,無"刻此樂石"之語,二十九年登之罘刻石,但云"請刻于石表,垂于常式",三十二年之碣石刻石,但云"請刻此石,光垂休銘"。先生所引,非史公所載之石刻也。

陸龜蒙笠澤叢書自敍云:"伯男兒繈三尺許,長碼齒猶未偏。""碼"字自注"音毀"。石部無此字,韻書寘部"毀"字:"況偽切,齔也。男八歲、女七歲而毀齔。"毛晃云:"成毀之毀,上聲。非自壞而隳毀之,則去聲。幼僮之齒雖自毀,亦須人爲毀去,故讀去聲。"然古人言毀齒皆作"毀",不知龜蒙何據而作"碼"。

"碇"字,説文無。李商隱詩"江風吹浪動雲根,重碇危檣白日昏",馮養吾注引玉篇云:"矴石也。"

"豕"字部首注:"彘也。竭其尾,故謂之豕,象毛足而後有尾。讀與豨同。案今世字誤以'豕'爲'彘',以'彘'爲'豕'。何以明之?爲啄、琢从豕,蠡从彘,皆取其聲,以是明之。鉉曰:此語未詳,或後人所加。式視切。"金壇段玉裁若膺語予曰:"當是誤以'豕'爲'豕',以'彖'爲'彖'。何以明之?爲啄、琢从豕,蠡从彖,皆取其聲,以是明之。"予爲爽然。蓋彑部"彖"字注云:"豕走也。从彑、从豕省。通貫切。"又"彖"字注云:"豕也。从彑、从豕,讀若弛。式視切。"蚰部"蠡"字注云:"蟲齧木中也。从蚰,彖聲。盧啓切。"自當从式視切之"彖"得聲,不當从通貫切之"彖"得聲。無如流俗不識"彖"字,混以爲"彖"。今本説文于蚰部已誤矣,故于豕部首又辨之云"蠡"以"彖"明其誤也。段説明析,段誠善讀書者。鶴壽案:"豕"音畜,比"豕"字多一點;"豕"音始,比"豕"字少一點;"彖"音

矢,比"彖"字多一畫;"彖"音湍去聲,比"彖"字少一畫。後人趨于省便,
"啄"、"琢"不加點,"蠡"不加畫,而不知非其聲矣。乃戴侗六書故反疑
"彖"、"彖"爲一字,而謂説文誤分之,謬甚。

　　希部"豪"字重文"豪"字注:"籀文从豕。鉉曰:今俗别作
'毫',非是。"汲古閣孟子"明足以察秋毫之末","思以一毫挫於
人",皆作"毫"。戴震重刻孟子趙注作"豪",戴所改也。朱子大
學、中庸注皆用俗字。鶴壽案:山海經有"豪猪",能以脊上之豪射人,
"豪"即毛之傑出者,其字从豕,明其爲豕之毛,故不从毛也。凡豪傑、豪毛字
皆借用之,今俗以从豕者爲豪傑字,而别作"毫"以爲毫毛字,失其義矣。

　　"縺"字重文"縺"字注:"古文'縺'。"引虞書"縺類于上帝"。
案既于古文下引虞書,則常作"縺",不當作"縺",傳寫誤也。石
經作"肆",蓋"縺"本息利切,以音近,故假借用之。鶴壽案:作"縺"
者,壁中書也。今本作"肆"者,今文尚書也,論衡祭意篇云"肆類于上帝"。
又有作"遂"者,以訓故字代之也,史記五帝本紀云"遂類于上帝"。

　　豸部"貙"字注:"似狐,善睡獸。从豸,舟聲。論語曰:狐貙之
厚以居。"鍇曰:"此音下各反,而云'舟聲',古音當有異。"鉉曰:
"舟非聲,未詳。""貙"與"貉"異文異音,俗廢"貙"用"貉"。

　　陸氏釋文于論語"蠻貊"引説文"貊"作"貌",云:"北方人
也。"今豸部無此文。蓋"貌"字爲"兒"部首之重文,唐人嫌其重
出而删之。鶴壽案:貉,人類也;貙,獸類也;説文嚴人、物之辨,而流俗以
"貉"代"貙",其湎用如此。

　　象部"豫"字注:"象之大者。賈侍中説:不害于物。从象,予
聲。羊茹切。"説文義多不備,經典"豫"字作和順喜樂意,周易豫
象傳"豫,順以動",敍卦傳有"大而能謙必豫",又爲"凡事豫則
立"之"豫",則"豫"有兩解。魏晉間人别造"預"字,而杜預遂以
爲名,字元凱,則與"豫"同義,何必復出?小徐繫傳于此卷末脱
去象部。鶴壽案:象爲南越大獸,而"豫"尤象之大者,則其大可知。此半卷
中,山部用"崗"者不知"岡",用"碣"者不知"嵲",用"巚"者不知"巚",用
"壤"者不知"巖"。广部用"廐"者不知"廄",用"寥"者不知"廖",用"脯"者

不知"庪",用"廛"者不知"廛"。厂部"厎",属石也,不已爲"砥"乎?"厤",經涉也,不已爲"歷"乎?"厓",山邊也,不已爲"崖"、爲"涯"乎?"厌",臨窄也,不已爲"峽"、爲"硤"乎?石部"砧",何以爲"磖"與"椹"也?"磺"何以爲"礦"與"矿"也?"硬"何以爲"瑛"與"碔"也?"确"何以爲"埆"與"碻"也?"礜"何以爲"鋞"又爲"碈"與"硍"也?"礴"何以爲"礉"又爲"鑢"與"斱"也?然而長部之"肆",究不可以爲"韘"、"隸";希部之"彇",究不可以爲"薶"、"濠";豕部之"豬",究不可以爲"猪"、"潴","豩"究不可以爲"羱"、"獂";豸部之"貉",究不可以爲"狢"、"貃","豣"究不可以爲"犴"、"猂","貘"究不可以爲"蠚"、"獏",而爾雅、文選諸書有之。此亦皆弟九篇所無之俗字。

蛾術編卷二十八

卷十上攷證

馬部"駒"字注："馬二歲曰駒,三歲曰駣。""駣",宋本作"駣"。馬部無"駣"字,鉉本不可从,小徐本作"騑"。攷"騑"是驂旁馬,"駣"是馬飽,當從小徐本。

"騏"字注："馬青驪文如博棊也。""驪"字注："馬深黑色。"則騏"青驪"即青黑也。詩駉篇有"騏",毛傳："蒼騏曰騏。"疏云："騏者,黑色之名。蒼騏曰騏,謂青而微黑,書顧命鄭注亦云:'青黑曰騏。'"詳後案。鶴壽案:七發注引説文曰:"騏,馬青驪文如棊也。"段注據以改正。説文于馬言深黑色、淺黑色者,全體之色也。言某處黑、某處白、發黑色、發赤色者,一端之色也。言雜毛者,異色相錯,不成片段者也。其言"文"者,異色成枝條相交有文者也。下言"青驪馬爲駽",謂全體青黑色,此言"青驪文如",謂白馬而有青黑絞相交如棊也。糸部"棊"作"綼",白蒼文也。"棊"者,青而近黑,秦風傳曰:"騏,棊文也。"魯頌傳曰:"蒼騏曰騏。"蒼騏即蒼棊,謂蒼紋如棊也。曹風"其弁伊騏",傳曰:"騏,騏文也。"正義作"棊文",顧命"騏弁",鄭注曰:"青黑曰騏。"本作"棊弁",古多假"騏"爲"棊"。今案段注甚明辨。詩出其東門云"縞衣綦巾",傳云:"綦巾,蒼艾色。"箋云:"綦,棊文也。"疏云:"蒼即青也。艾謂青而微白,爲艾草之色也。箋亦以綦爲青色,但棊是文章之色,非染繒之色,故云'綦,棊文',謂巾上爲此蒼文,非全用蒼色爲巾也"此條疏文正與説文"騏"字相發明,蓋馬之名"騏",亦以其有青黑紋相交,非全是青黑色也。

“騅”字注:“馬蒼黑雜毛。”案駉篇有“騅”,毛傳:“蒼白雜毛曰騅。”疏引釋畜“蒼白雜毛,騅”,以證今説文誤也。

“驈”字注引詩“有驈有騜”,石經作“皇”。説文無“騜”字,傳寫誤加馬。

“驖”字注引詩“四驖孔阜”,石經“駟驖”,傳寫誤作“四”。鶴壽案:“駟驖孔阜,六轡在手”,字正當作“四”,猶小戎云“四牡孔阜,六轡在手”也。“俴駟孔羣”傳云:“俴駟,四介馬也。”疏云:“言我有淺薄金甲以被四馬。成二年傳‘齊侯與晉戰,不介馬而馳之’,則是戰馬皆被甲也。”據此知以馬數而言但謂之“四”,以介馬而言則謂之“駟”,文十一年傳“富父終甥駟乘”,亦其證也。

“駒”字注引易“爲駒顙”,石經作“的”。

“駮”字注:“从馬,爻聲。北角切。鉉曰:爻非聲,疑象駁文。”案北角切,北人讀若豹,正當从爻得聲。

“驒”字注:“驒馬黃脊。从馬,覃聲。讀若簞。徒玷切。”案此部字一百一十五,此字列在二十八,而下文有“驔”字,注云:“驔騴,野馬也。从馬,單聲。一曰青驪白鱗,文如鼉魚。代何切。”此下即繼以“騴”字,而注云“驔騴,馬也”。攷“覃”字上从鹵,而東鹵之“鹵”,俗變爲“西”,因“鹵”與“卤”稍相似,亦變作“西”,其下省口爲“覃”,而“驒”遂爲“驔”矣。因其與“驔”稍相似,故二字互誤,以“驔”爲“驒”,以“驒”爲“驔”。何以明之?“驒”字注“覃聲”者,此必“驔”字,而“覃聲”當云“單聲”也。觀其云“讀若簞”,“簞”字从竹,上下無此類字,當不誤。且二字相隔甚遠,雖大字以相似致誤,小字未必加誤。“覃聲”係承大字而誤,不可以此疑“簞”字亦誤也。曰“讀若簞”,則知必“驔”字矣。下文大字“驒”,小字“驔騴”,皆當作“驒”,“單聲”當作“覃聲”,皆承大字而誤也。唐石經駉篇弟三章“有驒”,弟四章“有驔”,而毛傳于弟三章云“青驪驎曰驒”,弟四章云“豪骭曰驔”。愚謂“青驪驎”當作“青驪白鱗”,毛與許合,此脫去“白”字,又誤“鱗”爲“驎”。馬部無

"驎"字,而此馬文似鼉魚,其當作"鱗"明矣。石經與近代刻本亦二字互誤,其實弟三章當作"有驔",弟四章當作"有驒",何則?"豪骭"雖未詳,與"黄脊"猶近,若"青驪白鱗",正是"驒"字解,何得反爲"驔"字解乎?故知互誤也。而陸氏釋文音仍似不誤,故于弟三章"驒"字下云"徒河反",又引説文"馬文如鼉魚",此正釋"驒"也,非"驔"也。"覃"、徒語之轉,"驒"字從覃聲,蓋以雙聲得聲,"徒河反"則讀若鼉矣。弟四章"驔"字下云:"音簟,徒點反。""簟"字乃"簟"字之誤,此正釋"驔"也,非"驒"也。"驔"、"簟"皆從單得聲,"徒點反"則讀若彈矣。孫恤切韻兩歧與陸同,不知陸、孫所據即石經本乎,非乎?此其舛錯紛如亂絲,故予不辭勞拙而辨之。鶴壽案:各本"驔"字注皆云"讀若簟",並無作"讀若簟"者,説文云:"驔,驪馬黄脊。"爾雅云:"驪馬黄脊,驔。"是"驔"即"驔"也。説文又云:"騽,馬豪骭也。""騽"是"驔"之重文,"馬豪骭"是"驔"之別義,許書原本必係一字,後人誤分之耳。駉篇傳云:"豪骭曰驔",此"騽"即"驔"之一證也。馬有雙名"驒騱"者,司馬相如子虛賦云"駒騟驒騱"是也。有單名"驔"者,爾雅云"青驪驎驔"是也。説文云"驒騱,野馬也",此釋雙名之馬,又云"青驪白驒",乃釋單名之馬。駉篇傳云"青驪驎曰驒",是直用爾雅文,非有脱落也。駉篇釋文云"驔音簟,徒點反。字林又音譚","驒,徒河反",亦皆與説文合。先生見"驔"與"驒"稍相似,而"簟"與"簟"又相似,乃云"驒"讀若"簟",欲互易説文之字,并欲互易駉篇三章、四章之字,無如説文、毛傳注解音釋堅壁不可動,無論其他,即如"驒騱",野馬之名也,豈可改作"驔騱"乎?既不可改作"驔騱",而可移"青驪白驒"之訓于"驔"字乎?

　　"駺"字注:"馬赤鬣縞身,目若黄金,名曰駥。春秋傳曰:駥馬百駟。"注移"文"于左,未詳。

　　"篤"字注:"馬行頓遲。"俗借作"厚"也。訓"厚"之字從二,竹聲,作"竺"。小徐云:"'篤公劉',假借字。"

　　"駊"字注:"馬行相及也。讀若爾雅'小山駊大山,峀'。"今爾雅作"岌",郭璞注:"岌謂高也。"疏:"言小山高過于大山。"愚謂許氏宗主古文,此條駊字從馬,則引爾雅作"駊",的確無疑。魏晉人因山不宜言"馬"，妄改爲"炭"，不知"炭"字說文所無，凡羣山延連處，登高而望，輒見如馬之相追逐然，狀之以"駊"，巧構形似之言，何爲改之？且羣山延連，脈將盡，必有高者特起，然則此言小山追及大山耳，何反以爲"高過"乎？

"駉"字注："牧馬苑也。"引詩"在駉之野"，石經作"在坰"。此經首句已言"駉駉牡馬"矣，傳云："駉駉，良馬腹幹肥張也。"次句似不應又言"在駉"，且，傳云"坰，遠野也。邑外曰郊，郊外曰野，野外曰林，林外曰坰"，箋云："必牧于坰野者，避民居與良田也，周禮曰：'以官田、牛田、賞田、牧田任遠郊之地。'"許氏自言詩偁毛氏古文，必不與毛違異。冂部首重文作"坰"，其解與毛合，而毛實本之爾雅釋地，則"坰"字實有其字，許氏載之毛詩，非誤也。竊謂或許本作"腹幹肥張也"，而引"駉駉牡馬"，傳寫者誤引詩作"在坰之野"，其"牧馬苑"仍存本文，後人據誤本，見其與引詩不合，又妄改之乎？陸德明于首句"駉"字下云："古熒反。說文作'驍'，又作'駓'，同。"于"坰"字下則不及說文。蓋陸所據說文已是誤本，見"駉"字注全屬舛謬，而"驍，良馬也"，"駓，馬盛肥也"，與毛傳解"駉"字稍近，遂造此說。其意以許氏于詩駉篇首句自作"驍驍牡馬"，或作"駓駓"，不作"駉駉"，次句卻作"在駉之野"，不作"在坰"，故曰"牧馬苑也"，而引詩"在坰之野"爲證。但"古熒反"音與"駓"異，若與"驍"全無干涉，何得牽合？且陸云"同"，"同"也者，豈"驍"、"駓"皆可"古熒反"乎？且一字而既別作"驍"，又別作"駓"，有此理乎？許自言詩偁毛氏，今土部"坰"字引爾雅正與毛合，何得馬部"駉"字引魯頌乃作馬旁字，大與毛違乎？陸知毛、許皆不可駁，故巧爲回護也。鶴壽案：此條所以致疑者，由"牡馬"、"牧馬"先有異文故也。經義雜記云：魯頌"駉駉牡馬"，正義曰："駉駉然腹幹肥張者，所牧養之良馬也。定本'牧馬'字作'牡馬'。"釋文："牡馬，茂后反。草木疏云：'騭馬也。'說文同，本或作'牧'。"顏氏家訓書證云："江南書皆作牝牡之'牡'，河北本悉爲，放牧，之'牧'。鄴下博士見難云：

駉頌既美僖公牧於坰野之事，何限，騅驦乎?，答曰:頌人舉其强駿者言之，于義爲得也。易曰‘良馬逐逐’，左傳云‘以其良馬二’，亦精駿之稱，非通語也。”據此則六朝時本已有“牡馬”、“牧馬”兩文矣，故正義作“牧”，云“定本作‘牡’”；釋文作“牡馬”，云“本或作‘牧’”。唐石經作“牡馬”，驗其改刻之痕，本是“牧”字，文選李陵答蘇武書“牧馬悲鳴”，李善引毛詩曰“駉駉牧馬”，藝文類聚、太平御覽引作“駉駉牧馬”，初學記、白氏六帖引作“駉駉牡馬”，則唐宋人亦兼具兩本矣，呂東萊讀書記首章猶作“牧馬”。攷“駉駉牡馬”傳云:“駉駉，良馬腹幹肥張也。”“在坰之野”箋云:“牧于坰野者，避民居與良田也。”“薄言坰者”傳云:“牧之坰野則駉駉然。”箋云:“坰之牧地，水草既美，牧人又良。”則知“在坰之野”、“薄言坰者”二句方及牧事，首句止言馬之良駿耳。釋文于“牡馬”下引草木疏云“驦馬，爾雅云‘牡曰驦’”，則陸氏疏亦作“牡”矣。陸氏，三國時人，遠在顏氏之前，其本更爲可據，是當以“牡馬”爲定。今案馬有牡有牝，故定之方中云“騋牝三千”，駉詩言僖公牧馬之盛，豈有專舉牡馬者? 疏云:“毛以四章分説四種之馬，明首章爲良馬，二章爲戎馬也。”又云:“以四章所論，馬色既别，皆言以事①，明每章各有一種，故以此充之，上文二句無可别異也。”依疏言則經文定當作“牧馬”，説文訓“駉”爲“牧馬苑”，而引詩“在坰之野”，無可疑者。

“駃”字注:“駃騠，馬父驘子也，从馬，夬聲。臣鉉等曰:今俗與‘快’同用。”夬聲，小徐作“決省聲”，是。“快”字，人部無此字，宋本作“快”。

犬部“默”字注:“犬暫逐人也。从犬，黑聲，讀若墨。莫北切。”案此字假借作語默之“默”用，周易“默而成之”，論語“默而識之”皆是。漢書或作“嘿”，孔光傳“光嘿不應”，史丹傳“丹嘿然而咲”，口部不收。

“獜”字注引詩“盧獜獜”，石經作“令”。

“獧”字注:“疾跳也，一曰急也。古縣切。”石經論語作“狷”，孟子作“獧”，孫奭音義與“狷”同。新附“狷”字重出。

---

①　“事”，原作“車”，據正義改。

"狟"字注引書"尚狟狟"，徐鍇曰："今尚書作'桓'。"

俗有"猾"字，犬部無。書舜典"蠻夷猾夏"，漢百官公卿表司隸校尉"督大姦猾"，叔孫通傳"剗言大猾"，江充傳"交通郡國豪猾"，主父偃傳"外銷姦猾"，李尋傳"小貶邪猾"。鶴壽案：左氏傳"無助狡猾"，晉語"齒牙爲猾"，揚子方言"小兒多詐而獪，或謂之猾"，史記高祖紀"爲人慓悍猾賊"，此皆在漢書前，何以不引？即叔孫通傳專言"大猾"，亦是襲史記文，何以反引漢書？

鼠部"㹠"字注："豹文鼠也。"新唐書盧藏用傳："藏用弟若虛。有獲異鼠者，豹首虎臆，大如拳。若虛曰：'此許慎所謂㹠鼠，豹文而形小。'"鶴壽案：既引盧若虛事，胡弗將終軍、竇攸事一并引之？㹠鼠即鼮鼠也。

"能"字部首："从肉，㠯聲。鉉曰：㠯非聲，疑皆象形。奴登切。"案"㠯"近"台"，西漢、先秦之書未有"能"作奴登切者，以㠯爲聲，取音近台也。漢晁錯傳"能寒能暑"，嚴助傳"不能其水土"，趙充國傳"漢馬不能冬"，皆是。禮記"聖人耐以天下爲一家"，注："耐，古'能'字。"

"火"字部首，春秋元命包曰："火之言委隨也，故其字人散二爲火也。"見御覽卷八百六十八。

"焜"字注引詩"王室如焜"，石經作"燬"。

"然"字注："燒也。从火，肰聲。"肉部"肰，犬肉也。从肉、犬，讀若然"，口部"嘫，語聲也。从口，然聲"。"肰"字廢不用，"嘫"字用處甚多，偏以"然"代之，別造"燃"字爲"燒"，非也。

"灼"字注："商書曰：予亦灼謀。"今作"拙"。

"烰"字注引詩"烝之烰烰"，石經作"浮"。鶴壽案："烝"字注云："火氣上行也。""烰"字注云："烝也。""烝"既从火，則"烰"亦从火。今詩作"浮"，假借字耳。

"烄"字注："交木然也。"當作"火未然"。鶴壽案：火既交矣，豈有未然者？玉篇曰："烄，交木然之，以燎柴天也。"

"尉"字注："从上案下也。从㞢，又持火以尉申繒也。鉉曰：

今俗别作‘熨’，非是。魚胃切。”案漢書皆作“尉”，韓安國傳“以尉士大夫心”，師古曰：“尉安字正如此，俗加心。”車千秋傳“尉安黎庶”，杜周曾孫業傳“不以尉示天下”，胡建傳“尉薦走卒”，皆是。若戾太子傳“寬心慰意”，燕王旦傳“撫慰百姓”，外戚孝成趙皇后傳“以慰其意”，則參差。

“焯”字注：“周書：焯見三有俊心。”詳後案。鶴壽案：尚書後案全用惠定宇九經古義，別無引證。今案揚雄羽獵賦云“焯爍其波”，此亦“焯”訓明之一證也。至“灼”字則訓炙，謂以火炙物，攷工記云“盧人炙諸牆”，則與明之義無涉，今書作“灼”，乃假借字。詩“灼灼其華”亦當作“焯”。

“爟”字注：“取火于日官名。舉火曰爟。”引周禮“司爟掌行火之政令”，“从火，藋聲。古玩切”。重文“烜”字注：“或从亘。”案周禮夏官有司爟，乃掌火之官，音工喚反。秋官有司烜氏，掌取火于日，音煖。二字音義皆別，故鄭氏兩訓。許混而一之，許必不憒憒若此，疑後人妄改。鶴壽案：周禮司烜氏注“故書‘烜’爲‘烜’，鄭司農云當爲‘烜’”，則“烜”不讀如煖，許依先鄭説也。

炎部“爕”字注：“大熟也。从又持炎、辛，辛者，物熟味也。”唐石經尚書周官“爕理陰陽”，“爕”字从言，非。

黑部“黷”字注引易“再三黷”，石經作“瀆”。此卷至黑部止，小徐添入囪、焱、炙、赤部四部。鶴壽案：褻瀆之“瀆”字當爲“嬻”，或作“黷”，或作“瀆”，皆假借字也。此半卷中，馬部之俗字有如“颿”之爲“帆”，“贏”之爲“騾”，“馮”之爲“憑”，“駿”之爲“鬃”，“驁”之爲“鰲”，“駭”之爲“痎”，“驅”之爲“駈”，“騆”之爲“駲”；鹿部之俗字有如“麝”之爲“麐”，“麂”之爲“麑”，“麠”之爲“羚”，“麗”之爲“軗”、“麁”、“麤”之爲“麖”、“麖”，“麀”之爲“𪎭”、“鷞”，犬部之俗字有如“獀”之爲“獈”，“傪”之爲“傪”，“犴”之爲“狟”，“獵”之爲“獦”，“獨”之爲“獥”，“狗”之爲“豿”，“猥”之爲“蝐”，“玃”之爲“蠼”，“㺒”之爲“㺜”、“餛”、“狼”之爲“騍”、“蒗”。火部之俗字有如“羹”之爲“爐”，“燿”之爲“耀”，“煇”之爲“輝”，“煖”之爲“暄”，“光”之爲“芫”，“燦”之爲“揉”，“灵”之爲“灰”，“煥”之爲“暖”，“焚”之爲“燔”、“焚”、“炎”之爲“燎”、“尞”、“熭”之爲“燹”、“㶸”，“熇”之爲“謞”、“嗃”。

黑部之俗字有如"奰"之爲"黑","黧"之爲"旅","馘"之爲"箴","黥"之爲"刾","儻"之爲"倘","黪"之爲"黲"。與夫麤部之"麤",俗作"麁";龟部之"龜",俗作"亀";鼠部之"鼦",俗作"貂";"鼄",俗作"蚿",炎部之"粦",俗作"燐";"秥",俗作"杉",皆是也。昔有炅橫者,分其子爲四姓,一守墳墓,姓炅;一居徐州,姓昋;一居幽州,姓桂;一居華陽,姓炔。豈知論其音則同,論其字則"昋"、"炔"皆俗哉。

卷十下攷證

"囱"字部首注:"在牆曰牖,在屋曰囱。象形。楚江切。"重文"窗"字注:"或从穴。"重文"囧"字注:"古文。"案穴部已有"窻"字,注云:"通孔也。从穴,悤聲。楚江切。"二字音既同,而"通孔"似即今之窗,于是世人皆混作"窻",但許氏何不收入囱部重文而別入穴部? 且"囱"字注明云"在牆曰牖,在屋曰囱",其爲屋上之窗甚明。書"牖間南嚮",疏云:"牖謂窗也。窗東户西,户牖之間也。"詩"宗室牖下",疏云:"户西牖東,去牖近,故云'牖下'。"若穴部"窻"字注"通孔",則與"穿"訓通竇、"窯"訓空、"空"訓竅相同,凡"通孔"者皆是,非必窗也。二字大有別,俗別出"窓"、"窗"、"牕",更謬。

炙部"燔"字注引春秋傳"有事燔焉",石經作"燔"。

赤部"經"字注引詩"魴魚經尾",重文"頳"字注:"'經'或从貞。"唐石經汝墳"經"作"頳",既是重文,似亦可用。但許引詩在正文,何以改之? 此等不可解。

大部"奣"字注:"讀若詩'施罟濊濊'。"唐石經碩人作"施罟濊濊",而水部"濊"字注引詩曰"施罟濊濊"。此部別有"濊"字,注云"水多皃",此外別無"濊"字,則"奣"字注引詩,宜如水部亦作"濊",石經省右邊艸,未必可據,而作"濊"則大謬。至小徐作"濊濊",則恐傳寫之誤。鶴壽案:大部篆文作"奣"字,而注引詩"濊濊",傳寫者不察,乃謬加大字于"濊"之上,猶水部篆文作"濊"字,而注引詩"濊濊",傳寫者不察,乃謬加艸字于"濊"之上也,實則加大加艸皆非。段茂堂曰:釋文不云"説文作'濊'",玉篇"瀏"、"濊"二字相連,與説文同。"濊"下云"呼括切，水聲，又於衡、於外二切，多水貌"，不云有二字。廣韻"瀎，水聲"，"瀎"上同。類篇"瀎，呼括切。礙流也"，引詩"施罟瀎瀎"。是知妄人改"礙流"之字爲"瀎"，而別補"瀎"篆于水部之末，云"水多貌，呼會切"，不知水部之末，至"湏"、"萍"等篆已竟，"水多"非其次也。或作"㴉"，亦非。

　　"戩"字注："大也。"引詩"戩戩大猷"，石經作"秩秩"。

　　"亦"字部首注："人之臂亦也。从大，象兩亦之形。鉉曰：今別作'腋'，非是。"惠棟曰："亦象人之兩臂。"俗作"掖"，从手，夜聲，而以"亦"爲亦然之"亦"，未爲不可，然截然分爲兩字，則不可。書曰"亦行有九德"，謂以九德掖扶其行也。若訓爲亦然之"亦"，豈成文理乎？"掖"字注："臂下也。"又云："以手持人臂。"明亦與"掖"通。古文作"亦"，篆文作"掖"，説文兩存。

　　夭部"㚖"字注："吉而免凶也。从屰、从夭。"案隸變作"幸"，與羊部"㚔"字及本卷"㚔"字部首皆無別。鶴壽案：㚔部"㚔"字，各本作"从羊"，非也。張參五經文字云："説文'㚔'从大、从屰，屰音干，今依漢石經作'幸'。"然則"㚖"隸變作"幸"，固與"㚔"字相混，若羊部"㚔"字下有三畫，尚不至相混也。

　　壹部，小徐本有"懇"字，注云："疾利口也。書曰：相時懇民。臣鍇曰：今俗作'憸'，所言衆也。會意，先廉反。"疑此誤收，已見心部。

　　㚔部"籲"字注："方日升。"韻會小補所引有"鉉曰：以言鞫之也"，毛板脱。

　　本部"暴"字注："疾有所趣也。从日出，从廾、从本。"孟子"暴其民甚"，當從此。"秋陽以暴之"，則當從日出，从廾、从米，隸變皆亂。

　　"靴"字注引易曰"靴升大吉"，石經作"允升"。

　　"皋"字注："气白之進也。周禮'詔來鼓皋舞'，皋，告之也。"案"皋"與"嗥"通，亦訓告，見周禮注。小徐本脱落甚多，後漢馬援傳注：東觀記曰："援上書：城皋令印'皋'字爲白下羊，丞印四下羊、尉印白下人、人下羊，即一縣長吏印文不同，恐天下不正者多。符印所以爲信也，所宜齊同。薦曉古文字者，事下大司空，正郡國印章。奏可。”愚謂此縣令、丞、尉印皆非也，不但不齊同而已。鶴壽案："本"訓"進趣"也。"皋"字從白、本，會意，故訓"氣白之進也"。"皋"有訓爲澤者，詩"鶴鳴于九皋"，傳云"九折之澤"是也。字亦作"睪"，荀子大略篇"望其壙，皋如也"，莊子危言篇作"睪如"；荀子王霸"睪牢天下而制之，若制子孫"，後漢馬融傳作"皋牢"。城皋丞印上從四者，以"皋"亦作"睪"故也，但其下從羊不從本，則非矣。"皋"字別體雖上從四，而其下應從本，俗誤從幸耳。城皋令從白下羊，其謬固不待辨，即城皋尉從人下羊，若與"本"字相近，而不知其似"先生如牽"之"牽"字矣。

齐部"畁"字注引虞書"若丹朱畁"，石經作"傲"，非。

"昦"字注："春爲昦天，元气昦昦。從日、齐，齐亦聲。胡老切。"案唐石經尚書、毛詩、爾雅一切"昦"字皆譌爲"昊"，説見尚書後案。鶴壽案：齐，放也。從大、八。八者，分也。故"昦天"之"昦"從之。詩黍離傳云："元氣廣大，則稱昦天。仁覆明下，則稱明天。自上降鑒，則稱上天。據遠視之蒼蒼然，則稱蒼天。"義各有取。"昦天"是取廣大之義，今俗改從天，何所取義乎？

"冏"字注："周書曰伯冏。"石經尚書作"伯囧"，蓋因冏是古文"囧"字，遂妄改之。鶴壽案：書序云："穆王命伯冏爲周大僕正，作冏命。"鄭注云："冏命，逸古文尚書作'囧'，今文尚書作'冏'，史記周本紀云：'穆王閔文、武之道缺，乃命伯冏申誡大僕之政，作冏命。'"或作"臩"、"臩"，皆譌字也。

"奰"字注："壯大也。從三大、三目。二目爲冒，三目爲奰，益大也。詩曰：不醉而怒謂之奰。平祕切。"案詩蕩"內奰于中國"，毛傳云："奰，怒也。不醉而怒曰奰。"與説文合。汲古閣説文于"詩曰"下誤脱經文一句，而"奰"字則後人妄省。

立部"埭"字注："臨也。力至切。"俗作"莅"，老子"以道莅天下"，陸德明曰："古無此字。説文作'埭'。"或作"涖"，石經論語："不莊以涖之。"

　　竝部"普"字注："廢也。一偏下也。从竝，白聲。他計切。"重文"替"字注："或从曰。"重文"暜"字注："或从兟、从曰。鉉曰：俗作'替'，非是。"周禮內宰疏："舊居宮者來替。"鶴壽案：俗"替"字屢見經典，詩楚茨云："勿替引之。"爾雅譯詁云："頲、竢、替、戾、厎、止、徯，待也。"釋言云："替，廢也。替，滅也。"不此之引，而特引周禮疏，何哉？

　　"心"字部首注："人心，土藏也。在身之中，象形。博士說以爲火藏。"五經異義曰："今文尚書歐陽說：'肝，木也。心，火也。脾，土也。肺，金也。腎，水也。'古文尚書說：'脾，木也。肺，火也。心，土也。肝，金也。腎，水也。'慎謹案：月令'春祭脾，夏祭肺，季夏祭心，秋祭肝，冬祭腎'，與古尚書同。鄭駁之曰：月令祭四時之位，以其五藏之上下次之耳。冬位在後而腎在下，夏位在前而肺在上。春位小前，故祭先脾；秋位小卻，故祭先肝。腎也、脾也，俱在鬲下；肺也、心也、肝也，俱在鬲上。祭者必三，故有先後焉，不得同五行之氣。今醫病之法，以肝爲木，心爲火，脾爲土，肺爲金，腎爲水，則有瘳也。若反其術，不死爲劇也。"鄭駁此者，以其與醫法不合，非爲與理氣象數不合。許所據古尚書說，與鄭說洪範義似合。蓋鄭以五常中之知屬土，而知正從心出，則鄭意以心爲土藏，明矣。鄭雖駁許，其實說經未嘗不同。予尚書後案誤以爲不同，未及追改也。鶴壽案：漢翼奉傳云①："肝性靜，靜行仁，甲己主之。心性躁，躁行禮，丙辛主之。脾性力，力行信，戊癸主之。肺性堅，堅行義，乙庚主之。腎性智，智行敬，丁壬主之。"今案肝屬木。甲，陽木也；己，陰土也。以陽木制陰土，故曰"甲己主之"。心屬火。丙，陽火也；辛，陰金也。以陽火制陰金，故曰"丙辛主之"。脾屬土。戊，陽土也；癸，陰水也。以陽土制陰水，故曰"戊癸主之"。肺屬金。乙，陰木也；庚，陽金也。以陽金制陰木，故曰"乙庚主之"。腎屬水。丁，陰火也；壬，陽水也。以陽水制陰火，故曰"丁壬主之"。其說與今文尚書合。黃帝素問曰："東方生風，風生木，木生酸，酸生肝。南方生熱，熱生火，火生苦，苦生心。中央生濕，濕生土，土生甘，甘生

---

①　此下引文出翼奉傳注引晉灼說，則"傳"下似脫"注"字。

脾。西方生燥,燥生金,金生辛,辛生肺。北方生寒,寒生水,水生鹹,鹹生腎。”此以五行配五臟,醫病者若反之,則鄭所謂“不死爲劇”也。説文肉部注云“腎,水臟也”、“肺,金臟也”、“脾,土臟也”、“肝,木臟也”,亦用今文尚書説,則心部當云“火臟”,而忽用古文尚書説以爲“土臟”,許亦知古文尚書説未可定,故又云“博士説以爲火臟”①。蓋心爲一身之主,似宜爲土臟,然以部位言之,則心居最上,故屬火,脾居最下,故屬土,而肝木、肺金、腎水居于其間,此一定不移之序。洪範以五事配五行,貌澤,水也,于臟爲腎;言揚,火也,于臟爲心;視散,木也,于臟爲肝;聽收,金也,于臟爲肺;思通,土也,于臟爲脾。故素問曰“在天爲濕,在地爲土,在藏爲脾,在志爲思”,五行傳曰“思心之不容,是謂不聖”。思者,心也,而所以運其思者,脾爲之力也,故素問曰“思傷脾”。段茂堂深信古文尚書説,于肉部注曰②:“各本不完,當云‘肺,火臟也,博士以爲金臟’、‘脾,木臟也,博士以爲土臟’,乃與心部注云‘心,土臟也,博士以爲火臟’一例。”是未達許于心部兩説並存之故也。先生又謂古文尚書説于醫法不合,于理氣象數未嘗不合,不知所識五臟諸字,小則用以治病,大則用以治經,豈可兩歧其説乎?

“悳”字注:“外得于人,内得于己也。从直、心。多則切。”彳部“德”字注:“升也。从彳,悳聲。多則切。”二字音雖同而義自異,不知何時將經典“道悳”之字盡改爲“德”。不知“悳”从直、心,直心而行,則外得人、内得己矣。凡施惠及人爲“悳”,朱子云“行道有得于心”,則但有其一矣。禮記“立容悳”,鄭注:“如有予也。”蓋“悳”原从得生意。陳澔謂“中立不倚,儼然有德氣象”,似是而非。

“愃”字注引詩“赫兮愃兮”,石經作“咺”。

“愻”字注引唐書“五品不愻”,石經作“遜”。鶴壽案:愻,順也,从心,通作“孫”,論語“孫以出之”是也。遜,遁也,从辵,通作“巽”,尚書“巽朕位”是也。

“塞”字注引虞書“剛而塞”,石經作“塞”。

---

① “火”,原作“土”,據説文及本節上文改。
② “肉”,原作“水”,據説文段注改。

“意”字注：“滿也。一曰十萬曰意。”古文苑秦惠文主詛楚巫咸文曰“張矜意怒”，章樵注引説文“滿也”。此字別有十萬解，俗以數字作“億”，誤也。億，安也，春秋傳曰“子盍姑億鬼神”，在人部。十萬爲億，尚書洛誥“萬億年敬天之休”，孔傳同。毛詩伐檀“禾三百億”，傳云：“萬萬爲億。”箋云：“十萬曰億。”毛、鄭各從其家，古今數有異也。鶴壽案：徐岳數術記遺云：“黃帝爲法，數有十等，及其用也，乃有三焉。十等者，億、兆、京、垓、秭、壤、溝、澗、正、載。三等者，謂上、中、下也。下數者十十變之，若言十萬曰億，十億曰兆，十兆曰京也。中數者萬萬變之，若言萬萬曰億，萬億曰兆，萬兆曰京也①。上數者數窮則變，若言萬萬曰億，億億曰兆，兆兆曰京也。毛傳‘萬萬曰億’，此即中數也。鄭箋‘十萬曰億’，此即下數也。”今案“十萬曰億”，此數之有用者。若中數、上數，算家雖有其術，徒爲空位，無所用諸。

“慰”字注：“安也。从心，尉聲。一曰恚怒也。於胃切。”漢韓安國傳“以尉士大夫心”，師古曰：“故尉安之字②正如此，其後俗乃加心耳。”

“忎”字注引周書“在受德忎”，石經作“敃”。

“懋”字注：“勉也。”引虞書“時惟懋哉”，今書作“惟時”。漢人訓詁之學，字不苟下，其彼此互異，似不相通，詳釋之，則會歸于一。如堯典“帝曰：‘俞，咨禹。汝平水土，惟時懋哉。’”馬融云：“懋，美也。”王肅云：“懋，勉也。”似不相通，其實“懋”訓勉，見説文。釋詁云：“茂，勉也。”皋陶謨“懋哉懋哉”，太誓“茂哉茂哉”，是“懋”、“茂”通，同訓勉。宋玉神女賦云“茂矣美矣”，是“茂”有美意。此經舜求宅百揆者，衆舉禹，其時禹水功告成已久，而舜重舉往日司空之前功，以申今日百揆之新命，故“懋哉”者，謂美其前功可，謂勉其繼前功亦可。故馬、王異訓，其實一也。

“懕”字注：“安也。詩曰：懕懕夜飲。”石經作“厭”，此後人省

———

① 以上二句，數術記遺作“萬萬億曰兆，萬萬兆曰京”。

② “字”，原作“安”，據漢書注改。

心。爾雅云："愿愿，安也。"釋文引説文云："愿，安靜也。"小戎"厭厭良人"，毛本必作"愿"，而作"厭"者，後人所改。傳亦云"厭厭，安靜也"，則知汲古閣説文脱一"靜"字。又小戎注疏采釋文，但云"厭，於鹽反"，釋訓亦但云"愿，於占反"，而專刻足本則兩處皆有"安靜也"句，説文脱漏顯然。

"忩"字注引周書"有疾不忩"，石經作"豫"。鶴壽案：釋文云："豫，本又作'忬'。""忬"即"忩"也，"忬"从心予聲，猶"忩"从心余聲也。

"憜"字注："不敬也。"引春秋傳"執玉憜"。重文"惰"字注："'憜'或省自。"案唐石經僖十一年傳："天王使内史過賜晉侯命，受玉惰。""受"譌爲"執"，許氏誤記。

"忿"字注引孟子"孝子之心不若是忿"，今本作"恝"。

"怛"字重文"悬"字注引詩"信誓悬悬"，石經作"旦"。

"您"字注引孝經曰"哭不您"，石經此句缺。今汲古閣本作"偯"，俗字。

"悼"字注："从心，卓聲。鉉曰：卓非聲，當从罩省。"案正當从卓聲，何云非聲？

"惠"字注引易"泣涕惠如"，石經作"泣血漣如"。

論語"瞻之在前，忽焉在後"，何晏曰："言忽怳不可爲形狀也。"説文"怳，狂之皃"，疏作"怳惚"，此必偶誤。朱子云："恍惚不可爲象。"二字説文並無。鶴壽案：老子云"道之爲物，惟怳與忽"，何晏注"忽怳不可爲形狀"，即本此，則"忽怳"正當作"怳忽"。釋文云："惚惚，今本作'恍惚'。"然則非朱子之過也。此半卷中，囱部之"悤"爲"忩"，俗字也。大部之"奄"爲"菴"，俗字也。矢部之"吴"爲"吴"，奢部之"奲"爲"軃"，天部之"夵"爲"侟"、"奔"爲"犇"，息部之"思"爲"恖"、"慮"爲"攄"，皆俗字也。囟部之"魤"爲"毘"與"毗"，惢部之"縈"爲"蕊"與"蘂"，亦俗字也。心部"恂"則爲"詢"矣，"惏"則爲"惏"矣，"怖"則爲"佈"矣，"恥"則爲"耻"矣，"慄"則爲"悚"而"惛"則爲"晤"矣，"息"則爲"蒠"而"忡"則爲"憃"矣，"惡"之爲"惡"又爲"蠹"也，"恍"之爲"芫"又爲"慌"也，"怛"之爲"瘨"又爲"懇"也，"懵"之爲"瘖"又爲"曙"也，無一非俗字也。甚至有一字而分爲數字者，芙蓉之"芙",鶐鵡之"鶐",玭玞之"玞",碔砆之"砆",楚詞、爾雅、山經諸書各爲一體,而豈知古止作"夫容"、"夫不"、"武夫"哉?

蛾術編卷二十九

説字十五

卷十一上攷證

水部"汃"字注："西極之水也。从水，八聲。爾雅曰：西至于汃國，謂之四極。府巾切。"案爾雅："西至于邠國。"此因"邠"旁亦有八而誤。孫恪音府巾切者，非。府巾乃"邠"字音，徐鉉屬之"汃"字，謬甚。張平子南都賦"砏汃輣軋"，李善曰："波相激之聲。'汃'讀爲八。埤蒼曰：'汃，大聲也。'"此別一義而音則同从八得聲。此極遠水也，託始於此者，敍衆水皆自西而東，如邑部敍地也，"江"下次以"沱"，即次以"浙"，遽及極東之水者，此牽連相及，"浙"下仍次"浹"、"淛"等水矣。鶴壽案：河源出今青海右境，已是西極之水，而汃水更在其西，莫知其處，許不過依爾雅爲説耳。"汃"音八，"邠"即八之平聲，則逕用"府巾切"可也。惟字不可作"邠"，"邠"即今陝西邠州。

小徐本敍次與大徐絶不同，如"河"在"汃"前，"潼"在"涪"前，"洮"在"溺"前之類，顛倒錯亂，不可爬梳。

"浙"字注："江水東至會稽山陰爲浙江。从水，折聲。旨執切。"此條乃許氏偶誤，不可强説。漢志有漸江，水出丹陽郡黟縣南蠻夷中，東入海。黟，師古音"伊"，字本作"黔"。水經："漸江，水出三天子都，北過餘姚，東入于海。"酈注："山海經謂之浙江也。"其下即引前志以證，歷敍東北流入海原委，至錢塘稱錢塘江，與浦陽江合，稱浦陽江。此水本出山谿，與大江中隔重巒疊嶂，斷無相通之事。"漸"字注："水出丹陽黟南蠻中，東入海。"漸即浙也，自其出黟縣則爲漸，自其至山陰則爲浙。許氏正當以"浙"接"漸"下，乃相隔絶遠而以"浙"居"沱"下，此許氏偶誤，不可强説。應于注中增"漸"字，移入漸水下。鶴壽案：浙江即禹貢之南江，非黟南之漸江也。自其與大江分流處言之，則謂之南江；自其至山陰入海處言之，則謂之浙江。許書分別甚明，先生猶混而一之，是但據今日之形埶而全不攷諸古籍，并説文"漸"字注亦未之深攷也。今人皆稱錢塘江爲浙江，此乃古之漸江發源於黟南者，其下流至山陰與南江合流。南江從石城分流至山陰受漸江而入於海，以其曲折，故名浙江。韋昭曰："浙江在今錢塘，音折獄之折。"莊子所謂制河，即其水也，制、折聲相近。但南江既受漸江，則漸江遂冒浙江之名，山海經云"浙江出三天子都"，吳越春秋云"越王至浙江之上"，史記云楚威王"盡取故吳地至浙江"，秦始皇"至錢塘臨浙江"，此皆是漸江也。其言浙江，乃大江之委，在南江之尾，與漸江無涉。先生所以混而一之者，由不究班志三江之説耳。金氏禮箋曰："班志，南江在會稽吳縣東南入海，揚州川；北江在毗陵北，東入海，揚州川；中江出丹陽蕪湖西南，東至陽羨入海，揚州川。毗陵之北江即今大江，其蕪湖之中江、吳縣之南江，遞流湮廢。據班志丹陽石城下云：'分江水，首受江，東至餘姚入海，過郡二，行千二百里'，説文云'江水至會稽山陰爲浙江'，闞駰十三州志云'江水至會稽與浙江合'，晉灼曰'水經：江水東至石城縣分爲二，其一東北流過毗陵縣北爲北江，其一東至會稽餘姚縣東入于海'，酈注沔水篇云'江水自石城東出爲南江，又東逕臨城縣南，又東逕安吳縣，又東逕寧國縣南，又東逕故鄣縣南、安吉縣北，又東北爲長瀆，歷湖口，又歷烏程縣，南通餘杭縣，則與浙江合；又東逕餘姚縣故城南，又東注于海'，地理志所謂'江水自石城東出，逕吳國南爲南江'者也。"今案分江水合三江言之爲南江，專就石城至山陰言之爲浙江，以其遞流曲折故也。浙江爲大江之分流，並非別源，亦猶沱江爲大江之別流，故與"沱"並次于"江"之後，若漸江出自黟南，並非大江之分流別流，故次于"灌"之後，許何嘗誤耶？

　　"涂"字注："水出益州牧靡南山西北入澠。从水，余聲。同都切。"案：古涂路字即此。周禮遂人："凡治野，遂上有徑，溝上有畛,洫上有涂,澮上有道,川上有路。"古人製字有深意。農田者民生本計,道路者人所通行,故由田起,凡道路即在城市中者亦以田間之名名之,路小槩名"徑",路大槩名"涂"。後人別造"塗"字,新附注云:"泥也。从土,涂聲。同都切。"竊謂古塗泥字亦只作"涂",蓋水土間雜爲泥涂,既从水,何不可作"泥"用?後人乃必加土,石經周易睽上九"見豕負塗",尚書禹貢揚州、荆州"厥土惟塗泥",仲虺之誥"民墜塗炭",梓材"惟其塗墍茨",毛詩角弓"如塗塗附",皆如此矣。此字本爲塗泥造,後乃并用之道塗,石經孟子"塗有餓莩"、"行旅皆欲出于王之塗"、"皆悅而願出于其塗",周易繫辭"天下同歸而殊塗",禮記王制"城郭宮室塗巷",論語"遇諸塗"、"道聽而塗説",皆如此矣。後又从辵作"途",爾雅釋宮"堂途謂之陳","路、旅,途也",郭注:"途即道也。"汲古閣刻如此,説文無"途"字。

　　"溺"字注:"水自張掖刪丹。"案"没水"之字作"休",廢不用,反借"溺"爲之,而別以乡部之"弱"字爲"溺"字用。

　　"漾"字注:"水出隴西柏道。"案漢地理志,禹貢漾水"出隴西氐道"。"柏道"乃"氐道"之誤。小徐引漢志不誤。

　　"淇"字注:"水出河内共北山,東入河。"漢志河内共縣北山,"淇水所出,東至黎陽入河",與説文合。禹貢導河"北過降水,至于大陸",鄭注:"河内共縣北山,共水出焉。東至魏郡黎陽縣入河,近所謂降水也。降,讀如郕降于齊師之'降',聲轉爲共,蓋周時國于此地者惡言'降',故改爲'共'耳。"據孔疏,共水作洪水,鄭以淇水即共水,共水實降水。魏志王粲傳注引魏氏春秋云:"嵇康采藥于汲郡共北山中。"則共北山之名,三國猶存。漢志以此山所出之水爲淇水,經典亦通作"淇",蓋因所出之山名共水,因水名加水旁爲"洪","洪"似"淇",遂爲淇,恐周時已然。説詳後案。　鶴壽案:水出共山,故名共水,"共"字加水爲"洪"。洚水者,洪水也,故又名洚水。洚、降通用,故又作"降水"。"洪"字有似乎"淇",故又爲淇水。此水之名輾轉變易者，如此而已。至鄭謂"周時國于此地者惡言'降'，故改爲'共'"，豈周之共伯本爲"降伯"與？未可信也。

"沇"字注："水出河東東垣王屋山，東爲泲。"案漢志，河東但有垣縣，無東垣縣，"東"字疑衍。但夏本紀裴駰集解引鄭康成禹貢注云："沇水出河東東垣王屋山。"周禮職方氏鄭注："兗水出東垣，入于河，泆爲滎。"宋本、小徐本亦有"東"字，此甚可疑。鶴壽案：水經云："濟水出河東垣縣東王屋山爲沇水。"段茂堂據此改作"沇水出河東垣縣東王屋山"，釋之曰："垣縣東之王屋山，各本誤倒也。"但水部各字注止云"某縣某山"，無云"某縣東西南北某山"者，則"東垣"之"東"，因上"河東"之"東"複寫之耳。

"漸"字注："水出丹陽黟南蠻中，東入海。"漢志丹陽郡黟縣自注云："漸江水出南蠻夷中，東入海。"師古曰："'黟'音伊，字本作'黟'。"據説文及羅願新安志則彼文衍一"夷"字，而新安志以"蠻中"作"率山"，謂漢志與説文皆誤，蓋"蠻中"、"率山"字形稍相似，因以致誤。或羅在宋時所見説文作"率山"邪？聊存一説，以廣異聞。小徐引漢書云"索縣有漸水東入沅"，此武陵水，與黟縣之水豪無干涉。鶴壽案：率山在今安徽徽州府婺源縣西北一百二十里。圖經云：其陰水東流爲浙，東南至海寧入海，班志云"漸江水出黟南蠻夷中，東入海"是也。大障山在今徽州府績溪縣東六十里，有大邽水，至歙縣界與漸水會，山海經云"浙江出三天子都"，即大障山也。又云"在蠻東入海"，"蠻"即"歙"也，入海在餘暨南。今案許云江至會稽山陰爲浙江，謂嶀江也。浙江水出丹陽黟南蠻中，謂今之錢唐江也。浙江者，嶀江之末流；漸江者，錢唐江之源委，至山陰與岷江之末流相合，遂統名之曰浙江。及後世嶀江自石城至山陰之分流已絶，而漸江乃專受浙江之名矣。

"潕"字注："水出南陽舞陰東入潁。"小徐"舞陰"同，并作"東入海"，皆誤。案舞陰，水經注作"舞陽"，是。"潕"字注亦"出南陽舞陽"，宋本正作"南陽舞陽"，知説文之謬皆是後世傳寫之誤，非其本然。鶴壽案：水經云"潕水出潕陰縣西北扶予山"，漢志云"舞陰縣中陰山，潕水所出"。舞陰縣在今河南南陽府泌陽縣西北六十里，漁陰即舞陽也。二書明言二水在舞陰，而先生反謂在舞陽，何也？

"泄"字注："水受九江博安洵波，北入氏。"九江無博安縣，水經"泄水出博安縣"，注云："地理志之博鄉縣也。"

"潧"字注："水出鄭國。"引詩"潧與洧方渙渙兮"，石經作"溱"。釋文云："說文'溱'作'潧'，云'出鄭'，溱水出桂陽。'渙渙'，韓詩作'洹洹'，說文作'汎汎'。"今說文仍作"渙渙"，漢志引鄭說仍作"溱洧"，其"渙渙"則別作"灌灌"。

"淨"字注："魯北城門池也。"案公羊傳"自鹿門至于爭門者是也"，顧亭林曰："'淨'省作'爭'，後人讀作靜，不復知魯之爭門矣。"鶴壽案：魯之南門名龍門，春秋緯云"龍門之戰"是也。其所以名龍門者，尸子載韓雉見申羊于魯，有龍飲于沂，雉射之。沂水在南門外，故名南門爲龍門，若北門爲淨門，蓋有取于淨池。段注謂門自名爭，池則加水爲淨，非也。

"濕"字注："水出東郡東武陽，入海。从水，㬎聲。桑欽云：出平原高唐。他合切。"俗以此作燥溼之"溼"，而以水名作"漯"，唐石經禹貢已如此，桑欽說乃濕水別原。

"菏"字注："菏澤水在山陽胡陵，禹貢'浮于淮泗，達于菏'。"石經徐州"菏"作"河"，謬甚。

"濁"字注："水出齊郡厲嫣山。"齊郡有廣縣，無厲縣。鶴壽案：齊郡不但無厲縣而亦無嫣山。漢志云："齊郡廣縣爲山，濁水所出，東北至廣饒入鉅定。"漢廣縣在今山東青州府益都縣西南四里，爲山今名九回山，在縣西四十里。

"洨"字注："水出常山石邑井陘，東南入于泜。从水，交聲。郱國有洨縣。下交切。"案續漢志"郱國"作"沛"。洨縣得名自以洨水，而司馬彪自注"有垓下聚"，劉昭云"高祖破項羽地"，則與烏江相近，與大江不甚遠。洨必係小水，出常山而入泜。"泜"字注"泜水亦在常山"，則此水源流當不長，與洨縣不比附。許慎嘗爲洨長，不宜有誤，存疑。鶴壽案：說文之例，每字止存一義，兼有存二義者，首一條是正義，次一條是別義。洨水出常山郡石邑之井陘山，東南入泜水，此正義也。邲國有洨縣，此別義也。井陘山在今直隸正定府井陘縣北五十里，洨縣在今安徽鳳陽府靈璧縣南二十里，兩處相去幾及二千里。應劭曰“洨縣，洨水所出，南入淮”，此別是一洨水，先生乃以井陘之洨水當之，謂許慎嘗爲洨長，不宜有誤，非是。

“濡”字注：“水出涿郡故安，東入漆涑。”案“漆”字疑衍，“涑”字疑當作“淶”。

“洰”字注：“水也。从水，臣聲。詩曰：江有洰。詳里切。”“汜”字注：“水別復入水也。从水，巳聲。詩曰：江有汜。詳里切。鉉曰：前‘洰’字音義同，蓋或體也。”唐石經作“汜”。愚謂水部二字各引此經，後一條是。鉉以爲或體，非也。許氏自言詩偁毛氏，“汜”字注“水別復入水”，與毛傳合。且箋云此詩“有嫡不以媵備數，後嫡悔過，復迎之”，與“復入”意合。若“洰”則不過水而已，無所取義。“水別復入”，毛以“別”爲“決”，恐亦傳寫之誤。蓋“別”乃支別，正興妾媵爲嫡之貳，與弟二章“沱，江之別”，弟三章“沚，江中小洲”，正一類也。

“況”字注：“寒水也。从水，兄聲。許訪切。”案：作語助者，假借用之。汲古閣刻孟子公孫丑下篇“而況不爲管仲者乎”、“而況於王乎”，離婁上篇“況於爲之强戰”，盡心上篇“而況得而臣之乎”、“況居天下之廣居者乎”，五處“況”字皆誤从彳作“況”。鶴壽案：郭忠恕佩觿云：“況，發語之端。況，寒冰也。況形況，亦修況，琴名，今多通用‘況’字。”今案郭説非也。古“矧兄”、“比兄”皆用“兄”字，故“駚”字注云：“兄，詞也。”詩常棣、桑柔、召旻傳皆云“兄，滋也”，唐石經改作“況”，非是。陸德明反以作“兄”爲非，過矣。

“涓”字注：“小流也。从水，肙聲。爾雅曰：汝爲涓。”許氏引爾雅以解“涓”字，的確可信。今爾雅“汝”爲“濆”，郭注引詩“遵彼汝濆”解之，則又甚明。鶴壽案：毛詩本作“汝墳”，傳云：“大防也。”郭璞引作“汝濆”，濆，水厓也。常武云“鋪敦淮濆”，毛訓爲厓，非大水溢出別爲小水之名，與上水自河出爲灉、濟爲濋不類，當以許所引爲正。

“濫”字注：“氾也。从水，監聲。”引詩“渾沸濫泉”，盧瞰切。

石經采菽"藀沸檻泉","渾"作"藀",因豳風"一之日藀發"而誤。"濫"作"檻",因篆文㗊與巛相似而誤。且"沸"字注又引此句作注,則說文必無誤。"一之日藀發",後人所改,說文引不如此,別見後。

"瀰"字注:"滿也。从水,爾聲。"石經毛詩新臺"河水瀰瀰",釋文引說文云:"瀰,水滿也。"此字不應加弓。"水滿","水"字傳寫脱。匏有苦葉"有瀰濟盈"亦非。

"澹"字注:"水搖也。从水,詹聲。徒濫切。"魏武帝樂府"水河澹澹"。漢書多以"澹"爲"贍",古無"贍"字也,食貨志"以勸農,澹不足",司馬遷傳"澹足萬物",皆是。若司馬相如傳"以贍氓隸",于定國傳"猶恐不贍",卜式傳"無以盡贍",戾太子傳"聞其富贍",則參差。"淡"字注:"薄味也。"俗通用"澹",非。

"涘"字注:"水厓也。周書:王出涘。"泰誓無此文。鶴壽案:毛詩思文疏引太誓云:"惟四月,太子發上祭于畢,下至于孟津之上。太子發升舟,中流,白魚入于王舟,王跪取,出涘以燎之。"

"汜"字注:"水厓枯土也。爾雅:水醮曰汜。"今爾雅作"水醮曰厬",又云"汜泉,穴出。穴出,仄出也",與此不同。鶴壽案:"汜"是泉出,當以爾雅爲正。說已見前。

"派"字注:"別水也。从水、辰,辰亦聲。匹賣切。"辰部首注云:"水之衺流別也。讀若稗縣。"二字音義小異,實不相違,今俗通用"派"字,而"辰"字廢不用,可也。但不知"辰"之爲反永,又以"辰"與"瓜"溷,則非。鶴壽案:永,水長也。反永爲"辰"。凡水之正流或長或短,而其別流則必短于正流,若江之沱、漢之潛,是也。"辰"字既爲"水之衺流別",而"派"字又爲"別水",則是一字矣。據韻會云,"派"本作"辰",从反永,引徐鍇曰"今人又增水作'派'",則知說文本無"派"字,後來添出耳。今人又溷"派"爲"沠"。"沠"乃水名,許氏云:"沠水起雁門葰人戍夫山,東北入海。"

"䕼"字注引詩"䕼其乾矣",石經作"暵"。

"砅"字注:"履石渡水也。"引詩"深則砅",石經作"厲"。鶴壽案:爾雅云:"濟有深涉,深則厲,淺則揭。揭者,揭衣也。以衣涉水爲厲,縣膝以下爲揭,縣膝以上爲涉,縣帶以上屬厲。"詩毛傳云:"以衣涉水爲厲,謂由帶以上也"至于履石可渡之水,則淺之至者,并不必揭衣矣。許自言詩宗毛氏,而引"深則砅"以解履石渡水者,古書字多假借,履石渡水當作"砅",以衣涉水當作"厲"。"厲",旱石也,又訓爲危,詩民勞傳曰:"厲,危也。"韓詩云:"至心曰厲。"涉水縣帶以上,則水深至心矣,豈不危乎? 故謂之厲也。三家詩或有通作"砅"者,許乃引以爲證,實則假借字也。"砅"字重文作"濿",此因以衣涉水曰厲,故加水旁,要與"砅"字之義不同。

"湛"字注:"没也。从水,甚聲。一曰湛水,豫州浸。"案職方荊州"其浸潁、湛",鄭注:"潁宜屬豫州,在此非也。湛未聞。"此與潁皆言"豫州浸",然則職方誤也,許與鄭合。

"瀑"字注引詩"終風且瀑",徐鍇曰:"今詩作'暴'。"

"瀀"字注引詩"既瀀既渥",石經作"優"。

"渴"字注:"盡也。从水,曷聲。苦葛切。"案上文"消"、"潐"皆訓盡,又其上"涸,渴也",又其上"潸,水索也","汔,水涸也",以類相從,則"渴"之爲義顯然。後人乃以爲飢渴字,唐石經毛詩君子于役"苟無飢渴",采薇"載飢載渴",車罄"匪飢匪渴",禮記聘義"酒清人渴",皆用此字。欠部"歇"字注:"欲歠也。从欠,渴聲。苦葛切。"凡飢歇宜用此。石經作"渴",皆非。心部"愒"字注引左傳"愒歲而歇日",今左傳作"愒"。立部"竭"字注:"負舉也。从立,曷聲。渠列切。""負"與"舉"二者,皆有竭力求歜音。蓋凡物,吾從而盡之曰竭,其物自盡曰渴。今以"竭"之訓移於"渴","渴"之訓移於"竭","歜"字廢不用。曲禮"不竭人之忠",禮器"竭誠盡慎",僖九年"竭其股肱之力",成三年"竭力致死",論語"能竭其力",此皆吾竭之。若召明"池之竭矣",周語幽王三年"伊洛竭"、"河竭",此皆自竭,疑皆當作"渴",今作"竭"者,疑後人所改,惟周禮地官草人"渴澤用鹿"注云:"渴澤,故水處也。"此字獨得之。周禮多存古字,猶信。又釋文:"渴,其列反。"説文用唐韻,音作"苦葛切"者非,"渴"與"歜"不但義異,音亦異也。

"渿"字注:"浚乾漬米也。孟子曰:孔子去齊,渿淅而行。其兩切。"今本作"接淅",趙岐注解"淅"不解"接"。鶴壽案:淅,淘米也。方言云"乾黏曰渿",謂米不及淘,抒而起之也,則比"淅"更急矣。"接"乃"渿"之譌。

"澱"字注:"滓垽也。堂練切。""垽"字水部無,宋本作"滋"。

"泰"字注:"滑也。从廾、水,大聲。他蓋切。鉉曰:左傳作'汏輈',非是。"重文"太"字注:"古文'泰'。"今以爲二字,"泰"爲康泰,"太"爲高上之稱。

人部"倴"字注:"讀若汝南渃水。"水部無"渃"字。

禹貢豫州"伊洛瀍澗,東北會于澗瀍",洛誥"我乃卜澗水東、瀍水西","我又卜瀍水東",唐石經惟豫州字不可辨,餘皆作"瀍"。説文無"瀍"字。

"谿"字在谷部,石經隱三年"澗谿沼沚",俗別作"溪",後漢馬援傳"武陵五溪蠻",水部無"溪"字。鶴壽案:"谿"字注云:"山𧯆無所通者。"此用爾雅釋山文。釋水則云"水注川曰谿",李巡曰:"水出于山入于川曰谿。"然則通水之道亦名谿,故俗加水旁。

木玄虚海賦、郭景純江賦之類,凡詩賦名家大家所用水旁字,大約每有妄造者,似比山部山旁字更多,當以説文正之。鶴壽案:賦手必推司馬相如、揚雄。相如賦有"濆"字,依説文當作"沛";有"灅"字,依説文當作"潭";有"蘮"字,依説文當作"瀏";有"澔"字,依説文當作"浩";有"潖"字,依説文當作"洱"。雄方言有"𦭝"字,依説文當作"沩"。玄虚、景純之流,可弗論已。

"淚"字見廣韻,注云:"涕淚。俗作'泪'。"淮南子"水淚破舟",漢武帝賦"秋氣憯以淒淚",雖與涕淚異解,其來已久。説文無"淚"字,俗又从水、从目,不知起于何時。鶴壽案:淮南子主術訓云"木擊折轊,水戾破舟",並不作"淚",惟張衡南都賦注引作"淚"耳。然南都賦"潏淚"宜作"潏戾",即漢武帝賦"淒淚"本亦作"淒戾",大約古時涕淚之"淚",止借用"戾"。此半卷中,水部之俗字不可枚舉。"淛"之爲"浙","沈"之爲"沇","汳"之爲"汴","汙"之爲"肝","洦"之爲"陌","滂"之爲"霑",

"沛"之爲"霈"，"汻"之爲"滸"，"鯀"之爲"澥"，"涷"之爲"潄"，"灑"之爲"㲚"，"涌"之爲"湧"，"潅"之爲"抹"，"注"之爲"註"，"洒"之爲"洗"，"沈"之爲"沉"，"㳻"之爲"觲"，"況"之爲"貺"，"濩"之爲"護"，"漙"之爲"鱄"，"洌"之爲"冽"，"㳦"之爲"減"，"渝"之爲"濡"，"㳶"之爲"鵠"，"澤"之爲"鸅"，"湊"之爲"凑"，"漆"之爲"柒"，"消"之爲"逍"，"渓"之爲"嘆"，"淺"之爲"㳠"，"漚"之爲"鷗"，"涇"之爲"儤"，"濡"之爲"鴻"，"滯"之爲"懘"，"沂"之爲"溯"，"湩"之爲"鍾"，"涅"之爲"埋"、"陻"，"淫"之爲"霪"、"蟫"，"冲"之爲"冲"、"种"，"渝"之爲"歈"、"蒲"，"決"之爲"决"、"英"，"濯"之爲"欋"、"棹"，"渫"之爲"泄"、"洩"，"沾"之爲"添"、"霑"，"沱"之爲"跎"、"池"、"迤"，"渠"之爲"詎"、"蕖"、"㴱"，"沙"之爲"紗"、"砂"、"砂"、"裟"，"湄"之爲"㵟"、"㵟"、"瀓"、"溱"，凡見于爾雅、文選、荀子、莊子、史記、漢書以及經典釋文諸書者，此其大略也。

卷十一下攷證

"瀕"字部首注："水厓，人所賓附也，頻蹙不前而止。从頁、从涉。鉉曰：俗作'濱'，非是。"案惠棟曰：廣雅云："濱，涯也。""頻頻，比也。"明"濱"字作于漢末，而省涉从步爲"頻"，"頻頻"。亂說文者自廣雅始，然"頻頻"見法言。廣雅曰"比也"，猶不訓爲數，訓爲數自廣韻始，盛行于唐，易"頻復厲"。

《《部"㵎"字注："水生厓石間㵎㵎也。"俗作"㵎"，非。

《《字部首注引虞書"濬く《《距川"，石經作"濬畎澮距川"。谷部"睿"字注："深通川也。从谷、从卢。卢，殘地阬坎也。虞書曰：睿畎澮距川。私閏切。"重文"濬"字注："古文'睿'。"許氏自言所偁尚書皆孔氏古文，今二字同引書辭而三字不同，愚謂川部首引書"濬"，當从谷部首注作"睿"；谷部首引虞書"畎澮"，當從川部首注作"く《《"。前有く部、《《部，く部首引周禮匠人"一耦之伐，廣尺深尺謂之く，倍く謂之遂，倍遂曰溝，倍溝曰洫，倍洫曰《《"，唐人誤改爲"畎澮"，許氏自言所偁周禮皆孔壁古文，知其原本當如此。鶴壽案：說文云"く，水小流也"，"《《，水流澮澮也"，"川，毌穿通流水也"。此皆象形之字，今"川"猶用本字，而"く"則从田作"畎"，从田者以爲"〈"在田間也,然"遂"、"溝"、"洫"、"〈〈"不皆在田間者乎?"〈〈"則从會作"澮",从會者以爲"〈〈"會水流也,然"〈"、"遂"、"溝"滅、"洫"不皆會水流者乎? 揆諸制字之義,有所不協矣。

"州"字注:"水中可居曰州,周遶其旁。从重川。昔堯遭洪水,民居水中高土,故曰'九州'。"引詩"在河之州"。案唐石經作"洲",并舜典"舜流共工于幽洲"亦作"洲",皆唐人所改。漢書作"州",司馬相如傳"臨曲江之隤州",若賈捐之傳"在南方海中洲居",則參差。

"永"字部首注:"長也。"引詩"江之永矣"。"羕"字注:"水長也。从永,羊聲。"引詩"江之羕矣"。今唐石經無"江之羕矣"。段玉裁曰:毛詩作"永",韓詩作"羕",古音同也。李善文選注引韓詩"江之漾矣",薛君曰:"漾,長也。""漾"乃"羕"之譌字。

"辰"字部首注:"讀若稗縣。"小徐作"讀若蜀郫縣",是。鶴壽案:漢地理志琅邪郡有稗縣,"稗"與"稗"以字形相類而譌,故許于"稗"字注云"琅邪有稗縣",若蜀郡之郫縣,其字與"稗"不類,楚金説非是。

"衇"字注:"血理分衺行體中者。"重文"脈"字注:"'衇'或从肉。"俗變作"脉","辰"从反永,而直以"辰"爲"永",大謬。

"仌"字部首注:"凍也。象水凝之形。筆陵切。""冰"字注:"水堅也。从水、仌。魚陵切。鉉曰:今作筆陵切,以爲冰凍之'冰'。"重文"凝"字注:"俗'冰'从疑。"案:唐石經尚書君牙"涉于春冰",此魏晉人僞造,以"冰"代"仌",毛詩小宛"如履薄冰"同。蓋自魏、晉至唐,古學幾將失傳,孫愐作唐韻,豈知"冰"即"凝"字,非筆陵切而當爲魚陵切乎? 此徐鉉移以屬之也。物極必反,二徐之功爲大。鶴壽案:易坤卦初六象傳"履霜堅冰,陰始凝也",惠定宇曰:"冰"當作"仌","凝"當作"冰"。爾雅釋器云:"冰,脂也。"郭璞曰:"莊子云'肌膚若冰雪',冰雪,脂膏也。"孫炎本作"凝脂",云"膏凝曰脂"。詩云"膚如凝脂",即冰脂也。古文尚書亦以"冰"爲"凝"。

"夌"字注:"仌出也。"引詩"納于夌陰"。重文"凌"字注:"'夌'或从夊。"石經从重文"凌"。

"泼"字注引詩"一之日潷泼"，石經作"臀發"。

雨部"扁"字注："屋穿水入也。从雨在尸下。尸者，屋也。"墨子引泰誓曰："紂夷處不肯事上帝鬼神，厥先神祗不祀，乃曰：吾民有命无廖排扁。""扁"今作"漏"。鶴壽案：漢地理志交趾郡有句扁縣，字亦作"扁"，惟"銅壺刻漏"當用"漏"字。

"霖"字注："地气發，天不應。从雨，秋聲。鉉曰：今俗从務。亡遇切。""霖"字注："天气下，地不應。莫弄切。"見後案。鶴壽案：爾雅云："地氣發，天不應，曰霖。"今本作"霧"，釋名云："霧，冒也。氣蒙亂覆冒物也。"此即俗所稱霧露，是地氣也。爾雅云："天氣下，地不應，曰霖。"今本作"雺"，洪範云"雨、霽、蒙、驛、克"，"蒙"本作"雺"，然則"雺"即"蒙"也。釋名云："蒙，日光不明，蒙蒙然也。"此即俗所稱雨沙，是天氣也。"霖"讀如務，"霖"讀如蒙，説文正用爾雅爲訓詁，自玉篇、釋文、五經文字等書轉相訓釋，而點畫聲音不能歸一，反謂説文與爾雅互易矣。

魚部"鯓"字注引詩"烝然鯓鯓"，石經作"罩"。

"鲅"字注引詩"鱣鮪鲅鲅"，今本作"發"。

丮部"煢"字注："回疾也。从丮，營省聲。"案哀十六年傳"煢煢余在疚"，石經地震倒壞，而此"煢"字僅存，孟子引詩"哀此煢獨"，趙岐注："憐愍此孤煢單獨者。"所引係正月，作"惸"，又云"憂心惸惸"。書洪範"無虐惸獨"，周禮大司寇"凡遠近惸獨老幼"，皆與"煢"通。小徐繫傳云："詩或借爲'瘰'字。"不知小徐所據在詩何章何句。鶴壽案："煢"亦作"睘"，毛傳"睘睘無所依也"。又作"僢"，方言云："僢，特也。"又作"茕"，楚詞云"魂識路之茕茕"，注云："憂也。"顏氏家訓云："古爲大博則六著，小博則二茕。"二茕，義無所致。此半卷中，各部之俗字亦難以更僕數，林部"流"之爲"梳"；く部"く"之爲"汱"；巜部"鄰"之爲"甂"、"磷"；巛部"烖"之爲"烖"，"邕"之爲"雝"，"巛"之爲"灾"、"烖"、"災"；灥部"原"之爲"源"；谷部"谻"之爲"豁"，"俗"之爲"芉"；仌部"冰"之爲"氷"，"瘰"之爲"凓"，雨部"雪"之爲"書"，"霸"之爲"廓"，"霏"之爲"霏"，"需"之爲"鬲"、"需"、"霝"之爲"零"、"櫺"、"艫"、"轠"；魚部"鮪"之爲"鱣"，"鮂"之爲"濴"，"鮎"之爲"鱸"，"鮏"之爲"鯉"，"鳌"之爲

"鮓"，"鱓"之爲"鱔"，"鰥"之爲"鯤"，"魷"之爲"蚖"，"鯯"之爲"鰔"，"鱉"之爲"鱗"，"鰶"之爲"鯁"、"鰣"，"鯈"之爲"鰍"、"鰷"、"鮋"，"鰌"之爲"鰒"、"鱣"、"鰍"，"鮮"之爲"廯"、"躃"、"躚"；龍部"龍"之爲"龓"、"龔"；燕部"燕"之爲"鷰"、"讌"、"醼"、"嚥"，散見于<u>山海經</u>、<u>攷工記</u>、<u>爾雅</u>、<u>釋文</u>、<u>漢書音義</u>以及<u>相如</u>之詞賦，此尤其昭著者也。

蛾術編卷三十

説字十六

卷十二上攷證

至部"到"字注："至也。"史記宋微子世家采尚書微子云："越至于今。"裴駰集解引馬融注云；"于今到矣。"觀説文知古"至"與"到"轉相訓。

"覀"字部首注："鳥在巢上也。象形。日在西方而鳥棲，故因以爲東西之'西'。"重文"棲"字注："'覀'或从木、妻。"重文"卤"字注："古文'覀'。"唐石經毛詩衡門"可以棲遲"，嚴發碑作"西遲"，君子于役"雞棲于塒"、"雞棲于桀"，蓋東西之"西"與棲宿之"棲"本一字，後人分而爲二。廣韻"西"字注"秋方"，"棲"字注"鳥棲"，孟子"二嫂使治朕棲"皆是。廣韻又別出"栖"字。論語"何爲是栖栖者與"，汲古閣板作"栖"。予親見范氏所藏其先世名隋當唐懿宗咸通二年所得告身一通，中有人名穆栖梧，俗字緜興，唐以前已然。

門部"闔"字，徐鍇曰："俗作'檐'。"見禮記明堂位。鶴壽案：爾雅"檐謂之樀"，許訓"樀"爲廟門，則"闔"當从門，今俗又作"簷"，蓋謂户樀也。

"閭"字注："里門也。从門，吕聲。"書武成疏引説文曰："閭，族居里門也。"此脱二字。説文此下云："周禮五家爲比，五比爲閭。閭，侶也，二十五家相羣侶也。"正説族居之義。

　　“閩”字注：“城内重門也。从門，㐭聲。詩曰：出其閩闍。”案毛傳：“閩，曲城也。”疏引説文云：“閩闍，城曲重門。”此“内”字誤，小徐誤同。鶴壽案：許渾言“閩闍，城曲重門”，若別言之，則“闍”是城門上之臺，攷工記“城隅之制九雉”，注云：“城隅角浮思也。”疏云：“浮思，小樓。”詩静女“俟我于城隅”，傳云：“城隅以言高而不可踰。”則“閩”字當分訓。

　　“闢”字注：“開也。”重文“闢”字注：“虞書曰‘闢四門’，从門，从𡈼。”案此重文不言其爲何文，直引虞書爲證，則其爲古文明矣。谷部“睿〈〈距川”，引于“睿”下，不于重文“濬”下，則“濬”雖注“古文”，而正文“睿”之爲古文不待言，今此“闢”字重文下注誤作“闢”，小徐誤同。鶴壽案：許氏所引虞書，本在重文“闢”字之上，故字作“闢”，費誓序云“東郊不開”，馬本作“東郊不闢”，一作“不闢”，則知壁中書本作“闢四門”，孔安國以今文讀之，改爲“闢”，史記五帝本紀又作“辟四門”，漢梅福傳亦作“辟四門”。

　　“闚”字注：“閃也。从門，規聲。”俗作“窺”，非是。“閃”訓“闚頭門中”，不當从穴，易觀六二“闚觀”，虞翻曰：“竊觀稱闚。”豐上六“闚其户”，虞翻曰：“四動時坤爲闔户，故闚其户。”鶴壽案：史記晏子傳“其御之妻從門閒而闚其夫”，宛然畫出一“闚”字。

　　“閒”字注：“具數于門中也。從門，説省聲。”易繫辭“坤以簡能”，虞翻曰：“簡，閒也。閒藏萬物。”

　　門部新附“閴”字注：“静也。”案：昊部有“闃”字，後人妄增“閴”字。易“閴其无人”，本作“闃”，惟王弼本作“閴”，非是。鶴壽案：昊部“闃”字注：“氐目視也。从昊，門聲。弘農湖縣有闃鄉。無分切。”易豐上六“闃其无人”，釋文云：“闃，苦鶪反。徐苦鶪反，一音苦闃反。姚作‘閴’，孟作‘窒’，並通。”然則“闃”與“閴”音義俱異。先生謂“闃其无人”本作“闃”，此係何人所傳之本邪？

　　耳部“聳”字注：“生而聾曰聳。从耳，從省聲。”當作“徔”。

　　“聝”字注：“軍戰斷耳也。春秋傳：以爲俘聝。”重文“馘”字注：“‘聝’或从首。”石經从首。

　　手部“撋”字注引詩“撋撋女手”，石經作“摻”。

"攘"字注："摳衣也。从手，襄聲。"繫傳："鍇案：詩曰：子惠思我，攘裳涉溱。"此必許慎所引毛詩之文如此，非小徐語。石經已改作"褰"。鶴壽案：春秋傳"公在乾侯，微褰與襦"，褰，袴也。"攘裳涉溱"字應从手，曲禮"暑毋褰裳"亦當从手，此猶"攊攊，好手兒"，今詩作"摻"，摻，擥也，非其義矣。若遵大路云"摻執子之袪兮"，則當用"摻"。

"揖"字注："讓也。从手，咠聲。伊入切。"論語"揖巫馬期"，釋文引説文云："揖，攘也。"此作"讓"，俗人妄改。觀下文即繼以"攘"字，注云："推也。从手，襄聲。汝羊切。"可知説文本作"攘"。尚書堯典"允恭克讓"，鄭注："推賢尚善曰讓。"説文言部"讓"字注但爲"相責"，尚書及注亦後人改也。漢藝文志道家"合于堯之克攘"，蕭望之傳"踞慢不遜攘"，師古皆曰："攘，古'讓'字。"司馬遷傳遷自序云："小子何敢攘焉。"漢書猶存古字。微子"攘竊犧牲"，呂刑"奪攘矯虔"，論語"攘羊"，孟子"攘雞"，非本義，皆假借。

"搯"字注："周書曰：師乃搯。"引詩"左旋右搯"。案：引書，説見後案；引詩，石經作"抽"。鶴壽案：説文之例，每字于訓詁下有引書一句以證之者，即證本字本義也。有引書一句但證其字而其義不同者，則再下訓詁更引書以證訓詁之字。即如"搯"字引周書曰"師乃搯"，但證其字也，此"搯"字與訓"捾也"不同，故再釋之曰"搯者，捾兵以習擊刺也"，再引詩"左旋右搯"以證"搯"字。今案大誓云"帥乃搯，前歌後舞"，此古文尚書也；大傳云"師乃慆"，注云"慆，喜也"，今文尚書也。詩"左旋右抽"，説文引作"搯"，徐本誤作"搯"，而先生以爲仍證"搯"字，非其例矣。

"操"字注："把持也。从手，喿聲。七刀切。"案"摻"字，手部無，然兩見毛詩，遵大路"摻執子之袪"，葛屨"摻摻女手"。遵大路傳云："摻，擥也。"手部"擥"字注："撮持也。"彼疏云："摻字從手，又與'執'共文，故爲'擥'也。説文'摻'字參聲，山音反，訓爲斂也；'操'字喿聲，此遥反，訓爲奉也，二者義皆小異。"愚謂手部無"摻"，何"山音反"及訓斂之有？"操"訓把持，何言訓奉？詩疏所引説文，與今本全不合。鶴壽案：詩疏作"摻字參山音反聲"，"操字喿此遥反聲",校勘記謂"山音反"、"此遥反"六字當作雙行小注,實則兩"聲"字在上,傳寫者誤倒耳。

　　"握"字重文作"𡊅"。案淮南子詮言訓曰:"𡊅无所鑒,謂之狂生。"高誘曰:"𡊅,持也。"俗因誤爲"持"。高注見文選注。俶真訓曰:"𡊅簡以游太清",高誘訓"𡊅"爲持,李善以"𡊅"爲"握"字,从説文。

　　"捽"字注:"持頭髮也。"案淮南子"溺則捽父"。鶴壽案:晉語云"戎夏交捽",此言其對待也。莊子列禦寇云"齊人之井飲者相捽",此言其擁擠也。漢金日磾傳云"捽胡投何羅殿下",貢禹傳云"農夫父子,捽屮把土",此亦有手持義。先生俱不引,而引淮南子。今查淮南子氾論訓云"孝子之事親,和顏卑體,奉帶運履,至其溺也,則捽其髮而拯之,非敢驕侮,以救其死也。故溺則捽父",先生不引"捽其髮"句,而引"捽父"句,何邪?

　　"抵"字注:"給也。从手,臣聲。章刃切。"案喪大記"抵用浴衣",鄭注:"抵,拭也。"士喪禮注:"古文'抵'皆作'振'。"漢地志牂柯郡談指,南監板作"抵"。今北方以物擲與人,猶有"抵"音。

　　"摘"字注:"搔也。从手,適聲。一曰投也。直隻切。"摘,古"擲"字,陸氏詩釋文云:"摘,呈釋反。與'擲'同。"

　　"摘"字注:"拓果樹實也。从手,啻聲。鉉曰:當從適省乃得聲。"案"商"本音他歷切,不必從"適",説文"啻"皆作入聲讀,與"摘"同音。鶴壽案:段注云:"摘,宋本作'竹歷切',是也。若用他歷切,則爲'擿'之音矣。"

　　"揫"字注引詩"百禄是揫",石經作"遒"。"揫"字已見韋部"𩎟"字重文。

　　"抎"字注:"有所失也。春秋傳曰:抎子辱矣。"今左傳作"隕"。高誘曰:"抎,隊,音曰顛隕之'隕'。"史記東粵傳云"不戰而抎",俗本作"耘",非也。"抎"與"隕",古字通。鶴壽案:惠定宇左傳補注云:説文引成二年"抎子辱矣"。抎,有所失也。戰國策齊宣王曰:"寡人愚陋,守齊國唯恐夫抎之。"墨子天志曰:"國家滅亡,抎失社稷。"廣雅亦云:"抎,失也。"案:呂覽季夏紀云"昭王抎于漢中",高誘注:"抎,隊,音曰顛隕之'隕'。"史記東越傳云"不戰而耘",此"抎"字之誤。漢書作"殞",知"抎"與"隕"通。抎,古字也;隕,今字也。先生胡弗全録之,義更明白。

"犙"字注引詩"助我舉犙",石經作"柴"。

"抍"字注引易"抍馬壯吉",唐石經字磨滅,今本皆作"拯"。車部"𨊠"字注引此經亦作"抍"。鶴壽案:各本説文作"抍",注云"上舉也。从手,升聲。易曰:抍馬壯吉"。惠定宇曰:明夷六二"拯馬",説文引作"抍",子夏本同。孔漢霍碑亦以"抍"爲"拯",李登聲類作"丞"。淮南子云"子路撜溺",高誘曰:"撜,舉也,升出溺人。"説文云:"抍又作撜",徐鉉曰:"今俗作'拯',非是。"列子黄帝篇"並流而承之",注云"音拯",段茂堂校正作"拯",注云:"上舉也。出伙爲拯。从手,承聲。"釋曰:"明夷釋文云'丞音拯救之拯',引説文云'舉也,子夏作抍。字林云:抍,上舉,音承'。然則説文作'拯',字林作'抍'。在吕時爲古今字,陸引無上字,而李注羽獵賦引有之,李注謝靈運擬鄴中集詩、曹植七啓、潘勗九錫文、傅亮修張良廟教、王少頭陁寺碑皆引説文'出溺爲拯',是古本有此四字。方言云:'䠯,抍拔也。出伙爲抍,出火爲䠯。'方言書經轉寫,以今字改古字,易用'拯馬壯吉',陸德明本作'丞',云'丞音拯救之拯',猶艮'不承其隨'云'承音拯救之拯',左傳'目于眢井而承之'云'承,拯救之拯也'。葉林宗所抄宋本不誤,通志堂、抱經堂本皆改大字爲'拯',殊非。集韻'抍'、'承'、'撜'、'拯'、'丞'五形同字,'承'、'丞'即取諸艮隨二卦釋文,類篇'丞'作'承',今本釋文改'丞'爲'拯',遂使集韻、類篇之本原泯没矣。羽獵賦'丞民乎農桑',李引聲類'丞亦拯字',此'丞'之證也。列子'使弟子並流而承之',張注'承音拯',引方言'出溺爲承',此'承'之證也。玉篇云'承①,聲類云抍字',然則聲類之作'丞'、作'承'固難致,集韻云'承者,承之或體',玉篇云'抍音蒸,又上聲',蓋古多讀平聲,今則讀上聲,陸云'丞音拯救之拯',玉篇、廣韻皆云'蒸上聲'。"今案據段氏云云,此字从丞、从登不从升,則"拯"爲正字,而"抍"爲假借字矣。

"攐"字注:"拔取也。南楚語。"引楚詞"朝攐批之木蘭",汲古閣本作"搴",俗人所改。洪興祖補注仍引説文"攐"。批,山名也,當作"阰"。

---

① "承"下原有"聲"字,據説文段注删。

"抲"字注引周書"盡執抲",石經作"執拘"。

"扐"字注:"易筮再扐而後卦。"今繫辭作"掛",釋文云:"京房本作'卦'。"

"摡"字注:"滌也。"引詩"摡之釜鬵",石經作"溉",非。

"撻"字重文"遳"字注:"古文'撻'。周書曰:遳以記之。"石經作"撻","周書"字誤,當稱"虞書"。

"摧"字注:"敲擊也。从手,崔聲。苦角切。"案劉知幾史通自序"商摧史篇,遂盈筐篋",通鑑"周世宗閑暇召儒者讀史,商摧大義",司馬光與范祖禹論修通鑑體例帖"思與足下相見,熟共商摧",可見"商摧"乃史家語。顏師古漢書敍例"粗陳指例,式存揚摧","揚摧"即"商摧"意。予十七史商摧竊取其義,但讀書皆从木,予前誤引木部"榷,水上橫木,所以渡者",謂初學觀之,不啻涉水得渡。震澤姚元檠云:"當从手。"極是。"摧"有敲擊意,作"榷"者非。其書已行,不及追改,故記于此。鶴壽案:先生所著十七史評論名曰商摧,不但字形寫錯,而且字音讀錯。榷,獨木橋也。漢武帝紀"初榷酒酤",韋昭曰:"以木渡水曰榷。"師古曰:"禁民酤釀,獨官開置,如道路設木為榷,獨取利也。"此係古岳切,音覺,亦借用"摧"字。班固答賓戲"般輸摧巧于斧斤","摧"即"榷"也,謂專于此也。摧,敲擊也。漢五行志"高后支斷戚夫人手足,摧其眼,以為人彘",注云:"摧謂敲擊,去其精也。"此係苦角切,音確。又"摧",商量也。莊子徐無鬼篇"可不謂有大揚摧乎",注云:"發揮商量也。"又"摧",粗舉大略也。漢書敍傳"揚摧古今",注云:"揚,舉也。摧,引也。"廣雅云:"揚摧,都凡也。"此皆古岳切,音覺,與"榷酤"之"榷"字異而音同。今先生于此條但悔从木之非,而仍引苦角切,不言古岳切,則竟讀商摧之"摧"為"確"矣,不知"摧"之本義為敲擊,而"敲"平聲,其入聲為"確",故音確也。"摧"之別義為商量,商量者必講究,而"講"上聲,其入聲為"覺",故音覺也。其義、其音尚未辨明,何遽以名其書哉?

"抗"字注:"扞也。从手,亢聲。苦浪切。"重文"杭"字注:"'抗'或从木。鉉曰:今俗作胡郎切。""抗"、"杭"遂分為二。

手部新附"拋"字注:"棄也。从手、从九、从力。或从手,票聲。”案:後漢書“同抛財産”。“抛”字不見先秦書。鶴壽案:大徐已明言“左氏傳通‘摽’,詩摽有梅,摽,落也,義亦同”,此等不必贅矣。

説文無“撰”字,其字當从言,唐石經禮記祭統“論譔其先祖”,不誤。若曲禮“君子撰杖”,論語“三子者之撰”,此必唐人所改。

“揉”字無。唐石經周易繫辭“揉木爲耒”。案書“柔遠能邇”,古人不加手。

説文下半部,小徐本不但脱落遺漏,顛倒錯亂,抑亦苟且粗略,多有删削,迥非原本之舊。鶴壽案:先生所校小徐繫傳,偶摘其幾處言之,並不全備,今亦略存數條而已。此半卷中,爲部雖少,而俗字卻不少。俗有“鴨”字,于乙部止作“乙”;俗有“鴀”字,于不部止作“不”;俗有“傎”字,于至部止作“臸”;俗有“畦”字,于畐部止作“畺”;俗有“鹺”字、“滷”字,于鹵部止作“鹹”、作“鹵”;俗有“戹”字、“扃”字,于户部止作“戹”、作“扃”;俗有“庵”字、“竅”字、“憫”字,于門部止、作“闇”、作“閾”、作“閔”;俗有“廳”字、“職”字、“聖”字,于耳部止作“聽”、作“職”、作“聖”。蓋臣部之“配”變爲“巵”,猶之户部之“肁”變爲“肇”,“褭”變爲“褭”,“扁”變爲“匾”;門部之“閡”變爲“礙”,“闌”變爲“攔”,“闞”變爲“瞰”;耳部之“聶”變爲“囁”,皆非其本字也。況手部爲文二百六十有五,則俗字不因此而愈多乎?若使“掬”反而爲“鞠”也,“跛”反而爲“披”也,“踇”反而爲“拇”也,“榨”反而爲“拏”也,“擁”反而爲“攤”也,“擺”反而爲“捭”也,“扡”反而爲“拕”也,“搗”反而爲“擣”也,“麾”反而爲“麾”也,“慳”反而爲“掔”也,“撋”反而爲“擩”也,“擒”反而爲“捦”也,“撼”反而爲“撼”也,“捌”反而爲“拔”也,“攜”反而爲“攜”也,“搜”反而爲“接”也,“撚”反而爲“撚”也,“攬”反而爲“擥”也,“秷”反而爲“挃”也,“掖”反而爲“掖”也,爲“攣”而不别爲“孌”與“戀”也,爲“拚”而不别爲“抃”與“犿”也,爲“擎”而不别爲“撇”與“襒”也,爲“籍”而不别爲“矠”與“擉”也,爲“攗”而不别爲“攈”與“捃”也,爲“掔”而不别爲“捥”與“腕”也,爲“摇”而不别爲“搖”與“遥”與“飄”也,爲“拓”而不别爲“托”與“摭”與“跖”也,庶幾其免俗乎?

卷十二下攷證

女部“姞”字注:“黄帝之後百鯈姓。”左傳作“伯鯈”。

“嬴”字注：“少昊氏之姓，从女，赢省聲。以成切。”案：赢，郎果切，在肉部，而說文之涉及此字以得聲者凡十一字。衣部“裸”字注：“袒也。从衣，赢聲。郎果切。”馬部“骡”字注：“驢父馬母。从馬，赢聲。洛戈切。”立部“羸”字注：“痠也。从立，赢聲。力臥切。”“蠃”字注：“螺蠃也。从虫，赢聲。郎果切。”是矣。若羊部“羸”字注：“瘦也。从羊，赢聲。力爲切。”“羸”與赢聲已不協，然二音同母，亦可以語轉得聲。故歺部“瘰”字郎果切，“从赢，赢亦聲”；以意增三字。馬部“骡”字洛戈切，重文作“纍”；糸部“纍”字力臥切，从赢聲；金部“鑺”字魯戈切，亦从赢聲，正其例也。至貝部“赢”字注：“有餘賈利也。从貝，赢聲。鉉曰：當从赢省乃得聲。以成切。”愚謂“赢”乃郎果切，與以成切之“嬴”字，其聲絕遠，故鉉以爲“赢”非聲，當从赢省，是矣。但女部“嬴”字注亦“赢省聲，以成切”，與“赢”同音，與郎果切、力爲切迥不相同，然則當作“嬴省聲”。“赢”从赢省，“嬴”亦从赢省。段玉裁曰：韻會作“嬴”，各本作“赢省聲”，非也。

“妞”字注：“人姓也。从女，丑聲。商書：無有作妞。呼到切。”案唐石經洪範“妞”作“好”。鄭注雖亡，馬注猶存云：“好，私好也。”經言不得私有所愛好，當循先王之道。許氏釋“妞”爲人姓而引書作證者，蓋心所好惡字，本無正文，彼“美好”，呼皓切；我從而“愛好”之，則呼到切。彼“醜惡”，烏各切；吾從而“憎惡”之，則烏路切。女部別有“好”字，訓美也。“妞”本人姓，洪範則假借用之，説文所引，不必定與本義相比附，如“紘”字注“絲下也”，引左傳臧孫紘，後人何由知臧孫紘命名之意乎？予尚書後案回護説文，以“人姓”爲“即人性”，然“性”自在心部，説文于此上下皆言“人姓”，不可强解爲“性”也。不及追改，附見于此。鶴壽案：玉篇云：“妞，古文‘好’字。”汗簡云：“妞同‘好’，見尚書。”惠定宇曰：“石鼓文‘好’字从孜。好畤鼎从好。篆文‘女’字似‘丑’，故或从丑或从女，文之異也。”今案説文引商書作“妞”，其字从女、从丑，如惠氏説，豈从女、女乎？知不然矣。段茂堂曰："玉篇云：'妞，姓也，亦作政。'王伯厚姓氏急就篇'姚、佼、嫛、娩、政、提'，注云：'政氏見説文，好氏見篆文。'古'好'、'政'通用，豈其一姓與？案古音'好'讀如朽，'政'，丑聲，讀如鈕，或如朽，是以洪範假'政'爲'好'，蓋孔壁古文如是。許君引書如'尚狟狟'，假'狟'作'桓'也，'布重莫席'，假'莫'作'蔑'也，皆以明六書假借之灂。而周伯琦六書正讁不知此恉，乃訓'政'云'愛而不釋也'，惑其説者，謂説文'姓'當作'性'，凡人之性每多所政，竟忘説文姜、姬、姞、嬴、姚、嬐、媧、姞、姚、政、娸十一字皆爲人姓矣。今説文'呼到切'，此非古音，乃傅合尚書文而爲此音也。壁中本作'政'，孔安國以今文讀之，易爲'好'字，許君存其舊于説文，猶鄭君注周禮之識'故書作某'也。"據段氏云云，古文作"政"，今文作"好"，未聞有作"野"者，郭忠恕之言不知何據。

　　"嬐"字注："婦人妊身也。周書曰：至于嬐婦。"今作"屬婦"。玉篇女部云："嬐，仕于、仄鳩二切。"餘同説文。廣雅亦云："嬐，傎也。"廣韻引崔子玉清河王誄云："惠子嬐孀。""嬐"是妊身，"孀"是無夫，皆婦人可憐憫者，故並言之。玉篇人部作"傷"，壯救、休救二切，解與"嬐"同。今經作"屬"，"屬"音通嬐，則從説文作"嬐婦"正合也。

　　"嫗"字注，小徐本云："母老稱也。从女，嫗聲。讀若奧。""母老"，大徐作"女老"，是。小徐此下云"武威有嫗闒縣"，此非許氏原文。"闒"當作"圍"。鶴壽案：漢高帝母曰劉媼，文穎曰："幽州及漢中皆謂老嫗爲媪。"孟康曰："長老尊稱也。"則大徐非。

　　"威"字注："姑也。从女、从戌。漢律曰：婦告威姑。"爾雅："婦稱夫之父曰舅，稱夫之母曰姑。在則曰君舅、君姑，没則曰先舅、先姑。""君姑"即"威姑"也，古"君"與"威"通。

　　"媾"字注："重婚也。"引易"匪寇婚媾"。案易姤卦，古本作"遘"，鄭本同，注云："遘，遇也。"惟王弼本作"姤"。説文無"姤"字。

　　"姝"字注引詩"静女其姝"，石經作"姝"。

　　"嬌"字注引詩"婉兮嬌兮"，石經作"孌"。

"嬛"字注："材緊也。从女，睘聲。春秋傳曰：嬛嬛在疚。"春秋傳係哀十六年文，"嬛"與"煢"不同，又無余字，當作"詩曰：閔予小子，嬛嬛在疚"。鶴壽案：錢謝山謂古人讀"營"如"環"，韓非子云："倉頡之作書也，自環者謂之私，背私者謂之公。"說文引作"自營爲厶，背厶爲公"，是"營"即"環"也。今案"煢"與"嬛"亦然，故春秋傳"煢煢在疚"，說文引作"嬛嬛"。詩杕杜云"獨行睘睘"，此又"嬛"之省文也。

"娓"字注："順也。讀若媚。"案"亹"字，說文所無，徐鉉序例辨其非，當作"娓"，唐石經易繫辭"成天下之亹亹者"，詩文王"亹亹文王"，鳧鷖"鳧鷖在亹"，崧高"亹亹申伯"，皆作"亹"，並不作"亹"，則更非。鶴壽案：段茂堂曰：此篆不見經傳，詩、易"亹亹"，徐鉉云"當作'娓'"，惠定宇校周易集解及自爲周易述，皆用"娓娓"，抑思毛、鄭釋詩皆云"勉勉"，康成注易亦言"没没"，"亹"之古音讀如門，"勉"、"没"皆疊韻字，然則"亹"爲"亹"之譌體，"亹"爲"勉"之假借，不可擅改聖經。

"摯"字注引周書"大命不摯"，又引虞書"雉摯"。鶴壽案：今西伯戡黎作"大命不摯"，釋文云："本又作'摯'。""雉摯"則今堯典所謂"一死贄"也。

"娑"字注引詩"市也婆娑"，今作"婆娑"。

"𣎴"字注引詩"桃之𣎴𣎴"，與木部所引異。

"嬌"字注："含怒也。一曰難知也。"引詩"碩大且嬌"。案：廣雅云："嬌，美也。"今石經作"儼"。太平御覽引韓詩作"嬌"，薛君曰："嬌，重頤也。"段玉裁曰："許偁以證字形而已，不謂詩義同'含怒'、'難知'二解也。"

"婁"字注："空也。从母中女，空之意也。"案論語"屢空"當作"婁空"。說文無"屢"字。婁从宀爲"寠"，玉篇云："貧陋也，空也。"詩曰"終寠且貧"，此論語"婁空"之誼，後人加尸爲"屢"，訓爲數數之"數"，漢書"屢"皆作"婁"，顏師古云："'婁'，古'屢'字。"鶴壽案："婁"之本義固訓空，而詩"婁豐年"，傳云："婁，亟也。"則又訓爲數數之"數"。竊謂單言"婁"可訓空，若論語連"空"字言，當訓數，否則爲疊字矣。

"嫱"字注引詩"嫱兮蔚兮",今作"薈"。

"艦"字注引論語"小人窮斯艦矣",今作"濫"。

"民"字部首注:"衆氓也。从古文之象。彌鄰切。"重文"𥅀"字注:"古文'民'。"案"衆氓",宋本作"衆萌"。三國志吳是儀傳:"儀本姓氏,初仕郡,郡相孔融嘲儀,言'氏'字'民'無上,可改爲'是'。"觀此則知古文奇奧難用,漢末已皆作"民"。

丿部"弗"字注:"撟也。从丿、乀,从韋省。"俗以"弗"與"不"同意,論語"弗如也","吾與女弗如也",包咸注作"不如",邢昺疏云:"夫子見子貢之答,識有懸殊,故云不如也。弗者,不之深也。本公羊疏。既答子貢不如,復云吾與女俱弗如。"邢本上作"不",下作"弗",今本俗人妄改。鶴壽案:言"不"者,其文直,是本來不然也。言"弗"者,其文曲,是有意弗爲也。

厂部"弋"字注:"橜也。象折木衺鋭著形。从厂,象物挂之也。"玉篇云:"今作'杙'。"

乀部"也"字注:"女陰也。象形。羊者切。"重文"𠃟","秦刻石'也'字"。徐鍇本"象形"下有"乀聲"二字。此字至詩長發"允也天子",始假借作語助詞用,其後則江有汜"其嘯也歌",野有死麕"無使尨也吠",車攻"展也大成",取其音近兮,又近矣。今本尚書出西晉皇甫謐手,如盤庚"惡之易也",太甲"毋越厥命以自覆也",太誓"小人見姦巧乃聞不言也",凡用"也"字處皆删改之。謐必習聞"也"爲女陰,不宜誓誥有之耳。漢哀帝紀"非赦令也,皆蠲除之",師古曰:"也,語終辭。而讀者輒改'也'爲'他'字,失本文矣。"

"氏"字部首注:"巴蜀名山岸脅之旁箸欲落墮者曰氏。氏崩,聲聞數百里。"案尚書禹貢梁州"西傾因桓是來",鄭注以"桓是"爲隴坂名。古"是"與"氏"通。

戈部"或"字注:"邦也。从口、戈以守一。一,地也。于逼切。"案隱元年左傳疏引説文曰:"'或'者,天子之城,方十二里。"

今說文無此文，疑脫。大戴禮云“大道邦或”，書微子云“殷其弗或亂正四方”，皆訓域。韓詩商頌曰“方命厥后，奄有九域”，毛詩“域”作“有”，孔安國傳曰：“或，有也。”鄭康成論語注亦云：“‘或’之言有也，古‘或’、‘有’誼同，故‘九域’作‘九有’。”

“戓”字注：“殺也。从戈，今聲。商書曰：西伯既戓黎。口含切。”案說文別出“戡”字，注云：“刺也。从戈，甚聲。竹甚、口含二切。”許自言書宗孔氏，則“戓”是孔氏古文，伏生大傳亦作“戓”，今作“戡”，晉人所改。鶴壽案：“戡黎”之“戡”，作勝黎解，則當以“堪”爲正，作“戓”與“戡”皆假借字也。段茂堂曰：左昭十一年傳“王心弗堪”，漢五行志作“王心弗戓”。甚聲、今聲，古音同在一部。爾雅釋詁曰“堪，勝也”，郭注引“西伯堪黎”，尚書正義引爾雅作“戡”。古音勝任之“勝”與勝敗之“勝”，不分平去，合“克堪用德”、“戡定厥功”、“惟時二人弗戡”讀之可見。文選謝靈運述祖德詩，李注引孔安國尚書傳曰：“龕，勝也。”疑李所見尚書作“龕”，然玅謝元暉詩“西龕收組練”，李注云：“尚書序曰西伯戡黎，孔安國曰：‘戡，勝也。’‘戡’與‘龕’音義同。”據此則述祖德詩注不若此之分明。唐初尚書本皆作“戡”也。

“戩”字注：“滅也。从戈，晉聲。詩曰：實始戩商。”案爾雅釋詁及毛詩天保“俾爾戩穀”，傳皆云：“戩，福也。”“戩”乃被除之義，去不祥則福至，而亦訓滅者，去不祥爲盡滅去也。石經作“翦商”，乃唐人所改。鶴壽案：閟宮傳云：“翦，齊也。”箋云：“翦，斷也。”周禮翦氏注云：“翦，斷滅之言也。”引詩“實始翦商”爲證。則毛、鄭本皆作“翦”矣。惠定宇曰：“毛、鄭二說皆非。爾雅釋詁曰：‘翦，勤也。’周自后稷受封以來，世有爵土，自不窋失官，社稷幾不血食，至于太王，初遭獫狁之難，自幽遷岐，始能光復祖宗，修朝貢之職，勤勞王事。至于文王，三分有二，尚合六州之衆，奉勤于商。武王初循服事之誠，末年然後受命。皆所謂纘太王之緒也。楊慎據說文引詩作‘戩商’，解云‘福也’，以爲太王始受福于商而大其國，然說文訓‘戩’爲滅，惟爾雅及天保傳訓爲福，實始福商，其說太鑿。段茂堂曰：“此引詩說假借也。毛曰‘翦，齊也’，許于刀部注曰‘劗，齊斷也’，‘劗’字多假翦爲之，‘翦’即‘劗’也，‘戩’則‘劗’之假借也。毛以‘翦’爲齊者，周至太王，規模氣象始大，可與商國並立，故曰'齊'，詩古公以下七章是也，非翦伐之謂。若不明毛傳、許書之例，竟謂太王滅商，豈不事辭俱窒礙乎？毛意謂'戬'即'翦'，許說其本義以明轉注，復引詩以明假借也。"今案"劗"訓齊斷，與翦滅何異？段解爲周與商國齊等，亦失君臣之義，爾雅既訓"翦"爲勤，胡弗從惠說乎？

"戠"字注："闕。从戈、从音。之弋切。"案易曰"朋合戠"，虞翻曰："戠，叢合也。"鄭氏尚書曰："厥土赤戠墳，讀若熾。"小徐本有"職从此古職字古之職役皆執干戈"十四字。鍇曰"闕"者，不知所以從音也。此條似勝大徐。鶴壽案：虞翻曰："戠，聚會也。"坎爲聚，坤爲衆，衆陰並應，故"朋盍戠"。"戠"舊讀作措、作宗，據此則"戠"字以音得聲。小徐本所多十四字，未知是許書否？

"戧"，說文戈部無此字。吳梅村有宣宗御用戧金蟋蟀盆歌，靳榮藩注："創，古文戧。初良切。"丹鉛錄十四種金有戧金。盛弘之荊州記云："宮亭湖神能分風而帆南北，土俗亦謂之打戧。予有打戧說。"

我部"義"字注："己之威儀也。从我、从羊。弦曰：與善同意，故从羊。宜寄切。"古"儀"字皆作"義"，"義"字皆作"誼"。"義"字重文作"羛"，注云："墨翟書'義'从弗。魏郡有羛陽鄉，讀若錡。"今墨子無此字，爲後人所改。左傳"晉荀罃卒于戲陽"，"羛"與"戲"同音，許宜反。後漢光武帝紀"大破五校于羛陽"，注云："羛陽，聚名，屬魏郡，故城在今相州堯城縣東。"

亡部"乍"字注："止也。一曰亡也。从亡、从一。徐鍇曰：出亡得一則止，暫止也。"案小徐本"亡也"下作"从一。一，有所礙也"，然後繼之"臣鍇"云云，此小徐本爲勝，而"亡也"下仍脫"从亡"二字。鶴壽案：今段注改作"乍，止亡臂也。从亡、一。一，有所礙也"。釋之曰："乍"無亡義，淺人離析所改耳。"乍"與"毋"同意。"毋"者，有人姦女而一止之，其言曰"毋"。"乍"者，有人逃亡而一止之，其言曰"乍"。亡與止亡者皆必在倉猝，故引申爲倉猝之稱。

"無"字重文作"无"，注："奇字'無'也。通于'无'者，虚無道

也。<u>王育</u>説:天屈西北爲无。"案<u>古文奇字</u>,<u>衛宏</u>譔。"通于无"之
"无",當作"元"。<u>春秋緯</u>曰:"元者,耑也。"<u>何休公羊注</u>曰:"元
者,气也。無形以起,有形以分,造起天地,天地之始。"是"无"通
于"元"之意也。<u>王育</u>,章帝時人,嘗注<u>史篇</u>,<u>經典釋文</u>作<u>王述</u>,當
是傳寫之誤。"通于无"之"无",宋刻本作"元",無"虛無道也"四
字。予從友人處借得,若<u>毛斧季</u>刻<u>説文</u>初成時印本凡與今本不同
者,皆係一老儒妄爲增改,凡老儒妄增處,字皆擠密重刻,驗之果
然。此條因校方知<u>北宋</u>真本與俗本不同,蓋宋末<u>元</u>初人增,或并
出<u>明</u>人,亦未可定。以虛無爲道,乃老子之言。

　　畐部"畚"字注:"䩦屬蒲器也,所以盛穜。从畐,弁聲。"<u>詩卷
耳</u>疏引<u>説文</u>曰:"畚,草器,所以盛穜。"<u>釋文</u>亦曰:"<u>何休</u>云草器
也。<u>説文</u>同。"然則作"蒲"者非。

　　瓦部"瓵"字注:"瑳垢瓦石。"案<u>西山經</u>云"錢來之山,其下多
洗石",注云:"澡洗可以礦體去垢玠。"

　　弓部"𢏗"字注:"帝嚳躲官,<u>夏少康</u>滅之。从弓,幵声。<u>論語</u>
曰:𢏗善躲。五計切。"案羽部"羿"字注:"羽之羿風,亦古諸侯也,
一曰躲師。从羽,幵聲。五計切。"<u>惠棟</u>以爲與此"𢏗"實一字,非
也。<u>唐石經論語</u>作"羿善躲",<u>尚書五子之歌</u>"有窮后羿",襄四
年<u>左傳</u>"夏訓有之,曰'有窮后羿'",亦皆作"羿"。但此字與弓部
字音同義異,在弓部者既从弓,則爲射官甚明,而<u>少康</u>所滅,乃寒
浞非羿。然此乃<u>許氏</u>省文,非説有異,其引<u>論語</u>作證,則尤無疑。
且此字只一訓,別無他解,的應爲射官。若羽部注"羽之羿風",不
可解。"亦古諸侯"九字,<u>黄公紹韻會</u>以爲徐鍇增益,是也。"射
官"之字不合从羽,<u>許氏</u>既于弓部解之,何以羽部又贅此一義?尚
書、<u>左傳</u>兩處疏皆引弓部注,不引羽部注,并引<u>賈逵左傳</u>注云"羿
之先祖,世爲先王射官,故帝賜羿弓矢,使司射"。可見羽部注,<u>孔
穎達</u>作疏時尚未有,是徐鍇附入也。至"羿"、"𢏗"皆从幵得聲,
石經不但以"羿"代"𢏗",并改"羿"从廾,則爲居竦切,此謂中之

譌也。公绍既知九字係锴增，但自下意说“羽之羿風，云箭乘風而疾”，愚謂字既从羽，安知非言鳥飛羽乘風而疾，何必定是箭邪？此部内“彈”字注引楚詞“芎焉彈日”，汲古閣板王逸注楚詞天問亦作“羿”，孟子“逢蒙學射于羿”，近陜西巡撫賈漢復補刻西安府學石經孟子、戴震校刻孟子趙注本皆作“羿”。鶴壽案：“羿”改作“羿”，固屬譌字，若以“羿”代“芎”，似亦可通。邑部“窮”字注云：“夏后時諸侯夷羿國也”，字正从羽，則羽部“亦古諸侯”九字未必是徐鍇所增益。此半卷中，爲部既多，而俗字則更多。俗有“綿”字、“繇”字，于系部止作“緜”、作“繇”。俗有“筐”字、“篚”字，于匚部止作“匚”、作“匪”。俗有“旊”字、“椀”字、“党”字，于瓦部止作“瓬”、作“甇”、作“甞”。俗有“戟”字、“鏔”字、“贼”字，于戈部止作“戟”、作“戭”作“賊”。俗以“芠”爲桃芠，“奺”爲定奺，于戈部止皆作“弋”。俗以“漲”爲水漲，“脹”爲腫脹，于弓部止皆作“張”。“繇”或爲“傜”，亦系部之俗字。“匧”或爲“篋”，亦匚部之俗字。“瓮”或爲“甕”，亦瓦部之俗字。“戎”之爲“茸”、爲“狨”、爲“莪”，亦戈部之俗字。“戔”之爲“琖”、爲“醆”、爲“盞”，又戈部之俗字。“戚”之爲“鏚”、爲“嘁”、爲“僣”，乃戉部之俗字。況女部之文二百八十有三，其爲俗字，鄙俚尤甚。誠知“妵”之宜爲“姙”也，“懶”之宜爲“嬾”也，“憿”之宜爲“嫯”也，“惱”之宜爲“嫍”也，“妬”之宜爲“妒”也，“妷”之宜爲“姪”也，“婆”之宜爲“媻”也，“描”之宜爲“媌”也，“偷”之宜爲“婾”也，“婑”之宜爲“婐”也，“菇”之宜爲“姑”也，“婦”之宜爲“婦”也，則有合乎許書之義。而“娽”必不爲“碌”、“琭”矣，“媆”必不爲“軟”、“嫩”矣，“嫂”必不爲“嫂”、“嫂”，“嫫”必不爲“嫫”、“悔”矣，“嬛”必不爲“惸”、“嬶”，“媢”必不爲“媚”、“簹”矣。

蛾術編卷三十一

説字十七

卷十三上攷證

糸部"繈"字注:"牻穎也。从糸,强聲。"漢食貨志"臧繈千萬",孟康曰:"繈,錢貫也。"古呼獸若干蹄,鳥若干翼,"繈"是錢貫,故以名錢。蓋以絲之牻穎者貫錢。鶴壽案:"繈"之本義,謂絲之粗長者,非專指錢貫也,故又云"繈緥"。左思蜀都賦"藏鏹巨萬",注引食貨志作"藏鏹千萬",曰:"'藏鏹',管子之文也。"此乃俗字。

"納"字注:"絲溼納納也。"杜詩"納納乾坤大"。鶴壽案:劉向九歎云"衣納納而掩露",王逸注:"納納,濡溼貌。"若杜詩似作"默默"解。

"續"字注:"連也。"重文作"賡",注:"古文'續'从庚、貝。臣鉉等曰:今俗作古行切。"案尚書"乃賡載歌",从古文。

"縱"字注:"緩也。一曰舍也。从糸,從聲。足用切。"古以"縱"爲"蹤",漢蕭何傳"發縱指示",師古曰:"發縱,謂解繩而放之,今俗言放狗。縱,音子用反,而讀者乃爲蹤迹之'蹤',非也,書本皆不爲'蹤'字。"不知説文本無"蹤"字,師古全不識字。伍被傳"縱迹如此",南監板作"蹤",張敞傳"賊縱迹皆入王宮",亦作"從",淮南王安傳"從迹連王宮",鼂錯傳"去亂從",張湯傳"從迹安起",詩羔羊注"行可從迹",是也。武五子燕刺王旦傳"覺蹤跡",蓋寬饒傳"躔氏之高蹤",揚雄傳"躡三皇之高蹤",則參差。鶴壽案:玉篇足部始收"蹤"字,注云:"跡也。"今俗又變"蹤"爲"踪",此則從來字書所無。

“緢”字注引周書“惟緢有稽”，石經作“惟貌”。

“縮”字注：“亂也。从糸，宿聲。所六切。”“縮，亂也”，爾雅釋詁文。禮記檀弓“古者冠縮縫，今也衡縫”，注云：“縮，從也。‘衡’讀爲横。”疏云：“縮，直也。殷以上質，冠吉凶皆直縫。”案：從則直，故疏云“直”。孟子“自反而縮”，趙岐訓直。

“紬”字注：“大絲繒也。从糸，由聲。直由切。”史記太史公自序云：“遷爲太史令，紬史記石室金匱之書。”徐廣曰：“紬音抽。”索隱云：“如淳曰：抽徹舊書故事而次述之。”師古曰：“如淳説非也。‘紬’謂綴集之，音胄。”此字徐廣在前已音抽，説文音亦同。師古特主仄聲音胄，索隱雖采小顏説駮如淳，卻不用其音，婁機班馬字類乃偏據顏音，將徐廣、如淳舊注概爲删抹，非也。鶴壽案：詩牆有茨云“中冓之言，不可讀也”，傳云：“讀，抽也。”史記所謂“紬書”，即是讀書，故徐廣音抽。許自敍云：“漢興，有尉律，學僮諷籀書九千字乃得爲史。”竹部注云：“籀，讀書也。”然則“紬書”即“籀書”，故小顏音胄。先生疑“諷籀書”爲太史籀之書，故不信顏音耳。

“繪”字注引虞書“山龍華蟲作繪”，石經作“會”。

“褸”字注引詩“褸兮斐兮”，石經作“萋兮”。

“絑”字注：“純赤也。虞書‘丹朱’如此。”案此孔壁古文，當許氏時博士所習已作“朱”，故言“如此”。石經作“朱”。鶴壽案：丹朱之“朱”從未有作“絑”者，史記夏本紀“帝曰：毋若丹朱傲”，漢楚元王傳“劉向上奏曰：‘臣聞帝舜戒伯禹，毋若丹朱敖’”，論衡遣告篇“舜戒禹曰：毋若丹朱敖”，問孔篇：“尚書曰‘毋若丹朱敖’”，後漢梁冀傳“汝南袁著詣闕上書曰：昔舜禹相戒，無若丹朱敖”，即説文夲部“奡”字注亦引虞書曰“若丹朱奡”，然丹朱之名，以从糸者爲正，故於此言之。

“繉”字注引詩“繉衣繉巾”，石經作“綦巾”。

“纔”字注：“帛雀頭色。一曰微黑色，如紺。纔，淺也。讀若譏。从糸，毚聲。士咸切。”此字訓淺，則俗以爲“但”字、“僅”字解亦通。古作“財”、“裁”、“才”，漢鼂錯傳“遠縣纔至”，賈山傳“身死纔數月”，揚雄傳“纔給事黃門”，則作“纔”；霍光傳“死財三年”，酷吏尹賞傳“財數十百人”，則作“財”；王貢兩龔鮑傳“裁日閱數人”，蕭望之子育傳“裁自脱”，則作“裁”。鶴壽案：先生既云“纔”古作“財”、“裁”、“才”，何以其下仍引亶錯等傳以證作“纔”也？次引霍光等傳以證作“財”，然史記文帝紀云“太僕見馬遺財足”，索隱曰：“‘財’字與‘纔’同。”史記在漢書前，何以不引？次引王貢兩龔鮑等傳以證作“裁”，然漢高后文功臣表云“裁什二三”，師古曰：“‘裁’與‘纔’同。”表在列傳前，何以不引？既引漢書以證作“財”、作“裁”矣，而作“才”何以獨無引證乎？説文云：“才，艸木之初也。”“初”即淺義，晉謝混傳云“才小富貴便豫人家事”，此亦“纔”作“才”之證也。“才”與“哉”通，爾雅云“初、哉、首、基”，疏云“哉，古文作‘才’”是也。而“纔”又與“材”同，漢杜欽傳云“乃爲小冠，高廣材二寸”，師古曰：“‘材’與‘纔’同，古通用。”然則“纔”、“財”、“裁”、“才”、“哉”、“材”六字，古止作一字用。

　　“緀”字注引詩“緀衣如綟”，石經作“萋”。

　　“䌼”字注：“白鮮衣皃。從糸，䒼聲。詩曰：素衣其䌼。匹丘切。”石經作“絲衣其䌼”。“絲衣”是篇名，而説文作“素衣”，恰是白鮮衣，小徐本同，疑篇名本是“素衣”。鶴壽案：傳云：“絲衣，祭服也。”箋云：“弁，爵弁也。”疏云：“爵弁之服，玄衣纁裳，皆以絲爲之，故云‘絲衣’也。”“絲衣”與“䌼”共文，故爲絜鮮貌，并不用“素衣”。

　　“緄”字注：“織帶也。從糸，昆聲。古本切。”宋策“束組三百緄”，高誘注：“十首爲一緄。”續漢輿服志：“先合單紛爲一系，四系爲一扶，五扶爲一首，五首爲一文，文采淳爲一圭。首多者系細，少者系麤。”史記高祖功臣侯年表云：“帝王者各殊禮而異務，要以成功爲統紀，豈可緄乎？”此假借作“混”字用。鶴壽案：詩小戎“竹閉緄縢”，傳云：“緄，繩也。”此“緄”字正義。後漢南匈奴傳“童子佩刀緄帶各一”，注云：“緄，織成帶也。”此因織成爲帶，故名緄帶，非“緄”字專訓。

　　“綫”字注：“縷也。從糸，戔聲。”重文“線”：“古文‘綫’。”攷工記“鮑人之事，察其線，欲其藏也”，“察其線而藏，則雖敝不甋”，唐石經如此，是用古文。鶴壽案：周禮縫人“掌王宫之縫線之事，以役女御”，字亦作糸旁泉，則古文也。

“絜”字注：“論語曰：絜衣長，短右袂。”石經作“褻裘長”。

“纍”字注：“綴得理也。一曰大索也。从糸，畾聲。力追切。”尚書“乃罪多參在上”，釋文引馬注云：“參字纍在上。”馬實作“纍”，釋文从俗作“累”耳。此字从糸，畾聲，有連綴之象。厽部作三銳形者，注云：“增也。从厽、从糸。厽十黍之重也。力軌切。”與“纍”雖有平仄之分，其實紂罪惡衆多，參列于上纍纍然。及曲禮“爲大夫削爪，纍之”，漢袁盎傳“吾不足纍公”，皆當作“纍”。惟律曆志“權輕重不失絫黍”，應劭曰“十黍爲絫”者，乃當讀爲力軌切而作“絫”耳。

“絮”字注：“絜緼也。一曰敝絮。从糸，奴聲。易曰：需有衣絮。女余切。”俗本皆作“繻有衣袽”。唐石經“袽”字漫滅，“繻”字尚明。前“絮”字注“敝緜也”。同一敝壞，而引經在“絮”字下，不在“絮”字下，則“絮”固絕無干涉，乃俗不但改爲“如”，并改从糸者爲衣。衣部並無此字，其謬不待言。即前“繻”字注：“繒采色，从糸，需聲，讀若易‘繻有衣’。鉉曰：漢書‘傳符帛’。”此經虞翻注：“乾爲衣，故稱繻。”伐鬼方三年乃服，衣服皆敗，至傳符帛無取敝裂，故讀若易“繻有衣”，當作“需”爲是。唐人妄改不可從，而又脫去“絮”字。說本江籓周易述補。即一引書，百孔千瘡，非明眼人不識。鶴壽案：古時未有木緜，則敝絮即敝緜，非二物也。但“絮”字專訓敝緜，絲類也。“絮”字則本訓絜緼，乃是麻類，別訓敝絮，又是絲類。許書並存兩義，豈得謂與“絮”無涉？至既濟九四爻辭“絮”字，子夏作“茹”，京房作“絮”，今本作“袽”，而許所見本作“絮”，故引于“絮”字下，而不引于“絮”字下，非有他也。“需”字，子夏作“褕”，王廙本同，今本作“繻”，而許所見本作“需”，故引于“繻”字下，而云“讀若‘需有衣絮’”。若使許所見本作“繻”，則當稱“易曰‘繻有衣絮’”，以爲“繻”字之證，不得言“讀若”矣。今本既脫去“絮”字，而又讀“需”爲“繻”，此非許書原文。總之，“繻”之本義爲繒采色，故鉉釋之以“傳符帛”，許引易但證其音讀，非證其字義，此固說文之通例也。

　　"綏"字注："車中把也。从糸、从妥。徐鍇曰：禮，升車正立執綏。綏所以安也，當从爪、从安省。説文無'妥'字。息遺切。"案唐石經毛詩楚茨"以妥以侑"，儀禮士相見禮"妥而後傳言"，爾雅釋詁"妥，安坐也"。若據石經，則經"妥"字甚多，然小徐以説文無此字，皆不足信，而以爲从爪、从安省，然則"从妥"乃後人妄改，非許氏本如此。小徐篤信好學，可謂讀書種子。鶴壽案：小徐以説文無"妥"字，故疑爲从爪、从安省。然既有"綏"字，則即有"妥"字矣，安見其必从爪、从安省乎？爾雅云："訖、徽、妥、懷、安、案、替、戾、底、底、尼、定、曷、遏，止也。"又云："妥，安坐也。"前一條注云："妥者，坐也。"疏云："妥者，坐止也。"此皆據後一條爲義。今案古者"坐"爲危坐，釋名云："坐，挫也，骨節挫屈也。"惟"妥"則爲安坐，大射儀："命賓諸公卿大夫，公曰：'以我安賓。'諸公卿大夫皆對曰：'諾，敢不安。'"又云："公以賓及卿大夫皆作，乃安。"是使之安坐也。士虞禮"主人及祝拜妥尸"，特牲饋食禮"主人拜妥尸"，少牢饋食禮"主人皆拜妥尸，或安之而後坐，或先坐而後安之"，皆所謂安坐也。

　　糸部新附"繛"字，即籀文"繒"字，不應重出。

　　"虫"字部首注："一名蝮。博三寸，首大如擘指。"此必有誤。下文"蝮"字注云："虫也。从虫，复聲。芳目切。"明與"虫"字讀許偉切者異字異物，安得"虫"一名蝮乎？況云物之微細，或行或飛，或毛或蠃，或介或鱗。以"虫"爲象，明係大槩之言，若"蝮"則博寸許者有之，博尺許者有之，安得限以"博三寸，首大如擘指"乎？石經禮記月令"中央土，其蟲倮"，鄭注："象物露見不隱藏，虎豹之屬恒淺毛。"孔疏："大戴禮及樂緯云：'鱗蟲三百六十，龍爲之長；羽蟲三百六十，鳳爲之長；毛蟲三百六十，麟爲之長；介蟲三百六十，龜爲之長；倮蟲三百六十，聖人爲之長。'鄭所云皆據四時之物與鱗、羽、毛、介相似者言之，不取五靈之長，故中央不言人，西言狐貉之屬，東方兼言蛇，北方兼言鼈。"愚謂人部無"倮"字，而虫部以"蠃"與毛介者並言，則知"蠃"字雖指蠃螺一物，而淺毛蟲即假借"蠃"字用之，鄭指言虎豹，以其毛淺，與他毛物不同，人不可名蟲，古未嘗以人爲蠃蟲，故無"倮"字，若月令本作"倮"，从人,果聲,則中央之蟲涸爲人矣。據鄭注知大戴禮、樂緯不可信,月令中央之蟲應借用"贏",作"倮"後人改也。鶴壽案:人爲萬物之靈,豈有與萬物等種類者? 故君子必嚴人禽之辨。向見後漢南蠻傳載帝嚳以女配槃瓠事,竊怪范氏以史才自命,而乃用小説家言以入正史,何其不知采擇? 及觀許書于羊部注云:"羌,西戎,羊種也。南方蠻、閩從虫,北方狄從犬,東方貉從豸,西方羌從羊,西南僰、焦僥從人,蓋在坤地,頗有順理之性。唯東夷從大,大人也。夷俗仁,仁者壽,有君子、不死之國。孔子曰:'道不行,欲之九夷,乘桴浮于海。'有以也。"虫部注云:"蠻,南蠻,蛇種。""閩,東南越,蛇種。"犬部注云:"狄,北狄,犬種。狄之言淫辟也。"豸部注云:"貉,東北貉,豸種。貉之爲言惡也。"竊怪許氏儕人類于物類,不可以訓。蠻、閩、羌、狄、貉皆人也,而謂出自蛇種、羊種、犬種、豸種,不亦謬乎! 此與范氏謂槃瓠負帝嚳之女入南山,生子十二人,其後爲長沙武陵蠻,何以異哉。許氏不應俚鄙至此。既而思之,乃知古人造字于象形之中用假借之法,蠻、閩、羌、狄、貉各居其方,各分其類,不可無以別之。南方東南多蛇,故蠻、閩皆從虫;西方多羊,故羌從羊;北方多犬,故狄從犬;東方多豸,故貉從豸。蓋假于物以別其種類,非果以人爲物之種類如范氏云云也。及觀大戴禮言鱗蟲、羽蟲、毛蟲、介蟲,而倮蟲之"倮",其字獨從人,益信人爲萬物之靈,必不與物類等夷,特以蠻、閩之類僻處遐荒,其俗亦幾近于禽獸,故以從虫等字區別之,苟其知僰、焦僥頗有順理之性,則即以從人之字引而進之,而況中土之人乎? 今先生因説文無"倮"字,乃謂倮蟲之"倮",其字當爲"贏",是直擯人類而入于禽獸也。不知經典之字未見于説文者甚多,或係許氏失收,或係後人脱落,安可以許書所無,盡斥爲俗字? 大戴所傳,皆七十子之微言,淮南子説林訓云"西方之倮國,鳥獸弗辟",與爲一也。淮南在許書前,其字正作"倮",呂覽季夏紀亦作"倮",安見月令"倮"字必爲後人所改乎?

　　"蠁"字注:"知聲蟲也。"重文"蛵"字注:"司馬相如説從向。"案爾雅云"國貉,蟲蠁",郭注:"今呼蛹蟲爲蠁。廣雅云:'土蛹蠁蟲'。"而上林賦"肸蠁布寫",李善注:"司馬彪曰:肸,過也。芬芳之過,若蠁之布寫也。説文曰:'胖,蠁布也。'"注引説文,殊不可信。鶴壽案:説文十字部"胖"字注云:"胖,蠁布也。"李善于上林賦、甘泉賦注皆引之。"胖蠁"者,言如知聲之蟲,一時雲集也。相如賦云"肸蠁布寫",

師古注：“肿蠁盛作也。”揚雄賦云“蒻咪肿以梶根分，聲駃隱而歷鐘”，“蒻”與“蠁”同，師古注：“言風之動樹，聲響振起，衆根合同，駃隱而盛，歷入殿上之鐘也。”左思蜀都賦亦云“景福肿蠁而興作”，韋昭曰：“肿蠁，濕生蟲，蚊類是也。大福之興，如此蟲騰起矣。”“蠁”之重文作“蛕”，故羊舌肿字叔向，“向”即“蛕”之省文也。李善所引說文在十字部，而先生于虫字部求之，故以爲不可信也。

　　“𧕰”字注引詩“胡爲𧕰蜥”，石經“蜥”作“蜴”。

　　“螟”字注：“蟲食穀葉者。”“螣”字注：“蟲食苗葉者。”引詩“去其螟螣”，石經作“螟螣”，鉉云：“螣，俗作‘蚕’，非是”，而不言毛詩作“螣”。“螣”字注：“神蛇也，非食苗葉者。”毛詩必作“螣”，後人改作“螣”。大田傳：“食心曰螟，食葉曰螣，食根曰蟊，食節曰賊。”與說文注小異。鶴壽案：說文本作“螟，蟲食穀心者”，見開元占經，今本字譌耳。“螣”，詩作“螣”，假借字。

　　“蜀”字注引詩“蜎蜎者蜀”，石經作“蠋”，後人所改。鶴壽案：“蜀”既從虫矣，而又加虫作“蠋”，此猶“受”既從手而又加手作“授”也，故知鄉壁虛造。

　　“蠲”字注引明堂月令“腐艸爲蠲”，石經作“螢”。

　　“蛾”字注：“羅也。從虫，我聲。鉉曰：爾雅‘蛾，羅’，蠶蛾也。蚰部已有‘蟓’，或作‘蛾’，此重出。五何切。”案蚰部先“蠶”字注“吐絲蟲”，次“蟓”字注“蠶化飛蟲。從蚰，我聲。五何切”，重文“蛾”字注“或從虫”。此與“蛾”雖一則虫在左，一則虫在下，據爾雅實一物，則“蛾”、“蛾”爲重出。至“蛾”下次“螘”字，“蚍蜉也。從虫，豈聲。魚綺切”，爾雅：“蚍蜉，大螘，小者螘”是也。然魚綺切正與今人呼“蟻”音同，而說文無“蟻”字，則後人所造，如尚書顧命“麻冕蟻裳”，禮記檀弓“蟻結于四隅”，皆後人所改，古實作“螘”。且“義”字從羊，我聲，古音本讀若我，與“螘”音全別，只因後世音變，改讀“義”爲誼音，故使“螘”字譌而從“蟻”，且郭注：“齊人呼‘螘’爲‘蚳’。”音養，從羊，稍似義，故讀從義。乃樂記“蛾子時術之”，鄭注：“蛾，蚍蜉也。蚍蜉之子，微蟲耳。時術蚍蜉之所爲,乃復成大蛭。"釋文:"蛾,魚起反。本或作'蟻'。"此又以"蛾"作"蟻"用者。"蛾"乃蠶羅,與"螘"音義皆絶遠,因改"螘"爲"蟻",復誤"蟻"爲"蛾",傳寫者于"蟻"之右旁誤少羊頭,是以誤爲"蛾",展轉舛錯,不可爬梳。其實"蛾術"當作"螘術"。諸史惟漢書多古字,司馬遷傳"螻螘",師古云"蚍蜉",與説文合。鶴壽案:"蛾"字之上"蠶"字注云:"蠶,丁螘也。""蛾"字之下"螘"字注云:"蚍蜉也。""蚍"字云:"螘子也。"則此"蛾"字即係"螘"之别名。爾雅所謂"蛾羅"蓋即指此,而與蠶蛾無涉,郭注非是。徐鉉誤以爲一物,先生又從而信之,且説文現有"蛾"字,樂記注又言"蛾,蚍蜉之子",文極明白,而先生反謂"蛾"乃蠶羅,并謂傳寫者于"蟻"之右旁誤少羊頭,故誤爲"蛾",此自纏葛藤耳。

"蟋"字注:"悉蟀也。从虫,帥聲。鉉曰:今俗作'蟀',非是。所律切。"石經毛詩"蟋蟀在堂"、"十月蟋蟀",皆俗字。

"蠣"字注:"蠣蠃,蒲盧,細要土蠭。"引詩"螟蛉有子,蠣蠃負之"。重文"蜾"字注:"'蠣'或从果。"石經作"螟蛉蜾蠃"。"蜾蠃"即"蒲盧"也。中庸鄭注:"蒲盧,蜾蠃,謂土蜂也。"

"蟈"字重文作"蟈",注:"臣鉉等曰:今俗作古獲切,以爲蝦蟇之别名。"案:以"蟈"爲蝦蟇,讀爲蟈,此鄭衆説。後鄭云:"齊魯之間謂'蛙'爲'蟈'。"鶴壽案:蟈,短弧也;蟈,蛙也;耿黽,蝦蟇也,三者各爲一物。短弧,南方盛暑所生,其狀如鱉,含沙射人。蛙即黽也,俗名田雞。蝦蟇即蟾諸也,俗名癩團。周禮蟈氏注:"鄭司農云:蟈讀爲蟈。蟈,蝦蟇也。月令曰'螻蟈鳴',故曰'掌去鼃黽',鼃黽,蝦蟇。書或爲'掌去蝦蟇'。玄謂:蟈今御所食蛙也,字从虫,國聲也。蟈乃短弧與?"今案許氏謂蟈即短弧;鄭司農謂蟈即蝦蟇,而以蝦蟇與蛙爲一類;鄭康成謂蟈即蛙,而以蛙與蝦蟇爲二物。後鄭之説,最爲詳晰。短弧與蝦蟇相去絶遠,漢元鼎五年"鼃蝦蟇鬭",後鄭以爲二物,信矣。

"蠥"字注:"衣服歌謠艸木之怪謂之祅,禽獸蟲蝗之怪謂之蠥。"案中庸"必有祅孽",今俗作"妖孽",非。

末附一字"蜰","古文'蟄'"下注云:"在弟十四頁'蟄'字下。"宋本並無。鶴壽案:虫部重文十五字,汲古閣本增"蚌"字于"螯"篆後,則爲重文十六字,非宋本之舊矣。此半卷中,自系至虫,止有五部,系部"組",補縫也,別作"綻"非。"納",補紩也,別作"衲"非。"褓",緥褓也,別作"襁"非。"結",束結也,別作"髻"非。"絓",繭絓也,別作"冐"、"罦"非。"緒",馬紂也,別作"鞦"、"鞧"非。"纁",不均也,別作"覭"、"繹"非。"縈",縈繚也,別作"嵓"、"礵"非。"綤",綤役也,借爲由道字,別作"縣"非。"縣",倒縣也,借爲州縣字,別作"懸"非。"絜",麻一耑也,借爲絜清字,別作"潔"、"潔"非。"繅",繹繭爲絲也,借爲"繅藉五采"字,別作"繰"、"繆"、"繸"俱非。然而"繞"則爲"遶","糾"則爲"糺","緶"則爲"統","緬"則爲"絧"矣。"總"則爲"揔"、"惚","庶"則爲"絑"、"怕","繹"則爲"懌"、"襌","繩"則爲"偭"、"譝"矣。素部之"素"爲"塑",絲部之"繺"爲"戀",率部之"率"爲"絆"、"辤"矣。虫部"蜨",蛺蜨也,別作"蝶"非。"蛉",蜻蛉也,別作"蜓"非。"蜡",八蜡也,別作"裯"非。"蟺",夗蟺也,別作"蜓"非。"蝯",獸名也,別作"猨"、"猿"非。"蜦",魚名也,別作"鰐"、"鱷"非。"蚌",水族也,別作"蜯"、"硥"非。"螟",蟲名也,別作"蟊"、"蠹"非。"雖",雖馬也,借爲雖然字,別作"騽"非。"蜢",蚱蜢,艸蟲也,借爲小船名,別作"舴艋"非。"蕫",蜂尾也,借爲零蕫字,別作"薑"與"嘩"非。"蚩",無知也,借爲蚩笑、蚩妍字,別作"嗤"與"媸"俱非。然而"蚳"則爲"蚔","蟠"則爲"蹯","蛧"則爲"魍","蝸"則爲"魖"矣。"蠆"則爲"蠣"、"蛥","蠦"則爲"廧"、"蠦","蚩"則爲"蓋"、"螫","虹"則爲"玒"、"蚕"矣。雖日從事于丹鉛者,恐亦未能免俗也。

卷十三下攷證

蚰部"螽"字注:"从蚰,夂聲。"重文"夂"字注:"古文'終'字。"重文"蜙"字注:"'螽'或从虫,眾聲。"案上注作"夂",下注作"螽",虫部"蝗"字注亦作"螽",參差互異,傳寫之誤。"終"當作"冬",此即虫部"蚣蝑",召南所謂"趯趯阜螽",周南"螽斯羽",豳風"五月斯螽動股",皆一物。鶴壽案:螽與蝗一物也,春秋謂之"螽",月令謂之"蝗"。蟲之食苗爲災者,其首腹背皆有"王"字,此是"螽"之本義。至于"斯螽",一名"蚣蝑",身長而青,以股鳴者,雖爲螽類,別是一種。

"䵻"字注:"䵻甘飴也。"重文"蜜"字注:"'䵻'或从宓。"案爾

雅"囩没,勉也",郭云:"'囩没'猶黽勉也。"釋文云:"囩,本或作
'黽',説文曰:'黽,古蜜字。'"説文無此語。

　　"蠢"字注:"蟲動也。从蚰,春聲。尺尹切。"重文"戠"字注:
"古文'蠢'从戈。周書曰:我有戠于西。"案大誥曰"有大艱于西
土,西土人亦不靜,越兹蠢",鄭注:"周民亦不定,其心騷動,言以
兵應之。"鄭以"蠢"爲動者,釋詁文。詩采芑"蠢爾蠻荆",法言
"蠢迪檢押",李軌注並云"蠢,動也"。"我有戠于西",今周書無
此文,疑即"有大艱于西土"句,若依説文以"戠"代"大艱"二字,
言四國蠢動以誘西人,而西人亦以蠢應之,文義似通也。蠢,古文
作"戠"者,廣雅云:"戠,出也。"玉篇作"𢧵",注云:"充允切。亦
'蠢'字。"汗簡亦以"戠"爲"蠢"。至隸書變音爲"春",遂作"蠢"
矣。鶴壽案:洪适隸續所載魏三體石經有大字"粵"字、"兹"字,三體並存,
有"傍"字但存古文,有"鼀"字、"戠"字但存隸書,此六字皆大誥文也。若據
説文,則"戠"爲古文而非隸書矣。郭忠恕汗簡于戈部首載"戠"、"歲"、
"戠"、"𢧵"、"戠"、"鐵"、"戒"、"栽"、"𢧵"、"㦤"十字,注云"並尚書"。郭
所得七十一家事蹟,首列古文尚書,豈"戠"字果爲大誥文與?

　　蟲部蠱字注:"蟲食艸根者。从蟲,申象形。徐鍇曰:惟此一
字象蟲形,不从矛,書者多誤。莫浮切。"重文"蝥"字注:"'蟊'或
从秋。鉉案:虫部已有莫交切,作蟊蝥蟲,此重出。"重文"蟲"字
注:"古文'蟊'从虫、从牟。"案蠱字不从矛,小徐已辨之,而兩重文
下皆言"'蟊'或从"云云,似正文先已作"蟊"者,其謬已甚。此字
在蟲部,本从蟲不从蚰,何爲言"蟊"?若从矛、从蟲之字,説文無
之,明係傳寫者見"蠱"字難以入隸,遂變作"蟊",且"蟊"在蚰部
者,自是蠭蟊,蓋作网蛛蟊也,虫部"蝥"字自是蟊蝥,皆與食根之
蠱無涉,只因"蠱"可作"蝥",故復列入重文,而"蟲"字虫部已爲
"蝥"之重文,此部又爲"蠱"之重文,糾纏難明,故大徐以爲重出,
其實非是。詩云"去其螟螣,及其蟊賊",傳云:"食根曰蟊,食節曰
賊。""食根"與此"蠱"字注合,則知毛詩本作"蠱",後人改作

“蟊”。以賊爲蟲名，亦大可疑。

　　“它”字部首注：“虫也。从虫而長，象冤曲垂尾形。上古艸居患它，故相問無它乎？託何切。”重文“蛇”：“‘它’或从虫。鉉曰：今俗作食遮切。”案漢書皆以“它”爲“他”，高五王傳“趙幽王友以諸吕女爲后，不愛，愛它姬”，張良傳“備它盜也”，衞綰傳“不與它將爭”，劉歆傳“未有它書”，是也。石經周易比卦初六“終來有它吉”，象曰：“有它吉也。”尚書秦誓：“斷斷猗無他技。”廣韻“佗”字注：“非我也，託何切。”“他”字注：“俗今通用。”“它”字引説文云云。

　　自糸部起至卯部止，大徐與小徐本無一字異。此必小徐本亡，後人用大徐本補之。

　　土部“地”字，籕文作“墬”，今漢書、淮南皆作“墬”。鶴壽案：漢郊祀志稱周官“天墜之祀”，淮南子有墜形訓，汗簡所載古文尚書“墜”字如此。説文謂“从𨸏、土，象聲”，今俗从象，則非聲矣。

　　“堣”字注：“堣夷，在冀州陽谷，立春日日值之而出。从土，禺聲。尚書曰：宅堣夷。噳俱切。”石經作“嵎”。鶴壽案：土部之“堣”，堣夷也。古文尚書作“堣”，説文所引是也。今文尚書作“禺”，史記索隱曰“嵎夷，今文尚書及帝命驗並作禺銕”是也。山部之“嵎”，封嵎也。“崵”字注“崵銕，崵谷也”，當是本作“禺”，或增山旁耳。堯典之堣夷在冀州，與禹貢之嵎夷在青州者不同。

　　“坶”字注：“朝歌南七十里地。周書武王與紂戰于坶野。从土，母聲。莫六切。”石經作“牧”。鶴壽案：許所引，書序文。今書序作“牧”，詩大明疏引鄭書序注云：“牧野，禮記及詩作‘坶野’，古字耳。”此鄭所見本也。許作“坶”，所見本微異。

　　“墥”字注：“赤剛土也。从土，解省聲。”今周禮譌作“觲”。

　　“坺”字注引詩“武王載坺”，今詩作“斾”。

　　“基”字注：“牆始也。从土，其聲。居之切。”爾雅釋文引説文云“基，牆始築也”，此脱“築”字。鶴壽案：爾雅此條疏凡四引説文“‘初’者，説文云从衣、从刀，裁衣之始也。‘哉’者，古文作‘才’，説文云‘草木之初也’。‘肇’者，説文作‘肈’，‘始開也’”，皆與今本同，則“牆始築”句亦係原文矣。

“圪”字注引詩“崇墉圪圪”，石經作“仡”。

“堀”字注引詩“蜉蝣堀閲”，石經作“掘”。

“坴”字注：“以土增大道上。疾資切。”小徐曰：“字書云此即今‘瓷’字，瓦部新附‘瓷’字可省。”重文“塋”字注“古文‘坴’”，引虞書“朕坴讒説殄行”，“塋，疾惡也”。案禮記檀弓“夏后氏塋周”，注云：“火孰曰塋。”釋文：“管子云‘右手折塋’，塋，燭頭燼也。”“塋”有燒令燼盡之義，意與“疾惡”同。鶴壽案：檀弓“塋周”，鄭注已引管子弟子職曰“右手折塋”，釋文復引其文而釋之曰：“塋，燭頭燼也。”此所引欠分明，有似陸氏引之矣。

“堊”字注引書“鯀堊洪水”，石經作“鯀陻洪水”。

“壓”字注：“壞也。一曰塞補。从土，厭聲。”案甘部猒飽字从甘、从犬。犬肉易飽，故从肰，飽則意怠，故爲猒惡字。後人廢“猒”字而以“厭”字代之。厂部“厭”字注：“筓也。从厂，猒聲。一曰合也。於輒切，又一炎切。”中庸“淡而不厭”，論語“人不厭其言”，皆以“厭”代猒惡。曾子問“祭殤必厭”，則以“厭”代猒飽。其厭筓之字，則以“壓”代之。今攷“壓”字雖近于“厭”，究屬自壞，非“筓”義也。又別造“饜”以當飽，孟子“不奪不饜”、“饜酒肉”，左傳“饜而飫之”。説文無此字。心部“懕”字注：“安也。从心，厭聲。”引詩“懕懕夜飲”爲證。秦風“懕懕良人”，傳云“安靜”，宜從心，而今本俱淆作“厭”。此數字展轉譌誤。

“埤”字注引詩“不埤不疈”，石經作“不坏不副”。鶴壽案：“埤”變爲“坏”，此乃俗字。“副”字在刀部，注引周禮“副辜”爲證。重文作“疈”，注云：“籀文‘副’。”

“壿”字注引詩“壿壿其陰”，石經作“曀曀”。

“垗”字注：“喪葬下土也。春秋傳曰‘朝而垗’，禮謂之‘封’，周官謂之‘窆’，虞書曰‘垗淫于家’。”案虞翻曰：“封，古‘窆’

字。"鄭康成曰:"'封'當爲'窆'。"禮記謂之"封",春秋謂之
"堋",聲相似。"堋淫"謂若漢江都王建傳"姦服舍",師古曰"倚
廬堊室之次"是也。尚書鄭注:"朋淫,淫門内。"予謂許説與鄭注
不同,而此文字之小學,則以許爲主,所謂各從其家也。小徐本于
"家"之下多"亦如是"三字。鶴壽案:虞翻曰"穿土稱封。封,古'窆'
字",見周易繫辭注。鄭康成曰"'封'當爲'窆'",見禮記檀弓注。而"禮記
謂之'封'"三句,則周禮遂人注所引鄭司農説也。段茂堂曰:"'堋淫于家'
句下,大徐本無'亦如是'三字,遂致不可通。上偁春秋傳、禮、周官説,轉注
也。堋、封、窆,異字同義也。此偁皋陶謨説,假借也。謂假'堋'爲'朋',其
義本不同,而形亦如是作也。'堋淫'即'朋淫',故孔安國以今文讀之,定爲
'朋'字。'朋淫'謂羣居終日,言不及義,恆舞于宮,酣歌于室是也。不知此
恉,乃以楚王戊私姦服舍釋之。夫下葬之地,非持服之舍也。其説書之乖剌
何如哉! 故不知偁經説假借之例者,不可與讀説文。"今案"朋"無正字,既假
鳳皇之"鳳"字用之,則亦可假下土之"堋"字用之矣。段注説文成于蛾術編
之前,此條似駁先生引景十三王傳以解"堋淫"之謬,或先生早有此説,故聞而
駁之與?

　　土部新附"場"字注:"疆也。"荀子富國曰"觀國之治亂臧否,
至于疆易,而端已見矣",楊倞注:"'易'與'場'同。"然則古疆場
字不從土。

　　新附"境"字注:"疆也。從土,竟聲。經典通用'竟'。居領
切。"漢書多作"竟",鼂錯傳"邊竟未安",師古曰:"竟,讀曰
'境'。"韓安國傳"邊竟數驚"是也。又地理志"開地斥境",嚴助
傳"以四海爲境",則參差。徐東傳"威足以嚴其境内",其下文云
"即無竟外之助",一篇中互用之。經則左宣二年"越竟乃免",禮
記祭義"天子巡狩,諸侯待于竟"。

　　里部"野"字注:"郊外也。從里,予聲。羊者切。"重文"壄"
字注:"古文'野'。從里省,從林。"案漢書鼂錯傳"飛鳥走獸于廣
壄",師古曰:"壄,古'野'字。"司馬相如傳"馳逐壄獸",地理志
山陽郡有鉅壄縣。鶴壽案:楚詞九歌云"天時懟兮威靈怒,嚴殺盡兮棄原

壁”，此在漢書前，漢地理志敍首引禹貢徐州“大壄既豬”，字已作“壄”，河内郡有壄王縣，豫章郡有南壄縣，何以獨舉鉅壄縣邪？

田部“睦”字注引詩“天方薦睦”，石經作“瘥”。

力部“勳”字重文“勛”字注：“古文‘勳’。”周禮“司勳”注云：“故書‘勳’作‘勛’。”鄭司農云：“‘勛’讀爲勳。”是“勛”與“勳”異也。後漢富春丞碑亦以“勳”爲“勛”。鶴壽案：“勳”今字，“勛”古字。許云“勳，能成王功也”，鄭司農云：“‘勛’讀爲勳。勳，功也。”其字、其義並同。許書于“阻”字注引“勛乃阻”，則知放勳之“勳”，壁中書作“勛”。

“勠”字注：“并力也。”高誘戰國策注曰：“勠力，勉力也。”其字從力。秦詛楚文作“繆”。

“動”字重文“連”字注：“古文‘動’。”案焦氏易林云：“舉運失常，利无所得。”鶴壽案：“連”字見于經史者絶无，惟晉書李特載記云：“廣漢太守辛冉，遣都尉曾元等潛率步騎三萬，襲特營。平西將軍羅尚亦遣督護田佐助元。特安臥不連，待其衆半入，發伏擊之。”晉書出自房喬等手，偶一用此古文耳。

“勤”字注：“勞也。從力，堇聲。巨巾切。”案書曰“其亢有勤”，説文本有此句，玉篇引説文可據。今本孔注尚書“亢”作“克”。漢書作“厪”，晉灼曰：“古‘勤’字。”

力部新附“勢”字注：“盛力權也。從力，埶聲。經典通用‘執’。舒制切。”案“埶”字在丮部，注云：“種也。從坴、丮。持而種之。詩曰：我埶黍稷。”今唐石經毛詩楚茨“我蓺黍稷”，生民“蓺之荏菽”，皆變爲“蓺”。周禮“州長各屬其州之民而讀灋，以攷其德行道藝而勸之”，論語“遊於藝”，又變作“藝”。“蓺”、“藝”二字，説文所無，惟木部“槷”字注：“木相摩也。從木，埶聲。”重文“槸”字注：“‘槷’或從艸。”而攷工記“匠人置槷以縣”，鄭注：“槷，古文‘臬’。假借字。從木，蓺省聲。”是“蓺”字説文雖無，而周禮注中則有此一字也。漢書凡執力字皆作“埶”，田蚡傳“士趨埶利者”，灌夫傳“貴戚諸埶”，韓安國傳“埶必危殆”，嚴助傳“遠近艺異",吾丘壽王傳"其執必得",王子侯表"宛朐侯艺",皆作"艺"。而亦或以六艺、才艺爲"藝",藝文志有六藝略,序六藝爲九種,董仲舒傳"不在六藝之科",司馬相如傳"藝殪仆",文穎曰"所射準的爲藝",公孫弘等傳贊"講論六藝",司馬遷傳"儒者以六藝爲法"。若景十三王傳"居勢使然",公孫弘傳"勢同而治異",司馬遷傳"無成勢",王褒傳"講論六藝羣書",則參差。

　　新附"辦"字注:"致力也。从力,辡聲。蒲莧切。"案漢書以"辯"作"辦",隸變作"辨",又以"辨"爲"辦",王謝傳"供張辦",貢禹傳"以王命辨護生家",皆是。鶴壽案:此半卷中,自虫至劦凡十有八部。虫部"蟲"之爲"虱","蠶"之爲"蚕","蝨"之爲"蜥","蝨"之爲"蚊","蜉"之爲"蠱"、"螢","鑫"之爲"鹽"、"搀";蟲部"蚍"之爲"蠶";風部"颯"之爲"飈";它部"它"之爲"蛇";龜部"黽"之爲"龜";黽部"鼉"之爲"鼂","鼉"之爲"鼉","鼀"之爲"蚨","鼄"之爲"蜘";"黿"之爲"僶"、"勔","鼃"之爲"鼃"、"鷔";卵部"鰕"之爲"蝦";二部"亙"之爲"恒";土部"型"之爲"型","場"之爲"塲","墳"之爲"坟","埽"之爲"掃","塞"之爲"賽","埃"之爲"靉","庭"之爲"挖","坏"之爲"坯","坎"之爲"轗","坷"之爲"軻","塹"之爲"壍","坫"之爲"店","均"之爲"韵"、"韻","坙"之爲"涇"、"埋","墨"之爲"螺"、"蟶","坓"之爲"坒"、"座",壵部"堯"之爲"兗",茣部"堇"之爲"菫",里部"野"之爲"墅",田部"畮"之爲"畝","畛"之爲"畖","町"之爲"圢","疃"之爲"腄","暘"之爲"暢","畹"之爲"壖","畱"之爲"畱"、"留","疇"之爲"赳"、"鷦";昌部"畺"之爲"疆";黄部"黇"之爲"陜";男部"甥"之爲"舅";力部"勦"之爲"撤","勞"之爲"蟧","勤"之爲"勦","劇"之爲"劇","勛"之爲"勛","劫"之爲"刧","加"之爲"珈","動"之爲"勭","勇"之爲"俑"、"惓","劬"之爲"昀"、"鮈","勃"之爲"敉"、"驊","勑"之爲"倈"、"賚";與夫劦部"劦"之爲"協"、"恊",綴學之士,習焉不察,一舉筆而紛然矣。

蛾術編卷三十二

卷十四上攷證

"金"字部首注:"五色金也,黄爲之長。居音切。""銀"字注:"白金也。""鉛"字注:"青金也。""銅"字注:"赤金也。""鐵"字注:"黑金也。"周禮職金疏:"古言金有兩義,對言金銀銅鐵爲異,散言總謂之金。尚書禹貢揚州'貢金三品',鄭注以爲銅三色。"銅之爲用廣,故鄭指銅言。銅有赤、白、黄三色,説文專以銅爲赤金,漢食貨志云:"金有三等,黄金爲上,白金爲中,赤金爲下。"孟康曰:"白金,銀也。赤金,丹陽銅也。"

"鉛"字注:"銅屑。讀若浴。"漢食貨志"姦或盜摩錢質以取鉛",臣瓚注引説文及西京黄圖皷"摩錢取屑"。鶴壽案:"摩錢"當是以刀刺之而取其屑,若今翦邊錢也。故南宋孔覬鑄錢議曰:"五銖錢周郭其上下,令不可磨取鉛。"蓋邊厚則不能翦矣。

"鈐"字注:"鈐䥣,大犂也。"爾雅皷疏引説文云:"鈐,鑠也。"與此大異。説文無"鑠"字。鶴壽案:爾雅皷云"六藝之鈐鍵",説文云"鍵,鉉也",謂鼎扃也。以木橫關鼎而舉之,故謂之關鍵,引申之爲門户之鍵閉,所謂門關也。關下之牡謂之閣,金縢云"啓籥"是也。古無"鍵"、"鑰"字,蓋以門關爲鑠,以關下之牡爲鑰,至方言乃云"户鑰,自關而東,陳楚之間謂之鍵",則移門關之名于關下之牡矣。陸德明既引方言之"鑰",以釋爾雅皷文之"鍵",有鑰必有鑠,故邢昺遂云"鈐,鑠也"。但訓"鈐"爲鑠,説文并無此語。説文以鈐爲鈐䥣,方言以鈐爲矛柄,玉篇以鈐爲車轄,從無以鈐爲鑠者,邢氏不知何所據而云然。

　　"鋝"字注："十銖二十五分之十三也。从金,守聲。周禮曰:重三鋝。北方以二十兩爲鋝。力輟切。""鍰"字注:"鋝也。从金,爰聲。虞書曰:罰百鍰。戶關切。"案"十銖","十"下脱"一"字;"二十五分","分"下脱"銖"字;"二十兩爲鋝","爲"下脱"三"字,周書譌作"虞書"。知有譌脱者,釋文引説文本作"十一銖二十五分銖之十三",戴侗六書故引蜀本説文,"十"下亦有"一"字,冶氏注引説文以證鋝重六兩大半兩,三鋝爲一斤四兩。則知説文編字,以類相從,"鋝"與"鍰"文雖異而義則同,故連比編于一處,"鋝"見周禮,引周禮爲證;"鍰"見周書,引吕刑爲證。雖分引兩經,其義是一,故云"鍰,鋝也"。鶴壽案:吕刑"其罰百鍰"一條既見于此,又見弟六十一卷内,今削此而存彼。至許氏謂"鍰重十一銖二十五分銖之十三",則百鍰重三斤;夏侯、歐陽謂"鍰重六兩",則百鍰重三十七斤有半;鄭康成謂"鍰重六兩大半兩",則百鍰重四十一斤十兩大半兩,其數縣殊。然此卷既説許書,則且就許書言之。許曰"鋝十一銖二十五分銖之十三也",段茂堂釋之曰:"各本'十一銖'作'十銖','二十五分銖'奪'銖'字。今依尚書音義、漢蕭望之傳注、廣韻十七薛,正'十一銖',計黍千一百。云'二十五分銖之十三'者,此用命分之法。百黍以四除之,凡二十五而除盡,命爲二十五分。二十五分之十三,得五十二黍,命爲二十五分銖之十三,合十一銖,共黍千一百五十二。"許引周禮曰"重三鋝","北方以二十兩爲三鋝",段曰:"各本無'三'字,今依戴東原師補正。尚書僞孔傳及馬融、王肅皆云'鍰重六兩',鄭康成云'鍰重六兩大半兩'。鋝即鍰。賈逵云'俗儒以鋝重六兩',此相傳譌失,不能覈實,脱去'大半兩'言之。説文多宗賈侍中,故云北方以二十兩爲三鋝,正謂六兩大半兩爲一鋝也。三鋝爲黍四萬八千。"許曰"鍰,鋝也",段曰:"鄭注攷工記引説文云:'鋝,鍰也。'今東萊謂大半兩爲鈞,十鈞爲環,環重六兩大半兩,鍰、鋝似同矣。周禮職金正義云:'夏侯、歐陽説墨罰疑赦,其罰百率。古以六兩爲率,古尚書説百鍰,鍰者率也,一率十一銖二十五分銖之十三也,百鍰爲三斤。鄭玄以爲古之率多作鍰。'案古文尚書吕刑作'鍰',今文尚書作'率',亦作'選',或作'饌',史記周本紀作'率';尚書大傳'一饌六兩',作'饌',漢蕭望之傳'金選之法',作'選',皆今文尚書也。今文謂率六兩,説古文者謂鍰六兩大半兩,許用古文説也。百鍰爲三斤,正與'十一銖二十五分銖之十三'數相合。"許引書曰"罰百鍰",段曰:"東原師云:鍰、鋝篆體易譌,説者合而爲一,恐未然也。鍰當爲十一銖二十五分銖之十三,攷工記作'垸',其假借字。鋝當爲六兩大半兩,史記作'率',尚書大傳作'饌',漢書作'選',其假借字。二十五鍰而成十二兩,三鋝而成二十兩。吕刑之'鍰'當爲'鋝',弓人'膠三鋝'當爲'鍰'。一弓之膠,三十四銖二十五分銖之十四,不得多至二十兩也。"今案段氏所引師説,俱見攷工記冶氏補注,"鋝"與"鍰"必有輕重之分,戴氏欲改攷工記之"膠三鋝"爲"鍰",吕刑之"其罰百鍰"爲"鋝",其説似矣。但説文之例,兩義並存者,先列正義,次列別義,其云鋝"十一銖二十五分銖之十三",此正義也;又云"北方以二十兩爲三鋝",此別義也。若以二十兩爲三鋝,則一鋝重六兩大半兩,一弓之膠必無用二十兩之理,則知一鋝之重,斷爲十一銖二十五分銖之十三,而非六兩大半兩明矣。吕刑曰"大辟疑赦,其罰千鍰",若以十一銖二十五分銖之十三爲一鍰,則百鍰之重不過三斤,千鍰不過三十斤,安有三十斤之銅而遂可以贖死罪者乎?則知一鍰之重,斷爲六兩大半兩,而非十一銖二十五分銖之十三,積而至于千鍰,爲四百一十六斤十兩大半兩,又明矣。然則説文所存二義,前一條爲"鋝"字正義,後一條爲"鋝"字別義而實爲"鍰"字正義,故即繼之曰"鍰,鋝也",蓋指二十兩爲三鋝之"鋝"也。由此言之,則不必改經字而其解自判然矣。

"鎗"字注:"金聲也。从金,爭聲。"後漢劉盆子傳"鐵中鎗鎗",李賢注引説文"鎗鎗,金也"。此注誤落一"鎗"字,小字宜連大字讀,彼誤落一"聲"字。

"銳"字注:"侍臣所執兵也。从金,允聲。周書:一人冕執銳。讀若允。"案今尚書作"執鋭",上文"鋭"字注但云"芒也",無兵器解。左傳成二年"鋭司徒免乎",杜注:"鋭司徒,主鋭兵者。"漢高帝紀"朕親被堅執鋭",顏注:"鋭謂利兵。"蓋皆作虚字,無兵器解也。説文所引係真古文,鄭必與之同。僞孔妄改爲"鋭",唐人不識字,并所引鄭注亦作"鋭",非也。揚雄傳長楊賦云"兗鋌瘢者、金鏃淫夷者數十萬人",臣必案:"字書無'兗'字,今俗以爲兗州字,兗州本作沇,此'兗鋌'合作'銳鋌',漢書相承,誤爲'兗'字。

如淳乃云'充，括也'，師古依孟康爲箭括，愈無所據。"攷宋本漢書附此段于雄傳之末，所謂"臣伙"者，宋祁謂是張伙，江南人歸宋者。説文"銳"字與"鋋"字相次，則臣伙説是也。鶴壽案：臣伙曰："説文'銳'字注云'侍臣所執兵。从金，允聲。周書：一人冕執銳。讀若允'，與'鋋'字相次。今文尚書'一人冕執銳'，孔傳云：'銳，矛屬。'疑安國時是'銳'字，後傳寫作'銳'耳。説文'銳，芒也'，亦與矛不類。"段茂堂曰：治尚書者皆謂"銳"字當依説文作"銳"，以余攷之，玉篇無"銳"字有"銳"字，與釳、鋋、鉈、鏦、鐏以類相從，注云"徒會切，矛也"，是野王所據尚書本作"銳"也。廣韻十七準無"銳"字，十四泰"銳，杜外切。矛也"，集韻十四太"銳，徒外切。矛屬"，禮部韻略、韻會九泰"銳，徒外切"，皆與玉篇合。然則作"銳"而讀如兊，自六朝已然。野王、法言皆無"銳"字，則説文古本"銳"字有無未可知也。釋文"銳，以稅反"，不言説文作"銳"讀若允。自張伙校漢書始引説文"銳"字注云云，同徐楚金本，而其字厠于"鋋，小矛也"之下，"鉈，短矛也"之上，似讀説文者援周書別本補此字，比傅鄭、孔矛屬之訓，列諸矛間。"侍臣所執兵"，語甚糊塗，廣雅稱矛有鏠、鏦、葹而無"銳"，則魏時説文並無此字矣。集韻十三祭"銳，俞芮切。侍臣所執兵。或作'鐩'"，十四太"徒外切。矛屬"，此合"銳"、"銳"二字爲一，不免牽合。陸德明時尚書本作"銳"，非改"銳"爲"銳"也。説文列字自有次弟，金部自鏡、鈔以至鏝、鑽、鑢若干字，皆器名也。"銳"字應與銅、鈍、鉰字爲伍，不當橫梗于中，使鏝、鑽、鑢等字不貫。毛居正六經正誤曰："銳，矛屬。説文音兊，廣韻徒外切，今音以稅反，是銳利之銳，非兵器也。"毛氏語甚分明，必見説文善本作"銳，讀若兊"。岳珂刊正九經三傳沿革例亦云"説文以'銳'爲兵器"，然則前"銳"字宜删。此"銳"字本是"銳"字，"讀若允"本作"讀若兊"，其下當有"一曰芒也"四字。後人以徒會、以稅二切分別其音，又"銳"譌爲"銳"，因而分置之。

　　"鏦"字注："矛也。"漢吳王濞傳"東越使人鏦殺吳王"，孟康曰："方言'戟謂之鏦'。"蘇林曰："鏦音從容之'從'。"師古曰："鏦謂以矛戟撞聲，音楚江反。"

　　"鏠"字注："兵耑也。从金，逢聲。敷容切。"案俗作"鋒"。漢書作"鏠"，東方朔傳"變詐鏠出"是也；若梅福傳"莫敢觸其鋒"，則參差。

“䭡”字注引春秋傳“諸侯敵王所䭡”，石經作“愾”。

“鐂”字注：“殺也。徐鍇曰：説文無‘劉’字，偏旁有之。此字史傳所不見，疑即‘劉’字也。從金、從丣，‘刀’字曲屈，傳寫誤作‘田’爾。力求切。”案：玉篇以‘鐂’爲古‘劉’字，故徐氏依以爲説。漢食貨志“王莽居攝，造契刀、錯刀如大錢”，“莽即真，以爲書‘劉’字有金、刀，迺罷契刀、錯刀”。後漢郅惲傳注：“演孔圖曰：卯金，刀名，爲劉。”魏志王粲等傳注：“路粹誣奏孔融言：‘有天下者何？卯金刀。’”此説傳記所載甚多。周以火德王，火生土，秦爲土德；土生金，漢爲金德，則此説似出讖緯。但古“劉”字若作“鐂”，本有卯、金，何必改爲“劉”？徐鍇“傳寫誤‘田’”之説非是，蓋古本作“劉”，以漢天子之姓而訓爲殺，許氏避嫌，故改爲“鐂”。鶴壽案：此條于刀部已經説過。“劉”字丣聲，非卯聲，“卯金刀”之謡，已屬不識字人所造，而先生亦云“鐂字本有卯、金”何也？

金部新附“鐶”字，此即顧命“瞿”字。

金部無“鏗”字，樂記曰：“鐘聲鏗。”手部“摼”字注：“讀若‘鏗爾舍琴而作’。”車部“轒”字注“讀若論語”此條，亦作“鏗”。説文引經傳字與今本異者甚多，皆當以説文爲正。至“摼”字一條引論語，乃用“鏗”之音以讀“摼”，故言“讀若”，非謂論語當作“摼”也。然則金部不收“鏗”字，或傳寫者脱落乎？

漢霍去病傳“轉戰六日，合短兵鏖皋蘭下”，晉灼曰：“世俗謂盡死殺人爲‘鏖糟’。”文穎曰：“鏖音意曹反。”師古曰：“鏖字本從金，麀聲，傳寫訛耳。鏖謂苦擊而多殺也。”説文無“鏖”字，有“鎯”字，師古以爲“鏖”即“鎯”之訛。攷“鎯”字注：“温器也，一曰金器。從金，麀聲。於刀切。”然則非訛也，麀省聲耳。説文義多不備，此字既訓金器，可作苦擊解，“於刀切”與“意曹反”亦同也。

几部“凭”字注：“依几也。從几、從任。周書曰：凭玉几。讀若馮。皮冰切。”石經作“憑”，後人所改。馮，古讀皮冰切，後音變，收入平聲一東。鶴壽案：“凭”正字，“憑”俗字，周禮司几筵注，鄭司農引顧命作"馮"，此亦假借字。錢竹汀曰：古讀馮爲憑，本从冰得聲，易"用馮河"，詩"不敢馮河"，論語"暴虎馮河"，春秋宋公馮，皆皮冰反，吾衍謂孟子"諸馮"、"馮婦"之"馮"亦皮冰反，水經注皇舅寺"是太師昌黎憑晉國所造"，攷魏書，馮熙字晉國，封昌黎王，蓋魏時讀馮姓爲皮冰反，故或作"憑"也。

"尻"字注："處也。从尸、几，尸得几而止。孝經曰：仲尼尻。尻謂閒尻如此。九魚切。"案今人以尸部"居"字代"尻"字，不知居乃蹲踞也。

"且"字部首注："薦也。从几，足有二橫，一其下地也。"案曾子曰："祖者，且也。""且"即古"俎"字，故訓薦。説見尚書後案堯典"黎民阻飢"。鶴壽案：段注"且"字，義極詳備，而阮氏挈經室文集釋且篇引證尤多，今舉其略于左曰：説文訓"且"爲薦，字屬象形。元案諸古誼，且，古"祖"字也。古文"祖"皆"且"字。商文戊祖丁尊作△，祖戊尊作△，孟祖辛彝作△，祖乙爵作△，祖已爵作△，祖丁觚作△，瞿祖丁卣作且，周齊侯鐘作、作𪓐，皆"祖"之古文。小篆始左示作"祖"，故説文示部"祖，始廟也"。今音祖，則古切；且，千也切，不知古音古義正相同也，禮記檀弓"曾子曰：夫祖者，且也，且胡爲其不可以反宿也"，可以證矣。又案且，始也。"且"既與"祖"同字同音，則其誼亦同。介足釋詁："祖，始也。"凡言"祖"皆有始誼，言"且"亦即有始誼。經傳中言"既某"、"且某"者，皆言終如此，始又如此。王懷祖曰：詩言"終風且暴"，"終和且平"，"終溫且惠"，"終"皆當訓既，言既風且暴也。元曰："終"即"既"。既，終也。且，始也。詩溱洧"女曰觀乎？士曰既且，且往觀乎"，"既且"即終始之誼，"且"讀爲平聲，與"乎"字爲韻。"且往觀乎"之"且"，即蒙上"既且"爲言，愈見修辭之善。漢張遷碑"爰既且于君"，文例可與此相證。又案：且，粗也。姑也。"且"訓爲始，"始"有艸創之誼，即爲粗略之誼。説文："粗，疏也。""粗"从且得聲得誼，"且"又與"鹽"通借，皆不攻緻之誼。詩鴇羽"王事靡鹽"，毛傳："鹽，不攻緻也。"漢息夫躬傳"器用鹽惡"，鄧展注："鹽，不堅牢也。"呂覽誣徒篇"從師苦"，高誘注："苦讀如鹽會之'鹽'。苦，不精致也。"方言曰"鹽，且也。"郭璞未詳。合經史子數誼，方言之訓可識矣。又"沽"音同鹽，儀禮喪服傳"冠者沽功也"，鄭注："沽猶麤也。"既夕禮注："沽，今文作'古'。"周禮司兵注："功沽上下，沽即麤惡，與'鹽'同。"可見漢末猶爲恆語。"麤略"即爲聊且之誼，故"且爲"、"姑且"之

“且”，其實“姑”即“且”同音假借字。詩卷耳“我姑酌彼金罍”，毛傳：“姑，且也。”此亦“且”之假借字。禮記檀弓“杜橋之母之喪，宮中無相，以爲沽也”，鄭注：“沽猶略也。”是“沽”即麤略，與“鹽”、“姑”同誼，皆“且”之假借也。廣疋“聊，苟且也”，亦其誼也。又案“且”字加口爲“呾”，春秋僖二十八年傳“晉侯夢楚子伏巳而鹽其腦”，“鹽”與“呾”同，謂呾唼其腦，故方言曰：“鹽，且也。”“且”與“姑”同音，故“姑”亦有“呾”誼。孟子“蠅蚋姑嘬之”，“姑”與方言“鹽”同，即“呾”也。又案“且”有包含大多之意，故説文“呾”訓爲含味。苴，蘇子包多子者，禮記“苞苴”，此誼亦近也。物粗惡未有不大者，故史記注“鹽”爲大鹽，説文訓“駔”爲壯馬。又案庭燎“夜如何其？夜未央”，毛傳：“央，且也。”釋文：“七也反。”由“且”誼推之，經傳中誼有可識矣。又案“且”爲發聲，與“將”同，詩“女曰雞鳴，將翱將翔”是也。谷風“將恐將懼”，鄭箋：“將，且也。”“且”爲語餘聲，詩“山有扶蘇，乃見狂且”，毛傳：“且，辭也。”“椒聊且”之類，同此。“且”聲又轉爲“此”，詩載芟“匪且有且”，毛傳：“且，此也。”是也。今案芸臺先生精于金石文字，此所引文戊祖丁尊等“祖”字，余以薛尚功鐘鼎欵識校之，其間筆迹小異，猶可信也。乃祖戊尊作凸，而此引作凸；孟視辛彝作凸，而此引作凸，毋乃互易之乎？齊侯鐘弟一作凸，而此引作凸，大誤。又引凸，見齊侯鐘弟六及弟十三卻不誤。然齊侯鐘弟四有祖字，弟六有祖字，正與小篆相近，何以反不引之乎？盂和鐘作凸，齊侯鎛鐘作凸，皆與商器微異，何以獨不引之乎？甚矣，談金石之難也。

　　斤部“斯”字注：“析也。從斤，其聲。詩曰：斧以斯之。息移切。”毛傳、鄭箋同。爾雅云：“斯、侈，離也。”孫炎曰：“析之離。”史記、漢書“厮二渠”，孟康曰：“厮，分也。”詩“王赫斯怒”，箋云：“斯，盡也。”曲禮鄭注：“死之言澌，精神澌盡也。”鶴壽案：論語“斯焉取斯”，詩殷其靁“何斯違斯”，傳曰：“斯，此也。”蓋借“斯”爲“此”。

　　“斷”字重文“𣃔”字注引周書“𣃔𣃔猗”，石經作“斷”。

　　斗部“𣁄”字注：“斛旁有㡿也。從斗，㡿聲。爾雅曰：‘𣁄謂之魁。’古田器也。鉉曰：説文無‘㡿’字，疑厂象形，兆聲。今俗別作‘墢’，非是。土彫切。”案甾部“魁”字注：“𣁄也，古田器也。從甾，隹聲。楚洽切。”𣁄、魁實一物。郭璞云：“皆古鍬鍤字。”文選注引爾雅作“鍬謂之鍤”，是“𣁄”爲古“鍬”字，“魁”則古“鍤”

字也。方言云:"臿,燕之東北、朝鮮洌水之閒謂之斛,宋魏之閒謂之鏵,或謂之鍏,江淮南楚之閒謂之臿,沅湘之閒謂之畚,趙魏之閒謂之桑,東齊謂之梩。"

車部"輼"字、"輬"字注皆訓臥車。史記秦始皇本紀有輼涼車。

"轈"字注:"兵高車加巢以望敵也。从車,巢聲。春秋傳曰:楚子登轈車。鉏交切。"案衍"兵"字,誤倒"車高"字,譌"如"爲"加"字,小徐本同。唐石經作"楚子登巢車以望晉軍"。摇筆便改孔、左之經,賴許氏略存一二。鶴壽案:左傳音義引作"兵車高如巢以望敵也",則"兵"字非衍。

"軓"字注:"車軾前也。从車,凡聲。周禮曰:立當前軓。音範。"案今周禮"軓"作"疾",或作"疾",皆誤,當从説文。大徐皆引孫愐反切,獨此作直音,亦可疑。

"轐"字注:"車伏兔也。""轉"字注:"車伏兔下革也。""輹"字注:"車軸縛也。易曰:輿脱輹。"案易小畜作"輿脱輻",釋文云:"音福。本亦作'輹',音服。馬云'車下縛也',鄭云'伏菟'。"説文引易于"輹"下,不于"轐"下,則"伏兔"自爲"轐",鄭説非也。説文别有"輻"字,注云:"輪轑也。"

"軏"字注:"車轅耑持衡者。从車,元聲。魚厥切。"論語"小車無軏",包咸曰:"軏,轅端上曲以拘衡者也。"皇疏引鄭康成曰"輗穿轅端著之,軏因轅端著之",从元、从兀本通。鶴壽案:包咸注"輗"、"軏"二字俱謬。謂輗爲轅端横木以縛枙者,轅端横木即衡也,非輗也;謂軏爲轅端上曲以拘衡者,小車之轅名輈,輈端上曲,則輈之尾也,非軏也。不知輗與軏别以尺木爲之,戴東原曰:"大車鬲以駕牛,小車衡以駕馬。轅端持鬲,其關鍵名輗;輈端持衡,其關鍵名軏。輈轅所以引車,必施輗軏,然後可以行。"

"轙"字注:"車衡載轡者。"重文"钀"字注:"轙或从金、从獻。"小徐曰:"爾雅'鑣謂之钀,載轡謂之轙',然則钀與轙異,疑此説文本脱誤。"案:許以"钀"爲"轙"重文,古人各從其家,未可偏據以駁。

"軍"字注："圜圍也，四千人爲軍。从車、从包省。車，兵車也。舉云切。"案周禮小司徒注："軍萬二千五百人。"今此乃云"四千人爲軍"，不合周禮。進賢包希魯説文補義既載説文"四千人爲軍"，又云"萬二千五百人爲軍"，一無折衷。説文于㫃部云"軍之五百人爲旅"，已用周禮，二者決無參差。至古今韻會舉要"車"字注，引説文云"象形，輿輪總稱"，竟別是一種説文，豈不怪哉？鶴壽案："四千人爲軍"，其誤不待辨，必欲辨之，則許于"師"字注又云"二千五百人"矣。

"軌"字注："車徹也。"小徐云："古車徹从車。"案新附"轍"字注："車迹也。本通用'徹'，後人所加。"小徐説謬甚。

"樅"字注："車迹也。从車，從省。鉉曰：今俗別作'蹤'，非是。"案漢書"發縱指示"作"縱"。"樅"是車之蹤，非人之蹤也。鶴壽案：蹤迹之"蹤"，古只作"從"，俗變爲"蹤"，今人作"踪"，是乃俗中之俗也。此半卷中，且部"俎"之俗爲"爼"，矛部"矜"之俗爲"瑾"、"齡"，自部"自"之俗爲"堆"、"塠"，斤部"斯"之俗爲"厮"、"蕲"、"蟴"。此數部正字少，則俗字亦少也。金部"鏝"之俗爲"尖"，"鍼"之俗爲"針"，"鐙"之俗爲"燈"，"鈔"之俗爲"抄"，"鐎"之俗爲"刁"，"鑪"之俗爲"爐"，"銀"之俗爲"鋃"，"銚"之俗爲"蓧"，"鈒"之俗爲"闔"，"鉐"之俗爲"鑷"，"鉏"之俗爲"鋤"，"鐪"之俗爲"鐯"，"鉈"之俗爲"鈍"、"杝"，"鎦"之俗爲"鐺"、"劉"，"鐵"之俗爲"鐡"、"鈇"，"鍜"之俗爲"煆"、"破"。斗部"斜"之俗爲"魾"，"魁"之俗爲"尯"，"斛"之俗爲"斞"，"升"之俗爲"昇"、"陞"，"斗"之俗爲"斝"、"抖"、"蚪"、"陡"；車部"軏"之俗爲"軹"，"輬"之俗爲"輬"，"軭"之俗爲"衝"，"輿"之俗爲"擧"，"曹"之俗爲"轑"，"轉"之俗爲"囀"，"軨"之俗爲"齡"，"轄"之俗爲"磍"，"輦"之俗爲"輂"，"轟"之俗爲"輈"，"輨"之俗爲"館"，"輓"之俗爲"挽"，"軔"之俗爲"轫"，"華"之俗爲"軼"、"樺"、"楬"，"報"之俗爲"輥"、"蹏"、"碾"。此數部正字多，則俗字亦多也。

卷十四下攷證

"自"字部首注："大陸山無石者。房九切。"案"自"字注："小自也。都回切。”隸變作阝，而“𨸏”與“自”無別。

“陰”字注：“闇也，水之南、山之北也。”“陽”字注：“高明也。”據理應“陽”在“陰”前，順文列之，故先“陰”，“陰”云“水之南、山之北”，則“陽”爲水之北、山之南可知，故省。

“陝”字注：“隘也。鉉曰：今俗从山，非是。”案俗又作“狹”。

“隒”字注：“敹也。鉉曰：今俗作‘嶇’，非是。”案宋板作“崎嶇”，說文無“陭”字。鶴壽案：司馬相如上林賦云“摧蓩崛崎”，王褒洞簫賦云“嶇嶔歸崎”，若依說文，當作“敹隒”。

“隊”字注：“從高隊也。”案隸變作“墜”。唐石經尚書金縢：“無墜天之降寶命。”說文無“墜”字。

“陧”字注：“危也。徐巡以爲‘陧，凶也’，班固說‘不安也’。”案徐巡當是古文尚書說，班固說在揚雄倉頡訓纂下篇三十四章中。鶴壽案：後漢杜林傳云：“沛南徐巡始師事衞宏，後更受林學。林于西州得泰書古文尚書一卷，以傳衞宏、徐巡，于是古文遂行。”“陧，凶也”必是徐巡說泰誓語，故先生以爲古文尚書說。揚雄作倉頡訓纂，凡三十四章，內十三章係班固所續，故先生以爲說在訓纂中。說文注又云賈侍中說“陧，瀆度也”。今案“臬”，法也。賈以“陧”爲“臬”之假借，故云“瀆度”。

尚書敍“升自陑”，釋文音而。案“陑”字，說文無。詩緜篇云“捄之陾陾”，釋文：“一音如之。說文音而。”集韻亦有此音，“升自陑”應從此。鶴壽案：陑是地名，因說文無“陑”字，欲改爲“陾”，然一無所據。

𨸏部“𨺈”字注：“陋也。从𨸏，𦰧聲。𦰧，籀文‘隘’字。”案下“隘”字注：“籀文‘𨺈’，从𨸏、益。”則“𦰧”當爲籀文“益”。尚書“𦰧作朕虞”，師古曰：“古‘益’字。”又“𦰧”爲籀文“嗌”，見口部。

“𨷖”字注：“塞上亭，守㷱火者。从𨸏、从火，遂聲。徐醉切。”重文“隧”字注：“篆文省。”案：今俗作“燧”。

“厽”字部首注：“絫坺土爲牆壁。力軌切。”“絫”字注：“增也。从厽、从糸。”糸部“纍”字注：“綴得理也。一曰大索也。从糸,畾聲。力追切。"田部無"纍"字,漢書多作"絫",鄒陽傳"死而負絫",中山靖王勝傳"悲者不可爲絫欷",董仲舒傳"積善絫德之效",司馬相如傳"係絫號泣"是也。而主父偃傳"賂遺累千金",嚴安傳"外累于邊方之備",則參差。鶴壽案:"累"俗字也。積絫之"累"當爲"絫",中山靖王勝傳、董仲舒傳是也。負累之"累"當爲"纍",鄒陽傳、司馬相如傳皆假借耳。

四部部首,籀文作三,康成云:"古三、四皆積畫。"

"七"字部首注:"陽之正也。从一,微陰从中衺出也。"案"微陰"當作"微陽"。

内部"禽"字注:"走獸總名。"案白虎通曰"禽,鳥獸之總名","走"當作"鳥"。鶴壽案:爾雅云:"二足而羽謂之禽,四足而毛謂之獸。"段茂堂曰:"'禽'字從厹,厹爲獸迹,鳥迹不云'厹'也。然則倉頡造字之本意謂四足而走者明矣。以名毛屬者名羽屬,此乃稱謂之轉移,久之遂爲羽族之定名。爾雅從轉移者言之,許指造字之本言之。"

"离"字注:"山神獸也。"文選注引作"獸形",當從之。

"萬"字注:"蟲也。"假借爲千萬字。鶴壽案:"萬"本古"蠆"字,千萬之"萬"無正字,因借古"蠆"字代之。此猶"西"之借"𠧸","朋"之借"鳳"也。

"禹"字注:"周成王時,州靡國獻禺禺,人身反踵,自笑,笑即上脣掩其目,食人,北方謂之土螻。爾雅云:'禺禺如人,被髮,一名梟羊。从内,象形。符未切。'"周書王會解"州靡費費",亣疋作"狒狒",郭璞注:"山海經云'其狀如人,面長脣黑,身有毛',交、廣及南康郡山中亦有此物,大者長丈許,俗呼'山都'。"淮南子氾論訓"山出嘄陽",高誘注:"山精。"

"禼"字注:"蟲也。从厹,象形。讀與偰同。私列切。"重文"卨"字注:"古文'禼'。"卨部"蠥"字注:"卨,古文'偰'字。"鶴壽案:向見水經注,偃師九山有百蟲將軍顯靈碑,以益爲百蟲將軍。今觀説文,知殷元王名禼,亦有取于蟲也。

"乙"字部首注:"象春艸木冤曲而出,陰气尚彊,其出乙乙也。”陸士衡文賦“思乙乙其若抽”，李善注：“乙，抽也。乙乙，難出之皃。”

“戊”字部首注：“中宮也。象六甲五龍相拘絞也。”案：五爲天地之中，“五龍”當是五子。龍，辰也。辰有五子，故云“五龍”。天六地五，故云“六甲五龍”。戊爲中宮，五六，天地之中，故云“六甲五龍相拘絞也”。說文繫傳不得其解。

己部“𦬕”字注：“長踞也。從己，其聲。”案玉篇，“踞”當作“跔”，“‘𦬕’或作‘跔’，長跪也”。小徐本誤同。鶴壽案：“踞”乃“居”之俗字，非許原文。段茂堂曰：“長居”者，箕其股而坐。許言“𦬕居”，即他書所謂“箕踞”也。顧野王說非是。

“巴”字部首注：“食象蛇。象形。徐鍇曰：一，所吞也。指事。”案：巴蛇吞象，三歲出其骨。明係象形，何云“指事”？

辛部“辠”字注：“犯法也。從辛從自。言辠人蹙鼻苦辛之憂。秦以‘辠’似‘皇’字，改爲‘罪’。臣鉉曰：自古者以爲‘鼻’字，故從自。徂賄切。”案漢書多作“辠”，董仲舒傳“恐獲辠”，張湯傳“上意所欲辠”，司馬遷傳“是余之辠”皆是。

“辜”字重文𣟁字注：“古文‘辜’從死。”案見詛楚文。

“壬”字部首注：“位北方也。陰極陽生，故易曰‘龍戰于野’，戰者接也。”惠棟曰：“訓‘戰’爲接，真古訓也。王弼謂‘與陽戰而傷’，朱子謂‘兩敗俱傷’。亂經者弼，而朱子誤從之。陰陽消息，何傷之有？”

子部“㲄”字注：“乳也。從子，㱿聲。一曰㲄㿔也。古候切。”案“㲄㿔”出漢五行志。徐鍇曰：“左傳楚人謂乳爲‘㲄’，故名子文㲄於菟。”石經宣公四年作‘穀’，非。鶴壽案：㲄㿔，荀子作“溝瞀”，楚詞作“怐愗”，漢五行志作“傋霿”，皆以同音通用。至山海經注作“㲄㿔”，則以字形相近而譌，唐石經亦然。

“孟”字注：“長也。從子，皿聲。莫更切。”後漢趙岐傳“多所述作，著要子章句、三輔決録傳于時”，劉氏刊誤曰：“‘要’當作

‘孟’。”吴仁傑刊誤補曰：“古文‘要’作𡋯，與‘黽’相似，疑‘孟’與‘黽’通，岐傳作黽子章句而譌作‘𡋯’耳。”攷毛詩谷風篇“黽勉同心”，釋文：“黽勉猶勉勉也。”爾雅釋詁“蠠没”與“孟”皆訓勉，郭璞注：“蠠没猶黽勉。”則“黽”與“孟”通。書洛誥“汝乃是不薆”，陸德明云“薆，徐邈音莫剛反”，則當讀若芒，而釋文、正義引鄭、馬、王注云：“薆，勉也。”説文無“薆”字，疑以音近假借萠，晉人譌爲“薆”，然漢人訓勉，班固幽通賦“孟晉追羣”，曹大家注：“孟，勉也。”秦本紀“芒卯”，索隱引譙周云：“即孟卯。”然則“孟”與“黽”同訓勉，故可通。“孟子”别作“黽子”，因而轉寫成“要”也。説文亦無“蠠”字，不知其訓宜何從。

“𠫓”字部首注：“不順忽出也。从到子。易曰：突如其來如。不孝子突出，不容于内也。”鍇曰：“‘𠫓’即易‘突’字也。”重文㐬字注：“或从到古文‘子’。”案易爲王弼所改，後人但知有“突”字，不知有“𠫓”字，然“突”在穴部，“犬从穴中暫出也”，别是一義。唐石經離卦作“突”。鶴壽案：離九四“突如其來如，焚如死如棄如”，鄭康成曰：“震爲長子，爻失正。突如，震之失正，不知其所如。不孝之罪，五刑莫大，故有焚如死如棄如之利。”子之不順謂之“𠫓”，犬從穴中暫出謂之“突”，皆出于不意，故假犬之“突”，以爲子之“𠫓”也。

“育”字注引虞書“教育子”，石經作“冑”。

丣字部首注：“冒也。二月萬物冒地而出，象開門之形，故二月爲天門。”案丣，古文“酉”字从丣，“丣爲春門，萬物已出；丣爲秋門，萬物已入。一，閉門象也”。丣，莫飽切；丣，與久切，今俗皆混而爲一。攷管子春三丣，十二始丣、十二中丣、十二小丣，而始丣合男女；秋三丣，十二始丣、十二中丣、十二小丣，而始丣合男女。參同契“二月榆落，魁臨于丣；八月麥生，天罡據丣”。今俗本皆混作“卯”。其“丣”、“丣”从日則爲“昴”、“昴”，而俗亦亂之。“丣”从田爲“留”，采地名，因以爲氏，或通爲“劉”，而漢有“卯金刀”之説，則“丣”、“丣”之亂，其來已久。裴松之謂二字“字同音異”，不知古人韻緩，二者音頗相近，而字則迥不同也。鶴壽案：今人"邜"、"卯"不分，先生辨之是矣。但謂管子、參同契二書"俗本皆混作'卯'"，並無其事，今二書俱在，可證也。且管子幼官篇于春云："十二地气發，戒春事。十二小邜，出耕。十二天气下，賜與。十二義气至，修門閭。十二清明，發禁。十二始邜，合男女。十二中邜，十二下邜，三邜同事。"于秋云："十二期風至，戒秋事。十二小邜，薄白爵。十二白露下，收聚。十二復理，賜與。十二始節，賦事。十二始邜，合男女。十二中邜，十二下邜，三邜同事。"此猶今之節气也。小邜爲春之弟二節，則主出耕。始邜、中邜、下邜爲春之弟六、七、八節，皆主合男女。小邜爲秋之弟二節，則主薄白爵。始邜、中邜、下邜爲秋之弟六、七、八節，皆主合男女。今先生置小邜于中邜下，蓋誤以下邜爲小邜也。又但云"始邜合男女"，則中邜、下邜所爲何事？豈未見"三邜同事"句乎？至于"邜"、"卯"之別，段氏早已言之。詩小星"維參與昴"，毛傳云："昴，留也。"元命包云："昴六星。昴之言留，言物成就繫留。"惠天牧據此，謂字从邜作"昴"，説文誤作"昴"，俗本流傳，莫能正也。余謂漢人謂"昴"爲留，故天官書言"昴"，律書直言"留"。毛公訓"昴"爲留者，言詩之"昴"即今俗所云"留"也。十月之交"邜"韻"醜"，小星。"昴"韻"裯"、"猶"，則"邜"、"昴"古皆讀莫有反，讀如母，漢人呼"留"，語言之異也，不得據"留"字之形聲而改"昴"字。裴松之注虞翻傳，謂"劉"、"留"、"聊"、"桺"同用，"邜"以諧聲，不言"昴"亦諧聲也。且禮説言邜從日爲"昴"，邜從日爲"昴"，求諸古集，安所得兩字之用乎？言"邜"象開門，"卯"象閉門，昴爲白虎，不當從邜，不知此六書形聲與義不相涉者耳。況徐仙民音茆，陸德明音卯，相承古音如是，與邜、貿字正同一紐，而卯、留、劉、寀、茆、鼹、駵、珋、桺、聊從邜之字同一紐，右音雖同部而異紐，若使"昴"果從邜，則古不讀莫飽切矣。

　　辰部"辱"字注："恥也。从寸在辰下。失耕時，于封畕上戮之也。辰者，農之時也。故房星爲辰，田候也。"惠棟曰：鄭氏注禮記云"以白造緇曰辱"，老子曰"大白若辱"，則辱乃白之對也。

　　"申"字部首注："神也。七月陰气成，體自申束。从臼，自持也。吏目餔時聽事，申旦政也。"王符潛夫論曰："百姓廢農桑而趨府廷者，非朝、餔不得通。"然則吏視事惟朝、餔二時也。食部云："餔，謂日加申時也。"

　　"酉"字部首古文"丣"字注"古文‘酉’从丣，丣爲春門"云云，説見尚書後案堯典宅西曰昧谷。此條二徐本並同，而黃公紹韻會舉要以此爲徐鍇語，然汲古閣説文毛扆跋云："依北宋小字本，用大字開雕。近刻繁傳，亦從北宋本。"公紹，字直翁，號在軒，閩昭武人，即今福建邵武府邵武縣。嘗爲架閣官，作古今韻會。據熊忠敍云"編帙浩瀚"今足本不傳，不知凡幾卷也。有廬陵劉辰翁敍，作于壬辰年，爲宋理宗紹定五年。其時公紹少年，書方草創，因辰翁竊時名，聊假爲重。辰翁未見其書，先作敍寄之。熊忠，字子中，亦昭武人，館于公紹門下，親承緒論，別爲舉要三十卷，即今存者是。其自敍作于丁酉年，則元成宗大德元年矣。江北平水劉淵改并禮部韻，成于理宗淳佑十二年壬子，故名壬子新刊禮部韻略，上距壬辰二十餘年。今韻會中采取平水韻，雖熊敍言"隱屏以來，別爲舉要，添入平水所增"，則平水韻，忠所添，非公紹筆。然刻書者陳㝎跋云："㝎昨承先師黃公在軒先生委刊韻會舉要三十卷。"則舉要書成，公紹猶及見之，約計其年七八十歲。由此推之，公紹橐具于宋末，入元方有舉要，而亦公紹所閱定也。"隱屏"者，宋遺臣入元，皆屏居田野，故但題甲子，無紀年，并辰翁敍亦去其紀年也。此書之出最在後，黃、熊不但宋史無名，乾隆二年郝玉麟等修福建通志亦未嘗載及。乃于北宋所刻二徐書輒將許元文指爲徐鍇語，或反將鍇語改入許元文，恐未足盡信。就中惟"羾"字注極精確可從，其次"㸚"字注亦佳。此外最亂道是"禂"字注。餘條已詳各字下，于此特論之。

　　"酒"字注："杜康作秫酒。"魏武短歌行："何以解憂，唯有杜康。"杜康，少康也。

　　"配"字注："酒色也。从酉，已聲。"鍇曰："匹妃字古只作‘妃’。"鉉曰："已非聲，當从妃省。"案易曰"遇其妃主"，春秋傳曰"嘉耦曰妃"，俗本皆作"配"。

　　"酢"字注："客酌主人也。在各切。"鉉曰："今俗作倉故切。"

案：不但作倉故切，而直以爲醮矣。徐鍇引易"可以醻醋"，而石經作"可與酬酢"，則此字唐已亂。鶴壽案："酢"字注："醶也。倉故切。"鉉曰：俗作在各切。"鍇曰："今人以此爲酬酢字。"此猶涇水之涇，與乾溼之溼，今人皆互易用之也。

"醃"字注："王德布，大飲酒也。薄乎切。"案裴駰史記集解引作："王者布德，大飲酒也。出錢爲醵，出食爲醃。"此字之上即係"醵"字，則此所引似是説文脱落。

"醺"字注引詩"公尸來燕醺醺"，石經作"熏"。

"醟"字注："酗酒也。爲命切。"酗"字注："醉營也。香遇切。"案尚書微子"沈酗于酒"，史記作"沈湎于酒"，孔傳云："沈湎酗醟。"攷説文有"酗"字、"醟"字，無"酗"字。漢書敍傳"中山淫醟"，師古曰："醟，酗酒也。音詠。"蓋"酗"字，晉、唐人乃用之。

"茜"字注："禮，祭束茅加于裸圭而灌鬯酒，是爲茜，象神歆之也。春秋傳曰：爾貢包茅不入，王祭不供，無以茜酒。所六切。"石經作"縮"。

汲古閣刻西部末補一"畬"字，注云："酒味苦也。從西，今聲。咽嗛切。"標一條于下，云："在弟十七頁'贛'字下。"檢小徐本"畬"正在"贛"字下，則知校者大費苦心。宋本并無。鶴壽案：玉篇酉部"畬"字在"酷"字下，"酷"字之上乃是"贛"字，小徐本亦然，"畬"字之下乃是"醰"字。大徐本所以脱去者，"畬"訓酒味苦也，"醰"訓酒味長也，誤移"酒味苦也"于"醰"字下，故遂脱去"畬"字耳。毛扆一校之，先生再校之，不知中間尚隔一字。

酉部"尊"字重文"尊"字注："尊或從寸。臣鉉等曰：今俗以'尊'作尊卑之'尊'，別作'罇'，非是。"案曹憲文字指歸引説文云："'尊'字從西、寸，酒官法度也。今之尊卑從此得名，故'尊'亦爲君父之稱。"今説文無此語，知非全書。鶴壽案：曹憲，隋人，而陸德明亦隋人。詩螽斯"羽詵詵兮"，釋文云："詵，説文作'鋅'。""曾不容刀"，釋文云："刀，説文作'舠'。"左傳"謂其不疾瘯蠡也"，釋文引説文云："瘯瘰，皮肥也。"今説文皆無之。此半卷中，自畠至亥凡四十一部，惟畠部之文九十有二,“阬”之俗爲“坑”,“陊”之俗爲“墮”,“阤”之俗爲“陁”,“阼”之俗爲“𨀁”,“階”之俗爲“堦”,“陗”之俗爲“峭”,“陸”之俗爲“驝”,“阪”之俗爲“坂”,“陛”之俗爲“蜌”,“隘”之俗爲“陀”,“隍”之俗爲“堭”,“隊”之俗爲“䃍”,“𠂤”之俗爲“阜”、“𨸏”,“隥”之俗爲“嶝”、“磴”,“隉”之俗爲“桯”、“𩨍”,“阢”之俗爲“杌”、“卼”,“障”之俗爲“嶂”、“瘴”、“帳”,“陭”之俗爲“埼”、“碕”、“隑”。其餘四十部,惟酉部之文六十有七,“醬”之俗爲“醬”,“醫”之俗爲“毉”,“酲”之俗爲“醒”、“悜”,“醶”之俗爲“䤡”、“釅”,“釁”之俗爲“衅”、“舋”、“亹”。别有大徐所加,“醆”之俗爲“琖”、“𧤼”、“盞”,實則“醆”亦俗字。若夫亞部之“亞”或加女作“婭”,孑部之“孑”或加金作“釨”,與夫内部之“内”或作“鴪”,“萬”或作“万”,既大變其形模;子部之“字”或作“牸”,“存”或作“郁”,又輒加其筆畫,總不外乎俗而已矣。郭忠恕有言:“金華則金畔著華,牕扇則木旁作扇,飛禽即須安鳥,水族便應著魚,蟲屬要在虫旁,草類皆从兩屮,其蕪累有如此者。二百爲皕,二十爲廿,三十爲卅,四十爲卌,其務省有如此者。”此蓋作書者之通病也。

蛾術編卷三十三

説字十九

爾雅不可駁

或疑爾雅雖古,亦多不足深據者。如釋詁"台、朕、賚、畀、卜、陽,予也","台"、"朕"、"陽"謂予我之"予","賚"、"畀"、"卜"爲賜予之"予",似誤合爲一。"孔、魄、哉、延、虛、無之言閒也",郭注:"孔穴、延、魄、虛、無皆有閒隙,餘未詳。"案説文口部"哉,言之閒也",言之閒即語助辭,然則當云"孔、魄、延、虛、無,閒也。哉,言之閒也"方是。"豫、射,厭也",郭注云:"豫未詳。"蓋"豫"乃厭足飽飫之"厭","射"爲厭倦厭憎之"厭",此亦誤合而一之。釋詁如此,其他可知。愚謂或説非是。古人之字輒有相反爲訓者,如"亂"爲"治","故"爲"今","徂"爲"存"是也。反義且可訓,況異義而同字者乎?自當并爲一訓,若分異之而兩言"予"也,一言"閒",一言"言之閒",則重累矣。人飢則思食,飽則猒憎。"猒"從甘、從肰,甘犬肉而飽也,故爲猒足,借爲厭憎,實一義也。爾雅與説文皆斯文之幸存者,不可駁也。鶴壽案:此駁戴東原答江慎修書中語也。今案爾雅于六書爲轉注,故每一字輒轉訓釋,如釋詁云"粵、于、爰,曰也","爰、粵,于也","爰、粵、于、那、都、繇,於也"。三句之中,皆有"粵"、"于"、"爰"三字。又云"敊、邲、盉、翕、仇、偶、妃、匹、會,合也","仇、讎、敵、妃、知、儀,匹也","妃、合、會,對也","妃,媲也"。四句之中皆有"妃"字,二句之中皆有"仇"、"妃"、"匹"字,皆有"妃"、"會"、"合"字,此所謂輾轉訓釋也。蓋一字有數義，既釋一義于前，復釋一義子後。如"台"、"朕"既與"卬"、"吾"同訓"我也"于前，復與"卜"、"陽"同訓"予也"于後；"哉"字既與"傲"、"落"、"權"、"輿"同訓"始也"于前，復與"孔"、"魄"、"延"、"虛"、"無"同訓"間也"于後；"豫"字既與"怡"、"懌"、"悦"、"欣"同訓"樂也"于前，復與"射"同訓"厭也"于後，各爲一義也。然亦有其義大同而亦分訓之者，如云"肅、延、誘、薦、餤、晉、寅、蓋，進也"，"羞、餞、迪、烝，進也"；"輯、協，和也"，"諴、燮，和也"；"悠、傷、憂，思也"；"慮、願、念、惄，思也"。此其爲義無甚大異，非同"平、均、夷、弟"之訓"易"，其義爲易直，"矢、弛"之訓"易"，其義爲相延易也，乃猶不并爲一訓。且釋詁又云"希、寡、鮮，罕也"，"鮮，寡也"，已全見上句而復複出之，然則作爾雅者固不憚重累矣，乃于"台、朕、賚、畀、卜、陽"諸條獨并爲一訓，此東原先生所以致疑耳。

鬱陶

爾雅"鬱陶"，本作喜解，僞孔采入尚書傳，訓爲憂，閻百詩已詳辨之。他如嵇叔夜難自然好學論云："處在闇室，覩烝燭之光，不教而悦得于心。況以長夜之冥，得照太陽，情變鬱陶而發其蒙。""鬱陶"非作喜用而何？至有借作"蘊隆蟲蟲"一類字用者，虞摯思游賦："尋凱風而南暨兮，謝太陽于炎離。戚溽暑之陶鬱兮，余安能乎留斯？"夏侯湛大暑賦："何太陽之赫曦，乃鬱陶以興熱。"蓋喜近燠，憂近寒，亦洪範之理也。鶴壽案：爾雅釋詁云："鬱陶、繇，喜也。"注引孟子曰："鬱陶思君。"禮記曰："人喜則斯陶，陶斯詠，詠斯猶。""猶"即"繇"也，古今字耳。疏云："鬱陶者，心初悦而未暢之意也。"引孟子趙注云："象見舜生在牀鼓琴，愕然反，辭曰：'我鬱陶思君，故來。'"又引檀弓鄭注云："陶，鬱陶也。"閻百詩謂此喜而思見之辭，故舜亦從而喜曰："惟兹臣庶，汝其于予治。"孟子已明下注腳曰："象喜亦喜。"今案"陶"又音揺，詩云"君子陶陶"，毛傳云："陶陶，和樂兒。"

偓㑥、潦倒

今人每以不遇爲"偓㑥"，爲"潦倒"。離騷"坐瑶臺之偓㑥"，西都賦"遂偓㑥而上躋"，注俱云："高兒。"離騷"何瓊佩之偓㑥"，注云："衆盛兒。"北史崔瞻傳："魏天保以後，重吏事，謂容止蘊藉

者爲潦倒。"嵇叔夜與山巨源絕交書："足下知我潦倒麤疏，不切
事情。"皆非不遇之意。

人物

凡人之生，或稱"人才"，或稱"人物"，或稱"人丁"、"人口"，
至趙宋于散文中儘可單稱"人"者必配以"物"，而稱"人物"，朱子
中庸注云："天以陰陽五行，化生萬物，氣以成形，而理亦賦焉。于
是人物之生，因各得其所賦之理，以爲健順五常之德，所謂性也。"
"萬物"已自夾雜"物"字。此言"健順五常"，明係專指人言，決不
兼及禽獸，而卻説"人物"。孟子注云："人物之生，吉凶皆福，皆天
所命。"此"人物"二字，亦斷無禽獸在內。今天下省、府、州、縣志
皆有人物一門，稽諸元和郡縣志，並無此言，至樂史太平寰宇記
便有人物一目，若范成大吳郡志、楊潛雲間志、潛説友咸淳臨安
志、徐碩至元嘉禾志亦皆有。嘗攷"望雲物"，"物"指雲氣。大學
"格物"，鄭指善物、惡物，謂灾祥。中庸"其爲物不貳"，"物"指天
地。大雅"有物有則"，"物"指事。若言"人"而綴以"物"，如後漢
仲長統傳"與達者數子，論道講書，俯仰二儀，錯綜人物"，魏志李
通傳注引王隱晉書：通孫秉答司馬文王問，稱"昔侍坐先帝，嘗言
阮籍未曾評論時事、臧否人物"。此卻無妨。若朱子中庸注"化
生萬物"，當改"生人"；"人物之生"，當改"人生"，孟子亦然，方
妥。鶴壽案：朱子孟子注又云："人物之生，同得天地之理以爲性，同得天地
之氣以爲形。"此二語亦未安，所謂"理"者，仁義禮智信也，此惟人獨得之，禽
獸之所以知覺運動者，特其气耳，豈有理在其中？彼羔羊跪乳，烏鳥反哺，似
近乎理，此不過因天地之气充塞兩間，而理即與俱，物類偶觸其些微耳。即以
气論，亦是人得其清明者，物得其重濁者。然則當云"物同得天地之气以爲
形，人獨得天地之理以爲性"方安。至于人物志之目，由來已久，新唐書李守
素傳云：守素尤工譜學，當時號爲"行譜"。嘗與虞世南共談人物，世南歎曰：
"行譜定可畏。"許敬宗曰："李倉曹以善談人物，乃得此名。然非雅目，宜有
以改之。"世南曰："昔任彥昇美談經籍，梁代目爲'五經笥'，今目倉曹爲'人
物志'可矣。"據此似唐以前已有此目。

工夫

古人積功累行,以爲一事,皆據其事言之,至趙宋人變言"工夫",其文義不可得知,唐以前人所未有。朱子論語注云:"功夫至此而無終食之違。"大學注云:"細論條目工夫。"今采茶者不用日曬,于懷中熨乾,名"工夫茶"。

小篆有脚

元吾丘衍學古編云:"小篆,俗皆喜長,然不可太長無法,但以方楷一字半爲度。一字爲正體,半字爲垂脚,豈不美哉?脚不過三,有無可奈何者,當以正脚爲主,餘略收短如幡脚可也。有下無脚字如坐、曰、坐等,卻以上枝爲出,如艸木正生則上出枝,倒懸則下出枝耳。"

分、隸、行

八分書與隸書皆起于秦。唐張懷瑾書斷云:"秦羽人上谷王次仲作八分。程邈繫雲陽獄中,爲隸書三千字奏之,始王用爲隸人佐書,故曰'隸書'。"其"八分"之義,則蔡文姬述其父中郎語云:"去隸字八分取二分,去小篆二分取六分,故爲八分。"自魏晉六朝以下,隸書盛而篆書衰絶。唐將作少監李陽冰就許氏説文篆字下,便以隸書照之,名曰字統。開元中,以隸體不定,就字統錄篆文作四十卷,名曰開元文字,自此隸書始定矣。宋趙明誠金石錄云:"隸者,今之楷書,亦曰真書。"王應麟玉海云:"唐以前皆謂楷爲隸,東魏大覺寺碑題曰'隸書',蓋今楷書也。至歐陽公集古錄誤以八分爲隸書,自是凡漢石刻皆目爲漢隸。洪适隸釋因之,沿譌至今。"水經注云:"王次仲,上谷人。少有異志,變倉頡舊文爲今隸書,秦始皇以次仲文簡,便于事要,奇而召之。"此亦以隸書爲次仲所作,與懷瑾之説不同。水經注又言齊太公六世孫胡公時已有八分書、隸書。又有行書,于隸書中略爲變動,作牽連之勢,晉謝安傳:"總角善行書。"此分變爲隸,隸變爲行也。鶴壽案:行書即草書,趙壹謂草書起秦之末,褚少孫補史記三王世家云:"取其封策書,編列其事而傳之。至其次敍分絶,文字之上下,簡之參差長短皆有意,人莫之能知。謹論次真草詔書,編于左方。"真"即隸書,"草"即行書也。據此則漢武帝時已用行書矣。張懷瓘書斷曰:"章草者,漢黃門令史游所作也。"此説非是。史游在元帝時,其所作急就章,但解散隸體爲行書耳。顧亭林曰:"魏劉廙傳:'轉五官將文學,帝器之,令廙通草書。'晉郗鑒傳:'帝以鑒有器望,萬幾動靜輒問之,乃詔特草上表疏,以從簡易。'故草書之可通于章奏者,謂之章草。趙彦衞雲麓漫鈔言:'宣和中,陝右人發地得木簡,字皆章草,乃永初二年發夫討畔羌檄。永初,宋武帝年號。米元章帖言章草乃章奏之章,今玫之,既用于檄,則理容概施于章奏。蓋小學家流,日趨簡便,大篆變小篆,小篆變隸書。比其久也,復以隸書爲繁,則章奏、移文悉以章草從事,此亦自然之勢。雖曰草而隸筆仍在,良由去隸未遠故也。右軍作草,猶有典型,逮張旭、懷素輩出,而此法掃地矣。'"

日、曰

釋文于日月之"日",輒音人一反。真書"日"、"曰"二字相似,上畫滿爲"日",上畫不滿象氣出口爲"曰",故音以别之。今俗無滿、不滿之分,乃以狹長爲"日",闊扁爲"曰",其謬至此。孝經開宗明義章,釋文云:"从乙在口上。乙象气,人將發語,口上有气,故'曰'字缺上也。"

類篇、集韻

司馬光類篇收字三萬一千三百一十九,凡重文皆在此數之内,而重音則不在此數,故有許多字雖謬誤,猶未甚荒唐。若嘉定章黼道常韻學集成,收至四萬字,而重文不與焉,則鄙俚之至矣。魏叔子爲人作字書敍,竟謂"天下字有十餘萬,畢生識之不能盡",吾不知之矣。集韻收字五萬三千五百二十五字,于廣韻之外增二萬七千三百三十一,蓋連重音皆數之。鶴壽案:類篇四十五卷,就集韻所收之字,分爲五百四十三部,而補其所未備。集韻十卷,宋仁宗景祐四年丁度、李淑奉詔誤。至英宗治平四年司馬光修成奏上,删去廣韻陳彭年注之冗繁,頗爲簡要,但連重音之互注而亦删之,則兩收之字不明矣。

論反切所自始

顏之推家訓音辭篇云:"九州之人,言語不同,生民以來,固當然矣。自春秋標齊言之傳，離騷目楚詞之經，此其較明也。揚雄著方言，其書大備，然皆攷名物之同異，不顯聲讀之是非也。鄭康成注六經，高誘解吕覽、淮南，許慎造説文，劉熙製釋名，始有譬況、假借以證音字，而古語與今殊別，輕重清濁猶未可曉，加以外言、內言、急言、徐言、讀若之類，益使人疑。高誘有急气、緩气，當即急言、徐言，又有閉口、籠口之法，曡灼漢書音亦云內言、外言。孫叔然創爾雅音義，是漢末人獨知反語。至于魏世，此事盛行。”愚謂顏氏此説，謂反切始孫炎叔然，乃家訓音辭篇文又云，鄭康成之前全不解反語，則似反語始康成。叔然本康成門人，意其得之于師也。陸德明經典釋文敍録云：“古人音書，止爲譬況之説。孫炎始爲反語，魏朝以降漸繁。”張守節史記正義論例云：“先儒音字，比方爲音。至魏祕書孫炎，始作反音，又未甚切，今並依孫反音，以傳後學。鄭康成云：‘其始書之也，倉卒無字，或以音類比方，假借爲之，趣于近之而已。受之者非一邦之人，其鄉同言異、字同音異，于茲遂生輕重譌謬矣。’”張意亦以反切始叔然，但康成微啓其端，説與顏氏同。然予謂爾雅有“大祭”爲“禘”，“不律”爲“筆”，“瓬瓵”爲“甓”，娶婦之筍爲“罶”；佳，鳲鵠，舍人云“佳，一名夫不”，不當音丕，是爾雅已有反切。鄭康成注周禮玉人“終葵”爲椎，注士喪禮“全涽”爲芋，是康成亦有反切矣，但未著成一書耳。趙宋魏了翁經史雜鈔乃云：“字書之始作，有其字而無音切。許叔重之説文，鄭康成之經訓，皆云讀如某字之字，是後漢時無音訓也。杜元凱解春秋傳，僖七年‘音如甯’，成二年‘音近烟’，王輔嗣注易遯卦‘音臧否之否’，井卦‘音舉上之上’，大過‘音相過之過’，雖以如、近言之，然已指名爲音矣，是音字起于晉、魏間也。沈休文、顧野王始有反切，陸氏經典釋文、孫愐唐韻則反切詳矣。”此以反切始沈約，殆失攷耳。鶴壽案：反切之法，自古有之。虞書曰“元首叢脞哉，股肱惰哉”，“叢脞”爲“惰”，非反切何爲？莊三十年左氏傳“楚人謂虎於菟”，“於菟”之反切爲“虎”，古音同在一部內也。隱五年公羊傳“公曷爲遠而觀魚？登來之也”，何休曰：“登讀言得。得來之者，齊人語也。齊人名‘求得’爲‘得來’，作‘登來’者，其言大而急，由口授也。”今案“登來”之反切爲“堆”，“堆”之入聲爲“得”，古無四聲之分，則“登來”之反切即爲“得”也。倉頡訓詁反“稗”爲“逋賣”，反“娃”爲“於乖”，當亦依古爲之。至漢末孫叔然作爾雅音義，翻語始有成書，如爾雅釋詁篇釋文引孫炎云“胎，大才反”，“菿，都耗反”，“䬍，方滿反”，“顡，五鬼反”，“圮，房美反”，“寀，七代反”，“台，羊而反”，“摯，子由反”，“呬，許器反”，“儴，如羊反”，一篇之中，其爲翻語尚存十條。自叔然而外，因反切之法而創爲五聲分配之法者，封氏聞見記云：“魏時有李登，譔聲類十卷，凡一萬一千五百二十字，以五聲命字，不立諸部。”魏江式傳云：“呂忱弟靜，放李登聲類之法，作韻集五卷，宮、商、綠、微、羽各爲一篇，故隋潘徽爲秦王俊作韻纂叙曰：三倉、急就之流，微存章句，説文、字林之作，惟別體形。至于尋音推韻，良爲疑混。末有李登聲類、呂靜韻集，始別清濁，纔分宮羽。”然則五音之分配，實自二人始。顏氏家訓謂“韻集以成、仍、宏、登，合成兩部；爲、奇、益、石，分作四章”，分章猶後人分部也。

集古反切合爲一書

反切雖始叔然，叔然之書久亡。説文本無反切，今有之者，係後人取孫恤唐韻添入。至廣韻乃宋人重修，其反切或用宋人語雜之。玉篇，顧野王著，乃陳人；陸氏釋文反切，皆取之唐以前人，二家更在孫恤之前。朱翱，南唐人，所音或與孫恤異。予欲取此數部之切音，而益之以集韻、類篇、禮部韻略并史記、漢書、三國志、文選各注，及史炤通鑑釋文、胡三省通鑑音注中反切，皆附入之，合爲一書，而稍爲商榷其異同。若叔然乃反切之祖，所音如有見于羣書者，則必采納，奉爲宗主。若得成編，亦大佳，惜未暇也。

高岡、玄黃

毛詩“陟彼高岡，我馬玄黃”，“高”、“岡”同見母，“玄”、“黃”同匣母，彼時不但無神珙之見、溪、羣、疑，亦并無周顒、沈約之平、上、去、入，而相合如此。且其上章“崔嵬”、“虺隤”皆疊韻。則唐詩以二者作對，有自來矣，然而不可泥也。

音學五書及韻補正論古音

古音之變也久矣。楚辭、文選，其音與詩三百已自不同。周顒、沈約、陸法言、孫愐之韻書出，去古益遠。吳才老始有志復古，譔爲韻補一編，楊用修增益之，爲轉注古音。然二家者，于古音本無所解，徒雜采羣書之韻，見異于今者即以爲古，是治絲而棼之也。迨至連江陳季立，有悟于古人韻緩不煩改字之説，倡論謂古無叶音，于是古音始有端緒。而亭林顧氏復大暢其説，作音學五書，分古音爲十部，條理精密，秩然不紊。欲明三代以上之音，舍顧氏其誰與歸？"叶韻"者，六朝人謂之"協句"，小顏注漢書，謂之"合韻"，一也。其言無病也，病在不以叶音爲本音，而以爲詩中自有叶音耳。自有亭林之論，始知音無不叶，叶必本音，又作唐韻正，如"風"宜歸侵、"弓"宜歸登之類，皆據古音以正唐韻之誤，然當唐韻盛行之時，賴才老講明而世始知有古音，遞相推衍，至顧氏而始無遺憾。是攷古之功，實自才老始。亭林又于五書外，作韻補正，以正才老之誤，而古音粲然復明。鶴壽案：顧氏所分古音十部，未能的當。戴東原跋其音論後曰：隋陸灋言、唐孫愐之書不可得見。顧君所見，止于宋陳彭年所刊益廣韻耳。方開皇初，灋言同劉臻、蕭該、顏之推等八人論難。後十數年，八人或亡或存，灋言獨自屏居，定爲切韻五卷。唐儀鳳二年長孫訥言爲之箋注，其後郭知元更以朱箋三百字，天寶十載孫愐增修，改名唐韻。天寶末，集賢注記稱："上以自古用韻不甚區分，陸灋言切韻又未能釐革，乃改謂韻英，仍舊爲五卷，舊韻四百三十九，新加一百五十一，合五百八十韻、一萬九千一百七十七字，分析至細。"而南部新書載天寶時有陳廷堅譔韻英十卷。然則注記所謂"舊韻四百三十九"，殆廷堅之爲與；所謂"仍舊爲五卷"，殆仍灋言卷帙與？宋景德四年崇文院上校定切韻五卷，依九經書例頒行，大中祥符元年改爲大宋重修廣韻。灋言韻凡萬二千一百五十八字，孫愐自敍侈列其前後引據入注中諸書，總加四萬二千三百八十三言，晁公武誤以爲增加字至是其多，非也。集韻韻例曰："先帝時，令陳彭年、丘雍因灋言韻，就爲刊益。"蓋二百六韻，實灋言區分舊目，故廣韻卷首猶題"陸灋言譔本"，灋言韻既經郭知玄、關亮等九人增加，更有諸家增字，至宋合集，共勒成一部，是以改廣韻之名，而字數止二萬六千一百九十四，孫恫亦九人中之一耳。寶元集韻就廣韻刊修，新增字二萬七千三百三十一，合新舊字凡五萬三千五百二十五。當景德中，詔殿中丞丘雍重定切韻，龍圖待制戚綸復承詔詳定考試聲韻，于是略取切韻要字，備禮部科試，謂之韻略，其同用、獨用例未改。景祐四年更刊修廣韻、韻略，以賈昌朝請，韻窄者凡十三處，許令附近通用。是年四月奉詔修韻，六月即以所修禮部韻略頒行。今廣韻上去聲末六韻與禮部韻略、集韻同，而與平聲、入聲齟齬，前此不宜偏也。吳才老韻補上聲五十二豏、五十三檻、五十四儼猶舊次，去聲亦同集韻，蓋由習于景祐通用例，合儼于剡、忝，合范于豏、檻，合釅于豔、桥，合梵于陷、鑑，遂迷失乎舊。顧君嚴辨廣韻、禮部韻略之異同，于廣韻上、去聲末六韻弗省，于禮部韻略合廢于隊、代，遺而未舉，所舉二書同用、獨用例異者八處，不知并是十有三處，犂然可攷，而唐、宋用韻沿革之大節目，實存于其間。以上音論中所失攷暨攷之而疏者，足以滋惑，予故書其詳，補正之。至如三百篇古人之音，用元韻字與寒、桓、刪、山、先、仙通，而必不通魂、痕；用魂、痕韻字與真、諄、臻、殷、文通，而必不通元，唐人用韻乃溷而通之。顧君泥于陸德明「古人韻緩不煩改字」一語，不復致攷，且于二十八山及一先、二仙內字有從真、諄一類流變而入者，不復知其古音也。音論載六書轉注一條，所是者蕭楚諸人臆說，所非者裴務齊、鄭漁仲諸人之繆論，而于古之所謂轉注，叔重所傳者[①]，概未之有聞焉。

讀書偶得以佐顧氏

顧亭林唐韻正，予讀書偶得，以佐顧氏。一東"雄"字注："羽弓切。古音羽陵反。"西都賦："鄉曲豪舉，游俠之雄，節慕原、嘗，名亞春、陵。""馬"字注："房戎切。古音憑。"水經注皇舅寺是太師昌黎憑晉國所造。魏書馮熙字晉國，文明太后兄也，封昌黎王。知魏人讀"馮"爲皮冰反，音憑。然魏志陶謙傳注引吳書張昭爲謙哀詞，以東、崇、薨、窮、崩、憑、穹爲韻，知吳人以"薨"、"崩"與"憑"皆入東韻矣。十四皆注云："古與五支之半，及六脂、七之、八微、十二齊、十三佳通爲一韻。"昭十二年左傳："晉侯、齊侯宴，中行穆子曰：有酒如淮，有肉如坻。"陸德明釋文："學者皆

---

①　"叔重"，原作"叔仲"，戴氏原文作"許氏"，故據改。

以淮、坻之韻不切，云‘淮’當爲‘濰’。濰，齊地水名。荀吳非齊
人，不應遠舉濰水。古韻緩，作‘淮’，無勞改也。”疏云：“淮，泗瀆
之淮也。劉炫以爲淮、坻非韻，‘淮’當作‘濰’。今知不然者，以
古之爲韻，不甚要切，故詩云‘汎彼柏舟，在彼中河。髧彼兩髦，實
維我儀’，又云‘爲絺爲綌，服之無斁’，儀、河、斁、綌尚得爲韻，淮、
坻相韻何故不可？此若齊侯之語，容可舉齊地濰水。”二仙注云：
“古與十七真、十八諄、十九臻、二十文、二十一般、二十二元、二十
三魂、二十四痕、二十五寒、二十六桓、二十七删、二十八山、一先通
爲一韻。”檀弓鄭注：“太史公傳曰‘子張姓顓孫’，今曰申祥。
周、秦之聲二者相近，未聞孰是。”九麻“沙”字注：“詩鳧鷖，見
‘宜’字下。”“宜”字注：“古音魚河反。”鳧鷖二章：“鳧鷖在沙，公
尸來燕來宜。爾酒既多，爾殽既嘉。公尸燕飲，福禄來爲。”定公
七年，齊侯、衛侯盟于沙，左傳作“盟于瑣”。瑣即“沙”也。十
二庚注云：“古行切。古音古郎反。”新唐書藝文志：“天寶元年詔
號亢桑子爲洞靈真經，然亢桑子求之不獲。襄陽處士王士元謂
莊子作‘庚桑子’，太史公、列子作‘亢倉子’，其實一也。取諸子
文義類者，補其亡二卷。”孟浩然集有士元敍一篇。“行”字注：“戶庚
切。古音杭。”論語：“用之則行，舍之則藏。”“生”字注：“所庚切。
當作‘所爭’。”爾雅釋天：“春爲發生，夏爲長嬴。”十三耕“萌”字
注：“莫耕切。古音芒。”詩推度災“月三日成魄，八日成光。蟾蜍
體然，穴鼻時萌”，“時萌”一作“始萌”，宋均注云：“穴，缺也。兔
缺鼻也。”十五青“苓”字注：“郎丁切。古音力珍反。”丁度集韻
“苓”字十八諄内本有“庲因切。艸名”。入聲四覺“角”字注：“古
音禄。”易大畜“童牛之牿”，牿，古毒反。劉氏云：“牿之言角也。”
廣韻：“甪，甪里先生。”以“甪”爲“角”，別爲一字，讀若禄，而以
“角”爲讀若覺，失之。

蛾術編卷三十四

説字二十

段玉裁論古書

段玉裁言顧亭林論古音,其功甚大,而分爲十部尚未精。江慎修分十三部,以補亭林所未及;玉裁音均表分十七部,以輔江説。江精于顧,段又精于江也。即如毛詩"忘我大德,思我小怨","怨"當讀威,齊桓公可作威公,故"怨"與上"嵬"、"死"、"萎"叶,若"德"則不可叶,蓋五支與六脂、七之不可通。杜律詩皆不通。五支字可與九麻通,與脂、之則不通。合顧氏、江氏、段氏三家,古音盡于此矣。鶴壽案:戴東原先生聲類攷,首載答段若應書,所論古韻部分甚詳。吴沖之六書音均表序,其大略云:今官韻依劉淵之一百十七部,而顧氏、江氏及是書依陸灋言二百六部之舊者,由今韻以推古韻也。如支、脂之分爲三,尤與侯、元與魂、痕各爲二,皆與三百篇合也。顧氏十部,江氏十三部,而是盡爲十七部者,詩三百篇確有是部數。顧氏、江氏分析未備,其平、入分配多未審。是書上溯三百篇,下沿廣韻,廣韻分爲數韻而三百篇合一韻者,則爲一韻,三百篇在此部而廣韻入于他部,此爲古今音轉移不同。是書第一表及第四表,古本音之義也;一韻而廣韻析爲數韻者,音之變也。冬、鍾之侈而爲東,支、脂、之之侈而爲佳,皆、咍、耕、清之斂而爲青,真之斂而爲先,十七部皆有是也。第二表所以作者,今韻于同一諧聲之偏旁,而互見諸部古音,則同此諧聲,即爲同部,故古音可審形而定也。以古之本音,正後人合韻協音之非,而仍言合韻者,古與今異部,是爲古本音。如"丘"、"謀"、"尤",古在之、咍部,而今在尤、幽部;"曹"、"菽"、"茅"、"滔",古在尤、幽部,而今在蕭、齊、肴、豪部是也。古與古異部，而合用之，是爲古合韻。如“母”字古在之、咍部，詩凡十七見，而“輻”、“疎”協“雨”；“與”字古在蒸、登部，詩凡五見，而“大”、“明”協“林”、“心”是也。知其分而後知其合，知其合而後愈知其分。凡三百篇及三代、秦漢之音，研求其合，又因所合之多寡遠近及異平同入之處，而得其次弟，此十七部先後所由定，而弟三表、弟四表古合韻之義也。今案顧氏分藥與鐸，江氏改虞從侯，俱未盡善，段氏起而正之，若其分別支、脂、之三部，謂古音不相通，斯爲卓識，宜其見稱于東原矣。

騶虞、權輿

詩騶虞“于嗟乎騶虞”，此三字、二字句，“乎”與“虞”叶，本屬一韻，固不必以上章“虞”字讀音牙，下章“虞”字讀音五紅反，與“葭”、“豝”、“蓬”、“豵”叶，如集傳云云也。史記“甌窶滿篝，污邪滿車。五穀蕃熟，穰穰滿家”，上八字應是二字句，下八字應是四字句。“窶”字音樓與“篝”叶，“邪”、“車”與“家”叶。何必以“篝”叶斤敷反、“家”叶攻乎反，改作六魚韻乎？顧亭林詩本音謂首章以“葭”、“豝”、“虞”爲韻，二章以“蓬”、“豵”爲韻，而“虞”字則合前章。權輿之篇首章以“渠”、“餘”、“輿”爲韻，二章以“簋”、“飽”爲韻，而“輿”字則合前章，正與此詩一律。此古人後章韻前章之法。秦風權輿二章注云：“說見騶虞。”不知權輿乃三字、四字句，“乎”自與“輿”爲韻，不必合上章，亦與騶虞同也。顧于末注云：“舊作二章章五句，今詳‘於我乎’文義未終，難以絶句，當作二章章三句。”但“於我乎”文義未終，而“于嗟乎”則文義已終，儘可成句。鶴壽案：騶虞兩章以“葭”、“豝”、“虞”、“虞”爲韻，而“乎”與“虞”非韻。權輿兩章以“渠”、“餘”、“輿”、“輿”爲韻，而“乎”與“輿”非韻。先生見“乎”字同在一部中，而遂謂與“虞”、“輿”爲韻，非也。若同在一部中而遂謂與某某字爲韻，則如晉語云“侏儒扶盧”四字同在一部中，豈字字皆韻乎？錢竹汀謂詩三百篇，往往句中有韻，周南“于嗟麟兮”，與“麟之趾”“麟”字爲韻，召南騶虞、秦風權輿之外，邶風“有瀰濟盈，有鷕雉鳴”，“盈”與“鳴”韻，“瀰”與“鷕”亦韻也。鄘風“期我乎桑中，要我乎上宮”，“中”與“宮”韻，“桑”與“上”亦韻也。唐風“角枕粲兮，錦衾爛兮”，“粲”與“爛”韻，“枕”與“衾”亦韻也。大雅"文王曰咨，咨女殷商"，"王"與"商"、"文"與"殷"皆韻，"咨"與"咨"亦韻。韻不必在句尾也。又謂古人用韻之密，史記"甌窶滿篝，污邪滿車。五穀蕃熟，穰穰滿家"，四句不獨"車"與"家"韻也，"甌"、"窶"與"篝"韻，"污"、"邪"與"車"韻，"穀"與"熟"韻，"蕃"與"滿"韻，"穰穰"重文亦韻，"五"與"車"、"家"亦韻，蓋無一字虛設矣。左傳讒鼎之銘曰"昧旦丕顯，後世猶怠"，"昧"與"丕"、"旦"與"顯"、"後"與"猶"、"世"與"怠"，皆韻也。今案錢氏之說未可信，淳于髠滑稽，或弄此巧，其餘不過其字偶在同部中耳。若謂"文王曰咨，咨女殷商"，"咨"與"咨"亦韻，豈溱洧云"士曰既且，且往觀乎"，"且"與"且"亦韻乎？

"三台"當作"三能"

古三能星皆作"能"，星形似能故也，無作"台"者。"台"乃音"怡"，伏生尚書"舜讓于德弗台"，史記作"不懌"是也。釋詁云："我也。"尚書"祇台德先"、"非台小子敢行稱亂"、"夏罪其如台"、"今王其如台"是也。廣韻十六咍"台"字注"三台星"，非古音。周禮大宗伯"以槱燎祀司中、司命"，鄭注："司中、司命，文昌弟五、弟四星，或曰中能、上能也。"疏云："或曰中能者，據武陵太守星傳而言。三台一名天柱，上台司命爲大尉，中台司中爲司徒，下台司録爲司空也。"史記天官書"魁下六星，兩兩相比，名曰三能"，蘇林曰："音三台。"周易"宜建侯而不安"，鄭讀"而"曰"能"。"能"音如耐。

調、同非韻

車攻："決拾既佽，弓矢既調。射夫既同，助我舉柴。""佽"與"柴"爲韻，"調"、"同"二句無韻。離騷曰"勉升降以上下兮，求矩矱之所同。湯、禹嚴而求合兮，摯、咎繇而能調"，韓非子"君操其名，臣效其形。形名參同，上下和調"，此皆誤以詩"調"、"同"爲韻而協之者。小雅谷風弟三章"忘我大德，思我小怨"，"怨"與上文"崽"字、"死"字、"萎"字皆非韻，顧炎武詩本音云："末二句無韻，未詳。"予深服其能闕疑。或乃強作解事，謂"德"、"怨"可韻，謬矣。且周頌清廟及維天之命全篇無韻，則知古詩固有無韻者。

朱子謂"一唱三歎"，以歎作和聲，理當然也。_{鶴壽案}：江慎修謂"調"、"同"非韻，離騷、七諫爲古人相效之誤。其説非是。_{段茂堂曰}："調"字本音在弟三部，讀如稠，車攻以韻"同"字。屈原離騷、東方朔七諫皆讀如重，此古合韻也。潘岳藉田賦以"茅"韻"農"，束晳勸農賦以"曹"韻"農"；韓詩"横由其畝"，毛詩作"横從"；毛詩狙聲之"猵"，漢書作"玃"；史記衛青傳"大當户銅離"，徐廣曰："一作'稠離'。"汝南銅陽之"銅"，見腫韻，亦見東韻，此皆弟三部、弟九部關通之義也。

夢、萌等字古音

説文艸部"夢"字注："从艸，夢聲。讀若萌。"案：惠棟曰："鄭康成云：齊人謂'萌'爲蒙。此云'夢'讀若萌，是古'萌'、'蒙'音同。顧絳唐韻正于一東'夢'字云：'古音莫騰反。'引詩雞鳴三章、斯干六章、正月四章五章、揚雄甘泉賦爲證，云當改入登韻。于十三耕'萌'字云：'古音芒。'引韓非子八姦篇、陸賈新語道基篇、揚雄幽州牧箴、詩緯推度災、琴操文王鳳皇歌、漢冀州從事張表碑、漢地理志、賈誼新書、白虎通，并引禮記月令等篇句'芒'即'勾萌'爲證，云當改入唐韻。若依康成齊人讀，則'萌'字當入一東，許氏果亦讀'萌'爲蒙，而'夢'字之讀如之，則唐韻以'夢'入一東不誤矣。但許，汝南人，非齊地，且齊讀非可通于天下，許豈以此爲正音？"惠説非也。顧氏之證甚多，當以顧爲正。抑更有説焉，言古音必以毛詩爲主。毛詩"夢"字的係登韻，而"萌"字以"明"得聲，"明"古音芒，則"萌"音如之。顧氏之所以可從者，以其據毛詩東、冬、鍾、江爲一部，陽、唐爲一部，庚、耕、清、青爲一部，蒸、登爲一部，與毛詩皆合也。然則"夢"字从夢得聲，自當讀莫騰反，許讀若萌者，漢末古音已變，陽、唐與蒸、登通，許用漢讀，不計古音也。且云"讀若"，亦略相近而已，不甚切，與齊人讀有何干涉？"菌"字注："貝母也。从艸，明省聲。武庚切。"案載馳"言采其蝱"，毛傳："蝱，貝母也。"虻部"蝱，齧人飛蟲"，以音同假借，"蝱"音芒無疑矣，可借爲"菌"字，則"菌"音芒亦無疑矣。

“茵”從明省聲而音芒，則“萌”從明聲，其音芒亦確可信，乃知顧絳之不誤，而許以“夢”讀若萌，鄭以齊讀“萌”爲蒙，不過偶從俗讀，非古音，更可見。

吳下方言合于古音

今吳下方言，呼“庚”、“更”、“秔”、“羹”爲古郎反，“阬”、“坑”爲苦岡反，“盲”爲武郎反，“橫”爲黃，又爲古曠反，“彭”爲旁，“撐”爲丑郎反，“鎗”、“槍”爲七羊反，“兄”爲況，“行”爲杭，皆合古音。然惟俗語則然，若施之誦讀，仍依唐韻十二唐等音。他方人舉其土音爲戲，則深恥之。又如膨脝之“膨”、蝥蟖之“蝥”、輔弓之“榜”、菜名之“蒡”，古雖無此字，然其得聲皆取彭旁，則廣韻亦誤，而吳音正合。十三耕之“浜”，古亦無此字，然其得聲亦以兵，今吳人既呼爲必良反，而于“兵”仍從唐韻之音，則不可解也。鶴壽案：方言之音，隨處而變。黃州呼“醉”爲泪，呼“吟”爲垠，秦聲謂“蟲”爲程，江西呼“雨”爲葦。浙東言語，“黃”、“王”不辨。桐城人讀“圖”如頭，“對”如帝。婺源人讀“命”如慢，“性”如散。秦晉人讀“風”如分，“東”如敦，“蓬”如彭。廣東人讀“四”如細，“七”如察，“九”如苟。吳中方言，“鬼”如舉，“歸”如居，“跪”如巨，“緯”如喻，“遠”如瞿，“虧”如去平聲，“椅”如于據切，小兒毀齒之“毀”如許，蘇州閶門之“閶”如富。間有與古音合者，即如莘野之“莘”，所臻切，吳下讀書者皆讀息鄰切，而土音尚不誤。

熊、罷、能等字古音

“能”，古音奴來、奴代二反；“熊”，古音羽陵反；“罷”，古音彼禾反。奴來反者，三能星、三足鼈及才能之“能”，同一音。奴代反者，即“耐”也、“堪”也。“熊”與“雄”同音，當入蒸、登韻，其從能乃意耳，非聲也。“羆”字從罷又從熊，罷其聲，熊其意，不可從兩能，故省文。“罷”古音婆。

“裘”應作渠之反

或謂“裘”，亭林改爲“渠之反”，當仍爲“巨鳩反”。“終南何有？有條有梅。君子至止，錦衣狐裘。顏如渥丹，其君也哉。”“有”、“梅”、“止”連用三韻，故間二句而用“哉”字叶。愚謂是則然矣。但"取彼狐貍，爲公子裘"，二句自爲一韻，上下文皆不可叶；"舟人之子，熊羆是裘。私人之子，百僚是試"，與上文四聲均合爲一韻，若"裘"讀巨鳩反，則無韻矣。凡亭林之説，皆合者多，不合者僅十百之一，不可駁也。鶴壽案：襄四年左傳：國人誦曰："臧之狐裘，敗我于狐駘"，"裘"與"駘"爲韻，是讀渠之反也。禮記學記"良弓之子必學爲箕，良冶之子必學爲裘"，列子以此爲古詩，"裘"與"箕"爲韻，是亦讀渠之切也。

繆

孟子于秦穆公、魯穆公多作"繆"。説文云："枲之十絜也。一曰綢繆。从糸，翏聲。武彪切。"鶴壽案："繆"以翏得聲，則武彪切其正音也。禮記大傳"一物紕繆"，讀眉救切。漢司馬相如傳"繆繞"，王綬讀朗鳥切，亦皆以翏得聲。至古"穆"字通作"繆"，禮記大傳"序以昭繆"，尚書金縢"太公、召公穆卜"，史記魯世家作"繆卜"，隱三年左傳"葬宋穆公"，公羊傳作"宋繆公"，此皆讀莫六切。

"丘"字似可從唐人作去鳩切

"丘"字，説文"去鳩切"，顧亭林謂當爲"去其反"，非也。案：鄭注："嫌名若丘與區。"蓋古"區"字亦去鳩切也，釋文"丘"與"區"並"去求反"是矣。易"渙有丘，匪夷所思"，此爻無韻。詩載馳三章"茼"、"行"、"狂"爲韻，"丘"、"懷"、"之"非韻。氓首章"至于頓丘"句亦非韻。巷伯七章"揚園之道，猗于畝丘"，"道"、"丘"爲韻，不與下"子"、"詩"、"子"、"之"爲韻也。僖十五年史蘇占，"丘"當與下"孤"、"弧"等相通，不爲韻"姬"、"旗"等字。"九丘"左傳或作"九區"。鶴壽案：丘，周人讀如欺，漢人讀去鳩切。"區"則周人、漢人皆讀如丘。故鄭謂"嫌名若丘與區"也。後人讀"區"爲豈俱切，韓昌黎集作"丘與蓲"，由不知古音而改爲"蓲"耳。易渙六四丘與"思"爲韻，詩氓"丘"與"蚩"、"絲"、"淇"、"期"爲韻，巷伯"丘"與"時"、"之"爲韻，僖十五年左傳晉嫁伯姬筮辭"丘"與"姬"、"旂"爲韻，楚詞哀郢"丘"與"時"、"之"爲韻，戰國策齊謠"丘"與"箕"、"頤"、"能"爲韻。先生但知"區"之古音，而未知"丘"之古音，故反疑"渙有丘"等爲非韻也。夫"陟彼阿丘"在弟一句，固非韻矣，至于“頓丘”在弟六句，而亦以爲非韻邪？

“命”讀爲慢

大學“命也”，鄭康成讀爲慢，程子云當作“怠”。鄭是而程非，判若白黑。“命”從口、從令，“令”古音平，讀若連，仄音讀若練，詩東方未明“倒之顛之，自公令之”，盧令“盧令令，其人美且仁”，車鄰“有車鄰鄰，有馬白顛。未見君子，寺人之令”，十月之交“燁燁震電，不安不令”是也。所以爲聲近“慢”而與“怠”無涉。

“不”字音

“不”字有數音，不知孰爲正音。攷說文：“不，鳥飛上翔不下來也。從一，天也。俯九切。”是正音矣。廣韻平聲十八尤“不，弗也。甫鳩切。又甫九、甫救二切”。上聲四十四有亦收此字，亦注“弗也”，而特引說文，知上聲爲正矣，其下亦注“又甫鳩、甫救二切”。而去聲宥、候、幼內皆不收此字，疑“甫救”一切誤添，實則“甫九”爲正，“甫鳩”爲別，二音已足也。廣韻又于入聲八物內收此字，注云：“與弗同。”此乃別音，因“不”義同“弗”，遂亦呼“弗”耳。左傳注疏釋文魯惠公“名不皇”，正義作“弗皇”。又讀敷，詩“蕚不韡韡”，羅敷行“安可共載不”，是又一別音，音之轉也。至廣韻二沃並無此字，禮韻亦不收，突出于黃公紹韻會，方氏小補因之，遂讀若卜，而且以爲古讀。夫此音起宋、元以下，豈古讀乎？韻府于二沃“襮”下收此字，云“否辭”，而五物反不收。小補引孫氏示兒編云：“世俗語言文字所急，惟‘不’字極關利害，韻書府鳩、方九二切，施之詩賦押韻，無不可者，至市井相與言，道途相與語，官吏指揮民庶，將帥號令士卒，主人役使僕妾，鄉校教訓兒童，非以逋骨切呼之，斷莫能喻。至臨文用此字，欲便誦讀，而以府鳩、方九呼之，可乎？”陳正敏遯齋閑覽云：“‘不’字人皆以逋骨切呼之，偏檢諸韻皆無此音。竊謂舉世同辭，必有所自，逋骨一切，殆不可廢。”愚謂孫、陳二說，良可解頤。但音之變，如天地、如牛馬，東西之“西”、上下之“下”，皆變而大異于古，“不”音之變，又何怪乎？“不”讀卜，北宋以前無此音，今日語言自當從俗，韻書則不應收。

佛

“佛”字經凡四見，詩敬之“佛時仔肩”，毛云：“大也。”鄭云：“輔也。”禮記曲禮“獻鳥者佛其首，畜鳥者則勿佛也”，鄭云：“戾也。”學記“其求之也佛”，鄭云：“失也。”論語“佛肸召”，則人名也。陸德明于詩音云：“毛符弗反，大也。鄭音弼，輔也。”于禮紀亦音扶弗反，而云“戾也”。竊謂“輔”之與“戾”，猶治之與亂，而“失”與“戾”相因，則禮記兩處皆宜音弼，其訓爲大者，自是別解。“扶弗反”乃毛讀，非鄭讀也。後世乃以爲西域胡神之名，而亦呼爲扶弗反，其即毛義乎？鶴壽案：説文人部“佛”字注：“見不審也。从人，弗聲。敷勿切。”此作仿佛解。揚雄甘泉賦“仿佛其若夢”，字正作“佛”。大部“彿”字注：“大也。从大，弗聲。讀若‘予違汝弼’。房密切。”然則“佛時仔肩”之“佛”，毛訓爲大，即説文之“彿”也。若漢明帝夜夢金人飛行殿庭，以問于朝，傅毅以佛對，亦但以爲天竺國之神耳，未嘗訓釋其義，今欲牽引毛傳以釋之，似可不必。

三十六字母

張守節謂孫炎始作反切。反切即與字母相爲表裏，而孫炎不言字母，至六朝僧神珙始作三十字母。珙有反紐圖，在唐憲宗元和以後。吕新吾則云唐初僧舍利作三十字母，後有僧守温者，時人呼温首坐，益以六字，于是始爲三十六字母，謂見、溪、羣、疑、端、透、定、泥、知、徹、澄、孃、幫、滂、並、明、非、敷、奉、微、精、清、從、心、邪、照、穿、狀、審、禪、曉、匣、影、喻、來、日也。後人好言字母，似作字書者必先有字母，然後能造字，將倉頡四目靈光觀鳥獸蹄远之迹以爲字者，翻覺大拙，作韻書者必以是爲宗主，視沈約輩如土苴。有契丹僧行均，當遼聖宗統和十五年丁酉，當宋太宗至道三年，譔龍龕手鑑四卷，共收二萬三千餘字，每一音爲一部，一部中分平、上、去、入，始金部，終雜部，蓋以字母之先後爲先後。憫忠寺沙門智光序,後附五音圖式一卷,今佚。朱竹垞言蒲傳正帥浙西,首刊是書。而鄭樵六書略以爲聲經音緯,韻學始備。金章宗明昌丙辰,有韓孝彥字允中,改玉篇歸于五音,逐三十六母中取字。太和戊辰,次男道昭字伯暉,"觀五音之篇,部目尚繁,今將叩、品隨口,并入于溪;饢、龘依佳,總歸于照;麤隨鹿走,羴從羊行。背篇隱注覩偏傍,散在諸門;十五單身覷頭尾,布于衆部。添減筆俗傳之字,少約二千;續搜真玉鏡之集,多迭一萬。取周易三百八十四爻、六十甲子兩數,改并作四百四十四部,仍依五音舊時畫段,分爲一十五卷。取敍目爲初,見祖金部爲首,至日母自部方終,比五音舊本增加字數一萬二千三百五十餘言,目曰五音增改并類聚四聲篇"。韓道昭之部分,又與行均不同。邪師外道,自有門庭,吾不知之矣。鶴壽案:神珙,唐僧,非六朝僧也,亦非作三十六字母者也。李肩吾謂貫逵只有音,自元魏胡僧神珙入中國,方有四聲反切,蓋失攷耳。觀神珙四聲五音九弄反紐圖序云:"夫欲反字,先須紐弄爲初,一弄不調,則宮、商靡次。昔有梁朝沈約,創立紐字之圖。唐有陽甯公、南陽釋處忠,此二公者又譔元和韻譜。"據此則元和時尚未有字母也。錢竹汀曰:三十六字母出于僧守溫,唐末沙門也。司馬溫公切韻指掌圖言字母詳矣,初不言出于梵學。至鄭樵作七音略,謂華人知四聲而不知七音,乃始尊其學爲天竺之傳。今攷華嚴經四十二字母,與三十六字母多寡迥異,四十二母梵音也,三十六母華音也。華音疑、非、敷、奉諸母,華嚴皆無之。而華嚴所謂"二合"、"三合"者,又非華人所解,則謂見、溪、羣、疑之譜出于華嚴者,非也。特以其爲沙門所傳,且襲彼字母之名,夾漈好奇而無識,遂誤認爲得自西域,後人隨聲附和,並爲一談,大可怪也。言字母者謂牙、舌、脣之音必四,齒音必五,不知聲音有出、送、收三等,出聲一而已,送聲有清、濁之岐,收聲有內、外之岐。試即牙、舌、脣之音引而伸之,曰基、欺、奇、疑、伊可也,基、欺、奇、希、羲亦可也;東、通、同、農、隆可也,幫、滂、旁、茫、房亦可也,未見其必爲四也。即齒音斂而縮之,曰昭、超、潮、饒可也,將、鏘、戕、詳亦可也,未見其必爲五也。凡影母之字,引而長之,則爲喻母;曉母之字,引長之,稍濁則爲匣母;匣母三、四等字輕讀之,亦有似喻母者。古人于此四母不甚區別,如"榮懷"與"杌隉"均爲雙聲,今人則有匣、喻之別矣;"噫嘻"、"於戲","於乎"、"嗚呼",皆疊韻兼雙

聲也,今則以"噫"、"於"、"嗚"屬影母,"嘻"、"戲"、"呼"屬曉母,"乎"屬匣
母。又如"于"、"於"同聲亦同義,今則以"于"屬喻母,以"於"屬影母。此後
來愈推愈密,而古書轉多難通矣。古人因雙聲疊韻而製翻切,以兩字切一音,
上一字必同聲,下一字必同韻,聲同者互相切,本無子母之別。今于同聲之
中,偶舉一字以爲例,而尊之爲母,此名不正而言不順也。故言字母不如言雙
聲,知雙聲而後能爲反語,孫叔然其覺者矣。叔然,鄭康成之徒,漢魏儒家從
未有讀桑門書者,而謂聲音出于梵學,豈其然乎?

蛾術編卷三十五

説字二十一

韻書功過大小

聲成文謂之音，今人所謂韻，即古人所謂音。自皇古以來，歌謠諺語，無不有韻。詩三百，合十五國千餘年之作，音未嘗不同。自周末諸子百家競起，下更秦漢、魏晉，音且屢變，未有韻書。"天"，古讀若汀，今則他前切矣。"地"，古讀若墮，今則徒四切矣。沈約輩不能遠追古初，僅就魏晉以下之音定爲一書，古音從此遂亡，此其過也。然音之屢變，時實爲之，地隔百里，語音輒異，豈有世歷千年而音不變者？約生長江左，若必進復古音，棘于口而熒于聽，惡乎可？故合古俗之音而定爲韻，此其不得已之苦心也。且自韻書出而音有定準，至今千百年不大變，非韻書之功耶？假無韻書，音之變且泛濫而莫知紀極矣。惟其有韻書以爲定準，故燕、粵同遵，朝野共守，方言里語不敢闌入文字。如"不"字之變而爲"卜"，舉世通行，而廣韻、禮韻皆不收，直至韻會、韻府始收入叶，然此等不過千百之一二耳。但自有韻書而古音日微，此則古韻不可不急講也。抑齊、梁至今千百年，唐以前韻書無一存者，即宋韻書雖僅存，人亦莫之攷，僅守黃氏、陰氏，指爲沈約韻，此又今韻不可不急講也。顧氏亭林始極意古音，然專論古音，未適于用于斯時也，正當參酌古今定一書，如邵氏古今韻略，書名甚合，其著書之意亦甚佳，惜乎猶未盡善也。鶴壽案：韻書之作不始于沈約，文心雕龍云："昔魏武論賦，嫌于積韻而善于資代。"晉律曆志云："魏武時河南杜夔，精識音韻，爲雅樂郎中令。"二書雖一譔于梁，一譔于唐，要及魏武、杜夔之事俱有韻字，則知此學之興，蓋在漢建安中。但古人用韻，未有平、上、去、入之限，四聲通爲一音，故帝舜歌以"熙"韻起，而三百篇通用平、上、去及通用去、入者甚多，各如其本音讀之，自成歌樂。韻書起于李登、呂靜諸人，隋經籍志云：聲類十卷，魏左校令李登譔。韻集十卷、韻集六卷，晉安復令呂靜譔。潘徽謂"二書始判清濁，纔分宮羽"。其時尚未有四聲之説，南齊陸厥傳云："永明末，盛爲文章。吳興沈約、陳郡謝朓、琅邪王融，以氣類相推轂。汝南周彥倫善識聲韻。約等文皆用宮商，以平、上、去、入爲四聲。以此制韻，不可增減，世呼爲永明體。"梁沈約傳亦云："譔四聲譜。以爲在昔詞人累千載而不寤，而獨得胷衿，窮其妙旨，自謂入神之作。高祖雅不好焉，嘗問周捨曰：'何謂四聲?'捨曰：'天、子、聖、哲是也。'然帝竟不遵用。"封演聞見記又云："周彥倫好爲體語，因此切字，字皆有紐，紐有平、上、去、入之異。沈約文辭精拔，盛解音律，遂譔四聲譜。時王融、劉繪、范雲之徒慕而扇之，由是遠近文學轉相祖述，而聲韻之道盛行。"顧亭林曰："江左之文，自梁天監以前，多以去、入二聲同用，以後則若有界限，絶不相通。是知四聲之論起于永明，而定于梁陳之間也。"閻百詩曰："韻興于漢建安及齊、梁間。韻之變凡有二，前此止論五音，以後方有四聲。不然有韻而即有四聲，自梁天監上溯建安，且三百有餘載矣，何武帝尚問捨何謂四聲哉?"今案先生推許沈約爲有功韻學，固不待言，至謂古音不可不急講，則有顧氏、江氏、段氏之書在；謂今韻不可不急講，則有廣韻、集韻、禮韻在，安所用參酌古今，別定一書乎?

韻書古本已亡

梁沈約譔四聲一卷，著録于隋經籍志，久亡。同年紀總憲昀有輯本，歸田後偏訪未得。陸慈切韻五卷、孫愐唐韻五卷，著録于舊唐書經籍志、新唐書藝文志。陸慈疑即法言，蓋以字行者。皆亡。今存者廣韻、集韻、禮韻。予所見廣韻有顧炎武、張士俊、曹寅刻，集韻有曹寅刻，禮韻有毛晃增修互注禮部韻略，係宋版，有郭守正重加參校，歐陽德隆禮部韻略押韻釋疑，係曹寅刻。鶴案：隋經籍志自沈約四聲之外，有聲韻四十一卷，周研譔；聲類，李登譔；韻集，呂靜譔；四聲韻林二十八卷，張諒譔；韻集八卷，段弘譔；羣玉典韻五卷、文章音韻二卷、五音韻五卷，王該譔；韻略一卷，楊休之譔；修續音韻決疑十四卷、音譜四卷，李概譔；纂韻鈔十卷、四聲指歸一卷，劉善經譔；四聲韻略十三卷，夏侯詠譔；韻英三卷，釋靜洪譔。舊唐書經籍志自陸慈切韻之外，有四聲部三十卷，張諒譔；韻篇十二卷，趙氏譔。新唐書藝文志目孫愐唐韻之外，有蕭鈞韻音二十卷，武元之韻銓十五卷，玄宗韻英五卷，顏真卿韻海鏡源三百六十卷，李舟切韻十卷，僧猷智辨體補修加字切韻五卷。

廣韻

廣韻宋本，予從友人程際盛借得，僅校孫愐敍一過，旋即還之。蓋宋版之下劣者，不甚可據。程君入京，宋本不復可見。康熙六年丁未刻，前有正字姓名"上谷陳上年祺公，吳郡顧炎武甯人，關中李因篤天生，淮陰張弨力臣"，末云"悉依元本，不敢添改一字"。吳中張士俊籲三刻者，在康熙四十二年甲申。滿洲曹寅子清刻于揚州者，在康熙四十五年丙戌。今以三本讐校，三本同者不出，惟舉其異者。首有宋重修兩次敕，次姓名，次郭知玄拾遺緒正自述一篇，顧刻並無。郭知玄述，兼法言、訥言述之，文獻通攷謂"有灊言、訥言、愐三敍"。顧有陳上年敍，并顧後敍，皆云。然"陳州司法孫愐唐韻敍"，"司法"宋本及顧刻作"司馬"；"上行下效"，宋本及顧刻"效"作"放"；"其有異聞奇怪"，"奇"，宋本誤"其"；"汝陽侯榮"，"榮"，宋本及顧刻作"陽"；"四聲尋譯"，"譯"，宋本及顧刻作"釋"，其實宋本未必盡是。敍後有論一段，顧刻無。鶴壽案：宋祥符廣韻卷首題"陸灊言譔本，長孫訥言箋注，郭知玄拾遺緒正更以朱箋三百字，關亮、薛峋、王仁煦、祝尚丘、孫愐、嚴寶文、裴務齊、陳道固增加字，更有諸家增字及義理釋訓，悉纂略備載卷中，勒成一部，凡二萬六千一百九十四言，注十九萬一千六百九十二字"。封演聞見記云："隋陸灊言與顏、魏諸公定南北音，譔爲切韻，凡一萬二千一百五十八字，以爲文楷式，而先、仙、刪、山之類，分爲別韻，屬文之士苦其苛細。國初許敬宗等詳議，以其韻窄，奏合而用之。灊言所謂欲廣文路，自可清濁皆通者也。後有孫愐之徒，更以字書中間字醸爲切譔，殊不知爲文之要，匪是陸之略也。"戴東原曰："廣韻字數，比灊言切韻增多一萬四千三十六字。其二百六韻，蓋灊言之舊，而獨用、同用之注，則唐初許敬宗所詳議，以其韻窄，奏合而用之者也。宋景德中，就盧言韻刊益，至大中祥符元年改爲大宋重修廣韻。"

"祁"有二音，疑廣韻爲宋人所删

今本廣韻"祁"，渠脂切，在六脂"鬐"字内，而五支無之，注云："盛也，又縣名，又姓。"凡三訓。今韻"祁"在五支"岐"字内，目支切，注云："大也，又舒遲皃，又盛也。"而六脂無之。案詩采蘩"被之祁祁"，傳云："祁祁，舒遲也。"箋云："其威儀祁祁然而安舒。"釋文云："祁，巨私反。"豳七月"采蘩祁祁"，傳云："祁祁，衆多也。"釋文云："祁，巨之反，一音上之反。"然則"祁"本有二音，舒遲則巨私反，應在五支；衆多則巨之反，應在六脂。唐韻必兼收之，今韻必係宋人删去廣韻六脂中之"祁"，并入五支耳。鶴壽案：古音六脂與五支不相通，而與八微則相通。詩"被之祁祁"，"采蘩祁祁"，皆與"歸"字爲韻。"歸"字在八微，若"祁"字在五支，則不得通矣。妄擬唐韻五支亦收"祁"字，非是。

顏元孫所分與廣韻異

顏元孫干錄字書于麻下列覃、談，次陽、唐，次庚、青，次耕，次尤、侯、幽，次侵、鹽、添，次蒸、登，次咸、銜、嚴、凡，似故欲使此數韻隔越不屬者，不無深意。蓋觀此則可知鹽、添之不可通嚴、凡，而蒸、登與庚、耕、清、青了不相涉也。青本獨用，今庚下次青，青下次耕，似耕不可與庚同用，亦與廣韻異。至于一韻内字先後不拘，如一東内先聰，次功、蒙、叢，次筒，次童、僮、衷，次馮，次雄，次蟲、沖、种、躬、躬，而廣韻則先童、僮，次筒，次衷，次蟲、沖、种，次躬、躬，次雄，次功、蒙、叢，次聰是也。幾韻本自同用者，先後亦不拘，如先以五支之支、卮，次以六脂之篩，次以五支之籬、虧、規、兒、漸、差、窺、羸、篦、麾、撝、隋、隨、羈、衹、祇、卑、禆，次以七之之辭、辤、辭、茲，次以六脂之耆、夔、耆、鴟、鵵，次以七之之醫、醫，次以六脂之私、蓀，次以七之之淄，次以六脂之尼，次以七之之蚩、釐、貍、狸，次以六脂之夷、龜，次以五支之衰，次以七之之基、碁，次以五支之丕、

平，次以七之之絲、疑、詒、詒，次以六脂之窶是也。鶴壽案：夏竦古文
四聲韻，其次弟與干録字書同。鄭樵七音略内外轉四十三圖，以覃、談、咸、
衘、鹽、添、嚴、凡列陽、唐之前，蒸、登列侵之後，與干録字書微異。徐鍇説文
篆韻譜上平聲痕部并入魂部，下平聲一先二仙後别出三宣。夏竦古文四聲韻
亦有宣部。

廿三先、廿四仙

吳彩鸞書切韻廿三先、廿四仙，見雲煙過眼録。鶴壽案：周密
所載迥異。據魏了翁敍吳彩鸞唐韻云：其部敍于二十八删、二十九山之後，繼
之以三十先、三十一仙，又云今韻降覃、談于侵後，降蒸、澄于青後，升藥、鐸于
佰、麥、昔之前，置職、德于錫、緝之間。是彩鸞本亦同顏本次弟也。又彩鸞韻
别出"移"、"𩣡"二字爲一部，注云："陸與徐同，今别。"夏竦古文四聲韻亦有
此部。彩鸞于一東下注云"德紅反，濁滿口聲"，自此至三十四乏皆然。

應姓平仄皆可用

應姓"應"字，平仄皆可用。左傳、國語應爲武王之子所封，
陸德明、宋庠皆無音，黃公紹韻會于蒸部"應"字注云"人姓"，陰
陽夫韻府于徑部"應"字亦注云"人姓"。猶枚乘"乘"字，李太白
作平聲讀，律詩云"八月枚乘筆"；杜子美作仄聲讀，律詩云"枚乘
文章古"是也。

文、殷、吻、隱、問、焮

朱彝尊廣韻敍云："廣韻源于陸灋言切韻，長孫訥言爲之箋
注者，其後諸家各有增加，已非廣韻之舊，然分韻二百六部未之
紊。自平水劉淵淳祐中始并爲一百七韻，于是合殷于文，合隱于
吻，合焮于問，盡乖唐人之官韻。曩崑山顧處士炎武校廣韻，力
欲復古，刊之淮陰，一仍明内庫鏤版。緣古本箋注多寡不齊，中涓
取而删之，略均其字數，盡失作者之旨。吳下張上舍士俊有憂之，
訪諸琴川毛氏，得宋時鋟本，證以藏書家所傳鈔，務合乎景德、祥
符而後已。"潘耒敍云："韻本乎聲。聲之自出，有脣、舌、齒、牙、喉
之異，有輕、重、清、濁、陰、陽之殊。其播爲音也，有宮、商、角、徵、
羽之辨。昔人精于審音，條分縷析，如冬、鍾必分爲二，支、脂、之必

分爲三,删、山、先、仙必分爲四,豈好爲繁瑣哉?亦本其自然之音,使各得其所而已。後世讀字失其本音,不曉分韻之故,遂舉而并省之,使占音之相近而不相侵者,雜然混而爲一,失莫甚焉!賴有此書,而景初立韻之部分,犁然具在。蓋自陸灋言等數人斟酌古今南北,勒成一書,歷代增修,雖有切韻、唐韻、廣韻之異名,而部分無改,唐、宋用以取士,謂之官韻,與九經同頒,無敢出入。宋末元初,始加改并,名爲并其所通用,實則非通而并,且闌入他韻者多矣。今學詩者必宗唐、宋,而用韻不從唐、宋,其可乎?從此書所標之通用者,韻固未嘗狹也,而無譌濫之失,不亦善乎!先師顧亭林深明音學,憫學者泥今而昧古,實始表章此書刻之,然其所見乃内府刊本,久而覺其不完,作後敍以志遺憾。今印本并後敍逸去。近歲來,始見宋鋟本于崑山徐相國家,借録以歸,張子士俊得舊刻于毛氏而缺其一帙,余乃畀以寫本,精加校讎,梓之行世。"愚謂朱、潘之敍皆詳雅,然其言則有不可解者。朱言"諸家各有增加,部分無改,劉淵始合殷于文,合隱于吻,合焮于問",今張刻既悉仍景德、祥符之舊,而上平聲文弟二十、欣弟十一,"文"下注云"欣同用",上聲吻弟十八、隱弟十九,"吻"下注云"隱同用",惟去聲問弟二十三、焮弟二十四皆注"獨用"爲異。曹刻同。然顧刻則二十文獨用,二十一殷獨用。其上聲目録十八吻、十九隱,"吻"注"隱同用"。李因篤曰:"卷中十八吻、十九隱各自爲部,不相連屬,而其下各注云'獨用',此目録乃云'同用',誤。"其去聲二十三問、二十四焮各注"獨用",然則廣韻之文、殷、吻、隱、問、焮不通甚明。惟集韻平聲文弟二十,無分切;欣弟十一,許斤切,"文"下注"與欣通"。上聲吻弟十八,武粉切;隱弟十九,倚謹切,"吻"下注"與隱通"。而去聲問弟二十三,文運切;焮弟二十四,香靳切,"問"下注"與焮通",遂改其舊。宋版毛晃增修互注禮部韻略、歐陽德隆禮部韻略押韻釋疑,與集韻一概皆同。予見宋版而未及詳校,然就今張、曹諸刻正以顧刻,廣韻係宋真宗景德四年丁未刊正摹印,大中祥符元年戊申特賜名大宋重修廣韻，而文、欣、吻、隱之通，安在復景德、祥符舊規？邵子湘目錄明言文、殷各獨用，合爲一韻始自景祐集韻，是仁宗景祐四年修定，張、曹刻其不合于景德、祥符顯然。子湘言文、殷宋韻誤并，此何待言？特其誤不始自平水，若廣韻則注文"獨用"、殷亦"獨用"。殷即欣，不以文害辭。子湘言之鑿鑿，廣韻文、欣、吻、隱同用者，迥非景德、祥符之舊，出後人妄改也。鶴壽案：張氏、曹氏重刻廣韻，可謂好古之士，但失于檢點，仍沿俗本，未將文、欣"同用"、吻、隱"同用"改正爲"獨用"耳。先生襲朱、潘二公之敥而駁之，謂大不合乎景德、祥符之舊，但竹垞所謂務合乎景德、祥符而後已者，嘉士俊所刻得全注本，非如亭林所刻爲既刪之本耳，不在"同用"、"獨用"也。且文、欣、吻、隱之同用，直至仁宗時，從賈昌朝請始有之，則真宗時必不有此，此亦何待言。顧亭林音論曰：唐時二十一殷雖云獨用，而字少韻窄，無獨用成篇者，往往在真韻中間一用之，如杜甫崔氏東山草堂用"芹"字，獨孤及送章明府、答李滁州二詩用"勤"字是也，然絕無通文者，而二十文獨用，則又絕無通殷者，合爲一韻，始于景祐。去聲問、焮亦然。惟上聲今本目錄十八吻下注云"隱同用"，其卷中十八吻、十九隱則各自爲部，不相連屬，而其下各注云"獨用"，友人富平李子德因篤以爲目錄誤。再攷唐人如李白寄韋六、孫逖登會稽山、杜甫贈鄭十八賁詩，皆以隱韻字同軫、準用，其不與吻同用明矣。戴東原曰：顧氏之辨甚詳，後有吳下張刻宋本廣韻，"文"下注"欣同用"，"吻"下注"隱同用"，曹刻宋本廣韻同，皆景祐禮部韻略頒行後塗改之本也。

　　衢州免解進士毛晃增修互注禮部韻略五卷，男進士居正校勘，進于紹興三十二年壬午。歐陽德隆禮部韻略押韻釋疑，成于紹定三年庚寅，郭守正參校攷訂，則在景定五年甲子。予雖未得見景祐四年頒行禮部韻略，而毛氏、歐陽氏書則見之，部分無改，依然集韻之舊也。且禮部韻略與集韻同出仁宗景祐四年所修。邵氏云："當時雖有廣韻、集韻二書，而廣韻多奇字，集韻苦浩繁，不甚通行。惟禮韻尚爲科舉設，每出入一字，必經兩省看詳，禮部頒下，諸家皆仍禮韻而增損之。"此説甚確。禮韻改殷爲欣，文、欣、吻、隱同用，與集韻不殊，而廣韻安得與之相同？必係後人妄改。或謂唐韻二十文獨用，二十一殷獨用，至宋景德、祥符重修，賜名大宋重修廣韻，以"殷"爲太祖之父宣祖諱弘殷，改爲欣，即變稱與文同用，唐韻敬弟四十三，"映"在敬部，以"敬"爲太祖之祖翼祖諱，改爲映，則通用起于景德，亦未可知。鶴壽案：許觀東齋紀事："景祐四年詔國子監以翰林學士丁度所修禮部韻略頒行，其韻窄者十三處，許令附近通用。"王應麟玉海："景祐中，直講賈昌朝請修禮部韻略，其窄韻凡十有三，聽學者通用之。"兩書皆不言所幷何部，今以廣韻、集韻目錄參攷，乃知所請改者，殷與文同用，隱與吻同用，焮與問同用，迄與物同用；廢與隊、代同用，嚴與鹽、添同用，凡與咸、銜同用，儼與琰、添同用，范與豏、檻同用，釅與豔、桥同用，梵與陷、鑑同用，業與葉、帖同用，乏與洽、狎同用。宋韻異於唐韻蓋自此始。後來平水韻特因其同用之部而合之，並非有所改易。

　　唐時殷雖注"獨用"，而字少韻窄，無獨用成篇者，每于真韻間一用之，如李白對雪餞任城六父"惜別空殷勤"，杜甫崔氏東山艸堂"飯煮青泥坊底芹"、贈王侍御"稍稍息勞筋"，韋應物送劉評事"一醉且歡欣"，獨孤及送義烏韋明府"安辭簿領勤"，答李滁州憶玉潭新居"馬首敢犇勤"，顏真卿送耿湋拾遺"臨水最殷勤"，陸龜蒙奉和寄懷南陽潤卿"惟種南塘一畝芹"。殷韻中字雜入真韻者甚多，而文則終不相通，即東坡常潤道中有懷錢唐寄述古"泮宮欲采魯侯芹"，亦與"身"、"春"、"人"、"民"叶也。沈歸愚杜律偶評乃以"飯煮青泥坊底芹"爲"蕈"字之誤。攷水經注"泥水歷嶢柳城南，魏置青泥軍于城內，俗亦謂之青泥城"，長安志青泥驛在縣郭下，此地乃有蕈菜乎？厲鶚樊榭山房續集二月十三日雨中書事，全首用二十文韻，而末一韻用"勤"字。

寒、歡

　　凡字之爲部首者，尤覺顯著，故集韻以二十一殷改爲"欣"，退"殷"居弟二鈕，然其下仍出"殷"字。二十五寒、二十六桓，"寒"下注"與桓通"。禮韻改"桓"爲"歡"，避欽宗諱，而其下遂不出"桓"字，竟刪去一韻。毛晃、歐陽德隆同。

新添類隔

每卷下有"新添類隔今更音和切"數字。鶴壽案:"類隔更音和切",如"它",耻何切,今詑何切;"褊",方顯切,今鼻顯切是也。

二僊

廣韻下平聲先弟一,仙弟二,而集韻及禮韻改二僊爲部首,以"仙"爲弟二字。毛晃、歐陽德隆同。

五支

廣韻下平聲宵弟四,肴弟五,而集韻及禮韻改五爻爲部首,以"肴"爲弟二字。毛晃、歐陽德隆同。

監、添、咸、銜、嚴、凡

廣韻下平聲鹽弟二十四,添弟二十五,"鹽"下注"添同用";咸弟二十六,銜弟二十七,"咸"下注"銜同用",嚴弟二十八,凡弟二十九,嚴下注"凡同用"。而集韻鹽弟二十四下,改"沾"爲部首弟二十五,以"添"爲弟二字,嚴弟二十六,咸弟二十七,銜弟二十八,凡弟二十九,"鹽"下改注"與沾、嚴通","咸"下改注"與銜、凡通"。禮韻仍廣韻之舊,仍以"添"爲部首,而"鹽"下注"與添、嚴通","咸"下注"與銜、凡通",則與集韻無異。毛晃、歐陽德隆同。夫一廣韻也,本係鹽、添一韻,咸、銜一韻,嚴、凡一韻,截分三韻,而其次弟亦以是爲準,集韻何所見而忽改三韻以爲二:鹽、沾、嚴爲一韻,咸、銜、凡爲一韻,沿流直至于今,其次弟亦大變。深心好古之士所當力矯其失,而一以廣韻爲主。鶴壽案:禮韻所以升嚴爲二十六者,以便與鹽、添同用;降咸爲二十七、銜爲二十八者,以便與凡同用,豈有他哉?

廣韻咸、銜同用,嚴、凡同用。試觀昌黎酬司門盧世兄雲夫院長望秋作一篇,雖係七言古風,然因難見巧,用咸、銜至十五韻,而無一韻雜入嚴、凡,可見唐人咸與銜同用,不與凡同用,而凡自與嚴同用,界限甚分明也。惟少陵魏將軍歌七言古詩,連用咸、銜四韻,至弟五韻則入"帆",以其韻將轉而變。至李商隱隋宮詞七言絕句云：“乘興來游不戒嚴，九重誰省諫書函。春風擧國裁宮錦，半作障泥半作帆。”用嚴、凡韻雜咸、銜一韻。溫庭筠老君廟七言律云：“紫氣氤氳捧半巖，蓮峯仙掌共巉巉。廟前晚色臨寒水，天外斜陽帶遠帆。百二關山扶玉座，五千文字閟瑤緘。自憐金骨無人識，知有飛龜在石函。”用咸、銜韻雜嚴、凡一韻，蓋晚唐人用韻始稍雜。鶴壽案：若以古音而論，不但二十六咸、二十七銜可與二十八嚴、二十九凡同用，并與二十二覃、二十三談亦可以同用。昌黎望秋作偶然不及嚴、凡耳。少陵詩用咸、銜韻而押“帆”字，若有以也。

朱竹垞戲效香奩體二十六韻，用咸、銜韻，而中雜以嵌“凡”、“帆”、“颿”、“巖”，並入嚴、凡。蓋俗學蔽錮，賢者不免，但此詩專以險仄之韻見長，似不宜泛濫如此。

迥、拯、等、徑、證、嶝

廣韻上聲梗弟三十八、耿弟三十九、靜弟四十，“梗”下注“耿、靜同用”。迥弟四十一，下注“獨用”。拯弟四十二，等弟四十三，“拯”下注“等同用”。去聲映弟四十三、諍弟四十四、勁弟四十五，“映”下注“諍、勁同用”。徑弟四十六下注“獨用”。證弟四十七、嶝弟四十八，“證”下注“嶝同用”。集韻、禮韻自梗以下、映以下各韻，除“映”、“敬”屢改外，餘皆與廣韻同。而集韻于拯下且注云“蒸之上聲”，拯等既蒸之上聲，則迥爲青之上聲，證、嶝爲蒸之去聲，徑爲青之去聲。蒸、登既不通庚、耕、清、青等，則拯、等、證、嶝安可與迥、徑通？乃黃公紹遂合證、嶝于徑，陰時夫合拯、等于迥矣。鶴壽案：劉淵并四十七證、四十八嶝于四十六徑，既與禮部韻略乖違，陰時夫復并四十二拯、四十三等于四十一迥，不但蒸、拯、證、職四聲關其上去，且聲類隔絕，等韻之學于此分梗、曾二攝，而上自三百篇，下迄宋淳祐前，無有混而同者。

五十二儼

廣韻上聲炎弟五十、忝弟五十一、儼弟五十二，“炎”下注“忝、儼同用”，集韻同。而禮韻則改爲五十二广，以“儼”爲弟二字，毛晃、歐陽德隆同。

隊、代、廢

廣韻去聲隊弟十八、代弟十九、廢弟二十，"隊"下注"代同用"，"廢"下注"獨用"。張、曹刻同。顧刻隊與代、廢同用，集韻與禮韻同，毛晃、歐陽德隆並同。當以顧刻爲是。鶴壽案：各本"隊"下注"代同用"，顧刻"隊"下注"代、廢同用"。若以古音論之，十八隊與二十廢通，不與十九代通，而代自與七志通。若以廣韻原本，則隊、代同用，顧刻非是。

蛾術編卷三十六

説字二十二

"映"、"敬"屢改

廣韻映弟四十三,"敬"在弟二紐,爲字不成,顧、曹刻"敬"字成,集韻與廣韻同,"敬"亦爲字不成。毛晃"敬"在弟四十三,"映"在弟二紐,"敬"爲字成。歐陽德隆"映"在弟四十三,"敬"在弟十四紐,爲字成。黃公紹韻會又以"敬"爲部首,陰時夫亦然。此二韻者屢屢遷改,總因"敬"爲太祖祖翼祖廟諱之故,而顧、曹刻與張刻參差,不可解者一;毛晃之不遷改,或因時代已遠,而歐陽德隆、郭守正更遠,何反遷之,不可解者二;同一遷也,"敬"在弟二紐足矣,何遷至十四,不可解者三;德隆既以"映"爲部首,而"敬"字爲字仍成,不可解者四。公紹等仍改"敬"爲部首,因其用字母爲前後,不可爲準,若陰時夫則"映"仍弟二紐。鶴壽案:隋陸灋言爲切韻,去聲有四十三敬,宋真宗以舉人用韻多異,詔殿中丞丘雍重定切韻。景德四年十一月戊寅,崇文院上校定切韻五卷,依九經例頒行,祥符元年六月五日改爲大宋重修廣韻,"敬"字爲翼祖廟諱,則頒行之時早已缺其末筆,退居弟二紐,而以"映"字爲部首。張刻仍宋本之舊。顧刻係明內府本,故"敬"字成。曹刻亦後來本也。仁宗景祐四年翰林學士丁度等承詔譔集韻,寶元二年九月書成,十一日進呈頒行,部首缺筆,悉依廣韻。毛晃增修禮部韻略,復以"敬"字爲部首,而"映"字退居弟二紐,其書雖在高宗紹興三十二年十二月表進,然本朝廟諱豈有不避之理?或係後人據唐韻改易之耳。至于歐陽德隆之書成于理宗紹定三年,郭守正之書成于景定五年,其以"映"字爲部首，此亦仍廣韻、集韻之舊，惟"敬"字不缺末筆而退居第十四紐，此誠不可解者。古今韻會，熊忠譔，韻府羣玉，陰時夫譔，皆是元人，或依唐韻以"敬"爲部首，或依廣韻以"映"爲部首，無不可也。

豔、桥、釅、陷、鑑、梵

廣韻去聲豔弟五十五、桥弟五十六、釅弟五十七，"豔"下注"桥、釅同用"。陷弟五十八、鑑弟五十九、梵弟六十，"陷"下注"鑑、梵同用"。釅弟五十七，豔下注"桥、釅同用矣"，"釅"下注又云"鑑同用"。陷弟五十八，"矣"下不注"同用"、"獨用"。鑑弟五十九、梵弟六十，"鑑"下注"梵同用"。其書中卻五十五豔、桥同用，五十七釅、梵同用，五十八陷、鑑同用，糾紛錯互，不可爬梳，此紕謬之尤者。至集韻改爲驗弟五十七，以"釅"爲弟二字，"豔"下注"與桥、驗通"，餘略同。禮韻卻仍廣韻之舊，毛晃、歐陽德隆同。鶴壽案：禮韻始于宋景祐時，而今所傳者乃毛晃增修互注，與廣韻頗有不同。廣韻上平聲二十一殷，改爲二十一欣。廣韻二十文獨用，二十一殷獨用，今二十文與欣通。廣韻二十四鹽、二十五添同用，二十六咸、二十七銜用，二十八嚴、二十九凡同用，今升嚴爲二十六，與鹽、添同用，降咸爲二十七，銜爲二十八，與凡同用。廣韻以六韻通爲三韻，今通爲兩韻。廣韻上聲十八吻獨用，十九隱獨用，今十八吻與隱通。廣韻去聲二十三問獨用，二十四焮獨用，今二十三問與焮通。廣韻入聲八物改爲八勿，廣韻八物獨用，九迄獨用，今八物與迄通。廣韻三十怗改爲三十帖。廣韻二十九葉、三十怗同用，三十一洽、三十二狎同用，三十三業、三十四乏同用，今升業爲三十一，與葉、帖同用，降洽爲三十二，狎爲三十三，與乏同用。廣韻以六韻通爲三韻，今通爲兩韻。

一書中彼此互異

更可怪者，曹刻廣韻平、上、去目錄與顧、張同，獨入聲"某與某同用"，改爲"與某通"，一書之中，彼此互異。張刻後附雙聲、疊韻法等條，顧、曹刻無。看來曹刻不及張刻，張刻不如顧刻，惟字下注顧獨少。玉海言廣韻凡二萬六千一百九十四言，注一十九萬一千六百九十二字，今顧刻僅二萬五千九百二言，注一十五萬三

千四百二十一字,注删去者三萬八千二百七十一,正文亦少二百九
十二言。顧隨所見聞,決其删去,識于卷末,以志遺憾。惟顧言十
干皆引爾雅歲陽,而"戊"下不引"著雍",則"戊"字下注本無。
張、曹刻同。鶴壽案:玉篇爲字書,後人于其卷末附五音聲論及沙門神珙
四聲五音九弄反紐圖。況廣韻爲韻書,末附雙聲、疊韻諸條,必係相傳之本如
此。張氏仍之,而顧、曹所見本或無之耳。雙聲疊韻者,如平聲"章"字灼良
切、章略切,先雙聲,後疊韻,"章"、"灼"、"良"、"略"是雙聲,"灼"、"略"、"章"、"良"是
疊韻。正紐入聲爲音首,到紐平聲爲首,雙聲平聲爲首,疊韻入聲爲首,是也。
又有辨字五音法,脣聲"并"、"餅",舌聲"靈"、"歷",齒聲"陟"、"珍",牙聲
"迦"、"佉",喉聲"綱"、"各",是也。辨十四聲例法,如"阿"、"哥"、"河"等並
開口聲,"菴"、"甘"、"堪"、"諳"等並合口聲之類。辨四聲輕清重濁法,如平
聲"璡"、"珍"、"陳"爲輕清,"之"、"真"、"辰"爲重濁之類。此皆有關于音
韻,故附在卷末,孫愐所謂"本乎四聲,紐以雙聲疊韻,欲使文章麗則,韻調精
明于古人耳"。張、曹所刻廣韻,係大中祥符四年陳彭年等所譔,其注加詳,
而祥符以前別有原本,注文簡要。顧氏所刻者,或即其本,故字數獨少,朱竹
垞以爲明內庫鏤版,緣古本箋注多寡不齊,中涓取而删之,恐不其然。

物、迄

顧、張刻廣韻,入聲物弟八注"獨用",迄弟九注"獨用"。曹
刻"物"下改"與迄通",集韻改爲勿弟八,文弗切,降"物"居弟二
字,又于"勿"下注"與迄通"。禮韻、毛晃、歐陽德隆及韻會與集
韻同,陰時夫仍舊爲物。

葉、帖、洽、狎、業、乏

廣韻入聲葉弟二十九、帖弟三十,"葉"下注"帖同用"。洽弟
三十一、狎弟三十二,"洽"下注"狎同用"。業弟三十三、乏弟三十
四,"業"下注"乏同用"。集韻葉弟二十九、帖弟三十、業弟三十
一,"葉"下注"與帖、業通"。洽弟三十二、狎弟三十三、乏弟三十
四,"洽"下注"與狎、乏通"。禮韻、毛晃、歐陽德隆並與集韻同。
鶴壽案:此條亦謂顧、張所刻廣韻如此。周必大跋蕭御史殿試卷曰:"廣韻入
聲三十一洽、三十二狎通用,三十三業、三十四乏通用,自唐迄本朝天禧中皆

然。此舊韻也。仁宗初,詔丁度等譔定集韻,于是移業爲第三十一,洽爲第三十二,而以狎、乏附之。此今韻也。"今案據此則諸韻部分之升降,皆定于景祐四年,集韻與禮部韻略相同。

毛晃增修互注禮部韻略

毛晃者,本未識字讀書而好爲議論。即如"注"字,説文言部並無,賈公彥儀禮疏:"註者,注義于經下,若水之注物。"而此書皆作"註"。開首標題已誤如此,其餘可知。晃言:今國子監刊行禮部韻略,自元祐五年博士孫諤、陳乞添收,僅得一二。至紹興十一年進士黄啓宗隨韻補輯,所增不廣,尚多闕遺,如"群"之爲"羣"、"効"之爲"效","三復"、"三思","純帛"、"純束",無所收附,以至饕餮之"饕"、惟辟之"辟"、采薺之"薺"、唯幾之"唯"、脊令之"令"、渠搜之"搜"、摳衣之"摳"、總統之"統"、鼓擊之"鼓"、迨及之"迨"、餅餌之"餅"、仁知之"知"、會計之"會"、寀地之"寀"、膽軒之"軒"、孫順之"孫"、美目之"盼"、六鑿之"鑿"、表貉之"貉"、重穋之"穋"、催趨之"趨"、韡瑋之"韡"、蔡放之"蔡"、撤去之"撤"、足躍之"躍"、什佰之"佰"、血脈之"脈"、勅天之"勅",諸如此類,韻既不收,人不敢用。或此有而彼無,或此圈而彼否,或收一而遺二,或略要而泛存,或同出一韻而不圈者,若"痿""瘘"、"杻""杻"之類是也;或各傳兩韻而不圈者,若"蘢蘢"、"祁祁"之類是也;或本有其字,棄此而收彼者,若"鋏"爲嵷峽之"峽"、"欶"爲傾欹之"欹"、"歐"爲擊毆之"毆"、"襘"爲衣襘之"襘"、"執鋭"之爲"執銃"是也。如此之類,不一而足。重以言語有五方之異,呼吸有輕重之殊,吳、楚傷于輕浮,燕、冀失于重濁,秦、隴去聲爲入,梁、益平聲似去,江東、河北,取韻尤遠,魯魚一惑,涇渭同流,點畫偏旁,尤多訛舛。若乃"鼇""鼈"、"叾""宜""倉""貪""番""畨"、"鐵""銕"、"富""冨"、"菫""菫"之差,俗所常用,其失未遠。至如"支""攴"、"毋""母"、"殳""殳"、"羙""美"、"牵""本"、"商""商"、"臽""舀"、"少""少"、"疋""疋"、"臼""臼"、

“玉”“王”之異，闔户、闢户之爲“戼”、“戼”，左戾、右戾之爲“丿”、“乀”，“冃”、“冃”、“冃”、“冃”之不同，“戉”、“戊”、“戌”、“戍”之不類，毫釐小誤，其義遂殊。廣韻以武移反“渺瀰”之“瀰”，以房脂反“輔毗”之“毗”，以符羈反“皮革”之“皮”。陸德明以丁丈反“長幼”之“長”，以布内反“悖禮”之“悖”，以丁角反“樸斲”之“斲”。至于音訓差誤，未易枚舉。士不精攷，雷同從之。或遷就傅會，易以佗字。如禮部貢院所差試官，員數較多，尚可討論；即方州小郡秋舉，試官不過三四人，員既不多，書亦罕備，至有文理優長、援引深邃者，或以疑似，暗行黜落，以爲與其取之有疑，安若黜之無罪。臣每觀此，爲之大息。故以十年之力，增修四聲之譜，紬其端緒，貫穿經傳，貳以古今字書、諸儒音釋，互加攷證，凡九經、子史、倉雅、方言中遺漏要字，定其可否，參入逐韻，凡增入二千六百五十五字，圈一千六百九十一字，正四百八十一字。筆畫有害于義者，悉正之；反切有礙于音者，悉易之。或一字數音，傍韻失收者，亦皆增入。元不圈者，悉圈之。有字同義同，同在通用之内，其音雖異而不可雙押者，或舉其重，或存其一。有同音互用，字異而元有圈者去之，仍于字下互注音切。及諸義訓，辯釋疑似，訂正是非，庶令新學士子開卷曉然，不至誤用；主司攷校，亦無所疑。晁言就中豈無小益？然鉤爬析亂，冰碎瓦裂，學識不精，枉自曉曉饒舌，可厭極矣！即如“東”與“東”，如何分别而爲加圈？書中如此者甚多。“恫”字注云：“痛也。説文作‘侗’。”攷説文人部“侗”字注：“大兒。詩曰：神罔時侗。他紅切。”“佣，痛也。他紅切。”“恫，痛也。他紅切。”此字毛、鄭皆訓痛，而説文引詩在“侗”下，不在“佣”下，疑當爲“大痛”，各從其家法，毛晁妄言“説文作‘佣’”。“櫳”字注云：“養獸檻也，牢也。原有圈，今正。”所謂“原有圈，今正”，實不可解。既有“曚”字，公然增入“矇”字；既有“總”字，公然增入“摠”字。又“沖”字下增入“冲”字，注云“同上”，引詩“鑿冰沖沖”，從冰。攷唐開成石經“鑿冰冲冲”從水，並不從夊。隨口妄造,但求字多,其妄一至于此。“癮”字注:“病也。亦作‘瘽’。”又增入“瘽”字。并有重增之字,如東韻内增“濃”字,云“奴同反”。其敢于創説、肆無檢制如是! 即一韻觀之,餘可類推。鶴壽案:有景德韻略而後有景祐禮部韻略,有大宋重修廣韻而後有寶元集韻。宋真宗景德四年龍圖待制戚綸等承詔詳定考試聲韻,譔韻略五卷。綸等以殿中丞丘雍所定切韻同用、獨用例及新定條例參定。崇文總目曰:“雍譔韻略五卷,略取切韻要字,備禮部科試。”是時無禮部韻略之稱,其書但名韻略,與所校定切韻同日頒行。明年切韻改賜新名廣韻,而廣韻、韻略爲景德、祥符間詳略二書。至仁宗景祐元年,詔直史館宋祁、鄭戩、國子直講王洙刊修廣韻、韻略,命知制丁度、李淑詳定。祁等言多疑混字,舉人誤用故也。四年,以丁度所修韻略五卷頒行,改稱禮部韻略。景祐初,宋祁、鄭戩諫言:“見行廣韻,乃陳彭年、丘雍等景德末重修,繁省失當,有誤科試,乞别刊定。”即詔祁、戩與賈昌朝同修,而丁度、李淑典領之。寶元二年書成,賜名集韻。而集韻、禮部韻略爲景祐、寶元間詳略二書,其同用、獨用例,非復切韻之舊,次弟亦稍有改移矣。初賈昌朝言韻略多無訓釋,疑混聲重疊字,舉人誤用,故詔度等刊定窄韻十三處,許附近通用;混聲重聲,具爲解注。哲宗元祐五年太學博士孫諤等言:“韻有一字一義而兩音者,有合用而私相傳爲當避者,有合押而禮部韻或不收者,請附入韻略。”高宗紹興十一年進士黄啟宗隨韻補輯,尚多闕遺,三十二年毛晃上增修互注禮部韻略,原本九千五百九十字,除晃所增外,其子居正復增一千四百有二字。十四年知榮州楊樸上禮部韻括遺。

韻會、韻府從略

若韻會之更亂音紐次敍,别爲前後者,其先後既不可復尋,小小異同,固無庸備言,即韻府既遵改,并亦可從略。鶴壽案:古今韻會三十卷,元熊忠譔。楊慎以爲黄公紹作,非也。先是,金韓道昭譔五音集韻十五卷,所收之字采諸廣韻、集韻,并舊韻二百六部爲一百六十部,改舊韻之字紐,以三十六母分爲四等配隸。以爲見、溪、羣、疑,牙音也;端、透、定、泥,舌頭音也;知、徹、澄、孃,舌上音也;幫、滂、竝、明,重脣音也;非、敷、奉、微,輕脣音也;精、清、從、心、邪,齒頭音也;照、穿、牀、審、禪,正齒音也;曉、匣、影,淺喉音也;喻,深喉音也;來、日,半徵半商音也。熊忠之書,字紐用韓

道昭例,部分用平水韻合并之例,而古韻書之門目次弟,于是盡變。戴東原
曰:經傳字音,漢儒箋注但曰讀如某,魏孫炎始作反語,厥後矻經論韻,踵相師
法,雖孫氏以前未嘗有,然言詞緩急,矢口得聲,如"蒺藜"爲"茨"、"奈何"爲
"那"、"之焉"爲"旃"、"者與"爲"諸"、"之於"爲"諸"之類。反語之法,適與
此合。宋、元以來,競謂反切之學,起于釋神珙傳西域三十六字母于中土。
珙之反紐圖今俱存,其人在唐憲宗元和以後,其圖祖述沈約,遠距反語之興
已六七百載,而字母三十六定于釋守溫又在珙後,故唐人書絕不聞語涉字母,
宋中葉始盛傳。其次弟先後各殊,且所分脣、齒、喉、舌、牙,及傅會宫、商、角、
徵、羽,牴牾違異。反切之興,本于徐言疾言、雙聲疊韻,學者但講求雙聲不
言字母可也。韻府羣玉二十卷,不過兔園冊子,何足道哉。

每韻款式顧刻與張、曹不同

顧刻廣韻,每韻皆別爲一行,隔斷書之,但獨用者則然,一東
下注云"獨用";若同用者則不別爲一行,惟于二冬下注云"鐘同
用",此下提行起云云,而其下加一圈,然後繼之以"鍾",後仿此。
于平列之中,寓判別之道,多少分明。顧自言不敢添改一字,則此
必悉仍宋版,李因篤云"各自爲部,不相連屬,下注'獨用'"是也。
張刻一槩混載,俱用提行另起,惟卷首目錄注"獨用"、"同用"字。
曹刻弟一行一東照顧刻例,其餘獨用、同用者,一槩俱用提行另
起。二冬既用"二〇冬",注"鍾同用"矣,下又以"冬"字重起。此
下同用之"鍾"字,別爲魚尾文〇下出"鍾"字,不似部首之複用
"冬"字。此皆非宋本規模,必係張、曹別加更定,遠不如顧刻
之精。

壬子新刊禮部韻略

邵子湘云:"壬子新刊禮部韻略五卷,宋淳佑間江北平水劉
淵增修,韻目元二百六部,不知的起何時,大較隋、唐以來有之,其
'獨用'、'同用'字,或是唐人注,以便聲律之用,平水劉氏始盡并
同用之韻爲一百七部。"愚謂"淳祐"作"淳佑",子湘誤也。劉淵
書稱"壬子新刊",壬子,淳祐十二年,理宗在位之二十八年,此在
紹定之後、景定之前。歐陽氏書不過發明禮部韻略,其分部仍二

百有六,劉淵雖并之,特以便于窗下私用之本,而官韻二百六部仍不能改,故理宗末年重校押韻釋疑者,不改其舊,未嘗從劉淵也。鶴壽案:增修校正押韻釋疑五卷,宋歐陽德隆譔,郭守正增修。是書爲禮部韻略而作,乃場屋所用之書,故仍二百六部之舊。

　　以上所攷,自謂得之。乙卯冬,聞有黄蕘圃買得元刻壬子新刊禮部韻略五卷,其敍略云:"近平水書籍王文郁攜新韻見頤菴老人曰:'稔聞先禮部韻,或譏其嚴且簡,今私韻歲久,又無善本,文郁累年留意,隨方見學士大夫,精加校讎,又添注語,既詳且當,不遠數百里,敬求韻引。'僕嘗披覽,貴于舊本遠矣。正大六年己丑季夏中旬,中大夫前行右司諫致仕雲間許古道真書于嵩郡隱者之中和軒。"有印記云"大德丙午重刻新本,平水中和軒王宅印"。此敍文理荒謬不通,固無足責。但此書如果係并合二百六以爲一百七,則敍文正當發揮其義,乃一字不提,中間"禮部韻"及"私韻"兩言,是爲喫緊眉目語,所刻仍自居于私,要之並不言其并合也。"書籍"大約是開書坊之人,"貴于舊本"大約是勝于舊之意。所最可怪者,劉淵書刻于淳祐壬子,而此書乃金哀宗正大六年己丑所刻,先于淳祐壬子二十一年。若然,是劉襲王,非王襲劉也。元大德丙午,又在其後七十七年,而其在平水則同,中和軒乃在嵩郡,與平水相去數百里,而平水王宅亦稱中和軒,種種錯誤。予未見元刻,但從友人傳鈔一二,姑識于此。鶴壽案:黄公紹謂毛晃增修禮部韻略、劉淵壬子新刊禮部韻略互有增字,積降一百六十三字,補遺六十一字,毛氏增一千七百一十字,劉氏增四百三十六字,而毛晃自增二千六百五十五字,公紹之言誤也。先生謂許道真之敍文理荒謬,不信其事。錢竹汀云:"古韻分二百六部,唐、宋相承,雖先後次弟及'同用'、'獨用'之注小有異同,兩部分無改。元黄公紹古今韻會始并爲一百七韻,蓋循用平水韻次弟,後人因以并韻歸之劉淵。今淵書已不傳,據韻會凡例稱江南監本免解進士毛氏晃增修禮部韻略,江北平水劉氏淵壬子新刊禮部韻略每韻所增之字,于毛云'毛氏韻',于劉云'平水韻',則淵不過刊是書者,非著書之人矣。余嘗于吳門黄孝廉丕烈齋頭見元槧本平水韻略,卷首有河間許古敍,乃知爲平水書籍王文郁所譔；後題正大六年己丑季夏中旬，則金人非宋人也。己丑在壬子前二十三年，其時金猶未亡，至淳祐壬子，則金亡已久矣。意淵竊見文郁書，刊之江北而去其敍，故公紹以爲劉氏書也。王氏平水韻并上下平聲各爲十五、上聲二十九、去聲三十、入聲十七，皆與今韻同。文郁在劉淵之前，則謂并韻始于劉淵者非也。論者又謂平水韻并四聲爲一百七韻，陰時夫又并上聲拯等入迴韻。今攷文郁韻，上聲拯等已并于迴韻，則亦不始于時夫矣。"

元版古今韻會舉要

古今韻會舉要三十卷，有元世祖至元二十九年壬辰劉辰翁敍，成宗大德元年丁酉熊忠敍，文宗至順三年壬申余謙敍，順帝元統三年乙亥李术魯翀敍，又有書坊陳宷禁約翻刻告白一通。此書全以三十六字母爲主。劉辰翁敍謂："吾夫子之教不能過跋提河一步者，以字不以聲也。"此等邪説，殊爲可惡。隋書已有婆羅門書爲之先導矣。

自壬子新刊禮部韻略出，官韻仍不改，首先遵用者，韻會也。其韻例云："舊上平、下平、上、去、入五聲，凡二百六韻。今依平水韻并通用之韻爲一百七韻。"又云："舊韻上平聲二十八韻，下平聲二十九韻，上聲五十五韻，去聲六十韻，入聲三十四韻。然舊韻所定，不無可議，如支、脂、之、佳、皆、山、删、先、僊、覃、談，本同一音，而誤加釐析；如東、冬、魚、虞、清、青，至隔韻而不相通。近平水劉氏壬子新刊韻，始并通用之類，以省重複，上平聲十五韻，下平聲十五韻，上聲三十韻，去聲三十韻，入聲一十七韻。今因之。"然韻會自謂爲韻學而作，東冠以"公"，冬冠以"攻"，原非爲場屋應舉而設，則置而不論可矣。

蛾術編卷三十七

説　地　一

尚書禹貢導山

禹貢"導岍及岐"至"至于敷淺原",僞孔分十二節,此皆言導
山也。古本墜落,鄭注凋零。首節僞孔傳曰:"更理説所治山川首
尾所在,治山通水,故以山名之。"疏曰:"上文每州説其治水登山,
今更條説所治之山,本以通水,舉其山相連屬,言此山之旁所有水
害,皆治訖也。"此非鄭康成義。鄭曰:"四列,導岍爲陰列,西傾
爲次陰列,嶓冢爲次陽列,岷山爲正陽列。"案:鄭云"四列"者,
鄭以下文導水就水之原委言,則此導山就山之首尾脈絡言也。
"導岍爲陰列"云云者,西北爲陰,東南爲陽。漢天文志云:"中
國山川東北流,其維首在隴、蜀,尾没于勃海、碣石。"本史記天官
書。今鄭此注所分岍山、西傾山、嶓冢山、岷山,皆在隴、蜀,正所
謂"維首"。鄭順經文前後言之,其實當先正陽,次次陽,次正陰,
次陰列,而"至于碣石,入于海",正居陰列之末,所謂"東北流,尾
没于勃海、碣石"者。鄭注與史、漢合。此古義也。馬曰:"三條,
導岍爲北條,西傾爲中條,嶓冢爲南條。"馬云"三條"者,漢志有
"北條荊山"、"南條荊山",有北有南,有中可知,是古有此説。但
以嶓冢、岷山二列并爲一條,恐不如鄭義長也。據鄭義則傳、疏不
可用矣。且如前一段歷敘諸山至"至于碣石"而云"入于海",傳
曰:"此山連延東北,接碣石而入滄海。百川經此衆山,禹皆治之,

不可勝名,故以山言之。"疏曰:"云此山連延東北,接碣石而入滄
海,言山旁之水皆入海,山不入海也。又解治水言山之意,百川經
此眾山,禹皆治之,川多不可勝名,故以山言之也,謂漳、潞、汾、涑
在壺口、雷首、太行,經底柱、析城,沇出王屋,淇近太行,恒、衞、
滹沱、滱、易近恒山、碣石之類也。"案:傳云"百川經此眾山,禹皆
治之",導山本言山脈,傳言治山旁水,與鄭異。觀經言"逾于河",
又云"過九江",自是言山之脈,江河不能斷而逾之過之。天文志
云"尾沒于勃海",則經云"入于海",亦是山脈盡于此,故云"入",
非言水入,傳非是。疏附會爲漳、潞諸水,皆非也。且導山諸節所
舉之山在平陸,距水次絕遠者多矣,豈皆濱臨大川者?知馬、鄭古
注不可易也。又如西傾、朱圉、鳥鼠,傳于西傾、朱圉牽引積石,
疏申之,以爲河所經。河自積石以東,勢皆向北,西傾、朱圉皆在
河之南,相距數百里,安得爲河所經?又云"鳥鼠,渭水所出",但
言治渭之功而舉鳥鼠,雍州已言之,下文導渭又詳言之,此處言鳥
鼠又爲治渭,何不憚煩耶?若依鄭、馬以山脈言,則非爲治山旁之
水,何須妄引?總因僞孔廢"四列"、"三條"不用,別創新說,遂生
支蔓,或又添出導西傾之洮水、白水,欲補經所不及,增成傳義,強
作葛藤,尤贅說也。又鳥鼠在渭源,朱圉在伏羌,若從傳爲治山旁
水,則自西而東,應先鳥鼠、後朱圉,或遂疑經文誤倒,亦是惑于導
山即所以導水之故耳。若以山脈言,則通典天水郡上邽縣有朱圉
山,九域志秦州成紀縣有朱圉山,岷州大潭縣有朱圉山,紛紛不
一,是朱圉山山脈緜亘于伏羌西南者,安知與鳥鼠不可錯舉耶?
必執班志梧中聚,以爲村落中一小山,亦非。又如"熊耳、外方、
桐柏,至于陪尾",傳曰:"凡此皆先舉所施功之山于上,而後條列
所治水下,互相備。"愚謂"治山旁水"一語便已了然,何勞複舉?
只因晉初真書已亡,皇甫謐一輩人造僞古文,增多二十五篇,并造
僞孔傳,無奈鄭注入人已深,恨不逐條皆與立異而勢不能,若此導
山改作"治山旁水",自矜創獲,遂不覺言之重累至此。試思如陪

尾在今安陸縣北六十里,淮水並不經此山,則經自據山脈言之,何得云"舉施功之山,列所治水于下"耶?凡治水施功之次,先下流不先上源,九州之次由東及西者,以九州之次即治水施功之次也。今導山則皆由西而東,明係指山脈言,若云治山旁水,則是施功先上源矣,豈可通也。鶴壽案:山以石爲體,其首尾脈絡之自西南而東北,乃出于天造地設,非人力所能爲,然則禹貢所謂"導山",原從導水起見也。禹貢云:"禹敷土,隨山刊木。"鄭注云:"敷,布也。布治九州之水土,必隨州中之山而登之,除木爲道,以望觀所當治者,則規其形而度其功焉。"經但言"敷土",而鄭必言布治水土者,明導山專爲導水也。謂"望觀所當治",非即望觀水道邪?平地不能遠觀,登高可以四望。禹當日每至一州,必先擇其山之最高大者,刊木通道,登而望之,以見某水當治,然後鳩衆施功,是導山未有不爲導水也。不然,如先生所云導山之首尾脈絡,獨不思山爲定體,其首尾脈絡,自開闢以來已一定不移,非如水之流行不定,有壅塞橫決之患,可以疏而通之者也。禹雖通神,豈能使其首之在隴、蜀,其尾之没勃、碣者有所變更哉?即其中間脈絡綿亘,亦豈能如呂梁、龍門一一鑿之哉?若謂導山不過刊其樹木,則一樵夫能爲之,且有伯益在;若謂導山不過尋其脈絡,而與導水無涉,則是郭景純、陸鴻漸之所爲,而禹何暇及此也?但當時所導之山,只就一州中之最高大者登之,以審一方之形執,而不論其山旁之有水無水,偽孔傳于導山諸節,釋以治山通水,于事甚合,唯正義必云此山之旁所有水害皆治詑也,而并舉某水在某山旁以實之,遂至授先生以口實矣。至禹導山之次弟,亦必自東而西,首冀次沇,以詑于雍,及至水患既平之後,史官紀事,從頭至尾,乃就山之首尾脈絡而云"導岍及岐","至于敷淺原",猶之治水自冀次沇,以詑于雍,先散見于各州,而總敘于篇末,則云"導河積石",又東北入于河耳。不然,九州大矣,禹豈導水先自東而西巡行一徧,導山又自西而東巡行一徧哉?

禹貢九州

禹貢"冀州",鄭曰:"兩河間曰冀州。"案"兩河間曰冀州"者,爾雅釋地文,彼郭璞注云:"自東河至西河。""東"、"西"皆據冀州言。河自積石龍門南流爲西河,至華陰東經底柱、孟津過洛、汭爲南河,至大伾北過降水、大陸,又北播爲九河,同爲逆河入海爲東河。然則東河之西、西河之東爲冀州,惟言兩河間,不言南河,南河之北,從可知也。鶴壽案:欲攷一州之界限,必先定其四至,而後及其八到,先生所著尚書後案于禹貢九州之界限,不能言之鑿鑿,今爲補攷于左。冀州東以大陸爲界,道河云"北過降水,至于大陸",漢志鉅鹿縣,大陸澤在北,蓋自昌黎始,碣石與青州分界,自樂亭至寧河,沿逆河北岸,自天津至內黄,沿大河西北岸,至濬縣止,河折而東北也。南以孟津爲界,道河云"東至于底柱,又東至于孟津",蓋自濬縣始,河與沇分界,自汲縣至芮城,沿河北岸,至永濟止,河折而東也。西以"壺口"爲界,冀州云"壺口",漢志北屈縣,壺口山在西南,蓋自永濟始,河與豫分界,自臨晉至河曲,沿河東岸,至偏關止,河自此入塞也。北以雁門爲界,冀州云"夾右碣石,入于河",鄭注:"禹由碣石西北行盡冀州之境。"北山經:"碣石之山,又北,水行五百里,至于雁門之山。"蓋自偏關始,河與雍分界,自平魯至盧龍,據雍門東西相望,至昌黎止,碣石所在也。

"沇、河惟沇州",鄭曰:"言沇州之界在此兩水之間。"案:沇自滎至菏,此沇州之西南與豫分界處,自菏至會汶,則南與徐分界處,自會汶後東北行,則東與青分界處。河自大伾北過降水,至于大陸,又北播爲九河,同爲逆河入于海,此沇州之西北與冀分界處,故鄭云云也。鶴壽案:沇州東北以勃海爲界,道河云"同爲逆河入于海",史記、漢志作"入于勃海",蓋自天津始,河與冀分界,自靜海至利津,沿勃海西岸(此就今日言之),至樂安止,沇自此入青也。東南以沇北爲界,道沇水云"又東北會于汶,又北東入于海",漢志沇水東至琅槐入海,蓋自樂安始,沇與青分界,自博興至東阿,沿沇西北岸,至東平止,沇于此會汶也。西南以雷澤爲界,沇州云"雷夏既澤",漢志成陽縣,雷澤在西北,蓋自東平始,沇與徐分界,自壽張至滑縣,據雷夏東西相望,至延津止,河自此東北也。西北以九河爲界,沇州云"九河既道",鄭注"今河間弓高以東,至平原鬲津,往往有其遺處"。蓋自延津始,河與冀分界,自滑縣至靜海,沿河東岸至天津止,其東逆河已淪于海也。

"海、岱惟青州",鄭曰:"今青州界,東自海,西至岱。"案前志,齊地皆屬青州。齊風釋文云:"齊地在禹貢青州。"僖四年傳管仲曰:"召康公賜我先君履,東至于海。"襄二十九年傳:"表東海者,其太公乎?"是青境東自海也。爾雅九州無青州,而曰齊曰營州，注云：“自岱東至海。”疏云：“營州即青州地。彼從西數至東，故云‘自岱東至海’。此從東數至西，故云自海西至岱也。”鶴壽案：青州東北以潦水爲界。禹貢疏：“堯時青州當越海而有遼東。”水經：“潦水出衞皋，東注勃海。”蓋自撫寧始，其西南即冀州碣石，自臨渝至廣寧，據潦以西；自開元至海城，據潦以東；自蓋平至寧海，沿勃海東岸，越海至壽光止，與寧海對岸也。東南以琅邪爲界，海內東經：“琅邪臺在勃海琅邪之東。”蓋自壽光始，海與沇分界，自濰縣至榮成，沿勃海南岸；自文登至膠州，沿東海北岸，至諸城止，琅邪所在也。西南以岱山爲界，青州云“岱畎絲、枲、鉛、松、怪石”，漢志博縣“岱山在西北”。蓋自諸城始，琅邪與徐分界，其西莒，淮水所出之屋山所在，自安丘至平陰，據岱山東西相望，至東阿止，其南即徐州東原也。西北以沇南爲界。青州云“浮于汶，達于沇”，水經“沇水出共山南東丘，絶鉅野澤，注勃海”。蓋自東阿始，沇與沇分界，自平陰至樂安，沿沇南岸，越海至撫寧止，與樂安對岸也。

“海、岱及淮惟徐州”，鄭曰：“徐州界，又南至淮水。”案：蒙上“海、岱”“青州”之文，故言“又”也。于青州既言“東自海、西至岱”，則于徐州亦必以海、岱分東西。鶴壽案：徐州東以羽山爲界。徐州云“蒙羽其藝”，漢志祝其縣“禹貢羽山在南”。蓋自日照始，其東北即青州琅邪，自贛榆至海州，沿東海西岸至安東止，淮所經也。南以淮北爲界，道淮云“東入于海”，漢志“淮水至淮浦入海”。蓋自安東始，淮與揚分界，自山陽至鳳陽，沿淮北岸至懷遠止，淮折而東也。西以大野爲界，徐州云“大野既豬”，漢志鉅埜縣“大埜澤在北”。蓋自懷遠始，淮自此再東，自宿州至嘉祥，據菏水東南與西北相望，其北鉅野、大野所在，至鄆城止，其西南即豫州菏澤也。北以東原爲界，徐州云“東原底平”，鄭注“今東平郡即東原”。蓋自鄆城始，與豫州菏澤分界，其北平、東原所在，自泰安至莒州，與青州岱山南麗相距，至日照止，其東北即青州琅邪也。

“淮、海惟揚州”，鄭曰：“揚州界，自淮而南，至海以東也。”案：海岸雖自東北迤而南，而篇末云“東漸于海”，則青、徐、揚之海皆主東言，故鄭云“至海以東”也。鶴壽案：揚州東以震澤爲界，揚州云“震澤底定”，震澤東二百餘里即海岸。蓋自阜寧始，淮與徐分界，自鹽城至福鼎，沿東海西岸至霞浦止，海折而西南也。南以海北爲界，海內南經“三天子䣄山在閩西海北"，水經"贛水出聶都山東北注江"。"海北"謂揚州東南隅。蓋自霞浦始，與東海分界，自寧德至潮陽，沿南海北岸，自揭陽至大庾，羣山綿亘至崇義止，聶都所在也。西以彭蠡爲界，揚州云"彭蠡既豬"，水經注"贛水總納十川，俱注于彭蠡"。蓋自崇義始，聶都與荆分界，自大庾至南昌，沿贛江東岸，自新建至六安，據彭蠡南北相望，至霍丘止，其北即淮也。北以岔山爲界，皋陶謨"禹曰娶于塗山"，岔山在淮水東岸，蓋自霍丘始，淮與豫分界，自壽州至山陽，沿淮南岸至阜寧止，淮自此入海也。

"荆及衡陽惟荆州"，鄭曰："荆州界自荆山南至衡山之陽。"案地理志，禹貢南條荆山在南郡臨沮縣東北，衡山在長沙國湘南縣東南。今湖北襄陽府南漳縣有荆山，本漢臨沮地；湖南衡州府衡山縣有衡山，本漢湘南地。鄭意荆州北界起自荆山，不越荆山而北，自此而南，其南界則越過衡山之南也。鶴壽案：荆州東以九江爲界，荆州云"九江孔殷"，劉歆以爲湖、漢九水入彭蠡澤。蓋自固始始，淮與揚分界，自商城至黃梅，南值九江，自德化至大庾，沿九江西岸至崇義止，其南即揚州聶都也。南以衡陽爲界，禹貢疏荆州南過衡山，顏籀謂五嶺西自衡山之南，東窮于海。蓋自崇義始，與揚聶都分界，自桂東至全州，據衡陽騎田諸嶺爲限，至興安止，五嶺自此起也。西以蒼梧爲界，海內經"南方蒼梧之丘，蒼梧之淵"，蒼梧在荆州西南隅。蓋自興安始，其東北即蒼梧。自城步至巴東，其南值蒼梧，至房縣止。荆山之首，景山所在也。北以荆山爲界，道嶓冢云"至于荆山"，漢志臨沮縣"荆山在東北"。蓋自房縣始，景山與豫分界，自保康至應山，據荆山西南與東北相望，自信陽至光州，沿淮南岸至固始止，淮自此入揚也。

"荆、河惟豫州"，鄭曰："豫州界，自荆山而北至于河。"案：南條荆山，其陰爲豫州，其陽爲荆州，乃豫之南界。鶴壽案：豫州東以孟豬爲界，豫州云"道菏澤、被孟豬"，漢志睢陽縣"盟諸澤在東北"。蓋自菏澤始，菏澤與徐分界，自定陶至虞城，孟諸所在，自夏邑至阜陽，北值孟豬，至潁上止，其東南即淮也。南以桐柏爲界，道淮云"自桐柏"。蓋自潁上始，淮與揚分界。自阜陽至桐柏，沿淮北岸，自唐縣至保康東北值桐柏，至房縣止，其南即荆州景山也。西以熊耳爲界，道雒云"自熊耳"，漢志盧氏縣"熊耳山在東北"。蓋自房縣始，與荆州景山分界，自郟縣至閿鄉，據熊耳南北相望，至潼關止，其西即雍州華山也。北以大伾爲界，道河云"東過雒汭，至于大伾"，鄭注"大伾在修武武德之界"。蓋自潼關始，河與冀分界，自闉鄉至陽武，沿河南岸，自封丘至東明東值菏澤，至菏澤止，沛自此入沇與徐也。

　　"華陽、黑水惟梁州"，鄭曰："梁州界，自華山之南，至于黑水也。"案：鄭意非謂梁之黑水，但以爲南界。蓋黑水在西徼外，故梁、雍皆以是爲西界。但梁在華陽，雍在華陰，故雍但以爲西界，梁則兼以爲西南界，因對華山言，故云南也。鶴壽案：梁州東以華陽爲界，禹貢疏："梁州東據華山之南，不得其山，故言陽。"蓋自雒南始，與雍州華山分界。自商州至竹山，皆在華山之陽，至巫山止，江自此出峽也。南以黑水爲界，書古文訓"梁州南距黑水，今瀘水也"。蓋自巫山始，江與荆分界，自奉節至宜賓，沿江北岸，至屏山止，黑水自此與江合流也。西以嶧山爲界，梁州云"岷嶓既藝"，漢志湔氐道縣，崏山在西徼外。蓋自屏山始，黑水南與邊界，自犍爲至崇慶，據蔡蒙南北相望，自灌縣至松潘，沿江東岸，自平武至階州，南值岷山，至禮縣止，東值嶓冢也。北以嶓冢爲界，西山經"嶓冢之山"，郭璞注："今在氐道縣南。"蓋自禮縣始，其北即雍州朱圉，自秦州至兩當，其西嶓冢所在，自鳳縣至商州，與雍州終南諸山南麓相距，至雒南止，其北即雍州華山也。

　　"黑水、西河惟雍州"，鄭曰："雍州界，自黑水而東，至于西河也。"案：鄭意以黑水在西徼外，梁、雍二州之西境，皆至此爲界。義已詳梁州也。鶴壽案：雍州東以西河爲界，道河云"至于龍門，南至于華陰"。蓋自府谷始，河與冀分界，自神木至朝邑，沿河西岸，至華陰止，河自此入冀與豫也。南以終南爲界，雍州云"終南惇物"，漢志武功縣"太壹山，古文以爲終南"。蓋自華陰始，華山與梁分界，自華州至隴西，循終南諸山南麓，至渭源止，黑水自此南行徼外也。西以黑水爲界，道黑水云"至于三危"，晉地道記："首陽有三危山"。蓋自渭源始，三危西與邊界，自狄道至武威，豬野上源，谷水所出，東南值三危，至鎮番止，豬野所在也。北以豬野爲界，雍州"原隰底績，至于豬野"，漢志武威郡"休屠澤在東北，古文以爲豬壄"。蓋自鎮番始，豬野北與邊界，自中衞至定邊，漆沮所出，西北值豬野，自靖邊至神木東北值河首，至府谷止，河自此入塞也。

九州未言水道

鄭于冀州末注云:"治水既畢,更復行之,觀地肥瘠,定貢賦上下。"然則每州之下"浮于"云云,皆是巡行州境。荆州言"浮于江、沱、潛、漢",則荆州之境巡行已徧。洛與南河是豫州地,非荆州地矣。逾洛至南河者,爲將治豫,故經敘荆州之下即記豫州也。此篇九州先後之次,即是禹施功之次。水害,大河尤甚。禹先治河,治所經地,冀、兖最下,兖既淪没,冀爲帝都,故先治冀,次及兖,次乃由青而徐而揚。東方三州皆瀕于海,水之委也,故亦早治之。揚則跨大江而南,盡東南之地矣。循揚而上,故及荆、豫。梁州之地,少汎濫之水,其功可緩,故荆既治,次及豫,然後治梁。雍州田上上,故治之最後也。近儒之説,似以每州貢物皆會聚于州牧而總共運載至帝都者,彼意蓋以一州土物,産不一處,必有總辦之人,自然是州牧總共斂集,用巨艦裝載。物既累墜,船又重大,必須代爲籌畫便近道路。無如禹時沛、漯未必相通,而近儒于兖、徐則鑿鑿尋出二水相通之道矣。禹時江、淮不通,故近儒于揚州則竟謂禹之貢舟用海運入淮矣。漢、洛不通,必須陸路,乃代爲籌畫,忽添出丹水一層,謂由漢入丹,由丹至冢領山,然後入洛矣。梁州沔、渭亦斷不能通,則硬説禹時褒、斜必有相通之道,并謂其必有巧妙之法,使舟可踰嶺而達,從沔溯褒入斜以通渭矣。至雍州"至于龍門西河,會于渭汭",只得强改孔傳"逆水西上"作"逆水而上",謂是南北兩路貢船會于渭汭,一并轉東進京矣。宋學之爲經害,甚矣哉。

爾雅釋地九州

釋地九州"兩河間曰冀州",郭璞注:"自東河至西河。"此蓋殷制。孫炎、李巡並同。舜"肇十有二州",鄭注謂"舜于舊九州外,分青州爲營州,冀州爲并州、幽州。至夏仍合爲九"。禹貢無幽、并二州,則幽、并之地并入于冀。爾雅有幽州無并州,則幽州兼有并州之地。周分置幽、并二州,俱在禹貢冀州域内,是殷、周冀州視夏制差小。鶴壽案：先生敍釋地九州，即邵氏晉涵爾雅正義。但邵氏所言，于殷代九州之界限亦未全備，今爲補玫于左。冀州東以東河爲界，王制"自東河至于西河"，鄭注"冀州域"。蓋自深澤始，滹沱河與幽分界，自晉州至鉅鹿，據大陸南北相望，自廣宗至內黃，沿河西岸，至濬縣止，河折而東北也。南以南河爲界，王制"自恒山至于南河"，鄭注"冀州域"，自濬縣至永濟，與夏冀州同。西以梁山爲界，爾雅："梁山，晉望也。"梁山在河西，蓋自永濟始，河與雍分界，踰河經郃陽韓城，梁山所在，踰河自吉州至保德，沿河東岸，至河曲止，東值幽州燕京也。北以霍山爲界，爾雅"西方之美者有霍山之珠玉焉"，郭璞注："今在永安縣東北。"蓋自河曲始，河與雍分界，東至五寨東值幽州燕京，自寧武至霍州，沿汾水西岸，自沁原至平定西南值霍山，自盂縣至無極，沿滹沱南岸，至深澤止，南值大陸也。

"河南曰豫州"，注："自南河至漢。"禹貢豫州以荆山之北爲界，爾雅豫州以漢水之北爲界，夏、殷殊制。職方云："河南曰豫州，正南曰荆州。"則周時荆州兼有漢北之地，與殷制異。郭知自南河至漢者，以豫州居冀、荆之間，其界爲南河之南、漢水之北也。周禮疏云："周之雍、豫，兼梁州之地。"爾雅無梁州，則殷之豫州亦兼梁地。鶴壽案：豫州東以南薄爲界，書序"湯始居亳"，皇甫謐曰："亳今穀熟縣是也。"蓋自曹縣始，與沇州陶丘分界，自商丘至信陽，據南薄東北與西南相望，自應山至孝感南值沔口，至漢陽止，漢自此入江也。南以漢上爲界，伊尹書："果之美者，漢上石耳。"蓋自漢陽始，漢與徐分界，自漢川至徽縣，沿漢北岸，其西北成縣，至秦州止，漢于此發源也。西以華山爲界，爾雅："西南之美者，有華山之金石焉。"淮南子注："今華陰南山。"蓋自秦州始，與荆州嶓冢分界，東南至兩當，西值嶓冢，自鳳縣至華州，與雍州終南諸山相距，至華陰止，華山所在也。北以河南爲界，王制"自南河至于江"，鄭注："豫州域。"蓋自華陰始，華山與雍分界，東至雒南，西北值華山，自閿鄉至鞏縣，沿河南岸，自氾水至杞縣，據圉田左右，自蘭陽至考城東北值沇州陶丘，至曹縣止，其北即陶丘也。

"河西曰雝州"，注："自西河至黑水。"職方云："正西曰雍州。"殷、周雍州俱兼梁州之地，與禹貢異。鶴壽案：雝州東北以河西爲界，爾雅"河西嶽"，河西者，龍門河之西。蓋自靖邊始，西值焦穫，自懷遠至府谷,據河首東北與西南相望,自神木至宜川,沿河西岸,至洛川止,其東即冀州梁山也。東南以揚陸爲界,爾雅"秦有揚陸",晉書地道記潼關是也。蓋自洛川及澄城始,東值冀州梁山,自朝邑至潼關,沿河西岸,自華陰至渭南,南值豫州大華少華,自藍田至鄜縣,據終南諸山南麓,自岐山至清水,西值荊州嶓冢,至秦州止,其西南即嶓冢也。西南以黑水爲界,水經"若水至朱提縣西爲瀘江水",瀘江即黑水。蓋自秦州始,西漢與荊分界,自禮縣至巴縣,沿西漢西岸,自江津至屏山,沿黑水所合之江北岸,自犍爲至茂州,北值岷山,至松潘止,岷山所在也。西北以焦穫爲界,爾雅"周有焦穫",在今固原州西北。蓋自松潘始,岷山西與邊界,自平武至寧遠,南值岷山,自隴西至中衞,據焦穫南北相望,自靈州至靖邊止,西值焦穫也。

　　"漢南曰荊州",注:"自漢南至衡山之陽。"殷時荊州以漢水爲界,則自大別以東江南之地屬于揚州,大別以西漢東之地屬于豫州,視夏制差小,謂凡在漢水以南皆屬荊州,其南界則越過衡山之陽也。鶴壽案:荊州東以雲夢爲界,爾雅"楚有雲夢",在今監利縣南石首縣東北。蓋自漢陽始,漢與豫分界,自嘉魚至瀏陽,據雲夢南北相望,至醴陵止,西值衡山也。南以衡山爲界,王制"自江至于衡山",鄭注:"荊州域。"蓋自醴陵始,衡山與楊分界,自湘潭至漵浦,據衡山東西相望,自沅陵至巴東,東南值衡山,自巫山至長壽,沿江北岸,至巴縣止,西漢自此入江也,西以西漢爲界。漢志西縣嶓冢山,西漢水所出,南入廣漢白水,東南至江州入江。蓋自巴縣始,西漢南與邊界,自合州至禮縣,沿西漢東岸,至秦州止,西漢于此發源也。北以沔、漢爲界,漢志:"武都縣漢水,受氐道水,一名沔。"地說:"漢與江合于衡北翼際山旁。"蓋自秦州及成縣始,漢與雍分界,自徽縣至漢川,沿漢南岸,至漢陽止,漢自此入江也。

　　"江南曰揚州",注:"自江南至海。"殷制,割淮南江北之地以屬徐州,故揚州以江爲界,兼有大別以東之地。鶴壽案:揚州東以會稽爲界,爾雅"東南之美者,有會稽之竹箭焉",郭璞注:"今在山陰縣南。"蓋自太倉始,江與徐分界,自鎮洋至福鼎,沿東海西岸,至霞浦止,海折而西南也。南以越爲界,呂氏春秋"東南爲揚州、越也,自霞浦至崇義",與夏揚州同。西以漢東爲界,左傳"漢東之國隨爲大",漢水以東皆揚州地。蓋自崇義始,其東大庾嶺,南與邊界,自龍泉至江夏,北值漢入江處,至漢陽止,漢自此入江也。北以江南爲界，左傳“田于江南之夢”，江南謂北江之南。蓋自漢陽始，漢與徐分界，自武昌至昭文，沿江北岸至太倉止，江自此入海也。

“沛、河間曰沇州”，注：“自河東至沛。”殷制與夏同。職方云“河東曰沇州”，賈疏：“周之沇州，于禹貢侵青、徐之地。”沇州之域，河東與冀分界，沛自熒至菏，西南與豫分界，自菏至會汶，南與徐分界，會汶後東北行，東與營分界。鶴壽案：沇州東北以斥山爲界，爾雅“東北之美者，有斥山之文皮焉”，隋志“文登縣有斥山”。蓋自遵化始，與幽州燕山分界，自遷安至盧龍，折而南，至昌黎，碣石所在，越海至樂安止，與昌黎對岸也。東南以沛西爲界，左傳“追戎于沛西”，杜預注：“沛水之西。”蓋自樂安始，沛與營分界，自博興至鄆城，沿沛北岸及西岸至鉅野止，沛于此絕大野也。西南以大野爲界，爾雅“魯有大野”，郭璞注：“今鉅野縣東北大澤。”蓋自鉅野始，大野與徐分界，西南至定陶，沿沛北岸自菏澤至熒陽，約沛伏流至汜水止，沛于此出河也。西北以河東爲界，呂氏春秋“河、沛之間爲沇州”，高誘注：“河出其北。”蓋自汜水始，沛與豫分界，自熒陽至鉅鹿，沿河東岸自南宮至束鹿，摩沱河所經，南值河，自安平至天津，沿摩沱河南岸越海，自豐潤至遵化止，與幽州燕山東麓相距也。

“沛東曰徐州”，注：“自沛東至海。”殷仍夏制。職方云：“正東曰青州，其山川皆禹貢徐州之域。”周無徐州，蓋以徐爲青也。徐與沇以沛爲界，自沛而東兼有淮南江北之地，與揚州分界。周之青州，于禹貢侵豫州地，故其澤藪曰望諸，殷爲徐州，則望諸亦當在境內。鶴壽案：徐州東以東海爲界，王制“自東河至于東海”，鄭注：“徐州域。”蓋自日照始，海與營分界，自贛榆至通州，沿東海西岸至海門止，江自此入海也。南以北江爲界，禹貢“東爲北江”，漢志毗陵縣，北江在北。蓋自海門始，江與揚分界，自通州至黃陂，沿江北岸至漢陽止，漢自此入江也。西以孟豬爲界，爾雅“宋有孟諸”，郭璞注：“今在睢陽縣東北。”蓋自漢陽始，漢與豫分界，自黃陂至漢城，孟諸所在，西南值漢入江處，自單縣至東平，沛于此會汶，南值孟諸，自東阿至長清，沿沛東岸至齊河止，沛折而也。北以岱岳爲界，爾雅“中有岱岳，五穀魚鹽生焉”，在今泰安縣北。蓋自齊河始，沛與營分界，其東南爲泰安，岱岳所在，自萊蕪至莒州，西北值岱岳，至日照止，海折而南也。

“燕曰幽州”，注：“自易水至北狄。”禹貢以幽州之地合于冀州。職方云：“東北曰幽州，正北曰并州。”爾雅無并州。幽州兼有并州之地，故下文云“燕有昭余祁”，昭餘祁爲周禮并州之澤藪也。殷以昭余祁屬燕，是爲并合于幽之證。職方：“并州，其浸淶、易。”殷制合并于幽，故易水在幽州境内。水經云：“易水出涿郡故安縣閻鄉西山。”周時幽州偏于東北，其正北則爲并州。殷以東北之地割屬營州，則幽州之境縮于東北而贏于正北。鶴壽案：幽州東以燕山爲界，括地志：“燕山在漁陽縣東南。”蓋自遵化始，燕山與沈分界，自玉田至文安，滹沱河自此入海，自大城至束鹿，沿滹沱河北岸及西岸至深澤止，滹沱河折而北也。南以昭余祁爲界，爾雅“燕有昭余祁”，郭璞注：“今鄔縣北九澤。”蓋自深澤始，滹沱河與冀分界，自無極至盂縣，沿滹沱河北岸，自壽陽至平遥，西北值昭余祁，至靈石止，其南即冀州霍山也。西以燕京爲界，淮南子“汾出燕京”，高誘注：“燕京在汾陽。”蓋自靈石始，與冀州霍山分界，自介休至寧武，沿汾水東岸，自神池至偏關止，東值燕京也。北以西隃爲界，爾雅“北陵西隃雁門”是也，在今陽高縣西北，自偏關至遵化，與夏冀州同。

　　“齊曰營州”，注：“自岱東至海。”禹貢云“海、岱惟青州”，公羊疏引鄭注云：“今青州界，東自海，西至岱。”東嶽曰岱山。職方云：“正東曰青州。”夏、周俱無營州。釋文云：“爾雅營州爲禹貢之青州矣。‘營’者，蓋取營丘以爲號。”博物志云：“‘營’與‘青’同。海東有青丘，齊有營丘，豈是名乎？”説苑作“齊曰青州”，是青即營也。公羊疏引孫氏云：“自岱東至海。”郭注本孫炎。晝疏云：“青州之境，非至海畔而已。堯時青州當越海而有遼東也。舜爲十二州，分青州爲營州，營州即遼東也。”爾雅營州之境，與禹貢青州同。鶴壽案：營州東北以醫無閭爲界，爾雅“東方之美者，有醫無閭之珣玗琪焉”，郭璞注：“醫無閭今在遼東。”蓋自撫寧始，與沈州碣石分界，自臨渝至廣寧，據醫無閭西南與東北相望，自開原至海城，沿遼水東岸，自蓋平至寧江，沿勃海東岸越海至壽光止，與寧海對岸也。東南以海隅爲界，爾雅“齊有海隅”，郭璞注：“海濱廣斥。”自壽光至諸城，與夏青州同。西南以岱陰爲界，管子"南至于岱陰"，言齊在岱岳之北。蓋自諸城始，海與徐分界，自安丘至章丘，西值岱陰，至歷城止，其南即岱岳也。西北以沛南爲界，漢志沛南郡，言郡在沛水之南。蓋自歷城始，沛與沇分界，自章丘至樂安，沿沛南岸越海至撫寧止，與樂安對岸也。

釋山五嶽有兩條，後條爲正

五嶽不知定始何時，尚書舜典"歲二月東巡守，至于岱宗；五月南巡守，至于南岳；八月西巡守，至于西岳；十有一月朔巡守，至于北岳"，僞孔安國傳云："岱宗泰山，爲四岳所宗。南岳衡山，西岳華山，北岳恒山。"禮記王制文與舜典略同，鄭但云"岱宗東嶽"，餘皆無注。而疏則據爾雅釋山郭璞注詳言之，與孔傳同，并及中嶽嵩高。其毛詩大雅崧高傳説四嶽亦與孔傳同，而疏則引孝經鉤命決，具説五嶽云："東岳岱，南岳衡，西岳華，北岳恒，中岳崧高。"又言封禪書、白虎通及王肅尚書注、服虔左傳注、杜預春秋釋例土地名並同。此蓋唐、虞、三代相承。其爲山既高大，且于中國各案五方定位，不可改移，即後世西南二境日漸恢拓，而究無以易衡、華，故數千年來不變。然釋山有兩條，其後一條正釋五嶽之名曰："泰山爲東嶽，華山爲西嶽，霍山爲南嶽，恒山爲北嶽，嵩高爲中嶽。"此節每句皆系以"嶽"字，此爲五嶽一定之正名。説文山部"嶽"字注亦云："東岱、南霍、西華、北恒、中泰室，王者巡守所至。"重文"岳"字注："古文'嶽'。"觀此知"嶽"、"岳"諸經互異，實一字，泰室即嵩高，而南嶽不言衡言霍山，則説文與釋山同者。據王制疏，推郭璞意以爲衡山本有兩名，一名霍山也。説詳下文。此説妙矣。説文新附"嵩"字注："中岳嵩高山也。從山，從高，亦從松。韋昭國語注云：'古通用崇字。'"説文無"嵩"亦無"崧"，而唐石經毛詩嵩高、爾雅釋山"嵩高"作"崧"與"嵩"，此唐人所改，古皆作"崇"也。鄭康成周禮春官大宗伯注説五嶽，與僞孔書傳、孝經鉤命決、毛萇詩傳并王肅書注、服虔左傳注皆同，即與爾雅釋山郭璞注及説文亦無不同。其糾紛不可解者，大司樂注説五嶽之數，不數嵩高而有嶽山，即禹貢"導岍及岐"之岍山，一人之筆，一經之注，前後異解，實費參求。蓋因爾雅釋山別有前一條云："河南華，河西嶽，河東岱，河北恒，江南衡"，五嶽取其四，卻去嵩而易以嶽。郭云："嶽，吴嶽，即岍山也。"與大司樂連言五嶽四鎮相涉。鄭遂用之，又配以職方氏各州鎮山，裝合配輳以説之。賈公彦寡陋少發明，惟崧高疏反覆圓融，其説云："大司樂云'五嶽四鎮崩，令去樂'，注云：'四鎮，山之重大者，謂揚州之會稽，青州之沂山，幽州之醫無閭山，冀州之霍山。此與南嶽無涉。五岳，岱在兖州，衡在荆州，華在豫州，岳在雍州，恒在并州。'司樂、宗伯，同是周禮，而司樂之注不數嵩高者，蓋鄭有所案據，更見異意也。釋山發首云：'河南華，河西岳，河東岱，河北恒，江南衡。'陳此五山之名，不復更言餘山。雖不謂此五山爲五嶽，明有爲嶽之理。鄭緣此旨，以司樂之文，連言四鎮五岳，并之正九，當九州各取一山以充之。而夏官職方氏九州皆云其山鎮曰某山，每州舉其大者，其文有岳山無崧高。爾雅'河西岳'在五山之例，取岳山與岱、衡、恒、華爲五嶽之數，以其餘四者爲四鎮，令司樂、職方自相配足，見一州之内最大山者，其或崩圮，王者當爲之變容。岳山得從五嶽之祀，故傅會爾雅、職方之文以見此意，非謂五岳定名取岳山也。其正名五嶽，必取嵩高，宗伯之注是定解也。"此疏回護鄭注而仍歸五嶽正名，精妙之至，學者宜詳玩之。

鶴壽案：堯時止有四岳，故設四岳之官，蓋以一人兼掌四岳之事，若有五岳，豈有不同掌之而名其官爲五岳者哉？詩稱"崧高維嶽"，毛傳云："崧，高貌，山大而高曰崧。嶽，四嶽也。"東嶽岱，南嶽衡，西嶽華，北嶽恒。"鄭箋亦止言四岳也，至殷而始有五嶽。蓋豫州居天下之中，湯都南薄，在豫州東界，今歸德府商丘縣東南，後遷西薄，在豫州北界，今河南府偃師縣西南。華山，堯時本屬雍州，殷時改屬豫州，故爾雅云"河南華"，在豫州西界，今同州府華陰縣南。華山既在畿内，乃以爲中岳，而以河西之岍山爲西嶽，此五嶽之名所由起。王制云"五嶽視三公"是也。周人因之。周禮大宗伯、大司樂咸有五嶽之文，蓋即釋山前一條之五嶽，而非後一條之五嶽，邵氏爾雅正義雖未言五嶽緣起之由,而以前一條爲爾雅正文,後一條爲後人附益,其說甚詳,今不贅述。何休習于漢儒之説,忘卻堯時無五岳,故云"還至嵩"爾。

何休公羊學引"歲二月東巡守"一條,"四岳"下多"還至嵩如初禮"六字。

周禮職方氏賈疏非是

周禮夏官職方氏:"辨九州之國,使同貫利。東南曰揚州,其山鎮曰會稽,其澤藪曰具區,其川三江,其浸五湖;正南曰荆州,其山鎮曰衡山,其澤藪曰雲、瞢,其川江、漢,其浸潁、湛;河南曰豫州,其山鎮曰華山,其澤藪曰圃田,其川滎、雒,其浸波、溠;正東曰青州,其山鎮曰沂山,其澤藪曰望諸,其川淮、泗,其浸沂、沭;河東曰兗州,其山鎮曰岱山,其澤藪曰大野,其川河、泲,其浸盧、維;正西曰雍州,其山鎮曰嶽山,其澤藪曰弦、蒲,其川涇、汭,其浸渭、洛;東北曰幽州,其山鎮曰醫無閭,其澤藪曰貕養,其川河、泲,其浸菑、時;河內曰冀州,其山鎮曰霍山,其澤藪曰揚、紆,其川漳,其浸汾、潞;正北曰并州,其山鎮曰恒山,其澤藪曰昭餘祁,其川虖池、嘔夷,其浸淶、易。"鄭注云:"揚、荆、豫、兗、雍、冀與禹貢略同,青州則徐州地也,幽、并則青、冀之北也,無徐、梁。"疏曰:"云此州界揚、荆、豫、兗、雍、冀與禹貢略同者,不失本處,雖得舊處,猶有相侵入,不得正,故云略同。若周之兗州,于禹貢侵青、徐之地;周之青州,于禹貢侵豫州之地;周之雍、豫,于禹貢兼梁州之地;周之冀州,于禹貢小于禹時冀州,以其北有幽州、并州,故知也。周之九州無徐、梁,禹貢有徐、梁,無幽、并。爾雅云:'兩河間曰冀州,河南曰豫州,濟東曰徐州,河西曰雍州,漢南曰荆州,江南曰揚州,燕曰幽州,濟、河間曰兗州,齊曰營州。'詩譜曰:'雍、梁、荆、豫、徐、揚之民咸被其化。'數不同者,禹貢所云堯、舜法,爾雅所云似夏法,詩譜所云似殷法,亦與禹貢三代不同,是以州名有異。"案:職方注、疏皆爲約略之詞,與禹貢異同,未嘗鑿指,至于疏以禹貢爲堯、舜法,爾雅爲夏法,詩譜爲殷法,則大謬矣。攷詩疏云："爾雅九州之名，禹貢有梁、青無幽、營，周禮有幽、并無徐、營，孫炎以爾雅之文與禹貢不同，于周禮又異，故疑爲殷制耳。"案：以爾雅九州爲殷制，漢以後諸儒俱無異説，惟賈公彦云"禹貢所云堯、舜法，爾雅所云似夏法，詩譜所云似殷法"。今知不然者，鄭氏詩譜首言禹貢雍州，故下文即以禹貢九州之名見天下三分之數。賈氏不審發端"禹貢"二字，遂疑爲殷法，雖述鄭譜，實乖鄭義。至以禹貢爲唐、虞法，爾雅爲夏法，尤爲無據。鶴壽案：文王在殷時則三分有二，當指殷六州言，周書程興篇所謂"文王合六州之侯，奉勤于商"是也。故賈氏遂以詩譜爲殷法。既以詩譜爲殷法，不得不以爾雅爲夏法、禹貢爲堯舜法矣。

七國都

戰國七國之國都：秦都鎬京，即周武王故都，今陝西省城西安府附郭長安縣。齊都臨淄，今縣屬山東青州府，武王以營丘封太公爲齊國，其後獻公都臨淄，皆在此。案：山東省志引史記"太公始居營丘，五世胡公靜遷薄姑，子獻公山又遷臨淄"，似營丘距臨淄甚遠，非一地。今萊州濰縣亦有營丘城，似爲近之，然漢地理志臨淄縣注"城中有丘，即營丘"，太公築邑于此，或胡公遷他處而獻公復還故土，如商家五徙厥居而盤庚復遷殷，未可知也。燕都即今京師順天府附郭大興縣。楚都有五，始封在丹楊，今江南太平、寧國二府交界處；始遷郢，今湖北荆州府治江陵縣；再遷鄀，大約在今湖北襄陽府之東境，爲故樂鄉縣地而不可的知；三遷陳，今河南陳州府淮寧縣；四遷壽春，今江南鳳陽府壽州。韓始都上黨，今山西潞安府長治縣；後遷新鄭，因滅鄭遷都之，今鄭州屬河南開封府。趙都邯鄲，今縣屬直隸廣平府。魏始都安邑，今爲縣，屬山西解州；惠王遷都大梁，今爲河南省城開封府祥符縣。鶴壽案：營丘故城在今青州府昌樂縣東南五十里。史記稱尚父封營丘，萊侯來伐。營丘邊萊，則在昌樂也，臨淄故城在今青州府臨淄縣北八里，二都東西相去甚遠。史記正義引輿地志云："秭歸縣東有丹陽城，熊繹始封也，在今宜昌府歸州東南七里。"水經江水注、後漢王昌傳注、通典皆同此説。先生以爲在太平、寧國二府交界，是誤信漢志也。史記稱昭王徙都郢，郢謂鄢郢，今襄陽府宜城縣西南八十五里昭王城是也。又熊麗封睢山之間，熊繹移枝江，楚都不止五遷。

梁敗于齊，喪地于秦，辱于楚

孟子：梁惠王曰"寡人東敗于齊，西喪地于秦七百里，南辱于楚"，趙岐無注，朱子注云："惠王三十年，齊擊魏，破其軍，虜太子申。十七年，秦取魏少梁，後魏又數獻地于秦，與楚將昭陽戰敗，亡其七邑。"齊、秦兩戰，皆本之史記世家、列傳，鑿指其年，可云確矣。但十七年取少梁之前，先有九年與秦戰少梁，"秦"王文恪鏊刻誤作"韓"，此蒙上文而誤，今從汲古閣改正。"虜我將公孫座，取龐"，此已喪地矣。"三十一年秦伐我，秦將商君詐我將軍公子卬而襲奪其軍，破之，秦東地至河，安邑近秦，于是徙治大梁"，此是喪地于秦之正文，其事不但在十七年之後，且并在二十年敗于齊之後，并其所以遷都大梁，亦專爲喪地于秦，逼近之故。朱子何不舉及，而言"後魏又數獻地"也？徧檢魏世家、秦本紀，當惠王時並無獻地于秦事，惟秦紀惠文王五年以後，魏數獻地于秦。時梁惠王薨已久，當在梁襄王時，朱子誤記矣。若"南辱于楚"，徧尋六國表、楚魏世家，當惠王時爲楚宣王、威王，不但絶無與魏爭戰，并且無會盟往來事，惟楚世家懷王六年使昭陽攻魏，破之于襄陵，得八邑，時已當梁襄王之十二年，去惠王薨十三年矣。此事亦見戰國策高誘注，云楚懷王時，而朱子又誤以此入惠王口中。八邑，國策作八城，城即邑，朱子誤作"七邑"。其實辱于楚不知爲何事，當闕疑。或曰：子數辨朱子誤將襄王事入惠王口中，抑知朱子從竹書紀年惠王再改元，襄王之年即惠王之年，史記誤分屬襄王。子之辨，得毋誣朱子乎？予曰：竹書紀年，晉束晳僞譔，何足徵信。鶴壽案：通鑑據杜預、和嶠之説，已移襄王之年于惠王矣，朱子並不誤，何必仍舉舊説以駁之？

蛾術編卷三十八

漢十三部

冀、兗、青、徐、揚、荆、豫、梁、雍、幽、并、營，此唐虞之十二州也。漢無營州，其十一州皆有之，但改梁名益，改雍名涼，而又南置交阯，北置朔方之州，凡十三部，部刺史員十三人。此見于地理志、百官表及師古所引胡廣記者也。據文似十一州外添交州、朔方爲十三部，但河内、河南二郡注云屬司隸，而各郡國無屬朔方者，百官表“司隸校尉，武帝征和四年置，察三輔、三河、弘農”，三輔是京兆、馮翊、扶風，三河是河内、河南、河東，續郡國志此六郡與弘農正屬司隸。東漢如此，西漢可知。杜佑通典于西漢十三部亦不數朔方而數司隸，且地理志敍首雖云置朔方之州，而朔方刺史果亦在員數之内，則朔方郡宜專屬之矣，今乃注云“屬并州”，則知所謂十三部者，實是于舊十一州外添交州與司隸爲十三，朔方不數。平當傳“當以丞相司直坐法，左遷朔方刺史”，師古曰：“武帝初置朔方郡，別令刺史監之，不在十三州之限。”是也。鶴壽案：漢百官表明言司隸校尉察三輔、三河、弘農，而地理志班固自注，于京兆尹、左馮翊曰：“高帝元年屬塞國。”于右扶風曰：“高帝元年屬雍國。”于弘農、河東二郡不言所屬，唯于河内、河南二郡則曰“屬司隸”，何也？刺史，武帝元封五年所置；司隸校尉，征和四年所置。京兆尹本爲右内史，左馮翊本爲左内史，右扶風亦爲右内史，俱係太初元年更名，弘農郡直至元鼎四年始置,然則征和以前未有司隷,則三輔、三河、弘農必專設一刺史以糾察之,逮征和四年乃改爲司隷校尉耳。或曰:征和以前,京兆尹、左馮翊、右扶風,當是雍州刺史兼治之;弘農郡、河南郡,當是豫州刺史兼治之;河東郡、河内郡,當是冀州刺史兼治之。若七郡專設一刺史,則是有十四刺史矣。曰:是不然。三輔爲京畿重地,豈有不專設一刺史者?蓋十三州有定數,而管攝十三州之官亦有定員,自元封五年始,刺史十三人。地理志云:"武帝攘卻胡、越,開地斥境,南置交阯,北置朔方之州,兼徐、梁、幽、并夏、周之制,改雍曰涼,改梁曰益,凡十三部,置刺史。"百官表云:"元封五年初置部刺史,掌奉詔條、察州員,十三人。"是也。三輔刺史部京兆等七郡,豫州刺史部潁川等三郡、梁魯二國,冀州刺史部魏郡等四郡、趙國等六國,兗州刺史部陳留等五郡、城陽等三國,徐州刺史部琅邪等三郡、泗水等三國,青州刺史治平原等六郡、菑川等三國,荆州刺史部南陽等六郡、長沙國,揚州刺史部廬江等五郡、六安國,益州刺史部漢中等八郡,涼州刺史部隴西等九郡,并州刺史部太原等九郡,幽州刺史部勃海等十郡、廣陽國,交州刺史部南海等七郡。自征和四年始,司隷校尉一人察京兆等七郡,刺史十二人察十二州,百官表云"司隷校尉,征和四年置"是也。唯朔方郡雖屬并州,以疆界闊遠,添設一刺史以糾察之,不在十三人之内,故胡廣曰:"漢既定南越之地,置交州刺史,别于諸州,令持節治蒼梧,分雍州置朔方刺史。"今案"雍州"當作"并州",漢時朱博、趙岐、祝良、郭丹皆爲并州刺史,蕭育、翟方進、平當又皆爲朔方刺史,則知并州部内固有兩刺史矣。

省并朔方

司隷校尉自爲一部,其餘豫、冀、兗、徐、青、荆、揚、益、涼、并、幽、交,分爲十二州,州各刺史總統之,合司隷共爲十三部。此制已詳漢書,後漢同。惟朔方刺史于建武十一年省并并州,見後漢書光武紀及郭伋傳,與前漢異。鶴壽案:續漢郡國志云:"世祖中興,惟官多役煩,乃命并合,省郡國十縣、邑道侯國四百餘所。"今案省減吏員始于建武六年,至十一年,省減朔方刺史并入并州,蓋朔方郡本屬并州部内,因地方遼闊,故别置刺史以糾察之,則知此一刺本不在十三部之内,故雖大員,可以省減也。

郡國太守、刺史治所

司馬彪續漢郡國志敍首云："凡縣名先書者，郡所治也。"郡太守所治之縣，自宜先書，此例甚當。前志每郡先書者，不必定太守治，則太守所治宜逐郡詳書之，乃都尉治則書，太守治不書，此前志之不如續志者。至刺史治，續志皆詳書之，而前志亦不書，說已見前。若都尉，前志有治所，續志無者，百官志言："建武六年，省諸郡都尉，并職太守。"注云："每有劇賊，郡臨時置都尉，事訖罷之。"故郡國志無其治所。鶴壽案：漢志所書都尉治，如左輔都尉治高陵，主爵都尉治右扶風，南部都尉治塞外翁龍、埻是，西部都尉治竈渾，東部都尉治稒陽是也。續漢志河南尹雒陽、河內郡懷縣、河東郡安邑之類，則皆太守治，若豫州刺史治譙縣、冀州刺史治高邑、兗州刺史治昌邑、徐州刺史治剡縣、青州刺史治臨菑、荆州刺史治漢壽、揚州刺史治歷陽、益州刺史治雒縣、涼州刺史治隴縣、并州刺史治晉陽、幽州刺史治薊縣，悉書之。唯交州刺史治廣信則失書，劉昭注引漢官儀以補之，而司隸校尉治河南，不知以何獨不書。

許、鄴、洛三都

魏志文帝紀黃初二年注引魏略，以長安、譙、許昌、鄴、洛陽爲五都。其實長安久不爲都，譙特因是太祖故鄉，聊目爲都，皆非都也。真爲都者，許、鄴、洛三處耳。自建安元年操始自洛陽迎天子遷都許，備見武帝紀中，并每有征伐事畢，下輒書"公還許"。至九年滅袁氏之後，則遷都于鄴，紀雖于此下屢書"公還鄴"，或書"至鄴"，而尚未能直揭明數語，使觀者醒眼。至二十四年則書"還洛陽"，二十五年又書"至洛陽"，其下即書"王崩于洛陽"。至其子丕受禪即真位，皆在洛。蓋自操之末年又自鄴遷洛矣，紀所書亦宜再加醒眼之句。鶴壽案：潁川郡許縣，魏黃初二年改曰許昌，故城在今河南許州東北三十里。漢魏郡鄴縣故城在今彰德府臨漳縣西二十里。漢河南雒陽縣故城在今河南府洛陽縣東北二十里。魏文帝以譙縣爲先人本國，長安爲西京遺迹，故與許、鄴、洛號爲五都。

三國疆域

東漢十三州，司隸、豫州、冀州、兗州、徐州、青州、荆州、揚州、益州、涼州、并州、幽州、交州也。杜佑通典卷一百七十一州郡門云:"魏據中原,有州十二,司隸、荆河、兗、青、徐、涼、秦、冀、幽、并、揚、雍。"小字夾注云:"分涼州置秦州,理上邽,今天水郡。揚治壽春,今郡。徐治彭城,今郡。荆治襄陽,今郡。兗治武威,今郡。並因前代。"荆河者,禹貢"荆、河惟豫州",本是豫州,而改稱者,避唐代宗諱也。兗治之下,脱文甚多,未得他本參對,未敢輒添。其下文云蜀"全制巴、蜀,置益、梁二州",益治成都,今郡。梁治漢中,今郡。吳"北據江,南盡海,置交、廣、荆、郢、揚五州",交治龍編,今安南府。廣,孫權置,治番禺,今南海郡。荆治南郡,今江陵郡。郢治江夏,即今郡。揚治建鄴,今丹楊郡江寧縣。鶴壽案:三國疆域已詳見晉地理志。魏武定霸,三方鼎立,生靈板蕩,關、洛荒蕪。所置郡十二,新興、樂平、西平、新平、略陽、陰平、帶方、譙郡、樂陵、章武、南鄉、襄陽;所省者七,上郡、朔方、五原、雲中、定襄、漁陽、廬江;而文帝置七,朝歌、陽平、弋陽、魏興、新城、義陽、安豐;明帝、少帝增二,上庸、平陽,得漢郡者五十四焉。蜀先主當漢建安之間,初置郡九,巴東、巴西、梓潼、江陽、汶山、漢嘉、朱提、宕渠、涪陵;後主增二,雲南、興古,得漢郡十有一焉。吳大帝初置郡五,臨賀、武昌、珠厓、新都、廬陵;少帝、景帝各四,臨川、臨海、衡陽、湘東、天門、建安、建平、合浦;歸命侯亦置十有二郡,始安、始興、邵陵、安成、新昌、武平、九德、吳興、東陽、桂林、滎陽、宜都,得漢郡者十有八焉。但萬曆二十四年所刊晉書,脱誤甚多。

晉地志與漢志異

晉地理志謂高帝分一内史以爲三,更置新郡國二十有三,是爲二十六,文增九,景增四,武增十七,又增十四,昭增一,合之共增七十一,故與秦四十爲一百十一似合,但漢志比晉志少郡國八,漢志若除去燕國、膠西、珠厓、儋耳、沈黎、汶山,又内史名雖增三,實只增二,則再除其一,又于秦郡中除去鄣郡、黔中、閩中,又漢之三十六除内史,晉之四十連内史,則應少九,不知何以少八?此其牴牾不合,未暇細致。鶴壽案:晉志與漢志其數不同者,晉志有重複,又有脱漏故也。漢志云:"本秦京師爲内史,分天下作三十六郡。漢興,以其郡太大,稍復開置,又立諸侯王國。武帝開廣三邊,故自高祖增二十六,文、景各六,武帝二十八,昭帝一。訖于孝平,凡郡國一百三。"而晉志謂"凡新置郡國七十有一,與秦四十,合一百一十有一",比漢志增其八矣。先生輾轉疑惑,既欲去燕國、膠西,又欲去邾郡、黔中,且謂漢之三十六除內史,晉之四十連內史,始終不得其解。其實合兩志觀之,漢之京兆尹、左馮翊、右扶風,即秦之內史。漢之梁國,即秦之碭郡。漢之南海、鬱林、日南,即秦之南海、桂林、象郡。武帝所置珠厓、儋耳、沈黎、汶山四郡,平帝時已廢,然則晉志所謂"新置郡國七十一"者,京兆、馮翊、扶風本爲一郡,梁國、南海、鬱林、日南、珠厓、儋耳、沈黎、汶山並非新置,而秦之閩中,漢又未嘗置,則此十郡國,晉志乃重複計之,而未曾除去也。漢志有真定國,武帝元鼎四年置,又有泗水國,故東海郡,元鼎四年則爲國,晉志則脫漏焉。若以七十一郡國去其十、加其二,而與秦之四十郡合計之,適得一百有三之數,兩志未嘗有異也。至于秦之彰郡,即漢之丹陽;秦之黔中,即漢之武陵。高帝所置燕國,昭帝改爲廣陽;文帝所置膠西,宣帝改爲高密,非如閩中之未置,又非如珠厓四郡之見廢,胡爲欲去之邪?

南北朝地理得其大槩亦可

晉武帝天下一統,爲二十州,司、冀、雍、涼、秦、青、并、兗、豫、幽、平、徐、揚、荊、江、梁、益、寧、交、廣也。後南北朝分裂,新置之州更多,展轉改易,迷其本來,況又有每州各自析爲南、北,再加以僑置、寄治之名,糾纏舛錯,不可爬梳,其勢然也。宋書州郡志敍首云:"地理參差,其詳難舉,實由名號驟易,境土屢分,或一郡一縣割成四五,四五之中,亟有離合,千回百改,巧曆難算,尋校推求,未易精悉。"此段之重複如此,約身居齊、梁猶如此,況去之千餘年乎? 得其大槩,不細求亦可矣。鶴壽案:南四朝所置之州,宋有揚、南徐、徐、南兗、兗、南豫、豫、青、冀、司、荊、郢、湘、江、雍、梁、秦、益、寧、廣、交、越,凡二十二州,此據孝武大明八年也。蕭齊承宋,初失淮北,後失淮南,有青、冀、豫、北兗、北徐、巴,其餘悉因宋舊,凡二十三州。蕭梁承齊,天監十年有州二十三,悉仍齊制,後又開拓閩、越,克復淮浦,大同中,州至一百有七焉。陳則地狹而州多,西不得蜀漢,北不得淮肥,始終以長江爲限,亦置州四十有二。至于北朝後魏,自道武克并州至宣武收漢川,其地北逾大磧，西至流沙，東接高麗，南臨江漢，故有一百十一州。高齊既滅爾朱，刧魏遷鄴，于是河北自晉州之東，河南自洛陽之東，皆屬齊境，故有九十七州。北周自孝閔奄有魏地，至武帝兼并高齊，乃有二百十一州。此南北朝地理之大略也。

隋罷州置郡

隋百官志云：“煬帝罷州置郡，郡置太守。”地理志云：“煬帝并省諸州，尋改州爲郡，置司隸刺史，分部巡察，大凡郡一百九十。”案唐、虞時九州、十二州，歷三代、秦、漢、魏、晉、南北朝，其名尚存，至隋始革去州名。事勢古今不同，不可泥古。宋州郡志有揚州、南徐州、南兗州、兗州、南豫州、豫州、江州、青州、冀州、司州、荆州、郢州、湘州、雍州、梁州、秦州、益州、寧州、廣州、交州、越州。南齊州郡志略同，惟多一巴州，此名爲從前未有。魏地形志新添之州名甚多。漢、晉每州所管郡甚廣，地形志則每州所管郡有少至二三郡者，并有不領郡之州焉。其州名新製者，共有五六十。梁、陳、齊、周地理無考，而州郡總數見隋地理志，蓋承魏後，其分析亦多，至隋萬不能更爲沿襲，名稱紛溷，已極不便，不但十羊九牧，如楊尚希所云也。

唐改郡爲州

舊唐書地理志云：“高祖受命，改郡爲州，太守並稱刺史。”案：唐、虞分州，三代相沿，秦變爲郡，遂革州名，而漢復稱之，以州統郡，州大郡小，其分封者爲國，兼用周、秦之制也。歷魏、晉及南北朝，而冀、兗等名猶在。隋大業三年，始改州爲郡，置司隸刺史，以紀郡守。自此以後，九州、十二州之名不復用矣。唐高祖又改郡爲州，三代之州兼唐數郡或數十郡之地，唐之州與三代之州大異，漢之刺史統唐數郡或數十君乃之地，唐乃以郡守爲刺史。時異勢殊，其沿革不同如此。但舊志惟臚列各州，其下但云“本古某郡”而已，新唐書地理志則云京兆府京兆郡云云、華州華陰郡云云、同州馮翊郡云云，每州必州名郡名並舉之。河南則云河南府河南郡，陝州則云陝州陝郡，州郡名同者猶必並舉之。而其中間亦有但列州名者，故于渭州下特發例云"凡乾元後所置州皆無郡名"。據此則乾元以前，凡州皆兼郡名也。舊志但列州名，顯係脱漏，不如新志之備。

外官要領惟採訪、節度二使

唐外官要領，惟採訪、節度二使而已。舊志于卷首標題爲"十道郡國"。唐制無國名，與漢異，此字用來牽混。所謂"十道"，則關內道一，河南道二，河東道三，河北道四，山東道五，淮南道六，江南道七，隴右道八，劍南道九，嶺南道十也。此乃貞觀元年所分。開元二十一年又分十五道，每道置採訪使，山南、江南分爲東、西二道，又添黔中道。又以關內道分爲二，一爲京畿採訪使，治京師城內，所管州郡凡六；一爲關內採訪使，以京官遥領，所管州郡及都護府凡二十有七。河南道亦分爲二，一爲都畿採訪使，治東都城內，即今河南府。所管州郡凡二；一爲河南採訪使，治汴州，即今開封府。所管州郡凡二十有八。合計共十五道。漢宣帝言"與我共治百姓者良二千石"，蓋指太守，而縣令尤爲親民之官。然則守、令者，是守土治民之官之切要者也。而採訪使者，大約爲守土官之領袖，故新唐書地志以此分列各州郡。至于節度使者，通典卷三十二職官門謂始于景雲二年以賀拔延嗣爲河西節度使。新書兵志同。此不過言其所起耳。爾時惟邊境設此使，餘不常置也。蓋始名總管，繼改都督，至景雲雖創立節度名色，而開元十五道，採訪十五，節度僅八，所置猶少，且猶採訪自採訪，節度自節度，至天寶乃遂以一人兼領之，至德以後，增置節度益多矣。以上俱本通典。又舊志云"至德後，要衝大郡皆有節度之額，寇盜稍息，則易以觀察之號"，是至德之節度、觀察猶相間用之也。迨至中葉以降，而增置節度益多，其列銜往往稱某軍節度某處管內觀察處置等使，則觀察但爲節度之兼銜矣。且節度無不兼本州刺史，則權盡歸于一家，守土之臣，幾無復有分其任者矣。觀新、舊書諸列傳及唐人碑板自見。鶴壽案:唐外官監察各州者,其名屢有改易,其所統領亦前後不同。武德初,邊要之地置總管以總軍,加號持節使,其後改曰都督,總十州者曰大都督。景雲二年分天下郡縣,置二十四都督府以統之,察刺史以下善惡。揚、益、荊、并四州爲大都督,汴、兗、魏、冀、蒲、綿、秦、洪、潤、越十州爲中都督,齊、鄜、涇、襄、安、潭、遂、通、梁、夔十州爲下都督。議者以權重罷之,惟四大都督府如故。置十道按察使各一人,開元二年改曰十道按察採訪處置使,四年罷之,八年復置十道按察使,秋冬巡視州縣,十年又罷之,十七年復置十道京都兩畿按察使,二十一年因十道分山南、江南爲東、西道,增置黔中道及京畿、都畿,置十五採訪使檢察,如漢刺史之職。其時京畿採訪使則裴曠,關內採訪使則李尚隱,都畿採訪使則盧絢,河南採訪使則王道堅。河東採訪使治蒲州,河北採訪使治魏州,山南東道採訪使治襄州,山南西道採訪使治梁州,隴右採訪使治鄯州,淮南採訪使治揚州,江南東道採訪使治蘇州,江南西道採訪使治洪州,黔中採訪使治黔中,劍南採訪使治益州,嶺南採訪使治廣州。天寶末又兼黜陟使,乾元元年改曰觀察處置使。至于節度使者,其始專爲邊方寇戎之地而設,景雲元年以薛訥爲幽州經略節度大使,節度之名蓋起于此,實即前此之都督也。其後諸道因用此號,得以軍事專殺,行則建節,府植六纛,外任之重,莫之與京。開元中凡八節度使,一磧西,二河西,三隴右,四朔方,五河東,六河北,七劍南,八嶺南,及范陽節度使(范陽即河北)。安祿山反,肅宗起靈武,而諸鎮之兵共起討賊,其後祿山子慶緒及史思明父子繼起,肅宗命李光弼等討之,號九節度之師。大盜既滅,武夫戰卒以功起行陳列爲侯王者,皆除節度使,由是方鎮相望于內地,大者連州十餘,小者猶兼三四焉。

宋地理志據元豐

宋史地理志云:"宋受周禪,有州百十一縣六百三十八,取荊南得州府三、縣十七,平湖南得州十五、監一、縣六十六,平蜀得州府四十六、縣一百九十八,平廣南得州六十、縣二百十四,平江南得州十九、軍三、縣一百八,陳洪進獻地得州二、縣十四,錢俶入朝得州十三、軍一、縣八十六,平太原得州十、軍一、縣四十,李繼捧來朝得州四、縣八。天下既一,疆理幾復漢、唐之舊,未入職方者,惟燕雲一十六州而已。至道分爲十五路,天聖析爲十八,元豐又析爲二十三,曰<u>京東</u><u>東</u>、<u>西</u>,曰<u>京西</u><u>南</u>、<u>北</u>,曰<u>河北</u><u>東</u>、<u>西</u>,曰<u>永興</u>,曰<u>秦鳳</u>,曰<u>河東</u>,曰<u>淮南</u><u>東</u>、<u>西</u>,曰<u>兩浙</u>,曰<u>江南</u><u>東</u>、<u>西</u>,曰<u>荆湖</u><u>南</u>、<u>北</u>,曰<u>成都</u>、<u>梓</u>、<u>利</u>、<u>夔</u>,曰<u>福建</u>,曰<u>廣南</u><u>東</u>、<u>西</u>。<u>崇寧</u>復置<u>京畿路</u>,<u>宣和</u>又置<u>燕山府</u>及<u>雲中府路</u>,天下分路二十六,京府四,府三十,州二百五十四,監六十三,縣一千二百三十四,可謂盛矣。"案:此所列府、州、監、縣之總數,與上受禪及征伐受降所得皆不合,又不言軍之若干,殊不可知,爲是受禪及征伐受降所得,後來增改并省者多,故不合邪?下文言"緜<u>建隆</u>訖<u>治平</u>末一百四年,州郡沿革無大增損",則何也?又曰:"厥後中原板蕩,故府淪没,職方所記,漫不可攷。<u>高宗</u>渡<u>江</u>,所存者<u>兩浙</u>、<u>兩淮</u>、<u>江東</u>、<u>西</u>、<u>湖南</u>、<u>北</u>、<u>西蜀</u>、<u>福建</u>、<u>廣東</u>、<u>廣西</u>十五路而已。建國<u>江左</u>,又百五十年,<u>德祐</u>丙子并歸于我<u>元</u>,而天下復合爲一焉。今據<u>元豐</u>所定,并<u>京畿</u>爲二十四路,首之以京師,終之以<u>燕</u>、<u>雲</u>,凡四京之城闕宫室及南渡行在所,其可攷者,冠乎篇首,爲地理志。"史家志地理,必據一朝以爲定,或據極盛,或據極後,<u>宋史</u>雖云"據<u>元豐</u>",其實志中所列,多歷敍<u>宋</u>一代之分割,若<u>漢</u>地理之據<u>平帝</u><u>元始</u>,<u>續漢郡國</u>之據<u>順帝</u><u>永和</u>,<u>宋州郡</u>之據<u>孝武帝</u><u>大明</u>、<u>順帝</u><u>昇明</u>,<u>魏</u>地形之據<u>東魏</u><u>孝靜帝</u><u>武定</u>,<u>舊唐書</u>地理之據<u>玄宗</u><u>天寶</u>,<u>新唐書</u>地理之據<u>昭宗</u><u>天祐</u>,不如是也。且諸書沿革據某朝,則户口亦據某朝,而<u>宋史</u>户口悉據<u>崇寧</u>。尤顯然者,總敍與分列,前後不相應,其云"今據<u>元豐</u>所定",不知其何所指。惟<u>廣南東路</u>之<u>廣州</u>、<u>韶州</u>、<u>循州</u>、<u>潮州</u>、<u>連州</u>、<u>梅州</u>、<u>南雄州</u>、<u>英德府</u>、<u>封州</u>、<u>肇慶府</u>、<u>新州</u>、<u>德慶府</u>、<u>南恩州</u>、<u>惠州</u>,<u>廣南西路</u>之<u>靜江府</u>、<u>容州</u>、<u>邕州</u>、<u>融州</u>、<u>象州</u>、<u>昭州</u>、<u>梧州</u>、<u>藤州</u>、<u>龔州</u>、<u>潯州</u>、<u>柳州</u>、<u>貴州</u>、<u>慶遠府</u>、<u>賓州</u>、<u>横州</u>、<u>化州</u>、<u>高州</u>、<u>雷州</u>、<u>欽州</u>、<u>白州</u>、<u>鬱林州</u>、<u>廉州</u>、<u>瓊州</u>、<u>南寧軍</u>、<u>萬安軍</u>、<u>吉陽軍</u>,則户口皆據<u>元豐</u>,并有每路總户口數,則皆據<u>紹興</u>,而絶不言其故。

<u>鶴壽</u>案:<u>宋太祖</u><u>至道</u>間所定十五路,<u>京東</u>、<u>京西</u>、<u>河北</u>、<u>河東</u>、<u>陝西</u>、<u>京兆</u>、<u>淮南</u>、<u>江南</u>、<u>湖南</u>、<u>湖北</u>、<u>兩浙</u>、<u>福建</u>、<u>西川</u>、<u>陝西興元</u>、<u>廣東</u>、<u>廣西</u>也。<u>仁宗</u><u>天聖</u>

間所定十八路,江南分爲兩路,川陝分爲四路也。神宗元豐間所定二十三
路,京東東路、京東西路等是也。至徽宗崇寧間置京畿路,宣和間又置燕山、
雲中兩路,凡二十六路。先生謂史家志地理,或據極盛,或據極後,而宋史云
今據元豐所定,并京畿爲二十四路,此最斟酌之盡善。蓋南渡以後,僅存十五
路,宋之極後固不可紀,即置燕山、雲中時,名爲極盛,國勢已非,故就二十三
路加以京畿一路,雖曰據元豐,實則據崇寧,二句須一連讀也。所列府、州、
監、縣與上所得之數不合者,太祖開寶時并省嶺南州縣,仁宗慶曆時并省河
南諸縣,神宗熙寧時并省天下州縣,又廢州、軍、監、縣故也。其地理既據崇
寧,故戶口亦據崇寧,宋史本不誤,先生誤讀之耳。

宋史地理校誤

"平湖南得州十五、監一",小字注有"銅"、有"杜陽監",
"銅",北監板作"錦";"杜",北作"桂",北是。"平蜀得州府四十
八","八"當作"六";小字注有"蜀",北作"眉";"武",北作"戎",
北是。"平廣南得州六十",小字注有"忍",北作"恩";"瀧",北作
"龍";"頤",北作"禺順"二字,北是。"平太原",小字注有"忻",
北作"祈",南是。敍艮嶽事小字注"取大鹿數百千,盡殺之,以餉
衛士","盡",北作"頭",屬上讀;"餉",北作"啗"。此皆別無所
據,特以意改,而其實原本文理甚通,殊不必改。此等甚多,今不
具。"上南門曰永順",北作"冰順",此鈔胥之誤,而校對者竟未
校出,南是而北誤。此等甚多,今不具。濟南府屬縣小字注末有
一"城"字,衍,北無,是。沂州屬縣"費望","望"字應小字旁注;
京兆府"監二",小字注"八年置,鑄銅錢","銅",北作"鐵",北是。
陝州大都督府"監二"以下大字及小字注,北俱無,北是。秦州屬
縣四,"清水"下小字注"有弓門等二十九砦","砦",北作"里",亦
非,當作"堡"。又"安遠砦"小字注"秦州又有安遠等五砦",
"遠",北作"達",北是。鞏州屬縣三,"定西"下小字注"有東西",
"東",北作"通";"砦六"下小字注"廢寧遠砦爲鎮,屬承寧",北作
"來遠"、"永寧";又"未詳何年以砦爲縣",脫"縣"字,北添;末
"樸麻龍堡"脫"堡"字,北添,北皆是。西寧州"賜郡名曰西寧",

北作"西平"，是。紹興府諸暨縣小字注"百龍泉一銀坑"，"百"，
北作"有"，是。新昌縣下小字注"淳化元年省"，"淳化"，北作"淳
熙"；"省"，北作"改"，是。鎮江府丹陽縣"緊"，北無"緊"字，疑
非。衢州"户"下若干脱"口"字，北有，是。淮安軍五河縣下小字
注"咸淳七年置。有澮、涇、馳、崇、淮五河"，南多脱，北是。懷遠
軍下"縣一荆山"，南脱"山"字。荆湖南、北路"鼎、澧、辰、沅、
靖、邵、全州"，"靖、邵"，南作"清郡"，非；"道州"，南作"通州"，
非；"荆湖南、北路"，南作"荆湘"，非。建寧府"監一，豐國"小字
注"咸平二年置，鑄銅錢"，南多脱，從北添。崇慶府下"新津"下
注"望"，"江原"下注"望，唐唐安"云云，北無"江原"，江原下注
即新津縣注，北傳寫誤脱。又彭州似應跳行另起，接寫非。永康
軍"導江"小字注"乾德中，有彭州康隸，熙寧三年軍廢，復隸彭
州，後復于此置軍"，北作"自彭州來隸"，去"置軍""軍"字，北是。
瀘州"縣三"下小字注之後南、北俱挂空，然後提行"瀘川"云云，
皆非是，應連寫。江安縣下注有"南田"，有"武寧、安遠等砦"，南
作"南舊"及"安遠縣砦"，皆北是。大抵南監全不校對，只據寫手
所寫便刻，北校刻稍精，復多杜撰。今于其文義顯然背謬者，皆不
悉出。

蛾術編卷三十九

説 地 三

西王母

爾雅釋地"觚竹、北戶、西王母、日下，謂之四荒"，郭云："觚竹在北，北戶在南，西王母在西，日下在東。"西王母乃地名，而山海經漢武內傳以爲仙人，蓋後儒之曲説。鶴壽案：西王母，國名也，在今甘肅肅州。三朝記云"舜時西王母遣使獻玉環"，荀子云"禹學于西王國"，竹書紀年云"穆王五十七年，西王母來見，賓于昭宫"，淮南子云"西王母在流沙之瀕"，則知其爲國名無疑矣。西山經言"流沙之西五百五十里曰玉山，西王母所居"，在今甘肅肅州西七十里，漢地理志所謂臨羌西北塞外西王母石室，穆天子傳所謂羣玉之山是也。經又言西王母豹尾虎齒而善嘯，蓬髮戴勝，此述其民俗所尚，猶之勾吳之俗，斷髮文身，裸以爲飾，而讀者不察，遂以爲神仙。穆天子傳云："吉日甲子，天子賓于西王母。乙丑，天子觴西王母于瑤池之上。"此敍穆王賓于其國，其國君禮之，所稱西王母者，猶之赤烏之人、曹奴之人，讀者不察，又以西王母爲婦人，不亦異乎？

禹貢 雍州 末節水道

雍州末節水道云："浮于積石，至于龍門西河，會于渭汭。"傳曰："積石山在金城西南，河所經也。沿河順流而北，龍門山在河東之西界。逆流曰會，自渭北涯逆水西上。"疏曰："地理志積石在金城河關縣西南羌中。河行塞外，東北入塞內。積石非河源，故云'河所經也'。河從西來，至此北流，故沿河順流而北至于龍門西河也。地理志龍門在馮翊夏陽縣北，此山當河之道，禹鑿以通河東郡之西界也。會，合也。人行逆流而水相向，故逆流曰會。從河入渭，自渭北涯逆水西上，言禹白帝訖，從此西上，更入雍州界也。”案金城郡河關縣積石山在今甘肅西寧府西寧縣西南塞外。蔡傳云“地志積石在金地郡河關縣西南羌中，今鄯州龍支縣界也”，此説非是。漢河關縣，宣帝神爵二年置，後涼吕光龍飛二年克河關，凡四百五十七年爲郡縣，後没入吐谷渾，遂不復。況積石又在其縣西南羌中，則當在漢西海郡之外，是真當日大禹導河處。宋龍支縣近在今西寧縣東南八十里，爲漢金城郡允吾縣。元和志積石山在龍支縣西九十八里，南與河州枹罕縣分界。枹罕縣今蘭州府河州治，積石山在州西北七十里，積石關則又在州西北百二十里，所謂兩山如削，河流經其中，是較禹所導之積石河隔千有餘里，豈在其縣界者乎？蓋積石山本在徼外，隋大業五年平吐谷渾，置河源郡，郡治古赤水城，境有積石山，唐儀鳳二年置積石軍于靖邊城，始移内地。此皆小積石，即酈注唐述山也。漢段熲破西羌且門且行，四十餘日至河首積石山，唐李靖等攻吐谷渾，蹢積石山，任城王道宗、侯君集行空荒之地二千里，乃次星宿川達柏海，望積石山。此大積石也。大、小積石之名，莫明辨于唐人，故魏王泰曰：“大積石山在吐谷渾界，小積石山在枹罕縣西北。”張守節曰：“河自鹽澤潛行入吐谷渾界大積石山，又東北流至小積石山。”李吉甫曰：“河出積石山，在西南羌中，注于蒲昌縣，潛行地下，出于積石爲中國河，故今人目彼爲大積石。”然則蔡氏在宋時當云“積石山，漢在羌中，唐在吐谷渾界。今河州枹罕縣、鄯州龍支縣有積石山，雖河所經，非禹所導者”爲是。夏陽今同州府韓城縣，龍門山在縣東北八十里，與山西河津縣分界。黄河在韓城縣東五十里，自延安府宜川縣流入境，歷龍門口而下，有禹門渡，通山西河津縣。蔡傳云：“龍門，地志在馮翊夏陽縣，今河中府龍門縣也。”案夏陽縣下脱去“北”字，非是。又河中府龍門縣當作“在今同州韓城縣及河中府龍門縣之地”，蓋山跨河之西東也。渭汭在河之西岸，華陰、朝邑、韓城皆是，河自北來，渭自東注，實交會于華陰，故曰渭汭也。鶴壽案：近儒閻百詩古文尚書疏證、胡朏明禹貢錐指，皆以大積石爲禹貢積石山，小積石爲水經注唐述山。先生用其說以駁僞傳、正義是矣，但未指明大積石今在某處。西山經云："玉山，西王母所居，又西三百里曰積石之山，其下有石門，河水冒以西流。"郭注："積石山今在金城河關西南羌中。"海內西經云："河水入勃海，又出海外，即西而北，入禹所導積石山。"勃海即蒲昌海。海外北經云："鄧林，禹所導積石山在其東，河水所入。"郭注："河出昆侖，潛行地下，至葱嶺復出注鹽澤，復行南出于此山，而爲中國河。"畢氏新校正曰："積石山在今甘肅西寧縣東南一百七十里，括地志謂今名小積石，在河州枹罕縣西七十里，又謂河經吐谷渾界大積石，然後至小積石。是有二積石，然夏書之積石山不當太遠，唐人所言河源亦不足信，大積石或出附會。石門山在今甘肅河州西南，即積石之南麓。"今案畢氏之說非也。畢氏自言玉山今在肅州西七十里，又言積石山在西寧縣東南，不知西寧縣遠在肅州之東南，若大積石在此，則與經所云"又西三百里"大相反矣。大積石今名大雪山，在西寧府邊外西南五百三十里，禹所導也。小積石本名唐述山，在河州西北七十里，非禹所導也，括地志所言甚明，自李賢、杜佑等誤以小積石爲大積石，著述家互相爭勝，屢有翻駁矣。

此節依鄭注是循行州境，浮積石至西河是自西而東，會渭汭又是自東而西，故僞孔亦云"逆流曰會"，必如此循行州境乃徧，足見鄭注之確。自僞孔創還都白帝之說，各州皆尚可强說，至此則窮矣。禹治水，成功在堯時，堯都平陽，禹至西河河津、榮河等縣界，尚須從汾水往東幾百里，方至平陽，何得反西至渭汭，于是僞孔不得不云"逆水西上"，而疏申之云"還都白帝訖，又到雍州"，且云諸州皆然。然則禹終年僕僕道塗，何暇治水邪？至宋人改爲貢道，又算出兩路來，蔡傳云"雍州貢道有二，東北境自積石至西河，西南境則會于渭汭"，"東北"當云"西北"，東西莫辨，且不必論。至胡先生渭又以傳"逆流曰會"不必泥，"逆水西上"當作"逆水而上"，謂雍州南境貢船出渭水後，逆河水而上，與北境貢船相會一處,且爲的實指出渭汭爲今韓城縣界,北連龍門,東對汾口,雍州南北兩路貢船相會於此,然後東轉直抵平陽,且云疏不悟傳之有誤字而强爲之說,吾不知之矣。

梁州末節水道

梁州末節水道云:"浮于潛,逾于沔,入于渭,亂于河。"疏曰:"泉始出山爲漾水,東南流爲沔水,至漢中東行爲漢水。沔在渭南五百餘里,故越沔陸行而北入渭,渭水入河,故浮渭而東。亂,橫渡也。"案沔水一名沮水,出武都沮縣東狼谷,東南流至沮口,與漾水合,漾于是有沔稱。導漾不言沔,此經欲明浮潛入渭中間所由之路,在漾下漢上,故稱沔以別之。渭水,地理志:"出隴西首陽縣西南鳥鼠同穴山,東至船司空入河。"河,西河也。水經注云:"西漢即潛水,自西漢溯流而屆于晉壽界,阻漾枝津,南歷岡穴迤邐而接漢,沿此入漾,書所謂浮潛、逾沔矣。"蔡傳引"岡穴"作"岡北",舛謬不通。"阻漾枝津"者,即郭璞所云水從沔陽縣南流至漢壽者也。"歷岡穴迤邐而接漢","岡穴"即郭璞所謂岷山也。以今輿地言之,浮嘉陵江至廣元縣北龍門弟三洞口,舍舟從陸,越岡巒而北至弟一洞口,出谷從舟至沔縣南,經所謂浮潛、逾沔也。以上梁州巡行州境,觀地肥瘠事畢,以後自沔入南鄭縣界,抵褒城東,歷褒水,登陸絕水,行百餘里入斜水,至郿縣東北入渭,沿流而東,亂河,則至雍州矣。鶴壽案:潛水非即西漢水。其以西漢爲潛,始于鄭康成,蓋指廣漢郡葭萌縣之潛水,在今四川保寧府廣元縣北,爾雅所謂水自漢出爲潛也。朱鶴齡愚庵小集嘗辨之曰:"潛漢非西漢,諸家從無明辨,尚書正義引郭璞爾雅音義云:'有水從漢中沔陽縣南流,至梓潼漢壽縣,入大穴中,通岷山下,西南潛出,舊俗云即禹貢潛水也。'張守節史記正義云潛水'源出利州綿谷縣東龍門山大石穴下',庾仲雍以墊江縣有別江出晉壽縣,此即潛水。余案今保寧府廣元縣地,漢曰廣漢,蜀曰漢壽,晉改晉壽,隋改綿谷,石穴水當是經綿谷出宕渠,杜少陵詩'綿谷元通漢',此其證也。鄭康成云'漢別爲潛,其水本小,禹自廣漢疏通,即禹爲西漢',蓋指綿谷水耳。然此水既從沔陽南流,則是東漢支派,與西漢迥不相蒙。漢地理志云'潛水出巴郡宕渠縣符特山，西南入江'，不云潛即西漢，鄭康成始合而爲一，酈道元、孔穎達輩因之。疑鄭氏説不足信，及致水經注，西漢水自嶓冢而下即西南流，過祁山，入嘉陵道，爲嘉陵水，又東南經宕渠縣，合宕渠水，乃知西漢入潛，故世遂以潛爲西漢耳。若必如注、疏求所謂出漢、入漢者爲潛，則今之宕渠水與西漢水皆至合州入大江，何嘗與沔、漢相爲沿注哉？梁州'浮于潛，逾于沔'，因潛水伏流，故阻漾枝津，酈道元所謂"漢水枝分斜出"，當是不妄，而黄氏非之，過矣。"今案愚菴之辨，謂潛在今廣元縣，是也。西漢水今名嘉陵江，自陝西寧羌州流入廣元縣境，與東漢之枝津合，此固梁州之潛水，而又引漢志宕渠縣之潛水，則謬矣。宕渠縣之潛水，今名渠江，發源于保寧府巴州小巴嶺，東南流逕順慶府蓬州營山縣、渠縣、廣安州，至重慶府合州入嘉陵江，此又是一水，與禹貢無涉。

此經宋人妄指爲轉輸重運，則此道似不應有從陸處。其實是禹巡行梁境畢，從梁至雍治水，有陸何不可由乎？蘇氏軾不知潛水伏行，逾于沔即歷岡穴，而以爲禹時通謂襃爲沔，"逾于沔"即逾于襃，不知由沔溯襃，一水直達，不可言"逾"。其説既誤，蔡傳云"經當曰'逾于渭'，今曰'逾于沔'，此未可曉"，則又不解經不可兩言"逾"而變文之妙。閻先生若璩又因貢物載巨艦，襃、斜水淺難行，經爲"入于沔，逾于渭"，若由沔入渭，必須陸行五百餘里者，此其重勞民力，可決爲必不然矣。胡先生渭慮貢物難以陸運，必須從水，因言襃、斜二水，禹時必有相通之道，如水經注所云"衙嶺之南溪水支灌于斜川"者，但深山窮谷之中，溪流一綫，裁得通舟，歷年既久，舊迹已湮耳。閻、胡總由誤認作入貢，故紛紛衍説，豈知經文所敘，原是禹一身巡行治水，輕裝減從之事，自潛逾沔歷岡穴不過二十里，自沔逾渭，泝襃入斜，所歷山嶺亦不過百里，禹豈必欲盡從水道哉？逾沔入渭，當以上"逾"字貫下"入"字爲確，非沔、渭可通也。

黑水

黑水，禹貢凡三見，梁州云"華陽、黑水惟梁州"，雍州云"黑水、西河惟雍州"，則是梁、雍二州皆以黑水爲界也。導水云"導黑水，至于三危，入南海"，三危在西裔，則黑水從西徼外流至極南而入海不入江者也。要之，三黑水是一。古黑水見于紀載者，惟漢志益州郡滇池縣有黑水祠，但言有祠，不言水所在，則已茫昧久矣，闕疑可也。水經注：若水出蜀郡旄牛縣徼外，今黎大所南有漢旄牛縣故城。東南至故關爲若水。山海經：南海之內、黑水之間，有木曰若木，若水出焉。又東南流，大度水注之。又南過越嶲郡卭都縣西，卭都縣今建昌衞。又南逕大莋縣入繩水，自下通謂之繩。又南逕會無縣，縣今會川營地。與孫水合。冕山營東北有孫水。南逕雲南郡之遂久縣。縣屬越嶲，蜀漢置雲南郡，改屬。又逕三絳縣西，又逕姑復縣北，淹水注之。又東與毋血水合。漢益州郡弄棟縣東農山，毋血水出，北至三絳入繩。"毋"音無。案：漢會無、遂久、三絳、姑復並屬越嶲。今雲南姚安府治姚州，漢弄棟、遂久地。又東北至犍爲郡朱提縣西，爲瀘江水。後漢書"劉尚擊西夷，度瀘水入益州郡"，注云：瀘水一名若水，出旄牛徼外，經朱提至僰道入江。朱提縣西南二百里得堂琅縣，縣東八十里有瀘津。水左右，馬步裁通，有瘴气，經之必死。自朱提至僰道，漢僰道縣，犍爲郡治，今四川敘州府治宜賓縣。有水步道，有黑水、羊官水三津之阻。若水又徑越嶲之馬湖縣，又謂之馬湖江。縣今爲四川馬湖府。繩水、瀘水、孫水、淹水、大度水，隨決入而納通稱，是以諸書或言入若，又言注繩，咸言至僰道入江，正是異水沿注，通爲一津也。胡先生雉指據此以爲若水在建昌衞，俗名打沖河，自冕山營西徼外，營故寧番衞，在建昌衞東北。東南流至衞西鹽井營東南，與雲南金沙江合。金沙江出吐蕃界，至共龍山犛牛石名犛水，譌爲麗水。東南流經麗江府北，又東經姚安府北，即鹽井衞東南。合打沖河。又東合瀘水，又東經會川營南，又東至東川府，西折而東北經烏蒙府西北，又東北經馬湖府南，又東經敘州府南，北入大江。鹽井營東南，蓋即漢大莋縣界繩、若合流處，若爲建昌衞西打沖河，繩則姚安府北金沙江也。此其說繩、若則可矣，而即以此爲滇池所祠之黑水。案漢滇池，今雲南府治昆明縣也，雉指疑金沙即黑水東經會無縣南,南直滇池。無論金沙非黑水,而會無,今會川營,南距昆明甚遠,以爲即所祠黑水可乎? 且漢書于若、繩二水並不名黑水;山海經言黑水間有若木,若木間有若水,亦不以若水爲黑水。水經注敘次若水,不過言自朱提至僰道有黑水,與水步道、羊官水並稱三津,其經流並無黑水名目,亦不以若水爲黑水,乃因若、繩入瀘,"瀘"訓黑,展轉牽引,遂以若、繩、瀘皆爲黑水,以瀘水爲黑水,杜佑有此説,而所指乃西洱,非若繩也,亦非是。而以爲即漢書滇池所祠之黑水,即禹貢梁州之黑水,又因此水入江不入海,而以爲入海之黑水乃雍州之黑水,非梁州之黑水。史記導黑水條,裴駰集解載鄭注引地志黑水祠云云,則知黑水祠即導水之黑水,非别爲梁州之黑水。錐指説本薛季宣。薛之解經,每出臆臆,恐未可從。導水之黑水,有所過之山,有所入之海,原委歷然,錐指又闕而不解,且歷舉唐樊綽、宋程大昌、元金履祥、明李元陽諸家説而一一駁正其非,予深服胡先生學博心細,不肯輕信穿鑿傅會之談,故于後案導水節已遵先生而大暢其旨,以爲此水自三危以北莫攷其原,三危以南水行徼外,不知從何入南海,原流皆無可言,惟據鄭康成知三危在鳥鼠之西、岷山之北、積石之南。三危明,則黑水所經略可想像。今于梁州黑水,禹貢爲弟一見,經文只有兩字,先生乃獨于此節别譔一黑水以當之,雖推衍大費苦心,究屬未妥,亦當闕疑爲是。鶴壽案:禹貢九州之界限,有以南北言者,沇、揚、荆、豫、梁五州是也。沇州北有九河,南有沛水。揚州北至長淮,南至南海。荆州荆山在北,衡陽在南。豫州大河居北,荆山居南。梁州亦然,故曰"華陽、黑水惟梁州"。華陽爲梁之北界,則黑水爲梁之南界不待言矣。鄭注云"梁州界,自華山之南至于黑水",並不言至黑水以東,是亦以黑水爲梁之南界矣。梁州之黑水,今已無攷,後人因謂梁州之黑水即雍州之黑水,在梁州西界,乃取西洱河等以實之。但梁州境界無此遼廓,故薛季宣書古文訓謂黑水即瀘水。此雖未有以見其必然,亦未有以見其必不然也。季宣所謂瀘水,蓋指若水下流之瀘江,在今四川敘州府屏山縣南。若水一名打沖河,出今西藏裏唐城西北匝巴顏喀剌山,東南流千五百里,至古對界,曰鴉龍江,又東南千六百里至四川寧遠府會理州南，與繩水合（即金沙江）。又東逕雲南東川、昭通二府界，又東北至四川敍州府屏山縣南，曰馬湖江，又東至宜賓縣東南，與江水合。漢地理志云："蜀郡旄牛縣若水出徼外，南至大莋入繩。越巂郡遂久縣繩水出徼外，東至僰道入江。"旄牛故城在今雅州府清溪縣南，遂久廢縣在今寧遠府鹽源縣西。水經若水篇云："若水出蜀郡旄牛徼外，南過越巂邛都縣西，直南至會無縣，又東北至犍爲朱提縣西，爲瀘江水，又東北至僰道縣入江。"僰道縣即今宜賓縣，朱提縣在今屏山縣境，會無縣即今會理州，在屏山縣西南。故水經稱若水由會無東北至朱提也。朱提縣有朱提山，在今宜賓縣西南五十里，與屏山縣接界。漢犍爲郡治僰道縣，水經若水注謂朱提縣在郡南千八百許里，錢氏新斠注地理志謂在今貴州大定府威寧州境，洪氏乾隆府廳州縣志謂朱提山當在今烏撒府境，此皆依酈道元爲説。烏撒府即威寧州，北至宜賓縣無逾八百里，既不合八千百許里之説，且遠在會無之東南，水經何以云"由會無東北至朱提"乎？惟威寧州之西四百六十六里，今爲雲南東川府，漢爲犍爲郡堂琅縣，蜀漢改立朱提郡，酈道元説，大率指此。唐武德元年置朱提縣，若論漢縣，并不在此也。水黑曰盧，若水至朱提始有瀘江之目，則梁州南界西南隅當以此爲限，自朱提以西皆爲徼外地，自宜賓以東始爲梁州地。瀘江水自屏山縣東流，逕宜賓縣南，又東與大江合，逕南溪縣北、瀘州江安縣北、納溪縣北、瀘州北，又東北逕合江縣西北、重慶府江津縣西北、巴縣西北、長壽縣西北、涪州西北、忠州酆都縣西北、忠州西北，又東逕夔州府萬縣北、雲陽縣北、奉節縣北，至巫山縣北，是爲梁州之南界。蓋大江既納瀘江，亦得通稱黑水矣。先生不信薛氏之説，以爲黑水無攷可也，但所引水經注云云，何以專就胡氏禹貢錐指鈔録，并不向原書采取邪？

　　弟二見"黑水、西河惟雍州"，鄭曰："雍州界，自黑水而東，至于西河。"黑水在西徼外，梁以爲西北界，雍以爲西南界，義已見上也。鄭仍約言之，未嘗鑿指。鶴壽案：禹貢九州之界限有以東西言者，冀、青、徐、雍四州是也。冀州處東河、西河之間，青、徐二州皆東至海、西至岱，雍州則西河爲東界、黑水爲西界，故曰"黑水、西河惟雍州"。雍州之黑水，其源流雖不可攷，然三危山固其所經也，禹貢注引地記云"三危山在鳥鼠之西，南當岷山"。鳥鼠山在今甘肅蘭州府渭源縣西二十里，三危山又在其西，與四川松潘廳北之岷山南北相值，然則雍州西界當自渭源縣北行，逕狄道州皋蘭縣，踰河北行，少西逕涼州府平番縣東境而止。禹貢"原隰底績，至于豬野"，漢志云"武威郡武威縣，休屠澤在東北，古文以爲豬壄澤"，水經注云"武威縣在姑臧城北三百里，東北即休屠澤。其水上承姑臧武始澤"，地理志云"谷水出姑臧南山，北至武威入海，届此水流兩分，一水北入休屠，俗謂之西海，一水又東行百五十里入豬野，俗謂之東海，通謂之都野矣"。豬野在鎮番縣，而谷水爲豬野澤上源，在武威縣，此固與黑水同爲雍州之西界也。

弟三見"導黑水至于三危，入于南海"，予既采鄭注并唐杜佑説，又竊取胡先生渭錐指之義，謂黑水當闕疑矣。乃蔡傳則曰："黑水，地志出犍爲郡南廣縣汾關山。"案地志符黑水云云，北至僰道入江。符黑水者，此水至符縣成流，故名之也。據地志則此水在梁州，與雍州無涉，且北流非南流，入江不入海。此水在今敘州府城東十餘里，出西南夷吕部蠻部，自豕蛾夷囤過慶符縣，東北至南廣洞入江。蔡上删"符"字，以與禹貢黑水爲一，下删"入江"句，以避"至于南海"之文，其妄至此，將謂天下後世竟無一人見漢書邪？其下又引水經"黑水出張掖雞山"云云，犍爲、張掖相去絶遠，豈可併而爲一？又曰唐樊綽云："西夷之水南流入于南海者凡四，曰區江、曰西洱河、曰麗水、曰瀰渃江，皆入于南海。其曰麗水者，即古之黑水也。三危山臨峙其上。"案麗水，諸家以爲即金沙江。金沙江有二，一即繩水，東北流合若水，至僰道入江，不入南海；一在緬甸東，明正統中，王驥征麓川，兵抵金沙江，即此。綽云"麗水南經驃國東入海"，驃即緬甸，古朱波也，漢謂之撣，唐謂之驃，麗水從此入南海，其爲緬甸之金沙明矣。然此水下流雖入南海，上源究亦荒遠無攷。況緬甸去梁州遠甚，苟以此爲梁之西界，則其地西被吐蕃，南跨雲南，極于交趾，方五六千里。以一州而兼五服之地，必無此理。且三危，雍州山也。綽欲以緬甸金沙江爲黑水，遂移三危而南之，指南詔羅些城北一山爲黑水所經之三危，更屬謬妄。原蔡意連引地志、水經、樊綽三説者，蓋欲以犍爲、張掖爲黑水上源，金沙爲下流耳。無論犍爲、張掖斷不可合，樊綽之言斷不可據,而犍爲、張掖之水,何以知其與金沙江相爲首尾邪? 蔡又以己意爲之總論曰:"梁、雍西邊皆以黑水爲界,是水自雍之西北而直出梁之西南也。中國山勢岡脊大抵皆自西北而來,積石、西傾、岷山岡脊以東之水,既入于河、漢、岷江,其岡脊以西之水即爲黑水,而入于南海。"案:蔡以龍支之積石爲禹貢之積石,故其山南直西傾,又南爲岷山,而以岡脊分東西,岡脊以東之水皆入河、漢、岷江,信矣;若岡脊以西之水,勢必入河,安得越河而西爲黑水以入南海乎? 其謬有不可勝言者。鶴壽案:海内西經云:"海内昆侖之虚,在西北,洋水、黑水出西北隅東行,又東北,南入海。"畢氏新校正云:"此海即揚州之海,漢水合江入海,黑水合河入海也。高誘謂洋水即潒水,關駰謂:'潒水出昆侖,禹貢導黑水至于三危,入于南海。'史記正義引括地志云:'黑水源出伊吾縣北百二十里,又南流二千里而絶。三危山在沙州敦煌縣東南四十里。'案:南海即揚州東大海,黑水源在伊州,從伊州東南三千餘里至鄯州,鄯州東南四百餘里至河州,入黄河。"今案畢氏據此以爲黑水入海之證,其實不然。黑水之源無攷。南山經云:"灌湘之山又東五百里曰雞山,黑水出焉,而南流注于海。"則在南方。天問云:"黑水、元趾,三危安在?"元趾未必是潞江之三池。漢地理志云:"益州郡滇池縣有黑水祠,在今雲南府晉寧州。"水經注云:"黑水出張掖雞山,南流至敦煌,過三危山,入于南海。"張掖郡即今甘肅甘州府張掖縣。括地志云:"黑水源出伊吾縣北。"伊吾縣即今哈密,在嘉峪關西北千六百里。二處亦並無黑水。然則海内西經謂與河水、洋水同出昆侖,事或然也。黑水之流,亦無可攷。戴東原水地記取李元陽之餘論,直以潞江爲黑水,然禹貢"三危既宅"于雍州言之,而潞江發源西藏,在今四川徼外,南流入雲南界,不但與雍州無涉,并與梁州亦無涉。孔氏正義謂張掖、敦煌並在河北,黑水得越河入南海者,河自積石以西,多伏流故也。此以三危在敦煌,故有是説。不知三危在積石之南,黑水不得越河而南。三危南值岷山,黑水或自三危南流入于岷江,下至揚州東入海也。

　　蔡傳述程大昌曰:"樊綽以麗水爲黑水,恐其狹小不足爲界。其所稱西洱河者,卻與漢志葉榆澤相貫,廣處可二十里,既足以界別二州,其流正趨南海。又漢滇池即葉榆之地,武帝初開滇巂時,其地古有黑水舊祠。夷人不知載籍,必不能傅會。而綽及道元皆謂此澤以榆葉所漬得名,則其水之黑,似榆葉積漬所成,且其地在蜀之正西,東北距宕昌不遠。宕昌即三苗種裔,與三苗之敘于三危者又爲相應,其證驗莫此之明也。"案杜佑通典云:"吐蕃有可跋海,去赤嶺百里,方圓七十里,東南流入西洱河,合流而東,號漾濞水,又東南出會川,爲瀘水。瀘水即黑水也。"此説乃程説所本。漾濞水見唐書,其源名可跋海,在今烏思藏之西南、唐古特之東,東南流逕麗江府,又南逕劍川州浪穹縣、鄧川州,又東至大理府太和縣南,又東匯爲西洱河,即漢志及水經所謂"葉榆縣東有葉榆澤"是也。此水本無黑水之名,但自葉榆以下,分而爲二,其支流則水經注所謂"自葉榆縣南,枝分東北流,逕遂久縣東、姑復縣西,與淹水合"。淹水又合繩、若入蜀江,即杜佑所謂東出會川爲瀘水者是。雖瀘有黑義,然本非葉榆之正流,不過與若、繩、瀘通流入江耳。且既入江不入海,則與禹貢不合。若繩、瀘且不得爲黑水,而況可以此爲葉榆即黑水之證乎? 至葉榆正流,則水經注謂自葉榆縣流逕邪龍縣東南,又逕滇池縣南,又東與盤江合,又東南至交趾麊泠縣入海,雖似與經"入于南海"相應,但水入南海者多矣,何以知葉榆即黑水? 且漢志益州郡于滇池縣則言有黑水祠,于葉榆縣則言有葉榆澤。滇池今雲南府昆明縣,葉榆今大理府太和縣,相距八九百里,不得云滇池即葉榆,又何以知葉榆縣之葉榆澤即滇池縣所祠之黑水? 葉榆,蠻語,文義與中國不同,何以見其因榆葉所漬得名? 道元並無此語,即或大昌所見本有之,亦何以知榆葉所漬之水必黑也? 且其地在蜀之西南甚遠,而大昌謬云正西,即云在蜀之西矣,梁州之境而及此,不太遠乎? 且三危,雍州山也,而黑水實經三危,于是又欲尋葉榆之上源,以爲雍州之西徼,支離極矣。乃云葉榆東北距宕昌不遠,不知宕昌國,唐爲宕州地,今在岷州南二百五十里。古梁州北界、雍州南界,計其西南距漢之葉榆、今之大理三四千里,而猶云不遠乎?

且即使葉榆距宕昌不遠，而三危並不在宕昌，又豈得以宕昌即三苗種裔，遂謂古之"竄三苗于三危"者即在此處，而葉榆之上源經過此，與經"至于三危"相應乎？程説之謬如此，蔡傳載之，無識甚矣。鶴壽案：梁州境界斷不及今雲南等地，況移之以釋雍州，宋儒誠爲荒謬，先生駁之是矣。至韓汝節所引疊溪黑水，此出近志，更不足駁。

三危

舜典"竄三苗于三危"，馬融注："三苗，國名也。縉雲氏之後，爲諸侯，蓋饕餮也。三危，西裔也，戰國策吳起對魏文侯云'昔三苗之居，左有彭蠡，右有洞庭，文山在其南，衡山在其北'是也。竄者，竄其君并其臣而放之。"三危有二説，地理志杜林以爲敦煌郡即古瓜州。昭九年左傳：王使詹桓伯辭于晉，曰："先王居檮杌于四裔，以禦螭魅，故允姓之姦，居于瓜州。"杜預云："允姓，陰戎之祖，與三苗俱放三危者。瓜州，今敦煌。"胡渭以爲後魏世祖太武帝本紀："太平真君六年，高涼王那等討吐谷渾慕利延，慕利延西渡流沙，那急追，被囊拒戰，破之，遁走。追之，度三危，至雪山。"即此三危也。隋地理志亦云："敦煌郡敦煌縣有三危山。"漢敦煌，唐分爲瓜、沙二州。括地志云："三危在沙州敦煌縣東南四十里，山有三峯，故名。"杜佑通典亦云："沙州敦煌縣，舜流三苗于三危即其地。"李吉甫元和郡縣志亦云："武德二年置瓜州，五年改爲沙州敦煌縣。三危山在縣南三十里，尚書'竄三苗于三危'即此，亦名卑羽山，今爲嘉峪關外廢沙州衛地。"衛地屬行都司，後棄之化外。肅州舊志云："白龍堆沙，東倚三危，北望蒲昌，是爲西極要路。"以此推之，可以得三危之形勢矣。胡氏此説本之杜預，然杜預説乃鑿空譔出，左傳正文並無之，即漢地志敦煌亦並無之。蓋因晉梁丙、張趯率陰戎伐潁，故有是言，見陰戎世爲先王屏斥，不居中土。檮杌，惡獸，借以指陰戎，與三苗無涉。襄十四年晉人將執戎子駒支，范宣子曰："來，姜戎氏。昔秦人迫逐乃祖吾離于瓜州。"即此戎也。杜預傅會其説，謂其與三苗俱放，後人遂謂三危之山在瓜州，不足信也。鶴壽案：鮮水西北，白龍堆沙之東，有山曰三危，與禹貢不協，其名蓋後起也。鮮水者，今之青海，番名呼呼淖爾，值沙磧之東，西寧府之西，肅州、甘州之南，積石之北。漢志云：“敦煌郡正西關外有白龍堆沙、蒲昌海。”西域傳云：“鄯善本樓蘭國，最在東垂近漢，當白龍堆。”括地志等書咸謂沙州敦煌縣有三危山，故邊衞志云“白龍堆在沙州衞西，沙形蜿蜒如龍，變改無定，東倚三危，北望蒲昌”也。今案禹貢言“導黑水至于三危，入于南海”，河既行積石之南，東北屈曲過雍州之北，折南經雍州之東，爲龍門西河，南抵華陰，而河所出山自枯爾坤西南接岡底斯，西北爲于闐南山，直抵蔥嶺，則河北之水，不得絕之而南以入南海，今所謂三危山者，其下亦無水經過。蓋禹貢之三危，在今甘肅蘭州府渭源縣鳥鼠山之西，三苗居此，而允姓之戎則居于瓜州，後世混而一之，遂于瓜州別指一山爲三危耳。

　　禹貢三危凡二見。雍州云“三危既宅，三苗丕敘”，鄭注：“河圖及地記書云：三危之山在鳥鼠之西，南當岷山，則在積石之西南。”又下文“導黑水至于三危”，今鳥鼠之西，岷山之北，積石之南，大山本多，不知以何山爲古三危？孔穎達云：“山在河南。”則亦以康成爲據，但腹是口非耳。最可怪者，水經云“江水東過江陽縣南，雒水從三危山東過廣魏雒縣南，東南注之”，正可證三危在岷山北，而酈道元引山海經云：“三危在敦煌南，與岷山相接，山南帶黑水。”詳道元之意，似誤合二説以爲一。計岷山與沙州相距約二千里，既云“與岷山相接”，則與鄭玄所引地記合，安得復言“在敦煌南”乎？水經末卷又云“三危山在敦煌縣南”，與洛水出三危自相矛盾。水經末卷乃妄人附益，所説山水率多紕繆，乃道元注又引山海經云：“三危之山，三青鳥居之。是山也，廣圓百里，在鳥鼠山西，尚書所謂‘竄三苗于三危’也。”此條本與鄭玄合，道元乃引以注“敦煌南”之語，其下復綴以“春秋傳‘允姓之姦，居于瓜州’。瓜州即敦煌，漢武帝分酒泉置此，南有鳴沙山，亦曰沙州”云云，豈非道元誤合二説以爲一邪？不知二説斷不可一，當以鄭玄説爲正，而山海經、水經各有二條，皆一是一否，當擇取之。

鶴壽案：水經禹貢山水澤地篇注引山海經云："三危之山，在鳥鼠山西。"鳥鼠山在今甘肅蘭州府渭源縣西二十里。禹貢鄭注引地記云："三危之山在鳥鼠之西，南當岷山，則在積石之西南。"今案"西南"當作"東南"。蓋岷山在今四川松潘廳北二百三十里，其北值蘭州府河州，積石山在今甘肅西寧府邊外西南五百三十里，其東值河州，而渭源縣在河州東南。三危既在鳥鼠之西，則居積石之正東，鄭誤以爲西南也。至水經"江水東過江陽縣南，雒水從三危山東過廣漢雒縣南，東南注之"，江陽縣即今四川之瀘州，雒縣在今成都府漢州南，雒水即出雒縣章山，今爲什邡縣地，遠在松潘廳之東南。然則水經所謂"雒水從三危山"，或即指章山亦未可知，而斷非禹貢之三危也。雒水所從之三危在岷山南，而先生謂"正可證三危在岷山北"，謬矣。漢志云"隴西郡首陽縣，禹貢鳥鼠同穴山在西南"，知鳥鼠在首陽，則知三危亦相去不遠，酈道元誤合敦煌之三危于首陽，而先生又欲合雒縣之三危于首陽邪？

河源

自古言河出崑崙，而雍州崑崙在臨羌，非河源。山海經有兩崑崙，一云："西海之南、流沙之濱、赤水之後、黑水之前，有大山，名曰崑崙之丘，其下有弱水之淵環之，有人戴勝，虎齒豹尾，穴處，曰西王母。"此荒遠無稽，不必深論。一云："崑崙之丘，實惟帝之下都，河水出焉。積石之山，其下有石門，河水冒以西南流。"又云："海內崑崙之墟在西北，方八百里，高萬仞，河水出東北隅，入禹所導積石山。"此崑崙在中國西北，然亦不可得詳。爾雅："河出崑崙虛，色白，所渠并千七百一川，色黃。"此亦不言崑崙所在。史記大宛傳："張騫使西域還，爲天子言：'于寘之西，水皆西流注西海。其東，水東流注鹽澤。鹽澤潛行地下，其南則河源出焉。鹽澤去長安可五千里。'其後騫死，漢使窮河源，河源出于寘，其山多玉石，采來，天子案古圖書，名河所出山曰崑崙云。"太史公曰："禹本紀言：'河出崑崙，其高二千五百餘里，日月所相避隱爲光明也，其上有醴泉、瑤池。'今自張騫使大夏，窮河源，惡睹本紀所謂崑崙者乎？故言九州山川，尚書近之矣。至禹本紀、山海經所有怪物，余不敢言之也。"案張騫及後使者皆未嘗指于闐之山爲崑崙,武帝自案古圖書名之,故太史公云不睹崑崙所在,當置勿論。而自于闐東注鹽澤,伏流出爲河源,則史記已有明文矣。漢書西域傳:"西域以孝武時始通,本三十六國,其後稍分至五十餘,皆在匈奴之西、烏孫之南。南北有大山,中央有河,東西六千餘里,南北千餘里。東則接漢,阨以玉門、陽關,西則限以葱嶺,其南山東出金城,與漢南山屬焉。其河有兩源,一出葱嶺山,一出于闐。于闐在南山下,其河北流與葱嶺河合,東注蒲昌海。蒲昌海一名鹽澤是也。去玉門、陽關三百餘里,廣袤三百里,皆以爲潛行地下,南出于積石爲中國河云。"此敘兩源尤明確。其潛流至積石處,古來無人目驗其狀,故終于湮晦。然鹽澤受西域數大川之水,隱淪之脈,豈無所發越而遂止? 此理之可信者。凡言河源,當以此爲正。水經:"崑崙虛在西北,去嵩高五萬里,地之中也。其高萬一千里,河水出其東北陬,屈從其東南,流入于渤海。又南入葱嶺山,出山而東北流。其一源出于寘國南山,北流與葱嶺河合,東注蒲昌海。又出海外,南至積石山,下有石門。"此十三字錯簡在前,今從酈注移置于此。案:此敘西域兩源,較漢書尤爲明備。杜佑謂:"敦煌、張掖之間,華人往來非少,從漢至唐,圖籍相承,注記不絕,大磧亘數千里,未有桑田碧海之變,此處豈有河流? 纂集者不詳斯甚。"不知蒲昌以東,潛流地中,所云入塞過敦煌、酒泉、張掖者,不過因河關以西皆羌中地,河水所經,人莫能睹,故假三郡之南以表之,非真謂河自鹽澤東流入玉門、陽關也。杜佑所疑皆屬謬妄,而史記、漢書、水經確有可據,特隱淪之脈,罕能目驗,後漢段潁至積石山,僅及其山阯而止,唐李靖、侯君集征吐谷渾,直踰其山,而武人無識,不能言重源又發之事,後人所以不篤信也。

鶴壽案:河源出自昆侖,爾雅有明文,此無可疑者。獨昆侖之虛,有言在中國西北而主于闐之說者,有言在吐蕃西南而主紫山之說者。近畢氏山海經新校正則悉翻其說。西山經云:"昆侖之丘,河水出焉,而南流東注于無達。"畢氏曰:山在今甘肅肅州南八十里。漢志云:金城郡臨羌縣西北至塞外,有西王母石室、昆侖山祠，敦煌郡廣至縣有昆侖障。十六國春秋云：涼張駿時，酒泉守馬岌上言，酒泉南山即昆侖之體，周穆王見西王母，即謂此山，有石室王母堂。又刪丹西河，名云弱水，禹貢昆侖在臨羌之西，即此明矣。括地志云：昆侖山在肅州酒泉縣南八十里。昆侖山，漢武帝案古圖書以爲在于闐，唐以爲在吐蕃，言即紫山，元以火敦腦兒爲河源，言是朵甘思東北大雪山，皆非此昆侖也。經云："槐江之山，南望昆侖，東望恒山。"明昆侖去恒山不甚遠。若在于闐，何由相望？又古言昆侖皆是西北，去中國亦止數千里耳。海內西經云"海內昆侖之虛在西北"，鄭君注尚書，引禹所受地説書云：昆侖東南，地方五千里，名曰神州。説文云："丘"字從北、一，中邦之居，在昆侖東南。漢志云：黃帝使泠倫自大夏之西、昆侖之陰，取竹之解谷。大夏者，春秋傳所言實沈之遷，在今山西境。昆侖之陰，呂氏春秋作"阮隃之陰"，阮即代郡五阮關，隃即西隃雁門山，亦在山西境，西接陝西，以至甘肅，皆在西北。以此知昆侖之丘即在甘肅，必非于闐、吐蕃之山矣。張守節謂肅州乃小昆侖，非河出者，後世皆仍其誤。攷博物志，漢使張騫渡西海至大秦國，西海之濱有小昆侖，則古以小昆侖爲在大秦國，而肅州之山爲夏書、山海經之昆侖無疑也。

　吐蕃歷周及隋猶隔西羌，未通中國，唐貞觀中始朝貢。積石，秦、漢爲西羌地，晉永嘉後爲吐谷渾所據。及高宗龍朔中，吐蕃滅吐谷渾，積石遂爲吐蕃地，自後使命往來，皆指吐蕃中。水從西南來，向東北流，與積石山下河相連者爲黃河，而吐蕃亦自言崑崙在國中西南，河之所出。杜佑首主此説，而力排漢人葱嶺于闐河從蒲昌海伏流至積石方出之説。唐吐蕃傳："穆宗長慶元年以大理卿劉元鼎爲吐蕃會盟使，歐陽忞輿地廣記作'薛元鼎'，蔡傳從之。元史亦作'薛'，恐非。使還，踰湟水。湟水至濛谷抵龍泉與河合，河之上流由洪濟梁西南行二千里，元和志：積石軍西南一百四十里有洪濟河。水益狹，其南三百里有山，中高而四下，曰紫山，古所謂崑崙者也，虜曰悶摩黎山。東距長安五千里，河源其間，下合衆流，故世謂西戎地曰河湟。河源東北直莫賀延磧尾殆五百里，磧廣五十里，北自沙州西南入吐谷渾寖狹，故號磧尾。其地蓋在劍南之西。"此説又在杜佑之後，但舊唐書"吐蕃在長安西八千里"，蓋以都城言之，今元鼎所見紫山東距長安裁五千里，當在吐蕃都城東北三千里矣。吐蕃自言崑崙山在國中西南，而元鼎所指以爲崑崙者乃在其東北，此不可信。蔡傳引漢西域傳及元鼎二說，而以元鼎爲是，不足信。元史地理志："至元十七年命都實爲招討使，往來河源，自河州東寧河驛西去，四閱月抵河源，在吐蕃朵甘思西鄙，有泉百餘泓，粲若列星，名火敦腦兒。火敦，譯言星宿也。朱思本曰：河源在中國西南，直四川馬湖蠻部之正西三千餘里，雲南麗江宣撫使之西北一千五百餘里，帝師撒思加地之西南二千餘里。五七里匯二巨澤，名阿剌腦兒。自西而東行一日，號赤賓河。又二三日，水西南來，名亦里赤，與赤賓合。又三四日，水南來，名忽闌。又水東南來，名也里尤。合流入赤賓，始名黃河。又一二日，岐爲八九股，名也孫斡倫，譯言九度。又四五日，兩山峽束，其深叵側。朵甘思東北有大雪山，名亦耳麻不莫剌，譯言騰乞里塔，即崑崙也，山腹至頂皆雪。自八九股水至崑崙，行二十日。河行崑崙南半日，又四五日，地名闊即及闊提，二地相屬。又三日，地名哈喇別里赤兒。近北二日，河水過之。思本曰：河過闊提，與亦西八思合河合。崑崙以東，山益高。行五六日，水西南來，名納鄰哈剌，譯言細黃河也。又兩日，水南來，名乞兒馬出。二水合流入河。河水北行，轉西流過崑崙北，一向東北流，約行半月至貴德州，地名必赤里，始有州治，州隸吐蕃等處宣慰司，司治河州。又四五日，至積石州即禹貢積石。"以上所言果是，則不但三代、秦、漢相傳河源在中國西北者，一槩抹撥，即唐人云崑崙在吐蕃國中西南爲河所出，而此云河源又在崑崙西南一月程，是唐人亦僅得半也。但劉元鼎以紫山一名悶摩黎爲崑崙，都實以亦耳麻不莫剌一名騰乞里塔爲崑崙，是二是一皆不可知，番語無定，固難攷信，然其所行，同係吐蕃一路，雖所至有遠近，大約二說實相表裏。自此以後，無不遵用其說者，不但學者好事翻新，亦因吐蕃河與積石山下河相連，有目共見，而鹽澤潛行地下，南出積石爲中國河者，幽悶難知故耳。難知者未必非，共見者未必是。積石乃禹導河之始,都實自河州西行,當身歷其地,乃竟不知,而以唐之積石軍爲禹之積石,則其鑿空妄語,何足深據? 當從舊説。鶴壽案:戴東原水地記、錢獻之新斠注地理志,皆謂昆侖虛即巴顏喀剌山,河水出其東麓。今案昆侖山在今青海右境西南,河水發源于此。東南流,折而西北,又折而東北,凡二千七百里,皆行塞外,至甘肅蘭州府河州西,始入塞内,至寧夏府平羅縣東,入鄂爾多斯界,又東北抵阿布山、色爾亡喀剌山,又東遁嘎札爾賀邵山南、大漠得兒山西南,折而東南,遁默爾楚克賀邵山北抵九爾哈即圖,又東南折而南入塞,自此爲中國河矣。

積石、龍門

"導河積石,至于龍門",傳曰:"施功發于積石,至于龍門。"疏曰:"釋水云'河千里一曲一直',則河從積石北行,又東乃南行,至于龍門,計應三千餘里。"案:吕覽仲夏紀古樂篇云:"禹鑿龍門,降通漊水以導河。"墨子兼愛中篇云:"禹北爲防原,洒爲底柱,鑿爲龍門,以利西河之民。"淮南子云:"古者龍門未開,吕梁未鑿,河出孟門之上。"賈讓奏云:"大禹治水,山陵當路者毁之,故鑿龍門,析底柱。"是禹所施功也。疏云積石至龍門三千里,實則有四五千里。蔡傳曰:"河自積石三千里而後至龍門,經但一書積石,不言方向,荒遠在所略也。"案:蔡意亦以積石在龍支,故以積石至龍門僅三千里。沿流之誤,固不必言。河自積石東北流,至寧夏折而北,至廢豐州折而東,至東受降城折而南,方向不一,既難屬詞,且施功甚略,故總括爲一句耳。其所經行皆雍州域内,豈爲荒遠? 蔡見朔方西涼不入宋版圖,遂言荒遠,謬甚。蔡傳又曰:"李復云:'同州韓城北有安國嶺,東西十餘里,東臨大河,瀕河有禹廟,在山斷河出處。禹鑿龍門,起于唐張仁愿所築東受降城之東,自北而南至此山,盡兩岸石壁峭立,大河盤束于山峽間千數百里,至此山開岸闊,豁然奔放,怒氣噴風,聲如萬雷。'余攷舊説禹鑿龍門而不詳其所以鑿,誦説相傳,但謂因舊修闢,去其齟齬,以決水勢而已。今詳此説,則謂受降以東至于龍門,皆是禹新開鑿。若是如此,則禹未鑿時,河之故道不知卻在何處。李氏之學極博,不知此説何所攷也。"東受降城在今朔州北三百五十里,本漢定襄郡成樂縣,去禹貢龍門一千五百餘里。若謂此皆禹鑿,禹之輕用民力一至于此? 真正妄談,不足與辨。至龍門之鑿,則載在傳記者甚多,墨翟、呂不韋、劉晏、賈讓、酈道元述之已詳,乃云不詳其所以鑿,是諸書蔡皆未寓目邪?

蛾術編卷四十

説　地　四

冀州梁、岐非吕梁、狐岐

禹貢:冀州"壺口,治梁及岐",壺口上連孟門,下控龍門,固爲阨要處,而下言梁、岐,鄭注:"梁山在左馮翊夏陽,岐山在右扶風美陽西北。于此言梁、岐者,治水從下起,以襄水害易也。"僞孔傳亦云:"梁、岐在雍州。"宋晁以道創論,謂梁爲吕梁,岐爲狐岐,皆冀州山,非雍州山。蔡沈從之。愚謂梁非吕梁也。水經注云:"河水左得湳水口,湳水出善無縣故城西南八十里,西流歷吕梁之山而爲吕梁洪,其巖層岫衍,河流激盪,大禹所闢以通河也。司馬彪曰:'吕梁在離石縣西。'續漢志并州西河郡離石縣下並無此言。今于縣西歷山尋河,並無遏岨,至是乃爲巨嶮,即古吕梁矣。在離石北以東可二百餘里。"水經云河水又"南過河東北屈縣西",注云:"孟門山與龍山相對,大禹疏通。""又南出龍門口",注云:"大禹導河,疏決梁山,謂斯處也,即經所謂龍門矣。魏土地記曰:'梁山北有龍門山,大禹所鑿,以通孟津河口,廣八十步,巖際鐫迹,遺功尚存。'"詳玩道元之説,于湳水一條則言吕梁,于北屈一條則言孟門,于龍門一條乃言梁山,且明指此爲禹所疏決,則知道元並未指吕梁爲梁山,且吕梁在壺口之上,壺口又在梁山之上,道里秩然,絶不相溷。自晁以道取道元兩説强合爲一,蔡沈宗之,故集傳云:"梁山,吕梁山也,在石州離石縣東北。"而又誤以此山即左傳、穀梁、爾雅之梁山。案:道元言吕梁在善無之西南,離石之東北。據魏書地形志,恒州善無郡善無縣,漢屬雁門,後漢屬定襄,天平二年置郡來屬此縣,自隋以下,茫昧不可得詳。其離石則即明之石州改名永寧州者。州東北一百里有骨節山,一作穀積山,與太原府交城縣接界,俗稱吕梁山。其去河尚遠,酈注乃有"河流激盪"之言,意者古今地勢變易,故陵谷頓殊,但就其說,原未指爲禹貢梁山,何得妄事援引?今河曲縣西南二十五里天橋峽,有禹鑿之迹。天將陰雨,激浪如雷,與酈注所言相似,但南去離石四百餘里。又朔平縣、平魯縣西亦有吕梁山,近志以酈氏所言當之,則更在河曲之北,去離石愈遠。尸子、吕氏春秋、淮南子皆言龍門未闢,吕梁未鑿,河出孟門之上。詳三子所言吕梁,疑即酈注之吕梁。蓋離石西南距孟門雖遠,既爲"河流激盪",則當其未鑿,而爲孟門之害,亦無足怪。元和志"唐初分離石地置孟門縣,孟門關在縣西",當亦因三子及酈注之言,遂令離石之縣與關俱蒙孟門之名耳,非孟門與離石必相連接也。然則爾雅、毛詩、三傳之梁山,此禹貢梁山也;尸子、吕覽、淮南、酈注之吕梁,此别自一山也,蔡傳皆合而一之,其妄甚矣。岐亦非狐岐也。蔡亦惑于晃以道,遂于集傳譔其語云:"狐岐之山,勝水所出,東北流,注于汾,在今汾州介休縣。酈道元云:後魏于狐岐置六壁,防離石諸胡。今六壁城在勝水側,實古河遷之險阨。"案:狐岐山今在孝義縣西八十里盤村原,一名薛頡山,與介休縣接界,與經"及岐"無涉,而蔡謬云云,其妄尤甚。總之,永寧州之吕梁,去河二百餘里;孝義縣之狐岐,去河三百餘里。若謂堯時洪水懷襄,大河汎濫,至此二山下,須禹治之尚可,蔡竟指爲河流扼要處,與龍門無異,而曰"二山河水所經,治之所以開河道",不幾眯目而道黑白乎?胡渭不信而闢之,詳見錐指,可云卓識。近日戴震號爲善于經,惜不守家法,于此梁、岐棄鄭注不從,反遵宋人妄譚,此甚非也。鶴壽案:禹貢一書,先分列九州之山川,所以表每州之界限也。後總敍九州之山川,所以見脈絡之貫通也。由冀而沇、而青、而徐、而揚、而荆、而豫、而梁、而雍，所以詳施功之次弟也。冀州爲開卷第一州，而即離以雍州之山，必無此理。故戴東原謂汾西河東，自燕京別而南，離石水所出，曰梁山，在今山西汾州府永寧州東北百三十里，東接交城縣界，北連赤嶺，接嵐縣界，西踰谿谷，屬臨縣，一名吕梁。舊說以梁、岐爲雍州山，非也。禹貢先言壺口，以見龍門西河就治。次言梁、岐。梁、岐之西，水歸于河；梁、岐之東，水歸于汾。此二山爲汾川以西羣山自北而南之脊，舉之以見汾西河東，其地就治，不得謂壺口一役兼及雍州也。況韓城之梁山雖近河，而渭北之岐山遠隔在漆、沮、涇水之西，誠使越漆、沮、涇水至于岐下，則雍州自渭以北，所當治者幾于備舉矣。然謂禹貢梁、岐即今永寧州之吕梁、孝義縣之狐岐，亦有未盡。蓋赤嶺、孝文、吕梁、劉王嵑諸山，實一山之所盤回，薛頡、狐岐、高堂、玉泉諸山，亦一山之所盤回。禹貢之梁、岐，統名也，吕梁、狐岐，特其中之一耳。蔡仲默取晁以道說，而援據悉謬，一引爾雅、左氏、穀梁證晉山宜屬冀州，皆非離石吕梁；一引吕覽，本出尸子，亦見淮南，所稱吕梁未鑿，雖後人失其所在，而離石縣之吕梁，西距河百五十餘里，隔越重山，不濱于河，無事疏鑿；一引水經注，其本文云“河水左合一水出善無縣故城西南八十里，西流歷于吕梁之山而爲吕梁洪，在離石北以東可二百有餘里”，後人以保德州河曲縣西南二十五里之天橋峽，爲道元所謂吕梁洪，就水經注自北而南之次弟攷之，地望適協，其地有禹鑿之跡，河自東勝州轉而西南流八十里，至河曲縣西北，轉而西流九十里，逕天橋峽下，至保德州西五十里，折而南，逕興縣西，又南百七十里至臨縣界。道元言吕梁洪“在離石北以東可二百餘里”，蓋據河至離石縣界爲言，因西流乃轉南，故曰“以東”，其指天橋峽無疑。司馬彪言吕梁在離石縣西者，即今永寧州北之吕梁，徒因離石縣有吕梁山，而河行離石之西，故云在縣西，實未深攷。道元引而辨之，則以離石西界，河無遏阻，故溯流而上，以求其地，是道元以尸子、吕覽、淮南所言不在離石而遠在其北也。蔡氏援以證吕梁在離石，正與其說相刺謬，宜乎閻百詩、胡朏明不之取耳。黄櫨之南，勝水所出，曰岐山，在今孝義縣西百里，一名狐岐，西接寧鄉縣界，北連薛頡嶺，接汾陽縣界，其南坳曲間曰盤重原，原東谿澗俗呼北川，東入勝水，由原左轉，連岡而南，曰高唐山，東北距孝義縣治七十餘里，其南麓谿澗俗呼南川，逕六壁府北，東入勝水，又連岡而南，迤東曰玉泉山，東北距縣治六十餘里，山之東北麓谿澗俗呼左水者，是爲勝水，逕六壁府南，又東合南、北二川，自薛頡至玉泉，實一山盤屈而下,古通謂之岐山。蔡仲默言岐山在介休縣,取山海經"狐岐之山,勝水出焉,而東北流注于汾水"者,綴其下,又引水經注云云。案之本文,乃云勝水西出狐岐之山,東逕六壁城南。魏朝舊置六壁于其下,防離石諸胡,因爲大鎮。勝水又東合陽泉水(即南川也),又東逕中陽故城南,又東合文水,文水又東南入于汾。中陽故城即孝義縣治,是山海經水所逕注之狐岐,在今孝義縣西。宋熙寧五年省孝義入介休,元祐元年復置孝義,則不當繫之介休也。蔡氏又言"今六壁城在勝水之側,實古河逕之險阨"。不知北魏初,河東岸離石、吐京之地,萬山籛擁,悉匈奴五部餘衆所居,至狐岐以東,汾川左右,地勢坦平,故于此置六壁,立爲鎮戌,以防狐岐以西、黄河以東山寇,西距黄河二百餘里,不可謂爲"河逕之險阨"。呂梁狐岐之西,始爲今臨縣、永寧州及寧鄉、石樓二縣。山在四州縣之東,而蔡氏謂"二山河水所經,治之以開河道",則將置此四州縣峻峯鉅嶺萬山籛擁者于何地乎?然山海經言勝水注于汾,而水經注言注文水,則因汾川東西轉徙,驗之近事,數年以前,原公水以下諸谿澗皆自達于汾,不與水經協,今則皆入文水,一如道元所見矣。乃知禹貢惟壺口爲治河之事,而梁、岐則治汾之事也。閻百詩、胡朏明咸以梁、岐爲雍州山,夫禹貢先分別九州,初非于其間又牽合治水之先後緩急也。使冀州施功,西兼及雍,且遠踰漆、沮、涇水而西,不當大半治之,則南亦可兼及豫,東亦可兼及沇,豈無相連之勢,施功同時者乎?戴氏之説,確然可據。先生則專主鄭學,故以爲妄耳。

秦、魏必爭之地惟河西爲要

七國趙都邯鄲,今縣屬直隸廣平府。韓都上黨,今縣屬山西潞安府。此韓舊都,後滅鄭徙都之今河南開封府新鄭縣。而魏都安邑,今縣屬山西解州,此魏舊都也。三國之境皆與秦接壤,而魏則并國都亦與密邇矣。然河山之險足恃,故魏所急者惟在河西。蓋黄河自積石至龍門,而南至華陰,東至底柱,禹迹古今不變也,至春秋則此地爲秦、晉分界所必爭者。攷龍門,漢志在馮翊夏陽縣北。又司馬遷傳:"遷生龍門,耕牧河、山之陽。"後魏志云:"夏陽縣有龍門山。"隋改縣曰韓城,即今縣屬陝西同州府,縣北五十里有龍門山。此黄河西岸之山,與東岸山西吉州之壺口山隔水相望,司馬遷傳所謂"河、山之陽"也。此下南出龍門口,汾水從東來注之，又南至華山北而東行，西岸爲陝西同州府潼關廳，南則河南陝州閡鄉縣。東岸爲山西蒲州府永濟縣。此皆在禹貢雍、冀二州分界，春秋則秦、晉分界，戰國則秦、魏分界。昌黎詩云："條山蒼，河水黃。浪波沄沄去，松柏在高岡。"中條係太行之支，上連壺口，今解州及蒲州府正在中條之麓，俯瞰河流。讀昌黎詩，可想其形勝。王阮亭蓮洋詩選敍：河中爲郡，當兩介之首，形勝冠寰中，記稱太華、中條本爲一山，巨靈贔屭掌華蹋裏開爲二，以通河流。禹貢之壺口、雷首、龍門、華陰正當其處，古秦、晉之交也。僖十五年傳："晉惠公求秦穆公納己，許略秦河外列城五，東盡虢略，南及華山，内及解梁城。既而不與。"杜預曰："河外，河南也。東盡虢略，從河南而東盡虢略也。解梁城，今河東解縣也。"愚謂虢即閡鄉，解縣即今州。此惠公求入，迫而妄許。果爾，秦且越河而東，深入晉地，晉幾無以立國，此歸國後所以悔而不與。厥後戰于韓，爲秦所獲，復縱之歸，于是秦始征晉河東，置官師焉。至此晉惠已懾服不敢校，秦深入晉地矣。至晉文公，則英武非惠比。城濮之戰，子犯曰："戰而不捷，表裏山河，必無害也。"見僖公二十八年傳，杜預曰："晉國内河而外山。"文公子襄公又能敗秦于殽，晉日以強，霸甚久，想河西日漸恢拓。魏文侯繼之，史記吳起傳："魏文侯以爲將，擊秦，敗五城。文侯以爲西河守，以拒秦。文侯卒，起事其子武侯。起自論功曰：'守西河而秦兵不敢東鄉。'"戰國策：魏武侯與大夫浮于西河，稱曰："河山之險，豈不信固哉！"王鍾侍曰："此晉國之所以強也。"吳起因言地形險阻，必宜修政，武侯曰："善。西河之政，專委之子矣。"凡依河爲國者，但守河，險與敵共則危，故必守河西。吳起時當必屯列戍深入河之西境。尚書禹貢："黑水、西河惟雍州。"爾雅釋地："西河曰雝州。"禮記王制："自東河至于西河，千里而近。"檀弓："子夏退而老于西河之上。"子夏爲魏文侯師，想適館就見，常在西河。此魏所以拒秦。史記秦世家："秦用商君，東地至河。"此魏興衰大關頭。蓋自秦取少梁，少梁即漢夏陽縣，今韓城縣，其時秦已逼河。至虜公子卬，東地至河，而魏但保河之東北岸，西、南二面皆入秦。安邑雖非臨河，然既不能有河西，秦渡河而東，百餘里即造其國都，梁惠王乃渡河而南，遷都大梁，今河南省城開封府祥符縣也。史記集解：徐廣曰：大梁，今浚儀。正義：今汴州浚儀也。推大梁所以得名，蓋因釋山："梁山，晉望也。"此即禹貢冀州及大雅韓奕之梁山。想惠王必因此而更名夏陽爲少梁。此蓋自晉文公直至魏文侯、武侯闢地至此，名以少梁者，居然以晉之望山，名河之西界，既被秦取，不得已而南遷，無聊之思，仿少梁稱大梁，窮蹙甚矣。當魏盛時，西則跨河而有河西，南則面河而制河南，此子犯、魏武侯與司馬遷所以皆言河、山。若大梁則無險可恃，惠王云"喪地于秦七百里"，古里小于今，僅得今里大半，王又甚言之，約計喪河西地亦有二三百里。讀書而不通古今，不識地形，則何貴讀書人？予足未至山陝，展卷之下猶能揣量，讀孟子者宜知之。鶴壽案：秦襄公始列爲諸侯，僅有岐西之地，至穆公而河東置官守，則河西之地盡爲秦有矣。及至戰國，魏文侯六年城少梁，十六年伐秦，築臨晉、元里。十七年西攻秦，築雒陰、郃陽。三十二年敗秦于注。此見于史記魏世家者。而吳起傳又載擊秦敗五城之事，然則魏之得河西，自吳起始也。衞鞅曰："魏居嶺阨之西，都安邑，與秦界河而獨擅山東之利。"秦孝公八年與魏戰元里有功，十年衞鞅爲大良造，將兵圍安邑降之，二十二年衞鞅擊魏公子卬，二十四年與魏戰岸門，虜其將魏錯。然則秦之復河西，自衞鞅始也。魏既不能保河西，亦豈能保安邑？不得已而有大梁之遷，然魏之大勢去矣。其地四平，諸侯四通輻湊，無名山大川之限，從鄭至梁二百餘里，車馳人走，不待力而至，故蘇代曰："秦正告魏：我舉安邑，塞女戟，韓氏太原卷。我下軹，道南陽封冀，包兩周。乘夏水，浮輕舟，強弩在前，銛戈在後，決滎口，魏無大梁；決白馬之口，魏無外黃、濟陽；決宿須之口，魏無虛、頓丘。陸攻則擊河內，水攻則滅大梁。"其言豈不深切著明哉！

長安

漢高帝紀"車駕西都長安"，師古曰："長安本秦鄉名。"案地理志："長安，高帝五年置。"當是自取美名。史記作"關中"，班氏以關中地廣，都在長安，故追改之。

鄭縣、新鄭

漢地理志京兆尹鄭縣：“周宣王弟鄭桓公邑。”其説甚明白，而臣瓚乃謂周自穆王都西鄭，不得以封桓公。桓公爲周司徒，寄孥于虢、會。幽王既敗，滅會滅虢，居鄭父之丘，是以爲鄭桓公，無封京兆之文。師古駮之，謂穆王無都西鄭事。桓公死幽王之難，其子武公始東遷，新鄭是矣。案説文：“鄭，周厲王子友所封，宗周之滅，鄭徙潧、洧之上，今新鄭是也。”河南郡屬縣有新鄭，特加“新”字，所以別于京兆之鄭，爲桓公始封邑也。兗州山陽郡之鄭，則與此無涉。鶴壽案：竹書紀年云：“穆王元年築祇宮于南鄭”，穆天子傳云“吉日丁酉，天子入于南鄭”，此薛氏所本。紀年注云：“穆王以下，都于南鄭。”薛氏云都于西鄭，則是薛氏所見紀年非今本也。南鄭在今陝西漢中府南鄭縣東。漢志：漢中郡南鄭縣。水經沔水篇云：“沔水東過南鄭縣南。”注云：“縣故褒附庸也。”耆舊傳云：“南鄭之號，始于鄭桓公。桓公死于犬戎，其民南奔，故以南鄭爲稱。”惠氏禮説云：“有西鄭故加‘南’，何與于鄭桓公？”穆王嘗以南鄭爲別都，故紀年謂“築祇宮”也。西鄭在今同州府華州北，史記鄭世家云：“宣王二十二年桓公友初封于鄭。”漢志：“京兆尹鄭縣，鄭桓公邑。”詩檜鄭譜：“宣王封母弟友于宗周畿內咸林之地。”世本居篇作“棫林”者是也。惟紀年則云“宣王二十二年錫王子多父命居雒”，則在今商州。又云“晉文侯二年周厲王子多父伐鄶，克之，乃居鄭父之丘，名之曰鄭”，則在今河南開封府新鄭縣北。故薛氏謂桓公未封京兆，而惠半農謂天子畿內不以封也。

南陵、沂水

南陵“沂水出藍田谷，北至霸陵入霸水。霸水亦出藍田谷，北入渭”，師古曰：“茲水，秦穆公更名，以章霸功、視子孫。‘沂’音先歷反，‘視’讀曰示。”京兆安得有沂水？嘉定錢坫獻之云：“據水經注滻水篇、説文水部，‘沂水’當作‘滻水’。”錢説是。顏乃讀“沂”爲先歷反，則以此爲音析，謬甚。唐初本已誤矣。鶴壽案：封禪書稱秦都咸陽，霸、滻長水，皆非大川，以近咸陽，盡得祠之。“沂水"爲"滻水"之訛，除說文、水經注外，上林賦張揖注："霸出藍田西北而入渭，滻亦出藍田谷北至霸陵入霸。"是亦未訛爲"沂"也。水道提綱曰："霸水上源即藍水也，出藍田縣藍關之西南山秦嶺，經西安府境東。而北有滻水，西南自太乙山東南之西王谷嶺，及秦嶺三源合而北流，又東北流來會，既合滻水，東北至高陵縣南境入渭，曰霸口。"觀此益知"沂水"之爲"滻水"無疑矣。

王嘉，平陵人，"光祿勳于永除爲掾，察廉爲南陵丞"，師古曰："南陵，縣名，屬宣州。"案：南陵，薄太后陵耳。漢南陵屬京兆，其屬宣州者係唐縣，乃漢丹陽郡之春穀縣地也。南監版無此注，殆校者因其舛謬，刪去之。

雒

弘農郡上雒"禹貢雒水出冢嶺山，東北至鞏入河，過郡二，豫州川"，"過郡二"謂弘農、河南也。"豫州川"，職方豫州"其川滎、雒"是也。鞏縣入河，漢時水道，後世洛口東移矣。

阿陽

平原郡阿陽，天水郡亦有此縣，錢大昭以爲名同。愚謂：五行志："成帝過河陽主作樂，見舞者趙飛燕，幸之。"外戚傳："趙飛燕微時，屬陽阿主家。成帝微行過陽阿主，見說之，召入宮。"師古曰："陽阿，平原縣。俗書'阿'作'河'，又或爲'河陽'，皆後人妄改。"趙明誠金石錄載李翕碑云"漢故武都太守漢陽阿陽李君"，後漢漢陽郡即前漢天水郡，係明帝改名，碑當時所作，必不誤。外戚傳連稱陽阿，亦當無謬。據師古注及碑校之，似平原當作"陽阿"，天水當作"阿陽"。後漢書宋均傳"均之族子意，拜阿陽侯相"，注云："阿陽故屬天水郡。"郡國志漢陽郡有阿陽縣，然則天水之縣名阿陽甚明。而青州平原郡則不復有阿陽，亦無所謂陽阿者，疑是光武建武六年所省并。錢說誤也。鶴壽案：先生據外戚傳以爲平原之"阿陽"當作"陽阿"，似矣。今案水經河水注云"河水又北逕平原縣故城東。地理風俗記曰：原，博平也，故曰平原矣。縣故平原郡治，漢高帝六年置"，"河水又東北逕阿陽縣故城西，漢高帝六年封郎中萬訴爲侯國。應劭曰：漯陰縣東南五十里有阿陽鄉，故縣也"，據此則平原郡亦有阿陽縣，錢氏之説不誤。

涇水過郡三

安定郡涇陽“开頭山在西，禹貢涇水所出，東南至陽陵入渭，過郡三，行千六十里，雍州川”，案：毛詩邶風谷風疏引鄭康成尚書注所引地理志作“行千六百里”，且其上文先説涇水自發源至入渭幾二千里，禹貢疏所引地理志亦作“千六百里”，今毛刻及南監皆作“六十”，誤也。“過郡三”謂安定、此下原闕二字。京兆也。“雍州川”，見職方。鶴壽案：涇水自安定郡涇陽東南流，逕右扶風漆縣、左馮翊雲陽、谷口、池陽，至陽陵入渭。班氏所謂“過郡三”者，安定、右扶風、左馮翊也。後漢以陽陵改屬京兆尹，鄭氏所引地理志，“陽陵”上有“京兆”二字。涇水所過凡有四郡，漢明帝嘗詔伏無忌、黃景作地理志，蓋東漢別有其書，康成所引者不必是班志。今先生所解者班志，而所引者東漢志，自然有三郡、四郡之異，而又不敢違背鄭注，故上著“安定”二字以合班志，下著“京兆”二字以遵鄭注，中間空出二字，則三郡、四郡可以隨便過去。

河水過郡十六

金城郡河關“積石山在西南羌中，河水行塞外，東北入塞內，至章武入海，過郡十六，行九千四百里”，章武屬勃海，河所過郡，據鄭康成尚書注，當爲金城、天水、武威、安定、北地、朔方、五原、雲中、定襄、雁門、西河、上郡、河東、馮翊、河南、河內、魏郡、鉅鹿、東郡、清河、平原、信都、勃海，凡二十三郡。此言十六，疑有闕漏。詳後案。鶴壽案：錢獻之新斠注地里志作“過郡十九”，不數魏郡、鉅鹿、清河、信都、勃海，而有千乘。又云河自今濬縣、內黃、湯陰、安陽、臨漳、魏縣、成安、肥鄉、曲周、平鄉、廣宗、鉅鹿、南宮、新河、冀州、束鹿、深州、衡水、武邑、武强、阜成、獻縣、交河、青縣、靜海、大城、寶坻，至天津入海，仍是過魏郡、鉅鹿等郡矣。

六郡良家子

趙充國“以六郡良家子，善騎射，補羽林”，師古曰：“六郡，隴西、天水、安定、北地、上郡、西河也。”東方朔傳：“建元三年，上始微行，與待詔隴西、北地良家子能騎射者期諸殿門。”則隴西、北地固在六郡之數,餘四郡無所見。而馮奉世傳:"武帝末,奉世以良家子選爲郎。"奉世,上黨人,而云"良家子",然則六郡中何以無上黨?疑師古注未確。

京兆下邽

錢大昭曰:"隸續劉寬碑陰'永安長京兆下圭駱伯彥',又有京兆下圭六人。前志,京兆有下邽,今郡國志無,疑司馬氏脫此一縣,或中葉以後省。"案:鄭縣注引黃圖云:"下邽縣并鄭,桓帝西巡復之。"此志本據永和五年,其時已省下邽,至桓帝始復,而劉寬碑立于靈帝中平二年,錢云司馬脫,非也;謂中葉省,是也。據此可見,郡國皆載永和五年。鶴案案:下邽在今陝西西安府渭南縣北。錢獻之曰:"應劭謂秦武公伐邽戎置,有上邽,故稱下。蘇林音'邽'爲圭。余謂武公伐邽戎,不聞遷其人于此。封禪書稱櫟陽雨金,秦獻公自以爲得金瑞,故作畤時于櫟陽而祀白帝,疑'畤'字從圭,而'邽'字亦從圭。櫟陽、下邽其地境相涉,此下邽之'邽'當爲'畤時'之'畤'也。"今案劉寬碑陰作"下圭",則錢氏之說信矣。水經注云"渭水又東逕下邽縣故城南",是漢順帝時無此縣,而桓帝時已復之也。

漢安郡

安帝永初中,置扶風都尉,居雍縣。獻帝省都尉,分置漢安郡。此志于都尉本略不載,故雍縣下無都尉,而獻帝所置則以此。志據永和,故不載。

雒縣

廣漢郡雒縣,州刺史治。案劉焉傳:"益州刺史郤儉,在政煩擾。益州賊馬相殺綿竹令,進攻雒縣,殺郤儉。"是州刺史治雒縣之證也。

街東街西

舊唐書地理志關內道,皇城南大街曰朱雀街,街東五十四坊,萬年縣領之;街西五十四坊,長安縣領之。新唐書百官志稱爲左、右街。此街各坊,唐時第宅、園亭、寺觀皆在,載宋敏求熙寧長安志，近日畢氏沅 太倉鎮洋人，總督兩湖，兵部尚書兼右都御史。已刻之，予爲敍。白樂天凶宅詩云：“長安多大宅，列在街西東。”唐詩鼓吹注云：“街東、西諸坊及西市，多王公貴戚之家。”杜牧街西長句云：“碧池新漲浴嬌鴉，分鏁長安富貴家。游騎偶同人鬥酒，名園相倚杏交花。銀鞦騕褭嘶宛馬，繡韂璁瓏走鈿車”云云。此皆言街東西第宅、園亭之盛也。韓昌黎華山女詩云“街東街西講佛經，撞鐘吹螺鬧宮庭”，早赴街西行香詩云“天街東西異，祇命遂成游。老僧情不薄，僻寺境還幽”云云，此言街東西寺觀之盛也。昌黎又有題張十八所居詩云“君居泥溝上，溝濁萍青青”，東雅堂韓集某氏注云：“張籍居長安西街，孟東野所謂西明寺後窮眊張太祝也。”張籍酬昌黎詩云：“西街幽僻處，正與嬾相宜。”杜牧又有雪晴訪趙嘏街西所居詩。嘏，山陽人，其書齋雪後詩“鄉遥路難越”云云，此必嘏在街西所居中作，可知羈孤者參錯其間，非盡烜赫者也。又街西池館見李義山詩云：“白閣他年別，朱門此夜過。疎簾留月魄，珍簟接煙波。太守三刀夢，將軍一箭歌。國租容客旅，香熟玉山禾。”此義山夜訪友于館留宿作，一二敍與其人昔別今訪，三四館中夜景。玩下半首，似今日都會處會館，或一省或一府一縣，醵金買屋，作士商公寓，官亦居之，而京官未必居，居者大約皆外官，文武兼有，故云“太守”、“將軍”，但“國租”云云，似當時別有一種公項資糧隸于官中以供客者，似猶有古制郊里之委積以待賓客、野鄙之委積以待羈旅之遺意，而今不可攷矣。鶴壽案：此條并下西明寺等五條，略見三輔黃圖、熙寧長安志。先生所徵引者，不過唐人詩文，無關典要，姑從原本録之而已。

西明寺

西明寺在街西，蘇頲長安西明寺碑略云：“慶明元年仲秋，詔于京兆延康里置西明寺，三藏法師玄奘，往以繩度，還而墨順。次命少監沈謙之，傾水衡之錢，徹河宗之府，鈞北阜之堝，伐南山之枝。初歷落以星崎，忽空崇以靈曼。攢拱炭槀，騫夢宛轉。叢倚觀

間，層立殿堂。珠綴斝窱，璇題照燭。琉璃洞徹，菡萏紛敷。白日
爲之隱蔽，丹冕爲之舒簷者，凡十二所。每動微風，滴細雷，窅然若
來和，鎗然有去音。悉豐麗博敞，崢嶸曠朗。奕奕焉，矹矹焉。中
國之莊嚴未有，大荒之神異所絕。于是移忉利之宮，鎮菩提之座。
遂賜田園百頃，淨人百房，車五十兩，絹二千疋。徵大德高僧凡五
十人，行業童子凡一百五十人。上御安福觀以遣之，駢象馬，錯人
龍。幡幢之陰周四十里，伎樂之響震三千界。紅粟腐積，黃金巨
萬，行天廚之寶輦，泛海岸之雕驢。我開元神武皇帝御十方四載，
極上下神示。伊護法者，其聖王乎！"觀碑所言，其侈淫如此，造孽
何涯！白樂天有西明寺牡丹詩云："前年題名處，今日看花來。"
又有重題西明寺牡丹詩。此寺後則張籍所居，籍病目，故云"窮
瞎"也。溫庭筠亦有題西明寺僧院詩，云："爲尋名畫來過院，因
訪閑人得看碁。"而太中八年陸展書、咸通四年劉鏞書漳州陀羅
尼經幢敘亦言西明寺僧順貞譯此經，新唐書柳公權傳："嘗書京
兆西明寺金剛經，有鍾、王、歐、虞、褚、陸諸家法。"

華陽觀

白樂天華陽觀詩自注："華陽公主故宅，有舊內人存焉。所謂
'頭白宮人掃影堂'者也。"又有華陽觀桃花招李六拾遺飲詩、華
陽觀八月十五日夜玩月詩、春中與盧周諒華陽觀同居詩、重到華
陽觀舊居詩。蓋樂天于應舉時曾居之。唐文粹有歐陽詹玩月永
崇里華陽觀詩敘，李義山有贈華陽宋真人兼寄清都劉先生詩，又
有月夜重寄宋華陽姊妹詩"偷桃竊藥事難兼，十二城中鎖綵蟾"
云云。攷南部新書云："新進士翌日排建福門，候謁宰相，有詩曰：
'華陽觀裏鐘聲起，建福門前鼓動時。'"則知應舉者多居觀中，諸
人皆以試事居此，其中必有廣庭層樓，故樂天、義山與歐陽詹皆言
玩月之事。又金石文字記有華陽觀王先生碑，于敬之譔，王元宗
正書。先生名軌，字洪範。

東門

漢、唐時州郡多在京師之東,士大夫游宦于京者,出入皆取道東門,漢疏廣受傳:"廣、受,東海蘭陵人,宣帝時父子並爲大傅、少傅,移病乞骸骨,上許之。公卿大夫故人邑子設祖道,供張東都門外。"蘇林曰:"長安東郭門也。東方色青,亦名青門。邵平以故東陵侯種瓜青門外,號'青門瓜'是也。"三輔黄圖云:"長安城南出東頭弟一門曰覆盎門。"

駱山人池亭

出東門行不遠,有駱山人池亭。唐語林云:"駱浚者,度支司書手,李吉甫擢用之典郡,有令名,于春明門外築臺榭,食客皆名人。盧申州題詩云'地甃如拳石,谿橫似葉舟'"云云。蓋浚雖出胥吏,頗好事,且愛客。池亭幽雅,恰在大道旁,出京者初程遄發,解鞍憩此。有家口寄京者,先寄信回,然後前進。入京者以至此離京密邇,或須先遣僕往摒擋一切,亦歇馬焉。計吉甫用浚必在憲宗元和中,卜築亦在此時。白樂天于穆宗長慶初,自中書舍人出守杭州,有過駱山人野居小池詩云:"茅覆環堵亭,泉添方丈沼。紅芳照水荷,白頸銜魚鳥。門前車馬客,奔走無昏曉。名利驅人心,賢愚同擾擾。"自注:"棄官居此。"李義山于文宗太和九年有宿駱氏亭寄懷崔雍崔衮詩,云"竹塢無塵水檻清,相思迢遞隔重城"云云。劉得江亦太和、開成間人,有冬日駱家亭子詩,云"亭臺臘月時,松柏見貞姿。林積煙藏日,風吹水合池"云云。

商山

白樂天長慶二年自中書舍人出守杭州,初出京即有五松驛詩。此驛在長安東,李義山亦有五松驛詩云"獨下長亭念過秦"云云,自是而東則爲商山,樂天赴杭州有登商山詩,有鄧州詩,商、鄧一連也。後白由忠州刺史拜尚書郎,回京亦取道商山。義山商於新開路詩"六百商於路,崎嶇古共聞"云云,此貞元七年刺史李西華所開也。其自桂管歸,破帆壞槳于荆江中,遂改從陸路至商洛，則云“昔去真無奈，今還豈自知？青辭木奴橘，紫見地仙芝”云云。又歸墅云“行李逾南極，旬時到舊鄉。楚芝應徧紫，鄧橘未全黃”云云。又商於詩云“商於朝雨霽，歸路有秋光。背塢猿收果，投巖麝退香”云云。其從蜀中柳郢幕歸，有九月於東逢雪詩，云“舉家忻共報，秋雪墮前峯。嶺外他年憶，於東此日逢”云云。若四皓廟，詩甚多，略舉其二，有“羽翼殊勳棄若遺”云云一首，有“本爲留侯幕赤松”云云一首，亦因出京、入京屢經其廟故耳。又溫庭筠經商山卻寄昔同行友人“曾讀逍遥弟一篇”云云，通首皆曠達語，總因商山爲入京必由之路，故失志者其言如是。又有商山早行詩，所謂“雞聲茅店月，人跡板橋霜”，且爲口實也。義山又有送豐都李尉詩，云：“萬古商於地，憑君泣路岐。固難尋綺季，可得信張儀？雨气燕先覺，葉陰蟬遽知。望鄉尤忌晚，山晚更參差。”蓋李尉從京中閱盡苦辛，方得山南東道南賓郡豐都縣尉一官，出京行至商山，突遇一拐兒，爲其所紿，盡喪資斧，飲泣路岐，故義山贈之詩，言既不能遁世高隱如綺季，豈可妄信張儀之詐乎？二事皆商洛事也。因言燕與蟬尚能先知，嘆李尉之不覺其欺，結言今已無奈，尤忌山晚望故鄉，彌增忉怛耳。蓋商洛爲近京地，亦猶今日之天津，欺詐之人所叢集，故其言如此。

蛾術編卷四十一

説　地　五

朱圉

導山"朱圉",鄭云:"地理志:朱圉在漢陽。"疏云:"地志天水郡冀縣,禹貢朱圉山在縣南。"鄭言漢陽者,前志云:"天水郡,明帝改曰漢陽。"續志亦云:"漢陽郡,武帝置爲天水,永平十七年更名,有冀縣朱圉山。"鄭據後漢志,故與前志異也。蔡傳乃云:"朱圉,地志在天水郡冀縣,今秦州大潭縣也。"宋大潭故城在今西湖縣西南,本漢隴西郡西縣地,蔡遂以宋之大潭爲漢之冀縣,非也。又據九域志,建隆三年秦州置大潭縣,熙寧七年以大潭改隸岷州,至蔡氏時又已改隸西和州,乃又誤云秦州大潭縣。其于本朝州縣建置,一概茫然,尤謬。鶴壽案:朱圉山在今甘肅鞏昌府伏羌縣西南。漢地理志云:"天水郡冀縣,禹貢朱圉山在縣南梧中聚。"五行志所謂冀南山也。蔡氏以宋之大潭爲漢之冀縣,固謬。然其謬亦有自來,通典云天水郡上邽縣有朱圉山,元豐九域志云秦州成紀縣有朱圉山,又云岷州大潭縣有朱圉山,蔡不深攷,遂仍其謬。

華山

華山,禹貢凡三見,導山"太華",蔡傳云:"地志在京兆華陰縣南,今華州華陰縣二十里也。"無論"京兆"下脱"尹"字仍疏誤,且元和、太平二志並云華陰縣南八里,此無"南"字便不能句,又改爲"二十里",荒謬至此。鶴壽案:華山在今陝西同州府華陰縣南十里。西山經云：“太華之山，削成而四方，其高五千仞，其廣十里。”名山記云：“華山與首陽本一山，河神巨靈擘開，以足分爲兩山，以通河流，故掌與脚迹存焉，張衡西京賦稱‘高掌遠蹠’是也。”蔡氏謂華陰縣二十里，“縣”下本係“南”字，偶誤二字耳。

岍、岐、荆

導山“導岍及岐，至于荆山，逾于河”，鄭云：“地理志岍在右扶風。”疏云：“地理志：吳岳在扶風岍縣西，古文以爲汧山；岐山在美陽縣西北，荆山在懷德縣，三山皆在雍州。‘逾于河’謂山逾之也。”案鄭引地志云云者，疏引前志文。漢汧縣，唐汧源縣，隴州治，明省縣，入今爲鳳翔府之隴州，州南三里有汧縣故城。疏又引“岐山在美陽縣西北”者，漢志美陽縣，禹貢岐山在西北中水鄉。疏又引“荆山在懷德縣”者，漢志左馮翊懷德縣，禹貢北條荆山在南，下有彊梁原，今朝邑縣有懷德故城，乃西漢舊縣，荆山在其境也。蔡傳引漢志，“汧縣”改爲“岍縣”，又云“今隴州吳山縣吳嶽山也”。吳山宋省，當云吳山舊縣。蔡又引晁氏曰：“今隴山、天井、金門、秦嶺皆古岍也。”攷括地志，岍山在隴州汧源縣西六十里，東鄰岐岫，西接隴岡，汧水出焉。是隴與汧爲一猶可，若天井山在今隴州南一百里，金門山又在州南百四十里，其山如門，渭水經焉，皆與汧無涉。至秦嶺雖大，要以在今藍田縣商州者爲正，與終南是一，不與岍爲一，蔡非也。又按續志無懷德縣，省併也。故城在朝邑，而富平復有懷德故城者，寰宇記謂後漢末及三國時因漢舊名，于此立縣爲名，晉移富平來治，後魏復徙去，故有故城存，其實與西漢舊縣無涉也。隋地理志因之誤載荆山于富平縣。李吉甫元和志云“在富平西南二十五里”，宋敏求長安志云“在縣西南二十里”，皆謬也。今朝邑縣治基頗高，在彊梁原上，當即宋時舊址，土人謂原即荆山北麓，其東麓則臨于河，即禹貢荆山無疑。葢水經注言洛水東南歷彊梁原，今朝邑有洛水，歷彊梁原入渭，原在荆山下，而富平縣無洛水，一證也。彊梁原爲荆山之麓,一名朝坂,一名華原,山在朝邑縣西,繞縣西而北而東,以絕于河,古河壖也,故曰"至于荆山,逾于河"。若富平則東距河二百餘里,與經意不合,二證也。蔡傳于雍州"荆、岐既旅"云"荆山,地志在馮翊懷德縣南,今燿州富平縣掘陵原也",此正沿襲謬説。迨明,三原馬理伯循又以荆山爲即三原之嵯峨山,游談無根,尤不足辨。又按漢郊祀志:公孫卿曰"黃帝采首山銅,鑄鼎荆山下",晉灼云"山在懷德縣",唐志則云"在虢州湖城縣",元和志同。湖城,元省入閺鄉,今仍之。唐志與晉灼説異,未知何據。

鶴壽案:禹貢汧山,史記夏本紀引之,其字從水,此係孔氏古文,則不當作"岍"。漢志荆山下有彊梁原,水經注引作荆渠原,淮南子墜形訓云"雒出荆山",高誘注云:"荆山在左馮翊懷德縣之南,下有荆漂原。"古字"荆"、"彊"相通,則作"荆"爲正。"渠"、"梁"字形相近,故漢志誤"渠"爲"梁"。梁,古文作"渿",又與"漂"相似,故高誘誤"梁"爲"漂",幸有水經注可證也。黃帝鑄鼎之荆山,晉灼謂在懷德縣,與漢志同。新唐書地理志云"虢州湖城縣有覆釜山,一名荆山",于是元和郡縣志、太平寰宇記諸書咸爲荆山在湖城縣南,謂黃帝鑄鼎于荆山之下,後名其地爲鼎湖,即此邑也。今案湖城縣即漢京兆尹之湖縣,故曰"胡",武帝建元元年更名"湖",則安得以爲即鼎湖?史記封禪書云:"黃帝鑄鼎既成,有龍垂胡䫇下迎黃帝,故名其處曰鼎湖。"三輔黃圖云:"鼎湖,宮名。"韋昭曰:"地名,近宜春。"則安得以爲即湖城?推原其故,蓋因湖城之荆山本名覆釜山,而黃帝嘗合符于釜山,故輾轉附會爾。

終南、惇物、鳥鼠

"終南、惇物,至于鳥鼠",鄭云:"地志:終南、惇物皆在右扶風武功縣。"案武功故縣在今鳳翔府郿縣東四十里,惇物山在今武功縣東南二百里。蔡傳云:"終南,地志在扶風武功縣,今永興軍萬年縣南五十里也。惇物在扶風武功縣,今永興軍武功縣也。"終南,蔡欲貼漢武功縣言,當作"今鳳翔府郿縣界有故武功城,終南山在郿縣南三十里"。若萬年縣,當蔡氏時久更名樊川矣。至以漢武功縣爲宋永興軍武功縣,尤安。宋武功乃漢漦、美陽二縣地,豈得指爲漢故縣?當亦作"今鳳翔府郿縣界有故武功

城,惇物山在其東"。鳥鼠山,地志在隴西首陽縣西南,今在甘肅
蘭州府渭源縣西。蔡傳引地志云云,而云"今渭州渭源縣西也"。
此乃以唐之州縣言,若蔡欲舉本朝輿地,則當云"今熙州渭源堡"
方合。

涇屬渭汭

　"涇屬渭汭",鄭云:"涇水、渭水發源皆幾二千里,然涇小渭
大,屬于渭而入于河。"地理志云:"涇水出今安定涇陽西幵頭山,
東南至京兆陽陵,行千六百里,入渭。"案:鄭引前志。涇陽故城
在今甘肅平涼府治平涼縣西南,幵頭山在縣西一百里。涇水出東
南,流逕華亭、涇州、長武、邠州、淳化、永壽、醴泉、涇陽、高陵諸
州縣入渭。陽陵故城在高陵縣西南二十里,鄭所云涇入渭處也。
汭,説文云:"水相入也。"鄭召誥注云:"汭,隈曲中也。"雍州有二
渭汭,此渭汭,漢高陵縣地;後渭汭,漢懷德縣地。今朝邑高陵
者,涇、渭二水之會也;懷德者,河、渭二水之會也。均爲水相入,
均爲水之隈曲也。至蔡傳則云"涇、渭、汭,三水名。屬,連屬也。
涇水連屬渭、汭二水也"。黃氏震曰:"古説涇入于渭水之內,而
'漆沮既從,灃水攸同',皆主渭言之,文意俱協。若以'汭'爲一
水而入涇,則'涇屬渭汭'者是涇既入渭、汭又入涇,下文'漆、沮
之從'、'灃水之同',孰從孰同邪?職方氏'其川涇、汭',易祓
曰:汭非禹貢之'汭',禹貢言汭皆水內,此川名。"鄒季友曰:"涇
水先會汭水,後入渭水,則經當言涇屬汭、渭,不當先渭而後汭,
況下文即有渭汭事,字不可異説,蔡傳非是。"鄭注職方云"汭在
豳地",且引詩以證。其箋詩則云"芮之言內",不以爲水名。周
禮疏云:"詩箋'芮之言內',今爲水名者,蓋周公制禮之時,以汭
爲水名,猶禹貢大岳至周爲霍山也。"然則汭爲水名始于周公,公
劉時尚未有,況禹貢乎?鶴壽案:漢志云:"右扶風汧縣,芮水出西北,東
入涇。詩芮院,雍州川也。"此以芮爲水名,院爲水厓也。詩公劉云:"芮鞠
之即",箋云:"芮之言內也。水之內曰隩,水之外曰鞠,就澗水之內外而居

也。"此以芮、鞠俱爲水厓，而以水爲澗水也。疏云："夏官職方氏注言'汭在
豳地'，詩曰'芮鞠之即'，蓋注禮之時，未詳詩義，故爲別解。"今案芮水出今
甘肅平涼府華亭縣西之隴山之東麓，東北流逕崇信縣西北，與別源會。別源出
涇州靈臺縣五馬山，曰達奚川。別源既會，又逕涇州，合揜水、蒲川水、三交
水至邠州長武縣，曰宜禄川，逕停口鎮入渭。芮在渭之上流，固與禹貢之
"渭汭"無涉。然謂公劉時無此名，至周公始名之，恐未必然。芮亦雍州之大
水，豈夏禹主名山川而獨遺之乎？

漆沮既從

雍州"漆沮既從"，此漆沮乃地志出扶風漆縣西之漆水，導渭
節內"漆沮"即馮翊之洛水，二漆沮不同。大雅緜云"自土漆
沮"，箋云："公劉遷豳，居漆沮之地。"周頌潛云"猗與漆沮"，傳
云："岐周之二水也。"疏云："漆、沮自豳歷岐周以至豐、鎬。"然
則毛、鄭雖分言漆、沮，其實一也。據豳譜疏引杜預云："豳在新
平漆縣東北。"則鄭箋云漆在豳者，即漢志所云在漆縣者矣。疏
以導渭之漆沮非"自土漆沮"，則雍州之漆沮即緜"自土漆沮"、
潛"猗與漆沮"可知矣。周禮"雍州之浸曰渭、洛"，詩小雅"瞻彼
洛矣"，毛傳："洛，宗周漑浸水。"宗周者，西周也。西周洛水其
名別出，與東周之洛全無干涉，非漆沮而何？然則以漆沮爲洛，毛
詩是其明證。胡先生以爲起自孔傳，非也。孔傳于此但言漆沮之
水，于導渭則言漆沮亦曰洛水，出馮翊北，則亦以雍州漆沮爲扶
風，導渭漆沮爲洛水，胡先生欲合二漆沮以爲一，乃強指此節疏
所引扶風漆水爲"未定之論，失于刊正"，厚誣孔氏矣。要而言之，
扶風漆縣西，一漆也，元和志麟遊縣東南亦是漆水，又一漆也，二
漆之中必有一沮在。麟遊之漆當是沮水，土俗音譌以爲漆耳。此
段胡先生錐指，予節取入後案。此二水一則注涇以入渭，一則合杜、
岐、雍以入渭，皆在涇水之西，而導渭云"又東會于涇，又東過漆
沮"，則漆沮乃在涇水之東。疏于此節解爲扶風漆沮，于導渭分
屬馮翊洛水，極確。鶴壽案：西山經云："羭次之山，漆水出焉。北流注于
渭。"郭璞以爲漢杜陽之俞山。漆水，説文云："漆水出右扶風杜陽岐山，東

入渭。"水經岐山作"俞山"。酈道元引開山圖云"岐山在杜陽北。長安西有渠,謂之漆渠。漆渠合岐水,橫水東注雍,又合杜水南注渭",此漆水出今陝西鳳翔府麟遊縣東北。漢志云"右扶風漆縣,漆水在縣西",闞駰十三州志云"漆水出漆縣西北,至岐山東北入渭",此漆水出今邠州西南。其實乃一水耳,上源出幽地。漢漆縣以水得名,西南流至岐地南漢杜陽美陽縣境而入渭,緜詩云"率西水滸",箋云:"循漆沮水側。""周原膴膴",傳云:"周原,漆、沮之間也。"此詩源委自幽至岐,漢志舉其上源,說文舉其近源耳。

　　幽之漆在右扶風,長安之西,無洛名;涇東之漆在左馮翊,長安之東,一名洛。緜疏于幽之漆牽混入一名洛之漆,大謬。至潛云"猗與漆沮",是亦在幽而流至鎬者,與緜之沮漆為一,無洛名也。緜疏又于沮漆之是一是二如有疑而不定者,殊為混目。

原隰

　　"原隰底績",鄭注:"詩云'度其隰原',即此原隰是也。原隰,幽地。"按:公劉遷幽,此經"底績"亦是治幽地之水,今陝西邠州及三水縣皆幽地,原隰在此。又詩小雅云"薄伐玁狁,至于太原",朱子以為今太原陽曲縣,呂氏讀詩記、嚴氏詩緝並同。顧氏日知錄云:"漢志安定郡有涇陽縣。後漢靈帝紀段熲破先零羌于涇陽,唐章懷注:'涇陽屬安定郡,在原州。'元和郡縣志:'原州平涼縣本漢涇陽縣地,今縣西四十里涇陽故城是也。'然則太原當即今之平涼,後魏立為原州,亦是取古太原之名。周人禦玁狁,必在涇、原之間,若晉陽之太原在大河以東,距周京千五百里,豈有寇從西來,兵乃東出者乎?國語宣王'料民于太原',亦以其地近邊而為禦戎之備,必不料之于晉國也。"胡氏錐指云:"漢安定郡治高平縣,後廢。元魏及唐為原州治。廣德元年沒吐蕃,節度使馬璘表置行原州于靈臺縣之百里城,貞元十九年徙治平涼縣,西去故州一百六十里。故州即元開縣,今固原州也。太原當在州界,玁狁侵及涇陽,而薄伐之,以至太原。蓋自平涼逐之出塞,至固原而止也。顧說微誤。"閻氏潛丘劄記云:"寇有來路,亦有去路,其逐而出之,即從其來路。玁狁侵鎬及方,至于涇陽,三地名皆在雍州,則太原亦當在雍州。宣王料民于太原,與詩太原同一地,然近代説詩有指原州者,名起後世,古未必有原名,惟鄭注禹貢'原隰底績',詩'度其隰原',其地在豳近是。"按顧、胡、閻皆謂太原非陽曲,而顧謂在今平涼縣,胡謂在今固原州,閻謂太原即原隰,則在今邠州。在平涼者誤,胡駁之是矣。而以爲固原者,攷漢安定郡治高平縣,後廢,元魏世祖太延二年置高平鎮,孝平帝正光五年改置原州,領二郡,治高平郡之高平縣。是則先有縣而後有州,高平曰原,州以縣名高平得名,非以古之太原得名,則此説殊不足據,當以閻氏説爲正。鶴壽案:閻氏以原州爲名起後世,未必是,詩之太原似矣。但以太原爲詩之原隰,其地去周京僅四百里,與劉向所謂"千里之鎬"不協。今案詩稱"玁狁匪如,整居焦穫",毛傳云"焦穫,周地,接于玁狁"者,蓋在今甘肅平涼府固原州西北,郭璞謂在扶風池陽縣瓡中,非是。鄭箋云:"玁狁今匈奴也。"顧氏謂太原在涇陽西北,即今之固原州。嘗以山海經證之,其説良是。海内南經云:"匈奴開題之國、列人之國,並在旄馬西北。"今固原州西南有馬髦山,是玁狁在固原州西北之明證也。固原州西北爲蘭州府之靖邊縣、寧夏府之中衛縣。焦穫接于玁狁,蓋在其處,而玁狁更在其西北。焦穫在雍州境内,玁狁在雍州境外,其侵周也先入境居焦穫,乃東侵鎬、方,又南至涇陽,詩稱"至于太原",謂逐而出之境外也。閻氏不審地之遠近,而以邠州之原隰爲太原,非是。

岷山

梁州"岷、嶓既藝",鄭云:"地理志:岷山在蜀郡湔氐道。"案:志此下尚有"西徼外"字,續志同。史記集解引鄭注而割裂之也。漢湔氐道,唐爲松州嘉誠縣,今爲龍安府松潘廳,岷山在廳西北二百二十里,江源所出距廳尚遠,豈得謂江所出之岷山即在湔氐道?漢志蜀郡有汶江縣,郭璞注山海經,遂言岷山今在廣陽縣西,江所出。廣陽,晉所更漢汶江縣之名,郭説已誤,蔡傳遂云:"岷山,地志在蜀郡湔氐道西徼外,今茂州汶山縣,江水所出也。"案隋地理志,汶山郡左封縣有汶山,臨洮郡臨洮縣有岷山;元和志岷州溢樂縣南有岷山。是岷山所在甚多,但不得以爲江源所出耳。漢志分明處在"西徼外"三字，裴駰删去已非，郭璞移之汶江更誤，至蔡氏直以濔氏徼外與茂州汶山并而爲一，此謬而又謬者也。汶山今改汶川，仍屬茂州，蔡傳又引晁氏曰："蜀以山近江源者，通爲岷山，青城、天彭諸山環繞，皆古之岷山，青城乃其第一峯也。"止首二句足存，餘乃增改杜光庭游青城山記，殊無當于經旨。鶴壽案：中山經云："岷山，江水出焉，東北流，注于海。"畢氏新校正云："岷山在今四川茂州東南，俗以爲在松潘廳邊外者，非。山海經言岷山之首曰女几山，又東北三百里曰岷山。女几山即隋志所謂雙流縣女伎山。今茂州在雙流縣之北，故知當是此岷山也。漢人所言'徼外'，亦止茂州，不得甚遠。"今案此亦好爲翻新之諭耳。

江原至夏水

"岷山導江，東別爲沱"，荆州之夏水也。此段水經甚略，今爲補正，并錐指經與注溷及所在縣名不的確處，一一辨之。水經："岷山在蜀郡氐道縣，大江所出，東南過其縣北。"酈注："岷山在徼外，江水所導。東南下百餘里，至白馬嶺，歷天彭闕。自此以上至微弱，所謂發源濫觴者也。自天彭闕東逕汶關，歷氐道縣北，又逕汶江道，又東別爲沱，開明之所鑿也。又歷都安縣，又逕臨卬縣，又逕江原縣，鄲江水出焉。又東北逕郫縣下，又東逕成都縣，又東逕廣都縣。"案氐道今四川松潘衛治，汶江今茂州。開明，七國時杜宇之相。此汶江，禹時所無。都安，明灌縣。臨卬，今卬州。江原，今崇慶州。酈水首受江，即梁州之沱。郫縣、成都，即今治。廣都在今成都縣東南。又東南過犍爲武陽縣，青衣水、沫水從西南來，合注之。酈注："鄲江至武陽注江，江水自武陽東又東南逕南安縣縣治，青衣江會。"案武陽今眉州及新津、仁壽、井研三縣地。南安今樂山、夾江、犍爲、洪雅等縣地。又東南過僰道縣北，若水、淹水合從西來注之。僰道，今宜賓縣。又東過江陽縣南，洛水從三危山東過廣魏雒縣南，東南注之。江陽今富順、瀘州、納溪、江安四州縣地。又東過符縣北邪東南，鰼部水從符關東北注之。"邪東"當作"邪龍"，漢縣。又東北至巴郡江州縣東，强水、涪水、漢水、白水、宕渠水五水合，南流注之。案：江州今巴縣，江津、綦江二縣亦其地。漢水即嘉陵水。巴水下流爲宕渠水，酈云即潛水。此宕渠之潛，非漢壽之潛。又東至枳縣西，延江水從牂柯郡北流西屈注之。酈注："江水東至雞鳴峽，南岸有枳縣治。又東歷平都峽，又逕虎鬚灘，又逕臨江縣南。"案枳縣今涪州、長壽、酆都皆其地。平都今酆都。虎鬚灘在今忠州西。臨江今忠州及墊江縣。又東過魚復縣南，夷水出焉。酈注："江水又東逕胊忍縣故城南，又東逕永安宮，又東逕諸葛亮圖壘南，又東南逕赤岬城西，又東逕魚復縣故城南。縣有夷谿，即很山清江也，經所謂夷水出焉。又東逕廣谿峽，三峽之首也。中有瞿唐灘，禹鑿以通江。"案胊忍縣今雲陽萬縣，永安宮城今奉節縣治，縣南有八陣圖，東有赤岬城，北有魚復縣故城，經言魚復縣，注言故城，實一地。江關在今魚復縣南。又東過巫縣南，鹽水從縣東南流注之。酈注："江水又東逕巫縣故城南，又東逕巫峽，又東逕石門灘。"案巫縣故城在今巫山縣東北。石門，山名，在今巴東縣東北。又東過秭歸縣南。酈注："江水又東逕一城北，北對丹陽城，又東逕信陵縣南。"按今歸州治即秭歸故城，丹陽城在州東，信陵廢縣亦在州東。又東過夷陵縣南。酈注："江水自建平至空冷峽，歷峽東逕流頭灘，又東逕宜昌縣北，又東逕西陵峽，歷禹斷江出峽，東南流逕故城洲，洲上有吳步闡所築城。又東逕陸抗城，又東歷荊門、虎牙之間。"案空冷峽在今歸州東南三十里，流頭灘在今宜昌府東湖縣界。宜昌縣故城在縣西。西陵峽在縣西北，斷江山在縣西南，步闡故城今宜昌府治，陸抗故城在東湖縣東南江南岸，虎牙山在縣東南三十里。又東南過夷道縣北，夷水從很山縣南，東北注之。夷道故城在今宜都縣西，很山故城在今長楊縣西。又東過枝江縣南，沮水從北來注之。酈注："江水又東逕上明城北，荊州刺史桓沖築。江、沱枝分，東入大江，縣治州上，故以枝江爲稱。自縣西至上明東及江津中有九十九洲。"案：據注，上明在枝江之西，經、注各爲起訖，不相屬也。錐指不能辨經、注之淆殽，故以上明在枝江之下，并云上明在松滋縣界。今松枝乃在枝江東，則上明不在松滋界可知。桓沖事見晉書本傳，就彼傳及此經、注，枝江在江北，上明在江南。今枝江、松滋皆在江南，則縣治已移也。又東過江陵縣南。酈注："縣西有洲曰枚回洲，江水自此兩分爲南、北江也。又東逕江陵縣故城南，有江津口，江大自此始。又東逕郢城南，又東得豫章口，夏水所通也。"案枚回洲在江陵縣西南六十里。江陵故城即今荊州府治，江水自枚回洲分流，至此復合。郢城在今江陵縣東北。又東至華容縣西，夏水出焉。酈注：“江水左迤爲中夏水。”案此即漢地志南郡華容夏水，首受江，東入沔，行五百里者。此正合爾雅“水自江出爲沱”之文。故鄭注荆州之沱，引此當之。然則此經所謂“東別爲沱”者，于梁則江原之都江，于荆則夏水，兼是二水而言之。華容故城在今監利縣界。鶴壽案：先生所校正者，即據戴東原所校水經注本也。然于經文不無錯誤，經云“又東出江關入南郡界”，在“又東過魚復縣南，夷水出焉”下，而淆入注中，今悉酌定。

江水過郡七

漢地志蜀郡湔氏道：“禹貢岷山在西徼外，江水所出，東南至江都入海，過郡七，行二千六百六十里。”案：江水所經，於漢爲蜀郡、犍爲、巴郡、南郡、長沙、江夏、豫章、廬江、丹陽、會稽、廣陵，凡十郡一國，而志云“過郡七”，蓋江都在江北，據北岸言之，故不數南岸長沙、豫章、丹陽、會稽也。閻若璩曰：“水經‘江水東過夷陸縣南’，注說宜昌縣流頭灘引袁山松曰：‘自蜀至此五千餘里。’干寶晉紀：‘吳使紀陟如魏，司馬昭問吳戍備幾何？對曰：西陸至江都五千七百里。’宜昌今宜都縣，在西陵之東，自江發源松潘，至此四千四百里，西陵宜昌府治東湖縣，自此至江都不過四千里。山松與陟言皆夸，然共計亦當有八千餘里，‘二’當作‘八’。”閻説精絶。

胸忍

巴郡胸忍，師古音劬，續志同。韓昌黎盛山十二詩敍作“胸朒”，通典卷一百七十五同。説文肉部有“胸”字，無“朒”字，不知何時譌爲“胸朒”，讀爲蠢閏，徐氏援入新附，注云：“蟲名。漢中地下溼，多此蟲，因以爲名。”恐後人妄造。鶴壽案：漢胸忍縣在今四川夔州府雲陽縣西六十里，闞駰十三州志作“胸朒”，云“胸”音春，“朒”音閏。晉書音義引如淳云“胸”音蠢。今案“胸”不宜音春，豈字或作“胊”邪？然後漢西岳華山亭碑、郃陽令曹全碑並作“胸忍”，則闞駰、如淳之説非也。

嶓冢山

嶓冢，禹貢凡三見。梁州第一見，鄭云在漢陽西。案漢志隴西郡西縣"禹貢嶓冢山,西漢所出,南入廣漢白水,東南至江州入江"。續志西縣改屬漢陽郡,鄭據當代也。但漢有東、西,導水歷敘東漢源流,首言"嶓冢導漾,東流爲漢",則東漢亦出嶓冢。然漢志于氐道言漾水出至武都爲漢,于武都言東漢水受氐道水,一名沔,于沮縣言沮水源流,沮水即漢水。又沔陽縣,應劭注:"沔水出。"以上四條皆言東漢,不言嶓冢。續志亦惟于西縣言嶓冢山西漢水,鄭于此注亦但舉西縣之嶓冢,此必古經師相承舊說也。至後魏于漢沔陽縣地置嶓冢縣,魏收作地形志,遂于此縣載嶓冢山,而李吉甫、杜佑則于上邽縣、金牛縣分列兩嶓冢。唐上邽即漢西縣,金牛即漢沔陽縣地。然則漢有二,嶓冢亦有二,東、西分出,意者東漢上源從氐道來,逐路納衆流以成川,非始出沔陽之嶓冢,故班志、鄭注皆不著此山。若西縣山實西漢源,故專舉之與?至導水以西縣之嶓冢爲東漢源者,西漢流至通谷,與東漢會,然後東漢自東,西漢自南,而西漢至葭萌縣,又有一水從沔陽東漢分支,從漢壽西南流來,穿石穴出,至此又與西漢合,然後西漢再西南行,至江州入江。論水則西漢是別,東漢是主,故經詳言東漢而即以嶓冢冠之者,因下流潛源以目漢源也。論山則沔陽之嶓冢非東漢始源,故略之。而西縣之嶓冢實西漢源,故班志、鄭注專舉之,欲見是山爲水源也。此爲定論。乃蔡傳則云"嶓冢山,地志云在隴西郡氐道縣,漾水所出,又云在西縣。今興元府西縣,三泉縣也。蓋嶓冢一山跨于兩縣"云。此條之謬,不可勝言。漢氐道縣今不知所在,地志但云漾水所出,並無嶓冢山字。蔡以嶓冢在氐道之語爲出自漢志,其謬一。漢西縣在宋爲西和州,宋興元府之西縣爲漢漢中郡沔陽縣地,隋始改爲西縣,下至宋仍之。漢西縣,西漢水所出;隋、宋西縣,東漢水所出。蔡乃誤認兩西縣爲一,其謬二。宋三泉縣,漢廣漢郡葭萌縣地,正東漢所在,蔡指爲漢氐道縣,而謂嶓冢一山跨氐道、西縣二境,其謬三。展轉迷惑,疑誤孔多。總之導山、導水所言皆爲東漢,梁州潛水則爲西漢,經既並著二漢，則此嶓冢當兼二漢所出而言。鶴壽案：禹貢明言"嶓冢導漾，東流爲漢"，則嶓冢爲漢源，經有明文，何必以漢志等四條不言嶓冢而送難也？漢志云："隴西郡西縣，禹貢嶓冢山在西。氐道縣，禹貢漾水所出，東至武都爲漢。"嶓冢山在今甘肅秦州西南六十里，西縣故城在州西南百二十里，蓋山在縣東北，漢志誤作"西"也。秦州南至階州成縣三百六十五里，武都故城在縣西北，水經禹貢山水澤地篇云"嶓冢山在氐道縣南"，則氐道故城當在今秦州西，故漢志稱漾水"東至武都"，言"東"即兼南也。然則嶓冢山在西縣東北，漾水出其東北隅，則在氐道縣南，今爲秦州地，東南流爲漢水，則在武都縣東北，今爲成縣地。漢志又云"武都郡沮縣，沮水出東狼谷"，此漢水之別源。東狼谷在今陝西漢中府略陽縣東北，沮水逕縣東至青羊驛，與漢水合。水經沔水注云："沔水出東狼谷，東南流注漢，曰沮口，所謂沔漢也，禹貢云'嶓冢導漾，東流爲漢'。東北流得獻水口，庾仲雍曰'是水南至關城，合西漢水'，又東北合沮口，同爲漢水之源也。"沮口近青羊驛，在今漢中府沔縣西。關城即陽平關，在縣西北。漢水逕成縣東北，東北流得獻水口。成縣東爲秦州徽縣，是獻水口在徽縣北也。獻水既受漢水，從徽縣南流，經略陽縣西，與西漢水通，折而東流，至沔縣西與沮水合，是獻水即漢水。自沔縣而上，其源流如此。先生徒舉李吉甫諸家之説以相詰難，故略節之。

導山第二見，"導嶓冢，至于荆山"，今姑置勿論。鶴壽案：欲明漢水所出，當定嶓冢所在，則于此條胡弗辨之曰"嶓冢在漢之西縣，不在唐之金牛"，兩言足抵千百言矣。

導水第三見，"嶓冢導漾，東流爲漢"，鄭云："地理志：漾水出隴西氐道，至武都爲漢，至江夏謂之夏水。"案：鄭引前志文。志又云："武都郡武都縣東漢水受氐道水，一名沔，過江夏謂之夏水，入江。"與氐道一條正相足。又云："沮縣沮水出東狼谷，南至沙羨入江，荆州川。"續志則云："武都郡沮縣沔水出東狼谷。"前志既以沮爲荆州川，而職方荆州川有江、漢無沮，是沮即漢氐道。武都在今成縣西北，沮縣今爲略陽縣，然則漾、漢、沔、沮四名同實，東狼谷雖別源，實一水也。鄭又云"至江夏謂之夏水"者，此是下文滄浪之水句義，于此連言之，欲見此水隨地異名，以證始爲漾、東爲漢也。漢中郡沔陽縣，應劭曰："沔水出，至武昌

東南入江。"沔陽縣 今沔縣，自略陽 東南約三百里至沔縣。然則
彼志氐道、武都、沮縣、沔陽四條，原流是一；言入江處曰江夏、曰
沙羨、曰武昌，亦一也。

此節經、注疑義紛如者，前志于隴西郡 西縣下注云："禹貢嶓
冢山，西漢所出。"而此經所敘，的係東漢，乃以爲導自嶓冢，此大
疑所從出也。今案東漢是正派，西漢是別原。此經所敘東漢源
流，據志發源氐道，東至武都，又東至沮縣，又東至沔陽。漢氐道
屬隴西郡，武都縣爲武都郡治，二郡之境大約在今鳳縣、兩當之
西，秦州之北，盡隴氐皆是。但氐道漾水至武都爲東漢，莫有能
言其所經者，惟自沮縣以下，差爲顯白。水經 沔水篇云："沔水出
武都 沮縣東狼谷中，東過南鄭縣南。"以今輿地言之，自略陽縣南
寧羌州北流，逕沔縣西南合沔水，又東逕沔縣南、褒城縣南、南鄭
縣南，爲漢水，經所謂"導漾水，東流爲漢"也。其冠以嶓冢何也？
水經敘西漢源流云："出嶓冢山 東南至廣魏 白水縣西，又東南至
葭萌縣東北與羌水合。又東南過巴郡 閬中縣，又東南過江州縣
東，東南入于江。"酈注謂"西縣 嶓冢山，西漢水所導也。西流與
馬池水合，又西南合楊廉川水，又西南逕始昌峽，又西南逕宕備戍
南，又西南逕祁山軍南，又西逕蘭倉城南，又南入嘉陵道而爲嘉陵
水。東南逕瞿堆西，又屈逕瞿堆南，又東南逕濁水城南，又東南逕
脩城道南，又東南于槃頭城南與濁水合。又東逕武興城南，又西
南逕關城北，又西南逕通谷，又西南，寒水注之。又西逕石亭戍，
又逕晉壽城西，又南合漢壽水"，以下與經"至廣魏"云云略同。
以今輿地言之，秦州、西和、禮縣、成縣、略陽、寧羌、廣元、昭化、
劍州、蒼溪、閬中南部、蓬州、南充、定遠、合州、巴縣諸州縣界中，
皆西漢水所經也。以上所敘，雖皆專主西漢，其中合濁水則與東
漢通矣，逕通谷又與東漢通矣，至寒水注之則即潛也。西漢出自
山源，似非漢別。但從沔陽伏流至葭萌者，的係漢別之潛，而此潛
既與西漢合，則通西漢上源皆得名潛，故鄭 梁州注言"潛蓋漢西

出嶓冢”云云，又言“漢別爲潛，流與漢合，即爲西漢”云云，以見潛、沔通流，故可以西漢之山源冠東漢首也。後人有疑于此，乃因應劭于漢志沔陽縣下注云“沔水出”，而謂東漢實以此爲始源，遂于此地別指一山爲嶓冢。後魏于此置嶓冢縣，地形志于此系以嶓冢山，意以禹貢嶓冢實即此山，而西縣之嶓冢乃西漢發源。元和志云：“嶓冢山一在秦州上邽縣西南五十八里，漾水之所出，東流爲漢水。一在興元府金牛縣東二十八里，漢水出焉，經南鄭縣南，禹貢‘嶓冢導漾，東流爲漢’是也。”今攷後魏嶓冢縣故城在今陝西漢中府沔縣白馬城東南五里，即漢沔陽縣地。唐上邽縣故城在今甘肅秦州西南鞏昌府西河縣東，即漢西縣地。金牛縣在今漢中府寧羌州西北，亦漢沔陽縣地。漢志漾水出氐道，是東漢非西漢，吉甫乃于上邽言之，特沿襲水經耳。通典亦云：“秦州上邽縣嶓冢山，西漢水所出，經嘉陵曰嘉陵江，經閬中曰閬江。漢中金牛縣嶓冢山，禹導漾水東流爲漢水，亦曰沔水。”蓋自南北朝人創立此論，唐人因之，胡氏錐指漫據陸放翁、王阮亭筆記，欲定嶓冢在今沔縣金牛驛北，與寧羌州相連。此等野文，何堪闌入經義？而閻氏謂“親至秦州嶓冢山下，山不甚高，而峯岫延長，連屬若丘冢。問其土人：寧羌州山如何？愕然曰：從金牛驛北望，見嶓冢山峩然雲表，豈敞地之山所能作其兒孫乎！水自西東流，即所謂‘嶓冢導漾’者也”。尤爲荒誕不經。鶴壽案：敍西漢源出嶓冢者，班志耳。禹貢但言潛水，並不及西漢也。即鄭氏注經所謂“漢別爲潛”者，亦但指廣漢一水從沔陽分派，通峒潛出，其下流入于西漢耳，其稱即爲西漢，仍指廣漢言也。西漢一水，水經僅述其下流，酈注補敍其上流，原是各爲一書，並非解釋禹貢。先生必欲全引之者，意在尊崇鄭注，其實鄭意何嘗以潛爲西漢邪？

　　蔡傳：“漾，水名。水經曰：漾水出隴西郡氐道縣嶓冢山，東至武都。遺“沮縣，爲漢水”五字。常璩曰：漢水有兩源，此東源也，即禹貢所謂‘嶓冢導漾’者。其西漢出隴西嶓冢山，會泉，始源曰沔，逕葭萌入漢。東源在今西縣之西，西源在今三泉縣之東也。

酈道元謂東、西兩川俱出嶓冢而同爲漢水者,是也。水源發于嶓冢爲漾,至武都爲漢。"今案常璩華陽國志曰:"漢水有二源,東源出武都氐道縣漾山爲漾水,禹貢'導漾,東流爲漢'是也;西源出隴西嶓冢山,會白水,逕葭萌入漢始源,故曰漢沔。"而蔡氏所引,割裂顛倒,文義盡失。"白水"二字,誤合爲"泉";"始源曰沔",易置四字于"逕葭萌入漢"之上,殊爲可笑。常璩别譔漾山之名,以西源爲沔,説太支蔓,其分别兩源則是也。王象之輿地紀勝引宋朝郡縣志云:"今之言漢水,以西縣之嶓冢山爲源。此即後魏之嶓冢縣,隋更名西縣者,非漢隴西之西縣,今在秦州境者也。"周廢西縣入上邽,隴西之西縣絶已久矣。蔡氏云東源在今西縣之西,亦似從郡縣志,主隋之西縣,而謂西源在今三泉縣之東則大非。三泉本漢葭萌縣地,唐武德初分置三泉縣,今在寧羌州西北金牛驛西六十里,北距隴西嶓冢山六百餘里,而謂西源在三泉之東,相去懸絶,總由不知宋之西縣非漢之西縣,故輾轉迷惑,終無是處。酈所謂"兩川俱出嶓冢"者,疑亦分指沔陽、西縣各有一山而言,蔡氏誤認皆在漢中,故又實其言以爲"東源出嶓冢山東,則當在西縣之西;西源出嶓冢山西,則當在三泉之東",是謂"東西兩川俱出嶓冢而同爲漢水"云爾,而不知其舛錯爲已極也。又云"水源發于嶓冢爲漾,至武都爲漢",夫武都縣遠在漢中之西北,兩源既並出漢中,豈復有西北流至武都者哉?蔡氏"岷嶓既藝"傳云"嶓冢山,地志云在隴西氐道縣,漾水所出,又云在西縣,今興元府西縣、三泉縣也,葢嶓冢一山跨于兩縣"云。今案漢志氐道無嶓冢,水經始有之。西縣亦屬隴西,與隋之西縣相去縣絶,而蔡氏云"一山跨兩縣",葢以興元之西縣爲隴西之西縣,又以興元之三泉當隴西之氐道也。既不知有二西縣,又不知有二嶓冢,故此傳云"東源在今西縣之西,西源在今三泉縣之東"。大抵東源出漢中,唐、宋人皆有此誤;而謂西源亦出漢中,則自蔡氏始。

沱、潛既道

梁州"沱、潛既道"，鄭云："二水亦謂自江、漢出者。地志蜀郡郫縣汶江及漢中安陽皆有沱水。潛水其尾入江、漢耳，首不于此出。江原有鄨江，首出江，南至犍爲武陽又入江，豈沱之類與？潛葢漢西出嶓冢東南至巴郡江州入江。漢別爲潛，其穴本小，水積成澤，流與漢合。大禹自廣漢疏通，即爲西漢水也，故曰'沱、潛既道'。"案地志蜀郡郫縣，禹貢江、沱在西，東入大江。蔡傳誤作"江、沱在東，西入大江"。郭璞爾雅音義云："沱水自蜀郡都安縣湔山與江別而東流，今成都府灌縣東有都安故城，此即漢志之江沱，後人謂之郫江。"此江起今灌縣西南至雙流縣北岸合流，江所行不過三百餘里，源流短狹，又與沱自江出之義不合，故鄭不取也。又有沱水在蜀郡汶江縣西南，東入江，近志以威州玉輪江當之。玉輪江即汶水，出岷山西玉輪坂，非首受江者，不可謂沱。漢志所言，葢即緜虒縣界開明所鑿，郭璞云"玉壘作東別之標"者，蔡傳引此，而曰漢汶江縣今永康軍導江縣也。案漢汶江縣在宋爲茂州汶山縣地。故鄭不取也。蜀郡江原縣鄨水首受江，南至武陽入江。元和志劍南道蜀州唐興縣，本漢江原縣地，鄨江經縣東二里，在今崇慶府。曰"首受江"，正與江水爲沱合，故鄭以此爲沱之類也。漢中郡安陽縣鷟谷水出西南，北入漢。蔡傳引此，脫去"北"字。安陽縣今爲陝西興安州漢陰縣。蔡傳云漢安陽縣今洋州真符縣，當作今金州漢陰縣。此鷟谷乃谷名，水名由谷而得，不得直名灊水。水經以此爲潨水，曰"漢水東過魏興安陽縣南，潨水出自旱山北注之"，是尾入漢，非首受漢，故鄭不以爲潛水。爾雅"自漢出爲潛"，馬融云"其中泉出而不流者曰潛"，是潛與沱不同。沱，分派別行者也；潛，伏流重出者也。鄭云"潛葢漢西出嶓冢東南至巴郡江州入江"云云者，前志云："隴西郡西縣，禹貢嶓冢山，西漢所出，南入廣漢白水，東南至江州入江。"志以爲西漢水，不名潛，而鄭指作潛者，西縣嶓冢所出，雖是西漢，鄭因東漢有別出而伏流之潛，從廣漢葭萌入西漢以達于江，故連西漢始源亦目爲潛也。荆州疏引郭璞爾雅音義，云："有水從漢中沔陽縣此即東漢，今漢中府沔縣東南有沔陽故城。南流至梓潼漢壽入大穴中，通峒山下，西南潛出，一名沔水，舊俗云即禹貢潛也。"漢壽即漢廣漢郡葭萌縣，蜀先主改名漢壽，屬梓潼郡，晉又改晉壽。故城在今保寧府昭化縣東南。括地志云："潛水今名龍門水，源出縣谷縣晉太元中，分晉壽縣地置興安縣，隋改名縣谷，隋志"縣谷縣有龍門山"是也。唐因之。明改廣元縣，屬保寧府。今因之。東北接陝西沔縣界。東龍門山大石穴下。"元和志云："潛水出利州縣谷縣龍門山，書曰'沱、潛既道'是也。山在縣東北八十二里。"寰宇記："縣谷縣龍門山，亦名蔥嶺山。"引梁州記云："蔥嶺有石穴，高數十丈，其狀如門，俗號爲龍門，今四川保寧府廣元縣東北龍門山是。潛水自此入穴通山，伏流重出，歷昭化、劍州、蒼溪、閬中南部、並屬保寧府。蓬州、南充。並屬順慶府。合州，至巴縣並屬重慶府。巴縣，漢巴郡江州縣，今府治。入大江。"然則西縣嶓冢所出，本是西漢，非潛水，下流與潛合，則源流皆可稱潛，故鄭云即爲西漢水。廣漢即指葭萌，鄭舉郡言耳。水經桓水注云："葭萌西漢，鄭康成所謂潛水是也。"鶴壽案：潛在今四川保寧府廣元縣，前已引朱恩菴説辨正之矣。沱在今成都府崇慶州西北五十里。漢志云："蜀郡江原縣都水首受江，南至武陽入江。"江原故城在今灌縣境。華陽國志云："縣在郡西，渡大江，濱文井江，去郡一百二十里。"説文云："郫，江原地。"水經注云："江源縣，郫江水出焉。"蓋江以地得名也。太平寰宇記云："郫江一名皁里水，自青城縣百丈水南流入江原縣界。"今案此南江也。大江自灌縣西分爲二，一流東循灌城，曰北江；一流東南逕崇慶州至新津縣，曰南江。新津本漢犍爲郡武陽縣地。李膺益州記云："皁里江津之所曰新津市，周地圖記云：閔帝元年于此立新津縣。"蓋皁里水至崇慶州西北受大江，至新津縣東復入江，即梁州之沱也。自漢以來，皆以經成都者爲大江，其南流者曰郫水，李吉甫謂郫江即皁江，與温江分爲二，宋、元以來，遂以皁江爲正源，今温江縣西金馬河，即皁江正流也。

漢志又有一潛水，在巴郡宕渠縣西，南入江。錐指云："入江"

當作"入潛"。案此江爲嘉陵江,即漢也。水經亦云:"潛水出巴郡宕渠縣南入于江。"注云:"今有大穴,潛水入焉,通岡蔡傳引此誤作"罡",字書所無。山下,西南潛出,謂之伏水,或以爲古之潛水。鄭康成曰:漢別爲潛,大禹自廣漢疏通,即爲西漢水。庾仲雍云:墊江有別江出晉壽縣,即潛水也。"酈又云:"宕渠水即潛水,出南鄭縣南巴嶺,謂之北水,東南流逕宕渠縣,謂之宕渠水,又東南入漢。"案宕渠故城在今順慶府渠縣界,渠江在縣東,其源出自巴州小巴嶺,西南流逕蓬州,東南逕營山縣,西南逕廣安州,至重慶府合州入嘉陵江。此水雖名爲潛,而出自山源,不出于漢,況所引入穴通山云云,即取郭璞漢壽潛水之語,順文臆度,而此水實未入穴通山,所引鄭康成、庾仲雍二條,係漢壽之潛水,與宕渠無涉,酈乃移彼入此,舛謬甚。

和夷

"和夷底績",鄭云:"和夷,和上夷所居之地也。'和'讀曰桓。地志:桓水出蜀郡蜀山,西南行羌中。"案:鄭以和爲水名,"和"讀曰桓,古者"和"有桓音也。地志以蜀山繫郡下,不繫縣下,葢徼外山也。元和志:"茂州通化縣,本漢廣柔縣地。蜀山在縣東北六里。廣柔故城在今威州西通化縣,今無可攷,大約在今茂州之保縣及威州界內。蜀山在此,與湔氐道岷山相連。水經注云'岷山、西傾俱有桓水',岷山桓水即蜀山桓水也。"

蔡傳云:"和夷,地名。嚴道以西有和川,有夷道,或其地也。"案夷道即漢志南郡之夷道縣,宋爲宜都縣,今屬荊州府。夷水所經也,遠在嚴道以東二千餘里,何云嚴道以西,況在荊州域乎?又引晁氏曰:"和、夷,二水名。和水,今雅州榮經縣北和川,水自蠻夷羅品州東而"而"字蔡誤作"西"。來逕蒙山,所謂青衣水而入岷江者也。夷水出巴郡魚復縣東南,過佷山縣南,又東過夷道縣北,東入于江。"案夷水即漢志南郡巫縣之夷水,宋爲巫山縣,今屬夔州府。此亦在荊州域,且在和川水東幾二千里,乃總撮而書之曰和夷乎？“夷”字，蔡主地言，晁主水言，俱屬妄謬，所云和川亦非是。閻先生從和川，其説據寰宇記云“和川路在嚴道縣界，西去吐蕃大渡河五日程，從大渡河西郭至吐蕃松城四日程。羌、蠻混雜，連山接野，鳥路沿空，不知里數，説者謂即書之和夷云云。因謂水經言自桓水以南爲和夷，而晉地道記言梁州南至桓水，則桓水疑指大渡河，河之南爲今建昌衛，宋藝祖以玉斧畫而棄之者，蓋即古之和夷”。不知水經注明言夷即蜀山桓水，今乃强指爲和川大渡，其誤顯然。胡先生則以和爲渽，以漢志渽水爲唐、宋之大渡河，即和夷之和，以漢志大渡河爲宋之和川，非和夷之和。其説謂漢志青衣縣，禹貢蒙山溪大渡水東南至南安入渽。渽水出汶江縣徼外，南至南安東入江，“渽”乃“渽”字之誤，説文“渽水出蜀汶江徼外，東南入江，從水，我聲”，徐鉉音五何切，故知“渽”當作“渽”，和夷者，渽水南之夷也。汶江今茂州是，南安今嘉定府治是。水經：“江水東西過犍爲武陽縣，青衣水、沫水從西南來，合而注之。”此即二水會渽水入江處也。注云：“江水自武陽東至彭亡聚，曰外水，又東南逕南安縣縣治，青衣江會，衿帶二水。縣南有峨眉山，有蒙水，即大渡水也。水發蒙溪，東南流與渽水合，水出徼外，逕汶江道。吕忱曰：渽水出蜀，許慎以爲渽水也。從水，我聲。南至南安入大渡水，大渡水又東入江也。”班固謂大渡入渽，道元謂渽入大渡，然渽水源長，當以漢志爲正。道元敘渽水甚略。自漢志“渽”誤作“渽”，而師古音哉，世遂不知有渽水，徒以其下流與南安之沫水號爲大渡者合而入江，因目渽水曰大渡河。元和志云：“黎州西至廓清城一百八十里，其城西臨大渡河，河西生羌蠻界。”又云：“通望縣北至黎州九十里，大渡水經縣北二百步。”唐人所言大渡河，即漢志渽水，出汶江徼外之羊膊嶺。此水之南，即經所謂和夷也。方輿勝覽云：“大渡河于黎州爲南邊要害地。建隆三年王全斌平蜀，以圖來上，議者欲因兵威復越嶲，藝祖以玉斧畫此河曰：‘外此吾不有也。’于是爲黎之極邊。"和夷在大渡河南、馬湖江北,爲宋祖玉斧畫而棄之者無疑。若和川則寰宇記云:"和川路在雅州嚴道縣界,西至吐蕃大渡河五日程。"又云:"和川水在滎經縣北九十里,從羅巖古蠻州東流來。"晁以道因謂和川即禹貢之和水,而曾旼從之,曰:"自嚴道而西,地名和川,夷人居之。今爲羈縻州者三十有七,則經所謂和夷者也。"林之奇亦云:"今雅州猶有和川鎮,即和夷故地。"案新志,沫水在天全州北,而和川水在其南,源出蠻界,一名始陽河,東流過碉門爲多功河,又東經蘆山縣與沫水合,出飛仙關入雅州。是和川水乃沫水之別源,疑即漢志所謂大渡水者,其下流仍爲青衣、沫水與涐水合也。經文簡嚴,如和夷果在雅州界中,則"蔡、蒙旅平"足以包之,何必更書曰"和夷厎績"乎?和夷固當在涐水之南,離蒙、蔡自爲一地也。寰宇記云:"大渡河一名沫水,在羅目縣南,源出雋州界,來經縣東,入龍游縣界。"則又誤以沫水爲唐之大渡河矣。嘗因是思之,當時必有以唐之大渡河爲和水者,而志家攷之不詳,以漢志所謂大渡水者當之,名曰和川水,樂史承其誤,相沿至今。然和川水出羅巖蠻界,歷碉門、蘆山而東;涐水出汶江徼外,歷通望、漢源而東。一在雅,一在黎。在雅州者爲漢之大渡水,即和川也;在黎者爲唐之大渡河,即涐水也。源委各殊,不可混而爲一。其鮮水入若水,一名州江大度者,則又自爲一水,而與黎、雅之大渡不相涉矣。胡先生謂涐水乃渽水之譌,漢志涐水即唐、宋大渡河,是矣。至云漢志大渡水即宋和川水,是非不可得詳。獨是以和爲涐,出自臆度。且漢志明著"禹貢桓水出蜀山,行羌中入南海",並非涐與大渡。況此水既行羌中入南海,則下文"西傾因桓是來,浮于潛,逾于沔"云云,必不可指爲此水。而古字"和"、"桓"相通,其證甚多,則知此和夷之"和",斷以鄭注爲確。又元和志謂蜀山桓水在茂州,則與黎水亦相附近,而斷斷不可指爲涐水、大渡、和川者,則以蜀山桓水入南海,而諸水入江,必非一水也。鶴壽案:漢志云:"蜀郡禹貢桓水出蜀山,西南行羌

中,入南海。"水經云:"桓水出岷山。"岷山即蜀山也。桓水即大金沙江也,
番名雅魯藏布江,源出西藏西界卓書特部落西北三百五十里達木楚克哈巴布
山,東北流合江加蘇木拉河,又東合阿拉楚河,又東有那烏克藏布必拉河東
北來注之,又東南有郭永河東南來注之,又東南折東有薩楚藏布河東北來注
之,又東有雍出河南來注之,又東有式爾的河南來注之,又東有滿楚藏布河北
來注之,又東有阿里宗河東南來注之,折東北有薩爾格必拉河東南來注之,又
東南有加木祖池水南來注之,又東北有莽喝拉河南來注之,又東北迤章喀則
城北,又東北有敖褚必拉河西北來注之,又東北迤盆蘇克靈城北,又東北有婆
色納木山河南來注之,又北有戒忒楚河北來注之,又東有打克北朋楚河北來
注之,又東有薩布河南來注之,又東迤日喀則城北。城在衞地西南五百餘里,
今班禪所居也。喇薩,唐時吐番國都,今達刺所居也。又東有年楚河南來注
之,又東北有尚那木林河北來注之,又東迤普東廟前,又東北有烏雨克河北來
注之,又東迤林犇城北,有龍前河南來注之,又東北有捏木河西北來注之,折
東南迤拜的城北,又東北迤楚舒爾城南,又東南迤日喀爾公噶爾城北,而與噶
爾招木倫江會,又東迤薩木他廟前,又東迤乃布冬城北,又東有巴楚河北來
注之,又東南迤桑里南也勒庫城北,又東迤敖噶打克邧城西南,有聽里馬楚河
東北來注之,折東南迤也勒庫城、打克布拉碎城之東北,當波衣孤魯那木加
城、打克布同春城、打克布衣那城之北約數百里,有年渚河北來注之,又東迤
叉母哈廟北,合薩母龍拉水,又東南迤森打馬廟西禿哥里山西南,南流入羅
喀布占國界,而與岡布藏布河會,又東南與朋出藏布河會,折西南入厄納特克
國,而入于南海。桓水源流在今四川雲南西邊徼外,和夷爲近,桓水之夷則
唐之吐番,今之西藏是也。

織皮西傾,因桓是來

梁州"織皮",鄭屬下"西傾"爲句,以桓是爲隴坂名。雍、戎
二野之間,人有事于京師者,道當由此州而來。"是"、"氏"同。巴
蜀名山岸脅旁箸欲落者曰氏,此坂盤桓旋曲而上,故名桓是。織
皮、戎也;西傾,雍也,故曰二野。西傾,漢志在隴西郡臨洮縣西
南。臨洮,今甘肅洮州廳治所,三面臨番,南與四川松潘廳接界,
外連蒙古邊境,山在界内,隴阪在今鞏昌府隴西縣東至隴州汧陽
一路。此經言由西傾因阪以浮于潛水,則當由今洮州廳東北行,

歷鞏昌府之漳縣、伏羌縣，秦州之禮縣，至西和縣，浮西漢水以入沔。但下文浮潛、逾沔，自是禹巡行州境，非爲欲達帝都，此"因桓是來"與下"浮潛"各爲一截。鄭解此節雍、戎之人有事京師，則自桓是而浮潛以至亂沔，自是入京之道，與下文不連屬也。僞孔傳以"織皮"屬上"熊、羆、狐、狸"爲句，以四獸爲貢皮，以織皮爲屬。疏曲附之。然經文但舉四獸，何以知其貢皮？雍州"織皮"與"昆侖、析支、渠搜"連文，不爲貢物，則此亦當與"西傾"連文，不爲貢物可知。然傳説所織者尚爲泛指獸毛，蔡傳乃用曾氏説云"熊、羆、狐、狸四獸之皮，可製以爲裘，其毳毛可織以爲屬"，更爲穿鑿。傳以"桓"爲水名，謂桓水自西傾山南行，因桓水是來。但出蜀山之桓水以解和夷則可，若云自西傾因此水而來，則此水乃行羌中入南海，不入中國，何由而來，且何由而浮潛水乎？疏亦知其不通，而附會以爲初發西傾未有水，南行得桓水。攷元和志，蜀山桓水在茂州，今西傾在洮州西南，距茂州千餘里，何云"因"乎？閻氏亦從此説，而欲改經文"西傾"爲"西戎"，無論經不可改，即作"西戎"，而桓水不入中國，豈得以浮潛水乎？

蛾術編卷四十二

禹貢豫州末節水道

豫州"浮于洛，達于河"，因上荆州之文也。蔡傳云："豫州去帝都最近。豫之東境，徑自入河；豫之西境，則浮于洛而後至河也。"豫州東境並無河，何"徑自入河"之有？即東境之水亦無通河者。禹時鴻溝未開，宋、許、陳、蔡之地汝、潁諸水，皆無入河之道，惟北境有河。蔡所云"東境"當改作"北境"，以上與荆州"至于南河"合，即上文"荆河惟豫州"句，蔡傳已云"北距大河"矣，蔡每自忘前語，故致誤也。是巡行非達都，蔡不足以知此。鶴壽案：先生謂"禹時鴻溝未開，宋、許、陳、蔡之地汝、潁諸水，皆無入河之道"，是固然矣，然必先有許多川瀆天然蹤橫于其間，後世因而利導之耳。史記河渠書云"自禹之後，滎陽下引河東南爲鴻溝以通宋、鄭、陳、蔡、曹、衞，與濟、汝、淮、泗會"，此在豫州境內也。張華博物志錄著作令史茅溫徐州地理志云："徐偃王欲舟行上國，乃通溝陳、蔡之間。"漢志："河南郡滎陽縣狼湯渠首受濟，東南至陳入潁，過郡四，行七百八十里。"水經云："渠出滎陽北河，東南過中牟縣北，又東至浚儀縣，又屈南至扶溝縣北，其一東南過陳縣北，又東南至汝南新陽縣北，又東南過山桑縣北、龍亢縣南，又東南過義成縣西南入淮。"此即徐偃王所開，爲鴻溝之經流也。漢志陳留郡陳留縣魯渠首受狼湯渠，東至陽夏入渦渠，此即魯溝。吳王夫差起師北征，闕爲深溝于商、魯之間，北屬之沂，西屬之濟，謂之宋溝。水經渠水注云："牛首鄉東南，魯溝水出焉。又逕陳留縣故城南，又東南逕圉縣故城北，歷萬人散魯溝亭，又東南至陽夏縣故城西，又南入渦。"此鴻溝之一支也。漢志："淮陽國扶溝縣渦水首受狼湯渠，東至向入淮，過郡三，行千里。"此即陰溝。秦始皇二十年王賁引水以灌大梁，謂之梁溝。水經云："陰溝水出河南陽武縣蒗蕩渠，東南至沛爲渦水，又東南至下邳淮陵縣入淮。"注云："淮水于荆山北，渦水東南注之。經言下邳淮陵入淮，誤矣。"此鴻溝之又一支也。漢志："梁國蒙縣獲水首受甾獲渠，東北至彭城入泗，過郡五，行五百五十里。"水經云："汳水出陰溝，于浚儀縣北，又東至梁郡蒙縣爲獲水，餘波南入睢陽城中。獲水出汳水，于梁郡蒙縣北，又東過蕭縣南，睢水北流注之。又東至彭城縣北，東入泗。"此鴻溝之又一支也。漢志："陳留郡浚儀縣睢水並受狼湯水，東至取慮入泗，過郡四，行千三百六十里。"水經云："睢水出梁郡鄢縣，東過睢陽縣南，又東過相縣南、屈從城北，東流當蕭縣南入陂。"此鴻溝之又一支也。漢志所載狼湯渠之源流，分布于豫州境内者凡五，合之則爲鴻溝。狼湯渠至尉氏縣始有鴻溝之目。鴻溝又曰沙水，自新陽縣入潁水以入淮，其支流自義成縣合渦水以入淮。狼湯渠之東出者爲官渡水，秦人引之爲梁溝者也。又東爲汳水，爲獲水，入泗以入淮。而沙水之至浚儀者，又合汳水爲睢水以入淮。其所周流，正值鄭、衞、曹、宋、陳、蔡六國之境。全氏祖望謂徐偃王首開鴻溝，而魯溝則吳人所增開，梁溝則秦人所增開。今案爾雅釋水云："水自渦出爲洵，潁出爲沙。"説文云："渦水受淮陽扶溝浪湯渠，東入淮。"左氏春秋："令尹子常以舟師及沙汭而還。"沙即鴻溝，續述征記云："汳、沙到浚儀而分，汳東注，沙南流，至義成縣西南入淮，謂之沙汭。"是殷時已有渦水、沙水矣。周禮職方氏"豫州其川滎、雒"，穆天子傳云"甲辰浮于滎水，乃奏廣樂"，是周初滎澤已導爲川矣。若其始盡是平原，並無川瀆縱横于其間，徐偃王豈能爲鴻溝之開哉？禹巡行豫之西北境，固浮于洛達于河矣；若巡行豫之東南境，豈必盡陸行哉？特史臣略而不書耳。

荆州 末節水道

　　荆州"浮于江、沱、潛、漢，逾于洛，至于南河"，傳云："逾，越也。"案"浮江、沱、潛、漢"，荆州境巡行已徧，洛與南河則豫州地。逾洛至南河者，將治豫也。胡先生渭于每州末節皆用宋人貢道新説，指爲運載貢物入京，故不得不爲宛轉推求水道可通之處，至此州江、沱、潛、漢，則與河、洛斷不能通，且"逾"字之義，自是遵陸，亦斷不能解爲舟行，又慮重齎遠道，車馬丁夫不勝艱苦，不得已代籌其陸路之稍近者，遂謂由漢逾洛，當自丹水，因攷得漢志、水經注丹水原委，遂謂浮漢水至穀城縣東北入均口，泝丹水而上，經淅川、南陽、内鄉，抵商州，爲丹水導源處，中隔冢領，陸行當不甚遠，然後越冢領而北浮洛水，經盧氏、永寧、宜陽、洛陽、偃師至鞏縣，以達南河。若改從漢學，則一切强説皆可不用，胡先生與顧寧人、閻百詩已能厭棄俗學，漸欲返而求之古人，但風氣初開，未肯盡復于古，是以尚有窒礙。

　新唐書崔仁師孫湜傳：“湜建言山南可引丹水通漕至商州，自商鐫山出石門，抵北藍田，可通輓道。中宗以湜爲使，開大昌關，役徒數萬，死者十五，禁舊道不得行，而新道爲夏潦奔隳，數摧壓不通。”唐人尚且開道難通，終于不行，乃謂唐、虞之時已通行無礙乎？

朔方

　堯典“朔方”，孔傳只作泛説。爾雅釋訓云：“朔，北方也。”舍人曰：“朔，盡也。北方萬物盡，故言朔也。”李巡曰：“萬物盡于北方，蘇而復生，故言朔方。”是北稱朔也。郭璞云：“謂幽朔也。”諸説解“朔方”皆未實指其地，或疑朔方爲北方，則“朔方”實有其地而非泛指可知。毛傳云：“方，朔方，近獫狁之國。”此説是也。而孔穎達乃云：“言國者，以國表地，非國名。北方大名，皆言朔方。”則謬矣。漢置朔方郡，凡天下十一州，而朔方與交趾别爲二刺史，合十三部，後漢省朔方刺史，隸于并部。見晉地理志。故漢地理志云：“朔方郡，武帝元朔二年開，西部都尉治窳渾，莽曰溝搜，屬并州。”師古注又引胡廣記云：“分雍州置朔方刺史。蓋朔方刺史自與餘州不相統，而西部都尉乃治朔方之窳渾縣，此都尉則屬并州耳。”續漢書郡國志則云：“朔方郡六城，屬并州刺史部。”此後漢時所并隸也。劉昭注引魏志云：“建安二十年省朔方。”蓋朔方之省，實始于魏，而晉因之，至隋大業初復置朔方郡，治巖綠，見隋地理志。唐爲夏州朔方郡中都督府，此即堯典所謂"朔方"也。六月"侵鎬及方"，此方非"朔方"。上文"整居焦穫"，焦穫今三原縣是。玁狁已入內地，不應又及朔方。鶴壽案：史記云："衛青出雲中以西，至高闕，略河南地，至隴西，走白羊、樓蘭王，遂以河南地爲朔方郡。"今案朔方郡有三都尉，西部都尉治窳渾，在今陝西延安府靖邊縣北鄂爾都斯界內，居黃河東南岸；中部都尉治渠搜，在今榆林府懷遠縣北鄂爾都斯界內，居黃河南岸；東部都尉治廣牧，在今榆林府城西北鄂爾都斯界內，居黃河南岸。外又有三封、朔方、脩都、臨河、呼遒、沃壄、臨戎凡十縣，其地爲禹貢雍州之北境，而鎬、方約在今甘肅平涼府固原州諸處，劉向所謂"千里之鎬"是也，其地爲禹貢雍州之西北境，詩之鎬、方，固與漢之朔方兩不相涉。

太行

禹貢導山"太行"，疏云："地理志：太行山在河內山陽縣西北。"案疏引地志山陽縣云云，彼文稱東太行山。又有河內壄王縣，太行山在西北，壄王是正，山陽是支，疏偏舉山陽，非也。漢山陽縣，今河南懷慶府修武縣，故城在縣西北。壄王縣，今河內縣，故城即今懷慶府治。太行自此起，縣亙山西澤州府東北，跨陵川及河南輝縣、直隸諸州縣界中皆是。蔡傳沿疏之誤，偏舉山陽太行，而又云今懷州河內也，不知漢山陽爲宋修武縣，非河內，蔡兩失之。鶴壽案：太行山在今河南懷慶府河內縣北二十里、山西澤州府鳳臺縣南三十里，山脈北連潞安府長子縣之發鳩山，東以丹水爲界，西以沁水爲界，如此而已矣。漢地理志云："河內郡壄王縣，太行山在西北。上黨郡高都縣莞谷，丹水所出，東南入泫水，有天井關。"壄王即今河內縣，高都故城在鳳臺縣東北，天井關在縣南。左傳云："齊侯爲二隊，入孟門，登太行。"孟門，丹水所經，在鳳臺縣東。昔者殷紂之國，左孟門，右漳滏。戰國策："范睢曰：北斷太行之道，則上黨之師不下。"金地理志云："濟源縣有太行山，以沁水爲界，西爲王屋，東爲太行。"言太行者當以此爲正。自述征記稱太行山首始于河內，北至幽州，凡有八陘。後之言地理者，遂以軹關已北、軍都已南諸山，概指爲太行焉。河北八陘，自西南而東北，一曰軹關陘，在河南懷慶府濟源縣西北十五里，當軹道之險，蘇秦所謂"秦下軹道則南陽危"是也。二曰太行陘，一名丹陘，在河內縣西北二十五里，當羊腸坂之險，蔡澤所謂"決羊腸之險,塞太行之口"是也。三曰白陘,衞輝府輝縣西五十里,接修武縣界。四曰滏口陘,在彰德府武安縣南三十里,與磁州接界。五曰井陘,在直隸正定府井陘縣東北五十里,與獲鹿縣接界,此呂氏春秋"九塞"之一,李左車所謂"井陘之道,車不可方軌,騎不得成列"是也。六曰飛狐陘,在易州廣昌縣北二十里,水經注云"祁夷水東北得飛狐谷",廣野君所謂"杜飛狐之口"是也。七曰蒲陰陘,一名子莊關,宋謂之金陂關,金謂之紫荆關,在易州西八十里,西南去廣昌縣百里,趙宣化、大同並四百七十里,凡小大隘口一百五所。八曰軍都陘,在順天府昌平州西北四十里,自南口而上,至八達嶺,下視居庸關,勢若建瓴,北至宣化府延慶州三十三里,亦呂氏春秋"九塞"之一也。蓋謂軹關之山與太行中隔沁水,其山脈來自太行;白陘之山與太行中隔丹水,其山脈從發鳩別而東;井陘、滏口之山與白陘中隔漳水,其山脈從沽嶺別而東;飛狐、蒲陰之山與井陘中隔滹沱河,其山脈來自北岳;軍都之山與蒲陰中隔桑乾水,其山脈從塞外陰山別而東,而太行之名尤著,故稱"太行八陘"。其實太行止一山耳,而謂其連亘河北諸州也哉。

大伾

導河"至于大伾",案河入中國,從西而東,自龍門而華陰而底柱、孟津、洛汭,凡一言南,三言東至。至于大伾,鄭云:"大伾在河内修武、武德之界,沛、沇之水與滎、播、澤出入自此。"修武縣今屬河南懷慶府,在獲嘉縣西北,武德縣故城在今武陟縣東。張揖云"在成皋",水經同。成皋,漢屬河南郡,故城在今開封府鄭州汜水縣西北。鄭云在修武、武德,謂在修武之西、武德之東也,蓋以河北岸之山言之;張揖云成皋,蓋以河南岸之山言之,二説一也。惟臣瓚以大伾爲在黎陽。黎陽,漢屬魏郡,故城在今衞輝府濬縣東北,觀經于"大伾"下始言"北過降水,至于大陸",特下一"北"字,以識大河北折之始,則鄭注之是,臣瓚之非,望文自明,無勞多辨。鶴壽案:張晏以禹貢之"大伾"爲成皋縣山,水經河水注亦云成皋故城在伾山上,縈帶伾阜,絕岸峻周,高四十許丈,蓋在今河南開封府汜水縣西一里,河自此折而東北逕原武、陽武、延津,然後至濬縣,則大伾斷非黎陽之山矣。

趙宋有薛士龍者，忽云大邳，許慎説今黎陽之黎山是。攷許氏説文土部"坏"字注無此語，徐鍇説文繫傳亦無之，至許別譔五經異義，宋時久亡，士龍此言從何而來？當二徐兄弟校注説文時，宋之一班名公大儒未出，學術未變，尚有實際，至薛姓生于宋衰，一派空妄，其言無一可信。

降水、大陸

"降水"、"大陸"，疑誤甚多。降水，唐石經同，釋文曰："降如字，鄭户江反。"降，漢書作"洚"，此特傳寫偶誤，其地志以絳水爲降水説謬，然亦不從水，至蔡傳遂以水名必當從水，竟改作"洚"，未知何説。大禹謨"降水儆予"，孔傳解爲"下水"，是亦作"降"甚明，惟孟子滕文公、告子二篇皆云"洚水者，洪水也。"，趙歧云"洚洞無涯"，則從水。然此"洚水"與禹貢洚水無涉，蔡氏合之，誤矣。且"洚洞"，唐以前多作"澒洞"，讀谷貢反，正與鄭讀合。此古音也，蔡不足以知此。

鄭云："地説：大河東北流過降水千里，至大陸爲地腹。地理志：'大陸在鉅鹿，絳水在安平信都南。'如志之言，鉅鹿與信都相去不容此數也。水土之名變易，世失其處，見降水則以爲絳水，故依而廢讀，或作'絳'字，非也。今河内共縣北山，共水出焉，東至魏郡黎陽縣入河，近所謂洚水也。降讀當如'邲降于齊師'之'降'，聲轉爲共。葢周時國于此地者惡言'降'，故改謂之'共'耳。又今河所從，去大陸遠矣。館陶北屯氏河，其故道與？"疏云："地理志降水在信都縣。漢書以襄國爲信都，在大陸之南，或降水發源在此，下尾至今之信都，故得先過洚水，乃至大陸。若其不爾，則降水不可知也。鄭以'降'讀下江反，聲轉爲共。河内共縣，洪水出焉，東至魏郡黎陽入河，此爲降水，周時惡言'降'，故謂之'共'。此鄭胸臆，不可從。"案鄭據地説以駁地志以絳水爲禹貢降水也。地説降水至大陸千里，而地志既言鉅鹿郡鉅鹿縣，禹貢大陸澤在北；又言信都國信都縣，故章河在北，東入海，禹貢絳水亦入海。鉅鹿縣今爲直隸順德府平鄉縣，兼得邢臺縣地；信都縣今爲冀州平鄉，在冀州西南僅三四百里，安得有千里？故鄭云"相去不容此數"。且信都絳水本章水之徙流，而漢志乃以爲此經之降水。果如此，則經當云"北過大陸，至于降水"矣。疏欲扶偏孔，斥鄭注，不得不主漢志，強欲移信都而西南之，遂以襄國爲信都，謂降水發源在此，下尾至信都，則正在大陸西南，似于經文爲順。但漢志襄國縣自屬趙國，與安平之信都相去甚遠，豈可牽合？襄國故邢國，即今順德府治邢臺縣也，此地正是古大陸所在，豈得反指爲降水之所在？地志信都屬信都國，而鄭云安平信都者。彼志又云："信都國，安帝改曰安平。"續志"安平國信都縣有絳水"，劉昭注云："故信都國，延光元年改。"鄭據當代故也。云河內共縣云云者，漢志河內郡共縣北山，淇水所出，東至黎陽入河。志不言共水而言淇水，疑後人以"共"是水名，加水又轉寫作"淇"耳。云河所從去大陸遠者，"降"改爲"共"，既有因由，共水入河之處，比信都之去大陸爲遠，足見降水之爲共水而非絳水也。云屯氏河其故道者，漢志魏郡館陶縣河水別出爲屯氏河，東北至草武入海，鄭據當時河道，黎陽淇口去大陸雖遠，猶僅六七百里，未合地說之文；若從屯氏，則道尤迂遠，共水入河之處，去大陸千里，故因地說千里之文而疑屯氏爲河故道也。鶴壽案：共水，諸書皆作"淇水"，不獨漢志也。北山經云："沮洳之山，淇水出焉，南流注于河。"太平寰宇記謂沮洳山在共城縣西。淮南子云"淇出大號"，高誘注謂大號山在河內共縣北。二書皆在鄭前。説文云："淇水出河内共北山，東入河。"許慎與鄭同時。三書無一作共水者，鄭注不知何所本？故水經注駁之。然水以山得名，則淇水本屬共水，似無可疑者。北山即共山，在今河南衞輝府輝縣東北十里。

　　史記周本紀："召公、周公行政，號共和。"正義引魯連子云："衞州共城縣本周共伯之國也，共伯名和。周厲王無道，諸侯奉和行天子事。"此解共和之義雖不合史記，但魯連子古書，作正義者見之而引其文，則衛地有共明矣。魏志王粲傳注引魏氏春秋曰"嵇康采藥于汲郡共北山中"，然則共北山當魏、晉間猶有其迹也。倪璠神州古史攷曰："衛河在館陶縣西三里，源出河南衛輝府蘇門山，東北流入境，合漳河北流至臨清州，與會通河合流入海。漢名屯氏河，隋大業中疏爲永濟渠，亦曰御河。漢書'河決館陶，分爲屯氏河'，即此。"鶴壽案：司馬貞史記索隱引汲冢紀年云："'共伯干王位'，共國伯爵，共伯攝王政，故云'干王位'也。"小司馬在張守節之前，而先生不據之者，以竹書爲不可信耳。至共縣西北之共山至今尚在，即蘇門山之別阜也，而云"當魏、晉間猶有其迹"，何邪？

蔡傳云："洚水，地志在信都縣，今冀州信都縣枯洚渠也。"又引程大昌曰："周時河徙砱礫，至漢又改向頓丘東南流，與禹河大相背戾。地志魏郡鄴縣有故大河在東北，直達于海，疑即禹之故河，孟康以爲王莽河，非也。古洚瀆自唐貝州經城北入南宮，貫穿信都，大抵北向而入故河于信都之北"，爲合'北過洚水'之文。"此條之謬，不可勝言。所云"河徙砱礫"，妄造地名。又以漢河至千乘入海者，爲即元光改流出頓丘東南之河，不知頓丘東南之決河未幾即塞，安得定爲漢河？此謬姑勿論。即謂孟康以鄴東河爲王莽河者爲非，不知孟康解二渠所謂出貝丘西南王莽時空者，即大河故瀆一名北瀆者也，並未指鄴東河爲王莽河。康既知此河出貝丘，豈復與鄴東混而爲一？此謬亦姑勿論。所不可不辨者，程不知屯氏河爲禹河，而以鄴東河爲禹河，此不足深責，但既主鄴河爲禹河，而不知自鄴以北，河合于漳，漳自平恩以下所行即河故道，遂疑禹河自鄴東東北行至信都今冀州。爲古絳瀆唐稱枯洚所入，以此爲合"北過降水"，又因如此則鉅鹿大陸反在枯洚西南，經當先言大陸，後言降水，更覺不安，于是展轉遷就，以深州之陸澤爲大陸，而謂古河之行貝冀者，可用洚以應"北過洚水"之文，其逕深而入滄者，可以謂之"至于大陸"。考酈道元雖言絳亂章津得通稱，故水流間關，所在著目，信都復見絳名，然漢志信都

之<u>涤水</u>則又有别。志云故<u>章河</u>在北，東入海，<u>禹貢</u> <u>絳水</u>亦入海，
葢縣北故<u>漳</u>即<u>河</u>之故道，而<u>絳水</u>出其南，則<u>漳水</u>之徙流，酈所謂<u>絳</u>
<u>瀆</u>也。<u>濁漳注</u>云：“<u>漳水</u>自<u>南宫縣</u>故城西，城在今縣西北。又北，<u>絳</u>
<u>瀆</u>出焉。今無水故瀆東南逕<u>九門城</u>南，城在今<u>藁城縣</u>西北二十五里。
又東南逕<u>南宫城</u>北，<u>元和志</u>云：絳水故瀆在南宫縣東南六里。又東南逕
<u>繚城縣</u>故城北，十三州志云：經縣東五十里有繚城，故縣也。河水注云：<u>張</u>
<u>甲河</u>左瀆北逕<u>經城東</u>、<u>繚城西</u>，又逕<u>南宫縣西</u>，又注絳瀆，即此水也。繚城在
今南宫縣南，經城在今威縣南。<u>左逕安城南</u>，故信都之安鄉，今在冀州東
南。又東北逕<u>辟陽亭</u>，今冀州東南二十五里有辟陽故城。又北逕<u>信都</u>
<u>城</u>，東散入澤渚，信都城即今冀州治。西至于<u>信都</u>城，東連于<u>廣川縣</u>
之<u>張甲</u>故瀆，同歸于海。今棗强縣東三十里有慶川故城。河水注云：<u>張</u>
<u>甲河</u>右瀆自<u>廣川縣</u>東北逕其故城西，東北至<u>修縣</u>，東會<u>清河</u>入漳。“修”與
“蓨”同音條。故<u>地理志</u>曰：<u>禹貢</u> <u>絳水</u>在<u>信都</u>東入于海也。”洪水注
云：清河東逕修縣南，又東北左與張甲屯絳故瀆合，又東北逕東光會大河故
瀆，又東北逕南皮、浮陽，滹沱别瀆注焉。濁漳注云：漳水會滹沱别瀆，又東
北入清河，又東北逕章武平舒入海。此即信都絳水入海之道也。葢<u>漢</u>時
<u>信都</u>之<u>漳水</u>徙從其縣南，故<u>地志</u>以此爲絳水，而目縣北之瀆曰故
<u>漳河</u>，其後漳又復北道，故<u>水經</u>敘<u>漳水</u>仍自<u>信都縣</u>西，東北過<u>下</u>
<u>博縣</u>，而酈云絳瀆今無水，<u>唐</u>人遂謂之枯洚。<u>通典</u>云“<u>清河郡</u> <u>經</u>
<u>城縣</u>界有枯洚渠，北入<u>信都郡</u>界”是也。此渠乃<u>漳水</u>一時之徙流，
<u>漢志</u>以爲<u>禹貢</u>之<u>絳水</u>。大謬。而<u>杜佑</u>據以分<u>冀</u>、<u>兖</u>之界，杜以經
城洚渠水東，古兖州域；水西，古冀州域。唐經城縣在今順德府廣宗縣東二
十里。程遂以枯洚爲導河所過，皆非也。且<u>信都</u>之北爲<u>絳瀆</u>所入
者，乃<u>張甲河</u>，非<u>漳</u>行之故河，安得謂入故乎？<u>絳瀆</u>合<u>張甲</u>，東北
至<u>修縣</u>合<u>清河</u>，又東北至<u>東光</u>合<u>大河</u>故瀆，即王莽河。又東北至<u>阜</u>
<u>城</u>合<u>漳水</u>。<u>漳水</u>即<u>河</u>故道，<u>漢志</u>所云“東北至<u>阜城</u>入<u>大河</u>”者也。
<u>絳瀆</u>至此始入故<u>河</u>，非在<u>信都</u>界也。<u>深州</u>在<u>阜城</u>西北，縱移<u>大陸</u>
于此，亦在枯洚入<u>河</u>之西南，<u>河</u>所行仍先<u>大陸</u>而後<u>洚水</u>，不與<u>經</u>相

應，況大陸在鉅鹿，班固、孫炎、郭璞璞注山海經：“泰陸之水曰大陸水。今鉅鹿北廣平澤即其水。”與爾雅注同。並有明文，豈可以意爲遷改邪？鶴壽案：漢地理志云：“魏郡鄴縣故大河在東北入海。”鄴縣故城在今河南彰德府臨漳縣西二十里。王横曰：“禹之行河水，本隨西山行東北去，故大河由鄴縣東，斥邱縣東，至列人縣東得横漳，東北入海。”志又云“館陶縣河水別出爲屯氏河，東北至章武入海，過郡四，行千五百里。”“四”當作“三”。館陶即今山東東昌府館陶縣。溝洫志云：“自塞宣房後，河復北決于館陶，分爲屯氏河，東北逕魏郡、信都、勃海入海。”

大陸

冀州“大陸既作”，鄭云：“大陸澤在鉅鹿北。”案漢志：“鉅鹿郡鉅鹿縣，禹貢大陸澤在北。”續志略同。然鄭解大陸惟一，至唐則多異説。通典有二，趙州昭慶縣“隋爲大陸縣，有大陸澤”，昭慶今在真定府趙州東南一百里。深州陸澤縣“有禹貢大陸澤”陸澤，唐先天二年置縣，爲深州治，今在真定府東二百里。是也。元和志有四，邢州鉅鹿縣“大陸澤，一名鉅鹿澤，在縣西北”，鉅鹿在今順德府東北一百二十里。趙州昭慶縣“廣阿澤在縣東二十五里，即大陸別名”，深州鹿城縣“大陸澤在縣南十里”，鹿城今爲束鹿縣，在保定府祁州南一百三十五里。又陸澤縣“南三里即大陸之澤”是也。故程大昌謂以邢、趙、深三州之地爲大陸，自杜、李始。竊謂通典昭慶有澤，鉅鹿無之，而元和志分著于二縣，葢一澤跨二縣也。通典陸澤有澤，鹿城無之，而元和志亦分著于二縣，亦一澤跨二縣也。實則鉅鹿、昭慶之澤，即漢志之澤，此禹貢大陸也，而陸澤、鹿城不與焉。杜、李云邢、趙者得之，并深州言者失之，唐人以漳水即洚水，而以枯洚即禹迹，故以南宮之故洚渠爲“北過洚水”，以深州之大陸澤爲“至于大陸”，意謂如此則大陸在過洚後，與下文導河適合，不知南宮枯洚乃漢時漳水徙流，實非禹迹，即以爲禹迹，此亦河別爲洚，不可謂“過”矣。近儒乃又謂禹迹之漳、洚，其横流入河，自在肥鄉、曲周，與南宮無涉。河先過洚水，次至邢、趙之大陸，歷歷皆合，故<u>大陸</u>斷以<u>鉅鹿</u>爲正，<u>肥鄉</u>、<u>曲周</u>爲<u>衡漳</u>入河之處，此本近儒據<u>酈</u>注衍説，乃又于衍説之中作辨，則夢中占夢矣。<u>鄭</u>以<u>導河</u>之<u>降水</u>，乃出<u>河内共縣北山</u>，至<u>黎陽</u>入河，是爲"北過<u>洚水</u>"，今乃强以<u>南宮枯洚</u>爲<u>降水</u>，遂生先<u>大陸</u>、後<u>降水</u>之嫌，而欲將<u>邢</u>、<u>趙大陸</u>移至<u>深州</u>。若<u>衡漳</u>直至<u>阜城</u>方入河，原不在<u>曲周</u>，亦無<u>漳</u>、<u>降</u>通稱之説，此<u>杜佑</u>、<u>李吉甫</u>之謬，近儒亦未得也。<u>鶴壽</u>案：<u>禹貢</u><u>大陸澤</u>在今<u>直隸順德府</u><u>鉅鹿縣</u>北五里，<u>吕氏春秋</u>九藪"趙之鉅鹿"，<u>高誘</u>注云："<u>廣阿澤</u>。"<u>鄭志</u>答<u>張逸</u>、<u>郭璞</u>注<u>爾雅</u>，皆作<u>廣河澤</u>。"河"、"阿"字通也。<u>隋圖經</u>云："<u>大陸</u>、<u>大鹿</u>、<u>大河</u>一澤異名。"<u>續漢郡國志</u>亦云："<u>鉅鹿縣</u>，故<u>大鹿</u>，有<u>大陸澤</u>。""鹿"、"陸"字通，"鉅"、"廣"、"大"義同也。古澤在今縣北，今則在<u>新河</u>、<u>寧晉</u>二縣之交，俗名<u>北泊河</u>，又曰<u>胡盧河</u>。

清漳過郡五

<u>漢地志</u><u>上黨郡</u><u>沾</u>"<u>大黽谷</u>，<u>清漳水</u>所出，東北至<u>邑成</u>入<u>大河</u>，過郡五，<u>冀州</u>川"。"過郡五"謂<u>上黨郡</u>、<u>魏郡</u>、<u>廣平國</u>、<u>鉅鹿郡</u>、<u>信都國</u>也。"黽"當作"黽"，"邑"當作"昌"。<u>職方</u><u>冀州</u>"其川漳"。

汾水過郡二①

<u>太原郡</u><u>汾陽</u>"<u>北山</u>，<u>汾水</u>所出，西南至<u>汾陰</u>入河，過郡二，<u>冀州</u>浸"。"過郡二"謂<u>太原</u>、<u>河東</u>也。<u>職方</u><u>冀州</u>"其浸<u>汾</u>、<u>潞</u>"。

沁水過郡九

<u>河東郡</u><u>垣</u>"<u>禹貢</u><u>王屋山</u>在東北，<u>沁水</u>所出，東南至<u>武德</u>入河，軼出<u>滎陽</u>北地中，又東至<u>琅槐</u>入海，過郡九，行千八百四十里"。此即所謂"導<u>沇水</u>東流爲<u>泲</u>"者。"過郡九"謂<u>河東</u>、<u>河内</u>、<u>河南</u>、<u>濟陰</u>、<u>山陽</u>、<u>東郡</u>、<u>平原</u>、<u>勃海</u>、<u>千乘</u>也。<u>武德</u>入河爲禹迹，其後改從<u>温縣</u>入河，河北濟源日短。

---

① "二"，原作"五"，據正文改。

蛾術編卷四十三

説　地　七

廣平國

廣平國"武帝征和二年置爲平于國，宣帝五鳳二年復故"。此注疏漏殊甚。"武帝征和二年"句，"國"字句，"復故"也者，所復爲何故耶？李賡芸曰："玫廣平爲故秦鉅鹿郡，漢景帝中元元年改名廣平，武帝征和二年以封趙敬肅王子偃，爲平于王國，宣帝五鳳二年偃子繆王元坐殺謁者，會薨不得代，國除，復爲廣平郡。至哀帝建平三年正月又封廣德夷王之弟廣漢爲廣平王，此注當云：'故趙，秦置鉅鹿郡，景帝中元元年更爲廣平郡，武帝征和二年置爲平于國，宣帝五鳳二年復故，哀帝建平三年更爲國。'始爲詳覈。平于之廢置沿革，見于武帝紀及諸侯王表、景十三王傳。廣平王之封，亦見諸侯王表、景十三王傳暨哀帝紀。而廣平之爲秦鉅鹿，又得之于水經注濁漳水篇。武紀云'立趙敬肅王子偃爲平王'，則汲古閣脱去'于'字，監板'平'下原有'于'字。水經注云：'封趙敬肅王子爲廣平侯國'，則又誤以'平于'爲'廣平'，以'王'爲'侯'矣。酷吏傳王温舒曾爲廣平都尉。惟郡得有都尉，國則無之，此事在元朔、元狩之間，其時猶未建平于國，故有都尉也。"李説確甚。志據元始在哀帝之後，故爲廣平國，而亦自有鉅鹿郡，然則當景帝、宣帝時亦必鉅鹿、廣平兩郡並置，武帝征和中亦必平于國與鉅鹿並置可知。蓋景帝實以一郡分爲二郡耳。

<u>王子侯表</u>：<u>宣帝</u>所封<u>平于頃王子</u>凡有九人，内有<u>成鄉</u>質侯<u>慶</u>，國除入<u>廣平</u>，今<u>地志廣平國</u>屬縣有<u>城鄉</u>，即<u>成鄉</u>也。而<u>表</u>所載<u>平于頃王子</u>又有<u>曲梁</u>安侯<u>敬</u>、<u>平利</u>節侯<u>世</u>、<u>平鄉</u>孝侯<u>壬</u>，國除皆入<u>魏郡</u>。<u>廣鄉</u>孝侯<u>明</u>，國除入<u>鉅鹿</u>。今<u>志</u><u>曲梁</u>、<u>平利</u>、<u>平鄉</u>、<u>廣鄉</u>四縣皆屬<u>廣平</u>，則是于<u>宣帝</u>之後又割來隸，而史失書。又<u>地志</u>于<u>曲梁</u>注"侯國"，彼三縣不注"侯國"，當是<u>志</u>據<u>元始</u>，其時三侯已廢故也。<u>表</u>又有<u>陽城</u>愍侯<u>田</u>，國除不書入何郡。<u>志廣平</u>屬有<u>陽臺</u>，注云"侯國"，疑是"<u>陽城</u>"之誤。<u>表</u>又有<u>平纂</u>節侯<u>梁</u>，國除入<u>平原</u>。今<u>平原</u>、<u>廣平</u>皆無此縣。<u>成陵</u>節侯<u>充</u>柞<u>陽</u>侯<u>仁</u>，國除皆入<u>廣平</u>。今<u>廣平</u>無此二縣，他郡亦不見，疑皆省并也。<u>鶴壽</u>案：地理諸書咸謂<u>廣平國</u>，七國時屬<u>趙</u>。<u>敬侯</u>始都<u>邯鄲</u>，至<u>幽王</u>遷<u>爲秦</u>所滅，置<u>邯鄲郡</u>，<u>漢高帝</u>分置<u>廣平國</u>。今案<u>高帝</u>四年改<u>邯鄲郡</u>爲<u>趙國</u>，以王<u>張耳</u>，並無分<u>邯鄲</u>爲<u>廣平國</u>之事。且<u>平鄉</u>爲<u>廣平國</u>屬縣，即今<u>直隸</u>順德府<u>平鄉縣</u>，<u>秦</u>置<u>鉅鹿郡</u>于此，則<u>水經注</u>以爲從<u>鉅鹿郡</u>分出者是也。然據<u>高祖</u>功臣表云，<u>廣平</u>敬侯<u>薛歐</u>以舍人從起<u>豐</u>，至<u>霸上</u>爲郎，入<u>漢</u>以將軍擊<u>項籍</u>將<u>鍾離昧</u>，<u>高帝</u>六年十二月甲申封侯四千五百户，則<u>高帝</u>固嘗分<u>鉅鹿</u>爲<u>廣平國</u>。<u>漢志</u>起首當有"<u>高帝</u>六年置"五字，故下云"復故"，此必傳寫者脱誤也。<u>水經注</u>未攷及此，故但云<u>秦</u>置<u>鉅鹿郡</u>，<u>景帝中元</u>元年更爲<u>廣平郡</u>。據功臣表，<u>孝景中</u>三年<u>廣平</u>侯<u>澤</u>有罪免，改國爲郡，蓋在此時。<u>漢志</u>誠爲疏漏。其注<u>廣平國</u><u>曲周</u>縣下云："<u>武帝建元</u>四年置"，<u>水經注</u>駁之曰："史記'大將軍<u>酈商</u>以<u>高祖</u>六年封<u>曲周縣</u>爲侯國'，是知<u>曲周</u>舊縣非始<u>孝武</u>也。"此亦<u>漢志</u>錯誤處。至<u>李氏</u>賡芸但據<u>水經注</u>，不更攷及<u>高帝</u>分置<u>廣平</u>事，而先生遂謂<u>景帝</u>分一郡爲二郡，則地理諸書皆爲妄謬矣。即所舉<u>平于頃王子成鄉</u>侯等國，除入<u>廣平</u>以外，尚有<u>趙敬肅王子襄</u>，<u>噍</u>侯<u>建</u>，<u>元鼎</u>五年坐酎金免，<u>邯平</u>侯<u>順</u>亦<u>元鼎</u>五年免，其國皆入<u>廣平郡</u>，先生亦未之及。

<u>綸氏</u>非<u>建初</u>置

<u>潁川郡綸氏</u>，<u>續志</u>作"<u>輪氏</u>"，注云："<u>建初</u>四年置。"<u>建初</u>是後<u>漢章帝</u>號，<u>班氏</u>安得載之？疑彼文誤。或是<u>武帝</u><u>太初</u>，或是<u>元帝</u><u>建昭</u>、<u>成帝</u><u>建始</u>、<u>哀帝</u><u>建平</u>。

淮

南陽郡平氏"禹貢桐柏山在東南,淮水所出,東南至淮陵入海,過郡四,行三千二百四十里"。"淮陵"禹貢疏引之又誤作"睢陵",其實當作"淮浦"。水經云:"淮水至廣陵淮浦縣入海"。淮浦縣屬臨淮郡,晉改屬廣陵。"過郡四"者,南陽、汝南、九江、臨淮也。行三千二百四十里太遠,"三千"當作"二千"。南監板誤並同。鶴壽案:"過郡四"當作"過郡六"。淮水出今河南南陽府桐柏縣西南三十里桐柏山,東南流逕縣城東、汝寧府信陽州北、正陽縣南、羅山縣北、光州息縣南、光州北、固始縣北、安徽潁州府城南、霍丘縣北、潁上縣南、鳳陽府壽州西北、懷遠縣南、鳳陽府城北、泗州五河縣南、盱眙縣北,入洪澤湖,逕江蘇淮安府桃源縣南,出清口,會黃河。逕清河縣南、淮安府城東、安東縣南,東北至雲梯關入海。以漢地言之,凡過南陽、江夏、汝南、廬江、九江、臨淮,凡六郡也。

漳

南郡臨沮"禹貢南條荊山在東北,漳水所出,東至江陵入陽水,陽水入沔,行六百里"。南條荊山即禹貢"荊及衡陽惟荊州"之荊。漳水即導漢節所謂滄浪之水。陽水即夏水,亦即滄浪,但隨地異名。詳見後案。鶴壽案:漳水出今湖北襄陽府南漳縣西八十里荊山,南逕荊州府遠安縣、夷陵府當陽縣會沮水,東南至荊州府城西入江。南漳遠安爲漢臨沮縣地。當陽即漢縣,荊州府治。江陵亦漢縣。漳水所行,皆在南郡境內。

九江

九江郡注云:"秦置。高帝四年更名爲淮南國,武帝元狩元年復故。"第一縣壽春邑注云:"楚攷烈王自陳徙此。"水經注淮水篇云:"淮水東北流逕壽春縣故城西,縣即楚攷烈王所徙。秦始皇立九江郡治此,兼得廬江、豫章地,故以九江名郡。"案此九江即禹貢所謂"九江孔殷"者,詳見後案。趙宋人安造異説,未讀漢書耳。鶴籌案:秦人以九江名郡,蓋本于禹貢,而禹貢九江蓋指湖漢九水也。史記河渠書云:"太史公曰:'余南登廬山,觀禹疏九江。'"太康地記云:"九江，劉歆以爲湖漢九水入彭蠡澤也。秦九江郡雖在大江之北，而其南適值九江入江之口。所謂‘九水’者，豫章、湖漢、廬、南、盱、蜀、餘、鄱、脩也。”海内東經末附水經云：“贛水出聶都山，東北注江漢。”地理志云：“豫章郡南壄縣，彭水東入湖漢，贛縣豫章水出西南，北入大江。贛水一名彭水，即豫章水之上源也。”又云：“雩都縣湖漢水東至彭澤入江，長沙國安成縣廬水東至廬陵入湖漢，豫章郡宜春縣南水東至新淦入湖漢，南城縣盱水西北至南昌入湖漢，建城縣蜀水東至南昌入湖漢，餘汗縣餘水在北至鄡陽入湖漢，鄱陽縣鄱水西入湖漢，艾縣脩水東北至彭澤入湖漢。”今案贛水出今江西南安府崇義縣西南爲彭水，庾仲初謂之大庾嶠水是，在五嶺之第一嶺也。或以爲出今湖南彬州南之黄岑山，則在第二嶺矣，其説非是。彭水東北流至贛州府贛縣北爲豫章水，與湖漢水合，至吉安府廬陵縣南與廬水合，至臨江府清江縣東與南水合，至南昌府南昌縣南與盱水、蜀水合，至饒州府鄱陽縣西與餘水、鄱水合，此劉歆所謂“湖漢九水”也。漢志以湖漢爲經流，水經以豫章爲經流，贛水于清江縣東又與淦水合，于鄱陽縣西又與僚水合。贛、廬、牽、淦、盱、濁、餘、鄱、僚、循，雷次宗所謂“贛水十川”也。湖漢九水于南昌府新建縣東北入彭蠡湖，至九江府德化縣東入江。廬山在彭蠡湖西北，九江自西南而東北注于彭蠡，故太史公謂登廬山觀九江也。禹貢導山“岷山之陽，至于衡山，過九江，至于敷淺原”，敷淺原在廬山西南，禹自衡山東北行，過湖漢九水而至于廬山之西南也。志又云“廬江郡尋陽縣，禹貢九江在南，皆東合爲大江，尋陽縣在江北，今湖北黄州府蘄州東潯水城是也。其南岸爲九江入江處”，與劉歆説相合。自應劭謂江自尋陽分爲九，遂生異解。晉成帝時移尋陽郡于江南，即今德化縣，故尋陽記云“九江在郡北”，不知湖漢九水于尋陽縣南入江，即禹貢之九江，舍此而求諸鄂陵、桑落間，烏覩所謂九江邪？至宋人移九江于洞庭，則差以千里，可不必辨矣。

濁漳

　　續漢郡國志上黨郡長子注：“山海經曰：‘有發鳩之山，章水出焉。’上黨記曰：‘闞城都尉所治。’”又“屯留，絳水出”注：“上黨記曰：‘有鹿谷山，濁漳所出。’”案：若論水道，鹿谷山、濁漳出云云，亦當在“長子”之下，不當入“屯留”。酈道元亦誤，劉昭不足以知之，詳見後案。鶴壽案：鹿谷山即發鳩山，漢上黨郡治。長子縣，漢志稱長子縣"鹿谷山，濁漳所出，東至鄴入清漳"，司馬彪豈有未之見者？
而以入屯留縣何也？發鳩山在今山西潞安府長子縣西南五十餘里，北接盤
秀山，所謂發鳩之谷也。山在屯留縣西南八十四里，二山南北岡嶺相連，又皆
有發鳩之稱，故分係兩處倆。

石頭城

晉書："庾亮有開復中原之謀，率大衆十萬，據石頭城爲諸軍
聲援。"下文亮上疏言："臣宜移鎮襄陽之石城下。"時亮欲北伐，
石城在襄陽，故足爲諸軍聲援，若石頭城則在金陵矣，"頭"字衍。
蔡謨傳"征西將軍庾亮以石勒新死，欲移鎮石城"，即此事。

湘州

晉地理志："懷帝分長沙、衡陽、湘東、零陵、邵陵、桂陽及廣
州之始安、始興、臨賀九郡，置湘州。穆帝時又分零陵立營陽郡，
以義陽流人在南郡者，立爲義陽郡。又以廣州之臨賀、始興、始
安三郡，及江州之桂陽、益州之巴東，合五郡來屬。以長沙、衡
陽、湘東、零陵、邵陵、營陽六郡屬湘州。安帝義熙十三年省湘
州，置長沙、衡陽、湘東、零陵、邵陵、營陽還入荆州。"案："省湘
州"之下，"置"字衍。據志此段，湘州建置并省本末似備矣。但
本紀穆帝之前，則有成帝咸和四年以湘州并荆州一節，既已并
省，何得穆帝時又以長沙等郡屬湘州？又安帝本紀義熙八年分荆
州十郡置湘州，此志不載，亦互異。鶴壽案：晉時言地理者，有摯虞畿
服經、太康三年地志、王範交廣二州春秋、葛洪關中記、周處風土記諸書。
譔晉書者，又有王隱、虞預、臧榮緒、謝靈運、干寶諸家。其他注、記所援引
者，不可枚舉。及唐房玄齡等二十人譔晉書地理志，全不攷據。故沈約稱晉
起居注云："太康四年立南郡監利縣。"酈道元稱："杜預克江南，罷華容縣，
置江安縣，以華容之南鄉爲南郡，太康元年改爲南平郡。"若以太康之前爲
據，則南郡不宜有監利；以太康之後爲據，則南郡不宜有華容，而志則兩縣並
載之。樂史稱王隱晉書云："魏末克蜀，分廣漢、巴、涪陵以北七郡爲梁州。"
而志云梁州，晉太康三年始置。酈道元稱闞駰十三州記云："晉太始中割南
陽東鄙之安昌、平林、平氏、義陽四縣，置義陽郡。"而志亦云太康中始置。

又如樂史稱盛弘之荆州記云："晉荆州領三十郡。"舊晉書云："晉荆州領十九郡。"皆與志不合。是唐人于王隱地道記、沈約州郡志亦不採擇。故沈志謂"太康地志巴東郡有漢豐縣，建寧郡有泠丘縣"，而志無其縣。沈志謂"即墨、下密二縣，太康地志屬北海郡"，而志無其郡。沈志謂太康地志云："武帝太康七年始改合浦屬國都尉立寧浦郡。"而志以爲吳置，是以湘州之本末亦不該備也。夫玄齡等專司地理，猶且如此，何況房喬等作紀傳者。故懷帝紀但云永嘉元年八月分荆州、江州八郡爲湘州，而竟遺卻廣州耳。

山東

前據史記秦本紀太史公引賈生之言"又山東豪俊"云云，後漢鄭興、寇恂、陳元、鄭康成諸傳證陝山以東爲山東，關中爲山西。及閻若璩潛丘劄記："今山東本宋之京東東路，金以都不在汴，改'京'爲'山'，指爲陝山以東。又河北之山莫大于太行，故謂太行以東爲山東，河東諸府爲山西。"據後漢鄧禹傳、新唐書藩鎮魏博傳、新五代史義兒李存孝、張源德等傳、及通鑑後梁均王紀證之，已見十七史商榷。新唐書杜牧傳云："劉從諫守澤潞，何進滔據魏博，頗驕蹇不循法度。牧追咎長慶以來朝廷措置無術，復失山東。"此亦以河北爲山東。舊唐書高士廉傳云："朝議以山東人士好自矜夸，雖累葉陵遲，猶恃其舊地，女適他族，多求聘財。太宗惡之，詔士廉譔氏族志，類其等弟以進。太宗曰：'我與山東崔、盧、李、鄭，舊既無嫌，爲其世代衰微，猶自云士大夫，婚姻多邀錢幣。祇緣齊家惟據河北，梁、陳僻在江南，偏僻小國，不足可貴。至今猶以崔、盧、王謝爲重，我平定四海，凡在朝士三品以上，欲其衰代舊門爲親，縱多輸錢帛，猶被偃仰。我今特定族姓者，欲崇重今朝冠冕，何因崔幹猶爲弟一等？昔漢高祖止是山東一匹夫，以其平定天下，主尊臣貴。卿等不須論數世以前，止取今日官爵高下作等級。'遂以崔幹爲弟三等。"張行成傳云："太宗嘗言及山東關中人，意有同異。行成正侍宴，跪而奏曰：'臣聞天子以四海爲家，不當以東、西爲限。'"此以陝山以東爲山東。李守素傳云："趙州人，代爲山東名族。太宗平王世充，徵爲文學館學士。守素尤工譜學,嘗與虞世南共談人物,言江左山東,世南猶酬對;及言北地諸侯次弟如流,顯其世業,皆有援證,世南但撫掌而笑,不復能答。"此以趙州之山東當太行以東,以對江左之山東當陝山以東。

黎

書"西伯戡黎",疏以黎爲上黨郡壺關所治黎亭是。蔡傳云:"黎,國名,在上黨壺關之地。"漢有上黨郡,唐、宋置縣,屬潞州。此言上黨,郡耶,縣耶? 漢之壺關縣,即唐、宋之上黨縣;唐、宋之壺關縣,卻非漢之壺關縣。此言壺關,漢壺關耶,唐、宋壺關縣耶? 蔡,宋人。若以古言之,則當云在漢上黨郡壺關縣;若以今言之,則當云今上黨縣黎亭是。壺關、黎城二縣亦其地。乃郡縣不繫時代,既甚蒙混,又不實指黎亭,而云"壺關之地",浮泛極矣。

蔡傳別載一説云:"或曰西伯,武王也。史記嘗載紂使膠鬲觀兵,膠鬲問之曰:'西伯曷爲而來?'則武王亦繼文王爲西伯矣。"攷此説始于吳氏棫,而胡氏宏、呂氏祖謙、陳氏鵬飛、薛氏季宣、金氏履祥、鄒氏季友並從之。董氏鼎又從而爲之説云:"西伯戡黎,其國蓋在黎陽之地,而非上黨壺關之黎。武王伐商,兵渡孟津,道過黎陽,先戡黎而後至紂都。如齊桓伐楚,先潰蔡而後入楚境也。"案水經黎陽縣注云:"式微'黎侯寓于衛'是也。"樂史寰宇記云:"黎侯寓衛居之,故縣得名。"今攷漢魏郡黎陽縣,宋屬衛州,後改濬州,有黎陽山,即世俗誤指爲大伾者,其故城在今衛輝府濬縣西南三里。此乃黎矦寓居之黎,非故國之黎。董氏舉今山西長治之黎,而移諸今河南之濬縣,可謂謬矣。況紂都朝歌,在今衛輝府淇縣北,黎陽故城在濬縣西南。武王以正月二十八日次孟津,明日己未至癸亥五日,自孟津至朝歌四百餘里,故須日行八十里有奇,然僅及商郊而止,所以者何? 赴敵宜速,不拘日三十里成法也。牧野跨衛輝之汲、淇兩縣界,距紂都六七十里,若黎陽則又自朝歌東出七十里,豈得道先經此? 儒生不諳地理,其舛錯如是。知黎陽非戡黎之黎,則西伯仍當爲文王矣。漢東郡有黎縣，此又是一黎，孟康誤以爲即詩黎侯國，臣瓚辨其非是，亦與戡黎之黎無涉。又閻若璩云：國語“燿德不觀兵”，韋昭注云：“觀，示也。”據此當讀貫。玩其下文有“且觀之兵”句益明。然史記“觀兵至于孟津”，左傳僖四年“觀兵于東夷”，宣十二年“觀兵以威諸侯”，皆讀如字亦可。惟蔡傳“觀兵”二字不安，且史記並無其事。呂氏春秋云“使膠鬲候周師”，候師非觀兵，古書豈可妄改邪？鶴壽案：古文尚書“西伯戡黎”，今文尚書作“耆”，史記周本紀同。殷本紀作“飢”，宋微子世家作“阢”，皆“耆”之别也。又通作“黎”，六韜决大疑篇云：“武王封湯後于黎。”漢地理志上黨郡壺關縣應劭注云：“黎侯國也，今黎亭是。”續漢郡國志、春秋杜預注並同。水經濁漳水注云：“漳水東北逕壺關縣故城西，故黎國也。”通典：“潞州上黨縣，春秋時初爲黎國，後狄人奪其地。”太平寰宇記同。今案黎國在今山西潞安府長治縣西南三十五里。董氏以黎陽之黎當壺關之黎，固非；魏王泰括地志謂“故黎城在潞州黎城縣東北十八里，即西伯所戡之黎”，亦謬。

沙鹿

僖十四年“沙鹿崩”，杜云：“沙鹿，山名。”語未確，不如服虔云：“沙，山名。鹿，山足。”林屬于山曰鹿。取榖梁爲説，義較精。疏又以沙鹿即五鹿，是重耳乞食處，漢元后家也。古者“鹿”、“麓”同物，易屯六三“即鹿无虞”，虞翻曰：“山足稱鹿。鹿，林也。”詩“瞻彼旱麓”，國語引之作“旱鹿”。古音“沙”音近蘇，故又通“五”，爲五鹿。鶴壽案：沙鹿，杜注：“平陽元氏縣東有沙鹿山，在今直隸大名府元城縣東四十五里。”五鹿，杜注：“衞地，在今大名府開州東，與山東東昌府觀城縣接界。”二處相去不遠，但一係山名，一係地名耳。

諸馮、負夏、鳴條

孟子諸馮、負夏、鳴條，趙岐、朱子皆但云地名。金仁山以爲諸馮在河中府河東縣，其地有姚虚。不知何據。檀弓“曾子弔于負夏”，鄭注：“負夏，衞地。”然則視諸馮固已自西而東矣。鳴條，鄭注書序以爲商夷地名，然則視負夏又自東而南矣。古人言南可通東，故云東夷之人。桀自安邑奔三朡，即今定陶；又奔南巢，即今巢縣。桀亦自西而東,自東而南。鄭以鳴條在南夷,正與孟子合,又與禮記舜葬蒼梧合。僞孔安國傳以鳴條在安邑,非也。鶴壽案:河中府河東縣,今爲山西蒲州府永濟縣。舜都蒲坂,即其地也。金仁山以姚虛爲諸馮,恐是附會,即鄭康成所謂"負夏",衞地",亦莫知其處。若鳴條在今安徽廬州府巢縣,固有徵矣。呂氏春秋簡選篇云:"殷湯登自鳴條,乃入巢門,遂有夏。"淮南子主術訓云:"湯困桀鳴條,擒之焦門。"即巢門也。修務訓亦云:"湯整兵鳴條,困夏南巢。"

有窮

僞尚書"有窮",傳、疏、蔡傳但云國名,不言所在。杜預左傳解、孔安國論語注、朱子集注並同。左傳"自鉏遷窮石",杜但云:"鉏,羿本國名。"金履祥通鑑前編云:"鉏在今澶州衞南縣,即元和郡縣志故鉏城,在滑州衞南縣東十五里是也。"至窮石則仍云"不知所在"。朱子注離騷"夕歸次于窮石兮"云:"窮石,山名。在張掖,即后羿之國。"攷夏都安邑,鉏去夏郡僅千里,計窮石又近於安邑,方能因夏民以代夏政。若如離騷注,去夏都三千里,遠在西北天一隅,豈能及夏?朱子見王逸引淮南,言弱水出於窮石,入于流沙,遂附會爲羿所遷,而不知非也。水經注云:"鬲縣,故有窮后國也。"地理今釋:"今山東濟南府德州北有鬲縣故城是其地。"此似可據。但寒浞殺羿,靡奔有鬲氏,杜云:"靡,夏遺臣事羿者。有鬲,國名,今平原鬲縣。"然則靡自窮奔鬲,豈得以鬲爲窮乎?陳師凱蔡傳旁通:"晉地記云:河南有窮谷,本有窮氏所遷也。"晉地記不知何書,此窮谷亦不知所在。有窮當闕疑。鶴壽案:史記夏本紀正義引晉地記云"河南有窮谷,蓋本有窮氏所遷也"二語,河南謂豫州河南郡河南縣,晉地記即王隱晉書地道記。古人引書,多從省文,晉太康三年地志,沈約止稱之爲地志,酈道元止稱之爲地記,司馬貞、張守節止稱之爲地理記,新唐書止稱之爲土地記。

空桑

大司樂"空桑之琴瑟",鄭但以爲山名,山之所在不可攷。按列子天瑞篇"伊尹生乎空桑",張湛注:"傳記曰:伊尹世居伊水

之上,母既孕,夢神告之曰:臼出水而東走無顧。明日視臼出水,告
其鄰,東走十里,顧其邑盡爲水,身因化爲空桑。有莘氏女子採
桑,得嬰兒于空桑之中。"干寶搜神記云:"徵在生孔子空桑之地。
今名空竇,在魯南山。空竇中無水,當祭時洒埽以告,輒有清泉自
石門出,足以周用,祭訖泉枯。今俗名女陵山。"新唐書傅奕傳
云:"蕭瑀非出空桑,乃尊佛法,所謂非孝者無親。"古説空桑不主
山名者,皆無稽之言。鶴壽案:魯地本古窮桑氏之虚,空桑即窮桑也。後
鄭以龍門是山名,故以爲雲和、空桑亦山名。其實梧桐之生,不必定在朝陽。
先鄭以雲和爲地名,則空桑本是地名,亦未可定。

蛾術編卷四十四

説　地　八

雍州洛水、豫州雒水音同字別

周禮夏官職方氏“正西雍州，其浸渭、洛”，鄭注：“洛出懷德。”疏云：“此洛即詩云‘瞻彼洛矣’一也，與禹貢‘導洛自熊耳’者別。彼洛出上洛，經王城至虎牢入河。”河南豫州，則其川滎、雒，不作“洛”。説文水部“洛”字注：“水出左馮翊歸德北夷界中，東南入渭。盧各切。”佳部“雒”字注：“鵋䳢也。亦盧各切。”則是洛水之名，專屬之雍州之水，而豫州之水但以音同假借鳥名之字，不作“洛”也。禹貢豫州之洛兩見，荆州一見，“導洛自熊耳”一見。今本尚書出東晉梅氏所獻，固不可據，至唐石經于禹貢豫州之水皆作“洛”，不知是梅頤所獻已如此乎，抑唐人所改乎？觀説文則石經之謬顯然。尤謬者，夏官職方氏豫州亦作“洛”。字學至唐大壞，故經學亦壞。自九經疏修成後，遂無一人通經者。然石經雖改，今刻本卻作“雒”，即卷首“惟王建國”鄭注亦作“雒”，明國子監及常熟毛鳳苞、無錫秦鑨刻皆如此，當是宋板之舊。漢地理志河南郡雒陽，及總論“雒邑與宗周通封畿”，皆作“雒”不作“洛”。相傳漢書多古字，猶信。師古妄引魚豢説，漢火行，忌水，去“水”加“佳”；而陸德明釋文于周禮卷首鄭注“雒”字亦云“本作‘洛’，後漢都洛陽，改爲‘雒’”，二説皆非也。然此字書傳譌爲“洛”者居多。予所藏國語韋昭解末附宋庠補音者，明弘治十五

年刻,周語"靈王二十二年穀、洛鬭","洛"字已譌。鶴壽案:禹貢
"雒"字,今本皆作"洛",衞包所改也。漢人通作"雒"。魚豢魏略云:"漢火
行,忌水,故'洛'去'水'而加'佳'焉。"此乃不經之談。史記夏本紀所引禹
貢無一不作"雒",漢地理志所列郡縣則作"雒",其述禹貢則作"洛",此非班
氏原文,蓋顏師古深信魚豢之説,以爲光武以後,改洛陽爲雒陽,乃盡易班氏
所引今文尚書之"雒"爲"洛",僅存"伊、雒、瀍、澗"一句偶然失改耳。今案
漢志弘農郡上雒縣下云:"禹貢雒水出冢領山,東北至鞏入河,豫州川。"字
正作"雒",此謂禹貢及職方豫州之雒也。左馮翊襄德縣下云"洛水東南入
渭,雍州浸",北地郡歸德縣下云"洛水出北蠻夷中入河('河'當作'渭')",
字正作"洛",此謂職方雍州之洛也,禹貢職方既引于前,郡縣下蒙上文言之,
此可以見班氏述禹貢字皆作"雒"也。淮南子墜形訓云"洛出獵山",高誘
曰:"獵山在北地西北夷中,洛東南流入渭。詩云'瞻彼洛矣,維水泱泱'是
也。"又云"雒出熊耳",高誘曰:"熊耳在京兆上雒西北。"淮南王在班固前,
而字一作"洛"、一作"雒",與漢志同。蓋二字分別,自古而然。小雅"瞻彼洛
矣",毛傳云:"洛,宗周溉浸水也。"周禮職方氏、逸周書職方解"雍州,其浸
渭洛",鄭注云:"洛出懷德。"此皆謂出北地水,從無作"雒"者。逸周書有作
雒解,周禮職方氏、逸周書職方解"豫州,其川熒雒",此皆謂出京兆上雒水,
從無作"洛"者。其改"雒"爲"洛",蓋始于魏文帝。魏志云"黃初元年幸洛
陽",裴松之注引魏略云:"詔以漢火行也,火忌水,故'洛'去'水'而加'佳'。
魏于行次爲土。土,水之牡也,水得土而流,土得水而柔,故除'佳'加'水',
變'雒'爲'洛'。"世期引魏略于此者,正爲黃初元年幸洛陽乃有此詔,前此
皆用"雒",後此乃用"洛"也。魚豢録魏詔而并謂漢去"水"加"佳",失之矣。
況今文尚書之"作雒",見于洪適隸釋所載漢石經尚書殘碑多士篇兩"兹雒"
字。此必伏生壁藏之本,非"去水加佳"之謂也。而古文尚書、今本皆作"洛"
字。玫周禮天官序官注引召誥"大保朝至于雒","大保乃以庶殷攻位于雒
汭",字皆作"雒",則知黃初以後,傳寫者盡易之。不然,許慎傳孔氏古文者,
説文何難據古文列熊耳之水于"洛"字下,而反用今文哉? 又史記封禪書及
漢郊祀志述秦祠官所常奉,皆云"汧、洛二淵",汧、洛皆雍州水,洛即歸德所
出,故字從水,郊祀志"孝宣以四時祠江、海、雒",此謂上雒所出,故字從佳,
志又云"成王郊于雒邑","周公加牲,告徒新邑定,郊禮于雒",字亦從佳。
漢人于"洛"、"雒"二字,絶不相混。

伊、洛、瀍、澗

豫州"伊、洛、瀍、澗，既入于河"，伊、瀍、澗入雒，雒入河也。攷漢志弘農盧氏縣"熊耳山在東，伊水出，東北入雒"，今山在縣西南五十里，縣治移也，故城在今縣東，縣今屬河南陝州。以今輿地言之，盧氏、嵩縣、伊陽、洛陽界中，皆伊水所經也。僞孔傳云"伊出陸渾"，誤。辨詳後案。蔡傳云："山海經曰'熊耳之山，伊水出焉。東北至洛陽縣南，北入于洛'，郭璞云：'熊耳在上洛縣南，今商州上洛縣也。'地志言伊水出弘農盧氏之熊耳者，非是。"今攷山海經中山經曰"蔓渠之山，伊水出焉，而東流注于洛"，郭注："今伊水出上洛盧氏縣熊耳山，東北至河南洛陽縣入洛。"又曰"熊耳之山，浮濠之水出焉。而西流注于洛"，郭注：'山今在上洛縣南。"晉地理志上洛郡盧氏縣"熊耳山在東，伊水所出"，與漢志合。郭特舉晉之地理言之，非與漢志牴牾也。蔡氏不知漢盧氏地，晉分隸上洛，而誤以熊耳有二，伊水所出乃上洛之熊耳，非盧氏之熊耳，遂據郭注以駁班志，已爲妄談。更可怪者，蔓渠蓋熊耳之主峯，浮濠蓋伊水之別名，山海經明言伊水出蔓渠，酈氏于伊水注引之。酈云："蔓渠、熊耳，即麓大同，陵巒互別。"足見後魏所見山海經與今本無異，何至蔡氏而忽改爲熊耳之山云云？蔡不讀書而好欺人，所引幾無一可信。洛在四者中，源流較長，禹貢導九水，洛自爲一目，說別見後。瀍水、澗水見周書洛誥，曰"我卜澗水東、瀍水西，惟洛食"，謂王城也。"我又卜瀍水東，亦惟洛食"，謂下都也。漢志河南郡穀城縣注云："禹貢瀍水出潛亭北，東南入雒。"續漢志同。劉昭注引博物記云："出潛亭山。"蔡傳引漢志"潛"作"替"，劉三吾本同，非是。又"東南入雒"作"至偃師縣入洛"。案偃師入洛乃東漢之道，非西漢之道，其不通古今而妄改如此。漢志弘農郡新安縣注云"禹貢澗水在東南入雒"，又黽池縣注云"穀水出穀陽谷，東北至穀城入雒"。澗、穀下流同得通稱，而上源則異。僞孔傳云"澗出黽池"，以穀源爲澗源，已誤。

至地志新安縣一條云"南入雒",案新安無雒,此云"南入雒",要
其歸也。其實澗水東合穀,至河南城西入雒耳。蔡傳云"澗水出
今之澠池,至新安入洛",大誤。洛未嘗經新安縣境,何得于此入
洛？蔡氏生于宋,徒見澗水所出之處已移于澠池,而誤讀班志之
文,以"澗水在新安東南"爲句,"南入雒"爲句也。周東都王城,
漢爲河南郡河南縣,故城在今河南府洛陽縣西北。下都,漢爲洛
陽縣河南郡治,故城在今洛陽縣東北。二城東西相去四十里,而
今洛陽縣居其中,古澗水經河南故城西南入洛,瀍水經河南故城
東南入洛,二水各自入洛,故澗水東、瀍水西爲王城,而瀍水東爲
下都。周靈王以下,水道已多變更,至東漢則又爲都邑,下至魏、
晉及元魏、隋、唐,千移百改,不但禹迹無存,并周制亦已蕩無蹤
影。説詳後案。鶴壽案:禹貢"導雒自熊耳",而漢地理志兩載之。弘農
郡盧氏縣"熊耳山在東"上雒縣"禹貢雒水出冢領山,熊耳獲輿山在東北"。
今案熊耳山在今河南陝州盧氏縣南五十里,其西南與陝西商州相值。盧氏
即漢縣,商州即漢上雒縣。班氏雖分載熊耳于兩處,實一山也。冢領山在今
商州西北百二十里。雒出冢領,而導之則自熊耳始,觀水經雒水注自明。或
謂熊耳有三,一在雒水南,中山經云:"熊耳之山,浮豪之水出焉,而西流注于
雒。"郭璞曰:"今在上雒縣南。"水經雒水注云:"鳴渠水南出鳴渠山,即苟渠
山也,蓋熊耳之殊稱。"均水注又云:"均水發源盧氏縣熊耳山,山南即修陽、
葍陽二縣界。齊桓公召陵之會,西望熊耳,即此山也。"一在雒水北,禹貢梅
頤傳云:"熊耳在宜陽之西。"雒水注云:"雒水之北有熊耳山,雙巒競舉,狀
同熊耳。"此自別山,不與禹貢"導雒自熊耳"同也。一爲雒水源,淮南子墜形
訓"雒出熊耳",高誘曰:"在京兆上雒西北。"夫宜陽之西,即盧氏之東,非有
二山,而上雒西北之山是冢領,非熊耳也。中山經云:"讙舉之山,雒水出焉,
而東北流注于元扈之水。"讙舉即冢領也。若依中山經道里計之,東去熊耳
六百五十里矣。伊水出今盧氏縣悶頓領,領在縣東南一百六十里,即蔓渠山
也,是屬熊耳之主峯。伊水東流逕河南府嵩縣南、汝州伊陽縣北,至河南府
偃師縣南入洛。瀍水之"瀍",古止作"廛",并不加水,淮南子本經訓云"導
廛、澗"是其證也。瀍水出今河南府城北穀成山,東流至偃師縣南入洛。

伊、瀍二水，徑入于雒，澗水則合穀水以入于雒，故山海經、水經注咸謂“澗水入穀”也。澗水出今河南府黽池縣東北白石山，東流逕義昌驛，又東合穀水，逕新安縣南，至河南府城西入洛。

孟津

左傳隱十一年王與鄭田有“盟”，杜預曰：“今孟津。”昭四年椒舉曰：“周武有孟津之誓。”杜不注孟津所在。孔穎達書序疏云：“孟者，河北地名，春秋所謂‘向盟’是也。”“盟”古通“孟”，其地本在河北，其漸譌而南也，自東漢始。攷更始二年使朱鮪等屯洛陽，光武亦令馮異守孟津以拒之，是時孟津猶在河北。安帝永初五年羌入寇河東至河內，百姓驚奔南渡河，使朱寵將五營士屯孟津。靈帝中平六年何進謀誅宦官，使丁原燒孟津，火照城中。“城中”者，洛陽城中也，則已移孟津名于河南。大抵歷代浸久，土俗傳譌，類多如此。西漢河南無孟津，乃僞孔傳于禹貢“東至于孟津”云：“孟津，地名，在洛北。都道所湊，古今以爲津。”此傳出魏、晉間，已誤創洛陽城北之渡處爲孟津。僞書與傳同出一手，故于泰誓上篇曰“惟十有三年春，大會于孟津”，中篇曰“惟戊午，王次于河朔”。則“嗟我友邦家君”之誓，誓于河之南；“嗚呼，西土有眾”之誓，誓于河之北，截然異地。武成篇亦曰：“既戊午，師逾孟津。”“逾”者，越也。言已越孟津而過之，非誤創孟津在河南乎？不知書序明云“師渡孟津，作泰誓”，周本紀云“十二月戊午，師畢渡盟津，諸侯咸會”。蓋言師盡渡河，至于盟津，大會諸侯。則是三篇之作，俱作于河北之孟津，于河之南、洛之北無涉。穎達疏明知孟津在河北，明知泰誓三篇皆已渡河，特以疏家之體，惟申明經、傳而止，故伊阿其間，于禹貢傳之誤創爲洛北，泰誓之誤以孟津、河朔爲兩地，皆不敢駁正。至蔡沈者，于“大會于孟津”注云“孟津見禹貢”，而于禹貢則云“孟，地名。津，渡處也。杜預曰在河內郡河陽縣南，今孟州河陽縣也，武王師渡孟津者即此”，最是，蓋以孟津在河北，其下忽云“今亦名富平津”，是又與在河南者相溷。至泰誓篇目之下則注云"上篇未渡河作,後二篇既渡河作",是直以孟津在河南矣。南北尚不能辨,而可以談經學乎？要之,蔡沈之誤,正誤于僞書之以孟津、河朔爲兩地耳。識知此書乃魏、晉人作,在地名謅易之後,故致此謬,則可以豁然無疑矣。鶴壽案:孟津在今河南懷慶府孟縣南八十里。薛綜東京賦注云"孟津,四瀆之長",顧師古漢書注云:"孟津在洛陽之北,都道所湊,故號孟津。"皆訓"孟"爲長、大。"盟"、"孟"字通。水經河水注引論衡云:"武王與八百諸侯咸同此盟,故曰盟津。"此附會之詞。

"導沇水,東流爲濟,入于河,溢爲滎"

"導沇水,東流爲濟,入于河,溢爲滎","濟"當作"泲"。鄭云:"地理志沇水出河東垣王屋山,東至河内武德入河。""泆爲滎",傳曰:"泉源爲沇,流去爲泲,在溫西北平地。泲水入河,並流十數里而南截河,又並流數里溢爲滎澤,在敖倉東南。"案鄭引地志云云者,前志河東垣"禹貢王屋山在東北,沇水所出,東南至武德入河,軼出滎陽北地中"是也。漢垣縣故城在今山西絳州垣曲縣西四十里,王屋山在今河南懷慶府濟源縣西北八十里。濟源,隋置,本漢軹縣及垣縣地。修武縣今屬懷慶府,武德故城在今武陟縣東,大伾山在修武之西、武德之東,其南岸則成皋,泲從此入河。滎陽本韓邑,漢爲縣,屬河南郡,今屬開封府,故城在縣北,隋析滎陽地置滎澤縣,唐開元中又析二縣地置河陰縣,明洪武中移滎澤治于隋故城之南五里,今改河陰爲鄉,并入滎澤縣。宋白續通典云:"滎陽故城在滎澤縣南十七里。"今滎澤縣治既移南五里,則滎陽故城在今滎澤縣西南止十餘里,而泲溢爲滎,即當在滎陽之東北、滎澤之西南。傳云"在溫西北入河",此後世改流新道,非禹迹也。云"溢爲滎,在敖倉東南",此則禹迹也。知在溫非禹迹者,漢溫縣今屬懷慶府,故城在縣西南,河在縣南,與河南府鞏縣分水。鞏縣故城在今縣西南三十里,禹時泲水入河本不在此,當在武陟縣東,其南岸則氾水縣,自氾水東至舊河陰縣四十餘里，又東至榮澤縣西北之敖倉十餘里，通計得五十餘里，故傳約言之曰“河、沇並流數十里，又數里溢爲榮澤，在敖倉東南”。敖倉者，括地志云：“榮陽城，殷之敖地也，亦曰囂，在敖山之陽，山上有城，秦置倉其中，曰敖倉城。”括地志云：“敖倉在榮澤縣西北十五里。”今榮澤縣治在隋縣南五里，則敖倉東南去今榮澤縣當二十里。榮澤至東漢已塞，故鄭豫州注言之。傳出魏、晉間人，乃云“榮澤在敖倉東南”，若不知有已塞之事，此其苦心彌縫，幾足亂真矣。然其上文當仍依鄭注“武德入河”方合，乃因嫌全與鄭同，直據目驗而云“在溫西北平地”，方繼以“入河”云云，古澤今渠，雜然並陳。水經亦魏人作，故沇水篇云：“在溫縣北入河。”而酈注云：“津渠勢改，不與昔同。”河水篇云：“又東過成皋縣北，沇水從北來注之。”彼注既引鄭注“大伾在河内修武、武德之界，沇、沁之水與榮播澤出入自此”，其下云：“即經所謂沇水從北來注之者。今沇水自溫縣入河，不于此也，所入者奉溝水耳，即沇、沁之故瀆矣。”沇、沁故瀆是鄭所謂“武德入河”者，是爲禹迹，則知溫縣非禹迹也。鶴壽案：北山經云：“王屋之山，㴉水出焉。”㴉與沇聲相近，蓋一水耳。王屋山在濟原縣西八十里。海内東經末附水經云：“沇水出共山南東邱。”共山在濟源縣北二十里，沇水于此重源顯發也。王屋山頂曰天壇，有太乙池，渟淵不流，爲沇水之正源，東數十里出地，東流逕濟源縣城北，又東分爲二，一流逕柏香鎮南入河，一流逕鎮北，又東曰豬龍河，逕懷慶府城南，又東逕溫縣，北至武陟縣之澗溝入河。鄭康成曰：“大伾，地喉也。沇出坏際矣。”鄭所言大伾山當在武陟縣東。晉書地道記云：“沇自大伾入河，與河水鬭，南泆爲榮澤。”水經沇水注云：“沇水東合榮瀆，瀆首受河水，有石門，謂之榮口石門，故榮播所導自此始也。又東逕榮陽縣北，又東逕榮澤北，故榮水所都也。”榮口在榮澤縣北，“榮”字從火不從水，見玉篇、經典釋文。

顧氏祖禹云：“沇初發源，或有伏見，至截河後，則榮與陶丘一水直達，未嘗有伏而復出之事。經文固已明言之，曰‘浮于汶，達于沇’，又曰‘浮于沇、漯，達于河’。豈有伏、見不常而可爲轉輸之道者？經言“東出陶丘”，出者不過折旋之間，因丘爲隱見耳，非伏而又出也。"胡先生渭云:"曾旼言禹時滎澤淳而不流,後人始導爲滎川。此説確甚。蓋使滎澤、陶丘之間,禹時固一水相通,則滎澤距河,陸路無幾,貢道之浮沛者,必書曰'逾于河'矣。而經不然,則以滎澤、陶丘相去甚遠,陸路艱難,必由濟以達河耳。"案:二説皆非也。地志"沇水入河,軼出滎陽,又東至琅槐入海",東郡東武陽縣"禹貢濟水出東北,至千乘入海"水經注:河水自滎陽、黎陽、濮陽、鄄城又東,至東武陽,濟水出焉。又東北至臨邑,有四瀆津,東分沛,亦曰沛水受河也。又東北至高唐,濟水注之。又有南北二沛水,皆自滎陽分河,東北流至臨邑,有四瀆津通于河。合二水觀之,大河水自滎陽分流爲沛,又東北至武陽分流爲濟,又東至臨邑,復與沛通。二水源流雖皆與大河相通,然沛在濟南,濟在河南,二水不能逕通。經于沇州蓋謂或浮于沛則自滎陽達河,或浮于濟則自武陽達河,二道皆可達河耳,非浮沛者必假道于濟。胡説非也。且每州末水道,鄭注謂是禹巡行州境,觀地肥瘠,即王肅亦謂即禹乘涉之水,僞孔忽創還都白帝邪説,宋人并指爲貢道,顧氏竟援明永樂之會通河。江、淮、河、沛,直達燕京,無尺寸陸運,遂以擬禹迹,謂浮沛者必無陸路,其謬固不待言。胡既信伏見之説,乃又曲解爲由沛入濟,由濟入河。顧、胡皆爲貢道所惑,故支離至此。今攷滎澤、陶丘實不能一水直達,中間固有陸路,蓋沛自河泆出南岸爲滎,自滎直至定陶約四百四十里,中有沛陽城,今在長垣縣界者,須行過此地而伏,伏而旋出于陶丘之北。禹貢九水皆無"出"字,獨此下一"出"字,明係伏而復見也。或疑沛陽至陶丘百四十里而近,豈便有伏而復見之事?攷括地志,沇水出王屋山頂厓下淳而不流,既見而伏,至沛源西北二里平地,其源重發而東南流。此不過八十里耳,見而伏,伏而又見,況將倍此之地乎?後代祇緣沛瀆曾枯,紀載闕略,惟許敬宗曰"狀而至曹濮,散出于地,合而東",明滎澤以東,伏而復見于陶丘,不相連可知。或疑如是則沇州當如荆、梁用"逾"字,曰"浮于沛,逾于沛,達于河"矣。是又有説。荆之漢、洛,梁之沔、渭,皆二水異名,本不相通,故曰"逾于洛"、"逾于渭",若沇州之沛本屬一水,雖中少間阻,無復異名,故不屑分疏也。總之,知州末水道是禹巡行州境,則沛、濟、河三水本不必求其相通;即欲相通,而禹乘四載,豈憚陸行之勞? 若指爲輓輸重運之道,則怪説紛紛起矣。鶴壽案:沛水入河,伏流至滎澤,溢而爲滎澤,又伏流至陶丘始出,相去約五百里,禹時俱是陸路。顧氏謂滎澤與陶丘一水直達,固謬。即先生謂沛水須過沛陽城而伏,亦非。周禮職方氏豫州"其川滎、雒",蓋自周以前,滎澤已導爲川,與陶丘復出之沛相接,自滎口至陶丘,即水經沛水注所謂滎瀆也。滎瀆見上,陶丘在今山東曹州府定陶縣西南。沛水注又云"黄水北入滎澤下爲船塘",穆天子傳"甲寅,天子浮于滎水,乃奏廣樂"是也。沛陽城不過因滎瀆而得名,去滎澤已三百餘里,安見沛水須過此而伏邪?

豫州滎波

"滎波既豬",馬、鄭、王皆作"滎播"。鄭云:"沇水溢出河爲澤也,今塞爲平地,滎陽民猶謂其處爲滎播,在其縣東。"案:鄭云"沇水溢出河爲澤"者,下文道"沇水東流爲沛,溢爲滎"是也。孔傳雖作"滎波",似與鄭異,然仍解爲一水。以爲二水者,自顏師古始,林之奇從之,蔡傳亦曰波水。周禮職方豫州"其浸波",爾雅云:"水自洛出爲波。"山海經曰:"婁涿之山,波水出其陰,北流注于穀。"二説不同,未詳孰是。孔氏以滎、波爲一水者,非也。案豫州之水,淮不過導桐柏,而其治已見徐之"其乂";河不過過洛汭,而其治已見冀之覃懷。統計此州惟淮與沛爲要害,故上文四水入河專言治洛,此下豬滎導菏專言治沛,若波爲洛之支流在雒南,與滎爲沛之溢流在滎陽者,相距五六百里,中隔大山,本自兩不相蒙,忽復合而一之,與大野、彭蠡同一書法,凌亂攪雜,無理甚矣。且蔡傳所據者,職方之文;而鄭注則曰"波"讀爲播,禹貢曰"滎播既豬",是鄭正以"波"爲"播",何得反據爲波? 且賈疏云"波"讀爲播者,禹貢有"播"無"波"故也。是賈所見禹貢正作"播"而非"波"矣。至山海經"波水出婁涿山",今本"波"作"陂",酈注引作"波"耳。然亦出于山，非出于洛，不得與此"波"牽合也。惟水經"洛水又東，門水出焉"注云"爾雅所謂洛別爲波也"，此似可引用。然攷門水下流爲洪關水，今謂之洪門堰，在商州雒南縣，東北至靈寶縣而入河，何曾見水豬而爲澤乎？以滎播之"播"爲波水，其安甚矣。鶴壽案：馬、鄭作"播"，古文尚書也。史記夏本紀亦作"播"，今文尚書也。索隱云："古文尚書作'滎波'，此及今文並云'滎播'，'播'是水播溢之義。"小司馬所謂古文尚書者，僞孔本也；今文尚書者，漢石經也。詩鄭譜云："檜國在豫州外方之北、滎播之南。"今本注、疏已改爲"波"。漢地理志顏師古注云："檜國在豫州外方之北，滎播之南。"即用鄭譜，字正作"播"。揚雄豫州牧箴云"滎播臬漆"，此又今文尚書作"播"之明證也。尚書之滎播並非二水，有明徵矣。至周禮職方氏云豫州"其川滎、雒，其浸波、溠"，則已分爲二水，豈滎播一澤，以導者爲川，以瀦者爲浸，故鄭注仍以波爲滎播與？據江氏叔澐尚書集注，"滎波"又作"滎潘"，引說文云："潘，水名，在河南滎陽。從水，番聲。"言在滎陽，則與滎澤同處，故知此經之"波"當作"潘"。段氏玉裁謂水經沛水注云：尚書"滎波既瀦"，孔安國曰："滎澤、波水，以成遏瀦。"闞駰曰："滎播，澤名也。"呂忱曰："播水在滎陽。"謂是水也。呂忱字林多本說文。說文、字林之例，手部"播"字不應旁及水名，然則字林正作"潘"，水在滎陽，與說文合。酈氏未暇分別字體耳。且馬、鄭、王謂滎播即滎澤，是一水，而許、呂則播潘與滎爲二水。孔傳云"滎澤波水"，蓋謂滎是澤名，波是水名，非如正義之說，呼波浪爲"波水"也。今案如段氏說，則孔傳已分爲滎、波爲二水，不自顏師古始矣。

菏澤、孟豬

"導菏澤，被孟豬"，地理志："菏澤在沛陰定陶縣東，孟豬在梁國睢陽縣東北。"攷定陶縣今屬山東曹州府，故城在今縣西北四里。睢陽今爲商丘縣，河南歸德府治，故城在今治南二里。蓋此節紀禹治陶丘復出之沛也。澤者水所鍾，而菏澤在定陶，孟豬在睢陽，相距僅一百四十里，二澤本有相通之道，禹疏之以殺沛瀆之勢，即導水所云"又東至于菏"也。水經注"晉闞駰十三州記曰：不言入而言被者，明不常入也，水盛方乃覆被矣"是也。顏師古襲闕説，曾旼又襲之。蔡傳引曾説而不能原其所出。其餘已詳後案。又蔡傳云："金興仁府沛陰縣南三里，其地有菏山，故名其澤爲菏澤也。"此説本之寰宇記，後人遂謂澤出菏山。但菏澤爲沛水所經，其所鍾者即是沛水，並非別出山源，宋沛陰廢縣在今曹縣西北，其地並無一出，即或有小小山阜，亦必山以澤得名，非澤以山得名也。鶴壽案：菏澤在今山東曹州府菏澤縣東南三十里，當豫州東北隅。孟豬在今河南歸德府虞城縣西北七里，商丘縣東北七十里，當豫州東界。沛水出陶丘東北流，會于菏澤，又南被于孟豬，十三州志所謂"水盛乃覆被"也。

盤庚遷都亳殷

書序云："盤庚五遷，將治亳殷。"書云："盤庚遷于殷。"案：亳是殷地大名，自盤庚改號爲殷。故不曰"遷于亳"，而曰"遷于殷"也。鄭注書序云："契本封商國在太華之陽，今陝西商州。契子昭明居砥石，今無攷。昭明子相土居商丘，今河南歸德府治。湯始居亳，從契父帝嚳所居。"序言自契至湯八遷，經傳可攷者惟此四處。湯既有天下，以商爲號。鄭商頌譜云："商，契所封地。"正義云："商者，成湯一代之大號。而此云契所封，鄭以湯取契所封爲代號也。"玄鳥箋云："湯始居亳之殷地而受命。"正義曰："書序云'湯始居亳'，又云'盤庚將治亳殷'，于湯言居亳，于盤庚言亳殷，則殷是亳地之小別名。故知湯自亳之殷地而受命。"此説與此經正義同。盤庚遷殷，蓋復湯之舊都也。鶴壽案：盤庚序鄭注云："治于亳之殷地，商家自徙此而改號曰殷亳，今之偃師是也。偃師在今河南府偃師縣西南五十里，帝嚳始都之。"水經注云："帝嚳之虛，在禹貢豫州河、雒間，今河南偃師城西二十里尸鄉亭是也，成湯再都之。"中候格予命云："天乙在亳，東觀在雒。"漢志云："尸鄉，殷湯所都。"鄭康成曰："今偃師縣有湯亭。偃師之名起于周，昔武王克商，偃息師徒于此。其初名亳，當是成湯命之。湯之創業，始于商丘。商丘本名亳'，故曰'朕載自亳，後雖遷居帝嚳之虛，而不忘其所自，故又名其地爲亳，至盤庚三都之，乃改名爲殷也。""亳"當作"薄"，周書殷祝解云："湯放桀而復薄。"管子地數篇云："湯有七十里之薄。"墨子非攻篇云："湯奉桀衆以克有屬諸侯于薄。"荀子議兵篇云："湯以薄。"呂氏春秋具備篇云："湯嘗約于郭薄。"字無作"亳"者，亳，西戎之國，在今陝西西安府三原縣西南，史記秦本紀云"寧公與亳戰"是也。

文王時"三亳阪尹"

盤庚下篇"古我先王將多于前功，適于山，用降我凶德"，蔡沈曰："古我先王，湯也。適于山，亳也。契始居亳，其後屢遷。成湯欲多于前人之功，故復往居亳。"攷立政"三亳"，鄭氏曰："東成皋，南轘轅，西降谷。以亳依山，故曰'適于山'也。降，下也。依山，地高水下而無河圮之患，故曰用下我凶德。"案：契父帝嚳，實始居亳，書序云："自契至成湯八遷，湯始居亳，從先王居。""先王"者，帝嚳也。盤庚復湯舊都，避耿之圮，而適亳殷山險之地，故舉湯事以誥也。傳意以"先王"泛指商先王，"適于山"泛指五遷，其説非是。成皋者，漢志河南郡有成皋縣，即虎牢也。轘轅者，在河南緱氏縣東南，阪十二曲，道將去復還，故曰轘轅。降谷者，不知所在，當亦在河南，或謂即今永寧縣北也。立政"三亳阪尹"，鄭康成曰："三亳者，湯舊都之民服文王者，分爲三邑，其長居險，故言'阪尹'，蓋東成皋，南轘轅，西降谷也。"見本疏，又見毛詩商頌玄鳥疏，疏云："鄭玄以'三亳阪尹'共爲一事，云舊都分爲三，其長居險。皇甫謐以爲三亳，三處之地皆名爲亳，蒙爲北亳，穀熟爲南亳，偃師爲西亳。古書亡滅，既無要證，未知誰得。"案：鄭以三亳爲湯舊都之民分三邑者，帝告釐沃序云"湯始居亳"，鄭注云："亳，今河南偃師縣有湯亭，是亳爲湯舊都也。"漢志："河南郡偃師縣，殷湯所都。"與鄭合也。此經指説文王時事而言"三亳"，蓋文王三分天下有其二，偃師距鎬京不甚遠，當是其民皆已來歸，分爲三邑也。又言"東成皋"云云者，成皋縣即虎牢，轘轅關在緱氏縣，二縣漢志及司馬彪續漢志並屬河南，惟降谷不知所在。續志河南所屬又有穀城縣，縣有函谷關。志又稱弘農郡弘農亦有函谷關者，以山谷深邃，介連兩地，故分載之耳。

意者穀城之函谷即降谷。降，古讀若洪，聲轉而相亂耳。然則成皋、轘轅、降谷與偃師皆附近，故鄭以爲三亳。亳北近大河，就東西南三面推求其地，雖無明文，云"蓋"以疑之，要必驗實而知也。成皋等皆山險，故云"其長居險"也。此漢學也。疏引皇甫謐以偃師爲西亳、而别以蒙爲北亳、穀熟爲南亳。案續志梁國屬縣有蒙有穀熟，劉昭注即引謐帝王世紀蒙北亳、穀熟南亳之文，梁國屬縣又有薄，司馬彪自注"湯所都"，此蓋彪本之臣瓚者。劉昭又引杜預左傳注云"蒙縣西北有薄城，中有湯冢"，皆言之鑿鑿。于是唐張守節史記正義云："湯即位都南亳，後徙西亳。"李吉甫元和郡縣志云："宋州穀熟縣，殷之所都，謂之南亳。"歐陽忞輿地廣記云："南京應天府，隋、唐爲宋州，有穀熟縣，即商之南亳，湯所都也。"諸説皆本之皇甫謐。謐又以孟子"湯居亳，與葛爲鄰"，葛在寧陵，去偃師八百里太遠，故知湯本居南亳穀熟，後乃遷西亳偃師，與葛鄰乃是居南亳時事，見帝告釐沃序疏。盤庚言商先王五遷，鄭、馬、王皆以湯始居商丘，後遷于亳，當五遷之二。隋、唐之宋州，宋之應天府，即今河南歸德府。水經注"汳水東經大蒙城北"，大蒙城在今河南歸德府商丘縣北四十里。穀熟故城在今商丘縣東南四十里。湯本居此，後乃遷偃師，即其後微子封此，亦以湯之舊邑而封之，謐説似非無稽。但馬、鄭惟言湯曾居商丘。商丘本不名亳，觀漢志但于偃師言湯都，而梁國蒙縣、山陽郡薄縣不言是亳可見。謐因經云"三亳"，遂造北亳、南亳，配偃師而名三。其實蒙、穀熟，古但名商丘，不名亳也。杜頂、臣瓚、司馬彪皆晉人，劉昭梁人，妄相附和，豈如班固、鄭康成之可信乎？其辨一也。既名三亳，宜遠近相等，商丘、偃師相去七八百里，蒙、穀熟相去只數十里，分之無可分也。即如其説，只有東、西二亳耳，奈何于數十里中强分爲二，欲以充數乎？其辨二也。商丘平衍，與成皋等地大不類，何山險之有而云阪乎？其辨三也。仍當以鄭爲正。蔡沈傳乃用蒙爲北亳、穀熟爲南亳、偃師爲西亳之説。夫盤庚此節鄭注已亡矣，蔡以<u>立政</u>篇之<u>鄭</u>注載于<u>正義</u>者爲可據，而援以釋"<u>適于山</u>"之義，其意以<u>三亳</u>皆依山險，正所謂"適于山"也，乃于<u>立政</u>文正解<u>三亳</u>而反不用<u>鄭</u>注，則怪絶矣。胸無定見，自相矛盾至此。<u>鶴壽</u>案：<u>成湯</u>時之<u>三亳</u>，<u>商丘</u>也、<u>景亳</u>也、<u>偃師</u>也。其地本有"亳"名。<u>文王</u>時之<u>三亳</u>，<u>成皋</u>也、<u>轘轅</u>也、<u>降谷</u>也，其地本不名"亳"，特因<u>成湯</u>之民來附<u>文王</u>故，遂移"亳"之名于此，而其處適有三，乃亦稱之爲<u>三亳</u>焉。<u>皇甫謐</u>謂<u>殷</u>有"三亳"，<u>穀熟</u>爲<u>南亳</u>，<u>湯</u>始所都；<u>蒙</u>爲<u>北亳</u>，<u>湯</u>與諸侯盟處；<u>偃師</u>爲<u>西亳</u>，<u>湯</u>後所遷。此<u>三亳</u>字各有來歷。<u>先生</u>謂其因經云"<u>三亳</u>"，遂造<u>南亳</u>、<u>北亳</u>，配<u>偃師</u>而爲三，過矣。<u>南亳</u>固名<u>商丘</u>，<u>孟子</u>曰"<u>湯</u>居<u>亳</u>，與<u>葛</u>爲鄰"，<u>葛</u>在<u>寧陵</u>，則<u>湯</u>始居之<u>亳</u>斷在<u>商丘</u>，後爲<u>穀熟縣</u>，不待<u>玄晏</u>之辨而知之矣。<u>北亳</u>亦在<u>商丘</u>，<u>左氏春秋</u>云"<u>湯</u>有<u>景亳</u>之命"，其地有<u>景山</u>，故稱<u>景亳</u>，後爲<u>蒙縣</u>，兩亳相去不及百里，豈容混而無別，執必以<u>商丘</u>爲<u>南亳</u>、<u>景亳</u>爲<u>北亳</u>？兩亳字俱見經傳，而謂其僞造乎？至于<u>偃師</u>之爲<u>亳</u>，必自<u>湯</u>所命，何以知之？<u>湯</u>遷<u>偃師</u>，即移始都之名名其地，此猶<u>相土</u>遷<u>商丘</u>，因<u>契</u>初封于<u>上雒</u>之<u>商</u>，而即移<u>上雒</u>之名以名其丘也。<u>偃師</u>在<u>商丘</u>西北，既有<u>南亳</u>、<u>北亳</u>，遂謂之<u>西亳</u>，亦執所必然，豈必<u>玄晏</u>所造哉？若夫<u>成皋</u>、<u>轘轅</u>、<u>降谷</u>，是阪名也，非<u>亳</u>名也。阪則指此三者，<u>亳</u>則仍指<u>南亳</u>、<u>北亳</u>、<u>西亳</u>也。<u>文王</u>之時，六州歸化，<u>殷</u>之<u>三亳</u>皆在<u>豫州</u>境内，<u>南亳</u>、<u>北亳</u>居其東界，<u>西亳</u>居其北界，<u>鄭</u>于<u>立政</u>注謂"<u>湯</u>舊都之民服<u>文王</u>者，分爲三邑"，<u>偃師</u>爲<u>湯</u>之舊都，<u>商丘</u>、<u>景亳</u>獨非<u>湯</u>之舊都乎？<u>先生</u>見<u>鄭</u>于<u>書序</u>注謂<u>湯</u>始居<u>亳</u>，在<u>偃師縣</u>，遂專以<u>偃師</u>爲<u>亳</u>，不知論所居則專指<u>偃師</u>，論舊都之民則兼該<u>商丘</u>、<u>景亳</u>也。<u>先生</u>又謂<u>偃師</u>距<u>鎬京</u>不甚遠，當是其民皆已來歸。夫民之來歸，何分遠近？況同在一州之内，豈有<u>偃師</u>之民來歸而<u>商丘</u>、<u>景亳</u>之民獨不來歸者乎？總之，<u>文王</u>時之<u>三亳</u>，與<u>成湯</u>時之<u>三亳</u>，其地兩不相涉，自説書者互爲牽引，故致<u>先生</u>之翻駁耳。

　　<u>閻氏若璩</u>亦信<u>皇甫謐</u>説，以<u>偃師</u>去<u>葛</u>太遠，并以放<u>太甲</u>于<u>桐</u>，桐在今<u>虞城</u>，亦去<u>偃師</u>太遠。不知桐者，<u>鄭</u>但云地名，有離宮，不言所在；謂在<u>虞城</u>者，出于近世，其可信乎？<u>商頌</u>："天命玄鳥，降而生商。宅<u>殷</u>土芒芒，古帝命<u>武湯</u>。"此<u>湯</u>宅<u>殷</u>之明文。<u>殷</u>地實在<u>偃師</u>，<u>蒙</u>、<u>穀熟</u>雖可冒<u>亳</u>之名，究不得冒<u>殷</u>之名，則<u>班固</u>、<u>鄭康成</u>實以<u>商頌</u>爲據，而<u>閻氏</u>以爲<u>武丁</u>承<u>盤庚</u>之後而居<u>殷</u>，<u>玄鳥</u>

詩作于武丁之後,因以武丁所居之地名追稱湯耳。此則其説已窮
而遁矣。又以亳殷非湯舊都,遂從孔傳以盤庚下篇"先王"非定
指湯,又謂即指湯,或者湯有意亳殷山險,曾往視之,如武王告周
公,營周居于洛邑而後去,後成王卒成其志,周則仍都豐、鎬,商
或類此,非必湯身都亳殷也。此等議論,毫無根據。閻氏本信鄭
氏古文,而黜孔氏古文爲僞,乃又不主鄭注,殊可怪也。

導淮自桐柏

禹貢導水"導淮自桐柏"。案:地理志云:"桐柏山在南陽平
氏縣東南,淮水所出。"水經云:"出胎簪山,東北過桐柏山。"胎簪
蓋桐柏之旁小山也。淮水發源胎簪,與醴水分流。醴水西逕平氏
故城東北,又西至唐縣界而入泚水,淮水則東南流,至大復之陽。
桐柏乃一山總名耳。洪适隷釋載漢延熹六年桐柏淮源廟碑云:
"淮出平氏,始于大復,潛行地中,見于陽口。"沈彤尋淮源記云:
"桐柏山縣亘可百里,西通襄陽之襄陽,東南連德安之隨州,有紫
霄、翠微、玉女、卧龍、蓮花諸峯。其最西一峯曰胎簪,有泉出其
陰,北流至平地分二道,西流爲醴,東流爲淮。泉旁有池,謂之淮
井,泉所溢也。淮井東三十里爲桐柏縣城,城東北一里爲淮瀆廟,
廟北枕淮水,山泉自分流後,穿沙石屋曲而東至廟北,凡合南北澗
水十餘道,皆淮源也。謂出胎簪者,專指山陰之一泉耳。漢碑及
水經皆謂淮水伏流出大復南,今南陽府志謂伏流在淮井之下。
大約上下皆有伏流。而縣城東五十里有峯巍然,土人指爲大復
山,在隨州界,淮水繞其南,于桐柏山爲最東一支,所謂陽口當在
此。"沈説甚確。蓋漢志言出桐柏大復山者,出桐柏之大復山也,
以其出陽口而成流者言之;水經言出胎簪,則指最西一峯,以其始
源潛伏而未成流者言之,桐柏乃總名耳。

蛾術編卷四十五

説　地　九

荆州沱、潛

荆州"沱、潛既道",鄭注:"爾雅釋水云:'水自江出爲沱,漢出爲潛。'今南郡枝江縣有沱水,其尾入江耳,首不于江出也。華容有夏水,首出江,尾入沔,蓋此所謂沱也。潛則未聞。"案:鄭引釋水而云枝江非沱、夏水是沱者,漢志:"南郡枝江縣,江沱出西,東入江。"水經:"江水過夷道縣北,今宜都縣西有夷道故城。又東過枝江縣南。"酈注云:"江水東巡上明城北,在今松滋縣界。江汜枝分,東入大江,縣治洲上,故以枝江爲稱,地理志云'江沱出西,東入江'是也。"枝江故城在今縣東,東北六十里有百里洲,與江陵分轄。水經又云"又南過江陵縣南",注云:"縣江有洲曰枚回洲,江水自此兩分而爲南、北江。"據地志、水經皆以枝江爲沱,而鄭不取,乃以夏水當之者,寰宇記云:"江自枝江縣百里洲首派別南爲外江,北爲内江。"考南江自枝江縣南,又東迤公安縣西,又東南爲涔水,歷澧州東北合澧水,經華容縣南入赤沙湖,又東南迤安鄉縣西,東南入洞庭與北江會,所謂外江也。北江自枝江縣北,又東迤松滋縣北,又東迤江陵縣南,又東迤公安縣北,又東迤石首縣北,又東迤監利縣南,夏水出焉。北江又東至巴陵縣西北會洞庭,所謂内江也。北江爲大江經流,而夏水出焉,自爲一派,以入于漢,與爾雅釋水合,故以夏水爲沱。若枝江則特因江中有一百里大洲，岐江而爲二，謂之"分江"則可，謂之"自江出"則不可，故鄭云"其尾入江耳，首不于江出也"。地理志言江沱出枝江西，恐未然。若鄭所稱夏水者，漢志云："華容有夏水，首受江，東入沔。"水經云："夏水出江津于江陵縣東南，東過華容縣南，又東至江夏雲杜縣入于沔。"酈注云："江津豫章口東有中夏口，在今荆州府治。是夏水之首，江之沱也。"然則地志、水經注雖有二説，而夏水之義不可易矣。今攷華容夏水，自江陵縣東南首受北江，東北流逕監利縣沔陽州與潛江縣分界，又東北至京山縣東南注于漢，此正沱水也。要之，鄭所以謂枝江不得爲沱者，以江于此分南、北，南江分江而仍入于江故也。胡先生反以南江爲大江經流，北江出南江而爲沱，夏水出于沱而不得名爲沱，與鄭説正相反。但思江流終古不變者也，今以枝江以東至荆州府治江陵縣，又東至岳州府治巴陵縣之大江，謂非經流而反爲分派小支，可乎？胡先生又以夷水亦爲沱。案：漢志："南郡巫縣夷水，東至夷道入江。"水經："夷水出巴郡魚復縣江，東南過佷山縣南，又東過夷道縣北，東入于江。"胡先生以此水出江入江，故亦以爲沱。今四川夔州府巫山縣，湖北施南府治恩施縣及建始縣，皆漢巫縣地。施南府舊施州府，魚復故城在今夔州府奉節縣，夷道故地已見上文。漢志不云夷水首受江，而章懷注西南夷傳云"夷水源出施州都亭山"，元和郡縣志云"施州清江，一名夷水，昔廩君所浮也"，則此水出漢巫縣之山源明矣。漢志巴郡魚復縣並不云有夷水，則水經出江之説未可信矣。且水經雖言出江，亦並未嘗稱爲沱也。鶴壽案：詩召南稱"江有沱"，此即荆州之沱也，一名夏水。説文云："沔水出武都沮縣東狼谷，東南入江，或曰入夏水。"則夏水嘗受漢。漢地理志云："南郡華容縣夏水，首受江，東入沔，行五百里。"水經夏水注云："江津豫章口東有中夏口，是夏水之首，江之汜也，屈原所謂'過夏首而西浮'。"則夏水又受江。水經云："夏水東至江夏雲杜縣入沔。"注云："當其決入之所，謂之堵口。"漢華容縣在今湖北荆州府城東南，中夏口即今荆州府附郭江陵縣東南二十五里之夏水口。漢雲杜縣在今安陸府天門縣西北,堵口當在今漢陽府沔陽州境内。夏水于荆州府城東南從大江分出,故應劭十三州記云"江別入沔,爲夏水源",酈道元謂"夏之爲名,始于分江冬竭夏流,故納厥稱"。今沔陽州南有長夏水,自監利縣南,東流逕州南四十里,東北入漢,又東至漢陽府入江,或曰夏口,或曰沔口。劉澄之永初山川記云:"夏水是江流沔,非沔入江。"今案夏水既爲江之分流,則是沔入江,不當謂江入沔矣。

潛水,鄭云"未聞",闕疑也。案:今漢水自安陸府鍾祥縣北三十里分流爲蘆洑河,一名白洑河,其尾名襄河。經潛江縣東南,至沔陽州入于漢,相傳即古潛水也。魏黄初二年,王孫權于吳,策命曰:"遠遣行人浮于潛漢,兼納纖綌南方之貢。"此亦當從今鍾祥、潛江、沔陽一路而行,是此水名潛,自三國已然。寰宇記云"潛江縣本漢竟陵、江陵二縣地,唐大中十一年置徵科巡院于白洑,宋乾德三年升爲潛江縣"是也。潛水性與沛同,伏流涌出,隱顯不常。北水善决者河,南水善决者漢。自襄陽以下,沔陽以上,上去發源處既遠,下去入江處亦遥,衆流委輸,泛濫常有,潛水或爲所奪,在漢世不著,至三國及唐、宋始顯。此亦足備一解。鶴壽案:胡氏禹貢錐指云:"潛水在今安陸府鍾祥、潛江二縣境。然漢東之地,津梁交通,未知孰是。"蔣氏地理今釋云:"潛水在今潛江縣東,由蘆洑河分流,遶城東南,一支通順河入沔陽州境,今淤;一支南流至拖船埠入漢水。伏流謂之潛。荆州之潛雖不如龍門石穴之奇,亦必漢水伏流從平地涌出,故謂之潛。今漢水之分流者名蘆洑河,當是取伏流之義,以此爲古潛水,庶幾得之。蓋禹時本自伏流涌出,復入于漢,及後世通渠漢川雲夢之間,則開通上源以資舟楫之利,禹迹遂不可知。"先生之説同此。今案大中爲唐宣宗年號,其時已置白洑巡院,則白洑河之名,由來已久。乾德爲宋太祖年號,其時又置潛江縣,蓋以白洑河即古之潛水,故以名其縣耳。今潛水自潛江縣東南流,至沔陽州與夏水合。

雲夢

"雲土夢作乂",胡先生錐指引夢谿筆談云:"石經倒'土'、'夢'字,唐太宗得古本尚書,乃'雲土夢作乂',詔改從古本。"攷沈括筆談："舊尚書禹貢云'雲、夢土作乂'，太宗皇帝時得古本尚書，作'雲土夢作乂'，詔改禹貢從古本。"其文如此，據商濬稗海本，嘉定馬元調專刻本同。而"太"字上空一字，無"唐"字，則"太宗"乃宋太宗，若係唐太宗，不應空格稱皇帝，其發首亦未言石經。今唐開成石經現在搨本作"雲土夢"甚明，則知"太宗"實唐太宗，夢溪誤以爲宋太宗，故胡先生據石經改之也。繹僞孔傳實作"雲夢土"，非是，唐所得古本必馬、鄭本，宜從之。左傳："定四年吳人入郢，楚子涉睢濟江，入于雲中。王寢，盜攻之，以戈擊王，王奔鄖。"郢在江南，楚子自郢濟江而北入雲中，遂奔鄖。鄖今德安府治安陸縣，是則雲在江北明矣。昭三年"鄭伯如楚，王以田于江南之夢"，則夢在江南明矣。雲，地勢最下，方始土見；夢則地勢差高，非特土見，人有耕治之者矣。雲、夢本二地，故分言之。至周禮荊州藪澤曰雲夢，爾雅十藪"楚有雲夢"，此因二處皆爲藪澤，故合言之，非以雲、夢爲一也。司馬貞云："雲、夢本二澤，人以其相近，或合稱雲夢。"李吉甫云："雲、夢二澤本自別，而禹貢及爾雅皆曰雲夢者，蓋雙舉二澤而言之。"孔傳以爲一澤，專在江南，非也。疏既依孔作一澤專在江南，又欲從詔改之文，復云"此澤跨江南、北，每處名存，亦得單稱雲、單稱夢，經之'土'字在二字之間，蓋史文兼上下也"，尤爲曲説，當從左傳分作兩地爲是。以今輿地言之，江北之荊門、京山、沔陽、監利、安陸、漢陽、黃岡、麻城、蘄州，古雲所在，江南之枝江、石首、巴陵，古夢所在；蔡傳云"雲夢跨江南、北，華容、枝江、江夏、安陵皆其地也"，不知所舉者，漢之地理邪，宋之地理邪？如以爲漢，則當云漢南郡之華容、枝江、江夏之安陸；如以爲宋，則宋江夏縣乃漢沙羨縣地，爲荊州東境，向來言雲夢者，于江北則東直至今蘄州皆有之，于江南則但至巴丘而止，不聞東境直至沙羨亦有雲夢也。鶴壽案：先生據開成石經以駁夢溪筆談，謂改"雲、夢土"爲"雲土夢"，係唐太宗非宋太宗，而不知開成石經乃亦誤本也。晁公武石經攷異序云："蜀石經尚書十三卷，僞蜀周德貞書，以監本校之，禹貢‘雲土夢作乂’，倒‘土’、‘夢’字。”然則宋以前“雲、夢土”之本盛行，僞蜀且以勒石，唐石經既作“雲土夢”矣，而蜀石經不從，此蜀之勝于唐也。沈括筆談云：“舊尚書‘雲夢土作乂’，太宗皇帝時得古本尚書，作‘雲土夢作乂’，詔改從古本。”沈所稱“舊尚書”者，蜀石經之類也；所稱“太宗皇帝”者，宋太宗也；所稱“古本尚書”者，唐石經之類也。唐石經，通儒所不窺，是以蜀石經及宋太宗以前，本皆作“雲、夢土”，自宋太宗詔之後，無復作“雲、夢土”者矣。唐貞觀十六年，孔穎達作尚書正義，至開成間，始從誤本刊石。正義云：“經之‘土’字在二字之間，蓋史文兼上下也。”此十六字，後人因宋太宗改本而增之。若使正義果有斯語，何以“雲、夢土”之本盛行，至蜀相毋昭裔猶以勒石哉？又元和郡縣志云：左傳“邧子之女棄子于夢中”，無“雲”字，“楚子濟江入雲中”，復無“夢”字。以此推之，則雲、夢二澤本自別矣，而禹貢及爾雅皆曰雲夢者，蓋雙舉二澤言之。據此則李吉甫所見禹貢尚作“雲、夢土”，不作“雲土夢”也。今案古文尚書作“雲、夢土”，今文尚書作“雲土夢”，當以古文爲正。史記夏本紀、班氏地理志所引用者，今文尚書，而皆作“雲、夢土”者，後人依古文尚書改之耳。其加“土”于“作乂”之上，非謂雲僅見土，夢已可耕也。蓋大陸、大埜、雲夢、震澤俱在十藪之内，澤藪者，兼水土言之。徐州“大埜既豬”，揚州“震澤底定”，此皆以水言，水治而土治在其中矣；冀州“大陸既作”，荆州“雲、夢土作乂”，此皆以土言，土治而水治在其中矣。大陸不言“土”者，文有詳略也。雲夢澤在今湖北荆州府監利縣南石首縣東北，東至武昌府通城縣二百餘里。司馬相如曰“楚有七澤，一曰雲夢”，漢志云“南郡華容縣，雲夢澤在南”，本是一澤，監利在江北，石首在江南，故杜預謂跨江南北也。楚策云：“楚王游于雲夢，結駟千乘，旌旍蔽天。”自春秋以來，爲遊觀之所，至漢而益廣其處，故于南郡編縣、江夏郡西陵縣俱設雲夢官。編縣在今遠安縣東北，西陵在今黃州府城西，杜預謂“安陵縣東南有雲夢城”，水經沔水注云“雲杜縣東北有雲夢城”，夏水注又云“夏水東逕監利縣南，縣西南自州陵縣界，迄于雲杜、沌陽，爲雲夢之藪”。安陸即今德安府治，雲杜在今安陸府天門縣西北，州陵在今武昌府城西南，沌陽當江夏沌水之陽，蓋今江南自枝江縣而東爲松滋、公安、石首，江北自荆州府而東爲監利、沔陽，漢水西南爲潛江，東北爲鍾祥、京山、天門、雲夢、孝感，羣水豬焉，皆曰古雲夢也。後漢法雄傳云“遷南郡太守，郡有雲夢藪”，幾于隨地係以“雲夢”之名矣。

楚都有五,滕文公之楚過宋係順道

孟子:"滕文公爲世子,將之楚,過宋而見孟子。"閻百詩釋地
續云:"孟子游宋,當在慎靓王三年癸卯後,宋稱王故也。是時楚
地久廣至泗上,泗上十二諸侯者,宋、魯、滕、薛、邾、莒等淮泗上
國也。滕南與楚鄰,苟有事于楚,一舉足則已入其境,何必迂而西
南行三百五十餘里過宋都乎?過宋都者,以孟子在焉。往也如
是,反也如是,不憚假道于宋之勞,其賢可知。陸麟士謂非迂道來
見,此不通地理之説也。"愚謂用自滕之楚,雖一舉足即入楚境,但
此時世子方欲赴楚都,若從滕境入楚境,而楚地廣大,造其國都,
塗徑迂回,不如過宋之直捷,則世子豈肯舍近就遠?故必須攷得
此時楚都在何處,方可置論。愚攷楚都有五,一始封、四後徙。史
記楚世家云:"周成王封熊繹于楚,居丹陽,文王熊貲始都郢。
昭王十年吳王闔閭伐楚,楚大敗。十二年吳復伐楚,楚恐,去郢,
北徙都鄀。頃襄王二十年秦白起拔我西陵,二十一年白起遂拔
郢,燒夷陵,楚襄王東北保于陳城。考烈王二十二年楚東徙都壽
春。"五都始末具此。漢地理志丹楊郡丹楊縣"楚之先熊繹所封,
十八世文王徙郢",南郡江陵縣"故楚郢都,楚文王自丹楊徙
此"。案丹楊,羣書或作"陽",晉地理志謂地多赤楊,故名,則字
從木。此名始見史、漢,蓋由漢武帝改鄣郡爲丹楊郡,并徙郡治
于丹楊縣,其地在今太平、寧國二府交界處。楚、漢間有鄣郡,文穎
以爲即丹陽郡地。蓋武帝未改名之前,鄣郡本治故鄣縣,故韋昭曰鄣郡今故
鄣縣也。後郡徙丹楊,轉以爲縣,故以爲故鄣也。此即今廣德州,春秋以來
名桐汭,當鄣郡治此之時,不知何名,武帝改郡名,治亦徙,其後至孫灌改秣
陵爲建業,丹楊郡治徙此。六朝都此,以丹楊尹比京兆尹,今江寧府上元、江
寧二縣也。晉陶回傳:"蘇峻之亂,回請早出兵守江口。峻將至,
回復謂庾亮曰:峻知石頭有重戍,不敢直下,必向小丹楊南道步
來,宜伏兵要之。亮不從。峻果由小丹楊經秣陵。"此小丹楊即
太平府當塗南境地名。漢武帝因此改郡名爲丹楊郡。此即熊繹

所封,蓋僻在東南,文王徙郢,則有爭衡上國意。莊子天運篇,陸德明釋文:"郢,楚都,在江陵北江陵縣,今湖北荆州府治也。"徐廣以丹陽爲枝江。若然,則與江陵擘析相聞,何必多此一徙?定公六年左傳:"楚昭王遭吳難出亡,及吳師歸,反于郢,令尹子西于是乎遷郢于鄀,以定楚國。"服虔但云"鄀,楚邑",見吳世家注。杜預并無注,陸德明亦但云"鄀音若"。攷説文邑部"郢"字注:"故楚都,在南郡江陵北十里。"而"鄀"字則無之。唐石經此條漫滅,然永懷堂、汲古閣諸刻甚明。"鄀"字恐説文遺漏,漢地理志:"南郡有若縣,楚昭王自郢徙此。"師古曰:"春秋傳作'鄀',音同。"百詩于論語"楚狂接輿"一條内,因楚都鄀而引括地志云:"楚昭王故城在襄州樂鄉縣東北三十二里。"括地志久亡,此所引不知何出。襄州今襄陽府也。元和郡縣志:"山南道襄州樂鄉縣,本春秋鄀國之城,在今縣北三十七里楚都故城是也。在漢爲鄀縣地,晉安帝于此置樂鄉,屬武寧郡,大業三年改屬竟陵郡,皇朝改屬襄州。"太平寰宇記:"山南東道荆門軍,開寶五年割襄州故樂鄉縣合爲一縣,來屬本軍。"樂鄉者,即春秋鄀國之地,晉置樂鄉縣。今襄陽無此縣,故人不的知何處,大約在襄陽東境,而宋都則爲今歸德府商丘縣。滕文公自滕西南行三百餘里,過宋以至鄀,所經由者,或今南陽府境,或今陳州府境,大約不過四五百里,路爲便近,又得謁見高賢,一事兩便。若自滕南行即入楚界,涉泗踰淮,且將泛江以達于鄀,路極荒遠,不便甚矣。百詩精于攷據,楚之徙都豈不知之?一時失于檢點,輕發此論。顧麟士誠村學究,空疏不通地理,合遭百詩譏評,而此條卻未可盡非。漢志又言楚遷鄀後仍還郢,世家無此言,漢志或别有據。就令楚仍都郢,滕文公此行須仍由宋都而往。陳爲今陳州府治淮寧縣,左傳哀十七年楚滅陳後,乃徙都之。壽春爲今鳳陽府壽州,自郢遷鄀者,畏吳之强,自南而北;自鄀遷陳及壽春者,畏秦之逼,自西而東也。楚南境之廣,直至南海,乃當如此窮蹙之際,只有此徙,終不肯南遷渡江王蠻中。當時

謀國者不可謂無人，傳國久遠，幾與周等。附論于此。鶴壽案：楚都
不止于五。熊繹封丹陽，史記正義引輿地志云："秭歸縣東有丹陽城，熊繹始
封也。"在今湖北宜昌府歸州東南七里。水經江水注云："秭歸縣丹陽城據
山跨阜，南枕大江，險阸壁立。熊繹所都，地理志以爲吳之丹陽。吳、楚悠
隔，繼纘荊山，無容遠在吳境。"穎容春秋條例謂丹陽在枝江，括地志謂丹陽
在巴東，皆非。熊麗封睢山，墨子非攻篇云："楚熊麗始封睢山之閒。"熊麗
者，鬻熊之子也，其受封當在武王時。睢山即沮山，在今襄陽府南漳縣西南
六十里。熊繹遷枝江，通典云："熊繹初都丹陽，後移枝江。"即今荊州府枝
江縣。文王遷郢，是謂紀郢，今荊州府江陵縣北十里紀南城是也。漢志謂武
王遷郢，非是。昭王遷都，是謂鄀郢，今襄陽府宜城縣西南八十五里昭王城
是也。服虔左傳注云："鄀，楚別都。"在今宜城縣南十里。郢與鄀相近，故
稱鄀郢，以別于紀郢。頃襄王保于陳城，謂之郢陳，即今河南府淮寧縣。考
烈王遷鉅陽，史記六國年表云："楚考烈王十年徙于鉅陽。"後漢虞廷傳注
云："潁州汝陰縣西北細陽故城即鉅陽也。"在今安徽潁州府阜陽縣西北四
十里。考烈王又遷壽春，在今鳳陽府壽州西一里。通計前後凡有八都。墨
子、通典，先生或未及查檢，若史記六國年表，不應遺卻。至先生謂楚熊繹始
封在今安徽太平、寧國二府交界處，此說謬甚。漢志云："丹陽郡丹陽縣，楚
之先熊繹所封。"此乃班氏誤證，其地在今太平府附郭當塗縣東南，至寧國府
南陵縣界一百六十里，並不在二府交界處。縣東南七十里有丹湖，周三百餘
里。水北曰陽，鄣郡在丹湖之西北，故武帝更名丹陽。古字"陽"、"楊"、
"揚"皆通用，丹陽之"陽"作"楊"，猶揚州之"揚"古皆作"楊"，先生謂取義于
小丹楊，非也。先生又謂徐廣以丹陽爲枝江，則與江陵掔析相聞，何必多此
一遷？此說又謬。古人遷都必有取義，無論枝江與江陵東西相去百八十里，
即近在數十里內亦有遷居之者，文王遷郢之故，今特無從玫見耳。先生誤文
王爲昭王，并誤會畏秦爲畏吳，以爲丹陽實在今太平、寧國二府之間，吳人相
迫，乃遙遙遷至荊州府以西，如此則可以翻去丹陽在歸州之說矣，但楚文王
時吳甚微弱，若使丹陽果在吳境，文王方好雄長其間，何故不遠千餘里直遷
至江陵乎？若滕文公自滕過宋至楚都，亦有千餘里，滕爲今山東兗州府滕
縣，宋爲今河南歸德府商丘縣，楚在今湖北襄陽府宜城縣西南，從滕縣西南
行逕濟寧州曹州東南境至商丘縣，又從商丘縣西南行逕陳州府許州南陽
府至宜城縣西南，豈止四五百里而已哉？

九江

荆州“九江孔殷”，鄭云：“地理志九江在今廬江尋陽縣南，皆東合爲大江。”釋文云：“九江，尋陽地記云：一曰烏白江，二曰蚌江，三曰烏江，四曰嘉靡江，五曰畎江，六曰源江，七曰廩江，八曰堤江，九曰菌江。張須元緣江圖云：一曰三里江，二曰五州江，三曰嘉靡江，四曰烏土江，五曰白蚌江，六曰白烏江，七曰菌江，八曰沙提江，九曰廩江。參差隨水長短，或百里，或五十里，始于鄂陵，終于江口，會于桑落州。”案：鄭引地志云云者，楚考烈王自陳徙都壽春，秦滅楚，以其都置九江郡，高帝更爲淮南國，尋陽縣屬焉。文帝析爲廬江郡，尋陽改屬廬江；武帝又復淮南國爲九江郡，尋陽屬廬江如故。其地在江北，今黃州府蘄州東尋水城一名蘭池城是，故云九江在南。東晉成帝咸和中，溫嶠始移于江南，則九江在縣北矣。今九江府德化縣西十五里，是非漢尋陽也。及趙宋，九江遺迹，代遠湮沒，于是曾旼創説以九江爲洞庭，朱子、蔡沈、胡氏從之。曾旼云：“沅、漸、元、辰、敘、酉、湘、資、澧水皆合洞庭中，東入于江，是爲九江。沅水出牂柯且蘭縣，東北注洞庭。漸水一名澹水，出武陵索縣，東入沅。辰水出武陵辰陽縣，東入沅。敘水出武陵義陵縣，西北入沅。酉水出武陵充縣，東南入沅。湘水出零陵始安縣陽朔山，在今桂陵府興安縣，東北流逕長沙下雋縣西，又北至巴丘山入江。資水出零陵都梁縣，東北入江。澧水出武陵充縣，東北注洞庭。導江云‘過九江，至于東陵’，東陵一名巴陵，巴陵之上即洞庭也，因九水所合，遂名九江。水經九江在長沙下雋縣西北，楚地記云‘巴陵瀟湘之淵，在九江之間’是也。”曾説九水，蓋因水經云：“江水東至長沙下雋縣北，澧水、沅水、資水合東流注之。”注云：“凡此諸水皆注于洞庭之陂。”然據此條不足九數，乃益以漸、元、辰、敘、酉、湘。無論雜湊杜撰，且所謂元者，本無此水。漢志“武陵無陽縣無水首受故且蘭南入沅”，或有作漵、潕者，因“無”轉爲“无”、“无”轉爲“元”，其謬顯然。酈注明云是乃湘水，非江川也。湘爲澧、沅、資等之經流,今欲成九數,强之使與齊列,更屬非是。朱子去元、澧而易以瀟、蒸。澧乃水經所有,因與導江文江先至澧而後過九江不合,故爲删去,不知導江之至"澧",史、漢皆作"醴",鄭云陵名,非水名也。元水不知爲無水之誤,因其字可疑,亦并遭删。至于"瀟"者,酈云"水清深也",湘中記曰:"湘川清照五六丈,下見底石如樗蒲,是納瀟湘之名矣。"然則瀟湘猶清湘,非别有瀟水,以湊九數,亦屬錯誤。蔡傳則復去瀟、蒸,仍用澧、元。蒸水,漢志作"承",出邵陵縣界,至臨承縣北,東注于湘,似不可去。無水亦不可去。又酈注云:"湘水會資、沅、微、澧四水,同注洞庭,北會大江,名之五渚。"戰國策:"秦與荆戰,大破之,取洞庭五渚。"是微水者,五渚之一,必不可遺,而曾、朱、蔡皆不及之。彼一九江,此一九江,其所舉者本無確據其未舉者,罣漏偏多。諸説,曾爲最備,而曾所據者,水經及楚地記也。水經云:"九江在長沙下雋縣西北。"今武昌府蒲圻縣界有漢下雋縣故城,漢尋陽本在蘄春郡界西南,距今蒲圻三百餘里,九江在尋陽,則在下雋之北矣。當時犬牙相錯,下雋之境或更及于東,故水經云九江在下雋西北也。今岳州府治巴陵縣雖相傳亦下雋縣地,但洞庭乃在巴陵之西南,如以洞庭爲九江,何從而在下雋西北乎?閻氏若璩云"九江地在長沙下雋縣西北",似爲導山之"九江"、導江之"九江"作注,于"九江孔殷"無涉。兩九江不妨異解。禹貢有南條之荆山,有北條之荆山;有荆州之沱、潛,有梁州之沱、潛。九江一爲禹所疏,以人工名;一爲九水所會,以澤浸名,何不可之有?按"過九江,至于敷淺原","過九江,至于東陵",原與陵皆與尋陽附近,與洞庭絶遠,閻欲兩解,大謬。楚地記者,不知何代之書。徧檢隋、唐經籍、藝文志、鄭樵藝文略並無。惟山海經有云:"洞庭之山,帝之二女居之,是常遊于江淵。澧、沅之風,交瀟湘之淵,是在九江之間。"似與曾氏所引符合。曾氏隱取山海經之文,别撰楚地記之目,又欲以巴陵爲東陵,以合導江文,故妄加"巴陵"二字耳。然郭璞注山海經,仍云:"地理志九江今在尋陽南,江自尋陽而分爲九,皆東會于大江,書曰'九江孔殷'是也。"文選載璞江賦"流九派于尋陽",即此。璞固未嘗以九江爲洞庭也,則所謂"是在九江之間"者,安知非神女出遊所至乎? 導江文云"過九江,至于東陵",曾氏以爲巴陵也。夷陵一名西陵,故此爲東陵。此説尤謬。地理志廬江郡下云:"金蘭西北有東陵鄉,淮水出。""淮"當作"灉"。雩婁縣下云:"灉水北至蓼入決。"是也。水經:"江水東逕西陵縣故城南,括地志:'西陵故城在黄州黄岡山西。'酈曰:'史記秦昭王遣白起伐楚取西陵者也。'又東過蘄春縣南,又東逕下雉縣北,今武昌府興國州東有下雉故城。刊水從東陵西南注之。"注云:"水出廬江郡東陵鄉。江夏有西陵縣,故是言東矣。尚書曰江水'過九江,至于東陵'者也。"又云:"灉水導源廬江金蘭縣西北東陵鄉大蘇山。蓼縣故城在今光州固始縣北,灉水出金蘭縣東北,至蓼縣入決水,則金蘭當在固始之西南、黄梅之北。褚先生所謂神龜出于江灉之間、嘉林之中,蓋謂此也。'江灉',史記龜策傳作'江淮',與漢志誤字同。廬江郡常歲生龜長尺二寸者二十枚,輸之卜官。灉水東北逕蓼縣故城西,而北注決水。"今按黄梅縣西南九十里蔡山,西接廣濟縣界。通典云:"廣濟縣蔡山出大龜,書曰'九江納錫,'即此。"可知廬江東陵與江夏西陵相爲東西,確有可據,并大龜亦實出此,又何可疑? 錐指復折之曰:"金蘭之東陵去江太遠,不得云'至于東陵'。一非也。江自巴陵至沙羨即迤北,使東陵在金蘭,則是先迤北而後至東陵。二非也。'江漢朝宗'盡之矣,復出九江,不亦贅乎? 三非也。"按溯源而論,以黄梅西北推之,似東陵去江本遠,然江過下雉北,而刊水即從東陵西南注江,則去江固不甚遠也。至書法原無一定,先言'東陵'而後總以迤北,先言'朝宗'而復析言九江,亦無不可。若先言入海而其下復言洞庭,不亦顛倒乎? 巴陵,兩漢志無,晉志始有之,蔡傳云:"今岳州巴陵縣,即楚之巴陵。"不知楚並無所謂巴陵。巴陵二字起于三國,吳有巴丘邸閣城,晉太康元年于此置巴陵縣。又考吳黄武元年改夷陵曰西陵,沈約宋書州郡志云：“夷陵，漢舊縣，吳改曰西陵。”御覽盛弘之荊州記曰：“荊、楚重鎮。晉、宋以降，此爲西陵。”水經：“江水又東逕西陵峽。”酈引袁山松宜都記曰：“自黃牛灘東入西陵界，至峽口一百許里。”樂史寰宇記：“瞿唐峽在夔州東，古西陵峽也。”則禹時尚不知後世有巴陵、西陵之名，而以此證巴陵即東陵，可乎？且九江本在江北尋陽。向來致誤者，正坐以江州爲古尋陽耳。劉昭注郡國志，以廬山系尋陽，此誤認之始。朱子作九江辨，既知江州非古尋陽，顧仍撥棄舊説而以爲洞庭。至蔡傳既主洞庭，駮去尋陽，乃又誤認漢尋陽在江南，而曰今潯陽地將無所容九江，則其謬更甚。又曰今詳漢九江郡之尋陽縣乃禹貢揚州之境，不知漢尋陽屬廬江，不屬九江。元和志云：“江州尋陽郡，禹貢揚、荊二州之境。揚州‘彭蠡既豬’，今州南五十二里彭蠡湖是。荊州‘九江孔殷’，今州西北二十五里九江是。彭蠡以東，揚州界；九江以西，荊州界。”杜氏通典説同。九江在江州西北，即所謂“會于桑洛洲”者，仍指江北而言，唐江州即宋江州，其地亦荊、揚分界，不專屬揚。漢九江在荊，更不必言，而蔡不知也。郡縣之遷改，時代之更易，一概茫然，可言水道乎？鶴壽案：漢志云：“廬江郡尋陽縣，禹貢九江在南，皆東合爲大江。”尋陽縣即今湖北黃州府黃梅縣，其地西及廣濟縣，其城并在蘄州東。黃梅縣南臨大江，其對岸爲江西九江府德化縣。九江一曰豫章，二曰湖漢，三曰廬水，四曰南水，五曰盱水，六曰蜀水，七曰餘水，八曰鄱水，九曰脩水，説已見前。九水會于彭蠡湖，北至德化縣東，而入于大江也。尋陽在江北，適當九江入江之處，故曰“禹貢九江在南”。劉歆以湖漢九水爲九江，班固、鄭康成並無異説，至潯陽地記等書所云蚌江、烏江之屬，此乃土俗小小地名，何足以登記載？乃陸德明無識，引此俚鄙之言以釋經，獨不思天下有名之水不可勝數，載入禹貢者有幾，而乃特記此須微之川瀆乎？古人于兩州交界，必舉名山大川以表其域，禹貢正以九江爲荊、楊二州之界限，故于荊州曰“九江孔殷”，蓋舉九水之分流言之，所以表荊州之東界；于揚州曰“彭蠡既豬”，蓋舉九水之合流言之，所以表揚州之西界。今欲解九江而乃求諸鄂陵、桑落之間，不亦謬哉！惟其求諸鄂陵、桑落之間，其地斷不能容九江，又不信劉歆湖漢九水之説，于是發一奇想，將尋陽之九江忽而西移于洞庭，引中山經洞庭之山云云以爲證，而取沅水、漸水、潕水、辰水、敘水、酉水、湘水、資水、澧水以實之。但漢志云廬江郡金蘭西北有東陵鄉，在今安徽安慶府境，去洞庭甚遠，于是又移尋陽以下之東陵爲洞庭湖旁之巴丘，又見“至于澧”在過九江之上，且中山經明言交瀟湘之淵，于是刪去元、澧而易以瀟、蒸。駁之者又據水經注，以爲“瀟”者水清深也，并非水名，豈知顧野王玉篇云：“瀟，水名。”朱子之說，固有所本。既知其雜湊，亦何用貶駁？總之，宋人說經之謬，莫謬于此。九江斷以湖漢九水爲正。秦置九江郡于大江之北，正以郡之南面當九江入江之處而名之也。晉成帝時，移尋陽郡治于柴桑縣，在大江之南，隋大業三年改爲九江郡，亦以郡之東面當九江入江之處而名之也。先生見鄭注云禹貢九江在尋陽縣南，而漢之尋陽實在江北，乃欲于江之北岸指出九江，則不得不引蚌江、烏江之說。其實鄭注不過直寫漢志耳，安知所謂蚌江、烏江云云哉？

　　蔡氏德晉云：“胡旦、晁說之始以九江爲洞庭，朱子稱其援證精博。但水經所敘洞庭受水有微、資、湘、沅、澧、漣、漉、沫、瀏、潙、瀕諸水，不止九派，故曾鞏本漢志，以沅、漸、潕、辰、敘、酉、澧、湘、資九水爲皆合洞庭，而江則過之。朱子考定九水，去澧、潕而增瀟、蒸，九峯仍用曾氏之說，但以無水爲无水，乃字之譌也。愚考漢地理志，武陵郡索縣漸水，東入沅。無陽縣無水，首受故且蘭，南入沅，八百九十里。辰陽縣三山谷，辰水所出，南入沅，七百五十里。義陵縣鄘梁山，序水所出，西入沅。充縣酉原山，酉水所出，南至沅陵入沅，行千二百里。歷山，澧水所出，東至下雋入縣，過郡二，行一千二百里。零陵郡零陵縣陽海山，湘水所出，北至酃入江，過郡二，行二千五百三十里。都梁縣路山，資水所出，東北至益陽入沅，過郡二，行千八百里。牂柯郡故且蘭縣沅水，東南至益陽入江，過郡二，行二千五百三十里。此九水乃曾氏所取。自沅、湘而外，專取入沅之水。然牂柯郡有鐣縣不狼山，鐣水所出，東入沅，過郡二，行七百三十里，而曾氏不取，豈限于九數而不得取邪，抑或別有説也？朱子所增瀟、蒸二江，瀟水一名營水，出營陽泠道縣南留山，北流注湘。蒸水一作承水，出邵陵縣界，至臨承縣北，東注于湘，乃兼取入湘之水也。然考長沙國茶陵縣泥水西入湘，行七百里，桂陽郡郴縣來山，來水所出，西至湘，南入湖。王樵又云：郴江，源出嶺，至郴州與東江合始大，北入湘江。則入湘之水有不勝取者。後儒見導江章‘東至于澧，過九江’之語，因謂澧不當在九江之內，而以朱子之說爲是。愚則謂洞庭爲九水所入，因名九江。過九江者，過洞庭也。既曰過洞庭，即先過澧水乃過洞庭，正不得以澧水已過而改名洞庭爲八江，又不得以他水易澧水而仍名九江也。蓋以江水言，則澧水已過，不必更及；以洞庭取名言，則澧水乃九水中之大者，不容獨去。然如是惟言‘過九江’足矣，必先言‘至于澧’者，蓋言至澧而後至洞庭之道始明。況‘至’與‘過’亦不相同也。故愚意曾氏、朱子所取九水，皆未必能悉合古道，而不當以澧水之去取爲優劣也。至傅寅謂九江不必求其有九，如太湖一湖而得名五湖，昭餘祁一澤而得名九澤，今之洞庭，當是堯、禹之時名九江，則其說近于武斷。然則九水之名，姑存曾、朱之說，而徐俟考定焉，可也。”如蔡氏之意，九江確主洞庭無疑，惟九水之目，從曾既多不妥，從朱又覺未安，輾轉糾紛，迄無定論，不得已欲如傅寅之渾指，又嫌武斷。其辭窮矣，乃歸之姑存而徐考焉。假令蔡氏能反而求之漢儒舊注，而知其不可易，不亦善乎！所可訝者，曾旼之説而以爲曾鞏，蓋瞥見諸書引曾氏，而宋，曾姓有名者，曾鞏最著，遂以屬之。予固未見曾旼原書，蔡氏并誤認作曾鞏，則其未見原書益可知。而予據胡氏所引，胡博見多聞，所引與蔡異者當從胡，方得曾旼之真。彼謂曾九水中有潕、澧，朱子去無、澧，增瀟、蒸，蔡九峯仍從曾，但誤以“無”爲“元”，直冤九峯矣。無水本見漢志，曾旼當日必是因“無”寫作“无”，遂以“无”誤作“元”，朱子見書傳並無元水，疑因沅水而添設，故從而去之耳。若曾本作“潕”，朱子何以去之？然則其誤實自曾始，與蔡何涉邪？九江之説，如此糾紛，只因洞庭一説原係非是，宜其欲求九水以實之而終不可通也。九江斷主漢志爲定。鶴壽案:先生雖主漢志,而但求九江于江北,不求九江于江南,恐非班氏之意。李氏綏三江攷云:"江至荆州分爲九派,鄭康成已不用此説矣,水經贛水注引劉歆説,湖漢九水入于彭蠡,故言九江。程大昌曰:班固于盧江之尋陽,稱禹貢九江在南,而司馬遷觀九江亦于廬山乎求之。漢世知古者皆以爲九江在尋陽。"今案蔡傳據楚地記以九江爲洞庭,晁説之雜引山海經、博物志等以證之,九江之名乃亂。彼以"過九江,至于東陵"爲證,而指東陵爲巴陵,然據水經注云,刊水出盧江郡東陵鄉,尚書江水"過九江,至于東陵"者也。東陸在盧江,則九江爲尋陽之九江無疑矣。左祖洞庭之説者,謂"九江孔殷"之文,在荆不在揚,盧江屬揚不屬荆,而不知尋陽在荆、揚交界,故晉人割盧江之尋陽、武昌之柴桑,合而爲尋陽郡,是九江在荆州之極東也。

蛾術編卷四十六

説　地　十

"東至于澧"諸節

導江"又東至于澧"，鄭云："醴，陵名也。大阜曰陵。今長沙郡有醴陵縣，其以陵名爲縣乎！"案鄭云"醴，陵名也"者，鄭例以言"至于"者皆非水名也。馬、王以爲水名，僞孔從馬、王。但史、漢皆作"醴"，裴駰引鄭亦作"醴"。疏引作"澧"者，順僞孔之文耳。"大阜曰陵"，釋地文。鄭云"今長沙郡有醴陵縣"者，地理志長沙國有臨湘，無醴陵，郡國志長沙郡始有醴陵，蓋後漢析臨湘縣南境置也。晉書同。隋書長沙郡有長沙縣。舊臨湘無醴陵，唐書復有醴陵，析長沙置，其地當在今岳州府臨湘縣之北，長沙府醴陵縣之南，鄭以此證江濱當有醴陵耳，非謂江至其縣也。水經："江水自華容縣下，又東至長沙下雋縣北，澧水、沅水、資水合東流注之，湘水從南來注之。"此江水"又東至于醴"所經也。馬、王、孔雖云"澧，水名"，無所確指，至蔡傳實以武陵充縣之澧水，而胡氏錐指從之。攷地理志："武陵郡充縣歷山，澧水所出，東至下雋入沅，過郡二，行一千二百里。"充縣今爲澧州之永定、永順之桑植二縣地，澧水發源于此，東南至安鄉縣南，入洞庭湖，不入沅水。地志微誤。要之，與江無涉。水經注："澧水出武陵充縣西歷山，東過其縣南。歷山在今永定縣西，澧水自縣界流逕桑植縣西。又東，婁水入焉。水出巴東界，東逕零陽縣，注于澧水。又東逕零陽縣南，今慈利縣北有零陽故城。又東逕溇陽縣，右會溇水。今石門縣西北有溇水。又東逕澧陽縣南，縣南臨澧水，晉天門郡治，今在澧州西一百十里。又東逕作唐縣北，作唐今爲安鄉縣，在澧州東南一百二十五里。左合涔水。水出西北天門郡界，南逕涔坪屯，又東南流，注于澧水。涔坪屯在今澧州界，州在岳州府西四百二十里，本漢零陽縣地，隋析置澧陽，即今州治，澧水在州南三里。又東，澹水出焉。澧水又南逕故郡城東，東轉逕作唐縣南，今安鄉縣東南有作唐故城。又東逕南安縣南，今華容縣。澹水注之。又東與赤沙湖會。湖水北通江而南注澧。赤沙湖即洞庭湖西南角。又東至長沙下雋縣西北，東注于洞庭湖，俗謂之澧江口。"以上所敘，澧水與江無涉，而胡氏以爲自石門以東，與江相通。葢南江自今江陵縣西南二十里虎渡口水經注：江水自故回洲分爲南北三江。東南流，注于澧水，同入洞庭，即所謂涔水也。澧州志云："涔水爲岷江別派，從公安入境，爲四水口。在州北七十里，東接安鄉湖口，北連荆江。又東南流，過焦圻一箭河，至滙口入澧，故稱涔澧。澧水又東逕安鄉縣南會赤沙湖，東距巴陵縣百里。而東入洞庭湖。"此酈道元所謂南江者也，在禹爲江之經流。若水經注云："江水自華容縣又東，涌水注之。在今監利縣南。又逕南平郡孱陵縣之樂鄉城北，在今松滋縣東。又東逕公安縣北，在今縣東北五十五里。又右逕陽岐山北，又東右逕石首山北，又東逕赭要，石首山在今石首縣西北。赭要，洲名，在江中。又東至長沙下雋縣北，澧水、沅水、資水合，東流，注于洞庭之陂，湘水從南來注之，所謂江、水會者也。"下雋故城在今武昌府通城縣西。巴陵亦下雋地。洞庭湖在其西南。湘水篇云：湘水東北流，逕長沙下雋縣西，會資、沅、微、澧四水，同注洞庭，而北會大江，名之五渚。巴丘山在湘水右岸，山有巴陵故城，西對長洲，南麻湘浦，北對大江，三水所會，謂之三江口。孫光憲北夢瑣言云："湘江北流至岳陽達蜀江，夏潦蜀江漲，過住湘波，溢爲洞庭數百里，君山宛在水中。秋水過，此山復居于陸，惟一條湘川而已。以今輿地言之，自華容縣北，又東至巴陵縣西北，會洞庭之水。巴陵，岳州府治，本漢下雋縣地。荊江口在縣西北。洞庭入江處亦名西江口，又名三江口。元和志：巴陵城對三江口。岷江爲西江，澧江爲中江，湘江爲南江。按三江口北岸有楊葉洲，即水經注所謂巴陵故城西對長洲者。此後世大江之經流，酈道元所稱北江者也，在禹時爲江之小支。胡氏之説如此。今攷水經注，雖有江陵下分爲南、北江之説，而其敘次只有北江，無南江，惟于公安縣下云："縣有油水，水東有景口，景口東有淪口。淪水南合景水，又南通澧水。又于赭要之下，下雋之上，有清水洲，下接生江洲，南即生江口，水南通濃浦"云云而已，並無南江由澧入洞庭之説。況敘至澧、沅等水注洞庭，酈又從而釋之云："是乃湘水，非江川也。"可知諸水以湘水爲幹，總與大江無涉。胡自言其説本袁中道。中道曰："水經注于江陵枚回洲下有南、北江之名，南江即江水由澧入洞庭道也。陵谷變遷，今之大江始獨專其澎湃，而南江湮滅，僅爲衣帶細流。然江水會澧，故道猶有可攷。"袁説本不足據。即如其説，亦不過以古之南江比今差大，江水兼行其道耳，亦未嘗以南江爲經流，而反以北江爲支派也。胡氏因此遂以澋、澧爲經流，北江爲別流，舛謬實甚。楚辭云："望涔陽兮極浦，橫大江兮揚靈。"葢涔陽在涔水之北，大江又在涔陽之北。戰國時，固以北江爲正流，南江爲涔水矣。楚辭又云："遺余佩兮澧浦，沅有芷兮澧有蘭。"洪興祖云："今澧州有佩浦、有蘭江，因楚辭爲名。"宋澧州即今州治，此豈大江所經乎？在馬、王、孔雖以澧爲水名，亦不以南江通澧爲江之正道，但澧、沅等水皆入洞庭，而澧水最在北，與江相近，故以澧爲澧水，所謂"東至于澧"者，即會洞庭也。若胡氏則因下文九江欲解作洞庭，其勢不得不移澧于洞庭之西，遂謂江自江陵既南入澧。雖似同于馬、王、孔，而實則鑿空無據。況曾旼等以洞庭爲九江者，以其中有澧、沅等九水并注之也。今既以澧爲澧水，又以九江爲澧、沅九水，則經文直是"又東至于澧"又過澧矣，此可通乎？說見蔡傳。夫大江經流千古不易，非如北方之河變徙無定，乃忽然翻案，謂由澧水以入洞庭，豈知澧水自出山源，自入洞庭，不過當江合洞庭之際，澧水亦在會合之內而已，與大江經流何涉？即枝津偶通，豈得以爲經流而北江反爲旁支？漢儒皆以九江在江北尋陽，今蘄州東，其勢出于東北甚遠，以至澧爲醴陵正合。胡氏爲九江即洞庭之說所窘，若從鄭説，則醴陵反在洞庭之東，其勢不順，不得不遷就耳。不知江自出三峽，有向北，無向南，洞庭雖大，經亦略之，包在“至于”二字內矣。謂江由澧水之道，此何説乎？今江過城陵磯，下合洞庭諸水，逕臨湘縣，其流清者爲洞庭，濁者爲大江。所謂醴陵者，當在此。鶴壽案：史記夏本紀、班氏地理志皆作“東至于醴”，字不從水。鄭注以“醴”爲陵名，而引後漢長沙郡醴陵縣爲證。致醴陵，漢時爲侯國，漢高惠高后文功臣表云：“醴陵侯越，以卒從漢。二年，起櫟陽。以卒吏擊項羽，爲河內都尉，用長沙相侯，六百戶。孝文四年，以罪免。”至後漢始以其地置縣，即今湖南長沙府醴陵縣，在府東南一百九十里，非江水所經。江水所經者，乃岳州府臨湘縣，在府東北九十里。江水自湖北荊州府石首縣北流入湖南岳州府華容縣東北，與監利縣分界，又東南逕巴陵縣西北，會洞庭湖諸水，又東北逕臨湘縣西北，入漢陽府界，則江水遠在醴陵縣之北。先生謂鄭以此證江濱當有醴陵耳，非謂江至其縣也。此説甚是，但謂其地當在今岳州府臨湘縣之北、長沙府醴陵縣之南，則謬。岳州府在長沙府北少東五百五十里，臨湘縣又在岳州府東北九十里，醴陵縣則在長沙府東南一百九十里，不應南北如此倒置。此必一時誤會也。江水所至之醴，斷在今臨湘縣北境。岳州府，秦、漢時亦爲長沙郡地，其處向有醴陵，故漢初以爲侯國。江水過長沙，因其南適有醴陵，而云“又東至于醴”，蓋遙取以爲名也。蔡氏因馬融、王肅以澧爲水名，而引充縣之澧水以爲證。先生又引水經注以證澧水與江無涉，可見攷古之勤。但先生前云水經之例，凡經文皆曰“過”，凡注文皆曰“逕”，何以此條所引，則經、注混雜不清？水經云“澧水出武陵充縣西歷山，東過其縣南”，此一句經文也，而以爲注文。其下云“又東過零陽縣北”，此句不引，卻引注文“又東逕零陽縣南”句。其下云“又東過作唐縣北”，則改“過”字爲“逕”字，連下云“又東至長沙下雋縣西北，東入于江”，又從注改“東入于江”爲“東注于洞庭湖”，而俱以爲注文。如曰不論經、注，止求水道詳明，但所采取又復詳略失宜，似欠該備。若胡氏所引水經注，則據向來經注混淆之本,固不必置辨,其用袁中道說,分出南江、北江,以澧水爲江之經流,亦不過惑于九江即洞庭之說耳。澧水出今湖南永順府桑植縣西北,三源會合于縣東南,東流折南,又東逕澧州永定縣南、慈利縣北、石門縣南,澧州南折,南至安鄉縣南,入洞庭湖。其所逕流,俱在大江之南。大江自河北荆州府枝江縣東北,東流逕松滋縣西南,荆州府江陵縣南,又東南逕石首縣北,監利縣南,屈曲逕岳州府華容縣東北、巴陵縣西北,又東北逕臨湘縣西北,入漢陽府沔陽州界。其所逕流,則在澧水之北。豈得據水經注“江陵縣南有枚回洲,江水自此兩分爲南、北江”二語,遂援溠水一條,而分大江于澧水,以應經文“東至于澧”哉?

　　“過九江,至于東陵”。案:九江在今蘄水蘄州、廣濟諸州縣境,東陵在今黃梅縣境。水經:“江水自下雋縣北,又東北至江夏沙羨縣西北,沔水從東北來注之。又東過邾縣南,又東過蘄春縣南,蘄水從北來注之。又東過下雉縣北,刊水從東陵西南注之。”即此經過九江至東陵者也。蔡傳不用古義,而從曾旼等妄說,以九江爲洞庭,東陵爲巴陵,非是。詳見荆州及導山。又攷水經注:“湘水北至巴丘山入江,一名巴陵。”郭璞山海經注:“洞庭地穴,在長沙巴陵。”又江賦“巴陵地道,潛逵旁通”是也。此陵從無東陵之名,乃因後世名夷陵爲西陵,而妄意此爲東陵,已屬杜譔。況巴陵在今岳州府治巴陵縣城内西南隅,而洞庭湖即在巴陵縣西南一百五十步,見元和志。若以九江爲洞庭,東陵爲巴陵,則二處相去不過數武而已。經豈爲此數武之遠,特下“至于”二字邪?總之,一爲九江即洞庭之說所惑,而諸謬叢生。即如荆州之沱,鄭以爲夏水。夏水分江于華容,其南即北江之會洞庭者。今以洞庭爲九江,若從鄭則“東別爲沱”之下,即當言“過九江”,而“東至于澧”一句便無處著落,于是不得不遷沱于西,而以夷水當之。無如夷水實出施州蠻境,自有山源,特下流注江耳。則又以爲建始之北,必有古夷水首受江處,而今湮塞,故無攷。“東至于澧”,鄭以爲澧陵。澧陵實在洞庭之東。今以洞爲九江,若從鄭則當先過九江,後至于澧,顛倒不順,于是又不得不遷澧于西,而以澧州之水當之。無如澧水自出山源，自入洞庭，首末皆與大江無涉，則又以爲江陵虎渡口下必有南江通澧故道，古大江經流行之，因陵谷變遷，故遺迹無存。至于東陵，班固、酈道元皆云在廬江郡，此説原與九江在江北尋陽之説相爲表裏，今既不從尋陽之説，自不便又從廬江東陵之説，于是欲使東陵與洞庭附近，則又不得不遷之于西，而以巴陵當之，無如江夏本有西陵，不便使東陵反處西陵之西，則又强夷陵與巴陵相對以爲東、西，而不知巴陵直逼洞庭湖岸，一過一至，二者分之實無可分，則其説已窮矣。惟其一爲九江即洞庭之説所牽掣，而展轉迷惑，遂使經文諸地名，膠束于荆州、岳州二府境内，左砑右磕，無可頓放。俗學之亂經如此。晉卞壼傳：“蘇峻至東陵口，壼與戰于陵西。”成帝紀作“西陵”。通鑑“晉成和三年，蘇峻率衆二萬人，濟自橫江，登牛渚，軍于陵口”，胡三省曰：“牛渚山在當塗縣北二十里，陵口當在牛渚山東北，即東陵口也。”南史宋武帝紀：“桓玄聞皇甫敷等没，使桓謙屯東陵口，卞範之屯覆舟山西。”此别一東陵，在漢丹陽郡内，與禹貢無涉。鶴壽案：水經云：“江水又東過下雉縣北，刊水從東陵西南注之。”下雉故城在今湖北武昌府興國州東南一百四十里，居大江之南，其東與江西九江府瑞昌縣接界，又東爲德化縣，即九江入江處也。東陵在今安徽安慶府境。漢志云：“廬江郡金蘭西北有東陵鄉。”水經注云：“灌水道源廬江金蘭西北東陵鄉大蘇山。”今河南光州固始縣南一百五十里有大蘇山，然則山之左右即是東陵，其南爲湖北黄州府黄梅縣，其東與安慶府太湖縣接界，但東陵不在黄梅縣境而在太湖縣境，且東陵不偏于大蘇山之西而偏于大蘇山之東。何以知之？禹貢稱“過九江，至于東陵”，九江者，湖漢九水彙于彭蠡，東北流至德化縣東入江。江水自黄州府廣濟縣南、武昌府興國州東北流逕黄梅縣南、德化縣北，即所謂“過九江”也。若在黄梅縣境，則過九江即是至東陵矣，何必更書“至于東陵”乎？唯其在黄梅之東，與九江入江處並非南北對岸，故稱“至于東陵”耳。江水所逕逇宿松，而東陵在太湖縣境，則居宿松之北，去江甚遠，所謂“至”者，不過遥取東陵以爲標目，並非江水經由其地，此正與“東至于醴”同一書法。至先生所引晉卞壼與蘇峻戰于東陵之西，此則在今安徽太平府當塗縣東北，西去太湖縣之東陵四百餘里，江水自過東陵之後，又東北逕安慶府望江縣東，池州府東流縣西，安慶府懷寧縣東南,池州府貢池縣北,銅陵縣西北,太平府繁昌縣西北,蕪湖縣西南,至當塗縣西北,皆禹貢所謂"東迤北"之地。則當塗東北之東陵,與禹貢不相涉。

彭蠡

揚州"彭蠡既豬",鄭云:"地理志,彭蠡澤在豫章彭澤縣西。"案:鄭引地理志,前、續二志皆同。彭澤縣,今江西九江府之湖口、鼓澤、南康府之都昌三縣地。蔡傳引地志,彭澤"西"誤作"東",又云彭蠡跨豫章、饒州、南康軍三州之地。蔡氏時,豫章久升爲隆興府,蔡仍舊名已誤,且宋制州必兼郡,州不兼郡者其州小,洪、饒二州既皆大,蔡于洪則稱豫章,于饒又不稱鄱陽,自亂其例,尤非。鶴壽案:彭蠡湖,呂氏春秋所謂"禹爲彭澤之障,乾東土"是也。在今江西南昌府新建縣東北一百五十里,饒州府鄱陽縣西四十里,南康府星子縣東五里,九江府德化縣東南九十里。東西廣四十五里至一百里,南北長三百里,周回四百五十里。亦曰鄱陽湖,以中有鄱陽山而名。俗因號在南康府都昌縣者爲東鄱湖,在南昌府南昌縣者爲西鄱湖。湖又隨地異名,其在星子縣東南接南昌縣界者,曰宮亭湖。水經注云:"廬山南嶺下有神廟,號曰宮亭廟,故彭湖亦有宮亭之稱。"其在都昌縣西南者,曰揚瀾湖,又北曰左里湖。通典云:"地在章江之左,因名。"元和郡縣志云:"揚瀾湖北曰左里,一作"左蠡",今縣西南九十里有左里城是也。"其在饒州府餘干縣西北者,曰擔石湖,通典云"鄱陽郡西百七十里至擔石湖"是也。輿程記云:"自湖口縣入彭蠡湖,經大孤山至南康府百二十里,又二百五十里至南昌府,自縣而東南渡湖抵饒州,凡三百七十里。鄱陽山東南去鄱陽縣百五十里,漢爲歷陵縣地。湖中又有康郎山,在餘干縣北八十里,爲風帆之表幟。大孤山在德化縣東南四十里,與星子縣分界。"水經注云"有孤石界立湖中,周回一里,竦立百丈,蟲然高峻,特爲環異",疑爲此山。顧況詩曰"大孤山盡小孤出",蓋九江府彭澤縣有小孤山,與此遙相望也。彭蠡湖所受凡有九水,劉歆謂"湖漢九水入彭蠡澤"是也。漢志云:"豫章郡贛縣,豫章水出西南,北入大江。雩都縣湖漢水,東至彭蠡入江。又有廬水、南水、盱水、蜀水、餘水、鄱水、脩水皆入湖漢水。"豫章與湖漢異源而同流也。水經注則豫章與湖漢,通謂之贛水,出豫章郡南野縣西,一名豫章水。以今輿地言之,贛水自湖南郴州宜章縣東北,流入江西南安府崇義縣界,歷上猶縣、南康縣、贛州府贛縣、吉安府萬安縣、泰安縣、廬陵縣、吉水縣、永豐縣、臨江府峽江縣、新淦縣、清江縣、南昌府豐城縣，至南昌縣，入彭蠡湖，又北歷星子縣、都昌縣至德化縣，注于大江。春夏時彭蠡湖浩蕩無涯，霜降水涸，則贛川如帶而已。此水自昔有南江之稱，鄭康成釋三江云"右會彭蠡爲南江"，南史王僧辯傳云"陳霸先自嶺南起兵討侯景，出南江，行至湓口"，胡三省曰"贛水謂之南江"是也。

導漢"東匯澤爲彭蠡"

鄭曰："匯，回也。漢與江鬬，轉東成其澤矣。"傳云："匯，回也。水東回爲彭蠡大澤。"案：鄭云"匯，回也"者，説文匚部："匯，器也。"器之受物，有回折之形，故以水之回爲匯也。"漢與江鬬"云云者，漢水觸大別之陂而入江則鬬。既已邪行北入安豐境，然後又東，故云"轉東"也。彭蠡已見揚州，此言導漢，故曰北江。下文導江則曰中江，知彭蠡爲南江矣。三江解見揚州及導江，鄭云"江分三孔"是也。

傳、疏及水經注雖皆誤，然彭蠡尚無異説。至蔡傳云："彭蠡在江之南，去漢水入江處已七百餘里，所蓄之水，則合饒、信、徽、撫、吉、贛、南安、建昌、臨江、袁、筠、隆興、南康數州之流，非自漢入而爲匯者。其入江之處，西則廬阜，東則湖口，皆石山峙立，水道狹甚，不應漢水入江之後七百餘里，乃橫截而南入于番陽，又橫截而北流爲北江。且番陽合數州之流，豬而爲澤，初無仰于江、漢之匯而成。不惟無仰于江、漢，而衆流之積，日遏月高，勢亦不容江、漢來入矣。今湖口橫渡之處，其北則江、漢之濁流，其南則番陽之清漲，不見所謂漢水匯澤而爲彭蠡者。番陽之水既出湖口，則依南岸與大江相持以東，不見所謂橫截而爲北江者。以經文攷之，則今之彭蠡既在大江之南，于經則宜曰'南匯彭蠡'，不應曰'東匯'，于導江則宜曰'南會于匯'，不應曰'北會于匯'，匯既在南，于經則宜曰'北爲北江'，不應曰'東爲北江'。以今地望參校，絕爲反戾。今廬江之北有所謂巢湖者，湖大而源淺，每四五月間，大江泛溢，水淤入湖，至七八月，大江水落，湖水方洩，隨江以東，爲合‘東匯’、‘北匯’之文。然番陽湖方五六百里，不應舍此録彼，記小而遺大也。蓋洪水之患，惟河爲甚，意當時龍門九河等處，禹親涖而身督之，若江、淮則地偏水急，不待疏鑿，或分遣官屬往視。洞庭、彭蠡間，三苗所居，彼方負其險阻，頑不即工，官屬之往者，未必遽敢深入，是以但知彭蠡之爲澤，而不知其非漢水所匯，但意如巢湖，江水之淤，而不知彭蠡之源爲甚衆也。以此致誤，無足怪者。”王氏充耘駮之曰：“鄱陽湖，其源固有豫章諸水，然每當春月，江水暴漲，其下又束以小孤山，水道狹甚，每逆流入湖，故有發舟湖口，無風而一夕達鄱陽之安仁者。其故乃舟乘逆流，行甚迅速，猶隨潮而上者也。故江水之匯，衆所共知，今乃疑之，顧弗深攷耳。且謂漢入江已七百里，安能復識其匯澤者爲漢水？亦膠固甚矣。夫單敘漢水源流，不得不以漢水爲主，但既云‘南入江’則‘東匯澤爲彭蠡’即江、漢共匯可知，豈必曰‘南入于江，東與江共匯澤爲彭蠡’，然後明白邪？又謂彭蠡在江之南，當曰‘南匯’，匯既在南，當曰‘北爲北江’。其論南、北反戾，幾爲可笑。蓋江、漢兩水皆發源西蜀，東流入海，獨漢水到大別折而南，與江合，仍東流匯爲彭蠡，又東流爲北江入海。其東、南、西、北，以天下大勢論，不主一江言也。若改云‘南匯彭蠡’，則南流入江，南匯彭蠡之後，又當逆流向洞庭，而後爲南匯澤之後；改云‘北爲北江’，則又當決破安慶，橫入淮河，而後爲北矣。”王氏此駮甚善。蔡傳本之朱子，朱子謂彭蠡在江之南，“以地勢北高南下，故其入于江也，反爲江水所遏而不得遂，因卻而自豬以爲瀰漫數百里之大澤”，此數語正深得經文“匯”字之意，乃因此而疑彭蠡非江、漢所豬，欲從鄭樵，以經文“東匯澤”以下十三字爲衍文，自生膠葛。且鄭樵妄人，何足據？蔡傳摭拾朱子疑經之語而杜譔一段，謂禹遣官屬往視，官屬誤比彭蠡于巢湖，以此誆報，遂致誤書。此則鑿空妄語，幾于侮聖言矣。鶴壽案：禹貢導江云“會于匯”，謂江水自蕪湖而東會于震澤也。然經文不言震澤，尚得指別處言之。至導漢則明言"東匯澤爲彭蠡"矣。蔡氏欲援巢湖以當之。巢湖在今安徽盧州府巢縣西十五里，界盧江、舒城二縣境，周四百餘里，港汊大小三百六十，納諸水以注大江。蔡氏徒聞巢湖之名，而不思漢水入江之後，乃折而南，至江西九江府德化縣，以南匯爲彭蠡湖，其流自北而南。朱子謂"地勢北高而南下，漢水爲江水所過，因卻而爲數百里之大澤"，是也。若使漢水已至盧州府無爲州之東，乃折而西，至巢縣以西，匯爲巢湖，其流自東而西，此則必無之事。至謂禹未嘗親至彭蠡，所遣官屬遂誤以巢湖爲彭蠡，聖人治水豈有如是之潦草，官屬奉命豈有如此之餬塗？又謂三苗負固，官屬不敢深入，更不成說話。

交阯

漢封吳芮爲長沙王，陸賈使還，拜趙佗爲南越王，割長沙三郡封之。武帝元鼎六年平呂嘉，以其地爲南海、蒼梧、鬱林、合浦、日南、九真、交阯七郡。蓋秦時三郡之地。元豐中，置儋耳、珠厓二郡，置交阯刺史以督之。漢地理志"武帝南置交阯"，師古曰："胡廣記云：漢既定南越之地，置交阯刺史，別于諸州，令持節治蒼梧。"蓋漢分十三郡，梁、益、荊、揚、青、豫、兗、徐、幽、并、冀十一州及交阯、朔方二刺史也。後改爲交州，則在建安八年。班固作志時，交阯尚未爲州，乃于武帝所置七郡並云屬交州。蓋刺史雖別于諸州，而交阯之稱交州，自古已然。今漢書于九真下無"屬交州"字，蓋誤脫也。昭帝始元五年罷儋耳并珠厓，元帝初元三年又置珠厓，後漢馬援平定交郡，婦人徵側反于麊泠。始立城郭，置井邑。順帝永和中，今本"九年"。按永和無九年。交阯太守周敞求立爲州，朝議不許，即拜敞爲交阯刺史。桓帝分立高興郡，靈帝改曰高涼。建安八年張津爲刺史，士燮爲交阯太守，共表立爲州，乃拜津爲交州牧，十五年移居番禺。續漢郡國志云："交州刺史部，郡七，縣五十六。""郡七"即武帝置，縣微有并省。劉昭注引王範交廣春秋云："交州治羸陵縣，元封五年移治蒼梧廣信縣。"沈約宋書州郡志云："漢武帝開百越，交阯刺史治龍編。建安八年改交州，治蒼梧廣信縣。"按交阯自武帝時已治蒼梧，王範說與胡廣合，宋書誤也。建安十五年，宋書作"十六年"，亦誤。吳黃武五年割南海、蒼梧、鬱林三郡，立廣州、交阯、日南、九真、合浦四郡爲交州，戴良爲刺史，值亂不得入。呂岱擊平之,復還并交部。赤烏五年復置珠崖郡,永安七年復以前三郡立廣州。宋州郡志:廣州治禺,交州還治龍編。孫皓立新昌、武平、九德三郡。蜀以李恢爲建寧太守,遙領交州刺史。晉平蜀,以蜀建寧太守霍弋遙領交州。平吳後,省珠厓入合浦,交州統郡七。合浦、交阯、九真、日南并孫皓三郡爲七。南海、蒼梧、鬱林入廣州。宋州郡志:交州刺史領郡八。交阯、九真、日南、合浦,漢舊郡;武平、九德,孫吳分。復出義昌,云"宋末立";宋平,云"分日南立",而無新昌。此志敘次不明,故建置沿革甚屬茫昧,今刻訛舛尤多。隋郡一百九十,置司隸刺史,分部巡察,而漢武所置七郡皆爲揚州地。唐分天下爲十五道,而嶺南道並置南海、蒼梧、鬱林、合浦、日南、九真諸郡,其交阯即安南都護府,新唐書志"武德五年曰交州,治交阯,調露元年曰安南都護府"是也。交阯之名最古,所該最廣,故漢武七郡統于交阯刺史。其地原可單稱交,故漢立交州,即取堯典以命名。今廣東、廣西二省,雲南之臨安、澂江、廣南、景東、廣西諸府州,及安南國,皆其地。鶴壽案:書稱"申命義叔,宅南交",史記索隱云:"南方地有名交阯者,或古文略舉一字名地,南交則是交阯不疑也。"五帝紀稱顓頊高陽氏"北至于幽陵,南至于交阯",莫不砥屬。交阯即今安南國也。周爲越裳氏地,秦始皇初并百粵,置桂林、南海、象郡。其後爲南海尉趙佗竊據。漢元鼎中討平之,置日南等九郡。後漢光武時,徵側、徵貳反,遣馬援討平之,界以銅柱,置交州,領交阯等七郡。吳分立廣州,增九德等三郡。梁、陳于交州置都督府。隋初郡廢,改都督府爲總管府。唐初仍曰交州。調露初,改安南都護。至德初,改鎮南都護府。大曆間,復曰安南。後梁時,土豪曲承美專有其地,南漢置交阯節度使。既而部內大亂,推丁部領爲州帥,其子璉繼立。宋平嶺表,璉內附,封交阯郡王。三傳,爲黎恒所篡。黎氏三傳,爲李公蘊所篡。隆興二年遣使入貢,封安南國王,安南國名自此始。先生所述交阯廢置,蓋兼南越之地言之。然謂"今廣東、廣西二省,雲南之臨安、澂江、廣南、景東、廣西諸府州,皆其地",則不盡然也。廣東之南雄府,漢爲豫章郡地;連州,秦爲長沙郡地;廣西之泗城府、鎮安府,古爲百粵蠻地;雲南之臨安府、廣南府,漢爲牂柯郡地;澂江府,漢爲益州郡地;景東廳,漢爲益州郡徼外地;廣西州,漢爲益州、牂柯二郡地,與交阯何涉? 劉昭郡國志注所引交廣春秋,見于水經浪水注者尤詳。斤員水注云:"廣州晉興郡,太康中分鬱林置。"先生亦未之及。

崇山

舜典"放驩兜于崇山",馬融注:"崇山,南裔也,其地則不可的知。"按通典:澧州澧陽郡理澧陽縣,本漢零陽縣地,有崇山,即放驩兜之所。唐澧陽西有慈利縣,宋時山在縣內。元升爲慈利州。路史以爲今有驩兜墓是。然又引嶺外驩州圖經合之寰宇記,並以驩州爲放所,頗疑其去崇山太遠。後楊慎引沈佺期長流驩州時,嘗按九真圖,崇山至越常四十里,杉谷起古崇山,竹谿從道明國來,于崇山北二十五里合。故詩云:"朝發崇山下,暮坐越常陰。西從杉谷度,北上竹谿深。竹谿道明水,杉谷古崇岑。"佺期又有移驩州廨詩云:"古來堯禪舜,何必罪驩兜?"以此證驩州爲驩兜所放之地。愚歷攷地理諸志,驩州,周爲越常氏地,秦爲象郡地,漢置九真郡,治胥浦。莽曰驩成,其屬縣有咸驩,後漢因之。吳分九真地置九德郡,治九德,晉因之,咸驩屬焉。宋九德太守治浦陽,九德、咸驩並屬。南齊還治九德,咸驩仍屬。梁改爲德州,隋開皇十八年改爲驩州,煬帝改爲日南郡,俱治九德,咸驩屬如故,唐初因之。武德五年以咸驩爲驩州,八年改日南郡爲德州,貞觀元年又改爲驩州日南郡,並仍治九德,改咸驩之驩州爲演州。十六年州廢,以其地置懷驩縣,仍屬驩州。然則莽以胥浦爲驩成,不因驩兜之放也。隋以德州爲驩州,在分立九德後甚久,與九真所治胥浦曾名驩成者,本非一處,亦非襲莽之名也,閻氏云因莽之名,誤。至咸驩本漢舊縣,其名亦與驩兜無涉。武德亦名驩州,與開皇之驩州又非一處。佺期長流在張易之敗後,是貞觀驩州日南郡,非咸驩之驩州也。然諸志皆不云其地有崇山。若澧陽,漢爲零陵,屬武陵。吳置天門郡,領澧陽。宋、齊因之。隋改爲澧州,治澧陽。唐爲澧州澧陽郡。亦不言有崇山。是唐以前諸志驩州、澧陽兩處皆無崇山，但佺期及羅泌所引圖經固有之，且佺期親至其地，以目驗而知，頗爲有據。其地與交阯、東京祇隔一水，宋、元並屬安南，明初嘗爲乂安府，後復委之安南，迤西接占城、林邑，疊嶂連縣。以當崇山，固無不可。此地本南交之境，命羲仲猶度南交，放罪人何嫌太遠？若澧陽崇山，其説始于杜氏，別無他據。岳州府志云："在慈利縣南三百里大庸所城東，所屬永定衛，故武陵充縣地也。"地理今釋云："在今湖廣永定衛西大庸所東。"戴震云："今湖南澧州西一百六十里爲慈利縣，明設永定衛，在縣西一百八十里，今改爲永定縣，屬澧州，故充縣城在慈利縣西二百四十里。"然則府志言在縣南者誤也，"南"當作"西"。澧州舊屬岳州府。此因杜氏增演之，未可信。且象封有庳，在道、永二州間，今爲零陵縣，澧陽反在其北千餘里，得毋太近耶？崇山究以在驩州者爲是。薛季宣又以崇山在鄂州崇陽縣，今屬湖北武昌府，更嫌太近。鶴壽案：據沈佺期詩敍，則崇山在唐之驩州，今爲安南國地也。安南國治交州，即唐都護府治所，其地東西一千七百六十里，南北二千八百里。其北與雲南、廣西接壤，境內有越王城，古安南都護府，古交州、愛州、驩州、演州、龍興府、天長府、長安府等及馬援所立銅柱存焉。但佺期詩敍云"來于崇山北二十五里，合水欹缺，藤花明昧"，"合水"與"藤花"相對，先生不應以"合"字屬上句讀，殆偶然筆誤與？

蛾術編卷四十七

説地十一

禹貢 冀州 末節水道

冀州"夾右碣石，入于河"，鄭云："禹由碣石山西北行盡冀州之境，還從山東南行入河治水。既畢，更復行之，觀地肥瘠，定貢賦上下。"王云："凡每州之下説諸治水者，禹功主于治水，故詳記其所治之州，往還所乘涉之水名。"疏云："梁州傳言：'浮東渡河而還帝都白所治'，則入河逆上爲還都白所治也。每州下皆言浮水達河，記禹還都之道也。王亦並不言還都白帝。"皇甫謐、僞孔傳不但與鄭迥異，即與王亦不同矣。治水何等大事，其勞已甚，舜之舉禹委任必專，乃必令其僕僕道塗，每州輒還都白帝乎？水之無疑者可自專也，偶遇大疑難必須君臣共商者，自可隨時還都，何乃拘定九次入覲乎？梁之險阻，荊、揚之荒遠，亦必還都，若是之道長乎？其説已不通矣。乃蔡傳云："碣石，地志在北平郡驪城縣西南河口之地，今平州之南也。冀州北方貢賦自北海入河，南向西轉而碣石在其右。轉屈之間，故曰'夾右'也。"此下引程氏説，略謂冀北境遼、濡、漳、易皆中高，不與河通，故必自北海達河，此下又云碣石在河口海濱，故以誌其入貢河道。此條其謬有二，一碣石當河口，一入河爲貢道也。漢志河入海在渤海章武，今滄州也。雖據漢時現行之道，未見必非禹迹。碣石在今永平府，禹河何能繞北千里至高地入海邪？鄭云"由碣石西北行盡冀州境，還從山東南行入河",則鄭不以碣石爲河入海之口明甚。每州末水道,鄭云巡行觀地,僞孔創爲還都白帝,亂經已極,宋儒又譔貢道一說,算帝都東西南三面距河,各州貢賦皆以達河爲至,誠思三代以上,諸侯分土而治,各貢天子,豈如後世漕艘轉運,舳艫千里者?自此說興,而每州必推求其入河之道,異說紛紛矣。滹沱、易水皆入河,乃云不與河通,且云冀北之貢由碣石海運入河,是何言與?然貢道一說非創于程、蔡,首創者蘇氏軾也。或云出自周諿。諿字希聖,閩尤溪人,熙寧六年進士,知新會縣,著孟子解義、禮記說。鶴壽案:僞孔傳即王肅所造,先生謂出自皇甫諿者,以尚書後案用王傳故也。禹貢每州末節水道,係是巡行州境,並非還都白帝,亦非貢道,前已說過,鄭注亦可疏通而明證之。鄭云禹由碣山西北行盡冀州之境者,碣石山在今直隸永平府昌黎縣東南,禹蓋從昌黎縣北行經盧龍縣遷安縣遵化州,西行經順天府之薊州平谷縣、密雲縣、懷柔縣、昌平州,西行少北經宣化府之延慶州懷來縣、宣化縣、懷安縣,又西行少北經山西大同府之天鎮縣、陽高縣、大同縣,西行經朔平府之左雲縣、右玉縣,西行少南經平魯縣,又西行少南至寧武府之偏關縣。此冀州之北境也,鄭所謂"盡冀州之境"者,盡其北境耳。若偏巡其四境,則自偏關縣而西,即當入河而南行,不必還從碣石山入河矣。北山經云:"碣石之山又北水行五百里,至于雁門之山。"山在今陽高縣西北邊外,東去碣石一千三百餘里。古人言北即兼西北,山經所謂"又北水行五百里",蓋西北行也。海內西經云:"雁門山在高柳北。"高柳古地名,至漢以爲縣名,故城在今陽高縣西北,雁門山更在西北。自雁門以東至昌黎,自雁門以西至偏關,禹必巡行之者。凡所治州,皆各巡其一面,大約貢賦易定之處,當治水時已有成見,其一時未易定者,則于治水既畢,復巡行之。冀州北境,地近邊塞,或賦或否,當更酌定焉。鄭云"還從山東南行入河"者,禹時河入海處在碣石以東。今之勃海自昌黎縣以南,至山東登州府蓬萊縣以北千餘里,西抵天津、武定二府之東四百餘里,皆平地耳,故北山經云:"碣石之山,繩水出焉,而東流注于河。"言東即兼南,蓋東南流入逆河也。禹治冀州既畢,巡行之後,將治沇州,從碣石山東南行入河,以達于沇也。若論入河之水,則在冀州東北境者,滹陀河出今山西代州繁峙縣東北百二十里之泰戲山,西南流逕縣南代州南崞縣東,又東南逕忻州北、定襄縣東北、代州五臺縣南、平定州孟縣北、直隸正定府平山縣北,又東逕靈壽縣南、正定縣北、藁城縣北、無極縣北,此河之上流也。下流今巳遷徙,若其故道,則自無極縣而東,又逕定州深澤縣南、保定府束鹿縣北、深州安平縣南、深州北,又東北逕饒陽縣西、保定府博野縣東南、高陽縣東、河間府任丘縣北、順天府大城縣西、文安縣西北,至東安縣東南與桑乾河合,又東至天津府天津縣北入河。漢時河巳東徙,故漢志云:"代郡鹵城縣虖沱河東至參合①入虖池別河,過郡九,行千三百四十里。別河東至文安入海,過郡六,行千三百七十里。"若禹時則入海也。今據元和郡縣志、太平寰宇記各條,致其源委如此。其他分支別出,則係後世之遷流爾。易水出今易州西,北易入濡,南易入淶。班固曰"涿郡故安縣閻鄉,易水所出,東至范陽入濡,亦入淶",又曰"代郡廣昌縣淶水東南至容城入河"是也。

兗州末節水道

兗州"浮于濟、漯,達于河","漯"當作"濕",鄭云:"地理志漯水出東郡東武陽。"案:前志東郡東武陽下云:"禹貢漯水,東北至千乘入海,過郡三,行千二十里。"續志但云:"東郡東武陽,溼水出。"鄭與續志同也。東武陽今曹州府朝城縣,故城在今縣西。水經注無溼水,惟河水注云:"河水又東北逕委粟津。河北即東武陽縣也,溼水出,上承河水于武陽縣東南,而北逕武陽新城東,引水北注,東北逕陽平縣之岡城西,又北絕莘道城之西北,又東北逕樂平縣故城東,又北逕聊城縣故城西,又東北逕清河縣故城北,又東北逕文鄉城東南,又東北逕博平縣故城南,右與黃溝同注川澤。黃溝承聊城郭水,自城東北出,逕清河城南,又東北逕攝城北,又東逕文鄉城北,又東北出高唐,注溼水。俗以是水上承于河,亦謂之源河矣。溼水又東北逕瑗縣故城西,又逕高唐縣故城東,又東北逕溼陰縣故城北,又東北逕著縣故城南,又東北逕崔氏城北,又東北逕東朝陽縣故城南,又東逕漢徵君伏生墓南,又東逕鄒平縣故城北,又東北逕東鄒城北,又東北逕建信縣故城北,又東

---

① "合",原作"戶",據漢書地理志改。

北逕千乘縣二城間,又東北爲馬常坈。坈東西八十里,南北三十里,亂河枝流而入于海。"以今輿地言之,朝城、莘縣、堂邑、聊城、清平、博平、禹城、臨邑、濟陽、章丘、鄒平、齊東、青城、高苑諸州縣界中,皆古溼水所經也。鶴壽案:"漯",説文解字作"濕",濕水字應如此,古燥溼之"濕"作"溼",漯水之"漯"作"濕",今借"濕"作"溼",而別"漯"以爲水名,非也。但經史"濕"、"漯"二字混用已久,不但史記夏本紀、班氏地理志所引"浮于沸、溼"俱誤作"漯",漢功臣表有濕陰侯,而地理志、霍去病傳、王莽傳則俱作"漯陰侯"。水經注引漢千乘郡有濕沃縣,濕所經,而地理志并作"溼沃"矣。漯水自漢以後,其流已絶,今山東曹州府朝城縣南有大阪,曰漯河陂,當是舊址。依水經注所敘漯水源委言之,東武陽縣在今東昌府莘縣東南,陽平縣今莘縣,岡城在莘縣西南,莘道城在莘縣西,樂平縣即今堂昌縣地,聊城縣即今聊城縣地,清河縣即今清平縣地,博平縣即今博平縣地,瑗縣、高唐縣皆在今濟南府禹城縣境,漯陰縣即今臨邑縣地,著縣即今濟陽縣地,東朝陽縣即今章丘縣地,鄒平縣即今鄒平縣地,建信縣、千乘縣皆在今青州府高苑縣境。自濟陽以下,今爲大清河入海之道,蓋即漯水下流舊逕耳。

河渠書云:"禹導河至大伾。于是禹以爲河所從來者高,水湍悍,數爲敗,迺厮二渠以引其河。"溝洫志同,"厮"作"釃",孟康云:"釃,分也。二渠,其一出貝丘西南南折者,即河之經流也。貝丘今山東清平縣,在甯津南,此處河南折。而稱北瀆者,對溼在南稱北。其一則濕川也。河自王莽時遂空,惟用濕耳。"酈道元亦云:"二渠引河,一則濕川,今所流也;一則北瀆,王莽時空,故世俗名是瀆爲王莽河也。"然王莽時,河之北瀆已空,固已,若武陽以下,河、濕仍自別行,應邵謂"河盛則通津委海,水耗則微涓絶流",謂濕自高唐以東,以河之消長爲盈涸,非謂河奪濕以入海也。故道元又云:"河于濟、濕之北,別流注海。"今所輟流者,惟濕水耳。然則濕入海處,後魏時雖已輟流,故道尚存,未嘗爲河所占,況漢世乎? 孟康言未可泥。要之,孟康言河徙惟用濕,雖似小誤,其以禹釃二渠,一爲濕川,則與地理志及鄭注合,此周、漢古義,不可改也。

程大昌謂"濕受河于武陽，此漢河非禹河"，蔡沈急取而登之集傳，但云："程氏亦不能明言濕河所在，未詳其地也。自宋時河決澶、滑，東之商胡朝城流絶，舊迹不可復見，惟指唐、宋以後所行之大清河爲故濕，小清河爲故泲。"今日求禹迹誠有難者，欲説禹貢，自應以鄭注漢志爲正，如大昌説東武陽之濕非禹迹，則司馬遷、班固、鄭康成、孟康皆非，而大昌獨是邪？元人陳師凱欲護蔡傳，乃云程意非指濕爲漢河，葢言濕所受河水乃漢以後所徙頓丘之河，非禹時澶、相以北之河也，其濕水仍以東武陽爲是。此説乃因程妄駁，蔡妄採，而圓其説，其義亦尚可。乃又云："當河未徙之前，濕受河處，則又過武陽以北也。"近儒遂據師凱説爲定，而云濕首受河，自黎陽宿胥口始，正師凱所謂在武陽以北也。以水經注所敍濕水原委，歷歷次之，河水自宿胥口又東，右逕滑臺城北，在今滑縣西南。又東北過黎陽縣南，在今濬縣東北。又東北逕涼城縣，在今滑縣東北。又東北逕伍子胥廟南，在今清豐縣西境。又東北爲長壽津，河之故瀆出焉。在涼城慶縣東北六十里。河水又東逕鐵丘南，在今開州西南。又東北逕濮陽縣北，開州西南二十里有濮陽故城。又東北逕衛國縣南，在今觀城縣西。又東逕鄄城縣北，今濮州東二十里有鄄城故城。又東北逕范縣之秦亭西，今范縣東南二十里有范縣故城。又東北逕委粟津。寰宇記：觀城縣東南六十七里有委粟城。葢與津相近。以上所敍皆古濕水也，自周定王五年河徙，從宿胥口東行濕川，至長壽津始與濕別，其津以西，濕水故道悉爲河所占，而上游較短矣。然河之故瀆不經東武陽，亦不經高唐。迨漢成帝建始末，河決館陶，由東武陽絶濕水，而東北至高唐，又絶濕水東北至千乘入海，雖嘗塞治而故道猶存，王莽始建國三年復決于此。莽爲元城冢墓計，不隄塞。明帝永平中，王景修之，遂爲大河之經流。自是委粟津以東，水故道又爲河所占，上游益短矣。濕水一出武陽，再出高唐，據成帝後言之耳。果如其説，則是班固誤以後世改流，指爲禹所治濕水，康成誤援以解禹貢，孟康誤注，惟師凱爲可信矣。攷水經注，自"河水東逕成皋大伾山下"，敍至"河水又東，淇水入焉"，又東逕遮害亭宿胥口、在今濬縣西南。滑臺城東北，過黎陽縣南。此鄭康成以爲北過洚水者也，固禹河也。此下逕涼城縣伍子胥廟以至長壽津，在今滑縣東北六十餘里。則云"涼城到長壽，河之故瀆出焉"，即引溝洫志二渠，一爲漯川，一爲北瀆，王莽時空云云。然則酈道元亦以長壽津之西爲河，不以爲漯故瀆，河徙而行其中也。自此以下所敍，直至于大陸，播爲九河，皆是禹河，然則長壽以西皆河水非漯水甚明，而乃因師凱説强指爲漯水，不但輕蔑鄭注，妄駁班志，而且深誣酈氏矣。水經又敍河水又東北過衛國縣南，又東北過濮陽縣北，注則歷言鐵丘、濮陽縣、衛國縣、鄄城縣、范縣之秦亭西及委粟津，其下繼以左會浮水故瀆，又敍浮水故瀆至東武陽縣入河。此段亦皆是河，不以爲漯也。直至東武陽縣浮水故瀆入河之下，方接云"又有漯水出焉"，而班、鄭等皆以此漯水受河，爲禹所治。蓋河經流自是王莽河，此姑據史記，鄭則云屯氏河。詳導河。漯是河支流，委粟以下自是禹所疏瀹，故漢經師説如此。河形多曲，大伾、降水之下，折而南，再折而北，以至大陸，無不可者，何得强指委粟以上皆爲漯水，而駁班志以東武陽漯水出禹治者爲誤邪？鶴壽案：禹貢導河，北高降水，太史公謂"厮爲二渠，北載之高地，過降水"，孟康謂"一爲漯川，一出貝丘"，酈道元謂"一則漯川，今所流也；一則北瀆，王莽時空，故世名爲王莽河"。降水出今河南衛輝府輝縣，至濬縣入河，即淇水也。"厮爲二渠，載之高地"，實爲治河上策。凡二水並行，一盛則一微。宋元祐初，蘇轍上疏云："黄河之性，急則通流，緩則淤澱。既無東西皆急之勢，安有兩河並行之理？"此格言也。蓋上流宜合而不宜分，合則流急而沙去，分則流緩而沙停。河欲東出，故禹于其下流分漯川以殺其勢耳。及周之衰，王政不修，水官失職，諸侯各擅其山川以爲己利，于是滎陽下引河爲鴻溝。自是以後，日漸穿通，枝津交絡，宋、鄭、陳、蔡、曹、衛之郊，無所不達，至定王五年河遂南徙。無他，河水之入鴻溝者多，則經流遲貯，不能衝刷泥沙故也。宋史河渠志又載元祐三年王存奏云："自古唯有導河塞河。導河者，順水勢自高導令就下；塞河者，爲河隄決，修塞令入河身。不聞斡引大河,令就高行流也。"于是收回回河詔書。閻百詩謂:"此有不盡然者,太史公不云'載之高地'乎? 王橫曰:'禹之行河水,本隨西山下東北去。'又曰:'使緣西山足,乘高地而東北入海,乃無水災。'杜佑曰:'西山則太行也。'余因悟河行平地,散漫無力,唯一邊就西山踵趾以爲岸,又一邊築土爲隄,高數丈許,載河以行,方建瓴而下,但折而向東北,以至大陸,復播爲九,以趨于勃碣。賈讓策'河西薄大山,東薄金隄',正指此,誰謂金隄非禹作乎? 宋李垂導河形勝書:'推禹故道,其水勢出大伾、上陽、太行之間。上陽,樂史謂即枉人山。要之,東則大伾、上陽,西則太行,賈讓所奏無異,治河者當識此變處'。"今案賈讓欲決黎陽遮害亭,放河使入海,西薄大山,東薄金隄,勢不能遠氾濫。此即"厮爲二渠,載之高地"之説也。大河舊在濬縣城南一里,其南岸即滑縣,河經其間,北曰黎陽津,南曰白馬津。自昔津、濟之要,今已變爲平陸。漢建始四年河決東郡金隄,唐元和八年河溢瓠子,東氾滑,距城十二里。鄭滑帥薛平、魏博帥田弘正,共發卒鑿黎陽山東,復入故瀆。開成三年河決浸滑州外城,乾寧三年河漲,將毀滑州,朱全忠決爲二河,夾城而東,爲害滋甚。石晉天福五年滑州河決,九年又決,侵汴、曹、單、濮、鄆五州之境,環梁山,合于汶,大發數道丁夫塞之。漢乾祐元年,河決滑州之魚池店。周廣順一年,河決滑州靈河諸處,命王淩修塞之。三年,義成帥白重贊奏塞決河。宋乾德四年,滑州河決,壞靈河大隄。太平興國三年又決滑州之靈河,八年又決滑州之韓村,氾澶、濮、曹、濟,東南流至彭城,入于淮。九年又決滑州之房利。大中祥符四年,河決通利軍,合御河,壞州城田廬。天禧三年,滑州河溢城西北天臺旁,又潰于城西南岸,漫溢州城,歷澶、濮、曹、鄆,注梁山泊,又合清水古汴渠東入于淮,詔發丁夫塞治之。四年,河復決于天臺山。天聖五年,塞河成。自是以後,滑州之患,大抵移于澶州矣。所以然者,地勢北高南下,河至此本有欲出之勢,既不分疏,又不載之高地,無怪其橫決也。

　　鄭注以爲禹巡行州境,則沛、濼不必相通,浮沛、濼亦不必入河。唐高宗問許敬宗曰:"書稱'浮於沛、濼',今沛、濼斷不相屬,何故?"對曰:"沇、沛自溫入河,伏地南出爲滎澤,又伏而出曹、濮之間,汶水從入之,故書又言'浮汶達沛',不言合濼者,濼自東武陽至千乘入海也。""沇、沛自溫入河",新唐書作"今自濼至溫而入河”，誤。案敬宗之言，乃據唐時形執以言㳆、漯不能相通，二水古或本通，故經并言“浮于㳆、漯”，但紀載茫昧，何由推得？近儒謂疏云“從漯入㳆，自㳆入河”，真不可解。禹時㳆、漯未爲河所隔斷，枝津相通處或當有之，亦必由㳆入漯，由漯入河，安有反從漯入㳆者？此駁亦是。乃又宛轉推求，因水經有四瀆津，在漢臨邑縣故城東北，在今茌平縣東。河于此東分㳆，亦曰㳆受河，自河入㳆，自㳆入淮，自淮達江，故有四瀆之名。且無論此河非禹大伾降水以下之河，此江、淮相通自是春秋末年事，而生于元、明以後，孰爲㳆、孰爲漯，已皆不可尋，乃復據此遂謂酈氏時㳆、漯相隔，故云河分㳆，又云㳆受河，在禹時則必是漯分㳆，或㳆受漯，遂指此爲禹時㳆、漯相通之道，未免節外生枝。

徐州末節水道

徐州“浮于淮、泗，達于河，“河”當作“菏”，傳寫之譌。自唐石經及各種注疏并史記、漢書皆作“河”。此節鄭、馬注皆亡，又無傳無疏，於是蔡氏奮筆爲解云：“許慎曰‘汳水受陳留浚儀陰溝，至蒙爲灉水，東入于泗’，則淮、泗之可以達于河者，以灉至于泗也。許慎又曰‘泗受㳆水，東入淮’，蓋泗水至大野而合㳆，然則泗之上源，自㳆亦可以通河也。”愚謂灉、汳、汴一也，起自周衰，三代盛時且無，何況唐虞？蔡于沇州灉沮，惑于郭璞，已援許慎河、灉混亂之，至此州淮、泗達河，茫不知其爲誤字，復援河、灉混亂之。此經每州末皆記禹巡行州境，徐州南浮淮，北浮泗，又北達菏，則徧。菏本澤名，㳆水所豬，在今曹州府定陶縣東北，爲豫東北、徐西北境。導沇水之“東至于菏”，主澤言，即豫州之菏澤也。此“達于菏”則自乘氏以至湖陵，乃菏之枝流也。水經敍泗水源出魯卞縣北山，敍至“下流東南過下邳縣西，又東南至淮陰入淮”，此禹浮淮達泗之道。敍㳆水東至乘氏縣西分爲二，其一東南流者，至方與爲菏水，菏水又東從湖陵入泗，即禹浮泗達河之道。菏即㳆也，達于菏則達于㳆矣。然鄭謂每州末水道，指禹巡行州境，則此州達于菏不必定達于沛也。沛且不必達，況河乎？自僞孔創云還都，宋儒又云貢道，遂爲沇、青、徐、揚四州水道，前後相承，總以入河爲歸宿。無奈沛自陶丘以西，禹時別無達河之道，于是東坡蘇氏曲爲之説曰：“自淮、泗入河，必道于汴。世謂隋煬帝始通汴入河，禹時無此水道，以疑禹貢。案漢書項羽‘與漢約，中分天下，割鴻溝以西爲漢，以東爲楚’，文穎注云：‘于滎陽下引河東南爲鴻溝，以通宋、鄭、陳、蔡、曹、衛，與沛、汝、淮、泗會，即今官渡是也。’魏武與袁紹相持于官渡，乃漢、楚分裂處。蓋自秦漢以來有之，安知非禹迹邪？禹貢九州之水，皆記入河水道，而淮、泗獨不能入河，理不應爾，意必開此道以通之，其後或爲鴻溝，或爲官渡，或爲汴渠，上下百餘里間，雖不可必，然皆引河水而注之淮、泗也。故王濬伐吳，杜預與之書曰：‘足下當徑取秣陵，自江入淮，逾于泗、汴，泝江而上，振旅還都。’濬舟師之盛，古今絶倫，而自泗、汴泝河，可以班師，則汴水之大小當不減于今，又足以見秦漢、魏晉皆有此道，非煬帝創開也。吳王夫差闕溝通水，與晉會于黃池，而江始有入淮之道，禹時無之，故曰沿于江、海，達于淮、泗，明非自海入淮，則江無入淮之道。今直云‘浮于淮、泗，達于河’，不言自海，則鴻溝、官渡、汴水之類，自禹有之明矣。”黃氏公紹譔韻會，辨之曰：“爲禹迹。今案説文‘菏’字注引禹貢此文，是則‘達于菏’非‘達于河’也。許慎所見蓋古文尚書，後人傳寫，例以上下文‘達于河’之句，改‘菏’爲‘河’。陸德明又以‘河’音如字，遂啓後人之疑。然其下復云‘説文作菏，工可切’，則非‘河’明矣，如字之音誤也。不然，古淮、泗于河既無可達之理，又焉得指後代所引入者，而蒙以禹之迹邪？”案：黃氏駁蘇氏甚是。今攷導水，沛入于河，南溢而爲滎，而陶丘、而菏、而汶、而海。此禹時之沛瀆發源注海者也，抑所謂出河之沛不與河混者也。史記河渠書：“禹功施乎三代。自是之後，滎陽下引河東南爲鴻溝，以通宋、鄭、陳、蔡、曹、衛，與沛、汝、淮、泗會。”此禹後

代人于滎澤之北,引河東南流,故水經謂河水"東過滎陽縣,蒗蕩
渠出焉"者。是亦引沛水分流,漢志謂滎陽縣"有狼湯渠,首受沛
東南流"者。此又自是之後,代有疏瀹,枝津別瀆,不可勝數,則酈
注所謂"滎波、河、沛往復逕通"者也。史記明言"自是之後",則
非禹迹可知。夫曰鴻溝、曰官渡、曰蒗蕩、一也;曰泌、曰汳、曰
濉、曰汴,一也,二者皆由淮、泗入河。蓋淮與泗相連,淮可以入
泗。自泗而往,乃有兩道,或由濉以達河,濉出于河而入于泗者
也;或由沛以達河,沛出于河而合于泗者也。蘇氏所引二條,一
見晉書王濬傳,杜預與書云云,此由淮而泗,由泗而汴,由汴而
河,西道也;一高帝紀文穎注,本出河渠書,溝洫志同云云,此由
淮而泗,由泗而沛,由沛而河,東道也。雖本一道,而自分東西。
蘇秦説魏襄王曰"大王之地,南有鴻溝",則東道戰國前有之。宣
公十二年晉、楚之戰,楚軍于邲,邲即汳水。爾雅"水自河出爲
濉",濉本汳水,則西道春秋、爾雅前有之。然皆非禹時所有也。
莫不善于酈注曰"大禹塞滎澤"。滎澤,莽時方枯,豈禹塞乎? 又
曰"昔禹塞其淫水,而于滎陽下引河",滎陽河非禹引,而謂禹時
已有乎? 據河渠書"自是之後"四字,則淮、泗達河,斷非禹迹矣。
蔡氏引許慎"汳水受陳留、浚儀、陰溝至蒙爲濉,東入于泗",而
謂淮、泗之達河,以濉至于泗也。案水經,陰溝出蒗蕩渠,東南至
下邳入淮。陰溝即汳、濉、汴,據水經則入淮不入泗,而説文言
入泗者,淮通泗,泗通汴,故言入淮可,言入泗亦可。此即西道起
于周代,説文何嘗指爲禹迹? 胡先生渭據閻若璩説,痛駁蘇、蔡,
但因礙于貢道之説,謂由沛達河,莫知其所經,終無以破千古之
疑,是當由沛、濟之間求之。蓋沇、青、徐、揚皆由沛入濟以達河,
而宋儒誤謂沛、濟無相通之處,則浮沛者泝陶丘而西且北,勢不得
不出于滎陽,此蘇氏之論所以易惑人也。誠知沇州所謂"浮于
沛"者,乃至菏會汶之沛,而非陶丘、滎陽之沛,則沛之所以通河
者濟也,非鴻溝、官渡、汴水也,徐州貢道自當作"達于菏"矣。愚

謂沇州末并言"浮于沛、濟",則禹時二水或可相通。但數千載前既無確據,何由推得? 胡先生于兗州末,誤據酈注四瀆津一條爲沛、濟通處,于徐州末即援以爲據,是以己之謬證其謬也。蔡氏又引許慎泗受沛水東入淮,遂言泗水至大野而合沛,則泗之上源,自沛亦可以通河。案許氏以菏爲沛,蔡氏不知而謬據其説,乃妄謂泗從大野合沛,將謂徐州貢物逕從泗水揚帆而絶大野以入沛邪? 何承天雖有大野通泗連沛之文,不過以菏、泗合流名黃水口,而黃水亦通鉅野故耳,豈得遂作通行道邪? 其下忽接以泗之上源通河,則又是鴻溝爲禹迹之謬説,與大野何關? 數語之内,自相違反,其誤不可勝言。鶴壽案:漢地理志云:"濟陰郡定陶縣,禹貢菏澤在定陶東。"菏澤在今山東曹州府菏澤縣東南三十里,此豫州水也。禹貢導沇水又東會于菏,亦指此。地理志又云:"山陽郡湖陵縣,禹貢'浮于淮、泗,通于菏',菏水在南。"此徐州水也。尚書梅賾本作"河",後人誤以此爲貢道。今案湖陵故城在今濟寧州魚臺縣東南六十里,河水安得至此? 班固不但言菏水在南,而必舉禹貢文者,明其非豫州之菏澤及導沇水之會于菏也。水經沛水篇云:"沛水東至乘氏縣西,分爲二,其一水從縣東北流入鉅野澤,其一水東南流過乘氏縣南,又東過昌邑縣北,又東過金鄉縣南,又東過東緡縣北,又東過方與縣北,爲菏水。又東過湖陵縣南,東入于泗。"此即禹巡行州境浮泗達菏之道。以其爲菏澤之支流,故謂之菏水也。乘氏在今曹州府鉅野縣西南五十里,昌邑在今濟寧州金鄉縣西四十里。金鄉,後漢分昌邑縣置,在今濟寧州西南一百里。東緡在今金鄉縣東北二十里。方與在今魚臺縣北。湖陵即湖陵,王莽改曰湖陸。以上諸縣,皆巡行徐州時所經也。若鴻溝之開,始于徐偃王。張華博物志録著作令史茅温送劉成國徐州地理志,云徐偃王之異:"徐君宮人娠而生卵,以爲不祥,棄之水濱。孤獨母有犬,名曰鵠倉,獵于水側,得菴卵,銜以歸。孤獨母覆煖之,遂成兒,生時偃,故以爲名。徐君宮中聞之,乃更録取。長而仁智,襲君徐國。偃王治國,仁義著聞,欲舟行上國,乃通溝陳、蔡之間,得朱弓矢,以得天瑞,遂因名爲號,自稱徐偃王,江、淮諸侯服從者三十六國。周王聞之,遣使至楚,令伐之。偃王愛民不鬬,遂爲楚敗,北走彭城武原縣東山下,百姓隨者萬數,因名其山爲徐山。山上立石室,廟有神靈,民人請禱焉。"據此,知鴻溝爲徐偃王所開,酈道元于水經濟水注已引之矣,而乃謂禹于滎陽下引河,不亦謬乎?

揚州 末節水道

揚州"沿于江海,達于淮、泗",鄭云:"沿,順水行也。"傳云:"順流而下曰沿。沿江入海,自海入淮,自淮入泗。"案:據揚州沿江、海,可見是巡行州境,非還都白帝矣。不然,荊可陸行逾洛,梁可陸行逾沔,揚亦可浮江而陸行以逾淮。禹陸載車、泥蹈毳,豈憚此二三百里陸路之勞,必貪舟行之逸,遠從大海而逆上邪?蓋必順水而行,沿江入海,自海南行,施功震澤。禹時不但江、淮未通,即朱方江口入吳之道亦未有,見十七史商榷。故必于沿江入海之後,再自海入淮,自淮入泗,然後巡行州境徧也。禹之所以如此取道,其意本爲徧巡州境,非爲邗溝未開,江、淮未通之故。然通江、淮之迹,亦不可不攷。哀九年,吳穿邗溝通江、淮,以爲運糧之道,至十三年,會晉黃池。國語稱其"沿江泝淮",仍是沿江入海,自海入淮,因邗溝但通糧道,未勝戰艦故也。國語又稱夫差爲深溝于商、魯之間,北屬沂,西屬泲,以會晉。商即宋,入淮雖由海,及至淮上,則又別爲開鑿,罷民力至此,宜其亡。乃蘇氏軾、林氏之奇以九年溝通江、淮,十三年闕溝深水,誤合爲一事。案此一自江入淮,一自淮入沂入泲,本二役,亦二地,王氏應麟辨之。孟子"排淮、泗,注之江",朱子謂其但取字數足以對偶,非水路之實,不必强説,因力辨沈括據李翺南來録强説淮、泗入江爲禹迹之謬。鄭樵以孟子誤將夫差所通爲禹迹,其謬更不必言。直至隋大業中,大發淮南兵夫十餘萬,開邗溝自山陽至揚子入江,三百餘里,闊四十步,可通龍舟,而後淮始達江,孟子言至此乃驗。以上所敘通江、淮始末,閻先生若璩、胡先生渭爲詳著之,予復申之,而此道之非禹迹乃明,禹所以必沿江入海、自海入淮之故亦明。但胡先生仍用貢道之説,謂禹欲揚州貢物,具舟悉運至都,遂曲意揣測當日貢舟必自今日之常熟縣北,大江順流,下至太倉州北七鴉浦入海,東北經通州東,又北經如皋、興化、鹽城、山陽縣東,西入淮口泝流上,歷安東縣南,山陽縣北,又西至

清河縣西南之清口入泗，清口本名泗口，今其道爲黄河所奪。此所謂
沿于江、海，達于淮、泗也。然後由泗入菏，由菏入沛，由沛入濼，
由濼入河。果如此，則迂回汎海，幾及千里，元人海運，禹貢先爲
作俑也。且鄭以“沿”爲“順水行”，傳云“順流而下”，如胡先生
説，于江順流只數十里，于海皆泝流逆流，恐未可名爲“沿”也。鶴
壽案：全謝山經史問答曰：“史記河渠書稱于楚東方則通溝江、淮之間，是乃
吴事，何以屬楚？曰：水經注溳水篇溳水合㵐水，澕水篇澕水亦合㵐水，而
㵐水篇㵐水合澧水以入淮，是皆淮之屬也。乃㵐水篇㵐水又合堵水，又合潕
水、澕水以入淯水，堵、淯二水則皆漢之屬也。蓋南陽之地，淮、漢並行，其
水已有互相出入者，皆在新野、義陽一帶，江、淮未會而淮、漢已通，非楚人通
之而誰？”今案溳水、澕水等篇並無其文，全氏不知從何處拾來。

蛾術編卷四十八

碣石

碣石,禹貢冀州、導山凡兩見。漢志右北平驪成縣"大揭石山,在縣西南",遼西郡絫縣"有揭石水,南入官",謂下官水。不言有山。蓋驪成有大揭石,則絫縣有小揭石可知。漢驪成故城大約在今撫寧縣界,絫縣故城大約在今昌黎縣界。漢書于驪成言碣石山,于絫縣言碣石水,則大、小碣石並舉,而今昌黎、撫寧乃漢驪成、絫縣境,則其爲碣石者,自昌黎北、撫寧南諸山皆是。王氏應麟通鑑地理通釋曰:"碣石凡有三,驪衍如燕,昭王築碣石宫,身親往師之,此碣石特宫名耳,史記正義云:'在幽州薊縣西三十里寧臺之東,非山也。'秦築長城,起自碣石,此碣石在高驪界中,當名爲左碣石;其在平州南三十餘里者,即古大河入海處,禹河入海在直沽,此誤。爲禹貢之碣石,亦曰右碣石。"此説甚精。按:史記索隱引太康地志云:"漁浪遂城縣有碣石,長城所起。"通典云:"秦築長城,起自碣石。在今高麗舊界,非平州之碣石。"又淮南時則訓:"自碣石過朝鮮。"此亦左碣石,高誘仍云"在遼西界海水西畔"者,誤。此皆非平州碣石也。其戰國策"常山九門",鄭云:"無此山。"更不必論。鶴壽案:碣石山者,河入海之處也。在今直隸永平府昌黎縣東南。昌黎即漢右北平驪成縣地,今其處無山。説文云:"東海有碣石山。"水經注云:"大碣石山,漢武登之,以望巨海,而勒其石于此。”今枕海有石如甬道數十里，當山頂有大石如柱形，往往而見立于巨海之中，潮水大至則隱，及潮退，不動不没，世謂之天柱橋也。潛丘劄記云：“漢志右北平驪成縣有大揭石山，續漢志遼西郡臨渝縣有碣石山，文穎漢書注:碣石山在遼西郡絫縣。魏收地形志肥如縣有碣石山。隋志盧龍縣有碣石山。唐志平州石城縣有碣石山。明一統志碣石山在昌黎縣西北二十里。諸縣或省或改，則今之盧龍、撫寧、昌黎及灤州界耳。此山綿跨四地，故班固曰大揭石山，今人弟因天柱橋屬諸昌黎，隘矣。”先生謂昌黎北、撫寧南諸山皆是，蓋本諸此。然河入海之處在昌黎，則禹貢之碣石自當專指昌黎之山，不得兼及撫寧之山。碣石凡有四處，一在常山九門縣。今正定府藁城縣西北二十五里有九門城，四面五百餘里皆平地，並無一山，戰國策之言蓋謬。一在高麗界中，即王氏所引。一在今錦州府廣寧縣。唐志營州柳城縣有東北鎮醫巫閭山祠，又東有碣石山。此皆與禹貢之碣石無涉也。或謂河入海在章武，不在碣石，此乃謬論，一誤于薛瓚，再誤于孔穎達。漢志金城郡河蘭縣下云：“河水至章武入海。”章武在今天津府鹽山縣西北，此漢時所徙之新道，非禹貢故道也。魏郡鄴縣下云：“故大河在東北入海。”此入海者，至驪城之揭石山入海，非章武也。史記河渠書、班氏溝洫志皆云：“同爲逆河，入于勃海。”薛瓚曰：“禹貢河入海在碣石。武帝元光三年河移徙東郡，更注勃海。禹時不注也。”不知史記、漢書所謂勃海，正謂碣石邊之勃海，非謂漢之勃海郡也。孔穎達曰：“安國傳同。合爲一大河，入于勃海。勃海之郡當以此海爲名。”計勃海北距碣石五百餘里，河入海處遠在碣石之南。禹行碣石，不得入于河。蓋遠行通水之處，北盡冀州之境，然後南回于河而逆上也。今據經文正之。“夾右碣石，入于河”，偽孔傳：“禹夾行此山之右而入于河逆上也。”則可知河入海順流而下亦即在是。河果至直沽入海，則“至于碣石”四字爲衍文。導河北播爲九，尾合爲一，不加“至碣石”字，“入于海”者，蒙上省文也。後代善言水道者，莫過于酈道元，一則曰河入海舊在碣石，今川流可導，非禹瀆也。再則曰碣石山在臨渝縣南，大禹鑿其石，右夾而納河。賈讓治河策云：“昔大禹治水，山陵當路者毁之，析底柱，破碣石。”酈注之有本如此。今人指晚近之流派，輒爲別解，豈可與論禹迹哉！但河至碣石入海，亦有新論。劉世偉曰：“山東武定府海豐縣北六十里，有馬谷山，一名大山，高三里，周六七里，疑即古之碣石，爲河入海處。夫事無所證，當求之跡，跡有不明，當度之理。以跡而論，九河故道咸屬于齊，鬲津等河在縣之界，碣石不當復在他境。以理而論，禹之治水，行所無事，齊地洿下濱海，以禹之智，不從此入，而反遠于千里之外，自平州而入海邪？況平州地高，此山既在九河之下，又巍然獨出勃海之上，其爲碣石無疑。"閻百詩曰："九河見沇州，碣石則在冀州，皆禹貢明文。若如世偉言，當移碣石爲沇州之山矣。古九河闊二百餘里，長約四百里，其爲逆河之地者，亦須長闊相等，方外受海水之朝夕出入，内容河水之九派分注，今馬谷山旁何處著此一片地邪？果爾，當刪禹貢'同爲逆河'四字，以'入于海'接上'又北播爲九河'，然後可。戰國策蘇秦說燕曰：'南有碣石之饒。'史記秦本紀：'始皇三十二年，之碣石，使燕人盧生求羨門、高誓，刻碣石門。二世元年春，東行郡縣，李斯從，到碣石，刻始皇所立刻石。'封禪書：'并海上，北至碣石，巡遼西。'貨殖傳：'夫燕，勃、碣之間一都會也。'尚得謂碣石不在昔平州今昌黎等縣邪？"

衡漳

冀州"覃懷厎績，至于衡漳"，覃懷者，今河南懷慶府武陟縣西懷縣故城是，禹從此治水而北。衡漳者，鄭康成攷工記注："衡，古文'橫'，假借字。"晉語"穆公衡雕戈出見使者"，韋昭曰："衡，橫也。"地理志漳水有二，清漳出上黨沾縣大要谷，東北至昌成入河；濁漳出長子縣鹿谷山，東至鄴入清漳。鄭康成注據後漢志，故以昌成爲安平阜城。鄭又云："衡漳者，漳水橫流入河。"蓋班志以清漳爲主，徑自入河，其所過郡五，所行凡一千六百八十里。濁漳則入清漳者，其流短，非主流也。鄭意與班合，故但言清漳，不及濁漳。乃水經注反以濁漳爲主，敍其源流甚長，且言不因他水，獨自入海，而于清漳敍述甚略。其文云："濁漳水出上黨長子縣西發鳩山，東過其縣南，屈從縣東北流，又東過壺關縣北，又東過屯留縣南，又東北過潞縣北，又東過武安縣，又東出山，過鄴縣西，又東過列人縣南，又東北過斥漳縣南，又東北過曲周縣東，又東北過鉅鹿縣東，又北過堂陽縣西，又東北過扶柳縣北，又東北過信都縣西，又東北過下博縣西，又東北過阜城縣北，又東北至昌亭與虖池河會。又東北至樂成陵縣北別出，又東北過成平縣南，又東北過章武縣西，又東北過平舒縣南，東入海。清漳水出上黨沾縣西北少山大要谷，南過縣西，又從縣南屈，東過涉縣西，屈從縣南，東至武安縣南，入于濁漳。"蓋二水相入，下流合同，故濁漳入清，而水經誤以爲清漳入濁，至以濁漳入海，則并非東漢之水道，而直是魏時之水矣。據漢時漳猶入河，則河雖有變遷，漳固未改故道，鄭意與漢志合。雖據當時見行水道言之，未見其非禹迹也。禹從覃懷致功，而北至衡漳。黄河之性雖善改徙，然此等處山險尚多，改道猶少，漢時近古，大約與禹不甚相遠，譔水經者，魏、晉間人，酈道元則北魏人，雖好言水道，其實亦多妄謬，不盡可據。沾縣今山西平定州樂平縣，武安縣今屬河南彰德府，鄴縣故城在今泠漳縣西，列人縣故城在今直隸廣平府肥鄉縣北，斥漳縣故城在今曲周縣東，曲周亦屬廣平，鉅鹿縣今順德府平鄉、鉅鹿二縣地，信都縣今冀州，阜城縣今屬河間府。以上各府州縣，皆班、許、鄭三家言衡漳經由故道，説詳尚書後案。鶴壽案：清漳所出日少山，在今山西平定州樂平縣西四十里。元和郡縣志謂"大原府樂平縣少山一名河逢山，在縣西南三十里"，是也。其南谷日大要谷，東北距縣二十五里。沾水出沾嶺，東入滹沱河，同過水出陸泉嶺西入汾，皆少山北嶺也。北山經云："少山，清漳之水出焉，東流于濁漳之水。"淮南子云"清漳出揭戾山"，高誘注："山在沾縣。"漢志云："上黨郡沾縣大黽谷，清漳水所出，東北至阜成入河。"説文云："清漳出沾山大要谷，北入河。"今樂平縣西南三十里有沾縣故城。水經注云："清漳出沾縣故城東北，俗謂之漳山，亦日鹿谷山，水出大要谷南流逕沾縣故城東。""濁漳所出日鹿谷山，在今潞安府長子縣西南五十餘里，高平縣西北五十里，一名廉山，一名鹿谷山。"寰宇記引冀州圖經，謂"鹿谷山在長子縣西，有大道入壺口關，東出達襄國，西登奠斯鉅嶺，以達河東，陘阻千里"是也。北接盤秀嶺，即發鳩之谷也。嶺在屯留縣西南八十四里，亦日鹿瀆山。山之西，水入于沁；山之東，水歸于潞。周禮職方氏："冀州，其川漳，其浸汾、潞。"漳即清漳，潞即濁漳。北山經云："發鳩之山，漳水出焉，東流注于河。""漳"當爲"凍"。説文云："凍水出發鳩山，入于河。從水，東聲。"郭璞本誤以爲"漳"耳。漢志云："上黨鄉長子縣鹿谷山，濁漳水所出，東至鄴入清漳。"説文云："濁漳出上黨長子鹿谷山，東入清漳。"水

經注云："漳水出麓谷山，與發鳩連麓，而在南，故淮南子謂之發包山。"古文
"鳩"與"包"同聲。絳水出穀遠縣東發鳩之谷，謂之濫水，東逕屯留縣故城
南，東北流入于漳，故桑欽云："絳水出屯留西南，東入漳。"魏書地形志云：
"長子縣有廉山，濁漳出海。寄氏縣有盤秀嶺，藍水出其南，北流合濁漳。"
今長子縣西有長子故城，屯留縣西十里有屯留故城，西南七十里有寄氏故
城。桑欽所稱絳水，漢志載其說，今本訛爲入海，後人多以此水附合禹貢之
降水，非也，此即藍水耳。漢志、說文皆言濁漳入清漳，清漳入河，水經則言
清漳入濁漳，濁漳會滹沱河入海者，一則作水經時與作漢志時水道不同，二
則北山經亦言清漳入濁漳矣。

　　漳與河相貫者也，而大伾以東，禹河盡徙，漳亦變改，則依班
孟堅、許叔重、鄭康成舊說，禹迹猶可想像得之。若道元者，不但
以濁漳爲主，其敘至"斥漳縣南"之下，即云尚書所謂"覃懷厎績，
至于衡漳"者也，敘至東北過曲周、鉅鹿，則云地理志云："絳水發
源屯留，下辭章津，是乃與章俱得通稱，故水流間關，所在著目，信
都復見絳名，而東入于海。"攷班志上黨屯留縣下云：桑欽言"絳
水出西南，東入海"。酈意以絳下流與漳得通稱，而又以絳水即
洚水，故以斥漳以下之漳水，稱爲漳絳，當冀州之"至于衡漳"，并
即以當導河之"北過降水"。班志信都國信都縣下云："故章河在
北，東入海，禹貢絳水亦入海。"酈又據以爲即降水之復見者。但
班志言"古文"者，是古尚書說，此條無"古文"字，則俗說。其實
禹貢無絳水，不當以禹貢繫之。況鄭注導河，以降水是河內郡共
縣北山所出之共水，即淇水也，故稱地說云："大河東北流過降水
千里，至大陸爲地腹。"地理志云："大陸在鉅鹿，絳水在安平信
都。"如志之言，鉅鹿與信都相去不容此數，是鄭原不謂信都無絳
水也，特以信都降水之去鉅鹿，不合地說千里之數，而知其非導
河之降水。且導河之降水從自傍，讀如牟，音下江反，與信都之絳
水從糸傍、音居巷反者，絕異。鄭既據道里之差，又辨音讀之異，
區而別之矣。酈既合漳、降爲一，又以絳爲降，近日胡先生渭因
此遂謂漳水東至肥鄉、曲周二縣之境，乃橫貫入河。肥鄉去古鄴

約百五十里，河自大伾折而北流，至古鬲東，漳水東流注之。凡地形，東西爲橫，南北爲從，河北流而漳東注，則河從而漳橫矣。漳即絳，導河所謂"北過降水"也，自是以北，至邢、趙之大陸，則播爲九河以入海矣。漢志謂清漳東北至阜城入河，此乃周定王河徙之新道，非禹迹也。使禹故道若此，則漳乃斜流入河矣，何名橫漳邪？定王河徙，其處不可得詳，大約漸徙東出。王橫曰："禹之行河水，本隨西山下東北去。"周譜云："定王五年河徙。"則今所行，非禹所穿也。故漳水斜行向東北至阜城始入河。阜城縣今屬直隸河間府。其後河日徙而東南，大伾以下皆非故道，唐人遂以漳能獨達于海，請以爲瀆，而不復入河矣。在禹時則漳之注河，自在肥鄉、曲周，不在阜城也。胡先生此條不特非鄭注之義，又與漢志矛盾。强以漢志上黨沾縣一條言至阜城入河者爲徙流，偏據酈氏一家説，推爲肥鄉、曲周，果合禹迹乎？過泥"橫"字，謂若至阜城入河則斜而非橫，究之"斜"與"橫"豈有大殊乎？絳與降豈可混乎？鶴壽案：水經注一書，是先生所極佩服者，乃于此條以其與鄭説不同，遂斥之爲妄謬不可據。但人各有見，何必悉與鄭同？鄭氏以降水爲共水，此條即見濁漳水注。若非酈氏之淵博，引入注中，先生亦何由而知"北過降水"即河内郡共縣之共水乎？酈氏特不用其説耳。漢志、説文謂濁漳入清漳，水經謂清漳入濁漳，亦無甚大異，二漳交會之後，原可互受通稱，水經之濁漳即是漢志、説文之清漳。唯漢志、説文以爲入河者，入滹沱河也，而水經以爲入海，則不同耳。今濁漳水出山西潞安府長子縣西南之鹿谷山，東流逕長治縣西，又東北逕屯留縣東、潞城縣西、襄垣縣南、黎城縣西北，又東逕河南彰德府林縣西北，至交漳口與清漳會。今清漳水出山西平定州樂平縣西南之大要谷，南流逕遼州和順縣西、遼州東北，又南逕彰德府涉縣西南，至交漳口與濁漳會。二漳既合，東流逕安陽縣北、臨漳縣西，又東逕直隸廣平府磁州南、成安縣東南，又東北逕廣平縣東南、肥鄉縣東、曲周縣南，又東北逕山東臨清州邱縣南，又東北逕廣平府威縣南、清河縣北，又東北逕河間府故城縣西，又東北逕冀州棗强縣東、衡水縣西南、武邑縣西，又東北逕河間府阜城縣西北、交河縣東南，至天津府滄州西杜林鎮，與滹沱河合。漢志謂清漳水至阜城入河,阜成故城在今阜城縣東二十里,然則自漢至今,亦無甚大異也。至酈氏合漳、絳爲一,似乎妄謬,然亦有自來焉。今本漢志云:"上黨郡屯留縣,桑欽言絳水出西南,東入海。"水經濁漳水注云:"絳水出穀還縣發鳩之谷,謂之濫水,東逕屯留縣故城南,東北流入于漳。故桑欽云:絳水出屯留西南,東入漳。"據此則酈氏所見漢書本不作"入海",先生未查水經注,徒以俗本漢書相難耳。

蔡傳云:"地志懷縣,今懷州也。"非是,當云"今懷州武陟縣也"。引曾氏云"覃懷在孟津之東,太行之西,淶水出其西"云云,方向皆誤。且淶水在今保定府淶水縣,即巨馬河,與此何涉?又云"漢阜城縣,今定遠軍東光縣",當云"今永靜軍阜城縣"。東光去阜城六十里,亦隸永靜,云定遠者,景德以前也。又云"鄴縣今潞州涉縣",亦非是,當云"即今相州鄴縣",熙寧五年省入臨漳。又云:"桑欽云:二漳異源而下流相合,同歸于海。唐人亦言漳水能獨達于海,請以爲瀆。而不云入河者,蓋禹之導河,自洚水、大陸至碣石入海,本隨西山下東北去,周定王五年河徙砱礫,則漸遷而東。漢初漳猶入河,其後河徙日東,而取漳水益遠。至欽時,河自大伾而下已非故道,而漳自入海矣。故欽與唐人言如此。"此段言徙流亦略近是,但碣石非河口,砱礫尤誤,辨皆詳後。胡先生錐指所以不據漢志而必改漳入河在曲周者,意實本于蔡傳。

恒、衛

"恒、衛既從",鄭云:"地理志:恒水出恒山,衛水在靈壽。"疏云:"地志:恒水出常山上曲陽,東入滱水;衛水出常山靈壽縣東北,入滹池。"案疏所引前志文,據彼兩處皆系以禹貢,但彼言"恒水出上曲陽西北恒山北谷",疏删此句,非。"衛水出靈壽東北,東入虖池",疏删下"東"字,亦非。上曲陽在今爲曲陽縣,屬直隸定州,故城在縣西;靈壽縣今屬真定府,故城在縣西北。但恒入滱,衛入滹池,漢志分列四水,截然不相假借,鄭亦惟言恒出恒山，衛在靈壽，其他無所旁及。蓋二水原流甚短，大約不過在東西數十里間，不施功者雖大亦略，施功者雖小必記，禹貢例如此。水經滱水篇云：“滱水東過中山上曲陽縣北，恒水從西來注之。”酈注云：“自下滱水兼納恒川之通稱，即禹貢所謂‘恒、衛既從’也。”如其説，則滱水皆恒水矣。此北魏人議論，非古義也。然酈亦祇就恒水言之耳。胡先生錐指因此遂援以爲例，而謂衛水亦即滹沱，其于恒水既詳述滱水原流矣，乃因水經無滹沱之目，爲之補譔一大篇，幾若忘其書之爲禹貢作者，祇因過求廣博，未免轉生枝蔓，學者宜慎擇之。

九河

兗州“九河既道”，鄭云：“河水自上至此流順而地平無岸，故能分爲九以衰其勢，壅塞故通利之也。九河之名，徒駭、太史、馬頰、覆釜、胡蘇、簡、絜、鈎盤、鬲津。周時齊桓公塞之，同爲一河，今河間弓高以東至平原鬲津，往往有其遺處焉。”疏云：“河自大陸北敷爲九，從大陸北行而東北入海。冀州東境至河，河東爲九道，在沇州界，平原以北也。釋水載九河之名，徒駭、太史、馬頰、覆釜、胡蘇、簡、絜、鈎盤、鬲津。郭璞云：徒駭今在成平東光縣，今有胡蘇亭。漢溝洫志：成帝時河隄都尉許商上書曰：古記九河名，有徒駭、胡蘇、鬲津，今見在成平、東光、鬲縣界中。自鬲津北至徒駭，相去三百餘里。是九河所在，徒駭最北，鬲津最南。蓋徒駭是河之本道，東出分爲八枝也。許商上言三河，下言三縣，則徒駭在成平，胡蘇在東光，鬲津在鬲縣，餘不復知。爾雅九河之次，從北而南，既知三河之次，則其餘六者，太史、馬頰、覆釜在東光之北、成平之南；簡、絜、鈎盤在東光之南、鬲縣之北也。”案：鄭云“河水自上至此流順而地平無岸，故分爲九以衰其勢”者，史記河渠書云：“禹導河至大邳。禹以爲河所從來者高，水湍悍，難以行平地，數爲敗，乃厮二渠，以引其河，北載之高地，過降水至大陸，播爲九河。”“厮”，漢志作“釃”，孟康云：“釃，分也，分其流，泄其怒也。"彼二渠雖指一出貝丘、一出漯川,要下九河弗蒙上厮分之文,且此段文意正是説河從高而下至平地,不可不分,與鄭合也。鄭又云:"今河間弓高以東至平原鬲津,往往有其遺處"者,漢志弓高縣屬河間國,鬲縣屬平原郡,班固自注云"平當以爲鬲津",續志略同。疏雖不能全引鄭注,所載郭璞、許商説而申之者,卻與鄭合也。今直隸河間府交河縣有成平故城,東光縣東有東光故城,阜城縣西南有弓高故城,山東濟南府德州北有鬲縣故城,皆漢縣也。唐以下諸家紛紛訪求,各自立説,如謂鈎盤在景城郡界,馬頰、覆釜在平原郡界者,杜佑通典也;謂河北道德州安德縣馬頰河在縣南五十里、平昌縣馬頰河在縣南十里、棣州陽信縣鈎盤河經縣北四十里者,李吉甫元和志也;謂簡河在貝州歷亭縣界者,張守節史記正義也;謂河北道冀州蓚縣馬頰河經邑界、德州安德縣馬頰河在縣南五十里、德平縣馬頰河在縣南十里、棣州滴河縣馬頰河在縣北二十里、陽信縣鈎盤河在縣北四十里、滄州樂陵縣馬頰河在縣東六十里、鈎盤河在縣東南五十里者,樂史太平寰宇記也;謂南皮縣有絜河者,金史地理志也。謂古河本北流,衡漳注之,河既東徙,漳自入海,北流之漳,疑古徙駭河;踰漳而南,清、滄二州之間,有古河隄岸數重,地皆沮洳沙鹵,疑太史河;滄州之南有大連澱,西踰東光,東至海,疑胡蘇河;澱南至西無棣溝百餘里間,有曰大河、曰沙河,皆瀕古隄,縣北地名八會口,縣城南枕無棣溝,疑簡、絜等河;東無棣縣北有陷河,闊數里,西通德、棣,東至海,疑鈎盤河;濱州北有土傷河,西踰德、棣,東至海,在最南差狹,疑鬲津河者,于氏欽齊乘也。謂太史河在南皮縣北者,明一統志也。皆不如許商所言"約略在三百里間"者爲可信。

鶴壽案:墨子兼愛篇云:"禹治天下,東方漏之陸防、孟諸之澤,灑爲九澮,以楗東土之水。""九澮"者,九河也。淮南子要略云"禹身執虆垂以爲民先,剔河而道九岐",高誘注云:"剔,浅去也。九岐,河水播岐而爲九以入海也。"九河之名,見于爾雅,郭璞謂"從釋地巳下至九河皆禹所名也",一曰徒駭,李

巡曰："禹疏九河，以徒衆起。"許商曰："在成平。"班固曰："勃海郡成平縣虖
池河，民曰徒駭河。"太平寰宇記云："徒駭河與滄州清池縣相接。"二曰太
史，李巡曰："大使徒衆，通其水道。"陸德明曰："史官記事之處。"導河書云：
"太史河在德州安德縣東南，經滄州臨津縣西。"三曰馬頰，李巡曰："河勢上
高下狹，狀如馬頰。"輿地記云："即篤馬河也。"通典云："在平原郡界。"元和
郡縣志云："在安德。"寰宇記云："在滴河。"四曰覆鬴，李巡曰："水中可居，
往往而有，狀如覆釜。"通典云："在平原郡界。"導河書云："覆釜河在永靜軍
阜城縣東，經東光縣西北。"五曰胡蘇，李巡曰："其水下流。胡，下也。蘇，流
也。"顏師古曰："下流急疾之貌。"許商曰："在東光。"班固曰："勃海郡東光
縣有胡蘇亭。"寰宇記云："在滄州饒安、臨津、無棣三縣。"六曰簡河，李巡
曰："簡，大也。水深而大。"孫炎曰："水通易也。"史記正義云："在歷亭。"七
曰絜河，李巡曰："絜，苦也。水多山石，治之苦絜。"孫炎曰："水多約絜。"輿
地廣記云："簡、絜在臨津縣。"八曰鉤盤，李巡曰："水曲如鉤，折如人股。"孫
炎曰："般桓不前。"漢地理志平原郡有般縣，今山東濟南府德平縣東北二十
里有般縣故城，縣以河名也。古字"般"與"盤"通用，鉤盤河在今陵縣東四十
五里。九曰鬲津，李巡曰："水狹小可厲爲津。"許商曰："在鬲縣。"班固曰：
"平原郡鬲縣，平當以爲鬲津。"輿地記云："無棣縣有鬲津河。"通典云："在
饒安。"寰宇記云："在樂陵縣東，西北流入饒安縣界。"今案李巡等所釋名義，
未知然否。若其所在之處，徒駭爲河之本道，非虖沱河也，今直隸河間府交
河縣至天津府天津縣皆是，胡蘇在今河間府東光縣東南，鉤盤在今濟南府臨
縣東，鬲津在今河間府寧津縣西，九河之可致者唯此而已。若杜佑、李吉甫、
歐陽忞、樂史諸人之說，或新河載以舊名，或一地互爲兩說，此皆似是而非，無
所依據。不然，許商僅得其三，而唐、宋人乃反得其九哉？春秋緯寶乾圖云：
"移河爲界在齊、呂，填閼八流以自廣。"尚書中候亦有其文，故鄭康成謂齊桓
公塞之。同爲一河，于欽齊乘則云："河至大陸，趨海勢大，土平自播爲九，非
禹鑿之也。歷商、周至齊桓時千五百餘年，支流漸絕，經流獨行，其執必然，
非齊桓塞之也。"然八流之鎮，不爲無因。齊桓卒于襄王九年，至定王五年甫
四十二年，而河徙故瀆，蓋下流既壅，水行不快，上流乃決，河之患始此矣。

　　蔡傳此節誤處甚多，正義："徒駭是河之本道，東出分爲八
枝。"漢書敍傳云："商竭周移，秦決南涯，自玆距漢，北亡八枝。"

服虔曰:"本有九河,今塞,餘有一也。"是知徒駭爲經流,餘八爲支派也。李巡、邢昺爾雅注疏、朱子孟子集注俱各列九河,曾旼以簡、絜爲一,以其一爲經流,又訛"絜"作"潔",蔡從之。其誤一。林之奇以九道勢均,無經流、支派之別,亦非。引杜氏通典止及覆鬴,若安德有馬頰,滄州、東光有胡蘇,俱未引。其誤二。引元和志馬頰河在德州安德、平原南東。按元和志,德州安德縣緊郭下有馬頰河,在縣南五十里,縣東北至平昌縣八十里。平昌縣南十里亦有馬頰河,于平原縣不相涉,不知何緣認作平原,殆是"昌縣南"三字耳?其誤三。元和志德州安德有鬲津,將陵有鬲津,棣州陽信有鉤盤,俱未引及。其誤四。引寰宇記胡蘇河在滄州饒安、無棣、臨津三縣。按無棣縣,樂史並未云有胡蘇。其誤五。又云鬲津在樂陵東,西北流入饒安,原本乃"樂陵西,東北流入饒安"。其誤六。德州安德有馬頰,德平有馬頰,滄州樂陵有馬頰,而止及滴河。安德有鬲津,德安、將陵有鬲津,而止及樂陵、饒安。其誤七。謂今滄州之地北與平州接境。按今滄州北乃天津府,宋之清州界,非平州,平州卻在東北五百餘里,中隔幽州之武清,境不相接。其誤八。更有誤者,自鄭康成下至唐、宋人所説九河,皆不信鑿空懸擬,謂在滄州北至平州五百餘里之間,不但誕謾可駭,且如其説,九河在今靜海、天津、寶坻、寧河、玉田、豐潤、灤州、樂亭等境,然則爲冀州地,不當在兗州矣。

出河之沛

水經敍沛水自滎陽以下原委甚悉。杜預春秋釋例:"沛自滎陽卷縣東經陳留至沛陰北,經高平、東平,經沛北,東北經沛南,至樂安博昌縣入海。"此自卷縣、博昌而外,略舉郡名,故與水經不同。孔穎達謂水道今古或殊,杜據當時所見言之,與水經乖異,非也。春秋桓十八年注:"灤水在濟南歷城縣西北入濟。"哀十三年注:"陳留封丘縣南有黃亭,近濟水。"左傳僖元年注:"汶水出泰山萊蕪縣西入濟。"僖三十一年注:"濟水自滎陽東過魯之西,至樂安入海。"哀二十七年注："濮水自陳留酸棗縣傍河東北經濟陰至高平入濟。"所言皆河南之沜瀆。郭璞山海經注："今沜水自滎陽卷縣東經陳留至沜陰北，東北至高平，東北經沜南，至樂安博昌縣入海。"張湛列子注："沜水出王屋山爲沇水，東經溫爲沜水，下入黃河十餘里。南渡河爲滎澤，又經沜陰等九郡入海。"酈道元依水經以立注，于出河之沜又加詳焉。是由東漢以迄後魏，河南之沜未嘗一日絶也。至唐人則據司馬彪之言，以爲自王莽後，河南不復有沜水。太子賢注後漢循吏傳云："沜水東流逕溫縣入河，度河東南入鄭州，又東入滑、曹、鄆、濟、青等州入海。王莽末旱，則枯涸但入河内而已。"王景傳"沜渠"下注云："沜水出今洛州濟源縣西北，東流經溫縣入河，度河東南入鄭州，又東入滑、曹、鄆、濟、青等州入海，即此渠也。王莽末旱，因枯涸，但入河内而已。"史記正義引括地志亦云："沇東至溫縣西北爲沜水，又南當鞏之北，南入于河。入河而南截度河南岸溢滎澤，今無水，成平地。"諸説紛紛互異者，蓋王莽末旱枯之事，郡國志繫河内溫下，酈注亦于溫縣沜水故瀆下言之。其所云枯後復通、津渠勢改者，謂沜水自溫縣入河，不復東至武德耳，而滎陽以下絶無一字道及，殆與河南之沜無涉。謂王莽末河南之沜亦枯者非也。其後河北之沜，旱止則復故。而河南之沜，屢爲濁河所侵，至東漢，滎澤遂塞，則河南已無沜矣，但故瀆猶存，滎陽所引之河尚行其道，實河水而亦名沜，正京相璠所云"出河之沜"。水經所敍、杜預等所言是也。王景傳云平帝時"河、汴決壞。建武十年，河決，毀沜渠，所漂數十許縣"，此正滎澤致塞之由。逮後三十五年爲永平十三年，汴渠成，明帝巡行，下詔曰"今河、汴分流，復其舊迹，陶丘之北，漸就壞墥"，此汴壞而沜亦壞，汴治而沜亦治之徵也。順帝紀"陽嘉元年二月詔遣王輔等持節詣滎陽，盡心祈焉"，注："沜水，四瀆之一，至河南溢爲滎澤，故于滎陽祠焉。"袁紹傳：將伐操，宣檄曰"青州涉濟、漯"，注："紹長子譚爲青州刺史。沜、漯，二水名。"五行志殤帝延平元年注引袁山松書曰："六州河、汳、渭、雒、洧水盛長，泛溢傷秋稼。"鄧艾傳："宜開河渠，引水漑田，又通運漕之道，乃著濟河論以喻其指。"晉傅祇傳："武帝時，爲滎陽太守。自魏黃初大水後，河、汳泛溢，鄧艾嘗著濟河論，開石門而通之，至是復浸壞，祇乃造沈萊堰，兖、豫無水患。"郗超傳："太和中，桓溫將代慕容氏，引軍自汳入河。超諫曰：清水入河，無通運理。"毛穆之傳："鑿鉅野百餘里，引汶會于汳。"慕容儁載記："遣弟恪討段龕于廣固，遇龕于汳水之南。"慕容超載記："是歲河、汳凍合而湹水不冰。"至諸葛攸率水陸二萬①討儁"入自石門，屯于河渚"，苻堅伐晉"運漕萬艘，自河入石門，達于汝、潁"，石門，滎口石門也，正爲汳口，其不枯絕可知。宋符瑞志"文帝元嘉二十四年二月，河、汳俱清"，"孝武帝孝建三年九月汳河清"，"大明五年九月河、汳俱清"。魏靈徵志："顯祖皇興三年正月，河、汳起黑雲，廣數里，掩東陽城上如夜。"隋五行志："後齊河清。元年四月，河、汳清。"北史齊本紀："武成帝河清。二年六月，齊州上言汳河水口見八龍升天。"周本紀："宣帝大象二年二月，滎川有黑龍見，與赤龍鬥于汴水側。"魏叔孫建傳："建與長孫道生濟河而南，宋將王仲德等自清入汳，東走青州。"以上諸條皆言河南之汳，可見王莽早枯專指河內而言，即東漢滎澤已塞而河南故瀆如故也。通鑑謂汳久枯，于北齊大書"河、汳清者"易作"河水清"。不知"汳"字何緣譌爲"水"。于毛穆之傳之"汳"，郗超傳之"汳"，皆易作"清水"，以菏澤、汶水合流之清河當之，不知此實可稱汳水也。蓋自東漢居東都，濬汴渠以利漕，汴治則出河之汳亦治，所以魏、晉、南北朝言河南之汳者，歷歷可稽。但所言不但非滎澤、陶丘之禹迹，亦并非周初導爲滎川以接陶丘之舊。滎澤之塞，究不能復通。故太子賢等皆言汳但入河，其說固並行不悖也。若夫唐之清河，自須昌以下，所受惟菏、汶，

① "二"，原作"三"，據晉書慕容儁載記改。

則又非汴渠行泲瀆之舊矣。李吉甫曰："泲水自王莽末入河，同流于海，則河南之地無泲水矣，自後所説皆襲舊名。"如鄆州之須昌，濟州之長清、盧縣，齊州之臨邑、豐齊、全節、臨濟、章丘，淄州之濟陽、長山、鄒平、高苑，青州之博昌諸縣界中並有泲水，其後則不經博昌而改從棣州之蒲臺入海，是皆襲舊名而實非泲。杜佑曰："王莽末旱，泲渠枯涸，但入河而已，不復截河而南。水經是和帝之後所撰，乃云南過滎陽、陽武、封丘、冤朐、乘氏等縣，並今縣地一依禹貢舊道，斯不詳之甚。酈道元從而注之，其所纂敍並大紕謬。"又曰："泲水莽末旱涸，不復截河過。今東平、濟南、淄川、北海界中有水流入于海，謂之清河，實菏澤、汶水合流，而曰泲河，蓋因舊名，非本泲也。"按：王莽旱枯止于河北，河南河、泲實因泲渠爲河所奪，滎澤已塞之故，與莽無涉。水經注所敍舊道，乃指出河之泲行舊瀆而言，亦不爲謬，李、杜二家皆有誤。至言當時現行之泲皆徒襲舊名，實非泲水，所受乃菏、汶，此則確甚。推原其故，自天寶之後，汴水湮廢，泲渠亦無所受，菏澤以西竟成斷港，故元和志言泲但自須昌始，而鉅野以北，泲河所行，實菏、汶之合流。其所謂菏，即五丈溝之水，西自考城來者也。迨元人開會通河，引汶絕泲，以資運道。明永樂中，又于古四汶口之地築戴村壩，遏汶使西南流。汶水自是盡出于汶上，西南至南旺入漕，四分南流出上閘接沂、泗，六分北流出下閘抵漳、衛。惟小鹽河一線洩入清河。小鹽河在今東阿縣西南二十里，即運河所洩汶水支流也。則東阿以下，清河所行，惟賴山泉溝澤之所經注以成其川，并無菏、汶之可言，而河南真無泲矣。志家猶執清河以爲禹貢之泲水，可乎？至東平、歷下諸泉，從地涌溢，入大、小清河，此等雖亦可稱泲水，與滎澤、陶丘之遺迹則毫無干涉。總而論之，泲水有再伏再見，泰澤一伏，東丘一見，見水經注；滎東又伏爲再伏，出曹、濮間爲再見，見唐書許敬宗傳。自周初導滎澤爲通川，與陶丘復出之泲相接，故漢志于"軼出滎陽下"即繼之曰"又東至琅槐入海"，不言"東出陶丘”，而定陶縣下亦止云“禹貢陶丘在西南”，不引“東出”之文，蓋再見之迹亡矣。鴻溝既開，滎瀆爲濁河所亂，陶丘之竇日就填淤，而滎澤如故。其後滎澤亦塞，河南由是無沛水矣。水經以河、沛合流分入滎瀆者爲沛水，京相璠謂之出河之沛，酈道元述之，則瀆雖沛而水實河矣。唐以後汴渠不通，鉅野以北，所行惟菏、汶矣。元、明以來，引汶絶沛，東阿以下，所受惟山泉，而并非菏、汶矣。禹貢大川舊迹，變徙蕩滅，無一存于今，未有如沛者也。蔡傳引唐李賢謂沛自鄭以東貫滑、曹、鄆、濟、齊、青以入于海，不及王莽末枯涸等語，似唐見有此水。引樂史謂今東平、濟南、淄川、北海界中有水流入海，謂之清河，不實指菏、汶二水，語不全具，本出通典，非寰宇記。且彼本謂清河非沛，而蔡反以證沛不絶流，至引曾鞏、沈括之說，以趵突泉、阿井證河南有沛，于經旨有何發明？前豫州“滎播既豬”節，蔡誤認滎陽引河爲禹迹，即“豬”而爲“澤”者，中又插入鄭康成注滎澤已塞一段，又不言後代變徙，鶻突含糊，吾無責焉矣。鶴壽案：閻百詩潛丘劄記中有釋餘論一卷，先生所引杜預春秋釋例、郭璞山海經注、張湛列子注、後漢王景傳“濟渠”下注，即餘論之第十七條答黃子鴻者也。先生又引王景傳平帝時河、汴決壞、晉傳祇傳造沈萊堰、郗超傳清水入河、毛穆之傳引汶會于沛，即餘論之弟二十二條覆東海公者也。王景傳原文云：“平帝時，河、汴壞決，未及得修。建武十年，陽武令張汜上言：‘河決積久，日月浸毀，沛渠所漂，數十許縣，宜改修隄防，以安百姓。’光武即爲發卒。浚儀令樂俊復上言：‘昔元、光之間，人庶熾盛，緣隄墾殖，而瓠子河決尚二十餘年不即擁塞。今居家稀少，田地饒廣，雖未修理，其患猶可。’光武得此遂止。後汴渠東侵，日月彌廣，而水門故處皆在河中，兖、豫百姓怨歎。”觀此則知張汜所言河毀沛渠，並不在建武十年。即百詩所引，亦未有錯誤。今先生奮筆直書，刪作“建武十年河決毀沛渠，所漂數十許縣”，若不見原文，不幾似建武十年河決乎？且謂河南之濟未嘗一日枯絶，則太子賢等固云：沛水度河東南入鄭州，又東入滑、曹、鄆、濟、青等州入海矣。先生謂河南之濟爲河所奪，並非沛水，則太子賢等固云王莽末早則枯涸，但入河內而已。雖欲駁之，無可駁也。今案：水經沛水篇云：“沛水東至乘氏縣西分爲二，其一水東南流（是爲菏水），其一水從縣東北流入鉅野澤（是爲沛瀆），又東北過壽張縣西界安民亭南，汶水從東北來注之。”壽張故城在今山東兗州府壽張縣東南五十里,安民亭在今泰安府東平州西南十里,沛水于此會汶,自此北流逕東阿、平陰、肥城三縣,及濟南府之長清、齊河二縣,至歷城縣,即今大清河也。自歷城東流逕章丘、鄒平、長山、新城四縣,及青州府之高苑、博興二縣,至樂安縣入海,即今小清河也。禹時沛水入海,遠在今青州府以東。續漢志云:"河內郡溫縣,沛水出。王莽時大旱,遂枯絕。"通典云:"沛水因王莽末旱,渠涸,不復截河過,今東平、濟南、淄川、北海界中有水流入于海,謂之清河,實菏澤、汶水合流。而曰沛河,蓋因舊名,非本沛水也。"杜佑力詆水經爲不可信,然沛水雖絕,其故瀆猶存,則即他水之行于沛瀆者以尋禹迹,不猶得其近是邪?

雷夏、灉、沮

兗州"雷夏既澤,灉、沮會同",二句爲一節,分析不得。史記集解引鄭注云:"雍水、沮水相觸而合入此澤中。地理志雷澤在沛陰成陽。"案鄭所引係前志文,疏亦引此,而于成陽下添"縣西北"三字是也。彼志冠以禹貢,疏去之則非。至蔡傳分析二句各爲一節,別創新解,但即雷夏句引前志而改"成陽"爲"城陽",謬一;下又云"今濮州雷澤縣西北也",攷漢成陽縣至隋、唐改名雷澤縣,杜佑通典云"雷澤縣本漢成陽縣"是也。宋因之,故宋史地理志京東西路濮州有雷澤縣,至宋南渡,此地久没入金,蔡尚言"今濮州雷澤縣",謬二。成陽故城在今曹州府治荷澤縣東北六十里,蔡云"西北",謬三。若乃灉、沮二水,漢志已不載,想本係小水,唐虞時頗泛濫,至漢即微。凡致功者雖小必記,禹貢例也。此乃沛之別派,沛性伏流潛發,隨地涌出,故別派頗多,滎播、陶丘外,後有此二水入此澤,既有所鍾,則不泛濫矣。元和志灉水、沮水二源俱出雷澤縣西北平地,又曰雷夏澤在縣北,灉、沮二水會同此澤。其雷澤下流不知何往,大抵不南注沛,即北注濮上,亦終歸于沛也。續元和志似二水入澤,唐時猶有遺蹤。其後當五代時,河流經此,蕩滅無存,趙宋人欲于此求禹迹,縱親履其地,而一望茫茫,何由尋覓? 然注、疏具在,僞孔傳明云"雷夏,澤名。灉、沮二水會同此澤",可襲用也,乃引"曾氏云:爾雅'水自河出爲灉’，許慎云‘河灉水在宋’，又‘汳水受陳留浚儀陰溝，至蒙爲灉水，東入于泗’，水經‘汳水出陰溝，東至蒙爲狙、獾’，則灉水即汳水也。灉之下流入于睢水，地志“睢水出沛國芒縣’，睢水其沮水與？晁氏云：‘爾雅：河出爲灉，濟出爲濋。求之于韻，沮有楚音。二水，河、濟之別也。’未知孰是”。按此條譌舛，不可勝言。禹貢以山川定疆界，此州境内必不闌入他州之水，即或如冀之“治梁及岐”，荊之“朝宗于海”，因施功原委相通，本爲一事耳。曾氏以蒙縣之灉水爲此經之灉水，以芒縣之睢水爲此經之沮水，不知許慎所言灉水東入于泗，地志所言睢水亦東南入于泗，二水皆出于豫、入于徐，于沇何與？郭璞注河出之灉，誤引此經證之，而曾承其謬，其誤一也。所引地志睢水出沛國芒縣，係應邵漢書注，徑作漢志，微誤。“沛郡”譌“沛國”亦非。芒縣故城在今永城縣東北，睢水東流經芒縣之北，非出也，應説亦小誤。又引水經汳水東至蒙爲狙、獾。攷之今本，“狙獾”作“灉水”。按此二字應作“灉水”，傳寫譌作“灉水”，曾又誤“灉”爲“狙”。其言“獾”者，殆“獲”字之譌，因水經又云獲水出汳水，在蒙縣北，地志梁國蒙縣“獲水，首受甾獲渠，東北至彭城入泗”是也。蓋汳水下流至蒙縣分爲二，一爲灉水，一爲獲水，曾氏見其同承汳水，遂以獲附益之，而又譌爲“獾”，其誤二也。以睢即沮，誤矣，而遂云灉之下流入之。按睢水在睢陽城南，汳水在睢陽城北，汳即灉也。可云相通，不可云入，何也？水經云“汳水餘波南入睢陽城中”，注云：“汳水自縣南出，今無復有水，惟城南側有小水南流入睢。”可見古時汳水至睢陽與睢水相通，至後魏其流殆絶，若灉之下流則爲獲水，豈入睢乎？其誤三也。引“水自河出爲灉”，爾雅釋水文。爾雅出周公、子夏無可疑，然云“自河出”，則與許氏説文所云灉在宋及汳水“臣鉉云：今作汴”者合。汴起周衰，至蒙爲灉，禹河所無，而見爾雅者，此條周末子夏門人所附益，乃據汴之入泗者言，禹河則由大陸，未有鴻溝，與淮、泗絶不通，去此甚遠，安得有別出之灉？要之，古水名

同者頗多,在宋之灘,名與入雷澤者偶合,況鄭于沇州之水本作
"灘",不加水旁乎? 然則此亦無害于爾雅之爲古書,病在郭璞謬
引沇州水當之耳,不知灘、沮乃沛別派,平地涌出,與河何涉? 即
水經注所云濮陽縣北十里即瓠河口,禹貢"灘、沮會同",爾雅
"水自河出爲灘"云云,其意以瓠子爲雍,此則在沇域,但禹河不
經濮陽,以瓠子爲禹貢之雍亦非也,曾氏執爾雅郭注文,以灘必
自出河,其誤四也。沮雖有楚音,今攷水經注"氾水西分濟瀆,經
濟陰郡南。爾雅云:'沛別爲漷。'昔漢祖即帝位于氾水之陽,張
晏曰:在濟陰之界也。氾音泛。今曹縣、定陶皆有氾水。氾水又東合
菏水而北注于沛瀆",然則漷水即氾水,與沮無涉,安得讀沮曰
"漷"以當之耶? 其誤五也。曾、晁之説多謬,蔡傳載之,舛矣,惟
以鄭注爲據,則知二水並出于沛,與河無涉,並在沇州,與豫、徐
無涉,其解自明。鶴壽案:雷夏澤在今山東曹州府濮州東南,與荷澤縣接
界。灘、沮二水在荷澤縣南二十五里,東北入雷澤。蔡傳云:"雷夏,地志在
濟陰郡城陽縣西北,今濮州雷澤縣西北也。"並無所誤,先生駁之曰:"改成陽
爲城陽,謬一。"此亦如阜成今爲阜城,大成今爲大城,筆迹小異耳。又駁之
曰:"隋、唐改成陽爲雷澤,宋南渡時已没入金,蔡尚言雷澤,謬二。"蔡氏宋
臣,將不稱本朝之縣而稱賊人之地乎? 又駁之曰:"成陽故城在今荷澤縣東
北六十里,蔡云西北,謬三。"今案據今荷澤縣言,則雷夏在東北,據漢成陽縣
言,則雷夏在西北。蔡氏"西北"二字指宋之雷澤縣,不指今之荷澤縣。況成
陽故城在今濮州東南一百里,唐雷澤縣之北,今荷澤縣之東少北,先生所謂
"在荷澤縣東北六十里"者,乃雷夏澤,而誤以爲成陽縣耳。

蛾術編卷四十九

説地十三

故大河、屯氏河

魏郡鄴"故大河在東北入海",按此本漳水與河經流徒駭相亂,班因目爲故大河,實非禹河。又館陶"河水別出爲屯氏河,東北至章武入海,過郡四,行千五百里",章武屬勃海郡,郡治浮陽,即今滄州。"過郡四"者,東郡、清河、平原、信都也。除去所出之魏郡及入海之勃海郡不數,故但言四郡,若連首尾言之則六郡。他水皆連首尾爲所過郡,此又不畫一。鄭以屯氏河爲禹河,詳後案。鶴壽案:漢鄴縣在今河南彰德府臨漳縣西二十里,故大河在縣東,由斥丘縣東至列人縣東得橫漳,東北至驪成縣南入于海,此禹河也。漢館陶縣即今山東東昌府館陶縣,屯氏河在縣北,溝洫志云:"自塞宣房後,河復北決于館陶,分爲屯氏河。"此漢河,非禹河也。鄭康成亦明知之,而必以屯氏河爲禹河者,地説云:"大河東北流過降水千里,至大陸爲地腹。"鄭既以黎陽之共水爲降水,而共水入河之處,去大陸亦只六七百里,與地説不協。若逕館陶,則道尤迂遠,得盈千里矣。然鄭亦不敢質言,故曰:"今共縣共水,近所謂降水也。"館陶北屯氏河,其故道與夫以淇水爲降水,以屯氏河爲大河故道,皆出鄭氏獨見。在鄭氏亦係疑而未定之詞,乃先生已奉如蓍龜,故爲之解曰:"水經言淇水東過内黄縣而向北,昔殷王河亶甲居相,其子祖乙時,城爲河水所圯。元和志云:'相州内黄縣東南三十里有故殷城,河亶甲所築。'則禹河出内黄安陽之間矣。自此而北,爲鄴東之故大河。若依漢志,則禹河行臨漳之東矣。自此而東北,斂成安肥鄉,亂漳水後,河南徙,漳水乃行河之故道,

後人遂目爲漳水。水經濁漳水篇自斥漳縣歷敘至北逕鉅陸縣故城東，即禹
貢大陸所在也。凡漳所行皆河故道。祖乙遷于耿，史記作‘邢’，即今順德
府邢臺縣，其地亦瀕河，故至盤庚時又圮，則禹河行鉅鹿之東矣。然則謂禹
河自淇口過降水，由鄴東至大陸，似無不可。鄭乃不取者，鄴東河雖見漢
志，其實是河與漳水亂流，水經注所謂‘徒駭潰連漳、絳’者也。若屯氏河，
漢志雖言其爲河水別出，但此河從濬、滑之北，出內黃清河之東，至滄、景間，
與大河故瀆合，自是禹河故道。王橫曰：‘禹之行河水，本隨西山下東北去。’
若使從降水至降水至鄴，是西北去，非東北去矣。或疑屯氏河不經大陸，若
以爲禹河，則‘至于大陸’句無著，但數千載下一望茫茫，皆成平地，安知古之
不經大陸邪？禹‘廝二渠’，水經注謂一則漯川，今所行也；一則北瀆，王莽時
空。二渠皆自長壽津以引河，長壽津在濬、滑之間，河渠書言：‘元光中，河
決瓠子，其後發卒塞之，導河北行二渠，復禹舊迹。’則司馬遷亦以西漢見行
之河爲禹河，所謂北瀆，名大河故瀆者也。屯氏河實出大河故瀆，鄭不以當
禹河者，周譜云：‘定王五年河徙。’其所徙即六河故瀆，故鄭氏轉以屯氏河
爲禹迹也。至鄴東河本漳水與徒駭河相亂，班固因目爲故大河耳。”今案先
生歷舉河亹甲以下云云，亦明知漳水所行即是禹河故道矣。王橫所謂“下東
北去”，止就大勢言之，其間豈無小曲？況鄴東河實在內黃之北，并非西北
乎？屯氏河不經大陸，先生無以解之，乃云“安知古之不經大陸”？是先生于
屯氏河之源流并未致也。周定王時河徙在某處，自某至某若干路，無書可徵，
則所徙不過數里亦未可知，安見北瀆蓋自所徙之道而非禹迹乎？屯氏河即從
北瀆分出，豈有北瀆尚非禹迹，而分出之支流轉是禹迹乎？先生尊主鄭説，
不得不辛苦分明，其實不然，地理志云：“屯氏河過郡四。”溝洫志云：“屯氏河
東北逕魏郡、信都、勃海入海。”則“四”當作“三”，先生則云：“水經注言河所
行有東郡、清河、平原、信都者，即屯氏河所過之四郡也，但數千載下一望茫
茫，皆成平地，安知古之必經此四郡邪？”又云“其實當有鉅鹿，但無致耳”，先
生此語又以彌縫“安知不過大陸”之説，解經如此，大費苦心矣。

漯水過郡三

東郡東武陽“禹貢漯水，東北至千乘入海，過郡三，行千二十
里”，“過郡三”謂東郡、平原、千乘也。鶴壽案：東武陽在今山東東昌
府莘縣東南。漯水源流已見前，過郡“三”當作“五”，過東郡、清河、平原、濟

陽、千乘，凡五郡。

泗水過郡六

濟陰郡乘氏“泗水東南至睢陵入淮，過郡六，行千一百一十里”，説詳後。案“睢陵”當作“淮陰”。鶴壽案：此泗水即菏水也，又即沛水也。水經云：沛水東至乘氏縣西分爲二，其一水東南流，過乘氏縣南、昌邑縣北、金鄉縣南、東緡縣北，又東過方與縣北爲菏水。菏水東過湖陸縣南，東入于泗，又東過沛縣東北、留縣北、彭城縣北、徐縣北，至睢陵縣南入淮。過濟陰、山陽、沛郡、楚郡、東海、臨淮，凡六郡。

睢水過郡五

陳留郡浚儀“睢水，首受狼湯水，東至取慮入泗，過郡四，行千三百六十里”，“過郡四”謂陳留、梁國、沛郡、臨淮也，除彭城不數。鶴壽案：水經注云：睢水出陳留縣西狼湯渠，東逕雍丘縣北、襄邑縣北、寧陵縣南、睢陽縣南、穀熟縣北、粟縣北、太丘縣北、芒縣北、相縣南、彭城郡之靈壁東、取慮縣北、下相縣南，東南流入于泗。今睢水自江蘇徐州府碭山縣南，東南流逕蕭縣西、銅山縣北、安徽鳳陽府靈壁縣北、徐州府睢寧縣南，又東南百里入洪澤湖。

廣陽國

漢志廣陽國“高帝燕國，昭帝元鳳元年爲廣陽郡，宣帝本始元年更爲國”，續志則云：“廣陽郡，高帝置，爲燕國，昭帝更名爲郡，世祖省并上谷，永平八年復。”略去宣帝一層不敍，非也。屬縣第一縣爲薊，二志同。前志注云：“故燕國，召公所封。”續志注略同。説文邑部云：“郪，周封黃帝之後于郪也。從邑，契聲。讀若薊。上谷有郪縣。”樂記：“武王克殷，未及下車而封黃帝之後于薊。”釋文云：“薊即燕國都。孔安國、司馬遷及鄭皆云，燕國召公與周同姓。按黃帝姓姬，君奭蓋其後也。或黃帝之後封薊者滅絕而更封燕乎？”攷成王崩後，召公尚在朝未就封，則武王未下車所封必非召公，德明兩説，以後説爲是。但羣書皆作“薊”，而説文獨作“郪”，雖讀若薊而“薊”自在艸部，注云“笑也”，非地名。此不可解一也。二志上谷郡皆無郪縣，而既云黃帝之後所封，似郪即薊矣,乃不云廣陽反云上谷乎?此不可解二也。鶴壽案:樂記賓牟賈章云:“武王封黃帝後于薊、帝堯後于祝。”鄭注:“‘祝’或爲‘鑄’。”呂氏春秋慎大覽云:“武王封黃帝後于鑄、帝堯後于黎。”史記周本紀云:“武王封黃帝後于祝、帝堯後于薊。”祝、鑄聲相近也,祝、鑄聲之轉也,薊、黎亦聲相近也。既以祝、鑄爲黃帝後,因以薊、黎爲帝堯後,輾轉相承,遂增繆輵,當以樂記爲正。陸德明謂黃帝姬姓,君奭蓋其後也。此説非是。春秋穀梁傳云“燕,周之分子也”,范甯注:“‘分子’謂周之別子孫也。或出太王,或出王季。”班固、王充、皇甫謐則以爲文王子,譙周則以爲周之支族。富辰敘文昭十六國雖不數燕,然云召穆公糾合宗族于成周,則必至戚也。德明特借“姬姓”二字以附合“黃帝之後”耳,其實黃帝之子二十五宗,其得姓者十有四人,爲十二姓,姬、酉、祁、己、滕、葳、任、荀、僖、姞、儇、衣是也。唯玄囂與倉林同于黃帝,皆爲姬姓。武王所封者名薊國,不名燕國,則豈必其姬姓乎?即使姬姓,又豈必其爲玄囂之後而非倉林之後乎?德明又云:“或黃帝之後封薊者滅絕而更封燕。”此説亦不然。史記正義云:“薊、燕二國俱武王所立,因燕山、薊丘爲名,其地足自立國,薊微燕盛,乃并薊居之。”括地志云:“燕山在幽州漁陽縣東南六十里。”國都城記言:“武王封召公奭地在燕山之野,故國取名焉。”今案薊丘在今順天府宛平縣北,燕國在今大興縣境。古者置國,犬牙相錯,地雖甚近,二國并建,豈必薊滅而後封燕哉?太平寰宇記云:“易州北四十二里廢淶水縣,周封召公于此。”此説亦不然。隋淶水縣東北去薊州百八十里,而謂召公封此者,隋開皇初于淶水縣改置范陽縣,唐天寶元年于薊縣改置范陽郡,樂史以兩范陽而致誤也。至于説文通例,每字止釋正義,不及旁義,“郪”字從邑,“薊”字從艸,既以“郪”字爲國名,自以“薊”字爲草名。他書“郪”、“薊”可以通用。郪縣雖屬廣陽國,而廣陽國曾經世祖并入上谷郡,許氏因而稱“上谷有郪縣”,又何不可解之有?

北海平壽、壽光、斟縣

北海郡有平壽縣、壽光縣、斟縣。應劭以平壽爲古斟尋,壽光爲古斟灌,而班氏于斟縣注云:“故國,禹後。”攷史記夏本紀,夏後有斟姓,即此是也。而斟灌、斟尋,則見襄四年傳魏絳、哀元年傳伍子胥之言,據杜注云“二國,夏同姓諸侯”,疏以爲世本文。斟與平壽、壽光二縣相近,故應劭析言之,杜預亦用之。“啓子太康失邦,昆弟五人須于洛汭",書序文也。夏都安邑本在河北,如書序言,則是太康爲羿拒逐于河南,蓋河北之地皆爲羿所據矣。"太康崩,弟仲康立。仲康崩,子相立",夏本紀文也。據杜預謂相依于二斟,則自太康以下三世,皆因失國無歸而依同姓,乃羿因夏民代夏政,後爲寒浞所弑,浞使其子澆滅斟灌、斟尋及夏后相,夏遂絶祀。至相之遺腹子少康,長而滅澆及其弟豷,夏之遺臣靡復收灌尋餘燼以滅浞,而少康返國,則復歸于河北矣。竊計羿、浞相繼僭立者在安邑,太康、仲康、后相相繼擁虛號者在二斟,此書序、左傳與應劭、杜預説之可信者。宋末金履祥、鄔季友説粗近之。但云太康居河南陽夏,相居河北帝丘,則不知何據。臣瓚乃依汲郡古文,太康居斟尋,羿亦居之,桀亦居之,然則魏絳安得云羿因夏乎? 王制有"因國",昭元年傳"商人是因",若羿居斟尋,則非因矣。汲郡古文,束晳僞譔,何足爲憑? 乃因此并謂斟尋在河南,不知斟故國在北海,去河南甚遠,且伍子胥謂少康"祀夏配天,不失舊物",自是返國河北,而桀都亦在河北。瓚説非也。

東平國

東平國"景帝爲濟東國,武帝元鼎元年爲大河郡,宣帝甘露二年爲東平國",按濟東國除,爲大河郡,見文三王傳,而夏侯勝傳云:"初,魯共王分魯西寧鄉以封子節侯,別屬大河。大河後更名東平。"節侯見在王子侯表,不言國除爲大河者,略之。韋賢子元成傳"遷大河都尉",服虔曰:"今東平郡也。本爲濟東國,後王國除,爲大河郡。"亢父、樊,成帝紀:"建始二年東平王宇有罪,削樊、亢父二縣。"今志仍有此二縣者,其後又復,見宇本傳。紀但書削不書復,脱漏也。鶴壽案:文帝二年封子懷王揖于梁,揖亡後十年徙子孝王武于梁。景帝中六年別爲濟東國,封孝王子彭離。彭離驕悍,昏莫行剽,武帝元鼎元年廢爲庶人,徙上庸。國除,爲大河郡。宣帝甘露元年封子思王宇爲東平國。子煬王雲,建平三年坐祝詛上自殺,國除。元始元年王莽復立雲太子開明爲東平王。

魯國

魯國"故秦薛郡，高后元年爲魯國"，其屬縣有薛縣。攷史記
魯世家，魯爲楚所滅，秦滅楚後改爲薛郡者，當以其所屬之薛而
名之，則秦時已不見有魯國之名矣。而高紀云："既斬項羽，楚地
悉定，獨魯不下，持羽頭示之，魯乃降。"下又云："初，懷王封羽爲
魯公。及死，魯又爲堅守，故以魯公禮葬羽。"然則楚、漢之際，此
地復爲魯也。羽始爲魯公，及其後自立爲西楚霸王，王梁、楚地
九郡，雖都在彭城，今徐州府治銅山縣。而魯地亦在九郡之中，蓋泗
水郡地也。或疑如此則楚、漢之際，此地既復爲魯，何以直至高后
時方復爲魯國邪？案張耳傳，高后六年立耳之孫偃爲魯王，似地
志"元年"當作"六年"。楚、漢之際，名稱不定，直至張偃就封，方
定改薛郡爲魯國耳。高紀云："項梁擊殺景駒、秦嘉，止薛，沛公
往見之。"下又云："沛公如薛，與項梁共立楚懷王孫心爲楚懷
王。"此薛則指魯國所屬薛縣。彼時諸侯之兵初起，尚仍秦制，此
地大約仍爲薛郡之屬縣，但薛郡實是魯故國，項氏初起在薛，故其
後羽有魯公之封。

薛縣

漢公孫弘傳云："菑川薛人。"今志菑川國無薛縣，薛縣乃屬
魯國，注云："故秦薛郡，高后元年爲魯國。"據此注，秦時因薛縣
而稱之，至漢則以此郡屬縣有魯，是伯禽故國，故改爲魯國。而薛
縣則不知何時曾改屬菑川，故弘得爲菑川薛人。地理志據最後
元始爲定，故薛仍屬魯國，但各列傳每人書某郡縣人，亦當據後
定，乃偏據一時稱菑川薛人，是義例不定也。鶴壽案：先生以此譏班
志義例不定，非也。錢竹汀曰："漢時魯國有薛縣，史記正義謂薛縣故城在徐
州滕縣南四十四里，而菑川國亦有薛縣，史記平津侯傳稱齊菑川薛縣人，是
也。或據班志菑川無薛縣，疑本傳有誤，是不然，本傳明言菑川國人推舉，與
魯國無預。菑川本齊地，故汲黯以齊人多詐譏之。菑川國之薛縣不見于班
志者，班志據元成以後之版籍，武帝時此縣猶未并省也。"今案錢氏謂有兩薛

縣,雖于古籍無徵,然以地望徵之,其言是也。菑川國屬縣有三,劇縣在今昌樂縣西,東安平縣在今臨菑縣東,樓鄉縣在今諸城縣西南,皆不出青州府境。魯國屬縣有六,魯縣即今曲阜縣,卞縣在今泗水縣東,汶陽縣在今寧陽縣北,蕃縣在今滕縣東南,騶縣即今鄒縣,薛縣在今滕縣東南,皆不出兗州府境。凡縣改屬,必在附近。今自寧州府西南至兗州府,中隔泰安、沂州諸府,則菑川國之薛縣安得改屬于魯國哉?

淮陽郡

漢汲黯傳云"居郡政清,上令黯以諸侯相秩居淮陽",則淮陽是郡名明矣。而今地理志有淮陽國無淮陽郡,注但云"高帝十一年置",絕不見其曾爲郡。愚以異姓諸侯王表、諸侯王表及高五王、文三王、景十三王、宣元六王等傳考之,高帝子友以高帝十一年立爲淮陽王,至惠帝元年徙趙,是爲趙幽王,則淮陽國除爲郡矣。惠帝薨,高后以假立惠帝之子彊爲淮陽王,彊死,以武代。文帝立,武被誅,則淮陽國又除爲郡矣。其後文帝子武以文帝三年立爲淮陽王,王十年而徙梁,是爲梁孝王,則淮陽國又除爲郡矣。其後景帝子餘以景帝二年立爲淮陽王,王二年而徙魯,是爲魯共王,則淮陽國又除爲郡矣。其後宣帝子欽以宣帝元康三年立爲淮陽王,是爲憲王,自此之後,傳子及孫,凡有國六七十年,至王莽時乃絕。地理志以最後之元始爲據,故言"國",而中間沿革則俱略去也。汲黯爲淮陽守當武帝時,而其前申屠嘉亦嘗爲之,見本傳及爰盎傳,此當惠帝元年以後國除爲郡之時。司馬安亦嘗爲之,見鄭當時傳;灌夫亦嘗爲之,見本傳;田廣明與其兄雲中相繼皆嘗爲之,見酷吏傳,此則皆在武帝時。韓延壽亦嘗爲之,此則在昭帝時。蓋自景帝四年時爲郡,直至宣帝元康三年,爲郡者約九十年,故爲守之見于史者如此之多,若鄭弘傳"兄昌爲淮陽相",此則在宣帝時、憲王欽之國以後事矣。尹齊爲淮陽都尉,見酷吏傳,亦在武帝爲郡時,若國則不當有都尉。鶴壽案:汲黯傳云:召黯拜爲淮陽太守,黯伏謝不受印綬,詔數強予,黯曰:"臣常有狗馬之心,今病力不能任郡事。"則淮陽是郡名,汲黯早已下注脚矣。先生不引此一語,反引"黯居郡如其故治,淮陽政清"二句,湊作"居郡政清"四字,再引"上令黯以諸侯相秩居淮陽"一句,使"郡"字在隱隱躍躍之間,然後斷之曰"則淮陽是郡名明矣"。必如此者,所以見讀書之善于得閒也。其實史、漢非秘書,何妨直截言之?

合肥

漢地志合肥,應劭曰:"夏水出父城東南,至此與淮合,故曰合肥。"按夏水"與淮合"之"淮",酈氏水經注引作"肥",而云闞駰之言與應劭同。余按川流派別,無沿注之理,方知應、闞二説非實證也。蓋夏水暴長,施合于肥,故曰合肥,非夏水自父城逕合肥也。

盛唐

漢本紀"元封五年南巡狩至于盛唐",文穎云:"盛唐在盧江。"韋昭云:"在南郡。"師古是韋説。按地理志無盛唐縣。唐開元中改霍山縣爲盛唐,寰宇記謂"即漢縣",雖無的據,然下文云"登灊天柱山",灊縣屬盧江,天柱即南嶽霍山,則盛唐必近灊縣,文穎謂"在盧江"者得之。

沛國

續漢志"沛國"注"秦泗川郡",按沛國即前沛郡,所屬縣以前志參對,不見者多,疑皆光武所并省。"泗川"據前志當作"泗水"。

蒲姑地名,非人名

毛詩齊風雞鳴疏引尚書大傳云"奄君薄姑",鄭康成注云:"疑薄姑,齊地,非奄君名。"攷書序:"成王既踐奄,遷其君于蒲姑。"蒲、薄古字通。而漢地志:"成王時,蒲姑與四國共作亂,成王滅之,以封師尚父,是爲太公國。"則大非矣。"四國"者,管叔、蔡叔、武庚與奄君也。奄君本係助紂爲虐,後又從管、蔡、商爲亂,故成王滅之,以其爲從,不殺,然佞人不可居故地,遷之蒲姑齊地,使服于大國。大傳蓋因其遷在蒲姑,遂追稱奄君爲蒲姑氏尚可,而康成辨之極是,如漢志則直以奄之外別有一蒲姑氏作亂者則謬。奄在淮北,蒲姑在今青州府博興縣東南,本非一地,且封太公已久,滅奄後不過益其封,非至此始封。鶴壽案:蒲姑本是人名,後來遂爲地名。晏子對齊景公曰:"昔爽鳩氏始居此地,季萴因之,有逢伯陵因之,蒲姑氏因之,而後太公因之。"爽鳩氏,少皞司寇。季萴,虞、夏諸侯。逢伯陵,殷諸侯。蒲姑氏,殷、周間諸侯。非人名而何?蒲姑既居其地,因稱其地爲蒲姑。景王使詹桓伯辭于晉曰:"及武王克商,蒲姑、商奄,吾東土也。"則直以諸侯之名爲地名矣。杜預曰:"樂安博昌縣北有蒲姑城。"水經沛水注云:"薄姑故城在臨淄縣西北五十里。"括地志云:"在青州博昌縣東北六十里。""蒲"通作"薄",又作"博"。博昌之"博",即蒲姑之"蒲"也。漢志云:"琅邪郡姑幕縣,或曰薄姑。"此班氏存疑之詞。水經濰水注云:"浯水東北逕姑幕縣故城東,故薄姑氏之國也。"蓋沿班氏之謬。至奄君遷于蒲姑,則本非蒲姑氏之子孫,自然不得以蒲姑爲號,故康成辨之。若一例以爲地名,則爽鳩、季萴、伯陵、太公,亦可謂之地名乎?

太公反葬于周,其事難行

太公封于營丘,五世反葬于周。營丘在今山東青州府臨淄縣,周則在今陝西西安府長安縣,相去五六千里。五世反葬,勞民傷財,費時失事,宜乎五世以下不能復行也。且即此五世葬周,子孫欲來省視甚難,亦非情理。此古禮之難行者。鶴壽案:今輿圖所載,山東省東西一千八百四十里,而臨淄縣至省東境約八百里。陝西省東西九百三十五里,而長安縣至省東境約四百里。河南省東西一千二百二十里,而山東、陝西二省又錯入其境,故元和郡縣志云:"青州西南至上都二千四百有五里。"今先生謂"相去五六千里",謬矣。

雩門

哀十一年左傳"魯師次于雩門之外",注:"南城門也。""五日師及齊師戰于郊,齊師自稷曲",注:"稷曲,郊地名。"水經注泗水條云:"沂水北對稷門,即經書新作之南門。"杜預曰:"以僖公更高大之,又名高門,亦曰雩門。門南隔水有雩壇,曾點所欲風舞處。"是稷門即雩門。莊三十二年"能投蓋于稷門",注:"魯南城門。"是也。稷曲則魯南郊地名,與稷門各不相蒙。鶴壽案:魯南城門一名雩門，一名稷門，一名高門，而又名龍門。春秋説云："桓公十三年龍門之戰，死傷滿溝。"向亦未知龍門在何處，偶見水經泗水注引尸子云：'韓雉見申羊于魯，有龍飲于沂，韓雉曰：吾聞之，出見虎搏之，見龍射之。今弗射，是不得行吾聞也。遂射之。'證以上文沂水北對稷門，則知龍門之爲魯南城門也。"尸子一條，太平御覽卷六十三亦載之。

歸三田

春秋夾谷之會，齊歸所侵魯鄆、汶陽、龜陰之田。左傳："季友敗莒師，獲莒子弟拏，公賜季友汶陽之田。"此則僖公時汶陽屬季氏，未詳何年爲齊所侵奪也。鄆者，昭公二十五年冬，齊侯取鄆，使公居之。蓋鄆本魯邑，昭公出居乾侯，齊景公取鄆，使昭公居其地。後昭公卒，定公立，齊竟據鄆爲己有耳。龜陰者，山南曰陽，北曰陰，龜山之陰也。史記作"鄆、汶陽、龜陰"，左傳作"鄆、讙、龜陰"，司馬貞、杜預以爲三田皆在汶陽。左傳："齊悼公之來也，季康子以妹妻之。即位逆之，季魴侯通焉，齊侯怒，伐我取讙及闡。及齊平，涖盟，逆季姬以歸，嬖。齊人歸讙及闡。"此則景公後事。既反讙，又取之而復還也。鶴壽案：水北曰陽。汶水之北，其地甚廣。杜預曰："鄆、讙、龜陰三邑皆汶陽田。"今以水經注攷之，汶水出泰山郡萊蕪縣西南，逕嬴縣故城南，桓三年公會齊侯于嬴者也。又逕牟縣故城西南，牟，魯附庸也。又東南逕泰山東，又西南逕伍徕山西，又逕龜陰之田，定十年齊人來歸者也。又逕龍鄉故城南，成二年齊侯圍龍者也。又逕陽關故城西，陽虎據以叛者也。又南會淄水，淄水逕菟裘城北，隱十一年營之者也。汶水又西南逕蛇丘縣鑄鄉故城南，臧宣叔娶于鑄者也。又逕剛縣北，縣故闡邑，齊人取讙及闡者也。又西，蛇水注之。蛇水逕汶陽之田，齊所侵也。自汶之北，平暢極目，僖公以賜季友者也。蛇水又逕夏暉城南，桓三年齊侯逆姜氏于下讙者也。汶水又西，溝水注之，溝水逕棘亭南，成三年叔孫僑如圍棘者也。左傳云"取汶陽之田，棘不服，圍之"，南去汶水八十里。汶水又西南至無鹽縣邱鄉城南，邱昭伯之故邑也。總而言之，凡在汶水以北者，皆得謂之汶陽之田，僖公所賜，齊人所取，不必定在一處。

堕三都

春秋:"夫子將堕三都,叔孫氏先堕郈。季氏將堕費,公山不狃、叔孫輒率費人襲魯,公與三子入于季氏之宮,登武子之臺。費人攻之,入及公側,孔子命申須句、樂頎下伐之,費人北,二子奔齊,遂堕費。"蓋三都之堕,其家臣不欲,而三子不爲異同。若三子意不欲堕,何以費襲魯而肯偕公同入于季氏之宮邪?蘇子瞻以夫子堕都爲不言而信,不怒而威,于此可見。

孔子所生郰,非鄒,亦非邾

閻氏若璩孟子攷云:"史記孟子列傳:'孟軻,鄒人也。'鄒爲今山東兗州府鄒縣。張爾公大全辨曰:孟子所生之鄒,非戰國穆公之鄒國,乃春秋孔子之鄒邑。余曰:'吾之不遇魯侯',豈有本國之臣民而敢斥言其國與爵哉?且祇云'近聖人之居',未嘗云生聖人之郷也。或問孟子既爲鄒人,曷爲母葬于魯?余曰:孟子蓋魯公族孟孫之後,不知何時分適鄒,遂爲鄒人。猶葬歸于魯者,太公子孫反葬周之義也。然攷孟母墓在今鄒縣北二十里馬鞍山陽,又非魯地。疑古爲魯地,猶魯鄒邑今亦在鄒縣界内,二國密邇,左傳'魯擊柝聞于邾'是也。"愚謂閻辨確矣,而未盡然也。大全以孔子所生之郰邑誤作"鄒",閻存之而不能辨,且曰"魯鄒邑今亦在鄒縣界",是雖知非一地,直謂其字則同,不知魯邑不可作"鄒"也。説文邑部"郰"字注云:"魯下邑,孔子之郷。從邑,取聲。側鳩切。""鄒"字注云:"魯縣,古邾國,帝顓頊之後所封。從邑,芻聲。側鳩切。""邾"字注云:"江夏縣。從邑,朱聲。側輸切。""郰"、"鄒"音同,字則迴別,地亦各異。"鄒"、"邾"今音似異,古音卻同。故春秋傳作"邾"而後變爲"鄒",説文以鄒爲古邾國也。若江夏之邾,與邾國相去二千里,字雖同,全無涉。古人造"郰"字專爲魯邑用,其他別無所見。若"邾"之變爲"鄒"似在六國,故孟子時有鄒穆公,蓋因二音究有微別,故造"鄒"字。此鄒與郰之地既不同,字亦斷不可混者也,而大全與閻氏皆混爲一矣。六國表凡春秋國之爲某國所滅者，其事即載此國格内。魯至頃公十八年，當楚考烈王八年，爲楚所滅，雖滅之，仍封其君，爲楚屬邑，故漢滅楚項羽，魯猶城守。故魯事皆附楚。至鄒則後來亦爲楚所滅，并非先爲魯所滅而地入于楚。漢志魯國騶縣注云：“故邾國，曹姓。二十九世爲楚所滅，嶧山在北。”應劭曰：邾文公遷于嶧者也。”“鄒”作“騶”，則古字通耳。續漢郡國無魯國亦無鄒縣，蓋改併。許慎則不據當代之書而據先漢地理也。此縣是孟子之鄉，若孔子之郰，則石經左傳襄十年“郰人紇”，杜預曰：“紇，郰邑大夫，仲尼父叔梁紇也。郰邑，魯縣東南堃城是也。”石經論語：“鄹人之子。”説文無“鄹”字，此已微誤，豈可作“鄒”字邪？史記孔子世家“生魯昌平鄉陬邑”注：“孔安國曰：陬，孔子父叔梁紇所治邑。”此所引正安國論語注，但又以“郰”爲“陬”，或形聲相近假借字。説文卓部“陬”字注云：“阪隅也。”此與孔子所生之郰亦無涉，且“郰”從邑，“陬”從自，二字大異，自隸變“邑”、“卓”偏傍竟無分別，但以在左、在右爲殊，豈知二部固自判然，説文所載之字不但不可改易增減點畫，即上下左右亦不可移徙也。鶴壽案：漢魯國魯縣即今山東兗州府曲阜縣，在府東三十里。鄒縣即今鄒縣，在府東南五十里。孔子所生之郰邑在曲阜縣東南，與孟子所生之鄒國截然兩處，今據説文以辨正之，更明晰矣。

滅滕事當從漢志

朱子于孟子萬章“問宋將行王政”下注：“宋王偃嘗滅滕代薛，敗齊、楚、魏之兵，欲霸天下，疑即此時。”閻百詩釋地初刻謂：“漢地理志、杜預釋例、水經注并云齊滅滕，竹書紀年於越滅滕，惟戰國策作宋滅，而通鑑繫之赧王二十九年乙亥，上距孟子勸行仁政甚遠。朱子于宋初王即曰‘嘗滅滕’，無乃太驟?”愚謂國策言宋滅滕，亦見新序，閻失舉。然二書皆作“宋康王”。王偃亡國，何得美謚？不可解。朱子云云，誠太驟，且通鑑作“乙亥”亦無據，六國表是年正宋爲齊滅之年，豈可反以爲宋滅滕之年？通鑑敘周、秦事多誤。滕之滅,斷非宋滅之,亦非越滅之,恐是齊滅之。而其滅不知在何年,大約文公之賢,必無此事,當在其子孫,距孟子至滕已久。此等事只宜約指,不可鑿空。鶴壽案:宋策謂宋康王滅滕,竹書紀年謂越朱句滅滕,而先生獨信漢志,以爲齊滅滕。今案世本世系篇云"齊景公亡滕",此即漢志所本也。齊景公時滕已亡,則戰國之滕豈滅而復封邪,抑以後仍舊齊滅之邪? 恐漢志亦未可信。

任國風姓,趙岐注誤

閻氏若璩釋地初刻攷得孟子任國爲今山東濟寧州東任城廢縣,去古鄒城僅百餘里。此等小國,必無"平治天下,舍我其誰"一種想頭,其君亦未必有禮請大賢至其國之事,不過以景慕而幣交,孟子亦因路甚近,聊一至答其意,不久留也。"季任爲任處守",趙岐注:"任,薛之同姓小國也。"攷隱十一年傳:"滕侯、薛侯來朝,爭長,公曰:'寡人若朝于薛,不敢與諸任齒。'"杜預曰:"薛,任姓。"疏引譜云此譜亦杜預作。"薛,黃帝之苗裔"云云,又引世本云云。如趙岐注,任竟以國爲姓矣。然僖二十一年傳"任、宿、須句、顓臾,風姓也,實司太皥之祀",杜預曰:"太皥,伏羲。四國,伏羲之後,故主其祀。"任今任城縣,然則任乃風姓,安得與薛同姓? 趙注荒謬至此。

於陵

孟子"於陵",趙氏無注,朱子云地名。戰國策趙威后問齊使,稱陳仲子爲於陵子仲,漢藝文志有於陵欽,以地爲氏也。詳四書釋地。

蛾術編卷五十

濰、淄

青州“濰、淄其道”，鄭云：“地理志濰水出琅邪箕屋山，淄水出泰山萊蕪縣原山。”疏云：“地理志濰水出琅邪箕縣屋山，北至都昌縣入海。淄水出泰山萊蕪縣原山，東北至千乘博昌縣入海。”箕縣故城在今山東沂州府莒州東。屋山，淮南子作“覆舟山”。襄十八年傳杜注謂濰水出東莞東北，史記淮陰侯傳徐廣注用之。東莞今沂水縣，沭水出，非濰水。此誤。都昌，北海郡縣，疏與酈道元同，今刻漢志作“昌都”，誤倒也，史記淮陰侯傳索隱亦誤倒，漢書韓信傳師古注誤以都昌爲臺昌。原山，淮南子作“飴山”。萊蕪故城在今青州府益都縣西南，近分置博山縣，山在縣東南二十五里，疏引地志淄水至博昌入海，“海”當作“沛”。鶴壽案：箕縣故城在今莒州北，先生以爲在東，非也。太平寰宇記云：“箕，漢縣。宣帝封城陽荒王子文爲侯，即此邑。後漢省并并東莞，今故城在密州莒縣東北一百餘里。”據此則東漢時箕縣已并入東莞縣矣，故杜預謂濰水出東莞。先生以東莞爲沂水所出，而斥杜爲誤，是知其一不知其二也。維水，伏琛、晏謨以爲扶淇之水。屋山在今莒州北九十里，維水出焉，東流逕諸城縣西北，折而北，逕高密縣西、安丘縣東、濰縣東，至昌邑縣東入海。原山在今博山縣東三十里，先生以爲在東南二十五里，亦非也。漢地理志本云淄水至博昌入沛，作疏者豈不知博昌去海尚遠，偶然誤“沛”爲“海”，先生既欲正之，則當云宜依漢志作“沛”，何但云“海”當作“沛”乎？淄水，括地志云：“俗傳禹理水功畢，土石黑，數里之中波若漆，故謂之淄水。”原山一名岳陽山，一名馬耳山，淮南子謂目飴山，博異名也。淄水出分水嶺，東流逕青石關東北遶堯山之麓，又北逕臨淄縣東、樂安縣東南入清水泊，即鉅定也。

　　水經言濰水所出及所經行入海，已詳後案。水經又言淄水所出至東過利縣東，注云：“淄水自縣東北流，逕東安平城北，又東逕巨淀縣故城南，又東北逕廣饒縣故城南。”又東北入于海。注云：“淄水自馬車瀆亂流東北逕琅槐故城南，又東北逕馬井城北，與時、繩之水互受通稱，又東北至皮丘坈入于海。”案漢志，淄水東至博昌入泲，則水經言“入海”者，乃魏以後語，與漢志且不合，況禹貢哉？禹貢淄水當自利縣東至博昌入泲而止，此所謂“其道”也。博昌今爲博興縣。水經注所言東安平以下與禹貢無涉，河渠書于齊通淄、泲之間，故淄得由博昌入泲，入泲之後，乃復由馬車瀆以下至琅槐，與泲同入海。琅槐今壽光縣。

　　孔疏引漢志誤作“入海”，蔡傳又以漢博昌爲即宋之壽光縣。壽光瀕海，泲既東流逕是縣之境，不入海曷入哉？故不覺先後異說，于濰則云“入海”，于淄則云“入泲”，而于其下云今壽光縣，意謂入泲者即入海也，不知漢博昌爲宋博興縣，今屬青州府，博昌故城猶在今縣南二十里，不瀕海也。淄入泲在今博興，即博昌；入海在今壽光，即琅槐。漢博昌本與壽光無涉，豈得以博昌入泲即爲入海耶？朱鶴齡解禹貢云：“地志言‘入泲’，水經言‘入海’者，馬車瀆以下乃泲水入海處。淄水入海之道與泲水同，非互有齟齬。”按淄入泲自在博興，非馬車瀆。且泲至馬車瀆入海，自金皇統始，前此不爾也。又昭二十六年傳“成人伐齊師之飲馬于淄者”，注云：“淄水出泰山梁父縣西北入汶。”此淄乃柴汶也。鄭樵誤據以爲禹貢之淄，遂謂淄入汶，尤非。餘詳後案。

　　汶

　　汶水始見于青州，鄭云：“地理志汶水出泰山萊蕪縣原山，西南入泲。”案前志，泰山郡萊蕪縣下既云“原山甾水出”，即云“又

禹貢汶水出西南入泲”，是汶與淄同出一山而異流也。蔡沈于
“淄出原山”下增“之陰”二字。據于欽齊乘，淄出東麓，何得言
“陰”？古人往往言東即是南，言北即是西，此蔡所不知，故于“汶
出原山”下增“之陽”二字。鶴壽案：水經云：“汶水出萊蕪縣原山，西南
至安民亭入泲。”安民亭，今山東泰安府東平州之安山鎮也。汶水西南流逕
萊蕪縣西北，有牟汶水、嬴汶水東來注之，又北合柴汶水逕泰安府城南，有北
汶水北來注之。至大汶口又與小汶水會，西流逕寧陽縣北，分而爲二，一南
流，別爲洸水，一由東平州至汶上縣西南，會諸泉，匯于南旺湖，西入泲水。
自明永樂九年尚書宋禮用白英言，以南旺湖當水脊，建插分流，而汶水遂爲
運河之源，下流與古異矣。

沂

沂水始見于徐州，疏云：“地理志沂水出泰山蓋縣臨樂山，南
至下邳入泗。”職方“其山鎮曰沂山”，鄭注云：“沂山，沂水所出
也，在蓋縣。”臨樂山，疑山本名，沂山則以水名山，其實是一。但
班志于臨樂山下先言“洙水出西北，至蓋入池水”，然後云“又沂
水南至下邳入泗，當亦如萊蕪原山，淄、汶同出一山”。水經則以
爲出艾山，又分列沂水出蓋縣艾山，洙水出蓋縣臨樂山。而酈氏
于艾山下仍言“鄭云沂山，亦或云臨樂山”，酈以異名實一山，水
經疑非也。今沂山在沂水縣北一百十里。但艾山出水經，漢志
自作臨樂，蔡傳以艾山引入漢志，誤一。志但云“南入泗”，水經
則云“南入下邳西，南入于泗”。水經細敍，不比漢志略說方向，
下一“西”字，特在下邳縣稍西耳。而蔡以水經“西南入泗”之文
引入，誤二。又引酈注，水出尼丘山西北，經魯之雩門，亦謂之沂
水；水出太公武陽之冠石山，亦謂之沂水，而沂水之大，則出于泰
山。攷水經注泗水條下，沂水出尼丘山，流逕魯故城南，北對雩
門，非逕，誤三。水經注沂水條下有小沂水三，一出黃狐山，一出
冠石山，一出下邳城東。蔡僅舉其一，誤四。“泰山”作“太公”，
“武陽”上脫“南”字，下脫“縣”字，誤五。沂出泰山郡之蓋縣，今

云出于泰山，誤六。鶴壽案：沂山一名雕厓山，在今山東沂州府沂水縣西北百七十里，蒙陰縣東北百三十里，與青州府臨朐縣接界。沂水所出，故名沂山，即臨樂山也。水經沂水篇言沂水出艾山，洙水篇言洙水出臨樂山。艾與沂聲相近，則艾山即沂山，而洙水與沂水同出臨樂山，漢志已言之矣。漢志又云："琅邪郡朱虛縣東泰山，汶水所出。"東泰山在今臨朐縣南九十里，鄭志謂之小泰山，與臨樂山東西相去五十餘里。唐以前未聞以東泰山爲沂山者，太平寰宇記云："沂州沂水縣沂山，在縣北一百二十四里。"公玉帶曰："風后、封鉅、岐伯令黃帝封東泰山，即沂山也。"其移沂山之名于東泰山者，臨朐之南，即沂水之西北，蒙陰之東北，其間山脈相連，盤回數縣，正如沭水所出之大弁山，尚在雕厓西北，而水經注以爲與小泰山連麓而異名也。若使顧名思義，則沂山以沂水得名，斷主雕厓山爲是。洪氏乾隆府廳州縣志轉取臨朐之東泰山，以當職方氏之沂山，失之矣。沂水東南流逕沂水縣西、會東汶水逕沂州府城北，會祊河水逕郯城縣西、邳州南，又西南入運河。

蒙、羽

"蒙、羽其藝"，疏云："地理志蒙山在泰山蒙陰縣西南，羽山在東海祝其縣南。"蒙陰故城在今縣南，屬山東沂州府，山在縣南四十里，西南接費縣界，祝其故城在今江南海州贛榆縣南，山在縣西。蔡云"蒙陰，今沂州費縣也"，漢蒙陰，宋爲新泰，但此山實連費縣北境，當云今在新泰、費縣二縣之界。蔡云"祝其，今海州朐山縣也"，說本寰宇記。羽山在海州朐山縣西南九十里，正漢志祝其縣之羽山。蔡但論山所在之縣，不論縣名之合漢與否。若漢祝其故城則在宋懷仁縣南，宜先指漢縣，然後指山現隸處，乃不言漢祝其今懷仁，則所引漢志落空矣。

羽山

舜典"殛鯀于羽山"，馬融注："東裔也。"攷禹貢徐州"蒙、羽其藝"，即此羽山。昭七年左傳鄭子產對晉韓宣子曰："昔堯殛鯀于羽山，其神化爲黃熊，以入于羽淵。"杜預云："羽山在東海祝其縣西南。"漢地理志云："東海郡祝其縣，禹貢羽山在南，鯀所殛。"續漢郡國同，劉昭注引博物記曰："縣東北獨居山西南有淵

水，即羽泉也。俗謂此山爲懲父山。"晉地理志亦云："東海郡祝
其縣，羽山在縣之西，今屬江南贛榆縣界。縣南有祝其故城，即漢
舊縣也。"然隋志云："朐山縣有羽山。"元和志亦云："羽山在朐山
縣西北一百里。"又云："羽山在臨沂縣東南一百十里，與朐山縣
分界。"朐山今之海州，臨沂今沂州府蘭山縣。郯城縣志云："縣
東北有羽山，接贛榆縣界。"諸説不同，要之，此山在蘭山之東南、
海州之西北、贛榆之西南、郯城之東北，實一山跨四州縣之境也。
隋唐省祝其入朐山，仍屬東海郡，故志但有朐山縣。鶴壽案：羽山
在今江蘇海州西北百里，去海岸二百餘里，班固諸家咸謂堯典之羽山即禹貢
之羽山，胡氏禹貢錐指則云："此地非荒服放流之宅。孔傳云：'羽山東裔在
海中。'太平寰宇記云：'登州蓬萊縣羽山在縣南十五里。'此説與孔傳合，當
從之。"不知樂史此條即從偽孔傳"在海中"三字附會其説，其于海州朐山縣
則仍載羽山及羽淵矣。

大野

"大野既豬"，疏云："地理志大野澤在山陽鉅野縣北。"今鉅
野縣屬山東曹州府，故城在縣西。何承天曰："鉅野湖澤廣大，南
通洙、泗，北連清、濟。"見水經泗水注。蔡沈引"通"誤作"導"。
又引水經"泗水至乘氏縣分爲二，南爲菏，北爲泗"，是不待言，旋
接"酈道元謂一水東南流，一水東北流，入鉅野澤"，則是二水齊赴
鉅野澤，與道元原文不合。原文曰"其一水東南流"，此指經之"南
爲菏水"；"其一水從縣東北流入鉅野澤"，此指經之"北爲泗瀆"。
蔡氏祇緣欲明澤之所聚者大，故并入二水也。此澤歷代爲河流決
入，誠屬巨浸，迨後河日南徙，至明永樂九年開會通河，遏汶、泗入
運河，澤遂乾涸。予嘗親過其地，一望皆民居村落，桑麻遍野，澤
之畔岸全無蹤迹。元吳澄、于欽謂澤即梁山泊，不知泊在大野之
東北。明王樵謂澤即南旺湖，然湖在大野之西。胡先生渭辨之
甚確，余無以益之。鶴壽案：此條蔡傳并不誤，而先生有意駁之。蔡傳上
引水經"泗水至乘氏縣分爲二，南爲菏，北爲泗"，則早已畫爲二水矣。下引

"酈道元謂一水東南流,一水東北流入東野澤","東南流"下省文不言爲菏者,因上已云"南爲菏"也,"東北流"下但言"入鉅野澤",并不言"同入鉅野澤"。若使蔡氏誤會水經注,則必言"二水同入鉅野澤"矣。大野澤在今山東曹州府鉅野縣北五里,荷澤縣東九十里,春秋傳"西狩于大野",杜預注云:"在高平鉅野縣東北。"元和郡縣志云:"鄆州鉅野縣大野澤在縣東五里,南北三百里,東西百餘里。"與漢志不同者,縣治已移故也。其地屢經河決,今不可復辨。

泗濱浮磬

泗水始見于徐州"泗濱浮磬",鄭云:"泗水出沛陰乘氏。"疏云:"地理志泗水出沛陰乘氏縣,東南至臨淮睢陵縣入淮。"案前志有兩泗水,魯國卞縣泗水,西南至方與入沛。水經:"泗水出魯卞縣北山。"則前志卞縣一條,正敍泗源。乘氏之水,本是沛水,水經所謂沛水至乘氏縣西分爲二,其經流東北入海,其支流東南至方與,會菏澤水,至魚臺縣南湖陵故城南入泗,自是而過呂梁至淮陰入淮,則皆泗正流矣。若然,自卞縣至方與,泗也;自乘氏至方與,沛也,不可目爲泗。而漢志目之者,方與至湖陵,菏、沛、泗三水合流不過幾十里,湖陵以南自是泗之正流,而沛、菏反假泗以入淮矣,何不可因下流而并目上源爲泗,而于卞縣仍存泗本源?康成必引乘氏者,水經注:"泗水自彭城又東南過呂縣南,水上有石梁,故曰呂梁。"晉太康地記曰:"水出磬石,書所謂'泗濱浮磬'者也。"呂梁當湖陵之下流,乃泗水正流,菏、沛皆因泗入淮,浮磬實産其地。若引卞縣,則泛而不切,故引乘氏泗水。此正康成經學之精,爲是"浮磬"句之注,故如此引用也。乃樂史寰宇記云:"磬石山在下邳縣西南。禹貢注:泗水中見石可爲磬。今泗水無此石,此山在泗水南四十里,今取磬石供樂府,恐禹時水至此山矣。"按磬石出呂梁,後世改用下邳山上所産,故隋志云"下邳縣有磬石山",而寰宇記即以此當經"浮磬",因附會云"禹時水至此山"。下邳今邳州,山在今州南八十里、鳳陽府靈璧縣北七十里,即世所稱靈璧石,其地非泗水所經也。蔡傳則云:"泗,水名。出魯國卞縣桃墟西北陪尾山，源有泉四，四泉俱導，因以爲名。西南過彭城，又東南過下邳入淮。卞縣，今襲慶府泗水縣也。浮磬，石露水濱，若浮于水然。或曰：泗濱非必水中，泗水之旁也。今下邳有石磬山，或以爲古取磬之地。曾氏曰：不謂之石者，成磬而後貢也。"此條病甚多。呆詮泗源，浮泛不切，病一。引或説全是浮詞，似并未讀寰宇記，病二。磬石山文倒作"石磬"，病三。下邳不無"縣"字，病四。末又贅曾氏亂道，病五。要之，吕梁磬石，自唐以前已無復存，無怪趙宋人言今泗水無此石。金、元以下，泗且爲黄河所奪。明嘉靖間，以吕梁石礙漕艘，發卒鑿平之，禹迹更無蹤影，然不可不存古訓。鶴壽案：括地志尚言泗水至彭城吕梁出磬石，寰宇記不從水經注所引太康地記，而引下邳縣之磬石山，誠爲非是。至鄭注所以不引魯國卞縣泗水者，不過見沛陰乘氏泗水一條在前，乃便引之耳。若爲磬石在吕梁而引之，何以但云泗水出沛陰乘氏而不連下"東南至睢陵入淮"句一并引之乎？如謂鄭注今已不全，故只有此句，但此句見史記夏本紀集解，夏本紀直寫禹貢原文，則裴駰亦必全引鄭注。況此句專爲浮磬而言，裴氏正欲解釋"浮磬"，若鄭氏連下句引入，裴氏亦決不删之。漢志前、後兩條，源委互見，鄭氏引其中間，既忘其源，又略其委。蔡傳言泗水出魯國卞縣，至下邳入淮，源委該備，豈不遠勝于鄭注乎？

三江

新安金榜輔之乾隆壬辰進士第一。云："鄭注江至尋陽分爲三孔，謂大江與石城水及浙水也，此揚州'三江既入'句下注。'左合漢爲北江，右會彭蠡爲南江'云云，此謂導江之三江注。班固地理志會稽郡吳下、丹陽郡石城下二條，許慎説文水部'浙'字下一條及酈道元水經注，皆與鄭合。"如輔之説，是班、許、鄭、酈皆合矣。而無如按之水道，實有所難言者。岷山所導之江，斷無至會稽山陰爲浙江之理，説文"浙"字注，"江水"之上，疑脱一"漸"字。此予之創論，竊自許確不可易。石城分江水亦萬不能至餘姚入海，故尚書後案以鄭注兩段合爲一，"三孔"即指漢與彭蠡及大江，未用輔之説。鶴壽案：漢地理志云："丹陽郡石城縣分江水，首受江，東至餘姚入海，過郡二，行千二百里。"説文云："江水東至會稽山陰爲浙江。"
今案分江名，岷江所分之南江也。出今安徽池州府貴池西，東南至浙江杭州
府錢塘縣東，與漸江合，謂之浙江，至海寧州南入海。漸江即錢塘江，出今安
徽徽州府績溪縣東，下流與南江合。後人因以漸江爲浙江。海內東經末附
水經云："浙江出三天子都，在蠻東入海，謂漸江也。"闞駰十三州志云："江
水至會稽與浙江合。"水經沔水注云："江水自石城東出，逕吳國南爲南江，
又東逕臨城縣南，又東逕安吳縣，曰安吳溪，又東逕寧國縣南、故鄣縣南、安
吉縣北，又東北爲長瀆，歷湖口。"漸江不與岷江同。今南江分支，歷烏程縣，
南通餘杭縣，與漸江合。又東逕餘姚縣故城南，又東注于海。南江至近海
處，以其曲折，故名浙江，即莊子所謂制河也。浙江之名，當施于岷江之委，
不當施于漸江之原。今先生欲加"漸"字于江水之上，是分江與漸江尚未認
明，且未識浙江之名義也。

敷淺原

　　導山終于敷淺原，傳云："敷淺原一名博陽山，在揚州豫章
界。"案漢志豫章郡歷陵"傅易山，傅易川在南，古文以爲敷淺
原"，則敷淺原乃水也。傳以敷淺原爲傅易山，誤矣。説文矗部
"矗"字注云："水泉本也。从矗出厂下。"重文"原"字注云："篆文
从泉。徐鉉曰：今別作'源'，非是。"辵部"邍"字注云；"高平之野
人所登，从辵、备、彔闕。"俗既別造"源"以代"原"，遂以"原"代
"邍"，誤謂"原"爲高平之山原而非水泉，不識字故也。晁以道謂
饒州鄱陽縣界中有歷陵故縣及傅陽山，黃儀謂吳志歷陵有石印
山，即今饒州府之鄱陽山，在鄱陽縣西北一百五十里鄱陽湖中。
朱子謂敷淺原爲山甚小而庳，而其全體正脈遂起而爲廬阜，則甚
高且大，以盡乎大江、彭蠡之交而所以識。夫衡山東過一支之所
極者，唯是爲宜。錐指謂水經注引孫放廬山賦曰："尋陽郡南有
廬山，臨彭蠡之澤，接平敞之原。"是廬山下固有平原也。山今跨
德化、星子二縣之境，敷淺原即孫放所謂"平敞之原"，乃廬山東
南之麓，瀕于彭蠡澤者。今九江在鄱陽湖西北，饒州在湖東南，鄱
陽界中之歷陵縣傅陽山，恐即是潯陽之故縣及山，而黃氏強以湖

中鄱陽山實之。若以匡廬爲敷淺原,尤爲臆說。胡先生謂欲遵朱說,故以爲"平敞之原",總因未辨"原"、"邍"二字之別耳。三說皆非也。鶴壽案:敷淺原是山名,在今江西九江府德安縣南十二里。此是史官敍導山之事,豈有夾雜導水者?先生以爲水名,謬矣。湖漢九水爲九江,禹自衡山北行過湖漢九水而至于敷淺原也。先生見漢志傅易山下又有傅易川,遂欲翻其說,引說文"原"字注解,以見敷淺原之爲水名。不知經典之字借用者甚多,若依先生之說,則"既修太原"、"東原底平"、"原隰底績"之類,豈盡是水名邪?

吳郡

漢地志會稽郡下注云:"秦置。高帝六年爲荊國,十二年更名吳。景帝四年屬江都。"廣陵國下注云:"高帝六年屬荊國,十二年更屬吳。景帝四年更名江都,武帝元狩三年更名廣陵。"所屬廣陵縣下注云:"江都易王非、廣陵厲王胥皆都此,并得鄣郡而不得吳。"班氏會稽、廣陵兩注自相矛盾。劉敞于此郡駁云:"景帝四年封江都王,并得鄣郡而不得吳。然則會稽不得云屬江都。"愚攷江都易王非傳:景前二年立爲汝南王。吳、楚反,自請擊吳。吳已破,徙王江都,治故吳國。師古曰:"治謂都之。"既云治吳,則廣陵注云江都易王都此者誤。越絕書吳地傳云:"漢高帝封劉賈爲荊王,并有吳。十一年淮南王英布反,殺劉賈。後十年高帝更封兄子濞爲吳王,治廣陵,并有吳。立二十一年,東渡之吳,十日還去。立三十二年,反,還奔東甌,夷烏殺濞。"據此吳王濞實治廣陵,而江都易王則治吳不都廣陵。廣陵注所言江都易王都此者,實誤。都且在吳,乃云"不得吳",更誤矣,劉敞所駁大謬。高帝紀:"六年,以故東陽郡、鄣郡、吳郡五十三縣,立劉賈爲荊王。"十二年,詔曰:"吳古建國,日者荊王兼有其地。今死亡後,朕欲復立吳王。"其立沛侯濞爲吳王,吳王濞傳:"高祖立濞爲吳王,王三郡五十三城。"其下文朝錯言吳以"兄子王吳五十餘城",即謂東陽郡、鄣郡、吳郡五十三縣也。其下又言"削吳會稽鄣郡書至”，吳國之有會稽顯然。而江都因吳故封，其得吳明矣。廣陵屬王胥以元狩六年封，本傳載其賜策，言“大江之南、五湖之間”，則廣陵屬王之得吳明矣。廣陵注與劉敞駁，實皆誤也。至于吳郡、鄣郡等名，皆非故秦郡，史家隨便稱爲故，不足泥。史記夏本紀云：“禹會諸侯江南，計功而崩，因葬焉，命曰會稽。”裴駰注引皇覽曰：“禹冢在山陰縣會稽山上，秦置郡本取此山爲名，然郡守治所則治吳不治山陰。”項羽本紀：“秦二世元年，項梁與籍殺會稽守殷通，舉吳中兵八千人，梁爲會稽守，籍爲裨將，乃渡江而西。”此所謂“吳中”，即今蘇州府治，嚴助、朱買臣拜會稽太守，皆其地。鶴壽案：漢志言會稽郡高帝六年爲荊國者，立劉賈也。十二年更名吳者，封沛侯劉濞也。景帝四年屬江都者，景帝三年吳王濞反，國除，以其地屬江都易王非也。史記五宗世家云：“非以孝景前二年爲汝南王，二歲徙爲江都王，治吳故國。”史記在漢書之前，先生何以不攷史記而但攷景十三王傳邪？漢志言廣陵國高帝六年屬荊者，劉賈國也；十一年更屬吳者，劉濞國也；景帝四年更名江都者，徙汝南王非也；武帝元狩三年更名廣陵者，非子建以元狩二年坐謀反自殺，國除爲廣陵郡，元狩六年立子屬王胥也。今案史記言江都易王非治吳故國，則可知荊王賈、吳王濞皆都于吳，所以稱吳爲“故國”也。越絕書言荊王賈“築吳市西城，名曰定錯城”，此必都于吳，故特築之。又言“匠門外信士里東廣平地者，吳王濞時宗廟也”，豈有宮室在廣陵而宗廟在吳地者乎？越絕之言，恐亦自相矛盾耳。至班氏高帝紀言以故東陽郡、鄣郡、吳郡五十三縣立劉賈爲荊王，而史記吳王濞傳言吳王“有豫章郡銅山”，又言“削吳豫章郡、會稽郡”，又言“削吳會稽、豫章郡書至”。班氏因之，韋昭以“豫”字爲衍文。然會稽郡本在吳郡之外，則豫章、會稽二郡安知不是益封？先生引之，竟改作“鄣郡”，亦非。秦始皇本紀云“二十五年分天下爲三十六郡”，内有章郡、吳郡，見裴駰集解，先生謂“皆非故秦郡，史家隨便稱爲故”。夫史以傳信，豈有隨便稱之者哉？

丹楊

丹楊郡“故鄣郡，屬江都，武帝元封二年更名丹揚”。“揚”字從手，其屬縣丹陽則從自，而南監板俱作“陽”。攷晉書地理志，或作"揚",或作"陽",紛紛不一,而屬縣則作"楊",且注云:"丹楊山多赤柳,在西也。"然則縣名从木甚明,而郡亦當以此得名,凡从手、从阜疑皆傳寫誤也。唐許嵩建康實録解禹貢楊州,引春秋元命包云:"厥土下溼而多生楊柳。或从手。"李巡爾雅注以爲人性輕揚。王羲之丹楊帖云"知以得丹楊",評釋云:"丹楊,以其地多赤柳,故名。"元豐九域志江南東路江寧府古蹟門云:"江南地志,漢丹陽郡北有赭山丹赤,以爲郡名。"與晉志約略相同。劉敞曰:"秦分三十六郡,無鄣郡。此注但當云故鄣屬江都,不當益'郡'字。"愚按劉説似是而非,辨已見前。故鄣郡屬江都也者,乃謂武帝之前,此郡地名鄣郡,屬江都國耳,豈謂秦哉? 如劉云云,則但故鄣一縣屬江都乎? 鄣郡非秦郡名也,而高帝紀云"六年,以故東陽郡、鄣郡、吳郡立劉賈爲荊王",廣陵國注云:"高帝六年屬荊國,十二年更屬吳,景帝四年屬江都,武帝元狩三年更名廣陵。"江都、廣陵皆并得鄣郡。以上所説郡名,其中居然有鄣郡,或係楚、漢分爭之際,暫置復廢,其後得稱"故郡",不必秦郡方得稱"故"。當秦三十六郡時,此郡所屬十七縣地,既非丹楊郡,又非鄣郡,皆是會稽郡地耳。劉昭亦誤以爲秦有鄣郡。鶴壽案:郭忠恕佩觿云:"楊,州名。"郭所據書本作"楊",後人因江南人性輕揚,改爲揚州,非也。楊柳處有之,必謂多生楊柳而稱揚州,山多赤柳而稱丹楊,陋矣。丹楊以在丹湖之陽而得名。秦始皇分天下爲三十六郡,裴駰曰:"三川、河東、南陽、南郡、九江、鄣郡、會稽、潁川、碭郡、泗水、薛郡、東郡、琅邪、齊郡、上谷、漁陽、右北平、遼西、遼東、代郡、鉅鹿、邯鄲、上黨、太原、雲中、九原、雁門、上郡、隴西、北地、漢中、吳郡、蜀郡、黔中、長沙,凡三十五,與内史爲三十六也。"先生謂秦無鄣郡,其所屬縣皆是會稽郡地,何邪? 江都王建以元狩二年除國,故更名丹陽,漢志誤作元封二年,先生亦未知改正。故鄣,胡三省通鑑注云:"漢屬丹楊郡。其地本秦鄣郡所治,故曰故鄣。今廣德軍是故鄣縣之地。"文獻通攷:"古揚州秦郡五,有鄣郡、會稽郡、九江郡。"秦無鄣郡,説已詳上,胡三省、馬端臨皆非。鶴壽案:秦所置鄣郡,漢爲丹陽郡,故鄣縣在今浙江湖州府長興縣西南八十里。越絶書云:"漢文帝前九年會稽并故鄣郡，太守治故鄣，都尉治山陰，前十六年太守治吳郡，都尉治錢塘。"觀此益知秦時本有鄣郡、吳郡，所謂削所并吳王濞會稽郡者，但削所并會稽之地，而吳郡則濞都所在，故不削也。先生但見越絕書前一條，而未見後一條耳。

丹楊，楚熊繹所封。十八世文王徙郢，郢即南郡江陵縣，今爲湖北荆州府治，而丹楊在今太平府當塗縣之南境，與寧國府接界。史記楚世家云"成王封熊繹于楚，居丹楊"，即此是也。徐廣注則云在南郡枝江縣。山海經"丹山在丹陽南"，郭璞注云："今建平郡丹陽城秭歸縣東七里。"水經注云："丹陽城據山跨阜，周八里二百八十步，東北悉臨絕澗，南枕大江，巇峭壁立，楚熊繹始封所都也。"地理志以爲吳之丹楊。吳、楚悠隔，藍縷荆山，無容遠在吳境。沈括夢溪筆談、王楙野客叢書、王應麟詩地理攷、通鑑地理通釋皆主此說，然畢竟班氏爲是。左傳"蓽路藍縷，以啓山林"，宣十二年文，指若敖、蚡冒言；"僻在荆山，蓽路藍縷，跋涉山林"，昭十二年文，指熊繹言。酈引此以駁班，似也。但楚境大矣，即使藍縷啓山在荆州，而熊繹始封何妨在揚州、丹楊乎？周成王時，吳尚微甚，其地狹小，僻在蘇、松一隅，安知丹楊郡之丹楊非楚境乎？志末總論一段以丹楊爲吳分，此班氏就晚周之吳境言之，其實丹楊未必吳始封即得也。鶴壽案：以丹楊郡爲熊繹始封，乃班氏誤證，辨已見前。先生雖欲翻駁徐廣諸家之說，苦無實據。

三江

揚州三江，初學記引漢地理志注云："岷江爲大江，至九江爲中江，至南徐州爲北江，蓋一源而三目。"今本漢志無此注。引盛弘之荆州記云："江出岷山，其源若甕口，可以濫觴，在益州建寧漏江縣潛行地底數里，至楚都遂廣十里，名爲南江。初在犍爲與青衣水、汶水合，至雒縣與雒水合，東北至巴郡與涪水、漢水、白水合，東至長沙與澧水、沅水、湘水合，至江夏與沔水合，至潯陽分爲九道，東會于彭澤，經蕪湖，名爲中江，東北至南徐州，名爲北江而入海也。”以上二段皆有脱誤，今以意改，又以汪啓淑刻繫傳勘改譌字。按此二説相合。楊愼據此解禹貢，指爲徐鉉注説文語，考説文無此言，惟黄公紹韻會“江”字下有“徐按”云云，與此同。蓋徐鍇説文繫傳語，本之荆州記者也。假如其説，則南江在荆，與揚無與，且所云中江、北江亦與導水不合矣。郭璞注山海經云：“岷山爲大江所出，崍山爲南江所出，崏山爲北江所出。”即璞江賦所云“源二分于崏、崍”者也。山海經又云：“岷三江，首大江出汶山，北江出曼山，南江出高山。”郭曰：“今江出汶山郡升遷縣岷山，至廣陵郡入海。”以上所説皆在梁州，且其所指俱屬江源。若徐鍇説本之荆州記者，直連入海之處而言，與此亦并非一説。而楊氏强合爲一，謂禹貢“三江當于上流發源處求之，三江皆發源于蜀而下注震澤”云云。楊氏蜀人，遂欲移揚州三江于蜀，不知東爲北江，東爲中江，皆在彭蠡以下，與上源何與乎？謂皆注震澤，又謬中之謬也。鶴壽案：先生專講鄭學，其實鄭注三江非是。漢地理志云：“蜀郡湔氐道縣，禹貢崏山在西徼外，江水所出，東南至江都入海。會稽郡毗陵縣，北江在北，東入海，楊州川。”此即禹貢之北江，在今江蘇常州府江陰縣北，東至太倉州北入海。導漾所謂“東爲北江，入于海”，蓋江之經流也。志又云丹陽郡蕪湖縣，中江出西南，東至陽羨入海，楊州川。此即禹貢之中江，在今安徽太平府蕪湖縣南，東與丹陽湖合，至江蘇江寧府高淳縣東南曰胥湖，至鎮江府溧陽縣南曰永陽江，至常州府荆溪縣北曰荆溪，又東入太湖。導江所謂“東爲中江，入于海”，蓋由太湖而入海也。志又云：“丹陽郡石城縣分江水，首受江，東至餘姚入海。會稽郡吳縣，南江在南，東入海。楊州川。”此即禹貢之南江，在今安徽池州府貴池縣西，東至浙江杭州府海寧州南入海。導江所謂“東爲中江，入于海”，蓋南江已包舉其中也。後人見中江、南江入海之道已斷，乃有取于鄭氏之説，左合漢爲北江，會彭蠡爲南江，岷江居其中爲中江，不知漢未入江，不得謂之北江。彭蠡爲湖漢九水所注，可謂之九江，不可謂之南江。漢入江在荆州，必不敍于楊；彭蠡三江并見楊州，若彭蠡即南江，必不如此重複。“三江既入”謂入于海，豈謂漢與彭蠡之入江哉？

震澤

"震澤底定"，蔡傳云："震澤，太湖也。地志在吳縣西南五十里，今蘇州吳縣也。"案前漢志云："會稽吳縣，具區在西，古文以爲震澤。"蔡引此而去其郡名，且于"西"字下添"南五十里"四字，非也。説禹貢自宜引漢志，但宜引原文，下始證以今地，且宋時蘇州所治即今治，到太湖僅三十餘里，云五十里者亦非。鶴壽案：夏官職方氏楊州"其澤藪具區，其浸五湖"，五湖謂即震澤也。班固謂"會稽郡吳縣具區在西，古文以为震澤"。職方氏每州藪、浸異處，楊州不應藪、浸同處。今案南山經云："句餘之山又東五百里，曰浮玉之山，北望具區。"水經沔水注引謝靈運曰："浮玉之山，句餘縣之東山。"具區在餘暨，句餘山在今浙江紹興府餘姚縣南百有十里，餘暨故城在今蕭山縣西，東西相去幾二百里。然則具區在今紹興府北境，今山陰縣南三里有鑑湖，周三百五十八里，意即具區與？浮玉山在今紹興府東境，古人言北即兼西，蓋西北與具區相準望也。漢志之説非是。

太湖西北承宣、歙、金陵諸水，西南承苕、雪諸水，東西二百餘里，南北一百二十里，占蘇、湖、常三州，其入海處則松江、東江、婁江也。先七世祖前峯先生諱同祖，字繩武。明正德辛巳進士，歷官翰林院編修、國子監司業。文集、事迹載明史藝文志、綱目三編。三江考曰："今太湖自吳江縣長橋東北合龐山湖者，爲吳松江。東南分流出白蜆江入急水港達澱山湖迤東入海者，爲東江，此單鍔吳中水利書所謂'開白蜆江使水由華亭青龍江入海'者也。但澱湖之東已塞，不復徑趨入海，而北流仍合吳松江，故曰'東江已塞'也。自龐山湖過大姚浦東北流，三折成三江，俗呼爲上清江、下清江、吳松江，其實一江也。入崑山西南分爲二，一名勤孃江，五里許復合爲一，經崑山南，東南過石浦，出安亭江，過嘉定縣黃渡，入青龍江，由江灣青浦入海者为婁江。安亭江在宋時已塞，單鍔所謂'開安亭江使水由華亭青龍江入海'者也。自宋已前，未有以劉家港爲古婁江者，以之自朱文長始，文長吳郡續圖經云：'崑山塘自郡城婁門至崑山入海，即婁江，指今之劉家港。'蓋謂松江東口入海者

爲東江,劉家港入海者爲婁江,太湖東入吳江縣長橋合龐山湖者
爲松江,三江之迹具存,東江未嘗塞也。然婁江自吳縣東南迤邐
而來,過崑山東南至嘉定界入海,曰吳松江口,甚明。雖其支流有
與劉家河相通者,而非江之正道,豈遂可指劉河爲婁江哉?"先生
此辨,閻氏若璩取之。胡氏渭謂:"東江自澱湖東南出爲谷水,逕
今浙江嘉興海鹽界,出爲澉浦,入海。庚仲初所謂'東南入海爲
東江'也。由澱湖注青龍江入海者,是後來改道,非古谷水所經。
自唐以來,築捍海塘,起鹽官迄吳淞江一百五十里,而東江遂陻。"
未詳其説是否。

　宋書始興王濬傳:"元嘉二十二年,上言二吳、晉陵、義興四
郡之水同注太湖,而松江、滬瀆壅噎不利,處處涌溢成災,欲從武
康紵溪今德清縣地。開湖,直出海口一百餘里,必無閡滯。"是歲乙
酉,上距底定時幾三千年,震澤入海之路始塞。梁書:"吳興郡屢
以水災失收,有上言當漕大瀆以瀉浙江。中大通二年,詔交州刺
史王弁發吳、吳興、義興三郡人丁就役,而不果行。"蓋亦松江不
通,故欲于上游分殺其勢也。至唐人築五堰,遏宣、歙之水,西北
入大江。宋則松江壅滯日甚,于是策下流者,曰先開江尾菱蘆之
地,曰鑿吳江堤爲木橋千所,曰開白蜆、安亭二江,曰通白茅港在
常熟。及三十六浦。三十六浦,在常熟二十四,入揚子江;在崑山十二,入
海。策上流者,曰東壩必不可廢,曰開夾苧千瀆,絕西來之水,使
北下江陰大江,曰決松江千墩、金城諸匯,開無錫五瀉堰,以洩太
湖而入于北江,曰導海鹽蘆瀝浦以分吳松而入于海。歸氏有光
謂治吳之水宜專力于松江,松江治則太湖東下,他水不勞餘力矣。
若欲絕西來之水不入太湖,殊不知揚州藪澤,天所以豬東南之水,
今以人力遏之,就使太湖可涸,豈爲民利? 此論蓋偏于治下流者。
韓邦憲亦謂不當以高淳獨爲之壑。邦憲,高淳人,故持此説。閻
氏若璩曰:"江南之有東壩,猶江北之有高堰。無高堰是無淮、揚
也,無東壩是無蘇、常也。高堰去寶應高丈八尺有奇,去高郵高二

丈二尺有奇,去興化、泰州高三丈有奇。昔人築堰,使淮不南下而
北趨。若淮一南下,因三丈餘之地勢,灌千里之平原,安得有淮南
數郡縣邪?東壩在高淳東南六十里,與溧陽分界。高淳湖底與蘇
州譙樓頂相平,假令水漲時,壩一決,蘇、常便爲魚鼈,則堰與壩可
廢乎?廢高堰者,多出泗州之人,至恐潘季馴以毀陵之罪。廢東
壩者,多出壩上之人,至追咎蘇軾、單鍔之言殊可痛疾。"此又偏于
治上流者也。前峯先生太湖考曰:"古人之治太湖也,置五堰于溧
陽,以節宣、歙、金陵、九陽江之水,使入蕪湖,以北入于大江。開
夾苧千瀆于宜興、武進之境,東抵漏湖,北接長塘河,西連五堰,
所以洩長蕩湖之水以入漏湖,洩漏湖以入大吳瀆等處,而入常州
運河之北偏十四斗門,北下江陰之大江,所以殺西來之水,使不入
于太湖而皆歸諸江也。又以荆溪不能當西来衆流奔注之勢,遂于
震澤口疏爲百派,謂之百瀆,而開橫塘以貫之,約四十餘里。百瀆
在宜興者七十有四,在武進者二十有六,皆西接荆溪而東通震澤
者也。于烏程、長興之間,開七十二溇,在烏程者三十有八,在長
興者三十有四,皆所以通經遞脈,殺其奔衝之勢而歸于太湖也。
太湖上流諸水之来源若此,而所以洩之者,則惟于三江是賴焉。
以江湖形勢觀之,大要宣、溧以上西北之水,可使入于蕪湖以歸大
江,而不可使注于荆溪;蘇、常以下東南之水,可使趨于吳松江以
歸大海,而不可使積于震澤,此東南治水之大旨也。"先生此論實
爲持平。蓋修築東壩,流濬吳松,治震澤者兩言盡之矣。鶴壽案:
築東壩以遏上流,疏吳淞以達下流,二者不可偏廢,然達下流尤爲要案。昔范
文正公守鄉郡,上書宰臣,言太湖納數郡之水,松江納太湖之水,松江湮塞則
湖水無所泄,當暑雨時必至爲沴,故須先治松江。明時夏元吉治水浙西,疏
劉家港以通海,疏白茆港以通江,而引太湖諸水入二港,以分其勢。又疏范
家浜至南倉浦口,以接黄浦,而通泖湖之水。吕光詢亦言治水之法當從要害
始,先治澱山湖等處,引太湖水入陽城、昆承、三泖等湖,次開吳淞江等處泄
澱山之水,以達于海,濬白茆港等處泄昆承之水,濬鹽鐵塘等處泄陽城之水,
以達于江,而支河之湮塞者,皆濬之深廣,使流者有所歸,瀦者有所聚,則旱潦

皆可無憂矣。

三吴

通典卷一百八十二州郡門云："蘇州吴郡,理吴、長州二縣,春秋吴國都也。秦置會稽郡,漢順帝分置吴郡,晉、宋亦爲吴郡,與吴興、丹陽爲三吴。齊因之,陳置吴州,隋改蘇州。"元和郡縣志云："江南道浙西觀察使所管蘇州吴郡,周爲吴國,秦置會稽郡于吴。項羽初起,殺太守殷通,即此。後漢順帝永建四年分浙江以東爲會稽,西爲吴郡,孫氏亦肇迹于此,歷晉至陳不改,與吴興、丹陽,號爲三吴。隋開皇九年改爲蘇州。"朱長文吴興圖經續記封域門云："哀公二十二年,越滅吴,吴遂爲越,而越王未聞居吴也。句踐後,更六王至無疆,更一百四十餘年,爲楚威王所滅,取吴故地。威王曾孫曰考烈王,春申君黃歇爲之相,乃以吴封春申,使其子爲假君,留吴。及秦并其地,置會稽。漢順帝永建四年分會稽爲吴郡,以浙江中流爲界。晉、宋、齊、梁、陳之間,雖頗割地而郡不改,與吴興、丹陽,號爲三吴。吴興今湖州府,丹陽今江寧府。"據三書所言三吴,則吴興爲南吴、丹陽爲西吴、蘇州爲東吴也。餘説紛紛,皆可不論。

閶門

史記律書説八風,西方閶闔風,淮南天文訓略同。蘇州西門名閶門,又名金閶,本此。西方摯斂,取門之閉,其行則金。陸廣微吴地記:"地名甄冑,水名通波,城號闔閭,臺曰姑蘇。隩壤千里,是號全吴。"甄冑未詳,通波則陸機吴趨行曰:"吴趨自有始,請從閶門起。閶門何峩峩,飛閣跨通波。"

勾吴

史記吴泰伯世家:"太伯奔荊蠻,自號勾吴。"宋忠曰:"勾吴,泰伯始所居地名。"案今無錫縣梅里,即泰伯所居地。號曰勾吴者,勾吴故城在梅里平墟,泰伯塚亦在梅里聚,今吴縣北。鶴壽案:"勾"者,夷之發聲;"吴"者,國之總名。泰伯所居之地,世名梅里,不名勾吳，宋忠説非是。只可稱泰伯故城，不可稱勾吳故城。

故吳城有二

舊唐書地志云："蘇州，春秋時吳都闔閭邑。漢爲吳縣。隋平陳，置蘇州，取州西姑蘇山爲名。"案吳始都不在此。元和郡縣志云："蘇州吳郡，周時爲吳國。太伯初置城在今吳縣西北五十里，至闔閭遷都于此。"吳地記云："泰伯奔吳爲王，卒葬梅里。至夢壽別築城于平墟西北二里闔閭城。周敬王六年伍子胥築大城，周回四十二里三十步，小城八里二百六十步。西，閶、胥二門；南，盤、蛇二門；東，婁、匠二門；北，齊、平二門。"史記正義云："太伯所居城在蘇州北五十里常州、無錫縣界梅里村，其城及冢見存。"太平寰宇記、吳郡圖經續記、吳郡志并同。梅里之名，至今稱之，其城址則湮没。鶴壽案：泰伯居梅里，在今江蘇常州府無錫縣東南四十里。世本居篇云："孰哉居藩籬，孰姑徙勾吳，諸樊徙吳。"孰哉，仲雍也。藩籬，一名餘暨，即今浙江紹興府蕭山縣。孰姑，壽夢也，復還故都。吳即今蘇州府治。史記正義云："諸樊南徙吳，至子光築闔閭城都之。"據此則故吳城有三，若南徐州記謂武王封周章于常熟，元和郡縣志謂崑山縣本秦婁縣，其城壽夢所築，則不可信。越絶書云："吳大城周四十七里二百一十步二尺，陸門八，水門八，闔閭所造也。吳郭周六十八里六十步，吳小城周十二里，其下廣二丈七尺，高四丈七尺，伍子胥城周九里二百七十步。"與其引吳地記，胡弗引此也。

沈尢村

王鏊姑蘇志："徐侯山在陽山西北十里，一名卑猶。吳越春秋越王葬吳王于秦餘杭卑猶，即此山。其下有沈尢邨。"朱彝尊和韻題惠周惕紅豆書莊圖詩云："粥魚茶板近松門，夕照雙浮塔影存。一入畫圖看便好，城居僻似沈尢邨。"嘉興楊謙注闕。鶴壽案：吳地記云："餘杭山一名卑猶山。"今案越絶書云"秦餘杭山者，越王棲吳王夫差山也，去縣五十里。夫差冢在猶亭西。卑猶山去縣十七里。"然則餘杭、卑猶并非一山。陸廣微徒見吳越春秋言秦餘杭山卑猶，遂以爲一山耳。"尢"與"猶"音同字通，沈尢村、卑猶山，殆皆以猶湖而得名與？

畽城

嘉定，本唐崐山縣東境之畽城鄉，宋時嘗掘得唐畽城鄉莊府君墓銘，見縣志，今石已不存矣。説文："畽，燒穜也。漢律云：畽田茠艸。从田，寥聲。力求切。"廣韻："畽田不耕，火穜也。"漢建寧四年丹水丞陳宣碑稱："宣歷督郵主簿，除項都，經營水利，漑田三十餘頃。畽民胡訪等欲報靡由，仍伐石建碑。"宋孝武十四王豫章王子尚傳："鄮縣多畽田。"唐何超晉書音義云："通溝漑田爲畽。"則"畽民"即耕民耳。吳君高越紐録云："吳北野禺櫟東所舍大畽者，吳王田也，去縣八十里。吳北野胥主畽者，吳王女胥主田也，去縣八十里。"楊億送許洞歸吳中詩云："洞庭霜橘畽田粟。"吳之有畽田，其來久矣。但越紐所云二處畽田皆吳之北野，我邑在吳東，未可即以爲吾邑畽城也。鶴壽案：越紐録即越絕書也。本書已明言畽田在吳縣北八十里畽城鄉，遠在吳縣之東一百三十餘里，兩處毫不相涉。

申浦

顧清松江府志云："黃浦在郡南境，即古之東江，禹貢三江之一也。戰國時，楚黃歇鑿其旁支流，後與江合，土人相傳，稱爲黃浦。又以歇故，或稱春申浦。"案新唐書韓滉傳："造樓艦三千栰，以舟師由海門大閲，至申浦乃還。"申浦之名，其來久矣。但以爲即古東江則非，以爲禹貢三江之一尤非。

（清）王鳴盛 著　顧美華 標校

蛾術編

下

上海書店出版社

蛾術編卷五十一

三皇五帝

史記首紀五帝，其前不敘，而司馬貞補史記自序云："司馬公盡美矣，有未盡善者。蓋先史之未備，成學之深疑，如本紀敘五帝而闕三皇。"其補紀列太皥庖犧氏即宓犧氏，女媧氏即女希氏，炎帝神農氏即烈山氏，亦名厲山氏。愚謂周禮春官"外史掌三皇、五帝之書"，鄭康成云："即楚靈王所謂三墳、五典。"見昭十二年傳。疏引賈逵注："三墳，三皇之書；五典，五帝之典。"則五帝以前，固有三皇矣。司馬貞所說三皇，大略從鄭康成亦確。且既以伏羲、女媧、神農爲三皇，則其下正可接史記黃帝、顓頊、帝嚳、堯、舜爲五帝，此五帝與大戴禮五帝德篇夫子所說五帝合。史記本闕略，故不敘三皇，貞之所補誠有理。周易繫辭述庖犧畫卦等事，次言"庖犧氏沒，神農氏作"，雖文相承，不妨中有女媧。次云"神農氏沒，黃帝、堯、舜氏作"，不言顓頊、帝嚳，亦不妨有此二帝。末言"上古穴居，後世聖人易以宮室"，虞翻曰："'後世聖人'謂黃帝。"若然，則知"上古"者三皇也，即指上文庖犧、神農。且一切制度皆自畫卦起，而文字尤須從此發端，故說文序亦追溯至伏羲畫卦爲始。然則三皇誠不可無紀。言三皇者以司馬貞所用鄭康成說爲正，言五帝者以史記爲正，以其與繫辭及帝繫合，他家與此不合者皆非。禮記月令：春，其帝太皥；夏，炎帝；中央，黃帝;秋,少皞;冬,顓頊。祭法說虞、夏、殷、周禘郊祖宗,有黃帝、顓頊、嚳、堯;祭祀有功烈民者,有厲山氏、黃帝、顓頊、帝嚳、堯、舜。昭十七年傳,郯子說官制,有太皞、炎帝、黃帝、顓頊。此類皆有參差可見。說三皇當以補本紀爲正,說五帝當以五帝本紀爲正。鶴壽案:屈子有言:"遂古之初,誰傳道之?"三皇之事渺矣,百家傳記無所徵信,必欲列之,則當以見于經典者爲正。班彪言定、哀之間魯君子左丘明記錄黃帝以來至春秋時帝王、諸侯、卿大夫號,成世本十五篇,首曰三皇世系,則太昊伏羲氏、炎帝神農氏、黃帝有熊氏也;次曰五帝世系,則少皞金天氏、顓頊高陽氏、帝嚳高辛氏、帝堯陶唐氏、帝舜有虞氏也。易繫辭言"古者包犧氏之王天下也","神農氏作","黃帝、堯、舜氏作"。春秋文十八年季孫行父曰:"高陽氏有才子八人,高辛氏有才子八人。"昭十七年郯子曰:"少皞氏以鳥名官。"此即世本所據以爲三皇、五帝者也。皇何以有三,帝何以有五? 以三墳、五典知之也。偽孔傳謂:"伏犧、神農、黃帝之書,謂之三墳;少昊、顓頊、高辛、唐虞之書,謂之五典。"其所敘三皇、五帝實本于經典,豈得以其出自王肅偽造而必欲斥之? 或曰郯子所述太皞、炎帝、黃帝、少昊之外,尚有共工氏,何以不數? 曰:共工伯而不王,故不在五德之內,劉歆三統曆稱世經云:"郯子據少昊受黃帝,黃帝受炎帝,炎帝受共工,共工受太昊,故先言黃帝,上及太昊。稽之于易,庖犧、神農、黃帝相繼之世可知。庖犧氏繼天而王,德始于木;共工氏伯九域,雖有水德,在水、木之間,非其序也;神農氏以火承木,故爲炎帝;黃帝火生土,故爲土德;少昊帝土生金,故爲金德;顓頊帝金生水,故爲水德;帝嚳水生木,故爲木德;唐帝木生火,故爲火德;虞帝火生土,故爲土德。"由此觀之,則三皇、五帝之無共工而有少昊明矣。史記不紀三皇者,以其荒遠無稽,故僅據大戴禮記五帝德篇而紀五帝。但五帝德原文不及少昊,史公見世本所載黃帝之下尚有少昊,故于黃帝紀之末帶敘之。張守節謂太史公依世本以黃帝、顓頊、帝嚳、唐、虞爲五帝,而孫氏注世本以伏犧、神農、黃帝爲三皇,少昊、顓頊、高辛、唐、虞爲五帝。孫氏者,孫檢也。然據昭十七年傳疏云"世本及春秋緯皆言青陽即是少皞,代黃帝而有天下,號曰金天氏",然則世本所敘五帝本有少昊,并非出自孫檢之注,張守節殆失照耳。司馬貞欲補紀三皇,豈不知黃帝在三皇中? 因太史公既列之于五帝,則不得不于庖犧、神農之外別尋一皇以配之,而適見緯書差德序命以宓羲、女媧、神農爲三皇，遂取而用之。先生見尚書中候及春秋緯皆鄭康成作注，又見禮記明堂位注云"女媧，三皇承宓羲者"，以爲此是鄭説，確不可易。其實以女媧爲三皇之一，此乃非也。一則明堂位各節皆以時世爲先後，此節敍女媧于重叔之下，則未必是三皇時人；二則宓羲、神農制作多端，女媧則除卻笙簧，一無所見，即鍊石補天，亦是寓言；三則説文言女媧"古之神聖女，化萬物者也"，安有開闢之初，即是婦人爲帝王者？度不過如姜嫄、簡狄之類耳。故譙周以燧人爲皇，宋均以祝融爲皇。若以女媧爲皇，則斷不可。緯書固不必論，獨鄭康成、司馬貞遵而用之，可謂無識。然則補紀三皇當仍列黃帝乎？曰：風俗通謂遂皇、戲皇、農皇，白虎通謂伏犧、神農、祝融。太史公既列黃帝于五帝，則三皇當補以燧人，鑽燧出火，教人熟食，在伏犧以前也。若祝融則係顓頊之子，不得列于三皇。或又疑黃帝既爲三皇，而五帝德篇以黃帝居首，豈夫子之言亦謬與？曰：不獨黃帝可以當五帝，即太皥、炎帝亦可以當五帝。周書月令解固以太皥、炎帝、黃帝、太皥、顓頊爲五德之帝矣，夫子之言即本諸此。月令專論五行，則自太皥數至顓頊，五德已備，故不及帝嚳、堯、舜；繫辭專論易象，故上及包犧、神農；宰我專問帝德，故特舉黃帝、顓頊、帝嚳、堯、舜，言各有當。羣書所載雖參差不一，從世本可也。

　　鄭康成説三皇、五帝，見所注尚書中候敕省圖文，據春秋緯運斗樞義也，僞孔尚書序疏載之。其以帝鴻、金天、高陽、高辛、陶唐、有虞爲五帝者，帝鴻即黃帝；金天即少昊；少昊即青陽，黃帝子也，史記黃帝紀中帶敍青陽；高陽，顓頊也；高辛，帝嚳也。合堯、舜共六人，而云五帝者，以其皆德合五帝坐星者也。或以少昊統于黃帝，或以堯、舜合德，共爲一帝，亦皆可。故知鄭與史記合。此等荒遠事，姑存舊説，是非本難尋究，毋容過事推求，補本紀末復綴一條，以爲或説三皇乃天皇、地皇、人皇，在太皥之前，別有其人，荒誕無稽，宋、元以來皆承用之，并于天皇、地皇、人皇之前增出盤古氏，吾不知之矣。辨詳十七史商榷。鶴壽案：鄭康成爲東漢大儒，惜其好以緯書解經。所謂三皇者，古有此繼天立極之三人，其號見于繫辭，鄭必從春秋運斗樞之文，以爲女媧承宓義。所謂五帝者，不過值五德之運，鄭注尚書中候敕省圖，以爲德合五帝坐星者稱帝。草昧初開而已婦人聽政，古風質朴而已符命侈陳，鄭學之不純，于此可見。史記秦始皇紀：

博士議曰："古有天皇、地皇、泰皇。泰皇者，人皇也。"此不過爲上尊號而言，乃司馬貞取以附三皇紀後，并誤信漆園叟之言，綴以柏皇、中央、栗陸、驪連諸氏，又誤信春秋緯之説，綴以攝提、合雒、連通、序命諸紀，不亦謬乎！若胡宏皇王大紀以盤古氏爲始，陳桱通鑑續編因之，更俚鄙不堪矣。

五帝、夏、殷及周初皆無年

三代世表兼敘五帝之世，直至周厲王，皆有世無年，共和庚申以後，周紀方有年數，表則改世表爲年表。三代世表敘首言："孔子次春秋，紀元年，正時月日蓋詳，序尚書則無年月。余讀諜記，黃帝以來皆有年數，咸乖異，夫子弗論次，豈虛哉！"説詳尚書後案顧命篇攷周公居攝成王在位年數鄭康成與劉歆不合一條。鶴壽案：顧命"四月哉生魄"，鄭注云："此成王二十八年，居攝六年，爲年端。"先生續其下云："至此三十年。知者，鄭于康王之誥注云：周公居攝六年制禮樂，至此積三十年。居攝終于七年，加二十八年，故三十年也。"漢律曆志載劉歆三統曆云："成王元年正月己巳朔，此命伯禽俾侯于魯之歲也。後三十年四月庚戌朔，十五日甲子哉生霸，故顧命曰'惟四月哉生霸'。"先生見其説與鄭不合，遂信手駁之。今案不獨此一條劉與鄭不合也，鄭康成注尚書，所推年月皆據易緯乾鑿度，以甲寅爲曆元，劉歆三統曆以丁巳爲曆元，二者截然不同。三統曆遠勝于乾鑿度。錢氏泲亭曰："甲寅元，殷曆也。丁巳元，周曆也。"乾鑿度云，文王受命，入甲寅元曆戊午部二十九歲，故鄭注尚書謂文王受命改元，至魯惠公末年三百六十歲，是克殷至春秋止三百四十八年，而三統曆、世經稱積四百歲。夫易緯與三統皆有數可推，推之之術，以經文日月爲據。武成、召誥、顧命、畢命四篇，劉歆所已推，據此則餘其可知矣。推易緯之積年，當用甲寅元曆，推三統之積年，當用丁巳元曆。武王克商，周曆入戊午部四十七歲，大餘三十三，天正辛卯朔，閏餘十八，閏在二月後四月己丑朔，故武成云"惟一月壬辰旁死霸"。惟四月既旁生霸，越六日庚戌也。殷曆入戊午部僅四十二歲，大餘三十二。天正庚寅朔，與辛卯校一日耳，而歲無閏月，則四月戊午朔，庚戌已在後月中矣。周公攝政七年，周曆入戊午部六十歲，大餘四十七，二月乙亥朔，三月甲辰朔，故召誥云"惟二月既望，粵六日乙未"，"惟三月丙午朏"也。殷曆入戊午部五十五歲，大餘十七，二月甲辰朔，望後六日非乙未，三月甲戌朔，朏乃丙子。成王三十年周曆入丁酉部十四歲，大餘四十四,四月庚戌朔,世經云"十五日甲子哉生霸",顧命以爲成王洮沬水之日也。殷曆入丁酉部九歲,大餘十四,是年周曆閏餘十五,閏在七月後,殷曆閏餘十八,閏在二月後,故殷曆四月己酉朔,甲子則望後日也。所以止校一日者,閏有先後使然。康王十二年,周曆入丁酉部二十六歲,大餘五,六月己巳朔,畢命云"庚午胐",此校一日。殷曆入丁酉部二十一歲,大餘三十四,六月戊戌朔,庚午爲後月之胐矣。夫曆各有元,元異則入部之年亦異。據經以致二曆,周則皆合,殷則皆違,是非月日有誤,而積年之誤也。歲星有超辰,則太歲隨而俱超,謂之"龍度天門"。此法作于上古,掌于周官。東漢人不知,僅以六十年周命歲。緯書見建武改元,歲在乙酉,用以爲據,上推魯隱公元年,謂之己未,又上三百四十八年而得辛未,遂指爲武王伐紂之年,不知辛未尚在其前五十二年也。三統則以隱公元年爲甲寅,歷四百歲而超三次,得周初辛未之歲,致諸内外傳皆合。先生以其不合鄭説而漫駁之,何哉?

　　鄭康成詩譜序云:"夷、厲以上,歲數不明。太史年表自共和始,歷宣、幽、平王而得春秋。"正義曰:"本紀夷王已上多不記在位之年,是'歲數不明'。本紀云:'厲王三十四年,王益嚴。又三年,王出奔于彘,召公、周公二相行政,號曰共和。'十二諸侯年表起自共和元年,是歲魯貞公之十四年,齊武公之十年,晉靖侯之十八年,秦仲之四年,宋釐公之十八年,衞僖侯之十四年,陳幽公之十四年,蔡武公之二十四年,曹夷伯之二十四年,鄭則于時未封,是太史年表自共和始也。本紀共和十四年,厲王死于彘,宣王即位。四十六年,崩,子幽王立。十一年,爲犬戎所殺,子平王立,四十九年,當魯隱公元年。計共和元年距春秋之初一百一十九年。春秋之時,年歲分明,故云'歷宣、幽、平王而得春秋'。"詩譜疏引年表説共和元年諸侯,脱去楚熊勇之七年,燕惠侯之二十四年。吴之君尚闕無致,亦宜一見。十二諸侯年表集解引徐廣曰:"自共和元年,歲在庚申,訖敬王四十三年,凡三百六十五年。共和在春秋前一百一十九年。"則歷歷分明矣。凡一切謬妄詳著上世帝王年數,辨見十七史商榷。左傳王孫滿語,周易乾鑿度及孟子説夏、商、周饗國之年,則皆約略言之,不可執泥。

八元、八愷

文十八年傳"高陽氏有才子八人，蒼舒、隤敳、檮戭、大臨、龙降、庭堅、仲容、叔達"，杜注："高陽，帝顓頊號，八人其苗裔。蒼舒等即垂、益、禹、皋陶之倫。庭堅，皋陶字。""高辛氏有才子八人，伯奮、仲堪、叔獻、季仲、伯虎、仲熊、叔豹、季貍"，注云："高辛，帝嚳號，八人亦其苗裔。伯奮等即稷、契、朱虎、熊羆之論。"疏云："春秋命歷序：顓頊傳九世，帝嚳傳八世。要二帝子孫至舜時始用，必非帝之親子，故略言其苗裔耳。六年傳：臧文仲聞六、蓼滅云'皋陶庭堅，不祀忽諸'，知庭堅、皋陶爲一人。其餘則不知誰爲禹、誰爲益，故云'之倫'、'之屬'，不敢斥言。"此經服虔注已亡，僅存一句，云："蒼舒等八人禹、垂之屬也。"鄭康成尚書注亡者多，欲攷舜臣與元、愷離合，僅存一句，云："契在八元中。"祇可依杜、孔爲説。然杜以蒼舒等爲垂、益、禹、皋陶之倫，而且以益先皋陶，杜不信史記故也。史記秦本紀，秦始于皋陶，皋陶生伯益，父子佐舜有功。列女傳"皋子生五歲而贊禹"，曹大家注："皋陶之子伯益也。"唐宗室世系表："高陽氏生大業，大業生女華，女華生皋陶，字庭堅，爲堯大理，生伯益。"列女傳、唐書皆本史記。水經注百蟲將軍顯靈碑云："將軍姓伊氏，諱益，字隤敳，帝高陽之弟二子伯益者也。"杜注、孔疏皆不能以舜臣分配元、愷，而此碑直以益爲隤敳，且言是高陽子。左傳本以隤敳敘列八愷之弟二，在庭堅前，果爾，則非皋陶子矣。鶴壽案：傳稱"舜臣堯，舉八愷，使主后土；舉八元，使布五教于四方"，注、疏言禹作司空，平水土；契作司徒，敷五教，故知禹在八愷之中、契在八元之中，然禹、契之字無從而攷。太史公但言禹名文命，故疏言不知八愷之中，何者爲禹；八元之中，何者是契也。禹爲顓頊六世孫，見漢律歷志；稷、契爲帝嚳之苗裔，見大戴禮帝繫姓。若垂爲顓頊後，朱虎、熊羆爲帝嚳後，則未之前聞。據百蟲將軍碑及左傳，伯益、皋陶并非父子。史記秦本紀云："帝顓頊之苗裔曰女修，玄鳥隕卵吞之，生子大業，大業生大費，與禹平水土，是爲柏翳。""柏"、"伯"字同，"翳"、"益"聲轉，即尚書之伯益也。太史公并未言大業即皋陶，其以伯益爲皋陶之子，蓋始于列女傳，而張守節正義引之。然則謂伯益爲高陽之後，可信也；謂伯益爲皋陶之子，未可信也。至唐宗室世系表謂"大業生女華，女華生皋陶，爲堯大理，生益"，則更大謬。女華者，大業所取少典氏女耳。張守節謂大業即皋陶，而表以女華爲大業之子，皋陶爲大業之孫，忽然增出兩代。世系表出自人家宗譜，大概鑿空無據，前有無識之鄭樵取以入通志，今先生又云"列女傳、唐書皆本史記"，胡弗觀史記原文邪？

后稷見棄

史記周本紀云："后稷名棄，其母有邰氏女姜原，爲帝嚳元妃。出野，見巨人跡，心忻然説，踐之而身動如孕者，居期而生子。以爲不祥，棄之隘巷，馬牛過者皆辟不踐；徙置之林中，適會山林多人；遷之而棄渠中冰上，飛鳥以其翼覆薦之。姜原以爲神，遂收養之。初欲棄之，因名曰棄。棄爲兒時，屹如巨人之志，其游戲，好種樹麻菽，麻菽美。及爲成人，好耕農，相地之宜，宜穀者稼穡焉，民皆法則之。帝堯聞之，舉棄爲農師，天下得其利。帝舜封棄于邰，號曰后稷，別姓姬氏。"以上皆述棄之事也，然先儒之説不同。大戴禮帝系篇："帝嚳卜其四妃之子皆有天下，上妃有邰氏之女曰姜嫄，生后稷；次妃有娀氏之女曰簡狄，生契；次妃陳鋒氏之女曰慶都，生堯；下妃娵訾之女曰常儀，生摯。"家語、世本、史記五帝本紀、詩毛氏傳、劉歆、班固、賈逵、馬融、服虔、王肅、皇甫謐等皆從之。鄭玄作毛詩箋，據春秋命曆序，以爲少昊傳八世，顓頊傳九世，帝嚳傳十世，則堯與稷、契皆非帝嚳親子，乃其苗裔耳。鄭志答趙商同，張融從之。其履跡感生之事，見河圖及中候稷起、苗興諸篇，齊、魯、韓詩、春秋公羊説同。鄭玄用以箋詩，王基、馬昭、孫毓并以爲然，而毛萇、馬融、許慎、王肅皆不信其説。愚謂此雖近似荒誕，然后稷生而見棄，經有明文，若謂夫婦配合，以人道而生子，乃事之至常，決無真之林巷寒冰之理。大司樂有享先妣之樂，魯立閟宮以祀姜嫄，奚斯作頌，首美姜嫄之德。使后稷無感生之事，周、魯何爲特立姜嫄廟乎？鶴壽案：周本紀所述后稷見棄之事,悉本于生民詩。戴東原曰:"帝嚳上妃姜嫄,本失實之辭,徒以傅會周人禘嚳,爲其祖之所自出耳。周祖后稷,于上更無可推。后稷非無母之子,故別立姜嫄廟,不在廟制之數,此禮意之至微也。明乎禮可以通詩,詩美姜嫄曰:'克禋克祀,以弗無子。''禋'、'祀'并事天之名,德可以當神明,然後能事天也。次章曰:'上帝不寧,不康禋祀,居然生子。'氣化生人以後,人類相生久矣,忽有界乎氣化之際者,而所生乃非常之哲人,豈偶然乎?此言禋祀獲福之常理,以見哲人降生,與降福無二理也。三章言生而棄之,感其異,然後收養之。后稷之名棄以此。"今案戴氏謂姜嫄非帝嚳元妃,是也。謂姜嫄無夫而生子,恐未必然。姜嫄之夫當是帝嚳之裔,特不著名耳,猶之簡狄并非帝嚳次妃,而其夫亦不著名也。至于履迹感生,容有其事。潛夫論五德志云:"大人迹出雷澤,華胥履之,生伏羲。有神龍首出常,感任姒,生神農。大電繞樞炤野,感符寶,生黃帝。大星如虹,下流華渚,女節夢接,生少皞。搖光如月,感女樞幽防之宮,生顓頊。握登見大虹,意感生重華。修己見流星,意感生文命。扶都見白氣貫月,意感生殷湯。大任夢長人感己,生文王。"此言自古帝王皆出感生,殆不足信。若有娀飛燕,女修吞卵,呂覽、史記諸書皆言之,而姜嫄履大人迹,詩固明言之矣。

辨夏、商歷年謬妄之説

夏本紀集解:"徐廣曰:'自禹至桀十七君,十四世。'汲冢紀年曰:'有王無王,用歲四百七十一年。'"殷本紀集解:"譙周曰:'殷凡三十一世,六百餘年。'汲冢紀年曰:'湯滅夏至受二十九王,用歲四百九十六年。'"案:一切謬説,多出皇甫謐帝王世紀,幸而不傳,今存者尚有汲冢紀年,夏末一條云"自禹至桀十七世"二句,與集解所引同。小字注云:"起壬子,終壬戌。"夏紀集解"十七君,十四世",當即紀年文,俗張遂辰刻本"十七"之下"世"之上,脱"君十四"三字。"有王"二句,及每君皆有年數,小字注甲子,皆謐妄造。夏紀"禹崩"下,集解引謐曰"年百歲",則俗刻紀年脱,亦謐妄造。殷紀"湯崩"下,集解引謐曰:"湯即位十七年,踐天子位,爲天子十三年,年百歲而崩。"俗刻紀年脱。以逐年細數校之,"十三年"當爲"十二年",謐意以禹、湯皆聖人,故皆以百歲歸之。<u>殷</u>比<u>夏</u>更詳，每君各爲製一名，如<u>外丙</u>名<u>勝</u>、<u>仲壬</u>名<u>庸</u>之類，此等直如戲劇、小説。更怪<u>殷</u>末一條總説<u>湯</u>至<u>紂</u>君數年數，與集解所引正同。辨見<u>十七史商榷</u>。<u>鶴壽</u>案：竹書紀所今無原本，固不可信。若帝王世紀所載夏、殷之世數、年數，大約各有所據。俗本紀年或係裒集其文，亦未可知。其殷代每君名字，即謐所增入，亦非盡無憑，呂氏春秋音初篇云"殷整甲徙宅西河"，此非河亶甲名整之一證乎？太平御覽卷八十三引韓詩内傳云"湯爲天子十三年，年百歲而崩"，此非湯在位十三年之一證乎？一君之名有本，而每君之名皆妄造；一君之年有本，而每君之年皆妄造，恐未必然。況史記三代世表云："從禹至桀十七世，從湯至紂二十九世。"竹盡與世紀正與此同。漢律曆志云"夏后氏繼世十七王，四百三十二歲"，"殷世續嗣三十一王，六百二十九歲"。夏之歷年，竹書不甚相縣。殷之歷年，竹書雖不同，而世紀之同不同，今無從攷。先生概以爲玄晏妄造，過矣。

外丙、仲壬

<u>殷</u>道弟及，與<u>周</u>不同，故傳世三十，立弟者十三。<u>孟子</u>："<u>湯</u>崩，<u>太丁</u>未立。<u>外丙</u>二年，<u>仲壬</u>四年。"<u>趙岐</u>注："<u>太丁</u>未立而卒。<u>外丙</u>立二年，<u>仲壬</u>立四年。"後<u>微子</u>舍其孫<u>腯</u>而立<u>衍</u>，仍<u>殷</u>家法也。<u>趙</u>注本之<u>殷本紀</u>，原無可疑，<u>朱子</u>綴以<u>程子</u>説，謂其時<u>外丙</u>方二歲，<u>仲壬</u>方四歲，<u>太甲</u>差長，故立之。但<u>丙</u>兄<u>壬</u>弟，何以兄二歲，弟反四歲乎？

太甲元年十二月

古文<u>伊訓</u>已亡，<u>班</u>氏<u>律曆志</u>云："惟<u>太甲</u>元年十有二月乙丑朔，<u>伊尹</u>祀于先王，誕資有牧方明。"此<u>太甲</u>元年十二月朔冬至祀上帝，爲越茀行事。僞古文創爲<u>湯</u>崩踰月即位，因以陳訓，謬甚。説詳<u>尚書後辨</u>。<u>蔡沈</u>謂："<u>秦</u>建亥，<u>史記</u><u>始皇</u>三十一年'十二月，更名臘曰嘉平'。夫臘必建丑月也，<u>秦</u>以亥正，則臘爲三月。云'十二月'者，寅月起數未嘗改也。至三十七年書'十月癸丑，<u>始皇</u>出遊'，'十一月，行至<u>雲夢</u>'，繼書'七月丙寅，<u>始皇</u>崩'，'九月，葬<u>驪山</u>'。先書十月、十一月，繼書七月，九月，知其以十月爲正朔，而寅月起數未嘗改也。且<u>秦</u>史制書謂'改年始朝賀皆自十月朔'，漢初史氏所書舊例也,漢仍秦正,亦書曰'元年冬十月',則正朔改而月朔不改明矣。"蔡此説尤非。顧氏日知録云:"漢書高帝記'春正月',顏師古注云:'凡此諸月號,皆太初正暦之後,紀事者追改之,非當時本稱也。以十月爲歲首,即謂十月爲正月,今此真正月,當時謂之四月耳。他皆類此。'叔孫通傳'諸侯羣臣朝十月',師古云:'漢時尚以十月爲正月,故行朝歲之禮。史家追書十月。'"又:"漢元年冬十月'五星聚于東井',當是建申之月,劉攽云:'案暦,太白、辰星去日率不過一兩次,今十月而從歲星于東井,無是理也。然則五星以秦之十月聚東井耳。秦十月,今七月,日當在鶉尾,故太白、辰星從歲星也。'據此足明記事之文皆是追改,惟此一事失于追改,遂以秦之十月爲漢之十月。夫以七月爲十月,正足爲秦人改月之證矣。"顧氏此二條本顏師古、劉攽注,以明秦、漢之初,本改時月,司馬遷、班固生武帝正暦之後,本太初暦而追改前之時月以記事,其言信而有徵。蔡氏取蘇氏東坡書傳及胡安國春秋傳。春秋"春王正月",左傳云"周正月",杜預云:"言周以別夏、殷。"伊川程子忽翻其案,創爲"假天時以立義"之説。胡安國遂據伊訓以爲商不改月,據秦、漢書始建國曰"元年冬十月",以爲秦、漢不改時,因謂春秋以夏時冠周月,此其謬正與蘇氏同,而蔡兩承其誤也。蔡所據者周建子,而詩言"四月維夏"、"六月徂暑",則寅月起數,周未嘗改也。夫書傳所載三正,錯舉甚多,豈足證不改月乎? 既知蔡不改月之誤,不得不用孔崩年改元之説,而二説皆不可通,于是顧氏日知録又云:"元祀者,太甲元年。十二月,建子之月。蓋湯崩太甲不繼湯,别有辨。必以前年之十二月也。祠于先王,奉王見厥祖,祔湯于廟也。先君祔廟而後嗣子即位,故成之爲王也。未祔則事死如生,位猶先君之位。故祔廟而後嗣子即位,必在期年之後。周卒哭而祔,故踰年斯即位矣。三年喪畢而後踐天子位,舜也、禹也;練而祔,祔而即位,商也;踰年正月即位,周也。"此别自立説,竟以今伊訓爲真書矣。惟閻氏云：“至朔同日，以祖配上帝而作訓。”方爲定論。鶴壽案：史記三代世表，殷湯下有帝外丙、帝仲壬二代，然後繼之以帝太甲，則太甲之年不與湯相接也。太甲元年有仲壬之服，殷正建丑十二月朔旦冬至，故越毋而祀先王。閻氏據劉歆説以駁僞古文，以爲與湯崩無涉，省卻改元不改月許多閒話，善矣。但僞古文亦因劉歆而誤。三統曆云：“上元至伐桀之歲十四萬一千四百八十歲，歲在大火、房五度，故傳曰‘大火，閼伯之星也，實祀商人’，後爲成湯，方即世之時爲天子，用事十三年矣。商十二月乙丑朔旦冬至，故書序曰‘成湯既没，太甲元年，使伊尹作伊訓’，曰‘惟太甲元年十有二月乙丑朔，伊尹祀于先王，誕資有牧方明’”，言雖有成湯、太丁、外丙之服，以冬至越毋祀先王于方明，以配上帝。”作僞書者但見太甲元年與成湯即世連文，而不知太甲之年不與湯相接，故有踰月即位等説耳。

　　三統曆“誕資有牧方明”一句，爲僞作者删去，然此乃劉歆所引真古文。歆以“方明”爲冬至郊天，汲郡古文曰：“太甲十年大饗于太廟，初祀方明。”此商家一代祭祀大典，惜其書不傳。周因殷禮，故儀禮覲禮有“方明”，説詳堯典“禋于六宗”。鶴壽案：覲禮：“諸侯覲天子，爲壇十有二尋，加方明于其上。”孟康曰：“方明者，神明之象也。以木爲之，方四尺，畫六采，東青西白，南赤北黑，上玄下黄。”

　　## 臣扈

　　尚書君奭“在大戊，時則有若伊陟、臣扈”，傳曰：“大戊，大甲之孫。”疏曰：“史記殷本紀云‘大甲崩，子沃丁立。崩，弟大庚立。崩，子小甲立。崩，弟雍己立。崩，弟大戊立’，是大戊爲大甲之孫。夏社序云‘湯既勝夏，欲遷其社，不可，作夏社、疑至、臣扈’，則湯初有臣扈已爲大臣，不得至大戊仍在，與伊尹之子同時立功，蓋二人名同或兩字一誤也。”案：疏以臣扈不得至大戊仍在者，大戊爲湯玄孫，爲世則五，其間兄弟相及，有外丙、仲壬等，凡九君矣。竹書紀年湯爲天子，至大戊元年凡八十四年。竹書出于束晳，不足信。但臣扈至大戊歷九君，自必百餘歲，百餘歲人，上世常有，不足多怪。疏謂“二人名同或兩字一誤”，非也。蘇氏軾云：“湯初已有臣扈。湯享國十三年，又七年而大甲立，大甲享國三十二年,又更四帝乃至大戊,臣扈猶在。"陳氏:"經云湯至大戊百三十年,必二臣名同也。"攷史記,三代止表其世,未詳其年。竹書紀年起自黃帝,已覺荒誕。宋儒邵雍、金履祥輩又不用竹書,公然編年,不知何據? 即如此條,竹書大甲享國十二年,而蘇云三十二年;竹書湯至大戊八十四年,而陳云百三十年。宋儒習慣説謊,良可怪駭。鶴壽案:子夏生于魯定公三年,至魏文侯二十五年受經,已百有八歲矣。百餘歲人,上世常有。商之歷年果如竹書紀年所載,則大戊時之臣扈,即是成湯時之臣扈,無可疑者。但先生既以紀年爲僞書,則先生之説亦不足據。

高宗肜日

高宗,武丁也。敘以爲高宗祭成湯,有雉異,而祖己訓王。伏生大傳云:"武丁祭成湯,有雉飛升鼎耳而雊,武丁問諸祖己,祖己曰:'雉者,野鳥也,不當升鼎。今升鼎者,欲爲用也,無則遠方將有來朝者乎?' 故武丁内反諸己,以思先王之道。三年,編髮重譯來朝者六國。"孔子曰:"吾于高宗肜日,見德之有報之疾也。"此説與敘同。然以二説及經文攷之,雖書應當作于高宗之世,要亦未有明文。史記殷本紀則謂"祖己既訓武丁以雉雊宜修政,其後武丁崩,子帝祖庚立,祖己嘉武丁之以祥雉爲德,立其廟爲高宗,遂作高宗肜日及訓。"據此則是訓王雖在武丁時,作書實在祖庚時。高宗乃係廟號,書若作于武丁時,宜稱"王"不宜稱"高宗",史記之説不爲無理,然其與敘合否未詳,以備一解可也。金氏履祥、鄒氏季友、劉氏三吾等則直以爲祖庚肜祭高宗,祖己訓祖庚而作。此既非經文、小序、大傳之説,又非史記之説,乃鑿空杜譔者也。閻氏若璩從金氏覆祥説,謂序爲誤,并訾説命讀于祭祀爲僞譔古文者據誤解以爲實事,非也。夫武丁豐昵而致雉異,相傳久矣,幾千年下忽有金氏輩出,移而屬之祖庚,憑臆妄造,豪無據依,雖武丁賢君,不妨曲爲回護,而實使祖庚蒙不白之冤,僞譔古文者生于魏晉,安知後世有金氏輩欲翻此案而先不信敘説乎？如此立論，豈足服僞譔者之心哉！

祖甲

尚書無逸“祖甲饗國三十有三年”，鄭云：“祖甲，武丁子帝甲也。王云：祖甲，湯孫太甲也。”案鄭説本馬融。蓋因國語稱帝甲亂三宗，世次相承，歷然不紊，下文言“自殷王中宗及高宗及祖甲”，“及”云者，因其先後次弟而枚舉之也，則祖甲非太甲明矣。禮“祖有功，宗有德”，攷之史，太甲稱“太宗”而未嘗稱“祖”，王義足徵其妄。殷世二十有九，以“甲”名者五帝，以“太”、以“小”、以“沃”、以“湯”、以“祖”別之，不應有二帝俱稱祖甲。孔傳以“不義惟王”與太甲“兹乃不義”爲一，彼僞文固不足信，此云太甲爲小人之行，不亦妄乎？司馬貞史記索隱云：“案紀年，太甲惟得十二年。”此云“祖甲享國三十三年”，知祖甲是帝甲明矣。司馬貞所見紀年舊本，自是可據。今本紀年，朱子以爲僞書。太甲享國甚短，所以不數，又何疑乎？

文王受命稱王改元

周自虞、芮質成，文王受命，改元稱元年，七年而崩。武王承文王年數不改元，十一年觀兵孟津，以卜諸侯之心，太誓上篇曰“惟四月，太子發上祭于畢，下至于孟津之上”云云。居二年，聞紂昏亂暴虐滋甚，于是武王徧告諸侯：“殷有重罪，不可以不畢伐。”遂率以東伐紂，滅之，太誓中、下篇曰“十三年十二月戊午，師畢渡孟津，諸侯咸會”云云是也。宋歐陽子著論駁之，扶持名教之意甚切。攷劉知幾史通中有一條云：“書曰‘文王受命稱王’，夫天無二日，地惟一人，有殷猶存而王號遽立，此即春秋吳、楚僭號而陵天子也。服事之道，理不如斯。”張守節史記正義曰：“易緯‘文王受命改正朔，有王號’，鄭康成信之。天無二日，土無二王，豈殷紂尚存而周稱王哉？禮記大傳云：‘牧之野，武成大事而退，追王大王亶父、王季歷、文王昌。’據此是追王爲王，何得文王自稱王也？”文苑英華卷七百七十載梁肅西伯受命稱王議，大旨亦同。

然則扶持名教之意，唐人固已侃侃言之，豈待宋儒始見及此？特恐非事實耳。宋儒之説，以爲改元稱王之是非，但當問彼天命之絶與不絶。其説以爲一日之間，天命已絶，則爲獨夫；天命未絶，猶是君臣。改元是兩君并立也，觀兵是以臣脅君也。程子、張子皆主此論。但天命之絶與不絶，于何驗之？天既無言，聖人當日亦可爲即爲耳。服事止敬，自是初年之事，若以文王受命爲不可，則將何以處武王？武王于紂，親誅其身，滅其國，代其位，謂是天命已絶，故不妨爲此。則文王時，紂天命未絶，于何驗之也？朱子云："有心要存名教，而于事實有所改易。則夫子之録太誓、武成，其不存名教甚矣。"朱子此言精絶。凡抱聖經而講解之者，孰不欲防護名教？推其防護名教之心，直欲使終古一君而後快，無如其非事實也。君臣之義固無所逃，而天討有罪亦不可違。自操、懿以下，咸假禪讓以行篡逆，不如用兵者之光明矣。湯、武放伐尚無傷于名教，文王改元又何害于名教，而必改易事實爲之曲諱乎？朱子語類云：顯道問："先儒將十一年、十三年等合九年説，以爲文王稱王，不知何據？"曰："自太史公以來皆如此説。歐公力以爲非，東坡亦有一説，但書説'惟九年大統未集，予小子其承厥志'，卻有一箇痕瑕，或推太誓諸篇只稱文考，至武成方稱王，只是當初三分天下有其二以服事殷也。只是羈縻，那事體自是不同了。"又云："歐陽公説文王未嘗稱王，不知'九年大統未集'是自甚年數起。且如武王初伐紂之時，曰'惟有道曾孫周王發'，未知如何便稱王？假謂史筆之記，何爲未即位之前便書爲王？且如太祖未即位前，史官只書'殿前都點檢'，安得便稱帝邪？"問："歐公所作帝王世次序，闢史記之誤果是否？"曰："是皆不可曉。昨日得鞏仲至書，潘昌叔託討世本。向時大人亦有此書，後因兵火失了，今少有人收得。史記皆本此爲之。"又云："歐公泰誓論，言文王不稱王，歷破史遷之説。此未見得史遷全不是，歐公全是。蓋武成'九年大統未集'之説，若以文王在位五十年推之，不知九年當從何數起？又有'曾孫周王發'之説,到這裏便難會,不若只兩存之。"合諸條觀之,則朱子不以文王稱王爲非,但誤信晚出武成"九年"之説耳。汲郡古文云:"帝辛三十三年,王錫命西伯,得專征伐。四十一年春三月,西伯昌薨。"此晚出武成所據。然特從專征伐數起,故有九年。逸周書文傳解云:"文王受命九年,惟莫春,在鎬召太子發。"亦謂受專征伐之命。且"王在靈囿"、"王在靈沼",是實舉當日民呼文王爲王之事。中庸"追王太王、王季",不及文王,明文王已稱王矣。鶴壽案:君臣者,名教之大防也。紂在一日則文王必盡一日臣子之禮。若使紂在而即稱王改元,雖操、懿亦不至此,故必託于禪讓。武王即位之初,亦恪守臣分。及至後來紂益淫昏,民不堪命,不得已而伐紂,奉天討也。天何嘗諄諄然命武王討紂? 天者,理而已矣。紂之虐民,有必誅之理,武王起而誅之。天下不可一日無王,今日誅紂,明日稱王,此乃一定之理,安有紂在而即自稱爲王者哉? 凡詩、書于伐紂之前即稱文王、武王爲王者,皆後來所追改耳。詩稱"文王受命",乃是周公推本之詞,即文王之民謂其臺曰靈臺,謂其沼曰靈沼,則有之,而靈臺之詩必作于後來,若使作于當時,則必曰"君在靈囿"、"君在靈沼"也。文王亦係克商之后追王,故周書世俘解云:"辛亥,王格于廟,王烈祖自太王、太伯、王季、虞公、文王、邑考,以列升。"中庸文不具耳。朱子據武成"惟九年大統未集","惟有道曾孫周王發"二語,疑文王已改元稱王,不知此乃僞書襲用舊文而誤者。周書文傳解云:"文王受命之九年,時維莫春,在鄗召太子發。""王"者,史官追稱;"受命"者,受王之錫命,非謂受天命也,而僞書誤以爲大統。墨子兼愛篇曰:"昔者武王將事泰山,隧傳曰:'泰山,有道曾孫周王,有事大事。'"此武王既定天下,後巡守于岱禱祀之詞也,而僞書誤以爲初伐紂時。横渠張子曰:"此事間不容髮,一日之間,天命未絕,則是君臣。"旨哉斯言,蔑以加矣。試觀大明之詩,至牧野臨敵,猶曰"維予侯興",則知伐紂以前,斷無稱王之事。總之,武王伐紂無玷綱常,理所當然也;文王改元大傷名教,理所不當然也。先生既知武成爲僞書,而猶謂"文王受命稱王改元",不亦謬乎。

武王伐紂之年

　　武王伐紂之年,余于尚書後案,據國語伶州鳩之言,推得是年太歲在辛未。但史記甲子紀年始共和,其前無之,則伐紂之年不的知也。竹書紀年殷末小字夾注云："起癸亥,終戊寅。"則以明年己卯爲武王伐紂之年,宋、元、明人皆從之,然不足信,辨詳十七史商榷。武王伐紂的係辛未,但此不過從後之年逆推以上而得,而歷家有超辰之法,六十年超過一辰,又名"龍度天門",則即謂之己卯亦可。鶴壽案:劉歆三統歷云:"上元至伐紂之歲十四萬二千一百九歲。自文王受命至此十三年,歲在鶉火張十三度,故傳曰'歲在鶉火',則我有周之分壄也。"以下所推殷十一月戊子,日在析木箕七度,月在房五度,後三日得周正辛卯朔,合辰在斗前一度,至己未冬至,晨星與婺女伏,歷建星及牽牛至于婺女、天黿之首,無一不與伶州鳩之言合。夫歲星在鶉火,則太歲在辛未,劉歆已明言之,何待先生據國語以推之邪? 詩文王疏亦云"文王受命十三年爲辛未之歲",蓋古法太歲在地與歲星在天恒相應,太歲起星紀,百四十四年超一次,太歲起丙子,亦百四十四年超一辰,凡千七百二十八年而周十二辰,是爲歲星歲數。先生謂"六十年超過一辰",誤矣。超辰之法,東漢始廢,由周初訖西漢當超八辰,注竹書者但以六十甲子逆推之,卻差八算,故謂伐紂之年爲己卯也。

先王連后稷數

偽武成"先王建邦啟土"云云,傳以"先王"爲后稷,閻若璩謂:"伶州鳩曰:'以大簇之下宮布令于商,昭顯文德,底紂之多罪,故謂之宣,所以宣三王之德也。''三王'即金縢所云太王、王季、文王,故作武成者亦有'太王肇基王跡'等語,似當日未必及后稷,且尊之爲先王何也? 果爾,是宣四王之德矣,奚啻三?"愚謂閻此説謂直當從太王數起,然則公劉亦不宜及矣。但后稷稱先王,不但周語有"昔我先王世后稷"之語,周禮春官司服"享先王則袞冕,享先公則鷩冕",序"先王"于"公"之上,"王"蓋后稷;守祧"守先王、先公之祧",序"先王"于"公"之上,"王"亦后稷,是后稷正當爲先王也。

世數未足盡信,何況其年

共和以前,即其世數未足盡信,何況其年? 周語靈王二十二年,太子晉曰:"自后稷之始基靖民,十五王而文始平之,十八王而康克安之。"韋昭曰:"十五王謂后稷、不窋、鞠陶、公劉、慶節、皇僕、差弗、毀隃、公非、高圉、亞圉、公祖、太王、王季、文王也。十八者,加武王、成王、康王。"據本紀、世表,稷、契爲親兄弟,雖稷母姜嫄無人道而生稷,然二人固皆爲帝嚳之子。且姜嫄乃嚳元妃,而契母簡狄係次妃,稷之年必不甚少于契。乃殷紀自契至湯,父子相繼凡十四世;自湯至紂,除弟及者十四王外,父子相繼凡十七世,通計契至紂凡三十世。若周紀稷至文王,父子相繼惟十五世,文王與紂同時也。約計夏、殷之歷年,舉其成數,夏四百,殷六百,實不止此,千餘年中只傳十五代,則必每代皆七十歲生子,然後可也。稷、契兄弟二人,契之後傳世雖不爲密,然尚可,而稷若此之稀疏,有此理乎?周語又云:"穆王將征犬戎,祭公謀父諫曰:昔我先王世后稷,以服事虞、夏。及夏之衰,弃稷不務,我先王不窋用失其官,而自竄于戎、狄之間。""世后稷"者,世爲后稷之官也。稷之子孫自唐、虞以至夏衰,四百餘年,不知凡傳幾何世。不窋本非后稷子,只因竄居戎、狄,盡亡其世次名號,後人遂以不窋即稷子耳。周本紀"后稷卒,子不窋立",索隱曰:"譙周案國語,以爲是失其代數也。若不窋親弃之子,至文王千餘歲,惟十四代,亦不合事情。"正義曰:"毛詩疏云:'虞及夏、殷共千二百歲。每世在位皆八十年,乃可充其數。以理而推,實難據信。'"

用甲子紀年,六國以下仍不用

年表于共和元年書一庚申,而其五年恰逢甲子。自此以後,每十年一書。甲子下則甲戌、甲申、甲午、甲辰、甲寅,六十年一周甲子。干支,日名也,而子長創用以紀年。古所未有,卻甚便妥。歲名、月名自在爾雅,日之干支自在説文,借日紀歲,有何不可?通鑑用歲名誠不苟,卻不必拘。史記只十二諸侯一篇用甲子紀年,其餘六國以下仍不用,但書各君在位年數,其意以爲前已見,則此下自可按年而得也。鶴壽案:史記十二諸侯年表上一格所書庚申、甲子之類,皆徐廣注。何以知之?敬王四十三年載"徐廣曰:歲在甲子",六國年表定王元年載"徐廣曰:癸酉",以此知之。錢竹汀曰:"太史公以太陰紀年,故命太初元年爲閼逢攝提格。依此上推共和,必不值庚申,則庚申爲徐廣注,又何疑焉?"

蛾術編卷五十二

説　人　二

成王多得周公屬黨

周公欲居攝，三叔流言，乃避居東都等事，已見尚書後案。歐陽永叔詩本義云："鴟鴞篇見于書金縢，最可據，而鄭箋與金縢特異。"予繹鄭箋，與金縢正相合也。歐云："鄭謂武王崩，成王即位，居喪不言，周公以冢宰聽政而二叔流言。冢宰聽政乃是常禮，二叔何疑而流言？不通一也。"予案：鄭原謂周公于武王崩，免喪後欲攝政，故管、蔡流言，並非成王在諒陰中，周公以冢宰聽政而流言，歐何以斥鄭也。又云："鄭謂二叔流言，周公避居東二年。且周公所以攝者，以成王幼，不能臨政耳。若已能君臨，周公將以何辭奪其政而攝？不通二也。"予案：王得金縢之書，感風雷之變，方且大悔而迎周公，何奪之有，歐何以斥鄭也？金縢"我之弗辟"，鄭讀"辟"爲避，謂避居東都，僞孔解爲法，謂欲殺管、蔡。"居東二年，罪人斯得"，孔謂"居東"即東征，"罪人"即管、蔡，鄭謂公避居東都，成王多得周公屬黨而誅之，孔、鄭異解。永叔空疏，姑置不論。若古今説書、説詩各家即有從"辟"爲避者。朱子答董銖，似亦讀"避"，見鄭氏品藻條内。其于"罪人斯得"，亦僅解爲居東既久，徧加訪察，始知流言出于管、蔡。若云成王得公屬黨誅之，則無肯信者。王肅已詆鄭氏橫造此言，見毛詩疏。予後案搜得干寶周易注，以證鄭義。今又得無逸篇周公戒成王云："不永念厥辟，不寬綽厥心。亂罰無罪，殺無辜，怨有同，是叢于厥身。”由此觀之，成王性質剛猛，少時必有誅殺無罪事，此正可爲多得周公屬黨而誅之之切證。鶴壽案：書金縢稱管叔及其羣弟流言，周公曰：“我之弗辟，無以告我先王。居東二年，罪人斯得。”僞孔傳云：“辟，法也。言我不以法法三叔，則無以成周道，告先王。周公既告二公，遂東征之，二年之中，罪人此得。”案説文云：“辟，治也。”引周書曰“我之不辟”。其字從井，則“辟”之爲法明矣。周書作雒解云：“武王克殷，建管叔于東，建蔡叔、霍叔于殷。武王崩，三叔及殷、東、徐奄、熊盈以畔。周公、召公内弭父兄，外撫諸侯。二年，臨衛攻殷，殷大震潰，降辟三叔。”則“居東”之爲東征又明矣。列子楊朱篇云：“武王既終，成王幼弱，周公攝天子之政，四國流言，居東三年，誅兄放弟。”證以史記周本紀、管蔡世家、宋微子世家三篇，乃知“流言”、“東征”只在兩年之中。王肅曰：“武王九十三而崩，其明年稱元年。周公攝政遭流言，作大誥而東征，二年克殷殺管、蔡，三年而歸。”其言最爲明了。所謂“東”者，蓋近紂都之地，非東都也。獨馬融、鄭康成則音“辟”爲避，而云居東都，其説亦有所本。史記魯周公世家云：“武王既崩，成王少，周公恐天下畔，乃踐阼當國，管叔及羣弟流言，周公曰：我之所以弗辟而攝行政者，恐天下畔周，無以告我先王。于是卒相成王，管叔、武庚等果率淮夷而反。周公乃奉成王命，興師東伐。”此以流言、畔逆爲兩事，然但讀“辟”爲避，而無避居東都之説。墨子耕柱篇云：“古者周公旦非關叔，辭三公，東處于商。”蓋關叔即管叔，商蓋東夷國名，亦見韓非子。或以爲即商奄，非也。商奄乃武庚之與國，周公何故棄其官位而投身于必死之地乎？其説斷不可信。馬融之説，今已無傳。鄭康成謂周公以武王崩後三年避居東都，五年秋乃反而居攝，見于詩邶風譜、豳風譜、鴟鴞箋及禮記文王世子。正義所引諸條，大略相同。其謂“罪人，周公之屬黨與知攝政者，周公出奔二年，盡爲成王所得”，又謂“周公避居東都，成王收捕周公之屬黨而誅之”，此則大謬。周公，聖人也，豈同後世姦臣聯結黨與者？如謂屬黨爲親屬姻黨，則宗族有召、穆公，兄弟自三叔而外，有郕、衛、毛、那、郜、雍、曹、滕、畢、原、酆、郇，子姓有伯禽、君陳、凡、蔣、邢、茅、胙、祭，母黨有杞、鄫二國，姊妹有陳國，妻黨有薛國，皆安然無恙。故王肅謂：“案經傳内外，周公之屬黨俱存，成王無所誅殺，康成横造此言也。”善乎汪容甫之言曰：“君在諒闇，三年不言，百官總己以聽于冢宰，尚書、論語、檀弓具有明文，成王之立，年止十三，又在不言之地，周公方抗世子法于伯禽，使王知父子、君臣、長幼之義，念社稷新造，旋遭大喪，自以王室懿親，身爲家宰，踐阼而治，以填天下。而三叔覬主少國疑，大臣未附，苟肆惡言，註誤百姓，相率拒命，以濟其姦。周公秉國之鈞，禮樂征伐皆自己出，傷丕基之將墜，憂四方之不安，恭行天罰，以執有罪，是誠不得已者也。洎夫管叔既經，蔡、霍流放，雖任常刑，猶悼同氣，是故咎鴟鴞之取子，睹零雨而心悲，其言有文焉，其聲有哀焉。斯其仁至義盡者矣。如鄭所言，流言一至，公即避位，流言再至，公得不殺身乎？釋萬乘之國而爲匹夫，以遯于野，一死士之力足以制之，豈不爲之寒心哉！公之既出，此二年中，官府之事竟將誰屬？使二公可代，則周公其始亦將不攝。況管、蔡能以流言間公，其不能以流言間二公乎？此又道過無據者也。當成王之立，朝野晏然，三叔輒思動搖王室，及宗臣釋位，國釁已生，乃猶俯首帖耳，圈視不動，待至三年而後反，非情理也。故使攝位之舉自公創始，處非其據，是之謂攘。浮言朝播，大權夕謝，倉皇竄伏，若恐不及，王躬國事，莫復誰何？是之謂愚。居東二年，東征又三年，國步既夷，王年亦長，比其反也，乃更居攝，是之謂貪。且公之攝位，卿尹牧伯，下及士庶，其誰不知？而云罪人周公臣屬與知攝者，此則私黨陰謀之説，豈可以論周公哉。"今先生又引無逸數語以作誅屬黨之證，何也？

康誥

蔡傳云："書序以康誥爲成王書。今詳本篇，康叔，成王叔父，不應以弟稱之。或謂周公以成王命誥，故曰弟，然既謂之'王若曰'，則爲成王之言，何遽自以弟稱之也？且康誥、酒誥、梓材言文王者非一，而無一語及武王，何邪？或謂'寡兄勖'爲稱武王，尤爲非義。'寡兄'者自謙之詞，苟語他人猶之可也，武王，康叔之兄，家人相語，周公安得以武王爲'寡兄'乎？或謂康叔在武王時尚幼，故不得封，然康叔，武王同母弟，武王分封當作"受命"。之時，年已九十，安有同母弟尚不可封乎？且康叔，文王之子；叔虞，成王之弟。周公東征，叔虞已封于唐，豈有康叔得封反在叔虞之後？汲冢周書逸周書。冠以"汲冢"，非是。克殷篇言王即位于社南，衛叔封傳禮，史記亦云'康叔封布茲'，康叔在武王時非幼明矣。

特序書者不知康誥篇首四十八字爲洛誥脱簡，因誤爲成王書。康誥、酒誥、梓材篇次當在金縢之前。蘇氏軾以‘惟三月哉生魄’至‘乃洪大誥治’爲洛誥文，當在洛浩‘周公拜手稽首’之前。周公東征二年乃克管、蔡，即以殷餘民封康叔。七年而復辟，營洛在復辟之歲，則封康叔時決未營洛。又此篇初不及營洛事，知簡篇脱誤也。”此説非是。大傳以周公攝政四年建侯衛，五年營洛。鄭爲大傳作注，則注經必用其説，故以上文“初基”爲謀，是洛成在五年，營度在四年，此時方謀建邑土中，而殷之故都，地近洛邑，先命賢母弟以鎮撫之，至五年既營成周于洛，六年方制禮作樂，七年方復辟致政。並大傳文。是營洛事本不在七年。誥康叔時本未營洛，蔡傳從蘇説，遂以三月爲攝政七年之三月，大謬。至篇中不及營洛事者，此時不過謀度之而已，其意重在和會四方諸侯以觀其心意，非專爲康叔一人而作，故鄭以“王若曰”爲總告諸侯。康誥之首，先敘將營洛邑之事，梓材之末，又復總結三篇之意，自爲首尾。篇中誥康叔處，不必及營洛也。又金氏履祥謂：“洛誥乃告卜往復成王之語及留後之事，與咸勤誥洛治之事不合，不可以此冠洛誥。蘇説可謂安矣，然以爲成王時書如故也。至朱子改爲武王書，蔡傳從之。”語類：“康誥、酒誥二篇，必定武王時書，人只被作洛事在前惑之，如武王稱‘寡兄朕其弟’，卻甚正，此與他人言皆不合。書序誠有可疑，康誥第述文王，不曾説及武王，只有‘乃寡兄’是説武王，又是自稱之詞，然則康誥是武王誥康叔明矣。緣其中有誤説周公初基處，遂使序者以爲成王時事。”朱子之説，本于吳棫書裨傳、胡宏皇王大紀，但語類徐彦章問：“殷地武王既以封武庚而使三叔監之矣，又以何處封康叔？”答云：“既言以殷餘民封康叔，豈非封武庚之外，將以封之乎？”廣所記一條，問：“若以康誥爲武王書，則在武庚未叛前矣。”答云：“想是同時。商畿千里，紂之地亦甚大，所封必不止三兩國。”彦章與廣所駁甚是，而答語幾于窮而遯矣。定四年傳：“祝佗言：周公命康叔以康誥而封于殷虚。”佗稱述其先君受封事，安得誤？僖三十一年傳：“甯武子述成王、周公之命康叔。”又安得誤？知書序不可駁也。鶴壽案：據康誥稱“孟侯，朕其弟小子封”，“孟侯”者，諸侯之長也。“朕”者，武王自稱也。“封”者，康叔之名也。若在成王時，豈有稱叔父爲弟者，豈有呼叔父之名者？則書序之説，斷不可信。但書序明言“成王既伐管叔、蔡叔，以殷餘民封康叔，作康誥、酒誥、梓材”，且與祝佗之言相合，然則康誥所謂“惟乃丕顯考文王”、“乃寡兄勗”諸語，其將何以解之？今案周公攝政七年，其時所有訓誥，或有代成王言者，或有代武王言者，大誥篇稱“王若曰”，此周公代成王之辭，故其下云“洪惟我幼沖人”，又云“寧王遺我大寶龜”。“寧王”，武王也。又云“乃寧考”、“前寧人”。康誥篇稱“王若曰”，此周公代武王之辭，故直呼之曰“小子封”，而其下但言文王、文考，絶無一言及于武王。解書者不知此義，徒見康誥作于成王之世而有“孟侯”之稱，乃曰天子年十八爲孟侯，呼成王也。夫孟爲庶長之稱，侯乃五等之爵，而以目元良，且斷以歲數，豈非委巷之無稽、俗師之鄙背，奈何以其本于伏生書傳而遂信之？呂氏春秋正名篇云“齊湣王，周室之孟侯也”，固與“康侯”、“寧侯”同其美號，又何太子年十八之云乎？明乎此，則“朕弟”、“寡兄”俱得其解矣。至康叔受封，固在滅武庚後。然使武王欲封康叔，則商畿千里，封武庚外，何難再封康叔？要知管叔封于管城在中牟，蔡叔封于蔡城在山陽，霍叔封于霍邑在永安，其爲三監，特監于武庚之國，非受封于其地也。此何足以難朱子邪？

多士三月

多士云“惟三月，周公初于新邑洛，用告商王士”，鄭云：“成王元年三月，周公自王城初往成周之邑，用成王命，告殷之衆士，以撫安之。”鄭以爲成王元年三月者，成王即政元年，即周公致政明年也。召誥、洛誥言營洛遷殷頑民事已具，故此撫安之。閻若璩謂此“三月”即康誥之“三月”，非是。

先作洛後遷殷

周公先作洛邑、後遷殷民，惟蔡沈獨改爲先遷殷、後作洛。多士蔡傳云：“周公黜殷後，以殷民反覆難制，即遷于洛。至是建成周，造廬舍，定疆場，乃告命與之更始焉。則召誥‘攻位之庶殷'，其已遷洛之民與，不然，受都今衛州也，洛邑今西京也，相去四百餘里，安得舍近而役遠？書序以爲'成周既成，遷殷頑民'，謬矣。"蔡蓋本諸吳棫，不但鑿空無據，且遷國大事，頑民又不靖之徒，非可輕動，當洛邑未作，爾邑爾居尚無位置之處，安得遽遷也？閻若璩曰："朝歌故城在衛州衛縣西二十二里，即紂都，衛州則治于汲縣，乃殷牧野地，當云在今衛縣西方確。至宋西京本隋大業元年楊素所筑者，地正周之王城，與東漢魏、晉及後魏都周之下都者不同。蔡云洛邑今西京，確甚。"多方云"今爾奔走臣我監五祀"，蔡傳云："成周既成，成王即政，商、奄繼叛，事皆相因，纔一二年。今言'五祀'，則商民之遷在作洛之前矣。"愚謂遷國大事也，非一朝夕可就。逸周書作雒解言"周公攻殷，殷大震潰，即云俘殷獻民，遷于九畢"，孔晁注云："賢民，士大夫也。九畢，成周之地，近王化也。"其下言封康叔，又其下言作雒，又其下然後言"制郊甸方六百里，國西土爲方千里，分以百縣，縣有四郡，郡有四鄙。大縣立城，方王城三之一；小縣立城，方王城九之一。都鄙不過百室，以便野事。"此篇所紀，事迹粲然有序，蓋當武庚叛時，殷獻民必有倡言興復者，事定而遽遷之，此固在作洛前矣。然未盡遷也。洛邑未作，庶殷田宅無可位置，安能盡遷？據大傳謂營洛以觀天下之心，四方攻位，示以力役，猶禮樂乎？然後敢作禮樂。若如蔡沈説，未作洛，殷民已盡遷，則攻位丕作之庶殷，皆近在成周，舉步即至，何以見四方民大和會，何以爲太平而禮樂可作邪？然則多士言"宅爾邑，繼爾居"，多方言"宅爾宅，畋爾田"，皆在制郊甸都鄙之後甚明。至此經所云"五祀"，鄭注已亡，僞傳以爲設言，亦未可信。蔡沈安援以證先遷殷、後作洛之説，又誤信商、奄真有再叛再征事，真謂多方是成王即政後書，皆非也。鶴壽案："獻民"即頑民也。在殷爲獻民，在周爲頑民，不可分作二項。周公攻殷在攝政之二年，營洛在攝政之五年，若分獻民、頑民爲二項，則二年但將獻民遷于成周之地，使近王化，而頑民仍留殷地。及至三年之後，頑民皆安居樂業于故土矣，忽然營洛而遷之，無乃多事乎？至謂"不靖之徒，非可輕動，當洛邑未作，爾邑爾居尚無位置之處”，此言尤謬。頑民不過頑梗不馴，非必如三苗之負固不服。所謂營洛者，營其城郭、宮室耳，豈并民居而亦營之乎？洛陽即詩之周南，本是美邑，若謂營洛專爲位置頑民，豈頑民未遷以前，盡是曠土乎？且多方明言“今爾奔走臣我監五祀”，蓋從周公攻殷之年，數至營洛之後，正五祀矣。然則“獻民”即是頑民，先遷殷民，後作洛邑，蔡氏之言信矣。攻位之民，頑民也；和會之民，四方之民也，不可并作一項。多士、多方所謂宅邑畋田，是從作雒後撫安之辭，兼二者在内。“邦畿千里，惟民所止”，四方之來歸者，時時有之，非僅以處頑民也。

王退，即辟于周，命公後

洛誥“王曰：予其退，即辟于周，命公後”，王注：“成王前春亦至洛邑，是顧無事，既會而還宗周。周公往營成周，還來致政成王也。”傳云：“我小子退坐之後，便就君于周。命立公後，公當留佑我。”案：鄭注召誥云：“不書王往，王于相宅無事也。”蓋王以攝政五年春，周公獻地圖卜兆之後至洛。既與周公、召公會，錫周公幣，納召公誥。此外無事，還歸鎬京。故王肅云云。又言“周公往營成周，還來致政成王”者，上文自“復子明辟”至“無遠用戾”，皆是周公致政于王，勸王行新政于洛之言。此節是王從公言，受其政，且許公以明年將辟于洛，并命公後。故王肅推本前事，言公自洛還鎬致政，而王許之如此也。傳以“命公後”爲命立公後，公當留佑我者。下文“惟告周公其後”，又云“王命周公後”，鄭、王皆以爲封公之子伯禽，則此“命公後”即指明年將封伯禽之事。公功大，宜封大國，但若之國，則輔相無人，故封其子。是“命公後”者，王意欲公留佑我也。是時王與公皆已自洛還鎬，至冬始復至洛，故上文疏謂：“篇末云‘戊辰，王在新邑’，明戊辰以上皆西都所誥。”此最明析。蔡謂此篇王與公往復之語皆在洛邑，已屬無據，又以“即辟于周”之“周”爲鎬京，解云：“周公本欲成王遷都洛邑，成王不欲舍鎬京而廢祖宗之舊，故于洛邑舉祀發政之後，即欲歸周。”妄誕極矣。是時天下甫定，周公遽議遷都，不知何爲？且成王不欲廢祖宗之舊，周公何遂欲廢祖宗之舊哉，乃因此以“命公後"爲留守,謂成王欲歸鎬京,留周公治洛。其説創于史浩,朱子深嘆其妙,而蔡氏從之,遂以篇末"誕保七年"爲留後治洛七年而薨。據二三千年后臆見,白譔出二三千年前事實,其妄可駭。又謂費誓"東郊不開",在周公東征之時,則營洛既成之時,伯禽就國久矣,以此證"命公後"非命伯禽。不知書序言淮夷、徐戎之叛非一,既言"武王崩,三監及淮夷叛,周公相成王,將黜殷,作大誥","成王東伐淮夷,遂踐奄,作成王政","成王既黜殷命,滅淮夷,還歸在豐,作周官",又言"魯侯伯禽宅曲阜,徐、夷並興,東郊不開,作費誓"。然則伯禽就封之後,淮夷、徐戎來侵而東郊不開,此事正在營洛以後甚遠,厥後宣王猶征淮夷,則淮夷始終未絶也,豈必一見于周公東征之時,而其後遂保其必無狷獗之事邪?鶴壽案:洛誥爲周公攝政七年事。劉歆三統曆云:"成王元年正月己巳朔,此命伯禽俾侯于魯之歲也。"據此知"命公後"爲封伯禽,無可疑者。但洛邑新作,豈竟無人留守?書序云"周公在豐,將沒,欲葬成周",僞傳云:"在豐致政,老歸欲葬成周,己所營作,示終始念之。"書序又云:"周公既沒,命君陳分正東郊成周。"觀此則似周公留守于前,其子君陳繼之于後,洛邑必有留守之人。蔡氏之説,不爲無因。

周公居攝七年

洛誥"周公誕保文、武受命,惟七年",鄭云:"文王得赤雀,武王俯取白魚,受命皆七年而崩。及周公居攝,不敢過其數也。"馬云:"周公攝政七年,天下太平。"説詳後案。漢五行志:"霍光亡周公之德,秉政九年,久于周公。"此兩漢古義,至唐不變。誕保七年,孔、鄭異説,然皆以爲攝政之年,從無以爲留洛之年者。蔡沈援吳氏説,疑即吳棫。謂"周公自留洛之後,凡七年而薨"。陳師凱作蔡傳旁通,申之云:"周公攝政已七年,欲退休,成王留之治洛,又七年,共十四年。"此等鑿空妄造,真不足辨。逸書亳姑序云:"周公在豐將歿,欲葬成周。公薨,成王葬于畢。"然則周公告老在豐,其非薨于洛,明甚。鶴壽案:攝政之年,豈有定數?六年制禮作樂,七年無事,故遂致政。假使天下未平,公必再攝幾年。鄭謂文、武受命皆七年,不敢過其數,真乃曲説。

在新邑烝祭，又告文王廟封伯禽

洛誥：“戊辰，王在新邑，烝祭。”鄭讀“烝祭”絶句。戊辰是周十二月、夏十月。冬祭曰烝。是時周公反政成王，王乃于新邑行烝祭焉。又：“歲文王騂牛一，武王騂牛一，王命作册。逸祝册，惟告周公其後。”鄭云：“歲，成王元年正月朔日也，以朝享之後，用二特牛祫祭文王、武王于文王廟，使史逸讀所作册祝之書，告神以周公其宜立爲後者，謂將封伯禽。是非時而特假祖廟，故文、武各特牛也。”案：告祭與烝祭各爲一事，僞傳以戊辰爲十二月是矣，以爲晦非也，以告文、武與烝祭合爲一事則大謬矣。知戊辰是十二月者，晏子春秋云：“天子以下至士，皆祭以首時。”十二月于周爲季冬，于夏爲孟冬，是首時也。劉歆據召誥“三月丙午朏”以推，而云是歲十二月戊辰晦。攷伏生大傳，周公攝政五年營成周，七年致政，則召誥是攝政五年事，洛誥是七年事。歆誤以二篇月日爲一年内，則其所推安得不誤？僞傳以戊辰爲十二月晦者，據劉歆以召誥、洛誥爲一年事，就召誥“三月丙午朏”推之，于中間置一閏月，則戊辰適當十二月晦。但古曆歸餘于終，閏月皆在十二月後，歆以爲閏九月，非也。若以五年三月丙午朏推之，至七年十二月幾帀三年，必有一閏矣。有閏月，則七年十二月不得有戊辰，今戊辰烝祭，自是十二月日。故鄭據此而于召誥二月、三月謂當爲一月、二月，蓋惟召誥“三月”改爲“二月”，從二月丙午朏推至七年十二月方有戊辰。觀鄭注洛誥之精，益見注召誥之密，僞傳及疏皆非也。鶴壽案：據三統曆，周公攝政七年入孟統五百三十四歲後，積月六千六百零四，閏餘十四，閏九月，積日十九萬五千零二十一，大餘二十一，小餘六十七。正月乙巳朔，大餘五十一，小餘二十九。二月乙亥朔，十六日庚寅望，二十一日乙未，召誥“惟二月既望，粵六日乙未”是也。大餘二十，小餘七十二，三月甲辰朔，三日丙午，召誥“惟三月丙午朏”是也。大餘十六，小餘十六，十二月庚子朔，戊辰晦，洛誥“戊辰，王在新邑，烝祭歲，命作策，在十有二月，惟周公誕保文、武受命惟七年"是也。其明年爲成王元年，大餘四十五，小餘五十九，正月己巳朔。鄭康成從伏生之説，以作召誥在攝政五年，而減武王在位二年，加成王服喪三年、周公居東二年，至明年爲攝政元年，攝政五年入戊午部五十五歲，鄭謂"二月、三月當爲一月、二月"，蓋破經從曆也。天正乙亥朔，二十一日乙未，以三月爲二月，則丙午朏。蓋劉歆所用者周曆，以丁巳爲元；鄭康成所用者殷曆，以甲寅爲元。易緯：攝政七年元餘五百十歲，入戊午部五十四歲後，閏餘十七，閏三月，大餘十七，正月乙亥朔，二月甲辰朔。故鄭欲改二月、三月爲一月、二月。但攝政之前，加居東二年，以此爲五年，并非易緯之説矣。以洛誥作于後二年，則其年閏餘十二，十二月丁巳朔，閏月丙戌朔，後三年正月丙辰朔，戊辰十二月十二日，以爲烝祭日，而别歲爲成王元年正月朔日事，中隔一閏月則不可通矣。若甲寅元，本數攝政七年入戊午部二歲後，大餘四十八，僅後周曆一日，烝祭歲亦只一事也。

　　閻若璩謂："召誥、洛誥二篇月日皆用周正。召誥'惟二月既望，越六日乙未'，據傳、疏以周正計之，是年二月小，乙亥朔，十五日望爲己丑，十六日既望爲庚寅，越六日乙未是二月廿一日。下文'三月丙午朏'是初三日，則三月大，甲辰朔，'越三日戊申'是初五日，'越三日庚戌'是初七日，'越五日甲寅'是十一日，'若翼日乙卯'是十二日，'越三日丁巳'是十四日，'越翼日戊午'是十五日，'越七日甲子'是廿一日。洛誥云'予惟乙卯朝至于洛師'，即召誥云'若翼日乙卯，周公朝至于洛'也，正三月十二日事，其脗合如此。從此數之，四月小，甲戌朔；五月大，癸卯朔；六月小，癸酉朔；七月大，壬寅朔；八月小，壬申朔；九月大，辛丑朔；閏九月小，辛未朔；十月大，庚子朔；十一月小，庚午朔；十二月大，己亥朔。計至十二月三十日戊辰晦，即洛誥所云'戊辰，王在新邑'是也。總而計之，召誥起二月，訖三月；洛誥起三月，訖十二月，共一年。"閻此條皆從劉歆，不合于伏、鄭，又不合古曆法。鶴壽案：推三統之積年用丁巳元，推易緯之積年用甲寅元。劉歆以周曆求周年，鄭康成以殷曆求周年，曆元既異，則所得之日月俱異。況劉歆又不從大傳之説，分召誥、洛誥爲兩年，安得與鄭合乎？

顧命年月日

顧命"惟四月哉生魄",鄭云"此成王二十八年"者,自即政之年,數至崩年也。又云"居攝六年爲年端"者,詩疏引此注割裂不全,當續其下云"至此三十年",文義乃備也。知者,鄭于康王之誥注云:"周公居攝六年,制禮樂,至此積三十年。居攝終于七年,加二十八年,故三十年也。"鄭具言此者,鄭注金縢,據伏生大傳謂"武王崩,成王年十歲,三年喪畢,年十三,將踐祚,稱己小求攝,管、蔡流言,周公避居東三年,感風雷迎公歸。時成王年十五,即居攝元年。五年營成周,六年制禮樂,七年致政,明年成王即政,年二十二。即政二十八年崩,年四十九也。"漢志載劉歆三統曆云"成王元年正月己巳朔,此命伯禽侯于魯之歲也。後三十年四月庚戌朔,十五日甲子哉生霸,故顧命曰'惟四月'"云云。命伯禽固是成王即政元年事,見洛誥,但以爲後三十年乃崩,則與鄭不合。大傳云:"居攝五年營洛邑,作召誥。七年致政,作洛誥。"歆乃并爲一年事,據其年月日以推,恐不可信。其以十五日爲哉生霸,與禮記鄉飲酒義"月三日成魄"亦不合。然歆既有此説,想當時相傳成王年數自有兩説,明三十年者,連制禮樂之年數也。太史公曰:"余讀牒記,黃帝以來皆有年數。"鄭所據蓋亦牒記之類,今不可攷矣。四月,建卯月也。哉生魄是三日,歆云十五日固謬,傳云十六日尤非。下文"甲子"之上無"越幾日"字,則不可攷其何日矣。劉歆以甲子即哉生魄,又謬。閻氏若璩既知其謬,而又詳爲推算,其説云:"以甲子爲十五日,推是月庚戌朔。是誤會經文,并曆法亦錯算矣。攷漢志,成王元年癸巳歲正月己巳朔,壬申日南至,步至成王三十年壬戌歲正月辛巳朔,甲辰日南至,以授時法通漢三統曆推算之,自元年正月日南至,至三十年正月日南至,中積一萬零五百九十二日零三刻二十五分,加氣應八日三十一刻四十分爲通積,滿旬周,去之不盡,四十〇日零三刻四十六分五十秒,爲甲辰日南至,又置中積,加閏應二日七十一刻八十八分四十二秒

爲閏積,滿朔實,去之不盡,爲閏餘二十二日七十九刻九十〇分四
十八秒,以減冬至分餘一十七日二十三刻五十六分〇二秒,爲正月
經朔辛巳日,累加朔策二十九日五十三刻〇五分九十三秒,得二月
經朔庚戌日四十六日七十六刻六十一分,三月經朔庚辰日一十六
日二十九刻六十七分,四月經朔己酉日四十五日八十二刻七十三
分。加一望策一十四日七十六刻五十二分九十六秒,得四月經望
甲子日〇日五十八刻七十九分,減去太陰疾差六十二刻七十一分,
得四月定望癸亥日五十九日九十六刻〇八分。則'惟四月哉生
魄,王不懌',十五日也;'甲子,王乃洮頮水',十六日也;'越翼日,
乙丑,王崩',十七日也。劉歆并哉生魄與甲子爲一日,非是。"閻
此説似足以正漢志之失。然既欲駁劉歆,而仍據其成王在位三十
年之説,且并據其元年正月己巳朔,以推至三十年之四月,則安可
信邪?鶴壽案:成王元年周公攝政,至七年而致政,又三十年而成王崩,凡享
國三十七年。三統曆不數攝政之年,故止三十。鄭康成再去周公居東二
年,故止二十八。據三統曆,成王三十七年積入孟統五百六十四歲後,四
月庚戌朔,十五日甲子。又據周曆元餘五百四十五,入丁酉部十三歲後,與三
統同,甲子皆非望日。顧命"惟四月哉生霸",王有疾不豫,"甲子,王乃洮頮
水",劉歆以爲在望者,此宜加周曆五十七歲入丁酉部七十歲後,則四月己酉
朔,十六日甲子望,蓋即四分元餘也。先生未明曆法,而徒咎閻氏依劉歆推
算,豈足以服閻氏哉!

蛾術編卷五十三

説　人　三

散宜生

孟子散宜生，疏云："散姓。宜生名。"曲禮疏引許慎五經異義，亦以散宜生爲二名①。漢古今人表"女皇，堯妃，散宜氏女"，帝王世紀云"堯娶散宜氏生丹朱"，非二名也。鶴壽案：宣和博古圖有散季敦，其銘曰："惟王四年八月初吉丁亥，散季肇作朕王母叔姜寶敦，散季其萬年子子孫孫永寶。"録曰："玟其名乃散季爲王母叔姜作也。文王遵養時晦，四方之賢者盍歸乎來，太公望、散宜生之徒咸在。武王作太誓，太公望有鷹揚之從，散宜生有執劍之衛，彼皆以文王舊臣而成此功焉。今觀是敦在惟王四年八月，文王之世，散季已爲之輔，而稱數猶未歸，則知所紀之年蓋武王時明矣。"玟古録曰："以太初秝推之，文王受命，歲在庚午九年，而終歲在己卯。武王以明年改元，十三年伐紂，乃壬午歲，實武王即位之四年。是年一月辛卯朔，二月後有閏，自一月至八月，小盡者四，故八月丁亥朔，與敦文合。武王之時，散氏惟聞散宜生。季，疑其字也。"今案此以散爲氏，季爲字，然宣和時古器大半出于僞造，不可以爲典要。惟大戴禮記帝繫篇云："帝堯娶于散宜氏之子，謂之女皇氏。"則散宜爲氏，生爲名也。然便文亦有單稱散者，後漢史弼傳贊云"文王牖里，閎、散懷金"是也。大戴禮記出自七十子之遺言，必有依據，班孟堅、皇甫士安皆采此以著書。先生但引古今人表、帝王世紀以證其非二名，殆溯流而忘源邪。

---

① 二名，雙名之意。

微仲

孟子微仲，趙岐無注，包爾庚則云："微仲者，微子之次子也。無國邑而稱微，從父爵也。厥後襲封宋公，終身止稱微仲，忠孝之義也。"閻若璩亦云："微子國于微，其長子應曰微伯，早卒，有子腯。次子微仲，名衍。周禮，適子死，立適孫。微子則從故殷禮，舍長子之子腯而立己次子衍，此與子服伯子引以況公儀仲子者脗合。其證一。班固古今人表于微子，注曰：'紂兄。'宋微仲，注曰：'啓子。'其證二。啓即帝乙元子，衍果次子，王幾千里，豈少間土？斷無兄弟竝封一國之理。其證三。則知微仲者，子襲父氏，上有伯兄，字降而仲也。"包、閻二說雖有班氏古今人表一證，然家語，呂覽，史記宋世家，鄭注尚書、禮記，竝以微仲爲微子之弟，子服亦正因其爲微子之弟，故以證立弟之義，何得定是其次子？其稱微者，孔穎達已援虞叔、祭叔解之，何必子從父爵？包、閻說非是。

商容現存

閻若璩謂馮氏景曰："武成'式商容閭'，亡者表其閭，況存者乎"？"亡"、"存"俱指位言，非身也。晉語"叔向賀韓宣子貧，宣子拜曰：起也將亡，賴子存之"，上文"欒懷子亡于楚"之"亡"，注皆訓"亡"爲"奔"。蓋是時商容現存。論語"何患于喪乎"，檀弓"喪欲速貧"，"喪"、"亡"，一也。

夷逸

論語"夷逸"，包咸以爲人名。漢地理志以虞仲夷逸爲一，謂虞仲竄于蠻夷而遯逸。鶴壽案："逸民"一章首節專敍逸民名氏，安得于虞仲下忽用注解？弟四節云"謂虞仲、夷逸，隱居放言"，若"夷逸"爲"竄于蠻夷而遯逸"，則又複"隱居"二字矣。

周公、召公相成王，召公不説，周公作君奭

尚書君奭篇，蔡傳云："此篇之外，史記謂召公疑周公當國踐祚。唐孔氏謂召公以周公嘗攝王政，今複在臣位。葛氏謂召公

未免常人之情，以爵位先後介意，故周公作是篇以諭之。陋哉斯言！要皆爲序文所誤，獨蘇氏謂召公之意欲周公告老而歸爲近之。然詳本篇旨意，乃召公自以盛滿難居，欲避權位，退老厥邑，周公反覆告諭以留之爾。”余案序云“召公爲保，周公爲師，相成王爲左右。召公不説，周公作君奭”，此言周公當攝王位，今復退居臣列，疑其貪寵，故不説。馬融、鄭康成、王肅、偽孔傳及孔疏竝同。沈引唐之孔氏，不引晉之偽孔氏，已覺可怪，又引葛氏，不知何許人。書序，夫子所作，公然詆斥，可謂妄矣。今攷篇中言“沖子”，又言“小子同未在位”，則此時在成王即政之初也。成王即政二十八年而崩，召公猶輔相康王，豈此時即欲告老哉？反覆經文，都是周公自明不可去之意，先歷敘商先王及文、武皆賴賢臣之助，然後自任其責曰：“今在予小子旦，誕無我責？”皆一篇之正旨也。後乃并責召公當同其任，故曰“襄我二人”，又曰“篤棐時二人”，此則後一層意也。即此可見序所言“召公不説”者，謂周公戀權不舍詘就臣位之意，馬融諸家案經解序，精確不磨。乃宋人忽生出召公告老之言，豈止讀得前人敷乃心小半篇而未見其前大半篇乎？鶴壽案：荀子儒效篇云：“成王幼，周公屏成王以屬天下，履天下之籍，偃然如固有之。成王冠成人，周公歸周，反籍予成王，北面而朝之。”淮南子氾論訓云：“成王幼少，周公繼文王之業，履天子之籍，聽天下之政，平夷、狄之亂，誅管、蔡之罪，負扆而朝諸侯，可謂能武矣。成王既壯，周公屬籍致政，北面委質而臣事之，可謂能臣矣。”中論智行篇云：“召公見周公既反政而猶不知，疑其貪位，周公爲之作君奭，然後悦。”此即馬、鄭所謂召公以周公既攝政，致太平，功配文、武，不宜復列在臣位，故不悦，以爲周公苟貪寵也。但召公既怪周公貪寵，則自己此時何以不告退？且歷相成王二十八年，直至康王時猶在朝，其貪寵更甚於周公，奈何以此不悦周公乎？今以君奭篇捄之，蓋此時召公欲偕周公一同退老，周公不許，故召公疑其貪寵而不悦，及至周公告以自己不可去，并告以君奭亦不可去之義，曰：“今在予小子旦，若游大川，予往暨汝奭其濟，小子同未在位，誕無我責？”于是召公聽周公之言，仍舊輔相成王。其後周公既没，成王即世，召公又相康王者，蓋不忘周公之言也。

然則蘇氏謂召公之意欲周公告老而歸,蔡氏謂召公自以盛滿難居,欲避權位,退老厥邑,二説皆是。先生見其説與鄭不同即駁之,未免偏見。至君奭篇所云"襄我二人",又云"篤棐時二人",皆指文、武言,詩小宛云"明發不寐,有懷二人",謂所思惟文、武二人也。先生以二人爲周公、召公,是又傅會其説爾。

穆王訓夏贖刑

書序云:"穆王訓夏贖刑,作吕刑。"蔡傳云"此篇專訓贖刑,蓋本舜典'金作贖刑'之語。今詳此書,實則不然。蓋舜典①所贖者,官府學校之刑爾,五刑未嘗贖也。五刑之寬,惟處以流、鞭、扑之寬方許以贖。今穆王贖法,雖大辟亦與其贖免,曾是唐、虞有是哉? 穆王巡遊無度,財匱民勞,爲此一切權宜,以斂民財。夫子録之,亦示戒耳。"舜典"金作贖刑",謂其情狀可疑,或無心之失,誤入于五刑者,非專指鞭、扑,説詳後案。序言"訓夏贖刑",則穆王之言本于夏,而夏法亦必本之唐、虞也。篇中明言"五刑不簡,正于五罰",又"墨辟疑赦"云云,豈以實犯罪者而許其贖哉? 蔡説非事實也。蔡氏此條,馬氏端臨已辨其非。

冏命

閻若璩曰:"姚際恒謂:'史記周本紀:"王道衰微,穆王閔文、武之道缺,乃命伯冏申戒太僕國之政,作冏命。"太僕國之政,非太僕正,命伯冏申誡之,非命伯冏爲太僕正,與書序絶不相侔。'余謂其所以不侔之故,蓋逸書十六篇原有冏命,史公親受之,知其義如此,故改書序之文載入本紀。若魏、晉間無由覿逸書,但止依傍書序爲説耳。"又曰:"説文引周書曰伯冏,即今冏命。蓋鄭、孔各有一冏命,故其稱名同,惟字別。"愚謂閻以説文所引伯冏,即冏命篇文,是也。但此必十六篇外零句,許慎偶得而載之。其十六篇内,冏命當爲臩命,字之訛也。觀鄭注畢命序引逸篇可見

---

① 舜典,原誤作堯典。

矣。史記與序不同處頗多,司馬遷非經師,豈得因此反疑書序爲誤邪?鶴壽案:尚書篇目有畢命,又有𩧅命。畢命之篇逸,𩧅命之篇亡。説文夰部云:"𩧅,驚走也。一曰往來皃。从夰,亞聲。周書曰伯𩧅(此下有"古文"二字,係衍文),'亞'古文'㊀'字。"今案古文尚書作"㊀",今文尚書作"𩧅",故史記周本紀、漢古今人表皆作"𩧅",今本漢書譌爲"嬰",經典釋文又譌爲"嬰"。但𩧅命之篇已全亡,鄭氏所述古文逸書二十四篇,曰有𩧅命,惠定宇謂"𩧅"當作"畢",字之誤也。劉歆三統秝引畢命"豐刑"曰:"惟十有二年六月庚午朏,王命作策豐刑。"鄭康成畢命序注云"今其逸篇有册命霍侯之事,不同與此序相應",蓋亦據孔氏逸書爲説。段氏古文尚書譔異云:"惠説是也。鄭謂'不同與此序相應'七字爲句,言序無册命霍侯之事,而篇中有之,不相同也。其下又有'非也'二字,亦是鄭語,言祕書所稱畢命篇者,蓋非畢命也。古文疑信參半,絶無師説,諸大儒所以不敢作注,但鄭親見此篇舊稱畢命,則二十四篇中有畢命無𩧅命可知矣。"

厲王豔妻

十月之交詩,鄭以爲刺厲王,非幽王,其援據甚多。而尤可據者,以詩云"豔妻煽方處"。"豔"、"剡"通。蓋厲王時有剡妻,專寵亂政。幽王所嬖者襃姒,非剡妻也。剡,或作閻,又作豔,潁濱竟以爲豔色之妻即襃姒,而以駮鄭。至其改十月爲建亥,則于古説并置之不辨矣。唐孔氏疏引詩緯云:"剡者配姬以放賢,山崩水潰納小人,家伯罔主異載震。"説已別見。又晉書樂志:"襃、豔興災,平王逢亂。"荀勗傳贊:"援朱均以偶極,煽襃、閻而偶震。"皆以剡妻與襃姒竝稱,亦爲切證。鶴壽案:魯詩十月之交云:"此日而食,于何不臧。"又云"閻妻扇方處,言厲王無道,内寵熾盛,政化失理,故致災異,日爲之食,爲不善也。"鄭從魯詩,故以爲刺厲王。閻,地名也,猶之襃,國名也。閻氏之女爲厲王妃。"剡者配姬"云云,見中候摘雒戒,但毛傳已云豔妻襃姒,美色曰豔,其説不始于潁濱。毛公,秦人,其以豔妻爲幽王妃襃姒,必有所據。況大衍秝日食議曰:"小雅十月之交,虞劇以術推之,在幽王六年。"開元秝定交分四萬三千四百二十九入食限,授時秝議曰:"幽王六年十月辛卯朔,泛交十四日五千七百九分入食限。"自来推步之家,本有不與緯説異者,近儒又依今日食法推之。雍正元年癸卯,距魯僖公五年,積二千三百七十八年，經史已有明文。再據史記魯僖公五年距周幽王六年，積一百二十一年，并之，減一年，得積年二千四百九十八，中積分九十一萬二千三百七十五日三五一三八一一六，通積分九十一萬二千三百四十三日二二八八四一一六，天正冬至一十六日七七一一五八八四，紀日一十七，積日九十一萬二千三百七十六日，通朔九十一萬二千三百九十一日一二六三三，積朔三萬〇八百九十六，首朔一十四日〇〇一三一五一二，積朔太陰交周二宮一十六度五十分八秒四十微，首朔太陰交周四宮六度四十六分四十四秒九微，十月朔太陰交周初宮一十二度八分三十五秒二十九微，爲太陰入交十月平朔辛卯日初三刻九分。凡太陰入交，則入食限，蓋推得幽王六年建酉月辛卯朔日食也。然則豔妻即襃姒，鄭以爲屬王時詩，而謂漢時經師移其篇第，不可信矣。

君氏

魯惠公元妃孟子無子，以次妃聲子爲繼室，生隱公。是隱不但長而已，且係正嫡，宜爲太子者也。于禮，諸侯不再娶，無二嫡。齊景公請繼室于晉，亦非禮也。惠公違禮而別娶仲子生桓公，欲立桓而以其母爲夫人。爲桓少，命隱攝。隱承父志，不自成爲君，故元年不書"即位"，不備禮也。奉桓母以爲夫人。天王知其然，故賵惠公兼及仲子，改葬惠公，隱讓桓而弗臨，不敢爲喪主。仲子薨則用夫人之禮赴于諸侯，故經書"夫人子氏薨"也。又爲仲子別立廟，安其主而祭之，用萬舞六佾。己之母薨則不赴于諸侯，不反哭于寢，不祔于姑，殺禮已甚，故不曰薨，不稱夫人；然而其子固已攝君矣，不可直書聲子卒，故變其文而繫之以"君"，曰君氏，若曰是君之母氏云爾。隱之順于死父而隆于庶母至矣。然其于己之母，不太簡乎！左氏明言聲子爲繼室。而公羊以爲桓母右媵，隱母左媵，右媵尊，桓宜立。非也。史記謂惠公爲隱公娶于宋，宋女至而美，惠公奪而自娶之，生桓公。謬中之謬。以桓之賊戾，當由少成習慣，而隱不知，以羽父之傾危，請殺桓求太宰，而遽以情輸之，仁而愚矣。攷之于傳，當日情事，歷歷可觀。然則君氏爲隱公母決矣，而公、穀改"君"爲"尹"，以爲天子大夫，妄也。吳偉業云："公與鄭人戰于狐壤，止焉。鄭人囚諸尹氏，賂尹氏，遂以尹氏歸。其卒也，公臨其喪。史臣書曰以重之，予未敢以爲然。"鶴壽案：左傳作君氏，公、穀二傳作尹氏。既作尹氏，則不得以爲隱公之母矣。公羊傳曰："其稱尹氏何？貶。曷爲貶？譏世卿，世卿非禮也。"宣十年齊崔氏傳同。五經異義云："卿得世也。今春秋公羊、穀梁説卿大夫世位，則權并一姓，妨塞賢路，事政犯君，故經譏周尹氏、齊崔氏也。"而古春秋左傳説，卿大夫皆得世禄，不得世位。父爲大夫，子得食其故采地，如有賢才，則復升父故位。故傳曰："官有世功，則有官族。"惠定宇曰："易爻位三爲三公，二爲卿大夫，曰食舊德，謂食父故禄也。"尚書云："古我先王暨乃祖乃父胥及佚勤，予不敢動用非罰，世選爾勞，予不絶（俗本作掩）爾善。"論語云："興滅國，繼絶世。""國"謂諸侯，"世"謂卿大夫。詩稱"惟周之士，不顯亦世"。孟子曰："昔者文王之治岐也，仕者世禄。"此皆同左氏義。鄭氏亦云："尚書世選爾勞，詩刺幽王絶功臣之世。"然則興滅繼絶，王者之常，譏世卿之文，其義何在？今案世禄，禮也。世卿，非禮也。公、穀皆據其經文以立説，自與左氏經文作君氏者不同，若吳梅村引狐壤之事，以尹氏爲鄭大夫，則是以左氏之事實，解公穀之經文，張冠李戴，得不令人軒渠？

魯桓公、楚穆王

魯桓公殺兄自立，子孫昌熾；楚穆王弑父自立，而獲令終。其子莊王，遂成霸業。天道竟有不可問者。鶴壽案：天道無不獲報。魯桓公有弑兄之罪，厥後與姜氏如齊，彭生上車拉公幹而殺之，禍亦烈矣。即有時天未及報，如楚穆王者，居然得保首領以没，然春秋于文公元年大書之曰："冬十月丁未，楚世子商臣弑其君頵。"此萬世之斧鉞，甚于一時之誅殛也。至莊王殛之成霸業，則其德惠寬仁，有以致之，不在報施之例。君子亦修德而已矣。盜蹠壽終，顔淵早卒，非所計也。

桓公、子糾

論語"桓公殺公子糾"，伊川程子謂子糾弟而桓公兄。非是。管子大匡篇云：齊僖公生公子諸兒、公子糾、同糾公子小白。使鮑叔傅小白，鮑叔辭，稱疾不出。管仲與召忽往見之，曰："何故不出？"鮑叔曰："先人有言曰：知子莫若父，知臣莫若君。今君知臣不肖也，是以使臣傅小白也。賤臣知棄矣。"房玄齡注云："鮑叔以小白年幼而賤，故難爲之傅也。"劉績注云："言君知己不肖，使傅小白于次，小白不得立，是君有意棄我。"哀公六年穀梁傳："齊陽生入于齊,陳乞弒其君荼,取國于荼也。"范甯引鄭康成云:"荼與小白,其事相似。"子糾宜立而小白篡之,非受國于子糾乎? 此子糾兄而桓公弟之明證。伊川之論,不過欲回護管仲之不死。以愚觀之,管仲、召忽特子糾之傅,鮑叔特桓公之傅而已,君臣之分未定也。此三人者,前則爲僖公之臣,後則爲襄公之臣,子糾、桓公皆不得而臣之,管仲所以無必死之責。唐之魏徵亦然。高祖在位,建臣烏得而臣之? 不必强謂桓公兄宜立也。

書弒閔公及仇牧,不書宋督

春秋莊公十二年,書"宋萬①弒其君捷及其大夫仇牧"。宋督②爲太宰,同見弒,何以不書? 蓋華督,弒殤公之賊,應殺,故不書。

寺人披

左氏:呂、郤③畏偪,將焚公宮而弒晉侯。寺人披請見,以難告。晉侯潛會秦伯于王城。己丑晦,公宮火,瑕甥、郤芮不獲公。寺人披爲獻公伐公子重耳于蒲城,又爲惠公求殺重耳。呂、郤同仇,與之謀弒公。披私自告公,爲進身之地。謀及寺人,以致此。

僬僥

仲尼對吳客曰:"僬僥氏三尺,短之至也。"山海經有小人國,人長九寸,在大荒東,是更短于僬僥矣。韋昭曰:"僬僥,西南蠻之別名。"括地志云:"在大秦國北。"晉胥臣對文公曰:"僬昏嚚瘖僬僥,官師所不材也。"然則僬僥不獨西南蠻,大秦北、中國亦有之。鶴壽案:周書王會解有周頭國。海外南經云:"周饒國,其爲人短小冠帶。"劉秀校云:"一曰僬僥國,在三首東。"大荒東經云:"有小人國。名靖人。"郭璞注引詩緯含神霧曰:"東北極有人長九寸,殆謂此小人也。"大荒東

---

① 宋萬,宋南宮長萬。
② 宋督,宋太宰華督。
③ 呂、郤,晉大臣呂省、郤芮。郤,原作"郤",據春秋左氏傳改。以下同改。

經云："有小人,名曰焦僥之國,幾姓,嘉穀是食。"郭璞注:"皆長三尺。又云有小人,名曰菌人。"今案焦僥即周饒也。長三尺。菌人即靖人也,長九寸。括地志云:"焦僥在大秦國北,小人在大秦國南",竝非一種。列子湯問篇:夏革曰:"從中州以東四十萬里,得僬僥國,人長一尺五寸。"淮南子墜形訓:"西南方曰焦僥",高誘注:"長不滿三尺,一在東方,一在西南。"亦非一處。至晉脣臣云云,不過因焦僥國皆短人,則中國之短人亦名之以僬僥而已。

簡璧

僖十五年:"秦穆公夫人以太子罃宏與女簡璧登臺。"列仙傳:"秦穆公以女弄玉妻簫史,日于樓上吹簫作鳳鳴。"簡璧殆即弄玉也。

晉悼公謚法

晉悼公復霸諸侯,功業頗著,卒年二十九,不爲夭;且以善終,非有難而死。嗣爲君者平公彪,其子也,乃不加美謚,而謚悼。此不可解。鶴壽案:周書謚法解"年中早夭曰悼",孔注:"年不稱志也。""肆行勞祀曰悼",孔注:"放心勞于淫祀,言不修德也。""恐懼從處曰悼",孔注:"從處言險圯也。"春秋所載魯侯寧謚曰悼,衛公子黝謚曰悼,鄭伯費謚曰悼,陳太子偃師謚曰悼,蔡侯東國謚曰悼,曹伯午謚曰悼,杞伯成謚曰悼,許男買謚曰悼,大約不出此三義。魯襄公元年,晉悼公立,史記晉世家云:悼公周者,其太父捷,晉襄公少子也。生惠伯談,談生悼公周。周之立,年十四矣。卒于魯襄公十五年。然則年二十八,非二十九也。其謚曰悼,殆年不稱志之謂與。

周公

論語"季氏富于周公",孔安國注:"周公,天子之宰卿士。"此明指春秋時之周公,皇侃疏亦不誤。而邢昺疏以爲周公旦,朱子承之,非也。季氏即盡有魯,亦不能如周公旦,此自當以季氏同時之周公爲比;若遠擬周公旦,則大遼闊矣。鶴壽案:周公長子伯禽封于魯,次子君陳,世守采地,爲王卿士,在東周時猶然,周桓公黑肩,見春秋隱公六年。周公忌父,見莊公十六年。宰周公孔,見僖公五年。宰周公閱,見僖公三十年。周公楚,見成公十一年。及季桓子之世,周公雖未見經傳,然世世子孫爲卿，其富可知。

老子之流沙

史記老子傳："老子居周久之，見周衰，遂去。至關。"正義引抱朴子："老子西遊至散關，或以爲函谷關。"引括地志："散關在岐周陳倉縣東南五十二里。函谷關在陝州桃林縣西南十二里。"又云："關令尹喜，彊爲著書。乃著上、下篇而去。莫知其所終。"集解引劉向列仙傳："老子西遊，關令尹喜，先見其氣，候而迹之，得老子。老子亦知其奇，爲著書。與老子俱之流沙之西。"案流沙見尚書禹貢、禮記王制。漢地志，流沙即居延澤，在張掖郡居延縣東北。漢居延故城在今甘肅甘州府治，東北塞外，其地尚非窮荒。近人説禹貢者，至牽引龜兹、鄯善、且末、吐谷渾等國之流沙，其解禹貢雖非，若以爲老子所至，似無不可。要之老子遯去西域，蹤迹絶遠，後世所以傳老子化胡成佛。老、佛不但在一地，且即是一人。鶴壽案：論衡氣壽篇云：傳稱老子二百餘歲，邵公百八十歲。高宗享國百年，穆王享國百年，并未享國之時，皆出百三十四十歲矣。今案古來百餘歲人，如臣扈、子夏之類則有之，乃王充謂老子二百餘歲，此後世化胡成佛之論所由來也。夫人得天地之元氣以生，元氣存則存，元氣亡則亡，安有元氣至二百餘年之久而猶不散亡者乎？自秦皇、漢武希冀長生之術，信方士言，卒無一驗。淮南、稚川之徒，又復迷惑于此，所講黃白諸法，流播人間。此書于八十二卷之末，詳載導引服食數條，津津乎言之有味。是蓋先生年老，欲以此術延齡，其實無益，徒以貽悞後人，今悉刪之。禮記曾子問載孔子從老聃助葬，遇日食，其時爲昭公二十四年五月乙未朔，至佛教起于漢明帝時，從前無有，而先生謂老佛即是一人，不亦可怪乎！史記老子傳云："蓋老子百有六十餘歲，或言二百餘歲"，此係疑辭，司馬貞謂前古好事者據外傳以老子生年至孔子時，故百六十餘歲；或言二百餘歲者，即以周太史儋爲老子故也。

老子杳冥詭異

司馬遷用筆本自跌宕離奇，不似班固之平實，故馳騁文筆者尊遷，務求切實者愛固。然如老子列傳，忽斷忽續，若近若遠。非必有意作此狡獪，因其人本自杳冥詭異，不可捉搦故爾。既云"楚

苦縣厲鄉曲仁里人，姓李氏，名耳，字伯陽，謚曰聃①，周室藏書之
史也”，有國有縣有鄉有里有姓有名有字有謚有官，又云“老子之
子名宗，爲魏將，封于段干。宗子注。注子宮。宮玄孫假，仕漢
孝文帝。假子解爲膠西王太傅，因家于齊”。叙其後系凡九世。
傳無如此之詳者，明係以此正世人傳聞怪説耳。乃其前半篇既叙
孔子問禮于老子事，中間插入“老萊子與孔子同時”②。老萊子、
老子，已不能定其是一是二，其下又插入周太史儋，而云“或曰儋
即老子，或曰非也”，則怳恍極矣。老子似不應有謚。謚爲聃，從
來謚法所無。説文耳部“聃，耳曼也”。蓋因其耳大無輪而稱之。
鶴壽案：老子不過一藏書之史耳，安得有謚？史記“謚曰聃”之“謚”當作
“字”，古人字與名相配，老子名耳，故字聃也。

　　史記本傳，老子與夫子言，皆清淨無爲之旨，與其道德經合。
然傳已載夫子問禮事，而禮記曾子問篇夫子答曾子，老聃凡兩
見，一引“吾聞諸老聃”，一稱“昔者吾從老聃助葬于巷黨”云云，
鄭康成于前一條注云：“老聃與孔子同時。”釋文云：“老聃即老子
也。”疏云：“莊子稱孔子與老聃對言，是與孔子同時也。史記云
老聃，陳國苦縣賴鄉曲仁里人也。爲周柱下史，或爲守藏史。鄭
注論語云老聃，周之太史。未知所出。夫老聃與夫子言，皆喪
禮，夫子重其知禮，故從之問，則老聃固儒者也。”論語無老聃，而
禮記疏引鄭注云云，計必“竊比于我老彭”句之注。何晏但采包
咸注以爲彭祖。而鄭注乃如此，則鄭意以老、彭爲二人。夫子所
以竊比者，爲其能述而不作，信而好古。老聃之學如此，的是朝廷
一良史官。乃予既攷得佛出于老，本爲一人，説詳見下。不料佛之
説增衍支蔓，騰空架虛，不可究詰，推其始，實一述而不作、信而好

----

① 名耳，字伯陽，謚曰聃，史記老子韓非列傳作“名耳。字聃”。索隱曰：
“有本字伯陽，非正也。然老子號伯陽父”云云。
② 老萊子與孔子同時，史記傳文爲：“老萊子亦楚人也。著書十五篇，言
道家之用，與孔子同時云。”

古之良史也,則詭異甚矣。夫子焉不學?而亦無常師,但節取其能知禮,謹守舊聞,遂從之問,其詭異則略而不責也。若史記言楚,禮記疏作陳;史記屬鄉,疏作賴鄉;今史記無"柱下史"一句,此小異,可置弗論。鶴壽案:賴鄉即屬鄉也。"屬"、"賴"古字通用,故春秋傳屬國亦作賴國。孫氏淵如曰:古道家之書與儒家竝傳,至衛元嵩譔齊三教論,乃以釋氏比于儒、道,李士謙答客問,有"佛日道月儒五星"之語。致儒書皆先聖所著,道家內經、本草,或係後人增益,老子、莊子實由耼、周手定,具有微言,惟釋氏僻在西域,無文字,僅借翻譯以傳其教,攝摩騰、鳩摩羅什諸人未必能得旨,世人妄尊其學,比于儒家、道家,過矣。裏楷稱老子爲浮屠,則佛即道家支流,魏收稱釋迦生時當周莊王九年、魯莊公七年夏四月,恒星不見,夜明是也。案史記十二諸侯年表,魯莊公七年乃周莊王十年,內典以春秋經恒星不見,傅會佛生之夕,佛生有夜明之瑞。魯莊以前,史不書恒星不見,是古無佛也。古無佛則釋迦之道何所傳?道無所傳,是前無聖也。史記匈奴傳稱驃騎將軍擊匈奴破,得休屠祭天金人,釋老志以爲佛道流通之漸,以此知佛象自漢武時始入中國,後漢西域傳稱明帝夢見金人,長大,頂有光明,于是遣使天竺,問佛道法。以此知釋教自後漢時始得行于中國。天地之道,東仁西義,東方積柔順之性,故有君子之國;西方積金剛之性,故有浮屠斷欲去愛之教。五行之道,仁可過而義不可過。釋教爲風氣之偏,王化所不到,所謂天地之大,人猶有憾也。佛者,于文爲仿佛之義。如來者,謝靈運謂諸法性定,理無乖異,謂之爲如;會如解故名如來。菩薩者,即菩薛。菩是香草,薛是"薜"字省文。皆言善心之萌芽。釋迦者,"迦"當爲"茄",又有茄葉佛,言如莖葉之輔菡萏。又曰"牟尼",曰"比邱"。此則竊取孔子名字以爲重,皆虛無其人,而世俗乃奉以爲神,其愚甚矣。佛果是圣人,當著書以傳其教,而范蔚宗西域傳贊云:"莫有典章",是彼國無文字。惟法苑珠林載造書之主,凡有三人,長名曰梵,其書右行;次曰佉盧,其書左行;少者倉頡,其書下行。今釋氏之書,方托倉頡以傳。佉盧之字安在乎?佛經最古者,四十二章經,攝摩騰所譯,魏收謂漢哀帝時秦景憲受大月氏使伊存口授浮屠經,中土未之信了也。後明帝遣蔡愔于天竺,又得四十二章經,緘于蘭臺石室,裏楷稱"浮屠不三宿桑下"云云,皆出此經,知是漢人傳本也。自後秦、北魏以來,翻譯諸經,詞愈繁而旨愈淺,大抵沙門以釋教爲游說之資,而文士之失職者又從而緣飾傅會其事，其書并不得比于道家；以視儒書，更不可同年而語矣。聰明俊偉之士，不見釋迦書與佉盧之字，可不必以釋典爲祕妙也。"孫氏此論甚正。昔揚子雲不讀非聖人書，今先生篤信老子化胡成佛，則道德經一書向入于道家者，此後將入于釋家。欲尊老氏，不反以卑老氏乎哉？

蛾術編卷五十四

説　人　四

魯哀公

魯哀公深憤失政,君臣相讐。二十四年,如越,越將妻公而多
與之地。二十七年,季康子卒,公弔,降禮。公患三桓之侈,欲以
諸侯去之,三桓亦患公之妄,故君臣多聞。遊于陵阪,遇孟武伯,
曰:"予及死乎?"公欲以越伐魯,去三桓。八月,公如公孫有陘
氏,遂如越,國人施公孫有山氏。杜注:"終子贛之言,君不没于
魯。"觀杜注公實卒于越。而史記魯世家:"國人迎哀公復歸,
卒。"二説不同。夫以越之去魯,隔絶江、淮,相去幾二千里,而公
意欲遠交近攻,其感憤之意,不甘屈抑。蓋剛暴之性如此。論語
請討陳恒,曰:"告夫三子。"不平之極,有激而言。明萬秝庚戌進
士魏光國作此題,通篇皆順口氣描摹神吻,説成柔懦無能,甘心推
諉,大謬。鶴壽案:魯三家:孟孫氏,公子慶父之後;叔孫氏,公子牙之後;季
孫氏,公子友之後。皆世爲魯卿,而專政者莫甚于季孫氏。公子友生齊仲、
無佚,無佚生行父,傳稱其相三君無私積。其子宿,作三軍,是爲專政之始。
宿生紇,紇生意如,遂有乾侯之事。意如斯,斯生肥,哀公三年桓子斯卒,
而康子肥立。其與康子同時者,孟孫氏則彘也,叔孫氏則州仇也。哀公以是
時句踐方霸,故欲藉以去三家。二十一年越人始來,越通魯也。二十三年叔
青如越,魯結越也。二十七年四月康子肥卒,八月公乃孫邾如越,然卒不能
去三家。馬宛斯曰:哀公弗克自强而託國蠻夷,望其除患也,異哉!自句踐滅
吳以來,中國之勞盡移于越,而俯首奉之者,魯人實首事焉。叔青報聘之後,

公自謂能結援大國，遂欲借兵以弭内患，不知城狐社鼠，所愚者重，未可猝除。且以昭公之不能行於季氏者，而哀公欲行諸三家，越師未出，吾見公之亡而不反矣。及悼公之世，三桓勝，魯如小侯卑于三桓之家，其事尚可爲哉？讀春秋之終篇，爲齊憾田氏，爲晉憾三卿，爲魯憾三桓。乃三卿分晉、田氏傾齊之後，三桓之子孫亦微。公族而自戕其本根，安有克昌厥世者哉？

太宰嚭未嘗見誅，史記誤

史記吳太伯世家："越欲遷夫差于甬東，夫差自剄死。越王滅吳，誅太宰嚭，以爲不忠。"裴駰等無注。吳地記亦云："句踐滅吳，誅太宰嚭。"攷左傳，越滅吳，吳王縊，在哀二十二年，不言殺嚭。而二十四年云："公如越，得太子適郢，將妻公，而多與之地。季孫懼，使因太宰嚭而納賂焉，乃止。"杜預曰："嚭，故吳臣。"然則嚭自吳亡，又爲越臣，深據權寵，參預機密，未嘗見誅。大約司馬子長敘事往往與左傳不相檢照，疑漢初左氏未立學，子長不得見，故夏紀無羿、浞事，趙盾述程嬰、公孫杵臼、屠岸賈，皆不合左傳。

某年係某帝王弟幾年

現在所行書名時憲書，其前明書名大統書，今略略承用，依西法改。以前所用，係元郭守敬授時書，閻氏動輒用授時、時憲二書，推至虞、夏、商、周，但用書上推，能知幾百年幾千年前，某年某月，朔是何日，望是何日，日食在何日，如是而已。至于某年係某帝王之弟幾年，則非書所推也。閻據律書志，與鄭注不合者甚多。又據竹書紀年、皇極經世，則更謬矣。竹書紀年與律書志大不合，與其信紀年，不如信律書志，其實皆不是。鶴壽案：自唐堯以來，至于共和，其間某帝王在位年數，雖不能盡知，然載在經傳者，尚有可攷。堯典："帝曰：咨！四岳。朕在位七十載，汝能庸命，巽朕位？"師錫帝曰："有鰥在下，曰虞舜。二十八載，帝乃殂落。"蓋堯在位九十八年也。尚書鄭注本曰："舜生三十，謂生三十年。徵庸二十，謂歷試二十年。在位五十載，陟方乃死，謂攝位至死五十年。"梅賾本改徵庸二十爲三十，而以三十在位爲句，非是。據此則唐、虞二代凡一百四十八年。無逸：周公曰："昔在殷王中宗，享國七十有五年，高宗享國五十有九年，祖甲享國三十有三年。"劉歆三統秝云："夏后氏繼世十七王，四百三十二歲。殷世繼嗣三十一王，六百二十九歲。周三十六王，八百六十七歲。"據此則夏、殷、周三代，凡一千九百二十八年。史記十二諸侯年表，共和以前無年數，自共和元年至敬王四十三年，三百六十五年。六國年表，自元王元年至赧王五十九年，二百二十一年。劉歆據魯秝，自周公攝政五年正月丁巳朔旦冬至，至繻公二十二年正月丙寅朔旦冬至，每隔七十六年，即有部首冬至可攷，比史記尤爲有據。今即以三統秝所載周代年數，除去共和以後五百八十六年，則知以前尚有二百八十一年也。統計唐、虞、夏、殷、周二千零七十六年，惟某帝王若干年，無書可徵。然唐志云："仲康五年癸巳九月庚戌朔，日食在房二度。"虞𠠎以秝推之，在仲康元年。則是唐時尚有帝王在位年數之書，故得據以推步。近儒謂此條即據汲郡古文，或不盡然。且竹書紀年、皇極經世等書固不足信矣。三統秝言之鑿鑿，而先生又以爲不足信，何邪？

　　文元年，履端于始，舉正于中，歸餘于終，閏月在歲終。三代以上如此，子、丑、寅三正迭建，閏月在當時所建，十二月後乎？抑在夏正十二月後乎？未詳。鶴壽案：治秝明時，天事也。夏數得天，則歸餘于終，當在夏正十二月之後。

孔父子奔魯

　　史記索隱云："宋襄公襄當作哀。生弗父何，以讓弟厲公。弗父何生宋父周[1]，周生世子勝，勝生正考父，考父生孔父嘉。五世親盡，別爲公族，姓孔氏。孔父生子木金父，木金父生睪夷，睪夷生防叔，畏華氏之偪而奔魯。"昭七年左傳注云："孔子六世祖孔父嘉，爲宋華督所殺，其子奔魯。"據司馬貞說，則始奔魯者防叔也。據杜預說，則木金父也。二說不同。鶴壽案：世本云："孔父嘉爲宋司馬華督殺之而絕其世，其子木金父降爲士。木金父生祁父，祁父生防叔，爲華氏所偪，奔魯爲防大夫。"杜預以防叔爲孔父嘉之曾孫，去華督已遠，故以爲木金父奔魯，不知華氏既殺孔父，又絕其世，尚欲何爲乎？江慎修謂避華氏之偪，非謂桓二年事也。莊十二年，督爲南宮萬所殺，其後華氏仍

---

[1]　宋父周，原作宋周，據史記索隱改。

爲强族,防叔爲華氏所偪,乃後來事耳。當以司馬貞説爲是。

君子

論語“君子不以紺緅飾”,邢疏:“君子謂孔子。禮運:‘出遊于觀之上,喟然而嘆,言偃在側,曰:‘君子何嘆?’”鶴壽案:此在論語中已有證據。陳司敗曰:“吾聞君子不黨,君子亦黨乎?”子夏曰:“君子有三變。”不皆指孔子乎?

孔子生卒年月日

襄二十一年公羊傳:“十有一月庚子,孔子生。”穀梁傳則于襄二十一年冬十月云:“庚子,孔子生。”雖月不同,其年則同。左傳哀十六年夏四月己丑孔丘卒,史記孔子世家同。以十二諸侯年表數之,襄二十一年,歲在己酉,數至哀十六年,歲在壬戌,孔子實年七十四歲。公、穀志其生,而左傳志其卒。檀弓疏説夫子之卒年月日,亦據左傳,皆的確可信。乃世家首段説夫子卒年雖與左傳同,而其上則先言孔子年七十三。既云魯襄二十二年生,則云年七十三,不足怪。而十二諸侯年表于襄二十二年格內書“孔子生”,于哀十六年格內書“孔子卒”,亦與世家同。襄三十一年左傳,仲尼聞子產不毀鄉校,以爲仁。杜注:“仲尼以二十二年生,于是十歲,長而後聞之。”疏云:“公羊傳于二十一年下云:‘十有一月庚子,孔子生。’穀梁傳于二十一年十月下云:‘庚子,孔子生。’二十一年,賈逵注經云:‘此年,仲尼生。哀十六年夏四月己丑卒,年七十三。’昭二十四年,服虔載賈逵語云:‘是歲孟僖子卒,屬其子使事仲尼。’仲尼時年三十五,定以孔子爲襄二十一年生也。孔子世家云:‘魯襄公二十二年,孔子生。年七十三,魯哀公十六年夏四月己丑卒。’杜此注從史記也。”此段疏剖析最明,內引賈逵襄二十一年仲尼生①,年七十三。友人嚴蔚豹人云:“孔子年實七十有四,賈云七十三者,古三、三字皆積畫,後儒因此誤

---

① 生,原誤作“卒”。

三爲三。"豹人説確甚。今由襄二十一年數至三十一年，實十一歲，非十歲。再數至昭二十四年，實三十五歲，非三十四歲。再數至哀十六年，實七十四歲，非七十三歲。可見賈、服與三傳皆合。杜預則從世家，生襄二十二年，年七十三。若昭七年傳："公至自楚，孟僖子病，不能相禮。及其將死，屬其子事孔子。"杜注："二十四年，僖子卒。時孔子年三十五。"疏云："當言三十四，而云五，蓋相傳誤耳。"杜竊服注，據爲己有，遂忘前語，自相矛盾，而疏家之體例不駁注，託言傳寫之誤，以示畫一。若哀十六年杜注則仍照應前語，從史記，作年七十三。司馬貞索隱，一派亂道，置之不足辨。鶴壽案：是年經書"十月庚辰朔，日有食之"，則十一月無庚子。公羊傳有誤字，不待辨矣。既生於襄二十一年，卒于哀十六年，則年七十四，又不待言矣。惟史記年表徐廣注謂襄公二十一年，歲在己酉。公羊傳何休注謂歲在己卯。若依劉歆三統秝推之，則是年歲星在實沈，太歲在乙巳，竝不在己酉，亦不在己卯，此由不知龍度天門而誤也。襄二十一年，三傳經略同，皆終于十月，公、穀書"夫子生"，皆綴于年終，而公羊書"十有一月庚子"。穀梁有日無月，則穀梁蒙上十月明矣。且公羊陸德明釋文云："上有十月庚辰，此亦十月也。一本作十一月庚子，一本無此句。"釋文確甚。蓋是年冬十月庚辰爲朔日，則庚子爲二十一日，置閏又在二月。十月既無閏，十一月安得有庚子邪？且德明云"一本作十一月庚子，一本無此句"，然則德明所見本，原無"十有一月"四字，此疑衛包妄增，公羊亦書日不書月，蒙上十月，與穀梁同。

　　三傳皆周正，生于十月庚子，爲今八月二十一日；卒于四月己丑，爲今二月十三日，杜預于"夫子卒"下注："四月十八日乙丑，無己丑。己丑，五月十二日。日月必有一誤。"愚謂據杜説則"己丑"當作"乙丑"，是十八日乃日誤，非月誤，抑不知杜所推長秝果是否？

　　襄二十一年，何休云："時歲在己卯。"明北監、汲古閣皆誤刻"乙卯"，據疏改。據史記年表則是年乃己酉。江聲云："以左傳前後所言歲星之所在推之，則是年太歲在己不在酉。"江説與史記及何休皆不同，存疑。

委吏

孟子"孔子爲委吏"，史記作"季氏史"，字相似而誤。

孔子至衛

論語"衛君待子而爲政"章，大全載厚齋馮氏説，以夫子至衛，在出公十二年，朱注則云"哀公十年"。攷之史記年表，魯哀公十年時爲衛出公八年，夫子自陳至衛。馮氏説誤。鶴壽案：孔子三至衛，其一見于史記孔子世家，其二見于十二諸侯年表。年表云：衛靈公三十八年孔子來，祿之如魯。"此在魯定公十三年，第一次至衛也。世家云："孔子去陳，過蒲，會公叔氏以蒲畔，遂適衛。衛靈公聞孔子來，喜，郊迎問曰：蒲可伐乎？"此在魯哀公元年，弟二次至衛也。年表云："衛出公八年孔子自陳來。"此在魯哀公十年，弟三次至衛也。

顔讎由

孟子顔讎由，史記作顔濁鄒，吕覽作顔涿聚，古今人表作顔燭雛，古音皆通用。

左丘明

左丘明，左丘姓。明名。班固謂仲尼與丘明觀魯史記，有所褒貶，口授弟子，弟子退而異言。丘明恐弟子各安其意以失其真，故論本事而作傳。杜預謂丘明受經于仲尼，是爲素臣。荀崧謂孔子作春秋，諸侯諱妬，懼犯時禁，是以微言妙旨，義不顯明。時左丘明、子夏造膝親受。孔子既殁，微言將絶，于是丘明爲之傳。諸説皆以丘明爲名，非也。司馬遷報任少卿書"左丘失明，厥有國語"省文，故單舉其姓，言國語則傳可知。或以左丘氏與左氏爲二，亦非也。史記弟子傳、家語弟子解雖無左丘明，然左傳終于哀公二十六年，其非生于孔子之前，明矣。而啖助以爲丘明，孔子前世人，如史佚、遲任；朱子以爲"丘亦恥之，竊比老、彭之意"者，亦非。鶴壽案：葉夢得曰：古有左氏、左丘氏，太史公稱"左丘失明，厥有國語”，今春秋傳作左氏，而國語爲左丘氏，則不得爲一家。或謂左氏之爲丘明，遷、固以下皆信之，獨啖助、趙匡立説以破其非，而王介甫斷爲六國時人者，有十一事。據左傳紀韓魏智伯之事，及趙襄子之謚，計自獲麟至襄子卒，已八十年，夫子謂左丘明恥之，則必是夫子前輩，豈夫子殁後七十八年，丘明猶能著書者乎？詩有大、小毛公，書有大、小夏侯，六國時人，豈無左氏？惑以丘明實之，固矣。今案史遷稱“左丘失明”；應劭風俗通稱“丘姓，魯左丘明之後”，然則左丘爲複姓甚明。孔子作春秋，明乃作傳，春秋止于獲麟，傳乃詳書孔子卒。孔子既卒，周人以諱事神，名終將諱之，弟子自當諱先生之名，故但稱左氏耳。又論語注以左丘明爲魯太史，而朱子以爲楚人者，疑其爲左史倚相之後，項平父以爲魏人者，以其詳記三晉之事故也。

顏淵、季路

論語“顏淵、季路侍”，以德序。“子路、曾晳、冉有、公西華侍坐”，以齒序。

南容

古今人表，南容在上下，師古曰：“南宮縚也。字子容。”南宮敬叔在中上，師古曰：“南宮适。”而朱子以爲一人。案禮記“南宮敬叔反，必載寶而朝”，注云：“敬叔，魯孟僖子之子仲孫閱。”又“南宮縚之妻之姑之喪”，注：“南宮縚，孟僖子之子南宮閱也。字子容。”疏云：“昭七年，孟僖子將卒，屬説與何忌，以事仲尼。以南宮爲氏。”故世本云：“仲孫獲生，南宮縚也。”然則縚一名閱，左傳作説。子容其字，南宮其氏，敬叔其謚也。而南宮适疑別是一人。鶴壽案：夏洪基輯孔門弟子傳略，以南宮縚、南宮适、南宮括字子容者爲一人，以仲孫悦、仲孫閱謚敬叔者爲一人。春秋名號歸一圖止有仲孫閱即南宮敬叔，不及縚與括。金氏瑣語云：“南宮子容之名，家語作縚，論語作适，史記作括，左傳作悦，禮記注、史記索隱作閱。決無一人五名之理。夏氏所言，似爲可從，但論語第五篇王肅注云：‘南容，南宮縚。魯人也。字子容。’皇侃疏云：‘又名閱。弟十四篇孔安國注云：‘适，南宮敬叔。魯大夫也。’漢表南容列第三等，顏師古注云：‘南宮縚也。’南宮敬叔列第四等，注云：‘南宮适也。’是縚之與适，較然兩人。似當從論語注爲是。司馬貞以南宮括即家語之南宮縚，蓋因史記不載兩人而誤。鄭康成以縚與敬叔爲一人，亦必有誤。"今案金氏此語，牽制于各人注解，而未嘗顧名思義也。説文云："括，絜也。通作适。"故史記作括，論語作适。"括"又与"髻"通，絜髮也。髻髮即絹髮。故家語又作絹。且"括"有包括之義，故字子容。則絹即适，字子容，爲一人明矣。"悦"与"閲"音同字通，故左傳作悦，禮記注、史記索隱作閲。其謚爲敬叔，左傳有明文，則悦即閲，謚敬叔，爲一人又明矣。

孟懿子

昭公七年傳："孟懿子与南宫敬叔師事仲尼。"則懿子爲孔子弟子。敬叔，朱子以爲即南容，又即南宫适，懿子之兄也。然史記世家亦載"僖子將卒，屬懿子使學于夫子。僖子卒，懿子与魯人南宫敬叔往業焉"。若敬叔非僖子之子者，何也？魯語"公交文伯飲南宫敬叔酒"，韋昭注："敬叔，魯大夫孟僖子之子，懿子之弟，南宫説也。"朱子云懿子之兄，非是。及攷弟子列傳，中無懿子，家語弟子解亦無之。何晏集解，凡七十字等皆注云"弟子"，獨于懿子問孝，但引孔安國云"魯大夫仲孫何忌"，不云"弟子"。孔子于弟子皆呼名，無稱字者，而曰"孟孫問孝于我"。"孟孫"之稱，非所加于弟子，且昭公乾侯之孫，懿子實率師助季平子，是亂臣耳，似不當在門牆之列。

四科十哲非皆從陳、蔡

論語：子曰："從我于陳、蔡者，皆不及門者也。"鄭康成曰："言弟子之從我而厄于陳、蔡者，皆不及仕進之門而失其所也。"下章分列四科，實以十哲，何晏無注，皇侃疏云："此章無'子曰'，是記者所書，從孔子印可而録。"絶無一言牽合兩章。惟邢昺疏云："此章因前章言弟子失所，不及仕進，逐舉弟子之中才德尤高，可仕進之人。鄭氏以合前章，皇氏別爲一章，然夫子門徒三千，達者七十有二，而此四科惟舉十人者，但言其翹楚者耳。或時在陳言之，惟舉從者；其不從者雖有才德，亦言不及也。"邢于末尾贅以或説連從陳、蔡，未嘗作正解，而鄭以"不及門"爲"不及仕進之門"，其不以十哲爲皆從陳、蔡顯然。今本無"者"字，皇本有"者"字，蓋即鄭本，其不以十哲爲皆從陳、蔡又顯然。仲尼弟子列傳發首即列四科，其意絕與陳、蔡無干。尚書堯典“闢四門”，鄭注：“卿上之職，使爲已出政教于天下。言四門者，亦因卿士之私朝在國門。魯有東門襄仲，宋有桐門右師，是後之取法于前也。”疏即引論語此章，以證“門”爲“仕門”。宋程子則謂四科乃從夫子于陳、蔡者爾。門人之賢者，固不止此。朱子遂謂孔子厄于陳、蔡，弟子多從之者，此時皆不在門。案陳、蔡之厄，從者惟子路、子貢、顏淵、宰我四人而已，見史記世家；他則未聞。且其上文孔子年六十，去衞適陳，時魯哀公三年，冉有從孔子在陳，季康子召冉有，冉有辭孔子歸魯。其下叙孔子居蔡，楚聞其在陳、蔡之間，欲聘之，故爲陳、蔡大夫所圍，楚來迎得免，遂適楚。秋，昭王卒，孔子反衞，是歲孔子六十三。然則陳、蔡之役，冉有不從，甚明。而十哲有冉有，足明此兩節斷斷不可以不在門黏合。其下文又述明年季康子使子貢拒吳徵百牢，知子貢從陳、蔡後，先辭歸魯，爲季康子用。又明年冉有爲季氏帥師克齊于郎，時魯哀公十一年，康子問以軍旅，冉有云學于孔子，遂迎孔子歸魯。然則冉有自哀公三年秋冬之間自陳歸魯，直至哀公十一年春，始終爲季康子家臣，安得有從陳、蔡事？哀十一年孔子年六十八，自此以後，不復出遊，至十六年夏四月卒。此四五年中，冉有以田賦訪夫子，又奉季康子命對小邾射句繹[1]，子貢則從會吳于橐皋，又與子服景伯如齊，班班皆在左傳，可見此二人總在魯，直至兩楹夢奠，賜尚侍側，何有不及門之嘆？又嘗攷得弟子列傳，子游少孔子四十五歲，子夏少孔子四十四歲。孔子以六十三阨陳、蔡，時子游年十八，子夏年十九。古之學者，三年通一蓺，三十而五經立。游、夏學成即甚早，亦必在三十以後。然則門人記此四科，必在夫子既没之後，而

---

[1]　小邾射句繹，左傳哀十四年，經“小邾射以句繹來奔”，注曰：“射，小邾大夫。句繹，地名。”

宋儒乃謂十人皆從于陳、蔡者，任意造言，不顧事實。鶴壽案：“四科”一章，于德行不列子賤，于言語不列公西華，于政事不列漆雕開，于文學不列曾子，竊所不解。史記稱顏淵年二十九，髮盡白，蚤死，而已傳道。先生謂游、夏學成必在三十以後，非也。又謂門人記此四科，必在夫子既歿之後。但顏淵、冉伯牛、子路諸人皆先夫子而歿，古人學優則仕，子游爲武城宰，夫子詢其得人，于其歸也，有“吾道南矣”之歎。子夏爲莒父宰，問政于夫子。先生之説，殆不然乎。

　　新唐書歸崇敬等傳贊曰：“道州刺史薛伯高嘗謂：‘夫子稱顏回爲“庶幾”，其從于陳、蔡者，亦各有號，出于一時。後世坐祀十人以爲哲，豈夫子志哉？’觀七十子之賢，未有加于十人。坐而祀之，始于開元，非特牽于一時之稱號。記曰：‘祭有其舉之，莫敢廢也。’伯高之語，柳宗元志之于其書，必有辨其妄者。”以十人皆爲從陳、蔡，實始于唐妄人薛伯高，而程、朱卻不知。鶴壽案：唐制，春、秋釋奠孔子，祝版、皇帝署，北面揖，歸崇敬以爲太重，宜准武王受丹書于師尚父，行東面之禮。代宗從之。故宋祀曰：“韓愈稱孔子用王者事，以門人爲配，天子以下，北面拜跪薦祭，禮如親弟子者，崇敬乃請東揖以殺太重。方是時，公卿無韓愈之賢，無有折其非是者。崇敬誠不知禮，尊君以媚世，歷朝循而不改矣。伯高之語，必有辨其妄者。”伯高蓋逢迎崇敬，此小人之尤者也。

曾點

　　曾點志于道德，子路、冉有、公西華志在功名。志于道德者較之志在功名者尤爲切實。莊子乃援引曾點，以爲季武子之喪，曾點倚其門而歌，幾若以春風沂水與濠梁意趣一般，誣矣。凡莊子所引孔、顏事，皆扳援污衊，非實事也。鶴壽案：莊子稱子桑戶、孟子反、子琴張三人相與語曰：“孰能相與于無相與，相爲于無相爲？”子桑戶死，或編曲，或鼓琴，相和而歌。檀弓稱季武子寢疾，蟜固不説齊衰而入見，及其喪也，曾點倚其門而歌。陳雲莊謂此善蟜固之存禮，譏曾點之廢禮也。但孔子生于襄公二十一年，子路少孔子九歲，生于襄公三十年，曾點又少于子路。季武子卒于昭公七年，子路纔九歲，曾點更在九歲以下，則安得有倚門而歌之事？蓋檀弓傳聞之誤也。莊子、檀弓二條，朱子孟子集注竝引之，先生誤以檀弓爲莊子耳。

曾子直呼子夏名數其罪事，未可信

顏回、曾參之父皆受業于夫子，則凡夫子之弟子，皆與其父爲同門，彼雖援引我以爲同輩，而顏、曾二人之事之也，其禮當與儕偶有別，即子夏少夫子四十四歲，曾子少夫子四十六歲，然二歲之長，亦長也，況本父之朋友乎！有過相規，其言亦宜稍孫，乃檀弓載子夏喪明，曾子責數其罪，直呼其名曰商；就其所責三事，亦屬太苛。恐未可信。

有姓

太倉州崇明縣郁氏家譜稱本係有氏，孔子弟子有子之後，曹魏時避亂改爲郁。請于當事，將立有子祠。然今山東益都平陰俱有有姓，未嘗自言有子裔，而江、浙之郁甚多，乃欲改有，似未可信。海寧查岐昌辨云：“羅氏路史，郁本姬姓，爲高辛氏後，以邑氏者凡十，郁姓與焉。有本姚姓，爲有虞氏後，以國氏者二十有六，有姓與焉。其辨一也。周時魯相有郁貢，聖門有有子，隱九年‘城郎’，杜注：‘縣東南有郁郎亭。’不言郁貢居郁郎亭也。第郁貢姓名既見廣韻及萬姓統譜，則魯國既有郁貢，又有有子。其辨二也。郁氏譜云，曹魏所改，則魏以後當獨存郁姓矣，乃楊升菴希姓錄載洪武中有有同興。其辨三也。萬姓統譜有出有巢，郁出郁貢，固未足信；而虞封支子于郁夷，出百家姓注，更不足據。況漢地理志郁夷屬扶風郡，注：‘有汧水祠。莽曰郁平。’竝無郁夷在虞地之説。彼譜所言有姓因封邑，郁夷加邑，更屬無稽。況既云魏時加邑，又云封郁夷加邑，何舛錯乎！”查説甚核。

陳亢

孟子“有私淑艾者”，朱子注：“人或不能及門受業，但聞君子之道于人，而竊以善治其身，若孔、孟之于陳亢夷之是也。”但論語“子禽問于子貢”注云：“子禽姓陳名亢。子貢姓端木名賜。皆孔子弟子。”或曰：“亢，子貢弟子。”未知孰是。案鄭康成曰：“子禽,弟子陳亢也。字子禽。"孔子有弟子籍一書,康成爲注。漢人近古,見聞必確。或見其問子貢:"'子'爲恭也,仲尼豈賢于子?"遂妄説子貢弟子。附載之。畢竟前説爲主。鶴壽案:史記仲尼弟子列傳竝無陳亢,惟家語云"陳亢,陳人,字子亢,一字子禽,少孔子四十歲"。家語係王肅僞造,不足爲據。鄭豈果見弟子籍邪?

弟子、門人可通稱

朱竹垞與胡解元書:"據歐陽子説,受業者爲弟子,受業于弟子者爲門人。論語爲孔子作,所云'門人',皆受業于弟子者。"愚謂朱未見皇侃疏。以"子出,門人問",爲曾子弟子;顏淵死,"門人厚葬之",爲顏淵弟子;"子夏之門人問交于子張",爲子夏弟子,與皇暗合,皆是也。若"子路使門人爲臣",此即受業孔子者,如原思爲之宰是也。"門人不敬子路","門人"緊承上"奚爲于丘之門"?"門"字蓋夫子責子路之言稍峻,同門者誤認欲麾之門外,遂不敬,故曉之曰:"由已升堂,但未入室。""堂"、"室"亦從"門"字生來,何云"門人"乃子路弟子邪?"曾子有疾,召門弟子",呼爲"小子",可見受業于弟子者亦稱"弟子",而不必稱"門人",達巷黨人惜夫子無成名,"子聞之,謂門弟子",與"曾子疾,召門弟子"文法相同,名稱如一,何得强爲分別邪?孟子:"孔子殁,三年,門人治任將歸,入揖于子貢相向而哭。"此"門人"正七十子之徒,乃以爲子貢之弟子,尤非。且孟子願學孔子,論語果有例如竹垞云云,孟子必仿之,乃決盆成括將見殺而"門人問",此受業于孟子者,但稱"門人",不稱"弟子"。禮記祭義:樂正子春下堂傷足,門弟子曰"夫子之足瘳矣"云云,此"門弟子"乃受業于樂正子春者,而樂正子春則受業于曾子,檀弓曾子寢疾,樂正子春坐于牀下是也。然亦稱"弟子",可見"弟子"、"門人"乃通稱。歐陽子之言,何足爲據?檀弓又云:"伯魚之母死,期而猶哭。夫子曰:'誰與哭者?'門人曰:'鯉也。'"此直呼伯魚名,則非受業于伯魚,而爲受業于夫子者。"門人"爲通稱,更可知矣。

衍聖公之名所自始

宋仁宗皇祐中，祖無擇自袁州守入修起居注。時封孔子四十七代孫宗愿爲文宣公，無擇上言：“前代所封，漢、魏曰宗聖，晉、宋曰奉聖，後魏曰崇聖，北齊曰恭聖，唐初曰褒聖。開元中，尊孔子爲文宣王，遂封其後爲文宣公。是以祖謚而加後嗣，非禮也。”于是下近臣議，改爲衍聖公。事詳祖龍學集。

表六國本秦記

六國表敘首云“太史公讀秦記”，又云：“秦既得意，燒天下詩、書，諸侯史記尤甚。詩、書所以復見者，多藏人家，而史記獨藏周室，以故滅。獨有秦記，又不載日月，其文略不具。”案：不載日月，想年則載之。其下又云：“余因秦記，踵春秋後，起周元王，表六國，訖二世，凡二百七十年。”案十二諸侯表終敬王甲子，六國表即起元王元年乙丑，緊相承接。此則本之秦記。然自六國以下皆無甲子，徐廣注見之。鶴壽案：漢高祖入關，蕭何收秦圖籍，則秦記必在內，其後藏諸秘府，而史公得之，以爲史記者也。漢初以歲陰紀年，故十二諸侯年表、六國年表，皆不書甲子甲戌等。今史記共和元年上格有庚申，宣王元年上格有甲戌，皆徐廣注也。

禮樂征伐自大夫出

論語“禮樂征伐，自諸侯出”云云，宜通論天下；而孔安國以爲專論魯事，非也。周東遷後，齊、晉是依，齊桓霸業，一傳而熄。晉文至悼五世，南懲荆楚，西擯強秦，天下賴之。自向戌刜弭兵之策，楚遂得而有諸侯；且疆埸之難稍靖，君臣樂玩，諸侯之大夫退而各營其私事，于是田常篡齊，六卿分晉矣。向戌，賢大夫也。弭兵，善策也。然周之亡，實始于此。夫子于禮樂征伐自諸侯出，猶寬言十世希不失，而于大夫則決以五世，反覆追慨，深致其意，蓋知天下大勢皆歸于大夫也。以史記六國表攷之，魏自文侯以下歷八君，至王假始滅。韓自景侯以下歷十君，至王安始滅。趙自烈侯以下歷九君，至代王嘉始滅。齊自田和以下歷六君，至王建始滅。**夫子**所謂"大夫五世必失"者，此四國竟不然。**夫子**之所言者理，其所不可知者，勢也。**鶴壽案**：**向戌**，宋國一老姦也，而稱之爲賢大夫，過矣。**馬宛斯**謂**盟宋**之役，**齊**、**秦**不相見，邾、**滕**不與盟。盟者十國，**晉**、**楚**同爲盟主。是時**魯**、**衞**、**曹**、**宋**，從**晉**者也；**陳**、**蔡**、**鄭**、**許**，從**楚**者也。會分二主，小國共屬。是直以諸夏之權授**楚**也。**晉**自**夷儀**再會，諸侯多貳，**趙孟**執政，伯業益衰。兵不止則北方之執日急，**宋**實首當其鋭，故**向戌**欲令兩國爲成，以紓其難。然**楚**人荐食中國久矣，**晉文**躬擐甲冑，以禦强**楚**，凡以存天下之大防也。**楚**自**成**、**穆**稱兵以恐喝諸侯，諸侯從者半，疑者半，故伯王起而應之，誠使從**晉**者不復從**楚**，從**楚**者改而從**晉**，則中國之執常伸矣。今也**楚**不能多得志于諸侯，欲借弭兵之説以收天下之權，**晉**乃貪弭兵之名以求一時之利，遂使**楚**人不煩一卒，晏然爲盟主，而中國之大勢盡移于**楚**，**晉**將何以自處哉？今案**馬氏**此論，但見目前。豈知後日三卿分**晉**，**齊康**僅食一城，皆自弭兵一役所致乎？先生云云，可謂當矣。

三桓微

史記魯世家，自**悼公**之子**元公**以下，歷七君至**傾公**，**魯**亡，皆不紀**三桓**事。蓋已衰絶，無復可紀。**夫子**謂"**三桓**之子孫微"，于此乃信。

子思年

閻若璩曰：**通鑑**載**子思**言苟變于**衞侯**，在**安王**三十五年①。**大事記**云："去**孔子**殁百有三年。"**子思**逮事**孔子**，未必至是時尚存。**薛常州**亦云："**子思**之年，毋乃過于壽考乎？"愚謂據**世家**，**子思**年僅六十二。

離婁

莊子天地篇"**黄帝**遺其玄珠②，使**離朱**索之而不得"，**離朱**即**離婁**也。**鶴壽案**：**莊子**多寓言，所謂"玄珠"者，道也。**離婁**不必是**黄帝**時人，**楚詞**稱**離婁**微睇，**漢書**稱**離婁**督繩，不過古之一工師耳。

---

① 三十五年，疑爲"二十五年"之誤。據**通鑑**，**安王**在位共二十六年。
② 玄珠，原作"元珠"。據**莊子**改。注文同改。

公輸子

孟子公輸子，趙氏以爲魯班，魯之巧人也。或以爲魯昭公之子。戰國策作公輸般，高誘注：“魯班之號也。”檀弓載季康子之母死，般請以機封，則與季康子同時。戰國策又載爲楚設機，攻宋，墨子往見之，則與墨子同時，其非昭公子甚明。

辨趙岐以公孫衍、張儀爲合從之謬

孟子景春稱公孫衍、張儀大丈夫①。趙岐注：“景春，孟子時人，爲從橫之術者。公孫衍，魏人也。號爲犀首，嘗佩五國相印，爲從長，秦王之孫，故曰公孫。張儀，合從者也。”愚謂岐以白腹從事，故下筆便誤。七國秦最在西，地埶東西爲橫，張儀欲使六國相約以事秦，故稱“連橫”。南北爲縱，蘇秦欲使六國合力以拒秦，故稱“合縱”。蘇秦初意本欲用秦，戰國策云：“蘇秦始將連橫，説秦惠王。”高誘注：“合關東從，通之于秦，故曰連橫。”又云：“書十上而説不行。還家讀書，簡練揣摩。”注：“揣，定也。摩，合也。定諸侯使讎其術，以成六國之從也。”又云：“説趙王，封武安君。約從散橫，以抑强秦。”注：“約合關東六國之從，使相親。散關中之橫，使秦賓服。”此“賓”字，誘作“擯”字用，擯斥而服耳。又云：“秦惠王謂寒泉子：‘蘇秦欲以一人之智，反覆東山之君，從以欺秦。’”注：“東山，山東。”又云：“張儀説秦王曰：‘天下陰燕陽魏，連荊固齊，收韓成從，西與秦爲難。’”又云：“臣昧死見王，言所以破天下之從。”又云：“大王試聽其説，一舉而天下從不破，趙不舉，斬臣以徇。”即此各條，儀爲橫，秦爲縱，了然分明。岐乃以儀爲合從，然則蘇秦反爲連橫乎？史記衍附張儀傳後，云“衍佩五國相印爲約長”，兩岐改云“從長”，不知衍亦主橫者，儀、衍不相善而術則同。蘇秦以趙爲主，而外合五國以擯秦；儀、衍以魏爲主，而外連

---

① 此句見孟子滕文公下：景春曰：“公孫衍、張儀，豈不誠大丈夫哉？一怒而諸侯懼，安居而天下熄。”

五國以事秦，故衍佩五國印。儀傳贊云："儀振暴蘇秦之短以成其衡道。""衡"、"橫"同。蘇秦之愚，恐秦伐趙敗從約，陰奉給儀入秦得其柄，使感其惠勿圖趙，乃儀一説秦，即欲滅趙破從，二人始同師，後成水火冰炭。想春亦學橫家，故稱儀、衍不及秦，而岐云春爲從橫之術，非漫話乎！

魯共公元年誤前一年

魯世家穆公三十三年，共公二十二年，而年表又以己巳爲康公元年，則知魯共公元年當在丁未，傳寫者誤前一年耳。若徐廣所注年表甲子，與皇甫謐年表注皆不合。謐專務欺人，疑廣是謐非也。鶴壽案：劉歆三統秝云："春秋哀公即位二十七年，子悼公曼立。"世家："悼公三十七年，子元公嘉立。元公四年正月戊申朔旦冬至，二十一年，子穆公衍立。穆公三十三年，子恭公奮立。恭公二十二年，子康公毛立。康公四年正月丁亥朔旦冬至，康公九年，子景公偃立。景公二十九年，子平公旅立。平公二十年，子緡公賈立。緡公二十二年正月丙寅朔旦冬至，二十三年，子頃公讎立。頃公十八年秦滅周，又六年楚滅魯。"此劉歆所據魯秝年數，有部首冬至可推者也。史記魯世家，平公誤作在位三十二年，緡公誤作文公在位二十三年。六國年表書魯哀公卒于周定王二年。哀公在位二十七年，則當移上一年也。書悼公元年于定王四年中間，空去兩年，則當移在定王二年也。以下書元公元年于考王十三年，則悼公在位止三十六年，少一年矣。書共公元年于烈王元年，則穆公在位止三十二年，又少一年矣。書康公元年于顯王十七年，則共公在位二十三年，多一年矣。書平公元年于赧王元年，則景公在位止二十八年，又少一年矣。故知悼公當移上兩年，係于定王二年，而于共公減去一年，于悼公、穆公、平公各增入一年，乃與三統秝所載吻合。且如此推之，共公元年當在丁未，康公元年當在己巳，景公元年當在戊寅，平公元年當在丁未。蓋取共公之一年，以補平公之一年也。先生以徐廣爲是，皇甫謐爲非，抑豈知此是而彼非哉。

孟子受業子思之門人

史記孟子列傳"受業子思之門人"，索隱云："王邵以'人'爲衍字，則以軻親受業孔伋之門也。今言'門人'者，乃受業于弟子①

---

① 弟子，史記索引"弟子"前有"子思之"三字。

也。"朱竹垞云："親受業爲弟子，受業于弟子爲門人。"索隱之意，與朱暗合。其實"門人"、"弟子"乃通稱，史記所謂"門人"即作"弟子"用，直謂孟子受業于子思之門徒，但不知門人爲何名耳。孔子惟一子伯魚。孔子卒于魯哀公十六年，年七十四，其時子思年若干雖不可知，但孔子被圍陳、蔡，當魯哀公五年，顏回實從，回卒蓋即在反魯後，而論語，夫子因其卒，追憶及鯉也死，是伯魚卒，夫子年五六十；而夫子卒，子思年必二三十矣。時子思爲喪主，四方來觀禮，見檀弓。孟子卒于周赧王時，上距夫子卒，約百七八十年，如果親受業子思，時年亦必二十餘。彼時子思既已抗顏爲師，傳授弟子，年亦當三四十，去夫子卒未久。然則子思年必須至百二三十，方能以其業親傳于孟子，孟子年亦須至百二三十，方能親見子思而受其業，孟子列傳雖無卒年數，而孔子世家，子思年六十二甚明，故知司馬遷直謂孟子受業于子思之門徒，孟子自言予未得爲孔子徒，予私淑諸人。"私淑"云者，不過私竊傳聞其緒言餘論以自淑耳。若果親受業于夫子之嫡孫，豈特私淑已哉？趙岐孟子題辭謂當師孔子之孫子思，不足信。孔叢子又云，孟子師子思，與論牧民之道。孔叢子比家語更謬。仲尼弟子列傳："顏回二十九，髮白，蚤死"，不言死年若干，而孔子家語七十二弟子解則云"年三十一早死"，其爲少孔子三十歲。則二書同三十一，索隱引作三十二，當從予所據家語。蓋包山陸治叔平于明嘉靖甲子年七十歲手鈔本，是王肅注足本也。彼注云："此書久遠，年數錯誤，未可詳校。"其年則顏回死，孔子年六十一，然伯魚五十先孔子卒，卒時孔子且七十。顏回先伯魚死，而論語顏淵死，顏路請子之車爲椁，子曰："鯉也死，有棺而無椁。"或謂設詞。愚謂家語，王肅私定，見尚書正義。漢藝文志載家語，師古云："非今所有家語。"則王肅本，斷不可信。世家雖言伯魚年五十，不言卒時夫子年若干，而肅于家語本姓解譔其文云："十九娶于宋幵官氏，一歲而生伯魚。"伯魚年五十，史記甚明也。故肅于七十二弟子解注謂"伯魚卒,夫子年七十",然而顏回少夫子三十歲,卒年三十一,史記又甚明也,然則回卒夫子六十一。論語顏淵死,夫子追念鯉也死,則伯魚卒在顏淵前,其時夫子年五十外,即使子思尚幼,而其後至夫子卒必已三十許,又三十餘年,年六十二而卒,約當周定王一二十年之後。假令孟子親受業,以年弱冠計之,至赧王十餘年而卒,年不且百五六十歲乎? 知其非親受業也。鶴壽案:孟子七篇,文法一氣呵成,自是孟子所手課。即使魯平公謚法爲後來所加,但從平公元年數至孔子之卒,已一百六十三年,則孟子斷非親受業于子思者。至史記謂伯魚年五十,此必"三十"之誤,方與論語顏路請子之車章合。若王肅以爲設詞,雖三尺童子亦知其爲謬論。

蛾術編卷五十五

閻氏攷孟子生卒出處年月先後，今改正

閻若璩孟子攷曰："孔子生卒出處年月，俱見史記孔子世家，而孟子獨略。余嘗以'七篇'爲主，參以史記等書，然後歷歷可攷。蓋生爲鄒人，晚始游梁，繼仕齊爲卿，久之歸鄒，又如宋，以樂正子故至魯，終之滕。道不行，歸而作書七篇。卒當在赧王之世。卒後書爲門人所敘定，故諸侯王皆加謚焉。"鶴壽案：司馬遷謂孟子游事齊宣王，宣王不能用。適梁惠王，不果所言。應劭謂仕齊爲卿，去之鄒、薛，作書中外十一篇，梁惠王復聘爲上卿。周廣業謂始仕鄒爲士，繼之任，游齊，去齊歸鄒，適宋適薛，適滕適梁，適魯而卒。此先齊後梁之説也。衞嵩謂自宋歸鄒，之任之薛之滕，而後之梁之齊。司馬温公從同。此先梁後齊之説也。蘇轍謂先齊宣，後梁惠、梁襄，後齊湣。此兩至齊之説也。薛應旂謂始至梁。繼至齊爲卿，復至梁。此兩至梁之説也。陳士元謂先至梁，次至齊，反魯居鄒，又自任之梁，復至齊至宋至滕，而歸老于鄒。此兩至梁亦兩至齊之説也。今案以孟子爲先游齊後至梁者，以"晉國天下莫强"一章所言皆惠王改元以後事，以此證孟子至梁必在喪地于秦七百里之後；若在惠王未改元之前，則未有其事也。以孟子爲先至梁後游齊者，燕人畔在赧王三年，諸家皆欲移燕事于前以就齊宣王，不知梁、齊之年皆可移，而燕畔之年實無可移。若使燕人畔後而孟子去齊之梁，則安得及見梁惠王也？其實孟子前後兩至齊，中間一至梁。曹寅谷謂公孫丑問夫子加齊之卿相，而曰"我四十不動心"。此必四十歲以後之言。充虞問夫子若有不豫色然，而曰"由周而來七

百有餘歲",此必八百歲以前之言,然則孟子前次客齊,當在周顯王三十七年
己酉,是時齊宣王元年(此依通鑑),孟子四十一歲也。下至顯王四十五年,
九年之間去齊,自武王克殷,歲在己卯,至顯王四十五年丁酉,猶未滿八百歲
也。乃之宋之薛,以陳臻問饋知之。去薛乃由鄒之滕,以世子過宋,然友之
鄒知之。然合之亦不過一二年。至顯王四十八年庚子,齊封田嬰于薛,而孟
子在滕矣。明年爲慎靚王元年辛丑,孟子至梁,惠王稱之以叟。明年壬寅,
惠王卒,襄王立,而孟子去梁。在梁者甫二年,不若前居齊之久也。于是復
自梁之齊,爲齊卿。又自齊葬母于魯,居喪三年,反于齊,適當齊人伐燕,時
周赧王元年丁未,齊宣王十九年也。至赧王三年己酉,燕人畔而孟子再去
齊,前後在齊者已七八年矣。夫然而復之宋,與戴不勝語稱宋王,是在君偃
僭王之後可知也。孟子前至宋,當在君偃五六年間,及十一年偃自立爲王,
至是稱王者蓋八年矣。夫然而卒之魯,觀臧倉言後喪踰前喪,是在葬母反齊
之後又可知也。年八十有四,前四十年居魯,講學之時;後二十年反魯,著書
之日;中間傳食諸侯,止二十三四年耳。閻氏麤舉大略,未爲詳悉。

　　又曰:"史記六國表、魏世家並云:惠王在位三十六年。始辛
亥,終丙戌。襄王十六年。始丁亥,終壬寅。哀王二十三年。始
癸卯,終乙丑。竹書紀年則襄王十六年上繫于惠王,以爲其後改
元之年。而自癸卯以後,記二十年事,謂之今王。'今王'者,杜預
以爲哀王。是竹書紀年有哀王而無襄王,史記有襄王又有哀王,
世本則又有襄王而無哀王。通鑑從竹書紀年而不從史記,故以
惠王在位凡五十二年,始辛亥,終壬寅;又不從杜預所云之哀王,
而從世本所有之襄王,故以襄王在位爲二十三年,始癸卯,終乙
丑。其説備載攷異。余以孟子證之,覺史記爲近是。魏世家云,
惠王三十一年辛巳,徙都大梁。三十五年乙酉,卑禮厚幣以招賢
者,孟軻等至梁。故六國表于三十五年特書曰:'孟子來。'三十
六年丙戌,惠王卒,子襄王嗣立,孟子入見王,出有'不似人君'語,
蓋儲君初即位之詞。不然必如通鑑五十二年壬寅,惠始卒而襄
立,孟子入見,豈孟子竟久淹于梁如是邪?不然,以襄王之庸,豈
能以禮聘孟子而復至梁邪?不以禮聘孟子而孟子肯往見邪?果

受其禮聘至而初見時即譏議之邪？皆非人情。朱子曰：'七篇之
中，無更與襄王言者。'豈孟子自是不復у于梁邪？余謂不特不久
于梁，實生平未嘗復至梁，史記所以可信也。或曰：'竹書紀年，
彼既魏史，所書魏事，司馬公以爲必得其真，故從焉。'余曰：不然。
紀年云：'惠王九年四月徙都大梁。'不知是年秦孝公甫立，衛公
孫鞅未相，魏公子卬未虜，地不割，秦不偪，魏何遽徙都以避之邪？
即一徙都事如此，尚謂其生卒年月盡足信邪？且六國表、魏世家
並云，子罃生于魏文侯二十五年辛巳，三十八年文侯卒，武侯立，
凡十六年而後惠王立，是年已三十矣。若如紀年，文侯五十年卒，
武侯二十六年卒，以生辛巳計之，惠王元年已五十三，立三十六
年，卒已八十八。更以襄王十六年爲後改元之年，不一百有四歲
乎？紀年之不可信如此。"鶴壽案：周顯王三十三年，魏惠王三十五年
也，六國表書"孟子來"，通鑑從之。書"孟子至魏"，慎靚王三年，魏哀王十
六年也，通鑑作襄王元年。書"孟子去魏適齊"，自顯王三十三年至慎靚王
三年，凡十九年矣。豈孟子在梁如是之久邪？顧亭林曰："孟子先梁後齊，在
二國皆不久，于齊當有四五年，若適梁乃在惠王後元之末。襄王立，即適齊。
史記謂惠王三十五年至梁者誤。"潘氏孟子游歷攷曰："惠王後元二年，六國
表云'秦敗我于雕陰'，秦攻梁自此年始。以下五年六年七年十三年皆有攻
梁事。自十四年至十六年惠王卒，則無攻梁事。北齊劉晝新論云："昔者秦
攻梁，惠王謂孟子云云，如舊說孟子于惠王三十五年至梁，明年惠王卒，又明
年襄王立，孟子去梁。此三年秦不攻梁。若謂至梁在後元之末，則後元十四
五六年亦不攻梁。"劉孔昭，六朝人，其時孟子外書猶存，必非無據。所云秦
攻梁，雖不明指某年，大約總在後元二年至十三年，孟子實在梁與惠王問答
也。後元三年六國表云"齊與魏伐趙"，孟子列傳云"梁惠王謀欲攻趙"，孟
子稱"太王去邠"云云。自惠王三十五年至後元十六年，梁攻趙惟此一事。
此亦可爲孟子在梁之證。史記惠王無後元諸年，而博采羣書，多自相矛盾
處，故不詳其年耳。後元五年魏世家云"予秦河西之地"，後元七年魏世家云
"盡入上郡于秦，秦降魏蒲陽"。桓寬鹽鐵論載大夫曰："孟子居梁，西敗于
秦，地奪壤削，亡河內、河外。"然則獻河西，入上郡，漢人皆以爲孟子居梁時

事也。後元十二年楚世家云"楚使柱國昭陽攻魏，破之于襄陵，得八邑"。
"晉國天下莫强"章問答當在此年。倘謂齊、魏會徐州以相王，在後元一年，
孟子稱魏侯罃爲王，則至梁斷在改元以後。不知魏僭稱王在惠王十年，戰國
策謂"魏王信衞鞅之言，廣公宫，制丹衣，柱建九斿之旂。齊、楚怒，覆其十萬
之衆"是也。故斷以通鑑所書爲是。今案據上諸條，則孟子在梁果有十九
年，但孟子自言深耕易耨，修其孝弟忠信，可使制挺以撻堅甲利兵，乃坐視梁
之困于秦、楚而一籌莫展，晏然旅食，眞淳于髡所謂賢者無益於國也。不知劉
晝、桓寬所言，皆屬傳聞，孟子列傳所載"太王去邠"，乃是對滕文公語，史公
誤引，司馬貞已言之矣。通鑑既從史記，謂惠王三十五年孟子至梁，又見孟
子稱"西喪地于秦七百里"，故從竹書紀年，以襄王之年爲惠王後元之年。但
襄王元年已是齊湣王六年，故又移齊宣王之年以合孟子去魏適齊。其實孟
子先至齊，于惠王後元之末至梁，亭林之説是也。

　　又曰："吕成公大事記：'周赧王元年，孟軻致爲臣而歸。'通
鑑綱目亦因之。余謂孟子去齊，明云'由周而來七百有餘歲'，若
果在赧王元年丁未，逆數至武王有天下歲在己卯，當得八百有九
年。孟子方欲言其多，豈肯少言之？然則不特不在赧王時，亦不
在慎靚王時，當在顯王四十五年丁酉，未滿八百歲以前。孟子于
顯王三十三年乙酉①至梁，明年丙戌，惠卒襄立，即去梁，是爲齊
宣王八年，孟子游齊當即從丙戌起。何則？由大梁至臨淄千有餘
里，故曰'千里而見王'，若由鄒以往，僅得半耳。既仕齊，中間遭
三年之喪歸鄒，喪畢復仕齊，終不合而去，須在此十二年内。孟子
于齊，行蹤歲月約略可知者如此。齊宣王在位十九年，史記、通鑑
並同。但史始己卯終丁酉，通鑑始己丑終丁未，較後十年。此從
史記。"鶴壽案：此依劉歆三統秝計之，武王至顯王二百八十一年，共和至慎
靚王五百二十八年，加赧王元年，固八百有九矣。但"致爲臣而歸"章與"伐
燕"章不相連，況燕人畔又在赧王三年，則"致爲臣"或在前次至齊時，不必定
在赧王元年也。又乾鑿度云"今入天元二百七十五萬九千二百八十歲，昌以

①　乙酉，按周顯王三十三年爲乙酉年，原誤作"己酉"。

西伯受命"，鄭注云："受洛書之命爲天子，以秝法當云二百八十五歲，此略其殘數也。"孔穎達以紀法除之，餘二十四年，即入戊午部二十四年矣。再加五年爲二十九年。太歲在戊午，文王受命之年也。三統秝云，魯隱公元年己未，其前惠公末年戊午，文王受命在戊午，惠公末年又值戊午，當三百六十歲，故鄭注雜師謀云："數文王受命至惠公末年，三百六十歲也。"依鄭注加春秋二百四十二年，敬王四年，六國表二百二十一年，周亡凡八百二十七年，赧王在位五十九年，則從三年燕人畔，數至文王受命，止七百七十一年，其始于武王伐紂之年無論矣。再據紀年，增出齊桓公十二年，移下齊宣王十二年，適當赧王三年，燕人畔而孟子去齊也。今閻氏既依三統秝，則孟子去齊必在周顯王四十五年丁酉以前也無疑矣。

又曰："史記與孟子不同者，惟伐燕一事。史記以爲湣王，孟子以爲宣王。然就史記燕世家載噲初立有齊宣王復用蘇代之文，是噲與宣王同時，與孟子合，而與六國表異。通鑑從孟子不從史記是矣。但繫伐燕事于宣王十九年，當赧王元年丁未。余謂此時孟子去齊已久，安得見其取之與復畔也？且以宣王爲卒丁未，丁未，近日翻刻誤作"是年"。故改元己丑，當顯王三十七年，于是上而威王立三十六年，淳于髡傳所謂"威行三十六年"者，增爲四十六年矣。下而湣王立四十年，世家所謂四十年"燕、秦、楚、三晉各出銳師以伐我"者，減爲三十年矣。紛紛遷就湊合。綱目曰，未說所據也。余謂此不過欲以伐燕事屬諸宣王，以信孟子耳。然與其屈齊之年數以從燕，不若屈燕之年數以從齊爲尤信孟子乎？何則？六國表：燕王噲五年乙巳，讓國于子之，當湣王八年。七年丁未，噲及子之死，當湣王十年。後二年己酉，燕立太子平，是爲昭王，當湣王十二年。若移此五年事置于宣王八年丙戌後、丁酉前，以合孟子游齊之歲月，則戰國策載儲子謂宣王宜仆燕，而儲子正爲相者也。王令章子將五都兵以伐燕，而章子正與游者也。三十日而舉燕國，即五旬而舉之之謂，'五'偶譌爲'三'也。種種皆合。"鶴壽案：齊宣王之年尚有可移，燕噲之年斷不可移。司馬溫公移齊宣之年以就燕噲，但止移下十年，仍與燕事不合。今閻氏欲移燕噲之年以就齊宣,不更相左乎? 又曰:"金仁山本大事記謂孟子赧王元年自齊歸鄒,二年即如宋,有與宋臣戴不勝語。案:繫如宋于去齊後固是。但即在元、二間殊無據。所可據者,宋初稱王于慎靚王三年癸卯,孟子謂戴不勝爲子之王,不似在滕謂畢戰爲子之君,則應在癸卯後可知。越明年甲辰,魯景公卒,子平公旅立,平公欲見孟子,又應在甲辰後,至在宋與滕世子言,世子繼世即位,然後之滕,則應爲赧王初年事。魯平公之年,六國表魯世家差互,此從通鑑。詳見安王二十五年攷異。"

以上數條,有是有非。閻氏大段總主史記以紬衆説,史記之不合于孟子者,則又以孟子爲主而紬史記。史記列傳云:"道既通,游事齊宣王,宣王不能用。適梁,梁惠王不果所言,則見以爲迂遠而闊于事情。"據此,先游齊,後游梁,乃孟子一生出處絶大關目。閻不從史記,改爲先梁後齊,而其所以不同之故,不措一語者,閻固自言之矣。史記與孟子不合,惟伐燕事,史記以爲齊湣王時,孟子以爲齊宣王時。閻意未嘗不信史記,但不如信孟子爲尤甚。孟子既隻字不可動搖,不但伐燕爲宣王非湣王,并其見梁惠王在七篇之首,與齊宣王語在後,遂執泥定爲前後,改作先游梁後游齊,且改史記燕王噲五年讓國子之,當齊湣王八年。至丁未噲、子之死,己酉燕昭王立,移此五年事爲齊宣王八年丙戌以後事。其信孟子篤矣。孟子明言子噲不得與人燕,子之不得受燕于子噲,伐燕是乘子噲、子之之亂,鑿有明文。閻既信史記梁惠王、襄王年數,孟子以惠王三十五年至梁,明年惠王卒,襄王立,而謂孟子即以其年去梁;是年爲齊宣王之八年,而欲移子噲亂、昭王立五年事于齊宣王八年以後,此五年謂是孟子在齊之年:然則孟子先游梁,後游齊,已屬顯然,無勞復辨,所以不措一詞也。第閻説究不可通。六國表,齊宣王八年丙戌,當燕文公二十七年,文公終于二十九年戊子,此後至燕亡,凡有七君一百十二年,如閻説則將使在位之年無有一君不增損乎? 自然只可就燕易王、子噲父子年數內移掇，無奈欲移子噲、昭王事于丙戌後，而彼時乃燕文公之二十七八九年，則將損去文公之二十七八三年，謂其終于二十六而以易王填補之，因以易之元爲噲之元乎？抑文公仍二十九年，而但革除易王，將易之年盡并入噲乎？二者皆有所不可，只得將易王元二年給還，使在位十二年者改作二年，于是將易之三四五六，移作噲之元二三四，將易之七八九，移作噲之五六七，以爲其讓國至身死之年，時適齊宣王之十九年，即以是年卒，似可合閻説。顧燕大亂，齊宣伐取之，斷不可以宣之卒，及孟子之致爲臣而歸，皆在此一年，若依閻説，一路數來，只得如此硬派，已經撞住，直到齊宣卒年丁酉，上面更無寬展地步矣。不但取燕與孟子去齊，不似齊宣卒年事，且其明年戊戌，燕空無君，方可云燕人畔，而齊宣卒已三年矣，如何説甚憇于孟子？閻深詆通鑑以伐燕爲宣十九年之謬，乃就其説推之，不覺跼蹐此謬，則以其過欲回護孟子，不能全依史記故也。且六國表于戊戌燕格中書“君爲王”，則燕稱王方自此始，而何得以爲空無君、國見滅之年也？鄙見梁惠王下篇“齊人伐燕勝”之下當注云：“此及下章兩宣王，皆與沈同問燕人畔一時事，皆當作齊湣王”，以蒙上諸宣王衍“宣”字，孟子蓋于湣王時再至齊，如此則史記皆合。始至齊在宣初立，乙酉以前。有師命者，時戰事頗多，非指伐燕。再至齊當在丙午以後。再去齊當在己酉。地闢民聚，反手可王。所極不忘者齊也。鶴壽案：先生信史記，謂齊宣之年不可移，乃欲改梁惠王下篇之宣王爲湣王，而不知齊宣之年實有可移。潘氏孟子游歷攷云：“燕人畔”章，王曰“我甚憇于孟子”，正與“伐燕”章語意相承，亦爲宣王無疑。通鑑雖移下十年，至此仍爲湣王，畢竟未能全合。史記田敬仲世家稱田和①二年卒，桓公六年卒，威王三十六年卒，宣王十九年卒，湣王四十年亡。索隱于桓公卒下注云：“案紀年，梁惠王十三年當齊桓公十八年，後威王始見，則桓公十八年而卒。”魏世家稱武侯九年，齊威王初立。索隱云：“案紀年，齊桓公之十八年而威王立。”然則桓公午本在位十八年，非

────────────

① 田和，齊太公和。姓田氏名和。立爲齊侯，在位二年。

六年,而史記脱去十二年也。其所以脱去者,因六國表于桓公六年書齊康公卒,次年遂書齊威王元年,誤以康公與威王繼世而立,其實康公爲田氏所篡,其年不相連屬,若于桓公午六年後增出十二年,以足十八年之數,繼之以威王三十六年,則宣王元年在周顯王三十九年,依史記移下十二年,依通鑑移下二年,燕噲讓國在宣王十五年,非十七年矣;齊人伐燕在宣王十七年,非十九年矣;立太子平在宣王十九年,非湣王十二年,亦非湣王二年矣。燕人畔,孟子致爲臣而歸,宣王卒,皆在是年。而所增之年並非鑿空無據,豈非一大快事! 且即以史記攷之,齊宣王實以赧王三年卒,可證六國表之誤。據六國表,齊宣王卒,當燕易王九年;齊湣王元年,當燕易王十年。而燕世家云:"燕易王十年蘇秦使齊爲反間",蘇秦傳云"秦佯爲得罪于燕而亡走齊,齊宣王以爲客卿",則燕易王十年齊宣王尚在,何嘗卒于九年乎? 張儀傳云楚懷王失漢中,事在赧王三年,恨張儀,欲得而殺之,張儀至楚,因靳尚爲言,既出未出,聞蘇秦死,乃説楚王以敗從約。燕世家云,蘇秦已死而齊宣王復用蘇代。由是觀之,赧王三年之齊王,固宣王,非湣王也。表乃于顯王四十六年書齊湣王元年,不亦謬乎! 此無他,因表中脱去齊桓公十二年,世家仍之,遂多所牴牾;若增桓公至十八年,則合者多矣。先生徒以燕年不可移動,空言累牘,今特節之。

　　閻所據者,惟燕世家噲與齊宣同時一條,戰國策儲子、章子一條。攷燕世家,蘇秦爲燕王使齊爲反間,欲以亂齊。易王立十二年卒,子燕噲立。燕噲既立,齊人殺蘇秦。六國表,齊宣王卒于丁酉,明年戊戌爲湣王元年。燕易王卒于庚子,明年辛丑爲燕噲元年。燕世家此下又云:"蘇秦之在燕,與其相子之爲婚,而蘇代與子之交。及蘇秦死而齊宣王復用蘇代。"據此則殺秦用代,皆齊宣事,而以殺秦系噲立,故閻據爲噲與宣同時之證,覺表、世家自相違,見其不足盡信,以作移噲年于齊宣時張本。不知史記敘事,文勢回旋,未可以辭害志。世家于此下又敘燕噲四年以後事:齊使伐至燕,代對燕噲:"齊王不信其臣,故不能霸。"以激噲信任子之。此齊王是湣王不待言,而其時去齊宣卒已八九年,噲垂欲讓國矣。世家寫秦、代兄弟傾危,交亂燕、齊,而其事適當易、噲、宣、湣四王傳授之際。殺秦者宣，時噲未立也。然秦死而代復因齊以亂燕，則在噲、湣。故如此提敘，以結秦死代復用，用代者亦宣，時噲亦未立也。然因宣之用代，而代得因齊使以惑噲，故復如此帶敘，以標噲、宣皆昏庸。何得據此遂謂噲、宣同時？此外取證則戰國策："子之行王事，噲老不聽政，顧爲臣，國事皆決子之。""子之三年，燕國大亂，儲子謂齊宣王：'因而仆之，破燕必矣。'""孟軻謂齊宣曰：'今伐燕，此文、武之時，不可失也。'王令章子將五都之兵以伐燕。士卒不戰，城門不閉，燕王噲死。齊大勝燕。"此則誠與孟子合矣。要之孟子講明義理之書，非爲紀載事跡而設，或出弟子潤色，未可盡泥；戰國策專記權謀，詞多浮誕，亦非年經月緯，不足爲據。荀子王霸篇云："齊閔用疆齊，北敗燕。"湣作"閔"，古字同音通用。風俗通義窮通篇云："齊威、宣王時，聚天下賢士于稷下，鄒衍、田駢、淳于髡之屬，號列大夫。時孫卿年十五，始來游學，至襄王時，孫卿最爲老師，齊尚循列大夫之缺，而孫卿三爲祭酒焉。或人或讒孫卿，乃適楚。"據此則荀子當齊宣時實與孟子同在齊，直至襄王方去。湣王因噲亂伐燕，荀子目睹其事而筆之于書，國策不如荀子可信。鶴壽案：齊湣王實係卒于周赧王三年，燕人畔之後，孟子所稱宣王，斷無容改爲湣王。先生不得其解，又見戰國策所載蘇秦等事，的在齊宣、燕噲時，不得已乃斥戰國策爲浮誕，并斥孟子非紀載事迹之書，且謂弟子潤色耳。

　　三代以來，編排甲子，表年紀事，明白整齊，史記所獨，舍此更無可從。世本已亡，紀年乃束晳、皇甫謐等假託，予據周易乾鑿度鄭康成注及國語伶州鳩之言，推得武王克商，歲在辛未。劉道原通鑑外紀、邵堯夫皇極經世、金仁山通鑑前編、陳子經通鑑續編、薛方山甲子會紀、萬季野紀元彙攷，此俗人虛造，不可信。今計武王辛未克商至顯王乙酉孟子初次去齊，七百九十餘年，故曰"由周而來七百有餘歲"。若如閻說，由辛未計之，已八百餘年。國策儲子、孟子勸伐燕之言，燕世家皆載，但儲子作"諸將"，"仆"作"赴"，而齊宣王則直書齊湣王；孟子但書謂齊王，因蒙上湣王故也。然則史記固謂孟子于湣王時再至齊。黃震日鈔云：

"孟子以伐燕爲宣王時,與史記不合。""案史記齊伐燕有二事。齊宣王嘗伐燕。燕文公卒,易王初立,齊宣王因燕喪伐之,取十城。是即孟子梁惠王篇所載問答,稱齊宣王者也。齊湣王又伐燕。燕王噲以燕與子之,齊伐燕,下燕七十城。是即孟子公孫丑篇所載沈同問燕可伐者也。伐燕噲非齊宣甚明。"右係鄉人蔣監簿曉之説。愚謂黃采蔣説,妄甚謬甚。燕易王初立,齊宣王因燕喪,伐燕取十城,蘇秦説,旋復歸燕城,事見燕世家。梁惠王下篇:王問:"以萬乘之國伐萬乘之國,五旬而舉之?"明係全取一國。孟子言:"民悦則取,古人武王行之。"明係以武王滅商爲例。言"倍地",明係萬乘之國又并吞一萬乘之國。"勸王謀于燕衆,置君而去。"明係其時燕大亂,噲、子之皆死,國無君,齊據爲已有,何得以取十城旋復歸當之? 應如予説,于"伐燕勝"之下,注"此與下章皆衍'宣'字"爲得。鶴壽案:史記諸年表皆不記干支,六國表"周元王元年",徐廣注曰"乙丑",秦楚之際月表"秦二世元年",徐廣注曰"壬辰",十二諸侯年表"共和元年",其上格曰"庚申",亦徐廣注也。史公以太陰紀年,命太初元年爲閼逢攝提格,依此上推共和元年正值庚申,而徐廣注之。先生謂史記編排甲子,非矣。至陳桱通鑑續編卷首述盤古至高辛氏,卷二述契丹在唐及五代時事,其餘二十二卷皆述宋事,並不及周朝事,何亦牽引及之邪?

劉向新序云:"燕易王時,國大亂。齊閔王興師伐燕,屠燕國,載其寶器而歸。易王死,燕國復,太子立,是爲昭王。"據此似噲即易王名,非二人,于是好爲新説者,謂易王亦如梁惠再改元,史記誤以"後元"爲燕噲之元。若然,則是並無子之其人,亦無讓國事乎? 抑讓國子之即易王事乎? 劉向著述浮誕不足信;即使可信,仍無害于伐燕爲湣王非宣王。湣作"閔",正與荀子合。"載其寶器歸"者,戰國策樂毅報燕昭王子惠王書,自陳其爲昭王復讎破齊,盡收財寶入燕:"大吕陳于元英,故鼎反乎歷室,齊器設于寧臺。薊丘之植,植于汶篁。"此即湣王所取燕寶器,後爲樂毅復收者也。孟子勸齊反燕重器亦即此。然新序云齊閔王,亦足證伐燕取之,斷非宣王也。梁惠王"欲比死者一洒之",孟子答"行仁政,可撻秦、楚之堅甲利兵",而不言齊,可證孟子先游齊,後游梁。

孟子享年甚長,約有九十餘

孟子在齊,君臣皆呼"夫子",又自言"齒德皆尊",又自稱爲"長者",若五十外人,難出此言。公孫丑問:"夫子加齊卿相,動心否?"曰:"我四十不動心。"則其時必已六七十。孟子初至齊不可知爲何年,今定從史記,先齊後梁。趙岐注多誤。然"齊桓、晉文"章注亦云先仕齊後適梁。應劭風俗通窮通篇敘孟子所至國甚亂,然亦先齊後梁。予所據元大德十一年丁未無錫州守劉世常平父刻本。則齊宣王元年己卯,當梁惠王二十九年,孟子以惠王三十五年至梁,時齊宣王之七年,則仕齊宣確在乙酉以前。乙酉至梁,當惠王三十五年。惠即位年三十,至此六十五,老矣,猶屢呼孟子曰"叟",可見其年之高。明年丙戌,惠薨襄立,即去。此後,閻氏云先至宋,次至魯,次至滕,終歸鄒;愚謂每去一國即歸鄒,仍復至他國。去梁歸鄒居甚久,次至宋當再至齊,至魯當在至滕後,大約孟子去齊去梁遇益困,正列傳所云"所如不合",意已不欲復出。宋偃稱王,假行王政,姑就之,故對戴不勝稱宋王,蓋戴盈之亦當在此時。戴固宋公族,而什一去關市之征,即萬章所謂宋將行王政。觀萬章所言,似已先爲偃所招致,孟子因萬章至宋。其時齊、楚已惡而伐之,後果爲齊、魏、楚共伐滅之。則當齊湣王之三十八年,孟子不但去宋已久,蓋不及見矣。孟子在宋,盤桓亦頗久,餽金七十鎰在此時;滕世子過而來見,亦在此時。石邱,邵武士人疏云:"宋國地。"閻氏云:"宋牼,宋人。將往楚,而孟子游宋,適相值于石邱。"則亦在此時。想王偃[1]亦必禮幣招賢,孟子必無不待延請,自至其國之理。既至宋,王偃亦必無但餽金而不就見之理,乃但與其臣語而

---

① 王偃,宋王偃。下同。

于王偃不交一言者,非無言也,不足紀述,故略之也。桓寬鹽鐵論論儒篇云:"孟某守舊術,不知世務,故困于梁、宋"。予所據明宏治十四年江陰知縣涂楨專刻本。桓寬連言梁、宋,可證至宋在至梁後。閻言至宋之後則至魯,且言魯平公之年,表與世家差互,故從通鑑。攷表,魯平公元年在楚懷王十五年丁未,當齊湣王十年。是年燕噲、子之死,齊取燕。明年燕無君。又明年己酉,燕人畔,立昭王。彼六國表與魯世家平公父景公皆在位二十九年,未嘗差互,則平公亦無差互。其差互者,表,景公元戊寅,終丙午,而皇甫謐于世家則云元丙子,終甲辰。表,平公元丁未,而謐云元乙巳。世家本無甲子,而謐鑿空言之,且故與表違,每君皆移前二年。謐之妄如此。然則差互非子長,乃謐也。今既定從史記,伐燕係湣王。宣王時燕國晏然無事,何嘗大亂被滅? 孟子的係先至齊後至梁,仕齊宣是乙酉以前,去齊適梁在乙酉一年中。丙戌去梁歸鄒,與鄒穆①問答。及曹交來欲假館受業,皆此時。但幼而學者,曾未行其尺寸,不能自已,姑就宋。久之知其不足與言,去而再至齊,當湣王伐燕時不能即去,留久之,再去齊,乃至滕。文公質甚美,志甚高,奈國小執弱,逼于齊、楚,復去滕。其間又嘗至薛,此蓋田嬰之薛,非奚仲之薛矣。終乃因樂正子而至魯,當平公之五六年,臧倉讒入,旋去魯歸鄒終老焉。由此推之,孟子去梁,約年七十,至其歸鄒終老,則已九十餘,蓋周赧王之五六年也。鶴壽案:孟子生卒年月,無書可據。張題孟母墓碑記稱鄒公墳廟碑云"孟子後孔子三十五年生",時周定王三十七年也。攷孔子以敬王四十一年壬戌卒,後三十五年爲貞定王二十五年丁酉。孟子至魏在顯王三十三年乙酉,逆推至貞定王丁酉,已一百有九年,且定王在位二十一年,貞定王在位二十八年,皆無三十七年,其誤顯然。潘氏孟子游歷攷引史記索隱云"孟子生于周定王三十一年,卒于赧王二十六年,年八十有四",但徧檢今本索隱,並無其文,豈所引更有別本邪? 惟陳士元孟子雜記載孟氏譜云"孟子以周定王三十七年四月二日生,赧王二十六

① 鄒穆,鄒穆公。

年正月十五日卒，年八十有四"，留青日札、都穆聽雨紀譚並同。然定王無三十七年。瞿九思從卒年推之，定爲烈王四年己酉生，赧王二十六年壬申卒。今案六國表，魯平公卒于赧王十九年，孟子七篇，是其親筆，而有魯平公謚，則孟子之卒在赧王二十六年，似乎可信，今姑從之。再據紀年增田齊桓公之年，而移齊宣王元年于周顯王三十九年，又從通鑑以史記梁襄王之年爲惠王後元之年，蓋孟子先游齊，後游梁，再至齊，孟子生于烈王四年，至顯王三十九年、齊宣王元年至齊，則四十三歲也。公孫丑問"加齊卿相"，當在此時，故曰"我四十不動心"。顯王四十五年、齊宣王七年去齊，從此時數至武王伐紂之年己卯，凡七百九十九年，明年爲梁惠王後元十二年。至梁時，梁爲楚將昭陽所敗，故有"晉國天下莫強"之問。慎靚王三年、梁襄王元年去梁適齊。赧王元年、齊宣王十七年伐燕。赧王三年、齊宣王十九年致爲臣而歸。此孟子游歷之大略也。

孟子本不以歲月先後爲次敘

孟子一書，本不以歲月先後爲次敘。以仁義救言利，此全書大旨，故特冠于首。閻氏因此遂謂孟子首先游梁，不知司馬子長于列傳前特將首章標出，唱嘆一番，然後入敘事。子長非不知道者，惟其識破此意，知以見梁惠王冠首，爲此段問答實當弁冕七篇，並非以先游梁故。況漢武帝時去孟子甚近，子長曾講業齊、魯之都，鄉射鄒嶧，孟子遺事，聞之必稔，故作列傳，明著其游蹤先後，如先游梁後游齊，偏拗轉説先齊後梁，子長豈昏妄至此？與梁惠問答五章敘畢，即順便及襄王，然後追記從前見齊宣語。且齊、梁國埶大不同，孟子至齊，宣王初年，國方全盛，意在南面稱王，聊借霸事發問，此亦弟一次見王語。此章予別有論，王名辟疆，早蓄此意。其至梁正當連敗挫衂，遷徙避難，衰削已甚，惠王老耄，日莫塗窮，欲求一急著稍雪冤痛，一聞仁義，真爲不入耳之言，故子長于齊但云"不能用"，于梁則云"見以爲迂遠而闊于事情"，曲盡兩邊形埶，然則梁惠王上篇不以先後爲次也。下篇居齊凡十章，八章宣王時，二章湣王時；居鄒居滕居魯凡四章，居魯乃最後事。而此下公孫丑上篇丑兩問，及下篇孟子將朝王，皆追記齊宣時，亦無次。

沈同問燕人畔，皆湣王時，而致爲臣而歸，追記宣王時，亦無次。滕文公上篇在宋在鄒在滕皆有之，而下篇周霄自稱晉國，又追記在魏時，亦無次。樂正子從子敖之齊及不與右師言，皆最前事，編在離婁不待言，而離婁下篇復有語齊宣“視臣手足”語，萬章下篇復有“齊宣問卿”語；盡心上篇復有“齊宣短喪”事，計其間以最後事隔斷者甚多。綜計全書，首章外，末章歷述道統，故立意欲以此結束。告子、盡心，多言心性，故類記。此外皆隨便位置，不分次敘，未可依以定其先後。

蛾術編卷五十六

説 人 六

鄒即邾

孟子題辭云:"鄒本春秋邾子之國,至孟子時,改曰鄒矣。國近魯,後爲魯所并。"隱元年"公及邾儀父盟于蔑",杜預云:"邾,今魯國鄒縣是也。"鶴壽案:譚氏編年略云:"鄒爲魯下邑,即説文所稱孔子鄉,叔梁紇所治地,非邾國也。趙誤以鄒爲邾。邾在兗北青境,鄒在兗南徐境,道里甚遠,安得云近聖人之居若此其甚?孔子所生,名故鄒城,去孟子所居五十里,以邑則孔、孟皆鄒人,以國則孔、孟皆魯人,故孟子居鄒即是居魯。"今案此説大謬。周廣業曰:説文云:"邾,魯縣,古邾國,帝顓頊之後所封,从邑,丩聲。""鄹,魯下邑,孔子之鄉,从邑,取聲。"二字形義判然。"邾",他書或作"驕",俗作"邹"。"鄹"通作"鄒",亦作"陬"。若"邾""鄹"之字,古書從無通借,水經注始譌"鄹"爲"鄒",而以孔子爲鄒國人,其文曰:"魯國鄒山即左傳嶧山,邾文公所遷,故邾婁國,曹姓,叔梁紇之邑也,孔子生此,後乃縣之。"陸德明春秋敍釋文又譌"邾"爲"鄹",而云孟子鄹邑人。此係五代時俗本傳譌,急待後人是正者。故羅泌國名紀于鄹下特別白之曰:"孔子生處。與孟子之鄒異。"又注云:"或作鄒,非。"最爲了當。左傳云"魯擊柝聞于邾。"漢地理志,魯騶蕃三縣俱屬兗州。魯即魯國,蕃即邾國,騶即邾文公所遷之嶧也。此甚近之確證。如曰居鄒即是居魯,則彼曹交所欲見而假館者,果何君邪?恐後人好新異,使大賢宅里混淆,輒復詳辨之。

孟子所至之地

孟子所至之國,見于其書者,鄒爲故鄉外,曰梁,曰齊,曰滕,曰魯，曰宋，曰薛，曰任，凡七。所至之邑，曰平陸，曰嬴，曰畫，曰休，曰崇，曰石邱，曰范，亦凡七。先至齊，次至梁，次歸鄒，偶至任，次至宋，次再至齊，燕畔再去齊，次至滕，偶至薛，終至魯，即歸鄒。至齊見宣王乃初發軔，必自鄒而往。閻氏云："鄒至臨淄只五百里，不當云千里而見王。"然古里小于今，尹士又甚言之，故云千里也。道既通，方出游，欲有所爲。少壯專事藏修，不輕出，至老方出也。"致爲臣"一連五章皆辭宣王而去同時事，曰"致爲臣而歸"，曰"浩然有歸志"。"歸"者，歸鄒。至梁非由齊徑往，仍發自鄒，鄒至梁較至齊又遠，故曰"不遠千里而來"。由鄒之任，不知何時。去梁歸鄒，息處甚久，或之任即此時也。去梁係丙戌，至癸卯宋偃稱王至宋，其間十七八年無所適，當皆息駕于鄒。餽兼金的係齊宣。陳臻明言前日于齊，今日于宋，至宋在至齊後不待言。陳臻輩自是善問者，能記憶相隔甚久之事而舉以問，不足異也。去宋有遠行，而餽金爲贐，疑即指將再至齊也。孟子欲用齊而天下民安之心終不能忘，且仕齊宣嘗爲卿，不比梁惠時之暫；齊湣雖昏，或以父時故舊，仍加禮聘，故再至。伐燕、燕畔，正再至齊時事。前者至任，屋廬子當在後車從者之列，故任人問食、色、禮孰重。其後至宋，去宋再至齊，疑其時則有由平陸之齊不見儲子事，而屋廬子亦從，故回憶之任事而問也。儲子爲相，正當湣王，故國策載儲子勸宣王伐燕之言，世家改作湣，又改"諸將"者，實是儲子也。并及孟子勸伐燕，正沈同問："燕可伐與。"孟子曰："可。"湣王問："取之何如？"孟子曰："燕民悦則取之。"而人遂以爲勸齊伐燕也。當在宋也，滕文公爲世子，來見後爲君，孟子方至滕，故知至滕在至宋後也。系至薛于至滕後者；陳臻問餽金，先言宋，後言薛，則至薛在至宋後。而至宋乃在宋稱王後，是癸卯後事，乃其前庚子年齊湣王已封田嬰于薛。見六國表、田齊世家、孟嘗君傳。隱十一年疏引杜氏譜云："薛，奚仲所封，不知爲誰所滅。"杜説雖如此，閻氏釋地初刻辨滕文公因齊人將築薛而恐者，其時上距爲齊所滅已久，然則孟子于未至宋、滕前必無至薛事，而其所至薛，亦必田氏之薛明矣。陳臻問在至薛後也。六國表，魯平公元年當周赧王元年，而孟子年約已九十外，故知至魯最在後也。五六百年來，士不讀五經者甚多，而孟子則偉男鬌女無人不誦，然攷其生卒出處先後歲月，閻氏爲最優而尚有誤，故予更詳著之。鶴壽案：此條即依孟子本書推衍所至七國前後次第，極其明析，惟七國相去道里遠近，未盡得其大略。今爲補攷，分列于左。

先生云：“至齊見宣王乃初發軔，必自鄒而往。”今案鄒即今山東兗州府鄒縣，春秋爲邾國，魯繆公時改爲鄒，故城在縣東南二十六里，西北去兗州府七十六里，齊臨淄故城東南去青州府六十三里，據今圖志，青州府西南至兗州府治四百二十里，鄒尚在兗州府東南，齊尚在青州府西北，則由鄒東北行，一徑至齊，不滿四百里，而尹士謂千里而見王，當是第二次由梁至齊也。但第二次去齊，在周赧王三年，依三統術，去武王伐紂之年已八百一十一歲，與“充虞”章不合，必以乾鑿度推之方可。

先生云：“至梁非由齊徑往，仍發自鄒。鄒至梁較至齊又遠，故曰‘不遠千里而來’。”今案梁即今河南開封府祥符縣，戰國時爲魏大梁，故城在縣西北。據今圖志，山東濟寧州東至兗州府鄒縣界四十里，西南至曹州府單縣界一百二十里。單縣在府東南，其廣不過數十里。河南歸德府東北至單縣界一百十里，西至開封府杞縣界一百八十里，開封府東至歸德府睢州界一百四十里。如此曲折計之，尚不滿七百里。況由鄒西南行，一徑至梁，當不滿五百里。然則孟子必是由齊至梁，約其大數，尚得云“千里”，若使歸鄒然後至梁，則安得云“不遠千里而來”乎？

先生云：“去梁歸鄒，或之任即此時。”今案由鄒之任，本書有明文，任即今山東濟寧州，春秋爲任國，故城在州東，自鄒西行至任不過百餘里。

先生云：“去梁係丙戌，其間十七八年息駕于鄒，至癸卯宋偃稱王至宋。”今案宋即今河南歸德府商邱縣，周爲宋國，睢鴟故城在縣南。據今圖志，商邱縣東北至山東曹州府單縣界一百十里，自鄒西南行，逕濟寧州魚臺縣金鄉縣及單縣，至河南界不過二百餘里，再至商邱縣，共計三百餘里。

先生云：“去宋有遠行，餽金爲贐，疑即指再至齊。”今案齊即今山東青州府臨淄縣，春秋爲齊國，戰國時，田齊因之，故城在縣北八里。據今圖志，臨淄縣在府西北五十五里,自府西南至兗州府治四百二十里,又西南至曹州府曹縣界三百十里,曹縣在府東南,其廣不過數十里,河南歸德府商邱縣北至曹縣界七十里。依此計之,自宋至齊,約九百里。

先生云:"燕畔再去齊。次至滕。"今案滕即今山東兗州府滕縣,周爲滕國,故城在縣西南十四里,西北去故鄒城八十八里。孟子即使由齊至滕,亦必先歸鄒然後至滕,不爲遠道也。

先生云:"系至薛于至滕後者,孟子于未至宋、滕前必無至薛事。"今案薛在今兗州府滕縣東南四十三里,春秋爲薛國,戰國時,齊以封田文,西北去故鄒城一百有七里,越宿即至。

先生云:"終至魯即歸鄒。"今案魯即今兗州府曲阜縣,在府東三十里。鄒國在鄒縣東南二十六里,鄒縣在府東南五十里。自魯歸鄒,不過四十餘里耳。

七邑中六邑皆齊地,惟范不知何時至

七邑惟石邱爲宋地,餘六邑皆齊地。孔子未嘗三年淹,孟子願學孔子亦當然,而于齊稍久,況又再至,故所至下邑亦多。崇是初見齊宣地,今無攷。平陸兩載,一載于公孫丑下篇,釋地攷得平陸距齊都臨淄六百里,即今兗州府汶上縣,蓋齊之西魯之東,二國連界處。閔子騫辭費宰,"如有復我,必在汶上",謂將去魯入齊境。孔距心問答疑與下止嬴爲一時事。終喪反齊,入境初程,暫留止宿,目擊時艱,因與其大夫語,中心藏之。自平陸啓行至嬴,乃至齊一見王即爲王誦之。晝與休自是初次去齊涂中止宿地。釋地攷得晝當作晝,是初去第一程,其休則釋地續攷得故城在今兗州府滕縣北十五里,距鄒約百里,蓋將到家矣。平陸又載于告子下篇,則當爲湣王時。儲子勸湣王伐燕,非爲相,敢主議軍國重事乎?釋地續又攷得當日國相皆得周行境内,故孟子望儲子親至平陸。愚謂彼時或儲子正有事西行,略迂道即可至平陸,非望其必爲一事特來見。惟范一邑不能定孟子爲何時至此。攷范爲春秋時晉士會采邑,即今曹州府范縣也。戰國當爲趙之南境而屬齊者,不知何故,此地亦齊邊界,去齊都臨淄甚遠,孟子何

以至此，亦不可解。據趙岐注，范，齊邑，王庶子所封食也。岐每多無稽之言，此注或因望見王子而附會邪？鶴壽案：此條又依孟子本書推衍所至七邑前後次第，亦爲明析。但所述地名，僅據閻氏釋地而別無佐證。今爲補攷，分列于左。

先生云："七邑惟石邱爲宋地。"今案孟子疏稱石邱，宋國地名。此不過見牼爲宋人，故云然爾。然曰"遇于石邱"，又曰"先生將何之"？則已在塗中矣。攷史記楚世家，懷王十七年秦庶長敗楚于丹陽，虜將軍屈匄，取漢中郡，復敗楚于藍田。秦、楚搆兵，莫此爲甚。此正周報王三年孟子去齊時，是時楚都猶在紀郢，即今湖北荊州府江陵縣北十里紀南城是也。宋牼自宋至楚，一徑向西南行；孟子自齊至宋，或者自鄒至宋，亦一徑向西南行，而得遇于石邱，則石邱必在宋之東北境也。宋之東北境甚廣，緡在今濟寧州金鄉縣東北三十里，部在今曹州府城武縣東南二十里。

先生云："崇是初見齊宣地，今無攷。"今案山東青州府臨朐縣西南六十里有嵩山，在臨淄故城南百里，韋昭謂古"嵩"字通用"崇"，史記稱騶衍適梁，梁惠王郊迎，執賓主之禮，或者齊宣王聞孟子至亦行郊迎之禮，孟子本書又有"臣始至于境"云云，然則于崇見王，或即是其地與。

先生云："釋地攷得平陸距齊都臨淄六百里，即今兖州府汶上縣，蓋齊之西、魯之東，二國連界處。"今案汶上縣在兖州府西北九十里，臨淄縣在青州府西北五十五里，兖州府東北至青州府治，止有四百二十里，兩縣在兩府之西北，其相去亦不過四百餘里而已，安得有六百里？且汶上在魯之西北，並不在魯之東也。汶上以北，即是齊地，故朱子云在齊南魯北境上，若云在齊之西、魯之東，則不合矣。

先生云："自平陸啓行至嬴，爲終喪反齊入境初程。"今案嬴在今山東泰安府萊蕪縣西北四十里，萊蕪縣在府東一百二十里。泰安府南至兖州府寧陽縣界六十里。平陸在兖州府西北九十里，兖州府東北至泰安縣界一百八十里。以此計之，自平陸至嬴，約有二百餘里。

先生云：釋地攷得晝當作畫，是初去齊第一程。今案閻氏既引趙注西南近邑，又引括地志在臨淄城西北三十里一條而斷之曰"孟子去齊歸鄒，鄒在齊之西南，當以趙注爲是"，然未有證佐。攷水經注云："澅水出時水東，去臨淄城十八里，所謂澅中也。俗以澅水爲宿留水，以孟子三宿出晝得名，又作澅。"據此一條,乃知的在齊西南。何也?時水出今臨淄縣西南二十五里,澅水出時水東,則畫邑在臨淄城西南八十里信矣。

先生云:"釋地續致得故休城在今兗州府滕縣北十五里,距鄒約百里,蓋將到家矣。"今案史記六國表,周慎靚王三年宋君偃自立爲王,依竹書紀年增入齊桓公午十二年,則是年爲齊宣王十三年,孟子自梁適齊,在齊七年,至周赧王三年去齊適宋以前,未嘗至宋也。路史國名紀云:"休在潁川。"潁川即今河南開封府陳留縣,屬宋境,此正去齊至宋之明證也。閻氏謂在滕縣北十五里,非是。

先生云:"范爲晉士會采邑,即今曹州府范縣,戰國當爲趙之南境,不知何故屬齊?去臨淄甚遠,孟子何以至此?"今案士會墓在范縣東三里,春秋之末,范氏叛晉即齊,齊、衛助之,范遂入齊爲邑。此蓋孟子去梁適齊,從開封府祥符縣東北行,逕衛輝府至曹州府范縣,又從范縣東北行,逕兗州府、泰安府至青州府臨淄縣也。若使自鄒適齊,則不得逕范縣矣。王子是在齊望見之,非在范望見之。閻氏謂王子豈容遠在下邑?亦非。

嬴去齊都三百餘里

孟子自齊葬於魯,反于齊,止于嬴,充虞問匠事。閻百詩攷得孟子奉母爲卿于齊,母没于齊,三月後奉喪歸葬于魯。蓋孟子雖鄒人,而先世必係魯孟孫氏之支庶別居鄒者,故仍歸葬于魯宗國,亦猶太公封于齊,比及五世,皆反葬于周之義也。葬後必歸鄒持服終喪,直至二十七月,三年喪畢,除服即吉,然後自鄒反齊,將復爲卿,而充虞實從行至嬴,舍于逆旅,虞乃追憶三年前事而問也。"前日"者,三年前也。百詩廣引列女傳及儀禮士喪禮、既夕記并邱濬家禮儀節等書,其説甚確,百詩又攷得嬴,齊南邑。春秋桓三年,"公會齊侯于嬴",杜注:"嬴,今泰山嬴縣。"愚更以一證佐百詩:禮記檀弓下篇:"延陵季子適齊,其反也,長子死,葬于嬴、博之間。"鄭云:"嬴、博,今泰山縣。"攷自漢至劉宋、元魏,嬴縣皆屬泰山郡,鄭康成與杜預合。然西漢已于其地別置萊蕪縣,至唐又改博城縣。嬴也,萊蕪也,博也,殆皆在百里間,唐末省嬴、博城,則二縣地皆入萊蕪,今屬山東泰安府。春秋齊景公、魯定公會夾谷亦在此。蓋二國交界處,東北去齊都臨淄三百餘里。

鶴壽案:今山東泰安府治東至青州府博山縣界一百八十里,嬴在萊蕪縣西北四十里,萊蕪縣東至博山縣界六十里,至縣治尚有數十里。博山縣東北至府一百八十里,臨淄故城在府西北六十三里,則謂嬴去臨淄三百餘里者是也。博縣故城在泰安府治東南三十里,去萊蕪縣九十里。

孟子至薛係田氏之薛,且必在至滕後

知孟子所至之薛為田氏之薛者,杜預雖言薛不知誰滅,然齊湣王三年封田嬰于薛,不滅薛何從封嬰?薛為齊湣所滅,明矣。滕文公問齊將築薛,以客諫而止矣,至此乃終欲築之,故文公恐而來問,則知孟子所至乃田氏之薛,且其至薛必在至滕之後亦明矣。孟子約于齊湣九年或十年再至齊,十二年己酉再去齊,方至滕,上距田嬰就封將十年時,則有再欲築薛事。鶴壽案:史記六國表載齊封田嬰于薛,在周顯王四十八年,而孟子去齊在報王三年,然後至滕至薛,故謂齊人再欲築薛也。春秋定元年傳云:“薛之皇祖奚仲居薛,遷于邳,仲虺居薛。”杜預注云:“邳,下邳縣。”漢地理志:“東海郡下邳縣。”應劭注云:“邳在薛,其後徙此,故曰‘下’。”水經泗水注云:“潕水西逕薛縣故城北。地理志云:奚仲之國也。齊封田文于此。”又“西逕仲虺城北。”“太康地記云:奚仲遷于邳,仲虺居之。徐廣曰:楚元王子郢客封上邳侯。有‘下’故此為‘上’。”晉書地道記云:“仲虺城在薛城西三十里。”今案漢薛縣即上邳也。竊意奚仲始封,本在薛縣西三十里仲虺所居之處,其後遷于上邳,國仍號薛,故漢以上邳為薛縣也,在今山東兗州府滕縣東南四十三里。若下邳縣則在今江蘇徐州府邳州東三十里,奚仲所遷不在此。杜預、應劭說皆非。

投老蹤跡不出一二百里

孟子至宋及去宋再至齊,因所如不合,蹙蹙靡騁,故若再至齊,則年逾大耋,心憚遠役。不特如梁、宋之遠不欲赴,即齊都臨淄亦太遠,惟故滕城在今縣西南十五里,故鄒城在今縣東南二十六里,兩國相去僅百里,故一至。薛國故城雖無攷,然說文邑部“邳”字注云:“奚仲後湯左相仲虺所封國,在魯國薛縣。”案漢地志,魯國有薛縣。既屬魯國,則與鄒相去必近,約不過百餘里之

内,故亦一至。若魯則本爲宗國,先墓所在,當屢至,見于書者已兩度矣。且古鄒城西北去曲阜僅七十六里,故曰"近聖人之居若此其甚",蓋只兩舍有半地耳,故亦一至。魯平公元年上距孟子至梁惠王時已二十三年,則至魯可以意斷其爲必在最後。總之孟子投老蹤跡不出一二百里之内。鶴壽案:薛縣故城在今山東兗州府滕縣東南四十三里。春秋釋例云:"薛國今薛縣是也。"括地志云:"故薛城在徐州滕縣界。"後漢蓋延傳注云:"在滕縣東南。"史記孟嘗君列傳正義云:"在滕縣南四十四里。"元和郡縣志云:"在滕縣東南四十三里。"太平寰宇記云:"在滕縣東南五十里。"而先生以爲無攷,何邪?

孟子及門人封爵

齊乘古蹟門:鄒國公廟,鄒縣城内,地名因利溝,謂即孟子故宅,宋元豐五年封,致和五年詔孟子廟以樂正子配享,公孫丑以下從祀。其封爵,樂正子克利國侯,公孫丑壽光伯,萬章博興伯,浩生不害東阿伯,孟仲子新泰伯,陳臻萊蕪伯,充虞樂昌伯,屋廬連奉符伯,徐辟仙源伯,陳代沂水伯,彭更雷澤伯,公都子平陰伯,咸邱蒙須城伯,高子泗水伯,桃應膠水伯,盆成括萊陽伯,季孫豐城伯,子叔疑承陽伯。

孔距心、王驩

"孟子之平陸"章,第一見其大夫,第二見其名距心,第三見其姓孔。公行子有子之喪,第一見往弔者其官右師,第二見其名驩,第三見其字子敖,皆迤邐吐出,然驩未見其姓,更追攷從前孟子出弔于滕,王使蓋大夫王驩爲輔行,方知其姓,更合"樂正子從子敖"二章參觀之,方知其人,王欲寵異之,諸臣皆趨承之,而又屢見絶于大賢,則必佞倖小人。陳仲子之兄戴,蓋禄萬鍾,而驩亦爲蓋大夫,則蓋邑二人同食,戰國策,趙有左師觸讋,知其時各國有右師,復有左師。鶴壽案:蓋在今山東沂州府沂水縣西北七十里,閻百詩謂其半爲王朝下邑,王驩治之;其半爲卿族私邑,陳氏世有之,並非驩與戴同食也。春秋時宋有桐門右師,又有合左師,戰國蓋因之爾。

曾元、曾西、公明儀、公明高

離婁上篇"曾子養曾晳"，"曾元養曾子"，曾元，曾參子，望文自明，故趙岐不注。公孫丑上篇"或問乎曾西"，則注"曾西，曾參孫"。檀弓"曾子曰：申也聞諸申之父"，鄭注："曾參之子名申。""曾子寢疾，曾元、曾申坐于足"，鄭注："元、申，曾參之子。"而曾西不在側，則是孫非子。趙注亦確。至滕文公上篇引公明儀言，趙但云公明儀賢者，離婁下篇公明儀，則不復注。而萬章上篇公明高，注云："曾子弟子。"檀弓"子張之喪，公明儀爲志焉"，疏據經推公明儀爲子張弟子，又爲曾子弟子。祭義云"公明儀問于曾子曰：夫子可以爲孝乎"是也。岐誤記祭義公明儀爲公明高，故以高爲曾子弟子，而于儀但云"賢者"耳。仲尼弟子列傳子張少孔子四十八歲，曾子少孔子四十六歲，二人皆及門中年最幼。襄三十年疏引賈逵說，哀公十六年即周敬王四十一年，孔子卒，年七十四，時曾子二十七，子張二十五，年少未必遽傳授門徒，則公明儀之受業于曾子、子張，宜在夫子沒後。其時公明儀雖少，亦當在二十餘。予前攷孟子卒于周赧王五六年間，年八九十，其生當在安王十年以前。公明儀師事曾子、子張，約在敬王末，以弱冠外計之，至安王初年孟子生時，儀已百餘歲，與孟子斷不能覿面講論，則離婁下篇論逢蒙事，孟子曰："是亦羿有罪焉？"公明儀曰："宜若無罪焉。"曰："薄乎云爾，惡得無罪？"乃孟子述儀之言而斷之。鶴壽案：先生云孟子年九十餘，又云其生當在安王十年以前，卒于赧王五六年間，年八九十。又云年逾大耋，心憚遠役，故僅一至滕一至薛，蓋從史記先齊後梁，則仕齊必在周顯王二十七年、齊宣王元年以後，顯王三十三年、宣王七年孟子至梁以前，而已自稱齒德皆尊，則年必六十以外，算至燕人畔時，已八十餘歲矣，然後去齊而至滕、薛，豈非年逾大耋乎？今案史記六國表，赧王十九年，魯平公卒，孟子七篇，其所手定，而有平公謚法，則孟子之卒必在平公以後。若據先生之說，孟子且百餘歲矣。今依孟氏譜，孟子年八十有四，卒于赧王二十六年。又依竹書紀年，梁惠王有後元，齊宣王即位移下十二年，孟子至梁在顯王四十六年，時年五十也。至齊在慎靚王三年，時年五十五也。燕人畔在赧王三年，時年六十一也。自此以後，至滕至薛，見魯平公，大約皆在七十以內。七十以後，則歸老而著書，至八十四尚存焉。或當如孟氏譜乎？

告子

告子以食、色爲性，以仁義爲外，其意何居？告子豈任人比？欲重食、色，不過以性爲空虛耳。任人以親迎、禮食二事，辨食、色與禮輕重，其意欲重食、色，被孟子紾兄臂摟處子一駁便倒，然則孟子之言，固所以重禮，亦所以存食、色也。禮固所以撐食色架子，裝他門面者也。禮與仁義是一件事，禮不能憑空而立，故食色不可絕。告子識破此意，其意深惡仁義，不惡食、色。只因食、色是立不定底物事，卻被有仁義弸布在裏邊，廢他不得，今將仁義外之，只是儒者勉强胡謅出來，于是食、色一戳便倒，内仁亦是被孟子逼迫没奈何説。其實"以人性爲仁義，猶以杞柳爲桮棬"，將仁也放倒了。鶴壽案：天地之間，隨處皆氣化所充滿，即隨處皆道理所充滿。人與物皆得天地之氣而生，物止得其氣而不得其道理，人則得其氣而并得其道理。道理即在氣之中，不能分而爲二，分而爲二即禽獸矣。禽獸止有甘食悦色之性，然烏鳥反哺，羔羊跪乳，飛鴻守義，鳴鹿呼羣，亦若得氣而并得其道理者。此非物之果能知道理也，由道理與氣化流行，充塞無間，偶于此露其一端耳。愚夫愚婦不識詩、書爲何物，然亦皆知君當敬、親當孝，以其生初本得此道理，特未嘗致知力行，故有時陷溺耳。告子外義于性，則是分氣與道理爲二矣。

"率天下之人而禍仁義者，必子之言夫！"曰："然。固也。吾固厭惡仁義，故欲禍之也。""然則犬之性猶牛之性，牛之性猶人之性與？"曰："然。"一個"曰然"與上文兩個"曰然"相承，吾意固謂犬牛之性猶人性也，其意直以孟子乃世法中人，難與言甚深希有祕密藏，故縮住。言至此而告子之罪真不可逭矣。有子以孝弟爲仁之本，而孟子言仁之實，在事親；義之實，在從兄。且以智之實，爲知斯二者；禮之實，爲節文斯二者；樂之實，爲樂斯二者。方知告子是邪説，是亂道。

告子惡仁義。韓子原道言道德，實之以仁義。孟子言仁義，實之以孝弟。

蛾術編卷五十七

秦始皇刻石

秦本紀①：始皇東行，刻石凡五。一泰山刻石，三句一韻，凡兩用韻。二琅邪刻石，二句一韻，凡四用韻。有後序，或一句一韻，或二句一韻，或三句一韻。張守節所論韻誤内"搏心揖志"，"揖"與"輯"同。後序内列名者凡十一人，而張守節云"十人"，疑傳刻誤脱"一"字。十人者皆書姓，昌武侯成獨不書姓，則未詳。三之罘、東觀刻石，三句一韻，凡四用韻。四碣石刻石，三句一韻，凡兩用韻。内"皇帝奮威，德并諸侯，初一泰平"，疑傳寫之誤，當作"皇帝奮威，德并泰平，諸侯初一"，但各刻皆同，未便以意改。而"平"字，上不便與"域"爲韻，下不便與"阻"爲韻，此三句介乎兩韻之中，則疑無韻也。五會稽刻石，三句一韻，凡兩用韻。鶴壽案：泰山刻石在秦始皇二十八年，其石高三丈一尺，廣三尺，其詞凡三十六句，首以飭、服、極、德、式、革六字爲一韻，次以治、誨、志、事、嗣、戒六字爲一韻，是兩用韻也。琅邪刻石亦在是年，其詞凡七十二句，首以始、紀、子、理、士、海、事、富、志、字、載、意、帝、地、懈、辟、易、畫十八字爲一韻，次以方、行、良、荒、莊、常六字爲一韻，次以極、福、殖、革、賊、式六字爲一韻，次以土、户、夏、者、馬、宇六字爲一韻，後敘四句以"下"、"邪"二字爲韻，與上文同韻，是四用韻也。揖，合也。尚書"輯五瑞"，古文作"揖"，史記五帝本紀、漢書郊祀志、魏孔羡碑

---

① 秦本紀，疑爲秦始皇本紀之誤。始皇刻石見史記秦始皇本紀。

所引並同。今本作"輯"，唐開寶中衛包所改也，其實輯，和也，與"揖"訓合微異。然則"搏心揖志"正當從本字，不必改爲"輯"。詩"辭之輯矣"，說文引作"䁋"，此"揖"之本字也。漢兒寬傳云"躬發聖德，統楫羣元"，張揖曰："楫，聚也。"臣瓚曰："楫當作揖。"案臣瓚見其字從木，則云當作"揖"，非謂當作"輯"。顏師古未知字誤耳。之罘，東觀刻石在二十九年，之罘刻石凡三十六句，首以起、海、始、紀、理、已六字爲一韻，次以德、服、極、則、意、式六字爲一韻。東觀刻石亦三十六句，首以方、陽、明、彊、王、兵六字爲一韻，次以怠、斿、疑、尤、治、罘六字爲一韻，是四用韻也。碣石刻石在三十二年，其詞凡二十七句，首以息、服、域、一四字爲一韻，次以阻、撫、序、所、矩五字爲一韻，是兩用韻也。其中"初一""泰平"句當倒文爲"泰平""初一"，蓋此銘三句一韻，則"皇帝奮威"三句須一連讀之，言始皇奮其威德，合并諸侯，天下泰平，初得一統也。先生欲改作"德并泰平"，試思德如何并泰平乎？且與上"威"字隔絕矣。即以"皇帝奮威德"爲句，"并泰平"爲句，而泰平豈盡威德所并乎？會稽刻石在三十七年，其詞凡七十二句，首以長、方、莊、明、章、常、強、兵、方、殃、亡、彊十二字爲一韻，次以清、名、情、貞、誠、程、清、經、令、平、傾、銘十二字爲一韻，是兩用韻也。但索隱已于泰山刻石下注明此銘，其詞每三句爲一韻，凡十二韻。下之罘、碣石、會稽三銘皆然。又于琅邪刻石下注明"二句爲韻"，何待先生言之乎？先生既欲言之，何以但舉張守節之非，而不稱司馬貞之是乎？張守節于琅邪刻石下注云："此頌前兩句爲韻，後敘三句爲韻"，蓋謂後敘四句首一句押"下"字，末一句押"邪"字，與首一句爲韻，與上文二句爲韻者不同，故曰"後敘三句爲韻"也。今先生謂或一句一韻，則惟"秦王兼有天下"一句是矣；或三句一韻，則"至于琅邪"三句是矣；又謂或二句一韻，豈乃"撫東土"二句亦與首句爲韻乎？

蘇昌泄祕書

漢百官公卿表："御史大夫，秦官，位上卿，掌副丞相，有兩丞，秩千石。一曰中丞，在殿中蘭臺，掌圖籍祕書。"元鳳四年，蒲侯蘇昌爲太常，十一年坐籍霍山書泄祕書免。師古注："以祕書借霍山。"他處師古注："三輔故事曰：石渠閣在未央殿北，以藏祕書也。"案師古解"祕書"之名則是，而其解"泄祕書"則非。蘇昌籍霍山書，中有祕書，或漏言于人，或自取之耳，決無又以書借霍山之事。鶴壽案：尚書敍正義云："籍"者，借也。則蘇昌籍霍山書，有似乎以祕書借霍山矣。但既以祕書借霍山，則祕書已泄矣，何以重言泄祕書乎？今案尚書大傳云，維五月丁亥，王來自奄，遂踐奄。踐之者，籍之也。籍之，謂殺其身，執其家，豬其宮。"籍霍山"之"籍"當亦作此解。蓋霍山有罪而籍其家，其書入于太常，中有祕書，蘇昌泄之，故坐免耳。

劉向傳不及賈誼

漢楚元王傳附劉向、歆，贊曰："仲尼稱材難，不其然與！自孔子後，綴文之士眾矣。唯孟軻、孫況、董仲舒、司馬遷、劉向、揚雄，此數公者，皆博物洽聞，通達古今，其言有補于世。傳曰：'聖人不出，其間必有命世者焉。'豈近是乎？"案：何以不及賈誼？

鄭興官，二書異

後漢書鄭興傳：興自隴囂歸光武，侍御史杜林薦之，徵爲大中大夫。後出監軍于蜀，又左轉官。興子眾，附興傳。眾曾孫公業，自有傳。乃魏志鄭渾傳云："高祖眾。"注中引續漢書，謂興官諫議大夫。續漢書[1]，司馬彪撰，興官與范書異。

沈田子　林子傳

杭州盧召弓來札云："通志采南史，有沈田子、林子傳。今南史無之，竊疑無此事，殆必約傳所附耳。"予深惡鄭樵之妄，于通志屏而不觀，未知果若何。鶴壽案：鄭樵之學，遠不及杜君卿、馬端臨，不知何以通志一書居然與通典、通考並行？其所矜爲獨得之祕者，莫如氏族諸略，今觀其中全然采取唐書宰相世系表等以立言，不知此乃出自人家私譜，子孫欲揚其祖宗而爲之者，豈足爲憑？同時有羅泌者，亦竊此以作路史，蓋與漁仲同一妄也。沈田子、林子傳出其傷造無疑，先生屏而不觀，可謂卓識。

文中子

文中子，楊謙注朱竹垞詩，采其經義攷，以爲宋咸直謂無其人，而證之隋、唐國史，無不紕繆。案隋書之修，實出魏徵手，徵絕無一字及其師，何紕繆之有？若新、舊唐書則固有其人，舊唐書

---

① 續漢書，晉司馬彪撰，原作續漢志，據上文與晉書本傳改。

王勃傳:"勃,字子安,絳州龍門人。祖通,隋蜀郡司户書佐。大業末,棄官歸,以著書講學爲業,依春秋體例,自獲麟後,歷秦、漢至後魏,著紀年之書,謂之元經。依孔子家語、揚雄法言例,爲客主對答之説,號曰中説。皆爲儒士所稱。義寧元年卒。門人薛收等相與議謚曰文中子。二子福時、福郊。"舊唐書:"王質,字華卿,太原祁人。五代祖通,字仲淹,隋末大儒。"新唐書隱逸傳:"王績,字無功,絳州龍門人。兄通,聚徒河、汾間,倣古作六經,爲中説以擬論語,不爲諸儒稱道,故書不顯,惟中説獨傳。"新唐書文藝傳:"王勃祖通,隋末居白牛溪,教授門人甚衆,嘗起漢、魏盡晉,作書百二十篇,以續古尚書。後亡,其序有録無書者十篇,勃補完缺逸,定著二十五篇。"是唐書固有明徵矣。文苑英華卷六百九十九楊炯王勃集敍:"祖父通,隋秀才高第,蜀郡司户書佐王①侍讀。大業末,退講藝于龍門。其卒也,門人謚之曰文中子。文中子之居龍門也,睹隋室之將喪,知吾道之未行;循歎鳳之遠圖,宗獲麟之遺制;裁成大典,以贊孔門;討論漢、魏,迄于晉代。删其詔命,爲百篇以續書;甄正樂府,取其雅奧,爲三百篇以續詩;自晉太熙元年至隋開皇九年平陳之歲,褒貶行事,述元經以法春秋。門人薛收爲傳,未就而没。君思崇祖德,光宣奧義;續薛氏之遺傳,制詩、書之衆敍。陳羣并太邱之訓,時不逮焉;孔伋傳司寇之文,彼何功矣。詩、書之敍,並冠于篇;元經之傳,未終其業。"又卷七百三十六王勃續書敍:"先君文中子續詩爲三百六十篇,攷僞亂而修元經,正禮樂以旌後王之失,述易讚以申先師之旨,經始漢、魏,迄于有晉,擇其典物宜于教者,續書爲百二十篇。當時門人百千數,董、薛之徒,並受其義。"是子孫述其編次六經以續夫子之業,亦甚彰著。獨所稱門人,新、舊唐書、楊炯、王勃但稱董、薛,然曰"門人百千數",則不著者多。皮日休文藪文中子碑云:

---

① 王,全唐文作"蜀王"。

“文中子王氏諱通，生陳、隋間。亂世不仕，退于汾、晉，敍述六經，敷爲中説，有禮論二十五篇續詩三百六十篇，元經三十一篇，易贊七十篇。門人則有薛收、李靖、魏徵、李勣、杜如晦、房玄齡。”陸龜蒙笠澤叢書云：“文中子王先生中説，其書與法言相類。文中子生隋代，知聖人之道不行，歸河、汾間，修先王之業，九年而功就，謂之王氏六經。門徒弟子有若鉅鹿魏公、清河房公、京兆杜公、代郡李公，北面稱師，受王佐之道。隋亡，文中子没，門人歸于唐，盡發文中子所授之道，左右其治，文帝每嘆曰：‘魏徵教我功業如此，恨不使封彝見之。’豈非文中子之道始塞而終通乎！”據此是徵及玄齡、如晦、德林皆受業，不待宋阮逸爲注，始附託之也。且禮論十卷、樂論十卷、續書二十五卷、續詩十卷、元經十五卷、贊易十卷皆亡，存者獨中説之注耳，故知非逸所附託。李覯盱江文集讀文中子一篇亦謂房、魏等爲門徒則非，文中子爲聖人之徒則是。蓋門人欲尊寵之，扳太宗時公卿以欺後世。然其書之不可信，則實異甚。晁公武讀書志：“通生于開皇四年，而德林卒以十一年，通適八歲，固未有門人。通仁壽四年嘗一到長安，時德林卒已九載矣。其書乃有‘子在長安，德林請見，歸援琴鼓蕩之什，門人皆霑襟’。關朗在太和中，見魏孝文，自太和丁巳至通生之年甲辰，蓋一百七年矣，而其書有‘問禮于關子明’。隋薛道衡傳稱‘道衡，仁壽中出爲襄州總管，至煬帝即位召還’。本紀仁壽二年九月，襄州總管周搖卒。道衡之出，當在此年。通仁壽四年始到長安，是年高祖崩，蓋仁壽末矣。隋書稱‘道衡子收，初生即出繼族父孺，養于孺宅①。至于長成，不識本生，其書有“内史薛公見子于長安，語子收曰：‘汝往事之。’”用此三事推焉，則以房、杜輩爲門人，抑又可知也。”洪邁容齋續筆：“所稱高弟曰薛收，在唐史有列傳，蹤跡甚爲明白。”收以父道衡不得死于隋，不

---

① 　養于孺宅，原作“養子宅”，據隋書薛道衡傳改。

肯仕。聞唐高祖興,將應義舉,郡通守堯君素覺之,不得去。及君素東連王世充,遂挺身歸國,正在戊寅,爲武德元年。是年三月,煬帝遇害于江都,蓋大業十四年也。而杜淹所作文中子世家云:'十三年江都難作,子有疾,召薛收謂曰:"吾夢顏回稱孔子歸休之命。"乃寢疾而終。'殊與收事不合,歲年亦不同,是爲大可疑者也。又稱李靖受詩及問聖人之道。靖既云'丈夫當以功名取富貴,何至作章句儒'?恐必無此也。今中説之後載文中次子福畤所録云:'杜淹爲御史大夫,與長孫太尉有隙。'予案淹以貞觀二年卒,後二十一年高宗即位,長孫無忌始拜太尉。其不合于史如此。"歷觀衆説,中説固不可信,而公武獨據隋唐通録,稱通有穢行,爲史臣所削,是爲實録。鶴壽案:北齊書儒林傳云:經學諸生,多出自魏末大儒徐遵明門下。河北講鄭康成所注周易,遵明以傳盧景裕、崔瑾。齊時儒士,罕傳尚書之業,遵明兼通之,傳李周仁、張文敬、李鉉、權會。三禮並出遵明之門,傳李鉉、祖儁、田元鳳、馮偉、紀顯敬、呂黃龍、夏懷敬。河北諸儒能通春秋者,並服子慎所注,亦出徐生之門。遵明雖淹貫衆經,未聞自作一經以擬聖。何則?六經不可無一,不能有二。揚雄之太玄、法言,已屬無知妄作,而王通乃集漢、魏以來之詔令,分爲一百五十篇,以當"刪書",采漢、魏以來之樂府,分爲三百六十篇,以當"敍詩",又取晉太熙迄于隋開皇之事迹,分爲十五卷,以當"修春秋",不居然以孔子自居乎?然而孔子之門人至于七十、三千,而通之門人罕有焉。即有之,亦皆卑卑不足道,于是乃扳援當代之名人,筆之于書,以欺世而盜名焉。嗚呼!此小人之尤,毫無忌憚者也。今案通謂"續書始于漢,以存漢、晉之實,天子之義列乎範者四,曰制詔志策;大臣之義載乎業者七,曰命訓對讚議誡諫"。王勃敍云:"昔者仲尼之述書也,將以究事業之通而正性命之理,故曰吾欲記之空言,不如附之行事。我先君文中子,實秉睿懿,生于隋末,覩後作之方遙,憂異端之害正,乃喟然曰:'宣尼既没,文不在兹乎?遂約大義,刪舊章,續書百二十篇。賢聖之述,豈多爲哉?亦足垂訓作則,冒天下之道,如斯而已矣。'"末稱文中子曰:"漢、魏之禮樂未足稱,其書不可廢也。尚有近古之對議存焉,制詔册則幾乎典誥矣。後之達晤者,將有得于斯文乎。"此敍亦以文中子當孔子。朱竹垞疑爲阮逸輩僞作也。通又自述曰:"修元經以斷南北之疑。"董常問:"元經之帝魏何也"？子曰："亂離瘼矣。吾權適歸。天地有奉，生民有庇。且居先王之國，愛先王之道，子先王之民矣。""謂之何哉？"子曰："元經之專斷，蓋稟乎天命，吾安敢至之哉？"此又顯然取法公羊斥周王魯矣。薛收敍云："元經始晉惠帝，終陳亡，凡三百年。蓋聞夫子曰：春秋，一國之書也。以天下有國而王室不尊乎？故約諸侯，以尊王政，以明天命之未改。元經，天下之書也。以無定國而帝位不明乎？微天命以正帝位，以明神器之有歸。"又曰："春秋抗王而尊魯，其以周之所存乎？元經抗帝以尊中國，其以天命之所歸乎？然帝哀于太熙，故元經首此，振起之也。中國盛乎皇始，故元經絜名以正其實。天下無賞罰二百載，聖人在下，則迫書襄貶以代其賞罰。斯周公典禮，使後王常存而行焉。仲尼筆削，使後儒常職而述焉。"此敍亦以文中子當孔子。而中興書目疑元經一書出于依託，則敍文亦阮逸輩所依託也。晁公武謂"余兄子逸，仕安康。嘗得元經歸而示四父，四父讀至帝問蛙鳴，晒其陋曰：'六籍奴婢之言，不爲過矣。'"陳振孫謂"河汾王氏諸書，自中說之外，皆唐藝文志所無，其傳出阮逸，或云皆逸僞作也。今玫唐神堯諱淵，其祖景皇諱虎，故晉書載淵、石虎皆以字行。薛收唐人，于傳稱載若思、石季龍，宜也。元經作于隋世大興四年，亦書曰若思，何哉？意逸之心勞日拙，自不能捃邪"。陳氏但辨元經之真僞，其實中說、元經等書無論真僞，俱屬可惡。余向于漢魏叢書中見之，即欲抽出焚之。蓋小人之尤，紛紛著述，意欲駕徐遵明而上之，其實雖欲比揚雄而不能也。今得先生搜羅衆説，指斥一番，實大快事。

唐玄宗非真友愛

朱子語類云："唐玄宗于五倫上無一件不抱愧，惟于兄憲，能盡爲弟之道。只因憲以讓能感動得他，若稍有爭，則骨肉亦不保矣。"舊唐書玄宗之兄讓皇帝憲傳："開元二十九年薨。令高力士齎手書實座前曰：'隆基白："大哥孝友，近古莫儔。頃以國步艱難，義資克定，先帝御極。大哥嫡長，合當儲貳，以功見讓。十數年間，棣華凋落。謂之手足，惟有大哥。今復淪亡，何恨如之！大哥事蹟，身没讓存，故册曰讓皇帝。"'"餘敍、友悌之事。新唐書傳略同。帝之友悌，豈舜可比？即昔人謂周公與管、蔡，共居茅屋下，當極友愛，然觀祝鮀啓商一言，則知鉤致武庚，親仇讎而背父兄，周公誅之，誠是。而帝則全是利害之見，未可同日道。朱子之言最允。鶴壽案：睿宗六子，長子讓皇帝憲，第二子惠莊太子撝，第四子惠文太子範，第五子惠宣太子業，第六子隋王隆悌。舊唐書于讓皇帝傳載本名成器，避昭成皇后尊號，改名憲。睿宗將建儲貳，以成器嫡長，而玄宗有討平韋氏之功，意久不定。成器辭曰：“儲副者，天下之公器。時平則先嫡長，國難則歸有功。若失其宜，海內失望，非社稷之福。臣今敢以死請。”時諸王公卿亦言楚王合居儲位。睿宗乃許之。玄宗以成器嫡長，抗表固讓，睿宗不許，乃下制曰：“隆基有社稷大功，人神僉屬。爰符立季之典，庶協從人之願。”以下備載玄宗友愛讓皇帝事。嘗與讓皇帝及岐王範書曰：“昔魏文帝詩云：‘西山一何高，高處殊無極。上有兩仙童，不飲亦不食。賜我一九藥，光燿有五色。服藥四五日，身輕生羽翼。’朕每思服藥而求羽翼，何如骨肉兄弟，天生之羽翼乎？陳思有超代才，堪佐經綸之務，絕其朝謁，卒令憂死。魏祚未終，遭司馬宣王之奪，豈神丸之效也？虞舜至聖，舍象、傲之怨以親九族。朕未嘗不廢寢忘食欽歎者也。”觀此則玄宗所友愛者，不專在讓皇帝矣。惠文太子範傳載：“好學工書，雅愛文章之士。士無貴賤，皆盡禮接待。與閻朝隱、劉庭琦、張諤、鄭繇，篇題唱和。時上禁約王公不令與外人交結，駙馬都尉裴虛己坐與範遊讌，配徙嶺外。萬年尉劉庭琦、太祝張諤，皆坐與範飲酒賦詩見黜。然王未嘗間範，恩情如初，謂左右曰：‘我兄弟友愛天至，必無異意。祇是趨競之輩，強相託附耳。我終不以纖芥之故，責及兄弟也。’開元十四年薨，上哭之甚慟。輟朝三日，為之追福。手寫老子經，徹膳累旬，百寮上表勸喻，然後復常。”觀此則玄宗之待惠文太子者，不亞于讓皇帝矣。惠宣太子業傳載：“業嘗疾病，親為祈禱。及愈，車駕幸其第，置酒讌樂，更為初生之歡。玄宗賦詩曰：‘昔見漳濱臥，言將人事違。今違誕慶日，猶謂學仙歸。棠棣花重滿，鴒原鳥再飛。’”觀此，則玄宗之待惠宣太子亦不遠于讓皇帝矣。惟惠莊太子撝傳及隋王隆悌傳無友愛事。然讓皇帝傳內云：“玄宗兄弟，聖曆初出閤，列第于東都積善坊，五人分院同居，號五王宅。大足元年從幸西京，賜宅于興慶坊，亦號五王宅。”然則玄宗兄弟之友愛，自幼年而已然，不獨先天之後有“花萼相輝”之樓也。如謂玄宗之待讓皇帝，以其能讓位而如是，則玄宗之待岐王薛，將何說以處此？朱子之言，未免過刻。

汪姓

廣韻云：“汪，姓。姓苑云新安人。”攷廣韻屢引何氏姓苑，不知何書。元鄭玉師山集記汪氏遺事云：“新安汪氏自越國公華以六州歸唐，其後始蕃。六邑之間，號十姓九汪。”案汪華不見于新、舊唐書。羅願鄂州小集，近人所刻者，有汪王廟攷實十一事，載華事甚核。

俱文珍

舊唐書：“俱文珍，貞元末宦官。後從義父姓，曰劉貞亮。順宗即位，風疾不能視朝政，而宦官李忠言與牛美人侍病。美人受旨于帝，宣之忠言，忠言授王叔文，叔文與朝士柳宗元等圖議，然後下中書。貞亮知其朋徒熾盛，慮隳朝政，乃與中官劉光琦、薛文珍、尚衍、解玉等謀，奏請立廣陵王爲皇太子。”新唐書同，惟多一呂如全。昌黎先生外集順宗實録則作中官劉光琦、俱文珍、薛盈珍、尚解玉等，不但光琦、盈珍與新舊書異，尚解玉，以二人爲一人，且反以光琦居首，文珍在後，蓋昌黎于此事因惡叔文，又與俱文珍有舊，不能無私。若光琦、盈珍、解玉當從實録。其以光琦居首，案光琦名僅一見于此，他無所見，乃反以爲領袖之人；俱文珍，新、舊書皆以爲渠帥，且擅斬節度使，反退居第二。昌黎蓋有所諱，恐當以新、舊書爲是。鶴壽案：舊唐書薛盈珍作薛文珍者，因上俱文珍而誤也。韓昌黎順宗實録“尚”字下偶脱“衍”字，並非以尚解玉爲一人。

唐范公告身

乾隆壬子夏，范編修來宗齋觀其先世范公諱隋告身一通。第一行“將仕郎權知幽州良鄉縣主簿范隋”，第二行以下云：“敕朝散大夫尚書水部郎中穆西梧等，渙汗鴻恩，必乘其雷雨；頒宣爵賞，用振其簪纓。以爾等列我盛朝，累霑需澤，各有勞效，許其敘録，行慶策勳。于是乎在，可依前件。”次一行“咸通二年六月十一日”。次低數字列銜三行。第一行“檢校司徒兼中書令使”，第二行“中書侍郎兼工部尚書平章事臣杜審權宣奉”，第三行“駕部郎中知制誥臣王鐸行”，次“奉”字爲一行，次“敕如右牒”到“奉行”爲一行，次一行“咸通二年六月十二日”。次列銜三行。第一行

"檢校司徒兼侍中使"，第二行"左僕射兼門下侍郎平章事悰"，第三行"給事中溫"，次提行云"告將仕郎前權知幽州良鄉縣主簿柱國范隋，奉"次提行云"敕如右符"到"奉行"，次"員外郎"下有押，漫不可辨；下方極低三小行：一、主事吳亮，一、令史楊鴻，一書令史不著名。又提行"咸通二年六月日"，"月"下空一字。予曩者雖從石刻中見徐季海書大曆二年鍾離縣令朱巨川告，顏清臣自書建中元年告，然徐書宣奉有名無銜，似尚未全，此則首尾皆具，可見唐告全式也。告給范公而詞頭稱穆栖梧等者，殆因公官卑，卑者不能人譔一詞，但若干人共一篇，如朱巨川告詞亦云"敕左衞兵曹參軍莊若訥等"，即其例。若顏則已爲光祿大夫行吏部尚書充禮儀使上柱國魯郡開國公，本極崇顯，特因加太子少師而給告，故詞頭實切顏一人作。蓋唐制如此。據宋人跋語，公係文正公之高祖，此告爲文正之孫正國，字子儀，于宋紹興三年爲左朝奉郎權發遣廣東路轉運判官，裝背于廣州官舍者。卷後宋人跋者，正國及汪彥伯、王安中、章傑、任希夷、趙奇、曾幾、許忻、宋翰、劉岑、吳曾、周聿、程敦厚、劉昉、馬居中、呂積中、呂堅中、吳升之、趙敏；元人跋者，曹鑑、傊玉立、譚惟寅：共二十二人。新唐書宰相世系表，范氏宰相一人，履冰相武后。履冰惟有子冬芬，宣州刺史。冬芬之下間九格始有裔孫隋，麗水丞。則麗水公爲履冰之十一世孫也。宋史文正本傳云："其先邠州人，唐宰相履冰之後，後徙家江南，遂爲蘇州吳縣人。"故吳曾跋云："范氏自唐載初元年由其官尚書同鳳閣鸞臺平章事，未幾以直道與魏元同相繼以忠死。至咸通初，裔孫以丞麗水，知名于世。此告則其未丞麗水時所得也。然名位不稱，至本朝而後文正、忠宣始相繼而出爲時元臣。傳曰：'公侯之子孫必復其始。'信矣哉。"舊職官志："上柱國，正二品勳。柱國，從二品勳。"今公官方爲主簿而得柱國勳者，唐官制有四，一、文武職事官。二、文武散官。三、爵。四、勳。職事官，官也。散官，階也。四者之中，惟官有一定品缺；而階則或以恩澤加之，或以資序加之，或以寵任破格授之；勳則以著有勞效得之：故與官皆不必相應。要之惟勳尤爲無定，通典云：“柱國始置于魏，宿德盛業者居之。周、隋授受已多，國家以爲勳級，才得地三十頃。”予嘗得澤王府主簿梁府君榮德縣丞梁師亮墓志，皆上柱國勳，則麗水公之得柱國勳，不足異矣。明史夏言傳：“嘉靖十八年加少師特進光祿大夫上柱國。”明世人臣無加“上柱國”者，言所自擬也。其宣奉諸臣，曾幾跋云：“以其時攷之，‘檢校司徒兼中書令使’者，白敏中以是官爲鳳翔節度使也。‘左僕射兼門下侍郎平章事惊’者，杜相也。以檢校司徒出使，有崔鉉鎮襄陽，令狐綯使河中，而‘兼侍中’，則未之攷焉。當待博雅君子。”而吳曾跋則云：“‘給事中渢’者，王渢也。‘檢校司徒兼侍中出使’者，幽州節度張允伸也。豈侍郎曾公偶忘之歟？”吳曾，崇仁人，即作能改齋漫錄者，頗長稽核，其跋言之鑿鑿如此，自當勝他手。然以新宰相表攷之，告中杜審權同平章事，在大中十三年十二月，其爲中書侍郎兼工部尚書，在咸通元年九月，則咸通二年六月當如故。杜惊以尚書左僕射兼門下侍郎同平章事，在咸通二年二月，則六月當如故，皆與表合。曾跋謂檢校司徒兼中書令使爲白敏中，以是官節度鳳翔，亦與表合。其謂以檢校司徒出使有崔鉉鎮襄陽、令狐綯使河中，惟兼侍中出使者，未有攷。吳跋實之以張允伸，則表中皆無之。表中“三公”一項，守者檢校者皆載，何獨遺此？豈吳曾別有據，而表固有闕漏邪？文正四子，純佑、純仁、純禮、純粹。純仁自有傳，餘皆附公傳。孫之見于史者，純佑子正臣；純仁子正平、正思。而正國，史無之，不知誰之子也。鶴壽案：新唐書韋述等傳贊云：“唐三百年業鉅事叢，其間巨盜再興，國典焚逸，大中以後，史録不存。”大中，宣宗年號也。唐自高祖至武宗皆有實録，大順中，詔修宣、懿、僖實録，而日杘記注亡缺，史官裴廷裕僅掇宣宗政事奏記于監修杜讓能，名曰東觀奏記，以後諸帝皆無實録。咸通，懿宗年號也。此告身在咸通二年，曾幾所謂崔鉉、令狐綯，吳曾所謂張允伸，當別有據而表之脱落無疑矣。

皮日休未嘗陷賊爲學士

新唐書逆臣黄巢傳"巢以皮日休爲翰林學士",而舊唐書巢傳無之。通鑑："廣明元年十二月,黄巢入宫即皇帝位于含元殿,國號大齊,改元金統。以太常博士皮日休爲翰林學士。"胡三省注引陸游老學菴筆記,辨其非是。攷游老學菴筆記云："該聞録言皮日休陷黄巢爲翰林學士,巢敗被誅。今唐書取其事。案尹師魯作大理寺丞皮子良墓志,稱'曾祖日休'云云,'祖光業'云云,據此則日休未嘗陷賊爲其翰林學士被誅也。光業見吴越備史頗詳。孫在仁廟,仕亦通顯。乃知小説謬妄,無所不有。師魯文章傳世,且剛直有守,非欺後世,可信不疑也。故予表而出之,爲襲美雪謗泉下。"予家藏鈔本河南尹先生文集,載故宣德郎守大理寺丞累贈司封員外郎皮公墓志銘,云："公諱子良,其先襄陽人。曾祖日休,避廣明之難,徙籍會稽。及錢氏王其地,遂依之,官太常博士,贈禮部尚書。祖光業,佐吴越國,爲其丞相。父璨,元帥府判官,歸朝歷鴻臚少卿。公幼能屬詞,淳化中以家集上獻。初尚書以文章取重于咸通、乾符之世,降及丞相鴻臚,皆以文雄江東。三世俱有編集,總百餘卷,至是悉以奏御。"云云。觀此則師魯文誠可信。通鑑取之新唐書,新唐書取之該聞録,小説之爲害如此。鶴壽案:皮日休,字襲美,襄陽人。隱居鹿門山,咸通中第進士,爲著作郎。嘗流寓吴中,與陸龜蒙友善,有松陵唱和集。或云乾符之亂,出關,爲黄巢所害。其子光業辨巢賊時,父依吴越王,無過害事。該聞録謂巢以襲美爲翰林學士,誣妄甚矣。觀其自號閒氣布衣,豈有事賊者邪?

楊晟自刎

通鑑載："唐昭宗乾寧元年,王建攻彭州,城中人相食,彭州内外都指揮使趙章出降。丙子,西川兵登埤,楊晟猶率衆力戰,刀子都虞侯王茂權斬之。"攷勾延慶錦里耆舊傳,云："彭城窘蹙,百姓遞相啗食。五月庚申,楊晟自刎,城門開。"二處不同。

蛾術編卷五十八

说　人　八

鄭康成

余説經以先師漢鄭氏爲宗，將攷其行蹟，爲作年譜。隨所見，輒鈔録。積之既多，欲加編敘，而其事之不可以年爲譜者居多，乃改分十二目，各以類次之，内著述類已詳説録。鶴壽案：鄭康成爲漢代大儒，自古迄今，苟有耳目者，誰不知之？故當時客耕東萊，學徒相隨，已數百千人，所謂括囊大典，綱羅衆家，删裁繁蕪，刊改漏失，自是學者略知所歸，豈待范蔚宗言之哉？其謂“王父豫章君每攷先儒經訓，而長于元常，以爲仲尼之門，不能過也。及傳授生徒，專以鄭氏家法”。蔚宗此言，未免錚錚然以鄭學矜爲己有。其實鄭氏之學，人人師之，其有以爲不然者，蓋亦罕矣。先生生平專守鄭氏一家之言，可謂能得所師，所著尚書後案三十卷，搜羅宏富，辨證詳明，洵爲鄭氏功臣。然先生往往自稱獨守鄭氏家法，于古今一切訓詁、一切議論，與鄭合者則然之，略有異同即黜之，必欲强天下之人悉歸于鄭學而後可。但人心各有不同，有登山而采玉者，有入海而求珠者，此邴原之所以詣孫崧也。且言非出自聖人，安能無誤？亦但求其是而已矣。吾聞通天地人謂之儒，言天者必明乎象緯之度數，康成注周易。每言爻辰，比初六“有孚盈缶”注云：“爻辰在未，上值東井。井之水，人所汲用。缶，汲器。”泰六五“帝乙歸妹，以祉元吉”注云：“五爻辰在卯，春爲陽中，萬物以生。生育者，嫁娶之貴。仲春之月，嫁娶男女，福禄大吉。”爻辰即京房之納辰也。然房則乾所納自子終戌，六陽辰左行；坤所納自未終酉，六陰辰右行。康成于乾爻六辰與房同；坤爻六辰則自未終戌，與房異。雖以爲合于律吕相生之序而更之，但房之術

未始不本于乾鑿度左行右行之说,康成少通京氏易,復注乾鑿度,豈不知房
術之所本異? 然猶謂與十二辰之次爲順也。至于以爻配辰,即有是爻所值之
星,月令注云:"正月宿直尾、箕,八月宿直昴、畢,六月宿直、鬼,九月宿直
奎,十月宿值營、室",又云"卯宿值房、心,申宿值參伐"。然而辰有次度,左
傳言娵女、玄枵之維首,則十一辰可知。晉天文志又有費直周易分野,正康
成之師法,何以言星而不言度? 淮南子言"太陰在四中,歲星行三宿;太陰在
四鈞,歲星行二宿",此即史記所云"歲陰所在,歲星與日晨出者"也。其術甚
略,而康成乃轉從之,似未明乎天事矣。言地者必明乎堪輿之里數,禹貢分
甸、侯、綏、要、荒五服,蓋天下之大,不過五千里耳。康成注云:"每服言五百
里者,是堯舊服;每服之外更言三百里二百里者,是禹所弼之殘數也。堯之五
服,服五百里。禹平水土之後,每服更以五百里輔之。堯之時,土廣五千里,
五服服別五百里。及禹弼之,每服之間,更增五百里,面別至于五千里,相距
爲方萬里。甸服比周爲王畿,其弼當侯服,在千里之內。侯服于周爲甸服,其
弼當男服,在二千里之內。綏服于周爲采服,其弼當衞服,在三千里之內。要
服于周爲蠻服,其弼當夷服,在四千里之內。荒服于周爲鎮服,其弼當蕃服,
在五千里之內。"不知殷時中國止有方三千里,連蠻、夷亦止方五千里。周公
致太平,亦未嘗斥大九州之地,至于方七千里,禹平水土,何從于每服間各弼
其五百里邪? 似未明乎地事矣。至于人事,則莫大于帝王之曆數。康成據乾
鑿度之文,謂文王受命入甲寅元戊午部二十九歲,故尚書注云:"武王觀兵入
戊午部四十年。"雒師謀注云:"文王受命改元,至魯惠公末年三百六十歲,是
克殷至春秋止三百四十有八年也。"若以三統秝丁巳元推之,則大有不合者。
乃不致其是否,而遽取以説經乎? 今先生輒謂恪守家法,夫鄭學之的確不磨
者,固宜守之;若其支離未當者,而亦守之,亦安貴此家法哉?

鄭氏世系

後漢本傳:"鄭玄,字康成,北海高密人。八世祖崇,哀帝時
尚書僕射。"案北海,國名。高密,縣名,屬青州刺史部,今屬山東
萊州府。鄭崇,前書有傳,云本高密大族,世與王家相嫁娶,亦見
御覽卷五百四十一。彼傳云祖父以訾徙平陵,康成傳仍云高密
人,則是崇之後自平陵復歸故籍也。彼傳言崇父賓已爲御史,名
公直矣。崇身爲傅喜所薦,乃力諫傅商封侯之濫,又諫董賢寵過

度,重得罪,爲佞人趙昌所譖,下獄死。鄭氏之世德遠矣。鶴壽案:鄭賓有公直之名,而崇對上曰:"臣門如市,臣心如水。"可謂父子濟美矣。先生既欲詳鄭氏世系,宜連下後裔作圖以表之,今爲補圖于左。

鄭氏世系圖

一世	二世	三世
祖父名字未見。 　自高密徙平陵。	賓 御史。	崇 　尚書僕射,以諫爭死。 立崇之弟。 　與高武侯傅喜同門。
以下四五六七八九世無攷。		
十世	十一世	十二世
玄字康成。 　別見年譜。	益恩 　孝廉。死黄巾之難。	小同 　侍中。爲司馬懿所鴆。

漢鄭崇傳云:"弟立,與高武侯傅喜同門學,相友善。"今并列之。

鄭氏出處

裴松之三國志注引鄭康成別傳云:"康成以丁卯歲生。"案本傳卒于建安五年六月,年七十四。從此追溯,當生于順帝永建二年,是年歲在丁卯。

後漢本傳李賢注引別傳云:"康成年十一二,隨母還家,正臘會,同列十數人皆美服盛飾,語言閑通,康成獨漠然如不及,母私督數之,乃曰:'此非我志,不在所願也。'"御覽卷三十二亦引此,作"方十二年","臘"下有"讌"字。案:康成十二歲爲順帝永和三年戊寅。劉孝標世説新語注引別傳曰:"康成少好學書數,十三誦五經,好天文、占候、風角隱術。年十七,見大風起,詣縣曰:'某時當有火災。'至時果然。智者異之。"案十三歲爲永和四年己卯,十七歲爲漢安二年癸未。鶴壽案:顏延年陶徵士誄序云:"在衆不失其寡,處言愈見其默。凡讀書人雖在衆賓歡燕、歌舞雜踏之會,自有一種超然神遠之致。"觀別傳益信。

本傳"康成少爲鄉嗇夫",注:"前書曰:'鄉有嗇夫,掌聽訟,收賦稅。'"案:注引漢百官表文,史游急就章顏師古注云:"嗇夫,鄉之有秩者也。"袁宏後漢紀:"鄭康成爲嗇夫,隱恤孤苦,閭里安之。"

本傳:"得休歸,常詣學官,不樂爲吏。父數怒之,不能禁。遂造太學受業,乃西入關。"虞世南北堂書鈔與此略同,而作續漢書,則是司馬彪書也。袁宏後漢紀則云:"家貧,雖得休暇,常詣校官誦經。太守杜密異之,爲除吏錄,使得極學。"此與范書小有詳略。本傳:康成戒子益恩書云:"吾家舊貧,不爲父母羣弟所容。去厮役之吏,游學周、秦之都,往來幽、并、兗、豫之域。"案"去吏"即指棄嗇夫也。後漢都洛陽,秦都關中。造太學,至洛陽。西入關,至秦都。世說注引別傳曰:"年二十一,博極羣書,精曆數圖緯之言,兼精算術。遂去吏,師故兗州刺史第五元先,就東都張恭祖受周禮、禮記、春秋傳,周流博觀,每經歷山川,及接顏一見,皆終身不忘。"案:爲嗇夫當十八九,去吏出游當二十四五或二十六七。觀其後游學十餘年,過四十乃歸,則可知。鶴壽案:第五者,氏族也。後漢有傳者三人,第五倫傳云:"倫字伯魚,京兆長安人。其先齊諸田,諸田徙園陵者多,故以次第爲氏。"曾孫種傳云:"種字興先,永壽中爲兗州刺史。中常侍單超兄子匡,負埶貪放,種收之。匡以事陷種,坐徙朔方。徐州從事臧旻上書訟之曰'故兗州刺史第五種非有大惡'云云。會赦出,卒于家。"第五訪傳云:"訪字仲謀,京兆長陵人。司空倫之族孫。"據此攷之,則第五氏其先爲京兆人,與康成本傳所云師事京兆第五合矣。種于永壽中爲兗州刺史,後坐罪免。既與康成同時,而臧旻又稱之曰"故兗州刺史第五種",正與別傳所稱合,然則元先豈即興先與? 又別傳明言"年二十一遂去吏"云云,則是二十一即游學矣,與戒子書所言"去厮役之吏,游學周、秦之都"云云正合。其下直接"年過四十乃歸"。本傳稱"游學十餘年",乃約數之詞也。先生以爲去吏出游當二十四五,何所據乎?

本傳:"康成自游學十餘年乃歸鄉里。家貧,客耕東萊,學徒相隨已數百千人。"戒子書云："年過四十,乃歸供養,假田播殖,以娛朝夕。"案桓帝延熹九年丙午,康成年四十,明年丁未改永康,又明年戊申爲靈帝建寧元年,則康成游學而歸,在永康、建寧之間。北海、東萊是鄰比,故往客耕。

　　本傳:"及黨事起,乃與同郡孫嵩等四十餘人俱被禁錮,遂隱修經業,杜門不出。"戒子書曰:"遇閹尹擅埶,坐黨禁錮,十有四年而蒙赦令。"袁宏後漢紀:"會黨事起,而康成教授不輟,弟子常數百人。"世説注:"遇黨錮,隱居著述,凡百餘萬言。"案:黨事起于桓帝延熹之末,宦官以司隸校尉李膺等二百餘人爲朋黨,逮捕下獄。永康元年六月賈彪説竇武、霍諝使諫帝,乃赦黨人。此赦但赦之出獄歸田里,非盡赦其罪,仍禁錮之,桓紀言"悉除黨錮,不可泥"。故曰黨錮。言先治其黨,後則錮之,使不得仕及至京師也。范滂見收,母曰:"汝得與李、杜齊名,我復何恨?"時杜密與李膺爲黨魁,而密守北海,康成受知,且游學久,所交名士多,故入黨人。平原相史弼不舉鉤黨,從事責曰:"青州六郡,其五有黨,平原何獨無?"五郡中北海其一,康成一處士,非宦官所甚惡,不至收捕,惟禁錮而已。閹尹擅埶,指侯覽、王甫、曹節諸人。"十有四年"者,靈帝紀:"光和二年四月大赦天下諸黨人禁錮,小功以下皆除之。"自桓帝延熹九年丙午至此己未,十四年也。時康成年五十三。鶴壽案:先生謂"十有四年"者,自桓帝延熹九年丙午至靈帝光和二年己未,時康成年五十三,非也。戒子書先言"年過四十,乃歸供養,假田播殖,以娛朝夕",則客耕東萊已在四十後矣。次言"遇閹尹擅埶,坐黨禁錮",是被黨既更在其後也。黨事起于延熹九年,其時康成年止三十九,蓋是年尚未株連及康成,至次年歸來,客耕東萊,供養父母,教授弟子,安然無恙。又三年之後,康成年四十五,始被禁錮,直至中平元年康成年五十八,然後得赦,故曰"十有四年"也。如先生説,從延熹九年數起,豈康成于三十九即被禁錮乎?既被禁錮,豈能"遲遲我行,至四十後始歸"乎?

　　本傳:"靈帝末,黨禁解,大將軍何進聞而辟之。州郡以進權戚,不敢違意,遂迫脅康成,不得已而詣之。進爲設几杖,禮待甚優。<u>康成</u>不受朝服，而以幅巾見，一宿逃去。時年六十。後將軍<u>袁隗</u>表爲侍中，以父喪不行。"<u>袁宏</u><u>後漢紀</u>："<u>中平</u>初，悉解禁錮，<u>康成</u>已六十餘矣。始爲王公所命，一無所就者。"案：前此雖有赦，然云"小功以下"，則大功以上猶未赦，直至<u>中平</u>元年甲子，黃巾反，<u>呂彊</u>言"恐黨人與黃巾合"，始大赦黨人，徙者皆還。時<u>康成</u>年五十八。<u>何進</u>之辟，年六十，是<u>中平</u>三年丙寅也。以下<u>靈帝</u>尚在位三年，而傳言"<u>靈帝</u>末"者，約略言之。<u>世説注</u>："<u>何進</u>辟<u>康成</u>，乃縫掖相見，<u>康成</u>長八尺餘，須眉美秀，姿容甚偉。<u>進</u>待以賓禮，<u>康成</u>多所匡正，不用而退。"與傳小異。案<u>後漢紀</u>述<u>進</u>辟<u>申屠蟠</u>不至，使<u>黃忠</u>與書曰："大將軍幕府初開，並延英俊，<u>潁川</u><u>荀爽</u>，興病在道，<u>北郡</u><u>鄭玄</u>，北面受署。"<u>康成</u>一宿逃去，安有其事？此妄造以誘<u>蟠</u>也。

　　<u>本傳</u>："國相<u>孔融</u>，深敬<u>康成</u>，屐履造門。屐謂納履未正，曳之而行。告<u>高密縣</u>爲<u>康成</u>特立一鄉，曰：'昔<u>齊</u>置士鄉，<u>越</u>有君子軍，皆異賢之意也。<u>鄭君</u>好學，實懷明德。昔<u>太史公</u>、廷尉<u>吳公</u>、謁者僕射<u>鄧公</u>，皆<u>漢</u>之名臣；又<u>商山</u>四皓<u>東園公</u>、<u>夏黃公</u>，潛光隱曜，世嘉其高，皆悉稱公。今<u>鄭君</u>鄉宜曰<u>鄭公鄉</u>。昔<u>東海</u><u>于公</u>僅有一節，猶或戒鄉人侈其門閭，矧乃<u>鄭公</u>之德，而無駟牡之路。可廣開門衢，令容高車，號爲<u>通德門</u>。'"<u>司馬彪</u><u>續漢志</u>、<u>袁宏</u><u>後漢紀</u>、<u>祝穆</u><u>事文類聚</u>略同。<u>三國志注</u>引<u>司馬彪</u><u>九州春秋</u>："<u>孔融</u>在<u>北海</u>，于稽古士謬爲恭敬，<u>鄭康成</u>稱之<u>鄭公</u>，執子孫禮。"

　　<u>三國志注</u>引<u>邴原別傳</u>云："<u>原</u>爲郡所召，署功曹主簿。時<u>魯國</u><u>孔融</u>在郡教選計當任公卿之才，乃以<u>鄭康成</u>爲計掾，<u>彭璆</u>爲計吏，<u>原</u>爲計佐。"<u>後漢</u><u>孔融傳</u>云："爲<u>北海</u>相，薦舉賢良<u>鄭康成</u>等。"據此二條，暫攝計掾及舉賢良，皆<u>孔融</u>爲國相時事。戒子書于"蒙赦"下云："舉賢良方正有道，辟大將軍三司府，公車再召，比牒并名，早爲宰相。比牒，連牒也。并名，齊名也。言連牒齊名被召者，並爲宰相。惟彼數公，懿德大雅，克堪王臣，故宜式序。吾自忖度，無任于

此，但念述先聖之元意，思整百家之不齊，亦庶幾以竭吾才，故聞命罔從。"辟大將軍三司府，謂何進薦辟事。而先之以舉賢良，則孔融爲北海相時事，乃本傳于"靈帝末，黨禁解"下即敘何進辟之之事，次敘袁隗表爲侍中事，方及國相孔融云云。則先後錯迕，有難定其年者。今姑依本傳爲主。鶴壽案：本傳敍何進徵辟之事于前，敍孔融敬禮之事于後，並非錯迕。蓋攝計掾、舉賢良，在何進徵辟之前，觀成子書可見。而立鄭公鄉、開通德門，則在袁隗表薦之後，本傳亦未嘗誤也。先生欲合前後爲一時事，斯乃錯迕耳。

本傳："董卓遷都長安，公卿舉康成爲趙相，道斷不至。"趙王虔之相也。案：此獻帝初平元年庚午，時年六十四。

本傳："會黃巾寇青部，乃避地徐州。徐州牧陶謙接以師友之禮。"案：袁宏後漢紀：中和當作中平。五年九月己未，詔曰："頃選舉失所，多非其人。儒法雜糅，學道浸微。處士荀爽、陳紀、鄭康成、韓融、張楷耽道樂古，志行高潔，清貧隱約，爲衆所歸。"其以爽等各補博士，皆不至。後漢襄楷傳："中平中，與荀爽、鄭康成俱以博士徵，不至。"袁紀無襄楷。宏于此下方接何進辟請事。乃後漢朱雋傳云："陶謙推雋爲太師，移檄討李傕等，奏記于雋曰：徐州刺史陶謙、前揚州刺史周乾、琅邪相陰德、東海相劉馗、彭城相汲廉、北海相孔融、沛相袁忠、太山太守應劭、汝南太守徐璆、前九江太守服虔、博士鄭康成等敢言"云云，此必康成客謙之時，故以康成銜名入奏記，據本傳則客陶謙乃在何進辟請、孔融禮敬之後，而于此復稱"博士"何也？且康成薦署之官甚多，一無所就，其召補博士，歲在戊辰，時年六十二，亦未就，乃獨以此繫銜。此內有稱"前"者，是曾任而今已去；其不稱"前"，則是現居此官；而康成不稱"前"，皆未詳。鶴壽案：何進徵辟，時康成六十歲，本傳有明文，召補博士，則在六十二矣。袁宏以何進事敍在此下，是錯誤也。至于陶謙奏記，在獻帝初平四年，時康成年六十七，前三年已舉趙相，至此仍稱之爲"博士"，又不加"前"字者，蓋康成凡有薦舉，雖皆不就，然趙相之徵，全出董卓，博士之召，尚由靈帝，故仍稱之爲博士，且除此亦別無可稱也。

本傳："建安元年自徐州還高密，道遇黃巾賊數萬人，見康成皆拜，相約不敢入縣境。"袁宏後漢紀："康成身長八尺，秀眉朗目，造次顛沛，非禮不動。黃巾賊數萬人，經康成廬，皆爲之拜，高密一縣，不被抄掠。"案建安元年康成年七十，戒子書云："黃巾爲害，萍浮南北，復歸邦鄉。入此歲來，已七十矣。"正合傳言"道遇黃巾"，而紀云"經其廬"，當以傳爲正。紀欲敘此，事而先之以"身長"云云，見威儀之盛；"造次"云云，見德行之美：以明感格之神也。黃巾以人爲食，而所感如此，其可謂至德也已矣。鶴壽案：賊既經廬，安有一縣不被抄掠之理？此欲形容康成之能服人而不覺自相矛盾者，不如本傳爲長。至于服人專在德化，"身長八尺"云云，此不過史家敘述之常耳，非謂以此服人也。

本傳："時大將軍袁紹總兵冀州，遣使要康成，大會賓客。康成最後至，乃延升上坐。身長八尺，飲酒一斛，秀眉明目，容儀溫偉。紹客多豪俊，並有才說，見康成儒者，未以通人許之，競說異端，百家互起。康成依方辨對，咸出問表，皆得所未聞，莫不嗟服。時汝南應劭亦歸于紹，因自贊曰：'故泰山太守應中遠，北面稱弟子何如？'康成笑曰：'仲尼之門，攷以四科。回、賜之徒，不稱官閥。'劭有慙色。紹乃舉康成茂才，表爲左中郎將，皆不就。"世說注："袁紹辟康成，及去，餞之城東，欲康成必醉。會者三百餘人，皆離席奉觴，自旦及莫。度康成飲三百餘杯，而溫克之容，終日無怠。"袁宏後漢紀："袁紹嘗遇康成而不禮也。趙融聞之，曰：'賢人者，君子之望也。不禮賢者，失君子之望。夫有爲之君，不失萬民之歡心，況于君子乎？失君子之望，難乎有爲也。'"三國志注引九州春秋同。又引英雄記："魏太祖作董卓歌辭云：'德行不虧缺，變故自難常。鄭康成行酒，伏地氣絕。郭景圖命盡于園桑。'"案：紹敬康成甚，安得有不禮事？曹操妄造行酒伏地之語，殊堪駭笑。本傳明言紹迫之從軍，至元城，疾篤不進，遂卒。豈在紹軍乎？操欲以此爲紹罪狀耳。鶴壽案：獻帝建安二年曹操自爲司空，而以大將軍讓袁紹。大會賓客，當在是時。

　　本傳："公車徵爲大司農，給安車一乘。所過，長史送迎。康成乃以病自乞還家。"袁宏後漢紀："建安三年，徵鄭康成爲大司農。"世說注："獻帝在許都，徵爲大司農。行至元城，卒。"案：本傳此事無年。而袁宏紀云"建安三年"，時康成年七十二。合之劉孝標所引別傳"獻帝"云云，則袁紀以爲三年者是。獻帝紀："建安元年，曹操遷帝都許，欲使就己營也。自此以後，操始終挾天子以令天下矣。"故傳書之曰"公車"也。若孝標所云"行至元城卒"，則大謬。本傳于"徵大司農，乞還家"下書"五年"，方敍袁紹逼康成隨軍，至元城疾篤不進，卒于元城。此五年事，何得以爲三年徵大司農事乎？且以地理攷之，元城縣，今直隸大名府治，在東漢屬冀州，魏郡國志，冀州刺史治常山國高邑。時紹領冀州牧，其與曹操相距官渡，雖在今河南中牟縣，其治自在高邑縣，今屬真定府。康成儒者，未必往赴其軍壘。大約欲往高邑，自高密東北行至元城，而留滯甚久以卒也。若赴司農之徵而欲往許都，則但當東行，何反折北至元城乎？故知孝標所引非也。抑其不受趙相徵，拒董卓也；若不受司農徵，則拒操命矣；而亦何嘗應紹乎？二人皆有不臣之心，而康成皆不受其籠絡，嚼然不滓者也。又三國志注引傅子云："司空陳羣薦管寧曰：'昔司空荀爽，家拜光祿；先儒鄭玄，即授司農。'"此正指建安三年事。英華卷七百六十六劉子玄引宋均注詩緯，稱"我先師北海鄭司農"，以康成于建安初被徵故也。而康成注周禮，稱河南鄭衆仲師已爲鄭司農，疏家以衆爲先鄭，康成爲後鄭。官同，故別之。鶴壽案：山東登、萊二府，插入海中，北面是勃海，南面是大海。康成所居高密，在今萊州府，元城即今直隸大名府，在高密之直西，而先生云自高密東北行至元城，則大相反矣。許都即今河南許州，在高密之西南，而先生云欲往許都但當東行，又大相反矣。蓋從高密東北行與東行皆海也。

本傳:"五年春,夢孔子告之曰:'起,起。今年歲在辰,來年歲在巳。'既寤,以讖合之,<u>北齊劉晝高才不遇傳論康成曰:"辰爲龍,巳爲蛇。歲至龍蛇賢人嗟。"以讖合之,蓋謂此也</u>。知命當終。有頃,寢疾。時<u>袁紹</u>與<u>曹操</u>相拒于<u>官度</u>,<u>官度</u>,津名,在今<u>鄭州</u> <u>中牟縣</u>北。令其子<u>譚</u>遣使逼<u>康成</u>隨軍,不得已載病到<u>元城縣</u>,疾篤不進,其年六月卒,年七十四。遺令薄葬。自郡守以下,嘗受業者,縗絰赴會千餘人。"案水經注:"<u>河</u>故瀆逕<u>元城縣</u>故城西北至<u>沙邱堰</u>。<u>獻帝建安</u>中,<u>袁紹</u>與<u>曹操</u>相拒于<u>官度</u>,<u>紹</u>逼大司農<u>鄭康成</u>載病隨軍,屆此而卒。"與傳合。<u>鶴壽</u>案:<u>李</u>注<u>北齊劉晝</u>一條,各本誤置"歲在巳"句下,今更正。先生云"其事不可以年爲譜者多,乃分十二目",其實可譜者當譜之,今爲補譜于左。

鄭康成年譜

丁卯<u>順帝</u> <u>永建</u>二年	生于<u>高密</u>。
中閒戊辰至丁丑十年。	
戊寅<u>順帝</u> <u>永和</u>三年 己卯<u>永和</u>四年	十二歲　隨母還家。 十三歲　誦<u>五經</u>。
中閒庚辰至壬午三年。	
癸未<u>順帝</u> <u>漢安</u>二年	十七歲　詣縣言火災。
中閒甲申至丙戌三年。爲嗇夫,詣學官,在此三年閒。	
丁亥<u>順帝</u> <u>建和</u>元年	二十一　受知于<u>杜密</u>,去吏。
中閒戊子至壬寅,十五年。造太學,師事<u>京兆</u> <u>第五元先</u>,從<u>東郡</u> <u>張恭祖</u>,往來<u>幽</u>、<u>并</u>、<u>兗</u>、<u>豫</u>,在此十五年閒。	
癸卯<u>桓帝</u> <u>延熙</u>六年	三十七　西入關,因<u>盧植</u>事<u>扶風</u> <u>馬融</u>。
中閒甲辰乙巳二年。在<u>馬融</u>門下凡三年。	
丙午<u>延熙</u>九年 丁未<u>桓帝</u> <u>永康</u>元年	四十歲　辭<u>馬融</u>東歸。 四十一　自<u>扶風</u>還,客耕<u>東萊</u>,學徒數百千人。

中閒戊申至庚戌三年。耕田教學。		
辛亥靈帝建寧四年	四十五	黨事起,被禁錮。
中閒壬子至癸亥十二年。隱修經業,杜門不出,與何休論難公羊,注三禮。		
甲子靈帝中平元年	五十八	蒙赦令,注尚書、毛詩、論語在此後。
中閒乙丑一年。孔融選爲計掾,薦舉賢良,在此年閒。		
丙寅中平三年	六十歲	辟大將軍三府司,見何進,一宿逃去。弟子河内趙商等自遠方至者數千。
中閒丁卯一年。袁隗表爲侍中,以父喪不行,在此年閒。		
戊辰中平五年	六十二	詔補博士,不至。
中閒己巳一年。孔融告高密縣立鄭公鄉,表通德門,在此年閒。		
庚午獻帝初平元年	六十四	董卓舉爲趙相,道斷不行。黃巾攻北海,與門人避難不其山。
辛未初平二年	六十五	避地徐州,客于陶謙。
壬申初平三年	六十六	聞蔡邕死而歎。
癸酉初平四年	六十七	陶謙列名奏記。
甲戌獻帝興平元年	六十八	客于劉備,薦孫乾。
中閒乙亥一年。在徐州。凡七年。		
丙子獻帝建安元年	七十歲	自徐州還,道遇黃巾賊,疾篤作書戒子。
丁丑建安二年	七十一	袁紹要會,舉茂才,表爲左中郎將,皆不就。
戊寅建安三年	七十二	公車徵爲大司農,以病乞還家。
中閒己卯一年。		
庚辰建安五年	七十四	袁紹逼隨軍,載病到元城。注周易。六月卒。

　　上①譜就有年可攷者譜之,而以不能定其年者附于其閒,

---

①　上譜,原作“右譜”。以下類改,不再出校。

無年可攷者闕之。馬融卒于延熹九年，時康成年四十，而戒子書云"年過四十乃歸"者，自扶風至高密，中閒或更有稽留之處。康成凡遇薦舉，不就者多，況于董卓乎本傳謂"舉爲趙相，道斷不行"，非也。

鄭氏著述

本傳："任城何休，好公羊學，遂著公羊墨守、左氏膏肓、穀梁廢疾，康成乃發墨守、鍼膏肓、起廢疾，休見而嘆曰：'康成入吾室，操吾矛，以伐吾乎！'初，中興之後，范升、陳元、李育、賈逵之徒，爭論古今學，後馬融答北地太守劉瓌及康成答何休，義據深通，由是古學遂明。"案：英華卷七百六十六劉子玄引鄭康成自序云："遭黨錮之事，逃難注禮。黨錮事解，注古文尚書、毛詩、論語。爲袁譚所逼，未至元城，乃注周易。"康成注經之先後，當以此自序爲的。據本傳言，黨事起，被禁錮，隱修經業，杜門不出。計其時康成年已四十餘矣，而著述方自此始。四十以前，少則習業誦讀，長則出游四方，從賢師友質問講論，不輕下筆，故博而且精。自敘言遭黨錮逃難注禮，則逃難者，即指杜門，非又出游。合之戒子書坐黨錮十四年，則是康成注經，三禮居首，閱十四年乃成，用力最深也。康成徧注各經，獨春秋經傳無注，但有發墨守等。蔚宗敘至卒後，方一一條舉著述，百餘萬言，而或別有所據。知與何休論難在坐黨杜門之時，故摘出之與。若劉孝標所引別傳，以百餘萬言皆歸之坐黨隱居之時則誤。康成與何休論難，事見御覽卷六百十。鶴壽案：林孝存作十論七難，以排周禮，而康成答之。今觀自序稱遭黨錮之事逃難注禮，則與林孝存辨難必在注周禮時，范蔚宗雖不言，要與發墨守、鍼膏肓、起廢疾同在此十四年中。

觀康成自序，稱其所注尚書爲古文。或因其所注者惟二十九篇，遂目爲今文。裴松之且然，又何尤乎擿埴索塗者哉。鶴壽案：本傳稱從東郡張恭祖受古文尚書，西入關，事扶風馬融，融亦傳古文尚書者也。而康成書贊云"我先師棘下生子安國"，然則所注二十九篇，復得安國傳本也。

閻氏古文尚書疏證云："古人學以年進,晚而觀書益博。然于前此所著述,有及追改者,亦有不復改定者,要當隨文參攷。如鄭注鄉飲酒禮關雎、鵲巢、鹿鳴、四牡等,皆取詩序爲義,緇衣'彼都人士,狐裘黄黄'之詩,云:'毛氏有之。'"鄭志所謂後得毛傳乃改之也。注鄉飲酒禮南陔、由庚、六笙詩,云:"小雅篇也。今亡,其義未聞。"坊記"先君之思,以畜寡人",云:"此衛夫人定姜之詩。"鄭志所謂"後乃得毛公傳,記注已行,不復改之也。"鶴壽案:鄭于禮記注,欲從毛義,而于毛詩箋,則又不盡從毛義,如十月之交"艷妻煽方處",以艷妻爲屬王妃,蓋用魯詩説也。

自序言來至元城,乃注周易,則此經注與自序,全是逆旅臨終之筆。蓋元城居頗久,疑于建安五年春初即抵此縣,至季夏易注脱稾,著述大備,惟春秋傳未注。而以舊稾先付服虔,委託得人,可無遺恨,于是遂自序其一生而歿。

本傳:"門生相與譔康成答諸弟子問五經,依論語,作鄭志八篇。凡康成所注周易、尚書、毛詩、儀禮、禮記、論語、孝經、尚書大傳、中候、乾象曆,又著天文七政論、魯禮禘祫義、六藝論、毛詩譜、駁許慎五經異義、答臨孝存周禮難,凡百餘萬言。謝承書載玄所注,與此略同,不及孝經。康成質于辭訓,通人頗譏其繁;至于經傳洽孰,稱爲純儒,齊、魯間宗之。"案此一節,蔚宗臚舉康成一生著述,而必先之以鄭志者,師弟問答,必多提絜綱要處,履歷出處亦必附見故也。隋志鄭志十一卷,唐志則九卷。此書已亡,傳云門人譔。隋志則云魏侍中鄭小同譔,別載鄭記六卷,乃云康成弟子譔。蓋鄭記,門人自相問答之語,其出門人手不待言;而鄭志,是門人與其師問答,亦必出于門人,小同但重加編訂耳。唐志載鄭記卷數與隋志同。鄭志、鄭記雖皆亡,采見各經疏甚多,又有稱雜問志者,當即鄭志。其史家引鄭志,如續漢郡國志注引有小泰山云云,南齊禮志引"正月上辛祀南郊"云云,後魏禮志引"檢魯禮"

云云之類，未暇條舉。南城王聘珍來晤，云輯鄭志已成，予未見。傳載各經注，以經爲次，不以注之先後爲次，益覺劉子玄引自序一條爲可寶。傳不言周禮注，必宋、元以來傳寫脱落。不然，李賢注于孝經猶辨之，何以不辨周禮之遺漏？餘詳商榷。鶴壽案：劉知幾曰①："鄭弟子追論師注及應答，謂之鄭志。鄭弟子分授門徒，各述師言，更不問答，編録其語，謂之鄭託。"觀此則知二書一問答，一不問答。本傳明言鄭志八篇，答諸弟子問五經，而隋經籍志以爲鄭玄之孫所譔，何也？

玉海云："康成注禮與其書相偕。"注書在注禮後，安得相偕？此説謬。

乾象曆注、天文七政論，宋以後皆亡。玉海云："熙寧七年七月十日沈括上軍儀議曰：'臣嘗歷攷古今儀象法書，所謂璿璣玉衡，惟鄭康成粗記其法。'"不知何據。

公羊疏："鄭君先作六藝論訖，然後注書。"禮記卷首標題，疏引六藝論云："遂皇至伏犧，歷六紀九十一代。"劉恕通鑑亦引之。隋志六藝論一卷，鄭康成譔。唐志同。恐非完書。今已散亡，而見各經疏者尚多。

駁許慎五經異義，今亡。見各經疏者，每條輒舉異義，繼云："玄之聞也。此駁。"或但舉異義，而疏云"鄭氏無駁"，則與許同。

賈公彦周禮廢興云："林孝存以爲武帝知周官末世瀆亂不驗之書，故作十論七難以排棄之。何休亦以爲六國陰謀之書。唯有鄭康成徧覽羣經，知周禮乃周公致太平之迹，故能答林碩之論難，使周禮義得條通。"案：臨孝存，賈作林，不同。鶴壽案：臨與林皆氏族也。左傳有林不狃，論語有林放，然後趙録有秦州刺史臨淡，而臨孝存又見後漢孔融傳，則作臨者爲正。賈疏或以"臨""林"同音而誤，亦未可知。

古人意見不同，無妨論難，顏之推家訓書證篇云："許慎説文，鄭康成注書往往引以爲證。周禮攷工記治氏注引許叔重曰：

---

① 劉知幾，原本誤作劉子幾。

'鈒，鍱也。'儀禮既夕記"遂匠納車于階閒"注引許叔重曰："有輻曰輪，無輻曰軝。"禮記雜記注引同。是鄭未嘗不尊許氏也。若發墨守、鍼膏肓等特欲會通三傳，非不知公羊義理、左氏典故各極其精，是鄭與何休亦並行不悖也。

康成別有著述，爲蔚宗所未及者，如仲尼弟子籍，司馬子長以爲孔氏古文，蓋亦孔安國所得魯共王壁中書，鄒有注，裴駰引入仲尼弟子列傳集解。詳商榷。鶴壽案：史記集解于閔損下引鄭玄曰孔子弟子目録云："魯人。"先生據此遂謂仲尼弟子籍，康成爲之注，而不知非也。南經籍志云："論語孔子弟子目録一卷，鄭玄譔。"新、舊唐書俱作論語篇目弟子一卷，蓋即此書，而裴駰引之以解史記者也。觀索隱于顓孫師下云"鄭玄目録陽城人"，則益見仲尼弟子籍，康成竝未嘗爲之注，而裴駰所引之爲論語孔子弟子目録，益可見矣。

晉書刑法志：律九百六卷，十餘家，家數十萬言，内有鄭康成章句，于是詔但用鄭氏，不得雜用餘家。此指魏受禪初事。又言：司馬昭以律有衆家，但用鄭氏爲偏，令賈充增改。詳商榷。唐六典李林甫等注云："漢蕭何造九章九律，至武帝時，張湯、趙禹增律令科條；宣帝時，于定國删定。至後漢，馬融、鄭康成諸儒十有餘家，律令章句數十萬言，定斷罪所用者，合二萬六千餘條。"據此似鄭律唐代猶存。

本傳載康成文惟戒子書，明閩中張燮、婁東張溥輯漢魏六朝人集，不及康成。近盧氏見曾，字抱孫，號雅雨，德州人。康熙辛丑進士。刻鄭氏周易注、乾鑿度、尚書大傳注，附以鄭司農集，于戒子書外，戒子書采入歐陽詢藝文類聚。又增相風賦等七篇。惟答甄子然書載鄭子目録，劉子玄引之，今不可得見。

康成于三禮、論語，爲之作序。周易避夫子序卦名，尚書避夫子序名，故不爲序而爲贊。于毛詩避子夏序名，不爲序而爲譜。尊敬毛公，毛已爲傳注，故不稱傳不稱注而稱箋。見張華博物志。李賢後漢書注云：箋，薦也。薦成毛義。又作詩譜。說文無"譜"

字，譜即表也。自序先歷敘文、武、成王、周公之詩爲正經，懿王、夷王訖陳靈公爲變風、變雅，又言自共和歷宣、幽、平而得春秋次弟，以立斯譜，又言欲知源流清濁之所處，則循其上下而省之；欲知風化芳臭柔澤之所及，則傍行而觀之。則鄭譜于共和以前，但依世次書之，某詩則系某世之下，自共和直至春秋，皆倣司馬子長年表體，每幅畫作如干格，上一格書周王年，下諸格書列國年，詩隨其年，橫列格內，故有"循其上下"、"傍行觀之"云云。本別爲一編，今在疏中者，唐人采入，但存自序及每國風每雅每頌之前敘首緣起，無所謂上下傍行者。其表已亡佚不全矣。鶴壽案：鄭氏詩譜已亡。歐陽修得其殘本于絳州，取孔氏正義所載補之，今復訛闕。戴東原先生重加訂正，其表周南、召南分文王、武王二格，邶、鄘、衛分夷王及襄王六格，檜、鄭分夷王及惠王五格，齊分懿王、莊王二格，魏并平王、桓王一格，唐分宣王及惠王四格，秦分宣王及襄王三格，陳分共和及定王五格，曹分惠王、頃王二格，豳并成王、周公一格，王分平王及莊王三格，小雅、大雅分文王及幽王六格，周頌并成王、周公一格，魯頌止襄王一格，商頌分成湯、太戊、武丁三格。上下旁行，庶幾鄭氏之舊。

　　史記秦始皇本紀"亡秦者胡也"，裴駰集解引鄭康成曰："胡，胡亥。秦二世名也。秦見圖畫，不知此爲人名，反備北胡。"此注不知是何書之注？抑或康成曾注史記？鶴壽案：鄭氏著述甚富，先生謂已詳說録。但檢説録所載，遺漏甚多，今爲補表于下。

鄭氏羣書表

周易注七録：十二卷。隋志：九卷。新唐書：十卷。稽覽圖注二卷。是類謀注一卷。洛書靈準聽注	易緯注七録：九卷。隋志：八卷。通卦驗注二卷。坤靈圖注一卷。	乾鑿度注李淑書目：二卷。辨終備注一卷。河圖括地象注
右易類九種除河圖、洛書外。二十一卷。		

古文尚書注 隋志：九卷。	書贊 見尚書疏。	尚書義問 七録：三卷。
尚書大傳注 隋志：三卷。	尚書釋問注 舊唐書：四	尚書音 七録：五卷。
書緯注 七録：六卷。 隋	卷。	考靈曜注
志：三卷。	琁璣鈐注	
帝命驗注	尚書中候注 七録：八卷。	
	隋志：三卷。	

右書類十種除書贊等。三十八卷。

毛詩詁訓箋 隋志：二十	詩譜 舊唐書：二卷。 新	毛詩諸家音 舊唐書：十
卷。	唐書：三卷。	五卷。
詩緯注 舊唐書：三卷。		

右詩類四種四十卷。

周官禮注 隋志：十二卷。	周官音 舊唐書：三卷。	答臨孝存周禮難 見本
舊唐書：十三卷。	喪服經傳注 隋志：一卷。	傳。
儀禮注 隋志：十七卷。	喪服變除注 舊唐書：一	喪服記注 舊唐書：一卷。
喪服譜 隋志：一卷。	卷。	儀禮音 七録：二卷。
小戴禮記注 隋志：二十	禮議 新唐書：二十卷。	禮記音 七録：一卷。 舊
卷。	三禮圖 隋志：九卷。	唐書：二卷。 新唐書：三
三禮目録 隋志：一卷。	含文嘉注 今本三卷。	卷。
記默房注 七録：三卷。		禮緯 隋志：三卷。
隋志：二卷。		

右禮類十六種除答難外。九十五卷。

春秋左氏分野 七録：一	春秋十二公名 七録：一	春秋左氏膏肓箴 舊唐
卷。	卷。	書：十卷。
駁何氏春秋漢議 隋志：	駁何氏春秋漢議敘 隋	春秋公羊墨守發 舊唐
二卷。 舊唐書：十一卷。	志：一卷。	書：二卷。 新唐書：一卷。
新唐書：十卷。		
春秋穀梁廢疾釋 隋志：		
三卷。		

右春秋類七種二十卷。		
論語注 隋志：十卷。 論語孔子弟子目録 隋志：一卷。 六藝論 隋志：一卷。	古文論語注 七録：十卷。 孝經注 隋志：一卷。 駁許慎五經異義 舊唐書：十卷。	論語釋義 舊唐書：十卷。 新唐書：一卷。 孟子注 隋志：七卷。 鄭志 本傳：八卷。隋志作鄭記六卷。
右羣經類九種五十八卷。		
乾象曆注 見本傳。 魯禮禘祫議 見本傳。 九宮行碁經注 隋志：三卷。	天文七政論 見本傳。 律令章句 見晉志。 九旂飛變 舊唐書：一卷。	日月交會圖注 隋志：一卷。 九宮經注 隋志：三卷。
右雜著八種除乾象杸等外。八卷。		
鄭康成集 七録：二卷。 答甄子然書 見蓺文類聚。	賦七篇。見雅雨堂刻本。	戒子書 見本傳。

　　上集類一種二卷。凡鄭氏所著書六十四種，有數可知者，二百八十二卷。

鄭氏師友

　　本傳："造太學，師事京兆第五元先，始通京氏易、公羊春秋、三統杸、九章算術。又從東郡張恭祖受周官、禮記、左氏春秋、韓詩、古文尚書。西入關，因涿郡盧植，事扶風馬融。融門徒四百餘人，升堂進者五十餘生。融素驕貴，康成在門下三年不得見，乃使高業弟子傳授康成，康成日夜尋誦，未嘗怠倦。會融集諸生攷論圖緯，聞康成善算，乃召見于樓上。康成從質諸疑義，問畢辭歸，融喟然謂門人曰：'鄭生今去，吾道東矣。'"案：始通公羊，次受左氏，知康成尊信二傳，不取穀梁，此未易與流俗人道。又案：康成因盧植以事馬融，故袁宏紀與傳略同。又云："盧植字子幹，涿人，師事扶風馬融，與北海鄭康成友善。"三國志注引續漢書云："盧植少事馬融,與鄭康成同門相友。"御覽卷四百九十三引東觀漢紀云："馬融才高博洽,教養諸生,常有千數,涿郡盧植、北海鄭康成,皆其徒也。三年不見。"世説亦有此語。英華卷六百六十四唐顧雲投翰林劉學士啓："某聞鄭康成之謁馬融,不知不去,三年常在門庭。蓋以此時儒學無出于馬公。"正指此。御覽卷三百七十六引異苑云："鄭康成師馬融,三載無聞,融鄙而遺遠康成。康成過樹陰下假寐,夢見一父老,以刀開其心,謂曰:'子可學矣。'于是寤而即返,遂洞精典籍。"此小説家語。善算得見事,世説謂"融嘗算渾天不合,諸弟子莫能解,或言康成能者,融召令算,一轉便決。衆咸駭服。"劉孝標注:"時涿郡盧子幹爲季長門人冠首。季長不解剖裂七事,康成思得五,子幹得三。季長謂子幹曰:'吾與汝皆弗如也。'"康成素習九章算術,九章中鉤股,算渾天所必用。而"剖裂"者,謂鉤股割圜法也,是又鉤股中之精者。康成工此,宜融自屈矣。世説又云:"康成業成辭歸,既而融有'禮、樂皆東'之嘆,恐康成擅名而心忌焉。康成亦疑有追,乃坐橋下,在水上據屐。融果轉軾逐之,告左右曰:'康成在土下水上而據木,此必死矣。'遂罷追。康成竟以得免。"劉孝標注:"馬融,海內大儒,被服仁義。鄭康成名列門人,親傳其業,何猜忌而行酖毒乎?委巷之言,賊夫人之子。"此注是。案馬融卒于延熹九年,年八十八。鄭康成卒于建安五年,年七十四。馬長于鄭四十八歲。鶴壽案:康成所受業者豈止第五元先諸人。而其所師承者,易則京房、費直,書則杜林、孔安國,詩則韓嬰、毛亨。蓋非專主一家也。至于馬融之卒,年已八十有八,而康成辭歸,即在是年,豈能親自轉軾逐之?世説云云,其荒誕也可知矣。

　　融欲害鄭,未必有其事,而鄭鄙融卻有之。蓋融以侈汰爲貞士所輕,載趙岐傳注。鄭雖師融,著述中從未引融語,獨于月令注云:"俗人云周公作月令,未通于古。"疏云:"俗人,馬融之徒。"

　　水經淄水注:鄭志曰:"張逸問:'贊云我先師棘下生,何時人？'鄭康成答曰：'齊田氏時善學者所會處也。齊人號之"棘下生"，無常人也。'"余案左傳昭二十二年："莒子如齊，盟于稷門之外。"漢以叔孫通爲博士，號稷嗣君。史記音義云："欲以繼蹤齊稷下之風矣。"然棘下又是魯城内地名，左傳定八年陽虎劫公伐孟氏，入自上東門，戰于南門之内，又戰于棘下，蓋亦儒者所萃焉。故張逸疑而發問，鄭康成釋而辨之。雖異名，大歸一也。案稷下亦見寰宇記。"贊云"者，書贊也。此條尚書堯典疏引作："我先師棘子下生安國。"閻若璩云："當作棘下生子安國。今本乃傳刻之譌。"然則答張逸雖云"棘下生無常人"，而書贊所稱"先師"，實專主孔安國言。康成所傳古文尚書，自謂淵源于安國，故稱"先師"。詳後案。鶴壽案：孔安國，夫子十一世孫也。漢儒林傳云：孔氏有古文尚書，安國以今文字讀之，因以起其家。安國授都尉朝，而司馬遷亦從安國問。故孔氏世世居魯。棘下，魯地。安國，魯人。故稱之爲棘下生。齊田氏云云，恐是張逸誤記。

戒子書云："吾游學周、秦、幽、并、兗、豫，獲覲乎在位通人，處逸大儒，得意者咸從捧手，有所授焉。遂博稽六藝，粗覽傳記，時覩祕書緯術之奧。"

後漢蔡邕傳："王允收邕付廷尉，死獄中。北海鄭康成聞而嘆曰：'漢世之事，誰與正之？'"案此初平三年事，時康成年六十一。鶴壽案：本傳稱"靈帝末，黨禁解，大將軍何進聞而辟之，時年六十"。先生駁之曰："年六十是中平三年丙寅也。以下靈帝尚在位三年，而傳言靈帝末者，約略言之。"此駁甚是。今案王允收蔡邕，在獻帝初平三年壬申，則越七年康成年已六十六矣，而先生云六十一，豈亦誤記爲靈帝末與？

初學記引常璩華陽國志云："諸葛亮時，有言公惜赦者，亮答曰：'先帝言："吾周旋陳元方、鄭康成間，每言理亂之道悉，曾不論赦也。"'"案：興平元年，徐州牧陶謙死，劉備代之。康成本客謙，其與備周旋當在此。後三國志注引別傳，康成薦孫乾于州。孫乾被辟命，康成所薦也。孫乾字公祐，北海人。劉備領徐州，辟爲從事。<u>康成</u>薦<u>乾</u>，亦在與<u>備</u>周旋時，約年六十九。其明年自<u>徐州</u>還<u>高密</u>。

《後漢方術李郃傳》："弟子<u>歷</u>字<u>季子</u>，博學善交，與<u>鄭康成</u>、<u>陳紀</u>等相結。"

鄭氏傳學

本傳："年六十，弟子<u>河内</u><u>趙商</u>等自遠方至者數千。"又云其門人<u>山陽</u><u>郗慮</u>，至御史大夫；<u>東萊</u><u>王基</u>、<u>清河</u><u>崔琰</u>，著名于世。又<u>樂安</u><u>國淵</u>、<u>任嘏</u>，慮字鴻豫。基字伯輿，魏鎮南將軍、安國鄉侯。琰字季珪，魏東西曹掾，遷中尉。淵字子尼，魏司空掾，遷太僕。嘏字昭光，魏黃門侍郎。時並童幼，<u>康成</u>稱<u>淵</u>爲國器，<u>嘏</u>有道德。其餘亦多所鑒收，皆如其言。案鄭氏之門，達者<u>趙商</u>、<u>張逸</u>居首，《鄭志》、《鄭記》中二人問答獨多。<u>蔚宗</u>首舉<u>趙商</u>等，<u>張逸</u>可知。<u>趙</u>、<u>張</u>問答，散見各經疏甚多，史家所引，如《南齊禮志》引《鄭志》<u>趙商</u>問之類亦多，未暇條舉。《御覽》卷五百四十一引《別傳》曰："故尚書左丞同縣<u>張逸</u>，年十三，爲縣小吏。君謂之曰：'爾有贊道之德。玉雖美，須雕琢而成器。能爲書生以成其志不？'對曰：'願之。'乃遂援于輩中，妻以弟女。"然則<u>逸</u>不但學亞于<u>商</u>，且同里、弟壻，又最親也。《魏志武帝紀》注引《續漢書》曰："<u>郗慮</u>，山陽高平人。少受學于<u>鄭康成</u>。"玫<u>慮</u>爲<u>曹操</u>御史大夫，與<u>華歆</u>同殺<u>伏后</u>者，要不足累<u>康成</u>？《魏志王基傳》："字<u>伯輿</u>，東萊曲城人。爲中書侍郎散騎常侍。<u>王肅</u>著諸經傳解及論定朝儀，改易<u>鄭康成</u>舊説，而<u>基</u>據持<u>康成</u>義，常與抗衡。"《崔琰傳》："字<u>季珪</u>，清河<u>東武城</u>人。年二十九，結<u>公孫方</u>等就<u>鄭康成</u>受學。學未朞，<u>徐州</u>黃巾賊攻破北海，<u>康成</u>與門人到<u>不其山</u>避難。時穀糴縣乏，<u>康成</u>罷謝諸生。<u>琰</u>既受遣，周旋<u>青</u>、<u>徐</u>、<u>兗</u>、<u>豫</u>之郊。"二事<u>琰</u>在前，<u>基</u>在後。《魏志》又云："<u>國淵</u>，字<u>子尼</u>，樂安蓋人。師事<u>鄭康成</u>。"又注引《鄭別傳》云："<u>國淵</u>始未知名，<u>康成</u>稱之曰：'<u>國子尼</u>，美才也。吾觀其人，必爲國器。'"<u>鶴壽</u>案：本傳及《別傳》所載<u>趙商</u>等七人，固受業于<u>康成</u>者。若非受業而亦傳學者，莫如<u>服虔</u>。《世説》云："<u>鄭玄</u>欲注春秋傳，尚未成，時行與服子慎遇，宿過舍，先未相識，服在外車上與人説已注傳意，玄聽之良久，多與己同，玄就車與語曰：‘吾久欲注，尚未了，聽君向言，多與吾同，今當盡以所注與君’，遂爲服氏注。”今案阮孝緒七録止有鄭氏春秋左氏分野、春秋十二公名，蓋春秋之學，悉傳與服氏矣。

各經疏所引門人問答，趙、張外，有陳鏗、田瓊、炅模、崇精、王權、焦喬等。又有焦氏，疑即焦喬。其傳記中如初學記引王贊問答之類，未暇條舉。鶴壽案：鄭志所載，尚有冷剛、鮑遺。

魏志王肅傳：“字子雍。善賈、馬之學而不好鄭氏，采會同異，爲尚書、詩、論語、三禮、左氏解，譔定父朗所作易傳，皆列于學官。其所論駮朝廷典制、郊祀宗廟、喪紀輕重，凡百餘篇。時樂安孫叔然與晉武帝同名。受學鄭康成之門人，稱東州大儒，徵爲祕書監不就。肅集聖證論以譏短康成，叔然駮而釋之。”

蜀志云：“許慈字仁篤，南陽人。師事劉熙，善鄭氏學。”

吳志云：“程秉字德樞，汝南南頓人。逮事鄭康成，與劉熙攷論大義，博通五經。鶴壽案：魏、晉之間，善鄭氏之學者不可勝數，即以易學言之，若南陽許慈、臨潁荀崧、順陽範甯、上黨檟咸、廣武周續之、琅邪王儉、吳郡陸澄、泥陽梁祚、華陰徐遵明、範陽盧景裕、清河崔瑾、河間權會、郭茂。此皆以鄭氏爲宗者也。

鄭氏軼事

續漢郡國志東萊郡不其侯國注引三齊記曰：“鄭康成教授不其山，山下生艸，大如薤葉，長一尺餘，堅韌異常，上人名曰‘康成書帶艸’。”案段成式酉陽雜俎所載略同，“不其”下有“城南”二字。

趙崇絢雞肋：“鄭康成飲酒一斛，盧植能飲一石。”案：載宋古郪左圭百川學海。

世説：“鄭康成家奴婢皆讀書。康成嘗使一婢，不稱旨，將撻之，方自陳説，康成怒，使人曳著泥中。須臾，復有一婢來，問曰：‘胡爲乎泥中？’答曰：‘薄言往愬，逢彼之怒。’”御覽卷五百引之。

郭忠恕佩觿“桂陽鶴觜，司農牛角”，注云：“漢末大司農鄭玄牛角抵牆成‘八’字。”鶴壽案：此一目可不必。草木叢生，豈能盡議？後人因康成讀書于不其山，遂傅會爲書帶耳。飲酒一斛，已見本傳。“胡爲乎泥中”云云，似疊人氣習，且鄭公厚德，安有曳婢泥中之事？小説家欲以矜鄭，適以誣鄭耳。“牛角”八字，真乃事符語怪，不若程子謂“觀兔可以畫卦”，尚有一種道理。

蛾術編卷五十九

説　人　九

鄭氏冢墓

水經濰水注:"濰水逕高密縣故城西,水西有雁阜,阜上有漢司農卿鄭康成冢,石碑猶存。"鶴壽案:水經注作濰水西有屬阜,非"雁阜"也。先生蓋誤據俗本。

李吉甫元和郡縣志:"河南道密州高密縣,鄭康成墓在縣西七十里。"

樂史太平寰宇記:"河南道密州高密縣,鄭康成墓在縣西北十里。康成者,縣人也。高士傳曰:'袁紹屯官渡,請康成隨營。不得已載病至魏郡元城,病篤,卒。葬于劇東。後以墓壞,歸葬礪阜。'礪阜在高密城西北十里。唐貞觀十一年詔去葬四十步禁樵採焉。"案:密州後爲京東東路。樂史在宋初尚沿唐制,故屬河南道。寰宇記又云:"康成移葬于礪阜,墓側有稻田十萬頃,斷水造魚梁,歲收億萬,號萬疋梁。"鶴壽案:高士傳謂康成其始葬于劇東。漢地理志北海郡有劇縣,在今山東青州府臨朐縣西南。菑川國亦有劇縣,在今昌樂縣西。康成葬處則在今益都縣東。礪阜當從水經注作屬阜。屬,正字也。礪,俗字也。禹貢云"屬砥砮丹",唐石經作"礪",係衞包所改。釋玄應衆經音義作"硴",此假借字。猶"匏有苦葉,云深則屬"。説文作"硴",此亦假借字也。樂史生于宋代,故引高士傳作"礪"耳。

于欽思容齊乘:"鄭康成祠、墓在膠州高密縣西北五十里劉

宗山下。山産磨石，古礦皇也。水經亦謂之碑産山。墓前有廟，
廟南有唐開元碑。縣西有鄭公鄉，孔北海告高密縣所立者。劇
東舊葬地即今益都府東五十里鄭墓店，因高密有鄭公鄉，土人譌
爲鄭母云。"鶴壽案：水經注先言濰水歷碑産山，次言逕屬皇。于欽并而爲
一，非是。

鄭氏碑碣

晉隱逸傳："戴逵字安道，譙國人。總角時以雞卵汁溲白瓦
屑作鄭康成碑，又爲文而自鐫，詞麗器妙，時人莫不驚嘆。"御覽卷
五百四引此作晉中興書。

英華卷七百六十六劉子玄奏議："趙商作鄭先生碑銘。"案酈
道元所稱石碑，或即晉書、御覽所載戴逵譔。劉子玄所稱碑銘，
則趙商譔。于欽所稱碑，則開元中譔。而朱竹垞曝書亭集別稱
萬歲通天初，密州刺史史承節譔銘，云："公之挺生，大雅之懿。囊
括墳、典，精通奧祕。六藝殊科，五經通義。小無不盡，大無不
備。"則與前五處所載皆非一種，竹垞從全篇中摘此八句乎？抑但
得其零句乎？"奧博"誠不可及，但絶不言出何書，徒以奧博使空
疏者震伏而已。若予之學，則不倚搜獵僻祕爲事，偶有所得，必舉
所出，以示後人。鶴壽案：史承節碑文，朱氏經義攷中載之，其略曰：公造
太學受業，師事京兆第五元先，始通京氏易、公羊春秋、三統稀、九章算術。
又從東郡張恭祖受周官、禮記、左氏春秋、韓詩、古文尚書。攝齊問道，摳衣
請益，去山東而入關右，因盧植而見馬融。玫論圖緯，精通禮、樂。及黨事
起，遂杜門不出，隱修經業，于是鍼左氏之膏肓，起穀梁之廢疾，發何休之墨
守。陳元、李育，校論古今；劉環、范升，憲章文義。何進延于几杖，經宿而
逃；袁隗表爲侍中，緣喪不赴。孔融之相北海，屣履造門；陶謙之牧徐州，師
友折節。比商山之四皓，鄉曰鄭公；類東海之于君，門稱通德。漢公車徵爲
大司農，給安車一乘，所過長吏迎送，公乃以病自乞還家。董卓遷都長安，公
卿舉公爲趙相，道斷不至。會黃巾賊數萬，見公皆拜，相約不敢入縣境。時大
將軍袁紹總兵冀州，遣使邀公，大會賓客，乃延升上座，身長八尺，飲酒一斛，
秀眉明目，儀容溫偉。客多豪俊，並有才説，見公儒者，未以通人許之，競説異

端，百家互起。公依方辨答，咸出問表，皆得所未聞，無不歎服。門人相與讀公答諸弟子問五經。依論語作鄭志八篇。公所注周易、尚書、毛詩、儀禮、周官、禮記、孝經、尚書大傳、中侯、乾象秝，又著天文七政論、魯禮禘祫議、六藝論、毛詩譜、駁許慎五經異義、答臨孝存周禮難，凡百餘萬言。經傳洽熟，稱爲純儒，齊魯間宗之。公後夢孔子告曰："起，起。今年歲在辰，明年歲在巳。"既寤，知命當終。有頃寢疾。享年七十有四。自郡守以下嘗受業者，縗絰赴會者千餘人，乃葬于高密縣城西北一十五里礪阜山之源。嗚呼！哀哉！承節以萬歲通天元年行至州，見高密父老請爲文，因爲之銘。"今案范蔚宗後漢書，其筆力單弱，已遠不及班氏。今觀碑文直鈔本傳，略爲改易，而文筆之平庸，不堪言狀。史承節雖係初唐人，亦不應至此。其爲假託無疑。

鄭氏後裔

本傳："康成惟有一子益恩。孔融在北海，舉爲孝廉。及融爲黃巾所圍，益恩赴難隕身。有遺腹子，康成以其手文似己，名之曰小同。"魏氏春秋曰："小同，高貴鄉公時爲侍中。嘗詣司馬文王，文王有密疏，未之屛也。如廁還，問之曰：'卿見吾疏乎？'答曰：'不見。'文王曰：'寧我負卿，無卿負我。'遂鴆之。"案三國志注引別傳："小同，丁卯日生。康成以丁卯歲生，故名小同。"與傳異。康成七十以後，見一子隕于非命，已爲可傷，身後孫又被酖，然益恩之赴難，義也；司馬昭志在篡魏，小同見忌以死，忠也。昭與鄭氏爲讎而娶王肅女，子炎遂代魏，宜鄭學厄于魏、晉間。鶴壽案：後漢孔融傳云："舉融爲北海相，收合士民，起兵講武。黃巾復來侵暴，融乃出屯都昌，爲賊管亥所圍。融迫急，乃遣東萊太史慈求救于平原相劉備。"益恩赴難，蓋在是時。左氏春秋桓公六年九月丁卯，子同生。公曰："是其生也，與吾同日。"命之曰同。莊公與桓公同日，小同與康成一在丁卯日，一在丁卯年，不能盡同，是爲小同。康成之命名，即本于春秋，"手文似己"之說非是。

三國志注引魏名臣奏："太尉華歆表曰：'臣聞勵俗宣化，莫先于表善；班祿敍爵，莫美于顯能。是以楚人恩子文之治，復命其胤；漢室嘉江公之德，用顯其世。伏見故漢大司農北海鄭康成，當時之學，名冠華夏，爲世儒宗。文皇帝旌錄先賢，拜康成嫡孫小同以爲郎中,長假在家。小同年踰三十,少有令質,學綜六經,行著鄉邑。海岱之人,莫不嘉其自然,美其氣量,迹其所履。有質直不渝之性,然而恪恭静默,色養其親,不治可見之美,不競人間之名。斯誠清時所宜式敍,前後明詔所斟酌而求也。臣老病委頓,無益視聽,謹具以聞。'"鶴壽案:阮孝緒七録有禮義四卷,魏侍中鄭小同譔。隋經籍志有鄭志十一卷,亦小同所譔。則學綜六經信矣。甘露三年詔爲五更,則行著鄉邑信矣。

魏志高貴鄉公紀:"正元二年九月,講業尚書終,賜執經親授者司空鄭沖、侍中鄭小同等各有差。甘露三年八月,詔曰:養老興教,三代所以樹風化。必有三老五更,以崇至教。關内侯王祥,履仁秉義,雅志淳固。關内侯鄭小同,温恭孝友,帥禮不忒。其以祥爲三老,小同爲五更。"案康成戒子書,七十後所作。小同爲益恩遺腹,康成所命名。則其生當爲建安三四年,至甘露三年,約年六十外,故爲五更。

劉肅大唐新語:"開元初,左庶子劉子玄奏請廢鄭注孝經依孔注,子玄爭論,頗有條貫。會蘇文吏拘于流俗,不能發明古義,竟排斥之,深爲識者所嘆。"梁載言十道志解①南城山引後漢書云:"鄭康成遭黃巾之難,客于徐州。今有孝經序,相承云鄭氏所作,其序曰:'僕避難于南城山,棲遲巖石之下,念昔先人餘暇,述夫子之志而注孝經。'蓋康成胤孫所作也。"案小同雖冤死,其後未必不蕃。孝經注引僞古文尚書兩條,當係東晉僞古文已盛行後所作,則以爲康成胤孫作,似確。梁載言所説南城山,與段成式謂康成避難不其城南山似合,然注孝經自在費縣,則胤孫所寓,即康成故居也。鶴壽案:本傳言康成注孝經,隋志但稱孝經一卷,鄭氏注新、舊唐書則皆稱鄭玄注。然劉知幾謂孝經非玄所注,其驗十有二條。陸德明曰:"鄭志及中經簿無此書,惟中朝穆帝講習孝經云'以鄭玄爲主',檢孝

---

①　十道志解,唐志及本傳均作十道志。此本以下之十道志亦作十道志解。

經注與注五經不同，未詳是非。"王應麟曰："通儒皆驗其非，然尚不知鄭氏之爲小同。"

鄭氏古蹟

初學記引別傳："北海有鄭康成儒林講堂。"李石續博物志同。

御覽卷四十二引三齊記略曰："鄭康成刊注詩、書，棲于礜山，今山有石井不竭。"

太平寰宇記："河南道密州高密縣西有鄭康成宅，亦曰鄭城。"鶴壽案：康成，高密人。高密故城在今山東萊州府高密縣西南四十里。後漢屬北海郡。康成宅在故城西南，初學記所謂講堂，即在康成宅也。礜山在今濟南府淄川縣東北十里，德會水出焉，東去高密縣三百餘里。

于欽齊乘："論古堂，宋政和中濰州太守安陽縣公所構。論古堂碑云：'學術如運紛庸譚，郎宗、鄭康成等皆足以振揚英聲，扶持風教，接邦人于道。哀其像而繪之，名其堂曰論古。'掖縣主簿劉杲卿文。"

于欽齊乘："大、小二勞山，在即墨東南六十里，不其山在即墨東南四十里，皆鄭康成講學之地。文澤涵濡，艸木爲之秀異，千載之下，第茅塞焉，深可嘆已。又礜山在般陽府北十里。"三齊記略云："鄭康成刊注詩、書，棲遲此山，上有石井，即今礜堂。嶺與長白山相連。元遺山濟南行記謂因范文正公學舍在焉，故謂之礜堂。蓋未見古圖經耳。稻城在高密西南濰水堰側，春秋稱琅邪之稻，自漢有塘堰，蓄濰水以溉稻，因名其城。郡國志亦謂之鄭城，康成故宅在此，旁有稻田萬頃，斷水造魚梁，歲收億萬，號萬疋梁。今其遺蹟鞠爲榛莽矣。"案寰宇記以萬疋梁在康成墓側，而于欽謂在故宅傍，似于說是。鶴壽案：漢琅邪郡有不其縣故城，在今山東萊州府即墨縣西南二十七里。不其山在今縣東南二十里，西北去高密百餘里。黃巾寇青州，康成避難于此。勞山在今縣東南六十里，濱海，大勞山與小勞山相連，高二十五里，周八十里。晏謨齊記所謂"太山自言高，不如東海勞"是也。琅邪郡又有稻縣，明帝封鄧震爲侯國，故城在今高密縣西南，其北與康成宅相近，<u>水經</u><u>濰水</u>注云"<u>濰水</u>逕<u>高密縣</u>故城南，縣南十里，蓄以爲塘，溉田一頃"，當即指<u>萬足梁</u>也。又云"<u>濰水</u>自堰北逕<u>高密縣</u>故城西，又北，水西有<u>屬阜</u>，阜上有<u>鄭康成</u>冢"。觀此則知稻城在<u>高密</u>西南，<u>康成</u>墓在<u>高密</u>西北，<u>寰宇記</u>失其實矣。

　　<u>御覽</u>卷四十二孝經鄭氏序："僕避難<u>南城山</u>注孝經。"<u>康成</u>胤孫也。今西上可二里所，有石室焉，周圍五丈，俗云是<u>康成</u>胤孫注孝經處。<u>寰宇記</u>："<u>河南道</u><u>沂州</u><u>費縣</u><u>南城山</u>，後漢<u>康成</u>胤孫注孝經于此。"<u>于欽</u><u>齊乘</u>："<u>南成城</u>在<u>費縣</u>南百餘里，<u>齊</u><u>檀子</u>所守，<u>漢</u>侯國，屬<u>東海</u>，因<u>南成山</u>而名。漢末黄巾之亂，<u>鄭康成</u>避難此山，有注經石室。"案：<u>欽</u>誤以<u>康成</u>胤孫爲<u>康成</u>。<u>鶴壽</u>案：太平御覽引後漢書云："<u>鄭玄</u>漢末遭黄巾之難，客于<u>徐州</u><u>南城山</u>，有石室，是<u>康成</u>注孝經處。"<u>梁載言</u>十道志解于南城山下亦引後漢書，而以爲<u>康成</u>胤孫所注。今案漢<u>東海郡</u>有<u>南成縣</u>，在今山東<u>沂州府</u><u>費縣</u>西北七十里，即<u>子游</u>爲宰之<u>南武城</u>也。御覽所引，蓋<u>袁山崧</u>、<u>華嶠</u>等後漢書。

　　<u>仁和</u><u>沈廷芳</u>隱拙齊詩集内有謁漢經師北海<u>鄭康成</u>祠堂聯句："<u>礪山</u>三百尺，_{廷芳}上有<u>司農</u>墓。馬鬣志舊封，_{成城}螭碑見新仆。層沙鬱坡陀，_{廷芳}斷壠莽回互。堂基巋然存，_城温偉誰所塑。裳衣漢冠佩，_{廷芳}俎豆古師傅。高甍儼嵯峨，_城巨棟漢丹堊。柏膌虬榦摧，_{廷芳}松老龍鱗護。賢關此同尊，_城叢祠詎比數。公功在遺經，_{廷芳}祖德克追步。公爲崇八世孫，道東慨餕別，_城身退遠黨錮。殘攎<u>秦</u>火燼，_{廷芳}闕補<u>魯</u>壁誤。百家屈論難，_城異代發箋注。絳帳擴庭授，_{廷芳}黄巾拜塗遇。豈作<u>袁紹</u>賓，_城堪曳<u>孔融</u>屨。安居謝詔聘，_{廷芳}易簀驚夢語。山頹儀型亡，_城廟食典禮具。累朝崇大儒，_{廷芳}勝國徹兩阼。今逢右文時，_城復並諸哲祔。享桑梓烝嘗，_{廷芳}侑子姓合聚。炳節三世承，_城○公子<u>益恩</u>死黄巾之難，孫小同爲司馬懿所殺，祠中並配饗焉。盛業千秋布。適來當清和，_{廷芳}展謁彌祗懼。紆轍慰曩情，_城瓣香達中愫。蕭薦潤沚毛，_{廷芳}載酹尊罍酤。願就弟子列，_城竊比太守故。持旌重徘徊，_{廷芳}負笈愧馳騖。幸獲樊籬窺，_城庶幾舟筏渡。徒御回斜陽，_{廷芳}村墟起遠霧。顧瞻<u>通德門</u>，

城脈脈有餘慕。廷芳

鄭氏崇祀

小學紺珠:"魏文帝旌表二十四賢:杜喬、張奐、向詡、陳蕃、施延、李膺、朱寓、杜密、韓融、荀爽、房植、姜肱、陳球、王暢、申屠蟠、張儉、鄭康成、冉璆、李固、郭泰、朱穆、魏朗、徐穉、皇甫規。"

唐六典:"凡教授之經,以周易、尚書、周禮、儀禮、禮記、春秋、毛詩、左氏傳、公羊傳、穀梁傳各爲一經。孝經、論語、老子,學者兼習之。諸教授正業:周易,鄭康成、王弼注;尚書,孔安國、鄭康成注;三禮、毛詩,鄭康成注;左傳,服虔、杜預注;公羊,何休注;穀梁,范甯注;论语,郑康成、何晏注;孝經、老子並開元御注。"舊令孝經孔安國、鄭康成注,老子河上公注。

舊唐書禮儀志:"貞觀二十一年詔曰:'左邱明、卜子夏、公羊高、穀梁赤、伏勝、高堂生、戴聖、毛萇、孔安國、劉向、鄭眾、杜子春、馬融、盧植、鄭康成、服虔、何休、王肅、王弼、杜預、范甯、賈逵,總二十二座,春、秋二仲,行釋奠之禮。'"儒學傳范甯下無賈逵,此下云:"二十一人,並用其書,垂于國胄。既行其道,理合褒崇。自今有事太學,可與顏子俱配享孔子廟堂。"太宗紀所載略同,而亦作二十一人,無賈逵。一書而一事三見,舊唐書之未善,于此可見。鶴壽案:禮儀志云:"開元八年國子司業李元瓘奏稱:'先聖孔宣父廟,先師顏子配座。今其像立侍。配享十哲弟子雖復列像廟堂,不預享祀。謹檢祠令,何休、范甯等二十賢猶霑從祀。望請春秋釋奠列享在二十賢之上,七十子請準舊都監堂圖形于壁,兼爲立贊,庶敦勸儒風,光崇聖烈。曾參等道業可崇,獨受經于夫子,望準二十二賢預饗。'敕改顏生等十哲爲坐像,悉預從祀。曾參大孝,德冠同列,特爲塑像,坐于十哲之次。圖畫七十子及二十二賢于廟壁上。"今案上言"二十賢",下又言"二十二賢",太宗紀、儒學傳又言"二十一人",可見修書者之失于檢點,所以參錯不齊;其實賈逵必在內,當以二十二人爲是。

齊乘:"鄭康成大司農,高密人,宋封高密伯。梓桐山在般陽府城東十餘里,有鄭康成廟,金末,燬于兵,乙卯歲淄川令張孚重修。”

鄭氏品藻

本傳論曰：“自秦焚六經，聖文埃滅。漢興諸儒，頗修蓺文。及東京學者，亦各名家。而守文之徒，滯固所稟，異端紛紜，互相詭激。遂令經有數家，家有數説，章句多者或乃百餘萬言。學徒勞而少功，後生疑而莫正。鄭康成括囊大典，網羅衆家，删裁繁誣，刊改漏失，自是學者略知所歸。王父豫章君每攷先儒經訓，而長于康成，范蔚宗祖父名寧，字武子，晉武帝時爲豫章太守。常以爲仲尼之門不能過也。及傳授生徒，並專以鄭氏家法云。”贊曰：“玄定義乖，褒修禮缺，孔書遂明，漢章中輟。”孔書，六經也。中輟，謂曹褒禮不行也。案：漢大巨曹褒手定典禮。此贊抑褒以揚鄭，言褒不能成漢禮，而康成定孔書，可傳百世。蔚宗之尊鄭至矣。鶴壽案：馬融謂“鄭生今去，吾道東矣”。何休謂“康成入吾室操吾矛以伐我乎”！此品藻鄭氏之始也。以見本傳，故不復贅。

王嘉拾遺記：“何休木訥多智，三墳五典，陰陽算術，河洛讖緯，及遠年古諺，歷代圖籍，莫不咸誦。門徒有問者，則爲注記，而口不能説。作左氏膏肓、公羊廢疾、穀梁墨守，謂之‘三闕’。言理幽微，非知幾藏往，不可通焉。及鄭康成鋒起而攻之，求學者不遠千里，嬴糧而至，如細流之赴巨海。京師謂康成爲經神，何休爲學海。”案：“經神”、“學海”，朱勝非紺珠集引之。

御覽卷六百八：孔融與諸卿書曰：“鄭康成多臆説，人見其名學，爲有所出也。證案大較要在五經四部書。如非此文，近爲妄矣。若子所執，以爲郊天鼓必當麒麟之皮也，寫孝經本當曾子家策乎？”案孔融尊崇康成特至，何得有如許妄譚？

三國志注引邴原別傳：“邴原欲遠遊學，詣安邱孫崧，崧辭曰：‘君鄉里鄭君，君知之乎？’原答曰：‘然。’崧曰：‘鄭君學覽古今，博聞强識，鉤深致遠，誠學者之師模也。君乃舍之，躡徙千里，所謂以鄭爲東家某者也。君似不知，而曰“然”者何？’原曰：‘人各有志，所規不同，故有登山而采玉者，有入海而采珠者，豈可謂登山者不知海之深，入海者不知山之高哉？君謂僕以鄭爲東家某，君以僕爲西家愚夫邪？'崧辟謝焉。邴原自遼東反國，講述禮、樂，吟詠詩、書。時鄭康成以博學洽聞，注解典籍，故儒雅之士集焉；原亦以高遠清白，頤志澹泊，故英偉之士向焉。是時海内清議，云"青州有邴、鄭之學"。案原，北海朱虚人，與康成爲同郡。

_{鶴壽案：孫嵩字賓實，安邱人。康成本傳云："及黨事起，乃與同郡孫嵩等四十餘人俱被禁錮。漢安邱縣故城在今山東青州府安邱縣西南十二里，屬北海郡。朱虚縣故城在今臨朐縣東六十里，亦屬北海郡。安邱在東南，朱虚在西北，兩地相接。至康成居高密縣，更在安邱東南。邴原若從朱虚至高密，必先經安邱，而曰"鄉里鄭君"何也？朱虚去安邱，無過百里，而又曰"驪徙千里"，作傳者隨便寫出耳。}

　　三國志注引張璠漢紀："鄭泰，字公業，爲尚書侍郎奉車都尉。董卓專權，泰語卓曰：'東州有鄭康成，學該古今，儒生之所以集。'"

　　御覽卷六百十八潁容春秋釋例曰："漢興，博物洽聞，著述之士，前有司馬遷、揚雄、劉歆，後有鄭衆、賈逵、班固，近即馬融、鄭康成。"

　　朱勝非紺珠集引雞蹠集云："王弼注易，刻木偶爲鄭康成像，見其所誤，輒呵斥之。"案：雖屬笑端，如弼之妄，此事容或有之。

　　顏之推家訓："吾初入鄴，與博陵崔文彥交遊。嘗説王粲集中難鄭康成尚書事，崔轉爲諸儒道之。始將發口，縣見排蹙，云：'文集止有詩、賦、銘、誄，豈當論經書事乎？且先儒之中，未聞有王粲也。'崔笑而退。"舊唐書元行沖傳："行沖釋疑論曰：'卜商疑聖，納誚于曾輿；木賜近賢，貽嗤于武叔。自此之後，唯推鄭公。王粲稱伊、洛已東，淮、漢之北，一人而已，莫不宗焉。咸云先儒多闕，鄭氏道備，粲竊嗟怪，因求其學，得尚書注。退而思之，以盡其意，意皆盡矣，所疑之者，猶未喻焉。凡有兩卷，列于其集。'"以上亦見<u>新唐書儒學元澹傳</u>、<u>王應麟困學紀聞</u>。<u>顏氏家訓</u>云：“<u>王粲</u>集中難<u>鄭康成尚書</u>事，今僅見于<u>唐元行沖釋疑</u>。”案<u>王粲</u>何物？故駁<u>鄭學</u>，自屬亂道，所不待言，<u>鄴下</u>諸儒答<u>崔文彦</u>之言是也。而<u>顏之推</u>不通經，反以爲譏，何哉？<u>粲</u>之駁，幸已不傳，而<u>元行沖</u>、<u>王應麟</u>皆俗學，猶津津樂道之，謬矣。<u>鶴壽</u>案：古來譽<u>鄭</u>者不可枚舉，而毀<u>鄭</u>者亦不可枚舉。其實解經立論，但求其是；互相攻駁，豈有窮期？先生斥<u>張融</u>、<u>王粲</u>爲妄人，<u>元澹</u>、<u>王邵</u>爲俗學，吾不得而知之。乃以<u>王伯厚</u>之淵博，議論又極平允，非<u>鄭樵</u>、<u>羅泌</u>革所比，而亦以俗學譏之，過矣。

　　<u>劉知幾史通</u>：“<u>鄭玄</u>、<u>王肅</u>，述<u>五經</u>而各異。”<u>舊唐書元行沖傳</u>：“著釋疑論曰：‘<u>小戴</u>之禮，行于漢末。<u>馬融</u>注之，時所未覩。<u>盧植</u>分合二十九篇而爲説解，代不傳習。<u>鄭</u>因<u>子幹</u>，師于<u>季長</u>。屬黨錮獄起，師門道喪。<u>康成</u>于竄伏之中，理紛拏之典，志存探究，靡所咨謀，而猶緝述忘疲，聞義能徙具于<u>鄭志</u>，向有百科。章句之徒，曾不窺覽，猶遵覆轍，頗類刻舟。<u>王肅</u>因之，重茲開釋，或多改駁，仍案本篇。’”又：“<u>鄭學</u>之徒有<u>孫炎</u>者，雖扶<u>玄</u>義，乃易前編。自後條例支分，箋石閧起。<u>馬伷</u>增革，向踰百篇；<u>葉遵</u>删修，僅全十二。”又曰：“<u>子雍</u>規<u>玄</u>，數十百件。守<u>鄭學</u>者，時有中郎<u>馬昭</u>上書，以爲<u>肅</u>繆，詔<u>王學</u>之輩占答以聞。又遣博士<u>張融</u>，案經論詰。<u>融</u>登召集，分別推處，理之是非。且<u>聖證論王肅</u>酬對，疲于歲時。”又曰：“<u>王肅</u>改<u>鄭</u>，六十八條，<u>張融</u>覈之，將定臧否。<u>融</u>稱<u>玄</u>注泉深廣博，<u>兩漢</u>四百餘年未有偉于<u>玄</u>者。然二郊之祭，殊天之祀，此<u>玄</u>誤也。其如皇天祖所自出之帝，亦<u>玄</u>慮之失也。及<u>服虔</u>釋傳，未免差違，後代言之，思宏聖意，非謂揚己之善，掩人之名也。何者？君子用心，願聞其過，故<u>仲尼</u>曰‘過也人皆見之，更也人皆仰之’是也。而專門之徒，恕己及物，或攻先師之誤，如聞父母之名。故<u>王邵</u>史論曰：‘<u>王肅</u>、<u>杜預</u>，更開門户。歷載三百，士大夫恥爲章句。惟草野生以專經自許，不能究覽異義，擇從其善，徒欲父<u>康成</u>、兄<u>子慎</u>，寧道孔聖誤，諱聞<u>鄭</u>、<u>服</u>非。然于<u>鄭</u>、<u>服</u>甚憒憒，<u>鄭</u>、

服之外皆儺也。’”以上王邵語，亦略見新唐書儒學傳。案鄭定義
乖，孔書遂明，而叛者遝起，如陽德甫升，陰愿旋作。至王肅忌鄭
名高，欲取而代，聲執尤劇。當日鄭氏門人孫炎、王基，申鄭難王，
而王肅門人孔晁又申王難鄭。南齊書史臣曰：“西京儒士，莫有
獨擅。東都學術，鄭、賈先行。康成生炎漢之季，訓義優洽，一世
孔門，衰成並軌，故老以爲前修，後生未之敢畏。而王肅依經辨
理，與鄭相非，爰興聖證，據用家語，外戚之尊，多行晉代。”南齊
書此係，最爲中肯。肅于學術之中，行其忌忮，可謂小人。又因其
女適司馬文王，即文明皇后，生晉武帝。以外孫崇奉其外祖，著述
假戚畹以得行，其亦可羞甚矣。今幸肅注各經皆不傳，而其駁鄭
之書名聖證論者亦亡。隋志：聖證論十二卷，王肅譔。唐志作十一卷。
惟元行沖述其緣起頗詳。行沖因鄭禮學尤名世，故以禮記發，其
實見疏中者，各經皆有如禮記疏引聖證論，馬昭援穀梁傳以答王
肅難之類，未暇條舉。姑就尚書舉之，如堯典四仲，王云：“鄭智
見之漏，減書漏五刻。不意馬融爲傳已減之矣，因馬融所見而又
減之，故日長爲五十五刻，因以冬至反之，取其夏至夜刻，以爲冬至
晝短，此其所以誤耳。”舜典殛鯀，王云：“若待禹治水功成，而後
以鯀爲無功而殛之，是爲舜用人子之功而流放其父，則爲禹之勤
勞，適足使父致殛，舜失五典克從之義，禹陷三千莫大之罪。進退
無據，迂亦甚哉。”禹貢五服，王云：“賈、馬既失其實，鄭玄尤不然
矣。傳稱萬，盈數也。萬國舉盈數而言，非謂其數滿萬也。詩桓
曰‘綏萬邦’，蒸民曰‘揉此萬邦’，豈周之建國復有萬乎？天地之
勢，平原者甚少，山川所在，不啻居半，豈以不食之地亦封建國乎？
王圻千里，封五十里之國四百，則圻內盡以封人，王城宮室無建立
之處。言不顧實，何至此也！‘百國一師’，不出典記，自造此語，
何以可從？‘禹朝羣臣于會稽’，魯語文也。‘執玉帛者萬國’，左
傳文也。采合二事，亦爲謬矣。禹之功在于平治山川，不在于拓
境擴土。土地之廣，三倍于堯，而書傳無稱焉。則鄭玄剏造，難可

據信。漢之孝武，疲弊四國甘心三方，天下戶口，至減大半，然後僅開緣邊之郡而已。禹方憂洪水，三過其門而不入，未暇以征伐為事，且其所以為服之名，輕重顛倒，遠近失所，難得而通矣。先王規方千里以為甸服，其餘均平分之公侯伯子男，使各有寰宇，而使甸服之外諸侯皆入禾藁，非其義也。司馬遷以諸小數皆五百里服之別名，大界于堯不殊，得之矣。"凡如此類，皆聖證文，辨詳後案。

鶴壽案：王肅作聖證論以譏短康成，當時東州大儒孫叔然駁而釋之，惜其語無一存者。聖證論不傳，隋以前鄭學盛行，人皆略之。馬昭難王申鄭，其說亦不傳。蓋宋人多從肅議，恐昭之發其覆也。惟郊特牲疏引馬昭申鄭曰："易緯云：三王之郊，一用夏正，則周天子不用日至郊也。夏正月陽氣始升。日者，陽氣之主，日長而陽氣盛，故察其始升而迎其盛。月令'天子正月迎春'是也。若冬至祭天，陰氣始盛，祭陰迎陽，豈為理乎？周禮云'冬日至，祭天于地上之圜丘'，不言郊，則非祭郊也。凡地上之丘，皆可祭焉，無常處，故不言郊。周官之制，祭天圜丘。其禮，王服大裘而冕，乘玉輅，建太常。明堂位云'魯君以孟春祀帝于郊，服袞服，乘素車，建龍旂'。衣服車旂皆自不同，何得以諸侯之郊說天子圜丘？言'始郊'者，魯以轉卜三正，以建子之月為始，故稱'始'也。禮記云魯君臣未嘗相弒，禮俗未嘗相變，而弒三君，季氏無八佾，旂于泰山，婦人髽而相弔。儒者此記，豈非亂乎？據此諸文，故以郊丘為別冬至之郊，特為魯禮。"祭法疏引馬昭申鄭曰："'王者禘其祖之所自出，以其祖配之'，案文自了，不待師說。則始祖之所自出，非五帝而誰？河圖云'姜嫄履大人跡，生后稷，太姒夢大人接而生文王'。中侯云'姬昌蒼帝子'，經緯所說明文。孝經云'郊祀后稷以配天'，則周公配蒼帝靈威仰。漢氏及魏，據此義而各配其行。易云'帝出乎震'，自論八卦養萬物于四時，不據感生所出也。"馬昭之說，僅存此二條而已。

　　元行沖不喜鄭學，其云"于竄伏中靡所諮謀"，似謂康成逃難著述，未能徧訪通儒，洵屬妄譚。至謂"具鄭志百餘科"，則意者康成每援不知蓋闕之義以答人，不欲強說邪？果爾，益見鄭學之精。張融、王、邵皆妄人也。融之案經論詰，自必助王詘鄭。邵愛王肅、杜預之自開門戶，以守鄭、服章句為非。此等一派妄譚，行沖皆若深有取焉，是誠何心哉！

　　“聖證”者，以聖人之言爲證而駁鄭也。其證何在？曰惟家
語。南齊書云“爰興聖證，據用家語”是也。攷王肅孔氏家語序：
“鄭氏學行五十載矣。自肅成童始志于學而學鄭氏學矣。然尋文
責實，攷其上下，義理不安，是以奪而易之。然世未明其款情，而謂
其苟駁前師，以見異于人，乃慨然而嘆曰：豈好難哉！予不得已也。
聖人之門，方壅不通，孔氏之路，枳棘充焉，豈得不開而闢之哉！
若無由之者，亦非予之罪也。是以譔經禮申明其意，及朝論制度，
皆據所見而言。孔子二十二世孫有孔猛者，家有其先人之書，昔
相從學，頃還家方取以來，與予所論，有若重規疊矩者。仲尼曰：
‘文王既殁，文不在兹乎！天之將喪斯文也，後死者不得與于斯文
也。天之未喪斯文，匡人其如予何？’言天喪斯文，故令斯文已傳
于天下；今或者天未欲亂斯文，故令從予學。而予從猛得斯論，以
相與明孔氏之無違也。斯皆聖人實事之論，而恐其將絶，故特爲
解，以貽好事之君子。”閱此不覺令我失笑。肅竟謂鄭學爲孔氏枳
棘，故出一腔不得已苦心，闢而去之。又謂天不欲喪斯文，故特令
其闢鄭學。此種是趙宋人口吻，不意肅已爲作俑矣。漢藝文志
本之劉歆七略，載孔子家語二十七卷，是西漢原有家語，而顏師
古注云“非今所有家語”。王應麟譔攷證，引馬昭云“今家語，王
肅增加，非鄭康成所見”。尚書僞孔序疏云：“家語，則王肅多私
定禮記王制七廟一條。”疏載王肅引家語駁鄭，而曰：“家語，先
儒以爲肅之所作，未足可依。”蓋古本家語，人罕見者，肅遂假而託
之，詭言得之孔猛。酈道元無識，故水經注謂王肅序孔子二十二
世孫孔猛出先人書家語。其實非也。王魯齋家語攷云：“王肅自
取左傳國語、荀、孟、二戴記割裂織成之。取賈誼新書亦多，魯齋遺
漏未舉。孔安國後序，亦肅自爲也。”肅既僞造此書，又自爲注，而
即引以自證其駁鄭之妄説，豈知仍不足以欺天下後世邪？鶴壽案：
尚書孔氏古文，東晉梅賾所獻，實係王肅僞造。細案其文，乃句句勦襲古書
湊成者。家語亦然，蓋集用諸書而雜以己意，以爲難鄭張本。近人已有搜其

根柢而作疏證者矣。

孝經疏：“鄭康成以祭法有周人禘嚳之文，遂變郊爲祀感生帝，魏王肅注論駁之。馬昭抗章固執，敕博士張融質之。融稱周人祀昊天于郊，以后稷配。周禮圜丘則孝經之郊。聖人因尊事天，因下祀地，安得復有祀帝嚳于圜丘、祀稷于蒼帝之禮乎？肅說爲長。王義具聖證論，鄭義具三禮義宗。”案此條亦見玉海。晉儒林傳：“董景道字文博，宏農人。三禮之義，專遵鄭氏。著禮通論，非駁諸儒，演廣鄭旨。”

劉勰文心雕龍序云：“敷贊聖旨，莫若注經。馬、鄭諸儒，宏之已精。”

北史袁翻傳：“正始初，議明堂曰：‘鄭康成之詁訓三禮，及釋五經異義，並盡思窮神，不墜周公之舊法。’梁蕭統昭明太子集夾鍾二月啓：“三冬勤學，慕方朔之雄才；萬卷常披，習鄭玄之逸氣。”

英華卷七百十楊炯送徐録事詩序云：“書有萬，覽之者鄭玄。”

虞世南北堂書鈔：“典論曰北海鄭玄，學之淵府。”案典論不知何書，恐非即魏文帝所譔。

歐陽詢藝文類聚隋江總陶貞白先生集序云：“德行博敏，孔室四科；經術深長，鄭門六藝。”

劉知幾史通：“韓、戴、服、鄭，鑽仰六經，開導後學，發明先義，古今傳授，是曰儒宗。”

杜牧樊川文集池州李使君書：“今之言者，必曰使聖人微旨不傳，乃康成輩爲注解之罪。僕觀其所解釋，明白完具，雖聖人復生，必挈置數子坐于游、夏之位。若使康成輩解釋不足爲師，要得聖人復生如周公、夫子，親授微旨，然後爲學。是則聖人不生，終不爲學；假使聖人復生，亦即隨而獪之矣。此則不學之徒，好出大言，欺亂常人耳。”鶴壽案：池州即今安徽池州府治貴池縣。杜牧嘗爲池州太守，子荀鶴家于其地。今府城西門外一里尚有杜公祠及杏花村在焉。

英華卷六百九十引皮日休移成均博士書云："周官得鄭康成櫬其微言，鈢其大義，幽者明于日月，奧者廓于天地。"

新唐書禮樂志："自周衰，禮、樂壞于戰國，而廢絕于秦。漢興，六經在者，皆錯亂散亡雜僞，諸儒方共補緝，以意解詁，未得其真，而讖緯之書出以亂經矣。自鄭玄之徒，號稱大儒，皆主其說，學者由此牽惑殁溺，而時君不能斷決，以爲有其舉之，莫敢廢也。由是郊邱明堂之論，至于紛然而莫知所止。"攷唐志出歐公手，故其言如此；與傳出宋祁手，啖助等論，截然不同。呂祖謙宋文鑑林希書鄭康成傳後："余嘗謂聖人之教，尤備于禮。自堯、舜以來，積于三代，周之所以爲周者，守此也。秦悖人道，書灰于火，學士腐于坑，天下之口不復敢言仁義，先王之道不亡而存者，幾何也。賴當時耆儒老叟所遺及漢世，口諷手傳，或山巖野壁之間，收拾缺編折册，朽蠹斷絕之餘，次而成文，猶有篇章，條類明白。蓋其初不經于聖人之手，至後世又遭磨滅，其不能完而少有譌誤，豈能免也。及得鄭氏注，精微通透，鉤聯瀆會，故古經益以明世，學者皆知求而易入。識爲人之道者，漢諸儒之功，而成之者，鄭氏也。其于法制，更爲章明，獨失之者，緯也。然當大壞之後，聖人不世，以一人之思慮，欲窮萬世之文，豈不難哉！世之人猶指其一二而讒之，遂以鄭爲一家之小學。噫！亦甚愚矣！蓋玩文詞則薄于經術，抑不思其所爲功者；雖康成猶有所不敢盡，況無康成哉！當漢之末，姦雄競起，康成身出禁錮，四方聘請，不能動其志，脫一身于汚濁之世，獨全其道，至使黃巾望而拜，不入其境。嗟夫！歷千百年，及此者乃幾人？尚敢輒訕康成哉！若康成者，可謂賢矣。"鶴壽案：歐陽永叔患讖緯之亂經，嘗上書乞詔名儒學官，取九經疏中引用緯書者，悉刪去之。禮樂志又云："禮曰'以禋祀祀昊天上帝'，此天也。玄以爲天皇大帝者，北辰燿魄寶也。兆五帝于四郊，此五行精氣之神也。玄以爲青帝靈威仰、赤帝赤熛怒，黃帝含樞紐，白帝白招拒，黑帝汁光紀者，五天也。由是有六天之説，後世莫能廢焉。唐初貞觀禮，冬至祀昊天上帝于圜丘，正月辛日祀感生帝靈威仰于南郊以祈穀，而孟夏雩于南郊，季秋大享于明堂，皆祀五天帝。至高宗時，禮官以謂太史圜丘祭昊天上帝在壇上，而燿魄寶在壇第一等，則昊天上帝非燿魄寶可知。而祠令及顯慶禮猶著六天之説。顯慶二年禮部尚書許敬宗與禮官等議曰：六天出于緯書，而南郊圜丘一也，玄以爲二物。郊及明堂，本以祭天，而玄皆以爲祭太微五帝。傳曰：‘凡祀，啓蟄而郊，郊而後耕。’故郊祀后稷以祈農事，而玄謂周祭感生帝靈威仰，配以后稷，因而祈穀。皆繆論也。由是盡黜玄説，而南郊祈穀，孟夏雩，明堂大享，皆祭昊天上帝。”此段議論，乃康成注經最紕繆處。先生但引其大略而不引此，蓋爲之諱也。

朱子大全集書乞討論喪服劄子後：“準五服年月格，斬衰三年，嫡孫爲祖，謂承重者。法意甚明，而禮經無文。但傳云‘父歿而爲祖後者服斬’，而不見本經，未詳何據。但小記云‘祖父歿而爲祖母後者，三年’，可以旁照。至‘爲祖後者’條下，疏中所引鄭志，乃有‘諸侯父有廢疾不任國政不任喪事’之問，而鄭答以‘天子諸侯之服皆斬’之文，方見父在而承國于祖之服。向來入此文字時，無文字可檢，又無朋友可問，故大約且以禮律言之，亦有疑父在不當承重者，時無明白證驗，但以禮律人情大意答之。心常不安，歸來稽攷，始見此説，方得無疑。乃知學之不講，其害如此。而禮經之文，誠有闕略，不無待于後人。向使無鄭康成，則此事終未有決斷，不可直謂古經定制，一字不可增損也。”鶴壽案：喪服有恩有義，最難處制精詳。歐陽永叔謂平生何嘗讀儀禮？而議濮王禮卒取正于喪服傳，若經傳所未及者，舍鄭志其安從哉？

答敬夫論中庸章句：“强哉矯。矯，强皃。古注云‘爾’，似已得之。呂、楊之説，卻恐不平穩也。”

答呂伯恭：“‘相人偶’有一二處皆注中語，不應禮記注中又自引此注文，不知別有成文，或當時人語如此邪？”又答呂伯恭：“近看中庸古注極有好處，如説篇首一句，便以五行五常言之。後來雜佛、老而言之者，豈能如是之愨實邪？又注‘仁者人也’云：‘人也，讀如“相人偶”之“人”，以人意相存問之，言相人偶。’此句不知出于何書,疏中亦不説破,幸以見告。所謂'人意相承問'者,卻似説得字義有意思也。"案:讀書漸趨平實,深惡空論仁體,故信相人偶之説。鶴壽案:生生不已之謂仁。如桃仁、杏仁之類,各懷生意,得土則生。仁者人也,親親從此生出。

　　答李季章:"所編禮傳,大要以儀禮爲本。因讀此書,乃知漢儒之學有補于世教者不小,如國君承祖父之重,在經雖無明文,而康成與其門人答問,蓋已及之,其于賈疏,其義甚備。"

　　答廖子晦:"示及疑義,各以鄙見條析。但宗法從來理會不分明,此間又無文字檢閲,恐只依鄭氏舊説,亦自穩當也。"

　　答李繼善:"橫渠説三年後祫祭于太廟,祭畢還主之時,遂奉祧主歸于夾室,遷主新主皆歸其廟,似爲得體。鄭氏周禮注'太宗伯享先王處',似已有此意。"

　　答郭子從:"所引'蒻屏'、'柱楣'是兩事。'柱'音知主反,從手不從木。蓋始者户北向,用草爲屏,不蒻其餘。至是改爲西向,乃蒻其餘草。始者無柱與楣,簷著于地,至是乃施短柱及楣。以柱其楣,架起其簷,令稍高,而下可作户也。來論乃于'柱簷'之下便云'既虞乃蒻而除之',似謂蒻其屏而並及柱楣,則誤矣。'諒陰'、'梁闇',未詳古制定如何,不敢輕爲之説。但假使不如鄭氏説,亦未見天子不可居廬之法。"

　　儀禮釋宮:"宮室之名制不盡見于經,其可攷者,宮必南鄉,廟在寢東,皆有堂有門,其外有大門。"案:儀禮釋宮一篇,于宮室制度甚詳,大略皆采鄭注。鶴壽案:儀禮釋宮一篇,乃李如圭所譔。或以爲即朱子書,非也。

　　答張敬夫:"平日解經,多是推衍文義,自做一片文字,非惟屋下架屋,説得意味淡薄;且使看者將注與經作兩項工夫做了,下稍支離,與本旨全不相照,以此方知漢儒可謂善説經者,不過只説訓詁,使人以此訓詁玩索經文,訓詁、經文不相離異,直是意味深長也。"學校貢舉私議云:"治經者必守家法,命題者必依章句,答義者必通貫經文。”又謂“以易、書、詩爲一科，而子年、午年試之；周禮、儀禮二戴之禮爲一科，而卯年試之。春秋三傳爲一科，而酉年試之。義各二道。諸經皆兼大學、論語、中庸、孟子義各一道。”又謂“其治經必兼家法者，天下之理，固不外人心，然聖賢之言，則有淵奥爾雅而不可臆斷者，其制度名物，行事本末，又非今日見聞所及，故治經必因先儒已成之説。此漢之諸儒所以專門名家，各守師説而不敢輕變，今莫若討論諸經之説，各立家法，而皆以注疏爲主”。又謂“其命題必依章句者，今日治經既無家法，主司出題，當斷反連，當連反斷。今既各主家法，則此弊自革。”鶴壽案：唐六典載試士之法，分爲六科。凡秀才，試方略策五條。凡明經，先帖經，然後口試並答策。凡進士，先帖經，然後試雜文及策。凡明法，試律令。凡明書，試説文、字林。凡明算，試十種算法。不專試經蓺。其經雖分大小而不掄年。朱子此議，更爲精當。

朱子語類：“大學如‘恂’字，鄭氏讀爲‘峻’。某始者言此只是‘恂恂如也’之‘恂’何必如此？及讀莊子，見所謂‘木處則惴慄恂懼’，然後知鄭氏之音爲當。”

論語：直卿舉鄭司農五表日景之説，曰：“其説不是，不如鄭康成之説。”

問改葬緦：“鄭玄以爲終緦之月數而除服，王肅以爲葬畢便除，如何？”曰：“不可。攷禮宜從厚，當如鄭氏。”

問六宗。曰：“古注説得好。鄭氏‘宗’讀爲‘禜’，即祭法中祭時、祭寒暑、祭日、祭月、祭星、祭水旱者。如此説則先祭上帝，次禋六宗，次望山川，然後徧及羣神。次序皆順。”

周禮：子升問：“周禮如何看？”曰：“也且循注疏看法。”

君舉説井田，道是周禮、王制、孟子三處説皆通，他説千里不平，直量四邊，又突出圓算，則是有千二百五十里，今攷來乃不然。周禮鄭氏自於匠人注内説得極仔細，前面正處説卻未見，卻于後面僻處説。先儒這般極仔細。君舉于周禮甚熟，不是不知，只是做箇新樣好話謾人。本文自説百里之國、五十里之國。鶴壽案:建國之法,有以穀土言者,有以邦域言者。以穀土言,則孟子所謂方百里、方七十里、方五十里是也。以邦域言,則大司徒所謂方五百里、方四百里、方三百里、方二百里、方百里是也。或疑穀土方百里,而邦域方五百里,以開方之法計之,五五二十五倍,如何開除? 曰:穀土有不易:一易再易之地,山林有九而當一,八而當一之地,又有廛里九等地,采邑三等地,并諸項計之,周官與孟子未嘗不合。

　　周禮有井田之制,有溝洫之制。井田是四數,溝洫是十數。今永嘉諸儒論田制,乃欲混井田、溝洫爲一,則不可行。鄭氏注解,分作兩項,卻是。

　　小戴禮:問:"禮記古注外,無以加否?"曰:"鄭注自好,看注看疏自可了。"

　　康成是箇好人,攷禮名數大有功。事事都理會得,如漢律令亦皆有注,儘有許多精力。東漢諸儒煞好,王肅議禮,必反鄭玄。

　　問:"'不學雜服,不能安禮',鄭注謂服是皮弁冕服;横渠謂服,事也,如洒埽應對沃盥之類?"曰:"恐只如鄭説。古人服各有等降,若理會得雜服,則于禮思過半矣。"

　　論樂:"禮記注疏説五聲六律十二管還相爲宮處甚分明。"

　　訓門人:"古人見成法度,不用于今,自是如今有用不得處,然不可將古人底折合來就如今爲可用之計。如鄭康成所説井田,固是難得千里平地,如此方正,可疆理溝洫之類,但古人意思必是如此方得,不應零零碎碎做得成。"

　　論歷代:"漢律康成注,今和正文皆亡矣。"鶴壽案:以上所引朱子凡二十三條。先生以朱子爲宋代大儒,必援引其宗鄭之説以服不從鄭者。實則宋儒講漢學者甚衆,即如康成周易注久已散佚,而裒集成書者,始于王伯厚,乃先生斥之爲俗學,然則康成亦俗學邪?

　　鄭氏之學,自唐中葉以後,大儒閒生,而其學浸衰。至宋,歐、蘇相繼而攻詆益衆,朱子集義理之成,而亦取鄭氏。合文集、語類觀之,其深有取于鄭氏可見。獨周易惑于邵氏,詩以己意説,二經不知鄭學。書能疑古文，最有識，特持之不堅。三禮頗加研究，儀禮尤覺功深。朱子于鄭氏，得于禮者爲多。

蛾術編卷六十

説　人　十

宋太宗

宋史太祖本紀紀太祖在周戰功甚詳,而太宗不聞有是。乃與趙普謀擁戴太祖,藉太祖威名以服衆。以太祖爲孤注,事不成,太祖首當其氒;事成,己安享其福。陳橋之事,計畫已定,然後入白,正以倉猝見其神異。是固然矣。乃賀皇后傳云:"生魏王德昭,五年寢疾薨。乾德二年出閤。"計太祖崩,德昭已二十餘歲,受賀太后遺命時,問太祖知所以得天下乎?太祖憮然,乃曰:'正由周世宗使幼兒主天下耳。'"但恭帝當世宗崩止七歲,豈可同論?況德昭喜慍不形,見本傳。謹重寡言,喜讀書,不好犬馬之翫邪。見事略本傳。太宗既與趙普定受禪之計,即以立長君愚其母,以定自立之謀。太祖明明墮其術中而不能禁也。且后妃傳于昭憲杜后傳業已言生邕王光濟、太祖、太宗、秦王廷美、夔王光贊,其文甚明。而廷美獲罪貶死。後太宗謂宰相曰:"廷美母陳國夫人耿氏,朕乳母也。邇者鑿西池水心殿成,朕將泛舟往,廷美與左右謀以此時竊發,不果,即詐稱疾于邸,候朕臨省,因而爲變。"種種曖昧不明。以此爲廷美罪案,何以服廷美?廷美傳云:"昭憲及太祖本意,蓋欲太宗傳廷美,廷美傳德昭。德昭不得其死,德芳相繼夭絕,廷美始不自安。"又言:"太宗嘗以傳國事訪之趙普,普曰:"太祖已誤,陛下豈容再誤?"普固小人,而太宗于母子兄弟骨

肉之間,則已甚矣。鶴壽案:自古帝王之興,必先天與之,而後人歸之。若
使天未嘗與之,雖有百姦臣謀之,豈有益哉? 宋史稱陳橋之事,人謂趙普及太
宗先知其謀。先生據此,遂謂盡出太宗之權謀,太宗非爲太祖謀,直爲他日
自己地步。驟聆此言,豈非誅心之論? 先生尤恐別無證佐,見太宗本紀贊云:
"太祖之崩不踰年而改元,涪陵縣公之貶死,武功王之自殺,宋后之不成喪,
則後世不能無議焉。"乃就此四事,各引本傳敍述之,以實其罪,而太宗一生無
往非陰謀詭計,不能逃我誅心之論矣。今案太祖本紀云:"周世宗北征,在道
閱四方文書,得韋囊中有木三尺餘,題云'點檢作天子'。世宗不豫,還京拜太
祖檢校太傅殿前都點檢。恭帝即位,北漢結契丹入寇,命出師禦之,次陳橋
驛,軍中知星者苗訓,引門吏楚昭輔視日下復有一日,黑光摩盪者久之。夜五
鼓,軍士集驛門,宣言策點檢爲天子,遲明逼寢所。太宗入白,太祖起,諸校露
刃列于庭曰:'諸軍無主,願策太尉爲天子。'未及時有以黃衣加太祖身,衆皆
羅拜呼萬歲。"由此觀之,陳橋之事,乃是天與人歸。信如先生之説,其謀盡出
于太宗,豈韋囊之木,實太宗所陰藏? 日下之日,係太宗之謠言? 羅拜之衆,
由太宗所指使乎? 況宋史稱太宗沈謀英斷,概然有削平天下之志。既即大
位,陳洪進、錢俶相繼納土。未幾,取太原,伐契丹,繼有交州、西夏之役,則
其威名亦豈不足以服衆者哉!

　　從來年號不過兩字,其有三字、四字者,皆亂政也。梁之中大
通、中大同,欲爲并魏也。武后之天册萬歲、萬歲通天,爲改唐爲
周也。而太宗一姓傳授,乃特標太平興國四字之號以自表異,顯
其興國之功,且非易姓及大變故。若唐肅宗之于天寶,從無當年
改元者,而太平興國之元,即開寶九年也,以此見太宗之急急于死
其兄,惟恐不速。本紀贊云:"太祖之崩未踰年改元,涪陵縣公廷
美之貶死,武功王德昭之自殺,宋后之不成喪,則後世不能無議
焉。"其三事已詳上。若孝章宋皇后太祖后。至道元年崩,至權殯
普濟佛舍,終太宗、真宗世,神主享于別廟,則太宗之忍于死其兄,
即一婦人猶然。鶴壽案:太宗未踰年而改元,宜爲史氏所譏。先生因此并
責其四字年號爲亂政,未免過于誅求。太祖每對近臣言太宗龍行虎步,生時
有異,他日必爲太平天子,福德吾所不及。然則太祖早已爲之讖語矣。況太
宗意在削平天下,興國乃其素志,豈必以此自表異乎?

東都事略曰："廟室祔以一后。若追册者，則否。太祖祔以孝昭者，王氏，太祖后。禮之正也。太宗祔以懿德者。符氏，太宗后。蓋以明德在也。李氏，太宗后。及明德崩，與懿德同祔，而元德李氏，太宗夫人，生真宗，追尊爲皇太后。以誕育真宗，亦得祔焉。此則從禮變也。于此之時，孝章宋氏，太祖后，即所謂宋后。豈不應與孝明同祔邪？太祖廟宜亦祔三后而孝章又不得升配太祖，何邪？至神宗之世，追册之后，並配于廟。于是孝章始升祔焉。"偁此言雖爲真宗發，而太宗之殺禮于太祖見矣。

事略于廷美傳敘事甚略；德昭傳直云"暴薨"，諱自刎不言，言皆曲筆。

初名匡義，改賜光義。即位遽改爲炅，從火日見也。古炯切。殆自嫌名鄙，必改爲從火從日以自顯？殊不知太祖匡胤之名，義極平正，而改賜之時，在太祖絶不知其異日將爲天子，不使其與己排行。太宗意嗛之，故即位而遽改之。鶴壽案："光義"二字，有何見鄙？而謂太宗意嗛之邪？此更搜求到不經意處。

受禪乃太宗與趙普本謀

受禪事起倉猝，其實乃太宗與趙普本謀也。方周世宗北征，于地中得三尺木，題曰"點檢做"，見舊五代史。六月殂，而太宗與趙普生心矣，明年正月而禪，七八月之久，兩人所經營圖度者，皆爲此事，而太祖不知也。本傳云："北征至陳橋，太祖被酒臥帳中，衆軍推戴，普與太宗排闥入告。"贊云："陳橋之事，人謂普及太宗先知其謀，理執或然。"自今觀之，豈徒或然已哉！事定，以佐命功充樞密直學士。"佐命"者，不但今日事，即異日燭影斧聲，早已安排定矣。天下已歸宋，愚弄其母，脅制其兄，使不得不傳位于太宗，而普反于榻前爲誓書，藏于金匱。營私事露，太祖已斥普不用。太宗立，亦幾忘普之功。普言願備樞密以察姦變，又自陳預聞太祖昭憲皇太后顧託事，辭甚切至。見本傳。及其再相，患得患失之心愈熾，惟恐翼戴傳位一事猶不足以固寵，乃得盧多遜與廷美交通事上聞。廷美貶斥,亦可已矣,而普復以廷美謫居西洛非便,復教知開封府李符上言廷美不悔過,怨望,乞徙遠郡,以防他變。詔降涪陵縣公,房州安置。甫至房州,憂悸成疾死。俱見廷美傳。普之罪于是真莫可逭矣。即德昭之死,雖太宗殺之,安知不成于普手邪?且普一介鄙儒,有何功德?而元僖稱其功曰"開國元老,參謀締搆",配饗詔云"翊戴興運,光啓鴻圖"。所謂"締搆"、"翊戴"者,非指陳橋事乎?上清太平宮神語曰:"趙普久被病,亦有冤累耳。力疾冠帶出中庭受神言,涕泗感咽。是夕卒。"所謂"冤累"者,非廷美、德昭乎?贊云:"廷美之獄,大爲太宗盛德之累,而普與有力。"吁!豈特與有力,殆是其一手所爲。廷美傳云:"凡廷美所以遂得罪,普之爲也。"與本傳贊不同。鶴壽案:趙普誠哉小人,然亦嘗讀半部論語。論語不云乎:"弑父與君,亦不從也。"陳橋之事,與弑君何異?而先生定以爲出自趙普之謀。至于燭影斧聲,公然弑父,見于湘山野錄。此乃吳僧文瑩之謬記,而先生又信之,並兩案爲一案,于是太宗直爲大逆無道人矣。今案太祖于太宗極其友愛,數幸其第。太宗嘗病亟,太祖往視之,親爲灼艾。太宗覺痛,太祖亦取艾自灼。開寶九年冬十月癸丑夕,太祖崩于萬歲殿。據宋史宦者王繼恩傳言:"時太宗在南府,王繼恩中夜馳詣府邸,請太宗入。甲寅即帝位。"然則太祖崩後,太宗方入,安得有篡弑之事?乃李燾長編云:"壬子,帝不豫,夜召晉王,屬以後事,左右皆不得聞。但遙見燭影下晉王時或離席,若有所避遜之狀。既而上引柱斧戳地,大聲謂晉王曰:'好爲之。'已而帝崩。"長編作于孝宗之世,去開寶幾及二百年,傳聞失實。而孝宗爲太祖後人,故李燾一無忌諱,而竟采及野史。薛應旂通鑑又云:"宋后見晉王,遽呼曰:'吾母子之命,俱託于王。'晉王泣曰:'共保富貴,無憂也。'"此等皆無稽之譚。不然,元人修宋史,有何避忌?從無一語及此邪?先生不以正史爲據,謂陳橋受禪時,太宗與趙普早已作此想,是所見遠在邱濬、程敏政諸人下也。

王安石怒交阯言新法不便

熙寧九年二月,宣徽南院使郭逵爲安南道招討使,罷李憲,以趙卨副之,詔占城、占臘合擊交阯。案宋史紀事本末:"得交阯露布,言中國作青苗助役之法,窮困生民,今出兵欲相存濟。王安石怒,乃請帝以郭逵爲招討使。"安石于神宗直以傀儡待之,拽起放倒,惟所欲爲。此事直至外夷以爲口實,形諸露布,亦可悟矣。方且荼毒生靈以快安石之憤,後之效法者踵相接,誠罪之首,釁之魁也。

蔡攸以進奉得少師

徽宗本紀:"宣和五年蔡攸爲少師。"案三朝北盟會編云:"蔡攸以宣撫司羨餘,進大珠百萬、金四千兩、犀玉錢帛稱是,號曰土宜。帝喜之,故也。"

三路都統葛王褎

高宗本紀:"紹興十年五月壬寅,金人圍順昌府,三路都統葛王褎以大軍繼至,劉錡力戰,敗之。"案:紹興十一年金改元皇統,金史世宗本紀云:"皇統間,封葛王。"此葛王爲世宗無疑。而金史世宗本紀絕不載三路都統之事。世宗生于天輔七年癸卯,則宣和五年也。至紹興十年,纔十八歲耳。豈以乃父訛里朵之功,遂授厥子以重任乎?案訛里朵死于乙卯,葛王未立事功,而遂付以三路都統之任,以援兀术,事不可解。若果有之,本紀豈有遺失不載乎?鶴壽案:金史稱世宗皇帝諱雍,本諱烏祿,惟大金集禮云世宗初改名褎。然帝王所改之名,作本紀者不應遺漏,況順昌之圍,在紹興十年,而金熙宗改元皇統,已在紹興十一年,世宗本紀但言皇統間,以宗室子例,授光祿大夫,封葛王。則受封未必在十一年;即在十一年,而圍順昌時尚未封葛王也。三路都統必非世宗。宋史新編刪去此句,乃通鑑則云:"劉錡至順昌城下,三路都統葛王烏嚕以兵三萬,與龍虎大王合而薄城。"烏嚕即烏祿也,則又似非他人。

完顏宗賢

高宗本紀:"紹興十二年四月甲子朔,遣孟忠厚爲迎護梓宮禮儀使,王次翁爲奉迎兩宮禮儀使。丁卯,皇太后偕梓宮發五國城,金遣完顏宗賢、劉褘護送梓宮。"案金史完顏有兩宗賢,一名阿魯,一名賽里。王倫傳曰"遣左副點檢賽里、山東西路都轉運使劉祹,送天水郡王喪柩"云云,則此宗賢乃賽里也。

巫伋等爲金國祈請使

高宗本紀:"紹興二十一年二月壬戌,遣巫伋等爲金國祈請使,請歸淵聖皇帝及皇族增加帝號等事。"案大金國志云:"伋至金,主問:'祈請者何事?'伋言:'乞修奉陵寢。'主曰:'自有看墳人。'伋又言:'乞迎請靖康帝歸國。'主曰:'不知歸後甚頓放?'伋又言:'本朝稱"皇帝"二字。'主曰:'乃是本國。中國可自處之。'伋唯唯而退。"鶴壽案:紹興二十一年,高宗在位已二十五年矣,安有父兄在外如此之久而始祈請者乎?高宗貪位,故遲延至此。巫伋之唯唯,實欲迎合上意,然而不可爲臣矣。豈不聞徽宗没于金,司馬朴、朱弁在燕山服斬衰,朝夕哭;洪皓在冷山操文以祭乎?

虞允文拒戰金主亮

高宗本紀:"紹興三十一年十一月丙子,虞允文督建康諸軍統制官張振等以舟師拒金主亮于東采石,戰勝卻之。"案:當時戰功,李寶弟一。虞允文原未嘗戰,特完顔亮先于庚午日聞大定之立,欲于丙子日濟江,而楊林沙[①]塞,乘憤殺殺其舟師。君臣疑阻,師徒内潰,曾不一戰。觀北盟會編及本紀、阿鄰諸傳可見。允文雖忠智,然不容貪天之功以爲己力也。

以張浚爲宣撫處置使

高宗本紀:"建炎三年五月,以張浚爲宣撫處置使,以川陝、京西、湖南北路隸之,聽便宜黜陟。"案:此時張浚方立功樞密院,肯出外乎?蓋爲薛慶所拘,恥同枋頭之敗,故殺太子而統兵出外耳。細觀本傳次序,自不被此老瞞過,今以此改入後方妥。不然,既爲宣撫處置使,又命知樞密院事,亦不合。

楊皇后年反長于寧宗,不可信

理宗本紀:"紹定四年春正月戊子,皇太后年七十有五,上詣

---

①　楊林沙,宋史本紀作楊林河。

慈明殿行慶壽禮。"案:恭聖仁烈楊皇后傳:"紹定四年正月,后壽
七十,帝率百官朝慈明殿。五年十二月壬午,崩于慈明殿,壽七十
有一。"則本紀"有五"二字衍。但寧宗本紀,崩年五十七。以紹
定四年計之,寧宗若在,當年六十四,則楊后反長于寧宗六年。寧
宗恭淑韓皇后以慶元六年崩。楊后自少以姿容選入宮,恭淑崩,
后乃以色升,其年反長,此不可信。

度宗紀　張順三見

度宗本紀:"咸淳元年閏五月丁卯,故成都馬步軍總管張順,
沒于王事,詔特贈官五轉,其子與八官恩澤。"又:"八年五月,大元
兵久圍襄、樊,援兵扼關險不克進,詔荊、襄將帥移駐新郢,遣部轄
張順、張貴將死士三千人,自上流夜半輕舟轉戰。比明,達襄城,
收軍閱視,失張順。"又:"九年二月甲申,詔鄂州左水軍統制張順,
沒身戰陣,贈寧遠軍承宣使,二子承信郎,立廟京湖,贈額曰'忠
顯'。"八年之張順,似即九年之張順,而語亦多不可解。若元年張
順,則必有錯誤。鶴壽案:據宋史忠義傳推之,咸淳八年死于襄城下者,張
順也。九年死于龍尾洲者,張貴也。張順傳云:"襄陽受圍五年,宋閫知其西
北一水曰清泥河,即其地造輕舟百艘,募死士三千,求將,得順與張貴,俗呼順
曰矮張,貴曰竹園張,俾為都統。漢水方生,發舟百艘,結方陣,各船置火槍、
火砲、熾炭、巨斧、勁弩,夜漏下三刻,起矴出江,以紅燈為識,貴先登,順殿之,
乘風破浪,徑犯重圍。至磨洪灘以上,北軍舟師布滿江面,無隙可入,眾乘銳
凡斷鐵絙攢杙數百,轉戰百二十里,黎明抵襄城下。及收軍,獨失順。越數
日,有浮尸遡流而上,被介冑,執弓矢,直抵浮梁。視之,順也。諸軍驚以為
神,立廟祀之。"此與八年本紀合。張貴傳云:"襄帥呂文煥力留共守。貴欲
還郢,乃募二士,使持蠟書赴郢求援。還報許發兵五千駐龍尾洲以助夾擊。
刻日既定,乃別文煥東下,點視所部軍。洎登舟,帳前一人亡去。貴曰:'吾
事泄矣。亟行,彼或未及知。'乃舉砲鼓譟發舟,乘夜順流斷絙,破圍冒進,眾
皆辟易。既出險地,夜半天黑,至小新城,大兵邀擊,以死拒戰。沿岸東獲列
炬,火光燭天如白晝。漸近龍尾洲,遙望軍船旗幟紛披,貴軍喜躍,舉流星火
示之。軍船見火即前迎,及執近欲合,則乘舟皆北兵也。蓋郢兵前二日以風

水驚疑，退屯三十里，而大兵得逃卒之報，據龍尾洲以逸待勞。貴死之。乃命降卒四人舁尸至裏。令于城下曰：‘識矮張乎？’守陴者皆哭。文煥斬四卒，以貴附葬順冢，立雙廟祀之。”此當即九年本紀所載。實張貴事，而以爲張順者，俗呼順曰矮張，而示貴尸于城下亦曰矮張，故作本紀者遂于九年誤書張順也。惟贈典不知本傳何以不載。

瀛國公立係四歲

度宗本紀：“咸淳七年九月己丑，子㬎生。”瀛國公本紀：“瀛國公名㬎，度宗皇帝子也。母曰全皇后。咸淳六年九月己丑生于臨安府之大内。十年七月癸未，度宗崩，奉遺詔即皇帝位，年四歲。”“六年”當作“七年”。

潘大卨

瀛國公本紀：“德祐元年四月，濠梁主簿潘大卨攻金壇縣，取之。”案本紀作大卨，李成大傳作大本，説文“本”字重文“卨”，注云：“古文。”則此字宜作“卨”。

元軍軍錢塘江沙上

瀛國公本紀：“德祐二年二月壬寅，大元軍軍錢塘江沙上，潮三日不至。”潮三日不至或如周室將亡，三川告竭之意。而元兵之軍于錢塘江沙上，則事之所必無。江潮之猛，伯顏即不知，而宋人降元者累累，如果有此，必止之矣。

宋、元宰相位號

十七史商榷詳言宰相位號。所謂“宰相”者，不過爲之品目，非官名也。宋初沿唐制，故宋史宰輔年表于宋初但爲僕射不同平章事，仍不是宰相，故曰自守司徒兼門下侍郎同中書門下平章事，曰自尚書右僕射兼中書侍郎同中書門下平章事，曰自樞密使行中書侍郎同中書門下平章事。至于以樞密使加門下侍郎同平章事，自吏部侍郎參知政事加門下侍郎同平章事，自户部侍郎樞密副使加中書侍郎同平章事之類，皆同一宰相也。其弟二格，皆執政也，曰參知政事，曰樞密使，曰樞密副使，曰知樞密院事，曰同知樞密院事,曰簽書樞密院事,曰同簽書樞密院事,曰宣徽北院使,曰宣徽南院使,曰東京留守,皆執政也。自孝宗乾道七年二月改僕射官名爲左右丞相,因仍以至元代,一中書令,二右丞相,三左丞相,四平章政事,五右丞,六左丞,七參知政事。自憲宗以前,皆無可攷。中書令雖有其名,終元世未嘗授也。特空立此名,以縣一格。蓋自世祖三年始略備,而中書令仍缺。至元七年置中書省,惟設平章政事以下,至二十五年又置尚書省。于是右丞相等六者爲官名,而中書、尚書仍省名也。然二省或暫設遽罷。自成宗以後,只是完津一人爲右丞相,而左丞相常缺,其餘亦皆缺。恐表中有逸漏。然宰相之名,于是爲略正矣。

王景等七人傳

宋史王景等七人傳,皆五代舊臣入宋者,卷末論曰:"景輩遭五代亂,舊身戎功,重據邊要。宋興,稽顙北嚮,太祖待以誠信,宜無不自安者。景趨利改圖,乃至滅族。"攷景等七人入宋,本身、子孫皆以功名終,並無一謀叛誅滅事,論中云云,殊不可解。

向敏中事不實

向敏中傳:"天禧初,進右僕射。是日翰林學士李宗諤當對,帝曰:'朕自即位,未嘗除僕射,今命敏中,此殊命也,敏中應甚喜。'又曰:'敏中今日賀客必多,卿向觀之,勿言朕意。'宗諤即至,敏中謝客,門闌寂然。"云云。李昉子宗諤傳:"大中祥符五年五月以疾卒。"不應天禧初尚在。此事朱子名臣言行錄亦載之,作李昌武,即宗諤字也。然究不可信。且云"朕自即位,未嘗除僕射",尤不可解。張齊賢傳:"真宗即位四年閏十二月拜右僕射。"宰輔年表"天禧元年八月庚午王欽若自樞密使同平章事,加尚書左僕射",何言"未嘗除僕射"邪?鶴壽案:詮除者,國家之大典,豈以博臣下之歡心哉?若使真宗果有此言,李宗諤果奉此命,君臣皆不成體統矣。此由紀事者欲形容寵遇之盛,而不自知其言之失實耳。

夏竦欲誅保塞兵

歐陽修傳:"夏竦欲誅保塞脅從者二千餘人。夜半,屏人以告修。修止之。"蘇子由譔神道碑,則與修謀誅保兵者,富文忠公弼也。竦最惡修,安肯與之密議? 當以神道碑爲正。

梁顥登第之年

梁顥傳:"雍熙二年舉進士,賜甲科。真宗景德元年爲翰林學士,權知開封。六月暴病卒,年九十二。"若以景德元年年九十二推之,則雍熙二年當年七十三。洪邁容齋四筆引陳正敏遯齋閒覽云:"梁顥八十二歲,雍熙二年狀元及第,其謝啓云:'白首窮經,少伏生之八歲;青雲得路,多太公之二年。'後終祕書監,卒年九十餘。"即如遯齋之言,顥以八十二登第,九十餘卒,不過八九年。其官祕書監,並非翰林學士,皆與宋史乖剌,遯齋書不傳,容齋辨之云:"予以國史攷之,梁字太素,雍熙二年廷試甲科,景德元年以翰林學士知開封府,暴疾卒,年四十二。史臣謂梁方當委遇,中塗夭謝。又云梁之秀穎,中道而摧。明白如此。遯齋之妄,不待攻也。"予謂宋史不過以"四十二"誤爲"九十二",其他皆合。顥有二子,傳末云"子固,進士出身,直史館,卒年三十三",與容齋引正史合。宋史又云:"梁適,翰林學士顥之子,少孤,輯父遺文以進。"可見顥年必無九十二。

以蔡確詩爲譏訕非冤

閩中有三蔡,皆非一族。襄,莆田人,正人也。確,晉江人;京,仙遊人:皆在姦臣傳。不但襄與二姦薰蕕異器,即確與京亦絕無關涉。元祐中,確奪職,徙安州,遊車蓋亭,作詩云:"矯矯名臣郝鎮山,忠言直節上元閒。古人不見清風在,歎息思公俯碧灣。"吳處厚箋釋上之,云:"郝處俊封鎮山公,會高宗欲遜位武后,處俊諫止。今乃以比太皇太后。"確遂南竄。處厚說雖似鍛鍊,然確爲王安石所薦,直王韶之罪,黜沈括之官,興文及甫之獄;又言曹參遵蕭何約束,陛下立新法,豈容挾怨壞之? 其一意紹述如此,則用郝處俊事,其爲誣詆宣仁無疑。處厚雖非君子,然附確傳,似太苛。紹聖間,追貶歙州別駕。此小人報復,豈公論乎? 堯山堂外紀:"確車蓋亭詩,吳處厚箋注以聞。宣仁怒,令確分析,終不自明,遂貶新州。"攷宋史詔確具析,確自辨甚悉。劉安世等言確罪狀著明,何勞待其具析? 乃大臣委曲爲之地。然則外紀之言,黨惡可知。鶴壽案:郝處俊封甄山公,先生引作"鎮山",未知何據? 吳處厚,邵武人,登進士第。仁宗屢喪皇嗣,處厚上言:"臣嘗讀史記,攷趙氏廢興本末。當屠岸賈之難,程嬰、公孫杵臼盡死以全趙氏。宋有天下,二人忠義,未見襃表,宜訪其墓域,爲之建祠。"帝覽其疏,即以處厚爲將作丞,訪得兩墓于絳州,封侯立廟。止此一節,可見其爲逢君之小人。其與蔡確不合久矣。確嘗從處厚學賦,及作相,處厚通牋乞憐,確無汲引意。王珪爲大理丞,王安禮、舒亶相攻,事下大理。處厚知安禮與珪善,乃論亶用官燭爲自盜。確密遣救亶,處厚不從。確怒,欲逐之而未果。珪請除處厚館職,確沮之。珪爲永裕山陵使,辟掌牋奏,確代使出知通利軍,又徙知漢陽,處厚不悅。元祐中,確知安州郡,有靜江卒當戍漢陽,確固不遣,處厚怒曰:"爾在廟堂時數陷我,今比郡作守,猶爾邪?"會得車蓋亭詩,乃箋釋郝鄆山事以聞。蓋小人與小人兩不相容,無非爲私心起見。觀本傳所載,處厚豈有愈于確者? 而先生猶欲恕之,謂不當附傳,何哉?

張浚

張浚一生無功可紀,而罪不勝書。富平之敗,關陝盡失;符離之敗,淮土日蹙。皆以浚之闇復忌忮,制置乖張致之。其平生以心學自許,符離師潰,流血成川,堅臥帳中,鼻息如雷,曰:"我不動心耳。"浚之狠戾如此,而妄自附于正人。雖然,此其罪猶可言也。曲端屢敗金師,威望甚著。浚挾私憾,與王庶及吳玠比,誣以謀反,並囑素與端有隙之唐隨,潛斃之獄。此尚得謂有人心者乎? 最堪恨者,宋齊愈以勸進張邦昌伏法,而浚劾李綱以私意殺侍從,且論其買馬招軍之罪。綱罷去,宋事遂不可爲矣。浚本黃潛善門客,又嘗力薦汪伯彥。人知沮抑綱而逐之者,汪、黃也,而浚實沮抑之。史以汪入姦臣傳,而曲譽浚,烏得爲公論乎? 綱既因浚言罷，陳東力言汪、黄不可任，李綱不可去，東竟坐誅。東之死，浚有力焉。劾綱之客胡珵代東筆削，欲以布衣操進退大臣之權。勒珵編置，浚之罪不可逭矣。厥後浚去位，綱復奏留之，浚能無愧死乎！紹興七年視師淮西，欲以吕祉節制酈瓊兵，岳飛爭之，浚艴然怒，飛乞解兵柄，浚益怒，乞以張宗元監其軍。未幾，瓊叛降劉豫，浚且大恨飛。韓世忠初亦有忌飛意，後飛爲秦檜所陷，世忠詣檜詰問，且曰："何以服天下？"而浚則安知不幸災樂旤也。至于薦檜可與共大事，傾毁趙鼎，皆班班具載于史。夫浚之所申雪，則宋齊愈也。所親附論薦，則黄潛善、汪伯彦、秦檜也。所彈劾，則李綱、胡珵也。所忌害，則趙鼎、岳飛也。所誅殺，則曲端也。所委任，則王庶、吴玠、唐隨、酈瓊也。嗚呼！孰謂浚而可以爲正人哉！

或曰：浚于岳飛之死，子謂其有幸心，得毋深文乎？予曰：非也。浚之子栻，與朱子友善，朱子作浚行狀凡四萬三千二百餘字，推奉甚至。修史者既以栻充道學，與朱子同傳，故于浚傳多恕辭焉。然其彈李綱，排趙鼎，忌岳飛，薦秦檜，猶不能爲隱，往往見于他傳。朱子謂浚因檜靖康中議立趙氏，不畏死，有力量，可與共天下事，遂爲推引；既覺其暗，爲上言之。朱子之爲浚解則善矣。獨怪其敘牴牾趙鼎事，抑揚其辭，若有所不滿于鼎者；而爭酈瓊事，則諱而不言，賴宋史言之。宋史惟朱是從，而猶不能諱此事，則浚之忌飛無疑矣。且檜之逐鼎，自泉而漳而潮而吉陽，檜命本軍月報存亡，鼎知必殺己，不食而死。浚雖去，優遊近地，檜死復用。由此觀之，浚雖不至附檜殺飛，其心迹何如也？或曰：鼎亦嘗薦檜，子何責浚之甚乎？予曰：正惟兩人皆薦檜，而檜待兩人厚薄縣殊，予所以大疑浚也。學者宜參以三朝北盟會編、鶴林玉露、齊東野語、桯史、鼠璞、賓退録，庶得其實。鶴壽案：浚之罪案，宋史已言之矣。本傳論曰："時論以浚之忠，大類諸葛亮。然亮能使魏延、楊儀終其身不爲異同；浚以吴玠故，遂殺曲端。亮能容法孝直，浚不能容李綱、趙鼎，而又詆之。"先生此一段議論，即從此數句生出，但時論比之于諸葛亮，則大謬。無怪先生盡發其覆也。

黃鍔代黃潛善死

世間寃酷之事，何時蔑有？如司農卿黃鍔至江上，軍士以爲黃潛善，爭數其罪，揮刃而前，鍔方辨其非是，首已斷矣。其後潛善良死，而鍔之命從何而償？惟有史在，鍔之死與潛善之生，但付之適然之數。此則千秋之公是非也。

傅亮被擒後死

高宗本紀："建炎二年正月乙未，金人破永興軍，前河東經制副使傅亮以兵降。"唐重傳則謂"外援不至，而經制副使傅亮以精銳數百奪門出降"。程迪傳則謂"亮先出降。衆潰"。案金史本紀書"擒宋經置使傅亮"。婁室傳亦云"獲宋制置使傅亮"。如是而已，亮特後死耳，不受金官也。蓋亮爲李綱所用之人，汪、黃輩惡綱者，并誣陷亮，遂以奪門出降之罪加之，不知金史固昭昭也。

史浩、史彌遠、史嵩之本貫不同

史浩與史嵩之同爲鄞縣人，而不言是一宗。觀浩子彌遠與嵩之傳同卷，而亦隔越不屬，且傳中亦絕不言是其子姓族屬。然史彌鞏傳："彌遠從弟。彌遠柄國寄，理不獲試，晚而入仕。又以兄子嵩之入相，引嫌丐祠。"則爲一宗明矣。宋史地理志：兩浙路州十二，杭、越、湖、婺、明、常、溫、台、處、衢、嚴、秀。南渡後，分紹興、慶元、瑞安三府、婺、台、衢、處四州爲東路。慶元府本明州奉化郡，紹熙五年以寧宗潛邸升爲府。縣六，鄞望。然則宋史于史浩傳既云明州鄞縣人；彌遠，浩子，應同；嵩之傳獨云慶元府鄞人。其實當如嵩之傳，一律爲妙。鶴壽案：宋史于史彌遠後，次以鄭清之，然後及史嵩之者，以清之與彌遠議，廢濟王竑，立理宗，故彌遠之後，即敍清之，非因嵩之不同本貫也。

浩傳已多虛美。張浚宣撫江淮，將圖恢復，浩與異議，欲城瓜州采石,厥後浚符離師潰,恢復之計遂不行,浩與浚兩謬。

彌遠傳:"初,彌遠既誅韓侂冑,相寧宗十有七年。迨寧宗崩,廢濟王,非寧宗意,立理宗,又獨相九年,擅權用事,專任憸壬。理宗德其立己之功,不思社稷大計,雖臺諫言其姦惡,弗恤也。彌遠死,寵渥猶優其子孫。厥後爲製碑銘,以'公忠翊運,定策元勳'題其首。濟王不得其死,識者羣起而論之,而彌遠反用李知孝、梁成大等以爲鷹犬。于是一時之君子,貶竄斥逐,不遺餘力云。"此一段似是正論,而其通篇但有襃揚,所謂姦惡小人一種患得患失之意全然不見。自"誅李全、復淮安"以下,寫其慎重名器、公正無私之狀,宛然一古大臣規模。而其最矛盾者,"起復右丞相"、"四年落起復"下一段,云"雪趙汝愚之冤,乞襃贈賜諡,糾正誣史,一時僞學黨人朱熹、彭龜年、楊萬里、呂祖儉雖已没,或襃贈易名,或錄用其後,召還正人故老于外"云云,與後"一時君子竄逐,不遺餘力",判然如出兩人。鶴壽案:小人未嘗不慕君子之名,史彌遠所以乞襃贈偽學黨人者,蓋欲自附于君子耳。至其廢濟王而立理宗,此乃小人之本性,衆口難揜;乃用李知孝、梁成大等以斥逐之,是又小人之常態。作史者各據其實書之,而真情畢露矣。

嵩之傳有太學生黃愷伯等百四十四人,論嵩之不當起復,將作監徐元杰奏對及劉鎮上封事,帝意頗悟。嵩之從子璟卿嘗以書諫,全載其文,今略云:"苟且公行,政出多門。便嬖私昵,狼狽萬狀。祖宗格法,壞于今日。自開督府,東南民力,困于供需,州縣倉卒,匱于應辦。輦金帛,輓芻粟,絡繹道路,曰一則督府,二則督府,不知所幹何事?所成何功?"又云:"分戍列屯,備邊禦戎,首尾相援。今盡損藩籬,深入堂奥。伯父謀身自固之計則安,其如天下蒼生何?"又云:"異日國史載之,不得齒于趙普開國勳臣之列,而乃厠于蔡京誤國亂臣之後,遺臭萬年,果何面目見我祖宗于地下乎!"云云。居無何,璟卿暴卒,相傳嵩之致毒云。到此方露嵩之姦狀,而前半篇但有襃揚,全無貶斥。且言薦士三十二人,後董槐、吳潛皆賢相,則居然以正人許之,何自相迕乎?"璟卿暴卒,相傳崇之致毒",新編作"相傳璟卿、劉漢弼、徐元杰,皆嵩之致毒"。不知何據?宋史贊云:"嵩之因喪起復,羣起攻之,然因將才也。"史浩、彌遠父子一味退縮,以爲持重,已不足道。嵩之何人?而史以將才許之,明與其從子之言矛盾。鶴壽案:以將才稱嵩之,襃揚失當。璟卿書中一段云:"近聞蜀川不守,議者多歸退師于鄂之失。何者?分戍列屯,備邊禦戎,首尾相援,如常山之蛇,維揚則有趙、蔡,盧江則有杜伯虎,金陵則有之傑。爲督府者,宜據鄂渚形埶之地,西可以援蜀,東可以援淮,北可以鎮荊、湖。不此之圖,盡損藩籬,深入堂奥,伯父謀身自固之計則安,其如天下蒼生何?是以饑民叛將,乘虛搆危,侵軼于沅、湘,搖蕩于鼎、澧,江陵之勢苟孤,則武昌未易守;荊、湖之路稍警,則江、浙諸郡焉得高枕而卧?況殺降失信,則前日徹疆之計不可復用矣;內地失護,則前日清野之策不可復施矣。此隙一開,東南生靈特兀上之肉耳。宋室南渡之疆土,惡能保其金甌之無闕也。盍早爲圖之,上以寬九重宵旰之憂,下以慰雙親朝夕之望。不然,師老財殫,績用不成,主憂臣辱,公論不容。萬一不畏强禦之士,繩以春秋之法,聲其討賊不效之咎。當此之時,雖欲優游菽水之養,其可得乎?"此段議論,最爲暢快,即此可見嵩之非將才,而先生僅摘其八句,反使閱者不能明了。且下引"異日國史"云云,亦配不上矣。

敖陶孫

　　敖陶孫字器之,崑山人。宋光宗紹興五年進士,奉議郎,泉州僉判。著詩評,皆爲設喻之詞,王元美多倣之。近沈歸愚割"敖陶"爲地名,誤以爲姓孫,稱爲"孫器之"。

陳宜中殺鄭虎臣

　　縣尉鄭虎臣送賈似道至貶所而拉殺之,曰:"吾爲天下殺似道,雖死何憾!"誠快人快事也。其後陳宜中果殺虎臣。宜中以其小臣擅殺罪之,誠爲可恨。但德祐元年宜中請誅似道,方罷其相位,厥後往占城不返。然則宜中雖不足道,尚差有人心。留夢炎,宋狀元宰相,阿賈似道,降元富貴,苟賤無恥,亦何足責。惟王績翁欲合宋臣十人請于元主,釋文天祥爲道士,夢炎曰:"使天祥復號召江南，置吾輩于何地？"天祥竟被殺。欲保己身富貴，惟恐天祥不死。天祥求仁得仁，固所願也。夢炎則誠蟲蛆糞穢矣。尚出宜中下，且甚遠。鶴壽案：陳宜中初附賈似道，得驟登政府。及堂吏翁應龍自軍中以都督府印還，宜中問似道所在，應龍以"不知"對，宜中意其已死，故即上書乞誅似道，以正誤國之罪。若使知似道尚在，則宜中必無此奏。先生乃謂其尚有人心邪？至于似道，人人得而誅之，故當時陳過、潘文卿請竄似道，並治其黨與，三學生及臺諫侍中皆上疏乞誅似道，王爚復論其不忠不孝。紹興守臣聞似道歸，閉城不納。婺州人聞似道至，率衆爲露布逐之。陳景行、孫嶸叟乞斬之，乃放于循州，使會稽縣尉鄭虎臣監押，而遂殺之，誠快事也。

文天祥爲右丞相

陳桱通鑑續編云："德祐二年以文天祥爲右丞相兼樞密使，同左丞相吳堅如元軍，伯顔執天祥于軍中，天祥自元遁歸。五月，昰即位于福州，以天祥爲右丞相兼知樞密院事。"宰輔年表及本紀、列傳並同。而續網目稱"樞密使"，新編謂其據填海、指南二録，且元人稱文丞相者屢矣。而元史世祖本紀云："至元十九年十二月乙未，以中元薛保住上匿名書告變，殺宋丞相文天祥。"當以宋史爲正。

文信國①是仁者安仁，不是知者利仁。鶴壽案：天祥臨刑南向再拜死，其衣帶中有贊云："孔曰成仁，孟曰取義。惟其義盡，所以仁至。讀聖賢書，所學何事？而今而後，庶幾無愧。"夫能仁至則能安仁矣，先生之評是也。知者尚有一閒。

梁成大、李知孝

王惟儉宋史記凡例云："宋史至理、度時，疏謬尤甚。如史彌遠、史嵩之一代窮奇，李知孝、梁成大相門鷹犬，而正史虛事褒揚，梁、李徒有官簿。此必宋末子孫賄改，而舊史不存，無從誅姦，讀之但有浩歎。"攷梁成大、李知孝傳，非不書醜指摘，論中云："成

---

①　文信國，文天祥封信國公。

大、知孝甘爲史彌遠鷹犬,遺臭萬年。"亦可謂極力貶斥矣。而終無一的實事迹,虛事彈擊,此當是史失其事故耳。雖然,宰輔執政中齷齪之徒,如李昌齡、姜遵,但宜依漢書陶青、劉舍例,于他傳末附載姓名,年表中具其爵位。不必作傳者多矣,況梁、李不過臺諫侍從之流哉?抑如蔡抗輩亦豪無事實,而靦然居列傳中,亦宜以陶青、劉舍例斥之。

趙延壽與葉隆禮所載異,餘亦然

遼史趙延壽傳"本姓劉,恒山人",葉隆禮[1]作"相州人"。遼史"滄州節度使劉守文裨將趙得鈞獲延壽,養爲子",隆禮作"盧龍節度使趙德鈞"。又隆禮載"德鈞密與契丹通,許以厚賂,云若立己爲帝,即請以見兵南平洛陽,與契丹爲兄弟國。晉高祖亟使桑維翰入説太宗,太宗從之。令太宗至潞州,德鈞父子迎謁于高河。太宗問德鈞曰:'汝在幽州所置銀鞍契丹何在?'德鈞指示之。太宗命盡殺之于西郊,凡三千人。遂鎖德鈞、延壽,送歸其國。德鈞見述律太后,太后駁難德鈞,德鈞無以答,不食踰年而死。太宗釋延壽用之。會同中,爲樞密使兼政事令,六年爲盧龍節度使,八年爲魏博節度使,封燕王。遼史作魏王。太宗初許延壽代晉,復負約,恨之,謂人曰:'吾不復入龍沙矣。'太宗崩,延壽僞稱受太宗遺詔,權知南朝軍國事,永康王兀欲鎖之,後二年卒。兀欲,即世宗也。"凡隆禮所紀載,皆微有影響,似是齊東野人之語。即此一傳,遼史若全未采取隆禮者。至于韓延徽、張礪、張琳、蕭奉堯、耶律余覩,則其意髣髴相類,而語殆無一合。劉六符與富弼爭論歲幣,遼史削去弼語,且以六符爭進貢名爲有體。則知元人所據者,即遼國之記載,實未采取隆禮。鶴壽案:遼天祚帝嘗詔耶律儼修太祖以下實録,金章宗嘗詔陳大任修遼史。元托克托等僅據此二書而已。葉隆禮之書,則未之及也。

---

[1] 葉隆禮,宋淳祐進士。撰契丹國志。

蕭奉先傳，當金兵未起，但言其官樞密使，封蘭陵郡王。此必據實録無誤。若葉隆禮則爲傳聞掇拾之詞，故云爲政事令、同平章事，又兼樞密使，所書之官迥不同。當從正史。

遼史言"天祚使阿骨打歌舞爲樂，阿骨打端立直視，辭以不能。天祚欲殺之。"葉隆禮以爲道宗事。

徽宗天會十三年薨，皇統二年復封郡王

金史熙宗本紀："天會十三年四月丙寅，昏德公趙佶薨，遣使致祭及賻贈。"宋史徽宗本紀亦云："紹興五年四月甲子，崩于五國城。"紹興五年即天會十三年，雖甲子至丙寅相隔三日，紀載不甚遠也。大金國志："熙宗紀年天會十三年四月，宋太上皇崩于五國城，壽五十四。"紀載亦同也。奈何金史熙宗紀"皇統元年二月乙酉改封海濱王耶律延禧爲豫王，昏德公趙佶爲天水郡王，重昏侯趙桓爲天水郡公？"攷之大金國志，熙宗皇統元年並無此文。

史鑑盛稱徐武功

于謙與徐有貞[1]構怨，因有貞倡言南遷，謙厲聲曰："言南遷者可斬。"故恨之切齒。謙本薦有貞，反疑其沮己，及奪門功成，遂誣謙殺之。英宗本不欲罪謙，而有貞曰："不殺于謙，此舉爲無名。"帝意遂決。吁！謙，社稷之臣也。其于明室殆有再造功，而有貞特以私憾殺之，小人哉！史鑑西村集祭徐武功伯文："丙子、丁丑之際，天理幾乎熄矣。惟公不顧殺身滅族之虞，起而救之，然後君臣父子兄弟之倫一反乎正。此蓋天生吾公以相皇明無疆之祚也。功高受謗，遠竄南服，乃天下之不幸，豈獨公之不幸哉！竊嘗論之：自有生民以來，撥亂反正之功，惟唐之狄梁公[2]與公而已。然狄保其身，公罹其戾，此特出于身存身亡之異耳；非智有淺深，功有大小也。使狄在當時與五王俱存，其能免于三思之殺否邪？

---

① 徐有貞，初名珵，明吳縣人。封武功伯。
② 狄梁公，唐狄仁傑。睿宗時追封梁國公。

悠悠之譚,論人已然之迹,以爲監國病篤,不日當薨,神器自有攸屬,何必公之生事邀功哉。羣議附和,如出一口。嗚呼! 爲此說者,其亦不仁矣! 夫大寶不可以久虛。姦雄之人,常利國家有釁。當此之時,歷月不朝,中外危疑,咸懼生變,萬一有亂臣賊子窺伺其間,則生民之戚,未有涯也。故公獨決大策,翊戴先帝,宗社危而復安,彝倫斁而復正,四海亂而復治,三光晦而復明。此所謂萬世之功也。而譚者反有以病之,其亦不仁矣! 且唐之武氏,年已八十,且莫入地,中宗已正位東宮,民無異望。彼易之、昌宗輩,直狐鼠耳,非有絕倫之才、過人之力也。張、崔之流,胡不待其自斃而奉之,顧乃旦夕聚謀,稱兵宮禁,汲汲以迎復爲哉。蓋其所慮,有與公同也。唐之諸臣既不見非于後世,則公豈宜得罪于天朝哉!"鑑汙私所好,變亂黑白,顛倒是非,可謂處士橫議矣。是非,天下之公,不可爲異說所撓,故筆于此。鶴壽案:倡南遷之議者,有貞也。居奪門之功者,亦有貞也。反覆不常,真乃小人之尤。奪門之事,段茂堂謂:"景泰帝無恙也,而入其宮而奪之位,以春秋書法求之,必曰太上皇入于帝宮自立,舍是則無書也。天子雖故物,而不得以逆取之。如我有寶賄,既以與人,不得復從而奪之。景泰之即位也,受命于皇太后矣。不即位不可以禦他先也,爲景泰者,當如魯隱公以攝自居,聘之迎之皆盡禮,既至,敦請復辟,己乃退處臣位,是叔齊、季札所爲也。若英宗固讓,則處之南宮,率諸臣北面而朝之,時修君臣兄弟之禮,且與訂皇嗣之萬無移易,若是則兄兄弟弟之美交盡矣。乃不出此,而弟多行無禮,致兄積怨求逞,聽羣小之謀,乘其疾而爲奪門之篡。越三十二日,景泰旋崩。胡不爲從容復辟之天子,而爲篡竊之天子也?"今案此論甚正。景泰之貪位,英宗之奪門,皆非也。然小人如徐有貞、石亨輩,烏足以知此? 所可惜者,有貞既玩景泰、英宗于股掌之上,而即借此以行其私憤。于謙天性忠孝,才略開敏,自遭寇變,憂國忘家。也先先後入犯,終不得逞,皆其功也。乃甫聽宣諭,即班見執,臨刑之日,陰霾翳天,朝野冤之,指揮多喇以酒酹其死所,都督同知陳逵收其遺骸殯之,而有貞方自鳴得意焉。夫以有貞之行險邀功,戕賊善類,誰不知之? 乃有無恥小人如史鑑者,爲文以祭之,且極口揄揚,竟比諸狄梁公,豈非咄咄怪事!

蛾術編卷六十一

説　物　一

斗

斗,説文云:“十升也。象形,有柄。當口切。”許氏自序譏諸生競説字解經,猥曰“人持十爲斗”。諸生之説,誠爲謬矣。而“斗”之爲字,乃作𣂘,以爲象形,竟不知其如何盛米粟之類?小雅大東云:“維北有斗,不可以挹酒漿。”又云:“維北有斗,西柄之揭。”毛傳:“挹,斟也。”疏云:“北有斗星,不可以挹斟酒漿,徒西其柄之揭然耳。”今目覩“斗”形並無可以挹斟之理,蓋其制已亡,而今之斗則圍圓而有底,並無所爲柄,亦並無所爲三畫皆偏側之形,與古“斗”字似乎?不似乎?與今北斗似乎?不似乎?古今異制如此。鶴壽案:斗有二,其一是量器。月令云“仲春之月角斗甬”,史記李斯傳云“平斗斛度量”,漢律秝志云“斗者,聚升之量也。本起于黄鐘之龠,以子穀秬黍中者千有二百實其龠,合龠爲合,十合爲升,十升爲斗”。此皆指量器也。其一是酒器。詩行葦云“酒醴維醹,酌以大斗”,毛傳云:“大斗長三尺也。”孔疏云:“大斗長三尺,謂其柄也。漢禮器制度注:‘勺五升,徑六寸,長三尺’是也。此蓋從大器挹之于樽,用此勺耳。其在樽中,不當用如此之長勺也。”史記滑稽傳云:“目飴不禁,飲可七八斗。”此皆指酒器也。今案量粟米之斗無大小,十升而已。若挹酒漿之斗則有大小。攷工記云:“梓人爲飲器,勺一升。”注云:“勺,尊升也。”淳于髡云“一斗亦醉”,當是小斗容一升者,若大斗或如漢禮器容五升者與?古時量粟米之斗,與挹酒漿之斗,大率皆有柄。説文謂“斗”字象形者,上象斗形,下象其柄也。斗有柄者,象北斗也,詩大東言"維北有斗,西柄之揭"。天文北斗七星,一曰天樞,二曰璇,三曰璣,四曰權,斗身之方直似之;五曰玉衡,六曰開陽,七曰搖光,斗柄之斜曲似之。孔疏以爲南斗。南斗六星,其前四星亦爲斗,其尾二星亦爲柄。總之量穀米與挹酒漿,其器雖不同,而其形卻相似,故斛也,斝也,斞也,斟也,升也,其字皆從斗;斝也,斡也,魁也,斟也,斠也,其字亦皆從斗。詩于北斗但據酒漿言者,以上文"南箕簸揚",已就粟米言之,則下文不便重複耳,並非挹酒漿之斗有柄,而量粟米之斗無柄也。然其形雖同,而其器則有別。量粟米者十升,挹酒漿者小則一升,大則五升。今先生混量器酒器爲一,則非矣。"人持十爲斗"者,漢末隸書"斗"作"斤",似"升"非"升",似"斤"非"斤",故許氏斥之。

冶氏"殺矢刃長寸"云云,賈疏與戴震皆非

攷工記云:"攻金之工,築氏執下齊,冶氏執上齊。"又云:"金有六齊,四分其金而錫居一,謂之戈、戟之齊,五分其金而錫居二,謂之削、殺矢之齊。"又云:"築氏爲削,長尺,博寸,合六而成規,欲新而無窮,敝盡而無惡。冶氏爲殺矢,刃長寸,圍寸,鋌十之,重三垸,戈廣二寸"云云,"戟廣二寸有半寸"云云。鄭注于"冶氏"下云:"殺矢與戈、戟異齊,而同其工,似補脫誤在此也。"賈疏云:"殺矢與戈、戟異齊而同其工者,上文戈、刻本脫此字,以意添。戟在上齊內,殺矢在下齊中,是異齊,今此同工不可也。云'似補脫誤在此'者,下文矢人自造八矢,殺矢彼已有,此亦是彼脫漏,有人于彼補脫訖,更有人補于此,是誤在此也。"案矢人云"刃長寸,圍寸,鋌十之,重三垸",彼文注云:"刃長寸,脫'二'字。"賈疏説非是矢人,是刮摩之工所爲,非矢人之事;且矢人云"矢長寸",鄭注云"脫'二'字",當作"長二寸",則知此"殺矢刃長"之云,必非矢人之文,而誤補在此,賈蓋以補者不知矢人脫"二"字而誤補之,非也。矢鏃是以金爲之,自是攻金之工所爲。築氏既爲削,殺矢與削同齊,則亦築氏爲之,當于"敝盡而無惡"之下即云"殺矢刃長寸,圍寸"云云,而"冶氏爲"三字自在"戈,廣二寸"之上,如此則同齊者同工,異齊者異工矣。鄭于冶氏不言"脫'二'字",于矢人亦不言"重出",鄭固不誤,賈誤耳。戴震攷工記圖全依賈疏,皆非。鶴

壽案：同齊者同工，異齊者異工，二語直捷了當，然亦即從鄭注看出。

戟重十五斤

魏志典韋傳：韋好持大雙戟，軍中爲之語曰：“帳下壯士有典君，提一雙戟八十斤。”宋張表臣詩話：“以今權量較之，則是一戟重十五斤，兩戟重三十斤耳。”鶴壽案：此不過據古權輕于今權之説，謂古之三斤，當今之一斤耳。但兩戟止重三十斤，軍中何以震而驚之？張表臣之言未可信。

鍰、鋝

尚書吕刑“其罰百鍰”云云，釋文引馬曰：“鍰，鋝也。鋝十一銖二十五分銖之十三也。賈逵説俗儒以鋝重六兩，周官劍重九鋝，俗儒近是。”疏云：“六兩曰鍰。”蓋古語存于當時也。攷工記云“戈矛重三鋝”，馬融云：“鋝，量名，當與吕刑‘鍰’同，俗儒云‘鋝六兩爲一巛’，不知所出耳。”鄭玄云：“鍰，稱輕重之名，今代東萊稱或以太半兩爲鈞，十鈞爲鍰，鍰重六兩太半兩，鍰、鋝似同也。”或有存行之者，十鈞爲鍰，二鍰四鈞而當一斤。然則鍰重六兩三分兩之二。周禮謂鍰爲鋝，如鄭玄言一鍰之重六兩，多于孔、王所説，惟校十六銖爾。案馬以鍰即是鋝，先據一説云一鋝十一銖二十五分銖之十三者，彼疏謂是尚書古文家説，馬意不從，而別引俗儒六兩爲鋝，以爲近是。彼疏謂是今文尚書歐陽夏侯説。此經鄭注已亡，以鄭攷工記注及舜典疏引鄭駁異義攷之，鄭與馬意同也。何則？馬既不從古文家，而于俗儒六兩説亦但云近是，引周禮劍重九鋝爲證。攷工記“桃氏爲劍，上制，重九鋝；中制，七鋝；下制，五鋝”，彼注以九鋝爲三斤十二兩，七鋝爲二斤十四兩三分兩之二，五鋝爲二斤一兩三分兩之一。十六兩爲一斤。則鄭意以一鋝爲六兩太半兩，馬融據此而以俗儒言一鋝六兩爲近是，是與鄭合也。又冶氏戈戟“重三鋝”，彼注云：“説文鋝，鍰也。今東萊稱或以太半兩爲鈞，十鈞爲鍰，鍰重六兩太半兩，鍰鋝似同矣。則三鋝爲一斤四兩。”彼疏云：“引説文‘鋝，鍰也’者，尚書吕刑

‘墨罰百鍰’，及‘大辟千鍰’，許氏以此‘鋝’與尚書‘鍰’爲一。云
‘今東萊稱’云云者，鋝、鍰輕重無文，王肅之徒皆以六兩爲鍰，是
以鄭引許氏及東萊稱爲證也。云‘太半兩爲鈞’者，凡數言‘太’
者，皆三分之二爲太，三分之一爲少，以一兩二十四銖，十六銖爲太
半兩也。云‘十鈞爲鍰’者，鍰則百六十銖，用百四十四銖爲六兩，
餘十六銖爲太半兩，是鍰有六兩太半兩也。云‘鍰、鋝似同’者，此
從許君之說。”又弓人“膠三鋝”，彼注云：“鋝，鍰也。”彼疏云：
“尚書‘其罰百鍰’等言‘鍰’，此與冶氏言‘鋝’，鋝與鍰爲一物，皆
是六兩太半兩也。”據此諸文，知鄭意以鍰即是鋝，其數當爲六兩
太半兩，必與馬合也。舜典疏云：“古贖罪皆用銅，漢始改用黄
金，少其斤兩，令與銅相敵。”故鄭玄駁異義言：“贖死罪千鍰，鍰六
兩太半兩，爲四百一十六斤十兩太半兩銅，與今贖死罪金三斤爲價
相依附。”此鄭說吕刑“鍰”字之明文也。説文金部云：“鋝，十一
銖二十五分銖之十三也。从金，寽聲。周禮曰‘重三鋝’。北方以
二十兩爲三鋝。力輟切。”又云：“鍰，鋝也。从金，爰聲。周書曰
‘其罰百鍰’。户關切。”説文編字，以類相從。“鋝”與“鍰”文雖
異而義則同，故連比編于一處。鋝見周禮，故于“鋝”字下引周禮
爲證。鍰見周書故于“鍰”字下引周書爲證。雖分引兩經，其義是
一。故云“鍰，鋝也。”鄭既從之以解攷工記，馬注尚書又與之同，
則其說不可易也。許慎從孔氏古文尚書，奈字當從古作“鍰”，而
其說以一鍰十一銖二十五分銖之十三，則太輕不可從。故十一銖
二十五分銖之十三，此本尚書古文家說“鍰”字之意，非“鋝”字之
訓。今乃入之“鋝”字下，聊存古義，其下即繼以二十兩爲三鋝，然
後次以“鍰”字，而注其下云“鋝也”。則慎意以鍰即是鋝，俱是六
兩太半兩，明矣。俗儒雖脱去“太半兩”，但言“六兩”，猶爲近之。
較古文家言一鍰十一銖二十五分銖之十三，百鍰僅爲銅三斤，可贖
黥面之罪，推之大辟千鍰，亦只用銅三十斤，可贖死罪，有是理乎？
馬、鄭、許皆傳古文，然其義訓自當擇善而從，故職金疏云：“今文

作‘率’，説云一率六兩；古文作‘鍰’，説云一鍰十一銖二十五分銖之十三。”其下即繼以鄭玄以爲古之“率”多作“鍰”，雖所引未全，想許必不從古文説鄭，鄭亦字從古文，數不從古文也。戴震攷工記圖謂“鋝”、“鍰”字音既異，數亦不同，十一銖二十五分銖之十三者，鍰也；六兩太半兩者，鋝也。二字篆體易譌，遂溷爲一。吕刑“鍰”當改“鋝”。攷工記諸“鋝”字皆不誤，獨弓人“膠三鋝”當改“鍰”，一弓之膠不過三十四銖二十五分之十四，豈有至二十兩者？愚謂傳注當宗康成，文字必依許慎，果如震説，則兩漢、魏、晉諸儒無一不誤。但鋝鍰相似，明白易見，鄭、許不應不識字至此。尚書今、古文無直作“鋝”者，竟以意改，亦太專輒。古今異制，何知古人弓膠不用過多？且古權輕于今權，衹當今三之一，三鋝實一鋝也。乃公然欲廢舊訓邪？又以攷工“殺矢，刃長寸，圍寸，挺十之，重三垸，戈廣二寸，内倍之，胡三之，援四之，重三鋝”，謂“垸”即是“鍰”，以此差之，知鍰當輕于鋝。但説文及先、後鄭皆不以“垸”爲“鍰”，震何所据而定之邪？鶴壽案：段氏古文尚書撰異云：吕刑“其罰百鍰”，今文尚書作“率”，或作“選”，或作“饌”，古文尚書作“鍰”，史記周本紀“百率”、“五百率”、“千率”，此依今文尚書也。徐廣曰：“率音刷。”司馬貞曰：“舊本率亦作選。”攷漢書蕭望之傳云：“甫刑之罰，小過赦，薄罪贖，有金選之品。”尚書大傳云：“一饌六兩。”“率”與“選”“饌”皆雙聲。周禮職金疏云：“夏侯、歐陽説，墨罰疑赦，其罰百率。”古以六兩爲率，古尚書説百鍰，鍰者，率也。一率十一銖二十五分銖之十三，百鍰爲三斤。鄭玄以爲古之“率”多作“鍰”，此蓋出五經異義。今文尚書與古文尚書，其字其説皆異。古文家説“鍰”即“率”者，比合伏生尚書言之耳。馬季長引賈逵説“俗儒以鋝重六兩”，俗儒者，謂歐陽、夏侯，即大傳之“一饌六兩”也。鄭、孔、王及小爾雅以“六兩”訓“鍰”，此用今文尚書説解古文尚書也。馬季長、許叔重則用古尚書説，謂“鍰”即攷工記之“鋝”字。馬注攷工記云“鋝”當與吕刑“鍰”同，此許謂“鍰”即“鋝”之所本也。釋文引鄭注尚書云“鍰，六兩也”。集鄭注者，皆不采之。蓋因釋文又引賈逵説俗儒以鋝重六兩，則鄭必不用俗儒説，而不知馬、鄭注書用歐陽、夏侯説者多矣。鄭注尚書大傳云“死罪出鐵三百七十五斤”，即六兩之説也。小爾雅云“二十四銖日兩，兩有半日捷，倍捷日舉，倍舉日鋝，鋝謂之鍰”。以攷工記之“鋝”，古文尚書之“鍰”，聯合爲一，此出于馬季長。于此可見小爾雅之爲僞書。今案鍰有三説，段氏但引二説，而獨不及冶氏注“六兩太半兩”之説，未知何故。古文尚書謂鍰重十一銖二十五分銖之十三，則百鍰重三斤。今文尚書謂鍰得六兩，則百鍰重三十七斤有半。鄭氏謂鍰重六兩太半兩，則百鍰重四十一斤十兩大半兩。三者之數，判然不同。其謂十一銖二十五分銖之十三者，所罰固太輕；其謂六兩者，由俗儒承訛，脱去太半兩。意惟太半兩爲鈞、十鈞爲鍰之説近是。

山節藻棁

論語：“臧文仲①居蔡②，山節藻棁，何如其知也。”包咸曰：“蔡，國君之守龜也。出蔡地，因以爲名。長尺有二寸。居蔡，僭也。節者，栭也。刻鏤爲山也。棁，梁上楹也。畫爲藻文，言其奢侈也。”皇侃疏云：“山節藻棁，若以注意，則此非僭，正言是奢侈。人君無此禮，故不僭也。”攷禮記明堂位云：“山節藻棁，天子之廟飾也。”鄭注：“山節，刻欂盧爲山也。藻棁，畫侏儒柱爲藻文也。”禮器云：“管仲山節藻棁，君子以爲濫矣。”鄭注：“濫，盗竊也。宮室之飾，士首本，大夫達棱，諸侯斲而礱之，天子加密石焉，無畫山藻之禮也。”疏云：“‘宮室之飾’云云者，此莊二十四年穀梁傳文，彼云‘大夫斲之，士斲本’，與此異。”案禮緯含文嘉云：“大夫達棱，謂斲爲四棱以達兩端。士首本者，士斲去木之首本令細，與尾頭相應。”晉語及含文嘉并穀梁傳，雖其文小異，大意略同也。山節藻棁，是天子廟飾，而管仲僭爲之。君子以爲濫者，是爲僭濫也。管仲事亦見雜記下。推鄭及疏者意，必備言天子及大夫、士宮室之制者。鄭明言宮室之飾，無畫山藻之禮，蓋此在天子亦雖用之宗廟，若尋常宮室猶且不可，何況公卿？而管仲陪臣乃用之居室，此乃破格，非常之僭，故變言“濫”。而鄭云“盗竊也”，其實則

① 臧文仲，春秋時魯國大夫臧孫辰，謚文仲。
② 蔡，孔子家語好生篇曰：“臧氏家有守龜焉，名曰蔡。”

亦僣耳。夫子譏臧文仲僣禮有二，其一爲居蔡。尺二寸大龜，諸侯所藏，而文仲亦藏之。然此其僣猶可言也。其一爲山節藻梲。則甚矣。包咸有見于此，故分析上一事爲僣，下一事爲奢侈，而皇疏亦發此意。管仲與文仲同時，當時列國奢僣成風，相率效尤如此。文二年左傳"夫子譏文仲作虚器爲不知"，杜預謂居蔡、山節藻梲，有其器而無其位，故曰虚。其意亦分爲二，皆爲僣。彼疏即引論語鄭康成注，亦以居蔡、山節藻梲二者皆非文仲所當有。朱子從張子并合爲一，云"蓋爲藏龜之室，而刻山于節，畫藻于梲也。言其不務民義而諂瀆鬼神如此，安得爲知?"如其説，豈管仲之山節藻梲，亦將以奉大龜邪? 鶴案案:據漢人之説，則居蔡是僣諸侯之禮，山節藻梲是僣天子宗廟之禮以飾其居，但如此則已是二不知，不應概以作虚器罪之，而曰一不知也。全謝山曰:"臧孫居蔡，非私置也。蓋世爲魯國守龜大夫，家語不云乎? 文仲一年而爲一兆，武仲一年而爲二兆，孺子①一年而爲三兆，是世官也。然則臧孫居蔡。何僣之有? 昔武王以封父之繁弱封伯禽。繁弱者，弓也。或以爲即蔡之別名，其説見于陸農師之注明堂位，則是蔡一名僂句，一名繁弱，其所由來者遠矣。故武仲奔防，納蔡求後，以其爲國寶也。則以大夫不藏龜之罪加臧孫，恐其笑人不讀左傳也。乃若山節藻梲，實係天子之廟飾，管仲僣用以飾其居，雜記諸篇載之不一而足，而臧孫則未必然。何則? 臺門反坫，鏤簋朱紘，出自夷吾之奢汰，不足爲怪。而臧孫則儉人也，天下豈有以天子之廟飾自居，而使妾織蒲于其中者乎? 蓋亦不稱之甚矣。吾固知其必無此事也。然則山節藻梲將何施? 曰施之于居蔡也。所謂媚神以邀福也。是固張子橫渠之説，而朱子采之者。今之自以爲熟于漢學，沾沾焉騰其喙者，弗思耳矣。"今案錢氏之説甚是。故夫子不譏其僣而但言其不知。家語好生篇"一年"俱作"三年"。

瑚璉

明堂位"夏后氏之四璉，殷之六瑚"，鄭注:"皆黍稷器。"疏云:"鄭注論語，夏曰瑚，商曰璉。"皇氏云:"鄭注論語誤也。朱

---

①　孺子，孺子容。孔子家語好生篇，孔子問漆雕憑曰:"子事臧文仲、武仲及孺子容，此三大夫孰賢?"

子仍鄭誤。"

金縢"啓籥"

尚書金縢"啓籥見書",鄭注云:"籥,開藏之管也。開兆書藏龜之室以管,乃復見三龜占書亦合,于是吉。"案鄭云"籥,開藏之管"云云者,藏兆書之室有鍵閉之,今用籥開此鍵,論文當言以籥啓室見書,嫌文繇,省之,不可言籥啓,故倒言"啓籥"也。説文竹部"籥"字注云:"書僮竹笘也。"門部"闟"字注云:"關下牡也。"然則此當從門,而從竹者,古字通也。説文與鄭此注亦不合。蓋鄭以籥爲管,謂是開鍵之物者,周禮地官"司門掌管鍵以啓閉國門",鄭司農云"管謂籥,鍵謂牡",與鄭此注合。若依説文以闟爲關下牡,則闟即是鍵而非管矣。彼"司門"疏云:"管籥以啓門,鍵牡以閉門,故雙言啓閉。"此物似今之鑰匙,而實與今不同。鍵猶鑰中須,如今所謂鑰簧。管則猶鑰匙,而與今鑰匙異。今之鑰匙,其形是牡,卻有眼以受簧;古之管則全是牝形插入鑰中以韜簧者。簧韜則鑰開。月令孟冬云:"修鍵閉,慎管籥,"彼注云:"管籥,搏鍵器。"彼疏云:"管籥與鍵閉別文,則非鍵閉物,故云搏鍵器。"鄭注確不可易。如説文以籥爲鍵,與鄭相反。今此經"啓籥"若依説文解之,以籥爲鍵,而謂以管開此籥,于文似順;乃必從鄭者,鄭與周禮、禮記合,又與先鄭合,且使籥即鍵閉而云"啓籥",則文太鄙俗,不類尚書之體,故不可執説文解此經也。蔡傳云"籥"與"鑰"通,説文無"鑰"字。"鎖"字,蔡誤以"管"爲"鏈",而云即今鎖也。又云鑰是鎖筒,鍵是鎖須,插鎖中搏鍵者是鎖匙,反謂鄭及賈、孔爲僞,知今不知古也。鶴壽案:籥,假借字也。説文"籥"字從竹,龠聲。潁川人名小兒所書寫爲笘,笘謂之籥,亦謂之觚,蓋以白堊染之,可拭去再書者,故曰書僮竹笘也。此與"管籥"字全不相涉。闟,正字也。説文"闟"字從門,龠聲。門必有關,關是橫木,又以直木上貫關,下插地,是與關有牝牡之別,故曰關下牡也。闟又謂之鍵,説文"鍵"字從金,建聲,以木橫關鼎耳而舉之,故謂之關鍵,引申之爲門戶之鍵閉,而其義專主于鼎扃,故曰鉉也。月令云“修鍵閉，慎管籥”，鍵閉是橫木，今謂之門柵。管籥是直木，今謂之門撐。以直木撐住橫木，則管籥爲牡而鍵閉爲牝。此無可疑者。自鄭司農以鍵爲牡，而月令注因之，以爲鍵牡閉牝，不知鍵即閉也，猶之管即籥也，安得分而爲二？金縢但言“啓籥”而不言“開鍵”者，一則古書簡約，二則啓籥則鍵自開，本不待言也。左傳：杞子曰：“鄭人使我掌其北門之管。”杜注：“管，籥也。”蓋亦謂門下牡，古無鎖鑰等具，故無鎖鑰等字，惟雕玉連環不絕，謂之瑣。漢以後以鐵爲連環不絕以係物，乃製“鎖”字，又爲匙如門下牡，以開鎖，乃製“鑰”字。若金縢之“籥”，乃是門下牡，並非今之所謂“匙”也。康成于月令注雖誤言鍵牡閉牝，而云“管籥，搏鍵器”，是亦以管籥爲撐住門關之物也。蔡傳固謬，先生謂管是插入瑣中以韜簧者，是直以漢後之器物而臆度周初之制度，豈兆書藏龜之室將鎖封固，有事乃以匙啓之乎？

碑碣

隋禮儀志：“開皇初，定葬者三品以上立碑，螭首龜趺，趺上高不得過九尺。七品以上立碣，高四尺，圭首方趺。若隱淪道素，孝義著聞者，雖無爵，奏聽立碣。”鶴壽案：説文云：“碑，豎石也。”聘禮鄭注云：“宮必有碑，所以識日景，引陰陽也。凡碑引物者，宗廟則麗牲焉。其材，宗廟以石，窆用木。”檀弓云：“公室視豐碑，三家視桓楹。”注云：“豐碑，斲大木爲之，形如石碑，蓋窆時所用，後世因此記葬者之名字事蹟于碑，而易之以石，豎于墓前也。”説文云：“碣，特立之石也。東海有碣石山。”然則碣之爲義，本大于碑，隋人以之次于碑下者，但取其形特立，與豎石相類而已。

觚不觚

論語“觚不觚”，馬融曰：“觚，禮器也。一升曰爵，三升曰觚。”王肅曰：“當時沈湎于酒，故曰觚不觚，言不知禮也。”此恐是漢以來相承舊説。朱子改“觚，器之有棱者也。不觚者，失其制，不爲棱也。”或云曹子建詩“騰觚飛爵闌干”，酒器也。史游急就章“急就奇觚與衆異”，木簡也。西都賦“設璧門之鳳闕，上觚棱而棲金爵”，室亦有觚。孔子問禮于老聃，老聃踞竈觚而聽之，竈亦有觚。不必泥一物。史記“漢興，破觚而爲圜”是也。增演支離，去古義益遠。鶴壽案：儀禮于燕、大射、特牲皆用觚，則觚爲酒器，無可疑者。惟觚所受之數,馬與鄭不同。許慎五經異義云:"今韓詩一升曰爵。爵,盡也,足也。二升曰觚。觚,寡也。飲當寡少。三升曰觶。觶,適也。飲當自適。四升曰角。角,觸也。不能自適,觸罪過也。五升曰散。散,訕也。飲不能有自節,人所謗訕也。古周禮説爵一升,觚三升,獻以爵而酬以觚,一獻而三酬,則一豆矣。食一豆肉,飲一豆酒,中人之食。慎案一獻而三酬當一豆。若觚二升,不滿一豆矣。"鄭駁之曰:"今禮角旁單,古書或作角旁氏,則與'觚'字相近。學者多聞觚,寡聞觶,寫此書亂之而作觚耳。南郡太守馬季長説'一獻而三酬,則一豆',豆當爲'斗',與一爵三觶相應。"今案鄭氏從韓詩以觚爲二升,乃與沈湎于酒爲不觚相對。

箸

古禮飯以手,故"共飯不澤手"①。但古非無箸,故云"飯黍毋以箸"②,"羹之有菜者用梜,無菜者不用梜"③。注:"梜猶箸也。"意者欲存上古抔飲樸略之意,故不用箸。據少牢注:"食黍稷用匕。"正義:"太羹兔羹有肉調者亦用匕。"檀弓"杜蕢刀匕是共";雜記"匕用桑";詩大東"有捄棘匕",毛傳:"匕所以載鼎實",疏:"煮肉實之于鼎載之者。"古祭祀享食必體解其肉之胖,既大,故須以匕載之。載謂出之于鼎,升之于俎,然則匕亦箸之類。鶴壽案:箸與匕絶不相類,其用既殊,其形亦異。箸之形直,用以夾物者。匕之形曲,有身有柄,身大而柄小,用以盛物者。

枕

何焯曰:論語"曲肱而枕之","枕"字釋文、集注悉音去聲,篇、韻俱上聲,訓枕席;去聲則引論語此句。毛晃曰:"衾枕之枕,上聲,詩'角枕粲兮'之類是也。以首據物曰枕,去聲,論語'曲肱而枕之'是也。"鶴壽案:凡字音異則其義亦異,如"脂膏"之"膏"讀平聲,而"膏潤"之"膏"讀去聲;"團扇"之"扇"讀去聲,而"吹扇"之"扇"讀平聲。一虛一實,此類不可枚舉。亦有音同而義異者,如"筆墨"之"筆"讀入聲,而筆

---

① 共飯不澤手,禮記·曲禮上引文。
② 飯黍毋以箸,禮記·曲禮上引文。
③ 羹之有菜者用梜,無菜者不用梜,禮記·曲禮上引文。

之于書作虚字用者亦讀入聲,是也。

燭

曲禮"燭不見跋",疏云:"小爾雅:跋,本也。本,把處也。古者未有蠟燭,惟呼火炬爲燭,火炬盡則藏所然殘本,恐賓見積本多欲退也。"儀禮大射儀:"宵則庶子執燭于阼階上,司宫執燭于西階上,甸人執大燭于庭,閽人爲燭于門外。"注:"燭,燋也。甸人,掌共薪蒸者。此大射行禮既畢,然燭送賓之事。"郊特牲"鄉爲田燭",注:"田燭,田首爲燭也。此王將行郊祭,故郊内六鄉之民各于田首設燭照路,恐王嚮郊之早。"此所言燭,皆火炬,大約即庭燎之類。檀弓"曾子寝疾,童子隅坐執燭"。此亦火炬,故須人執,非如今蠟燭可範銅錫爲架而插之。鶴壽案:儀禮,燕禮在前,大射儀在後,"宵則庶子執燭于阼階上"四句,已見燕禮,何以引大射儀也。周禮司烜氏"凡邦之大事共墳燭庭燎",鄭云:"墳,大也。蓋未蓺曰燋;執之曰燭;在地曰燎;廣設之,則曰大燭,又曰庭燎。其實一也。周禮故書作"蕡燭",先鄭云:"蕡燭,麻燭也。"賈公彦曰:"古者未有麻燭,故鄭從'墳'訓大。古庭燎依慕容所爲,以葦爲中心,以布纏之,飴蜜灌之,若今蠟燭矣。"

鈹

昭二十七年左傳"夾之以鈹",定八年"虞人以鈹盾夾之",杜皆無注。昭二十七年疏引説文:"鈹,劍也。"案,下文"鱄諸設置劍于魚中以進,抽劍刺王,鈹交于胸",劍、鈹連言,則鈹非即劍。劍,魚腹可藏,則鈹必又長于劍。廣韻"鈹,刃戈也。或作釽"。漢書功臣表"周竈以長釽都尉擊項籍",師古曰:"長刃兵爲刀而劍形。史記作'長鈹。'"蓋作疏者引説文不全,故讀之意不顯。彼金部"鈹"字注:"本作劍如刀裝者。"此師古注之所本。

方策

"方策",鄭注:"方,版也。策,簡也。"朱子用之。葉少藴云:"木曰方,竹曰策。策大方小。"而通攷黄氏洵饒云:"版大簡小。大事書于木版,小事書于竹簡。"案曲禮"書方"注:"方,版也。"正義：“百字以上，用方版書之。”士喪禮下篇：“書賵于方，若九若七若五，謂書物于版。行列之多少，物多則九行，少則七行、五行。”春秋左傳序疏：“簡之所容，一行字耳。牘乃方版，版廣于簡，可以並容數行。”宋謝靈運傳論：“一簡之中，音韻盡殊。兩句之中，輕重悉異。”惟一簡只一行，故下文方以“兩句”爲對；若一簡可容數行，則音殊豈待言？是簡之行數與方不同。服虔左傳注云：“古文篆書，一簡八字，伏生所寫今文尚書酒誥，每簡二十五字；召誥，每簡二十二字。鄭康成尚書注每簡三十字。”是簡之字數與方不同，版大而簡小，葉說非也。然又有不可不知者。聘禮記云：“百名以上書于策，不及百名書于方。”蓋方雖大于策，惟其大而能容，輒止用一版，故字數限于不及百；策則編連，不拘多少，故字數亦無限，反可多書也。曲禮正義言“百字以上用方版書之”，與聘禮記違反，非也。若謂大事書版，小事書簡，則可不拘。襄二十五年，崔杼弒其君，南史執簡以往，此何等大事，而書于簡，蓋因所書只五字，用簡已足也。

蛾術編卷六十二

説　物　二

睍睆、緜蠻

詩凱風云"睍睆黃鳥"，毛傳："睍睆，好皃。"鄭箋："睍睆以興顏色。"此與下文"載好其音"，原非一意，而朱子改爲"清和圓轉之意"。緜蠻云"緜蠻黃鳥"，毛傳："緜蠻，小鳥皃。"而朱子改爲"鳥聲"，與大學注同。祇因黃鳥一物，以音著美，遂率意揣測，取古訓盡改之，恐太專輒。鶴壽案：説文云：睍，目出皃。攷工記云：深其爪，出其目，是"睍"字之義也。韓詩云"簡簡黃鳥"，則毛詩或本作"睍"，"睍"與"睆"字，説文所無，而于毛詩則二見。凱風既訓爲"好皃"矣，杕杜云"有睆其實"，傳云"實皃"，大東云"睆彼牽牛"，傳云"明星皃"，蓋皆以皃言，而不以聲言也。但古本"睆"皆作"皖"，據杕杜釋文云："字從白，或從目邊非。"則知杕杜古本作"皖其實"也。據廣韻云："皖，明星也。皖，大目也。"則知大東古本作"皖彼牽牛"也。然則凱風古本亦必作"睍皖黃鳥"可知矣。今本作"睆"者，或因上文"睍"字從目邊，則下文"皖"字疑亦當從目邊，或見"睍"字説文訓目出"皃"，"睍"字廣韻復訓"大目也"，以類相連，故從而改之與？"皖"字又有從日者，則更謬。漢盧江郡皖縣，俗本地理志、郡國志俱從日作"皖"，通典則作"皖"，集韻、類篇皆云："皖，地名，在舒。"

鴟鴞

詩毛傳："鴟鴞，鸋鴂也。"此釋鳥文。彼舍人注云："鴟鴞，一名鸋鴂。"揚雄方言："桑飛，自關而東，謂之鸋鴂；自關而西，謂之桑飛。或謂之韈雀。"陸璣詩疏："鴟鴞似黃雀而小，其喙尖如錐,取茅莠爲窠,以麻紩之,如刺韈然。縣著樹枝,或一房,或二房。幽州人謂之鷦鷯。或曰巧婦,或曰女匠。關東謂之工雀,或謂之過蠃。關西謂之桑飛,或謂之韈雀,或曰巧女。"觀此諸説,鳲鴞乃小鳥之善爲巢者,故周公託以爲言。此鳥名鳲鴞,與單名鳲、單名鴞者,皆非一類。釋鳥于"鳲鴞"之下繼以茅鴟、怪鴟、梟鴟。茅鴟似鷹而白,怪鴟即鴟鵂,梟鴟即土梟。郭璞因鳲鴞與此三種,其文相連,其名偶近,注云"鴞類"。其實則非類。故邢昺于彼疏辨之云:"鳲鴞,鷦鷯。先儒皆以爲今之巧婦。郭云'鴞類',又注方言云'鳲鴞,鴟屬',則非小雀矣,與先儒異也。"此疏頗能正郭之失。小旻云:"肇允彼桃蟲,拚飛維鳥。"傳云:"桃蟲,鷦也。鳥之始小終大者。"箋云:"鷦之所爲鳥,題肩也。或曰鴞,惡聲之鳥。"釋鳥云:"桃蟲,鷦。"郭璞云:"桃雀也。俗名巧婦。"陸璣疏云:"今鷦鷯是也。微小于黃雀。其雛化而爲鵰題肩。"是鷹乃鵰類,此鳥所化。故箋云"鷦之所爲鳥,題肩也"。此鳥本非鴞,箋"或曰鴞"云云,聊附異聞。鄭本不以此爲正解。至鳲鴞鷦鷯,則與此更無涉。祇因此鳥與鷦鷯皆別名巧婦,詩疏遂妄牽方言"桑飛韈雀"等文,此穎達之誤也。若朱子詩傳云:"鳲鴞,鴟鵂。惡鳥。攫鳥子而食。"蔡沈遂云:"鳲鴞,惡鳥。"以其破巢毀卵,比武庚之敗管、蔡及王室,此則其謬不可勝言矣。鴟鵂即單名鴞者,墓門云"有鴞萃止",泮水云"翩彼飛鴞",傳、箋皆云"惡聲之鳥",不云惡鳥。陸璣云:"鴞大如斑鳩,綠色,惡聲之鳥。入人家,凶,賈誼所賦鵩鳥是此。"二詩所詠,皆取聲惡,非性惡,即釋鳥所謂怪鴞者。惟梟鴟一名土梟者,乃食母之鳥。此爲最惡,又別爲一類。然則鴞與土梟已自不同,故羅願爾雅翼亦以鴞、鵩爲二。至于破巢毀卵攫鳥子而食之惡鳥,加之桃蟲所化之鷹鵰,及食母之土梟,皆可也。若以目怪鴞,已覺誣矣。今鳲鴞則不過小鳥之善爲巢者,既非性惡,并非聲惡,乃橫題以惡鳥之名,强坐以破巢,毀卵之罪,得毋冤?甚本詩篇首,重言鳲鴞,箋云:"將述其意之所欲言,丁寧之也。"此詩人語,而朱子、蔡沈、通以爲鳥言。"既取我子"以下,本代鴟鴞言,而朱、蔡反以爲他鳥斥鴟鴞之惡。其擅更訓詁,文義違反至此。鶴壽案:鴟鴞是一種,桃蟲又是一種。爾雅既分釋之,陸璣又分疏之,本兩不相涉。鴟鴞有寧鳩、桑飛、工爵、過嬴、女匠、穉爵、巧婦、巧女諸名。荀子勸學篇:"南方有鳥焉,名曰蒙鳩。以羽爲巢,而編之以髮,繫之葦苕。風至苕折,卵破子死。巢非不完也,所繫者然也。"此段與陸璣取"茅莠爲窠"說相似,則鴟鴞又名蒙鳩。鴟鴞雖有十名而非桃蟲也。桃蟲即桃雀,一名鷦,亦曰鷦鵬,又作鷦鷯,其鴟名艾,而非鴟鴞也。自郭璞注爾雅云"桃蟲俗名巧婦",注方言云"桑飛即鷦鷯也,今亦名爲巧婦",于是廣雅云"鷦鷯、寧鳩、果嬴、桑飛、女鴟、工雀也。遂并二種爲一種矣。又詩周頌疏云"箋言鷦之所爲鳥,題肩也。或曰鴞。皆惡聲之鳥。案月令'季冬征鳥'屬注云'征鳥、題肩,齊人謂之擊征,或曰鷹'"。然則題肩是鷹之別名,與鴞不類。鴞是惡聲之鳥,鷹非惡聲,不得云皆惡聲之鳥也。阮氏毛詩注疏校勘記云"鴞當作鴟。鴟鷦與鷹一類。"詩箋與月令注正同。蓋有"鴟"誤爲"鴞"之本,而淺人乃妄增"皆惡聲之鳥"五字耳。今案朱子以鴟鴞爲鵂鶹,其誤蓋亦因此。但鵂鶹單名鴞,又名鴟鵬。周禮哲蔟氏注云:"夭鳥鴟鵬,廣雅云肥鵬、鴟。鴟,怪鴟也。"

騶虞

詩"騶虞",毛傳以爲義獸。疏引鄭志答張逸問:"傳云'白虎黑文',禮記射義云'樂官備',何謂?"答曰:"白虎黑文,周史王會云'備'者,取其一發五豝,言多賢也。"歐陽修詩本義以騶虞爲掌苑囿之官,如水虞、澤虞之類,以此解"官備",鑿空妄譚也。鶴壽案:六韜言文王拘于羑里,散宜生得騶虞以獻紂。尚書大傳言散宜生之於陵氏,取怪獸,尾倍其身,名之曰虞,山海經作"騶吾",此即毛傳所本也。然魯詩云:"梁騶,古天子囿也。"賈誼新書云:"騶者,文王囿名。虞者,囿之司獸。"則不作獸名解。歐陽氏據此以爲國君順時畋于騶囿,其虞官乃翼驅五田豕以待射。君有仁心,惟一發而已。陳氏又據射義"天子以騶虞爲節,樂官備也"之文,以爲虞官之明證。嚴氏又據月令"季秋田獵,命僕及十騶咸駕",左傳"晉悼公使程鄭爲乘馬御,六騶屬焉",孟子"招虞人以旌"之文,以騶爲騶御,虞爲虞人。騶御、虞人皆不乏人,則官備可知。今案賈誼以騶爲囿名,本于魯詩,以虞爲官名,當即本于國語之水虞、周官之澤虞。歐陽氏因之,並非鑿空無據,惟嚴華谷謂驅即驂御,似與新書不合,然亦不爲無本。

古無騎馬事

古無騎馬之事。周易繫辭:"服牛乘馬,引重致遠,以利天下,蓋取諸隨。"牛馬皆以駕車,不以騎也。詩緜篇:"古公亶父,來朝走馬。"無知者輒疑古公跨馬而行,豈知三代以上,馬只用以駕車,所謂走馬,仍指駕車,若論語"赤之適齊也,乘肥馬","孟之反策其馬",時文家俱説成"騎"字,如趙熊詔康熙己丑進士第一人及第。孟子好馳馬試劍題文純作"騎馬"解。若"填然鼓之,兵刃既接,棄甲曳兵而走,或百步而後止,或五十步而後止",覰"曳兵而走"及"百步"、"五十步"云云,分明是指步卒,黃陶菴先生棄甲三句題文,"靷絶不能收,馬逸不能止,驂絓不能前"等語,忽而説成車戰,忽而説成騎兵矣。趙武靈王胡服騎射,始有騎兵,見戰國策。説文馬部"騎"字注:"跨馬也。""駕"字注:"馬在軛中。"古但有馬在軛中而已。成二年春秋"季孫行父帥師會晉卻克,及齊侯戰于鞌",説文革部"鞌"字注:"馬鞁具也。"古恐無"馬鞁具",此字只當作"安",疑後人改。惟左傳昭二十五年"左師展將以公乘馬而歸",杜預注:"欲與公俱輕歸。"釋文:"乘,騎也。"正義:"古馬駕車不單騎,六國時始有單騎,蘇秦所云'車千乘,騎萬匹'是也。曲禮云:'前有車騎。'禮記,漢世書。經典無'騎'字。劉炫謂此左師展將以公乘馬而歸,欲共公單騎而歸,此騎馬之漸也。"竊謂左師展因昭公伐季平子被逐,欲與公乘馬而歸,似是騎。但孟子尚無騎事,何得昭公已有? 古"乘"字只是駕車以行,杜預、劉炫皆當抹掭;蘇秦所謂"騎萬匹"者,則趙時恐已有騎。鶴壽案:陸農師謂黃帝以車戰,蚩尤以騎戰。其説未可信。王伯厚謂古者戰陳,士卒必與車乘相麗,雖升陑入隧,山澗稠阻,非車所能用,其必籍卒以濟,而未嘗不屬于車乘。武王革車三百兩,虎賁三百人,自百夫長以上皆乘車,非車外別有虎賁之士也。乃六轄均兵分車,步騎各有屬。險戰之法,十車爲聚,二十車爲屯,前後相去二十步,左右六步。夫險形豈有相似者? 乃與平地一概區裁,已是虛譚。易戰一車,當步卒八十人,一騎當步卒八人。一車當十騎。險戰一車當步卒四十人,一騎當步卒四人,一車當六騎。夫車步騎相當,得埶者勝,安有定形? 不然,車之所躁,騎之所馳,何止當幾人而已? 徒以"易""險"兩字對相裁減,不待知兵者知其謬也。戰騎出自匈奴,管子稱"騎寇始服",專指北狄,唐太宗謂"蕃兵唯勁馬奔衝者"。六國時,燕、趙邊胡始用之,秦遂有騎卒將,曹操始爲戰騎、陷騎、遊騎之法,且云"車徒常教以正,騎隊常教以奇",此書論戰騎翼其兩旁,掩其前後,全是後代裏陳拐子馬事,非古法也。司馬法、孫子無騎戰,吳起爲魏武侯戰,以車五百乘、騎三千匹,而破秦五十萬衆。其書六篇,往往皆有騎戰。蘇秦説六國,于燕言騎"六千匹",于趙、楚言"騎萬匹",于魏言"騎五千匹"。張儀説韓,言秦騎萬匹,趙變胡服,招騎射。此皆戰國用騎戰之證。今六韜言騎戰,決非太公所作。今案吳起在孟子前,則孟子時已有騎戰矣。周禮大司馬"帥師執提",鄭司農曰"馬上鼓",賈公彥曰:"先鄭據當時已有單騎,舉以况周。其實周時皆乘車,無輕騎法也。"然周初雖無之,而春秋時已有之。故齊、魯相遇,以鞍爲几。韓非子云:"秦穆公起卒革車五百乘,疇騎二千,步卒五萬,輔重耳入于晉。"則魯昭公以前,早已有騎卒矣。左師展將以公乘馬,劉炫以爲單騎,不爲無據。

城門之軌

孟子:"城門之軌,兩馬之力與?"趙岐但云:"先代樂器,後王皆用之。禹在文王前千餘歲,用鐘日久,故追欲絶。譬若城門之軌,齧其限切深者,用之多耳,豈兩馬之力使之然乎?"此章本難解,依趙注説已足。廢趙注而用豐氏,云"城中之涂容九軌,車可散行,故轍迹淺;城門惟容一軌,車皆由之,故轍迹深,蓋日久車多所致,非一車兩馬之力"。豐添出城中之涂一層,將"日久"二字勉強嵌入。試思城門與城中並起一時,安得將"日久"單砌在城門上邪? 此章原不必説到城中,朱子之從豐,非也。鶴壽案:城門之軌,明是對經涂、環涂、野涂之軌言之,雖並起一時,而聚行一處,與散行各處自然不同。先生所駁,殊不可解。

婁豬

定十四年左傳:"既定爾婁豬,盍歸事艾豭。"杜注:"婁豬,求子豬,以喻南子。艾豭,喻宋朝。"[1]艾,老也。釋文云:"豭,牡

---

[1] 宋朝,宋公子朝。

豕。"史記秦本紀：會稽刻石曰："夫爲寄豭，殺之無罪。"婁豬蓋求牡者，杜云求子，非。此節疏已有疑，但疏家之體，不便駁注，故爲隱躍之詞。

龜四體

禮記中庸"動乎四體"，鄭注："四體，謂龜之四足。春占後左，夏占前左，秋占前右，冬占後右。"上文禎祥妖孽蓍龜，皆至誠之依此而得前知者。筮短龜長，古者龜重于蓍，故抽出言之。而鄭注于此上先云可以前知者，天不欺至誠也。其文義顯然。朱子忽改古義，而以爲人之四體，云"如執玉高卑、其容俯仰"之類，而又云"凡此皆理之先見者也"。愚謂朱子生平只將己心懸空揣摸，被他摸著一箇理，疾忙一把擒住，或稱爲天理，或稱爲義理，橫放在胷中，憑天下千事萬事來，總把此一箇理應付去，卻又不肯單靠己心，靠同代之前輩四五人證明，即將此去讀天下書，皆執此理去剖斷。今此禎祥妖孽蓍龜何關理事？皆吉凶之兆託物以著者，豈如高卑俯仰，于理上有一定準則，我可以自己作主者乎？自朱子刱此解，人共嘆其精確，讀至鄭注，非駁爲怪，則嗤而笑。豈知龜法久亡，而四體之占，尚具詳周禮春官太卜説，不可誣也。鶴壽案：天下一事一物，莫不有理在其中。木之有文也，是其理也。即以龜言之，其吉凶之見于四體者，無非理也。無理則吉凶亦不見矣。先生謂禎祥妖孽蓍龜何關理事，分事物與理爲二，恐非。

蘜

"蘜"字相似者有三，見説文艸部，一菊，二蘜，三蘜。"菊"字注："大菊，蘧麥。從艸，匊聲。"此非九月黃華甚明。而"蘜"訓以當之，蓋因同一居六切，又貪文省，故移而用之。至"蘜"字注則云"日精也。似秋華。從艸，蘜省聲"。"蘜"字注則云"治牆也。從艸，鞠聲"。三字皆居六切。大徐皆無發明，小徐于"菊"字亦無説，于"蘜"字則云："案本草，蘜即九月黃華者，一名女精，一名女莖。"于"蘜"字則云："案本草，菊有十名，不言治牆。爾雅注：即今之秋華。"此二條甚妙。蓋"秋華"是蘜之別名,"蘜""蘜"二者相似而實不同。小徐兩言本艸,皆隨俗作"草",至"菊有十名"云云,亦隨俗以菊爲蘜,不復辨。但玩其説,則蘜之係九月黃華,陶潛所詠無疑。此華中極佳之品,且可入藥供服餌,無如舉世皆譌爲菊,難以改更;要之其本爲"蘜"省,則學者不可不知。至于蘧麥、秋華,既非佳品,又非人間要用,略之可耳。月令"季秋,鞠有黃華",釋文:"鞠,本又作菊,九六反。"此的係陶潛所詠。"季春,薦鞠衣于先帝"注:"爲將蠶求福祥。鞠衣,黃桑之服。"釋文:"鞠,居六反。如菊華也。又去六反。如麴塵。"疏:"鞠衣色如麴塵,象桑葉始生。菊者,艸名,華色黃,故季秋之月云菊有黃華,是鞠衣黃也。與桑同色,又當桑生之時,故云黃桑之服也。"玩此文兩處皆當作"蘜",乃皆譌爲"鞠",而釋文又隨俗作"菊"。小學般舛,經典文字皆爲後人所亂矣。鶴壽案:其字从艸下匊者,蘧麥也。其字从艸下匊加辛旁者,華名也。其字从艸下匊加革旁者,草名也。三者截然不同。爾雅云"大菊,蘧麥",本草云"瞿麥一名巨句麥",名醫別録謂之"大蘭"。陶弘景注云:"今出近道,一莖生細葉,花紅紫赤色可愛,子頗似麥,故名瞿麥。"廣雅謂之紫萋,一名麥句薑,今俗名洛陽花。説文繫傳云:"其小而花色深者,謂之石竹。"此非九月之華也。説文云:"蘜,日精也。以秋華。"俗本誤作"似秋花"。本草:"菊花一名節花,一名日精。"陶弘景注云:"菊有兩種,一種莖紫氣香而味甘,可作羹食。一種青莖而大葉,作蒿艾氣味不堪食者,名蕙。"夏小正云:"九月榮鞠。"鞠,草也。鞠榮而樹麥,時之急也。月令云"鞠有黃華",周書時訓解云"菊無黃華,土不稼穡",離騷云"夕餐秋菊之落英",皆假借字,依説文當作"蘜",此正九月之華也。爾雅云:"鞠,治牆",郭注誤以"蘜""菊"爲古今字,故云"今之秋華菊",然本草及名醫別録,秋華有九名而無治牆。丁度云:"治牆,草名。"則非九月之華,明矣。先生誤據俗本説文,于"蘜"字下作"似秋華",而于"蘜"字下依小徐引爾雅注"即今之秋華",雖明知其爲二種,而仍以爲相去不甚遠,豈知蘜是草名,並非華名,説文注解甚明,不得以郭注亂之。

唐棣

歐陽氏詩本義云：“删詩，或篇删其章，章删其句，句删其字，如‘唐棣之華，偏其反而。豈不爾思？室是遠而’，此小雅常棣之詩，夫子謂其以室爲遠，害于兄弟之義，故篇删其章也。”案：唐棣、常棣非一物。宋景文云：“世人多誤以常棣爲唐棣，于兄弟用之。”歐公之論，明係杜撰。常棣，爾雅所謂“棣也”。子如櫻桃，可食。唐棣，爾雅所謂“栘也”。似白楊。“常棣之華，鄂不韡韡”，“彼爾維何？維常之華”，“裳裳者華，其葉湑兮”，此常棣也。“何彼穠兮，唐棣之華”，“唐棣之華，偏其反而”，此唐棣也。

綠竹

詩淇奧“瞻彼淇奧，綠竹猗猗”，毛傳云：“綠，王芻也。竹，萹竹也。”疏引釋艸云：“菉，王芻。”舍人曰：“菉，一名王芻。”某氏曰：“菉，鹿蓐也。竹，萹蓄。”李巡曰：“一物二名。”陸璣曰：“綠、竹一，艸名，其莖葉似竹，青綠色。高數尺，今淇隩旁生此。”此説非也。詩有“終朝采綠”，則綠與竹别，故傳依爾雅以爲王芻，與萹竹異也。疏專黜陸説，其實李巡亦謬。釋文云：“綠，爾雅作菉竹。韓詩作薄，云篇筑也。郭璞云：“菉，今呼白脚莎，竹，似小藜，赤莖節，好生道旁，可食，又殺蟲。”説文“菉”字注：“王芻也。从艸，彔聲。詩曰‘菉竹猗猗’。”“薄”字注：“水萹茿。从艸从水，毒聲，讀若督。”朱子集傳改云“綠，色也。淇上多竹，漢世猶然，淇園之竹是也”。攷漢溝洫志，武帝自臨寘決河，下淇園之竹以爲楗。朱子慣用己意改古義，但訓詁當依爾雅，況許慎據毛氏古文，可不信乎？鶴壽案：“綠”與“竹”自是二草，本草引孫炎曰：“菉，蓐草也，今呼爲鴟脚沙。”郭璞注爾雅本此。“綠竹猗猗”，大學引作“菉”。“終朝采綠”，王逸注離騷引作“菉”。離騷云“薋菉葹以盈室兮”，薋，蒺藜也。葹，卷葹也。菉，王芻也。謝朓詩云：“霜翦江南菉。”此與冬生之竹無涉。竹，韓、魯詩皆作“薄”，李善注西京賦引韓詩作“綠薄如簀”，毛詩作“竹”，假借字耳。本草陶弘景注云：“萹蓄處處有之，布地而生，節間白華，葉細綠，人呼爲蓊竹。煮汁飲小兒，療蚘蟲。又謂之蓊薄。"離騷"解蓊薄與雜采兮"，洪興祖補注引本草呼爲"蓊竹"，是也。此亦與冬生之竹無涉。王芻與蓊蓄，滿地叢生，有如茵褥，故詩又云"綠竹如簀"，若是冬生之竹，則安得云爾乎？

淮南子兵略訓云："括淇、衞箘簵。"高誘注云："括，箭括也。淇、衞箘簵，箭之所出也。"梁書沈約傳郊居賦云："其竹則東南獨秀，九府擅奇。不遷植于淇水，豈分根于樂池？"淇上之有竹，其證甚多，究不可以此易爾雅訓詁。鶴壽案：淇水之旁，亦有冬生之竹。詩稱"籊籊竹竿，以釣于淇"，即是證佐，何必求證于淮南、沈約賦？但不可以釋淇奧之"綠竹"耳。

諼草

詩伯兮"焉得諼草？言樹之背"，嚴粲詩緝曰："孔氏以'諼'訓爲'忘'，非草名。然毛氏云'諼草令人忘憂'，是有其物也。諼，木又作'萱'，説文作'藼'，皆從艸，則爲艸名無疑。"案嚴所詮甚當。萱是艸本，非木本，朱子集傳乃云："諼草，合歡。"不知合歡是高大之樹，非萱艸比，集傳誤合而一之。崔豹古今注云："合歡樹似梧桐，枝葉繁互相交結，風來輒解，了不相牽綴。樹之家庭，使人不忿。"嵇康種之舍前，故養生論云"合歡蠲忿，萱草忘憂。"其爲兩物明甚。予京寓堂前有兩樹，高二三丈，花時甚盛。東坡送程建用詩："空餘南陔意，太息北堂冷。"趙次公注云："北堂冷，則念其母也。詩云'焉得諼草，言樹之北'。説者謂諼即今萱草，可以忘憂也。北，音背，言北堂也。故今謂母爲萱堂，又爲北堂。"案士昏禮"婦洗在北堂"，有司徹"致爵于主婦，主婦北堂"，注云："房半以北爲北堂。"昌黎示兒詩"主婦治北堂"，北堂，婦人所居，故遂以指母。要之此語沿誤，自宋已然，故戴埴鼠璞嘗辨之。鶴壽案：爾雅釋文引詩"焉得蔆草"，并引毛詩云"蔆草令人善忘"。阮氏毛詩注疏校勘記云："傳本作'善忘'，故箋釋之曰：'憂以生疾，恐將危身，欲忘之'，若傳已作忘憂，則何煩更箋乎？今本誤也。"護草即鹿蔥也。其花，懷妊婦人佩之必生男，故名"宜男"。李如圭儀禮釋宮云："後楣以北，爲室與房，室在中間，房在左右，婦人居于北堂，而護草樹于北堂之北。"疏云："背者嚮北之義,故知在北也。”

蔔

新唐書柳玭傳:玭常述家訓戒子孫曰:“余舊府高公先君兄弟三人,俱居清列,非速客不二羹胾,夕食齕蔔瓠而已。”案說文艸部但有蘆菔,似蕪菁,無“蔔”字。爾雅釋艸第十三:“葖,蘆萉”,郭注:“温菘也。‘萉’宜爲‘菔’。蘆菔,蕪菁屬,紫花大根。”邢疏:“蘆菔今謂之蘿蔔是也。”此字韻書不收,而本艸綱目李時珍曰:“菘乃菜名,萊菔乃根名,上古謂之蘆菔,中古轉爲萊菔,後世謳爲蘿蔔。”觀新唐書乃知後世不經見之俗字皆始于唐。鶴壽案:陸灃言唐韻于“菔”字下注云:“蘆菔也。魯人名菈葨,秦人名蘿蔔。”則知俗字始于唐人也。周彥倫曰:“春初早韭,秋末晚菘。菘爲蕪菁之屬,蕪菁即大芥也。一名葑,一名須,一名蕘,一名蔓菁,一名葑蓯,與菘爲一類,而與蘆菔絕不相類。李時珍分別言之,勝于郭說多矣。”

王瓜非黃瓜

禮記月令“孟夏之月王瓜生”,注云:“王瓜,萆挈也。今月令云‘王萯生’,夏小正云‘王萯秀’,未聞孰是。”疏云“王瓜,萆挈”者。本草文。攷大載禮夏小正四月云:“王萯秀。”逸周書時訓解:“立夏之日,螻蟈鳴。又五日,蚯蚓出又五日,王瓜生。”而呂氏春秋“孟夏之月王善生”,高誘注云:“善或作瓜。弧瓠也。是月乃生。”若淮南子時則訓“孟夏,王瓜生”,高誘注云:“王瓜,本草作葔挈。王瓜色赤,感火之色而生。”然則高誘一人之注,決不自相遠,“葔挈”即“萆挈”之異文,鄭注確矣。呂氏春秋因文異,故亦異解,淮南子注是也。而道藏本乃云栝樓,謬矣。以淮南注繹之,似今之南瓜。今菜蔬中有黃瓜者,花黃色青而長,亦以孟夏熟,按吳梅村詩詠此物而目爲王瓜,定是未看注疏。鶴壽案:王瓜是草名,非瓜名。鄭注所謂萆挈,即菝葀也。一作菝挈,一作菝葜。玉篇云:“菝葀,草名。”博雅云:“菝挈,狗脊也。”本草云:“菝葜猶妭結也。妭結短也,莖蔓堅強短小,故名。”呂氏春秋“王善生”,畢氏校正本作“王菩生”,據月令注云,今本月令作“王萯生”,古字“菩”與“萯”通用,郭璞注穆天子傳云,“萯”

今"菩"字。則知古本月令作"王菩生"也。<u>高誘</u>以爲菰瓟。菰瓟乃是土瓜，並非狗脊。先生既主"草摰"之説，乃又云似今之南瓜，則仍舊是瓜名非草名，仍舊從呂氏春秋之注而不從淮南子之注，此由未知王瓜是何物，故惑突耳。

蒲盧

<u>中庸</u>："夫政也者，蒲盧也。"<u>鄭注</u>："蒲盧，蜾蠃。謂土蜂也。詩曰：'螟蛉有子，蜾蠃負之。'螟蛉，桑蟲也。蒲盧取桑蟲之子去而變化之，以成爲己子。政之于百姓，蓋蒲盧之于桑蟲然。"<u>朱子</u>從<u>沈括</u>説，謂蒲盧即蒲葦，蓋從上文"地道敏樹"句生意。然<u>説文</u>艸部"蘆"字注："蘆菔也。似蕪菁。"則以"葭葦"爲"蘆"，似古無此語，豈可更借"蘆"作"盧"，而傅會以爲艸之易生者乎？此章亦見<u>家語</u>，<u>王肅</u>彼注與<u>鄭</u>同。"蜾蠃"詳<u>毛詩</u>小雅小宛、爾雅釋蟲注、疏及釋文，皆與<u>中庸</u>注同。<u>列子</u>天瑞篇<u>張湛注</u>，引<u>司馬彪莊子注</u>亦云："穉蜂細腰者，取桑蟲祝之，使似己子。"<u>山海經</u>"<u>青要之山</u>，是多僕纍蒲盧"，<u>郭璞</u>注同。<u>揚子法言</u>云："螟蛉之子殪而逢蜾蠃，祝之曰'類我類我'，久則肖之矣。"<u>文苑英華</u>載<u>唐無名氏蒲盧賦</u>，以教、彼、他、蟲、變、成、時、類爲韻，云："究政化之所歸，于蒲盧而可見；負么麽之異族，能教誨而知變。"<u>韓昌黎孟東野失子詩</u>："細腰不自乳，舉族長孤鰥。"<u>韓偓</u>詩："案頭筠管長蒲盧。"<u>彭乘墨客揮犀</u>云："蜾蠃之類有三，銜泥巢于室壁者曰蜾蠃，穴地爲窠者曰蠮螉，巢于書卷筆管中者爲蒲盧。名既不同，形狀大小亦異。"惟<u>天祐</u>三年于兢<u>王審知德政碑</u>"蒲盧涖政，草樹逢春"，似作"蒲葦"解。

蛾術編卷六十三

説　制　一

禹濬畎澮距川

尚書益稷:禹曰:"予決九川,距四海;濬畎澮,距川。"鄭注:"畎澮,田間溝也。澮所以通水于川也。"王云:"九川者,九州之川也。"傳云:"距,至也。決九州名川,通之至海。一畝之間,廣尺深尺,曰畎。方百里之間,廣二尋,深二仞,曰澮。澮畎深之至川亦入海。"案田間水道有畎、遂、溝、洫、澮,若散文則通得名溝。畎、遂、溝、洫注澮,澮又注川。周禮,王畿千里,分爲五等,曰六鄉,曰載師。廛里以下九等田,曰六遂,曰四處公邑,皆用溝洫法。曰三等采地,用井田法。一者立制不同,然五溝五塗則同,故地宜遂人"凡治野"云云,攷工記匠人"爲溝洫"云云。愚謂井田溝洫之制,創于禹,三代相因不變,故詩云"信彼南山,維禹甸之",論語云"禹盡力乎溝洫"。此經言畎澮,則遂、溝、洫等在其中。鶴壽案:禹時無井田之制。何以知之?帝王世紀云:"禹平水土,其時九州之地,凡二千四百三十萬八千有二十四頃,定墾者九百二十萬八千有二十四頃,不墾者千五百一十萬頃。"若禹治水之時早已制爲井田,則當以井計之,而不必以頃計之矣。詩稱"信彼南山,維禹甸之",南山者,終南山也。此不過謂終南之旁,其地皆由禹平水土,故得疆理而耕種之,非謂禹所經畫,如周禮之九夫爲井,四井爲邑,四邑爲邱,四邱爲甸也。甸之言定。禹合九州之田,皆定其高下,而詩獨舉南山者,周都豐、鎬,終南在其南,就輔近言之耳。論語稱"禹盡力乎溝洫",夫有田則必有溝洫以通水,疏瀹既施,水有所歸,禹即使民各治其田閒之水道,以便蓄泄。此不過隨其田之多寡爲之,非必如周禮之夫閒有遂,十夫有溝,百夫有洫,千夫有澮也。孟子云夏后氏五十而貢。若使禹時已有井田,則一井九區,胡弗每人各授以一區,而僅授以半區,使十六家共一井乎?然則井田始于何時?曰始于夏之末造,周之先世。公劉遷豳,徹田爲糧,此則分田畫井之始。其後周有天下,遂爲一代章程。故周禮言井田之法、溝洫之法甚備,而孟子亦云周人百畝而徹。然亦不能徧天下而行之,惟關中衍沃之地,畫井最多。直至商鞅開阡陌,而井田之制始亡,其餘列國則或疆以周索,或疆以戎索,各因其地埶之所宜,在周人固未嘗盡天下而井之也。乃唐人如杜君卿并謂井田之制始于黄帝,吾不知其何所據而云然。

九州田分九等

禹貢:九州田分九等:冀州田中中,兖州田中下,青州田上下,徐州田上中,揚州田下下,荆州田下中,豫州田中上,梁州田下上,雍州田上上。鄭注:"田著高下之等者,爲水害備也。"案:凡水害,田之高者修防可緩,下者宜急。故治水先從下起,是著其高下,欲爲水害設備。地形西北高,東南下。雍州在西北,田上上,明高爲上。揚在東南,田下下,明卑爲下。荆在揚西,高一等。梁在荆西,又高一等。三州當下三等。水害,沇州爲甚,地卑也,田中下。冀中中,豫中上,青上下。禹導河經冀、豫閒,至大伾則折而北行,由冀、沇閒趨于海,明青、徐地高,不可更東。沇尤下于冀、豫,順其就下之性,導之北行耳。是上中下據地高下也。鄭以高下言,則不論肥瘠,以肥瘠于賦之多寡自可見。王肅變言肥瘠,則與賦之多寡不合矣。然舍賦而專言田,猶可自持其説。若僞孔兼高下肥瘠言,則高者不必肥,難言上上;下者不必瘠,豈爲下下乎?乃刱爲人功修、人功少之説。即如其説,揚州田瘠薄而賦重,自禹即然,人功修矣;然地力淺瘠,人力究不能勝,故禹貢第其賦,僅加于田二等,此聖人立法之平也。唐、宋以來,江、浙號財賦藪,田仍下下而賦已倍于上上矣。鶴壽案:古揚州之田下下,今揚州之賦上上。自唐肅宗之世,轉稻東吳,至宋、元、明漕運,大半取給于江南,僞孔傳所謂"田下賦上而人功修也"。江、浙之民,善爲水田,春收豆麥,秋收稻禾,中年之入,概得三石,而北方之種地者不能半之,則以無爲水田者也。凡穀之種,禾稻倍入。種稻之田,水田又倍。昔時關中鄭下之渠,蜀郡之江,荊之芍坡,揚之七門三堰,本廢田也。而畝收數鍾,民賴以饒,得水之效也。西北土性高燥,宜麥宜粱。低平之田,即爲下產,以其非粱麥所宜,而雨澤一過,水無所注故也。使爲守令者能分年規地,仿溝洫之意,備蓄洩以爲水田,種禾稻以佐晚熟,則高地之水四注爲害者,必轉以爲利矣。且溝洫之作,以民田興民利,不必起徒役,招流亡,視其大小功力,隨作隨成,有小水旱,此豐而彼歉,則必有效法者矣。天下有水之處皆可爲田,故浙、閩、江、淮閒,岡嶺之上有泉源可灌者,爲山田;江湖之旁有淤泥可圍者,爲圩田。若于西北低平之田,量爲溝洫,豈若山田、圩田之難哉?通其變,使民不倦,其在于古,求代田、區田之法;其在于今,用水車水盤之制。合乎地埶,信乎民情,朱子以經界爲五十年之利,不信然哉?

周溝洫之制

周禮地官遂人:"凡治野,夫閒有遂,遂上有徑;十夫有溝,溝上有畛;百夫有洫,洫上有涂;千夫有澮,澮上有道;萬夫有川,川上有路,以達于畿。"鄭注:"遂、溝、洫、澮,皆所以通水于川也。遂廣深各二尺,溝倍之,洫倍溝,澮廣二尋,深二仞。徑、畛、涂、道、路,皆所以通車徒于國都也。徑容牛馬,畛容大車,涂容乘車一軌,道容二軌,路容三軌。萬夫者,方三十三里少半里,九而方一同。以南畝圖之,則遂從溝橫,洫從澮橫,九澮而川周其外焉。"賈疏:"此雖溝洫法與井田異制,其遂、溝、洫、澮廣深亦與井田溝、澮廣深同,故還約匠人井田之法而言也。云'萬夫方三十三里少半里'者,從西北隅北畔至東頭有十洫,一洫百夫,十洫千夫,千夫萬步,萬步有三十三里百步,百步是少半里,以九澮總而言之,則萬夫矣。云'九而方一同'者,匠人云'廣尺、深尺,謂之畎',以至'方百里爲同,同閒廣二尋、深二仞,謂澮'。彼井田法溝、澮稀少而云同;此雖溝洫法,溝洫稠多,亦與彼井田相準擬而言也。云'以南畝圖之'至'九澮而川周其外'者,其田南北細分者,是一行隔爲一夫,十夫則于首爲橫溝,十溝即百夫。于東畔爲南北之洫,十洫則于南畔爲橫澮，九澮則于四畔爲大川。此川亦人造，雖無丈尺之數，蓋亦倍溝耳。此川與匠人澮水所注川異，彼百里之間一川，謂大川也。”

詩噫嘻云：“駿發爾私，終三十里。亦服爾耕，十千維耦。”鄭箋：“周禮曰：‘凡治野，夫閒有遂，遂上有徑；十夫有溝，溝上有畛；百夫有洫，洫上有涂；千夫有澮，澮上有道；萬夫有川，川上有路。’計此萬夫之地，方三十三里少半里也。耜廣五寸，三耜爲耦，一川之閒萬夫，故有萬耦，耕言三十里者，舉其成數。”正義云：“箋以萬人爲耦，與三十里大數相應，故引周禮以證之。所引周禮盡‘川上有路’，皆遂人文。彼意言凡治郊外野人之田，一夫之閒，有通水之遂，廣深各二尺也；此遂上即有一步徑以通牛馬。其十夫有通水之溝，廣深各四尺也；此溝上即有一徑畛以通大車。其百夫有通水之洫，廣深各八尺也；此洫上即有一大塗以通乘車。其千夫有通水之澮，廣丈六尺，深丈四尺也；此澮上即有一通道以容二軌。其萬夫有自然之大川；此川上即有一廣路以容三軌。是周禮以萬夫爲限，與此十千相當。又計此萬夫之地，一夫百畝方百步，積萬夫方之，是廣各百夫，以百自乘是萬也。既廣長皆百夫，夫有百步，三夫爲一里，則百夫爲三十三里餘百步，即三分里之一爲少半里，是三十三里少半里也。‘耜廣五寸，三耜爲耦’，匠人文。此一川之閒有萬夫，故爲萬人對耦而耕，此萬人受田計之，乃三十三里少半里。正言三十里者，舉其成數。以三十里與十千舉其成數，正足相充。遂人注云：‘十夫二鄰之田，百夫一酇之田，千夫二鄙之田，萬夫四縣之田。遂、溝、洫、澮皆所以通水于川也。遂深廣各二尺。溝倍遂，洫倍溝。溝廣二尋，深二仞。徑、畛、塗、道、路皆所以通車徒于國都也。徑容牛馬，畛容大車，塗容車一軌，道容二軌，路容三軌。以南畝圖之，則遂縱溝橫，洫縱澮橫，九塗而川周其外焉。’是鄭具解五溝五塗之事也。以遂人治野田，故還據遂中鄰、里、酇、鄙、縣而説之。四縣爲一部，計六遂三十縣爲七部，猶餘二部，蓋與公邑采地共爲部也。何者？遂人于‘川有路’之下云‘以達于畿’，鄭云：‘以至于畿，則中雖有都鄙，遂人盡主其地。’是都鄙與遂同制，此法明其共爲部也。地官序官：‘縣正，每縣下大夫一人。鄙師，每鄙上士一人。酇長，每酇中士一人。里宰，每里下士一人。鄰長，五家則一人。’計四縣有二十鄙百酇四百里二千鄰。則鄰長以上，合有二千五百二十四人。而云一吏主之者，彼謂主民之官與典田者別職。其主田之吏，一部唯一人也。遂人注所言遂、溝、洫、澮廣深之數，皆冬官文；徑、畛、塗、道、路所容，于匠人差約而爲之。言‘以南畞圖之，遂縱溝橫、洫縱澮橫’者，以夫閒有遂，則兩夫俱南畞，于畔上有遂，故遂縱也。其遂既縱，則必注于橫者也，故溝橫也。百夫方千步，除外畔，其閒南北者九遂，東西者九溝。其東西之畔，即是洫也。縱洫必注于橫澮，則南北之畔即是澮也。萬夫方萬步，爲方千步者百，除外畔，其閒南北者九洫，東西者九澮，其四畔則川周之，如是者九，則方百里，故又云‘萬夫者方三十三里少半里，九而方一同’也。此皆設法耳。川者，自然之物，當逐地形而流，非于萬夫之外必有大川遶之。且川者流水，不得方折而帀之也。”案詩但言私田，不言公田，則知此中無井田法，陳祥道據此以駁鄭氏，非也。鶴壽案：康成謂“溝洫之法，用于鄉遂；井田之法，用于都鄙”。此止就周禮經文分別言之。其實鄉遂之地遇有可井者，亦得以井田之法行之。都鄙之地遇有不可井者，亦得以溝洫之法行之。溝洫與井田皆活法也。故康成于遂人注仍引用匠人文。薛氏謂遂人百夫有洫，而匠人十里爲成，成閒有洫，則九百夫之地。遂人千夫有澮，而匠人百里爲同，同閒有澮，則九千夫之地。其不同何也？成閒有洫，非一成之地，包以一洫而已，謂共閒有洫也。同閒有澮，非一同之地，包以一澮而已，謂其閒有澮也。遂入溝，溝入洫，洫入澮，澮入川。周世井田之法，實公行于天下，內外遠近之溝洫，固無異制，則遂人、匠人之所掌，其制一也。今案溝洫之制，載于經者，畫方如棋局，若用于鄉遂都鄙，則必隨其地勢之曲折，綜其成數計之。百夫有洫，大約九百夫之地爲洫者當有八，爲澮者當有一。千夫有澮，大約九千夫之地爲澮者當有八，爲川者當有一。積而至于九萬夫之地，爲澮者當有七十二，爲川者當有九。或整或斜，既無一定之形；或多或寡，亦無一定之數。可井者則井田之，不可井者則溝洫之而已矣。至鄭注一依經文爲説，不得不畫方如棋局也。

周井田之制

地官小司徒："乃經土地而井牧其田野。九夫爲井，四井爲邑，四邑爲邱，四邱爲甸，四甸爲縣，四縣爲都。"鄭注："此謂造都鄙也。采地制井田異于鄉遂，重立國。小司徒爲經之，立其五溝五塗之界，其制似'井'之字，因取名焉。"九夫爲井者，方一里九夫所治之田也。此制，小司徒經之，匠人爲之溝洫，相包乃成耳。賈疏：匠人云："井閒有溝，成閒有洫，同閒有澮，"是匠人爲之溝洫也。司徒立其界，匠人爲其溝，相包含乃成其事。"鄭知此謂造都鄙者，鄉遂公邑之中，皆爲溝洫之法，此經爲井田之法，故知謂造都鄙也。云'采地制井田異于鄉遂'者，遂人'夫閒有遂'之等，是溝洫法，鄉田之制與遂同，此經與匠人爲井田法，其制與鄉遂不同。"

攷工記："匠人爲溝洫，耜廣五寸，二耜爲耦，一耦之伐，廣尺深尺謂之畖。田首倍之，廣二尺，深二尺，謂之遂。九夫爲井，井閒廣四尺、深四尺，渭之溝。方十里爲成。成閒廣八尺、深八尺，謂之洫。方百里爲同。同閒廣二尋深二仞謂之澮。"鄭注："此畿內采地之制。采地制井田異于鄉遂及公邑。一夫百畝方百步，九夫爲井，方一里。三夫爲屋。一井之中，三屋九夫。三三相具，以出賦稅，共治溝也。方十里爲成。成中容一甸。甸方八里，出田稅。緣邊一里治洫。方百里爲同。同中容四都，六十四成方八十里，出田稅。緣邊十里治澮。"賈疏云："畿內采地之制者，對畿外諸侯亦制井田。與此同。云'采地制井田異于鄉遂及公邑'者，遂人云：'夫閒有遂，十夫有溝，百夫有洫，千夫有澮，萬夫有川。'方三十三里少半里。九而方一同。以南畝圖之，遂縱溝橫，洫縱澮橫。九澮而川周其外。若以九而方一同，則百里之內，九九八十一澮。井田則一同惟一澮。既溝、澮稀稠不同，又彼溝洫法以爲貢，祇就夫稅之十一而貢，此則九夫爲井，井稅一夫，美惡取于此，不稅民之所自治,是溝洫、井田異也。井田之法,畎縱遂橫,溝縱洫橫,澮縱自然川橫。其夫閒縱者,分夫閒之界耳,無遂,其遂注入溝,溝注入洫,洫注入澮,澮注自然入川。此略舉一成,以三隅反之,一同可見矣。遂人云'夫閒有遂',以南畝圖之,則遂縱而溝橫;此不云夫閒有遂,云'田首倍之謂之遂',遂則橫而溝縱也。自餘洫、澮、川依此遂、溝縱橫參之可知。但彼云'九澮而川周其外',則人造之;此百里有澮,澮水注入川,相去遠,故宜爲自然川也。”

　　朱子語類問:“周制都鄙用助法,八家同井。鄉遂用貢法,十夫有溝。鄉遂所以不爲井者,何故?”曰:“都鄙以四起數,五家出一人,故甸出甲士三人,步卒七十二人。鄉遂以五起數,家出一人,爲兵以守衛王畿,役次必簡。”案朱子注孟子,以都鄙用井田,鄉遂用溝洫,截然不同。此說與鄭合。詳後。鶴壽案:康成謂鄉遂制溝洫,都鄙制井田。其所據者遂人、匠人之異文。今案遂人所謂“十夫”者,千畝之地數,非人數也。謂千畝之地,中畫一井,而外爲水道之溝、陸道之畛也。“百夫”者,萬畝之地數,非人數也。謂萬畝之地,中畫十井,橫列溝畛,而外爲水道之洫、陸道之涂也。“千夫”者,十萬畝之地數,“萬夫”者,百萬畝之地數,非人數也。謂十萬畝之地,中畫百井,縱列洫涂,而外爲水道之澮、陸道之道也。百萬畝之地,中畫千井,橫列澮道,而外爲水道之川、陸道之路也。計其田則大約百萬畝,任其地則實爲八千家也。匠人所謂“九夫”爲“井”,九百畝之地也。井閒之水道爲溝,溝上亦必有畛,而不計之。井十爲“通”,通十爲“成”,九萬畝之地也。成閒之水道爲洫,即十通所列之九洫,洫上亦必有涂,而不計之。成十爲“終”,終十爲“同”,九百萬畝之地也。同閒之水道爲澮,即十終所列之九澮,澮上亦必有道,而不計之。匠人計一井實耕之地,故以九百畝爲數;遂人計通井內外之地,故率以千畝爲數:此田數之相通者也。遂人所治者,九溝注一洫,九洫注一澮,九澮注一川;萬夫有川,以一川包萬夫:一條理言之。匠人所治者,九十溝注九洫,九十洫注九澮,澮外即爲川,以九澮盡一同:分條理言之。此溝洫之相通者也。遂人與匠人既無二法,則鄉遂與都鄙亦豈有殊制? 物土之宜而布其利者,三代制田畝之通義也。溝必因水勢,防必因地勢者,萬世制溝洫之成法也。非土之宜,雖暴君不能强其國人。非地之勢,雖國工無所施其浚道。而土宜地勢者,隨處變易,即一鄉一邑不能必其齊同也。謂山林陵麓者爲井田，衍沃平易者不爲井田，是反其土宜，非物土宜也。謂平原曠野者不爲井田，山谷溪澗者爲井田，是逆其地執，非因地執也。若謂不問山陵平衍，鄉遂必不爲井田，都鄙必爲井田，則所謂法者，直無法也。若謂鄉遂必有平衍，以地近易察，得已而不爲井田，都鄙必有山陵，以地遠難察，不得已而乃爲井田，則所謂法之善者，乃正以爲不善也。反其説而究之，即謂鄉遂必山陵，故不井田，都鄙必平衍，故井田，非通論也。吾未聞建國之盡在山陵也，而況謂鄉遂必平衍，平衍反不井田乎？更反其説而究之，即謂鄉遂必平衍，故井田；都鄙必山陵，故不井田，亦非通論也。吾又見都鄙之俱爲山陵也，而況謂都鄙必山陵，山陵獨井田乎？且設于大坯大陸之地而置一國，其鄉遂皆平衍也，將仍爲易察而不井田乎？又設于終南、太行之麓而置一國，其都鄙皆山陵也，將仍爲難察而必井田乎？有十里之地執土宜，有百里之地執土宜，有千里之地執土宜。山陵、平衍，不能以十里定百里，亦不能以百里定千里也。有安邑之地執土宜，有偃師之地執土宜，有鎬京之地執土宜。山陵、平衍，治冀者不能移之豫，治豫者不能移之雍也。泥于鄉遂用溝洫、都鄙用井田之説，是舉一而廢百，非先王之所謂溝洫也，非先王之所謂井田也。

三等授田

地官小司徒："頒比法于六鄉，乃均土地以稽其人民，而周知其數。上地，家七人，可任也者家三人；中地，家六人，可任也者二家五人；下地，家五人，可任也者家二人。"鄭注："一家男女七人以上，則授之以上地，所養者衆也。五人以下，則授之以下地，所養者寡也。正以七人、六人、五人爲率者，有夫有婦，然後爲家，自二人以至于十，爲九等，七六五者爲其中。可任，謂丁強任力役之事者。出老者一人，其餘男女強弱相半其大數。"

遂人："上地，夫一廛，田百畮，萊五十畮。餘夫亦如之。中地，夫一廛，田百畮，萊百畮。餘夫亦如之。"下地，夫一廛，田百畮，萊二百畮。餘夫亦如之。"鄭注："廛，城邑之居。萊，謂休不耕者。六遂之民奇受一廛，雖上地猶有萊，皆所以饒遠也。鄭司農云：戶計一夫一婦而賦之田，其一戶有數口者，餘夫亦授此田也。"

案:中地田百畮、萊百畮,即一易之地。下地田百畮、萊二百畮,即再易之地。惟上地田百畮、萊五十畮,較六鄉獨多耳。

大司徒:"凡造都鄙,不易之地,家百畮;一易之地,家二百畮;再易之地,家三百畮。"鄭注:鄭司農云:"不易之地,歲種之,地美。一易之地,休一歲乃復種,地薄。再易之地,休二歲乃復種。"

夏官大司馬:"凡令賦,以地與民制之。上地食者參之二,其民可用者家三人;中地食者半,其民可用者二家五人;下地食參之一,其民可用者家二人。"鄭注:"賦,給軍用者也。令邦國之賦亦以地之美惡、民之眾寡爲制,如六遂矣。鄭司農云:上地謂肥美田也,食者參之二。假令一家有三頃,歲種二頃,休其一頃。下地食者參之一,田薄惡者所休多。"案:蔡德晉謂所令之賦,自鄉遂以達于邦國都鄙皆一法,可食者謂田也,其不可食者則萊也,與康成合。但鄭謂是邦國,蔡通畿内都鄙一概同之。

小司徒六鄉、大司徒都鄙授田法,與井牧同。遂人六遂、大司馬邦國授田法,與井牧微異。蓋以饒遠,遂較鄉爲遠,邦國較畿内爲遠,故其差如此。及其出稅賦,則皆二而當一。

遂人"凡治野,以下劑致甿",鄭注:"變民言甿。異外内也。致,猶會也。民雖受上田、中田、下田,及會之,以下劑爲率,謂可任者家二人,優遠民也。"鶴壽案:大司馬稱"上地食者參之二",既謂之"上地",則歲歲耕之,當無不食者矣,而何以言食者參之二?惠半農謂六遂上地夫一廛,田百畮,又加萊五十畮,所謂上地"食者參之二",蓋以其地三分之而休其一也。然則天下不易之田亦甚少矣。康成謂一易者休一歲,再易者休二歲。何休謂上田一歲一墾,中田二歲一墾,下田三歲一墾。凡耕之法,力者欲柔,柔者欲力;息者欲勞,勞者欲息;棘者欲肥,肥者欲棘,急者欲緩,緩者欲急;溼者欲燥,燥者欲溼:易之之謂也。何休謂肥饒不得獨樂,墝埆不得獨苦,三年一換生易居。張晏謂周制三年一易,以同美惡。孟康亦謂古制三年爰土易居。班固則謂下田三歲更耕之,自爰其處。此乃秦、晉之爰田,非周官之易田也。人勞多癃,土勞多瘠,故必休之而土乃肥。所謂"休"者,非棄置之,春萌而斫其新,夏夷而芟其陳,秋繩而敗其實,冬耜而剗其根:則有薙氏殺草之法以治其地。農土、沃土、埴土、井土、中土、肥土、咸土、隱土、甲土，土各異物，物各異宜，則有草人土化之法以物其地。畜水、止水、蕩水、均水、舍水、瀉水，水歸其澤，澤草所生，則有稻人揚芟之法以作其地。休一歲二歲，然後種之，則土肥美，其收數倍，**孟子**所謂"易其田疇"者以此。一說"易"謂巳耕之土而休之，"萊"謂未耕之土而墾之。六遂加萊田者，先王于授田之時，寓開墾之術。周之"易田"，即**秦**、**晉**之"爰田"，歲代其處而已。然代其處而無休之之法，則地力盡矣，恐非先王授田之意也。古之耕者低爲畎，高爲隴，一畮三畎三隴，廣深各尺。苗葉方生，隤隴附根，及苗壯盛，隴盡畎平，能風與旱，是爲深耕。後世耕淺，有風及旱，則立槁矣。畎一名區，氾勝之書，分爲三等，上農區廣深各六寸，閒相去七寸；中農區廣七寸，閒相去二尺；下農區廣九寸，閒相去三尺。深皆六寸。上農區多收亦多，下農區少收亦少，故曰"上田棄畮，下田棄畎"。言上田畎多，下田畎少也，然惟六鄉地狹，及有不易之地，則天下不易之田亦甚少矣。

税法輕重之制

地官載師："凡任地：國宅無征，園、廛二十而一，近郊十一，遠郊二十而三，甸、稍、縣都皆無過十二，惟其漆林之征，二十而五。"**鄭注**："任地，謂任土地以起稅賦也。征，稅也。國宅，凡官所有宮室，吏所治也。國稅輕近而重遠，近者多役也。園廛亦輕之者，廛無穀，園少利也。"**鶴壽案**：**賈公彥**謂"園"即"場圃"，任園地。"廛"即"廛里"，任國中之地。漆林之稅特重，以自然而生，非人力所作也。今案園廛所產甚微，故二十而稅其一；漆林所出獨饒，故二十而稅其五；其餘則十一之征，天下所同。"近郊"三句，先儒以爲**莽**、**歆**所竄耳，先生據此以爲國稅輕近重遠之證，恐未可信。

孟子云："請野九一而助，國中什一使自賦。"案：康成以遂人所言爲溝洫之法，即**夏**之貢法，鄉遂公邑用之；**匠人**所言爲井田之法，即**殷**之助法，都鄙用之。其溝洫與井田之異，則**賈**疏遂人云："夫閒有遂，十夫有溝，百夫有洫，千夫有澮，萬夫有川，三十三里少半里，九而方一同，九澮而川周其外。"則百里之內，九九八十一澮。井田則一同惟一澮。一溝澮稠多，一溝澮稀少。其異一。**匠**

人井田之法，畎縱遂橫，溝縱洫橫，澮縱川橫。其夫閒縱者，分夫閒之界耳，無遂。其遂注入溝，溝注入洫，洫注入澮，澮注入川。略舉其一成，以三隅反之，一同可見矣。遂人云"夫閒有遂"，以南畝圖之，則遂縱而溝橫；匠人不云夫閒有遂，云"田首倍之謂之遂"，遂則橫而溝縱也。自餘洫、澮、川依此遂溝縱橫參之可知。其異二。遂人云"九澮而川周其外"，川是人造之；匠人"百里有澮，澮水注入川，"相去遠，宜爲自然川，非人所造。其異三。溝洫之法，祇就夫稅之十一而貢；井田之法，九夫爲井，井稅一夫，美惡取于此，不稅民之所自治。其異四。鄭夾漈非之，謂"匠人舉大概而言，遂人舉一端而言，井田之法，通行天下，未嘗有異"。陳祥道禮書亦謂"先王之爲井田也，使所飲同井，所食同田，所居同廛，所服同事。鄉遂六軍所寓，豈若授之田而不爲井法乎？康成以小司徒有邑、甸、縣、都之別，而其名與采邑同，遂以井田屬之采邑，不知二百一十國謂之州，五黨亦謂之州；萬二千五百家謂遂，一夫之閒亦謂之遂；王畿謂之縣，五鄙亦謂之縣。小司徒井其田野，不過取名于縣都而已，不足據"。陸佃、陳傅良皆不信鄭說，備載王與之訂義。近時沈彤禄田攷亦用鄭樵、陸佃之說。朱子則曰："周禮有井田之制，有溝洫之制。井田是四數，溝洫是十數。今永嘉諸儒乃欲混井田、溝洫爲一，則不可通。鄭氏注分作兩項，極是。"愚謂周人徹法，原兼貢、助。若井田通行天下，則亦專用助，何徹之有？遂人、匠人之別，見于周官，國中、野外之殊，著于孟子，自當以康成及朱子之言爲定。至于遂人言"興鋤"，鄭大夫讀"鋤"爲"藉"，杜子春讀"鋤"爲"助"，後鄭云"謂起民人，令相佐助"，陳氏以此證遂得行助者，非也。小司徒"大比，六鄉四郊之吏，攷夫屋"，鄭注："夫三爲屋，屋三爲井。出地貢者，三三相任。"賈疏："鄉遂之內，既不爲井田，而爲溝洫之法。今云夫三爲屋，屋三爲井者，以其溝洫雖爲貢法，出貢之時，亦三三相保任，以出穀稅，故鄭云出地貢者三三相任也。一井之內九夫，夫三爲屋，是一屋三夫自相保任,故云三三相任,據一井而言也。似一井之法,亦八家耡一夫,税入于上,相保任以出穀者也。""旅師掌聚野之耡粟",鄭注:"野謂遠郊。耡粟,民相助作一井之中所出九夫之税粟。"賈疏:"此'野'謂六遂。鄉、遂、公邑三處皆爲溝洫,三等采地乃爲井田。今此六遂,鄭以爲井田,與例違者,鄉遂中雖爲溝洫法,及其出税,亦爲井田税之。蓋即指三三相任,非九而税一也。"孟子曰"鄉田同井",匠人疏"鄉遂爲溝洫法",而云"鄉田同井",此謂殷之助法,雖鄉亦爲井田,故云"鄉田同井",以孟子雜説三代故也。是皆不得取以難鄭。惟噫嘻"駿發爾私,終三十里,亦服爾耕,十千維耦",鄭仍引遂人釋之,似屬可疑。然言"私"不言"公",則知此中只有私田也,是亦無可疑矣。但從鄭説則鄉遂公邑溝洫稠多,其治溝洫不出賦之夫,當數倍于都鄙,而檢經注無此法,則鄉遂出賦之夫亦皆不能定,況六鄉家二人半,六遂家二人,都鄙與邦國郊外約七家出一人,其羨卒無考,其賦役之差,繁于近,簡于遠,參差不一如此。予嘗反覆推尋,求其説而不得,既而檢春秋正義,鄉遂不出車甲馬牛,而都鄙出車甲馬牛,則其費且倍于鄉遂。至于税之輕近重遠,又各不同,則其輕重之差,亦固無可疑者。出車一條,別見于後。令取税之輕重,附論如左。鶴壽案:溝洫與井田,本活法也。用助法之處,有九百畝固畫爲一井矣。用貢法之處,有九百畝亦可以當一井。故鄭謂三三相任,是以井田之法而施之于溝洫之地也。總之周禮所載,成、同諸制,不過紀其成數,以爲出車簡徒之用;其在田野,不必如此正方。惟其爲活法,故隨處可用之耳。旅師有"耡粟",又有"屋粟"、"閒粟"。屋三爲井,以井計曰"耡粟",井以"耡"名,九夫之粟也。夫三爲屋,以夫計曰"屋粟",夫以"屋"名,三夫之粟也。夫一爲廛,以廛計曰"閒粟",廛以"閒"名,一夫之粟也。一而三,三而九,所謂出民貢者三三相保。小司徒致夫屋,以此致之。司稼出斂法,以此出之。旅師平興積,亦以此斂而聚之,聚而頒之者也。魯語"籍田以力而底其遠近,賦里以入而量其有無,任力以夫而議其老幼","籍"謂耡,"夫"謂屋,"里"謂廛也。

匠人注"孟子曰'夏后氏五十而貢,殷人七十而助,周人百畝而徹,其實皆什一也。請野九一而助,國中什一使自賦。方里而井,井九百畝,其中爲公田,八家皆私百畝,同養公田,所以別野人也。'詩云:'雨我公田,遂及我私。'惟助爲有公田。由此觀之,雖周亦助也。魯哀公問于有若曰:'年饑,用不足,如之何?'對曰:'盍徹乎?'曰:'二,吾猶不足,如之何其徹也?'春秋宣十五年,初稅畝,傳曰:'非禮也。穀出不過籍,以豐財也。'此數者,世人謂之錯而疑焉。以載師職及司馬法論之,周制,畿內用夏之貢法稅夫,無公田。以詩、春秋、論語、孟子論之,周制,邦國用殷之莇法,制公田不稅夫。貢者,自治其田,貢其稅穀。莇者,借民之力以治公田,又使收斂焉。畿內用貢法者,鄉遂及公邑之吏,旦夕從民事,爲其促之以公,使不得恤其私。邦國用莇法者,詣侯專一國之政,爲其貪暴,稅民無藝,稅有重輕,通其率以什一爲正。孟子云'野九夫而稅一,國中什一',是邦國亦異外內之法耳。"賈疏:"云'畿內用貢法'云云者,鄉遂公邑之內,皆鄰里比閭等治民之官,旦夕從民事,或因此促之,使先治公田,則不得恤其私,故爲貢法,使不得有公田也。云'邦國用助法'云云者,藝謂準法,宣公初稅畝,就井田上尚取民之所自治。若爲貢法,有何準法?故爲井田,不爲貢也。"穎達曰:"鄭云邦國亦異外內,則諸侯郊內貢,郊外助矣。而鄭正言畿內用貢法,邦國用助法。以爲諸侯皆助者,以諸侯郊內地少,郊外地多,故以邦國爲助對畿內之貢,爲異外內也。"此條疏通鄭意最善。案:詩"倬彼甫田,歲取十千",箋以十千爲萬畝,而解之云:"歲取十千,于井田之法,則一成之數也。九夫爲井,井稅一夫,其田百畝。井十爲通,通稅十夫,其田千畝。通十爲成,成方十里,成稅百夫,其田萬畝。"正義云:"孟子言三代稅法,其實皆什一。若井稅一夫,是九稅之矣。此詩之意,刺幽王賦重,當陳古稅之輕。而言成稅萬畝,反得重于什一者。孟子言什一,據通率而言耳。周制有貢有助,助者九夫而稅一夫之田,貢者什一而貢一夫之穀,通之二十而稅二夫,是爲什中稅一也。故匠人注廣引經傳而論之,云周制,畿内用貢法,税夫無公田;邦國用助法,則公田不税夫。通其率以什一爲正。孟子曰'野九夫而税一,國中什一',是邦國亦異外内之法耳。是鄭解通率爲什一之事也。'請野九一而助,國中什一使自賦',是鄭所引異外内之事也。'方里而井,井九百畝,其中爲公田,八家皆私百畝,同養公田,所以别野人也',是説助法,井别一夫以入公也。'别野人'者,别野人之法,使與國中不同也。爾雅云:'郊外曰野',則野人爲郊外也,國中爲郊内也。郊内謂之國中者,以近國,故繋國言之;亦可地在郊内,居在國中故也。助法既言百畝爲公田,則使自賦者,明是自治其田,貢其税穀也。助則九而助一,貢則什一而貢一,通率爲什一也。若然九一而助者,爲九中一,知什一自賦非什中一者,以言九一,即云'而助',明九中一助也。國中言什一,乃云'使自賦',是什一之中,使自賦之,明非什中一爲賦也。故鄭玄通其率以什一爲正。若什一自賦爲什中賦一,則不得與九一通率爲什一也。且鄭引孟子云'野九夫而税一,國中什一',不言國中什而税一,明是國中什一而貢一,故得通率爲什一也。史傳説助、貢之法,惟孟子爲明。鄭據其言,謂什一而徹,爲通外内,理則然矣。而食貨志云:'井方一里,是爲九夫,八家共之,各受私田百畝,公田十畝,是爲八百八十畝,餘二十畝爲廬舍。'其言取孟子爲説,而失其本旨。何休注公羊、范甯解穀梁、趙岐注孟子、宋均説樂緯,咸以爲然。理不可通。何則? 井九百畝,其中爲公田,則中央百畝,共爲公田,不得家取十畝也。八家皆私百畝,則中央百畝皆屬公矣,何得復以二十畝爲廬舍也? 同養公田,是八家共理公事,何處家分十畝自治之也? 若家取十畝,各自治之,安得謂之同養也? 若二十畝爲廬舍,則家别二畝半亦入私矣,何得爲八家皆私百畝也? 匠人注云'野九夫而税一',此箋云'井税一夫,其田百畝',是鄭意無家别公田十畝及二畝半爲廬舍之事。俗以鄭説同于諸儒,是失鄭旨矣。"穎達此疏,于天子諸侯皆異外内之事,解釋最爲明晰。二法不同者,豈非畿内之賦,鄉遂重而都鄙輕;邦國之賦,國中重而郊外輕?故特設此輕近重遠之稅以均之與?鶴壽案:康成謂周制畿內用夏之貢法,邦國用殷之助法。其實周人所用者,止有貢法,並無助法。而孟子又謂之徹法。"徹"者,言君民上下相通也。蓋殷制八家同井,皆私田百畝,而同養公田。周制九夫爲井,并以公田授民,而於百畝中各取其十之一。其與貢異者,貢校歲以爲常;周隨年之豐凶,使民納十畝之入,年豐則君民同其有餘,年凶則君民同其不足,上下相通,故謂之徹也。周禮言九夫爲井而不言八家同井,此即徹異於助之明證。徹本無公田,故孟子曰"惟助爲有公田",言惟助有則徹無可知。此明其制之異也。言雖周亦助,則助豐凶相通而徹亦豐凶相通可知。此明其意之同也。若徹原是通力合作,計畝均收,則與助何異哉?然則徹無公田,詩何以言"雨我公田"?曰殷人八家同井,公田在私田外,周人九夫爲井,公田即在私田中。夏小正曰:"三農服于公田。"公田之稱,可施于貢,獨不可施于徹乎?

或曰:稅有重輕,是固然矣。趙岐解孟子云:"夏后氏民耕五十畝,貢上五畝;殷民耕七十畝,以七畝助公家;周民耕百畝者,徹取十畝以爲賦。雖異名而多少同。故曰'其實皆什一也'。"匠人疏亦用趙氏說。今從鄭說則不合,故陳祥道禮書云:"鄭謂通率什一,而穎達之徒申之,謂助之所取者重,貢之所取者輕,孟子何以言皆什一乎?字書訓'徹'爲'通',正兼二法爲什一之義,不當以爲徹取。龍子言'莫不善于貢',夏元肅雖謂'後人流弊',其實亦由立法而然。制公田則不必取盈,不制公田則賦有常額,安得謂貢、助皆什而稅一邪?"朱子謂"商人始爲井田之制,以六百三十畝之地,畫爲九區,區七十畝,中爲公田,其外八家,各授一區,但借其力以助耕公田,而不復稅其私田。此條得之。"又謂"周時鄉遂用貢法,十夫有溝;都鄙用助法,八家同井"。此條亦得之。至謂"夏一夫受田五十畝,每夫計其五畝之入以爲貢,如此則與助通率爲十九分而取其二分"。與前說自相矛盾。其"請野"節注"使什而自賦其一",亦當改爲"使什一而自賦其一",乃爲確耳。又謂"貢法以十一爲常,而周則一夫耕私田百畝、公田十畝,爲十一而取一,如此則通率爲二十一分而取其二分"。皆非也。<u>何休</u>、<u>范甯</u>、<u>班固</u>、<u>趙岐</u>之説，本于<u>公羊</u>，然求之諸經則無文，計數則不合，不可從。

<u>朱子</u>：或問："三代受田多少之不同，何也？"曰："<u>張子</u>嘗言之矣。<u>陳氏</u>、<u>徐氏</u>亦有説焉。<u>陳氏</u>云：'<u>夏</u>時洪水方平，可耕之地少，至<u>商</u>而浸廣，<u>周</u>而大備也。'<u>徐氏</u>云：'古者民約，故田少而用足，後世彌文而用廣，故授田之際，隨時而加焉。'然諸説皆若有可疑者。蓋田制既定，則其溝、涂、畛域亦有一定而不可易者，今乃易代更制，每有增加，則其勞民動衆，廢壞已成之法，使民不得服先疇之田畝，其煩擾亦已甚矣。不知<u>孟子</u>之言，其所以若此者，果何謂也？"<u>顧氏</u>絳曰："古來田賦之制，實始于<u>禹</u>。水土既平，咸則三壤。後之王者，不過因其成迹而已。故<u>詩</u>曰：'信彼南山，維<u>禹</u>甸之。畇畇原隰，曾孫田之。我疆我理，南東其畝。'然則<u>周</u>之疆理，猶<u>禹</u>之遺法也。<u>孟子</u>乃曰'<u>夏后氏</u>五十而貢，<u>殷</u>人七十而助，<u>周</u>人百畝而徹'，何與？蓋<u>三代</u>取民之異，在乎貢、助、徹，而不在乎五十、七十、百畝。其五十、七十、百畝特丈尺之不同，而田未嘗異也。<u>王制</u>曰'古者以<u>周</u>尺八尺爲步，今以<u>周</u>尺六尺四寸爲步'，而當時因時制宜之法，亦有可言。<u>夏</u>時土曠人稀，故其畝特大；<u>周</u>時土易人多；故其畝漸小，以<u>夏</u>之一畝爲二畝，其名殊而其實則一矣。"<u>鶴壽</u>案：<u>三代</u>受田多寡，有言<u>夏</u>以五尺爲步，<u>殷</u>以五尺六寸爲步，<u>周</u>以六尺爲步。一畝同長百步，而<u>夏</u>廣二步，<u>殷</u>廣一步五十六分步之二十四，<u>周</u>廣一步。推之一里，則廣長皆三百步，其積皆九萬步，名異而實同。此不可信。或疑溝洫之制，一成而不變，今欲易五十而爲七十、百畝，則必將移邱陵，破墳墓。是又不然。蓋自<u>公劉</u>徹田爲糧，始制井田。及<u>周</u>有天下，<u>小雅</u>有"雨我公田"，<u>周頌</u>有"駿發爾私"，<u>左傳</u>于<u>魯</u>聞"穀出不過籍"，于<u>齊</u>欲"盡東其畝"，于<u>鄭</u>見"盧井有伍"，于<u>楚</u>稱井衍沃"，<u>國語</u>于<u>魯</u>言"井出稷禾，秉芻缶米"，于<u>齊</u>言"陸阜陵墐，井田疇均"，井田幾徧布矣。然則溝洫之制，自<u>夏</u>已然。<u>夏</u>田五十，<u>殷</u>田七十。若未畫井則可，若既畫井而欲更之，豈不難乎？曰：無難也。<u>三代</u>溝洫之利，其小者，民自爲也。其大者，官所爲也。溝洫所起之土，即以爲道路，溝洫所通之水，即以備旱潦。後世議之，慮其棄地之多，而實無多也。一井之

步，約百有八十丈，其爲溝畛者，八尺而已。一成之步，約萬有八千丈，其爲洫與涂者九，積十有四丈四尺而已。通計所棄之地，二百分之一而弱也。若更新爲之，猶畎田之法。一尺之畎，二尺之遂，即耕而即成者也。今蘇湖之田，九月種麥，必爲田塍，兩塍中間，深廣二尺。其平闊之鄉，萬塍鱗接，整齊均一，彌月悉成。古之遂徑，豈有異乎？設使限以五年，則合八家之力，而先治一橫溝，田首之步百八十丈者，家出三人，就地築土，二日而畢矣。明年以八十家之力治洫，廣深三溝，其長十之，料工計日，七日而畢矣。又明年以八百家之力爲澮，廣深三洫，其長百溝，料工計日，三旬而畢矣。即以三旬之功，分責三歲，其成必也。及功之俱成，民畎田以爲利，一歲之中，家修其遂，衆治其溝洫，官督民而浚其澮，是棄地不多而成功無難也。

　　以上所謂異外内者，亦皆言其大略耳。載師："凡任地：國宅無征，園廛二十而一，近郊十一，遠郊二十而三，甸稍縣都皆無過十二。"注："國稅輕近而重遠，近者多役也。"匠人注亦引載師此文，而云此謂田稅也。皆就夫稅之輕近重遠耳。駁異義云："案公羊說，十一稅，遠近無差。玄之聞也，周禮制稅法輕近而重遠者，爲民城道溝渠之役，近者勞，遠者逸也。"若然，周禮稅法據王畿；公羊稅法據諸侯邦國，無遠近之差者，以其國地狹少，役賦事暇，故無遠近之差也。夫所謂近者多役故輕其稅者，城道溝渠之役固然矣；而六鄉上劑致甿，六遂下劑致甿，四處公邑同于遂，則亦下劑致甿，此豈非畿内之近者多役乎？至謂諸侯無遠近之差者，對畿内而言耳。實則孟子對滕文公，正是邦國異外内之事，而尚書費誓正義"大國三軍，出自三鄉；次國一軍，出自二鄉；小國一軍，出自一鄉"，是國中亦家出一人也。司馬法"甸六十四井，出七十五人"，賈公彦以爲邦國之制，是在野七家而出一人也。此豈非邦國之近者多役乎？抑所謂近郊、遠郊，賈氏欲取九等田分屬之，故不言六鄉亦在其内也。所謂"園廛"者，鄭氏取孟子"五畝之宅，樹之以桑"以解"廛"，取詩中"田有廬，疆埸有瓜"以解"園"。鄭不取何休"公田内二十畝，八家各二畝半"之說，其箋詩云"田中作廬，以便田事"，意亦指廬在私田之内。賈失鄭指，而取趙岐"廬井邑居各二畝半"之説,以園、廛兩物,合成一五畝之宅,乃<u>趙岐</u>注<u>滕文公</u>以園、廛皆是國中之地,與五畝之宅無涉,則<u>賈</u>又失<u>趙</u>指矣。其實"廛"即廛里任國中之地,"園"即場圃任園地,場人掌國之場圃,則園不在國中乎? 是園廛亦在六鄉内也。惟"甸、稍、縣、都無過十二"者,指六遂及四處公邑而言,無采地在内。其采地税法之輕重,檢經注無明文,以"下劑致甿"及"七家一人"之差攷之,則采地之税必當又重于十二,可推而知也。

　　出賦之法,最重則畿内之六鄉、廛里以下九等地,_{九等地出賦法,經無文,因其與六鄉俱在遠郊内,故以意推之。}邦國之三鄉、二鄉、一鄉。其次則畿内之六遂及四等公邑。其次則邦國之郊外。最輕則畿内之三等都鄙。出税之法,最重則畿内之漆林。_{二十而五。}其次則畿内之三等都鄙。_{甸、稍、縣、都,無過十二,竊疑三等都鄙亦當在内。檢<u>鄭</u>注<u>賈</u>疏皆不在内,又無他法見經姑分之,别爲一等。}其次則畿内之六遂及四等公邑。_{十二。}其次則畿内遠郊之六鄉及官田、牛田、賞田、牧田,_{二十而三。六鄉地居四同。則近郊遠郊皆有之,勿泥。}其次則邦國之郊外。_{九一。}其次則畿内之近郊宅田、士田、賈田。_{十一。}其次則邦國之國中。_{什一使自賦,<u>孔</u>作什一而税一。}其次則畿内之園廛。_{二十而一。}最輕則國宅及圭田、餘夫,皆無征。_{<u>鄭</u>以圭田即士田,士田在近郊,則十一也。<u>王制</u>圭田無征,<u>賈</u>氏以餘夫亦無征,二説不同。}總之税輕者賦重,賦輕者税重,錯綜參伍而尋之,則涣然無疑矣。_{<u>鶴壽</u>案:十一,田之正税,通于天下,而言于近郊者,税田始于此,無他税也。遠郊田亦十一,而關税則二十分而取其三,甸、稍、縣、都田亦十一,而山澤之税則十分而取其二。先生俱以爲賦,非是。}

　　六鄉三劑致甿,合正卒、羨卒通率,家二人半。其常征所用,則無過家一人。都鄙七家出一人,亦言其常征所用耳。計亦當有羨卒,以備更休。_{<u>經</u>無明文,不可臆度。}至大司馬"凡令賦以地與民制之,上地食者參之二,中地食者半,下地食者參之一",<u>鄭氏</u>注及<u>正義</u>以爲與六遂同,近時<u>蔡德晉</u>亦云然。但受田既一概同于六遂之制,並無鄉、遂之别,則凡邦國國中之賦,亦未必如畿内有三劑、下劑之分,亦當正、羨通家出二人,與六遂同,雖經無文,可以意推也。至常征所用,則亦無過家一人,説本尚書正義,已見前。以此推之,知馬、鄭論語注所引司馬法"六十四井出七十五人"者,乃是邦國郊外之賦耳,不復言其細别,舉其多者言之,與鄭駁異義及匠人注所謂"邦國言其略者"正合。邦國郊外亦當有羨卒,經、注無文,亦可意推。鶴壽案:方承觀謂"野之九一"爲九中之一,則國中之什一亦什中之一。鄭注因"其實什一"之語,欲與九一爲通率,故云"什一之一"。不知所謂"通率"者,當就税法與役法言之,國中税輕而役多,野外税重而役少,二者相通則適均耳。

禮記坊記疏:"五經異義云:'天子萬乘,諸侯千乘,大夫百乘。此大判言之,尊卑相十之義,其閒委曲細别不同也。'許説甚是。天子六鄉九等田、六遂、公邑、都鄙各不同,諸侯國中與野外亦不同。"

王制:"方一里者,爲田九百畝。方十里者,爲方一里者百,爲田九萬畝。方百里者,爲方十里者百,爲田九十億畝。方千里者,爲方百里者百。爲田九萬億畝。"此段總論千里地方實數。一里一井也,十里一成也,百里一同也,千里一圻也。明乎此,可以得軍賦之大凡。

載師鄭注:"凡王畿内方千里,積百同,九百萬夫之地也。有山陵、林麓、川澤、溝瀆、城郭、宮室、涂巷,三分去一,餘六百萬夫。又以田不易、一易、再易,上中下相通,定受田者三百萬家。"朱子曰:"郊地四同,鄉遂井田在内。甸地十二同,公邑在内。稍地二十同,家邑在内。縣地二十八同,小都在内。畺地三十六同,大都在内。甸地之外,皆謂之野。家邑、小都、大都,皆謂之都鄙。"朱子此條總舉王畿大數。但郊地四同,只有六鄉在内,遂不在内;其地爲溝洫,不爲井田。載師以公邑之田任甸地,鄭謂甸爲六遂,餘地爲公邑,不得以甸與遂爲二,甸、稍、縣、都皆有公邑,非單屬甸。遂人云"凡治野",遂亦稱野,則遠郊外皆謂之野,非甸地之外爲野。

蛾術編卷六十四

説　制　二

六鄉

地官大司徒："五家爲比，五比爲閭，四閭爲族，五族爲黨，五黨爲州，五州爲鄉。"鄭注："閭二十五家，族百家，黨五百家，州二千五百家，鄉萬二千五百家。"賈疏："大司徒主六鄉，故令六鄉之內，五家爲一比。"云云。序官，鄭注："六鄉地在遠郊之內。則居四同。鄭司農云：百里內爲六鄉，外爲六遂。"賈疏："案司馬法，王城百里爲遠郊，于王城四面，則方二百里，開方之二二如四，故云四同。"蔡德晉曰："比、閭以五爲數，族獨以四爲數者，以用四則成百數，復用五則奇零不正齊也。"此與訂義朱氏"第三便著四數"之說相發明。

小司徒："頒比法于六鄉之大夫，乃會萬民之卒伍而用之。五人爲伍，五伍爲兩，四兩爲卒，五卒爲旅，五旅爲師，五師爲軍。以起軍旅，以作田役，以比追胥，以令貢賦。"鄭注："伍、兩、卒、旅、師、軍，皆衆之名。兩二十五人，卒百人，旅五百人，師二千五百人，軍萬二千五百人。此先王因農事而定軍令，欲其恩足相恤，義足相救，服容相別，音聲相識，役功力之事追逐寇也，胥伺捕盜賊也。鄉之田制與遂同。"賈疏："六軍之士，出自六鄉，故預配卒伍，百人爲卒，五人爲伍。而用之者，即軍旅田役是也。"下又云："凡起徒役，無過家一人。六鄉之內，有比、閭、族、黨、州、鄉。一鄉出一軍，六鄉還出六軍。今言五人爲伍者，五家爲比，家出一人。在家爲比，在軍爲伍。在鄉五比爲閭，在軍五伍爲兩。在鄉四閭爲族，在軍四兩爲卒。在鄉五族爲黨，在軍五卒爲旅。在鄉五黨爲州，在軍五旅爲師。在鄉五州爲鄉，在軍五師爲軍。云鄉之田制與遂同者，此<u>經</u>不見田制，<u>鄭注遂人</u>，遂之軍法如六鄉，以遂內不見軍法，彼此各舉一邊互見爲義。"案：五伍爲兩。一兩之中，以一甲士領之，三兩而成一乘，故一乘甲士三人。甲士者，步卒之領袖。<u>鶴壽</u>案：王畿地方千里，分爲五節。郊地六鄉所在，甸地六遂所在，故謂之鄉遂。稍地家邑所在，縣地小都所在，畺地大都所在，故謂之都鄙。其核算之法，與侯國不同。侯國穀土溝洫皆一家受二夫；王畿則郊地一家受二夫，甸、稍、縣、畺六家受十三夫。侯國止有治洫之夫；王畿則治洫之外，更有治澮之夫。侯國山澤邑居百分去三十六，王畿則郊地三分去一，甸、稍、縣、畺十八分去五。其說俱見<u>周官載師注</u>。若夫侯國有山林六等地；而<u>洛邑</u>居地中，<u>關中</u>多沃野，則無之。侯國有名山大川，而王畿之名山大川，則當于地方千里之外別計之。此又可以意會也。夫王畿東西長而南北短，短長相覆爲千里；而<u>康成</u>謂四郊去國百里，邦甸二百里，家稍三百里，邦縣四百里，邦都五百里，似非矣。鄉遂未必無可井之地，都鄙亦有不可井之地；而<u>康成</u>謂鄉遂制田以溝洫，都鄙制田以邱甸，似非矣。治洫、治澮之夫，若遇山川相錯，不得正方十里百里，即不必旁加；而<u>康成</u>謂甸方八里，旁加一里爲成，四都方八十里，旁加十里爲同。恐稍、縣、畺之地，未必皆然矣。東西二都山林雜有，似當百分去三十六；而<u>康成</u>謂郊地三分去一，其餘十八分去五。雖王畿不以封建，城郭宮室差小，究不及<u>司馬法</u>之密矣。然而核算之法，必取整齊畫一，守其成說，而識其變通，方不失古人解<u>經</u>之意。今悉依<u>康成</u>解之。百里爲郊，積四同，凡三十六萬夫。山陵、林麓、川澤、溝瀆、城郭、宮室、涂巷，除十二萬夫。其餘二十四萬夫，以上中下三等地通率之，二而當一，得上地十二萬夫，共置十六萬五千家。其中六鄉每家受二夫，當上地一夫，共受十五萬夫，置出稅者七萬五千家。廛里、場圃、宅田、士田、賈田、官田、牛田、賞田、牧田，每家受一夫，當上地半夫，共受九萬夫，置出稅者九萬家。郊地無治洫治澮之夫。<u>王昭禹</u>[①]曰："鄉遂之制，始于

---

　①　<u>王昭禹</u>，<u>宋人</u>，字光遠，著周禮詳解。

五家之寡，終于萬二千五百家之衆，居雖異而輯睦若一，家人雖衆而和合若一心，司徒擾之則相爲仁讓焉，司馬用之則相爲憂患焉。**管子**治齊，因比、閭、族、黨、州、鄉之法，變爲什伍、游宗、里尉、州長、鄉師、士師之名。凡孝悌忠信賢良雋材，則其下以次復于上，長家復于什伍，什伍復于游宗，游宗復于里尉，里尉復于州長，州長以計于鄉師，鄉師以著于士師。凡有過惡，則其下以次及于上。如是而民有過惡，不亦鮮乎？師**周官**之法而變通之，可以伯亦可以王矣。”

廛里以下九等田

地官載師：“以廛里任國中之地，以場圃任園地，以宅田、士田、賈田任近郊之地，以官田、牛田、賞田、牧田任遠郊之地。”**鄭注**：“廛，民居之區域。里，居也。圃，樹果蓏之屬，季秋于中爲場樊圃謂之園。宅田，致仕者之家所受田。士，讀爲仕。仕者亦受田，所謂圭田也。賈田，在市賈人其家所受田。官田，庶人在官者其家所受田。牛田、牧田，畜牧者之家所受田。曰以廛里任國中，而遂人職授民田，夫一廛田百畝，是廛里不謂民之邑居在都城者，與遠郊之内地，居四同三十六萬夫之地也。三分去一，其餘二十四萬夫。六鄉之民七萬五千家，通不易、一易、再易，一家受二夫，則十五萬夫之地。其餘九萬夫，廛里至牧田九者，亦通受一夫焉，則半農人也，定受田者十二萬家。”**賈疏**云：“遠郊内地，四面相距二百里，故四同。每同九萬夫，故三十六萬夫之地。山陵等三分去一，餘二十四萬夫。鄉有萬二千五百家，六鄉七萬五千家，通不易、一易、再易，一家受二夫，則十五萬夫之地。除十五萬夫，餘九萬夫。廛里已下九者，雖未必各整萬家，以大抵九者各爲萬家解之，不易、一易、再易相通，而各受一夫焉。云半農人者，農人相通，各受二夫之地，此受一夫，總計六鄉七萬五千家，此九者二夫爲一夫，爲四萬五千，添七萬五千，爲十二萬夫，據實受地定數也。”案：此段于國中四同之地，推算最精。據**賈氏**以山陵林麓等項，無溝洫在内，則十二萬夫，尚宜除去治溝洫若干夫。**鶴壽**案：廛里以下九萬家所受者，即六鄉之餘地也。六鄉之餘地，不除治洫治澮之夫。鄉遂制田以溝、洫，都鄙制田以邱、甸，是以都鄙有治洫治澮之夫，而鄉遂則否。無他，形埶使之然耳。都鄙之制，十里爲成，甸方八里。居一成之中，則旁餘一里。百里爲同，六十四成方八千里。居一同之中，則旁餘十里。甸之外無洫，至成而後有洫也，故一里爲治洫之夫。六十四成之外無澮，至同而後有澮也，故十里爲治澮之夫。若溝洫之地，亦可以十里百里計，而不爲成則無甸，是則澮與洫遇而有百夫，川與川遇而有萬夫。百夫之田，九遂九溝，九之而爲十里；萬夫之田，九洫九澮，九之而爲百里，無餘也，無餘則安得有治洫治澮之夫哉？然則鄉遂之溝洫，受田出稅之家自治之而已，自治之而猶稅之者，稅輕也；都鄙之稅重，故不稅其治洫治澮之夫，以是爲均而已矣。古有掌宅之官，凡仕者近宮，耕者近門，工賈近市，是爲國宅，宅必有田，故曰宅田。<u>周</u>之賦祿以田，公食貢，大夫食邑，士食田，士田即祿田也，有功而賞曰賞田。<u>公叔座</u>與<u>韓</u>、<u>趙</u>戰而勝，<u>魏王</u>以賞田百萬祿之，亦謂之加田。賈田者官賈之田，官田者官工之田。<u>晉語</u>云"工商食官"，周書云"縣鄙商旅能來三室者，與之一室之祿"，言能招來外商三人，則與之一夫之田也。牛田、牧田，皆芻牧之地，若青之<u>萊夷</u>、秦之<u>胡苑</u>。<u>魯</u>牧在野，<u>周</u>牧在郊。邑外曰郊，郊外曰野，薦草多衍，六畜易蕃也。

六遂

<u>地官</u>："遂人掌邦之野，以土地之圖經田野。五家爲鄰，五鄰爲里，四里爲酇，五酇爲鄙，五鄙爲縣，五縣爲遂。以歲時稽其人民，而授之田野。簡其兵器，教之稼穡。"<u>鄭注</u>："鄰、里、酇、鄙、縣、遂，猶郊内比、閭、族、黨、州、鄉也。異其名者，示相變耳。遂之軍法，追胥起徒役如六鄉。"<u>賈疏</u>："鄉、遂彼此相如，細論之仍有小異。以六鄉上劑致民，六遂下劑致甿；六鄉上地無萊，六遂上地有萊也。"<u>陳祥道</u>曰："邦甸之内置六遂，七萬五千家，而公邑任其餘地，謂之甸，以甸法在是故也。邦甸亦謂之州，<u>司馬法</u>'二百里曰州'是也。一遂五縣，二十五鄙，百二十五酇，五百里，二千五百鄰。自里宰下士以上，其官六百五十六，六遂之官，凡三千九百三十六。"<u>鶴壽</u>案：二百里爲甸，積十二同，凡百有八萬夫。山陵、林麓、川澤、溝瀆、城郭、宮室、涂巷，除三十萬夫，其餘七十八萬夫。以上中下三等地通率之，十三而當六，得上地三十六萬夫，共置三十六萬家，其中六遂，每六家受十三夫，當上地六夫，共受十六萬二千五百夫，置出稅者七萬五千家。公邑三等

地，亦每六家受十三夫，當上地六夫，共受六十一萬七千五百夫，置出税者二十八萬五千家。甸地亦無治溝治澮之夫。六遂之餘地，皆爲公邑。稍、縣、畺采地之外，亦皆爲公邑。但甸之公邑，與稍、縣、畺之公邑，截然不同。甸之公邑用溝澮法，稍、縣、畺之公邑用井田法。康成謂采地制井田異于鄉遂及公邑，此公邑專指甸之公邑也。其制田與鄉遂同用溝澮法。若稍、縣、畺之公邑，其制田與采地同用井田法。蓋采邑無定數，既封則爲采邑，未封則爲公邑。若稍、縣、畺之公邑，本屬溝澮，豈分采之時，復改爲井田哉？

戴師注云："甸、稍、縣、都，合居九十六同，八百六十四萬夫之地，城郭宮室差少，涂巷又狹，于三分所去六而存一焉。以十八分之十三率之，則其餘六百二十四萬夫之地，通上中下六家而受十三夫，定受田二百八十八萬家也。"鄭志答張逸問云："六鄉之民，上地家百畝，中地家二百畝，下地家三百畝，相通三夫六百畝。六遂之民，上地田百畝，萊五十畝；中地田百畝，萊百畝；下地田百畝，萊二百畝。相通三夫六百五十畝。"又云："三分去一之法，十八當餘十二，遂地以有五十畝萊，于三分去一，乃得十三。"據此則甸地共十二同，內六遂二同五十成二十二萬五千夫，十八分而去五，得十六萬二千五百夫。六遂七萬五千家，通率六家而受十三夫，則受此十六萬二千五百夫之地也。下劑致氓，可得十五萬人。但內應除去治溝、治澮若干，因無法見經，故出賦之夫，亦未可定。舉其大略，法亦可見矣。鶴壽案：遂之税與都鄙同，而其受田也，率六家而餘一夫，故税雖重而不困，蓋其所常税者家止二夫，而不及其餘夫，則與不税治溝治澮之夫何異也？且有其夫而卿之，然後去其税。既無其夫，則何税之云乎？論者以康成于都、鄙明言出田税之夫，而于鄉、遂不言，因謂其間治溝溝澮之夫出税與否，尚未可定，不知康成言六鄉受田十二萬家，即出田税之家也。則六遂受田三十六萬家，亦即出田税之家也。不出田税者，特六遂之六萬夫耳。然係三十六萬家之所兼受也，是無不出税之家矣。先生疑鄉、遂應除去治溝溝澮若干夫，蓋未細玩鄭注也。

鄉遂出車

禮記坊記疏："據司馬法，諸侯車甲馬牛，皆計地令民自出。

若鄉遂之眾七十五人,則遣出車一乘,甲三人,馬四匹,牛十二頭。恐非力之所能。蓋皆是國家所給,故周禮‘巾車毀折,入齎于職幣’,質人‘凡受馬于有司者,書其齒毛與其賈’,司兵‘及授兵,從司馬之法以頒之;及其受兵輸,亦如之’,是國家所給也。”

春秋“作邱甲”疏:“長轂、馬牛、甲兵、戈楯,皆一旬之民同共此物;鄉遂所用車馬甲兵之屬,皆國家所共。以一鄉出一軍,則是家出一人,其物不可私備故也。”

鄉遂出軍,未見經注。惟正義有此二條。民共車馬甲兵之屬,孔就邦國言,則天子畿內都鄙可知。國家共車馬甲兵之屬,孔就鄉遂言,則廛里九等田及公邑可知。小雅云:“我出我車,于彼牧矣。”爾雅云:“邑外謂之郊,郊外謂之牧。”郭璞云:“邑,國都也。假令百里之國,五十里之界,界各里也。”若依此解,則牧外之民出車亦得。而毛傳解爲出車就馬于牧地,亦足證車爲國家所共矣。

三等采地

地官大司徒:“凡造都鄙,制其地域而封溝之,以其室數制之。”鄭注:“都鄙,王子弟公卿大夫采地。其界曰都;鄙,所居也。城郭之宅曰室。以其室數制之,謂制邱甸之屬。”賈疏:“公在大都,卿在小都,大夫在家邑。其親王子母弟,與公同在大都。次疏者,與卿同在小都。次更疏者,與大夫同在家邑。”

載師:“以家邑之田任稍地,以小都之田任縣地,以大都之田任畺地。”

小司徒:“乃經土地而井牧其田野。九夫爲井,四井爲邑,四邑爲邱,四邱爲甸,四甸爲縣,四縣爲都。以任地事而令貢賦。”鄭注:“此謂造都鄙也。隰皋之地,九夫爲牧,二牧而當一井。今造都鄙授民田,有不易,有一易,有再易,通率二而當一,是之謂井牧邑邱之屬,相連比以出田稅。溝洫爲除水害。四井爲邑,方二里。四邑爲邱,方四里。四邱爲甸。甸之言乘也。讀如‘衷甸’之

‘甸’。甸方八里，旁加一里，則方十里，爲一成。積百井九百夫。其中六十四井五百七十六夫出田稅，三十六井三百二十四夫治洫。四甸爲縣，方二十里。四縣爲都，方四十里。四都方八十里，旁加十里，乃得方百里，爲一同也。積萬井九萬夫，其中四千九十六井三萬六千八百六十四夫出田稅，二千三百四井二萬七百三十六夫治洫，三千六百井三萬二千四百夫治澮。井田之法，備于一同。今止于都者，采地食者皆四之一，其制三等。百里之國，凡四都，一都之田稅入于王。五十里之國，凡四縣，一縣之田稅入于王。二十五里之國，凡四甸，一甸之田稅入于王。地事謂農牧衡虞也，貢謂九穀山澤之材也，賦謂出車徒給縣役也。司馬法曰：‘六尺爲步，步百爲畝，畝百爲夫，夫三爲屋，屋三爲井，井十爲通。通爲匹馬三十家，士一人，徒二人。通十爲成。成百井三百家，革車一乘，士十人，徒二十人。十成爲終。終千井三千家，革車十乘，士百人，徒二百人。十終爲同。同方百里，萬井三萬家，革車百乘，士千人，徒二千人。’”賈疏：“都鄙，三等采地是也。云井牧其田野者，井方一里；兼言牧地，次田二牧當上地一井。授民田之時，上地家百畝，中地家二百畝，下地家三百畝。通率三家受六夫之地。甸方八里，旁加一里則爲成。今不言十里成而言八里甸者，成閒有洫，井閒有溝，旁加一里者，使治溝洫不出稅，舉其八里之甸據實出稅者而言。四甸爲縣者，縣方十六里。四縣爲都者，都方三十二里。云積百井九百夫者，但一成之內方十里，開方之得百井，井有九夫，故九百夫。云六十四井五百七十六夫出田稅者，此就甸方八里而言。八里之內，開方之得六十四井，五百七十六夫，井稅一夫，故云出田稅。云三十六井二百二十四夫治洫者，此據甸方八里之外，四面加一里爲成而言。成有百井，中央八里，除六十四井，餘有三十六井三百二十四夫治洫，不使出稅。鄭言此者，見經四邱爲甸據實出稅而言，故不言成也。治溝洫者皆不出稅，獨言治洫者，據外而言，其實治溝亦不出稅，總在六十四井之內，以洫言之矣。甸方八里，縣應方十六里,云方二十里,據通治洫旁加一里為成而言。縣方二十里,四縣為都,故方四十里,云四都方八十里者,自此已上,並據通治洫而言。云旁加十里乃得方百里為一同也者,案匠人方百里為同,同閒有洫,今就匠人為同解之。云積萬井九萬夫者,據百里開方而言,百里者縱橫各百,一行方一里者百,百行故萬井九萬夫。云四千九十六井三萬六千八百六十四夫出田稅者,此據甸方八里出田稅,四甸為縣,縣方十六里,四縣為都,都方三十二里,四都方六十四里,據六十四里之內開方之,縱橫各一里一截,為六十四截,一行六十四井,計得四千九十六井三萬六千八百六十四夫,是實出田稅者。云二千三百四井二萬七百三十六夫治洫者,此據甸方八里,旁加一里為成不出稅,四成積為一縣,縣方二十里,四縣為都,都方四十里,四都方八十里,開方之,縱橫各一里一截,為八十截,一行八十井,為六千四百井,就裏除四千九十六井,其餘二千三百四井,二萬七百三十六夫不出稅,使之治洫。云三千六百井三萬二千四百夫治澮者,此據四成為縣,縣方二十里,更加五里為大夫之家邑,縣方二十五里,四縣是小都,五十里為六卿之采地,四都方百里,為三公王子母弟之大都,但據百里開方之,即為萬井,就萬井之內,除去六千四百井,其餘三千六百井三萬二千四百夫不出稅,使之治澮。匠人云井閒有溝,成閒有洫,同閒有澮,是井田之法備于一同也。云今止于都者,解此四縣為都,據小都五十里而言,其采地食者皆四分之一,稅入天子。百里之國謂大都,一都之田稅入王,餘三都留自入。五十里之國謂小都,一縣之田稅入王,餘三縣留自入。二十五里之國謂家邑,一甸之田稅入王,餘三甸留自入。鄭具言此者,欲見四邱為甸是家邑,四甸為縣是小都,四縣為都是大都,皆據四之一都稅入于王者而言。畮百為夫,一夫之地方百步。夫三為屋。屋,具也,具出穀稅。屋三為井,似井字。井十為通,據一成一畔通頭而言。通為匹馬十井九十夫,宮室塗巷三分去一,惟有六十夫,不易一易再易,通率三十夫受六十夫,惟有三十家使出匹馬三人。通十爲成。一成九百夫,宮室塗巷三分去一,不易一易再易,通率二而當一,惟有三百家革車一乘、士十人、徒二十人。此謂天子畿内采地法。鄭注論語道千乘之國,亦引司馬法,是畿外邦國法,革車一乘、甲士三人、步卒七十二人,此比畿外甲士多、步卒少,外内有異故也。十成爲終,據一同一畔終頭而言。終千井三千家。十終爲同,同萬井三萬家。所計皆如上一成爲法,其餘可知。"鶴壽案:三等采地,在稍、縣、畺,采地之餘,皆爲公邑。三百里爲稍,積二十同,凡百有八十萬夫,山澤邑居除五十萬夫,其餘百有三十萬夫,以上中下三等地通率之,十三而當六,得上地六十萬夫,共置六十萬家,其中采地以王朝佐卿之大夫三十六人計之,每人千七百五十七井七夫三十一畝二分五厘,凡穀土三等地十六萬八千四百八十夫,置出税者七萬七千七百六十家,溝洫三等地九萬四千七百七十夫,置治洫者四萬三千七百四十家,畎澮三等地十四萬八千有七十八夫十二畝五分,置治澮者六萬八千三百四十四家。不足山澤邑居十五萬八千二百有三夫十二畝五分,通計大夫之采三十六居地五十六萬九千五百三十一夫二十五畝,置十八萬九千八百四十四家,其餘則爲公邑。四百里爲縣,積二十八同,凡二百五十二萬夫,山澤邑居除七十萬夫;其餘百有八十二萬夫,以上中下三等地通率之,十三而當六,得上地八十四萬夫,共置八十四萬家,其中采地以王朝佐卿之上士四十八人計之,每人千一百七十一井七夫八十七畝五分,凡穀土三等地十四萬九千七百六十夫,置出税者六萬九千一百二十家,溝洫三等地八萬四千二百四十夫,置治洫者三萬八千八百八十家,畎澮三等地十三萬一千六百二十五夫,置治澮者六萬有七百五十家,山澤邑居十四萬有六百二十五夫,通計上士之采四十八居地五十萬六千二百五十夫,置十六萬八千七百五十家,其餘則爲公邑。五百里爲畺,積三十六同,凡三百二十四萬夫。山澤邑居除九十萬夫,其餘二百三十四萬夫,以上中下三等地通率之,十三而當六,得上地百有八萬夫,共置百有八萬家,其中采地以王朝卿六人計之,每人二千三百四十三井六夫七十五畝,凡穀土三等地三萬七千四百四十夫,置出税者萬七千二百八十家,溝洫三等地二萬一千有六十夫,置治洫者九千七百二十家,畎澮三等地三萬二千九百有六夫二十五畝,置萬五千一百八十八家,不足山澤邑居三萬五千一百五十六夫二十五畝。通計卿之采六居地十二萬六千五百六十二夫五十畝,置四萬二千一百八十八家,其餘則爲公邑。康成所謂百里之國,凡四都;五十里之國,凡四縣;二十五里之國,凡四甸。不過欲明采地食者皆四之一,故假言里數耳。賈疏分百里爲大都,五十里爲小都,二十五里爲家稍,不知采地並無此制也。至于治洫治澮之夫,其開除亦是活法,一成九百夫,除治洫者三百二十四夫,若不滿九百夫則不除;若其地山川相錯,不得整方十里,雖滿九百夫亦不除。一同九萬夫,除治澮者三萬二千四百夫,若不滿九萬夫則不除;若其地山川相錯,不得整方百里,雖滿九萬夫亦不除。

攷工記匠人疏:"方十里爲成。成中容一甸,甸方八里,出田稅。緣邊一里治洫者。司馬法有二:甸方八里,出長轂一乘。成方十里,出長轂一乘。言甸者據實出稅而言,言成者據通治溝洫而言。"

幾内三等都鄙封國之數,王制云:"天子之縣内凡九十二國。"注以爲夏制。王制又云:"九州千七百七十三國,八州州二百一十國。"注皆云殷制。洛誥傳云:"天下諸侯千七百七十三。"注云:"八州州立二百一十國,畿内九十三國。"是三代同也。其所封之人,共包十種。畺内大國九,凡三種:三公之田三,致仕者副之三,王子弟三。縣内次國二十一,凡四種:卿之田六,致仕者副之六,三孤之田三,王子弟六。稍内小國六十三,凡三種:大夫之田二十七,致仕者副之二十七,王子弟九。並見王制鄭注。鶴壽案:王制一篇,漢文帝使博士爲之,將以爲漢法,故擬畿内封國若干,並非實事也。康成忽以爲夏制,忽以爲殷制,先生又牽合小司徒注,以爲周制與夏制合,今悉刪之。古者天子畿内不以封國,薛瓚漢書注曰:"周自穆王以下,都于西鄭,不得以封桓公。"秦仲爲西垂大夫,而非子居犬邱,其後懿王都之,未嘗以封秦也。況食采與封國,又迥然不同乎。

孟子説周室班爵禄,公侯皆方百里,伯七十里,子、男五十里。天子之卿受地視侯,大夫受地視伯,元士受地視子、男。康成注王制,則以此爲夏制。而周則大都百里,小都五十里,家邑二十五里。且周禮三等采地,士不在内,王制所謂"元士不與",又謂"其餘以爲禄士者"是也。孟子以元士受地爲與子、男同,亦不合,則爲傳聞約略之詞可知。鶴壽案:周人封建之法,惟周官與孟子存其大略。周官謂大國方五百里,舉其封疆也。孟子謂大國方百里,舉其穀土也。驟而觀之,五五二十五。周官所述,多于孟子二十四倍,不知有穀土即有山澤、邑居、上中下地、溝洫澮地、山林藪澤、山川附庸。就各項開除之,周官與孟子一也。

　　或疑服虔注春秋傳引司馬法“甸六十四井,出長轂一乘”,是專以乘爲甸出矣。鄭信南山箋“成方十里,出兵車一乘”,恐治溝洫之夫,但不出田税,未必不出車賦,曰:“坊記注云:古者方十里,其中六十四井,出兵車一乘。”玩“其中”二字,甚分明。

　　或疑司馬法成出革車一乘,定爲三百家出一乘,此但據三分去一、及一家受二夫而言。一成之内,尚有治洫之夫,一同之内,尚有治澮之夫,並未除。而賈氏疏未之及,何也? 曰:王制云:“方百里者爲田九十億畝。山陵、川澤、溝瀆、城郭、宮室、塗巷,三分去一,其餘六十億畝。”載師注:“凡王畿内方千里,積百同九百萬夫之地。山陵、林麓、川澤、溝瀆、城郭、宮室、塗巷,三分去一,餘六百萬夫。”此舉其大略也。三分去一之外,又有二法,一是二而當一法,一是除去治溝洫計算法。二者古人往往偏據一端言之,今詳論如左。

　　小司徒注“成百井九百夫,其中六十四井五百七十六夫出田税;同萬井九萬夫,其中四千九十六井三萬六千八百六十四夫出田税”。此法除去治溝洫矣,卻竝非二而當一。司馬法:“成百井三百家革車一乘、士十人、徒二十人;同萬井三萬家革車百乘、士千人、徒二千人。”此法二而當一矣,卻並無治溝洫在内。若據小司徒注而以二而當一法計之,則成五百七十六夫之地,實二百八十八家受之,其治洫者三百二十四夫之地,實一百六十二家受之。同三萬六千八百六十四夫之地,加公田算。實一萬八千四百二十二家受之。其治洫者二萬七百三十六夫之地,同上。實一萬三百六十八家受之;治澮者三萬二千四百夫之地,同上。實一萬六千二百家受之。若據司馬法而以除去溝洫法計之，則成三百家，實一百九十二家出稅，應除去一百八家治洫。同三萬家，實一萬二千二百八十八家出稅，加公田算。應除去六千九百一十二家治洫，一萬八百家治澮。

　　"畝百爲夫"之"夫"，指地言，"五家爲比"之"家"，指人家言。鄭注"成五百七十六夫出稅"，謂五百七十六夫之地耳，非謂有若干人家。司馬法"成三百家"，謂人家耳，非謂三百夫之地。賈疏言"三十家出三人"，不言"三十夫出三人"，安得謂"家"卽是"夫"而其中無治溝洫乎？惟上文國中及四郊都鄙之"夫家"，族師、鄉大夫、遂人、遂師之"夫家"，則"夫"指男，"家"指女，鄭鍔以爲夫指地，家指人，則謬耳。

　　詩疏："左傳說'夏少康有田一成，有衆一旅，十里有五百人'者，計成方十里，其他有九百夫之田也。授民田，有不易、一易、再易，通率二而當一，有四百五十人，其中上地差多，則得容五百人也。"此條用二而當一，卻不除去溝洫，正司馬法出賦與治溝洫合言之明證。

　　鄭所謂成百井、同萬井，指井牧而言，山林之等，先已除去，故無三分去一。司馬法所謂成百井、同萬井，舉大略而言，山林之等，亦在其內，故言三分去一。

　　鄭遂人注："去山陵、林麓、川澤、溝瀆、城郭、宮室、塗巷三分之制，其餘如此。"案：六遂應以十八分之十三率之，故賈申其意云："去山林等其餘如此者，皆大判言之，是以田之法一成九百夫，亦三分去一，以其餘通計出稅，故每云三百家也。"賈正指小司徒注所引司馬法以爲大判而言。

　　"三分去一"之說，何以大略則然，細別則否？賈公彥申鄭載師注義云："洛邑千里之中，山林多于平地，而鄭以三分去一，據大較而言也。"又云："東都東面雖有平地，三面山林雜有，今鄭所計，雖三分去一，豈有二分平土乎？但鄭欲以開悟後人，聊以整數爲算法耳。"據賈此言知大略則然。許慎五經異義云:"山林之地,九夫爲度,九度而當一井。藪澤之地,九夫爲鳩,八鳩而當一井。京陵之地,九夫爲辨,七辨而當一井。淳鹵之地,九夫爲表,六表而當一井。疆潦之地,九夫爲數,五數而當一井。偃豬之地,九夫爲規,四規而當一井。原防之地,九夫爲町,三町而當一井。隰皋之地,九夫爲牧,二牧而當一井。衍沃之地,九夫爲井。賦法積四十五,除山川坑岸三十六井,定出賦者九井。則畿地方百萬井,除山川坑岸三十六萬井,定出賦者六十四萬井,長轂萬乘。"漢刑法志亦與許叔重合。但此數適與鄭小司徒注一成内出税治溝洫之數相同。孔穎達恐人不明其異,故曰:"異義通由林藪澤九等言之,鄭注小司徒據衍沃平地言之。"孔不云據井牧言之者,小司徒注不用二而當一也。鶴壽案:以上諸條所論開除之法,互有不同,其實缺一不可,在隨其地而施之。王制云"方百里者爲田九十億畝,山陵、林麓、川澤、溝瀆、城郭、宮室、涂巷,三分去一,其餘六十億畝",此三分去一法。用于王畿郊内,則一井除三夫,一成除三百夫,一同除三萬夫也。載師注云"甸、稍、縣、都,城郭宮室差少,涂巷又狹,于三分所去六而存一焉",此十八分去五法。用于王畿郊外,則一井除二夫五十畝,一成除二百五十夫,一同除二萬五千夫也。漢刑法志云"一同百里,提封萬井,除山川沈斥城池邑居園圃術路三千六百井",此百分去三十六法,用于侯國者也。大司徒言不易之地,家百畮;一易之地,家二百畮;再易之地,家三百畮",此通率二而當一法也。春秋傳云"度山林鳩藪澤辨京陵通率之",則八而當一也。"表淳鹵數疆潦規偃豬通率之",則五而當一也。小司徒注云"甸方八里,旁加一里爲成,三十六井治洫;四都方八十里,旁加十里爲同,二千三百有四井治洫,三千六百井治澮",此亦百分去三十六法,用于都鄙者也。凡核算王畿及侯國,先除山澤、邑居之數,次除通率之數,再除治洫治澮之數,則得之矣。

或疑治溝洫與出税之夫,若就一成言之,則出税多、治洫少;若就一同言之,則治澮洫者反多于出税者。推算之法,殊未畫一。曰:井田之法,成間有洫,同間有澮。滿一同,然後有澮繞之;則未滿一同,但有洫無澮。當其未滿一同,但就成算,則使三百二十四夫治洫。當其既滿一同,則分出稅之夫以治洫,分治洫之夫以治澮,是同中出稅治洫之夫,即成中專出稅不治洫之夫。此二法宜通融而參之,不當但執一成以爲定法也。至成中出稅之夫多于治洫,以洫之人功少;同中出稅之夫少于治澮,以澮之人功多。但當各就一成一同中計算。九十成中治洫者少,則自當出稅者多,一同中治澮者多,則自當出稅者少。此二法宜分析而言之,不當混爲一以相比較也。

　　同除三千六百井三萬二千四百夫治澮,計三十六成夫地。此三十六成緣邊一面即澮,内三面有洫,較每成除夫地治洫之法,三而殺一,當以八千七百四十八夫治此三十六成之洫,二萬三千六百五十二夫治澮。則其治澮也,每十里約五百九十夫,每一里約六十夫;其治洫也,每十里約八十一夫,每一里約八夫。蓋相差七倍有半,無十倍。<u>鄭</u>注不細推及此者,以緣邊三十六成既俱不出稅,則同力合作以治澮治洫。今計其差數,不妨區分算之,于法本不區分也。

　　或疑都鄙既畫井,則一成百井内,有公田百夫,<u>司馬法</u>未除去,而<u>賈氏</u>亦不及,何也?曰:<u>賈</u>謂一井中爲公田八夫,家治百畝,則無九夫。<u>鄭</u>據九百畝而言,故每云九夫爲井耳。六十四井五百七十六夫出稅,如除公田,則宜除七井一百畝,存五十六井八百畝,除六十四夫,存五百一十二夫矣。惟其皆合公田言之,故<u>司馬法</u>亦合言之也。蓋公田即是所出之稅,除去則惟存私田,稅何從出乎?

　　三等采地規制既明,今再爲逐節推算。稍地共二十同二十萬井,内封二十五里之國六十有三,每國六百二十五井,計三同九十三成七十五井,内十八分而去五,應除去一同九成三十七井四百五畝,存二同八十四成三十七井四百五十畝。其現存内滿同者,除去治洫、治澮十萬六千二百七十二夫,存七萬三千七百二十八夫;滿成者除二萬七千二百一十六夫,存四萬八千三百八十四夫;其不滿一成者不開除。三項共存十二萬二千四百四十九夫及半夫之地，以六家受十三夫之例推之，計五萬六千五百一十四家，受十二萬二千四百四十七夫之地，仍有二夫及半夫之地，又得一家，仍餘三分夫之一。縣地共二十八同二十八萬井，内封五十里之國二十有一，每國二千五百井，共五同二十五成，内十八分而去五，應除去一同四十五成八十井三百畝，存三同七十九成一十九井六百畝。其現存内滿同者，除去治洫、治澮十五萬九千四百八夫，存十一萬五百九十二夫；滿成者，除去治洫二萬五千五百九十六夫，存四萬五千五百四夫；其不滿一成者不開除。三項共存十五萬六千二百七十三夫，以六家受十三夫之例推之，計七萬二千一百二十六家，受十五萬六千二百七十二夫之地，恰盡。都地共三十六同三十六萬井，内封百里之國九，每國萬井，共九同，内十八分而去五，應除去二同五十成，存六同五十成。其現存内滿同者，除去治洫、治澮三十一萬九千一十六夫，存二十二萬一千一百八十四夫；滿成者，除去治洫一萬六千二百夫，存二萬八千八百夫。兩項共存二十四萬九千九百八十四夫，以六家受十三夫之例推之，計十一萬五千三百七十四家，受二十四萬九千九百七十七夫之地，仍餘七夫之地。鶴壽案：此再將稍、縣、都全數細算一番，但所謂二十五里之國六十有三，五十里之國二十有一，百里之國九，皆非實事，未免徒費筆墨。然所核夫家之數合計之，固甚詳備，今姑存之。

　　滿同去存之例，每萬夫去五千九百有四，存四千有九十六，去多于存。滿成去存之例，每百夫去三十六，存六十四，存多于去。其未滿一成而以井計者，何以不除？賈謂治溝洫者皆不出稅，獨言治洫者據外而言。其實治溝亦不出稅。今案洫廣深比澮減三倍奇，則除夫地減至十倍。溝廣深較洫又減半，水小而淺，其施功較洫又當差百倍，不必開除夫地治之矣。匠人注云“一井之中，三屋九夫，三三相具，以出賦稅共治溝”，蓋即令出稅者治溝。賈公彦之言非也。出賦稅治溝遂，農民之本務，大爲澮洫以利民，又念其施功之難,而除夫地治之,故有治澮洫不出稅之法,先王愛民之至意也。溝則無事此。鄭注非有所闕。

據司馬法,同三萬家,除去治洫澮,存一萬二千二百八十八家,出三千人,計四家又十之一出一人。凡滿同者,皆以此爲例。亦可云四千九十六家,出一千人。成三百家,除去治洫,存一百九十二家,出三十人,計六家又十之四出一人。凡滿成者,皆以此爲例。亦可云六十四家,出十人。今稍、縣、都三等采地,既已逐節算明,再爲細推出賦實數。稍滿同七萬三千七百二十八夫,以六家受十三夫算,下倣此,計三萬四千二十八家受之,餘十三之四,爲地三十畝奇,依上例出八千三百七人半。滿成四萬八千三百八十四夫,計二萬二千二百三十一家受之,餘十三之一,爲地八畝弱,依上例出三千四百八十九人五之一強。不滿成者共三百三十三夫,四夫及半夫之地,計一百五十五家受之,餘十三之十,爲地七十七畝弱,亦依滿成例,出二十四人奇。縣滿同十一萬五百九十二夫,計五萬一千四十二家受之,餘十三之六,爲地四十六畝奇,依上例出一萬二千四百六十一人奇。滿成四萬五千五百四夫,計二萬一千一家受之,餘十三之十一,爲地八十五畝弱,依上例出三千二百八十一人奇。不滿成者共一百七十七夫,計八十一家受之,餘十三之九,爲地七十畝弱,亦依滿成例,出一十三人弱。都滿同二十二萬一千一百八十四夫,計十萬二千八十四家受之,餘十三之十二,爲地九十二畝奇,依上例出二萬四千九百二十三人弱。滿成二萬八千八百夫,計一萬三千二百九十二家受之,餘十三之四,爲地三十畝奇,依上例出二千七十七人弱。以上通共約可出五萬四千五百七十七人,以一車士卒七十五人推之,得車七百二十七乘,尚餘五十二人有奇,以萬二千五百人爲軍計之,得四軍,尚餘四千五百七十七人。

同之民,四家又十之一出一人,其役稍重。成之民,六家又十之四出一人,其役較輕。所以不同者,蓋同中除治澮者多,成中除治洫者少。澮之功雖倍洫,究之洫澮所以爲民,軍賦所以奉上,故又以此均之。<u>鶴壽</u>案：以上二條再就稍、縣、都三處細算受田家數，以見出賦實數。

同一萬二千二百八十八家，出車百乘，計一百二十二家出一乘，則一萬二千二百家，已可出百乘，尚餘八十八家，約一百二十二家又百分之八十八出一乘。凡滿同者皆以此爲例。成一百九十二家，出車一乘，凡滿成者皆以此爲例。今再爲逐節推之。稍滿同三萬四千二十八家，可出二百七十六乘又十之九；滿成二萬二千三百三十一家，可出一百十六乘又十之三；不滿成一百五十五家，計一乘，尚少三十七家僅十之八。縣滿同五萬一千四十二家，可出四百十六乘又十之九；滿成二萬一千一家，可出一百十三乘又十之一分七；不滿成八十一家，計一乘，尚少一百七家僅十之四。都滿同十萬二千八十四家，可出八百三十乘又十之七；滿成一萬三千二百九十二家，可出一百十六乘又十之六。以上通共得一千八百六十七乘，其畸零者又約得四乘十之七，約三等都鄙所出士卒人數，僅得七百二十七乘，而所出車有如此，則車多而人少。<u>孔穎達</u>云："鄉遂皆但出人而不出車，車並國家所給"，然則都鄙之車既有贏餘，其必通融給用可知。<u>鶴壽</u>案：此一條，再就稍、縣、都三處細算出車若干，以見都鄙車多人少，當與鄉遂通用。然鄉遂之車既是公家所給，則亦未必取之于都鄙也。

旁加之地，<u>鄭</u>以爲治溝洫，而<u>王次點</u>指爲山川城郭。此不知成與同既屬出稅出賦之夫，則<u>鄭</u>所計自已除去三分之一矣。<u>陳君舉</u>言一成百井八百家，而<u>司馬法</u>只言三百家，革車百乘、士千人、徒二千人，番休者常五百家，可見<u>周</u>家優民之至。此不知治溝洫法，又不知二而當一法也。<u>陳及之</u>言<u>周</u>制于六十四井之中，每七家賦一人，凡七十五人，故曰甸出甲士三人、步卒七十二人。其調發從軍，則十七家而遣一人，凡三十人，故曰成百井，士十人、徒二十人，蓋一人行而十家合資之，則行者十人，而三百家被其征調，故五百十二家；止言三百家，餘二百十二家留以須後。此不知王畿邦國之分,而臆造十七家遣一人之説;且不知二而當一,而臆造五百十二家只征發三百家之説也。

小司徒所計民數,家出二人半者,乃六鄉之制。若六遂則家出二人,都鄙則四家六家出一人不等矣。所謂家一人者,乃單指正卒而言也。司馬法亦有二法,所謂成百井三百家士十人徒二十人者,乃指王畿都鄙而言,所謂六十四井出七十五人者,乃指邦國而言,内俱當除治洫澮又二而當一計算。以上所説,皆調兵之法。至于臨敵,自有卒伍之法在,亦不得混而爲一也。王氏與之訂義,以周家調民爲兵,凡有四法。其一小司徒、大司馬可任者,家三人二人。其二小司徒起徒役,家一人。其三漢志司馬法六十四井出七十五人。其四鄭注三百家出三十人。所列四法,殊不分明,又載陳君舉説,以六十四井出七十五人之説與六鄉家二人半之説合爲一,遂謂六十四井五百十有二家可任者一千二百八十人,擇七十五人用之。既合王畿邦國以爲一,又不知二而當一。遂謂甸出七十五人,乃七家賦一兵,王畿邦國同也。不知七家賦一兵,約略之詞。據此以斷周官一概皆用此法,何鹵莽之甚邪!

詩信南山"維禹甸之",鄭箋:"六十四井爲甸,甸方八里,居一成之中。成方十里。出兵車一乘以爲賦法。"孔疏"甸"字既訓爲"治",又音爲"乘"。韓奕箋云:"禹甸之者,決除其災,使成平田。"是以治爲義。地官小司徒四邱爲甸,注云:"甸之言乘也。""稍人掌邱乘之政令",注云:"邱、乘,四邱爲甸,與'維禹甸之'之'甸'同。"郊特牲"邱乘共粢盛",注云:"甸或謂之乘,以其于車賦出長轂一乘。"是以乘爲義。知六十四井爲甸者,小司徒云:"四井爲邑,四邑爲邱,四邱爲甸。"如數計之,邱十六井,甸六十四井也。知方八里者,以孟子云方里爲井計之,則邑方二里,邱方四里,甸方八里也。又解方八里爲甸之意,以其居一成之中,成方十里,出兵車一乘以爲賦法,故謂之甸。甸,乘也。知甸居一成中者,以匠人既云"十里爲成",即云"成間廣八尺深八尺謂之洫",是當甸在其中,旁一里以治洫也。論語注引司馬法云:"井十爲通,通十爲成,成革車一乘。"是據成方十里出車一乘也。左傳服注引司馬法云:"四邑爲邱,有戎馬一匹、牛三頭,是曰匹馬邱牛。四邱爲甸,甸六十四井,出長轂一乘、馬四匹、牛十二頭、甲士三人、步卒七十二人。戈楯具備,謂之乘馬。"是據甸方八里出車一乘也。二者事得相通,故各據一焉。

地官"稍人掌邱乘之政令",鄭注:"邱乘,四邱爲甸,甸讀與'維禹甸之'之'甸'同。"是掌都鄙云"邱乘"者,舉中言之。

四處公邑

地官載師"以公邑之田任甸地",鄭注:"公邑,謂六遂餘地,天子使大夫治之。自此以外,皆然。二百里三百里,其上大夫如州長,四百里五百里,其下大夫如縣正。甸凡七萬五千家爲六遂,餘則公邑。"賈疏:"郊外曰甸。甸在遠郊之外,其中置六遂七萬五千家,餘地公邑也。但自甸以外至稍、縣、畺四處,皆有公邑,公邑乃六遂餘地。六鄉之內,有九等田,無公邑。云自此以外皆然者,太宰九賦,有邦甸、家稍、邦都之賦,非采地,是公邑可知。又二百里外其地既廣,三等采地所受無多,故惟九十三國,明自外皆是餘地爲公邑也。若然,是公邑有四處。云天子使大夫治之者,以四等公邑,非鄉遂,又非采地,不見有主治之,以司馬法云二百里曰州、四百里曰縣言之,故知天子使大夫治之也。從二百里向外有四百里,以二百里爲一節,故二百三百里,大夫治之,尊卑如州長中大夫;四百五百里,大夫治之,尊卑如縣正下大夫。六遂與六鄉相對,故甸亦七萬五千家。六鄉餘地有九等所居,六遂餘地無九等,故以餘地爲公邑。"陳祥道曰:"公邑有四,而載師特曰'公邑之田任甸地'者,言公邑始于此也。公邑,閒田也。天子使大夫治之,遂人與縣師預焉。遂人掌野。自百里至五百里,皆曰野。縣師掌邦國都鄙,謂甸郊里之地域。鄭康成謂'二百三百里,其大夫如州長;四百里五百里,其大夫如縣正',義當然也。"鶴壽案:甸地十二同,除六遂之外,其公邑六十一萬七千五百夫,六鄉之餘夫出耕焉。餘夫不足以盡之,則尚當有商賈芻牧之人受之。稍地二十同,除大夫采三十六之外,其公邑穀土三等地三十六萬四千夫,置出稅者十六萬八千家;溝洫三等地二十萬四千七百五十夫,置治洫者九萬四千五百家;畍澮三等地三十一萬九千九百二十一夫八十七畝五分,置治澮者十四萬七千六百五十六家有奇;山澤邑居三十四萬一千七百九十六夫八十七畝五分。凡稍之公邑居地百二十三萬有四百六十八夫七十五畝,共置四十一萬有百五十六家。縣地二十八同,除上士采四十八之外,其公邑穀土三等地五十九萬五千七百十二夫,置出稅者二十七萬四千九百四十四家;溝洫三等地三十三萬五千有八十八夫,置治洫者十五萬四千六百五十六家;畍澮三等地五十二萬三千五百七十五夫,置治澮者二十四萬一千六百五十家,山澤邑居五十五萬九千三百七十五夫。凡縣之公邑居地二百有萬三千七百五十夫,共置六十七萬一千二百五十家。畺地三十六同,除卿采六之外,其公邑穀土三等地九十二萬一千有二十四夫,置出稅者四十二萬五千有八十八家;溝洫三等地五十一萬八千有七十六夫,置治洫者二十三萬九千一百十二家;畍澮三等地八十萬九千四百九十三夫七十五畝,置治澮者三十七萬三千六百十二家有奇;山澤邑居八十六萬四千八百四十三夫七十五畝。凡畺之公邑居地三百十一萬三千四百三十七夫五十畝,共置百有三萬七千八百十二家。公邑各有典邑大夫,<u>漢宣帝</u>時,<u>美陽</u>得鼎,中有刻書曰:“王命尸臣,官此<u>栒邑</u>,賜爾旂鸞黼黻瑂戈。尸臣拜手稽首曰:敢對揚天子,丕顯休命。”此即典邑大夫也。

<u>禮記坊記</u>疏:“兵賦之法,畿內六鄉家出一人。遂之軍法與鄉同,其公邑出軍亦與鄉同。故<u>鄭</u>注<u>匠人</u>云,采地制井田異于鄉遂及公邑。則知公邑地制與鄉遂同,明公邑出軍亦與鄉遂同。”

遂之餘地,即所謂以公邑之田任甸地。<u>縣士</u>注:“封則爲采地,未封則爲公邑。”公邑雖稱餘地,實多于遂幾倍。準之稍、縣、都,亦多于采地幾倍。以公邑太宰九賦所出,天子使大夫治之,其地宜廣也。

采地之外餘地,在<u>夏</u>、<u>殷</u>則六十四同九十六成;<u>周</u>則六十五同八十一成三十井。一爲祿士,一爲閒田。<u>夏</u>謂之閒田,<u>周</u>謂之公邑,其實一也。其祿士之內,又包二條:一是元士,即所云“天子之

元士不與”，鄭謂“不在封國數中”是也；一是公卿之子，父死後既
不世爵，得食父禄，即所云“大夫不世爵，未賜爵，視天子之元士，
以君其國”是也。二者皆爲無地之士，雖給以地而當其禄，不得爲
采地。春秋之時，公卿亦有無地，劉子、單子，是有地者稱爵；畿內
諸侯皆稱子，見鄭答趙商。“王子虎卒”①，是無地者不稱爵是也。
其禄士之外，並爲閒田，與畿外附庸閒田相對。但畿內閒田，即是
公邑。畿外閒田，非即附庸。已封人爲附庸，未封人則閒田。畿內
不言附庸，無附庸也。又畿外州建二百一十國，則閒田少；畿內建
九十三國，則閒田多。所以然者，畿外諸侯有大功德，始有附庸，故
閒田少；畿內每須畀賜，故閒田多也。

　　王制“凡九州”一節，鄭以爲殷制，但言元士不與，不及閒田。
“天子之田方千里”一節，鄭亦以爲殷制，其注但言元士，亦不及閒
田。似若殷時無此一項者，或係偶不及之，經無明文，姑闕。

　　遂之公邑，九同五十成，十八分而去五，得六十一萬七千五百
夫。以六家受十三夫通之，可受二十八萬五千家。稍地公邑，十六
同六成二十五井，十八分而去五，得一百四十四萬四千六十二夫半，六
家受十三夫，可受四十八萬一千八百七十五家。縣地公邑，二十二
同七十五成，十八分而去五，得十六同四十成一百五十井，一百四
十七萬八千七百五十夫，六家受十三夫，可受六十八萬二千五百
家。畺地公邑，二十七同，十八分而去五，得十九同五十成一百七
十五萬五千夫，六家受十三夫，可受八十一萬家。計四處公邑共二
百二十五萬九千三百七十五家。據賈疏以公邑之制亦與六遂同，
則亦下劑致甿，但内應除去治溝洫若干夫，則出賦之夫，亦未可定。
今特舉其概云。

餘夫、圭田

　　攷工記匠人疏：“孟子云：卿以下必有圭田，圭田五十畝，餘

夫二十五畝。<u>注</u>云:古者卿以下至于士,皆受圭田五十畝,所以供祭祀圭潔也。所謂惟士無田,則亦不祭,言紲士無潔田也。井田之民養公田者受百畝,圭田半之,故五十畝。餘夫者,一家一人受田,其餘老少有餘力者,受二十五畝,半于圭田,謂之餘夫也。受田者業多少有上中下,<u>周禮</u>曰'餘夫亦如之',亦如上中下之制也。<u>王制</u>曰'夫圭田無征',謂餘夫圭田,皆不出征賦。"

<u>陳祥道</u>曰:"先王之于民,受地雖均百畮,然其子弟之衆,食或不足而力有餘,則又以餘夫任之,<u>詩</u>所謂'侯彊',<u>遂人</u>所謂'以彊予任甿'者也。然餘夫之田,不過二十五畮,以其家既受百畮,故其田四分農夫之一而已。<u>遂人</u>'上地田百畮,萊半之'云云,則所謂'餘夫如之'者,如田萊之多寡而已,非謂餘夫亦受百畮也。<u>班固</u>謂其家衆男亦以口受田如此,<u>鄭司農</u>謂戶計一夫一婦而賦之,餘夫亦受此田,其説與<u>孟子</u>不合。<u>賈公彦</u>之徒,遂謂餘夫三十有妻者受百畮,二十九以下未有妻者受田二十五畮,是傅會之論也。"案:陳氏解"餘夫如之"甚確。蓋上地田二十五畝,萊十二畝半;中地田二十五畝,萊亦二十五畝;下地田二十五畝,萊五十畝也。

廛無夫里之布

<u>孟子</u>"廛無夫里之布",<u>朱子</u>謂廛爲市宅。此即面朝背市之市。與上文"廛而不征"之"廛",雖彼是廛賦活字,此是市宅死字,而其地則同。<u>蒙引</u>謂"廛無夫里之布"之"廛",與"廛而不征"之"廛",當有分別。爲"廛而不征"下,則曰"天下之商","廛無夫里之布"下,則曰"天下之民"。有此不同也。又欲以鄉村民居之貨市者爲廛。其説俱與<u>朱子</u>不合。<u>存疑</u>力辨之云:"二'廛'字皆同,均爲在市之宅。蓋民有四,'民'則總稱也。此章曰士,曰商,曰旅,曰農,又曰民,豈農、商之外,又有箇民邪? 鄉村民居之貨市,總歸之廛耳,豈有分邪? <u>孟子</u>所以分作兩條者,見當時待商,有此兩層。市廛與貨並征,已不是;又舉先王之罰游民者并取之,益不

是。故先説税商處不是，見得意思未盡，又説并取不是。"此闡發
朱子所以訓"廛"爲"市宅"之意最明。

囿里數

何休公羊學："天子囿方百里，公侯十里，伯七里，子男五里，
皆取一也。"疏云："孟子文。"與今孟子"文王之囿方七十里"
不同。

蛾術編卷六十五

説　制　三

制軍

夏官“凡制軍，王六軍”，賈疏：“經言‘王六軍’，詩常武、文王言‘六師’者，此皆軍也。故鄭答林碩云：軍者，兵之大名。軍，禮重言軍。爲其太悉，故春秋之兵，雖有累萬之衆，皆稱師。詩‘六師’即‘六軍’也。然伍、兩、卒、旅，皆衆名，易師象云：‘師，貞，丈人吉。’此言‘師’者，出兵多以‘軍’爲名，次以‘師’爲名，少以‘旅’爲名，言衆舉中言之也。次以‘師’爲名，謂君行師從。少以‘旅’爲名，謂卿行旅從之類。”案葉時①謂六軍用車五百一十二乘，近沈彤又謂一車百人，一軍一百二十五車，六軍合七百五十乘。不知六軍千乘，古之定制，諸説皆無據。鶴壽案：天子六軍，出自六鄉。其用有三：一曰征伐，大司馬以九伐之灋正邦國，眚、伐、壇、削、侵、正、殘、杜、滅是也。二曰田獵，中春教振旅，遂以蒐田；中夏教茇舍，遂以苗田；中秋教治兵，遂以獮田；中冬教大閲，遂以狩田是也。三曰巡守，詩“時邁其邦”，巡守也。曰“薄言震之，莫不震疊”，箋云：“兵所征伐，甫動以威，則莫不懼而服者。”疏云：“王巡守以軍從故也。”大司馬曰：“及師大合軍以行禁令，以救無罪伐有罪。”又曰：“若大師則掌其禁令，涖齎主及軍器。”上言“師”，下言“大師”，二者不同。“大師”言征伐之事，則所言“師”者，乃巡守，非征伐也。故注云“師謂王巡守及會同”。司馬起師合軍以從，不言“大”者，未有敵不尚

---

① 葉時，宋人，著禮經會元。

武,是巡守之禮以軍從矣。大合軍者,六師皆行也。而雜問志云:"天子巡守,禮無六軍之文,以禮無正文441。天子海內之主,安不忘危,且云救無罪伐有罪,安得無六軍也?"或曰:"詩稱'載戢干戈,載櫜弓矢',則震疊不以兵矣。且定三革隱五刃,偃武行文,帥諸侯而朝天子,齊桓之所以立霸功也。況天子巡守,曷爲威之以兵,然後懼而服乎?"論者謂小宗伯立軍社,大司馬涖釁主,皆曰"大師",是命將出兵曰師,天子親征,則加"大"焉。"大合軍"者,天子治兵之禮。然康成謂巡守若會同,亦非無説也。大行人"時會以發四方之禁,殷同以施天下之政"。時會者,諸侯有不順服,王將討之,乃爲壇以合諸侯而發禁焉。殷同者,王不巡守,六服盡來朝,故曰殷同,亦曰殷國,言其盛也。王亦爲壇合諸侯而命其政,政與禁謂九法九伐,所以平邦國正邦國,而大合軍以行其禁令者也。詩稱"周王于邁,六師及之",于邁猶時邁,則巡守有六軍,見于此矣。昭王南征,扗于漢中,穆王東征,渴于沙衍。周德之衰也,宣王東蒐,軍行嚴肅,大路所歷,黎元不知,故詩曰"之子于征,有聞無聲"。"東蒐"者,東巡守也。選車徒大合衆,則巡守有六軍,又何疑?春秋"天王狩于河陽",穀梁"狩"作"守",讀爲"狩",蓋王巡守會諸侯而田獵,因以修戎事,故一名"蒐"。書曰"其克詰爾戎兵,以陟禹之迹,方行天下,至于海表,罔有不服,以觀文王之耿光,以揚武王之大烈","方行天下",非巡守而何?觀光揚烈,曷嘗不詰戎兵也?兵所以昭文德信矣。向戌弭兵,而春秋益亂;蕭俛消兵,而河朔遂亡。安有天子而不合六軍者哉!若夫六鄉之內七萬五千家,家出一人爲兵,一車七十五人,適合千乘,其車則公家給之。而云五百十二乘,七百五十乘,其謬不待辨矣。

詩常武云"整我六師",閟宮云"周王于邁,六師及之",瞻彼洛矣云"以作六師"。案鄭答趙商問、釋林碩難,並以六師即六軍。蓋對文則二千五百人爲師,萬二千五百人爲軍,散文則師、軍通稱。鶴壽案:閟宮所云"六師及之",乃是追王後頌美之詞,文王未嘗有六軍也。康成誤以爲文王實事,故以二千五百人爲師解之。

車之卒伍

地官:"縣師掌邦國都鄙稍甸郊里之地域,辨其夫家人民田萊之數。若將有軍旅之戒,則受灋于司馬,以作其衆庶及馬牛車輦,會其車人之卒伍,使皆備旗鼓兵器,以帥而至。"賈疏:"司馬主將事,故先于司馬處,受出軍多少及法式也。于司馬處得法,乃作起棄庶,會合車人。人則百人爲卒,五人爲伍,車亦有卒伍。"夏官司右:"凡軍旅合其車之卒伍,而比其乘,屬其右。"鄭注:"右謂有勇力之士,充車右。合比屬,謂次弟相安習也。車亦有卒伍。"賈疏傳云:"其君之戎,分爲二廣,廣有一卒,卒偏之兩,司馬灋二十五乘爲偏,又云以百二十五乘爲伍,是車之卒伍也。"

春秋宣十二傳:"欒武子曰:楚之軍,其君之戎,分爲二廣,廣有一卒,卒偏之兩。"杜注:"十五乘爲一廣,司馬灋百人爲卒,二十五人爲兩,車十五乘爲大偏。今廣十五乘,亦用舊偏法,復以二十五人爲承副。"鶴壽案:陳氏禮書,謂古之用兵也,險野人爲主,易野車爲主。險野非不用車,而主于人。易野非不用人,而主于車。車之于戰,動則足以衝突,止則足以營衞,將卒有所庇,兵械衣裝有所齎。昔周伐鄭爲魚麗之陳,先偏後伍,伍承彌縫。邲之戰,楚君之戎分爲二廣,廣有一卒,卒偏之兩。楚巫臣使于吳,以兩之一卒,適吳舍偏兩之一焉。攷之周禮"五伍爲兩,四兩爲卒",司馬法"二十五人爲兩,百人爲卒,卒兩則人也,偏則車也。杜預謂十五乘爲大偏,九乘爲小偏,其尤大者又有二十五乘之偏。周魚麗之偏,二十五乘之偏也。楚二廣之偏,十五乘之偏也。巫臣所舍之偏,九乘之偏也。先偏後伍,伍從其偏也。卒偏之兩,兩從其偏也。先其車足以當敵,後其人足以待變。則古者車戰之法,略可見矣。

每車人數,以七十五人爲定,其法即徵之大司馬制軍之法。蓋周官一曰"會萬民之卒伍",再曰"會車人之卒伍"。其所以獨言"卒伍"者,以軍法起于伍,成于卒也。自伍至兩,則以一甲士統之,故每車甲士三人。然則一乘者三兩之數,五伍爲兩,則二十五人,三兩七十五人也。四乘者三卒之數,四兩爲卒,則百人,三卒三百人也。百乘者三師之數,五旅爲師,則二千五百人,三師七千五百人也。五百乘者三軍之數,三萬七千五百人也。千乘者六軍之數,七萬五千人也。其爲卒伍皆五數,配以車乘皆成三數,蓋與圖、書卦畫相參,足見其爲先王制軍自然之定法,而非私智穿鑿之所能者。

伍、兩、卒、旅，以徒而言。而車亦有卒伍，蓋一車七十五人，則卒伍已寓于車。及其用之，而車又爲卒伍之法，則變化無窮矣。陳祥道云："三卒而車四乘，以至三軍而車五百乘，所謂卒伍已寓于車也。"左傳"先偏後伍，伍承彌縫"，"廣有一卒，卒偏之兩"，所謂車亦有卒伍也。鶴壽案：古無騎戰之法，六韜云："一車步卒八十人，一車當六騎。置軍之吏數，五車而一長，十車而一吏，五十車而一率，百乘而一將。易戰之法，五車爲列，前後相去四十步，左右十步。險戰之法，車必循道，十車爲聚，二十車爲屯，前後相去二十步。左右兵步①隊閒三十六步，五車一長，縱橫相去一里②。若返故道③。"此雖依託之書，而車亦用卒伍法。

辨可任

地官："鄉大夫以歲時登其夫家之衆寡，辨其可任者，國中自七尺以及六十，野自六尺以及六十有五，皆征之。"案：鄭注："七尺謂年二十，六尺謂年十五。國中晚賦税而早免之，以其復多役少。"但復多役少，反得晚賦早免，殊不可解。不知六鄉之内，上劑致甿，復者雖多，役較國外爲重，故既輕其税以優之，而又晚賦早免以體恤之。周官多饒遠之政，亦未嘗不寬近也。

"小司徒稽國中及四郊都鄙之夫家，九比之數，以辨其貴賤老幼廢疾。凡征役之施舍。""族師以時屬民，而較登其族之夫家衆寡，辨其貴賤老幼廢疾可任者。""閭胥以歲時各數其閭之衆寡，辨其施舍。""遂人以歲時登其大家之衆寡，及其六畜車輦，辨其老幼廢疾，與其施舍者。"鄭注"夫家猶言男女也"。"遂師以時登其夫家之衆寡，六畜車輦，辨其施舍，與其可任者。"案：均人："凡均力政，以歲上下，豐年則公旬用三日焉；中年則公旬用二日焉；無年則公旬用一日焉。"陳及之以爲王制、内則云："五十不從力征，六十不與服戎"，力征與戎事有異，況軍事不得以時日爲斷。其説甚

---

① 左右兵步，六韜·均兵"兵步"作"六步"。
② 一里，六韜·均兵作二里。
③ 若返故道，六韜·均兵"若"作"各"。

確,均人之力政與戎事無涉也。鶴壽案:五經異義:"韓詩説:'年二十行役,三十受兵,六十還兵。'祭義:'五十不爲甸徒。'王制:'五十不從力政,六十不與戎服。'五經無明文,漢承百王而制二十三而役,五十六而免,得其中矣。六十五而周猶征之,非用民意。"康成駮之,以爲征之者使爲胥徒,給公家之事,如今之正衞耳。王制所謂"力政"者,挽引築作"服戎"者,從軍爲士卒也。胥徒事暇,二者皆勞于胥徒,故早舍之。惠半農曰:"漢因周制,五十六而免,則五十五猶未免也,故曰'皆征之',其制與周官合。'六十'者'五十'之訛耳。六十日者,邦饗耆老,外饔割烹,酒正共酒,既養之而又征之,叔重之説未可非也。荀子曰:'五尺豎子。'管子曰:'童,五尺内則成童。'十五以上則六尺,非童豎矣。論語注云:'六尺謂年十五,失之。'且以身之長短,定年之大小,則晏嬰長不滿六尺,謂之幼少可乎?秦法舉長,周以中人爲率,八尺爲長,六尺爲短,七尺爲中。故國中自七尺,野自六尺以上,不滿六尺者不爲夫。杞之城也,絳老與焉,清之戰也,汪錡死焉。末世之法也。是以周官徒役,上不及老,下不及僮。鹽鐵論云:'古者十五入大學與小役,二十冠而成人與戎事。五十以上,血脈溢剛,曰艾莊。詩曰"方叔元老,克壯其猶。"故商師若茶,周師若鳥。今陛下哀憐百姓,寬力役之政,二十三始賦,五十六而免,所以輔耆壯而息老艾也。'孟康曰:'古者二十而傅,二十三而後役之。'如淳曰:'律年二十三傅之疇官,蓋從其父疇學之。高不滿六尺二寸以下爲罷癃。'漢儀注云:'民年二十三爲正,一歲爲衞士,一歲爲材官騎士,習射御騎馳戰陳,五十六衰老免爲民,就田里。'而周官六十五猶征之,其不然矣。鄭司農曰:'九比者,九夫爲井,五家爲比,故以比爲名,今八月案比是也。舍者,復除。貴者若今宗室及關内侯皆復除。公事者若今吏有復除。老者若今八十九十復羨卒。疾者若今癃不可事復之。'"

起徒役

地官:"小司徒頒比法于六鄉,凡起徒役,毋過家一人,以其餘爲羨。"鄭注:"羨,饒也。"賈疏:"此謂六鄉之内,上劑致甿,一人爲正卒,其餘皆爲羨卒。"又云:"凡國之大事致民。"鄭注:"大事,謂戎事也。"鄭司農云:"國有大事,當徵召會聚百姓,則小司徒召聚之。"

李景齊云:"司馬法甸出甲士三人、步卒七十二人。司徒通籍民數起徒役,家一人。則以甸計之,一井八家,六十四井爲家五百十二,而僅止七十五人,蓋不盡以爲兵。"陳及之亦同此説。不知"甸出七十五人"者,邦國之法。小司徒"家一人"者,畿内六鄉之制。若以二者合爲一,則萬二千五百家爲鄉,六鄉豈足以出六軍乎?此謬也。又云:"成方十里,三百家,士十人,徒二十人。此十里之成,自甸外又加三十六井,宜所任者益多,而今特三十人,蓋不盡以爲兵。"此又不知三十六井乃治洫之家,並不使出軍賦,謬而又謬者也。

軍將

尚書甘誓:"大戰于甘,乃召六卿。王曰:嗟!六事之人。"孔傳:"天子六軍,其將皆命卿,各有軍士,故曰六事。"

夏官:"大司馬,卿一人。小司馬,中大夫二人。軍司馬,下大夫四人。輿司馬,上士八人。行司馬,中士十有六人。旅下士三十有二人,府六人,史十有六人,胥三十有二人,徒三百有二十人。"鄭注:"輿,衆也。行,謂軍行列序官。凡制軍,軍將皆命卿,師帥皆中大夫,旅帥皆下大夫,卒長皆上士,兩司馬皆中士。"伍皆有長",鄭注:"凡軍帥不特置,選于六官六鄉之吏,自卿以下德任者,使兼官焉。"賈疏:"軍將皆命卿云云者,皆據在鄉爲鄉大夫、州長、黨正、族師、閭胥、比長時尊卑命數而言。伍皆有長,是比長下士。不言者,以衆多官卑,故略也。"案:薛衡謂司馬掌兵,餘卿無與。其説非是。

大司馬:"中夏教茇舍。帥以門名,縣鄙各以其名,鄉以州名。"鄭注:"軍將皆命卿。古者軍將蓋爲營治于國門,魯有東門襄仲,宋有桐門右師,皆上卿爲軍將者也。縣鄙,謂縣正、鄙師至鄰長也。鄉以州名,亦謂州長至比長也。鄉遂大夫,文錯不見,以其素信于民,不爲軍將,或爲諸帥,是以闕焉。"賈疏:"鄉遂大夫以下,至比長鄰長,皆因爲軍吏以領本民,或別使人爲軍將,則鄉遂大夫別領人爲師帥、旅帥,亦有別使人爲軍將者,鄉遂大夫非直不爲軍將,并亦不爲諸帥。"案先王命將,原無一定,鄭于大司馬軍將,作兩法解之,一是六官之長,一是鄉遂大夫取其德任者,最爲精妙。薛氏不明此義,遂謂六軍之將,專用六鄉大夫,非也。至賈疏以周公東征,四國是皇,證三公爲將。東征之事,變也,非常也,豈得爲定制?又以靺韐有奭,以作六師,爲諸侯世子爲軍將,皆近穿鑿。兩司馬中士,則伍長下士,可以意推,況地官比長下士,有明文;並非衆多官卑,略而不言,直省文耳。鶴壽案:"鄉以州名",鄭注云"南鄉甄,東鄉爲人"是也。先生于"帥以門名"既引東門襄仲二語,而于"鄉以州名",獨不引之,何也?"帥以門名"者,舜典闢四門,鄭注云:卿士之職,使爲己出政教于天下。言四門者,卿士之私朝在國門,後世東門襄仲,桐門右師,取法于古。今案宋有澤門晳,吳有胥門巢,晉有下門聰,秦有橫門君,趙有廣門官,唐、虞豈其然乎?宋襄戰于泓而門官殲,門官者軍之帥也。宋向戌稱盧門合左師,而華氏亦居盧門,二族皆卿而爲軍帥,謂之門官者以此。其後遂爲將軍,晉六卿號六將軍,古者軍營在門,故死事之老孤,養以門關之委積,蓋就其地而養之,所以勵士而勸功也。鄭瞞伐宋,司徒皇父禦之,耏班爲御,以敗狄于長邱,宋以門賞耏班,使食其征,征者闔門之委積,耏班食之,因謂之耏門。"鄉以州名"者,世本有宋大夫東鄉爲,東鄉其氏也,爲其名也。"人"字乃衍文之。晉國高士全隱于南鄉,因以爲氏,則南鄉甄者,亦氏南鄉而名甄也。賈疏謂甄與爲人皆當時鄉名,失之。居門者以門氏,則居鄉者亦以鄉氏而已。

辨盡發之非

地官:"小司徒頒比法于六鄉。凡起徒役,惟田與追胥竭作。"鄭注:"鄭司農云:田,謂獵也。追,追寇賊也。竭作,盡作。"賈疏:"此謂六鄉之内,上劑致甿。一人爲正卒,其餘皆爲羨卒。若六遂之内,以下劑致甿,一人爲正卒,一人爲羨卒,其餘皆爲餘夫,饒遠故也。"案徒役必留羨卒者,重民力,慎居守也。田而竭作者,農隙講武,既無嫌于擾民;練習戎備,實有國之大計也。

"凡國之大事致民,大故致餘子"。鄭注:"大事,謂戎事也。大故,謂災寇也。"鄭司農云:國有大事,當徵召會聚百姓,則小司

徒召聚之。餘子，謂羨也。玄謂餘子，卿大夫之子，當守于王宮者
也。"賈疏："羨卒惟田與追胥竭作，大故不合使羨。書傳云'餘子
皆入學'，則餘子不得爲羨。"鶴壽案：餘子者，鬬士也。呂氏春秋云：
"齊、晉相與戰，平阿餘子得戟亡矛。"説苑云："佛肸以中牟叛，城北餘子袪
衣入鼎。"戰國策云："燕、趙久相攻，餘子之力，盡于溝壘。"亦閒民也。周書
云："成年，餘子務蓺；儉年，餘子務穡；大荒，餘子倅運。"莊子秋水篇："有壽
陵餘子。"司馬彪曰："餘子，未應丁夫，蓋謂閒民也。"管子云："餘子仕而有田
者，今入幾何人？餘子之勝甲兵有行伍者幾何人？"然則閒民者，非餘子之未
仕而無田亦無行伍者乎？呂氏春秋云："張儀，魏氏餘子也。"平阿、壽陵、魏
氏皆地名，則餘子爲閒民信矣。

詩采芑"其車三千"，鄭箋："司馬法兵車一乘，甲士三人，步
卒七十二人。宣王承亂，羨卒盡起。"孔疏："畿内六鄉地居四同，
萬有二千五百家爲鄉。依小司徒上地可任者家三人，中地二家五
人，下地家二人，一爲正卒，餘爲羨卒，通而率之，家二人半。若令
盡起，一鄉得三萬一千五百人，六鄉得十八萬七千五百人，計千乘
爲七萬五千人，則十八萬七千五百人，可得二千五百乘。"案廛里
九等田，亦在六鄉之内，孔未算及。今以載師注攷之，郊内三十六
萬夫，内山陵等三分去一，存二十四萬夫，六鄉七萬五千家，通上、
中、下地受十五萬廛里九等田，九者各爲萬家，通不易一易再易，受
四萬五千夫，總六鄉七萬七千家，添四萬五千爲十二萬夫，若以一
家二人半通率之，則有三十萬人。第據康成以遂人溝洫之法，與
匠人井田之法，判然不同。鄉遂公邑皆用溝洫，則鄉遂溝洫稠多，
較之都鄙幾十數倍，則應除治溝洫之夫，自當數倍于都鄙，而檢經
及注疏，並無此文，未可臆斷。則六鄉實受地者，雖可定之以十二
萬夫，而其出賦者尚未可定也。要之必不能給三千乘。蓋三千乘，
則十八軍二十二萬五千人矣，斷非六鄉之所能供也。人有死生，數
有改易，六鄉内不必常有千乘，或出六遂足之，或出公邑，周禮田
與追胥，李景齊以爲田乃暫時事，則不惡其爲盡征也，即追捕盜
賊，亦不過逐出之耳，若遠行征伐，決無空國而往之理。賈公彦原

有鄉不足取遂,遂不足取采地,又不足徵邦國之说,亦決無必待六鄉盡起尚不足,而始徵外兵之事。若然,則六鄉疲憊已極,而邦國永無徵發時矣。采芑之"三千",安知非鄉遂都鄙之正卒,或徵邦國之兵。而鄭以爲羨卒盡發者,特宣王承亂權用耳,非先王之正法可知。鶴壽案:鄉遂都鄙之田制既異,則其軍賦亦異。錢溉亭謂鄉遂乘七十五人,都鄙乘三十人,大抵鄉遂出二千乘,都鄙出八千乘,是爲天子萬乘。論者謂都鄙不稅治洫治澮之夫,亦當去其賦。如此則車多人少,不得不借鄉遂以足之。是不然。治洫治澮之夫,聞其不出稅,未聞其不賦也。都鄙之賦,不計甸而計成,信南山箋云:"甸方八里,在一成之中。成方十里,出兵車一乘,以爲賦法。"斯非計成出賦之明文乎?論者以坊記注"古者方十里,其中六十四井,出兵車一乘",爲賦止于甸之證。不知此即班固所謂一同百里,提封萬井,除山川等三千六百井,定出賦六千四百井。如其説則有甸無成矣。無成是無治洫治澮之夫。而鄉遂出車,亦不得有二千乘。此則不合于周官。蓋箋所云者,侯國出車之法也。康成于周禮特言畿內出車,故依王制三分去一之説,而以其所餘者爲成,于是周禮可通。而成亦必出賦。成既出賦,則都鄙不患其人少矣。是故三分去一,亦三分取一,則稍、縣、都八十四同之中,取其二十八同,已足八千四百乘之數。然則成出一乘者,以下地爲率。要之三百家而出一乘,則雖以通之中地上地可矣。都鄙所出止八千乘,則三百一十五家而出一乘。稍百八十萬夫,受田六十萬家,出千九百有五乘。縣二百五十二萬夫,受田八十四萬家,出二千六百六十六乘。都三百二十四萬夫,受田百有八萬家,出三千四百二十九乘。大率二十分而去一,以得其所去之乘,即可以得其所出之乘。如是而都鄙之人固有餘也,何必取之于鄉遂哉?然則鄉遂之所餘出賦乎?曰:鄉所餘,多賈商芻牧之人,受其田,遂所餘,則餘夫出耕之田也,皆非正卒,安得而出賦?餘夫不足以盡遂之所餘,則尚當有商賈芻牧之人,載師特言其略耳。且都鄙受田,豈皆正卒出賦者乎?但以通率率之,而從而變通焉。則鄉遂有出稅不出賦之家,都鄙有出賦不出稅之家,而田制軍制皆明矣。

王應電疑比、閭、族、黨、州、鄉爲伍、兩、卒、旅、師、軍,則征行用衆,百里之内,曠然無人,何以居守?因謂"比閭"者,教訓其居民之法;"伍兩"者,部署其勇力之法。所謂伍兩,特臨時簡閲,十家而取一人。不知征行之時,羨卒固在,居守何患無人？先王寓兵于農,若臨時簡閲,則仍後世苟且之計,豈其然乎？<u>王氏</u>亦惑于羨卒盡發之言耳,不知古無此法也。

<u>小司徒</u>疏:"凡出軍之法,先六鄉;賦不止,次出六遂;賦猶不止,徵兵于公邑及三等采;賦猶不止,乃徵兵于諸侯。大國三軍,次國二軍,小國一軍。此等軍皆出于鄉遂。賦猶不止,則諸侯有遍境出軍之法,則千乘之賦是也。"<u>春秋</u>疏:"天子六軍,出自六鄉;大國三軍,出自三鄉。其餘公邑、采地之民,不在三軍之數。古者用兵,天子先用鄉;鄉不足,取遂;遂不足,取公卿采邑及諸侯邦國。若諸侯出兵,先盡三鄉三遂;鄉遂不足,然後總征境内之兵。"案:<u>鄭司農</u>曰:"合鄉遂可制十二軍,而僅制六軍,蓋以遂爲鄉之副倅,鄉不足,斯取諸遂,其寬民力一也。民之可任者,雖有家三人、二家五人、家二人之别,然每家惟取一人爲正卒,其餘皆爲羨卒,以備更休,其寬民力二也。六鄉以三劑致甿,而六遂概以下劑爲率,則正、羨之外雖可任,而并不用,爲羨者更多矣,其寬民力三也。"以此知古無盡發之事。

六軍統于大司馬,而大司馬九伐之法,明載<u>夏官</u>。<u>章俊卿</u>、<u>陳傅良</u>、<u>陳祥道</u>謂天子有事于四方,但徵諸侯之兵而内兵全不出者,非也。惟是<u>賈公彦</u>、<u>孔穎達</u>所云鄉不足取遂,以遞及于邦國者,若專指正卒而言則可,倘泥<u>康成</u>"羨卒盡起"一言,空其國不足,乃他有徵發,是先虛其内以實其外,誠有如諸儒所疑矣。

邦國鄉遂之軍

<u>夏官大司馬</u>:"凡制軍,大國三軍,次國二軍,小國一軍。"<u>鄭注</u>:"<u>鄭司農</u>云'<u>春秋</u>傳有大國、次國、小國',又曰'成國半天子之軍'。<u>周</u>爲六軍,諸侯之大者三軍可也。"<u>賈</u>疏:"此大國、次國、小國者,皆以命數同者軍數亦同,則上公爲大國,侯伯爲次國,子男爲小國也。<u>春秋</u>襄十四疏:<u>夏官</u>'大國三軍'云云,當以公侯爲大國,伯爲次國,子男爲小國。諸侯五等,惟有三等之命,伯之命數可

以同于侯,其軍則計地大小,故伯國之軍,不得悉同于侯也。"案王制:"三公一命,卷若有加則賜也,不過九命;次國之君,不過七命;小國之君,不過五命。"然則大國者專指公而言,宜從賈説,惟魯侯爵而得有千乘,與他國異。

穀梁傳:"古者天子六師,諸侯一軍。"范注:"周禮萬有二千五百人爲軍。王六軍,大國三軍,次國二軍,小國一軍。二千五百人爲師。"然則此言天子六師,凡萬有五千人;大國三軍,則三萬七千五百人。諸侯制踰天子,非義也。總云"諸侯一軍",又非制也。

大國三軍,凡三萬七千五百人,車五百乘。次國二軍,凡二萬五千人,車三百三十三乘,餘二十五人。小國一軍,凡一萬二千五百人,車一百六十六乘,餘五十人。此皆邦國常征之所用。其畸零不滿一乘者,蓋險野徒爲主,易野車爲主。古有徒兵不盡爲車;抑或以鄉之所出與境内所出通融配合,如孔氏所云"元科之兵,不必定屬本車者"邪? 攷之説文,"軍"從車從包,是知軍以車成,當以後説爲正。陳祥道曰:"記云'制國千乘',語云'道千乘之國',然賦雖至于千乘,而兵不過三軍,三軍則五百乘而已。蓋五百乘,三鄉之所出也;千乘,闔境之所出也。"案此條剖晰邦國常征、盡發二法,極爲明了。知此則包咸之妄可破,魯頌兩言之疑亦可決矣。

鶴壽案:欲明邦國出賦之法,必先知邦國土地之數。以上三條,但論三軍、二軍、一軍,而不詳攷五等之國,則其制仍不明也。今案諸公封疆方五百里,凡二十五同,每面二百五十里,分郊、甸、稍、縣、畺爲五節,每節五十里,其食者半。穀土三等地爲方百里者二,以三等税法通率之,當上地方百里,其餘爲廛里、采邑、山林出税之地,其不食者半,爲溝洫、山澤、邑居及名山大川附庸閒田。侯四百里,伯三百里,子二百里,皆依此算。惟男百里皆爲上地,不用通率之法,無山林六等地。公國郊内九萬夫,除山澤、邑居三萬二千四百夫,穀土三等地三萬五千一百夫,置出税者萬七千五百五十家;廛里九等地二萬二千五百夫,置出税者二萬二千五百家。侯國郊内五萬七千六百夫,除山澤、邑居二萬有七百三十六夫,穀土三等地二萬二千四百六十四夫,置出税者萬一千二百三十二家；廛里九等地萬四千四百夫，置出税者萬四千四百家。伯國郊内三萬二千四百夫，除山澤、邑居萬一千六百六十四夫，穀土三等地萬二千六百三十六夫，置出税者六千三百十八家；廛里九等地八千一百夫，置出税者八千一百家。子國郊内萬四千四百夫，除山澤、邑居五千一百八十四夫，穀土三等地五千六百十六夫，置出税者二千八百有八家；廛里九等地三千六百夫，置出税者三千六百家。男國郊内三千六百夫，除山澤、邑居千二百九十六夫，穀土上地千八百五十四夫，置出税者千八百五十四家；廛里九等地四百五十夫，置出税者九百家。蓋王畿之地大，故所置六鄉在郊内；侯國之地小，則一鄉必兼及于郊外也。

唐仲友曰："學者見司徒建邦國封疆，與武成①分土之等、孟子頒禄之制不合，因謂周禮非周公之制；爲周禮者又强爲之説，曰周九州之界，方七千里，周公變商、湯之制，雖小國地皆方百里。是皆未深考之耳。費誓曰'魯人三郊三遂'，左氏曰'成國不過半天子之軍，諸侯之大者三軍可也。'然則大國三軍，出于三郊，三遂副之，周制然矣。牧誓曰'武王戎車三百兩，虎賁三千人，御事司徒、司馬、司空。'然則大國三軍，三卿爲之帥，一軍之戎車百二十五乘，商制然矣。商、周諸侯之軍制既同，分土之制安得而異？周之九服，即禹之五服，烏覩所謂七千里？周公相成王，滅國者五十，而所立七十一國，分土之制，遽過于商，大者二十四倍，小者猶三倍，何所容之？後儒不能通，則曰是兼附庸。誠是也，抑不思百里之提封萬井，三分去一，爲六萬夫之地悉以家一人率之，爲兵六萬，不足三郊三遂七萬五千人之數，爲車六百乘，亦不足千乘之數，所謂園、廛、宅田、士田、賈田、官田、賞田、牛田、牧田，與卿、大夫、公、子弟之采邑，于何容之？家既役其一人，百畝又征其什一，它無餘地，車輦馬牛干戈之屬，于何出之？百畝之分，以中農計之，足食七人，什取其一，則十夫而食七人，古庶人在官次第之禄也。六萬夫之税，足當中農夫六千人而已，三鄉之吏九千四百六十人，于何

---

① 武成，原作武城，據尚書改。尚書武成篇："列爵惟五，分土惟三。"

給之？尚未足食鄉遂之吏與其百官之衆；府、史、胥、徒之禄，宗廟、朝廷之禮，王國之朝貢，四鄰之邦交，于何取用也？百里之地，不足爲公侯之國明甚。況七十里只二萬九千四百夫之地，五十里止一萬五千夫之地，其不能爲諸侯之國，抑又明矣。然則子產、孟子之言非與？曰：二子何可非也。抑古人之爲言，省文而互見。詳而攷之，未有不合者。古之爲國，有軍有賦。王六軍，大國三軍，次國二軍，小國一軍。此軍也，出于國之郊者也。天子萬乘，諸侯千乘。此賦也，出于成國者也。自軍言之，則方百里而具三軍，方七十里而具二軍，方五十里而具一軍。推而上之，方二百里而具六軍。自賦言之，則方千里而具萬乘，二百一十里而具千乘。通軍與賦而言之，則方千里者爲兵車萬九百乘。推而下之，方百里者爲方五十里者四，五十里具一軍，又五十里者爲一遂，合爲兵車二百五十乘，餘方五十里者一定出賦五十乘，軍賦合三百乘。男之國也。由是推而上之，七十里而具二軍，又七十里而具二遂，略當一同，合爲兵車五百乘，加一同，定出賦百乘，軍賦合六百乘。伯之國也。百里而具三軍，又百里而具三遂，合爲兵車七百五十乘，加二同有半，定出賦二百五十乘，軍賦合千乘。公之國也。伯二同，則方百四十一里。公四同有半，則方二百一十一里。子下同于男，侯上同于公。是謂分土惟三。自是而外，則附庸也，山川也，土田也，雖未必皆其所有，皆在封疆之内矣。今夫顓臾，昔者先王以爲東蒙主，且在邦域之中矣，此附庸在封疆之證也。‘居常與許，復周公之宇’，此土田在封疆之證也。‘奄有龜、蒙，遂荒大東’，‘保①有鳧、繹，遂荒徐宅’，此山川在封疆之證也。封疆之内，附庸、山川、土田皆在焉，然皆非出軍制賦之壤。故地方七百里，而止于革車千乘，則舉封疆而言。雖七百里猶可，而況五百里四百里三百里二百里百里乎？故于天子言千里者，兼軍賦而言之。于諸侯言百里七十里五

---

①　保，原作奄，據詩經改。此句引自詩經閟宮。

十里者,獨畢軍制而言也。于天子言萬乘者,以賦法通率也。于諸侯言千乘者,兼軍賦而言之也。于諸公言五百里,諸侯言四百里,伯言三百里,子言二百里,男言百里者,包山川、土田、附庸于封疆也。于諸侯男言百里者,獨舉其出軍賦之封疆也。凡此者皆省文而互見,若異而相通,何嘗纖毫牴牾哉?且先王之于諸侯,豈其封疆一定,而遂無所勸懲乎?慶而益,責而削,皆在封疆之中矣。此周公之定制,而成王廣魯以七百里,則康周公云爾,非周公之制所得而拘也。于齊有賜履焉,于衛有封畛土略焉,于韓侯有奄受北國焉。山川土田附庸,或得其全,或得其偏,皆封疆之數也。與武成、孟子之言,蓋相表裏矣。"

唐氏以百里不足爲公侯之封,其説甚确。其餘皆以意立説,無所據依。萬井之田,而云爲兵六萬,與井牧不合,其謬一也。載師九等田,去其二,存其七,以畿内爲邦國之制,其謬二也。天子遠郊百里,公遠郊五十里,侯伯三十里,子男十里,三鄉二鄉一鄉在焉,三軍二軍一軍出焉。三軍三萬七千五百人,計五百乘;二軍二萬五千人,計三百三十三乘,餘二十五人;一軍萬二千五百人,計一百六十六乘,餘五十人。然則百里者天子六軍之所出,而以爲大國三軍之所出,其謬三也。又推而上之,方二百里而具六軍,不知方二百里則十二軍矣,其謬四也。大國地共不過五百里,而以百里爲郊,次國七十里爲郊,小國五十里爲郊,與鄭説聘禮全不合,其謬五也。千里之中而出萬乘,經有明文;天子遠郊百里之內,六軍千乘,注有確據。今改爲二百一十里出千乘,千里出一萬九百乘,何所據乎?其謬六也。此種本不足辨,恐混學者之目,特採其説而略辨之。鶴壽案:唐仲友之説固屬支離,而此條所駁,亦有謬處。如云公遠郊五十里,侯伯三十里,子男十里,三鄉二鄉一鄉在焉,三軍二軍一軍出焉。今案公五十里,并四面言之,止有方百里,山澤邑居三分去一,再以小中下三等地通率之,止有三萬家,三軍三萬七千五百人,豈能出自方百里之地乎?至于子男十里,并四面言之,止有方二十里,即使不除山澤邑居,即使皆爲上地,不用三等通率，亦止有三千六百家，其何以備一軍哉？

邦國境內之軍

漢刑法志："地方一里爲井，井十爲通，通十爲成。成方十里。成十爲終，終十爲同。同方百里。同十爲封，封十爲畿。畿方千里。有稅有賦，故四井爲邑，四邑爲邱。邱，十六井也。有戎馬一匹、牛三頭。四邱爲甸。甸，六十四井也，有戎馬四匹、兵車一乘、牛十二頭、甲士三人、步卒七十二人。干戈備具。是謂乘馬之法。"案：成與甸一法也。成通治洫，甸據出賦，故並舉之。然此一段，本係班氏撮敘古者軍賦之大要。今六十四井出七十五人，爲邦國郊外之制。偏舉一端言之者，古者軍賦雖鄉遂家一人，都鄙或四家或六家一人，邦國國中家一人、郊外七家一人。各自不同。其臨陣對敵，皆一車七十五人，而七家一人之制與之同，故舉以爲言，其餘不備列也。鶴壽案：前論侯國鄉遂之軍而不言侯國鄉遂之制，此論侯國都鄙之軍而又不言侯國都鄙之制，將使人暗中摸索邪？抑未知侯國鄉遂都鄙之大小，故置之不問邪？若徒論侯國出賦之法，則鄉遂家出一人，七十五家出甲士三人，步卒七十二人，給革車一乘，鄉爲正卒，遂爲副卒，與王畿鄉遂同。邱甸則九十六家出甲士一人，四家出步卒一人，二百八十八家出甲士三人，步卒七十二人，具革車一乘，與王畿都鄙異，夫人而知之矣。

千乘

論語"千乘之國"，馬融注云："司馬法六尺爲步，步百爲畝，畝百爲夫，夫三爲屋，屋三爲井，井十爲通，通十爲成，成出革車一乘。然則千乘之賦，其地千成，居地方三百一十六里有奇。惟公侯之封，乃能容之，雖大國之賦，亦不是過也。"包咸注云："千乘之國者，百里之國也。古者井田方里爲井，十井爲乘。百里之國，適千乘也。"何晏集解以爲融依周禮，咸依王制，孟子疑義故兩存焉。案：一成當有百井，是八百家出車一乘。十井爲乘，是八十家出車一乘。馬、包各爲一説。朱子詩集傳魯頌"公車千乘，公徒三萬"，注云："車千乘，法當用十萬人，而爲步卒者七萬二千人。然大國之賦,適滿千乘,爲盡用之,是舉國而行也。故其用之大國,三軍而已。三軍爲車三百七十五乘,三萬七千五百人,其爲步卒不過二萬七千人,舉其中而以成數言,故曰三萬也。"此主馬融説。孟子首章,集注云:"萬乘之國者,天子畿内地方千里,出車萬乘。千乘之家者,天子之公卿采地方百里,出車千乘也。"此主包咸説。朱子又云:"車乘之説,疑馬氏爲可據。馬説八百家出車一乘,包説八十家出車一乘。一乘,甲士三人,步卒七十二人,牛馬兵甲芻糧具焉,恐非八十家所能給也。"當以此論爲定。然朱子亦但舉其大略而已。

大國三軍,車五百乘。若計地出賦,則得千乘。千乘出賦之法,則服虔注左傳所引司馬法,載詩正義所謂"甸六十四井,出兵車一乘,士卒共七十五人"者。是馬、鄭注論語引之。欲見邦國疆域實數,故改"甸"爲"成",其實一耳。孫子云:"興師十萬,日費千金,怠于操事者七十萬家。"蓋謂七家而賦一兵也。今以此法推六十四井五百七十六家可出八十二人尚餘二夫,今祇出七十五人,則是七家又十之五强出一人也。此説本無可疑,自何休注公羊傳"初税畝"云"聖人制井田之法,十井共出兵車一乘",包咸因之,亦謂"十井爲乘,百里之國應千乘也"。何楷辨之,謂使十井出一甸之賦,則其虐又過于成公之邱甲矣。此説最精。顧後儒猶有惑于其説者,則以邦國疆域諸説,參錯不合也。王制云:"公侯田方百里,伯七十里,子男五十里。"孟子云:"諸侯之地方百里,不百里不足以守宗廟之典籍。"王制云云,康成以爲夏制五等之爵,三等受地。至殷變爵爲三等,合子、男與伯以爲一,其地亦三等不變。則白虎通詳言之。武王克商,復增子、男爵,爲五等,其受地則與夏、殷三等同。武成所謂"列爵惟五,分土惟三"是也。齊、魯之封,皆在武王之世,孟子所謂"地非不足,而儉于百里"者,大都據初制而言。賈公彦職方氏疏申鄭意,謂其時九州之界尚狹,至周公攝政致太平制禮,成武王之意,斥大九州,于是五等之爵,以五等受地。則周禮大司徒云"凡建邦國,諸公之地封疆方五百里,諸侯之地封疆方四百里,諸伯之地封疆方三百里,諸子之地封疆方二百里,諸男之地封疆方一百里"是也。馬融以爲"千乘地三百一十六里有奇,惟公侯之封,乃能容之,雖大國之賦,亦不是過焉"數語,最可玩味。蓋左氏傳言"不過半天子之軍",坊記言"不過千乘","不過"云者,謂軍賦以是爲限,非地止三百一十六里,故云"大國亦不是過"。史記云:"周封伯禽于魯,地方四百里。"明堂位則以成王欲廣魯于天下,故封周公于曲阜,地方七百里。然其言魯之賦,則亦不過革車千乘而已。若孟子對北宮錡云云,趙岐注"諸侯方百里象雷震也",此以夏制爲周制者,則爲傳聞約略,而非載籍之明據可知。蓋千乘其地千成,則九萬井有餘,其爲百里已九有奇矣,尚得以爲百里乎?左傳鄭子產適晉獻捷曰:"昔天子之地一圻,列國之地一同。今大國多數圻矣。若無侵小,何以至焉?"此乃救時之談,非核實之論也。至于先儒欲合異爲同,説愈多而愈舛。一則陳君舉説謂周禮封疆,方五百里,是周圍五百里,徑只百二十五里;方四百里,徑只百里;方三百里,徑只七十五里;方二百里,徑只五十里;方百里,徑只二十五里有奇。其説與王制合。朱子辨之云:"本文方千里之地,以封公則四公,以封侯則六侯,以封伯則七伯,以封子則二十五子,以封男則百男。其地已有定數,君舉説如何可通?"一則陳用之説,以爲百里、七十里、五十里,乃正封之實地,而五百里、四百里、三百里,則兼所統之附庸。然方五百里,則爲方百里者二十五,豈公之正封,僅得方百里者一,而附庸反得二十四乎?方四百者,則爲方百里者十六,豈侯之正封,僅得方百里者一,而附庸反得十有五乎?推之伯、子、男,皆不能通。今説千乘,一以馬、鄭及朱子之言爲斷。

　　畿内都鄙皆爲井田,其閒除不滿成但治溝不扣算外,滿成則但有洫,滿同則兼有澮。澮倍于洫,故除去治之之夫亦異,而成與同出賦之法,亦各分爲二説,已詳見前。今邦國郊遂外,亦爲井田,亦當除去洫澮，則甸出七十五人之説，亦宜分成與同爲二，方爲的確。但先儒皆舉其大略，未有細推及此也，今姑闕之。鶴壽案：侯國都鄙之制，要亦無難核算。公國郊外二百六萬夫公邑，除山澤邑居十二萬七千二百五十一夫，穀土三等地十四萬四千九百夫，置出税者七萬二千四百五十家；溝洫三等地八萬二千三百二十四夫，置治洫者四萬有六百六十二家。三卿五大夫采邑，除山澤邑居十萬四千六百五十二夫，穀土十一萬九千有七十夫七十二畝，置出税者五萬九千五百三十五家有奇；溝洫六萬六千九百七十七夫二十八畝，置治洫者三萬三千四百八十九家不足；其餘爲山林六等地，以及名山大川附庸閒田。侯國郊外百三十八萬二千四百夫公邑，除山澤邑居十三萬八千三百六十八夫二十五畝，穀土三等地十五萬七千五百三十六夫，置出税者七萬八千七百六十八家；溝洫三等地八萬八千四百五十二夫，置治洫者四萬四千二百二十六家。三卿五大夫采邑，除山澤邑居十萬四千六百五十二夫，穀土十一萬九千有七十夫七十二畝，置出税者五萬九千五百三十五家有奇；溝洫六萬六千九百七十七夫二十八畝，置治洫者三萬三千四百八十九家不足；其餘爲山林六等地，以及名山大川附庸閒田。伯國郊外七十七萬七千八百夫公邑，除山澤邑居六萬六千三百七十九夫五十畝，穀土三等地七萬五十五百六十四夫，置出税者三萬七千七百八十二家；溝洫三等地四萬二千四百四十四夫，置治洫者二萬一千二百二十二家。三卿二大夫采邑，除山澤邑居萬有三百六十八夫，穀土萬一千七百九十六夫四十八畝，置出税者五千八百九十八家有奇；溝洫六千六百三十五夫五十二畝，置治洫者三千三百十八家不足；其餘爲山林六等地，以及名山大川附庸閒田。子國郊外三十四萬五千六百夫公邑，除山澤邑居三萬四千五百四十六夫五十畝，穀土三等地三萬九千三百八十四夫，置出税者萬九千六百九十二家；溝洫三等地二萬二千有三十二夫，置治洫者萬一千有十六家。三卿采邑，除山澤邑居九百七十二夫，穀土千一百有五夫九十二畝，置出税者五百五十三家不足；溝洫六百二十二夫八畝，置治洫者三百十一家有奇；其餘爲山林六等地，以及名山大川附庸閒田。男國郊外八萬六千四百夫公邑，除山澤邑居萬七千二百四十五夫七十一畝，穀土上地萬九千六百四十三夫四畝，置出税者萬九千六百四十三家有奇；溝洫上地萬一千有十六夫，置治洫者萬一千有十六家。三卿采邑，除山澤邑居四百八十六夫，穀土五百五十二夫九十六畝，置出税者五百五十三家不足；溝洫三百十一夫四畝，置治洫者三百十一家有奇；其餘爲名山大川附庸閒田,惟無山林六等地。此五等侯國之細數,可致而知者。能知其細數,則可以核算出賦之法矣。

詩閟宫"公車千乘",毛傳:"大國之賦千乘。"孔疏明堂位云:"封周公于曲阜,地方七百里,革車千乘。今復其故也。""公徒三萬",鄭箋:"萬二千五百人爲軍。大國三軍,合三萬七千五百人。言三萬者,舉成數也。"何楷曰:"先儒皆據漢書井十爲通,通十爲成,成十爲終,終十爲同,同十爲封。一封三百一十六里,提封十萬井,定出賦六萬四千井,車千乘。然王制、孟子皆言'大國百里',何從有三百一十六里? 及致周禮公五百里,侯四百里,與左、孟不合,因再四尋繹,更以詩'公車千乘'之制求之,然後知周禮之果不謬。大司徒職云:'諸公之地,封疆方五百里,其食者半。諸侯之地,封疆方四百里,其食者參之一。諸伯之地,封疆方三百里,其食者參之一。諸子之地,封疆方二百里,其食者四之一。諸男之地,封疆方百里,其食者四之一。'鄭、賈謂公受地廣,税物多,但留半即足其國俗喪紀及畜積之用,以半爲餘貢入天子。其侯伯受地差少,則其税亦少,故三分之二留自用,以一分爲餘貢入天子。子男受地又少,其税轉少,故留四分之三,亦以一分爲餘貢入天子。大國貢重,正之也;小國貢輕,字之也。據此説則所謂'其食'者,謂王食其土之入耳。今即依此法,以諸侯之地推算,計封疆方四百里,爲田當十六萬井,除山林、園囿、城郭、溝塗之類,大率三分去一,實當存十萬六千六百六十六井。又三分之,而貢其一于王,尚餘二分,應六萬六千一百零五井,則留供本國之用者也。以邱甸法合之,十六井出戎馬一匹、牛三頭。六十四井出長轂一乘、戎馬四匹、牛十二頭、甲士三人、步卒七十二人。由此積之,則六百四十井出十乘,六千四百井出百乘,至六萬四千井即當出千乘矣。此外所餘二千一百餘井,尚當出車三十餘乘,而經、傳但以"千乘之國"爲言者,舉成數耳。司馬法、漢書求其説而不得,于是增'同十爲封'一條,以求合乎'千乘'之數,而其實無此制也。"案何氏以方四百里者推算甸六十四井出車一乘之法,恰得千乘,自謂創獲,不知邱甸之制,本有二法,有甸出車一乘,據六十四井實出税者而言;有成出車一乘,通旁加一里治溝洫者而言。何氏忘卻旁加之成,但以甸算,何立説之鹵莽也。至于"食者半"、"食者參之一"、"食者四之一",指貢入天子而言,與軍賦本不相涉。强爲牽合,亦不可從。鶴壽案:諸公食者半,侯伯食者參之一,子男食者四之一。此指地之可食者而言,如左氏異義所謂"山林之地,九夫爲度,九度而當一井"是也。蓋穀土之外,又兼有此可食之地。注、疏據大國貢重,小國貢輕,以爲入貢于王。非是。

　　戴震曰:"公車千乘、公徒三萬者,蓋一車士卒共三十人,千乘適三萬。分言之則曰士曰徒,合言之則皆公徒耳。武王革車三百乘、虎賁三千人,齊侯使公子無虧帥車三百乘、甲士三千人,蓋不言步卒,而但舉甲士,其數亦合。杜預注春秋作'邱甲',謂四井爲邑,四邑爲邱,邱十六井,有戎馬一匹、牛三頭。四邱爲甸,甸六十四井,有戎馬四匹、兵車一乘、牛十二頭、甲士三人、步卒七十二人。其説本周禮,而以漢刑法志雜之。刑法志亦本司馬。然司馬法與周禮有合有不合,其合者方可據,其不合者不可執以定周禮也。康成據司馬法'甸出車一乘,每車士卒共七十五人'之説,謂千乘合境所出,五百乘常征所用,計應三萬七千五百人,舉成數故言三萬。其説非是。"案司馬法文引之者非一,其曰"井十爲通,通爲匹馬、三十家、士一人、徒二人;通十爲成,成百井、三百家、革車一乘、士十人、徒二十人;十成爲終,終千井、三千家、革車十乘、士百人、徒二百人;十終爲同,同方百里、萬井、三萬家、革車百乘、士千人、徒二千人",此鄭小司徒注所引,甫田箋亦用之者也。其曰"四邑爲邱,有戎馬一匹、牛三頭;四邱爲甸,甸六十四井,出長轂一乘、馬四匹、牛十二頭、甲士三人、步卒七十二人",此服虔左傳注所引,見于信南山正義者也。"爲通"、"爲成"云云,通治溝洫者而言,"爲邱""爲甸"云云,據實出税者而言,實即一法。獨一車三十人、一車七十五人二者不同。鄭注論語道"千乘之國",亦引司馬法,但欲見地方三百一十六里有奇,故不引"邱"、"甸"而引"通"、"成",其下又引一車七十五人,參合二文爲一。則小司徒疏云:"鄭注論語,是畿外邦國法,甲士少,步卒多。此士十人、徒二十人,比畿外甲士多、步卒少,外內有異故也。"是司馬法本有二法,賈氏之言甚明。觀鄭于論語注,服、杜于春秋左傳注,所言皆邦國事,同引七十五人說,獨于小司徒畿內事,則引三十人說,足知賈說之精矣。今魯頌正邦國事,戴氏以都鄙事說之,非也。又古者每車士徒共七十五人,此定法也。孔穎達于書牧誓疏、禮坊記疏、春秋成公元年疏,皆謂征課出兵之數,與臨陣對敵之數不同。科兵既至,臨時配割,其車雖在,其人分散,前配車之人,不必還屬本車。如此則雖七十五人,恰與軍法相合,亦不必符原科之兵若三十人之法。自是元科兵非軍法明矣。至武王所用革車三百乘、虎賁三千人,此孟子文,戴氏據之謂一車甲士十人;書序作三百人;孔傳謂虎賁即甲士,亦即百夫長;孔疏謂一車士徒共百人,甲士惟一人。皆非也。革車之外,又有虎賁,二者本不相涉。公子無虧所帥,杜氏明云"車甲之賦異于常",當日衛爲狄滅,戴公廬曹,使人戍守,非尋常征戰事可比。以之爲證,更未足據。鶴壽案:何晏論語注引馬融曰:"千乘之賦,其地千成,方三百一十六里有奇,惟公侯之封,乃能容之。"如馬融說,則大國千乘,皆計地出之矣。不知軍制有三鄉出賦之法,有闔境出賦之法。三鄉七十五家,出甲士三人步卒七十二人爲一乘,其車則公家給之。邱甸、采邑二百八十八家,出甲士三人、步卒七十二人爲一乘,其車則民間具之。大國千乘,合三鄉、邱甸、采邑之賦在內。三鄉出三萬七千五百人爲三軍,三遂爲副卒。春秋傳曰"成國不過半天子之軍",三軍五百乘,此常征之數也。若夫闔境出賦,則令邱甸采邑之家,出甲士千五百人、步卒三萬六千人、革車五百乘。坊記曰"制國不過千乘",雖合三鄉邱甸采邑所出,不止于千乘,而以千乘爲限,此盡發之數也。然則計地所出者,僅五百乘耳。若出千乘,則并三軍所給之五百乘,凡有千五百乘矣。故馬融說以爲算法則可,以爲實制則否。閟宫疏云:"公車千乘,有七萬五千人,與公徒三萬數不合者,事不同也。天子六軍，出自六鄉，地官小司徒‘凡起徒役，無過家一人’。家出一人，鄉爲一軍，此出軍之常也。諸侯三軍，出自三鄉。公徒三萬，自謂鄉之所出，非彼于乘之衆也。公車千乘，自謂計地出兵，非彼三軍之事也。侯國出三軍，若前敵不服，用兵未已，則盡境内皆使從軍，復有計地出軍之法。鄉之出軍爲常，故家出一人。計地出軍則非常，故成出一軍優之也。”今案孔穎達分三鄉出軍、計地出軍爲二，則是。其謂公徒在千乘外，則非。蓋公徒三萬七千五百人，備五百乘，其餘計地所出，又得五百乘，合之爲千乘，則公徒亦在千乘中矣。

蛾術編卷六十六

説　制　四

顧命 宮室制度

尚書顧命設几席，陳寶玉，列車輅，有兵衛，可攷宮室制度。"逆子釗于<u>南門</u>之外"，傳云："將正太子之尊，故出于路寢門外，更新逆，所以殊之。"<u>江聲</u>謂"太子以王未疾時，奉使而出，比反而王崩，故以兵逆之<u>南門</u>外，朝之外門，所謂皋門也"。"延入翼室"，是路寢前堂東邊夾室。<u>鶴壽</u>案：<u>李如圭</u>儀禮釋宮一篇，所述宮室制度，根據禮經，最爲詳悉。先生此卷，蓋仿顧命而爲之。<u>南門</u>者，在宮之南，故謂之南門。盛德記云"揖朝出其<u>南門</u>"是也。亦謂之闕。天子諸侯宮城皆四周，闕其南爲門，城至此而闕。<u>左傳</u>"鄭伯享王于闕西辟"，太傅禮過闕則下是也。亦謂之闕門，穀梁傳"諸侯不出闕門"，史記魏世家"臣在闕門之外"是也。亦謂之中闕。庫門在其外，路門在其內，居二者之中。扁鵲、倉公傳"出見扁鵲于中闕是也。昔者<u>魯煬公</u>築茅闕門，<u>秦孝公</u>築冀闕，<u>蘇秦</u>摩燕烏集闕，闕巍然而高，故謂之巍闕。<u>莊子</u>天下篇"心居乎巍闕之下"是也。正月之吉，縣治象教象政象形象之法于此，故謂之象魏。<u>左傳</u>"立于象魏之外"是也。使萬民觀象，故謂之觀，爾雅"觀謂之闕"，禮運"出游于觀上"是也。觀有臺，故謂之觀臺，<u>左傳</u>"遂登觀臺以望"是也。即門爲臺，故謂之臺門，又謂之門臺，禮器"天子諸侯臺門"，<u>左傳</u>"邾子在門臺"是也。觀有左右，故謂之兩觀，<u>左傳</u>"雉門及兩觀災"是也。攷工記："王宮門阿之制五雉，宮隅之制七雉，城隅之制九雉。"城度以雉，由宮城始，故宮城之門謂之雉門，明堂位"雉門天子應門"是也。或謂之中門，或謂之宮門，閽人"掌守王宮之中門之禁"，袁紀之

“事蹕宮門”,皆此門也。又謂之公門,又謂之大門,曲禮“大夫士下公門”,公食大夫禮“賓朝服即位于大門外”,皆此門也。若皋門,則更在南門之外。翼室,夾室也。燕寢之東頭有東夾室,燕寢之西頭有西夾室。釋名云:“夾室在堂兩頭,故曰夾也。”謂之翼室者,如鳥之有兩翼,下文云“西夾南嚮”,則知此爲東夾也。

　　四坐:“牖閒南嚮,西序東嚮,東序西嚮,西夾南嚮。”案古者人君宮室之制,前爲堂,後爲室。堂兩旁爲東、西夾室,即翼室中。中有牆以隔之,謂之東、西序。後室之兩旁,則爲東、西房。室中以東向爲尊,户在其東南,牖在其西南。堂以南向爲尊,王位在户外之西、牖外之東,所謂户、牖之閒南嚮之坐也。斯干云:“築室百堵,西南其户。”據彼箋及疏攷之,凡室,户東牖西,乃是定制,尊卑皆同。但大夫、士宮室,其前堂雖亦有東、西夾室,而後室卻只有西邊一室、東邊一房,無所謂東、西房。因其後半截只有東房、西室,故室之户偏于東,與東房相近,以房、户之閒爲正中。今此天子之後室兩旁,各有一房,故就一室論,户亦在東;而就大判言之,户已在東、西兩房之中,比之大夫以下一房者之室户,則已爲“西其户”矣,非實西其户也。又明堂之制有五室,皆在四角與中央,每室四旁開户,每户兩窗夾之,共有四户八窗。今此獨一後室,後室獨一南户耳,故言“南其户”也。然則彼“西南其户”,其實仍是東南其户,與此經“牖閒南嚮”,爲在牖東户西不相背也。據彼箋謂彼所築是天子之燕寢,其制如諸侯之路寢,匠人注云:“天子之路寢及宗廟,其制皆與明堂無異。”斯干所説,異于明堂,故知是天子之燕寢,即諸侯之路寢也。今此成王崩殯陳設之地,正是天子之路寢,而其制與斯干所説同者,鄭志答趙商、張逸二條,詳論其事。以文王遷豐,僅作靈臺、辟雍,其餘猶諸侯制度。武王遷鎬因之。周公制禮,建國土中,乃立明堂于洛邑,洛誥“王入太室祼”,即月令所謂“太廟太室”也。若鎬京宮室,周公亦未及改作。成王崩于鎬京,故喪禮陳設之處在路寢者,有東、西房,如諸侯路寢之制,不爲明堂制也。其後厲王之亂,宮室毀壞。宣王中興,別更起造,自然依天子法,不作諸侯制,故知斯干所詠是燕寢,其實則與顧命路寢合,由成王顧命時仍諸侯制故也。鶴壽案:牖閒謂戶、牖之閒,舉戶以該牖也。凡室之南面,皆有戶有牖,戶在東,牖在西,大率以室之南面四分之,以其東邊之一爲戶,以通出入;以其西邊之一爲牖,以通光明;而其居中之二,則爲戶、牖之閒也。天子有路寢有燕寢。路寢者,大寢也。大寢之制如明堂。月令:孟春天子居青陽左个,仲成春居青陽太廟,季春居青陽右个;孟夏居明堂左个,仲夏居明堂太廟,季夏居明堂右个。中央土,居太廟太室。孟秋居總章左个,仲秋居總章太廟,季秋居總章右个;孟冬居元堂左个,仲冬居元堂太廟,季冬居元堂右个。康成以大寢東堂、大寢南堂、大寢西堂、大寢北堂釋之。周禮"太史閏月詔王居門終月",康成以門爲路寢門,引鄭司農曰:"月令十二月,分在青陽明堂、總章、元堂左、右之位,惟閏月居于門。"先、後鄭皆知月令所舉曰太室曰太廟曰左、右个者,爲路寢,蓋順時布令,日所有事于其地,終月而遷焉,歲徧。攷工記周人明堂度九尺之筵,東西九筵、南北七筵。五室,凡室二筵。大戴禮記盛德篇綴明堂數説于末,有曰"此天子之路寢也,不齊不居其室,待朝在南宮,揖朝出其南門。凡月朔,先朝日而後聽朔"。玉藻云:"玄端而朝日于東門之外,聽朔于南門之外。閏月則闔門左扉,立于其中,皮弁以日視朝。"天子聽朔視朝同地。記于視朝不言地,蒙上"南門之外"省文。南門即路門也。解者以闔門爲明堂之門,而又以東門、南門爲國門,不亦自相齟齬邪?不知由宮中言之,故謂之"某門外"也。凡祭祀齋于路寢,周禮"隸僕掌五寢之埽除糞洒之事,祭祀修寢"是也。五寢即五室,別言之爲五寢,統言之爲大寢。康成以爲廟寢,失之矣。宮人掌王宮六寢之修。大寢既稱五寢,合小寢而六也。路寢五室之制,三代所同,夏曰世室,殷曰重屋,周曰明堂。康成惟釋重屋爲王宮正堂,若六寢然。匠人營國,言國中九經九緯,左祖右社,面朝後市,皆據王宮所居言之,遂明王宮大寢之制。其言"左祖",則謂世室爲宗廟者非也。其言"國中",則謂明堂爲在國之陽者非也。據太室言之曰世室,據南堂言之曰明堂,蓋異名而同實耳。燕寢者,小寢也。小寢之制,如諸侯之路寢,前爲堂,後爲室,室之左、右爲房,堂與房之左、右爲夾室。成王時,路寢猶仍諸侯之制,故與月令諸書所言不同也。

　　"西序東嚮、東序西嚮"之坐,釋宮云:"東、西牆謂之序。"注

云:"所以序別内外。"古者宫室之内,以牆爲隔,牆之外即夾室,堂
與夾室共此牆。此東霤、西霤之坐,乃在堂上,以其附近東、西序,
故以序言之。

"西夾南霤"者,夾室即翼室,此西夾室也。不設東夾坐者,康
王方恤,宅其中故也。金履祥云:"此坐南霤,與當扆同。西夾者,
成王殯宫也。"攷匠人明堂"東西九筵,南北七筵",疏云:"周人殯
于西階之上。王寢與明堂同。則南北七筵,惟六十三尺,三室居六
筵,室外南北共有一筵,一面惟四尺半得容殯者。書傳云:'周人
路寢南北七雉,東西九雉,室居二雉。則三室之外,南北各有半雉。
雉長三丈,則各有一丈五尺,足容殯矣。若然,云同者,直制同,無
妨大矣。"檀弓疏云:"路寢制如明堂。明堂五室之外,堂上窄狹得
容殯者,以路寢廣大,故得容之。其上圓下方,五室之屬如明堂
耳。"賈、孔二説略同,皆從鄭注推衍得之。路寢之堂,南北更深
于明堂之前堂一丈有餘,殯在堂上甚明,安得在夾室中?鎬京路
寢,雖爲諸侯制,小于明堂,但既爲三室,較彼明堂五室,少其二室,
則堂上轉覺寬深,所以容殯外,尚得設三坐,陳寶玉,并獻醴拜起餘
地。西夾南霤一坐,仍當爲西邊堂上。鶴壽案:夾室在燕寢之兩頭。
前云延入翼室,正在東夾室也。此云西夾南霤,雖云西夾,而實在堂之近西,
以其與西夾室相近,故亦謂之西夾也。或曰路寢之制,與燕寢同。路寢有五
室,後楣以南爲堂,後楣以北中閒爲太室,太室之東爲兩左个,太室之西爲兩
右个。"个"即"夾"之轉語,左傳云"使饋于个"是也。路寢之五室,並列于堂
之北面,並非太室居中央,而兩左个兩右个居四隅也。燕寢亦有五室,後楣以
南爲堂。後楣以北中閒爲正室,正室之東爲東房,正室之西爲西房。東房之
東爲東夾室,西房之西爲西夾室。分而言之,有室有房,總而言之,皆室也。
牗閒在堂之居中,其北當正室。西夾在堂之近西,其北當西房也。據此則燕
寢無異于路寢。先生云"鎬京路寢,小于明堂,止有三室,較彼明堂少其二
室",則竟信明堂之制,太室居中央,兩左个兩右个居四隅矣。

陳寶等在西序、東序,西房、東房。"序"已見上,"房"即後室
之兩旁。黄宗羲曰:"康成謂天子諸侯左、右房,大夫、士直有東

房、西室。陳祥道因鄉飲酒記薦脯出自左房，鄉射記籩豆出自東房，以爲言左以有右，言東以有西，則大夫之房室，與天子諸侯同可知。朱子心頗然之。此恐不足以破鄭説。所謂左房者，安知其非對右室而言也？所謂東房者，安知其非對西室而言也？顧命'胤①之舞衣在西房，兌之戈在東房'。天子諸侯之兩房，經有明文。士既有西房，何以空設？無一事及之邪？"閻若璩駁黃曰："士之西房，儀禮曾及之，何得謂無？聘禮：'君使卿還玉于館，賓南面受圭，退負右房而立。'是時賓館于大夫之廟，此右房，非大夫之廟所有乎？據賈公彦以爲于正客館非廟，然余更證以下文。'公館賓，賓辟'，注云：'凡君有事于諸臣之家，車造廟門乃下。'疏云：'以其卿館于大夫之廟。'此館則是諸臣之家，已不能掩前説之非。且古者天子適諸侯，必舍其祖廟。卿館于大夫，大夫館于士，士館于工商，皆廟也，無別所爲館舍。惟侯氏覲天子賜以舍，非廟，聘禮安得與之同？儀禮十七篇，言右房者二，言左房者亦二。右房，見聘體經文，爲大夫之西房，見記文則諸侯之西房也。左房，見鄉飲酒記爲大夫東房，見大射儀爲諸侯東房。分明有左有右，由于有東有西，天子、諸侯、大夫、士之制並同。康成之説非是。"以愚攷之，鄭説確甚。黃宗羲之申鄭，未得鄭意。而陳祥道、閻若璩之駁鄭，則尤謬也。儀禮于大夫、士，多單言"房"，不明言東房，因其只一房故也。然就閻所據聘禮右房，則大夫宗廟固有左、右房矣。鄭據大夫寢室而言無西房耳。鄭匠人注"宗廟、路寢同制"，原指天子，豈可以例大夫乎？鄉飲酒記左房，鄉射記東房，斯于疏謂"記人以房居東在左因言之，非是對西言東、對右言左。"黃與陳皆未檢孔疏耳。閻所據右房二、左房二，其二是諸侯，鄭本謂天子、諸侯有二房，何勞舉出？而陳所舉鄉射記東房，閻反遺漏未舉，何也？特牲云："豆籩鉶在東房。"彼注云："東房，房中之東。"彼疏

① 胤，原作"允"。尚書顧命作"胤"。注云：胤國所爲舞者之衣，皆中法。

云："大夫、士直有東房、西室,故士冠禮陳服于房中西墉,昏禮側尊甒醴于房中,皆不言東。今此特言'東',明房内近東邊也。"此條閻又遺漏未舉。閻駁鄭處,皆繫捉風捕影,非有實據,祇因世人罕讀儀禮,遂爲所壓伏。試平心攷之,方知其妄。東、西房惟天子、諸侯有之也。鶴壽案:鄉飲酒記云:"薦出自左房。"特牲記云:"賓長兄弟之薦自東房。"賈公彥所謂"言左對右、言東對西者,天子諸侯如此",安見大夫、士獨不如此乎?聘禮云:"賓館于大夫、士,君使卿還玉于館,賓受圭,退負右房而立。"此固有右房之明證也。康成既爲大夫、士東房、西室之説,故于特牲"禮籩豆鉶在東房"注云:"房中之東。"賈氏不敢駁注,故于聘禮"還玉于館"疏云:"在客館。"夫使房中之東而可稱東房,則是房中之西亦可稱西房,乃何以士冠禮不曰"陳服于西房",而必曰"陳服于房中西墉下"乎?于此見鄭注之爲曲説矣。還玉時,賓未嘗遷館,則仍在大夫、士之廟,因經有"右房"二字,與東房、西室之説不合,遂謂"在客館故有右房",于此又見賈疏之爲曲説矣。爲鄭學者斷斷分辨,特未就作宫室之法一思之耳。凡宫室之廣,分爲五架,每架必有梁以承之。因于梁之下,或爲牆以閒之,而堂、房、室之名于以分。後楣以南,中閒三架爲堂,居中一架,兩楹以内無牆;左右兩架,兩楹以内有牆,爲東序、西序;又左右兩架爲東廂、西廂。後楣以北,中閒一架爲室,左、右兩架爲東房、西房;又左、右兩架爲東夾、西夾。凡爲牆必在梁之下楹之内,若大夫、士東房、西室,豈東房一架而西室兩架邪?則寬窄不均也。抑三架均分爲二,而居中築牆爲界邪?則其上無梁,而其前後又無楹,恐牆無所施也。鄭注之不確顯然。而先生反譏閻若璩爲捉風捕影,何哉?

　　"大輅在賓階面,綴輅在阼階面。先輅在左塾之前,次輅在右塾之前。"鄭注:"門側之堂謂之塾,謂在路門内之西北面,次輅在門内之東北面。"傳云:"大輅、綴輅面前皆南向,先輅、次輅皆在路寢門内左、右塾前北面。"疏云"象輅①在路門内之西北面,與玉輅相對;次輅在門内之東北面,與玉輅之貳相對"者,本疏引鄭志答

----

①　此"輅"及以下三"輅"原本均作"路"。據尚書正義,"象輅"、"玉輅"皆以飾爲名。大輅飾玉,綴輅飾金,光輅象,次輅木。金、玉、象皆以飾車,木則無飾。故原本"路"字誤,改作"輅"。

張逸，詩疏引鄭志答趙商，皆以此傅顧命陳設器物在路門内之路寢。下文云"立①于畢門之内"，畢門即路門也。以賓階在西，阼階在東，皆是路寢之堂階，南嚮則西爲右，東爲左。塾是門側之堂，在路門之兩旁，北嚮則西爲左，東爲右。故在左塾前者，與在西階者相對；在右塾前者，與在東階者相對也。鄭以左、右塾爲路門内者，鄭意以下文執兵者立于畢門之内。畢門即路門，以此推之，則知几席、寶玉、車輅等一切陳設，皆在路門内也。此篇自召羣臣發顧命，及殯于堂上，與夫一切陳設，并傅顧命時行禮、拜奠、獻醋諸儀，皆在路門内。直至諸侯出廟門，方序路門外事。經文"門"凡三見，曰"逆子釗于南門之外"，曰"立于畢門之内"，曰"出廟門俟"，一指其地位方向而言，一指門畢于此而言，一指殯所而言。三名一實，皆路門也。下文王出，亦出路門也。且天子三朝五門，皋門内之外朝，應門内之治朝，皆平地無堂堦。君乘車出入登下，皆在路寢之階前，見樂師注。蓋因自路門直至皋門皆平地，故可行車。然則自路門以外，堂且無之，又何陳設之有？故知此篇自發顧命直至王出以前，皆路門内也。釋宫云："室有東、西廂曰廟，無東、西廂有室曰寢。"郭注以東、西廂爲夾室之前堂，于無廂有室，則注云"但爲大寢"。此有西夾室，有夾即有廂，似不得名寢。但月令仲春"寢、廟畢備"注云："凡廟，前曰廟，後曰寢。"疏云："廟是接神處，其處尊，故在前。寢，衣、冠所藏之處，對廟爲卑，故在後。"但廟制有東、西廂，有序牆，寢制惟室而已。故釋宫云："室有東、西廂曰廟，無東、西廂有室曰寢。"然則釋宫所謂寢，乃廟中藏衣冠之寢，與凡爲寢不同。鄭答趙商、張逸，謂正禮天子路寢如明堂。成王鎬京宫室因舊，未及改作，權用諸侯之制，路寢有左、右房，不爲明堂制。孔穎達因此設以次差之，謂天子路寢既應同明堂，則燕寢當同諸侯路寢，故顧命之有夾有廂有左、右房者，本天

---

① 立，原作"至"，據尚書顧命改。

子燕寢之制也。成王崩殯，必在路寢，斷無在燕寢之理；即在燕寢，尚應有夾有廂，安得無廂之寢而殯之乎？然則釋宮之文，不可以疑顧命，而謂其有廂非寢明矣。鶴壽案：天子三朝，外朝、治朝無堂，惟燕朝有堂。誰不知之？顧命明言翼室、牖間、東序、西序、西夾、東房、西房、東堂、西堂，則在路門內亦何待言？先生所以鏗鏗致辨者，恐人不知！諸侯出廟門俟，爲出路門，疑殯于廟中故耳。

　　"兵衛二人，立畢門內。四人夾兩階阤：一人立東堂，一人立西堂，一人立東垂，一人立西垂，一人立側階。"傳以畢門爲路門者，鄭衆注天官閣人："路門一曰畢門。"鄭不破"畢"是"終畢"，閣人注以路門居五門之末也。鶴壽案：或謂畢門者，祖廟門也，先儒以下文"王出在應門之內"，因釋畢門爲路門，其實非是。天子七廟，太祖廟居中，兩廂各有三廟，每廟之前有南北隔牆，牆皆有闈門，祖廟以西有四闈門，聘禮云，每門每曲揖入門者，至祖廟門而終畢，故謂之畢門。

　　"諸侯出廟門俟"，傳疏以爲殯處，故曰廟門即路門也[1]，即畢門也。其傳、疏解經之謬，已詳後案。鶴壽案：顧命一篇，馬、鄭分"王若曰"以下爲康王之誥，梅賾分"王出在應門之內"以下爲康王之誥，然皆以爲受冊于殯宮。惟史記周本紀云："成王既崩，二公率諸侯以太子釗見于先王廟，作顧命。"先儒以司馬遷從孔安國受尚書，故多古文說，今案周禮司几筵，凡喪事，設葦席，右素几，明四坐，數重篾席、黼純、華玉、仍几之類，非殯宮所設。天府掌祖廟之守藏，凡國之玉鎮大寶、器藏焉，若有大祭、大喪，則出而陳之，明陳寶在廟。凡天子諸侯嗣位，皆先朝廟。周之天下，傳之文王、武王，命于祖廟，所以明有尊也。曾子問："天子崩未殯，五祀之祭不行。既殯而祭。"王制："喪三年不祭，惟祭天地社稷，爲越紼而行事。"此皆行于既殯，明不以卑廢尊，曾是受冊命于祖廟，爲天地社稷宗廟主，而議其既殯行事爲已速乎？雜記："君薨，太子號稱子，待猶君也。"經對王崩言，則曰子釗，號稱子之義也。對卿士邦君以下言，則曰"王"，待猶君之義也。古者天子崩，則祝取羣廟之主而藏之祖廟，禮也。卒哭成事，而後主各反其廟。康王受冊命在祖廟畢門者，祖廟門也。出則云廟門者，出入異詞也。

────────

① 廟門，原作"廟"，據文意改。

"王出在應門之內"，傳云："王出畢門，立應門內之中庭，南面。"案：王亦出路寢門。釋宮云："正門謂之應門，謂朝門也。天子諸侯各有三朝：一外朝，二治朝，三燕朝。天子五門：自外向內數之，一皋門，二庫門，三雉門，四應門，五路門。皋門內庫門外爲外朝；庫門內雉門外，則左社稷、右宗廟，不設朝；應門內路門外爲治朝；路門內爲燕朝，即路寢。諸侯則三門：庫門內爲外朝，雉門內爲治朝，路門內爲燕朝，無皋、應。魯亦無皋、應，但庫門爲天子皋門制，雉門爲天子應門制，惟此爲異。以上皆以鄭康成説爲定。今此經言王在應門內，正治朝也。立應門內中庭南面，謂當宁而立也。曲禮云："天子當依而立，諸侯北面見天子曰覲。天子當宁而立，諸公東面、諸侯西面，曰朝。""當依"、"當宁"既並言，自應一例解之。覲禮及明堂位，皆言"負斧依"，則是背負。然則當宁亦背負，非面向。釋宮："宁在門屏閒。"天子外屏，則宁應在路門外之門南屏北，此宁乃待事處，諸侯未集，于此待之。既集，出宁至中庭，背負宁南面立。負宁實負屏也。鶴壽案：禮説云："天子五門，皋、庫、雉、應、路。諸侯三門，皋、應、路。"康成謂諸侯三門，庫、雉、路，則是矣。而謂天子五門，則尚沿禮説之誤也。戴東原先生云："天子諸侯皆三朝，則天子諸侯皆三門。天子之宮，有皋門，有應門，有路門。路門曰虎門，亦曰畢門。不聞天子有庫門雉門也。郊特牲云：'獻命庫門之內'，此據魯事，記者以魯用天子禮樂，故推魯事合于天子，其實天子無庫門也。諸侯之宮，有庫門，有雉門，有路門，不聞諸侯有皋門、應門也。明堂位云'庫門，天子皋門，雉門，天子應門'，謂其制如之耳。皋門，天子外門；庫門，諸侯外門；應門，天子中門；雉門，諸侯中門。異其名，殊其制，辨等威也。天子三朝，諸侯亦三朝。天子三門，諸侯亦三門。其數並同。國君之事侔體合也，朝與門無虛設。君臣日相見之朝，謂之治朝，亦謂之正朝，在路門外庭。槀人及玉藻謂之'內朝'，對雉門外庭之外朝言也；文王世子謂之'外朝'，與路寢庭中之朝連文爲外內也。斷獄蔽訟及詢非常之朝，謂之外朝，在雉門外庭，小司寇掌其政朝，士掌其法。以燕以射，及圖宗人嘉事之朝，謂之燕朝，在路寢庭中，太僕正其位，若射則射人掌其位。"如康成言，天子五門，則三門有三朝，而兩門爲虛設矣。

鄭司農謂周禮五門，皋、雉、庫、應、路。康成明堂位注：“天子五門，皋、庫、雉、應、路。”周禮朝士注廣引經傳，明魯之庫門向外兼皋門，雉門向內兼應門，以證五門當先庫後雉，以破鄭衆之説。蔡沈誤采之，且云外朝在路門外，則應門之內，蓋內朝所在。尤誤之誤。路門外應門內，正一地，豈有內朝、外朝共集一地之理？“外朝在路門外”一語，亦誤，本鄭司農注，後鄭不從者，蓋以文王世子外朝，指路寢門外爲據，不知諸侯外朝在庫門內，天子外朝在庫門外，不同也。況文王世子內朝，指朝于路寢之庭。所謂“外朝”，乃對路寢之庭始稱爲外，非真外朝也。真外朝在皋門內庫門外。諸侯三門，每門各有一朝，亦仍是外朝一，內朝二。其在雉門內路門外，則君所日視之朝，玉藻謂之“內朝”，康成曰此“正朝”也，豈可泥文王世子之文，竟以外朝在路門外乎？

明堂在國之陽，不在應門內

江聲以鄭注“路門內”爲非，謂几席、寶玉、四坐，皆在應門內之明堂。攷明堂位疏引鄭目錄云：“明堂在國之陽。”又引鄭駁異義用淳于登説，并據孝經援神契，謂明堂在近野三里之外、七里之內，丙己之地。韓嬰、孔晁説同。故彼文“朝諸侯于明堂”云云，鄭注：“朝之禮不于此，周公權用之也。”據此則鄭以正朝自在路門外，不在南郊明堂，故彼疏推鄭意，以爲此明堂應門，非是宮內路門外之應門。明堂無路寢，故無路門。然則此經應門，與明堂應門無涉也。但蔡邕謂明堂即在王宮應門之內，則此經應門，似明堂正門。治朝平地爲廷，無堂階，故可乘車出入，江聲亦知之，只因蔡邕以明堂與宗廟爲一，右社稷、左宗廟，則明堂在庫門內雉門外。治朝之東，中間仍無堂階，不害乘車出入。“王出在應門之內”，此明堂之應門，不是正中五門內之應門也。蔡邕之説，明堂既是天子所居，又是朝會之所，又爲宗廟，爲辟雍，爲太學，爲靈臺，爲刑人之所。袁準譏其人神瀆擾，必無此事。況同在王城宮內，而一處有兩應門，可乎？然則當從鄭明堂自在郊外也。惠棟主蔡説,作明堂大道録,詆斥鄭氏。江聲從其師説,將明堂與顧命爲一,遂以釋宮兩階閒之鄉中庭左右之位,皆爲明堂之階庭,因謂康王所立之位,當在兩階閒之前。又以曲禮"當依"爲背負,"當宁"爲面向。如其説,則門屛閒之宁,在應門外,不在路門外矣。曲禮疏推鄭義,謂屛在路門外。如江聲説,將天子五門,每門皆有屛與宁邪?將應門外有之,路門內反無之邪?將路門、應門有之,皋門、庫門、雉門無之邪?鶴壽案:王合諸侯之堂,謂之明堂,此在國之陽者也。王居聽政之堂,亦謂之明堂,此即路寢也。其在應門內者有太廟,而先儒謂與明堂同制,故江聲謂在應門內之明堂。今案王合諸侯之明堂,于周官司儀及覲禮,見宮壇之制;于明堂位,見階門之位;大戴禮記、朝事義則兼舉之。司儀云:"將合諸侯,則令爲壇三成,宮旁一門。"覲禮云:"諸侯覲于天子,爲宮方三百步,四門,壇十有二尋,深四尺,加方明于其上。天子出拜日于東門之外,反祀方明,禮日于南門外,禮月與四瀆于北門外,禮山川邱陵于西門外。"盛德篇云:"明堂者,所以明諸侯尊卑。其宮方三百步,在近郊。"明堂位云:"天子南鄉而立,三公中階之前,諸侯阼階之東,諸伯西階之西,諸子門東,諸男門西,九夷東門之外,八蠻南門之外,六戎西門之外,五狄北門之外,九采應門之外。四塞,世告至。"此爲壇爲宮,謂之明堂,無室、廟、个之制,惟四面表其門則不殊,南門之前又表正門,亦謂之應門。若巡守,則方岳之下,亦有明堂。史記稱泰山東北趾,古時有明堂處。此皆與王居聽政之堂無涉也。康成知月令室、廟、个之爲大寢,又以五室之明堂在國之陽,固各有其處矣。前儒所以致誤者,月令、攷工記之明堂,不知其爲即路寢,徒見近郊及四岳明堂之名最著,遂以室、廟、个之制加之,而周禮、儀禮爲宮爲壇之明堂,其名轉不可攷,甚至混明堂于太廟,而謂在王朝應門之內矣。

顧炎武謂"狄設黼扆綴衣"以下,即當屬之康王之誥,其上尚有脱簡。自此以上,記成王顧命事。自此以下,記明年正月康王即位事。君臣吉服而傳顧命,蓋在葬後,非初喪也。經言"王出在應門之內,太保率西方諸侯,畢公率東方諸侯",左傳隱元年"天子七月而葬,同軌畢至",則此當在葬後。蔡傳載蘇氏説,疑成王崩未葬,君臣皆冕服爲非,誤也。閻若璩駁之曰:"王麻冕黼裳,卿

士邦君麻冕蟻裳",敍在"越七日癸酉"下,距王崩乙丑,僅九日耳,
豈葬後乎?且"諸侯出廟門俟",俟見新君,下即敍"王出在應門之
内",正一時事,末敍王釋冕反喪服。此"冕"字直應前"王麻冕"之
"冕",非別起一"冕"字,細玩自見。其西方、東方諸侯在京者,來
朝遇喪,遂見新君耳,非葬畢而同軌畢至也。<u>周禮幕人</u>職注"爲
賓客飾也",疏云:"王喪而有賓客者,謂若顧命<u>成王</u>崩,諸侯來朝
而遇國喪,故<u>康王</u>之誥云<u>畢公</u>率東方諸侯,<u>召公</u>率西方諸侯也。"

西南其户

詩<u>斯干</u>:"築室百堵,西南其户。"<u>鄭</u>箋:"築室,謂築燕寢也。
天子之寢有左、右房。西其户者,異于一房之室户也。南其户者,
宗廟及路寢制如明堂,每室四户,是室一南户爾。"疏云:"築室百
堵,路寢亦宜在焉。獨言築燕寢者,路寢作與燕寢同時,而制與宗
廟相類。此西南其户,非路寢之制,故言燕寢。其路寢文雖不載,
亦作之可知。言天子之寢有左、右房者,以天子之<u>燕寢</u>,即諸侯之
路寢,禮諸侯之制有夾室,故<u>士喪禮</u>'小斂,婦人髽于室',而喪<u>大
記</u>'小斂,婦人帶髽麻于房中',以<u>士喪</u>男子括髮在<u>房</u>,婦人髽于
<u>室</u>,無西房故也。<u>士喪禮</u>婦人髽于室,在男子之西,則諸侯之禮,
婦人髽于<u>房</u>,亦在男子之西,是有西房矣。有西房,自然有東房
也。既有左、右_{此下當有"房"字}。則室當在中。故西其户者,異于
一房之室户也。大夫以下無西房,故室户偏東,與<u>房</u>相近;此户正
中,比之爲西其户矣。知大夫以下止一房者,以<u>鄉飲酒義</u>云:'尊
于房户之間。'由無<u>西房</u>,故以<u>房</u>與<u>室户</u>之間爲中也。<u>大夫禮</u>直
言<u>房</u>,不言<u>東</u>、<u>西</u>,明是<u>房</u>無所對故也。<u>特牲禮</u>'豆、籩、鉶在東
<u>房</u>'者,<u>鄭注</u>謂'房中之東,當夾北,非對西户_{"户"當作"房"}。也'。
<u>鄉飲酒記</u>'薦出自左房',<u>鄉射記</u>云'出自東房'者,以記人以房居
東在左,因言之。<u>記</u>非<u>經</u>,無義例也。南其户者,宗廟及路寢制如
明堂,每室西_{"西"當作"四"}。户。是燕寢之室,獨一南户耳,故言西
_{"西"當作"南"}。其户也。<u>明堂位</u>云:'太廟天子明堂。'月令説明

堂,而季夏①云:'天子居明堂太廟.'以明堂制與廟同,故以太廟同名,其中室是宗廟制如明堂也.又宗廟象生時之居室,是似路寢矣.故路寢亦制如明堂也.匠人云:'夏后氏世室,殷人重屋,周人明堂.'注云:'世室,宗廟也.重屋者,王宮正室,若大寢也.明堂者,明政教之堂也.'此三者不同,而三代各舉其一,是欲互以相通.故鄭云:'此三者,或舉宗廟,或舉王寢,或舉明堂,互言之以明其同制也.'彼文說世室曰:'五室,四傍兩夾窗.'注云:'每室四户八窗,四傍是四方傍開兩夾窗,是一户兩窗夾之.以此知每室四户也.'宣王都在鎬京,此攷室是西都宮室.顧命說成王崩,陳器物于路寢,云'胤②之舞衣、大貝、鼖鼓,在西房,兌之戈、和之弓、垂之竹矢,在東房.'若路寢制如明堂,則五室皆在四角與中央,而得左、右房者,鄭志答趙商云:'成王崩時在西都,文王遷豐作靈臺、辟廱而已.其餘猶諸侯制度,故喪禮設衣服之處.此下脫"在路"二字.寢者,此下脫"有"字.夾室與東、西房也.周公致太平,乃立明堂于王城.'如鄭此言,則西都宗廟路寢,依先王制,不似明堂.此言'如明堂'者,鄭志答張逸云:'周公制禮,建國土中,洛誥'王入太室祼'是也.顧命成王崩于鎬京,承先王宮室耳.'周公制禮以洛邑爲正都,明堂、廟、寢天子制度,皆在王城爲之,其鎬京則別都耳.宮室尚新,不復改作,故成王之崩,有二房之位也.及厲王之亂,宮室毀壞.宣王別更修造,自然依天子之法,故知宣王雖在西都,其宗廟路寢,皆制如明堂,不復如諸侯也.若然,明堂周公所制,武王時未有也.樂記說'武王祀乎明堂'者,彼注云;'文王之廟爲明堂制.知者以武王既爲天子,文王又已稱王,武王不得以諸侯之制爲文廟,故知爲明堂制也.'"愚謂此疏說大夫以下惟一東房,而云室户偏東、此户正中者,其實亦非室之正中,就大執言爲

---

① 季夏,據禮記月令,似當作"仲夏".

② 胤,原作"允",據尚書改.

正中,就一後室言仍是室之東。蓋天子燕寢,諸侯路寢,室中自然亦東向爲尊、西南隅爲奧。若于室正中開户,則西南隅不得爲奧矣。且使果正中,則宜以當户設黼扆,是爲天子之正位,何以顧命設黼扆,<u>孔傳</u>以爲"户、牖閒",而<u>釋宮</u>"户、牖之閒謂之扆",<u>李巡</u>云"謂牖之東户之西",<u>郭璞</u>亦云"牖東户西"乎?<u>鶴壽</u>案:凡户皆南向,詩所謂"南其户者",固不待言矣。獨所謂"西其户"者,注以爲異于一房之室户,疏以爲"大夫以下無西房,故室户偏東,與<u>房</u>相近,此户正中,比之爲西其户"。今案大夫、士只有東房、西室,此説本不可信。即如其説,天子、諸侯之屋,以中閒一架爲室,室之左右兩架爲東房、西房。若使大夫之屋以左邊二架爲房,右邊一架爲室,則其室户比天子諸侯更近西矣。若使以三架兩分之,以其東半爲房,以其西半爲室,則其室户仍比天子、諸侯爲近西矣。若以左邊一架爲房,西邊二架爲室,則其室户亦在中閒一架之近東,不過與天子諸侯相同而已矣,安得謂燕寢之室户,比之大夫、士爲西其户也?天子、諸侯之室,亦是牖在西而户在東,安得謂此户在正中也?若使燕寢之户在正中,不且與西邊之牖相連乎?注疏不得其解,故曲爲之説。不知凡户皆取其向日也。<u>爾雅</u>釋"四荒"云:"觚竹<u>北户</u>西王母<u>日下</u>。"<u>郭</u>注云:"<u>北户</u>在南。"<u>高誘</u>淮南子注云:"日在其<u>北</u>故<u>北户</u>。"吴都賦云:"開<u>北户</u>以向日。"<u>顏師古</u>漢書注云:"<u>南郡</u>在日之南,所謂開北户以向日者。"然則凡户皆取其向日,有言東户者,亦以日在東方而户向之也。燕寢之室户不得正中,而偏于東方,自午以前,日光不得相向,故詩不言"東其户",自午以後,日光漸漸相向,雖南其户而有似乎"西其户"矣,故詩言之也。至于大夫、士東房、西室之説,<u>陳用之</u>、<u>萬斯大</u>諸人皆不之信。天子、諸侯臺門兩觀,大夫、士無之,此尊卑之差;若右房而亦無之,直不成制度。凡吉凶之禮,多行于户、牖之閒,以其爲堂之正中也。假使無西房,則户、牖之閒,乃<u>堂</u>之西偏,豈有行冠、昏諸大禮,而不在正中者哉!祝堂上有東、西楹,堂下有東、西階,門側有東、西塾,皆取其制度之正;若無西房,則是正于前而偏于後也。夫西房之名,不多見于經禮者,禮東爲主位,西爲賓位,故主人主婦薦自左房,而賓受享自西階升受,負右房而立,主禮之及于房中者多,而賓禮之及于<u>房</u>中者少,故略而不及耳。<u>大射儀</u><u>鄉飲酒記</u>言左房,注疏以爲即東房。<u>聘禮</u>"君使卿還玉于館,賓受圭,退負右房而立",則右房是西房也。<u>賈</u>疏謂于正客館故有右房,<u>敖君善</u>謂卿館于大夫,而此云負右房,則大夫之家,亦有左、右房明矣。李如圭釋宮,亦曾言之,乃郝仲輿泥于大夫無西房之說,謂此右房即東房,言右房者升堂以東爲右,注疏謂西房誤也。但郝于釋左房處,既謂之東房,此釋右房處,又謂之東房,是一東房而兼左、右兩名,有是理乎?郝又謂堂後爲室,室西深入房奧,是堂之西北也,故西不復得有房。然爾雅"奧"與屋漏、宧、窔,俱室中四隅之名,故西南隅爲奧,未聞堂之西北爲奧也。邢疏云"古者爲室戶,不當中而近東,則西南隅最爲深隱,故謂之奧",豈室西深入之謂哉?此皆欲回護鄭注,故多此曲說。先生亦知此戶正中之語,說不去,而特爲之周旋曰"就大斲言爲正中",然燕寢之堂室,止有此五架,而戶直偏于中架之東邊,則就大斲言,亦豈得爲正中哉!

　　清廟疏:"鄭志:顧命成王崩于鎬,因先王之宮,故有左、右房,爲諸侯制也。是文、武之世,路寢未如明堂。"據清廟箋,死廟象生宮。匠人說宗廟、路寢、明堂三者,其制當同。但文王有剞在,武王初定天下,生時未暇立明堂,死後立其廟,則不可復用侯制,故鎬、洛宗廟,皆爲明堂制,不嫌死廟與生宮異也。

蛾術編卷六十七

禘郊祖宗

祭法:"有虞氏禘黄帝而郊嚳,祖顓頊而宗堯;夏后氏亦禘黄帝而郊鯀,祖顓頊而宗禹。殷人禘嚳而郊冥,祖契而宗湯;周人禘嚳而郊稷,祖文王而宗武王。"注:"禘、郊、祖、宗,謂祭祀以配食也。此禘謂祭昊天于圜邱也。祭上帝于南郊曰郊。祭五帝、五神于明堂曰祖宗。"鄭以此四條皆言配天之祭也。魯語展禽曰:"有虞氏禘黄帝而祖顓頊,郊堯而宗舜。"注:"賈侍中云:'有虞氏,舜後,在夏、殷爲二王之後,故有禘郊宗祖之禮也。此四者謂祭天以配食也。祭皇天于圜邱曰禘,祭五帝于明堂曰祖、宗,祭上帝于南郊曰郊。有虞氏出自黄帝,顓頊之後,故禘黄帝而祖顓頊;舜受禪于堯,故郊堯。祭法與此異者,舜在時則宗堯,舜崩而子孫宗舜,故郊堯耳。'"祭法之文,禘在郊前,則禘爲圜邱之祭明矣。侍中賈逵先有此説,故鄭用之以注祭法,王肅乃以此禘黄帝是宗廟五年祭之名。喪服小記云:"王者禘其祖之所自出,以其祖配之。"謂有虞氏之祖,出自黄帝,以祖顓頊配黄帝而祭,故云以其祖配之。試思下三條皆言配天,何獨于禘而以爲以祖配祖乎? 爾雅:"禘,大祭。"故凡祭之大于餘祭者,皆得爲禘。此禘爲圜邱。而小記:"禘其祖所自出。"大傳:"不王不禘。"又謂:"祭感生帝于南郊。"夏、殷則時祭亦有禘,周改之,時祭無禘,而宗廟之祭,惟五年殷祭稱禘。是禘有三也。蕭乃以郊、邱皆不名禘,而禘名專屬宗廟五年之祭矣。又禘,諦也。諦審其昭穆也。自漢鄭氏至宋程子,無不兼言毀廟、羣廟,惟因王肅以禘其祖之所自出、以其祖配,解爲宗廟五年之祭。唐趙匡祖述之,言周家世遠主繁,文、武以下,分禘于文、武之廟,而不及羣廟。不知鄭氏禘祫志説禘,雖云文、武以下穆之遷主祭于文王廟,昭之遷主祭于武王廟云云,而其上先言太王、王季以上遷主,祭于后稷之廟一層。則趙匡之説非矣。朱子既主趙匡説,而遂謂所祭者始祖之父,所配者始祖,祭一配一,其餘毀廟、羣廟概不及焉。此因趙匡而失之也。鄭所述虞、夏、商、周天子諸侯宗廟四時之祭及三年一祫,五年一禘,詳見尚書後案盤庚大享先王一條。至于祭五天帝、五人帝、五人神于明堂,而以祖配之,此亦四代所同,詳具注、疏。而王肅改爲祖有功、宗有德,其廟不毀,非明堂配天之祭,皆爲妄謬。又以圜丘與郊爲一,其辨別見。鶴壽案:自王肅難鄭之後,非特孫叔然、馬昭申鄭也,熊安生曰:“有虞氏禘黄帝者,謂虞氏冬至祭昊天上帝于圜丘,大禘之時,以黄帝配之。而郊嚳者,謂夏正建寅之月,祭感生帝于南郊,以嚳配也。祖顓頊而宗堯者,謂祭五天帝、五人帝及五人神于明堂,以顓頊及堯配之也。祖,始也。宗,尊也。夏后氏以下,禘郊祖宗,其義亦然,但所配之人,當代各別。”蓋隋以前鄭學盛行,故不從王肅之説,至唐而趙河東謂:“虞禘黄帝者,舜祖顓頊出于黄帝,則所謂禘其祖之所自出也。郊嚳者,帝王郊天當以始祖配,則舜合以顓頊配天,爲身繼堯緒,不可舍唐之祖,故推嚳以配天,而舜之世系,出自顓頊,故以爲始祖,情禮之至也。舜宗堯,當舜身亦宗舜。凡祖者,創業傳世之所出也。宗者,德高而可尊。其廟不遷也。夏禘黄帝,義同舜也。郊鯀者,禹尊父,且有水土之功,故以配天;祖顓頊者,禹世系亦出自顓頊也。宗禹者,當禹身亦宗舜,子孫乃宗禹也。殷祖契出自嚳,故禘嚳,冥有水功,故郊冥以配天。湯出契後,故祖契,宗湯者,當湯身未有宗也。周禘嚳,義與殷同。稷有播植之功,且爲始祖,故祖稷,當武王身亦未有宗。”至宋而楊秦溪謂:“禘禮見于大傳、小記、子夏傳,郊禮見于孝經、大雅、周頌。祖有功,宗有德,見于賈誼、劉歆、韋玄成,蓋禘與祀宗三條,皆宗廟之祭,無與乎祀天,惟郊一條爲配天之祭。經傳昭然，不可誣也。祭法，禘在郊上者，謂郊以祖配天，禘上及其祖之所自出，禘遠而祖近，故禘在郊上也。鄭見禘在郊上，便謂禘大于郊，強分圜丘與郊爲二，以禘爲冬至日祀昊天上帝于圜丘，而以嚳配之；以郊爲祭感生帝于南郊，而以稷配之。既謂禘、郊皆爲配天矣，并以祖宗爲祀五帝于明堂，而以祖宗配之。皆非也。"今案先生雖欲扶鄭斥王，但引證未博，辨論未快。周制大禘有三：一曰圜丘之祭，配以帝嚳。祭法云"有虞氏、夏后氏禘黃帝，殷人、周人禘嚳"是也。鄭知爲祭昊天于圜丘者，據王制"祭天地之牛角繭栗"，何休公羊注引"祭天牲角繭栗"，而楚語觀射父有"郊禘不過繭栗"之言，以牲角繭栗，知禘爲祭天之稱。周人無嚳廟，而云禘嚳，又與郊並稱，是知圜丘配天之祭矣。一曰夏正郊天，配以后稷。大傳云："王者禘其祖之所自出，以其祖配之。"鄭注："凡大祭曰禘，大祭其先祖所由生，謂郊祀天也。王者之先祖，皆感太微五帝之精以生，皆用正歲之正月祭之。孝經云：'郊祀后稷以配天。'"鄭知祖之所自出爲昊天者，據郊特牲"萬物本乎天，人本乎祖"，此所以配上帝也。荀子禮論："王者天太祖。"春秋繁露觀德篇："天地者，先祖之所出也。"且詩序稱"長發，大禘也"，而有"帝立子生商"之文，公羊傳稱"郊則曷爲必祭稷？王者必以其祖配"，又稱"自內出者無匹不行，自外至者無主不止"，外謂天也。故荀子禮論云："郊者并百王于上天而祭祀之也。"禮運"魯之禘郊"，鄭主但以爲郊。皆即郊爲禘之證矣。一曰明堂之祭。五天帝配以文王曰祖，五人帝配以武王曰宗。詩序云："雝，禘大祖也。"鄭箋："禘，大祭也。太祖謂文王。"蓋即宗祀文王于明堂，以配上帝。鄭知太祖爲明堂者，據堯典"受終于文祖"，又言"賓于四門"，以"四門"證之本文，知文祖爲明堂。故馬融曰："文祖天也，天爲文萬物之祖，故曰文祖。"鄭注："文祖者五府之大名，猶周之明堂。"淮南主術訓"神農以時嘗穀，祀于明堂"，周書嘗麥解"王乃嘗麥于太祖"。是太祖即明堂也。故洛誥"承保乃文祖，受命民"及"乃單文祖德"，鄭注皆以爲明堂。蔡邕明堂月令論引逸禮曰："王齋禘于清廟明堂。"太祖既是明堂，而詩序稱禘太祖，逸禮稱禘于明堂，是即禘爲明堂配天之證矣。以上三條，皆鄭義也。如以禘爲非祭天，則不信王制、楚語牲用繭栗之言也。如以禘爲非郊，則不信大傳、商頌序也。如以禘爲僅祭始祖之廟，非祭明堂，則不信逸禮、周頌序也？鄭注皆有所本，而奈何輕斥之？夫"禘"之所以名，以有天帝及審諦之義，爾雅釋天云："禘，大祭也。"禘有天帝，故在釋天兼"圜丘"與"郊"，故通稱"大祭"。白虎通云："禘之爲言諦也，序昭穆、諱父子也。”似班固止知禘爲宗廟之祭，不知爲祭天之名矣。通典引後魏尚書游明根議曰：“鄭氏之義禘者，大祭之名。大祭園丘謂之禘者，審諦五精星辰也。大祭宗廟謂之禘者，審諦昭穆百官也。鄭氏之言五精，蓋即五行之精，爲五天帝也。東遷以後，斯禮漸廢，秦、漢據西京之地，黄帝以來郊時僅存，亦無禮文可證，是以西漢諸儒不言園丘之祭，不知禘爲明堂配天之禮。其時逸禮初出，古文難通，周官經晚立學官，劉歆始據以定南、北郊之制。及鄭氏博通諸經，攷園丘、郊禘之典，明夏、殷、周、魯之異制，而古禮大顯。會漢陵夷，未遑製作；魏代有意宗儒，横遭王肅亂説，晋武左袒外家，以爲非是；永嘉之亂，經典淪亡。自後議禮諸臣，鮮能據古經以證肅言之妄者矣。”

　　鄭于此節注云：“有虞氏以上尚德。自夏以後，稍用其姓代之。”則有虞氏之宗堯，原非宗、支之“宗”，亦惟明堂之祭。如此若宗廟之中，則高、曾、祖、禰四親之廟，瞽瞍固在也。蘇欒城夏論乃云：“所從受天下者不可忘，故宗堯而置瞽瞍。”又云：“堯雖非父，而其德載于後世，不可以不宗；瞽瞍雖其親，而無功于人，不可以私享。”此等議論，全無攷據。信如此，則瞽瞍竟不得廟食，夫子稱舜之孝，何云“宗廟饗之”乎？

　　史記封禪書：“周公郊祀后稷以配天，宗祀文王于明堂，以配上帝。”裴駰于“郊祀”句，引王肅曰：“配天于南郊祀之。”于“宗祀”句，引鄭玄曰：“上帝者，天之别名也。神無二主，故異其處，避后稷也。”

六天

　　書君奭云：“成湯既受命，時則有若伊尹，格于皇天。”鄭注：“皇天，北極大帝也。”周禮大宗伯“以蒼璧禮天”，注云：“此禮天以冬至，謂天皇大帝在北極者，即燿魄寶也。在太戊時，則有若伊陟、臣扈。”“格于上帝”，鄭注：“上帝，太微中其所統也。”案何休公羊注云：“上帝，五帝在太微之中，迭生子孫，更王天下。”故鄭月令“祈穀于上帝”，注云：“上帝，太微之事也。”彼疏云：“此春秋緯文，太微為天庭，中有五帝座：蒼曰靈威仰，赤曰赤熛怒，黄曰含樞紐,白曰白招拒,黑曰叶光紀。郊天各祭所感帝,殷祭叶光紀,周祭靈威仰。以其不定,總云太微之帝。若迎春,前帝後王,皆祭靈威仰。夏、秋、冬放此。然則此云太微中其所統者,是指太微所統之五帝也。"詳見尚書後案。鄭氏六天古義,其來已久,自王肅以六天爲鄭罪,至宋諸儒羣起掊擊,余于尚書力闢俗學榛蕪,曲扶鄭氏墜義,學者覽之自明。鶴壽案:緯書以天皇大帝爲燿魄寶,五帝爲靈威仰等,怪誕不經,宜爲後人所指斥。先生既欲扶鄭,而但云"六天古義,其來已久",無當也。今案開元占經引黄帝占曰"天皇大帝名燿魄寶",則天皇大帝之名,不始于緯書矣。史記秦襄公祠白帝,宣公祠青帝,靈公祠黄帝、炎帝。漢高祖曰:"天有五帝,而自四帝何也?"乃立黑帝祠。然則五色之帝,自周以來,有是名矣。古巫咸、甘、石三家之書,以人事定星位,甘氏中官有天皇大帝一星,在鈎陳口中,五帝内坐五星,在華蓋下,天官書多用石氏星經,又有五星五帝坐在南官,葢中官天皇大帝象圜丘,五帝内坐象郊,南官五帝坐象明堂。甘公、石申,皆周人,其所據必三代古書也。且感生帝之説,經有明文。詩序云:"長發,大禘也。"其詩云:"帝立子生商",又云"玄王桓撥"。毛傳:"玄王,契也。"鄭箋:"帝,黑帝也。承黑帝而生子,故謂契爲玄王。"春秋繁露云:"天將授文王主地法文而王祖,錫姓姬氏,謂后稷母姜嫄,履天之迹而生后稷,帝使禹、皋論姓,知周之德陰德也,故以姬爲姓。周王以'女'書'姬',故天道各以其類動,非聖人孰能明之?"五經異義云:"詩齊魯韓,春秋公羊,説聖人皆無父,感天而生。"説文云:"姓,人所生也。古之神聖母感天而生子,故稱天子。合之商頌稱契母"有娀方將",周詩稱"厥初生民,時維姜嫄",爾雅釋詩云:"武,迹也。敏,拇也。"亦以爲姜嫄有履迹之事。則感生帝之説,不始于康成矣。

圜丘、南郊分祭六天

康成説天有六,昊天上帝或稱皇天上帝,或稱天皇大帝,或稱北極大帝,或稱太一帝君,即北辰燿魄寶也。春秋元命包云:"紫微宫爲大帝。"又云:"天生大列爲中宫,太極星其一明者,太一常居,旁兩星巨辰子位,故爲北辰以起節度,亦爲紫微宫。紫之言中,此宫之中,天神圖法陰陽開閉,皆在此中。"文燿鉤云:"中宫大帝,其北極星下一明者,爲太一之光,含元氣以斗布常,是天皇大帝之號。以其尊大,故有數名也。冬至于圜丘祭之,以帝嚳配。"又有五帝,即太微宮中五帝座星也。<u>文燿鉤</u>云:"春起青受制,其名<u>靈威仰</u>;夏起赤受制,其名<u>赤熛怒</u>;秋起白受制,其名<u>白招拒</u>;冬起黑受制,其名叶光紀;季夏六月火受制,其名<u>含樞紐</u>。"<u>元命包</u>云:"太微爲天庭,五帝以合時。是五帝之號也,夏正于南郊祭之,以配<u>后稷</u>。四時迎氣,則分祭之于四郊。季秋大饗,則合祭之于明堂。以其德言爲五德帝,以其色言爲五色帝,以其方言爲當方帝,以王者各感五行精氣而生言,爲感生帝。然大帝得單稱上帝,與五帝同;五帝不得兼稱皇天、昊天,猶諸侯與天子同稱君,不得稱王也。"<u>康成</u>說如此。以<u>周禮</u>攷之,春官大宗伯"以禋祀祀昊天上帝",注云:"昊天上帝,冬至于圜丘所祀天皇大帝"。此條單指祭昊天而言。天官太宰"祀五帝,則掌百官之誓戒",注云:"祀五帝,謂四郊及明堂。"地官充人"祀五帝,則繫于牢",疏云:"上言掌繫祭祀之牲,則總天地宗廟之牲,下別言祀五帝,則略舉五帝,其實昊天及地示等皆繫。"春官大宗伯"國有大故,則旅上帝",注云:"上帝,五帝也。"小宗伯"兆五帝于四郊",注云"五帝<u>靈威仰</u>云云"。肆師"類造上帝",注云:"造,即也。爲兆以類禮,即祭上帝也。類禮依郊祀爲之。"典瑞"四圭有邸,以祀天旅上帝",注云:"祀天,夏正郊天也。上帝,五帝所郊,亦猶五帝。殊言'天'者,尊異之。"秋官大司寇"禋祀五帝,則戒之日蒞誓百官",疏云:"禋祀五帝,謂迎氣四郊,及總享五帝于明堂"。士師"祀五帝則沃尸",疏亦以爲"四郊"。職金"旅于上帝則共金版",疏云:"謂祭五天帝于四郊及明堂。"以上九條,皆指祭五帝而言,此分言之者也。若其連而言之者,則天官掌次"王大旅上帝,則張氈案設皇邸",注云:"大旅上帝,祭天于圜丘。"而其下文云"祀五帝則張大次小次",注云:"祀五帝于四郊。"春官大宗伯"以蒼璧禮天",注云:"此禮天以冬至,謂天皇大帝在北極者也。"而其下又云:"以青圭禮東方,以赤璋禮南方,以白琥禮西方,以元璜禮北方。”注云:“禮東方以立春,謂蒼精之帝太昊句芒①食焉。禮南方以立夏,謂赤精之帝炎帝祝融食焉。禮西方以立秋,謂白精之帝少昊蓐收食焉。禮北方以立冬,謂黑精之帝顓頊元冥②食焉。”“大司樂乃奏黃鐘,歌大呂,舞雲門,以祀天神”。注云:“天神謂五帝。王者各以夏正月祀其所受命之帝于南郊。”而其下又云:“冬日至于地上之圜丘奏之,若樂六變,則天神皆降。”注云:“謂祭天圜丘,以礜配之。”此三條皆牽連言之。而又有合言之者,春官司服“祀昊天上帝,則服大裘而冕,祀五帝亦如之”,尤爲顯白。自王肅創聖證論,有意攻鄭,謂天一而已,安得有六?郊即圜丘,圜丘即郊。宋、元以來,程伊川、陸農師、朱晦菴、楊信齋、馬端臨輩,相繼掊擊。康成禮學專精,不料爲後出者欺詆若是!然天、帝不同祀,周禮有明文,何可合也。郊特牲孔疏:王肅以郊、丘是一,而鄭以爲二者,大宗伯“蒼璧禮天”,典瑞“四圭有邸,以祀天”,是玉不同。宗伯“牲幣放其器之色”,則牲用蒼,祭法“燔柴于泰壇,用騂犢”,是牲不同。大司樂“圜鐘爲宮,黃鐘爲角,太簇爲徵,姑洗爲羽,冬日至于地上之圜丘奏之,則天神降”,上文云“乃奏黃鐘,歌大呂,舞雲門,以祀天神”,是樂不同。記云“啓蟄而郊”,則郊以夏正明矣。乾鑿度謂“三王之郊,一用夏正”是也。宋儒以圜丘、南郊,并爲冬至祀天,于是以“啓蟄之郊”爲“祈穀”,妄矣。郊特牲云:“郊之祭也,迎長日之至也。”又云:“周之始郊日以至。”諸家皆據此爲郊、丘并合之證。攷鄭注,則“日至”乃春分也。疏以長日爲建寅之月,豈冬至哉?周之始郊日以至,此是魯禮,俟再致。鶴壽案:王肅謂圜丘即郊,郊即圜丘,據周禮大宰祀五帝,下又云祀大神示,掌次旅上帝下又云祀五帝,典瑞祀天,下又云旅上帝,司服祀昊天上帝,下又云祀五帝,則天與五帝非一也。大司樂奏黃鐘以祀天神,下又云凡樂圜鐘爲宮,冬日至于地上之圜丘奏之,則圜丘與天神非一也。漢郊祀志匡衡、張譚奏議,宜于

---

① 句芒,又作“句芒”,謂木神名。
② 元冥,又作“玄冥”,謂水神或雨神名。

長安定南、北郊，衡言“臣聞郊柴壇饗帝之義，掃地而祭，上質也；歌大呂，舞雲門，以竢天神”，則匡衡即以周官祀天神者是夏正之郊，故鄭于“祀天神”注云：“謂五帝及日月星辰也。王者各以夏正月祀其所受命之帝于南郊，尊之也。”于“圜丘”注云：“大傳曰：王者禘其祖之所自出。”祭法曰：“周人禘嚳而郊稷，謂祭天于圜丘，以嚳配之。”且不獨周官言之也。禮器言圜丘祭天，曰爲高必因邱陵，又曰因天事天，其下言巡守方嶽之祭，曰因名山升中于天。其下言郊祭，曰因吉土饗帝于郊。經文及鄭注，三祭甚明，肅安得非之乎？然宋人有并周官、禮記而疑之者，今即以名正之。爾雅“非人爲之邱”，孫炎云：“地性自然也。”三輔黃圖：“甘泉宮，故甘泉山，黃帝以來，圜丘祭天處。漢官儀作成帝是也。”魏時營委粟山爲圜丘，是漢魏人猶明稱丘之義。若郊則于四郊，小宗伯“兆五帝于四郊”，郊特牲云“兆于南郊，就陽位”，又云“于郊故謂之郊”，又云“掃地而祭”。説文作“垗”，云：“畔也。爲四時界祭其中①。”又云：“時，天、地、五帝所基址祭地。”案四立迎氣，則于東、西、南、北郊。郊去邑里數，依五行生成之數，不必四郊，適有地上之丘垗，既爲祭之界，亦不得謂非人爲之丘，而可謂圜丘與郊一乎？肅又以祭法“燔柴于泰壇爲圜丘”，案廣雅云“圜丘、太壇，祭天也。方澤、太坼，祭地也”，言圜丘與太壇，俱是祭天之處。若以泰壇即圜丘，將謂方澤即太坼乎？肅疑郊即圜丘，蓋以郊特牲言“周之始郊日以至”，不信鄭注魯禮之説耳。鄭以其文云“王被裘戴冕，璪十有二旒、乘素車、旂十有二旒、龍章而設日月”，與周禮“服大裘、乘玉輅、建太常”不同，而明堂位云“魯君孟春乘大輅、載弧韣、旂十有二旒、日月之章，祀帝于郊，配以后稷”，與郊特牲合，故知爲魯禮，又據雜記孟獻子曰“正月日至，可以有事于上帝”，故言魯無冬至祭天于圜丘之事，是以建子之月郊天。肅以鄭爲誤，將明堂位所言魯禮亦誤邪？且周郊卜日辛與丁，故大宗伯祀五帝，前期十日，帥執事而卜日月，令擇元日；若郊即圜丘冬至，豈待卜乎？肅又云五帝非天，謂太皥、炎帝、黃帝五人帝之屬，而譏鄭以五帝爲靈威仰之屬爲非，因議于明堂、南郊，宜除五帝之坐。案司服言“祀昊天上帝，則服大裘而冕，祀五帝亦如之”。假令五帝不配南郊，祭非夏正月？何時可服大裘？若以爲五人帝，則五時迎氣，惟迎春祀太皥，可服裘耳；迎夏、迎秋，豈得服裘乎？感生

---

① 四時，説文解字注作“四畤”。注曰：畔，各本譌“時”，集韻、類篇又譌“時”。

帝之説已見前。

用牲于郊

書召誥:"用牲于郊,牛二。"傳云:"用牲告立郊位于天,以后稷配,故二牛。后稷貶于天,有羊豕,羊豕不見可知。"疏云:"此郊與社,于攻位之時,已經營之。今非常祭之月,而特用牲祭天,知是郊位既定,告天後,常以此處祭天也。禮郊用特牲,不應用二牛,以后稷配,故二牛也。先儒皆云天神尊,祭天用犢,貴誠之義。稷是人神,祭用太牢,貶于天神,法有羊豕也。詩我將,配文王于明堂,云:'惟羊惟牛。'月令云:'以太牢祀于高禖。'皆據配者有羊豕也。"今案漢郊祀志:匡衡等奏:"天之于天子,因其所都而各饗焉。周文、武郊于豐、鄗,成王郊于洛邑,天隨王者所居而饗之可見也。"王商、師丹、翟方進等議:"禮燔柴于太壇,祭天也;瘞薶于太圻,祭地也。兆于南郊,定天位也。祭地于太圻,在北郊,就陰位也。郊處各在聖王所都之南北。書曰'用牲于郊,牛二'。周公①加牲,告徙新邑,定郊禮于雒,神明章矣。"據此知是告郊位成也。逸周書作洛解云:"乃設丘兆于南郊,以祀上帝,配以后稷。"是以后稷配也。經典所言太牢,皆牛兼羊、豕,惟郊天專用牛,不兼羊豕,而稷則有異,禮器云:"禮之以少爲貴者,以其内心者也。"此言郊天特牲之事。又云:"郊特牲,而社、稷太牢②。"彼"稷"爲祭穀神,非此配天之祭,不得以爲説。稷有羊、豕者,以少爲貴,故多爲貶也。經不言者,祭義云:"郊之祭,大報天而主日。"是郊主于祀天,牛與天牲同而見之,羊豕非天牲,則不言也。又康成有南、北郊天地分祭之説,此經"牛二"之解,傳疏既云帝、稷各一,有南郊,自當有北郊。經但言郊,牛二,意若專指祭天南郊,不及祭地北郊者,據下節疏,以爲省文。王商等説此經,皆天地並舉,疏説

---

① 周公,"周"字原作"用",據漢書郊祀志改。
② 語見禮記郊特牲。

得之;作洛解亦是舉天以該地也。鶴壽案:祭地于北郊,經雖無明文,然周禮內宰:"中春詔后帥外內命婦,始蠶于北郊,以爲祭服。"祭統云:"王后蠶于北郊,以共純服。"蓋祭天在南郊,故天子親耕于南郊,以純陽爲尊,而就陽位。祭地在北郊,故王后親蠶于北郊,以純陰爲尊,而就陰位也。經文每多互見,親蠶于北郊,則祭地在北郊可知。南郊、北郊,當分祭,不當合祭。分祭見于周禮之圜丘、方澤,禮記之泰壇、泰圻,而合祭則無之。漢志載匡衡、張譚議,有祭天于南郊,瘞地于北郊,及翟方進等引禮記"南郊定天位,北郊就陰位"之語,去古未遠,其言必有所本。自平帝時,用王莽言,合祀天地于南郊,後人曲爲傅會,以召誥"用牲于郊,牛二",謂尚書無北郊,郊特牲亦但言南郊,不及北郊,不知言南正以別于北,而經文汎言郊者,皆統天地可知也。詩序云:"昊天有成命,郊祀天地也。"蘇軾以爲詩終篇言天而不及地,未有歌其所不祭,祭其所不歌者,今祭地于北郊,何以獨歌天而不歌地? 不知南郊、北郊,正須兩用,故言天、地,若合爲一祭,則但云郊祀足矣,不必標舉天、地也。致天地之祭,漢時或分或合,後惟魏文帝之太和、周武帝之建德、隋高祖之開皇、唐玄宗之開元、宋神宗之元豐、元文宗之至順、明世宗之嘉靖,特主分祭,其餘皆主合祭。宋紹聖中,黃履[1]言"南郊合祭,自古無有,止因王莽諂事元后,遂躋地位合席同牢,逮乎先帝始釐正之。陛下初郊,大臣以宣仁同政,復用王莽私意合而祀之,瀆亂典禮"。其言當矣。召誥疏以不言北郊爲省文,是也。

社于新邑

"乃社于新邑,牛一羊一豕一",傳云:"告立社、稷之位,用太牢也。共工氏子口勾龍,能平水土,祀以爲社;周祖后稷,能殖百穀,祀以爲稷。社、稷共牢。"疏云:"經有社無稷,稷是社類,和其同告之。告立社、稷之位,其祭用太牢,故牛羊豕各一也。勾龍能平水土,祀以爲社,后稷能殖百穀,祀以爲稷、左傳、魯語、祭法,皆有此文。漢世儒者説社、稷有二:左氏説社、稷惟祭勾龍,后稷人神而已。是孔之所用。孝經説社爲工神,稷爲穀神,勾龍、后稷配食者。是鄭之所從。而武成篇云'告于皇天后土',孔以后土

---

① 黃履,原作黃復,據宋史 禮志和黃履本傳改正。

爲地,言后土,社也者,以泰誓云類于上帝,宜于冢土也,小劉云后土與皇天相對,以后土爲地。若然,左傳云勾龍爲后土,豈勾龍爲地乎?社亦名后土,名同而義異也。社、稷共牢,經無明説。郊特牲云社、稷大牢。二神共言太牢,是共牢也。此經上句言于郊,此不言于社;此言社于新邑,上句不言郊于新邑;上句言用牲,此言牛羊豕不言用,告天不言告地,告社不言告稷,皆省文也。洛誥云'王在新邑、烝祭,王入太室祼',則洛邑亦立宗廟,此不云告廟,亦省文也。"今案作洛解云"乃建大社于國中,其壇東青土,南赤土,西白土,北驪土,中央釁以黄土",正説此經立社之事也。經有"社"無"稷",而傳云"告立社、稷之位"者,疏以爲省文,是也。牛一羊一豕一,亦舉社見稷耳。禮,牛羊豕具爲一牢,郊惟特牲,社用三牲,以多爲貶。社牲如此,稷牲可知。故舉此見彼。乃傳則云"社、稷共牢",夫社、稷不可合爲一壇,豈容以一牢而祭兩壇乎?白虎通社稷篇云:"王者所以有社、稷何?爲天下求福報功。人非土不立,非穀不食。土地廣博,不可徧敬也;五穀衆多,不可一一祭也。故封土立社示有土,尊稷五穀之長,故封稷而祭之也。尚書曰:'乃社于新邑。'""社、稷以三牲何?重功故也。"尚書曰"乃社于新邑,羊一牛一豕一",據此可爲舉社見稷之明證。疏乃曲附僞孔,援郊特牲以證社稷共牢。攷王制云:"天子社稷皆太牢。""皆"者,謂兩壇皆用太牢也,豈共牢乎?又康成以社爲土神,勾龍配社,是也。僞孔以勾龍即社,非也。社乃土神,勾龍乃人名,后土乃其所居之官;稷乃穀神,棄乃人名,后稷乃其所居之官。王者立社、稷以祈福報功,勾龍、后稷皆人鬼,以勾龍有平水土之功,故配社祀之;后稷有播種之功,故配稷祀之,非即祀以爲社爲稷也。此"社于新邑",即土神而以勾龍配者,言社以該稷耳。傳直以爲勾龍,謬矣。傳之説雖誤,然既以社爲勾龍,則知社非即祭地,而祭地别有北郊可知。鶴壽案:五土之神曰社,以勾龍配。原隰之神曰稷,以后稷配。王肅難鄭曰:

"召誥用牲于郊①,牛二,明后稷配天,故知二牲也。社于新邑,牛一羊一豕一,明知惟祭勾龍,更無配祭之人。"爲鄭學者通之曰:"后稷與天尊卑既別,不敢同天牲。勾龍是上公之神,社是地示之别,尊卑不甚懸絶,故云配同牲也。"今案社以勾龍配,則稷以后稷配,召誥不言稷,亦省文耳。

郊社禘嘗

言郊以該圜丘,言社以該方澤,言嘗以該祠、禴、烝。經文之簡而該如此。春夏物未成,可薦者少;秋冬物既成,可薦者多。烝、嘗備于祠、禴,言嘗則三時在其中。

春秋二節

中庸"春秋"二節,上節爲時祭,下節爲祫祭。近人駁之曰:"此因上節有'春秋'字及'薦時食'事,下節注云:'羣昭羣穆咸在',故分時祭、祫祭。但大祫亦須有修有陳有設有薦,而時祭豈不序昭穆與序爵序事等乎? 祭義:'孝子將祭,慮事不可不豫,具物不可不備。'則上節正所謂宫室既修,百物既備,薦其薦俎;下節乃入廟而行事也。"以愚攷之,夏、殷四時之祭,春曰礿,夏曰禘,秋曰嘗,冬曰烝。周改禘爲殷祭,而四時則春祠、夏禴、秋嘗、冬烝;其殷祭則禘行于孟夏,祫行于孟秋。今上節明言"春秋",則必非禘祫;非禘祫,則非時祭而何? 鄭注:"時食,四時祭也。"則鄭説以上節爲時祭矣。孔安國論語注云:"禘祫之禮,爲序昭穆。"攷公羊説祫祭之義,參鄭禘祫志説禘祭之義,禘則于文、武廟,各迎昭穆之主,祫則于太祖廟,總列羣廟之主。太祖后稷。蓋禘爲諦審昭穆,而祫爲合聚昭穆,故云祫大禘小。今下節云"所以序昭穆",則其爲祫祭甚明也。但禘、祫皆爲序昭穆,故賈逵、劉歆皆云禘、祫一祭二名,禮無差降,則言祫可,言禘亦可,故下文但言"禘嘗"。鶴壽案:禘與祫不同者,有數事。先生謂"春秋"二節,言祫可,言禘亦可,非也。禘必配天,圜丘及郊無論矣。明堂之祭,孝經云:"嚴父莫大于配天。"下云:"宗祀文王于明堂以配上帝。"通典引徐禪議曰:春秋左氏説"歲祫及壇墠終,

---

① 召誥,原作"召詔",誤。據尚書與下文改。

禘及郊宗石室”，初學記引摯虞決疑注“凡廟之主，藏于户外四牖之下，有石
函，故名石室。”案郊則五天帝、五人帝之主，宗則后稷、文、武及先公先王之
主，祭于明堂必迎之，祭畢反于郊于廟，而祫則否。禘及功臣，周禮司勳“凡有
功者祭于大烝”，鄭注：“盤庚告其卿大夫曰：‘兹予大享于先王，爾祖其從與
享之是也。今漢祭功臣于朝庭。”公羊何休注：“禘所以異于祫者，功臣皆祭
也。”後魏太和三年詔引鄭玄曰：“三年一祫，五年一禘。”祫則毀廟羣廟之主
于太祖合而祭之，禘則增及百官配食者，審禘而祭之，而祫則否。禘及助祭諸
侯，四夷來王。長發爲大禘之詩，而云“受小球大球，受小共大共”，又云“九
有有截”。孝經云：“得萬國之歡心，以事其先王。”又云：“四海之内，各以其
職來助祭。”尚書大傳云：“太廟之中，天下之諸侯悉來，進受命周公，而退見
文、武之尸者千七百七十三諸侯。”周語：“荒服者王，又言終王。”韋昭注：
“終謂終世者。朝嗣王及即位而來見。”漢韋玄成傳：劉歆議曰：“大禘則終
王。”服虔注：“蠻夷終王，乃入助祭，各以其珍貢，以共大禘之祭。而祫
則否。”

蛾術編卷六十八

説　制　六

廟制

禮緯稽命徵、鈎命決，並云唐、虞五廟，親廟四，與始祖五。禹四廟，至子孫五。殷五廟，至子孫六。周六廟，至子孫七。故七廟獨周制爲然。蓋禹之時，祇有高祖以下四親，至子孫并禹則五矣。湯之時，祇有契及四親，至子孫并湯則六矣。周文、武之廟不毀，以爲二祧。始祖之廟亦不毀，則爲七矣。祭法謂"王立七廟"者，親四，始祖一，文、武不遷二，合爲七廟。七廟外又立壇、墠各一。祖爲王考，曾祖爲皇考，高祖爲顯考，始祖爲祖考，此五廟並同月祭，故曰"皆月祭之"。此同月祭之內，所包甚廣，凡時祭、禘、祫、南郊皆在內。遠廟謂文武，文、武並在應遷之例，故云"遠廟特爲功德而留"，故謂"爲祧"。有二祧者，即謂文武也。"享嘗乃止"者，享嘗四時之祭，冬至之圜丘，夏至之南郊，凡爲配祀文、武特留，不得月祭之，但時祭而止。至于五年之大禘，喪畢之吉禘，三年之大祫，則固祭文、武也。然終未有配天之祭，故特爲明堂之配。去祧爲壇者，高祖之父也。若是昭行，寄藏武王祧；若是穆行，寄藏文王祧。不得四時祭之，若有祈禱，則出就壇受祭。去壇爲墠者，高祖之祖也。不得在壇，若有祈禱，則出就墠受祭也。高祖之父，初寄在祧，而不得于祧中受祭，故曰"去祧"也。高祖之祖，初嘗在壇，而今不得祭，故曰"去壇"也。去墠曰鬼者，若有從壇遷來墠者，則此遷入石函爲鬼，祈禱亦不得及，惟禘祫乃出也。諸侯立五廟一壇一墠者，降天子，故止有五廟。壇、墠與天子同。無功德之主爲二祧也。天子月祭五，諸侯月祭三，高祖太祖享嘗乃止。太祖乃不遷，而與高祖並不得月祭，止預四時，又降天子也。“去祖爲壇”者，去祖，去太祖也。諸侯無功德二祧。高祖之父既遷其主，即寄太祖廟中，而不得于太祖廟受時祭，惟有祈禱，則去太祖而往壇受祭也。大夫三廟二壇而不墠。高祖、太祖無廟，有禱焉，爲壇祭之者。大夫無主，故無所寄藏，而高、太二祖又無廟，若應有祈禱，則爲壇祭之，二壇之設爲此。然墠輕于壇，今無墠者，太祖雖無廟，猶重之故也。去壇爲鬼，謂高祖遷去于壇則爲鬼。<u>王制</u>諸條，與<u>祭法</u>大同小異。<u>祭法</u>：大夫但立父、祖、曾祖三廟，不得立高祖、太祖廟。<u>王制</u>則云大夫三廟，一昭一穆，與太祖之廟而三。<u>鄭志</u>答<u>趙商</u>云：“別子始爵，其後得立別子爲太祖；若非別子之後，雖爲大夫，但立父、祖、曾祖三廟而已，隨時而遷，不得立始爵者爲太祖。別子始爵，謂諸侯之子始爲卿大夫者，或嫡夫人之次子，或衆妾之子。非別子之後爲大夫者，凡有數條，一是別子初爲大夫，中間廢退，至其子孫始得爵命；二是別子及子孫不得爵命，後世始得爵命；三是異姓爲大夫者，或他國之臣初來仕爲大夫者。<u>大傳</u>云別子爲祖，繼別爲宗，有百世不遷之宗，有五世則遷之宗，謂此也。<u>王制</u>據別子、繼別言，一昭一穆，與太祖，則其曾祖、高祖即當爲壇祭之，不言可知。<u>祭法</u>據非別子而言，祖考無廟，則別子之有祖考廟，亦不言可知。亦猶適士二廟，官師一廟，<u>王制</u>但言士一廟，文言詳略耳。<u>鄭</u>乃以天子七廟云云爲<u>周</u>制，大夫三廟爲<u>殷</u>制。一節之中，其說錯互，此不必泥也。”以上所論廟制，其略如此，足證七廟爲<u>周</u>制，<u>湯</u>時但有五廟矣。<u>鶴壽</u>案：呂氏春秋引商書曰：“五世之廟，可以觀怪。”“怪”字乃傳寫之訛，“五”字則商書原文也。今僞古文咸有一德作“七世之廟，可以觀德”，“七”字亦傳寫之訛。古文“五”與“七”相似，詩豳風“七月鳴鵙”，<u>王肅</u>傳云：“七當爲五。”是也。<u>夏</u>、<u>商</u>以來，天子止有五廟，從無七廟。漢韋玄成傳<u>匡衡</u>告謝毀廟曰："往者大臣以爲在昔帝王，承祖宗之休典，取象于天地，天序五行，人親五屬。天子奉天，故率其意而尊其制，是以禘嘗之序，靡有過五。受命之君，躬接于天，萬世不墮，繼烈以下，五廟而遷。上陳太祖，間歲而祫。自<u>唐</u>以下，皆當以五爲則。"今案始祖者生之本也，故必立始祖廟，其下高、曾、祖、考爲四親廟。始祖之廟，百世不遷，高、曾、祖、考之廟，五世親盡則遷，故廟止于五也。<u>喪服小記</u>云："王者禘其祖之所自出，以其祖配之，而立四廟。"<u>鄭注</u>云："四廟，高祖以下，與始祖而五。"由此觀之，則商書謂"五世之廟，可以觀德"，<u>匡衡</u>謂"自<u>唐</u>以下，皆當以五爲則"，此乃古今之通例，不獨夏、商爲然。<u>周</u>初當亦止有五廟，逮五世親盡，存文、武之廟而不毀，于是乃有七廟耳。<u>祭法</u>所謂"王立七廟"，蓋但據<u>周</u>制言之。然而學者未之信也，以爲諸儒多言自<u>虞</u>、<u>夏</u>以來，天子皆七廟，惟<u>鄭</u>氏據禮緯，有<u>虞</u>、<u>夏</u>五廟<u>殷</u>六廟<u>周</u>七廟之說。<u>王肅</u>著聖證論以非之，而<u>孔</u>疏又引<u>馬昭</u>難<u>王</u>義，以傅會<u>鄭注</u>。<u>馬昭</u>引<u>喪服小記</u>王者立四廟爲證。夫諸侯立四親廟，天子無四廟之禮，<u>方性夫</u>謂以月祭之親廟言之，<u>徐伯魯</u>謂天子七廟，并二世室而九，豈有止立五廟之理？<u>劉原父</u>則云此句上有脫簡，當曰諸侯及其太祖而立四廟，蓋<u>大傳</u>"以其祖配之"句下，有此六字，言諸侯不得如天子追禘太祖，所祭上及太祖而止耳。而太祖之下，則立二昭二穆爲四親廟也。然則<u>喪服小記</u>所云，固不得爲王者立四廟之證矣。<u>昭</u>又引<u>禮器</u>，<u>周</u>旅酬六尸，一人發爵，則七尸爲證。夫宗廟以七爲正數，則七廟七尸，自無疑義，乃謂文、武不在七數，既不同祭，又不享嘗，爲無是禮。然商書云七世之廟，<u>周</u>因<u>殷</u>禮，是時文、武正在七廟之數，至兩世室當立，在<u>懿王</u>、<u>孝王</u>之世，何得以<u>祭法</u>所云，疑文、武不在七數邪？<u>昭</u>又引<u>曾子</u>問"七廟無虛主"，及<u>周禮</u>"守祧奄八人"爲證。夫七廟無虛主，是<u>孔子</u>特明齊車必載祧主而言，正足爲七廟之證，乃謂<u>周</u>以后稷、文、武特立七廟，是其說固不可通于文、武見居七廟之時，即<u>懿</u>、<u>孝</u>以後，文、武有功德，親盡不祧，而所立者世室也，非廟也，不曰廟而曰世室，正以廟數不能減于七，亦不能加于七耳。如以功德之祖，而充七廟之數，是仍在祧遷之列，何必別刱爲世室之名邪？守祧奄八人，<u>鄭</u>謂太祖之廟，及三昭三穆；<u>孔</u>謂天子七廟，通姜嫄爲八廟，廟一人，故八人，乃謂若除文、武則奄少二人。<u>陳祥道</u>曰："是不知<u>周公</u>制禮之時，文、武尚爲近廟，其所以宗之之禮，尚在後代也，果所以宗之者在七廟內，使繼世祖先功德，不下文、武，復在可宗之例，則親廟益殺，于理必不然矣。"<u>昭</u>又稱天子七廟，有其人則七，無其人則五。夫七廟除太祖外,三昭三穆皆親也。諸侯及其高祖,天子益二廟,以昭尊卑之分。所云降殺以兩也,乃強以功德不遷之祖,入于親廟之數,而造爲有其人無其人之説,即無功德之祖,豈無高祖之祖父邪? 以上云云,皆近儒遵王駁馬之論,蓋信僞古文者多矣。然親親之道,以五爲限,由我身上推之,則有父祖、曾祖、高祖,由我身下推之,則有子孫、曾孫、玄孫,皆五世也。服制如此,則廟制當亦如此。匡衡謂"天序五行,人親五屬",固有一種大道理在内。若非祖有功,宗有德,則周之宗廟,胡爲獨多于唐虞夏殷哉?

辨王肅"七廟"之非

王肅以爲"天子七廟"者,高祖之父、高祖之祖廟爲二祧,并始祖及親廟四爲七,其説非也。聖證論云:"周之文、武,受命之王,不遷之廟,權禮所施,非常廟之數。殷之三宗,宗其德而存其廟,亦不以爲數。"案:文、武以功德特留,固是權禮,記禮者總言其事,使文、武并歸昭穆,于義無害。殷太戊稱中宗,武丁稱高宗,太甲稱太宗,非受命之王。文、武當與湯比,不當與三宗比,其辨一也。又云:"凡七廟,皆不稱周室。禮器有'以多爲貴者,天子七廟',穀梁傳'天子七廟,諸侯五',家語:孔子曰:'禮,天子立七廟,諸侯立五廟,大夫立三廟。'"案:禮器、穀梁傳、盧植尹更始皆以爲周制;家語,先儒以爲肅私定,且不稱周室,遂非周制乎? 其辨二也。又云:"孫卿言:有天下者事七世,自上以下,隆殺以兩。今使天子、諸侯立廟,並親廟四而止,則君臣同制,尊卑不别禮。名位不同,禮亦異數,況其君臣乎?"案:天子七廟者,有其人則七,無其人則五。若諸侯廟制,雖有其人,不得過五。則天子、諸侯,七、五之異也,何云"君臣同制"乎?"隆殺以兩"亦約略之詞,大夫非别子後者,立曾祖以下三廟,非殺兩也。士與庶人,亦非殺兩。其辨三也。又云:"祭法:王下祭殤五,及五世來孫。則下及無親之孫,而祭上不及無親之祖,不亦詭哉?"案:王下祭殤五,祭適殤于廟之奥,非是别立殤廟。七廟外親盡之祖,禘祫猶當祀之,而云"下祭無親之孫,上不及無親之祖",是非通論。其辨四也。又云:"遠廟爲祧,鄭注:'周禮遷主所藏曰祧。'違經正文。"案:一自其應遷而不遷言之，一自其藏主言之，二者未嘗違。其辨五也。又云："鄭言先公遷主，藏于后稷之廟；先王遷主，藏于文、武之廟，便有三祧，何得祭法言有二祧？"案：于法原只二祧，契與湯是也。周因文、武並是受命之王，故並不遷，何庸泥二祧之名？其辨六也。喪服小記"王者立四廟"，鄭注："四廟，高祖以下，與始祖而五。"如肅之說，專數親廟，則六廟也；兼數祖宗，則九廟也，與諸經文無一合者。其辨八也。文、武不在七數，則既不同祭，又不享嘗，豈禮也哉！其辨九也。馬昭曰：禮器"周旅酬六尸，一人發爵"，則周七尸七廟明矣。其辨十也。張融曰：周禮："守祧奄八人，女祧每廟二人。"自太祖以下與文、武及親廟四，用七人，姜嫄用一人，適盡。若除文、武，則奄少二人。其辨十一。曾子問孔子說周事，而云七廟無虛主，若王肅數高祖之祖父與文武而九主，當有九廟，何云七廟無虛主乎？其辨十二。漢書韋玄成四十八人議，皆云周之所以七廟者，以后稷始封，文王、武王受命而王，是以三廟不毀，與親廟四而七也。白虎通云，周以后稷、文武，特立七廟。合諸說觀之，以鄭說爲定，僞古文商人七廟之謬可知。隋煬帝時，褚亮議廟制，從王黜鄭，見舊唐書亮本傳。唐貞觀九年，太宗命諫議大夫朱子奢等議廟制，亦從王，并引尚書"七世之廟"爲證，見舊唐書禮儀志。皆非也。鶴壽案：漢韋玄成傳云：禮，王者始受命，諸侯始封之君，皆爲太祖，以下五廟而迭毀，毀廟之主，藏于太祖，五年而再殷祭，言一禘一祫也。祫祭者，毀廟與未毀之主，皆合食于太祖。祭義曰："王者禘其祖自出，以其祖配之，而立四廟，言始受命而王，祭天以其祖配，而不爲立廟親盡也。立親廟四，親親也。親盡而迭毀，親疏之殺，示有終也。周有七廟者，以后稷始封，文王、武王受命而王，是以三廟不毀，與親廟四而七，非有后稷始封、文、武受命之功者，皆當親盡而毀。成王成二聖之業，制禮作樂，功德茂盛，廟猶不世，以行爲諡而已。"今案成王時，止有后稷、太王、王季、文王、武王五廟，並無七廟，王肅事事叛經，肅小人儒不足論，獨怪後儒何多承其誤也。禮緯言夏無太祖，宗禹而已，則五廟；殷人祖契而宗湯，則六廟；周尊后稷，宗文王、武王，則七廟。自夏及周，少不減五，多不過七。祭法曰祖考廟，謂始祖廟也。曰有二祧，謂文王、武王廟也。其云遠廟爲祧，指先王先公之毀廟而言，猶云遠廟入祧也。三祧言二者，本文上有祖考廟即祧也，康成據此説禮，不必專據緯書，後儒于祭法不能通解，何哉？服虔注左傳云："曾祖之廟爲祧。"此曾祖非高曾之謂，蓋謂遠祖，若詩稱曾孫是也。朱子見僞書咸有一德，以爲商書已言七世之廟，鄭説恐非，不攷孔壁真古文十六篇，非此咸有一德，又不攷呂氏春秋引商書正作五世之廟故也。韋玄成議，正同鄭説，後儒又疑劉歆異議，案歆説七廟，謂其不在數中者，如周室始祖廟四親廟及文、武二廟之外，有功德可宗之主，則增之至八，非謂文、武不在七廟數中。周人祖文王而宗武王，歆但云宗不得爲文、武之稱也。"祧"字古文爲"濯"，康成釋爲超上去，意者謂毀廟主超上入于后稷、文、武之廟，因名此三廟爲三祧，非三廟本名祧也。夏、殷廟制，雖出禮緯，然緯書言符命，出自僞造，至于此等，必是鈔襲古禮。周、秦以降，文獻無徵，賴此可以攷古，且後儒即不信緯書，豈五世親盡之道，亦不信邪？奈何轉奉王肅爲圭臬也？

　　書盤庚："茲予大享于先王，爾祖其從與享之。"鄭注："大享，烝、嘗也。"傳云："古者天子録功臣配食于廟，大享烝、嘗也。"疏云："周禮大宗伯：祭祀之名，天神曰祀，地示曰祭，人鬼曰享。大享于先王，謂天子祭宗廟也。烝嘗是秋冬祭名。謂之大享者，以事各有對，若烝嘗對禘、祫，則禘、祫爲大，烝、嘗爲小；若四時自相對，則烝、嘗爲大，礿、祠爲小。秋冬物成，可薦者衆，故烝、嘗爲大；春夏物未成，可薦者少，故礿、祠爲小。"此尚書之文，論時祭及功臣，鄭注與僞孔合。據此知禘、祫不及功臣，惟時祭烝、嘗有之。鶴壽案：惟禘祭有功臣配食，祫祭即無之，況四時之祭乎？説已見前。

"吾不欲觀"

　　易觀卦辭"盥而不薦"，馬融注："盥者，進爵灌地以降神也。"此是祭祀盛時。及神降薦牲，其禮簡略，不足觀也。國之大事，惟祀與戎。王道可觀，在于祭祀。祭祖之盛，莫過初盥降神，故孔子言："禘自既灌而往者，吾不欲觀之矣。"然則孔安國以魯逆祀躋僖公，故不欲觀；朱子以誠意懈怠，故不欲觀。皆未確。

禋于六宗

　　堯典"禋于六宗"①，鄭注："禋，煙也。取其氣達升報于陽也。

----

①　禋于六宗，見今本十三經尚書舜典。

六宗言禋,與祭天同名,則六者皆天神,謂星、辰、司中、司命、風伯、雨師也。星謂五緯也。辰,謂日月所會十二次也。司中、司命,文昌第五、第四星也。風伯,箕也。雨師,畢也。"案:大宗伯:"以禋祀祀昊天上帝,以實柴祀日月星辰,以槱燎祀司中、司命、風師、雨師。"注云:"禋之言煙,周人尚臭,煙氣之臭聞者也。三祀皆積柴實牲體焉。"然則三祀本同,皆取升煙之義,特錯舉互文耳。袁準正論曰:"禋者煙氣,煙熅也。天之體遠,不可得就,聖人思盡其心,而不知所由,故因煙氣之上以致其誠。外傳曰'精意以享曰禋',此之謂也。"難者曰:"禋于文王,何也?"曰:"夫名有轉相因者,周禮之禋祀上帝,辨其本言煙熅之體也。書曰禋于文、武者,辨其取精意以享也。先儒曰:凡潔祀曰禋。若潔祀為禋,不宜別六宗與山川也。凡祭祀無不潔,而不可謂皆精。然則精意以享,宜施燔燎,假煙氣之升以達其誠故也。"案:鄭既正釋"禋"字之義,故即據大宗伯文,以實六宗之名。鄭注大傳據月令孟冬天子祈來年于天宗,推六宗皆天神,太學博士吳商申鄭義,以郊之祭大報天而主日,配以月,則日月在郊不在宗,除去日月,恰得六數,其說是矣。

鶴壽案:六宗者,歲、時、日、月、星、辰是也。歲,太歲也。時,四時也。日,太陽也。月,太陰也。星,二十八宿也。辰,十二次也。自漢以來,言六宗者數十家,偽孔傳取祭法,以為四時、寒、暑、日、月、星、水旱,後儒咸遵用焉。司馬彪謂周禮無六宗之兆,禮記無六宗之文,而直欲廢之。是謬論也。伏生以天、地、四時為六宗,馬融從之,然舉首及天,已上複類帝。孔光、劉歆以水、火、雷、風、山、澤為六宗,魏晉間多從之。然六子皆象,既虛而無質,而山澤之下侵,更無論已。賈逵以天宗三地宗三為六,許慎從之。然地宗之三,則全逼山川。虞喜以地有五色,大社象之,總五為一則成六。劉昭從之。然地示當祭,而曰禋,其非大社可知。後魏孝文帝以天皇大帝及五帝為六,杜佑從之。然除大帝則是五宗,連大帝則是類帝,何別云禋宗哉?此五說者,以本文上下核之,而皆拂戾者也。乃張迪則謂六代帝王為六宗。夫禋宗皆天神之屬,忽穆而之人鬼,與張髦以宗廟三昭三穆為六宗者略同。此二說者,就文斷之,而知其非也。歐陽和伯、大、小夏侯則謂上不及天、下不及地、旁不及四方,在六者之間,助陰陽變化萬物者爲六宗。此即孟康天地間遊神之説也,固已荒誕不經。劉邵謂太極沖初之氣,六氣宗之,又即摯虞六氣之宗之説,益復幽渺無據。此二説者,直如一説,不足道也。司馬彪既歷難諸家,及自言己意,仍用賈氏天宗、地宗而益以四方宗爲六,亦即歐陽、夏侯六者之間之意而小變之,但彼意其內,而此揣其外,爲更劣耳。他如盧植以祈來年于天宗爲六宗,而羅泌等更以天宗、地宗、岱宗、海宗、瀆幽宗、雩宗爲本字而成六宗,其説則不待攻而自攻矣。鄭氏以小宗伯“四郊”注中之星、辰、司中、司命、風師、雨師爲六宗,則自司中而下皆星也,祇有二宗,並無六宗。先生專主其説,以爲根據大宗伯之文,的確不磨,然必推配日月以包于類帝,而後割截星辰以合爲六,終覺牽強。故余獨有取于左氏六物之説也。

辨諸家六宗之非

謂四時、寒暑、日、月、星、水旱,此孔傳説也。疏云:“祭法:‘埋少牢于太昭,祭時;相近于坎、壇,祭寒暑;王宮,祭日;夜明,祭月;幽禜,祭星;雩禜,祭水旱①。’傳以彼六神是此六宗者,彼文上有祭天祭地、下有山川邱陵,此六宗在上帝之下、山川之上,二者次第相類。王肅注家語亦引彼文,乃云:‘禋于六宗,此之謂矣。’鄭玄注彼云:‘四時謂陰陽之神也。然則陰陽、寒暑、水旱,各自有神。此言禋于六宗,則六宗,常禮也。禮無此文,不知以何時祀之。’鄭以彼皆爲祈禱之祭,則不可用鄭玄注以解此傳也。”孔叢子、論衡及蘇軾、朱子、蔡沈並從之。司馬紹統駁云:“案祭法爲宗,而除其天地于上,遺其四方于下,取其中以爲六宗也。”羅泌曰:“冬享司寒,而四立各自迎氣,則四時、寒暑不在宗矣。”王樵②曰:“祭法四時、寒暑、日、月、星、水旱,鄭玄以爲祈禱之祭,因事而行,今告攝須有六宗常禮,何爲祭及水旱哉?”蔡德晉③曰:“祭法原文,上有祭天祭地,下有祭四方、祭百神,而截取中間六者以爲六

---

①　“祭法”云云,禮記正義祭法鄭玄注:泰昭,昭,明也,亦爲壇也。王宮,日壇。夜明,亦謂月壇也。幽禜,亦謂星壇也。雩禜,亦謂水旱壇也。

②　王樵,宋人,字肩望,博通羣書,尤善易考。

③　蔡德晉,清無錫人,字仁錫,有禮經本義、禮傳本義,通禮。

宗,亦屬牽强;況水旱乃雩禜之祭,靡神不舉,非有專司。舜自以
攝位告祭,何關水旱也。"則孔傳之説非也。鶴壽案:此條,駁僞孔傳
以四時寒暑、日、月、星、水旱爲六宗之非。

謂萬物非天不生,非地不載,非春不動,非夏不長,非秋不收,
非冬不藏,故書"禋于六宗",此之謂也。此伏生大傳説也。康成
注大傳,謂馬融説與伏生異,與賈逵合,劉昭注續漢祭祀志,又謂馬融説與伏
生同。司馬紹統駁云:"帝在于類,則禋者非天也。"謂六宗上不謂
天,下不謂地,旁不謂四方,在六者之間,助陰陽變化,實一而名六。
續漢志:安帝即位元初六年,以尚書歐陽家説,謂六宗者,在天地四方之中,
爲上下四方之宗,三月庚辰初更立六宗,祀于雒陽西北戌亥之地,禮比太社。
劉昭引李氏家書曰:司空李郃侍祠南郊,不見六宗祠,奏曰:"尚書六宗者,上
不及天,下不及地,旁不及四方,在六合之中,助陰陽化成萬物。漢初甘泉汾
陰天地亦煙六宗。孝成之時,匡衡奏立南、北郊祀,復祀六宗。及王莽謂六
宗易六子也。建武都雒陽,制祀不祭六宗,由是廢不血食。今宜復舊制度。"
制曰:"下公卿議。"五官將行弘①等三十一人議可祭,大鴻臚龐雄等二十四人
議不當祭。帝是郃議,由是遂祭六宗。此歐陽和伯、夏侯建説也。司馬
紹統駁云:"六合之間,非制典所及;六宗之數,非一位之名。陰陽
之説,又非義也。"則伏生歐陽夏侯之説非也。鶴壽案:此條,駁伏生
以天地四時爲六宗,及歐陽、夏侯謂在天地四方之中之非。

謂六宗爲乾坤六子水、火、雷、風、山、澤,此劉歆説也。孔光、
王莽、顏師古並同。杜佑駁云:"卦是物象,則不應祭也。"謂六宗,
日宗、月宗、星宗、岱宗、海宗、河宗,此賈逵説也。許慎五經異義
亦曰:"古尚書説六宗者,天地屬神之尊者,謂天宗三、地宗三。天
宗,日、月、北辰也。地宗,岱山、河、海也。日月爲陰陽宗,北辰爲
星宗,岱爲山宗,河爲水宗,海爲澤宗。祀天則天文從,祀地則地
理從也。"司馬紹統駁云:"山川屬望,則海岱非宗。宗猶包山,則
望何秩焉?"黃鎮成亦曰:"謂是山澤河海之類,則望于山川,又在

---

① 行弘,原作行宏,據後漢書祭祀志改。

六宗之外,皆不可據。"則劉歆、賈逵之説非也。鶴壽案:此條,駁劉歆以乾坤六子爲六宗及賈逵謂日、月、星、岱、海、河之非。

謂周禮稱昊天上帝、日月星辰、司中、司命、風師、雨師、社、稷、五祀五嶽、山林川澤、四方百物,又稱兆五帝于四郊,四類四望亦如之,無六宗之兆。祭法稱祭天、祭地、祭時、祭寒暑、日、月、星、祭水旱、祭四方及山林川谷邱陵,能出雲爲風雨見怪物,皆是。有天下者祭百神,復無六宗之文到六宗所禋。即祭法所及,周禮所祀,不宜復立六宗之祀也。春官大宗伯"以蒼璧禮天,以黄琮禮地,以青圭禮東方,以赤璋禮南方,以白琥禮西方,以元纁禮北方。"六宗,日月星辰寒暑之屬也。如此則羣神咸秩而無廢,百禮徧修而不瀆,于理爲通。此司馬紹統説也。然取羣經所述,祭祀除去祖廟,餘悉并入六宗,浮游汗漫,不可爲訓,則司馬氏之説非也。鶴壽案:此條,駁司馬彪謂周禮無六宗之兆,禮記無六宗之文之非。

謂禋于六宗,祀祖考所尊者六也。攷之周禮及禮記王制,天子將出,類于上帝,宜于社,造于禰。巡守四方,覲諸侯,歸格于祖禰,用特。堯典亦曰肆類于上帝云云。臣以尚書與周禮王制同事一義,禋于六宗,正謂祀祖考宗廟也。六宗即三昭、三穆,若但類于上帝,不因祖禰而行,去時不告,歸何以格?以此推之,較然可知也。禮記曰:祭帝于郊,所以定天位也;祀社于國,所以列地利也;祭祖于廟,所以本仁也。山川,所以儐鬼神也;五祀,所以本事也。孔子祖述堯、舜,紀三代之教,著在祀典,皆先天地,次祖宗,而後山川羣神。舜受終文祖之廟,居其位,攝其事,郊天地供羣神之禮,巡守天下,而遺其祖禰,恐非有虞之志。此張髦説也。程子、王安石、呂祖謙、胡宏並取之。林之奇駁云:"古者祖有功,宗有德,必有德者而宗之,若以三昭三穆爲六宗,則七世之廟皆宗,無是理也。"朱子語録亦云張髦説非。古者昭穆不盡稱宗,且如西漢之廟,惟文帝稱太宗,武帝稱世宗,至唐朝乃盡稱宗。此不可爲據。林、朱之駁甚是。詩生民疏、禮讖皆言堯五廟。此時本無七廟,安有六宗？且此原爲攝位告祭，亦與巡守無涉，不得以造禰爲言，則張髦之説非也。鶴壽案：此條，駁張髦以三昭三穆爲六宗之非。

謂地有五色，大社象之，總五爲一，則成六，六爲地數。推案經句，缺無地祭，當是祭地。此虞善説也。劉昭亦云：肆類于上帝，是祭天。天不言天而曰上帝，帝是天神之極，舉帝則天神斯盡。日月星辰，從可知也。禋于六宗是祭地，地不言地而曰六宗，宗是地數之中，舉中則所以該數。社、稷等祀，從可知也。天稱神上，地表數中，仰觀俯察，所以爲異。宗者崇尊之稱，斯亦盡敬之謂也。禋也者，埋祭之言也，實瘞埋之異稱，非升煙之祭也。愚謂羣經言禋，並不屬地，虞、劉二説，與大宗伯文顯相刺謬，矧六宗既可該地，其下何爲更贅山川？謂六宗天地間遊神也，此孟康説也。羅泌駁云："太元曰神遊乎六宗，蓋指六合，非主于祭而言，孟康因此曾何取哉？"則虞喜、孟康之説非也。鶴壽案：此條，駁虞喜以地祭爲六宗及孟康謂天地間遊神之非。

謂萬物負陰抱陽，本于太極。六宗者，太極沖和之氣，六氣宗之。此摯虞説也。劉、邵從之。杜佑駁云："氣先于天，不合禋天之下，氣從天有，則屬陰陽，若無所受，何所宗之？"謂上帝六宗，其文相屬，上帝稱肆而不禋，六宗言禋而不別其名，蓋六宗一祭也。而今圜丘五帝在焉，乃詔祭天皇大帝及五帝于郊壇，總爲一位。此後魏孝文帝説也。杜佑亦云："後魏孝文帝以天皇大帝、五帝爲六宗，于義爲當。周禮以禋祀祀昊天上帝，則禋祀在祀天，不屬別神。司服，祀昊天上帝，大裘而冕，祀五帝亦如之。昊天、五帝，乃百神之尊，宗之義也。或難云：'既云類上帝，何更言禋？'此敘巡守、記禮之次矣。將出征肆類也，禋宗徧祀六天也，何以肆類之文而迷郊祀之禮乎？"羅泌駁云："先王典禮，莫有重舉，上帝既以肆類，豈復禋乎！"則摯虞、後魏孝文之説非也。鶴壽案：此條，駁摯虞以太極之氣六氣宗之爲六宗，及後魏孝文帝謂祭天皇大帝及五帝于郊壇總爲一位之非。

謂六宗,六代帝王也。此張迪説也。杜佑駁之,以爲並不堪録。謂宗,祀之尊也。伯夷典三禮而曰秩宗,周官主祀大神示而曰宗伯。大宗小宗,族之尊也。老子曰:萬物之宗,言萬物莫不尊也。莊周曰:天地爲宗。故禮有天宗,則亦有地宗矣。天宗者萬象之宗,雲漢、虹霓、雷電、霜雪、風雨、氛祲之屬,非必日月星辰。而地宗者萬類之宗也。土石、金穀、草木、羽毛、鱗介之屬,非必主于山川。求之于傳,又有河、岱之宗,河宗則萬水之宗,謂淵泉、溪沼、藪岸、灘濤之屬,非主于九川四瀆。岱宗則萬山之宗也。謂岡巒、陵谷、阿隴、原隰之屬,非主于五岳九山也。凡此皆微小族類,祀听不該,故以大爲宗而總祭之。王者祀天明,事地察,故于地而加詳。是四宗者,所以及乎其不及而已矣。然則幽宗、雩宗,其不在六宗乎?日月既主于郊,四時、寒暑復各屬于歲,惟星一類實繁,猶之在地之山,而水旱者陰陽之極數,民事之尤切,故二者自爲宗。此羅泌説也。然雜取莊周、尚書、祭法,湊成六宗,亦屬臆見。況從宗字立説,而幽宗、雩宗,禜也,非宗也。謂康成據周禮天神,然去日月恐不可。或曰:日一,月二,星三,辰四,司中、司命五,風師、雨師六,此黃度説也。案此取鄭氏小變之,但日月配天,經有明文,未便援入。則張迪、羅泌、黃度之説非也。鶴壽案:此條,駁張迪以六代帝王爲六宗,及羅泌謂萬象萬類萬水萬山之宗并幽宗、雩宗,黃度謂星辰、司中、司命、風師、雨師加日月之非。

謂虞之六宗,周之方明也。方明者,六宗之位。設六玉及六色,象上下四方之神,尊而宗之,故曰六宗。虞禮六宗而覲四岳羣牧,周祀方明而覲公侯伯子男。此惠氏士奇説也。攷覲禮及注、疏,凡諸侯時會殷同于王,及王巡守方嶽,皆祀方明。方明者,大也。方四尺,設六色,上元下黃,東方青,南方赤,西方白,北方黑;設六玉,上圭下璧,南方璋,西方琥,北方璜,東方圭。以其合上下四方,故名方;以其神明之象,故名明。其禮,祭天燔柴,祭山邱陵升,祭川沈,祭地瘞。天地謂日月,非天帝及地示也。何則?大宗伯蒼璧禮天,黃琮禮地,今此方明,但云上圭下璧,則所祭之神非天地之至貴者，故知是日月耳。其山川邱陵等，即四方也，今此"禋于六宗"之上，明有上帝之文，覲禮不祭上帝，則知此祭自爲以攝位告，本與覲禮無涉，不得牽合六宗爲方明矣。且六色六玉，何爲而稱之曰宗邪？則惠氏之説非也。鶴壽案：此條，駁惠士奇以祀方明爲六宗之非。

　　謂天神之祀，不外大宗伯以禋祀祀昊天上帝，以實柴祀日月星辰，以槱燎祀司中、司命、風師、雨師。然言司中、司命，以該司民、司禄諸星；言風師、雨師，以該軒轅、雷電、霹靂諸星，皆于經星中抽出言之，是三言者實二言已該也。故類上帝即祀昊天上帝，禋六宗即祀日月星辰。謂之六宗者，日一，月二，經星三，緯星四，五辰五，十二辰六也。緯星即五星，經星即二十八宿，五辰即五方之帝，十二辰則日月所會十二次。此蔡德晉説也。然此實四宗，不可云六，則蔡氏之説非也。鶴壽案：此條，駁蔡德晉以日月星辰四宗爲六宗之非。以上十條，凡所駁十有六説，然而猶未盡也。全謝山謂漢魏十四家六宗之説，錯出不一，以余玫之，類上帝首及皇天、后土，則禋六宗當爲天神，而後望山川以及地示，而後徧于羣祀。今或仍及天地，或並及山川，或又指人鬼而言，非雜複，則凌亂矣。六宗則當實舉其目，今或名雖六而實不副，或自以其意合爲六，或反多于六者之外，是信口解經也。故犯此數者之説，其誤不必詳詰而已見。伏生之天、地、四時，其説甚古，然于類帝有複。歐陽和伯變其説，以爲在天地四方之閒，助陰陽成變化，而李郃以爲六合之閒；劉邵以爲太極冲和之氣，爲六氣所宗；孟康以爲天地閒遊神，則皆歐陽之説，無可宗而強宗之，揚雄所謂神遊六宗者也。僞孔傳引祭法，以爲四時寒暑、日月星、水旱，則寒暑即時也，幽、雩乃有事而祈禱，非大祭也。説者以爲本出孔子，劉昭曰："使其果出孔子，將後儒亦無復紛然者矣。"劉歆、孔光、王肅以爲水火雷風山澤，是乾坤之六子，則兼山川而祭之。賈逵之天宗，以日爲陽宗，月爲陰宗，北辰爲星宗；地宗以河爲水宗，岱爲山宗，海爲澤宗，同此失也。康成以星辰、司中、司命、風師、雨師當之，然司中以下皆星，則六宗止有二宗也。司馬彪以日月星辰之屬爲天宗，社稷五祀之屬爲地宗，四方五帝之屬爲四方宗，是並羣神皆豫矣，而核之則六宗止三宗也。若張髦以爲三昭三穆，張迪以爲六代帝王，則無論是時曾滿七廟之制與否，其六代果爲何帝何王？而要之不應以人鬼列于山川上。若羅泌以爲天宗、地宗、岱宗、河宗、幽宗、雩宗，則無論經文之上下皆凌犯，而輕重不以其倫。陶安以爲類上帝乃祭天，禋宗乃祭地，六者地之中數也，則又本虞喜之説而少變之。方以智以爲五方實有六神，曰重爲句芒，曰黎爲祝融，曰該爲蓐收，曰脩曰熙爲元冥，曰句龍爲后土，不知五人帝者五天帝之配，豈容別列爲宗。近如惠士奇以古尚書伊訓，及周禮之方明爲六宗，以其上元下黄，前赤後黑，左青右白，實備六合之氣，則亦上下四旁之説，而況是時尚未必有方明之祀；杭世駿謂是天地四嶽之神，亦少變伏生歐陽之説者，然天地已見于類帝，而四嶽則望山之所首及也。沈彤以爲六府亦非天神之屬，皆不免于上下文有抵牾。故余謂盧植以六宗爲月令祈年之天宗，其義甚長，而特是天宗之月不著，則孔、鄭兩家之説，皆得而附之，而無以見其爲六。然則天宗之六者何也？曰即左傳之六物，歲、時、日、月、星、辰是也。六者皆天神也。天神之屬，無有過于此六者，尚書之禋，禋此六者也；月令之祈，祈此六者也。或曰：康成謂郊之祭，大報天而主日，配以月，似日月不當在六宗之内。曰是不然。日月配天，不當列于六宗，則嶽瀆配墱，何以列于望祀邪？

蛾術編卷六十九

春王正月

閻若璩曰："春秋書時,胡傳以爲夏時,先儒已歷歷辨析,尤莫善于鄱陽吳仲迀之言曰:'若從胡氏,則是周本行夏時,而以子月爲冬,孔子反不行夏時,而以子月爲春矣。'其破的如此。朱子疑竹書紀年純用夏正,似胡説亦有據,非也。紀年爲魏史記,魏出于晉,當時列國惟晉擅用夏正,以左氏驗之,僖五年,卜偃曰'其九月十月之交乎'。襄三十年,絳縣老人曰:'臣生之歲,正月甲子朔。'皆謂夏正。杜氏亦經注出,但未補明一句'于時晉獨用夏正',何也? 注左傳在前,見竹書在後故也。"戴震曰:"'夏時周月',其説甚異。實由于程子'假天時以立義'一語,尹氏、胡氏、蔡氏緣之,而議論滋紛矣。程子曰:'周正月,非春也。'夫謂周正月非夏時之春則可,謂周正月周不謂之春,則不可。"吾友吳行先曰:"程子及胡氏之意,周雖改正朔,而周正月之非春,雖周亦只謂之冬,不謂之春。月爲王之正朔,可改;春爲天時一定,不可改。孔子作春秋,乃于'王正月'上書'春',明正月當應天時之春,不當如周之以天時之冬爲正月也。書'春'于'王正月'上,而周正之失自明,故曰'假天時以立義'。而胡氏又曰:'以夏時冠月,以周正紀事也。'諸儒所以辨之者,俱未推得其本意,且諸儒辨論乃易明者,既天時與正朔差兩月,舉二百四十二年時月盡紛更如此,

<u>程子</u>及<u>胡氏</u>豈昧昧者哉！<u>夫子</u>曰：天時有一定，百王所同，萬世共曉。今移而加于王月之上，王爲<u>周</u>王，則月同知爲<u>周</u>月，而天下後世明知其月之非春，然後可以悟正月之不可不自春始。苟曰'冬正月'，則詞不順，而當行<u>夏</u>時，<u>周</u>建寅爲正月，明矣。攷其致誤之由，蓋于<u>殷</u>、<u>周</u>改月，既未得其詳，疑或改或不改，故引<u>伊訓</u>以見月之不改，引<u>史記</u>以見時亦不改，惟<u>春秋</u>紀事月固改矣。<u>周</u>改時無明文，遂斷然以時爲一定不改者也。<u>程子</u>及<u>胡氏</u>既疑經文，而又得'行<u>夏</u>之時'一語，遂傅會其説，以書'春'于'王正月'上，爲聖人之微詞也。若<u>周</u>改時有明文可據，必無是説矣。"余曰：<u>周頌臣工</u>篇："嗟嗟保介，維莫之春。"以孟春耕籍載耒耜，措之參保介之御閒言也，實孟春而曰維莫之春。<u>箋</u>云："<u>周</u>之季春，于<u>夏</u>爲孟春。諸侯朝<u>周</u>之春，故晚春遣之。"所謂朝<u>周</u>之春者，<u>周</u>雖改時，而諸侯朝以<u>夏</u>之孟月。<u>夏</u>之孟春，于<u>周</u>則晚春也。<u>孔疏</u>言朝祭之期甚明。<u>孟子</u>"秋陽以暴之"，<u>趙岐</u>注："<u>周</u>之秋，<u>夏</u>之五六月，盛陽也。"<u>禮記明堂位</u>"孟春乘大路"，<u>鄭</u>注："孟春，建子之月。<u>魯</u>之始郊，日以至。"<u>孔疏</u>雜記<u>孟獻子</u>曰："正月日至，可以有事于上帝。"<u>郊特牲</u>云："<u>周</u>之始郊日以至。"<u>明堂位</u>又言："季夏六月，以禘禮祀<u>周公</u>于太廟。"<u>鄭</u>注"季夏，建巳之月也"。<u>孔疏</u>："若<u>夏</u>之季夏，非祭之月。"其于<u>詩疏</u>則曰："雜記云七月而禘，<u>獻子</u>爲之，以六月爲正。"略舉數事，足證<u>周</u>改月並改時矣。<u>胡氏</u>引<u>史記</u>"冬十月"，<u>顧氏</u>既辨之詳，而其所引<u>伊訓</u>，攷之<u>漢律歷志</u>，明引此爲朔旦冬至，冬至于<u>夏</u>爲十一月，于<u>商</u>爲十二月，于<u>周</u>爲正月。此正改月之證，非不改月之證。<u>左氏</u>昭十七年<u>梓慎</u>曰："火出于<u>夏</u>爲三月，于<u>商</u>爲四月，于<u>周</u>爲五月。"以<u>周</u>人言<u>商</u>、<u>周</u>改月如<u>梓慎</u>，以<u>漢</u>人言<u>商</u>、<u>周</u>改時如<u>陳寵</u>，皆明據也。<u>鶴壽</u>案：<u>春秋</u>聚訟，莫甚于"春王正月"一言，謂<u>周</u>人時、月俱改者，<u>孔安國</u>、<u>鄭康成</u>也。謂改月不改時者，<u>胡康侯</u>也。謂時、月俱不改者，<u>蔡仲默</u>也。元人<u>陳定宇</u>、<u>張敷言</u>、<u>史伯璿</u>、<u>吳淵穎</u>等，皆祖述<u>漢</u>人，自<u>胡</u>傳行而<u>夏</u>時冠<u>周</u>月之説，牢不可破。<u>朱愚菴</u>謂<u>春秋</u>本<u>魯</u>史記事

之書,則説春秋者,當即據春秋事爲斷,經文僖五年"春王正月辛亥朔日南至",昭十二年"春王二月己丑日南至",杜注"當在周正月失閏也"。使非改時與月,冬至何以不書于十一月乎? 昭十七年"夏六月甲戌朔日有食之,太史曰:日過分而未至,三辰有災。于是乎伐鼓用幣"。此月朔當夏四月。僖五年八月甲子,晉侯圍上陽,卜偃曰:"丙之晨,龍尾伏辰,鶉之賁賁,天策焞焞,火中成軍,虢公其奔。其九月十月之交乎?"冬十二月丙子朔,晉滅虢。哀十二年冬十二月,螽,仲尼曰:"火伏而後蟄者畢,今火猶西流,司秝過也。"杜注:"火伏在十月,今西流是九月。"夫四月日食而書六月,十月滅虢而書十二月,九月螽而書十二月,非時月俱改之明驗乎! 桓十年冬十月雨雪,十四年春正月無冰,成元年二月無冰,定元年十月隕霜殺菽。如以夏正言之,何足爲異? 昭十七年星孛大辰,梓慎曰:"火出于夏爲三月,于商爲四月,于周爲五月。"據此證時月之改,最爲顯白。胡氏乃云改月不改時,夫子特以夏時冠之,夫謂不改時,則是魯史本書"元年冬正月也"。四時無首令,何以成正朔? 且夫子生爲周人,擅改周制,何以戒亂臣賊子? 若曰冬不可爲春,十一月不可爲正月,則先儒有説矣。黄鐘紀九律之首,陽之變也;林鐘初六呂之首,陰之變也。子者,一陽之生;午者,一陰之生。子爲星紀之次,五星起其初,日月起其中。夫律秝皆以子爲首,則何不可以首月令乎? 三正迭建,時無失次。夏正用木之著者,殷、周二正用木之微者,皆陽位也。特孟陬之月,尤切民事,故曰行夏之時,而豈謂子、丑必不可爲正哉? 秦人建亥,蓋自以水德代周,且木生于亥,故用之。雖事不師古,然改時與月,實循三代之舊。本紀"元年冬十月",顏師古謂是太初正秝以來,史臣追書,蔡氏乃引之以爲不改時月之證,疏矣。蔡氏又引伊訓"惟元祀十有二月乙丑",泰誓"惟十有三年春",謂時月俱不改,不知此二條尤時月俱改之章章者也。商人建丑十有二月,夏正之十一月也。伊尹祠于先王,奉嗣王祗見厥祖。先王,自契至元、冥以下。厥祖,湯也。祭法,殷人禘嚳而郊冥,祖契而宗湯,豈非其月日至,伊尹攝行郊祀配天之禮,因而陳訓太甲乎? 班固以三統秝推之,湯伐桀之歲,在大火房五度,後十三年十二月乙丑朔旦冬至,其日伊尹祀先王于方明,以配上帝。此其證也。十有三年之春,即春王正月之春,謂十一月也。武成惟一月壬辰,旁死魄,越翼日癸巳,王朝步自周,于征伐商。戊午,師渡孟津。癸亥,陳于商郊牧野。一月,建子月也。癸巳至戊午,凡二十六日,皆在一月。癸亥,則十二月四日也。國語伶州鳩曰:"武王克商,歲在鶉火,日在析木,月在天駟,辰在斗柄,星在天黿。"班固推之，師方發爲殷十一月戊子日，日在析木箕七度，其夕月在房五度。房，天駟也。後三日得周正月辛卯朔，合辰在斗前一度，斗柄也。明日壬辰，晨星始見。癸巳武王始發，戊午渡孟津，明日己未冬至，晨星與婺女伏歷，建星牽牛，至于婺女天黿之首。至庚申，二月朔日也。癸亥陳牧野，甲子昧爽合戰。此又其證也。獨何疑于春秋乎？或謂豳風"七月流火"、"九月滌揚"等語，皆用夏正，小雅"春日遲遲"、"秋日淒淒"、"四月維夏"、"六月徂暑"，周禮山虞"仲冬斬陽木"、"仲夏斬陰木"，馮相氏"冬夏致日爲二至"、"春秋致月爲二分"，皆時月無改。論語"莫春者浴乎沂，風乎舞雩"，明是夏正之辰月。不知詩禮所云，皆錯舉民風歲令，非同史官之記載也。古者天子受命，凡改元頒稈朝覲會同諸大政，皆以正朔行之，至于分至啓閉、民事早晚，如火見而致用水，昏正而栽，日至而畢，未嘗不遵夏正，呂東萊謂"三正通于民俗"，斯言當矣。蓋史官紀時事，則從周正，月令紀歲功，則從夏正，二者並行不悖，又何疑于春秋乎？夫子因魯史而筆削之，繫"王"于正月之上，則出夫子特筆，若曰凡我所爲賞罰與奪者，皆奉行天子之事爾。依蔡氏説，則周之建子，實與建寅無異；依胡氏説，則夫子以陪臣而撊然王制自爲，有是理哉？

社主

今文論語"哀公問主于宰我"，張禹及包咸以爲廟主也。何休解公羊、杜預注左傳，並依此解。古文論語以"主"爲"社"，孔安國、鄭康成謂"用其木以爲社主也"。孔穎達謂"社主"，周禮謂之"田主"，無單稱"主"者，故杜氏從包咸之説。然則"田主"者，社之木主也。淮南齊俗訓云："有虞氏社用土，夏后氏社用松，殷人社用石，周人社用栗。"五經異義云："論語：'夏后氏以松，殷人以柏，周人以栗。'謂社主也。"朱子云："古者立社，各樹其土之所宜木以爲主。"或問："以木造主，還是以樹爲主？"答曰："只以樹爲社主，使神依焉。如今人説神樹之類。"此説非是。鶴壽案：史記三王世家引春秋大傳曰："天子之國有泰社。東方青，南方赤，西方白，北方黑，上方黃。將封者各取其物色，裹以白茅，封以爲社。此之謂主土。主土者，立社而奉之也。"周禮大司徒："設社、稷之壝，而樹之田主，各以其野之所宜木，遂以名其社與其野。"田主，田祖之稱。所宜木，謂以棲田祖之神。名其社，謂樹松即可曰松社，樹柏即可曰柏社也。墨子云："聖王建國管都，必擇國之正壇，置以爲宗廟，必擇木之修茂者，立以爲蕝位。"蕝位者，社稷也。戰國策："恒思有神叢"，蓋木之茂者，神所憑也。漢高祖初起兵，禱于豐之枌榆社，社在枌榆鄉。枌榆者，白榆也。社與鄉，皆以樹名也。山陽橐縣茅鄉社有大槐，則民社皆樹槐矣。慕容皝遷于龍城，植松爲社主，蔡邕所謂尊而表之，使入望見則加畏敬也。古文論語作"問社"，故孔安國諸人謂以樹表社位，非謂作社主也。春秋文二年丁丑作僖公主，公羊傳云："虞主用桑，練主用栗，用栗者藏主也。"何休曰："夏后氏以松，殷人以柏，周人以栗。松猶容也，想見其容兒而事之，主人正之意也。柏猶迫也，親而不遠，主地正之意也。栗者猶戰栗，謹敬兒，主天正之意也。"今文論語作"問主"，故何休諸人謂以木作廟主，亦並不謂作社主也。今案宗廟有屋，其主可以木爲之，社則壇而不屋，以受霜露風雨，若用木主，豈能經久？呂氏春秋謂殷人社用石，鄭康成周禮注亦謂社主用石。若使用木，則匠人斲成之後，孰辨其爲松爲柏爲栗，而宰我乃曰使民戰栗邪？朱子所謂以爲主者，言見樹則知社神憑依于此耳。

告朔餼羊

論語"告朔餼羊"，鄭注："諸侯告朔以羊，則天子特牛焉。"見詩我將疏。

伐木詩兼饗、食、燕禮

歐陽修詩本義云："小雅伐木'以速諸父'，毛謂：'天子謂同姓諸侯曰父，則此詩文王詩也。'伐木庶人賤事，不宜爲文王诗。且文王之詩，雖令汎言凡人，猶當以天子諸侯事爲主。今每以伐木爲言，是以庶人賤事爲主，豈得爲文王詩？"案：文王之詩言伐木何害？若以此遂疑爲庶人詩，則雅詩之中，不當忽間以一篇庶人宴飲之詩。曲禮云："五官之長曰伯。""天子同姓，謂之伯父。異姓，謂之伯舅。""九州之長，天子同姓，謂之叔父。異姓，謂之叔舅。"據此則此詩之稱謂，其非庶人也明矣。周禮地官舍人："祭祀共簠簋。"冬官疏云："祭宗廟用木簋，天地用瓦簋。"劉氏彝曰："簋八，則籩豆倍之，天子燕禮之數。"何氏楷曰："禮有饗有食有燕。饗禮烹太牢以飲賓，體薦而不食，爵盈而不飲。食禮無樂有飯有殽，設酒而不飲。燕禮一獻之禮畢，皆坐而飲酒，其爵無算也，其樂無算也。”詩言“肥牡”、“肥羜”，是用太牢，則同于饗。言“陳饋八簋”、“籩豆有踐”，是有飯有殽，則同于食。言“有酒湑我，無酒酤我”，是無算爵；“坎坎鼓我，蹲蹲舞我”，是無算樂：則同于燕。據此則此詩之儀節，其非庶人也又明矣。

反坫

論語“反坫”，明堂位“反坫出尊，崇坫康圭”，注云：“反坫，反爵之坫也。出尊，當尊南也。惟兩君爲好，即獻反爵于其上，禮君尊于兩楹之間。崇，高也。康，讀爲‘亢龍’之‘亢’。又爲高坫，亢所受圭，奠于上焉。”鶴壽案：周書作雒解云：“乃立五宮，太廟宗宮、攷宮、路寢、明堂，咸有四阿反坫。”孔晁注：“反坫，外向室也。”黃氏日鈔引此，以爲反坫非反爵之坫。豈兩君之好，必欲容其儀衛之衆，而爲此外向之室與？據郊特牲以“反坫”與“臺門”相聯，汲冢書以“反坫”與“四阿”相聯，恐均爲宮室僭侈之事，今案王氏之说，非也。禮經言坫有四。其一，爾雅曰：“垝謂之坫。”疏云：“坫者，堂角之東南隅曰東坫，西南隅曰西坫是也。”東坫見大射儀，西坫見士冠禮，自天子至庶人皆有之。其二，内則曰：“大夫七十而有閣。天子之閣，左達五，右達五。公侯伯于房中五，大夫于閣三，士于坫一。”疏云：“士卑不得作閣，但于室作土坫庋食。”此士之老者庋食之坫，大夫以上無之。其三，明堂位曰：“崇坫康圭。”注云：“爲高坫亢所受圭奠于上，此天子受諸侯朝饗乃有之，諸侯不得用也。”以上三條，與論語之“坫”無涉。其四，則反爵之坫。兩君相享于廟，相燕于寢，用之，天子饗諸侯，亦用之，明堂位所云“反坫出尊”是也。君燕卿大夫，則膳宰爲主人，主人獻賓卒爵，洗酢主人，主人卒爵，奠虛爵于序端，主人復取以獻介，介卒爵，洗酢主人，主人卒爵，奠虛爵于西楹西，主人復取以獻衆賓，衆賓卒爵，洗酢主人，主人卒爵，降奠于篚。此則論語所謂“邦君爲兩君之好有反坫也”。方以智通雅：“凡壘土覽成臺可庋物者，皆謂之坫。”而庋物之坫亦有三。一是庋食者，内則大夫于閣三，士于坫一，閣木爲之而高，坫土爲之而卑也。一是庋圭者，明堂位“崇坫康圭”，陸氏謂坫崇則嫌或不安，故謂之康也。一是庋爵者，明堂位“反坫出尊”，方氏謂“反坫”者，爵坫也。凡器仰之爲正，覆之爲反，反坫所以覆爵也，故爵坫謂之反。然則庋食者士之制，而庋圭、庋爵者，乃天子、諸侯之制。故曰“斥其僭，以明其不知禮”。黃氏疑爲大夫宮室之僭，不知郊特牲“臺門而旅樹反坫”，雜記“旅樹而反坫”，鄭注俱以爲反爵之坫。案鄉飲酒禮，尊于房戶間，賓主共之也，燕禮尊于東楹之西，唯君面尊，惠必自君出也。兩君相會，則兩君皆當面尊，故尊在兩楹間。而反爵之坫，在尊之南，獻酬皆自尊而南出，故曰“出尊”。至坫之制，孔穎達謂築土爲之，在兩楹間近南，尊在其北。阮逸謂木爲之，高八寸，漆赤中。然坫字從土，則孔説是也。

天子諸侯各有三朝

據周禮天官宰夫閽人、夏官司士太僕、秋官小司寇朝士、冬官匠人諸職之經、注及疏，禮記曲禮、明堂位、玉藻、文王世子等篇之經、注及疏，并詩大雅緜篇、論語鄉黨篇參攷之，天子諸侯，各有三朝。一外朝，二治朝，三燕朝。但天子五門，自外向内數之。一皋門，二庫門，三雉門，四應門，五路門。皋門内庫門外爲外朝。朝士建其法，小司寇掌其政。列三槐九棘，設嘉石肺石，致萬民而詢。國危國遷立君于斯，斷獄訟于斯。庫門内、雉門外，則右社稷、左宗廟，不設朝。雉門，閽人掌其禁，而又謂之中門，以其居五門之中。設兩觀，釋宮謂之“闕”，冢宰謂之“象魏”，一物三名。應門内路門外爲治朝。司士正其位，宰夫掌其法，而太僕正王之位，王日視朝于斯。路門内爲燕朝，即路寢。太僕正其位掌擯相，而族人朝于斯，圖宗人嘉事于斯，燕射于斯，王日聽政于斯。諸侯則三門。庫門内爲外朝，雉門内爲治朝，路門内爲燕朝。無皋、應。魯亦無皋、應，但庫門爲天子皋門制，雉門爲天子應門制，惟此爲異。以上諸文，皆以康成説爲定。天子外朝在庫門外，朝士注甚明，而小司寇注云：“在雉門外。”“雉”本當作“庫”，傳寫誤作“雉”，賈公彦所見本已誤，賈不得回護斡旋之，三禮義宗及通典承誤作“雉”，後人遂疑康成自相矛盾，非也。若諸侯惟有三門，自然外朝在庫門内，與天子異矣。曩予欲解尚書顧命，悉以研究而得其説，若論語鄉黨“入公門”章，何晏集解惟于“過位”，采包咸曰：“過君之虛位也。”朱子集注亦惟于“過位”云：“位君之虛位，謂當門屏之間，人君寧立之處。”皆語焉不詳，然並無舛誤。汪武曹輯邀喜齋四書大全讀本，無端自生樛葛，天子諸侯三朝之名及其朝之所在，武曹皆知之，治朝、燕朝，對外朝言皆內朝，若以治朝對燕朝言，則治朝亦外朝。玉藻說諸侯之事云："朝服以日視朝于內朝，羣臣辨色始入，若日出而視朝，退適路寢聽政，使人視大夫，大夫退，然後適小寢。"此"內朝"即治朝。文王世子云："公族朝于內朝，臣有貴者以齒，其在外朝則以官。"此"內朝"是路寢之燕朝，此"外朝"即治朝。武曹亦皆知之，乃云："庫門內之外朝，非君所常御之朝，故曰君之虛位，惟國有非常之事，然後御此，致萬民而詢謀焉。"此則誤以"過位"之"位"爲在庫門內之外朝矣。又云："燕朝在路寢，羣臣不從君入也。蓋羣臣日所常朝之地，乃在治朝。此章記夫子在朝之容，則所謂'攝齊升堂'者，當必在此，舊解誤以'過位'爲治朝，而以'升堂'爲路寢之內朝。朱注：'位君之虛位。'若以此爲治朝，則羣臣方日朝于此，何緣人君乃有虛位？何緣不行朝禮而反過之？"此則誤以"升堂"爲在治朝矣。庫門內之外朝，御之詢萬民非常之事，蓋臨期始特設位，平居固無所謂虛位者，何"過"之有？視朝之儀，臣先君入，君出立于路門之宁，徧揖羣臣，"揖"者，推手稍前，非若今人之揖也。今人之揖，古謂之肅拜。則朝禮畢。于是君退適路寢聽政，諸臣至官府治事處治文書。王朝有九室，諸侯之朝左右亦當有室，如議論政事，君有命，臣有進言，則于內朝。太宰所謂"贊聽治"者，于治事處贊之，非謂揖羣臣時也。鄉黨記夫子在朝之容，于"入門"之"履閾"下，將常朝一節略過不敍，想常朝君既揖臣，臣亦必肅拜，而君臣皆未必交言，斯時即在他人，亦無不肅敬，故略不敍"過位"、"升堂"，皆敍既朝以後事。朝禮畢，君已退入路寢，故門屏間有虛位也。古者外朝、治朝，皆有門無堂階，平地爲廷。江慎修曰：古宮室之制，堂必築土崇高，廟寢皆有之。有堂即有階，論語"攝齊升堂"，謂路寢內朝，士相見禮"君在堂，升見無方階"，燕禮"公升，即席"，檀弓"杜蕢入寢，歷階而升"是也。若路門外治朝，庫門外外朝，皆平地爲庭，無堂無階，故謂之朝廷。廷者庭中也。曾子問"諸侯旅見天子,雨霑服失容則廢",明在庭中也。聘禮"使者受命于朝",及司士、朝士等職,言治朝、外朝皆無升階之文。又人君出入乘車,登車于路寢西階之前,下車于阼階之前,見春官樂師鄭注。鄭本之尚書大傳,蓋治朝、外朝,皆無堂階,故可乘車出入。又聘禮"使者夕幣于朝時,管人布幕于寢門外,君朝服出門左",亦可見路門外是平庭無堂。又治朝,君立門屏間,則中庭左右羣臣各有位。若燕朝,則異姓之臣啓事畢即出,無位于庭中。或疑"復其位"爲路門内燕朝。庭中諸臣之位亦非此處,公族方有位,異姓臣惟燕得列位于此。孔安國云"復其位,即復過門屏間君之虛位",疑是。丙午江南鄉試,朱侍郎珪爲考試官,以"過位"二節命題,積學者多獲售焉,并作題解以示人,極其典核。鶴壽案:三朝之制度,自汪武曹誤言之,江慎修先生鄉黨圖考已辨正矣。然尚有小誤。天子三朝,止有臯、應、路三門,並無庫、雉二門,則謂天子五門者非也。諸侯三朝,則有庫、雉、路三門,而無臯、應二門。蓋門無虛設,天子外朝在臯門之内,治朝在應門之内,燕朝在路門之内。諸侯外朝在庫門之内,治朝在雉門之内,燕朝亦在路門之内。有一門即有一朝。舊說天子有五門,外朝在臯門内庫門外,則自庫門至雉門中間無朝,而門爲虛設矣。不知天子之宫城周以牆,闕其南面爲應門,應門之外,外朝在焉。又其南爲臯門。諸侯之宫城周以牆,闕其南面爲雉門,雉門之外,外朝在焉。又其南爲庫門。此則江氏所未明言也。燕禮,異姓之臣,朝于路寢,庭中亦各有其位,平時復逆,若有同入内朝者,言畢先退,則復路寢庭中之位,俟同入者退,然後偕出,孔安國之說非是。

爾雅釋宫:"門屏之間謂之宁。"郭注:"人君視朝所宁立處。"説文"宁"字部首云:"辨積物也。"人部新附"佇"字,注:"久立也。"然則"宁"爲辨積物,疑與貝部"貯"字同,而"宁立"之"宁",因古無"佇"字,假借用之。

蔡清四書蒙引云:"門屏之間,'間'字亦要分明。屏之外,門之内也。天子外屏,其屏在路門外;諸侯内屏,其屏在路門内。則中立之處,天子當在門外屏内,諸侯當在屏外門内。又古今之制不同,今之朝儀,用秦制也。古者朝會,君臣皆立,故孟子謂'舜南面而立’，史記謂‘秦王一旦捐賓客而不立朝’。”愚謂君臣皆立，是矣。但周禮春官司几筵大朝覲、大饗射、封國、命諸侯，賈疏以爲此經所云，王皆立不坐。既立，又于左右皆有几。故鄭注太宰云：“立而設几，優至尊。”賈疏是説燕朝。治朝，君位在門屏間，燕朝則君位在堂上户牖間，二者皆不坐，惟室中乃坐，此則恐蔡所不知。又王在門外屏内，既有屏蔽，羣臣何由仰觀天顔？蔡説似亦非。疑諸侯在門内屏外，天子亦在門内屏外。鶴壽案：天子外屏，當在路門外之極南，近應門處。自屏以北，爲天子羣臣每日朝見之地。諸矦内屏，當在路寢庭之極南，近路門處。自屏以北，爲公族朝見之地。其每日視朝，則出路門而立于門外。蔡清謂諸侯宁立之處，在屏外門内，非也。先生謂天子諸侯皆宁立于門内屏外，更非也。至于天子諸侯之燕朝，朝時亦皆立于庭中。燕禮云：“小臣納卿大夫，卿大夫皆入門右，北面，東上。士立于西方，東面，北上。公南鄉。爾卿。卿西面，北上。爾大夫。大夫皆少進。”此諸侯燕朝之位在堂下者。天子亦如之。乃先生謂君位在堂上户牖間，豈據明堂位“天子負斧依南鄉而立”，故云爾乎？但所謂“負斧依”者，亦是在庭中遥負之，豈必立于户西牖東之間哉？

拜下

論語“拜下”，邢昺用燕禮、覲禮分疏。燕禮：“公坐，取大夫所媵觶，興，以酬賓。賓降，西階下，再拜稽首。公命小臣辭。賓升，成拜。”覲禮：“天子賜侯氏以車服。諸公奉篋服，加命書于其上。升自西階，東面。太史氏右。侯氏升，西面立。太史述命。侯氏降，兩階之間，北面，再拜稽首。升，成拜。”大全輔氏説燕禮于“酬賓”下，脱“賓”字，既極疏謬，覲禮直云侯氏拜賜，亦如之。案曲禮天子當依而立，諸侯北面而見天子曰覲，則受賜降拜，皆北面，非如朝禮之諸公東面，諸侯西面也。何得以“北面，再拜稽首”與燕禮之“西階下，再拜稽首”混而爲一？夫子曰：“吾從下。”計夫子生平不容有覲禮，儀禮鄭目録：“燕有四等，諸侯無事而燕，一也。卿大夫有王事之勞，二也。卿大夫有聘而來還與之燕，三也。四方聘客與之燕，四也。”凡此諸禮，皆夫子之所有，宜從皇侃疏，專主燕禮説爲是。鶴壽案：古無無故而拜之禮，或拜受命，或拜受賜，皆先拜于堂下，堂下拜訖，而君辭之若未成然，復升堂再拜稽首以成之，故曰"升，成拜"。燕禮"公坐，取大夫所媵觶"云云，是也。亦有不言"升，成拜"者："公命徹冪，皆降。西階下，北面，東上，再拜稽首，公命小臣辭，公答，再拜。"注云："小臣辭，不升，成拜，明雖辭正臣禮也。"亦有言升不拜而命之成者：公拜。至賓降西階東，北面答拜。公降一等，辭。賓栗階升，不拜，命之成拜。階上北面再拜稽首。"注云："升不拜者，自以已拜也。賓降拜主，君辭之。賓雖終拜，于主君之意，猶爲不成。"疏云："主君意猶以爲不成，而命之升成拜，賓遂主君之意，故更拜也。"拜下是臣禮，升成拜是賓禮，玩燕禮自明。

樹塞門

論語："邦君樹塞門。"曲禮疏云："天子外屏，諸侯內屏，卿大夫以簾，士以帷。外屏門外爲之，內屏門內爲之，邦君樹塞門是也。"明堂位疏："屏，注云：屏謂之樹，今桴思也。"疏云："屏謂之樹，釋宮文。漢時謂屏爲桴思，解者以爲天子外屏，人臣至屏俯伏思念其事。"案匠人注云："城隅謂角桴思也。漢時東闕桴思災。"以此諸文參之，則桴思，小樓也，故城隅闕上皆有之。然則屏上亦爲屋以覆屏牆，故稱屏曰桴思。或解屏即闕也。古詩云："雙闕百餘尺。"則闕于兩旁，不得當道，與屏別也。闕雖在兩旁，但對近道大略言之，亦謂之"當道"，故讖云："代漢者當塗高。"謂魏闕也。如鄭言，屏與闕異。鶴壽案：論語"蕭牆"，鄭注："蕭之言肅也。君臣相見之禮，至屏而加肅敬焉，是以謂之蕭牆。"金仁山謂"屏以限內外，蕭疏可通望"。今案蕭牆即樹塞門也。鄭謂蕭敬，固然；金謂蕭疏通望，亦本諸明堂位。

虞、夏、商、周朝禮

虞時朝禮，舜典云："五載一巡守，羣后四朝。"鄭注："四朝，四季朝京師也。巡守之年，諸侯見于方岳之下，其間四年，四方諸侯分來朝于京師，歲徧。"鄭意天子巡守之明年，東方諸侯春季來朝京師；又明年，南方諸侯夏季來朝；又明年，西方諸侯秋季來朝；

又明年,北方諸侯冬季來朝。又明年,則天子復巡守矣。孝經鄭注:"諸侯五年一朝天子,天子亦五年一巡守。"熊氏以爲虞制諸侯之朝,分爲四部,四年乃徧,總是五年一朝天子,乃巡守。夏、殷朝禮,經無明文,惟春秋文十五年傳云:"諸侯五年再相朝,以修王命,古制也。"鄭志孫皓問:"諸侯五年再相朝,不知所合典禮?"答云:"古者據時而道前代之言。虞五載一巡守,夏、殷六年一巡守,諸侯間而朝天子,其不朝者,朝罷朝。五年再朝,似如此制。"依鄭志則夏、殷天子六年一巡守,其間諸侯分爲五部,每年一部來朝天子,朝罷還國。其不朝者,朝罷朝諸侯。至後年不朝者,往朝天子而還,前年者,今既不朝,又朝罷朝諸侯,是再相朝,故云朝罷朝。此鄭因左傳所言"諸侯自相朝",以推夏、殷諸侯朝天子之禮也。周時朝禮,春官大宗伯:"春見曰朝,夏見曰宗,秋見曰覲,冬見曰遇,時見曰會,殷見曰同。"秋官大行人:"春朝諸侯而圖天下之事,秋覲以比邦國之功,夏宗以陳天下之謨,冬遇以協諸侯之慮,時會以發四方之禁,殷同以施天下之政。""侯服,歲壹見,其貢祀物;甸服,二歲壹見,其貢嬪物;男服,三歲壹見,其貢器物;采服,四歲壹見,其貢服物;衛服,五歲壹見,其貢材物;要服,六歲壹見,其貢貨物。""十有二歲王巡守殷國。"大宗伯注云:"六服之內,四方以時分來,或朝春,或宗夏,或覲秋,或遇冬。名殊禮異,更遞而徧。時會者,言無常期,諸侯有不順服者,王將有征討之事,則既朝覲爲壇于國外,合諸侯而命事焉。殷猶衆也。十二歲王如不巡守,則六服盡朝,朝禮既畢,亦爲壇合諸侯以命政焉。殷見四方,四時分來,終歲則徧。"大行人注云:"六服去王城三千五百里;相距方七千里,公侯伯子男封焉。其朝貢之歲,四方各四分趨四時而來,或朝春,或宗夏,或覲秋,或遇冬。"賈疏以爲六服以六數來朝。春東方,六服當朝之歲盡來朝;夏南方,六服當宗之歲盡來宗;秋西方,六服當覲之歲盡來覲;冬北方,六服當遇之歲盡來遇。若殷見曰同,春則東方六服盡來,夏則南方六服盡來,秋則西方六服盡來,冬則北方六服盡來，終歲則徧。蓋朝、覲、宗、遇者，朝之正禮也；時見、殷見者，朝之變禮也。虞制簡質，未以道里遠近爲差，故羣后四朝，但以四方分爲四年，至周立法愈密，故有服數之分，若殷見則必十二年，王有故不得巡守，乃行之。鶴壽案：鄭注云："舜時五載一巡守，其閒四年，四方諸侯分來朝于京師。歲徧，蓋謂每歲分四時而迭來，故稱歲徧。"朱子則曰"巡狩之明年，東方諸侯來朝"云云，此與大行人"侯服歲壹見"一例，其說比鄭氏爲長，而先生移作鄭意，其如"歲徧"二字何？鄭志云："夏、殷之禮，六年一巡守，諸侯閒而朝天子。"孔穎達謂"分爲五部，每年一部來朝"。蓋舜時分爲四部，四歲而徧，合巡守之年爲五。夏、殷分爲五部，五歲而徧，合巡守之年爲六。此説與鄭注異，與朱子同。蓋必掄年來朝，方近情理，否則國君道長矣。周制六服分爲六年，大行人所謂"侯服歲壹見"者，亦是從巡守之明年起，六服掄年來朝耳。乃陳用之謂："周官之制，因地以辨服，因服以制朝，因朝以入貢，則遠者不疏，邇者不數，侯服每歲朝，甸服二歲朝，男服三歲朝，采服四歲朝，衞服五歲朝，要服六歲朝。而要服朝之歲，五服盡朝于京師，則侯服更六見，甸服更四見，男、采、衞各二見矣。書曰'六年五服一朝'而不及要服者，以其當朝之年而不數之也。又六年王乃時巡，則從王巡守各會于方岳矣。"叔向曰："明王之制，歲聘以志業，閒朝之講禮，再聘而會以示威，再會而盟以顯昭明。先儒以爲閒朝在三年，再朝在六年，再會在十二年，而再朝再會之年，適與書合。"則叔向以爲明王之制，乃周制也。然三年一朝，男服之禮耳。叔向特爲男服而言何邪？孜之周禮，諸侯春入貢，秋獻功，此之謂歲聘。服之見有歲，方之見有時，此之謂閒朝。朝有常歲，而會盟無常期，故有事而會，不協而盟，則同疏于朝，而盟又疏于會。此所以言再朝而會，再會而盟，非謂會必六年，朝必十二年也。然則六年盡朝于京師，與有事而會者異矣。大宗伯"殷覜曰視"，鄭氏謂"殷覜者，一服朝之歲，以朝者少，諸侯使卿以大禮衆聘焉。一服朝在元年、七年、十一年"。賈氏謂"甸服二年、四年、六年、八年、十年朝，男服三年、六年、九年朝，采服四年八年朝，衞服五年十年朝，而元年、七年、十一年，甸服①采、衞皆不朝矣，故知一服朝在元年、七年、十一年也"。然觀康王即位，太保率西方諸侯入應門左，畢公率東方

————————————

① 服，疑爲"男"字之誤。

諸侯入應門右,各執壤奠,咸進陳戒,則天下諸侯莫不盡朝矣。自此侯服歲一見,甸服二歲一見,以至三歲、四歲、五歲、六歲一見者,皆以元年爲始,未聞元年獨一服朝也。大行人"殷頫以除邦國之慝",蓋邦國有慝,諸侯乃使其臣行衆頫之禮,則衆頫亦無常期,此鄭、賈立説之誤也。今案書之"五服一朝",與周禮"侯服歲一見"以下,並無二法,而孔疏強分之。左傳歲聘閒朝,再朝而會,再會而盟,與書之六年一朝,並非一法,而孔疏強合之。陳用之調停其説,謂"要服朝之歲,五服盡朝于京師"。然六服盡朝,惟十二年王不巡守乃有之。書言"六年五服一朝"者,謂六服遠近六年而徧,非謂五服盡朝也。且男之于采,采之于衞,相距各五百里,其遠近不等,故有三歲、四歲、五歲之限。今如陳用之説,則六年之内,既有當朝之期,又有盡朝之期,采服雖云四歲見,衞服雖云五歲見,實與男服之三歲見者等,豈所謂"因地以辨服,因服以制朝"者乎? 陳氏又引康王之誥,以駁鄭氏元年一服朝之説,不知六年一朝,十二年一巡守,論六服之朝期,當以巡守之明年爲始,鄭所謂"元年一服朝"者,正謂巡守之明年,侯服來朝,乃十二年中之第一年,非以是爲即位之元年也。六服分歲而朝者,禮之常,故可以年計;因即位而五服盡朝者,非禮之常,不可以年計也。又魯語云:"四方諸侯,五年中四王一相朝",即所謂五服一朝也。而周禮則曰"六年五服一朝"者,蓋荒鎮蕃統于要服,來朝于第六年,而五服諸侯則已于第五年朝徧矣;此第六年,本夏、殷時巡之歲,周則又六年五服已再朝,然後王乃一巡焉。此其異于虞、夏、殷者也。

　　周之朝禮,異説頗多,其最著而當辨者,凡二條,晚晉古文周官篇云:"六年五服一朝,又六年王乃時巡,諸侯各朝于方岳。"案周之諸侯,各依服數來朝,並無六年一朝之事,惟昭十三年傳:叔向云:"明王之制,使諸侯歲聘以志業,閒朝以講禮,再朝而會以示威,再會而盟以顯昭明。"杜預以爲歲聘,三年一朝,六年一會,十二年一盟,凡八聘四朝再會,王一巡守。孔疏據此以爲六年一會,與周官六年五服一朝事,相當也。再會而盟,與周官十二年王乃時巡,諸侯各朝于方岳,亦相當也。明周有此法。大行人所云"見"者,皆言貢物,或可因貢而見,何必見者皆是君自朝乎? 大宗伯所云"時見曰會",何必不是再朝而會乎? "殷見曰同",何必不是再會而盟乎? 愚謂叔向之言,但泛述明王之制,而許慎直以爲周禮已未足信，況曰會曰盟，豈定是朝？再朝再會，亦未明言幾年。服虔、賈逵以爲朝天子之法，崔氏以爲朝霸主之法，衆説紛紛，迄無定論。而鄭康成直以爲説無所出，不知何代之禮；穎達傅會爲與周官相當，豈可爲據！至大行人所云“見”者，即大宗伯“春見”“夏見”之“見”，明係朝之正禮，今欲伸周官而强指爲因貢而見之變禮；大宗伯所云“會同”者，即大行人所謂“時會”、“殷同”，明係在朝、宗、覲、遇外之變禮，今欲牽合周官而强指爲朝之正禮。此皆紕繆之尤者。王制云：“諸侯之于天子也，比年一小聘，三年一大聘，五年一朝。”鄭注：“小聘使大夫，大聘使卿，朝則君自行，此晉文霸時所制也。”昭三年傳：鄭子太叔曰：“昔文、襄之霸也，其務不煩諸侯，令諸侯三歲而聘，五歲而朝。”公羊説並同。故鄭以爲晉文霸時所制，許慎謬以此爲虞、夏之法，而熊氏從之。鄭駮異義云：“大行人諸侯各以服數來朝。三年聘，五年朝，文、襄之霸制。録王制者記文、襄之制耳，非虞、夏法也。其天子與諸侯相聘之禮，及諸侯自相朝聘之禮，經傳亦各不同，此不更及。”鶴壽案：周禮大宗伯“時聘曰問、殷頫曰視”，鄭注：“時聘無常期，天子有事乃聘之焉。竟外之臣，既非朝歲，不敢瀆爲小禮。殷頫謂一服朝之歲，以朝者少，諸侯乃使卿以大禮衆聘焉。一服朝在元年、七年、十一年。”賈疏：“諸侯聞天子有征伐之事，則遣大夫來問天子。時聘遣大夫不使卿。一服朝之歲，諸侯既不自朝，使卿來聘天子。侯服年年朝，甸、男、采、衞、要五服，元年、七年、十一年無朝法，皆使卿以大禮聘也。案十二年中，卿大聘三，大夫小聘無定數，此諸侯聘天子之制也。天子于諸侯有問無聘，大行人閒問以諭諸侯之志。”又云：“王之所以撫邦國諸侯者，歲徧存，三歲徧頫，五歲徧省。”鄭注：“存、頫、省，王使臣于諸侯之禮，所謂閒問也。春秋書王室下聘者七，非正也。”又云：“凡諸侯之邦交，歲相問也，殷相聘也。”鄭注：“殷，中也。久無事，又于殷朝者及而相聘也。此諸侯交聘之制也。若王制所謂比年一小聘，三年一大聘，左傳所謂三歲而聘，此則伯主之制，于古未之聞也。”

殷國

秋官大行人:“十有二歲王巡守、殷國。”掌客:“王巡守、殷國,則諸侯膳以牲犢。”夏官職方氏:“王之所行,先道帥其屬而巡戒令,王殷國亦如之。”巡守、殷國,是兩事。蓋十二年巡守,其常也;十二年而天子不能巡守,則行殷國之禮,其變也。鄭注甚明。王次點訂義載李氏説,乃云:“殷,衆也。謂當方諸侯。”則以巡守、殷國爲一事矣。此經上文于朝、覲、宗、遇下,明云:“時會以發四方之禁,殷同以施天下之政。”注云:“時會即時見也,無常期。諸侯有不順服者,王將有征討之事,則既朝,王命爲壇于國外,合諸侯而發禁命事焉。殷同即殷見也,王十二歲一巡守,若不巡守則殷同。殷同者,六服盡朝。既朝,王亦命爲壇于國外,合諸侯而命其政。殷同,四方四時分來,歲終則徧矣。”然則殷乃朝之一法。鄭注云“如平时”,賈疏復申之云“若六服盡來,即與平時别”者,六服盡來,不分四時,此時會也;雖不案服數,而東春、南夏、西秋、北冬,四方分來,此殷同也。時會乃因王有征伐行之,則非常之事,故六服盡來;殷同特以代巡守,故不必一時皆集:義各有當耳。

執圭

論語“執圭”,朱子云“圭,諸侯命圭”,未免蒙混。邢疏引大宗伯云:“公執桓圭,侯執信圭,伯執躬圭,子執穀璧,男執蒲璧,此皆朝、覲、宗、遇所用。其公、侯、伯朝后用璋,子、男既朝王用璧,朝后宜用琮。其上公享天子圭以馬,享后璋以皮,侯、伯、子、男享天子璧以帛,享后琮以錦。其諸侯相朝,所執與天子同。享玉,皆以璧,享君以琮,享夫人,子男相享,則降用琥以繡,璜以黼。其諸侯之臣,聘天子及聘諸侯,聘玉、享玉,皆降其君瑞一等,故玉人云‘瑑圭、璋,八寸;璧、琮,八寸,以頫聘’是也。”此方是“執圭”之“圭”。鶴壽案:此等顯而易見,本不待辨。江氏鄉黨圖攷亦已辨之矣。

聘禮、掌客不同

蔡德晉曰:樂史疑聘禮篇所記賓行饔餼之物、米禾芻薪之數、籩豆簠簋之實、銂壺鼎甕之列，攷與周官掌客不同，然傳云"禮從宜"，又云"禮之大倫，以地廣狹；禮之厚薄，與年上下"。可知籩豆器數，必有因時制宜之法。是以聖人欲觀其會通，以行其典禮。三禮所言不同處甚多，不得以此而議儀禮也。樂説見章俊卿山堂攷索。

攝主

禮記明堂位："昔者周公朝諸侯于明堂之位，天子負斧依，南響而立。"鄭注："周公攝王位，天子即周公。"又："武王崩，成王幼弱，周公踐天子之位，以治天下。七年，致政于成王。"尚書大誥篇首"王若曰"，鄭注："王謂攝也。周公居攝命大事，則權代王也。"康誥"王若曰"，鄭意亦指周公。蓋古有攝主。禮記曾子問篇，曾子問："君薨而世子生，如之何？"孔子曰："卿大夫士從攝主，北面，于西階南。太祝裨冕，執束帛，升自西階。盡等。不升堂。命母哭。祝聲三，告曰：'某之子生，敢告。'升奠幣于殯東几上。"云云。然則古者君薨，世子未生，亦有攝主，況世子已生但幼弱，何害有攝主也？隱元年左傳春王正月，杜注："隱不即位，攝行君事。"據公羊傳，桓尊隱卑，是隱公亦攝主也。哀三年左傳："季孫有疾，命正常曰：'南孺子之子，男也，則以告而立之；女也，則肥也可。'季孫卒，康子即位。既葬，康子在朝。南氏生男，正常載以如朝，告曰：'夫子有遺言，命其圉臣曰："南氏生男，則以告于君與大夫而立之。"今生矣，男也。敢告。'遂奔衞。康子請退，公使共劉視之，則或殺之矣。"然則季康子之即位，亦攝主也。要之觀隱公之攝，不自成爲君，反爲羽父所弒。季桓子欲立南氏之子，使康子攝，而其子被殺。則知此禮在春秋已不可行，何況秦、漢以下！然漢姓劉，王莽自姓王，何得自託于周公？且説經者亦何得以後世情事揣量三代，而謂周公無攝位之事也？蔡沈于康誥"王若曰"，不肯以"王"屬周公，無奈下有"朕其弟小子封"，斷非成王之語，不得已遂以康誥爲武王所作，康叔之封衞，乃武王時。試思

"三監"與武庚叛，滅之，方以封康叔。當武王時，紂之故都，武庚居之，安得即以封康叔？且左傳甯俞、祝鮀，皆言成王、周公作康誥，命康叔封于衛，亦不足信乎？至禮記陳澔集説，引石梁王氏及劉氏説，以駁明堂位，又何足辨？鶴壽案：周公攝主，凡七年，劉歆三統秫云："周公攝政五年正月丁巳朔旦冬至，入孟統二十九章首也。後二歲，得周公七年復子明辟之歲，十二月戊辰晦，周公反政；成王元年正月己巳朔，此命伯禽俾侯于魯之歲也。是時成王在位已八年矣。以前七年爲周公攝主之年，故以是歲爲元年。"金仁山通鑑前編以攝主之七年，歸于成王，而以命伯禽事移于攝主之一年。獨不思是歲正月，何嘗己巳朔邪？

蛾術編卷七十

說　制　八

黃衣狐裘

論語"黃衣狐裘"，邢疏："大蜡息民之祭服。"案郊特牲："蜡也者，索也。合聚萬物而索饗之也。"又云："黃衣黃冠而祭，息田夫也。"此蜡後臘祭也。蜡祭，先嗇、司嗇、農、郵表畷、貓虎、坊、庸、昆蟲：凡八。臘祭，先祖五祀。蜡以息物，臘以息民。蜡用皮弁素服，爲物老而將終；臘用黃衣狐裘，象草木黃落。同在十二月，而各不同。但"蜡"與"臘"對言之則有別，總言之則皆"蜡"，故疏云"大蜡息民之祭服"。鶴壽案：黃衣狐裘，息民之服也，與大蜡無涉。大蜡用皮弁服。皮弁者，以白鹿皮爲冠，以十五升布爲衣，以素爲裳，緇帶素韠白屨。若息民之祭，則用韋弁服。聘禮注云："韋弁，韎韋之弁。"蓋韎布以爲衣而素裳。司服注云："韋弁，以韎韋爲弁，又以爲衣裳。"春秋傳曰"郤至衣韎韋之跗注"是也。與聘禮注互異。故疏以爲無正文也。采芭箋云"韋弁，服朱衣裳"，亦不言素裳。陳用之謂周禮有韋弁，無爵弁，禮記有爵弁，無韋弁，士之服止于爵弁，而荀卿曰"士韋弁"，梅頤曰"雀韋弁"也。劉熙曰"以爵韋爲弁謂之韋弁"，則爵弁即韋弁耳。觀弁師、司服，韋弁先于皮弁，尚書崔弁先于綦弁，士冠禮次加皮弁，三加爵弁，而以爵弁爲尊。聘禮服皮弁，及歸饔餼服韋弁，而以韋弁爲敬。則皮弁之上，非爵弁即韋弁，故知其爲一物也。敖繼公謂韋弁服純衣纁裳韎韐纁屨，然則爵弁之曰韋弁，猶之皮弁之曰綦弁也。而亦有微異，爵弁用緇衣，韋弁用韎衣，爵弁、韋弁之衣不同，猶之朝服、元端之裳不同，故有二名耳。玉藻云"狐裘黃衣以裼之"，注云："黃衣，大蜡時臘先祖之服也。周禮以歲十有二月，合聚萬物而索饗之，謂之蜡，其服皮弁素服。既蜡則臘先祖五祀，勞農以休息之，謂之臘，亦謂之息民，其服黃衣黃冠。”又司服云“凡兵事韋弁服”，詩羔羊疏云“兵事靺韋服則用黃衣狐裘”，春秋傳“臧之狐裘，敗我于狐駘”是也。黃衣狐裘，當兼二者言之。

表而出之

論語：“袗絺綌，必表而出之。”古者袗絺綌不入公門，嫌于褻也。故著絺綌于內，外加禮衣，表而出之。朱子謂表絺綌而出之于外，反以絺綌爲美觀乎？若云不見體，則外加禮衣，更不見也。鶴壽案：“緇衣羔裘”一節，是記冬日之裼衣，“當暑”一節，是記夏日之裼衣。古人服絺綌與服裘同，皆先著親身之裏衣，其外冬則加裘，夏則加絺綌，春秋則加袷褶，又其外加裼衣。裼衣即中衣也。平時則但衣中衣，有事則再加正服。“袗絺綌”者，未有無親身之裏衣，亦未有無中衣者也。孔安國曰：“表而出之，加上衣也。”上衣即指裼衣，不是指正服。蓋謂以裼衣表絺綌而著其色，如絺綌黑則加緇衣，絺綌白則加素衣，絺綌黃則加黃衣，表裏相稱，故曰“出之”。玉藻云：“振絺綌不入公門，表裘不入公門。”可知絺綌對裘言，不是對裼衣言。“振”與“表”，皆指不加裼衣也。何以知絺綌有緇有白有黃？曰：“夏日而朝祭則宜緇，夏日而聘與視朔則宜白，夏日而即戎則宜黃。”蓋朝祭用爵弁服，聘與視朔用皮弁服，即戎用韋弁服，冬夏所同。則絺綌之色，亦必與之相稱。

寢衣

論語“寢衣”，孔曰：“今之被也。”又見說文，即引論語爲證。朱子云：“別有寢衣。”又以爲齋時所用，改入下文“齋必有明衣，布”之下，非也。

扱地

士昏禮“婦拜扱地”，鄭注：“扱地，手至地也。婦人扱地，猶男子稽首。”賈疏：“手至地，則首不至手。空首拜，頭至手，所謂拜手也。”蓋婦人之拜，從無首至地者，以手至地，爲至重矣。男子則有首至手，爲拜手；又有首至地，爲稽首。稽首，禮之極重者，惟臣于君行之。哀十七年傳：“非天子，寡君無所稽首。”諸侯小事大，當不稽首,若洛誥"王拜手稽首",則君以施之臣,蓋答其拜手稽首而受其言。周公,成王親叔父,謂有異也。僞古文尚書太甲于伊尹,亦行之,則非矣。鶴壽案:士昏禮之"扱地",即少儀之"手拜"也,又即太祝之"空首"也。少儀"婦人有肅拜、手拜",注云:"肅拜,拜低頭。手拜,手至地。"疏云:"手拜之法,手先至地,頭來至手,猶男子之稽首矣。"然則扱地者,古之手拜也。太祝九拜,一曰稽首,二曰頓首,三曰空首。説文"稽"與"頓"皆言下首,不言至地。荀子大路篇:"平衡曰拜,下衡曰稽首,至地曰稽顙。"平衡謂頭與腰平,下衡謂頭下于腰,則稽首頓首皆不至地,惟稽顙觸地耳。公羊傳:"齊侯唁昭公,公再拜顙,及致禬于從者,公再拜稽首。"何休曰:"顙者猶叩頭。"則稽首非叩頭矣。凡拜皆以手爲容,賈誼容經曰:"拜以磐折之容,吉事上左,凶事上右,隨前以舉項衡以下,寧速無邊,背內之狀,如屋之霤,謂稽首也。"商書"拜手、稽首",僞孔傳云:"拜手,首至手。蓋手先據地,首乃至手,是手與首俱至地。其實手在地,首在手,故拜手、稽首連言之。"康成謂空首者頭至手,是謂拜手。孔、賈皆謂臣于君則稽首,平敵則頓首,君于臣則空首,非也。昔穆王賜高奔戎佩玉一雙,奔戎再拜稽首,賜許男駿馬十六,許男降再拜空首,是空首猶稽首也。秦哀公賦無衣,申包胥九頓首而坐,則頓首非獨行之平敵也。三者將毋同。

吳孟子

論語:"昭公娶吳,謂之吳孟子。"桐城江有龍曰:"吳孟子,昭公自謂也。魯人亦諱之,故曰諱國也。"公與魯人所諱者姓,不諱吳也。故坊記曰:"娶妻不娶同姓,以此坊民。魯春秋猶去夫人之姓,曰吳。"孔疏云:"依春秋之例,當云夫人姬氏至自吳,魯則諱其姬姓,而但曰吳也。"哀十二年書"孟子卒",左傳曰:"昭公娶于吳,故不書姓。"公、穀皆曰:"諱娶同姓。"論語古注、朱子集注皆不言諱吳。陳際泰謂"孟子爲昭公之稱,吳字是國人所加,因以甚昭公之罪",未玩坊記文也。後人並謂夫子修春秋,削去吳字。不知春秋定例,凡書夫人卒,皆不稱國。

呼妻兄弟爲舅

新唐書朱延壽傳:"楊行密妻,延壽之姊。行密呼爲舅。"通鑑作"三舅"，延壽行三也。**張唐英蜀檮杌**：**王建永平**元年：周德權，建之妻弟，從建入蜀。**梁祖**既篡，德權上表引讖文，勸稽合天命，仰膺寶籙。建大悅曰："成我者，叔舅也。"大抵此稱起于**唐**、**宋**、五代。

吉服

春官：司服，掌王之吉服①。吉服有九：冕服六，弁服三。"祀昊天則大裘而冕；享先王則袞冕；享先公、饗、射，則鷩冕；祀四望、山川，則毳冕；社、稷、五祀，則絺冕；羣小祀，則玄冕。兵事，韋弁服；眂朝，皮弁服；凡甸，冠弁服。"對喪言，故云吉，非指吉禮。九者中有兵事、眂朝、凡甸，皆師田之事，非吉禮。自祀天至羣小，祀六，服不同而冕同，首飾尊也。然"冕"名雖同，旒數則異。**夏官弁師注**："大裘之冕無旒。"而**聶崇義**云："袞冕十二旒，鷩冕九旒，毳冕七旒，絺冕五旒，玄冕三旒。"**疏**云："凡冕服皆玄衣纁裳者，六服皆然，故云'凡'以該之。**易繫辭**：**黃帝**、**堯**、**舜**垂衣、裳，蓋取諸乾坤。乾爲天，其色玄；坤爲地，其色黃。但土無正位，託于南方火赤色，赤與黃即是纁色，故以纁名之。"**夏官**："弁師掌王之五冕。"**注**："冕服有六，而言五冕者，大裘之冕，無旒。"**馬貴與**曰："冕之無旒者，乃一命之服。子、男之大夫服之，其秩至卑。以天子祀天之冕，而下同子、男之大夫，可乎？"不知先王制禮，推移變化，不可執一。**鄭司農注司裘**，謂："服黑羔裘以祀天，示質也。"則無旒亦示質之意。**陳用之**曰："司服之服六，而弁師之冕五者，大裘、袞衣司冕，猶后首飾同副也。"其意以爲祭天亦服龍袞，特內襲大裘；而宗廟之祭，則龍袞內無裘，故以大裘而冕在袞冕之前。但如此則大裘、袞衣不可分爲二服，而服與冕皆止五矣。**王明齋**曰："五冕者，五服之冕，非冕有五也。"案：**賈疏**云冕名雖同，旒數有異，彼屬人掌服屬之制甚詳，豈冕爲首服，反混焉無別乎？**貴與**則曰："郊特

牲‘祭之日，王被袞以象天。’玉藻：‘天子龍袞以祭①。’家語曰：‘郊之日，天子大裘以輔之。’被袞象天，既至泰壇，王脱裘矣。服袞以臨燔柴，戴冕，藻十有二旒，象天數也。”案：龍袞以祭，自指祭先王之服，郊特牲所言被袞象天，康成以爲魯以日至之月郊天之事。周衰禮廢，儒者見周禮在魯，因推魯禮以言周事耳。家語“大裘以輔之”，本係“黼”字，故王肅注云：“大裘爲黼义也。”賈與誤讀爲“輔”，遂謂大裘乃輔此龍袞者，因創爲脱裘、服袞之説，陋矣。終當從鄭無旒之説。鶴壽案：冕服之制，諸儒不以鄭注爲然。戴東原曰：“虞、夏以來，冕服十二章。鄭謂‘王者相變，至周而以日月星辰。畫于旌旂，而冕服九章，登龍于山，登火于宗彝’。余以爲周之祭服，宗廟所用九章而止。至于郊祀，何必廢十二章也。衣之舉袞，猶裳之舉黼黻，皆以其文特顯，而龍章爲至焕，則加日月于上，無嫌以袞目之。大裘不言袞，其餘冕服不言裘，互文錯見也。玉藻疏云：‘六冕之裘，皆黑羔裘也。’余以爲祭服自天子至于士同羔裘，其裘之裼衣以玄，舊説‘大裘之冕無旒’，司裘疏引鄭志‘大裘之上有玄衣，與裘同色’，而以爲其服無章，失其傳也。記稱大裘不裼，其有裼衣而加裘明矣。是故冕服十有二章、繅十有二旒，是爲大裘之冕。冕服九章、繅九旒，謂之袞冕。冕服七章、繅七旒，謂之鷩冕。冕服五章、繅五旒，謂之毳冕。冕服三章、繅三旒，謂之希冕。冕服一章在裳，謂之玄冕，無旒。周禮稱‘公之服，自袞冕而下，如王之服；侯伯之服，自鷩冕而下，如公之服；子男之服，自毳冕而下，如侯伯之服；孤之服，自希冕而下，如子男之服；卿大夫之服，自玄冕而下，如孤之服’。經遞言‘相如’，明冕服之章、冕繅之旒不異也。凡諸侯受爵命于王，王賜之服，因得以如其命數自爲之，所謂襌冕。其以事受襃賜，則有襃衣，不過袞冕。觀禮‘侯氏襌冕’，‘天子袞衣’，玉藻‘諸侯玄端以祭，襌冕以朝。’‘端’讀爲‘冕’。鄭謂‘諸侯非二王後，其餘皆玄冕而祭于已’。孫叔然謂‘玄冕，祭服之下也，其祭先君亦襌冕矣’。余以爲王之大祭服，大裘袞冕；中祭服，鷩冕毳冕；小祭服，希冕玄冕。享先公亦大祭，而鷩冕何也。士虞記云：‘尸服，卒者之上服。’天子廟享，尸服有袞冕、鷩冕之殊。則

---

① 龍袞以祭，禮記玉藻作“龍卷以祭”。鄭注：“龍卷，畫龍於衣。字或作袞。”

天子不敢一服衰冕。諸侯君其國，宜得伸上服，然尸服有弁、冕之殊者，亦不敢一服禪冕可知也。冕、爵弁之衣皆玄，抑當云玄衣以祭乎？弁服之制，先生前既引之，何以後不復言？韋弁服即爵弁服也。周制，大夫以上冕，士爵弁，皆絲衣，所謂純服，亦曰玄服。士冠禮："爵弁服，纁裳，純衣，緇帶，韎韐。"韎韐，縕韍也。冕服則赤韍。士昏禮："主人爵弁，纁裳緇袘。"士弁而親迎，然則大夫以上親迎以禪冕與？或曰："袘，亦韠之異名也。"論語"加朝服袘紳"是也，蓋不可一同祭服之韠，故以相別異耳。聘禮"君使卿韋弁"，鄭謂"其服蓋韎韋以爲衣而素裳"。周禮："凡兵事，韋弁服"，鄭謂"以韎韋爲弁，又以爲衣裳"。如鄭君說，色取于韎，無明文，蓋傅合春秋傳言之。詩稱"韎韐有奭，以作六師"，春秋傳"韎韋之跗"，注"即韎韐也"。天子日視朝皮弁服，諸侯以爲視朔之服，凡諸侯相朝聘亦如之。記曰："三王共皮弁素積"。士冠禮："皮弁服，素積緇帶素韠"。舊說其衣十五升布，此據諸侯朝服以爲言，蓋非也。玉藻："君衣狐白裘，錦衣以裼之"，論語"素衣麑裘"，鄭皆以皮弁服爲之上衣。記曰："以帛裏布，非禮也。"然則皮弁以素明矣。異于重素者，其領緣采也。郊特牲"祭之日，王皮弁以聽祭報"，天子諸侯前祭親聽誓命及待白祭事，其裘蓋黼裘。天子之黼裘皮弁服，諸侯其朝服與。冠弁服即朝服也。緇衣十五升布而積素裳，諸侯日視朝服之，大夫以爲祭服。其冠委貌，王服以田燕養老亦如之。士冠禮"主人玄冠朝服緇帶素韠"，特牲饋食禮"其祭也，賓及兄弟，皆朝服玄冠緇帶緇韠"。經于士之朝服言玄冠，士以冠異于大夫以上弁也。玉藻"羔裘豹飾，緇衣以裼之"，鄭以羔裘爲卿大夫之朝服，惟豹袪與君異。

祭墓

謝承後漢書：建寧五年正月，車駕上原陵，蔡邕爲司徒掾從上行。到陵，愴然，謂同坐者曰："聞古不墓祭。"魏文帝黃初三年十月，作終制曰："禮不墓祭，欲存亡之不黷也。"魚豢曰："孝明以正月旦，百官及四方來朝者上原陵朝禮，是謂甚違'古不墓祭'之義。"韓昌黎豐陵行："墓藏、廟祭不可亂，三代舊制存諸書。"朱子則曰："墓祭周禮已有。"攷之春官冢人："大喪既有日，請度甫竁，遂爲之尸。"注云："甫，始也。請量度所始竁之處爲尸者，成葬爲祭墓之尸。"又，"凡祭墓爲尸"，注云："祭墓爲尸，請禱祈焉。"前一條乃祭墓地，非祭死者之體魄；後一條亦爲禱祈，非常禮也。檀弓：“有司以几筵舍奠于墓左。”注云：“舍奠墓左，爲父母形體在此，禮其神也。”冢人“凡祭墓爲尸”，疏云：“此謂既窆後事。孝子先反修虞，有司以几筵及祭饌致于墓左，禮地神也。”朱子誤認祭墓出于周禮，謬矣。漢建寧五年成陽靈臺碑云：“惟帝堯母，昔者慶都仙没，蓋葬于兹，欲人莫知，名曰靈臺，上立黄屋，堯所奉祠。”泰誓：“武王卜祭于畢。”馬融曰：“畢，文王墓地名。”韓詩外傳：曾子曰：“椎牛而祭墓，不如雞豚逮親存。”史記孔子世家：“孔子卒，葬魯城北泗上，魯世世相傳以歲時奉祠孔子冢。”孟子：“子貢反，築室于場。”趙岐注：“場，孔子冢上壇場。”“東郭墦閒之祭者”，注云：“墦閒，郭外冢閒也。”以上諸條，雖似班班可攷，恐未可據爲典要。惟司馬彪續漢志云：“西都舊有上陵，東都常以正月上丁，祀南郊、北郊、明堂、高廟、世祖廟。畢，以次上陵。大官上食，太常樂奏食舉。”古今樂録云：“章帝元和中，有宗廟食舉六曲，加重來上陵二曲，爲上陵食舉。”然則祭墓實始于東漢矣。蜀志龐統傳注，引襄陽記：“司馬德操造龐德公，值其渡沔，上祀先人墓。”蓋此禮盛于漢、魏以下。樂府鼓吹曲漢鐃歌十八曲有上陵，今則士庶家通行之。鶴壽案：祭不欲數，敬則煩，煩則不敬。祖先既祭之于廟矣，而又祭之于墓，不已煩乎？故禮經從無祭墓之事。成陽靈臺奉祠堯母慶都，此出後人所爲，武王之祭畢陌，乃是有事告祭，韓詩外傳謂“椎牛而祭墓”，史記謂“歲時奉祠孔子冢”，此皆漢人之書也。子貢築室于場，是廬墓，非祭墓。齊之東郭墦閒，亦係戰國時求富貴者祈禱于祖宗邱墓，安見其爲正祭邪？韓昌黎分墓藏、廟祭，是也。

號祝

春官：“太祝，凡大禋祀，則執明水火而號祝。”注云：“明水火，司烜所共日月之氣，執之如以六號祝，明此圭潔也。”疏云：“執明水火而號祝，明知六號，皆執之明潔也。號祝執明水火，明主人圭潔之德。”案：上文辨“六號”，曰神號、鬼號、示號、牲號、齍號、幣號。謂異爲美稱，若皇天上帝、皇祖伯某、后土、地示、一元大武、薌合、嘉玉、量幣之類。今太祝執此明水火，亦如六號，更爲美稱，以祝告于神,明其圭潔之意耳。賈疏未達鄭意,文義晦拙,不可從。
明水火之號,今不可攷。

哀子

朱子家禮載題木主之儀,父喪稱"孤子",母喪稱"哀子"。此
未知何據? 而今流俗相沿,喪事簡帖,于父稱"不肖",于母稱"不
孝"。孝豈專屬母乎? 既遵朱子"孤""哀"分屬,父母並喪者稱
"孤哀子",父在母亡者稱"不孝哀子",父亡母存者稱"不肖孤
子",復覺其有不安也。亦稱"孤哀子",而用小字旁注云:"奉母命
稱哀。"哀乃待母命乎? 雜記云:"祭稱孝子孝孫,喪稱哀子哀孫。"
郊特牲云:"祭稱孝孫孝子。"士虞禮稱:"哀子卒哭祔祭,乃稱孝
子。"家禮題主在三月而葬時,去卒哭尚遠,父母俱當稱哀子,朱子
以孤、哀分稱,殊屬無謂。至流俗之稱,更欠通矣。

孺悲

禮記雜記:孺悲學士喪禮于孔子,士喪禮于是乎書。鄭注:
"士喪禮已廢,孔子以教孺悲,國人乃復書而存之。"是固大有功
于禮者也。論語求見辟疾事,何晏不言見拒之故,士相見禮疏
云:"孺悲欲見孔子,不由介紹,故辟以疾。"此說甚明。當日特因
儀節有虧,不見以觀其誠否,何嘗謂其素行有玷,擯之門外邪? 邢
疏云:"有疾惡。"朱子云:"必有以得罪者。"過矣。

宰我問喪

論語:宰我欲短喪,問夫子。劉辰翁安齋記云:"予身遊聖
門,在言語之科,決不至薄其所厚。試使三尺之童率然而請,必不
敢以曰'安'對,而予安之,豈獨無人心哉! 此小人所不敢安也。
然吾觀世之君子,未嘗不爲宰予之所安,予乃獨以其言爲萬世笑,
此古人之所不隱也。其使後人無疑乎三年之喪,則自予始。此予
意也,此其在言語之科也。"此說頗有意。但至親以斯斷,三年特
倍之耳。古人喪服,本以期爲至重,所以宰我有此問也。皇侃疏
中,已發夫子抑賢引愚微意。而所引繆播,謂宰我欲戒將來,假時

人之論，屈己明道。李充謂宰我以喪禮漸衰，孝道彌薄，起問以發其責，則所益宏多。皆與辰翁合。鶴壽案：禮記三年問篇："三年之喪，二十五月而畢。哀痛未盡，思慕未忘，然而服以是斷之者，豈不送死有已，復生有節也哉！"此節言人子于所生父母。"然則何以至期也？曰：至親以斯斷。"此節言爲人後者，父在爲母者。"然則何以三年也？曰：加隆焉爾也。焉使倍之，故再期也。"此節復言人子于所生父母。鄭注甚明。孔疏以"至期"一節，亦屬人子于所生父母，非也。所謂"加隆"者，所生父母本應三年，但比諸爲人後者之一期，則加隆耳。若使所生父母一期可除，將降而九月五月三月，僅有四服，不滿五服矣。先生據孔疏之說，遂謂古人喪服，本以期爲至重，所以宰我有此問，是率天下而短喪也，不可以訓，故曰："將由夫患邪淫之人與，則彼朝死而夕忘之，然而從之，則是曾鳥獸之不若也。夫焉能相與羣居而不亂乎？將由夫修飾之君子與，則三年之喪，二十五月而畢，若駟之過隙，然而遂之，則是無窮也。故先王焉爲之立中制節，壹使足以成文理，則釋之矣。"三讀禮文，正與皇侃疏抑賢引愚二義，互相發明。

舊君服

孟子問舊君有服①。案：檀弓："穆公問于子思曰："爲舊君反服，古與？"子思曰："古之君子，進人以禮，退人以禮，故有舊君反服之禮也。今之君子，進人若將加諸膝，退人若將隊諸淵，毋爲戎首，不亦善乎？又何反服之禮之有？"此與孟子對宣王文意適同。鄭注："言放逐之臣，不服舊君也。"孔疏以爲喪服"齊衰三月"章，爲舊君凡有三條。其一，爲舊君君之母妻。傳云："仕焉而已者也。"注云："謂老若有廢疾而致仕者，兼服其母妻。"其二，大夫在外，其妻長子爲舊國君。注云："在外待放已去者。"傳云："妻言與民同也，長子言未去也。"注云："妻雖從夫而出，古者大夫不外娶，婦人歸宗往來，猶民也。長子去可以無服，此則大夫身不爲服，惟妻與長子之未去者有服。"其三，爲舊君。注云："大夫待放未去者。"傳云："大夫去君，埽其宗廟，言其以道去君而猶未絕也。"注

---

① 此句見孟子離婁下：王曰："禮爲舊君有服。如何斯可爲服矣？"

云:"以道去君,謂三諫不從,待放于郊。未絶者,言爵禄有列于朝,出入有詔于國。若已絶,則不服也。"

蛾術編卷七十一

説 制 九

同年

魏武帝紀:"年二十,舉孝廉爲郎。"又云:"公與韓遂父同歲孝廉。"案:此即今之所謂"同年"。鶴壽案:此條已見顧炎武日知録。然"同歲"之稱,實不始于三國,蓋漢時已有之,後漢李固傳云:"有同歲生得罪于冀。"風俗通云:"南陽五世公爲廣漢太守,與司徒長史段遼同歲。"又云:"與東萊太守蔡伯起同歲。"又云:"蕭令吴斌,與司徒韓演同歲。"此皆係同年也。然漢、晉以來,不曰"同年"而曰"同歲"。漢敦煌長史武班碑云"金鄉長河閒高陽史恢等,追惟昔日同歲郎署",孝廉柳敏碑云"縣長同歲揵爲屬國趙臺公",晉陶侃傳云"侃與陳敏同郡,又同歲舉史",皆無有稱"同年"者。若吴周瑜傳云"堅子策與瑜同年",步隲傳云"與廣陵衞旌同年",蓋謂年齒相同耳。至唐始有"同年"之稱。憲宗問李絳曰:"人于同年,固有情乎?"對曰:"同年乃九州四海之人偶同科第,或登科,然後相識,情于何有!"然唐人甚重同年,故穆宗欲誅皇甫鎛,而宰相令狐楚、蕭俛以同年進士保護之。今案科舉者,國家之大典也。同年者,學士之私情也。貢舉之士,以有司爲座主而自稱門生,自中唐以後,遂有朋黨之禍。韓昌黎送牛堪序云:"吾未嘗聞有登第于有司,而進謝其門者。"蓋元和、長慶之間,士風猶不至此。會昌三年,中書覆奏奉宣旨,不欲令及第進士呼有司爲座主兼題名局席等條。疏云:"國家設文學之科,求真正之士,所宜行崇風俗,義本君親,然後升于朝廷,必爲國器。豈可懷賞拔之私惠,忘教化之根源,自謂門生,遂爲朋比?所以時風浸壞,臣節何施?樹黨背公,靡不由此。臣等議:今日以後,進士及第,任一度參見有司,向後不得聚集參謁于有司宅,置宴其曲江。夫會朝官及題名局席,並望勒停。"後唐長興元年,中書門下奏云:"時論以貢舉官爲恩門及以登第爲門生。門生者,門弟子也。顏、閔、游、夏等,並受仲尼之訓,即是師門。大朝所命春官,不曾教誨舉子,是國家貢士,非宗伯門徒。今後及第人不得呼春官爲恩門師門及自稱門生。"以上云云,其論固正。然君子遇君子,雖爲師生同年,亦不爲朋黨;小人遇小人,雖非師生同年,亦結成朋黨。慮其爲朋黨而欲禁止之,豈通論哉!

試郎吏

魏明帝紀:太和四年春二月,詔曰:"兵亂以來,經學廢絕,後生進趣,不由典謨。其郎吏學通一經、才任牧民,博士課試擢其高第者,亟用。"鶴壽案:古之爲吏者,未有不通經。漢武帝從公孫弘之議①,下至郡太守卒史,皆用通一藝以上者。唐高宗詔諸司令史致滿者,限試一經。昔王粲作儒吏論,以爲先王博陳其教,輔和民性,使刀筆之吏,皆服雅訓;竹帛之儒,亦通文法。故漢文翁爲蜀郡守,選郡縣小吏開敏有材者張叔等十餘人,親自飭屬,遣詣京師受業博士。後漢欒巴爲桂陽太守,雖幹吏卑末,皆課令習讀,程試殿最,隨能升授。吳顧邵爲豫章太守,小吏資質佳者,輒令就學,擇其先進,擢置右職。而梁任昉有屬吏人講學詩。然則古之爲吏者,皆曾執經問業之徒,心術正而名節修,其舞文以害政者寡矣。魏明帝試郎吏以一經,亦此意也。

唐進士試詩賦

自沈約創爲四聲,江左風雅道盛,然試士尚未用詩賦。隋始有進士科,但隋書無選舉志,其制莫得而詳。舊唐書亦無選舉志。惟新唐書有之,其文樛葛不明,發首云:"唐制取士,大要有三:由學館者曰生徒,由州縣者曰鄉貢,皆升于有司而進退之;其天子自詔者曰制舉,以待非常之才焉。"此中列科之目,明經、進士等但舉其目,未及試以何等文字。此下詳述學館州縣之制,此下述明經課程,并書學、算學、律學,皆反覆詳其制。至于進士,則甚略,其文曰:"凡進士試,時務策五道,帖一大經。經、策全通,爲甲第;策

---

① 公孫弘,原作公孫宏。從史記本傳改。以下公孫宏均改爲公孫弘。

通四、帖過四以上，爲乙第。"又云：永隆二年，攷功員外郎劉思立言："明經多鈔義條，進士惟誦舊策。"詔"自今明經試帖麤十得六以上，進士試雜文二篇，通文律者然後試策"。此真不可解。唐人進士首重詩賦，今載在文苑英華中者，歷歷可攷。王定保撼言試雜文篇云："進士科試答策而已。兩漢之制，公孫弘、董仲舒皆由此進。唐自高祖至高宗，率由舊章。至神龍元年，方行三場試，常列詩賦題目。"韓昌黎集有進士策問十三首，則進士固試策矣，但必兼試詩賦。貞元八年，時昌黎年二十五，陸贄主司登進士第，其題爲明水賦、御溝新柳詩。貞元九年，試博學宏詞太清宮觀紫極舞賦、顏子不貳過論。蓋唐人登進士第者，每兼試宏博，公不中第罷。又有學諸進士作精衛銜石填海詩。即此可見凡爲進士者，無不習詩賦。此絕口不及，何也？而其尤異者，反曰"帖一大經"。帖經是明經事，反以屬之進士，所帖又係大經，此真不可解。此下特作提筆云："大抵衆科之目，進士尤爲貴，其得人亦最盛。方其取以辭章，類若浮文少實，及臨事設施，奮其事業，隱然爲國名臣者，不可勝數。遂使時君篤意以謂莫此之尚，及其後世俗益媮薄，上下交疑，因以謂案其聲病，可以爲有司之責，舍是則汗漫而無所守，遂不復能易。"聲病即今人之所謂"黏"，然亦不明言試以詩賦也。下言進士張昌齡等，文采浮華。文采，即策，亦可言浮華，不必詩賦。下敍楊綰言："進士科起于隋大業中，是時猶試策，高宗朝劉思立加進士雜文，故進士皆誦當代之文，不通經史。"亦不言試賦。下載李栖筠等議曰"考文者以聲病爲是非"，亦不言詩賦。直至此下一段，方正點出進士試詩賦及時務策五道。此下因李德裕奏罷期集參謁曲江題名，一見、期集等事。又因德裕言"臣祖天寶末，以仕進無他岐，勉強隨計，一舉登第，自後家不置文選，蓋惡不根蓺實"，一見唐人重文選事。其實進士科，撼言述進士下篇云："既捷，列名于慈恩寺塔，謂之題名，大燕于曲江亭子，謂之曲江會。"散序篇云："先于主師宅側，稅一大第，與新人期集謝後，便往期集院,狀元爲録事,其餘探花<u>曲江</u>之宴,行市羅列,<u>長安</u>幾于半空,公卿家率以其日揀選東牀,車馬填塞。"凡此皆係國典,固宜于志中一及。即<u>唐</u>人重<u>文選</u>,亦一朝風尚,亦宜一及。今皆因事而見。且<u>選舉志</u>上卷言舉法,下卷言選法,上卷直至十頁之後,方明説試詩賦,又二頁而<u>選舉志</u>上卷已畢矣。進士試詩賦,起處即應提明,乃<u>歐陽永叔</u>握管作史,眼高于頂,輕視詩賦,不自覺其傾敧偏側也。<u>鶴壽</u>案:先生見今日止有進士一科,其得爲翰林者,全靠詩賦一門,故歸咎<u>歐陽永叔</u>于<u>選舉志</u>前路①不先提明進士試詩賦。但<u>唐</u>人試士之科甚多,有秀才,有明經,有俊士,有明法,有明字,有明算,有一史,有三史,有<u>開元禮</u>,有道舉,有童子諸科,而非止進士也。<u>選舉志</u>于弟三頁即詳列諸科之制。其于進士科,則曰"凡進士試時務策五道,帖一大經。經策全通爲甲第,策通四、帖過四以上爲乙第",亦可謂詳矣。其所以不言試詩賦者,進士之科,始于<u>隋大業</u>中,但試以策,並不試以詩賦,<u>唐</u>初因之,則作志者安得略去國初之制而即云試以詩賦乎?至先生謂"直至十頁之後,方明説試詩賦",則又非也。原文云:"先是進士試詩賦及時務策五道。<u>建中</u>二年,中書舍人<u>趙贊</u>權知貢舉,乃以箴論表贊代詩賦,而試策三道。<u>大和</u>八年,禮部復罷進士議論而試詩賦,<u>文宗</u>從內出題以試進士,謂侍臣曰:'吾患文格浮薄,昨自出題,所試差勝。'乃詔禮部歲取登第者三十人,苟無其人,不必充其數。"觀此知<u>唐</u>人之取進士,並不重在詩賦,故屢用屢罷。志所謂進士試詩賦,特因<u>建中</u>二年罷詩賦而追敍之,並非至此而必欲明言之也。至先生謂"帖經是明經事,反以屬之進士,所帖又係大經,真不可解",則更非也。<u>唐</u>人甚重經學。凡<u>禮記</u>、<u>春秋左氏傳</u>爲大經,<u>詩</u>、<u>周禮</u>、<u>儀禮</u>爲中經,<u>易</u>、<u>尚書</u>、<u>春秋公羊傳</u>、<u>穀梁傳</u>爲小經。明經之法:通二經者,大經、小經各一,若中經二;通三經者,大經、中經、小經各一;通五經者,大經皆通,餘經各一,<u>孝經</u>、<u>論語</u>皆兼通之。凡治<u>孝經</u>、<u>論語</u>共限一歲,<u>尚書</u>、<u>公羊傳</u>、<u>穀梁傳</u>各一歲半,<u>易</u>、<u>詩</u>、<u>周禮</u>、<u>儀禮</u>各二歲,<u>禮記</u>、<u>左氏傳</u>各三歲。凡試明經,先帖文,然後口試經問大義十條,答時務策三道。其試進士亦帖一大經。<u>唐會要</u>云:"<u>貞觀</u>八年,詔進士試讀一部經史。<u>調露</u>二年,考功員外郎<u>劉思立</u>請帖經。<u>開元</u>二十四年,侍郎<u>姚奕</u>請進士帖<u>左氏傳</u>、

---

① 路,疑爲"略"字之誤。

禮記，通五及第。"宋李淑曰："天寶十一年，試進士一大經，能通者試文賦，又通而後試策五條。大和三年，試帖經略問大義，取精通者，次試論議各一篇。八年，禮部試以帖經口義，次試策五篇，問經義者三，時務者二。厥後變易，遂以詩賦爲第一場，帖經爲第四場。"觀此知帖經之法，並非專以試明經，且見唐人之試進士，其始本重經學，故太宗時即有讀經史之詔，其後乃漸尚詩賦耳。

定期取數

其期無定，大約年年一舉，總當槐花黃後，故曰"槐花黃，舉子忙"。明方始定爲子、午、卯、酉鄉試，辰、戌、丑、未會試。其所取人數，少或十餘人，多不過幾十人。至明，鄉試有額，會試則臨時酌取。鶴壽案：考試之期，姑就唐代言之。孟郊及第詩云："青春得意馬蹄疾，一日看盡長安花。"劉昌言下第詩云："酒好未陪紅杏宴，詩狂多憶刺桐花。"似試期在春也。王保定摭言云"新進士尤重櫻桃宴"，舊唐書代宗紀云"大秝六年夏四月，上御宣政殿試制舉人，至夕未成者，令大官給燭，俾盡其才"，似試期在夏也。然據陸龜蒙詩題言"秋試有期"，則又似在秋矣。試期當是每年一舉，而亦有不止一舉者，故徐安貞善五言詩，嘗應制舉，一歲三擢甲科。先生謂試期總當槐花黃後，此則誤會錢希白南部新書云："長安舉子六月後落第者，不出京，謂之過夏，多借淨坊廟院作文章，曰夏課，時語曰'槐花黃，舉子忙'。槐花開于四五月間，此二語，指舉子于場後重新用功耳。"唐代舉于州縣者曰鄉貢，並無額數，進士則似有額數，舊唐書高鍇傳云："爲禮部侍郎，凡掌貢部三年，每歲登第者四十人。"開成三年敕曰："進士每歲四十人，其數過多，則乖精選，官途填委，要窒其源，宜改每歲限放三十人，如不登其數亦聽。"然則進士亦似有額數也。自宋太平興國二年賜進士諸科五百人，次年至萬二百六十人，淳化二年至萬七千三百人，濫之極矣。明永樂十年二月會試，上諭考官楊士奇、金幼孜曰："數科取士頗多，不免玉石雜進，今取毋過百人。"正統五年十二月，始增會試中式額爲百五十人，應天府鄉試百人，他處皆量增之。

秋試貢士聘處士爲主試

松陵集：陸龜蒙秋試有期因寄襲美詩，題下自注云："時將主試貢士。"詩云："雲似無心水似閒，忽思名在貢書間。煙霞鹿弁聊懸著,鄰里漁舠暫解還。文艸病來猶滿篋,藥苗衰後即離山。廣寒宮樹枝多少,風送高低便可攀。"皮日休奉和次韻云:"十載江南盡是閒,客兒詩句滿人間。郡侯聞譽親邀得,鄉老知名不放還。應帶瓦花經沔水,更攜雲實出包山。太微宮裏環岡樹,無限瑶枝待爾攀。"鶴壽案:主試可以聘處士者,以其公而審也。容齋隨筆曰:"唐世科舉之柄,專付之主司,仍不糊名,又有交朋之厚者,爲之薦達,謂之通牓。故其取人也,畏于譏議,多公而審。亦或脅于權勢,橈于親故,累于子弟,皆常情所不免;若賢者臨之則不然,未引試之前,其去取高下,固已定于胸中矣。"韓文公與祠部陸員外書曰:"執事之與司貢士者,相知誠深矣。彼之職,在乎得人;執事之志,在乎進賢。如得其人而授之,所謂兩得。愈之知者,有侯喜、侯雲長、劉述古、韋羣玉,此四子,皆可以當首薦而極論者,期于有成而後止可也。沈杞、張宏、尉遲汾、李紳、張後餘、李翊,皆出羣之才,與之足以收人望而得才實,主司廣求焉,則以告之可也。往者陸相公司貢士,愈時幸在得中,所與及第者,皆赫然有聲。原其所以,亦由梁補闕肅、王郎中礎佐之。梁舉八人,無有失者,其餘則王皆與謀焉。陸相公待王與梁如此不疑也,至今以爲美談。"今案陸天隨之學問品格,高不可攀,聘之主試,復何疑哉!

鄉會試專用宋、元朱、蔡、朱、胡、陳五種

明選舉志云:"太祖定科舉式,鄉試會試,初場試四書義三道、經義四道。四書主朱子集注,易主程傳朱子本義,書主蔡氏傳及古注疏,詩主朱子集傳,春秋主左氏、公羊、穀梁三傳及胡安國、張洽傳,禮記主古注疏。永樂間頒四書五經大全,廢注疏不用,其後春秋亦不用張洽傳,禮記止用陳澔集説。"案:既曰廢注疏,則春秋不用左、公、穀三傳可知,而易尚兼程傳。未幾而士皆棄程傳不讀,專用本義,見顧氏炎武日知錄。又采弘治三年會試陳輔易經文,同考官楊守阯評,指點經生不讀程傳。且坊刻周易皆即監版傳、義本刊去程傳,而以程之次序爲朱之次紋。此則五經專取宋、元五種朱、蔡、朱、胡、陳之所自始也。在明,行之凡二百餘年。

袁亮知宋儒考古之非

嘉靖三十七年戊午山東鄉試録：監臨官巡按御史段顧言、提調官左布政游居敬、右布政吕時中、監試官按察司副使陳善治、洪世文，俱進士出身。而考試官袁亮，浙江杭州府錢塘學儒學教諭，湖廣麻城縣人；孫世禄，直隸大名府元城縣儒學教諭，直隸建德縣人，俱舉人出身。其餘同考官，亦皆教諭也。其策問云：“孔安國之書、毛、鄭之詩、仲舒之春秋、大、小戴之禮，咸有功于經者，乃今盡棄置之何與？其各所著述，尚可得聞其詳與？及後宋儒輩出，别爲傳注，咸謂有所發明矣，然不知能自得之，抑或有所本與？或者非漢而是宋，謂漢徒拾糟粕，宋講明精粹者，果何所見與？竊謂孟軻氏敘道統之傳，獨歸重于見知，以其世代之近，與夫去聖人之居亦近也，夫何漢儒多齊、魯之士，且去聖未遠，宋儒若程、朱、胡、蔡、陳澔諸人者，生于千載之下，而又非東土所産，顧有得有不得之殊，何與？”袁亮等何知經？然觀其意，似已有見于宋儒改古之非，而欲矯之者。

六官始顓頊

昭十七年傳：“黃帝氏以雲紀，故爲雲師而雲名；炎帝氏以火紀，故爲火師而火名；共工氏以水紀，故爲水師而水名；太皞氏以龍紀，故爲龍師而龍名。”孔疏：“四代官名，不可復知。惟‘縉雲’見左傳，疑是黃帝官耳。服虔曰：‘黃帝春官爲青雲氏，夏官爲縉雲氏，秋官爲白雲氏，冬官爲黑雲氏，中官爲黃雲氏；炎帝春官爲大火，夏官爲鶉火，秋官爲西火，冬官爲北火，中官爲中火。共工春官爲東水，夏官爲南水，秋官爲西水，冬官爲北水，中官爲中水。太皞春官爲青龍氏，夏官爲赤龍氏，秋官爲白龍氏，冬官爲黑龍氏，中官爲黃龍氏。’此皆事無所見，不可采用。”傳又云：“少皞立，鳳適至，故紀于鳥，爲鳥師而鳥名。鳳鳥氏，秝正也；元鳥氏，司分者也；伯趙氏，司至者也；青鳥氏，司啓者也；丹鳥氏，司閉者也；祝鳩氏，司徒也；雎鳩氏，司馬也；鳲鳩氏，司空也；爽鳩氏，司寇也。”

孔疏：“當時名官，直爲鳥名而已。秝正以下，皆以後代之官所掌之事託言之。”傳又曰：“五雉爲五工正。”孔疏：“賈逵曰：‘西方曰鷷雉，攻木之工也；東方曰鶅雉，搏埴之工也；南方曰翟雉，攻金之工也；北方曰鵗雉，攻皮之工也；伊、洛而南曰翬雉，設色之工也。’案賈所言出攷工記，是後世之書，少皞時工未必如此。”傳又曰：“自顓頊以來，不能紀遠，乃紀于近，爲民師而命以民事。”賈疏：“少皞以前，天子之號象其德，百官之號象其徵。顓頊以來，天子之號因其地，百官之號因其事。”事即司徒、司馬之類也。然則六官之名，始于顓頊。鶴壽案：上古之官名，載諸篇籍者多矣。崔實政論云：“太昊設九庖之官。”杜佑通典云：“黃帝立四監以治萬國，李官見于兵法，陶正閼有甯封，沮誦倉頡爲左右史，容成造秝，大撓作甲子，孔甲銘盤盂，亦皆史官也。”司馬相如賦注云：“岐伯，黃帝太醫。”張衡賦注云：“太容，黃帝樂師。”然非經典所載，未可信也。春秋左氏傳蔡墨曰：“五行之官，是爲五官。實則受氏姓封爲上公，祀爲貴神。社稷五氏，是尊是奉。木正曰句芒，火正曰祝融，金正曰蓐收，水正曰玄冥，土正曰后土。”魏獻子曰：“社稷五祀，誰氏之五官也？”對曰：“少皞氏有四叔，曰重曰該曰修曰熙，實能金木及水，使重爲句芒，該爲蓐收，修及熙爲玄冥，世不失職，遂濟窮桑。顓頊氏有子曰犂爲祝融，共工氏有子曰句龍爲后土，后土爲社稷田正也。有烈山氏之子曰柱爲稷。”漢百官公卿表云：“自顓頊以來，爲民師而命以民事，有重黎、句芒、祝融、后土、蓐收、玄冥之官。”今案：此木正、火正、金正、水正、土正、田正，凡六官名，皆顓頊以來之制。先生謂顓頊六官即司徒、司馬之類，未知然否？

卿士出爲諸侯

禹氏鯀爲崇伯，以其伯爵，故稱伯禹。是諸侯也，而入仕王朝，則爲司空。黃帝時，官名有“縉雲”，子孫以官爲氏，封于三苗。是諸侯也，而入仕王朝，與共工並列。義和四子，分掌四岳之諸侯。是亦諸侯也，而職掌天地四時，則又爲朝臣之首矣。蓋入爲卿士，出爲諸侯，此制實始于唐、虞，不特周之康叔爲司寇，聃季爲司空，禽父、燮父入典宿衛，武公、桓公繼爲司徒而已。

唐、虞五等爵

胤子①朱者，胤國子爵之君，名朱也。夏書“胤征”、顧命“胤之舞衣”，即此國也。崇伯鯀者，崇國伯爵之君，名鯀也。禹嗣其父之伯爵，入爲天子司空，故曰伯禹作“司空”。“伯”與伯益、伯夷，疑亦爵也。虞賓者，虞所封作賓于王家，丹國上公爵之君，名朱也。漢律秝志云：“堯讓舜，使子朱處于丹淵爲諸侯。”孔疏“虞賓在位，羣后德讓”②云：“王者立二代之後，獨言丹朱者，蓋高辛氏之後無文，二王之後，並爲上公，有與丹朱爵罰，故丹朱亦讓。”由此推之，五等諸侯之制，在唐、虞已班之矣。

牧誓官制

牧誓：“御事：司徒、司馬、司空，亞旅、師氏、千夫長、百夫長。”傳云：“治事三卿：司徒主民，司馬主兵，司空主土。指誓戰者。”疏云：“孔以時已稱王，應制六卿，今呼治事惟三卿者，司徒治徒庶之政令，司馬治軍旅之誓戒，司空治壁壘以營軍。是其誓戰者，故不及太宰、太宗、司寇也。”蔡云：“是時尚爲諸侯，惟有三卿，未備六卿。”此乃謬説。傳云：“亞，次。旅，衆也。衆大夫其位次卿。”文十五年傳：“宋華耦來盟，公與之宴。辭，請承命于亞旅。”杜注：“亞旅，上大夫也。”疏引牧誓爲證。成二年傳：“魯賜晉三帥三命之服，亞旅皆一命之服。”杜注同上。疏云：“周禮典命：‘公之孤四命，其卿三命，其大夫再命，其士一命。侯伯之卿、大夫、士，亦如之。’此三帥皆卿，故魯賜以三命之服。亞旅，大夫，故受一命之服。周禮‘大夫再命’，此‘一命’者，春秋時事，異于周禮。”據此則“亞旅”爲大夫甚明。而蔡以“亞”爲大夫，“旅”爲士，鑿空無據。況其下“師氏”秩大夫，中間獨夾一士，亦錯雜不倫。傳云：“師氏，大夫。官以兵守門者。”疏云：“師氏亦大夫，其官掌以兵守

---

①　胤，原作“允”，據尚書堯典改。下文“允國”、“允征”、“允之舞衣”之“允”亦均改爲“胤”。

②　“虞賓在位，羣后德讓”見尚書益稷篇。

門,所掌尤重,故別言之。周禮師氏中大夫,使其屬帥四夷之隸,各以其兵服守王之門外。朝在野外,則守內列。"案地官敍官云:"師氏,中大夫一人。"其職云:"掌以媺詔王。"此一節指平日無事燕見詔王而言。又云:"居虎門之左。"王視朝于路寢門外,若有善道可行,則以詔王。此一節指視朝詔王而言。又云:"凡祭祀、賓客、會同、喪紀、軍旅,王舉則從。"王行之時,師氏則從。以王所在,皆須詔王善道。此一節承"以媺詔王"而別言之。又云:"聽治,亦如之。"王舉于野外以聽朝,亦如虎門之左。此一節承虎門而別言之。蓋如祭祀則南北郊、山川,皆在野外,會同亦有在畿外者,軍旅更不待言,皆有聽朝之事。又云:"使其屬帥四夷之隸,各以其兵服守王之門外,且躋門外中門之外。"此一節敍王在宮中守衛之事。又云:"朝在野外,則守內列。"內列,蕃營之在內者也。守之如守王宮。此一節敍王在野外守衛之事。綜計師氏前四節,俱指詔王;後二節,專指守衛。此經武王臨敵誓衆,呼師氏告之,當以兵守內列爲主。傳當云"師氏,中大夫,在王宮以兵守門,在野外則守內列",方爲明析。今反引守門,疏謬已甚。蔡則云"師氏,以兵守門者,猶周禮師氏'王舉則從'者也。"此師氏,彼師氏,一官也,而蔡似誤分爲二。守宮門,從軍旅,二事也,而蔡似欲合爲一。且王舉則從,專指詔王。此時臨敵誓衆,當以兵守爲主。若千夫長、百夫長,鄭云:"師帥、旅帥也。"王云:"師長、卒長。"傳云:"師帥、卒帥。"疏云:"周禮二千五百人爲師,師帥皆中大夫;百人爲卒,卒長皆上士。孔以師雖二千五百人,舉全數亦得爲千夫長。長、帥義同,故以千夫長爲師帥,百夫長爲卒帥。王與孔同,鄭與孔不同。"案鄭惟解"百夫長"爲異,但以二千五百人之帥而舉全數但云千夫,則百夫長亦應以五百人爲旅之帥,舉全數而稱百夫。鄭説是也。蔡云:"千夫長統千人之帥,百夫長統百人之帥。"非是。鶴壽案:周公攝政致太平,始作周禮,所定官制,皆出周公。蓋武王誓師牧野,其時所從之官,乃是侯國制度,豈有未得天下,而即帝制自爲者哉！注疏雖引用周禮，亦聊以比擬耳。蔡九峯並不以周禮之師氏當牧誓之師氏，所謂"守宮門""從軍旅"，亦是汎言之。獨先生所著尚書後案，將牧誓官制與周禮官制勉強傅會，合而爲一，甚至師氏一官，引其全文而逐節剖析之。獨不思其時商受尚在，而定師氏之職，曰"掌以媺詔王"，又曰"守王門""守內列"，有是理乎？

門子

小宗伯"正室謂之門子"，注云："正室，適子也。將代父當門者也。"案：文選束晳補亡詩："粲粲門子，如磨如錯。"鶴壽案：先生于上一條，將尚書後案聯翩鈔入；于此一條，僅引選詩二句。何也？春秋隱三年"武氏子來求賻"，公羊傳云："武氏子者，天子之大夫，其稱'子'者，父卒子未命也。"桓五年"天王使仍叔之子來聘"，公羊傳云："稱仍叔之子者，父老子代從政也。"惠半農謂：武氏子、仍叔之子，皆門子也。門子未爵命，故周禮無官，然代父從政，聘問列國，居然大夫矣。故鄭伯盟于戲，六卿及門子皆從；子孔爲載書，大夫與門子弗順。入參謀議，出列會盟，位亞六卿，勢傾執政，豈非族大寵多使然與！周書皇門解曰："其有大門宗子，茂揚肅德，以助厥辟，勤王國王家。則先王所以育門子，與門子所以效忠于王室。濟濟一時，可想見矣。及其後而世卿專政，尹氏亂周，非詒謀之不善也。"燕義有庶子官，康成謂"門子將代父當門，庶子猶諸子副代父者"。諸子職云："國子存遊倅。"遊者貴遊，倅者副倅。然則門子爲正，國子副之。蓋卿之側室，大夫之貳宗與。學之師氏，掌之太子，會同賓客，作而從焉。修德學道，春合諸學，秋合諸射。先王教國子如此，則知所以育門子者亦如此。昭穆之辨，適孽之分，職在少宗，掌其政令。而魯之司寇，兼掌春官，臧孫氏世居其職，文仲後閔先僖，而昭穆無辨；武仲廢彄立紇，而適孽不分。則春秋門子，不皆正室可知矣。詩裳裳者華，刺幽王棄賢省之類，絕功臣之世，以爲其先人有禮于朝，有功于國，故先王使其子孫嗣之。是時周、召爲勳賢之裔；尹、姞爲禮法之家，雖舊族衰門，豈無不肖？而賢人君子，亦多出于其中，則先王教化使之然也。晉悼公即位，善政畢舉，而以育門子爲先，且曰膏粱之性難正也，故使悼惠者教之，文敏者道之，果敢者諗之，鎮靜者修之。先王之育門子者，其遺風不可復追乎！古大明堂之禮曰："日中出南門，見九侯門子。"則門子學于虎門。管子曰："國子之義，入與父俱，出與師俱，上與君俱。"說者謂"國子"即"門子"，在家曰"門"，在朝曰“國”。

代耕

孟子：“庶人在官，禄足代耕。”①案：禮記王制疏：“經云下士視上農夫，禄足以代其耕也。”則庶人在官者，雖食八人以下，不得代耕。故周禮載師有官田，謂庶人在官之田。小司徒疏雖不明言，然玩其語勢，亦止以代耕屬之下士。朱子語錄則云：“府史胥徒，各自有禄以代耕。”與二説不同。若依孔、賈之説，庶人在官者，分屬徒隸，與下士之列爵受禄者不同，不得代耕，所以載師有官田，即爲若輩所受耕之田，則身雖在官，不得廢農事。但攷“近郊十一”，則官田仍須納税。如此則若輩亦何樂乎爲府史胥徒？孟子何以明言其禄，以是爲差邪？意者于“近郊十一”中，別有府史胥徒官田除税不納之法以當其禄，而經不具乎？鶴壽案：官田者，官工之田，曶語所謂“工商食官”是也。故“官田”與“賈田”連文。庶人既在官，則何暇復耕田乎？至于禄以代耕之法，下士與府史胥徒，通食一夫。周制公田在私田中，下士食一夫者，食一井九十畝之税也。每人終歲食粟十八石。此惟上農夫私田十畝之收，足以給之。若公田之税，必校年之上下。十畝之税，中年止有十五石，不足以食一人。故知下士與府史胥徒有通食之法。公田一夫爲田九十畝，中年收税百三十五石，以五等之禄計之，下士食九人，爲粟百六十二石，少二十七石。府食八人，爲粟百四十四石，少九石。史食七人，爲粟百二十六石，餘九石。胥食六人，爲粟百有八石，餘二十七石。徒食五人，爲粟九十石，餘四十五石。史胥之餘，適足以補下士與府之不足。今五等農夫所獲，以食九人八人七人六人五人，尚餘四十五石。徒食五人，亦餘四十五石，其數適均。此通食一夫之義也。然則下士與府史胥徒，其禄當以石計，不當以畝計，但給以税粟，而非每歲與以公田之收明矣。若中士以上，食禄漸多，非如下士與府史胥徒受禄無幾，不可微有損益，故其禄但以二夫四夫爲計，不以食九人食五人爲計，孟子謂“中士倍下士”者，下士雖食百六十二石，而與府史胥徒通食一夫，則止算百五十石耳。

---

①　孟子此兩句原文爲：“下士與庶人在官者同禄，禄足以代其耕也。”見孟子萬章。

漢九卿

廣韻引釋名云："漢置十二卿。正卿九：太常、光禄、衛尉、太僕、廷尉、鴻臚、宗正、司農、少府。"攷漢百官公卿表，有奉常即太常，有郎中令即光禄，有衛尉，有太僕，有廷尉，有典客即鴻臚，有宗正，有治粟内史即司農，有少府，與釋名同。鶴壽案：劉熙釋名，本有三十篇，今所傳者止有二十七篇，釋爵位篇已佚。據北堂書鈔及太平御覽所引，漢置十二卿，一曰太常，二曰太僕，三曰衛尉，四曰光禄勳，五曰宗正，六曰執金吾，七曰大司農，八曰少府，九曰大鴻臚，十曰廷尉，十一曰大長秋，十二曰將作大匠。吳志韋昭曰："見劉熙所作釋名，信多佳者，然物類衆多，難得詳究，故時有得失，而爵位之事，又有非是。愚以官爵今之所急，不宜乖誤，又作官職訓及辨釋名各一卷。"北堂書鈔及太平御覽又引辨釋名云："漢正卿九：一曰太常，二曰光禄勳，三曰衛尉，四曰太僕，五曰廷尉，六曰鴻臚，七曰宗正，八曰司農，九曰少府。"今案廣韻所引官名次序，與此悉同，蓋即韋昭之辨釋名而非劉熙之釋爵位篇也。其不稱奉常、郎中令、典客、治粟内史者，續漢百官志云："太常卿一人，掌禮儀祭祀；光禄勳卿一人，掌衛宫殿門户；衛尉卿一人，掌宫門衛士宫中徼循事；太僕卿一人，掌車馬；廷尉卿一人，掌平獄；大鴻臚卿一人，掌諸侯及四方歸義蠻夷；宗正卿一人，掌宗室親屬；大司農卿一人，掌諸錢穀金帛諸貨幣；少府卿一人，掌中服御諸物。"然則劉熙蓋據後漢官名釋之耳。漢制九卿之外，又有執金吾、京兆尹、左馮翊、右扶風，位與九卿相等，故公卿表列之。史載汲黯、朱買臣爲主爵都尉，列于九卿，鄭當時至九卿爲右内史，石建傳稱左内史減宣爲九卿，張敞爲京兆尹，上書曰："臣前幸得備位列卿。"王尊爲京兆尹，御史大夫奏尊不宜備位九卿。母將隆爲執金吾，詔稱隆位九卿。主爵都尉後爲右扶風，内史後爲京兆尹，左内史後爲左馮翊，中尉後爲執金吾。此四官亦在九卿之内。其名曰"九卿"，實則十三卿也。

光禄卿

秦有郎中令，掌宫殿門户，漢因之。武帝太初元年，更名光禄勳。後漢同典三署郎更直，執戟宿衛，攷其德行而進退之。郊祀之事，掌三獻。故漢元帝永平元年二月，詔丞相、御史舉質樸敦厚孫讓有行者，光禄歲以此科第郎從官，歲舉二人。顔師古注："始令丞相、御史舉此四科人擢用之，而見在郎及從官；又令光禄每歲以此攷校,定其第高下。"後漢光武建武十二年八月,詔光禄歲舉郎茂才四行各一人。安帝元初六年,詔光禄勳與中郎將選孝廉郎寬博、有謀、清白、行高者五十人,吳祐以光禄四行遷膠東侯相。李賢注漢官儀曰:"淳厚、質樸、孫退、節儉也。"杜林建武十一年爲光禄勳,選舉稱平;魯恭遷光禄勳,選舉稱平;范滂舉孝廉光禄四行;陳蕃延熹六年爲光禄勳,與五官中郎將黄琬共典選舉,不偏權富。至梁除"勳"字,謂之光禄卿。北齊曰光禄寺,兼掌諸膳食。至隋惟掌膳食之事。取漢書舊名,其職則别矣。

魏時京官之制

魏志程昱之孫曉傳:"今外有公卿將校總統諸署;内有侍中尚書綜理萬機,司隸校尉督察京輦,御史中丞董攝宫殿。"數言可括魏在京官制。

魏文帝黄初初,改祕書爲中書,以劉放爲監,孫資爲令,各加給事中,遂掌機密。見放本傳。鶴壽案:周語云:内官不過九御,外官不過九品。自魏始定九品之官,歷代以來行之,載在通典者甚詳。先生啜此數語,未知何謂。

外官制

秦改封建爲郡縣,漢爲國爲郡,隋爲州,唐爲道爲軍,宋爲路,元爲行省,明爲直隸爲省;因時之變而制亦變。秦改唐、虞、三代州牧,置監察御史;漢初更遣丞相史督御史,後置刺史,當時目爲外臺,猶御史之職;隋以州統縣,刺史爲太守之互名,非其舊職;唐置巡察,復改採訪處置使;宋、元諸史,遞有增置,一如古御史之職,而守令隸屬焉。明制具明史,不贅述。

漢初猶存秦制,諸州置監察御史。文帝十三年,以御史不奉法,乃遣丞相史分刺諸州以督之,不常設。元封元年,御史止不復監,五年置部刺史,掌詔六條察州。成帝綏和元年,以刺史位下大夫而臨二千石,輕重不相準,乃更爲州牧,秩真二千石。哀帝建平二年,罷牧,復置刺史。元壽二年,復設州牧。光武中興,仍置刺史。自西漢以來，刺史周行郡國，無治所，後漢始置所治之地。靈帝中平五年，改置牧，凡一州統數郡，郡之附州者爲都，置一尹一丞；其不附州者爲郡，置一守一丞一尉。凡一郡統數縣，縣萬戶以上者置令，萬戶以下者置長，皆有丞尉。其郡爲諸侯王國者置內史，以掌其治。成帝綏和元年，省內史，以相治民，皆不置守。

三國有郡守，有國相，有內史。魏黃初三年，置都督諸州軍事，兼領刺史。凡刺史任重者，爲使持節都督，輕者爲持節。其庶姓爲州而無將軍者，謂之單車刺史。單車刺史加督進一品，都督進二品。其刺史帶將軍開府者，則州與府各置僚屬。其四征將軍與刺史並設者，率以其州刺史爲儲帥，其他郡守、縣令，多從漢制。

晉初以刺史治民，別設都督治軍，位刺史上。惠帝末年，并都督于刺史，復漢州牧之舊；非要州則單爲刺史。渡江後，尤以都督中外爲重，必大臣位望最隆者居之。其制都督諸軍爲上，監諸軍次之，督諸軍爲下；使持節爲上，持節次之，假節爲下。舊河南部設司隸校尉，及徙都建業，即以揚州刺史代司隸之職，丹陽改爲丹陽尹。蓋郡置太守，王國制內史，而京師所在則謂之尹。凡刺史每州一人，三年一入奏。其刺史帶將軍開府者，則各置僚屬，分典軍民。大抵多沿魏制。晉郡守皆加"將軍"之號，無者恆以爲恥。縣大者置令，小者置長。

南北朝，宋有監州之任，文帝改"監"爲"督"。其都督中外者，得假黃鉞。州郡之職，多循晉舊。隋置四州大總管，餘州總管，並加使持節，至煬帝時罷之。刺史分爲九等，其帶總管者，加使持節。開皇三年罷郡，以州統縣，雖有刺史，皆太守之互名，但職理郡，無復軍府。于是州府之職，參爲郡官。大業三年，復罷州置郡，郡置太守外，置刺史十四人，巡察畿外。其州縣先分爲九等者，至開皇十四年，定爲上中下三等。

唐初有五大總管府。武德七年，改爲大都督。太極元年，以並、益、荊、揚爲四大都督府。凡都督兼刺史者，不檢校州事，以長史領之。景雲二年，始有節度使之名。開元中，天下凡八節度，後諸道皆置節度。凡節度之職，總軍旅，專誅戮，建牙樹纛，爲國重臣。其屬有副使一人，行軍司馬一人，判官二人，掌書記一人，隨軍四人，參謀則無定員，若朝覲則置留後。其不置節度者，則設防禦使。初防禦與採訪各置一人，防禦理軍事，採訪理州縣。天寶中，始以一人兼領之。採訪之置，昉于開元二十二年。自至德以後，改採訪爲觀察。觀察之職，察所部善惡以舉政綱。或節度使兼領之，或廢節度則設觀察。觀察嘗並領都團練使。觀察之屬，有判官二人，支使二人，推官一人，皆自辟召。其餘諸使，如貞觀二年有經略使，八年有十八道黜陟使，有觀風俗使；天授二年，有十道存撫使；聖歷中，有安撫使；神龍二年，有十道巡察使；景雲二年，有十道按察使；乾元中，有都統使；貞元八年，有諸道宣撫使；大中五年，有制置使。又有度支營田使、守捉使、轉運使、租庸使、兩稅使、鹽鐵之屬。廢置不常，不可枚舉。内如巡察、安撫、存撫等使無定員，亦不時設。而轉運之職，其後率以宰相充之。諸道自揚州至鄭、滑，分置巡院，皆繞于此。此皆統臨諸郡之大吏也。州郡之職，自武德元年改郡爲州，改太守爲刺史。天寶元年改州爲郡，改刺史爲太守。由是刺史止守一郡，雖有使持節之名，實一太守之職，其州府之佐，多沿舊制。

　　宋節度觀察，特爲虛名，不復預方岳之事。而監司之任，則有帥、漕、倉、憲諸官。帥則諸路安撫使，漕則諸路轉運使，憲則諸路提刑按察使，倉則提舉常平倉，謂之倉司。唐節度多兼觀察及度支、營田、招討、經略等使，宋則監司各有建臺之所，每司專有長官，專有掾佐，而號令之行于統屬者，從此始煩矣。案江南舊無安撫，自宣和三年，始詔江寧與杭、越諸州守臣並帶安撫使。建炎元年，李綱請于沿河、沿淮、沿江各置安撫使兼馬步軍都總管。二年，令將兵處知州常管内安撫，自是安撫之職始重。時諸路又有安撫大使，凡二品以上爲帥者，即以“大”名之。轉運之職，肇于唐時諸道分置巡院。宋祖懲藩臣擅有財賦，不歸王府，自乾德以後，始置諸道轉運使，多以帥守兼領，浸尋日久，其權漸重，凡賊盜、刑獄、邊防、金穀之任，無所不統。于是景德中建提點刑獄一司，復以知州帶一路安撫鈐轄，自領軍事，以分其權。慶歷中，患其過輕，三年，詔諸路轉運使並兼按察使，每歲具官吏能否，至六年罷之。提刑之設，始于開寶九年遣和峴採訪江南道。時係特遣，不爲專官，後置諸路提點刑獄，尋罷復置。紹聖中，乃詔三歲一遣郎中御史，按察諸路監司，是爲提刑按察使。提舉之官，始于熙寧時遣使提領常平倉，不隸漕臣。政和初，詔江、淮、荊、浙六路共置茶鹽提舉一員。建炎元年，詔提舉常平之任并歸提刑。至紹興九年，復置經制使，改常平官爲經制某路，幹辦常平公事。未幾罷，改爲提舉常平司。東南提舉，多以茶鹽兼領之。時江南之地，有總領一官，敍位在轉運副使之上，其屬有糧料院、審計司、榷貨務、都茶場、封椿庫、贍軍酒庫、惠民、萬局等官，俱統于總領；其他若制置使、經略使、招討使、招撫使、鎮撫使等，皆有事則設，不常置。其守令之職，宋初分命朝臣出守列郡，號權知軍州事，其二品以上帶中書、樞密、宣徽院職事者，則稱判太守。又設通判，以貳軍州之政，與州守均禮，而判推支使書記錄曹之屬謂之幕職。宋初，縣令常用朝官出宰，以重民社之寄，其後參用京官幕府及試衙官。天聖以後，令選猥下，爲清流所不與。靖康初，命改官者必爲縣令。紹興七年，詔寺、監丞、簿等任滿已改官人未歷民事者，各與堂除知縣一次。乾道二年，詔非兩任縣令不除監察御史，自是人無不爲令者。

　　元自太宗始立十路宣課司，有元帥行省之號。世祖即位，命劉秉忠、許衡酌今古之宜以定官制經世大典，敍錄云："凡外之郡縣與朝廷遠者，則鎮之以行中書省；其郡縣又遠于省或有邊徼之事者，則置宣慰使以達之。鹽鐵之類，又別置官。有軍旅之事分布于外者則置萬戶府，有大征則置行樞密院，無則廢之。刺舉之任，則有行御史臺、領監察御史、肅政廉訪司以治之。"蓋元官制之大略如此。其路、府、州、郡，以蒙古人爲之長，皆稱"達魯花赤"，俗亦謂之監州；以漢人爲守副之，皆稱總管。凡上路達魯花赤總管府尹，正三品；下路從三品。上州達魯花赤州尹，從四品；中州正五品；下州從五品；散州正四品。縣亦分上中下三等，每縣各有達魯花赤，掌縣之印，以知縣爲縣尹，掌判署事。以上見江南通志。鶴壽案：以上本爲一段，今分列之。總督、巡撫之名，起于南北朝，而明則各省設焉。其初命京卿巡撫地方，有軍事，則命總督軍務，因事而設，事已旋罷。其後各省俱有定員，而布、按二司之權輕矣。

蛾術編卷七十二

説　制　十

書疏言量之數與漢志異

虞書"同律、度、量、衡"，鄭注："律，陰吕陽律也。度，丈尺。量，斗斛。衡，斤兩也。"疏云："律，候气之管。度、量、衡三者，漢律秝志云：'皆出黃鍾之律。度者，分、寸、尺、丈、引，所以度長短也。本起于黃鍾之長以子穀秬黍中者，以一黍之廣度之，千二百黍爲一分，十分爲寸，十寸爲尺，十尺爲丈，十丈爲引，而五度審矣。量，謂龠、合、升、斗、斛，所以量多少也。本起于黃鍾之龠以子穀秬黍中者，千有二百實爲一龠，十龠爲合，十合爲升，十升爲斗，十斗爲斛，而五量嘉矣。權者，銖、兩、斤、鈞、石，所以稱物知輕重也。本起于黃鍾之龠容千二百黍，重十二銖，兩之爲兩，十六兩爲斤，三十斤爲鈞，四鈞爲石，而五權謹矣。權衡一物，衡，平也；權，重也。稱上謂之衡，稱錘謂之權，所從言之異耳。'如彼志文，是度、量、衡本起于律也。"案：漢志"一黍爲一分"，疏作"千二百爲一分"。漢志"合龠爲合"，疏作"十龠爲合"。皆誤也。"合龠"當爲"兩龠"，若十龠爲合，有黍一萬二千，一升有一百二十萬毋乃太多？且一龠容千二百黍，重十二銖，兩銖爲兩，則二十四銖也。十六兩爲斤，若十龠爲合，則一合有五兩，一升有五十兩，重三斤零二兩，亦覺太重。即以今市中所用糶糴稻米量校之，米一升僅得一斤零三兩，稻米與黍，其性輕重未詳，要必不遠，而今之量自當大于古二三倍，若古黍一升重三斤零二兩,則古之量反大于今,必無此事。既夕禮"朝一溢米",鄭注:"二十兩曰溢,爲米一升二十四分升之一。"然則古米一升,實一斤零三兩强也。且古法十六兩爲斤,二十四銖爲兩,十絫爲銖,米一斛重百二十斤,則一斗重十二斤,以十六通之,爲一百九十二兩,然則一升之積,當爲一斤三兩十分兩之二也。十分兩之二,即四分八絫。以銖絫法通之,爲四萬六千零八十絫,又置二十兩,以銖絫法通之,爲四萬八千絫,兩數相較,則溢之多于升者一千九百二十絫,以二十四乘之,正得四萬六千零八十絫。即一升之數。故云二十四分升之一也。鶴壽案:以千二百黍爲一分,一萬二千黍爲一合,人人知其爲不然,況孔疏明言據律絫志,則此二句爲傳寫之誤無疑,不必用斤兩法辨正之。

五秉

論語"冉子與之粟五秉",包咸曰:"十六斗爲庾。"與賈逵國語注同,而不合周禮。周禮旅人"豆實三而成觳",鄭云:"豆實四升。"則觳實一斗二升也。陶人:"庾實二觳。"如陶、旅二文,則庾二斗四升。案:上文初與之釜,六斗四升爲釜,請益而僅與二斗四升,故冉子自以己粟與之五秉。聘禮"車秉有五籔",注云:"二十四斛也。"記云:"十斗曰斛,十六斗曰籔,十籔曰秉。"注云:"秉十六斛,則一百六十斗也。"五秉合八十斛,共八百斗也。馬注正同。鶴壽案:戴氏玫工記圖補注云:量之數斗二升曰觳,十斗曰斛,二斗四升曰庾,十六斗曰籔。"觳"與"斛","庾"與"籔",音聲相遍,傳注往往譌溷。論語"與之庾",謂于釜外更益二斗四升。蓋與之釜已當,所益不過乎始與。包注"十六斗曰庾"誤也。先生之説,蓋本戴氏,但謂包注與賈逵國語注同則誤。周語"野有庾積",韋昭注引唐尚書云:"十六斗曰庾。"昭謂"此庾露積穀也。詩云'曾孫之庾,如坻如京'是也"。唐尚書乃唐固,非賈逵也。史記魯世家"申豐、汝賈許齊臣高齕、子將粟五千庾",裴駰引賈逵曰:"十六斗爲庾。五千庾,八萬斛。"然則包注與賈逵左傳注同耳。

原思粟九百

論語:"原思①爲之宰,與之粟九百。"古人禄計月以給者多,

---

① 原思,春秋魯原憲。孔子爲魯司寇,以憲爲家邑宰。

計歲者少，此九百，一月所給也。朱子云："九百不言其量，不可攷。"案孔注，九百斗也。漢蕭何傳："高祖繇咸陽，吏皆送奉錢三，何獨以五。"三、五不言實數若干，注家可知其爲三百五百，今此乃夫子之家宰，若月俸九百斛，則太多，故安國知爲九百斗，不出"斗"字，省文耳。計一月九百斗，則九十石，歲得一千八十石，以今量較之，約四五百石。漢汲黯傳如淳注："真二千石月得百五十斛，歲千八百石；二千石月百二十斛，歲一千四百四十石。"夫子家宰，禄比漢二千石，歲少至七百二十石，或三百八十石，不爲太多，況漢量未必小于周乎？至史記衛靈公問孔子居魯，得禄幾何？對曰："奉粟六萬。"衛亦致粟六萬。索隱曰："若六萬石，似太多；當是六萬斗。"亦與漢之禄秩不同。正義曰："六萬小斗，計當今二千石。周之升斗斤兩，皆用小也。"余謂索隱近之，正義則謬。唐之量雖大，比周加一倍可矣，計六萬斗，則六千石，即唐時量亦當三千石，豈止二千乎？然此必以歲計，若月給此數，則太多矣。孟子，齊宣王欲養以萬鍾。昭三年左傳："齊舊四量，豆、區、釜、鍾。四升爲豆，皆自其四，以登于釜。釜十則鍾。"杜預曰："四豆爲區，區斗六升。四區爲釜，釜六斗四升。鍾六斛四斗。"説文："斗"字部首："十升也。""斛"字注："十斗也。""石"字部首但云："山石也。"據此知古人或言石或言斛，二者是一，而斛爲正名，石乃假借言之。今人則以五斗爲斛，十斗爲石。計一鍾爲六石四斗，萬鍾則六萬四千石。即古量小，今量大，而以今量亦當四五千石矣。宣王欲養孟子，即以歲給，亦覺太多，況下又云"辟十萬而受萬，是爲欲富乎"？趙岐曰："往者曾饗十萬鍾之禄。"更屬荒唐，恐不可信。

錢法

宋書何尚之傳：沈演之議錢法曰："龜貝行于上古，泉刀興于有周。"

魏文帝紀："黃初二年初復五銖錢，旋以穀貴罷之。"宋書何

尚之傳：尚之議錢法曰：“四銖五銖錢文皆古篆，非下走所識。”鶴
壽案：既講錢法，而僅綴此數語，殆先生欲辨而已忘邪？

儀象攷略

自漢以來，有太初秝，有劉歆三統秝，有祖沖之四分秝，有劉
洪乾象秝，有僧一行大衍秝，有郭守敬授時秝，隨時遞變。

大西洋歐羅巴國秝法，本于祖沖之。蓋因遼人大石林牙至天
方國即回回。傳其術，因而轉入大西洋。外國人善遵師説，守而不
變，不似中國人之好變古。近儒宣城梅文鼎定九過于尊信西法，
孫星衍問字堂集斗建辨，謂三代知天，必因斗建。祖沖之云：“月位稱建，諒
以气之所本，非爲斗杓所指。”梅文鼎亦承其誤，以梅氏通算法而不知稽古之
過。休寧戴震東原則又過抑西法，皆爲未得其平。然文鼎攷古之
功雖疏，而正蒙日月皆左旋，終置不信。亂道到正蒙，斯爲極矣。
鶴壽案：歐羅巴秝法雖不可過信，亦不必過抑。中法不及西法者，凡有數術。
一曰經星度差。由于黃、赤道二極不同，心星繫赤道，而執黃道之部次以求
合，故自洛下閎以及郭守敬諸名家，測驗無符者。一曰宮分今古不同：由于
黃、赤交道西行，自有書契以來，春分日躔中，漸西至進賢，及至左執法，于
是而執一定一説，遂至寶瓶等十二宮，皆差八度有奇。一曰月將之差：由于
節、气二者，皆太陽行度也。豈有節气已到，而月將未到者乎？一曰節气之
差：由于均分平年太陽行度之有贏縮，定朔與交气皆用之，過宮之行，豈二十
四平除可盡乎？一曰推步不同：中法止于勾股割圜，而西法分正弦、餘弦、切
線、割線等八法，二者其類不同，粗細亦分，焉能一一符合？一曰測景不同：中
法測于二至，西法獨重二分。太陽本輪既殊，赤、黃交極各異。且清蒙差多，
焉能在在不爽？一屬交日分數：日食本于月影，月食本于地影，即如大都之東
近海，清蒙差多，大都之西遠海，清蒙差少，非一日之贏縮，月之遲疾，可無遺
策也。一屬五星緯度：經度如二儀之朔望，緯度如二儀之交食，即如太陰犯昴
太陰犯土之類，每九年一次，十二月皆然，此天地之情也。至西法之不及中法
者，無論其他，即以天體而論，楚詞言圜，則“九重孰營度之”？蓋七政各有一
天，天動而七政隨之，各有所行之道。各有所行之道，則各有一極，故七曜左
旋，非七曜自旋其極，順天左旋也。至于回環右轉，極未嘗逆移其本天斜動，
則其道側溯而右也。其遲速不等，則因天有重數之故，古人定爲九重：天自爲

天,太虛無窮一也,恒星二也,鎮星三也,歲星四也,熒惑五也,太陽六也,太白七也,辰星八也,太陰九也。皆成大圜。而其行有法,故曰"圜則九重"。乃西法于太虛天中,分常靜、宗動爲二重,又于恒星天上,分東西差南北差爲二重,則有十二重天矣。歲差二重,步算家不用,梅文鼎亦嘗疑其不足據,而信常靜、宗動爲近理。北極、赤道繫之宗動天者也。雖去歲差二重,而顯然可指。數猶有十重,何以古人但言九重?蓋太虛無窮,十與十二,皆不足以盡之。天數極于九,恒星七曜,適有八重,并其遠而無所至極者爲九,如此而已矣。歐羅巴之説,豈非鑿空無據乎!

天有九層。弟一層宗動天,毫無形象。其二十八宿及衆星與凡一切無名小星,皆在弟二層天,北極亦在弟二層天。至下面七層天,止有日月五星,各占一層,此外別無他物。

周天三百六十五度四分度之一。此度從日起算,日一晝一夜所行天之數,人爲取名曰一度。日行三百六十五日四分日之一而一周天,不能三百六十日,不能三百六十五日,亦不能三百六十六日。日月合朔,會于十二次者,因日遲速,有參差不齊,月二十七日餘一周天,日三百六十五日餘一周天,所以置閏。鶴壽案:欲知天度,必求諸黃道宿度,後漢志稱"在天成度,在秤成日,居以列宿,終于四七",此天度之所由起。以日循黃道右旋,一晝夜所過,謂之一度,凡三百六十五日小餘不及四分日之一右旋一周。古推步家約計,大致定爲歲周三百六十五日四分日之一,因以命度,定爲天周之度。永元四年,左中郎將賈逵論曰:"臣前上傅安等周黃道度、日月弦望,史官一以赤道度之,不與日月同,于今秤弦望至差一日已上。輒奏變至。以爲日卻縮退行于黃道。自得行度不爲變,願請太史官日月宿簿及星度課與待詔星象致校。奏可。臣謹案前對,言冬至日去極百一十五度,夏至日去極六十七度,春、秋分日去極九十一度。赤道者爲中天,非日月道,而以遙準度日月,失其實行故也。如安言,問典星待詔姚崇、井畢等十二人,皆曰星圖有規法,日月實從黃道,官無其器,不知施行。"案甘露二年大司農中丞耿壽昌奏:"以圖儀日月行跡驗天運狀,日月至牽牛、東井,日過度,月行十五度;至婁、角,日行一度,月行十三度:赤道使然,此前世所共知也。如言黃道有驗合,天日無前卻,弦望不差一日,比用赤道密近,宜施用十五年七月甲辰詔書,造太史銅儀,以角爲十三度,亢十,氐十六,房五,心五,尾十八，箕十，斗二十四四分度之一，牽牛七，須女十一，虛十，危十六，營室十八，東壁十，奎十七，婁十二，胃十五，昴十二，畢十六，觜三，參八，東井三十，輿鬼四，柳十四，星七，張十七，翼十九，軫十八：凡三百六十五度四分度之一。冬至日在斗十九度四分度之一。"戴東原曰："天本無度，因日躔以起度。度者，行而過之之名，故日循黃道一晝夜所過，即爲一度。黃道斜交于赤道，日躔自南斂北，自北發南，寒暑往來而成歲者，黃道事也。辨方位計辰刻者，赤道事也。日右旋三百六十五日有奇于黃道一周，謂之歲周，因分天爲三百六十五度有奇，謂之天周。"是度法本宜施之于黃道，不宜施之于赤道。而漢元封七年，太中大夫公孫卿、壺遂，太史令司馬遷，與侍郎尊，大典星射姓等，定東西、立晷儀、下漏刻，以追二十八宿，相距于四方，徒有赤道宿度，無黃道宿度。前漢志角十二，亢九，氐十五，房五，心五，尾十八，箕十一，斗二十六，牛八，女十二，虛十，危十七，營室十六，壁九，奎十六，婁十二，胃十四，昴十一，畢十六，觜二，參九，井三十三，鬼四，柳十五，星七，張十八，翼十八，軫十七。此列宿相距，乃從赤道測其度數。下至唐初，相承不改。開元中，詔梁令瓚作黃道游儀，測知畢、觜、參及輿鬼四宿，赤道宿度與舊不同，畢十七，觜一，參十，鬼三。宋皇祐已後，屢有改更。元新制渾儀，測用二線，角十二度十分，亢九度二十分，氐十六度三十分，房五度六十分，心六度五十分，尾十九度十分，箕十度四十分，斗二十五度二十分，牛七度二十分，女十一度三十五分，虛八度九十五分，太危十五度四十分，室十七度三十分，壁八度六十分，奎十六度六十分，婁十一度八十分，胃十五度六十分，昴十一度三十分，畢十七度四十分，觜五分，參十一度十分，井三十三度三十分，鬼二度二十分，柳十三度三十分，星六度三十分，張十七度二十五分，翼十八度七十五分，軫十七度三十分。玫觜、參二宿，漢定爲觜二參九，唐改爲觜一參十，元則觜僅百分度之五，參十一度百分度之十，明崇禎元年測改參前觜後。蓋列宿循黃道右旋，以在歲差。其黃道度分有定，而從赤道視之，近二至者度閼必閼。赤道渾圓之中圍，周髀算經謂之"中衡"。冬至謂之"外衡"，夏至謂之"內衡"，其左旋皆準赤道平行，以成規法，外、內衡小于中衡，則其應乎赤道也，外、內衡度狹，中衡度閼。黃道亦渾圓之中圍，而執斜側，當其與二至近黃道，以閼度應其狹度，故在黃道一度，在赤道必過乎一度，近二分則斜側之勢乃顯，故在黃道一度，在赤道必不及一度。漢耿壽昌所謂攷驗天運狀，日月至牽牛、東井，日過度，月行十五度。時牽牛近冬至，東井近夏至故也。赤道宿度，因歲差而古今異致，向之平者今直乎斜側,向之側者今轉移近平。體執殊觀,不惟觜西距星,從赤道視之,轉而在參西距星之東,鬼西距星,亦可轉而在柳西距星之東,皆將前後易位,而不得不各改距星,始合黃道前後之定序。故宿度惟以黃道爲主,而赤道可不論。

後漢朱浮傳:浮①上疏言:傳曰:"五年再閏,天道乃備。"注云:"周天三百六十五度四分度之一,日行一度,一年十二月,除小月六日,即一歲三百五十四日,是爲每歲日行天,餘一十一度四分度之一不帀,一年餘十一日四分日之一,故三年即餘三十三日四分日之三,閏月又小,是五年即得再閏。"張純傳:純奏曰:"禮説三年一閏,天气小備。五年再閏,天气大備。"洛書甄曜度:凡周天三百六十五度四分度之一,一度爲千九百三十二里,日一日行一度,月一日行十三度十九分度之七。二十四箇節气挨下來,不能得中气,故置閏將中气移下一月,若依板法算去,應三十二箇月多一月。鶴壽案:月有平朔,又有定朔;气有平气,又有定气。昔人但據日月平行之數,而未攷其實行之數,所謂十九年气朔分齊,其實不齊也。詳見下卷。

古秝三百六十五日四分之一,今秝西法現行者。已將奇數去之,就整數以便算,作三百六十日數矣。想必別有數湊著他。

日晝出地上,夜入地下。月則當晝有在地上時,亦有在地下時;當夜有在地上時,亦有在地下時。

友人吳一峯曰"日大于月幾倍",或有此理。又曰"二十八宿皆大于日",則恐不可信。或曰"日視地,大幾倍之",俟再攷。

天行最速,以天體最大故也。其次則月速,以月最在下故也。恒星最遲者,以其在弟二層天,日月五星之上也。然月之速,亦不盡由于最在下,是月行本自速。何則?若以日高月低爲説,則月在弟九層天,日亦僅在弟六層天,並非弟一弟二層,相去猶不至倍;即使倍之,而月二十七日有零一周天,日亦宜五十餘日一周天,何以日乃遲至三百六十餘日方一周天乎?可知是日行本遲,月行本速

---

① 浮,原作遊,據後漢書朱浮傳改。

故耳。但陽精宜健快，陰精宜遲重，今乃反之，則不可解。鶴壽案：日行一日夜，不及天一度，陽精健快也。月行一日夜，不及天十三度十九分度之七，陰精遲重也。此以進數言。日行一日夜，止退一度，自然三百六十餘日一周天。月行一日夜，已退十三度十九分度之七，自然二十七日有奇一周天。此以退數言。其故極易解，先生乃以爲不可解邪？

漢天文志云：“經星常宿五星日月，皆陰陽之精，其本在地，而上發于天。”語本史記，疑七十子以來相傳微言。説文晶部“曐”字注云：“萬物之精，上爲列星。”荀悦漢紀：“凡三光精气變異，此皆陰陽之精也，其本在地，而上發於天也。”皆與漢志合。

十二次爲日月所交會。以次言之，寅曰析木，卯曰大火，辰曰壽星，巳曰鶉尾，午曰鶉火，未曰鶉首，申曰實沈，酉曰大梁，戌曰降婁，亥曰娵訾，子曰元枵，丑曰星紀。以星言之，角、亢、氐、房、心、尾、箕、斗、牛、女、虛、危、室、壁、奎、婁、胃、昴、畢、觜、參、井、鬼、柳、星、張、翼、軫二十八宿。以人言之，甲曰閼逢，乙曰旃蒙，丙曰柔兆，丁曰彊圉，戊曰著雍，己曰屠維，庚曰上章，辛曰重光，壬曰元默，癸曰昭陽，子曰困敦，丑曰赤奮若，寅曰攝提格，卯曰單閼，辰曰執徐，巳曰大荒落，午曰敦牂，未曰協洽，申曰涒灘，酉曰作噩，戌曰閹茂，亥曰大淵獻。次者，猶節次之次，會聚上宿之義也。鶴壽案：古以星記日月之行，唐、虞時分四象而已，亦謂之四陸。至周人始詳十二次、二十八宿，左傳梓慎曰：“玄枵，虛中也。”裨竈以娵女爲玄枵之維首。據是遞之，星次之大致可致。爾雅釋天：壽星，角、亢也。大辰，房、心、尾也。大火謂之大辰。析木之津，箕、斗之間漢津也，星紀，斗、牽牛也。玄枵，虛也。顓頊之“虛”，虛也。北陸，虛也。娵訾之口，營、室、東壁也。降婁，奎、婁也。大梁，昴也。西陸，昴也。柳，鶉火也。爾雅所未舉者，實沈，參也。鶉首，東井、輿鬼也。鶉尾，軫也。玄枵一曰天黿，娵訾之口一曰豕韋，東陸蒼龍七宿，爲壽星、大火、析木之津二次；北陸玄武七宿，爲星紀、玄枵、娵訾之口三次；西方白虎七宿，爲降婁、大梁、實沈三次；南方朱鳥七宿，爲鶉首、鶉火、鶉尾三次。宋書祖冲之曰：“臣以爲辰極居中，而列曜貞觀；羣象殊體，而陰陽區別。故羽介咸陳，則水火有位；蒼素齊設，則東西可準。原非以日之所在，定其名號也。次隨星名，義合宿體，分至雖遷，厥位不改。"戴東原曰："典禮言前朱鳥而後玄武，左青龍而右白虎，此列宿之四象。"春秋傳有"日在北陸、西陸朝覿"之文，是四象即四陸也。爾雅雖云北陸虛也，西陸昴也，實言陸則兼該三次，故舉中一宿以見七宿。天體既動，隨時不同，何以有南北東西之定方？據堯典"日中星鳥，以殷仲春"，鳥在南，則蒼龍在東，白虎在西，玄武在北；象各七宿，或見或否，因其時之定位，介爲南北東西；移時則不同，越數千年，則仲春初昏亦不同，然則分四象始自羲和可知矣。周冬至日在牽牛，爲星紀之中，則斗值星紀之初，用是爲十二次紀首，故曰星紀。唐、虞冬至日在虛，乃玄枵正中。元巳來冬至日在箕，乃析木之津正中，不首斗、牽牛也。然則十二次之名始自周人可知矣。漢費直、劉歆、蔡邕諸人，未識歲差，各以節氣日所在宿度分十二次之界，故劉、蔡並云"日至其初爲節氣，至其中爲中气"。晉虞喜始立"歲差法"，而祖①冲之論之尤詳。後此推步家雖知是次不隨日躔推移，然其十二次之界，不過損益漢志及月令章句為之，咸非定論。星次起于周人，則當取春秋傳"玄枵虛中"及"婺女爲玄枵之維首"二語，就黃道均分其界，庶幾不大違于古。

天左旋，日月五星并恒星等一切皆違天而右旋。今日月星皆左旋者，天速，日月星遲，爲天所曳而左也。日月皆爲天所曳而左旋，乃禮記"大明生于東，月生于西"者，何也？月魄初生，初二日始見西方，漸移而東，至十二三日，方從東出耳。

初二初三日，月魄始見于西方者，乃人目之所見，其實月仍從東升，漸移至西，因白日之中人不見月，至昏乃見耳。但宋人徒據目中所見日月皆東升西没，遂謂日月皆隨天而左旋，不知其實右旋，特爲天所曳而左也。大輪在外小輪在內之説，非也。蟻在磨上，磨左旋，蟻右旋，但磨疾蟻遲，人視之覺蟻亦左旋也。張橫渠只見磨左旋，竟不知蟻原是右旋，可謂愚矣。鶴壽案：左旋者，自西而東也。右旋者，自東而西也。漢以來步算之家皆言天左旋，日月五星右旋，至宋張橫渠乃謂天左旋，處其中者順之少遲，則反右矣。漢人所謂右旋者，以其進數言之也。宋人所謂"亦左旋"者，豈以其退數言之與？戴東原曰：稽之于

---

①　祖，原誤作左。

古，夏秌已有列宿日月皆西移之説；求之于今，又得梅氏反覆申明其義。然執是以告步算之家，知其必不從。試就赤道、黄道論之。赤道正，而黄道斜絡之者也。赤極不動，而黄極每晝夜必環繞之以成一圈者也。黄極每晝夜環繞赤極一周，日在黄道上因之一周，此之謂順天左旋。其旋也，宗赤極而不宗黄極。黄極者，黄道之樞。樞既乘動機左旋于中，其道則成回環之勢右轉于外。假使黄道每晝夜斜行而左旋，黄極居其所不動，則日出没非東西正位，而列宿皆旋繞黄極矣。何以東升西没，必正相對也？列宿皆環繞赤極，不繞黄極也。以是言之，左旋者乃黄極，而不可言日躔黄道爲左旋明矣。假使黄極既左旋，日在黄道上又自爲左旋，兩者俱左，勢必愈速，則黄極不及繞一周，日所到已成晝夜。恒星既宗黄極，何以能過之？假使恒星亦自左旋，彌速于日，則是黄極不及繞一周者，列宿皆不及一天周又自爲轉而竟過之，不幾恒星距赤極一晝夜即覺其大差乎？以是言之，黄極晝夜左旋，日躔黄道，未嘗自爲左旋明矣。日躔黄道不自爲左旋，假使日竟不動，則日終古止于其處，無自發斂，何以成寒暑往來？以是言之，日躔黄道，必有動移，而其動移也，既不左旋，則必移而右轉明矣。惟日躔黄道，有回環右轉之勢，則一左一右，其勢少遲，日一周而成晝夜，黄極環繞一周而又過一度，列宿皆左旋過日一度，恒星循黄道回環右轉者甚微，故其距赤極每晝夜不覺差移也。或曰：列宿七曜既順天左旋矣，又回環右轉，豈一時兩動之謂乎？曰：非也。左旋者諸曜未嘗動也，隨黄極環繞而俱左耳；右轉者黄極未移也，諸曜在其中絃側溯而右耳。其左旋也，赤極居中，赤道正而黄道斜，黄極與日月星皆環繞之。其右旋也，黄極居中，黄道正而月五星之天斜絡之，日每歲一周，而恒星每歲亦有分秒之推移。蓋左旋者天道之本然，而右旋者動機回環之勢也。朱子喻以兩輪，梅氏推及不同樞，學者猶疑其言，似日月星在天徒隨天左旋，而有遲速，無復右旋之實，與實測不合。愚則以樞左旋甚速，明東升西降之本；以輪在外稍成回環之勢，明右旋之因。然後左旋右旋，皆實有測驗也。

　　能算日月食，方爲通秝法。朔則日月會于十二辰，日爲月掩則日食。望則日月恰相對照，爲地影所隔，日光射不到月，則月食。故日食必于朔，月食必于望。鶴壽案：推日月食諸法，莫要于求入限。推月食者，先求天正冬至，求首朔，即求太陰入食限。其法，以積朔與太陰交周，朔策相乘，滿周天秒數去之，餘爲積朔。太陰交周，應又加太陰交周望策，再以太陰交周朔策,迭加十三次,得逐月望太陰平交周,視某月交周入可食之限,即爲有食之月,再于實交周詳之,交周自五宮十五度〇六分至六宮十四度五十四分,自十一宮十五度〇六分至初宮十四度五十四分,皆爲可食之限。推日食者,先求天正冬至,求首朔,即求太陽入食限,與月食求逐月望平交周之法同,惟不用望策,即爲逐月朔平交周,視某月交周入可食之限,即爲有食之月。交周自五宮九度〇八分至六宮八度五十一分,又自十一宮二十一度〇九分至初宮二十度五十二分,皆爲可食之限。

　　日食之時,日爲月所掩而無光,此乃人目所見;若在天上觀之,則日月皆全明。

　　問月之與日相對照,是東西相對乎? 抑南北相對乎? 答曰:非南北相對,而亦非東西相對,乃是斜對;若正對則月食。

　　四月正陽之月,日食爲大災。若二至、二分,則日月本當同行一道,黃道與赤道交,非同行一道,詩十月之交是。日食不爲災。鶴壽案:十月之交,毛傳云:"之交,日月之交會。"今案"交"者,月道交于黃道也。月以黃道爲中,其南至則在黃道南不滿六度,其北至則在黃道北不滿六度,其自北而南,自南而北,斜穿黃道而過是爲交。交乃有食。凡日食,月掩日也,月在日之下,人又在月之下,三者相準則有日食,故日食恒在朔。日月相對,而地在中央,三者相準,則有月食,故月食恒在望。月食出于地影,日食則主人目。蓋日卑日高,相去尚遠,人自地視之,其食分之淺深及虧復之時刻,隨南北東西而移,則視會與實會不同,故步算之家立高下差、東西差、南北差以求之。

　　月本無光,以日爲光,無全明之理。人見其圓而明,其實半明半暗也。若使月是一片扁物,則可全明;今圓則不能全明。假如初一日,日在上照于月,人能升天上而看月,月且全明矣。而人自下看,卻全暗。初二日,月移過十三度有餘,日,日行一度;月,日行十三度十九分度之七。日略斜轉照之,故人見其光之一綫。前月月小則初三見,月大則初二見。自此移至十五,月且與日斜相照矣。人居其中而仰觀之,故見其全明。此時若天上看,則全暗也。日與月正相對,則日爲地所蔽而月食。若斜相照,則地不能蔽,蓋因地小,故必正對方能掩日也。

月本無光，以日爲光。故合朔之日，月與日會，其光向上，人目所視，止見其背，晦與朔近，因無光。今晦日間有月痕者，一因時刻相去有多寡，假如此月初一日合朔在寅時，正距晦日之晨約有一日。月行每日十三度有奇，日行每日一度。今以一日計之，日月相距約十五六度，故露一綫微光。再因①月緯度相距有南北，假如今當月行最高、日行最卑，月距日緯北約計五度爲最大之限，月在北而日在南，故晦日之晨必見微光，如十月晦日是也。若日月緯度近，或日在北而月在南，日月相距時刻雖遠，而晦日亦不見其光。

黄道是日所行之道，人取名以記識其處；赤道是天之中腰，南北適中處，取此名以識之。月所行之道，即是黄道。漢志云：“日有中道，月有九行。”中道即是黄道。而月所行之九道，亦即是日所行。見河圖帝覽嬉。

秋分以後、春分以前，日在南，北極之下，不見日；春分以後、秋分以前，日在北，南極之下不見日。南北兩極之下，日有不及照之時，皆半歲爲晝，半歲爲夜，惟東西日月還繞，一晝一夜。

天體與地體皆圓，則似東西南北，就人所見則然，而在天地實無所分别。但天與日月，只有東西環轉，並無南北環轉者，則方位固有定矣。蓋雖無東西南北之定名，而實有縱横之定位，以有極爲之樞紐故也。

北極出地上三十六度、南極入地下三十六度者，以此方在赤道之北，距北極頗近故也。與我對脚底者，則又見南極而不見北極矣。惟在赤道之下者，南北極皆見。但赤道之下，乃在大海中，人不易到。此大海非我中國人之所謂海也，觀艾儒略職方外紀所載大地全圖自明。此處熱極，洋船過此，頃刻而過，然糞飯已變蛆。鶴壽案：新唐書天文志云：“交州望極纏高二十餘度，八月海中望老人星下列星，粲然

---

① 因，疑爲“日”之誤。

明大者甚衆,古所未識,乃渾天家以爲常没地中者也。大率去南極二十度巳上,星則見,<u>陽城</u>以覆矩斜視,極出地三十四度十分度之四,自<u>滑臺</u>表視之,極高三十五度三分;自<u>浚儀</u>表視之,極高三十四度八分;自<u>扶溝</u>表視之,極高三十四度三分;自<u>上蔡</u><u>武津</u>表視之,極高三十三度八分。雖秒分微有盈縮,難以目校,大率三百五十一里八十步,而極差一度。自此爲率推之,<u>武陵</u>案圖斜視極高二十九度半,<u>蔚州</u><u>横野</u>軍案圖斜視極高四十度。又以圖校<u>安南</u>極高二十度四分,<u>林邑</u>極高十七度四分,周圓三十五度,常見不隱。<u>鐵勒</u>之地極高五十二度,周圓百有四度,常見不隱。<u>元天文志</u>云:"測景之所,凡二十有七。東極<u>高麗</u>,西至<u>滇池</u>,南踰<u>朱崖</u>,北盡<u>鐵勒</u>。自是八十年間,司天之官遵而用之,靡有差忒。"<u>戴東原</u>曰:"地體渾圓,因人目四望,似與天際平,是爲地平。雖地之四面距星辰甚遠,與人地上仰觀星辰相等,而人目不能曲觀地平下之星,故凡推算各據人所立之方,上指天頂,平指天際,一縱一横,必相遇成正方,縱爲股,横爲句,渾圓之周,以此截之,而四地在天之中心,應從地心爲縱横之交,地面至地心之差爲地半經。古割圓之術,自圓之中心觚分之,割圓周成弧背。凡推算所得,皆圓之中心起算,測望所得在地面,較諸推算所得隔地半經。然以天視之,其差甚微,惟人居地之周,南北東西天頂隨之而移,則地平上下隨之而改。以中土北極出地南極入地言之,漸北則北極出地漸高,非北極去地遠也,天頂距北極減一度,則北極距地平增一度,故北望地平下之星,今在地平上;南望地平上之星,今入地平下。漸南則北極出地漸低,非北極去地近也,天頂距北極增一度,則北極距地平減一度,故南望地平下之星,今在地平上;北望地平上之星,今入地平下。<u>唐志</u>稱<u>交州</u>之南海中,望老人星下列星,粲然明大者甚衆,此地體渾圓之故,愈北則南極左右嘗隱不見之規愈大,北極左右嘗見不隱之規亦甚大。北至于北極爲天頂。赤道適準乎地平,則赤道以北之星,全見不隱;赤道以南之星,全隱不見。南極爲天頂之方,反是南至于赤道爲天頂,南北極適準乎地平,則無常隱不見常見不隱之星。此唐人得諸實測者。<u>元</u>測景之所二十有七,自南海北極出地十五度;至北海,北極出地六十五度。然則南、北海之相去極高差五十度,即兩地之天頂相距五十度。以地應之,于地亦差五十度也。

　　與我對脚底者,應以東爲西、南爲北。我所謂"南極",彼所謂"北極"也。極如磨臍然,雖動而不移。<u>朱子</u>云:居其所不動也。非不動,乃不移耳。假使東西亦有二極,則將天梗住不得動矣。

攷工記匠人云"夜攷之極星",戴東原有解:"極星乃北極之旁一小星,以此爲記。"

古書説近北極之地,春分以後,夜極短,煑一羊胛熟,即天明。但此處不過近北極之地,非即在北極下,故當夜短時猶有夜。若北極下,則春分以後半年,竟有晝而無夜矣;而秋分以後半年,竟有夜無晝,亦從可知。想此等處熱必極熱,寒必極寒,人恐存身不住,想未必有人居之。鶴壽案:新唐書天文志云:"骨利幹居翰海之北,晝長而夜短。既夜天如曛不暝,夕脕羊脾,纔熟而曙。蓋近日出没之所。"今案日出没之所,非在一處。秋分以後,骨利幹不得有日矣。先生以爲近北極之地是也。至于兩極之下半年爲晝夜,赤道之下一年再冬夏,此係地圓之故。其説本于周髀,而先生若爲不知,僅作想當然語。何也? 周髀云:"春分之日夜分以至秋分之日夜分,極下常有日光;秋分之日夜分以至春分之日夜分,極下常無日光。冬至夏至者,日道發斂之所生也,故日運行處極北,北方日中,南方夜半;日在極東,東方日中,西方夜半;日在極南,南方日中,北方夜半;日在極西,西方日中,東方夜半。凡此四方者,晝夜易處,加四時相及;然其陰陽所終,冬至所極,皆若一也。"梅文鼎曰:"周髀雖未明言地圓,而其理、其算已具于中矣。其言北極之下,以春分至秋分爲晝,秋分至春分爲夜,蓋惟地體渾圓,故近赤道則晝夜之長短漸平,近北極則晝夜長短之差漸大。推而至北極之下,遂以半年爲晝、半年爲夜矣。"又言"日行極北,北方日中、南方夜半云云,蓋惟地體渾圓,與天體相似,大陽隨天左旋,繞地環行,各以其所到之方正照而爲日中正午;其對衝之方,在地影最深之處,即爲夜半子時矣。"又言"北極之下不生萬物;北極左右夏有不釋之冰、物有朝耕莫穫;中衡左右,冬有不死之草,五穀一歲再熟。蓋惟與天同爲渾圓,故易地殊觀,而寒暑迥別,北極下地即以北極爲天頂,而太陽周轉近于地平,陽光希微,不能解凍,萬物不生矣。其左右猶能生物,而以春分至秋分爲晝,故朝耕而莫穫也。若中衡左右在赤道下,以赤道爲天頂,春分時日在赤道,其出正卯,入正酉,並同赤道,正午時,日在天頂,其熱如火,即其方之夏;春分以後,日軌漸離赤道而北,至夏至而極,其出入並在正卯酉之北二十三度半有奇,正午時亦離天頂北二十三度半有奇,其熱稍減,而涼氣以生,爲此方之秋冬矣;自此以後,又漸向赤道行,至秋分日復在赤道,出入正卯酉,而正過天頂,一如春分,熱之甚亦如之,則又爲其方之夏矣;秋分後漸離赤道而南,直至冬至,又離赤道南二十三度半有奇,而出入在正卯酉南,正午時亦離天頂南並二十三度半有奇,氣候復得稍涼,又爲秋冬。故冬有不死之草,而五穀一歲再熟也。"

春分以後,日漸漸從南行到北;秋分以後,日漸漸從北行到南。北極之人,半年晝,半年夜;春分以後晝也,秋分以後夜也。蓋日漸南,則北極下人不能見日,南極以下反是,此亦爲縱橫有定之故,緣他在縱之下,故有時恒見日,有時恒不見日。

北極,天之樞也。北斗,星之樞也。北斗離北極,不知若干度。鶴壽案:北斗七星,弟一名天樞,弟七名搖光。宋兩朝天文志云:天樞去極二十三度半,入張宿十度;搖光去極三十五度,入角宿九度。

有北極即有南極。南極亦當不動,亦當衆星共之,但不可見,故夫子不言。至于斗則但有北斗,並無所云"南斗",南斗者,即二十八宿中斗、牛、女、虛之斗也。是爲玄武,乃北方七宿,而謂之"南斗"者,于東南見故也。以其對北而言,遂目之爲"南斗",此非衆星之綱領。鶴壽案:周髀不言"南極"者,中土在赤道北,聖人觀象,祇據所見之北極,而南極可以類推。斗宿之斗,亦以象形名之,誰謂爲衆星之綱領邪?

戴東原云:"天如覆盆,日月旁行繞之。書璿璣玉衡疏,引周髀說如此。此乃北極下人所說。北極下人半年爲晝,半年爲夜也。"但不知北極下人,漢以前安得有書傳入中國? 欲質之東原,而東原亡矣。

弟二層天,除二十八宿之外,則有北斗七星。運斗樞:一曰天樞,二曰璇,三曰璣,四曰權,五曰玉衡,六曰開陽,七曰搖光。又有三垣,一曰太微垣,內有五帝座星,見大宗伯注,即靈威仰等,其精氣降生爲人,以主天下,即感生帝也。五德之運,循環休王,則此即金、木、水、火之五帝,然又非五緯之五星,蓋五星是五行之精,此五帝座是其坐位。一曰天市垣、一曰紫微垣。鶴壽案:史、漢、晉、隋諸書志,止分中官、東官、南官、西官、北官,未有以太微天市配紫微爲三垣者,三垣之名,蓋起于王希明步天歌。

堯典"鳥、火、虛、昴",鳥總指玄鳥七宿,火則指其次,虛、昴方指其星,蓋錯舉而互見之。

二十八宿,古人以爲不動,今秝方知其動。然其行甚微,凡二萬五千幾百年方得一周天。即恒星東移,又謂之歲差。

漢律秝志:甲子上元漢武帝太初秝。夜半朔旦冬至,是爲秝元,是時日月如合璧。蓋月行而掩日,則日食,人仰見分明有月影。至于合璧,則日月並行,其實月不可見矣。若五星聯珠,則不可解,此幾千萬年方得一遇者。顧命"宜重光",馬注有此一條,孟子亦云"千歲之日至"①。

夜則人見星,晝則人不能見星者,日光在下照燿,星在其上,光微爲日所奪也。只有金、水二星,在日之下,而當晝則其光亦爲日光所奪,人不得見。

春秋"恒星不見,夜明也",謂夜與晝同,故星光不見。所云恒星者,合二十八宿及眾星言之也。但夜明則日竟不入地矣。此不可解。鶴壽案:夜明,當似骨利幹國既夜天如曛不暝耳。若使日竟不入地,則何從而知其爲夜哉!

天地之有寒暑,或云地有升降,地升而近于天,則熱;降而遠于天,則寒。地升降于四遊三萬里之中,鄭周禮大司徒注。但地體渾圓,則宜寒暑到處皆同,何以即一中國,而南北寒暑已自不同? 即相去一二千里,寒煖亦別? 此不可解。實則中國在赤道以北,去北極較遠,春分以後,日漸過亦道而北,正在中國人頂上,故熱;秋分後,日過赤道而南,其光斜照來此地,相去遠,故寒。此說爲確。但有一日之中而午寒午煖,且夏時當夜而極熱,日已入地下,仍終夜喘汗,此則恐是气之呼吸耳。鶴壽案:地主于靜,必無升降之理。觀地圓之說,而寒暑之故,亦可以了然矣。

---

① 此句孟子原文爲:"天之高也,星辰之遠也。苟求其故,千歲之日至,可坐而致也。"見孟子離婁下。

　　江叔澐以璿璣即北極及北斗之主星，玉衡即斗柄，謂渾天儀者非是。鄭注指渾天儀。其説以爲渾天儀起于後世，唐、虞恐無之。況在察七政觀象甚便，何用渾天儀？七政則天、地、人、四時也，鄭注以爲日、月、五星者非，鄭注以五星非推步所用，鄭不宜有此謬。馬注以北斗七星内，攝日月五星，尤不可解。鄭注尚書大傳“七政”以爲天、地、人及四時，則其注舜典亦必如此，不應自相違背，乃裴駰史記集解采鄭舜典注，忽變爲日、月、五星之説，此必裴誤以馬注爲鄭注。馬注云北斗七星，細分之即是日、月、五星，但古秝法推步不及五星。近日沈冠雲文集中有此説一篇，最爲精確。安得以五星入七政内，康成肯作此妄語邪？

蛾術編卷七十三

洪範曰"肅時雨若"等

洪範"休徵曰肅,時雨若"等、"咎徵曰狂,恒雨若"等,蔡傳云:"休咎類應,自然之理。必曰某事得,某休徵應;某事失,某咎徵應,則亦膠固不通,而不足以語造化之妙。"如沈説,禹、箕先膠固不通矣。朱子云:"庶徵若不細心體識,如何見得?漢儒説有某事必有某應,古人意精密,只于五事上體察,是有此理。王荆公都不説感應,只以"若"字作譬喻説,則人君亦不必警戒矣。"朱子之言如此,沈何不遵師法也?鶴壽案:在天爲五行,在人爲五事。五事有得失,而五行應之。休徵、咎徵,自古人君所奉以爲儆戒者也。漢五行志引伏生書傳曰:"貌之不恭,是謂不肅。厥咎狂,厥罰恒雨,厥極惡。時則有服妖,時則有龜孽,時則有雞禍,時則有下體生上之病,時則有青眚青祥唯金沴木。"庶徵之恒雨,劉歆以爲春秋隱公九年三月癸酉大雨震電、庚辰大雨雪是也。傳曰:"言之不從,是謂不艾。厥咎僭,厥罰恒陽,厥極憂。時則有詩妖,時則有介蟲之孽,時則有犬禍,時則有口舌之病,時則有白眚白祥惟木沴金。"庶徵之恒陽,劉向以爲春秋僖公二十一年夏大旱是也。傳曰:"視之不明,是謂不哲。厥咎舒,厥罰恒奧,厥極疾。時則有草妖,時則有蠃蟲之孽,時則有羊禍,時則有目病,時則有赤眚赤祥惟水沴火。"庶徵之恒奧,劉向以爲春秋桓公十五年春亡冰是也。傳曰:"聽之不聰,是謂不謀,厥咎急,厥罰恒寒,厥極貧。時則有鼓妖,時則有魚孽,時則有豕禍,時則有耳病,時則有黑眚黑祥惟火沴水。"庶徵之恒寒,劉向以爲春秋無其應,故籍秦以爲驗。秦始皇即位尚幼,委政太后，太后淫于呂不韋、嫪毐，封毐爲長信侯，以太原郡爲毐國，宮室苑囿自恣，政事斷焉。故天冬雷，以見陽不禁閉，以涉危害舒與迫近之變也。始皇既冠，毐懼誅作亂，始皇誅之，斬首數百級，大臣二十人皆車裂以徇，夷滅其宗，遷四千餘家于房陵。是歲四月寒，民有凍死者。數年之間，緩急如此，寒奥輒應。劉歆以爲大雨雪、及大雨雹、隕霜、殺菽草，皆常寒之罰，非也。常雨屬貌不恭。傳曰："思心之不睿，是謂不聖，厥咎霿，厥罰恒風，厥極凶短折，時則有脂夜之妖，時則有華孽，時則有牛旤，時則有心腹之痾，時則有黃眚黃祥，時則有金木水火沴土。庶徵之常風，劉向以爲春秋無其應。僖公十六年正月，六鶂退飛過宋都，左氏傳曰風也。劉歆以爲風發于他所，至宋而高，鶂高飛而逢之，則退，常風之罰是也。夫人事著于下，則天事見于上，有一節則有一節之徵驗，豈獨晉申生一衣之禍，鄭子臧一冠之鷸哉！自王安石謂"天變不足畏"，遂令爲人君者無所警惕，其不至神州之陸沈也幾希。

歲月日時等

庶徵既言雨暘等休徵咎徵矣，下即繼以"王省惟歲，卿士惟月，師尹惟日"云云，鄭、馬、孔以此節爲明皇極之得失；卿士師尹，其得失皆視王也。而蔡傳以爲仍承上文雨、暘、燠、寒、風而言。王之得失徵以歲，卿士之得失徵以月，師尹之得失徵以日。蓋雨暘燠寒風之休咎，有係一歲之利害，有係一月之利害，有係一日之利害，各以其大小而言。歲月日三者，雨暘燠寒風不失其時，則有其利，休徵所感也；失其時，則有其害，咎徵所致也。此說憑臆妄造，謬誕殊甚。漢昌邑王爲天子，不過二十七日，恒陰之罰，已非一日矣。此豈徵以歲者乎？但陰不在庶徵中，而五行傳又蔡所不信，不足以折服其心也。第就其說思之，人于天相感應，其職近者應之速，其職遠者應之遲。人主于天，宜呼吸相通，五事偶失，即宜謫見于天，乃反以歲計；卿士師尹，職愈卑賤，去天愈遠，而感應神速，反在一月一日之間：殊覺顛倒。如王者有咎，必合一歲之雨暘等總計之，直至一歲中有恒雨，方可指爲王之貌不恭所致；假令一月有咎，竟可諉爲卿士之責，王置不問乎？假令卿士與王皆有咎，將一歲之咎盡歸之王乎？抑就中分一月屬之卿士乎？師尹有咎，而一日恒雨,或一日恒暘,遂足爲咎乎?且王者一人得則休應,失則咎應,猶可言也;卿士師尹衆矣,或得或失,豈能時若恒若,一時並應,將分地而應乎?使同僚爲官有得失,則地又不可分矣,蔡將何説以處此?蔡意蓋必欲以庶徵一疇内無皇極之事,故强造此説。鄭、馬、孔以"王省"以下,至"則以風雨",皆言皇極之徵,以歲月作喻意,解説最精也。

日月之行則有冬有夏

"日月之行,則有冬有夏"。此以日月之行有常度,喻政之行有常法而不妄徇民欲,能建極者如此。"月之從星,則以風雨"。此以月之從星而致風雨,喻政之失其常而苟以悦人,不能建極者如此。蔡傳云:"凡民寒欲衣,飢欲食,鰥寡孤獨欲得其所,此王政所先,而卿士師尹近民者之責也。然星雖有好風好雨之異,而日月之行,則有冬夏之常。以月之常行,而從星之異好,以卿士師尹之常職而從民之異欲,則其從民者非所以徇民矣。"此説謬不可言。飢寒鰥寡孤獨,王者視之,方如痌瘝在身,豈獨從其所好所欲而已哉!

鶴壽案:有冬有夏,雖兼月言之,其實皆由于日之發斂也。天有南北極,爲左旋之樞,以定南北;天有赤道,爲左旋之中帶,以界南北。而黄極爲右旋之樞,距北極二十餘度;黄道爲右旋之中帶,斜交于赤道,半在赤道南,半在赤道北,最遠距赤道亦二十餘度,與黄極距北極相應。日循黄道右旋而成歲,冬至最南,夏至最北,相距四十餘度,自南斂北,其下值中土所居漸近,則寒退而暑進;自北發南;其下值中土所居漸遠,則暑退而寒進。周髀曰:"日夏至南萬六千里,日冬至南十三萬五千里,日中無影。"以此觀之,從南至夏至之日中十一萬九千里,北至其夜半亦然,凡經二十三萬八千里。此夏至日道之徑也,其周七十一萬四千里,從夏至之日中至冬至之日中十一萬九千里,北至極下亦然,則從極南至冬至之日中二十三萬八千里,從北極至其夜半亦然,凡徑四十七萬六千里。此冬至日道之徑也。其周百四十二萬八千里,從春秋分之日中,北至極下十七萬八千五百里,從極下北至其夜半亦然,凡經三十五萬七千里,周一百七萬一千里。南至夏至之日中,北至冬至之夜半,南至冬至之日中,北至夏至之夜半,亦徑三十五萬七千里,周一百七萬一千里。蓋日之右旋,發斂于四十餘度之間,于黃道適周,本無纖微差數;使發斂未終,則無以成歲矣。一歲之日躔起冬至,復植其起處,而列宿部星則稍移而前,不與起處相植,其間甚微,積而至于六十七年,差一度,非日躔黃道有此差,由列宿部星,亦循黃道右轉故耳。

六沴

五行傳曰:"凡六沴之作,禦貌于喬忿,禦言于訖衆,禦視于忽似,禦聽于忧攸,禦思心于有尤,禦王極于宗始。"鄭注:"止貌之失,在于去驕忿。驕忿者,是不恭之刑也,謂若'傲很明德,忿戾無期'之類也。訖,止也。止言之失,在于去止衆。止衆者,是不從之刑也。止衆謂若'周厲王弭謗以障民口'之類也。止視之失,在于去忽似。忽似者,是不明之刑也,謂若'亂于是非,象共滔天,及不辨鹿馬'之類也。'忧'讀爲'獸不狘'之'狘','攸'讀爲'風雨所漂颻'之'颻'。止聽之失,在于去忧攸。忧攸者,是不聰之刑也,謂若'老夫灌灌,小子蹻蹻,誨爾諄諄,聽我眊眊'之類也。尤,過也。止心思之失,在于去欲。有所過欲者,是不睿之刑也,謂若'昭公不知禮而習小儀,不修政而欲誅季氏'之類也。宗,尊也。止王極之失,在于尊用始祖之法度,不言惡者。人性備五德,得失在斯。王不極則五事皆失,非一惡也。大者易姓,小者滅身。其能宗始,則錄延其受命之君,承天制作,猶天之教命也。今攷五事及王極之沴爲六沴。六沴之來,有禦之之法,有祀之之禮。禦之之法,即'禦貌于喬忿'云云者是。"劉昭引續漢書:建武二年,尹敏上疏曰:"六沴作見。若是供御,帝用不差,神則大喜,五福乃降,用章于下;若不供御,六罰既侵,六極其下。"尹敏所引,皆五行傳文。蓋王者遇災而懼,修德以禳,則災化爲祥也。祀之之禮,則六沴皆有神靈司之,若木精靈威仰,火精赤熛怒,土精含樞紐,金精白招拒,水精叶光紀,爲五天帝;木帝太皞,火帝炎帝,土帝黃帝,金帝少皞,水帝顓頊,爲五人帝;木官勾芒,火官祝融,土官后土,金官蓐收,水官玄冥,爲五人臣。皆當祀之。

改赤道爲朱道

改赤道之名爲朱道，以避正赤道之名，在新唐書大衍秝議。鶴壽案：赤道居南北極之中。赤者空也，謂天體也。漢天文志云："日有中道，月有九行。"中道者，黃道也。九行者，赤道二出黃道南。又云："立夏、夏至，南從赤道。"赤者假借南方之色也。此月行之赤道，非天體之赤道。而其字適同，故僧一行改之。一行著開元大衍秝，新唐書略其大要著于篇者，十有二。日躔盈縮略例，曰若陰陽秝交在立春，立秋則月循朱道、黑道，所交則同，而出入之行異。故朱道至立夏之宿，及其所衝，皆在黃道西南。黑道至立冬之宿，及其所衝，皆在黃道東北。然二赤道字同義異，可不必改。

推文王受命之歲

置天元積歲，以蔀去除之，得積蔀三萬六千三百六、餘歲三十四。積蔀滿二十去之，餘六甲子蔀，歷癸卯、壬午、辛酉、庚子、己卯至戊午，是文王受命之歲，入戊午蔀二十四年也。

朔日辛卯

詩"十月之交，朔日辛卯。日有食之，亦孔之醜"。傳云："十月之交，日月之交會。"箋云："周之十月，夏之八月也。八月朔日，日月交會而日食，陰侵陽、臣侵君之象。"此無可疑者。或謂宋本朱子集傳作"朔月辛卯"，元版誤爲"朔日"，史繩祖學齋佔畢云："朔，日也。而謂之朔月，蓋月朔之反辭，猶書之'月正元日'，乃'正月元日'也。"何物史繩祖強作解事！而魏了翁著正朔攷云："十月之交，則十一月矣。是周人朔月也，故曰'朔月辛卯'。正朔日食，古人所忌，故曰'亦孔之醜'"。周人以十一月爲朔月，未嘗改爲正月也。魏特因"亦孔之醜"一句，杜譔出來。但箋云："日辰之義，日爲君，辰爲臣。辛，金也。卯，木也。以卯侵辛，故甚惡也。"孔疏反覆千餘言，疏解甚明。朱子集傳以十月爲建亥之月，并載蘇潁濱説，十月純陰而日食，陰壯之甚，故爲醜。愚謂朱子講學，自以私淑程子，程與蘇爲讎，故貶斥不遺餘力。及解經則又爲所惑，即如此經"十月"，自毛、鄭以爲建酉之月，千餘年遵用之，而蘇忽改爲建亥之月，朱子從之，已屬無據，不意魏了翁又改爲建子之月，翻新立異，此則朱子之所不及料也。"朔月"想係傳寫之誤。

鶴壽案：以步算之法，上推幽王六年乙丑建酉之月辛卯朔辰時日食。詳前卷。

一日分十二時

北史杜銓傳：銓族孫景，景孫正玄①。隋開皇十五年舉秀才，左僕射使擬司馬相如上林賦、王襃聖主得賢臣頌、班固燕然山銘、張載劍閣銘、白鸚鵡賦，曰"我不能爲君住宿，可至未時令賦"。正玄及時並了。攷甲子干支，古但以紀日，而史記則以紀歲矣。虞、夏、商用建子、建丑、建寅迭更，則以紀月矣。若以一日分十二時，亦配干支，則始見北史此條，他似未有也。今星命家以人生年月日推星限之吉凶，名曰"八字"，蓋以年月日時四者皆析而爲二，配以干支，故曰八字。然毛詩小雅小弁"天之生我，我辰安在"，箋云："辰謂六物之吉凶。"昭七年傳"六物，歲時日月星辰也"，服虔云："歲星之辰左行，于地十二歲一周。時，四時也。日，十日也。月，十二月也。星，二十八宿。辰，十二辰也。"然則六物中並無一日分爲十二時之"時"。桓六年子同生，公曰："是其生與我同物。"疏引魯世家謂"同日"，亦絶不言時。大約星命之術，周、漢僅一見，亦不如其術若何？ 既指歲時日月星辰，則無一日十二時可知。新唐書柳玭傳："世族遠長，命位豐約，不假問星數，在處心行事而已。"星數，謂祿命也。可見唐人喜談命。然舊唐書呂才傳："才辨祿命書不驗，歷引春秋魯莊公生于乙亥歲七月，秦始皇帝生于壬寅歲正月，後魏孝文帝生于丁未歲八月，宋高祖生于癸亥歲三月，惟漢武帝生于乙亥歲七月七日平時。"特著其日，且云平旦，則不據干支，其餘皆但據年月，並無日時。韓文公三星行云："我生之辰，月宿南斗，牛奮其角，箕張其口。"古詩亦云："南箕北有斗，牽牛不負軛。"東坡志林退之詩云云，乃知退之以磨蝎爲身宮，僕以爲命宮。李賀惱公詩："跳脱看年命，琵琶道吉凶。王

---

① 正玄，原作正元，據北史杜鉉傳改。以下同。

時應七夕，夫位在三宮。"宋西泉吳正子注："看年命，意即今之談命者。夫位三宮，日者之説。"曾益注："王，身旺。時，年命中時。"是皆只就年月日推之。一日分十二時，雖南北朝已有，唐人推算，但有六字，不知何時又添二字，爲八字也。鶴壽案：世所傳奇門遁甲之術，以爲出自齊太公，烟波釣叟歌曰："陽遁順儀奇逆布，陰遁逆儀奇順行。九宮逢甲爲直符，入門直使自分明。符上之門爲直使，十時一位堪憑據。直符常遣加時干，直使加上時支去。"十時一位，謂甲子戌、甲戌己、甲申庚、甲辰壬、甲寅癸，各爲一位也。時干時支，謂甲子至癸亥六十時也。據此則一日分爲十二時，而配之以干支，自古已然矣。但此等書恐是依託，未可爲據。周禮"司寤氏掌夜時"，鄭注："夜時，謂夜晚早，若今甲乙至戊。"隋天文志云："昔黃帝刱觀漏水，制器取則，以分晝夜。其後因以命官。周禮挈壺氏，則其職也。其法總以百刻分于晝夜，冬至晝漏四十刻，夜漏六十刻；夏至晝漏六十刻，夜漏四十刻；春秋分晝夜各五十刻。晝有朝、有禺、有中、有脯、有夕，夜有甲、乙、丙、丁、戊，昏旦有中星。"五代會要："晉天福三年，司天臺奏漏刻經云：晝夜一百刻，分爲十二時。每時有八刻三分之一。"顔之推曰："漢、魏以來，謂爲甲夜、乙夜、丙夜、丁夜、戊夜，亦云一更、二更、三更、四更、五更，皆以五爲節。"然則古人一日止分爲百刻，並不分爲十二時。至以干支配十二時謂之八字，此則日者之説，吾不知之矣。

歲年

爾雅釋天："夏曰歲，商曰祀，周曰年，唐、虞曰載。"郭注："歲取歲星一周，年取禾一熟。"今夏時之行，百世不改，宜從夏稱"歲"。而從周稱"年"，從便也。劉熙釋名：年，進也，進而前也。歲，越也，越故限也。要之歲、年對文則異，散文則通。鄭注周禮"太史"云："中數曰歲，朔數曰年。"是對文則異也。年取禾一熟，即以歲計，禾亦一熟也。歲取歲星一周，謂十二歲也；年則有閏以正其月，則十二年而歲星亦一周矣。是散文則通也。鶴壽案：三禮義宗云：歲者，依中氣一周以爲一歲。年者，依日月十二會以爲一年。中、朔大小不齊，故有歲、年之異。今案中數既周，則不止于一年；朔數雖周，則猶未滿一歲。當以鄭注爲正。

閏月無中氣

堯典"閏月"，疏引王肅注云："斗之所建，是爲中氣，日月所在。斗指兩辰之間無中氣，故以爲閏也。"肅注本周書周月解："閏無中氣，斗指兩辰之間。"太平御覽卷十七文士傳云：陸續，字公紀，作渾天說，曰閏月無中氣，斗斜指二辰。謂北斗所直，假如正月應指寅，今則已非指寅，又不指卯，是不能定其中氣所在，春秋公羊傳所謂天無是月也。蓋一年十二月，每月二候，前一候初交是月之節，此節氣也；後一候爲是月之中，此中氣也。鶴壽案：漢志謂朔不得中，是爲閏月，閏所以正中朔也。周天三百六十五度四分度之一。日一日一周，在天爲不及一度，積三百六十五日四分日之一而與天會，爲一歲。月一日不及天十三度十九分度之七，積三百五十四日，九百四十分日之三百四十八而與日會者，十二爲一年。大率三百六十日爲常數，一歲多五日九百四十分日之二百三十五分，爲二十四氣，是爲氣盈，而晝夜長短、節氣寒暑，于是定焉。一年少五日九百四十分日之五百九十二分，爲十二月，是爲朔虛，而晦朔弦望，于是定焉。積歲之有餘，就年之不足，而後有閏，三年一閏，尚餘三日有奇；五年再閏，則少五日有奇，積十九年閏在十二月，氣朔分齊。大率三十二月則有閏，閏前之月，中氣在晦；閏後之月，中氣在朔，若不置閏，晦朔弦望，皆非其正，晝夜平分，不在春秋之中，而寒暑反易矣。今案漢人所用者平氣平朔，而未知有定氣定朔。唐以來，惟用定朔而不用定氣，猶未密也；必得定氣定朔二者，審之既精，然後視無中氣之月爲閏月。定氣者，日體實到之節序；定朔者，日體月體實會也。定朔日數不均，必先求經朔爲根，而進退增減之。中氣起于七衡六間。古少皞氏之官，有司分、至、啓、閉者。分爲春分、秋分，至爲冬至、夏至，啓爲立春、立夏，閉爲立秋、立冬，是爲八節，其後因而增詳，一歲分中氣、節氣二十有四。周髀言七衡周而六間，以當六月，故日夏至在東井極內衡，日冬至在牽牛極外衡也。衡復更終冬至，故曰一歲三百六十五日四分日之一，歲一內極一外極，常以夏至夜半時，北極南游所極，冬至夜半時，北游所極，冬至日加酉之時，西游所極，日加卯之時，東游所極，此北極璇璣四游，正北極樞璇璣之中，正北天之中，日出左而入右，南北行，故冬至從坎陽在子，日出巽而入坤，夏至從離陰在午，日出艮而入乾；外衡冬至，內衡夏至。六氣復返，皆謂中氣。周髀所稱正北極者左旋之樞，是爲赤道極,北極璇璣者右旋之樞,是爲黄道極,赤道正而黄道半在其内、半在其外,日之行是以發斂,此寒暑相代之故也。璇璣距正北極,如内外衡距赤道之數,正北極居中,璇璣環繞之而成規,晝夜一周又過一度,均分此規爲十二宫,璇璣夜半至其初爲節氣,至其中爲中氣,中氣、節氣之距,凡十五日有奇。璇璣之環繞正北極也,與日行發斂相應,是故北游所極,值正北子位,是爲建子,于時日值外衡而冬至;南游所極,值正南午位,是爲建午,于時日值内衡而夏至。璇璣夜半所建,由子、丑、寅、卯、辰、巳六宫以至于午,則日自南而斂北;由午、未、申、酉、戌、亥六宫以至于子,則日自北而發南。如是終古不變,故十二建本于北極璇璣。宋徐州從事史祖沖之曰:"月位稱建,諒以氣之所本,名隨實著,非謂斗杓所指。近校漢時巳差半次,審斗節時。其效安在?然則月建之義,以表璇璣。周髀稱從坎、從離,信而有徵也。準一歲二十四氣以設衡,日至其衡爲中氣,璇璣夜半必建一宫之中;日至其間爲節氣,璇璣夜半必在兩宫之交。春正月建寅,節氣立春,中氣啓蟄,後漢改爲雨水,日入次五衡。二月建卯,節氣雨水,後漢改爲驚蟄,中氣春分,日入中衡。三月建辰,節氣穀雨,後漢改爲清明,中氣清明,後漢改爲穀雨,日入次三衡。夏四月建巳,節氣立夏,中氣小滿,日入次二衡。五月建午,節氣芒種,中氣夏至,日抵内衡而發南。六月建未,節氣小暑,中氣大暑,日出次二衡。秋七月建申,節氣立秋,中氣處暑,日出次三衡。八月建酉,節氣白露,中氣秋分,日出中衡。九月建戌,節氣寒露,中氣霜降,日出次五衡。冬十月建亥,節氣立冬,中氣小雪,日出次六衡。十有一月建子,節氣大雪,中氣冬至,日抵外衡而斂北。十有二月建丑,節氣小寒,中氣大寒,日入次六衡。此一歲璇衡相應之大較也。"十二月建,自逸周書以斗杓所指,漢人據之説經,祖沖之始辨其失,近梅文鼎説爲問答辨證極詳。問:"行夏之時,謂以斗柄初昏建寅之月爲歲首,議者以冬至既有歲差,則斗柄亦從之改度,今時正月,不當仍爲建寅。"曰:"孟春正月,自是建寅,非關斗柄。自大撓作甲子,以十二子爲地支。寅、卯、辰列東,巳、午、未列南,申、酉、戌列西,亥、子、丑列北。堯典東作、南訛、西成、朔易,此四時分配四方,而以春爲首之證也。既有四仲月,居卯、午、酉、子之四正,自各有孟月、季月居四隅;仲春既正東爲卯月,孟春必在東之北而爲寅月,何必待斗柄指寅乎?故日中星鳥,日永星火,宵中星虚,日短星昴,祇以晝夜永短爲憑、昏中之星爲斷,未嘗言及斗柄也。孔子去堯時巳千五百歲,歲差巳二十餘度,若堯時斗柄指寅,孔子時必在寅前二十度而指丑。歲差之法,古雖未言,然月令昏中之星，不同于堯典，則實測當時之星度也。月令兼言旦中，又舉其日躔所在，兼舉十二月而備言之，可謂詳矣，而未嘗一語言斗柄建寅爲孟春。史記律書，以十二律配十二月之所建地支，而疏其義兼八風二十八舍以爲之說，並不言斗建。天官書曰：杓攜龍角，衡殷南斗，魁枕參首，用昏建者杓，夜半建者衡，平旦建者魁，非僅斗杓，非止初昏。"問議者又以各月斗柄皆指其辰，惟閏月則斗柄指兩辰之間，其說亦非與？曰："周天之度，以十二分之，各得三十度有奇。凡各月中氣，皆在其三十度之中半；各月節氣，皆居其三十度之首尾。今依其說斗柄所指，各在其月之辰，則交節氣日，斗柄所指，必在兩辰之間矣。十二節氣日，皆指兩辰之間，又何以別其爲閏月乎？若閏月則止有節氣並無中氣，其節氣之日固指兩辰之間，然惟此一日而已，其前半月後半月，並非兩辰之間也。十二辰首尾鱗次，何處設此三十度于兩辰間，以爲閏月三十日之所指乎？斗杓之星，距北極止二十餘度，必以北極爲天頂，而後可以定其所指之方，今中土所處在斗柄之南，仰而觀之，斗柄與辰極，並在天頂之北，故古人言中星不言斗杓，淮南子謂'招搖東指，天下皆春'，不過大槩言之，非以此定月建，是故斗柄雖因歲差所指不同，而正月之建寅，不可易也。今攷夏小正，舉斗柄者三，正月初昏參中，斗柄縣在下，則寅月指子矣。六月初昏，斗柄正在上，則未月指午矣。七月斗柄縣在下，則旦是申月指子而旦也，與中星表候同一例，並不以爲月建。"祖氏、梅氏，以歲差知月建，非因斗柄移辰，而不知北極璇璣，冬至夜半恒指子，春分夜半恒指卯，夏至夜半恒指午，秋分夜半恒指酉，以四游所極，推之餘月，則月建十有二，由璇璣夜半所建顯然，且璇璣所建，與日躔黃道發南斂北，應實爲氣之所本，祖氏謂"諒以氣之所本"者，雖未能確言，其識卓矣。

社日

世俗相傳，每年立春、立秋之後，逢弟五箇戊日，是爲社日。通鑑："天祐二年二月戊戌社。"胡三省注："自古以來，以戊日社。戊，土也。立春以後，歷五戊則社日。"但不言立秋。太平御覽卷三十時序部云："禮記月令：二月擇元日命人社，爲祀社稷也。春事興，故祭之以祈農祥。元日，謂近春分前後戊日。元，吉也。"月令鄭注："社后土也，使民祀焉，神其農業也。祀社日用甲。"與御覽不同。宋湖上逸人讀書剩語自注云："後天萬年秝，立春、立秋

後五戊爲春、秋社。月令不言秋社,而唐人詩有之。"剩語云云,與
御覽合。祀社日用甲,雖見郊特牲,然召誥"戊午社于新邑",用
"戊"不用"甲",且社祀土神,戊日屬土,用之正宜。史記陳丞相
世家:"陳平,陽武户牖鄉里中社,平爲宰,分肉食甚均。"三國志
董卓傳:"嘗遣軍到陽城,時值二月社,民各在其社下。"王修傳:
"七歲喪母,母以社日亡。來歲鄰里社,修感念母哀甚,鄰里爲之
罷社。"民間有社,從來久矣。

重三、重陽、七夕、重九

重三、重陽、七夕、重九:月爲陽數,而日復重之。只是尊陽之
義,故重此節。

黄梅

元霅川婁元禮田家五行云:"芒種即爲黄梅。"陰陽家云:"芒
種後逢壬立梅,夏至後逢壬梅斷。此際衣沾雨湮,多致黴黶。農人
插秧迎芒,謂之'發黄梅'。風土記云:"夏至前、芒種後,雨,俱爲
梅雨。"陸佃埤雅云:"江、湘、二浙,四五月梅欲黄落,則水潤土
溽,其霏如霧,名'梅雨'。自江以南,三月雨謂之'迎梅',五月雨
謂之'送梅'。"唐某氏詩:"水國芒種後,梅天風雨涼。"杜詩:"南
京犀浦道,四月熟黄梅。"柳詩:"梅實迎時雨,蒼茫值晚春。"

蛾術編卷七十四

説制十二

在齊聞韶

史記：孔子年三十五，季平子攻魯昭公，昭公奔齊。其後孔子適齊，聞韶音，三月不知肉味。下言：孔子反魯，年四十二，昭公卒。然則聞韶約年四十。案襄二十九年季札聘魯，請觀樂，見舞韶箾者，曰："至矣哉！大矣！如天之無不幬也，如地之無不載也。觀止矣！雖有他樂，吾不敢請已。"則魯固有韶，夫子應早聞之，惟因陳爲舜後，莊二十二年敬仲奔齊，世守其業，想子孫而抱祖宗之器，必有獨得其眞者，非魯之韶可比也。孔子至此，始得聞之；而嘆其盛，謂韶盡美又盡善，亦當在此時。鶴壽案：魯昭公二十五年奔齊時，孔子年三十六。史記謂孔子生于襄公二十二年，比公羊、穀梁二傳後一年，故云年三十五也。孔子即于是年冬適齊，在齊一年而返。説苑稱孔子至齊郭門之外，遇一嬰兒，挈一壺，相與俱行，其視精，其心正，其行端，孔子謂御曰："趣驅之，趣驅之，韶樂方作。"于是至而聞韶。學之三月，不知肉味。此劉向襲用論語，而不自知其誤也。論語明言"三月"，則聞韶並不在適齊之初。蓋在明年之夏與秋也。何以知之？若使僅僅聞韶，則一日之間，自一成至九成，傾耳聽之而已矣。今既學之三月，則非值樂師教習之時，必不能如是之久也。孔子以昭公二十五年冬適齊，冬非教樂之時也。月令："仲春之月，命樂正入學習樂。季春之月，大合樂。"此不過一日之事，是明年春亦非教樂之時也，惟夏之三月，或秋之三月，則樂師教習皆在是時。夏之三月，文王世子所謂"太師詔夏絃"是也，秋之三月，周禮所謂"太胥秋頒樂合聲"是也。惟其教習國子諸子及衆樂工，故日日作之，而孔子乃得從旁聽之，至于三月之久也。論語"三月"二字，固有明徵，豈言其久之謂哉！

太師摯章

論語"太師摯適齊"一章，可攷侯國樂官之制。太師，樂官之長也。少師，太師之貳也。侑食者，堂上之樂也。擊磬者，鼓與播鼗者，堂下之樂也。言四飯，則非若諸侯之三飯者矣。然"太師"句下不言初飯，或以爲初飯太師自領之。侑食在堂上，以琴瑟爲主，雖未有攷，然據周禮"王大食則奏鐘鼓"，明每日常食，不奏鐘鼓也。禮記玉藻："進饌進羞，工乃升歌。"疏云："進羞之後，樂工乃升堂，以琴瑟而歌。"雖天子與大夫士之禮，然諸侯可推矣。鶴壽案：此章止就樂官之他適者記之耳。若論諸侯樂官之制，升歌之外，尚有金奏。兩君相見，及燕勤王、事大夫，入門金奏肆夏。則諸侯之樂官，尚有鐘師矣。即以堂下之樂言之，兩君相見，下管象武；燕勤王事大夫，下管新宫、笙入三成；燕羣臣及聘問之臣，歌魚麗、南有嘉魚、南山有臺，皆以笙間之。則諸侯之樂官，尚有笙師矣。惟磬帥掌教擊磬擊編鐘，蓋特磬編磬編鐘，皆磬師掌之，特鐘則鐘師掌之。堂下東西階並有鐘磬，在東方者爲笙鐘笙磬，在西方者爲頌鐘頌磬，此則磬師一人所掌也。

詩亡

孟子曰："詩亡，然後春秋作。""詩亡"者，諸侯不貢詩，天子不采風，樂官不達雅，國史不明變，則雅亡風存。風雖存，不入樂也。而説者則曰："雅亡于幽，固已，風則自幽以後，諸國各自有詩，邶、鄘、衛有桓、莊、釐、惠、襄之詩，檜、鄭有桓、莊、釐、惠之詩，齊有桓、莊之詩，魏有桓之詩，唐有桓、莊、釐、惠之詩，秦有桓、莊、釐、惠、襄之詩。至于陳之株林、澤陂，曹之候人、鳲鳩、下泉，則并有頃王詩焉。即以王論，黍離、君子于役、君子陽陽、揚之水、中谷有蓷、葛藟諸詩，平王詩也，豈必皆四十九年前詩乎？兔爰、采葛、大車，桓王詩，邱中有麻，莊王詩也，豈非四十九年後詩乎？烏得謂亡？然則聖人之春秋，自頃王後始從而定之，其前猶仍史記之舊也。"又曰："平王後雖有詩，不得列于雅，而下夷于侯,詩所爲亡與!"由前之說,風詩一日未亡,春秋一日可不論定,聖人何不并惠公以前之春秋並存之,而斷自平王也?且風亡于頃王,而雅則先亡于幽王矣,然書止于文侯之命,猶未忍絶望也。若必待變風終于陳靈,然後爲詩亡,則春秋不當託始于隱公。自吕成公主此說,學者多惑之。此說謬也。由後之說,風、雅、頌即詩之譜,若今樂曲之在某宫者也。其體格音調,截然不同。當時作者,亦如今之度曲,依其譜之腔調而作。後人覽之,若爲風,若爲雅,不能以私意爲升降,如賓之初筵,武公悔飲酒,宜列于風,而列于雅;七月流火,周公陳王業,宜列于雅,而列于風:皆作者體格如此。故朱子曰:"不是夫子删詩時降之,是當時自如此。"陳潛室曰:"雅亡,獨有民俗謡歌,故止可謂之風,非聖人降之也。"王伯厚曰:"左傳襄二十九年,季札觀樂于魯,已爲歌王,孔子至哀十一年始自衛反魯,樂正,雅、頌得所。則降王于國風,非孔子也。"范甯穀梁傳序云:"列黍離于國風,齊王德于邦君。"胡文定因有"降爲國風之說,王自降乎?樂官降之乎?抑夫子降之乎"?此說謬也。然則"詩亡"之義何居?夫詩與樂相表裏,而雅則入樂,風不入樂,春秋衛獻公享孫蒯,使太師歌"巧言"之章,知不但正雅入樂,變雅亦入樂焉。詩言以雅以南,周體籥章"龡豳詩以逆寒暑",而六經論樂無及風者,知風惟二南與豳之七月入樂,而其餘皆不入樂焉。文獻志程氏言:"春秋戰國以來,諸侯卿大夫士賦詩道志者,凡詩雜取無擇,考其入樂,則自邶至豳,無一詩在數,享用鹿鳴,鄉飲酒笙由庚、鵲巢,射奏騶虞、采蘋,如此類,未有出南、雅外者,然後知南、雅、頌爲樂詩,諸國爲徒詩也。左氏記季札觀樂,歷敍周南、召南、小雅、大雅、頌,凡其名稱,與今無異。至敍諸國自邶至豳,皆單紀國土,無今國風品目。蓋此十三國者,詩皆可采,而聲不入樂,則直以徒詩著之本土。"如程氏言,并謂古無國風之名。今案左氏言"風有采蘩、采蘋",禮記言"正直而靜、廉而謙者,宜歌風"。"風"之名,自古有之,要之十三國不入樂,則可信也。夫<u>三代</u>以上,以樂造就人才、昭示功德者,非以其<u>詩</u>之辭也,其感應微妙,盡在聲容歌舞之間。<u>兩漢</u>言詩者惟儒生,論義不論聲,而聲歌之妙,猶傳于瞽史。經<u>董卓</u>、<u>赤眉</u>之亂,<u>禮</u>、樂淪亡,聲<u>詩</u>之道遂絕。後世人才所以不及古人,功德所以不能及遠,皆由于此。然則雅詩惟可入樂,故能爲功于王迹而賴以存,風詩惟不可入樂,故不能爲功于王迹而不足賴以存。東遷以後,<u>西京</u>筍簴蕩然無存,太師既不修春誦夏絃之教,而宗廟中又無功可象、無德可昭,雅詩一體遂失傳,而王國之民欲寫其太息愁苦,不得已取列國之體,效而爲之;則亦不過傳之<u>里巷</u>,賦之宴會而已;既不可入樂,無益于教化;無關于功德;雖有<u>詩</u>,謂之亡可也。當<u>詩</u>之未亡,則詩在即史在。<u>惠公</u>以前之<u>春秋</u>,不論不議;當<u>詩</u>之已亡,則史在即詩在,故<u>平王</u>以下之<u>春秋</u>,大書特書,且更有微意焉。<u>王</u>處衛後,而不次<u>二南</u>,恐其近于正,而不著其變也。不名爲"周",而仍號爲"王",嫌其混于侯而自亂其例也。蓋自<u>幽王</u>後遲之四十九年,不忍以<u>春秋</u>遽接<u>雅</u>亡之後,使<u>幽</u>之後,有如<u>成</u>、<u>康</u>者出焉,則<u>禮</u>、樂再興,<u>雅</u>不亡,迹不熄矣,何待<u>春秋</u>也哉!彼以<u>變風</u>終于<u>陳靈</u>爲<u>詩</u>亡,又以<u>黍離</u>降爲<u>國風</u>爲<u>詩</u>亡,皆讀書不知原本者也。<u>鶴壽</u>案:雅陳王者之政教,風著民間之風俗而不係乎王者之政教。以雅亡爲詩亡,其説是也。至謂雅入樂而風不入樂,則非也。詩有入樂不入樂之分,<u>顧氏</u><u>日知録</u>曾辨之,曰二南也,<u>豳</u>之七月也,小雅正十六篇,大雅正十八篇,頌也,詩之入樂者也。<u>邶</u>以下十二國之風,附于二南之後,<u>鴟鴞</u>以下六篇,附于<u>豳</u>,六月以下五十八篇,附于小雅,<u>民勞</u>以下十三篇,附于大雅,詩之不入樂者也。此蓋沿<u>程大昌</u>之訛。<u>詩</u>未有不入樂者,特宗廟、朝廷、祭祀、燕享不用之耳。而其屬于樂府,奏之以觀民風,是亦樂也。故<u>吳札</u>請觀樂,而列國之風並奏,古者四夷之樂,尚陳于天子之庭,況列國之風乎!<u>衛</u>之<u>淇澳</u>、<u>鄭</u>之<u>緇衣</u>、<u>齊</u>之<u>雞鳴</u>、<u>秦</u>之"同袍""同澤",①<u>變風</u>之中,何嘗無正聲?亦有非祭祀告神之詩,而謂之頌者,<u>敬之</u>、<u>小毖</u>、<u>振鷺</u>、<u>閔予小子</u>等篇,以其不

---

① "同袍"、"同澤",<u>秦風</u><u>無衣</u>句。

類雅之音節，故附于頌也。

雅、頌得所

鄭衆注周禮太師云："古自有風、雅、頌之名，故延陵季子觀樂于魯。時孔子尚幼，未定詩、書，而爲之歌邶、鄘、衛，又爲之歌小雅、大雅，又爲之歌頌。論語曰：'吾自衛反魯，然後樂正，雅、頌各得其所。'時禮、樂自諸侯出，頗有謬亂，孔子正之。"又注襄二十九年傳云："孔子自衛反魯，然後雅、頌各得其所。自衛反魯，在哀公十一年。當此時，雅、頌未定，而云爲歌大雅、小雅、頌者，傳家據已定録之，言季札之于樂，與聖人同。"司農兩解，自相違反。然太師已有風、雅、頌之名，當以前解爲正。

程大昌曰："所謂'雅、頌得所'者，古詩音韻節奏，必皆自有律度，如從今而讀雅、頌等詩，孰適而當爲風，孰適而當爲雅、頌，乃其在古有的然不可汩亂者。"鄭樵六經奧論曰：'雅、頌之音有别，然後可以正樂。'蓋其體既别，則其音自别矣。"章俊卿山堂考索曰："風、雅、頌，古人之體。今人作詩，有律、有古、有歌、有引，體制不同而名亦異。古詩亦然，謂之風者，出于風俗之語，大概小夫、賤隸、婦人、女子之言，淺近易見也。謂之雅者，其辭典則醇雅。然雅有小大，小雅固已典正，然其語間有重複，大雅則渾厚大醇矣。風與大、小雅皆道人君政事得失，有美有刺，頌則無諷刺，惟以鋪張勳德爾。子曰'雅、頌得所'，當聖人未反魯時，古詩雖多，風、雅皆混殽無别，逮聖人而後得所也。"三説皆善，但"得所"恐不但雅、頌有别，即雅之中、頌之中，亦各自有殘缺失次，須釐定之者。

"得所"專言雅、頌，不及國風，説者皆據程大昌説，以爲詩惟二南、雅、頌入樂，餘國不入樂。雅、頌入樂，爲用尤大于南，故專舉之。案經籍所載，如鄉飲酒禮、燕禮、大射禮所歌，甯俞稱諸侯朝正于王、敵王所愾、而獻其功、王宴之所歌，穆叔稱天子享元侯、兩君相見等所歌，及所謂用之鄉人、邦國、房中者，固皆不出乎二南、雅、頌之外。然襄二十九年吳公子觀樂，爲之歌諸國風，注云：“此皆各依其本國歌所常用聲曲。”疏云：“詩人作詩，其所作文詞，皆準其樂音，令宮商相和，使成歌曲。樂人采其詩詞以爲樂章，述其詩之本音以爲樂之定聲。其聲既定，其法可傳，雖多歷年世，而其音不改。今此爲季札歌者，各依其本國歌所常用聲曲也。”又云：“情動于中而形于言。及其八音俱作，取詩爲章，則人之情意，更復發見于樂之音聲。出言爲詩，各述己情，聲能寫情，情皆可見，聽音而知治亂，觀樂而曉盛衰，季札有以知其趣也。”又云：“魯爲季札作樂，爲之歌聲曲耳，不告季札以所歌之樂名也，札直聽聲以爲別。”然則諸國詩皆是樂章，非徒歌其辭。史記孔子世家云：“三百五篇，孔子皆弦歌之，以求合韶、武、雅、頌之音。”可知全詩皆入樂也，大昌之説頗誤。夫子言“得所”舉雅、頌以槩風耳。皇侃疏云：“雅、頌是詩義之美者。美者正，餘者正亦可知。”鶴壽案：司農注周禮，與注左傳自相違反。先生于上一條云：雅詩入樂，風詩不入樂。于此一條云：全詩皆入樂。何亦自相違反也！所講“雅、頌、得所”，則又盡屬空談。全祖望曰：“今人所共知者，甯武子之對湛露彤弓，叔孫穆子之對肆夏、文王，皆雅之失所者也。大戴禮記投壺篇，凡雅二十六篇，八篇可歌：鹿鳴、貍首、鵲巢、采蘋、采蘩、伐檀、白駒、騶虞；八篇廢不可歌：史辟、史義、史見、史童、史謗、史賓、拾聲、叡挾；其七篇商齊可歌也；三篇閒歌。”案投壺之文最古，故列于經，而其説不可曉。二雅之材一百五，而以爲二十六，不可曉者一也。白駒是變雅，今列之正雅，不可曉者二也。八篇之中，鹿鳴、白駒，一正一變。貍首，康成以爲會孫侯氏之詩，則亦在雅，而鵲巢四詩是南樂，亦列之雅，不可曉者三也。伐檀則直是變風，亦列之雅，不可曉者四也。就中分別言之，南之混于雅，猶之可也；變雅之混于正雅，不可也；變風之混于變雅，猶之可也；遂混入于正雅，不可也。至若商、齊七篇，不知是何等詩，據樂記商者五帝之遺聲，則康成以爲商頌者非矣。齊者三代之遺聲，是皆在雅、頌以前，何以竟指爲雅詩，不可曉者五也。是非雅之失所者乎？葉石林謂吳札觀樂，以大雅爲文王之德，以小雅爲周德之衰，猶有先王之遺風，則是所奏之小雅皆變雅，蓋并板、蕩等詩，凡變雅皆誤合之以爲小雅，所奏之大雅皆正雅,并鹿鳴、伐木等詩,凡正雅皆誤合之以爲大雅,是失次之尤者也。此蓋本于劉炫規杜預之過,而以解雅之失所最精。袁清容謂小雅而曰周德之衰,是歌六月至何草不黄矣,鹿鳴至菁莪皆美詩,何言周德之衰乎?大雅誠文王之德矣,然民勞至召明刺亂也,何文王之德乎?故可以合樂者,小雅至菁莪而止,大雅至卷阿而止。其言與葉石林合。頌之失所,以毛傳致之,絲衣釋賓尸也,而高子以爲祭靈星之尸,則必是時有用之靈星者,楚莊王述大武之三章曰賚,六章曰桓,卒章曰武,而今所傳則桓先于賚,武又先于桓,故杜預以爲楚樂歌之次弟,是皆頌之失所也。馬竹村謂穆叔不拜肆夏,以爲是天子所以享元侯。夫肆夏頌也,而何以混入于雅?此必舊時沿習如此,故穆叔雖知禮而不知其非。穆叔且然,況他人乎!蓋魯以禘樂享賓,則凡頌皆以充雅,而用之燕禮,至孔子始正之也。今案全氏云云,稍有未備,周書世俘解,稱甲寅獻明明、三終,乙卯秦崇禹生,開三終,孔晁注皆詩篇名,或以爲明明即大明之詩,是又以雅爲頌矣。至于頌告神明,其詞簡嚴,故篇止一章,未有數章者,左傳既以"耆定爾功"爲大武之卒章,即不得以武爲大武之首章而下之,其三其六,斷皆以篇言,而非以章言也。傳意蓋謂武爲武王之樂,桓與賚亦皆武王之樂,故以其三其六數之,雖當時篇次,已不可詳攷,然桓、賚等篇,必非武樂分章,今即以左傳證之,隨武子引酌[1]曰:"於鑠王師,遵養時晦。"又引武曰:"無競維烈。"以酌與武對舉,則酌非大武篇中之一章,而其餘可知矣。況頌各一章,章各一義,武頌功,桓頌志,賚頌封賞,如桓、賚不過武樂內之一章,則作詩者何必各立篇名以繫之邪?

龜法久亡,惟當闕疑

　　上古龜、筮並重,而龜居首,漢藝文志龜書五十二卷,夏龜二十六卷,南龜二十八卷,巨龜三十六卷,雜龜十六卷,載在筮書之前。周禮,太卜首掌三兆之灋,次筮,次占夢。其經兆之體,皆百有二十,其頌皆千有二百。藝文志所載,或即百有二十、千有二百之數。後來諸家書目皆不載龜書。蓋龜灋久亡,惟當闕疑。鶴壽案:玉、瓦原三兆,卜龜之大綱也。左右陰陽四兆,開龜之下體也。雨霽蒙釋克五兆,璺坼之象乎五行,而視其變化,以占吉凶也。玉兆者,史記所謂玉靈

夫子祝曰："假爾玉靈，炤見物情。祓之以卯，灼之以荊。問焉如響，克紹天明。"乾爲玉，故曰玉兆天。龜靈，故玉亦稱靈也。瓦兆者，旊人爲簋，合土爲之，其形象龜。簋者龜也，瓦象其體。火氣初交，厥陰墨啟，其德爲坤，黃中通理。坤爲土，故曰瓦兆地。龜仰，簋首向南，仰之象也。原兆者，卜必再兆而後從。朕志先定，鬼神其依，帝之原兆也。我有大事休朕卜并吉，王之原兆也。阪泉之兆，晉文以伯；大橫之兆，漢文以興。此之謂原兆。言鬼謀必先人謀，蓋以人而參天地焉。龜經有壽房兆、棲鶴兆。房者下房，象后宮也。鶴者介焉，象高人也。一說壽房象神，即古之瓦兆，而王莽起明堂，卜波水北金水南，惟玉食，謂龜爲玉兆之文而墨食也。豈其然乎？易林：萃之蹝曰："陰弗能完，瓦碎不全，兌爲毀折，故瓦兆不成也。"卜師掌開龜之四兆：方兆、功兆、義兆、弓兆。惠半農謂：方者其德也，弓者其體也。其德方，其體正，則義由之立，而功由之成。龜，陰物也，其德方，故其兆亦方。灼龜以荊，謂之"楚焞"。凡木心皆圓，而荊心獨方，故用以爲灼也。卜人定龜，史定墨，君定體，先定而後占，體正則兆正。而體之正者莫如弓，析幹不迤，析角無邪，寒而奠體，此弓兆所由名也。不曰正兆曰弓者，取其形曲而體正也。凡問卜，義則可問，志則不可問。王何卜攻鄶，臧會卜僭，皆非義也。而獲吉者問正爲貞，問者不正，鬼神亦不能見其情焉。兆如山陵，征者喪雄，禦寇之利，兆遇沈陽，伐齊則可，不利子商，此戰功也。邾文公卜遷，梁元帝亦卜遷，此國功也，民功也，義則有功，不義則無功。文公不利不遷，所謂義兆也，而有利民之功。元帝以爲不吉而不遷，失其義矣，有不喪其功哉？惠氏所論四兆之義雖詳，而未及其法。劉彝謂將卜，則開龜之下體，去其外甲，而存其下甲有橫直之文者以卜也。其下甲有直文者，所以分左右陰陽也。橫有五文，分十二位，象五行與辰次也。其上下不可以爲兆，可開而燋者，左右各二，故曰四兆也。兆有體有色有墨有坼，兆象曰體，兆氣曰色，兆廣曰墨，兆釁曰坼。占人之四占，即洪範之卜五，雨、霽、蒙、驛、尅也。龜之中直文謂之千里路，灼契之坼以近千里路者爲首，稍遠爲中，近邊爲尾。凡坼之見，皆有首、中、尾焉。合三節言之，則有雨雨雨、雨雨霽、雨雨蒙、雨雨驛、雨雨尅，有雨霽雨、雨霽霽、雨霽蒙、雨霽驛、雨霽尅，又雨蒙有五，雨驛有五，雨尅有五，而二十五具矣。除純體無生尅者不占，則二十四，五兆各二十四，則百有二十之經兆具矣。頌千有二百者，更以十干之日加之也。卜龜之法，大略如此。

洪範"稽疑"一疇内，備言"汝則有大疑，謀及乃心"等，蔡傳云：“有龜從、筮逆，無筮從、龜逆者，龜尤聖人所重。禮記大事卜，小事筮，傳謂筮短龜長是也。自夫子贊易，極著蓍卦之德，蓍重而龜書不傳。”此説非也。短長大小，雖曲體有之，周禮占人注、疏，亦有此説。然龜書久亡，誰能測其大小？此經疏以龜筮智等，自是定論，且以晉獻公之卜人云“龜長爲權詞”，尤爲妙解。蓋古者大事兼用卜筮，小事徒筮而已。易道彌綸天地，何必反小于龜？自漢以下，龜法失傳，是有數焉。

貞屯悔豫是再筮得兩卦

胡渭曰：朱子語録云“貞悔不止一説。如六十四卦，則内卦爲貞，外卦爲悔；如揲蓍成卦，則本卦爲貞，之卦爲悔。”蔡傳曰：“内卦爲貞，外卦爲悔，左傳‘蠱之貞風其悔山’是也。遇卦爲貞，之卦爲悔，國語‘貞屯悔豫皆八’是也。”程迥云：“貞屯悔豫皆八，蓋初與四、五凡三爻，皆變也。初與五用九變，四用六變。其不變者二、三、上，在兩卦皆爲八。”國語韋昭注，亦内外卦之説，與蔡傳不合。愚謂貞屯悔豫，朱子以本卦屯爲貞，之卦豫爲悔，故其筮法三爻變，則占本卦及之卦之象辭，據司空季子之占兩建侯以立法也。此猶可通。獨“皆八”二字，則其義有不可通者。蓋惟純坤六爻不變，乃可謂皆八，若屯之豫，則本卦初、四、五皆變有九有六，之卦四亦是七，安得云“貞屯悔豫皆八”乎？今攷晉語公子親筮之曰：“尚有晉國，得貞屯悔豫皆八。”韋注内曰貞，外曰悔，震下坎上屯，坤下震上豫，得此兩卦，震在屯爲貞，在豫爲悔，八謂震兩陰爻，在貞在悔皆不動，故曰“皆八”，謂爻無爲也。筮史占之，皆曰“不吉”，閉而不通，震動遇坎，坎爲險阻，閉塞不通。爻無爲也。司空季子曰“吉”，是在易皆利建侯，不有晉國以輔王室，安能建侯？我命筮曰“尚有晉國”，筮告我曰“利建侯”，得國之務也，吉孰大焉！嘗以此傳與注思之，春秋傳凡言筮所得卦，必曰遇某之某，如遇觀之否，則占觀六四爻辭；遇大有之暌，則占大有九三爻辭是也。而此獨不然，曰“得貞屯悔豫”，故韋注以爲得此兩卦，震在屯爲貞，在豫爲悔，解甚明確。或云"本卦屯爲貞,之卦豫爲悔",非也。信如所釋,則當曰"遇屯之豫"矣,其專言震者何也? 長子主器有侯象,公子筮得國,志在建侯,故獨有取乎震也。其曰"屯貞悔豫皆八"者,韋注以爲兩卦震二陰皆不變,然所得無之卦,筮史㭋云爻無爲,司空季子亦占二象,則似兩卦六爻皆不變,而此獨言震二陰者,欲成乎其爲君,喜震體之不變也。古者占大事不嫌再三,金縢連卜三龜,易有初筮、原筮,原,再也。得國大事,公子用原筮,故既遇屯,又遇豫也。昭七年衛人筮立君,亦用原筮,其占亦皆主震,初筮九遇屯,其彖曰"利建侯",再筮孟縶遇屯之比,曰"盤桓利居貞,利建侯",縶足不良弱行,史朝以"利居貞"當之,曰"弱足者居而以利建侯屬元",遂立靈公。由是觀之,貞屯悔豫,其爲再筮得兩卦,而非遇屯之豫益明矣。鶴壽案:水雷屯,則内卦爲震,外卦爲坎矣。雷地豫,則内卦爲坤,外卦爲震矣。此正與山風蠱内卦爲巽,外卦爲艮一例,蔡氏一時誤會耳。凡卦六爻有變動者,則以變動之爻占之,所謂用九用六也;若無變動,則視所當用之爻,就其七八占之,晉語明言"皆八",其爲再筮得兩卦,又何待言哉!

環攻

周禮,太卜掌九卜之法,九曰環卜,致師不也。筮人掌九筮之名,九曰筮環①。謂筮可致師不也。與此同。卜曰致師,其日必吉,故孟子曰:"夫環而攻之,必有得天時者矣。"趙云:"環城圍之。"朱子因之遂謂"四面攻圍,曠日持久,必有值天時之善者"。夫不擇吉日出師,而欲于曠日持久中,幾倖一日之遇,言天時者,何迂謬至此! 晉段灼傳:"三里之城,五里之郭,圍圍而攻之,有不尅者,此天時不如地利。"趙解之誤,晉人已有沿襲之者。鶴壽案:先生所引周禮"太卜掌九卜之法。九曰環卜,致師不也",余徧檢各刻本,並無此文,豈先生所見別一本與? 惟"筮人掌三易,以辨九筮之名,九曰巫環",鄭注:"環謂筮可致師不也。"惠半農謂"環之言'還'也。蓋筮征人之歸期。詩曰'卜筮偕止,會言近止,征夫邇

―――――――――――

①　筮環,周禮筮人作"巫環"。

止’，此筮環之詞。霍光遣任立政等至匈奴招李陵，單于置酒，陵亦侍坐，立政等未得私語，乃目視陵而數數自循其刀環，言可還歸漢。此‘環’之義也。一說‘環’者八卦歸魂也，‘更’爲變，‘環’爲還。乾變于巽還于離，坤變于震還于坎。故九筮以更始，以環終。”今案惠説非是。賈疏環人至“師”注，引左傳楚許伯御樂，御攝叔爲右，以致晉師之事，明此經簭環，亦是致師也。

三宥

王制“王三宥”，鄭注“一宥曰不識，二宥曰過失，三宥曰遺忘”，本周禮司刺文。尚書“流宥五刑”，馬融以爲幼少老耄蠢愚。此則三赦之法，直赦之不刑。鄭注“宥”訓“寬”，“赦”訓“舍”，寬乃減等，赦則全舍。馬融以“宥”爲“赦”大非。推鄭意以“流”與“宥”爲二，“五刑”二字，雙承“流”“宥”言之，此則馬與鄭同者。王及孔以爲“流”即“宥”，非也。

歷人、戕敗人，宥

尚書梓材：“肆往，姦宄、殺人歷人，宥。肆亦見厥君事。戕敗人，宥。”傳云：“汝往之國，又當詳察姦宄之人，及殺人賊所過歷之人，有所寬宥。聽訟折獄，當務從寬恕。故往治民，亦當見其爲君之事，察民以過誤殘敗人者，當寬宥之。”案蔡傳：“歷人者，罪人所過，律所謂知情、藏匿、資給也。”陳師凱曰：三者皆因罪人所歷過，或知情，或藏匿，或貲給之也。此説本蘇軾。然歷人所以可宥，皆爲不知情，蔡反以知情解之，謬甚。藏匿、貲給，知情之尤者，豈可宥乎！玩傳、疏説，則歷人不過過歷之人，失于覺察者耳。蔡又云：“戕敗者，毀傷四肢面目，漢律所謂‘痏’也。”陳師凱曰：痏，説文云：“毆傷也。”書傳會選曰：“漢薛宣傳注：以杖手毆擊之，剥其皮膚，腫起青黑，而無瘡瘢者，律謂疻痏。”此説亦本蘇軾。然其所以可宥者，亦以過誤傷人耳。所引漢律，未見過誤意。

蛾術編卷七十五

賦、比、興

詩序云："詩有六義：一曰風，二曰賦，三曰比，四曰興，五曰雅，六曰頌。"亦見周禮太師職。風、雅、頌，詩之體，有此三義也；賦、比、興，詩辭之中，有此三義也。論理當曰風、雅、頌、賦、比、興，今序與周禮爲此次者，古人之文，未可以今之文義測量也。傳于賦、比、興雖間注之，卻不每章盡注。至朱子集傳，每章必注賦、比、興，愚以爲非也。蓋作詩者，非必擬定欲作興體、比體、賦體，及其詩成，而讀者約略其辭，大抵不出此三種，如必瓜區而芋疇之，則膠柱之見，必有所不通。即如以關雎興起淑女，興也；以雎鳩之摯而有別，喻淑女之窈窕，則亦比也；直陳其事曰"窈窕淑女，君子好逑"，是又賦也。開卷一章，三義具焉，奈何每章必限之以一義乎？自漢以下，樂府、古詩，時見比興。唐人有律，而古詩則間存比興；即律亦何嘗無比興？宋、元、金人，妄以己意作詩，而比、興蕩然矣。鶴壽案：賦、比、興三者，列于風之下，雅、頌之上，此乃一定之理。先生謂"論理當曰風、雅、頌、賦、比、興"，非是。孔穎達曰："六義次第如此者，詩之四始，以風爲先，風之所用，以賦、比、興爲之辭，故于風之下，即次賦、比、興，然後次以雅、頌。雅、頌亦以賦、比、興爲之。鄭以"賦之言鋪也，鋪陳善惡"，則詩文直陳其事不譬喻者，皆賦詞也。鄭司農云："比者比方于物。取譬引類，皆比辭也。"又云："興者託事于物。取譬引類，起發己心，諸舉草木鳥歟以見意者,皆興辭也。賦、比、興如此次者,言事之道直陳爲正,故詩多賦在比、興之先;比之與興,雖同是附託外物,比顯而興隱,故比居興先也。風、雅、頌皆是施政之名,而事有積漸教化之道,必先諷動之,物情既悟,然後教化使之齊正,言其風動之初,則名之曰風;指其齊正之後,則名之曰雅;風俗既齊,然後德能容物,故功成乃謂之頌。先風後雅、頌,爲此次故也。"今案:孔疏猶有未盡。賦、比、興所以列于風之下者,風則賦、比、興俱備;雅則有賦有興,而其爲比者罕矣;頌則全是賦,而絕少比、興矣。先生謂"作詩者非必擬定欲作興體、比體、賦體,及其詩成,讀者約略其辭不出此三種",則又不然。孔穎達曰:一國之事爲風,天下之事爲雅。諸侯列土樹疆,風俗各異,唐有堯之遺風,魏有儉約之化,由隨風設教,故名之爲風。天子則威加四海,齊正萬方,政教所施,皆能齊正,故名之爲雅。風、雅之詩,緣政而作,政既不同,詩亦異體,故七月之篇,備有風、雅、頌,駉頌序云:"史克作是頌。"明作者本意,自定爲風體,非采得之後始定體也。詩體既異,其聲亦殊,公羊傳云"十一而稅頌聲作",史克稱"微子過殷虛而作雅聲",譜云"師摯之始,關雎之亂,早失風聲矣"。據此則詩體皆作者所自定也。鄭志答張逸曰:"賦、比、興,吳札觀詩已不歌,孔子錄詩,已合風、雅、頌中,難復摘別。"蓋逸見風、雅、頌有分段,以爲賦、比、興亦有分段,或全篇爲比,或全篇爲興,欲鄭指摘言之。鄭以賦、比、興直是文辭之異,非篇卷之分,故言從來不別。朱子集傳,每章必注賦、比、興,亦止就大判言之耳。乃先生謂"關雎首章,三義俱備",則是逐句逐字以求之,一篇之中,非但賦、比、興三義俱備,即風、雅、頌三體,亦無不俱備。何異孫曰:三百篇中,如"文王曰咨"、"咨女殷、商"之類,皆可謂之風;"憂心悄悄"、"慍于羣小"之類,皆可謂之雅;"于嗟麟兮"、"于嗟騶虞"之類,皆可謂之頌,豈獨七月一篇可分出豳雅、豳頌哉?

許宋黎楚諸國之風

載馳、河廣、式微、旄邱,許、宋、黎之風也。江汜、汝墳、南有喬木,楚之風也。諸國之詩少,錄于他國,即以存之也。魯有頌無風,蓋當時人已頌之矣,夫子烏得而風之?然南山崔崔、敝笱、猗嗟,即魯之風也,夫子深惡桓,故于春秋書"春王正月公即位",以彰其弒隱之罪。及其見殺于齊,內醜甚矣,不得不諱之,故于齊風存其實也。春秋曰"子同生",詩曰"展我甥兮",周公之祀未斬,隱然見于言外,夫子與詩人,其皆得忠厚之意者哉。鄭夾漈云:"周爲河、洛,召爲岐、雍。河、洛之南瀕江,岐、雍之南瀕漢。江、漢之間,二南之地,詩之所起在于此。屈、宋以來,騒人墨客,多生江、漢,故仲尼以二南之地,爲作詩之始,朱子集傳云:周國本在雍州岐山之陽,文王徙都豐,分岐周故地以爲周公、召公之邑,于是江、沱、汝、漢,莫不從化。岐周在今鳳翔府岐山縣,豐在今京兆府鄠縣終南山北。南方之國,即今興元府京西、湖北等路諸州。案宋惟興元府爲今陝西漢中府,若京西路即今湖廣安陸、襄陽、郾陽、德安諸府;湖北路即今武昌、漢陽、安陸、德安、荆州、岳州、常德、辰州諸府,蓋周南、召南,半屬荆、楚之詩,謂之楚風可也,孔子録詩不及楚,此太史本闕之,非有意删去,然可于二南互見矣。鶴壽案:載馳雖許穆夫人作,而所詠者衞懿公爲狄滅國事,則不得以爲許風。河廣雖宋桓夫人作,然既歸于衞,已見絶于宋,則不得以爲宋風。黎侯失國,寓居于衞,于是乎有式微、旄邱之作,則不得以爲黎風,成王舉文、武勤勞之後嗣,封熊繹于丹陽,是爲楚之始祖。江有氾序云"文王之時,江、沱之閒有嫡,不以其媵備數",汝墳序云"文王之化,行乎汝墳之國",漢廣序云"文王之道,被于南國,美化行乎江、漢之域"。三詩之作,其時未有楚國,安得以爲楚風乎? 南山,刺襄公也。敝笱,齊人刺文姜也,故曰"齊子歸止"。猗嗟,齊人刺魯莊也,故曰"展我甥兮"。三詩所詠者,雖文姜、魯莊之事,而淫亂實由于襄公,且其詩皆作自齊人,安得以爲魯風乎? 許、宋、黎、楚諸國,本來無詩;即有詩,太史未嘗采之,非夫子削之也。摰虞曰:"古之周南,今之雒陽,楚熊繹封于丹陽,北濱大江,至武王侵隨,其時尚未有漢;及文王封畛于汝,楚地始至汝水之南。先生欲以載馳、河廣、式微、旄邱爲許、宋、黎之風,已爲勉强,况欲以江氾、汝墳、漢廣爲楚之風乎?

詩人自述其名

詩人自述其名,尹吉甫、家父、寺人、孟子、奚斯是也。班孟堅兩都賦序"奚斯頌魯",李善云:"奚斯,魯公子。言新廟奕奕然盛,是詩公子奚斯所作也。"鶴壽案:李善注首引韓詩"魯頌曰'新廟奕奕'"二句,次引薛君曰"奚斯,魯公子也"四句。此太略。

朱子仍用毛詩

朱子詩傳，不信小序，多駮毛、鄭，然其白鹿洞賦“扮黃卷以置郵，廣青衿之疑問。樂菁莪之長育，拔雋髦而登進”，和劉抱一詩“木瓜更得瓊琚報”，注：“孟子以邶柏舟爲衛之仁人，見怒于羣小。”皆毛詩説。

程大昌論南、雅、頌、國風等名皆妄

程大昌謂“詩惟南、雅、頌入樂，其餘各國風皆不入樂，但以徒詩著之其國而已。又謂古無國風之名，但稱南、雅、頌。二南自稱南，尤不當包統于國風部彙之内”。攷周禮太師及詩序所述，皆有風，樂記：“正直而靜，廉而謙者，宜歌風。”表記：“國風曰：我今不閲，皇恤我後，心之憂矣，于我歸説。”則自古稱國風。左傳云：“風有采蘩、采蘋。”則二南稱風尤明。鼓鐘之詩所云“以雅以南，以籥不僭”，文王世子所云“胥鼓南”，康成皆以爲南夷之樂，左傳“見舞象箾、南籥者”，杜預以象箾爲武樂之舞，南籥爲文樂之舞，而大昌皆以爲二南，蓋妄譚也。

重韻

顧亭林論詩不忌重韻。愚謂蘇、李送別，盧江小吏，是或一道也；唐杜子美、李義山，當律體盛行，而飲中八仙歌、行次西郊作，尚用此體，即成疵病，豈可效乎？昌黎南山一百二韻，前云“嘗升崇邱望，戢戢見相湊”，後云“或散若瓦解，或赴若輻湊”，徧攷近日翻刻魏仲舉五百家昌黎集注、宋版王伯大音釋、晦菴朱氏昌黎集攷異、及東雅堂徐氏刻昌黎集、顧氏嗣立方氏世舉注本，皆同，似屬重韻。但廣韻去聲五十候，有“湊”字，亦有“輳”字，注云：“輳亦作湊”，集韻與廣韻同。廣韻本于唐韻，昌黎必從唐韻作“輻輳”。各本作“湊”，皆非也。説文車部無“輳”字，新附亦無。然詩家用字，豈能盡拘説文？唐韻已收之字，何不可用？若重韻，直不成詩矣。鶴壽案：無論三百篇中重韻不可勝數，即自漢迄唐，其爲重韻者，亦豈獨蘇、李送別諸詩哉？柏梁臺詩有三“之”字，三“治”字，二“哉”字，二"時"字,二"來"字,二"材"字;陌上桑詩,有三"頭"字,二"隅"字,二"餘"字,二"夫"字,二"髻"字,曹子建棄婦詞,有二"庭"字,二"霊"字,二"鳴"字,二"成"字,二"安"字;阮籍詠懷詩,灼灼西隤日一首,有二"歸"字;張協雜詩,黑蜧躍重淵一首,有二"生"字;謝靈運君子有所思行,有二"歸"字;梁武帝撰孔子正言竟述懷詩,有二"反"字;任昉哭范僕射詩,有二"生"字,三"情"字;沈約鍾山詩,有二"足"字;諸葛孔明梁父吟云"問是誰家墓,田疆古冶子",又云"誰能爲此謀,相國齊晏子";潘岳秋興賦,有二"書"字;盧照鄰長安古意云:"別有豪華稱將相,轉日回天不相讓。意氣由來排灌夫,專權判不容蕭相";李太白高陽歌有二"杯"字;盧山謡有二"長"字;杜子美織女詩有二"中"字,奉先縣詠懷詩有二"卒"字,兩當縣吳十侍御江上宅詩有二"白"字;八哀詩張九齡一首,有二"省"字、二"境"字,園人送瓜詩,有二"草"字,寄狄明府詩,有二"濟"字,宿鑿石浦詩,有二"繫"字;韓退之此日足可惜詩,有二"光"字,二"鳴"字,二"更"字,二"城"字,二"狂"字,二"江"字。惟王摩詰故太子太師徐公輓歌,重複二"名"字,施之律詩,則非體耳。亭林之説是也,先生以重韻爲不成詩,過矣。

同紐字不可連押

　　韻書中如平聲一東,首列"東"字,雙行夾注加反字,此下凡與同音者,連列之。至其下字音與"東"異,則加一圈以別之。在一圈内者,同紐字也。作詩不可連押二韻,中必間以他韻,古律皆然。如杜子美飲中八仙歌,雖用重韻,而無同紐連押,詩家所最忌也。

鶴壽案:古人用韻,不違同紐連押,易睽卦九四"遇元夫"與六五"厥宗噬膚",韻皆"甫無切"。春秋傳"專之渝"與"攘公之羭",韻皆"羊朱切";楚詞"思美人兮擥涕而竚眙",與"媒絶路阻言不可結而詒",韻皆"與之切"。其見于三百篇者尤多:白華云"鴛鴦在梁","之子無良",非皆"呂張切"乎?抑詩云"維德之隅","靡哲不愚",非皆"遇俱切"乎?桑柔云"不殄以穀","進退維谷",非皆"古禄切"乎?瞻卬云"維其優矣","心之憂矣",非皆"於求切"乎?臣工云"嗟嗟臣工","敬爾在公",非皆"古紅切"乎?雝詩云"文武維后","克昌厥後",非皆"胡口切"乎?那詩云"庸鼓有斁","萬舞有奕",非皆"羊益切"乎?總之古人作詩,但取文理明當,而不拘拘于用韻,故古詞紫騮馬歌"春穀持作飯,採葵持作羹",二句無韻;杜子美石壕吏詩"莫投石壕村,有吏

夜捉人",二句用韻,"老翁踰牆走,老婦出門看",二句無韻;李太白天馬歌
"白雲在青天,邱陵遠崔嵬",二句無韻;野田黄雀行首二句云"游莫逐炎洲
翠,棲莫近吳宮燕",無韻;行行且游獵篇首二句云"邊城兒生平,不讀一字
書",無韻。其用韻者,竇元妻古怨歌"煢煢白兔,東走西顧,衣不如新,人不
如故",則"顧""故"同紐連押矣;漢樂府箜篌引"公無渡河,公竟渡河,墮河而
死,當奈公何",則不但"河"、"何"同紐連押,而且"河"、"河"重韻矣。然在
古人則可,在今人諧聲協律,則兩韻同音,未免混淆,似宜避之。

　　李太白詩共九百八十七首,惟相逢行"長相思"之下,有六句
用"絲"、"悲"、"期"三韻,一本"長相思"下無此六句。案"思"
"絲"同紐,決無連用之理,一本無此六句,是也。若贈武十七諤五
言古"垣"、"猿"連用,留別龔處士五言律"園"、"猿"連用,案之廣
韻皆同紐,攷經典釋文,衞風淇奧"塉垣",小雅鴻雁之什"于
垣",節南山之什"耳屬于垣",大雅生民之什"大師維垣",四處
皆云音"袁",説文"垣,雨元切","袁,羽元切",似同音,其實"垣"
當讀若"丸",胡宮切,與"袁"、"猿"雨元切者,大不相同。太白與
子美用韻皆甚嚴。李千首,杜千四百首,從無出入。此外用韻嚴
者惟李義山,哭遂州蕭侍郎,亦"垣"、"猿"連用,則廣韻之誤顯
然。至太白以"園"、"猿"連用,則不可解。同在此一紐內,舛錯疊
見。此當闕疑,要豈可爲同紐連用者之佐證乎? 鶴壽案:相逢行"更
報長相思"與下"須臾髮成絲"爲韻,此正見古人不避同紐連押也。王琢厓注
引楊升菴外集載太白相逢行云:"此詩予家藏樂史本最善,今本無'憐腸愁欲
斷,斜日復相催,下車何輕盈,飄然似落梅'四句,他句亦不同數字,故備録之。
太白號斗酒百篇,而其詩精鍊若此,所以不可及也。"今案"飄然似落梅"等
句,輕佻之極,斷非太白原文,此必升菴所僞造,而嫁名于樂史傳本者。王氏
以之夾注于正文下,殊爲無識;然王氏並不言某本無"長相思"以下六句,蓋無
此句,則詞意俱未完。先生固執同紐字不可連押之説,乃託言一本無此六
句耳;但留別龔處士"園"、"猿"連用,其將何以解諸?

　　杜牧一千四百首內,惟題鄭十八著作虔七言排律一首"第五
橋東流恨水,皇陂岸北結愁亭。賈生對鵩傷王傅,蘇武看羊陷賊

庭"，"亭"、"庭"同紐連押，此外絶無。"愁亭"殊屬無理，當是"峒"字之誤。鶴壽案：同紐字用于律詩，讀之固嫌其音複，然謂"愁亭"無理而欲改爲"愁峒"，豈有理邪？

韓昌黎用韻最雜，如南山之"姤"、"遘"，秋懷之"乾"、"玕"，江陵途中寄三學士之"憂"、"櫌"，贈張祕書之"勔"、"曛"，游湘西兩寺之"舁"、"染"，答張徹之"冥"、"溟"、"筵"、"庭"、"扃"、"靈"，薦士之"盗"、"蹈"，喜侯喜至之"塹"、"槧"，崔十六少府攝伊陽之"鴈"、"贋"，皆同紐。若聯句會合之"蛹"、"踊"，郾城夜會之"橐"、"拓"，并屬和之者亦爲所牽掣矣，然皆古詩也。至律詩惟和崔舍人詠月"婷"、"庭"連用，似同紐，但廣韻不收"婷"字，則仍無害。鶴壽案："亭"與"廷"皆"特丁切"，"婷"以"亭"得音，"庭"以"廷"得音，和崔舍人詠月既是律詩，"砧影伴娉婷"與"閑吟愛滿庭"句音複矣，何云"廣韻不收，則仍無害"也？

李義山出韻頗多，如垂柳用"中"、"東"、"風"、"空"，第四句忽間以"松"；楚厲用"潦"、"遥"、"邀"、"招"，末忽用"蛟"；茂陵起用"梢"、"郊"，下用"翹"、"嬌"、"蕭"，四十韻獻杜七兄悰通身皆用"東"、"中"，忽間以"農"；無題起用"重"、"縫"，下用"通"、"紅"、"風"，少年用"功"、"中"、"叢"、"蓬"，二忽用"封"。若同紐連用，惟李肱畫松用"童"、"同"，然藝文類聚作"憧憧"，宜從之，哭遂州蕭侍郎"垣"、"猿"已見上。此外全集六百首，從無同紐連用者。鶴壽案：世人謂詩韻原于周彦倫、沈休文，唐韻庚、耕、清三部同用，青獨用，然"清"即"青"字加水旁，當在一部中，故休文郊居賦以"星""平""形""經""成""垌""縈""青"爲一韻，則唐韻已不同于古韻矣。玉谿生垂柳詩"三品且饒松"是第六句，非第四句，今東韻內有"菘"，即"松"字加艸頭，亦當在一部中，故垂柳詩以"中"、"東"、"風"、"松"、"空"爲一韻，則今韻又不同于廣韻矣。何以知之？杜子美兩晴詩"天際秋雲薄，從西萬里風，今朝好晴景，久雨不妨農。塞柳行疏翠，山梨結小紅，胡笳樓上發，一雁入高空"，張仲素秋稼如雲賦官限"農"字，而賦中押"同"、"功"、"終"字，全在東韻，蓋唐時東、冬兩部皆有"農"字，今韻乃删去其一耳。玉谿生五言述德抒情詩四十韻獻杜七兄僕射相公用庚、耕、清韻，今月二日復上五言詩四十韻乃用東韻，中閒有"寶瑟和神農"之句，于此益見唐韻于一東部內本有"農"字也，先生乃以爲出韻，旦突言四十韻獻杜七兄悰，既①不言述德抒情詩，又不言用東韻者爲下一首，未免疏略。

古今韻通押

向來韻書，只有近體之韻，如二冬下注"與鍾同用"是也。而古詩之通用者，從無著爲律令，使人遵守。吳才老雜采古人之文，以爲韻補，糾紛謬誤，豈足爲法？賴顧亭林音學五書及韻補正，條理井井，學者當一意遵守，作頌、贊、箴、銘諸體，必求上不戾于顧氏古音，下可貫于唐人唐韻者，通而用之。若邵子湘古今韻略，特以便于作詩之用。今當略仿其意，而大加更正。如六魚通七虞，二蕭通三肴、四豪，七陽獨用，十一尤獨用，是矣。至于一東通二冬、三江，宜改爲專通二冬，三江獨用，以三江之音已變通之，讀者必有所不順。以下仿此。四支、五微、八齊，皆宜獨用，惟九佳通十灰，十一真通十二文，十三元當獨用，十四寒通十五刪。一先、五歌、六麻皆獨用，八庚通九青、十蒸，十二侵獨用，十三覃通十四鹽、十五咸。此予一人之私言，皆爲古詩，非爲近體也。上、去、入三聲，可以約略類推。若夫近體二十文混并二十一殷，而唐人從無此事。即以杜詩證之，如贈鮮于京兆五排二十韻，十九韻皆真，中雜以"斤"，崔氏東山草堂七律三韻，"新""人""筠"皆真，中雜以"芹"，贈王二十四侍御契排律四十韻，三十八皆真，中雜以"筋"、"勤"。嚴混并鹽，凡混并咸，而唐韻亦無。再攷古韻叶一段，據吳才老、楊用修兩家，羅列滿紙，其實亂而無紀，宜一概去之。鶴壽案：言古韻者，始于吳才老，然不知本音，故以爲協音。及顧亭林之書出，乃有頭緒。至邵子湘羅列羣書，編成韻略，學者便之，然未能悉依經典，則亦不足據也。段茂堂曰："今世所存韻書，廣韻最古，其二百六部，放于隋陸灋言，自唐初有同用獨用之功令，以便屬文之士。至南宋

---

① 既，原本誤作"即"。

劉淵新刊禮部韻略,遂并同用之韻爲一部,而屬部百有七,今取以攷求古音、今音,混淆未明,無由討古音之源也。宋鄭庠分古韻爲六部,近顧氏炎武依廣韻部分,分古韻爲十部,江氏永又分爲十三部,鄭氏以東、冬、江、陽、庚、青、蒸、入聲屋、沃、覺、藥、陌、錫、職爲一部,支、微、齊、佳、灰爲一部,魚、虞、歌、麻爲一部,真、文、元、寒、刪、先、入聲質、物、月、曷、黠、屑爲一部,蕭、肴、豪、尤爲一部,侵、覃、鹽、咸、入聲緝、合、葉、洽爲一部,其説合于漢、魏及唐之杜甫、韓愈所用,而于周、秦未能合也。顧氏攷三百篇,作詩本音,以東、冬、鍾、江爲一部,支、脂、之、微、齊、佳、皆、灰、咍、入聲質、術、櫛、物、迄、月、没、曷、末、黠、鎋、屑、薛、麥、昔、錫、職、德爲一部,魚、虞、模、侯、入聲藥、鐸、陌爲一部,真、諄、臻、文、欣、元、魂、痕、寒、桓、刪、山、先、仙爲一部,蕭、宵、肴、豪、尤、幽、入聲屋、沃、燭、覺爲一部,歌、戈、麻爲一部,陽、唐爲一部,庚、耕、清、青爲一部,蒸、登爲一部,侵、覃、談、鹽、添、咸、銜、嚴、凡、入聲緝、合、盍、葉、帖、洽、狎、業、乏爲一部,較鄭氏爲密矣。江氏訂其于三百篇所用有未合者,作古韻標準,以東、冬、鍾、江爲一部,支、脂、之、微、齊、佳、皆、灰、咍、入聲麥、昔、錫、職、德爲一部,魚、虞、模、入聲藥、鐸、陌爲一部,真、諄、臻、文、欣、魂、痕、入聲質、術、櫛、物、迄、没爲一部,元、寒、桓、刪、山、先、仙、入聲月、曷、末、黠、鎋、屑、薛爲一部,蕭、宵、肴、豪爲一部,歌、戈、麻爲一部,陽、唐爲一部,庚、耕、清、青爲一部,蒸、登爲一部,尤、侯、幽、入聲屋、沃、燭、覺爲一部,侵、入聲緝爲一部,覃、談、鹽、添、咸、銜、嚴、凡、入聲合、盍、葉、帖、洽、狎、業、乏爲一部,較諸顧氏益密,而仍于三百篇有未合者。今更泛濫毛詩,理順節解,因其自然,定爲十七部。"今案韻書專論聲音,段氏所分十七部,根據説文,則并及于諧聲偏旁,質之周、秦之書,無所不合,可謂信而有徵者矣。

　杜古詩五言別贊上人,用"息"、"極"、"國"、"色"、"北"、"臆"、"逼"、"黑"、"翼"、"棘"、"力",忽雜以"熱",七言天邊行,用"哭"、"蜀"、"鵠",忽雜以"得"、"息";七言桃竹杖引,用"竹"、"足"、"玉"、"束",忽雜以"得"、"息";五言南池,用"谷"、"軸"、"腹"、"屋"、"足"、"熟"、"木"、"祝"、"俗"、"瀆"、"目"、"促"、"束",忽雜以"色"、"直"、"食";五言客堂,用"蜀"、"麓"、"毒"、"足"、"促"、"束"、"綠"、"熟"、"木"、"獨"、"竹"、"屋"、"祿",忽雜以"北"、"力"、"極"、"得"、"職"、"直"、"稷"、"色";七言久雨期王將軍不至,用"屋"、"獨"、"足"、"木"、"鵠"、"鹿",忽雜以"得"。杜用韻極嚴,五古通韻,幾與顧氏古音悉合,七古則皆不通韻,幾與律詩無異,惟入聲屋、沃、覺通職、德,殊不可解,意者送爲屋之去,職、德乃蒸之入,而"鳳"字與"鵬"同,所以通乎?存疑。

服中不當作詩

禮記檀弓:"魯人有朝祥而莫歌者,子路笑之。夫子曰:'又多乎哉?踰月則其善也。'""孟獻子禫縣而不樂,比御而不入。夫子曰:'獻子加于人一等矣。'""孔子既祥五日,彈琴而不成聲,十日而成笙歌"。"子夏既除喪而見,予之琴,和之而不和,作而曰:'哀未忘也。先王制禮而弗敢過也。'子張既除喪而見,予之琴,和之而和,彈之而成聲,作而曰:'先王制禮,不敢不至焉。'""祥月縞,是月禫,徙月樂。"注言:"禫明月可以用樂。"據此知古人祥、禫之後,踰月可以用樂矣。吟詠亦歌謳之類,祥、禫踰月,樂且可作,作詩當在所不禁。"大功廢業",或曰"大功誦可也",則大功不忌作詩,又可知矣。

四大名家論詩

高青邱論詩,曰格,曰意,曰趣。王阮亭譚藝四言,一曰典,二曰則,三曰諧,四曰遠。沈歸愚明詩別裁序云:"始端宗旨,繼審規格,終流神韻。"吾友青浦王昶琴德刻述菴詩鈔,吳泰來爲序,稱其論詩"曰學,曰才,曰氣,曰調。學以經史爲主,才以運之,氣以行之,調以舉之。四者兼,而弇陋生澀者,庶不敢妄廁壇坫"。愚謂合四名家之論而參之,詩之道盡矣。

射雉賦誤

文選九潘安仁射雉賦"雉鷕鷕而朝雊",李善注:"雉之朝雊,尚求其雌。雌雉不得言雊,顏延年以潘爲誤用。"玫譏此句爲誤,出顏之推家訓,非延年也。鶴壽案:古人用事之誤,往往有之。郭璞江賦云"總括漢、泗，兼包淮、湘"。淮、泗並不入江，豈因孟子而誤邪？庚信枯樹賦云"建章三月火"。據史記，武帝太初元年冬十一月乙酉，柏梁臺災，二年春二月起建章宮，是災者柏梁，非建章，而"三月火"又秦之阿房也。至于人名，尤易傳訛。今人以李正封詠牡丹詩爲唐明皇時，攷唐詩紀事云：大和中賞牡丹，上謂程修己曰："今京邑人傳牡丹詩，誰爲首出？"對曰："中書舍人李正封詩'天香夜染衣，國色朝酣酒。'"時楊妃侍，上曰："妝台前宜飲以一紫金盞酒，則正封之詩見矣。"大和，文宗年號，文宗亦有楊妃，非天寶時之楊太真也。後人因明皇有沈香亭賞牡丹事，誤改爲明皇，而不知年號之不合。正封與韓文公鄆城夜會聯句，在元和十二年，與明皇時代相隔遠矣。李善誤以顏之推爲顏延年，此猶白樂天詩"退之服硫黃"，指衛中立，而後人誤以爲韓昌黎耳。

詩紀漏去鼓吹曲

古詩紀前集十卷，詩紀百三十卷，外集四卷，詩話及識遺爲別集十二卷。北海馮惟訥纂輯。以爲自古迄隋，無不統括，然文選有謝朓鼓吹曲，竟未載入。

前谿歌

前谿歌晉詞云："黃葛結蒙蘢，生在洛谿邊。花落逐流去，何當順流還？還亦不復鮮。"音節甚妙，後之擬之者，李滄溟云："葵藿自有心，蘭蕙自有香。黃瓜一小草，春風獨不忘，枝葉頓芬芳。"吳明卿云："迎歡東武亭，送歡獨桑路。安得大海水，盡向前谿注？使歡不得渡。"非二公不能擬，非陳臥子亦不能采也。予亦擬云："迎歡東武亭，送歡獨桑頭。今日別歡苦，後日憶歡愁，歡定懷儂不？別歡時已久，感歡意不遷。前谿送歡去，何日迎歡還？還亦非少年。"風致似不減前哲。鶴壽案：古樂府"魚戲蓮葉東，魚戲蓮葉西，魚戲蓮葉南，魚戲蓮葉北"，後人擬之云"西川有杜鵑，東川無杜鵑，涪萬無杜鵑，雲安有杜鵑"。此種奇格不可無一，不容有二。前谿歌別贅一語于末，有舉刀割不斷之勢，是亦奇格也。"枝葉頓芬芳，使歡不得渡"等句，不過與上一氣相生，猶爲易擬，若"還亦不復鮮"句，于水盡山窮處，忽然添出，似斷非斷，似連非連，真乃精妙之至。先生所擬"歡定懷儂否"句，非但割得斷，而且太小樣；"還亦非少年"句，則直鈔前人，索然無味矣。請易之："燕燕復燕燕，花落時相見。今春谿上花，未識春風面，落紅已片片。歡去<u>平康里</u>，歡來<u>長安道</u>。窮途令人悲，久客令人老，不如前谿好。"兩末句雖不至割得斷，然風致頓減前哲矣。

詩式

<u>詩式</u>五卷，<u>釋皎然</u>撰，見<u>新</u>、<u>舊唐書志</u>。志稱<u>皎然</u>姓<u>謝</u>，<u>靈運</u>十世孫，<u>晁氏讀書志</u>、<u>陸氏研北雜志</u>亦云與<u>智永</u>爲<u>右軍</u>後、<u>懷素</u>爲<u>錢起</u>從子，正相類。今觀其書，以<u>康樂公</u>爲詩中日月，且言"文章公器，豈敢有私"？知爲<u>靈運</u>裔也。<u>漢</u>人有無名氏<u>古詩</u>，不下數十首，<u>文選</u>取其十九，而後人多臆揣某篇出某人，皆未足信。<u>玉臺新詠</u>以其八首爲<u>枚乘</u>作，然八首<u>陸機</u>擬<u>古</u>十二首皆有之，並摘取首句爲題，與今日良宴會、青青陵上柏、明月皎夜光諸篇古今同以爲無名者並列而無別；<u>宋</u><u>南平王鑠代古</u>四首，其三皆<u>玉臺</u>所云<u>枚乘</u>者，而亦與孟冬寒氣至並列。則<u>文選</u>之槪以無名，信也。<u>鍾嶸</u><u>詩品</u>謂"<u>古詩</u>源出<u>國風</u>，<u>陸機</u>所擬十二首，驚心動魄，幾乎一字千金。其外<u>去</u>者<u>日以疏</u>諸篇，頗爲總雜，疑是<u>建安</u>中<u>曹</u>、<u>王</u>所製"。繹<u>鍾</u>之意，亦以<u>機</u>擬者爲無名，可知<u>玉臺</u>未足據矣。<u>李善</u>云："<u>古詩</u>或云<u>枚乘</u>，詩云'<u>於戲宛</u>與<u>洛</u>'，則辭兼<u>東都</u>，非盡是<u>乘</u>明矣。"觀此似當時以十九首並爲<u>乘</u>作者。<u>劉勰</u>以<u>孤竹</u>一首爲<u>傅毅</u>作，<u>皎然</u>以<u>青青河畔草</u>爲<u>蔡邕</u>作，疑皆非也。蓋古詞<u>飲馬長城窟行</u>，<u>玉臺</u>以爲<u>邕</u>作，其首句偶與此同，故致誤耳。<u>鶴壽</u>案：<u>劉彥和</u>謂"<u>西京</u>詞人遺翰，莫見五言"，所以<u>李陵</u>、<u>班婕妤</u>，見疑于後代；又謂"<u>古詩</u>佳麗，或稱<u>枚叔</u>"，則<u>彥和</u>亦未敢質言也。觀<u>漢</u><u>李陵傳</u>，置酒起舞作歌，並非五言，則知河梁唱和，出自後人依託，"不待盈觴"之語，觸犯<u>漢</u>諱，始決其爲僞作，況<u>枚乘</u>更在<u>蘇</u>、<u>李</u>之前，<u>班</u>、<u>史</u>並不云有五言詩乎。

蛾術編卷七十六

杜子美

元微之墓係銘敘歷論古今之詩,至沈、宋律詩而後,文變之
體極焉。然莫不好古者遺近,務華者去實。效齊、梁則不逮于魏、
晉,工樂府則力屈于五言。律切則骨格不存,閑暇則纖濃莫備。
至于子美,上薄風雅,下該沈、宋;言奪蘇、李,氣吞曹、劉;掩顏、
謝之孤高,雜徐、庾之流麗:盡得古今之體勢,而兼人人之所獨專
矣。其論詩家之各局于一偏而不能兼美,言言破的;至謂子美盡
得古人體勢,其實乃盡變古人體勢者。既已盡得,又復盡變,所以
獨步千古。鶴壽案:必先盡得古人之體勢,然後能盡變古人之體勢。秦淮
海謂子美詩"格窮蘇、李之高妙,氣将曹、劉之豪逸;趣包陶、阮之沖澹,姿兼
鮑、謝之峻潔,態備徐、庾之藻麗,擬諸孔子集清任和之大成",此即元微之所
謂"盡得古今之體勢"也。新唐書本傳云:"天寶時,數上賦頌,因高自稱道臣
之述作,雖不足鼓吹六經,先鳴諸子;至沈鬱頓挫,隨時敏給,揚雄、枚皋,可企
及也。"贊曰:"唐興,詩人承陳、隋風流,浮靡相矜,至宋之問、沈佺期等,研揣
聲音浮切不差而號律詩,就相沿襲,逮開元閒,稍裁以雅正,然恃華者質反,好
麗者壯遺,人得一概,皆自名所長。至甫渾涵汪茫,千彙萬狀,兼古今而有之。
他人不足,甫乃厭餘,殘膏賸馥,沾丐後人多矣。故元微之謂詩人已來,未有
如子美者。甫又善陳時事,律切精深,至千言不少衰,世號'詩史'。韓愈于
文章慎許可,至于歌詩,獨推曰'李、杜文章在,光焰萬丈長。'"觀此二條,則
子美之盡得古人與盡變古人,俱可見矣。

墓係銘敘又云:"山東人李白,亦以奇文取稱,時人謂之李杜。觀其壯浪縱恣,擺去拘束,誠差肩于子美矣;若鋪陳終始,排比聲韻,大或千言,次猶數百,詞氣豪邁而風調清深,屬對律切而脫棄凡近,則李尚不能歷其藩翰,況堂奧乎?"評李、杜優劣,精妙之至。蓋杜之勝李,全在鋪陳排比,屬對律切也。千古公論,至微之始定。而元遺山論詩絕句云:"排比鋪陳特一塗,藩籬如此亦區區。少陵自有連城璧,爭奈微之識碔砆。"所云連城璧在何處? 妄爲大言,其實原未識得,聊以欺人耳。秦觀云:"杜詩積衆流之長,適當其時而已。""適當其時"妙甚。鶴壽案:舊唐書文苑本傳云:"天寶末詩人,甫與李白齊名。而白自負文格放達,譏甫齷齪,有'飯顆山頭'之嘲誚。元和中詞人元微之。論李、杜之優劣,自後屬文者,以微之之論爲是。"新唐書本傳云:"甫放曠不自檢,好論天下大事,高而不切。少與李白齊名,時號李杜。嘗從白及高適過汴州,酒酣,登吹臺,慷慨懷古爲歌詩,傷時橈弱,情不忘君,人憐其忠。"唐本事詩:太白戲杜曰:"飯顆山頭逢杜甫,頭戴笠子日卓午。借問別來太瘦生,總爲從前作詩苦。"蓋譏其拘束也。然"飯顆"詩,太白集中不載,苕溪漁隱亦嘗辨之,舊唐書非是。至以元微之論李、杜之優劣爲定論,尤非。李有李之天才,杜有杜之學力,各擅所長,何分優劣? 況子美時,無非一片忠君愛國之心所結而成,奈何以鋪陳排比賞之邪? 若但賞其鋪陳排比,則集中甚多牽強湊集之句,如寄臨邑舍弟詩"利涉想蟠桃"、贈韋左丞丈詩"衰容豈壯夫"、建都詩"終愁萬國翻"、贈裴南部詩"公畫不偸金"、上白帝城詩"深慙畏損神"、西閣詩"新詩近玉琴"、奉送王信州崟北歸詩"瘡痍無血流"、送敬十使君適廣陵詩"濟時曾琢磨"。此皆支離配搭,不成句調。又如至後詩"愁極本憑詩遣興,詩成吟詠轉淒涼",送季八祕書赴杜相公幕詩"貪趨相府今晨發,恐失佳期後命催",題柏學士茅屋詩"富貴必從勤苦得,男兒須讀五車書。"此等句語,尤爲拙率,其病即爲鋪陳排比也。然此不足以爲少陵之病,評者謂篇法變化,至杜律而極,後人執成法以繩杜,如欲懲"中四排比"之患,而爲"前解後解"之說者,又欲矯"兩截判隔"之失,而爲"七轉八收"之說者,不知少陵止一片神行而已。若其連章詩,又通各首爲大片段,卻極整齊,極完密。少陵此體,千古獨有,要其融貫處在神理,在紀法,不在字句也。千言數百言長律,自杜而開,古今聖手無兩,每見名家評杜,至此尤無把握,大率本微之鋪陳排比之言爲主張,豈知鋪陳排比,但可以概長慶諸公之鉅篇,若杜排之忽遠忽近、虛之實之、逆來順往、奇正出没種種家法,未許尋行數墨者,涉其藩籬。元遺山所謂"連城璧"者,正在此處。不意先生所見,僅與微之等,而出遺山下也。"

杜壯遊云:"七齡思即壯,開口詠鳳皇。九齡書大字,有作成一囊。"又云:"往昔十四五,出遊翰墨場。斯文崔魏徒,以我似班、揚。"然年譜三十以前無一詩,即三十至四十一二,亦只十二三首,直至四十三歲以後,存詩乃多,自四十三至五十九,凡十七年,得詩一千四百,每年詩百餘。進雕賦表云:"自七歲綴詩筆,向四十載,約十餘篇。"其著述之富如此。今皆不存。公自以爲不足傳,皆焚棄之耳。想少作雖未必拾"四傑"及沈、宋唾餘,究未能出陳射洪、張曲江範圍。入蜀以後,並王右丞、岑嘉州、孟襄陽、李翰林輩句法調法,盡行掃卻,變化烹鍊,別自成一種體格,所謂滅竈更炊,不因人熱,苦心千載如見也。若蹈常襲故,安能出人頭地邪?鶴壽案:元微之墓係銘敍云"旅殯岳陽,享年五十九",然不詳卒年爲何年。舊唐書文苑本傳云:"永泰二年,昭牛肉白酒,一夕而卒於耒陽。"永泰二年,即大曆元年也。唐詩紀事云"先天元年生,大曆五年卒",與舊唐書異。據子美追酬故高蜀州人日見寄詩敍云"大曆五年正月二十一日",則唐詩紀事謂卒于五年者近是。先天者,玄宗初即位所改之年號,即睿宗末年也。從大曆五年逆數至睿宗末年,凡五十九年,然則天寶十年獻三大禮賦,時年適四十歲,故新唐書本傳云"臣自七歲屬辭,且四十年也"。

同年進士廣西岑谿縣令海寧周春松靄譔杜詩雙聲疊韻譜,其説云:"兩字同母,謂之雙聲;兩字同韻,謂之疊韻。此三百篇所早有,兩漢、魏、晉莫不皆然。但爾時韻學未興,並無雙聲疊韻名目,故散見而不必屬對也。自周容、沈約剏四聲切韻,有前浮聲、後切響之説,于是始尚對矣。或自相對,或互相對,調高律諧,最稱精細。唐初律體盛行,而其法愈密,惟杜少陵尤熟于此,神明變化,遂爲用雙聲疊韻之極則。迨宋初而漸微。北宋如宛陵、山谷,南宋如石湖、劍南,皆不復留意,而舊法殆盡。杜律詩如贈鮮于京

兆云‘奮飛超等級,容易失沈淪’,‘奮飛’、‘容易’,此二句皆雙聲
而自相對者;寄河南韋尹云‘牢落乾坤大,周流道術空’,‘牢落’
雙聲,‘周流’疊韻,此以二者互相對而出句變聲,對句疊韻者。此
皆雙聲正格也。贈盧參謀云‘流年疲蟋蟀,體物幸鶬鶊’,‘蟋
蟀’、‘鶬鶊’,此二句皆疊韻而自相對者;贈汝陽王云‘寸腸堪繾
綣,一諾豈驕矜’,‘繾綣’疊韻、‘驕矜’雙聲,此以二者互相對而出
句疊韻,對句雙聲者。此皆疊韻正格也。”松靄所舉甚縣。復于杜
之外,徧采唐人句合者。今但于杜句各摘一聯,以見其概,七言及
古詩均此。松靄言“齊、梁以上,祕奧未開;宋、元以來,幾成絕
學。然攷其篇章,往往亦多暗合。此殆天籟,非人力可強矣。”于
是又徧采兩晉六朝下至趙宋人句,以爲佐證。且于此二種正格之
外,有雙聲同音通用格、疊韻平上去三聲通用格、雙聲借用格、疊韻
借用格、雙聲廣通格、疊韻廣通格、雙聲對變格、疊韻對變格、散句
不單用格、古詩四句内照應格,一一取而臚列之。古今評注杜詩
者,亡慮數十家,曾無先覺,松靄獨抉其祕,誠爲得未曾有。大凡
摹擬情事景物,一字不能盡,則疊字以形容之,睢鳩之“關關”,葛
覃之“萋萋”是也。或用疊韻,則山之“崔嵬”,馬之“虺隤”是也。
或用雙聲,登高曰“高岡”,馬曰“玄黄”是也。疊字疊韻,爲摹狀之
詞,人所易曉。若雙聲者,蘇子瞻口喫語詩,正純用此,試取而諷
詠之,佶屈可笑,成何音節? 不知純用之則不成章,若于穩順聲勢
中忽屬以二字,使齒舌擊觸,因澀得平,遲其聲以媚之,此律詩妙境
也。漢末孫炎始爲反切,六朝神珙乃造字母,疑若出于後世之所
附益者,要之追溯其源,而已見于毛詩,則知此事出于自然,非穿
鑿也。松靄大暢其説,律詩之奧突待開,而杜老之精神愈出矣。鶴
壽案:雙聲之體,蓋始于王融,其詩云:“園蘅眩紅藹,湖荇燁黄花。回鶴横淮
幹,遠越合雲霞。”[1]唐人亦時作雙聲詩,皮日休溪上思云:“疏衫低通灘,冷

---

① 見王融 双聲詩。

鷺立亂浪。草彩欲夷猶，雲容空淡蕩。"温庭筠李先生別墅望僧舍寶刹詩云："棲息消心象，簷楹溢豔陽。簾櫳蘭露落，鄰里柳林涼。高閣過空谷，孤竿隔古岡。潭庭同淡蕩，髣髴復芬芳。"此皆雙聲也。而蘇子瞻尤好之，嘗戲作切語竹詩云："隱約安幽奧，蕭騷雪藪西。交加工結構，茂密渺冥迷。引葉油雲遠，攢叢聚族齊。奔鞭迸壁背，脱籜吐天梯。煙篠散孫息，高竿拱梢杆。漏閒零露落，庭度獨蜩啼。掃洗修纖筍，窺君詰曲溪。玲瓏綠醽醴，邂逅盍閒攜。"戲和正甫一字韻云："故居劍閣隔錦官，柑果薑蕨交荆菅。奇孤甘掛汲古綆，僥覬敢揭鉤金竿。已歸耕稼供菜秸，公貴幹蠱高巾冠。改更句格各蹇吃，姑固狡猶加開關。"江行見月四言詩云："吟哦傲岸，仰晤巖月。遇壖迎厓，銀刑玉齕。鼋魚唅喎，雁鶩嶼岋。臥玩我語，聲牙炭業。"此亦皆雙聲也。其原蓋本于虞廷賡歌之"股肱""叢脞"，豈特毛詩之"蝃蝀在東""鴛鴦在梁"而已哉！

　　奉贈韋左丞丈云"紈綺不餓死"，句意兩拙。"賦料揚雄敵，詩看子建親"，全是律詩句法，與通首體格不肖。"殘杯與冷炙，到處潛悲辛"，顏之推家訓雜蓺篇云："琴不可令有稱譽，見役勳貴，處之下坐，取殘杯冷炙之辱。"

　　遊龍門奉先寺，起句云"已從招提遊"，竟將題面一筆撇過。下云："更宿招提境陰壑生虛籟，月林散清影。天闕象緯逼，雲臥衣裳冷。欲覺聞晨鐘，令人發深省"，純寫夜宿所見，非遊也。若改題中"遊"字爲"宿"字，便協。

　　玄都壇歌，起四句，二句一轉韻；下八句，四句一轉韻。高都護驄馬行，前十二句，俱四句一轉韻，結忽變爲兩句一轉韻。醉歌行別從姪勤，八句一轉韻，共二十四句。渼陂行，前六韻皆四句一轉韻，結忽變爲二句一轉韻。洗兵馬，每段十二句一轉韻，通篇共四段，四十八句。集中此種皆略近高、岑，而已小變，不作四句一轉板格矣。觀高、岑之每首皆四句一轉，方知公苦心避熟，不肯循行矩步。若七言古詩長篇，一韻到底，不轉他韻，則又必到昌黎方定此格，而杜無之也。

　　送孔巢父謝病歸遊江東兼呈李白，題中並無蔡姓，詩中突出蔡侯，殊覺無理。別本無之。又太促。鶴壽案：蔡侯不過是餞行之人，故題中不列之。至謂"別本無之"，此則先生託言也。結句云："南尋禹穴見李白，道甫問訊今何如？"此正與題相應，而謂別本無蔡侯以下六句邪？

飲中八仙歌，無起無收，硬排八段，格爲獨刱。首段"知章騎馬似乘船，眼花落井水底眠"，不說飲酒，突寫醉態，造意造語，不避險仄，所以爲妙。其餘奇句雖多，未有如此二句之尤奇者。作者特地在首段寫出駭人。獨于李白云"自稱臣是酒中仙"，點出"仙"字，亦矯變。此種詩今日讀慣，不覺其奇，在當日風氣初開，實爲得未曾有。至于重用二"船"韻、二"眠"韻、三"天"韻、三"前"韻，則不佳。

大雲寺贊公房詩"黃鸝度結構，紫鴿下罘罳"，小字注"一作芳菲"，周明府春家藏不全宋本，編此詩入近體五言律中。宋本雕刻極精，有元"國子監印"四字，又有紅字國書長印云："國子監崇文閣官書，借讀者必須愛護。損壞闕失，典掌者不許收受"二十六字，此本的係宋板而入元官藏者，"罘罳"正作"芳菲"。葢"結構""芳菲"皆雙聲，若"罘罳"則非矣。愚謂此詩用四支，令作"芳菲"，則入五微矣，恐非也。第二首用十七真，其中卻間以"芹"字，此正唐人用韻之法。

蘇端薛復筵簡薛華醉歌"又雨過蘇端"，困學紀聞"楊綰諡文正，比部郎中蘇端持兩端"，豈即斯人與？案所引舊唐書楊綰傳，彼作"諡文簡"。

偪仄行贈畢曜，新唐書叛臣喬琳傳："郭子儀表爲朔方府掌書記，與聯舍畢曜相掉訐。"似即此人。存没口號"畢燿曾傳舊小詩"，不知是一人否？鶴壽案：本篇云"憶君誦詩神凜然"，存殁口號亦作畢曜，惟夾注，一作燿。又自注云"畢曜善爲小詩"，正與偪仄行"憶君誦詩"句相應，其爲一人無疑。

石龕云："熊羆咆我東，虎豹號我西。我後鬼長嘯，我前狨又啼。"句法本之魏武北上行。

杜鵑行全爲明皇而作。舊主之思，一何切摯！

　　題壁上韋偃畫馬歌，宋江夏黃休復益州名畫錄云："韋偃者，京兆人，寓止蜀川，善畫馬，韓幹之亞。"

　　茅屋爲秋風所破歌，羣童取其屋上之茅，斥爲盜賊，脣焦口燥呼之。其不肯捐一物以及人如此，乃欲得廣廈萬間以庇寒士，一篇中自相違反。

　　觀公孫大娘弟子舞劍器行，敍云："開元三載，余尚童穉，記于郾城觀公孫氏舞劍器、渾脱。"案新唐書，將作大匠宗晉卿爲渾脱舞，葢"渾脱"乃舞名。鶴壽案：開元三載，子美止四歲也。劍器，武舞之名。樂府雜錄云："健武曲，有稜大、阿連、柘枝、劍器、胡旋、胡騰等；輭舞曲，有涼州、綠腰、蘇合香、屈柘、團圓旋、甘州等。"劍器者，用女妓雄妝空手而舞，並不持劍也。曾"渾脱"二字皆平聲，渾音"魂"，不讀去聲；脱音"佗"，不讀入聲。新唐書五行志云："長孫無忌以烏羊毛爲渾脱氈帽，謂之趙公渾脱，因演以爲舞。"故中宗宴近臣，而宗晉卿爲是舞也。

　　送重表姪王砅評事使南海詩；"我之曾祖姑，爾之高祖母。爾祖未顯時，歸爲尚書婦。""爾祖"即上文"爾之高祖"，即王珪，又稱爲"尚書"者。珪相太宗，贈禮部尚書也。砅爲公之表姪，乃云"重表姪"，此不可解。困學紀聞引素問太始天元册文，采王冰注。閻若璩云："冰當作砅。王砅見杜詩。肅宗寶應時人，自號啓元子，注素問八十一篇。唐人物志云：'王砅仕至太僕令，年八十餘。'杜注都遺此。"攷王砅、王冰，特字形相似，實非一人。王伯厚引素問注作王冰，予所藏舊刻本素問同冰，別有元珠密語十六卷亦作冰，且素問自敍云："冰弱齡慕道，夙好養生。"而砅因李勉節度嶺南，欲往干謁，既與冰之爲人不類，素問敍題"唐寶應元年幾次壬寅"，雖似與子美年月相近，但元珠自敍云："余少精吾道，苦志文儒，三冬不倦于寒窻，九夏豈辭于炎暑？後因則天理位，而乃退志休儒，繼日優遊，棲心志道。"竊計冰年八十餘，以三四十遇則天休儒志道計之，作素問注，凡十二年始成，元珠又在其後。恐冰之卒，必要開元十餘年，而杜作此詩，已在出峽至江陵公安時,爲大秝三年,然則砅必非冰又可知也。

鄭駙馬宅宴洞中云:"春酒杯濃琥珀薄,冰漿椀碧瑪瑙寒。誤疑茅堂過江麓,已入風磴霾雲端。自是秦樓壓鄭谷①,時聞雜佩聲珊珊。""江麓"一作"江底"。"薄"、"麓"、"谷"三字相犯,古人所無,惟李義山寓目云:"園桂懸心碧,池蓮飲眼紅。此生真遠客,幾別即衰翁。小幌風煙入,高窗霧雨通。""碧"、"客"、"入"皆入聲。此偶不檢。

送裴二虬作尉永嘉,案舊唐書代宗本紀:"大秝五年,湖南都團練使崔瓘爲兵馬使臧玠所殺,道州刺史裴虬出兵討玠。"當即此人。

贈田九判官梁邱云:"崆峒使節上青霄,河隴降王款聖朝。宛馬總肥春苜蓿,將軍只數漢嫖姚。陳留、阮瑀誰爭長,京兆田郎早見招。麾下賴君才並入。獨能無意向漁樵?"哥舒翰使節,自崆峒而上青霄者,由河隴之吐谷渾蘇毗納款而應接之故也。三四承上説,五六方入田,七八望其薦引。時田從哥舒入朝,故有此贈。前贈哥舒詩"防身一長劍,將欲倚崆峒",頗有欲入其幕之意,故此求援于田。

奉贈嚴八閣老,案舊唐書楊綰傳,肅宗遷起居舍人,故事,舍人年深者謂之"閣老"。新唐書百官志:"中書省舍人六人,掌侍進奉參議表章,與給事中及御史三司鞫冤滯,以久次一人者爲閣老。"公爲拾遺,嚴爲給事中,皆門下省官,非中書,但三省體制略相當。給事人與舍人有聯比之事,則門下之同省者,自可援此例相稱。三司謂御史大夫、中書、門下。鶴壽案:嚴武爲給事中,固在門下省,然李肇國史補云"宰相相呼爲堂老,兩省相呼爲閣老",則似閣老不專稱宰相矣。

曲江對雨云:"龍武新軍深駐輦,芙蓉別殿漫焚香。何時詔此

---

① 鄭谷;錢注杜詩:鄭谷,地名。谷口在云陽縣西四十里。

金錢會,暫醉佳人錦瑟傍。"慨嘆開元之盛,不可復見。

曲江陪鄭八丈南史飲"花"、"華"分韻,竟作兩字矣。不知起于唐乎? 抑六朝已然也? 若春歸云"苔徑臨江竹,茅檐覆地花。別來頻甲子,倏忽又春華",不但分押,且連押矣。唐韻"華"與"花"不同鈕故也。

至日遣興寄北省閣老云:"去歲茲辰捧御牀,三更三點入鵷行。"新唐書百官志:"漏刻博士,掌知漏刻。更以擊鼓爲節,點以擊鍾爲節。"

前在忠州,已有聞高常侍亡詩,予于杜詩編次前後,略依近儒本。獨于贈高式顏云:"自失論文友,空知賣酒壚。"式顏乃適之族姪。此必廣德初,適爲西川節度,式顏來依之,卒後流落夔峽間而贈之,應改編于此也。世説:王戎過黃公酒壚,謂客曰:"吾昔與嵇叔夜、阮嗣宗酣飲于此。自嵇、阮云亡,視此雖近,邈若河山。"時適已卒,故用世説以寄慨。

秋野云:"盤飧老夫食,分減及谿魚。""分減"出佛書,見鄢陵梁熙曰緝皙次齊集。①鶴壽案:華嚴經十布施内,有分減布施。惠定宇曰:東觀漢記:孔奮篤骨肉,弟奇在洛陽,每有所食甘美,輒分減以遺奇。"分減"二字出此。

夔府詠懷百韻"陣圖沙北岸,市暨瀼西②巔",自注:"暨"音"既",峽人目市井處曰"市暨",江水橫通山谷處,方人謂之"瀼"。聞斛斯六官未歸云:"荊扉深蔓艸,土銼冷疏烟。"吳若本注:"蜀人呼'釜'爲'銼'。"困學紀聞涌水李氏云:"老杜多用方言,如'岸溉'、'土銼',皆楚蜀人語。"攺卜居云:"雲障寬江左,春耕破瀼西。"題瀼西新賃艸屋云:"畏人江北艸,旅食瀼西雲。"皆作仄聲讀。"瀼"俗字,説文新附"汝羊切",此作仄聲,從土音也。九

---

① 皙次齊集,"齊"疑爲"齋"字之誤。按梁熙,清鄢陵人,字曰緝,別號皙次。有室名皙次齋、霜霽閣。

② 瀼西,錢注杜詩:方與勝覽:大瀼水,在奉節縣。

日藍田崔氏莊云："明年此會知誰健,醉把茱萸子細看。"觀李固弟請司馬弟山水圖云："野橋分子細,沙岸繞微茫。"枯柟云："種榆水中央,成長何容易。"送郭中丞兼太僕卿充隴右節度使云："艱難須上策,容易即前程。""子細"、"容易"皆俗語。

逸詩拾遺朝奉大夫員安宇所收放船云"江市戎戎暗",毛詩"何彼穠矣",傳:"'穠'猶'戎戎'也。"杜正用此。

秋興"蓬萊宮闕對南山"與"雲移雉尾開宮扇",複"宮"字,上"宮"應改"城"。寄劉峽州伯華使君前云:"羣公價盡增,""纖毫欲自矜",與"黃霸璽書增","張兵撓棘矜"犯複,必有誤。拾遺客舊館用"春"韻,忽雜以"聲"字,必非杜作。若"幕下郎官安穩無?從來不寄一行書。因知貧病人相棄,能使韋郎迹也疏",首句借韻,杜所絕無。此等率筆,本不在橐,後人强入之。或謂杜律詩中多連用三仄聲句,及用平仄平、或仄平仄聲句,雖自謂"老去漸于詩律細",其實猶不得爲細也。愚謂杜上韋左相見素"巫咸不可問",贈翰林張四學士賦詩拾翠殿春宿"左省星臨萬戶動,病馬塵中老盡力",連用三仄聲字;"擣衣君聽空外音,天河何曾風浪生",平仄平也;贈哥舒翰"君王自神武",何將軍山林"蹉跎莫容鬢",仄平仄也。凡如此句,隨舉輒有,乃造此苛碎不中情理之論,强作解事,殊爲妄矣。

以旬爲年

白樂天詩:"掌珠一顆兒三歲,鬢雪千莖父六旬。"說文勹部:"十日爲旬。"此以十年爲旬,沿俗誤也。明初徐尊生懷歸集生日有感云:"客中生日近七夕,老子行年當五旬。"亦同。鶴壽案:以旬爲十年,蓋始于唐代,漢、魏、六朝無之也。樂天又有偶吟自尉兼呈夢得詩云"且喜同年滿七旬",自注:"予與夢得甲子同辰,俱得七十。"

韓昌黎

送汴州監軍俱文珍:董晉爲宣武軍節度使,俱文珍爲監軍,公爲觀察推官。文珍將如京師,作敘並詩以送之。樊汝霖謂"詩

不入正集，李漢以文珍故爲公諱也"。方世舉雖云新書本傳稱其
"性忠强，識義理"，則其人或不必拒。然宦官之禍，至唐而極。舊
書："文珍從義父姓，曰劉貞亮。性忠正，剛而蹈義。"彼小人也。
節度得人，何用監軍？節度不足信，乃信宦官小人。德宗舛矣。
新書："自置親兵千人，貞元末，宦官領兵，附順者益衆。"忠正乎？
非忠正乎？舊書："王叔文欲奪宦者兵權，貞亮建議與之爭，乃請
立唐陵王爲皇太子，逐叔文。時議嘉貞亮忠藎，恐失兵權而逐叔
文。"忠藎乎？非忠藎乎？舊書竇文場傳："叔文謀奪神策兵權，
乃用范希朝爲京西、北禁軍都將，事未行，爲内官文珍等所排，叔
文貶而止。"希朝嘽啍宿將，百戰威名，不可信乎？文珍之小忠小
信，可信乎？新書："高崇文討劉闢，復爲監軍。初東川節度使李
康爲闢所破，囚之。崇文至，闢歸康求雪，貞亮以不拒賊斬之。
以專悍見訾。"夫康被囚則非降，文珍斬之，豈特專悍？亦凶暴甚
矣！舊書："憲宗思其翊戴之功，遷右衛大將軍，知内侍省事，卒贈
開府儀同三司。"子傳父業，乃以翊戴歸功宦官，殺叔文以快私忿，
憲宗視不改父之臣者，相去遼絶，卒之己爲宦官所弑，孫敬宗又爲
宦官所弑。自文宗以下，閹人握兵之禍，潰敗決裂，其原皆自文珍
發。昌黎一文一詩，本無關于興亡大局，即送之之時，文珍惡尚
未露，亦無害昌黎之爲君子。然叔文之忠謀不用而見誅，文珍之
欲據兵權而釀亂，則固確然者。鶴壽案：大凡小人當其未敗露時，何嘗不
冒爲君子之行？平涼之盟，俱文珍在渾瑊軍中，會變被執，不居然一君子哉？
德宗亦信之，故使之出監宣武軍，此詩敍云："今天下之鎮，陳留爲大。其監
統中貴，必材雄德茂，然後爲之。監軍俱公輠侍從之樂，受腹心之寄，遇變出
奇，先事獨運，偃息談笑，危疑以平。"既極口稱之，而詩之結句，又用王陽、王
尊事以頌之。昌黎君子也。君子可欺以其方，蓋深信文珍爲端人矣。其後昌
黎自爲君子，文珍自爲小人，本兩不相妨。李漢爲公諱，不以此詩入正集，固
非；方世舉周旋其間，謂公奉董晉之命而作，非出己意，亦殊不必。

　　"春風詠采蘭"，東雅堂刻昌黎先生外集，注引束晢補亡詩
"采蘭以養親也"。顧嗣立仍取，而方世舉刪去，非是。文珍閹人，

不知其所出，所謂"親"即義父耳。鶴壽案：此正用補亡詩義，故下聯直接云"誰言臣子道，忠孝兩全難"也。

此日足可惜，顧嗣立引洪興祖云："此詩雜用韻。"長洲俞瑒犀月云："古庚、陽二韻通，觀鹿鳴、采芑之詩自見。其入東韻者，梁中之詩亦然。"方世舉云："此篇用韻，全以三百篇爲法，如楚茨'濟濟蹌蹌'一章，'蹌'、'羊'、'嘗'、'亨'、'將'、'祊'、'明'、'皇'、'饗'、'慶'、'疆'，是庚、陽二韻也。瞻彼洛矣末章，'泆'、'同'、'邦'，是陽、東、江三韻也。鳧鷖首章'涇'、'寧'、'清'、'馨'、'成'，是庚、青二韻，旁及侵韻也。四章'潨'、'宗'、'降'、'崇'，是東、冬、江三韻也。此類不可枚舉。此詩用東、冬、江、陽、庚、青六韻，蓋古韻本然耳。"愚謂諸家論韻，可謂謬矣。洪興祖謂此詩雜用韻，若依顧炎武説，則洪説甚確。鹿鳴以"鳴"、"苹"、"笙"、"簧"、"將"、"行"爲韻，顧云："'苹'字從平，'笙'字從生。徧攷三代、秦、漢之書，凡'鳴''平''生'字無入陽、唐韻者，知此章自'吹笙鼓簧'以下，別爲一韻。烈祖之詩亦然。"采芑次章以"鄉"、"央"、"衡"、"瑲"、"皇"、"珩"爲韻，顧于"鄉"下注："十陽。與'央''衡''瑲''皇''珩'協。""衡"下注："古音户郎反。攷'衡'字詩凡五見，並同。後人混入十二庚韻。""珩"下注同。桑中，顧注："首章'唐'、'鄉'、'姜'爲一韻，'中'、'宮'爲一韻，而'上'字仍協首句。"此以平、去通爲一韻。楚茨次章以"蹌"、"羊"、"嘗"、"亨"、"將"、"祊"、"明"、"皇"、"饗"、"慶"、"疆"爲韻，其爲陽、唐韻者無可疑。而顧于"亨"下注："古音普郎反。攷'亨'字詩凡二見，禮記一見，並同，後人混入十二庚韻。""祊"字注："古音方。後人混入十二庚韻。""慶"字注："古音羌。攷'慶'字詩凡七見，書一見，易十二見，議禮二見，禮記一見，並同。後人混入四十三映韻。"此以平、上通爲一韻明。齊風雞鳴注："古音彌郎反。攷'明'字詩凡十六見，書三見，易十七見，禮記五見，爾雅一見，楚詞十見，並同。後人混入十二庚韻。"瞻彼洛矣，顧以"矣"與"止"爲韻，"同"與"邦"爲韻，非以"泆"、"同"、"邦"爲韻。若鳬鷖首章，"涇"、"寧"、"清"、"馨"、"成"，皆庚、青二韻，而以爲旁及侵韻，蓋老而眊昏矣。凡此皆據顧氏詩本音爲定。古音千年無人講明，陳第發之，顧炎武大暢其説，著爲音學五書，藏諸名山，播諸通邑大都。朱竹垞等親與之遊，猶不知尊信，若俞瑒輩更不足言矣。昌黎生于經學既衰之日，摛埴索塗，那有是處？薦士前云"中間數鮑、謝，比近最清奧"，後云"後來相繼生，亦各臻閫奧"，重疊用韻，自是大病。鶴壽案：顧亭林詩本音所定部分，猶未詳細。段茂堂六書音韻表云：古音十陽、十一唐爲一部，蓋據卷耳之"筐"、"岡"、"黄"、"傷"，樛木之"荒"、"將"，漢廣之"方"、"廣"以及鵲巢以下諸詩爲證也。十二庚、十三耕、十四清、十五青爲一部，蓋據樛木之"縈"、"成"，兔罝之"丁"、"城"，麟之趾之'定'、'姓'以及小星以下諸詩爲證也。一東、二冬、三鍾、四江爲一部，蓋據采蘩之"中"、"宫"、"憧"、"公"，草蟲之"蟲"、"螽"、"忡"、"降"，行露之"墉"、"從"以及羔羊以下諸詩爲證也。音有正變，音之斂侈，必適乎中，過斂而音變矣，過侈而音又變矣。陽者音之正也，唐者陽之變也；耕、清者音之正也，庚、青者耕清之變也。冬鍾者音之正也，東者冬鍾之變也。古音多斂，今音多侈。音不能無變，變不能無分。顧氏于此三部分之當矣；而猶合支、脂、之、微、齊、佳、皆、灰、咍爲一部，魚、虞、模、侯爲一部，真、諄、臻、文、欣、元、魂、痕、寒、桓、刪、山、先、仙爲一部，豈得盡從之哉？

　　送僧澄觀詩，追敘從軍大梁、徐州，而繼以洛陽。"窮秋"云云，其爲去徐居洛甚明，末有臨淮云云，則澄觀赴臨淮太守招，公送之也。華嚴經疏，唐僧澄觀譔，明天啟七年嘉興三塔寺刻。前有敘引，述澄觀行迹，言其生于開元二十六年戊寅，計至此時貞元十六年庚辰，已六十三，故云"已老"。彼又言澄觀死于文宗開成三年，年一百有一。公所送即此僧。向來注家從未引及華嚴疏敘，但樊汝霖引李邕泗州普光寺碑云云，洪興祖引李太白僧伽歌云云，僧伽即澄觀也。攷僧伽塔成于景龍四年，廣川書跋僧伽歌非太白作，太白死代宗元年，上距大足二年壬寅時白始生。六十年，而白當景龍四年方九歲，固不與僧伽接。

　　叉魚招張功曹，案年譜以叉魚爲從陽山令徙掾江陵，待命郴州，與張署同寓而作。據年譜云，"永貞元年夏秋之間，離陽山，竢命於郴州"，即以叉魚與八月十五夜同編于此年，但此云"叉魚春岸闊"，則是春日事。是年春當在陽山令任，何緣與張署叉魚？疑是去年貞元二十年春赴陽山道中，與張署同行，客邸以此相娛耳。"濡沫"二句，比己與張也。末云"自可捐憂累"，情詞顯然。年譜編次稍誤。

　　赴江陵塗中寄贈王二十補闕李十一拾遺李二十六員外翰林三學士，方崧卿云：公陽山之貶，寄三學士詩，敍述甚詳。而行狀但云爲幸臣所惡，出宰陽山。神道碑亦只云因疏關中旱饑，專政者惡之。而公詩云"或自疑上疏，上疏豈其由"，則是未必上疏之罪也。又曰"同官盡才俊，偏善柳與劉。或慮語言泄，傳之落冤讎"。岳陽樓詩詩云："前年出官由，此禍最無妄。姦猜畏彈射，斥逐恣斯誷。"是蓋爲王叔文等所排矣。憶昨行云："伾、文未揃崖州熾，雖得赦宥常愁猜。"是其爲叔文等所排，豈不明甚；特無所歸咎，駕其罪于上疏耳。昌黎于俱文珍，不知其將爲惡，而輕以文假借之；于叔文，不知其忠于爲國，心疑讒譖而恨之。此不知人之故也。叔文行政，首貶京兆，尹李實爲通州長史，而實乃毀愈者也；贈故忠州別駕陸贄兵部尚書諡曰宣，而贄乃愈之座主也；罷宮市爲五坊小兒，而此事乃愈所諫正也。諸道除正敕衛稅外，諸色雜稅並禁斷；除上供外，不得別有進奉。貞元二十一年十月以前，百姓所欠諸色課利租賦錢帛，共五十二萬六千八百四十一貫石匹束，並除免，正愈詩所云"適會除御史，誠當得言秋。拜疏移閤門，爲忠寧自謀"者也。愈與叔文事事膠合如此，愈固大賢，叔文亦忠良，乃目爲"共吺以嗣王誅之"爲快，非不知人邪？又疑柳、劉言洩，子厚答許孟容書："與負罪者親善，奇其能，謂可共立仁義。"叔文母劉夫人墓銘："叔文堅明直亮，獻可替否？利安之道，將施于人。"子厚心事光明如此。若云洩言冤讎，以賣其友，夢得亦不肯，況子厚邪？鶴壽案：三學士，謂王涯、李建、李程也。涯字廣津，太原人。貞元八年進士，充翰林學士，拜右拾遺左補闕。建字杓直，舉進士，德宗用爲右拾遺，翰林學士。程字表臣，隴西人，進士擢第，貞元二十年充翰林學士。順宗即位，王叔文排之，罷學士爲員外郎。容齋隨筆云："韓文公自御史貶山陽，新、舊二唐書皆以爲坐論宮市事。按公赴江陵途中詩，自敍此事甚詳。皇甫湜作公神道碑云：關中旱饑，人死相枕籍，吏刻取賦。先生列言天下根本，民急如是，請寬民徭而免田租。專政者惡之，遂貶。然則不因論宮市明甚。"今案此條所駁，正遠出洪容齋之上，非但不識叔文，而且不識劉、柳。若使文公見之，其將何辭以對？舊唐書謂"叔文用事，引劉禹錫及柳宗元入禁中，與之圖議，頗怙威權，中傷端士，既任喜怒淩人，道路以目"。此段恐非實錄。叔文于永貞元年八月即貶渝州司戶，明年誅之。王伾貶開州司馬，死其所。十月韋執誼貶崖州司戶，亦死其所。執誼爲宰相杜黃裳之壻，故最後貶，公詩所謂"伾、文未揃崖州熾"也。

永貞行"太皇亮陰未出令，小人乘時偷國柄"，揭出王叔文偷柄更明白。夫傅得諸版築，呂起于漁釣，叔文之進用何嫌？且二月方得柄，八月即遠斥，叔文亦可憐矣。又云："北軍百萬虎與貔，天子自將非他師。一朝奪印付私黨，憧憧朝士何能爲？"新唐書兵志，天子禁軍者，南、北衛兵也。南衙諸衛兵，北衙禁軍。上元中，以北衙軍使衛伯玉爲神策軍節度使，魚朝恩爲監軍。後朝恩以軍歸禁中，分爲左、右廂，勢居北軍右，遂爲天子禁軍，非他軍比。自肅宗以後，北軍增置不一。京畿之西，多以神策鎮之，塞上往往稱神策行營，皆内統于中人。叔文用事，欲取神策兵柄，乃用故將范希朝爲左、右神策京西諸城鎮行營兵馬節度使，以奪宦者權而不克，亦以宦官典兵，爲天子自將。且云"奪印付私黨"。新書希朝傳，稱其治軍整毅，當世比之趙充國。歷敍其安民禦虜保塞之功，與舊書韓遊瓌傳所云"大將范希朝善將兵，名聞軍中"者正合，豈可謂之私黨乎？唐天子被弒者，自憲宗始，以後大權咸歸宦者。昌黎地下有靈，得無悔乎？又云"董賢三公誰復惜？侯景九錫行可嘆。國家功高德且厚，天位未許庸夫干。"董賢以男寵進，而以比叔文，可謂擬不于倫，亦大不爲順宗地。侯景簒梁，豈可以比叔文？且何至説到干天位？真所謂惡而不知其美者。

入關詠馬云："歲老豈能充上駟，力微當自慎前程。不知何故翻驤首，牽過關門妄一鳴。"觀此作似有鑒于陽山之覆轍，欲以緘默取容矣。乃其後諫迎佛骨，面折王廷湊，强項自如，不少貶也。君子哉！

醉贈張祕書，署也，非徹也。詩云"方今向太平，故知元和初"，又云"長安衆富兒"云云，故知在長安作。鶴壽案：張署，河間人。舉進士，拜監察御史。爲幸臣所讒，與韓文公、李方叔俱爲縣令南方。二年，逢恩俱徙掾江陵。半歲，邕管奏爲判官，不行，拜京兆府司録。元和元年還京。集中或稱張功曹，或稱張十一，此詩又稱張祕書，蓋皆署也。張徹爲公門下士，又係公之從子壻，元和四年始舉進士。此詩作于元和元年公召還拜國子博士時，故知非徹也。

答張徹一首，歷敍聚散蹤跡，自"浚郊避兵亂"以下十四韻，言貞元十五年，公至彭城，節度使張建封居之睢水上，與徹連門相從之樂。自"及去事戎蠻"以下八韻，言建封以公爲節度推官，徹赴舉試始別去。是年冬，公以徐州從事朝于京師，又與徹同行。十六年春，公朝正事畢將歸，與徹別于灞水，徹下第而公返彭城。自"洛邑得休告"以下七韻，敍己從洛告休游華山事。自"羲爻忝備列"以下十二韻，言貞元十九年爲御史，言事貶陽山令事。自"赦行五百里"以下至末，言永貞元年大赦，移江陵法曹，元和元年入爲國子博士，徹與其弟復相繼舉進士，尚未得官，與公相晤事。詩云"囷囷抱瑚璉，飛飛聊鶺鴒"，明弟兄相繼中第。又云"魚鬣已脱背，虹光先照硎"，明未入仕。又云"勤來得晤語，勿憚宿寒廳"，語尤顯然。

遊青龍寺贈崔大補闕云："去歲羈帆湘水明，霜風千里隨歸伴。思君攜手安能得？今者相從敢辭嬾！"指去年永貞元年自陽山移掾江陵，今方得歸京。又云："由來鈍駑寡參尋，況是儒官飽閑散。"時爲國子博士，故云閑散。又云："年少得途未要忙，時清諫疏尤宜罕。"似以言事爲切戒，乃又上佛骨表，公血性奮發，不計禍福。即其後宣撫王廷湊，衆皆危之，元微之言韓愈可惜，穆宗亦悔，詔愈度事從宜，無必入。愈曰："安有受君命而滯留自顧？"遂疾驅入。是時已置死生于度外。知者不惑，勇者不懼。公之謂矣。

納涼聯句云："君顔不可覿，君手無由搦。"説苑："襄城君衣翠衣，帶玉劍，履縞舃，立于遊水之上。楚大夫莊辛過而説之，遂拜謁曰：'臣願把君之手，其可乎？'襄城君忿而不言。莊辛曰：'君獨不聞鄂君子皙感于越人之歌乎？'"襄城君乃奉手而進之。詩似用此。

同竇牟韋執中尋劉尊師不遇，方云："此詩得于五竇聯珠集。公時任都官員外郎，同洛陽令竇牟、河南令韋執中以訪之，元和五年也。詩以'同''尋''師'爲韻，人各一首。"按容齋四筆云："唐五竇聯珠集載竇牟爲東都判官，陪韓院長韋河南同尋劉師不遇，分韻賦詩，都官員外郎韓愈得'尋'字云云。今諸本韓集皆不載。近者莆田方崧卿攷證訪賾甚至，猶取聯珠中竇庠酬退之登岳陽樓一篇。顧獨遺此，何也？"然則此首非方崧卿所取，何以有方云邪？

醉留東野，東野以貞元十一年爲溧陽尉。去尉二年，鄭餘慶尹河南，奏爲水陸轉運從事。此云"不得官"，當是未作尉以前，而年譜乃編于元和六年，其時東野已得從事。或云已罷，故云"不得官"，恐非。鶴壽案；新唐書孟郊傳云：年五十，得進士第，調溧陽尉。縣有投金瀨、平陵城，林薄蒙翳，下有積水。郊閒往坐水旁，裴回賦詩，而曹務多廢，令白府以假尉代之，分其半俸。據登科記，東野及第，在貞元十二年。然則貞元十一年尚未爲溧陽尉也。東野爲鄭餘慶留府賓佐在元和二三年間，去及第時已十一二年。若是貞元十一年即爲溧陽尉，當非去尉二年即爲水陸轉運從事也。此詩云東野不得官，方世舉以爲前一年罷水陸轉運從事，容或

有之。但本傳云卒年六十四,若依登科記計之,在元和五年,則此詩不得編于
六年。

石鼓歌"羲之俗書趁姿媚",題張十八所居云"端來問奇字,
爲我講聲形"。阿買能書八分,而目爲不識字;羲之千古書聖,而
直斥爲"俗書",可云卓見矣。王得臣麈史云"王右軍書多不講偏
旁",此退之所謂"俗書"也。羲之十七帖,如"縣"字作"懸"、
"麪"字作"麺"、"著"字作"着"、"疏"字作"疎"、"采"字作"採",
蘭亭敘"莫"字作"暮"、"領"字作"嶺",據快雪堂本陳炳虎文集十種
蘭亭皆作"領"。譏爲不講偏旁固宜,但昌黎名取"俗"字,或以已孤
不更名。至于平生文章議論,于許氏説文,從無一言援引推重,
何也?

酬司門盧四兄雲夫院長望秋作,按盧汀字雲夫,新、舊唐書
皆無傳,見于公詩,凡六,一和虞部盧四汀酬翰林錢七徽赤藤杖
歌,二即此,三盧郎中雲夫寄示送盤谷子詩兩章和之,四早赴街
西行香贈盧李二中舍人,五奉和庫部盧四兄曹長元日朝回,六奉
酬盧給事雲夫四兄曲江荷花行見寄。某氏云:"盧汀貞元元年進
士,歷虞部司門庫部郎中遷中書舍人,爲給事中。其先稱虞部者,
工部尚書之屬;此稱司門者,刑部尚書之屬;後稱庫部者,兵部尚書
之屬。"洪興祖引國史補云:"兩省相呼爲閣老,尚書丞郎中相呼爲
曹長,郎中員外御史遺補相呼爲院長,上可兼下,下不可兼上。然
退之呼盧庫部爲曹長、張功曹爲院長,則上下亦相通也。"此稱盧
司門爲院長者,公于元和六年以尚書職方員外郎還京,後元日朝
回;又稱盧庫部爲曹長者,公以考功郎中知制誥,故若街西行香贈
盧舍人,時盧汀已拜舍人,宜改編于元日朝回之後。

盧郎中雲夫寄示送盤谷子詩兩章歌以和之,公于貞元十六
年去徐居洛,十八年亦嘗遊焉,然皆暫居,惟元和二年以博士分司
東都,此下四五年皆在洛。此云"昔尋李愿向盤谷",下云"窮探
極覽頗恣橫,物外日月本不忙",必是追敘彼時之事;下云"閉門長

安三日雪"，則是從洛已歸京；下云"十年蠢蠢隨朝行"，葢自江陵還朝數之。則此詩元和十年作。

街西行香贈盧李二舍人，李逢吉，元和九年改中書舍人，至十一年二月同平章事。

示兒，此詩當是元和十二年從裴度平淮西歸京遷刑部侍郎後作。新唐書百官志："刑部侍郎一人，正四品。"車服志："三品。金玉帶，銙十三。景雲中，詔衣紫者，魚袋以金飾之。"詩云"玉帶縣金魚"，想必是爲侍郎時作。從貞元初至京，至是三十餘年，言"三十"，舉成數。符讀書城南，亦俱在此一二年所作。鶴壽案：詩中明言"始我來京師，辛勤三十年"，故方世舉云"公以貞元二年始來京師，至元和十一年，葢三十年矣"。先生謂"作于元和十二年"，亦據此也。新唐書車服志，方注已引之。蘇子瞻曰："退之示兒詩，所示皆利祿事也。老杜示宗武云：'試吟青玉案，莫羨紫香囊。應須飽經術，已自愛文章。十五男兒志，三千弟子行。曾參與游、夏，達者得升堂。'所示皆聖賢事也。"符讀書城南，符者公之子昶，長慶四年登進士第。元和十二年，符已十九歲矣。陸唐老曰："退之口不絶吟于六藝之文，手不停披于百家之編，招諸生而勉勵之，此豈有利心于吾道者？佛骨一疏，議論奮激，曾不以去就禍福回其操。原道一書，累千百言，攘斥異端，用力與孟子等，其所學所行無愧矣。惟符讀書城南一詩，乃駭目潭潭之居，掩鼻蟲蛆之背，切切然餌其幼子以富貴利達之美，若有庂于向之所得者。"今案示兒詩云"裁冠講唐、虞，考評道精麤"，又云"以能問不能，其蔽豈可祛"，符讀書城南詩云"文章豈不貴，經訓乃菑畬。潢潦無根源，朝滿夕已除。人不通古今，馬牛而襟裾。行身陷不義，況望多名譽"，此其訓子弟以勤學好問，稽古敦行，可不謂至哉！

詠雪贈張籍："飄颻還自弄，歷亂竟誰催？誤雞宵呃喔，驚雀暗徘徊。""飄颻"、"徘徊"皆疊韻，"歷亂""呃喔"皆雙聲。"城寒裝睥睨，樹凍裹莓苔①"。"娥嬉華蕩漾，胥怒浪崔嵬"。"萬屋漫汗合，千株照燿開"。"水官夸傑黠，木氣怯胚胎"。"狂教詩硉矹，

---

① 裹，原本作褁，據全唐詩改。

興與酒陪鰓。”皆疊韻。“緯繣觀朝蕚，冥茫矚晚埃。”皆雙聲。舉此以爲例，餘不及。

鎮州初歸云：“別來楊柳街頭樹，擺弄春風只欲飛。還有小園桃李在，留花不發待郎歸。”東雅堂刻某氏引唐語林：“退之二侍妾，名柳枝、絳桃，初使王庭湊。至壽陽驛絕句云：‘風光欲動別長安，春半邊城特地寒。不見園花兼巷柳，馬頭惟有月團團。’又鎮州初歸云云。”邵氏聞見錄：“孫子陽爲余言：近時壽陽驛發地得二詩石，唐人跋云‘退之有倩桃、風柳二妓，歸塗聞風柳已去，故云云’。後張籍祭退之詩云‘乃出二侍女’，非此二人邪？”蔣之翹曰：“唐語林不足信。退之固是偉人，豈殷殷於婢妾？況所云發地得石，則當時必韓自立，他人豈便以去妾爲言？詩意不過感慨故園景色耳。”愚謂詩言“待郎歸”，語甚旖旎，安得泛指景色？退之壽陽之行，不畏彊禦，大節凜然；殷殷婢妾，何害其爲偉人？宋頭巾腐談，往往如此，豈張籍祭詩亦不足信邪？鶴壽案：文天祥爲宋室忠臣，平時歌妓滿前。然貌爲道學而心實貪淫者，不得藉口于此也。至發地得石之說，斷無其事。豈有尋常一詩，而刻石埋于地下，文公肯爲之乎？抑他人肯爲之乎？

和李相公攝事南郊覽物興懷呈一二知舊，李逢吉也，長慶二年入爲門下侍郎平章事，此非長慶二年冬即三年冬作。方世舉辨此與和杜相公太清宮二首皆贋詩，亦未見的確。

余家藏朱文公校昌黎先生集四十卷，葢宋坊間所刻，合晦菴朱先生攷異、留畊王先生音釋爲一書。留畊名伯大。前有姓氏一紙。又有昌黎先生外集十卷，末附新書本傳及敘、書後、廟碑各一篇。魏仲舉五百家注辨昌黎先生文集四十卷，前有諸儒名氏，“五百家”者，約略云爾，非其實也。東雅堂昌黎先生集四十卷，每卷有“東吳徐氏刻梓家塾”篆字印，後有遺文一卷，宋版無；惟傳、敘、書後、廟碑及外集，與宋版同。顧嗣立昌黎先生詩集注十一卷。以上四種詩皆李漢所編，顛倒錯亂，全無次敘；最後方世擧箋注十二卷，編年爲次，最有條理。顧氏始刱旁行年譜，今以詩編年，可不用年譜，且指摘南山有高樹行刺李宗閔等之非。今一以方本爲主，略擧其誤應改編者。鶴壽案：新唐書本傳云："性明鋭，不詭隨。與人交，始終不少變。成就後進士，往往知名，經愈指授，皆稱韓門弟子。愈官顯稍謝遣，凡内外親若交友無後者，爲嫁遣孤女而卹其家。嫂鄭喪，爲服朞以報。每言文章自漢司馬相如、太史公、劉向、揚雄後，作者不世出，故深探本原，卓然樹立，成一家言。原道、原性、師説等數十篇，皆奧衍閎深，與孟子、揚雄相表裏，而佐佑六經。至他文造端置辭，要爲不襲蹈前人者。"史稱公之行誼文章如此。其詩集自李漢編次以下，攷證詳明，則以方扶南爲最。

蛾術編卷七十七

説　集　三

李義山

"別翻雲錦花無樣，倒瀉珠胎海亦貧"，綺豔有焉；"冰絲織絡經心久，瑞玉雕磨措手難"，工巧有焉。義山精心律體，畢竟到古；詩學<u>杜</u>、<u>韓</u>處，便如<u>木蘭</u>從軍，雖著兜鍪，非其本色。<u>鶴壽</u>案：玉谿生詩，評者不一，大率謂其工于麗事，而不知其善于格物。<u>范景文</u>謂詩家病使事太多。蓋取其與題合者類之，乃是編事，雖工何益？<u>義山</u>人日詩，正坐此病。若隋宮"玉璽不緣歸日角，錦帆應是到天涯"，籌筆驛"<u>管</u>、<u>樂</u>有才非不忝，<u>關</u>、<u>張</u>無命欲如何"，則融化排幹，如自己出，精髓頓異。他如"虹收青嶂雨，鳥沒夕陽天"，"月澄新漲水，星見欲銷雲"，"城窄山將壓，江寬地共浮"，"秋應爲黃葉，雨不厭青苔"，何以事爲哉？落花云"落時猶自舞，掃後更聞香"，梅花云"素娥惟與月，<u>青女</u>不饒霜"，尤妙。<u>蔡寬夫</u>謂<u>王荆公</u>晚年亦好<u>義山</u>詩，以爲唐人知學<u>老杜</u>而得其藩籬者，惟<u>義山</u>一人。每誦其"雪嶺未歸天外使，<u>松州</u>猶駐殿前軍"，"永憶江湖歸白髮，欲回天地入扁舟"，與"池光不受月，莫氣欲沈山"，"江海三年客，乾坤百戰場"之類，雖<u>老杜</u>無以過之。若其用事深僻，語工而意不及，自是其短，世人反以爲奇而效之，故西昆體之弊，適重其失，<u>義山</u>本不至是。今案<u>義山</u>詩，當賞其體物之工，毋美其麗事之密，<u>馬嵬</u>詩"此日六軍同駐馬，當時七夕笑牽牛"，尚不過作對活潑；無題詩"春蠶到死絲方盡，蠟燭成灰淚始乾"，是非體貼人情推尋物理者，豈能出此？今先生以"別翻雲錦"一聯，"冰絲織絡"一聯，賞其綺豔工巧，昔人謂麗事之法，當如著鹽水中，了無痕迹，此二聯顧有雕琢之痕，而先生獨賞之，何異<u>元微之</u>以鋪陳排比賞杜子美邪？范元寶謂"義山詩，世人稱其巧麗，與溫庭筠齊名，蓋俗學只見其皮虜，其高情遠意，皆不識也"。先生又謂"古詩學杜、韓處，便如木蘭從軍，雖著兜鍪，非其本色"，此則昔人已言之，賀裳載酒園時話云："義山綺才豔骨，作古詩乃學少陵，如井泥、驕兒、行次西郊、戲題樞言草閣、李肱所遺畫松，頗能質樸，然已有'鏡好鸞空舞，簾疏燕誤飛'，'十五泣春風，背面鞦韆下'諸篇，正如木蘭雖兜鍪禰襠，馳逐金戈鐵馬閒，神魂固猶在鉛黛也，一離沙場，即視尚書郎不顧，重復理鬢貼花矣。韓碑詩亦甚肖昌黎，彷彿石鼓歌氣槩，造語更勝之。"先生往往襲用舊說，今于其全段直書者刪之，牽連帶入者存之。"鏡好"一聯，乃是律詩，賀裳誤引。然義山詩古不如律。朱少章曰：義山擬老杜云"歲月行如此，江湖坐渺然"，真老杜也。其他"蒼梧應露下，白閣自雲深"，"天意憐幽草，人閒重晚晴"之類，置諸杜集中，亦無愧矣。但未似老杜沈涵汪洋，筆力有餘耳。義山亦自覺，故別立門戶成一家。後人把其餘波，號西昆體，句律太嚴，無自然態度。

　　用韻參差。如五松驛七言絕句，用"秦"、"薪"、"斤"韻，"斤"在二十一殷，唐人以殷與真同用者甚多。少年詩"外戚平羌第一功，生年二十有重封"，"封"在三鍾，不應押入東韻。四皓七言絕句，用"松"、"翁"、"功"韻。首句借韻，始于晚唐集外詩，有送從翁從東川尚書幕胡震亨改爲失題，排律三十四韻內，全用十七真，雜以"殷""勤"二韻，的是唐人遺法。隋宮詩七言絕句，用"嚴"、"函"、"帆"韻，說已見說字門。鶴壽案：唐人功令，十七真與十八諄、十九臻同用，二十一欣獨用。而杜甫奉贈鮮于京兆詩，用真韻，中有"操持郎匠斤"句，贈王二十四侍御契詩，亦用真韻，中有"稍稍息勞筋，田家敢忘勤"等句，此漢、魏以下用韻過寬之故。若以三百篇及羣經屈賦證之，當真與臻爲一部，諄與欣爲一部，不得相通也。唐韻一東部內，本有"松"字，今但存"菘"字，不知"菘"乃從松加草，是去其母而留其子耳。四皓詩首句押"松"字，並非借韻，則垂柳詩第六句云"三品且饒松"，豈亦借韻乎？唐韻二十四鹽與二十五添同用，二十六咸與二十七銜同用，二十八嚴與二十九凡同用。宋大中祥符元年重修廣韻，尚仍其舊，至景祐四年修禮部韻略，以賈昌朝請韻窄者凡十三處，許令附近通用，乃合嚴于鹽添，合凡于咸、銜，其實古音鹽、添自爲一部，咸、銜、嚴、凡同爲一部，隋宮詩"函"在二十六咸，"帆"在二十九凡，並不誤也。

天平公座中呈令狐令公詩：新唐書方鎮表：“元和十四年，置鄆曹濮節度使，治鄆州，十五年賜號天平軍。”公座，即公譙也。舊唐書本紀：“太和三年，令狐楚檢校右僕射天平軍節度使。”今又稱爲令公者，贈趙協律晢詩云：“俱謝孫公與謝公，二年歌哭處皆同。已叨鄒、馬聲華末，更共劉、盧族望通。”自注：“愚與趙，俱出今吏部相公門下，又同爲故尚書安平公所知，復皆是安平公表姪。”孫謂孫綽，謝謂謝安，歌謂太和七年六月，楚爲吏部尚書，哭謂八年六月崔安平卒也。令狐楚必舊曾帶中書令銜，故稱爲吏部相公，而天平公座詩，已稱爲令狐令公也。新、舊書楚本傳，皆不言其帶中書令銜。鶴壽案：前一條評贈宇文中丞詩，後一條評壽安公主出降詩，悉是拾人餘論，無容徒費筆墨。此條前半亦全錄朱注馮注，惟末言令狐楚曾帶中書令銜，前人尚未說過，故亟存之。

南山趙行軍新詩盛稱遊讌之洽因寄云：“蓮幕遙臨黑水津，橐鞬無事但尋春。梁王司馬非孫武，且免宮中斬美人。”令狐楚時爲山南西道節度使，趙乃其幕中行軍司馬也。山南而謂之南山，又其治所在梁州，故因華陽黑水惟梁州，而稱之爲梁王司馬，皆假借言之。山南節度而謂之梁王，胡証①嶺南節度而謂之番禺侯，皆假借也。義山于楚，感知最深，必無所刺。況楚本無斬美人事乎。詩意見令狐公待士之厚，司馬風流跌蕩，雖不必憂國爲心，較他鎮之託名講武、擅作威福、浪殺姬人者，大不同。想必有所指。

義山所娶王茂元女，實爲佳偶。當其未婚之前，張書記潛字審禮，先爲王壻，義山有戲贈詩；後韓瞻字畏之，與義山同年，繼與王氏有婚約，但尚未娶，寄居蕭洞，義山有詩惱之，促使往迎，其下韓新居成，遂作詩餞之，西迎家室。蓋義山于張、韓二人，實望其作合也。又囑託招國李十將軍，乞其玉成好事云：“莫將越客千

---

①　胡証，原本作胡證，據新、舊唐書本傳改。

絲網，網得西施別贈人。"惟恐他人先我，情見乎詞矣。

安定城樓詩："永憶江湖歸白髮，欲回天地入扁舟。不知腐鼠成滋味，猜意鵷雛竟未休。"王茂元爲涇原節度使，義山爲贅壻，入其幕中，令狐綯忌之，應博學宏詞科被斥回，至涇原時作也，言我心所期，惟在江湖，恐歸時已將白髮，天地間事事夢幻，只有扁舟可託，安得一旦舍紛紛者而入之哉？故結以應鴻詞不中選，比之腐鼠。如諸家解，熱中甚矣，末二句如何可接？鶴壽案：宏詞科之被斥，以得罪令狐綯故也。朱愚菴謂義山負才傲兀，抑塞于鈎黨之禍。而傳所云"放利偷合，詭薄無行"者，蓋非其實。夫綯之惡義山，以其就王茂元、鄭亞之辟也。其惡茂元、亞，以其爲贊皇所善也。贊皇入相，薦自晉公，功流社稷。史家之論，每曲牛而直李，茂元諸人，皆一時翹楚，綯安以私恩之故牢籠義山，使終身不爲之用乎？綯特以仇怨贊皇，惡及其黨，因並惡其黨贊皇之黨者，非眞有憾于義山也。牛與正士爲讎，綯父逆比牛，而深結李宗閔、楊嗣復；綯之繼父，深險尤甚。會昌中，贊皇擢綯臺閣，一旦失勢，綯與不逞之徒竭力排陷之，此其人可附麗爲死黨乎？義山之就王、鄭，未必非擇木之智、渙邱之公，此而目爲"放利偷合，詭薄無行"，則必將朋比奸邪，擅朝亂政，如入關十六子之所爲而後可乎？且觀其活獄宏農，則忤廉察，題詩九日，則忤政府；于劉蕡之斥，則抱痛巫咸；于乙卯之變，則銜冤晉石。太和東討，懷積骸成莽之悲；黨項興師，有窮兵禍胎之戒。以至漢宮、瑤池、華清、馬嵬諸作，無非諷方士爲不經，警色荒之覆國。此其指事懷忠，鬱紆激切，直可與曲江老人相視而笑，豈得以"放利偷合，詭薄無行"嗤之哉？今案愚菴之言，未免過襃。馮孟亭謂義山以娶王氏，見薄于令狐綯，坐致坎壈終身。觀其餞韓畏之西迎家室，有"禁臠無人近"之歎，情見乎詞矣。于是遂赴其幕，既喜果諧琴瑟，又希其論薦得官。時令狐楚卒未久，得第方資綯力，而遽依其分門別戶之人。此詭薄無行之譏，斷難解免，而綯所由惡其背恩者也。祭外舅文云："往在涇川，始受殊遇。綢繆之迹，豈無他人？忘名器于貴賤，去形逆于尊卑。語皇王致理之文，效聖哲行藏之旨。每有論次，必蒙襃稱。及移秩農卿，分憂舊許，羈牽少暇，陪奉多違，跡疏意通，期奢道密。"此二句有深意。茂元實庸材，雖愛義山，或因人見忌，未敢奏請授官；而義山因是略述蹤迹之疏以自遠，然已無及矣。宏詞不中選，亦因娶王氏。統觀全集，當其得第未仕，則遽背恩而赴涇原，及茂元卒，復修好于令狐；令狐出刺吳興，又即膺桂管之辟，泰然有"不憚牽牛妒"之句；桂府遽罷，衛公疊貶，令狐入居禁近，則又哀詞祈請，如醉如迷；迨至令狐宿憾，終不可釋，乃始絕望，而以漫成五章，揭生平之大略，思隱附于衛公，以冀取重于千載也。一人之筆，矛盾互持，植品論交，兩無定守。嗚呼！文人鉥肝雕腎于畢生，而徒博後世浮華無實之誚，其皆自詒伊戚也。而先生猶信其不熱中，無乃不然乎？

送千牛李將軍赴闕詩，將游江南，同其妻回至洛陽崇讓坊茂元舊宅，與僚壻千牛李將軍會合，送之赴闕而作。張潛、韓瞻、李定言、李千牛將軍四人，皆王茂元壻，見于義山詩者，與義山而五。詩云："絃危中婦瑟，甲冷想夫箏。"敘己將與妻別，情關姻婭，不妨語之狎也。義山伉儷甚篤，豈忍遠離？因京華無遇合，不得已欲改弦更轍，向東南別尋徑路，故崇讓宅東亭醉後作云："聲名佳句在，身世玉琴張。"又寫出被擯不遇云："驊騮憂老大，鶗鴂妒芬芳。"七月二十九日崇讓宅讌作云："浮世本來多聚散，紅蕖何事亦離披？"臨發崇讓宅紫薇云："不先搖落應爲待，已欲別離休更開。"皆別內往江南之作。鶴壽案：義山本欲藉力于王茂元，至是乃思改圖，然悔之久矣。先是作有感詩云："中路因循我所長，古來才命兩相妨。勸君莫強安蛇足，一醆芳醪不得嘗。"馮注云：此調尉弘農作也。義山雖赴涇原，未叨薦剡，仍俟拔萃釋褐，則此行爲畫蛇足矣。徒以是爲令狐輩所怒，鴻博不中選，校書不久居，則終亡其酒矣。秘省乃清資，故曰"'芳醪'。詩言中路少需，何遽非我所長而乃誤落岐途者，才命相妨，有不自知其然者也。抵推吞吐，字與淚俱。吳氏發微，已窺及此。"徐氏駁之曰："義山伉儷情深，何得以此橫加？"不知琴瑟之情，功名之感，兩不相礙，觀祭外舅文，亦略見不能藉力之意。文人一端不愉，爲累終身。良可歎也。

思歸詩："嶺雲春沮洳，江月夜晴明。"釋文：魏風"彼汾沮洳"："沮，子預反。洳，如預反。謂漸洳也。"皆仄聲。廣韻九魚："洳，水名，在南郡者。人慮切。"今人押入魚韻，非是。

寄成都高苗二從事詩，題下自注云："時二公從事商隱座主府。"詩云："紅蓮幕下紫梨新，命斷湘南病渴人。今日問君能寄否？二江風水接天津。"高、苗是成都人。湘南己所客之地，二江高、苗之故鄉，天津則高、苗所客之地。座主時爲河南尹，高、苗在其幕下也。但詩意欲二君以紫黎遠寄湘南，解其渴病，況又牽涉二江、天津，不知何意。詩瘦詞隱，難以測量。鶴壽案：此條非是，不及馮注之確。商隱座主，高鍇也。高、苗二人從事成都，初疑其爲成都人，又據舊書紀鍇爲河南尹，指天津爲雒水，今知非也。舊書紀開成三年五月，以吏部侍郎高鍇爲鄂、岳觀察使。四年七月，又書鍇尹河南，新、舊書傳鍇于三年轉吏部侍郎，五月出爲鄂、岳觀察，卒不言尹河南。鍇兄銖，太和九年五月以給事中觀察浙東，開成三年入爲刑部侍郎，四年七月出爲河南尹。是四年傳文之銖，即紀文之鍇，而有一誤矣。與陶進士書，係五年九月，稱鍇爲夏口公，則必尚在鄂、岳，而鍇尹河南之紀文，不可據矣。至會昌元年觀察鄂、岳者，爲崔蠡，見爲濮陽陳許舉代狀。今就詩釋之，首句言深秋入幕也，次句義山在湘南寄詩也，末句以二江比二從事，天津泛言霄漢，謂從此上升也。會昌朝數年鎮西川者，史文闕軼，此必鍇于五年深秋遷鎮西川耳。

　　贈子直花下云："並馬更吟去，尋思有底忙。"子直，令狐綯字。並馬唱酬，外貌非不款接，無奈心已離矣。又移而他忙，綯之所以爲小人也。

　　登霍山驛樓，呼劉積①爲"狂孽"；行次昭應送戶部李郎中，又呼"狂童"，且深幸其亡。而重有感詩，以竇融、陶侃鷹隼比劉從諫；過中武威公交城莊詩，又以丙吉、羊祜比之。從諫之賢如此，何于積略無憐之之意？況重有感詩，因從諫表請王涯等罪名，宰相方倚爲重而深許之，則澤潞一軍，頗足爲朝廷聲援，其後平積，而賈餗等子弟逃匿在其軍者，襁褓皆誅，明爲宦官吐氣。義山之詩，稍覺自相矛盾。文宗受制家奴，困辱以崩；武宗雖似英略，然爲仇士良所立，受制亦同。蓋自憲宗中興，能平藩鎮，而宦寺之權轉從此起，此後禍本，皆在中人，而其原則在不用王叔文故也。

---

　　①　劉積，原本作劉正，據新、舊唐書本傳改。以下劉正之"正"均改爲"積"。

討澤潞，<u>李德裕</u>主其事，德裕豈肯殺<u>王涯</u>、<u>賈餗</u>等子孫者？欲殺<u>郭誼</u>，不得已耳。<u>王懋竑</u><u>白田文集</u>有此一段議論，最佳。

　　<u>鄭亞</u>爲桂管觀察，在<u>大中</u>元年二月。<u>義山</u>赴其幕，未必即在是春，因<u>謝往桂林至彤廷竊詠</u>詩中有"金星壓芒角，銀漢轉波瀾"，乃秋令語也。下章<u>離席</u>方赴其幕，有"從公"句，亦不必泥從<u>亞</u>。

　　<u>蜀中離席</u>云："人生何處不離羣？世路干戈惜暫分。雪嶺未歸天外使，<u>松州</u>猶駐殿前軍。坐中醉客延醒客，<u>江</u>上晴雲雜雨雲。美酒<u>成都</u>堪送老，當壚仍是<u>卓文君</u>。"此<u>成都</u>將歸，留別邊將之駐<u>雪山</u><u>松州</u>者，雖駐松雪，亦得以公事留寓<u>成都</u>。或其人本與<u>義山</u>有舊，故末聯慰之：<u>成都</u>亦堪送老，勿恨不得歸朝也。

　　<u>驕兒</u>詩"或謔<u>張飛</u>胡"，<u>徐甚園</u><u>馮孟亭</u>注，皆以"胡"爲多髯。今俗所造多髯之字曰"鬍"，未嘗以"胡"當之。<u>幽風</u>"狼跋其胡"，<u>毛傳</u>："老狼有胡。"疏云："狼之老者，頷下垂胡。"然則"胡"乃獸頸之垂者，不知何以作多髯解？鶴壽案：馮注云：<u>南史</u><u>劉胡</u>，本以面坳黑似胡，故名坳胡，及長，單名胡焉。<u>張飛</u>胡義同，俗稱黑張飛也。徐注余未見。馮注並不作"多髯"解。

　　<u>偶成轉韻七十二句贈四同舍</u>時在<u>盧宏正</u>幕，四同舍，一是以幕官帶試大理評事銜，一是掌書記，一是姓<u>鄭</u>，一是姓<u>裴</u>，其的係何人？則皆不可知。<u>戲題樞言草閣</u>，樞言姓<u>李</u>，其四同舍之一乎？抑別一人乎？

　　<u>大中</u>五年辛未，<u>義山</u>在<u>宏正</u>幕。是年九十月間，妻<u>王氏</u>卒，距<u>開成</u>三年戊午初婚十四年。中間至<u>湖湘</u>，至<u>桂管</u>，至<u>巴西</u>，遠別有數次。琴瑟好合，殆無幾時。<u>義山</u>在<u>徐</u>，永訣之時，並未得一面。子女皆<u>王氏</u>所生，據<u>祭姪女文</u>云："別娶以來，嗣緒未立。"及與<u>茂元</u>女成婚後，方有<u>袞</u>郎故也。<u>楊本勝</u>説于<u>長安</u>見小兒<u>阿袞</u>云："寄人龍種瘦，失母鳳雛癡。"時已悼亡，故云爾。<u>義山</u>婚<u>王氏</u>，年二十六，曰"別娶"，則知非初婚矣。

赴職梓潼留別畏之員外同年云："佳兆聯翩遇鳳皇，雕文羽帳紫金牀。桂花香裏同高第，柿葉翻時獨悼亡。烏鵲失棲常不定，鴛鴦何事自相將？京華庸蜀三千里，送到咸陽見夕陽。"玩此詩，似韓瞻斷絃續娶前妻之妹者。不然，相隔已十五六年，何必作此綺豔語？ 鶴壽案：謂韓畏之續娶王茂元女，一無證據，豈想當然邪？

予于義山詩，其次第大約俱依馮先生浩所編，獨五言述德抒情詩一首四十韻獻上杜七兄僕射相公及今月二日不自量度輒以詩一首四十韻干瀆尊嚴伏蒙仁恩獎踰其實輒復五言四十韻詩獻上，馮先生編于自桂嶺歸，大中二年客游西川所作。三年春乃歸京師，悰罷相出鎮，由于與李德裕不協，大中二年德裕已失勢遠貶，故直言斥之。其赴西川謁悰，不特希其延引，且爲修好于令狐之地。然惡草國蠡之言，是非顛倒，亦太逞如簧之舌矣。中有"悼傷潘岳重"之句，馮先生謂是悼其婦翁，非妻也。予反覆攷之，此二詩，必當改編于大中六年秋冬至七年春間，義山在東川節度使柳仲郢幕，有奉使西川決獄事。其時悰方鎮西川，故贈詩也。載在楊愼全蜀藝文志，可據。仲郢之子爲悰，辟聘事雖在後，足見其暱義山。在仲郢幕下，又與悰中表弟兄，則其奉使正情事之宜。悰之罷相，必有臺諫論劾，故云"惡艸雖當路，寒松實挺生。人言眞可畏，公意本無爭"。惡艸指臺諫劾悰者，非李德裕也，何必强造爲鄭亞被貶，不送至循，而往西川謁悰，以莫須有之詞，坐義山以顛倒是非，巧逞如簧之罪哉？馮先生于史事穿穴心苦，間多臆揣，則有未確處。詩言"南詔應聞命，西山莫敢驚。寄辭收的博，端坐掃攙槍"。明敍收復維州事，何云此詩作于大中二年未復維州以前？又言"有客趨高義，于今滯下卿"，比己之在仲郢幕爲判官也。下言依劉表，用意亦同，馮先生反謂在柳幕一語不及，非也。據馮先生攷得義山妻亡于大中五年，則六年往西川，其時喪偶方新，中表弟兄前，何妨自陳悲戚，乃以"悼傷潘岳重"爲悼其父翁乎？又馮據潘岳懷舊序，以爲其時岳居私艱，而義山婦翁之卒,亦正當居母喪時。但此事距桂管歸已八年矣,相去年遠,即欲追敘,亦宜追敘母喪,何反敘及婦翁之喪乎?必須將此詩改編于東川柳幕,赴西川謁悰,去妻亡只一年,情事正合。鶴壽案:此二詩,馮刻編在宣宗大中七年癸酉,有注云:"此二篇余初誤爲大中二年義山蜀遊時作。時未悼亡,故于悼傷句誤引懷舊賦戴侯楊君,以比王茂元之卒。後從成都文類得爲河東公上西川相國京兆公書,知義山有奉使西川決獄一事,而此箋乃能改定云云。"然則先生所見,其馮氏初蒐與?

集外詩,有失題"昔帝回沖眷"三十四韻詩,歷言喪亂,從安禄山起,馮先生以爲非義山作,故只敘至靈武而止。舊注以爲義山故于靈武即位後,詳及李輔國、張良娣之事,又及郭子儀、李晟收京之功,且及代宗、德宗事,並于敘完禄山僭號下"元子"、"皇孫"二句,以爲一句指肅,一句指代,作總領說,如此方肖義山口吻。蓋義山于大中六年冬赴東川柳仲郢幕,自此以下五六年,皆在東川,客塗留滯最久。宣宗之世,收復河湟,號稱中興,義山慨己之淪落不遇,追感明皇幸蜀之事,因敘一代興衰,今方治平,而無如不遇何?故結之曰:"建議庸何所?通班昔濫臻。浮生見開泰,獨得詠汀蘋。"自傷流落,不得參朝議致太平也。"通班"不必顯位,即校書郎太學博士皆可言之。以此詩屬義山亦可。

寫意結云:"三年已制思鄉淚,更入新年恐不禁。"大中六年冬入蜀,七八九三年皆在蜀,此則十年春作。

温飛卿

新唐書温大雅傳附庭筠傳,稱爲彥博裔孫。彥博即大雅弟也。大雅、彥博自太原初起,即爲功臣,彥博爲中書令,封虞國公。庭筠開成五年秋抱疾,不得與鄉計偕,書懷寄殿院徐侍御云:"采地荒遺野,爰田失故都。"自注:"予先祖國朝公相,晉陽佐命,食采于并、汾。"此乃新唐書求異于舊,故爲乖刺,誰不知温、李齊名,忽將飛卿提前百數十卷,使文苑傳有李而無温。蓋于傳中標明彥博裔孫足矣。鶴壽案:舊唐書温大雅傳附載子無隱,弟彥博、大有,及彦博子振珽，而于文苑傳載庭筠，不云彦博裔孫，或未之攷。新唐舊既知其爲彦博裔孫，故與弟廷皓並附傳也。如先生言，重其文名，必舍其世系，而別列于文苑中邪？

　　舊書"溫庭筠者"，著一"者"字，輕忽之意自見。傳云："士行塵雜，不修邊幅。"新書亦云："薄于行，無檢幅。"凡新、舊書所載李、溫之過，皆空滑無實，動云"爲執政所鄙，當塗所薄"，如此而已。全唐詩話云"士行玷缺"，唐詩紀事云"有才無行"。核其玷缺無行之實，則不可得。謫方城尉制辭曰："孔門以德行爲先，文章爲末。爾既德行無取，文章何以稱焉？徒負不羈之才，罕有適時之用。"中書堂内將軍，慣以此等言語脅伏文人。鶴壽案：舊書本傳云："逐絃吹之音，爲側豔之詞。公卿無賴子弟裴誠、令狐滈之徒，相與蒱飲，酣醉終日。"又云："乞索于揚子院，醉而犯夜，爲虞候所擊，敗面折齒，訴之令狐綯，捕虞候治之。"極言庭筠狹邪醜迹，此非士行玷缺之明證邪？新書本傳云："思神速，多爲人作文。大中末試，有司廉視尤謹，庭筠不樂，上書千餘言，然私占授者已八人，執政鄙其所爲，授方山尉。"此非有才無行之明證邪？先生猶欲强爲回護哉！即河中紫極宮詩云"昔年曾伴玉眞遊"，庭筠既自言之，先生又爲之注解曰"女冠之流"。以文人而狹女冠，謂爲有行，其誰信之？北夢瑣言載庭筠每歲舉場，多爲人假手。侍郎沈詢知制舉，别施鋪席授庭筠，不與諸公鄰比。翌日于簾前請曰："回來策名者皆是文賦託于學士，某今歲場中並無假託，學士勉旃。"因遣之。由是不得意。此即新書所謂"廉視尤謹"也。先生所引謫方城尉制詞，見全唐詩話。

　　飛卿詩編次雜亂，全不足觀。曾益注八叉集四卷，凡二百五十四首。有高鑣、沈潤、顧予咸三序。顧嗣立注溫飛卿集九卷，凡三百三十八首，而皆不能編年譜，因事跡比義山更多，無可編也。約而計之，飛卿太原人，其游歷所及，則至河中，至江東，至洛陽，至西蜀，至襄、漢，但其先後無由得知，亦聊爾次第之，較之忽而京師，忽而吳、越，全無條理者，差勝矣。鶴壽案：馮孟亭注義山詩，羅列羣書而紬釋詩意以參合之，故編次甚有條理。顧嗣立注飛卿詩，則專事徵引而已。若將集中各題細細搜尋一編，如會昌丙寅豐歲歌，余昔自西濱得蘭數本移蓺于庭，春日將欲東歸寄新及第苗紳先輩，山中與諸道友夜坐聞邊防不安因示同志，車駕西遊因而有作，開成五年秋以抱疾郊野不得與鄉計偕至王府將議遷適隆冬自傷書懷奉寄殷院徐侍御，東歸有懷，自有扈至京師已後朱櫻之期之類，參以他書，重爲編次，亦可得其次第。

　　集中有河中陪帥游亭詩，帥鼓吹作節度，由太原一出，即至河中。與節度同游河亭，亭係河東留後任畹所刱。此非初次計偕所作，因其離家最近，漫從此始。又有題河中紫極宮詩，天寶二年三月，改西京玄元廟爲太清宮，東京爲太微宮，天下諸郡爲紫極宮。詩云“昔年會伴玉眞遊”，蓋女冠之流。鶴壽案：“天寶二年三月”云云，見新唐書顧嗣立注已引之。

　　新書與李商隱皆有名，號溫李。案商隱生于元和八年，卒于大中十二年，登第則在開成二年，其名輩年齒，皆在溫之前，當稱李溫，不當稱溫李。然二人之才，洵聯璧也。商隱有懷在蒙飛卿云：“哀同庾開府，瘦極沈尚書。”又云：“所思惟翰墨，從古待雙魚。”聞著明凶問哭寄飛卿云：“何因攜庾信，同去哭徐陵。”飛卿秋日旅舍寄義山李侍御云：“寒蛩乍響催機杼，旅雁初來憶弟兄。”又云：“子虛何處堪消渴，試向文園問長卿。”蓋才人相憐相愛，出于自然，雖縱迹不能常聚，其情深矣。鶴壽案：溫、李雖齊名，其實溫不如李。賀裳載酒園詩話云：義山之詩，妙于纖細，如全溪作“戰蒲知雁唼，皺月覺魚來”，晚晴詩“並添高閣迥，微注小窗明”，細雨詩“氣涼先動竹，點細未聞萍”。然亦有極正大者，如肅皇帝挽詞“小臣觀吉從，猶誤欲東封”，過故崔袞海宅與崔明秀才話舊因寄杜趙李三掾詩“莫憑無鬼論，終負託孤心”，惻然有攀髯號泣及良士不負死友之志，非飛卿所及。

　　舊書云“大中初，應進士”。飛卿開成五年秋以抱疾不與鄉計偕寄殷院徐侍御云：“對雖希鼓瑟，名亦濫吹竽。”自注：“予去秋試京兆，薦名居其副，蓋謂第二人也。”玫新書選舉志，選舉不緣館學者，謂之鄉貢，皆懷牒自列于州縣。試已，既至省，疏名列到，結款通保及所居，始由戶部集閱，而關玫功員外郎試之。開元二十四年以員外郎望輕，移貢舉于禮部，禮部選士自此始。此正與今之鄉試舉人會試于禮部相似。但唐人此科不中則罷，下試須再舉，不以舉人作出身，此爲異耳。飛卿與鄉計偕，薦京兆試，名居其副，及試于禮部則被黜。然則飛卿于開成初已屢次應進士，而舊書乃云大中初應進士，非也。集中開成、會昌間留京師，所作甚多，會昌丙寅豐歲歌，丙寅是六年。西照寺僧院云"自知終有張華説，不向滄洲理釣絲"，亦因下第寄居，聊以解嘲也。抱疾不與計偕獻徐侍御云："適與羣英集，將期善價沽。葽龍圖夭矯，燕鼠笑胡盧。賦分知前定，寒心最厚誣。"又云："正使猜奔競，何嘗計有無？"又云："積毀方銷骨，微瑕懼掩瑜。蛇矛猶轉戰，魚服自囚拘。"則開成初已謗口沸騰，無以自明矣。致謗乃其命，豈自取邪？

京兆薦名，在開成四年，厥後感舊陳情獻淮南李僕射云："有客將誰託？無謀竊自憐。抑揚中散曲，漂泊孝廉船。"復自注云："余嘗忝京兆薦名，居其副。"攷舊書李蔚傳："大中中爲吏部尚書，加檢校尚書右僕射。咸通十四年轉揚州大都督府長史，淮南節度副大使，知節度事。"飛卿贈詩，蓋已當乾符初矣。自開成四年至此，將四十年，早著才名，而沈淪流落，一生幾與舉場相終始，乃至貶方城尉，遷隋縣尉，卒依然一白丁，悲哉！

桐薪云："温少曾于江淮爲親表櫝楚。"曰"少"，則飛卿游江、淮，猶少年也。舊書云："咸通中失意歸江東。"太原人而于江東，曰"歸"。則飛卿于吳、越一路，似已成僑寓。故集中如雞鳴埭歌、湖陰詞、蔣侯神歌、謝公墅歌、臺城曉朝曲、江南曲、齊宮陳宮詞、太子西池、題豐安里王相林亭、開聖寺、寄清涼寺僧，皆金陵作。吳苑行，吳中作。錢塘曲、蘇小小歌、南湖、贈越僧岳雲、題蕭山廟、題賀知章故居、江上別友人，越中作。經故祕書崔監揚州南塘舊居、感舊陳情五十韻獻淮南李僕射、旅次盱眙縣，江淮作。大約東南之游，有在未應舉前者，有在下第後者。鶴壽案：桐薪所謂"爲親表櫝楚"，蓋即玉泉子所載姚勗事也。庭筠客遊江淮間，楊子留後勛厚遺之，所得錢帛，多爲狹邪費。勛大怒，笞且逐之。

莊恪太子輓詞："鄴客瞻秦苑，商公下漢庭。依依陵樹色，空繞古原青。"悲憤之思，忠誠如見。次章云："塵陌都人恨，霜郊賵馬悲。惟餘埋璧地，烟艸近丹墀。"都人何恨恨？蓋有不可言者。甘露之變，在乙卯十月。莊恪之卒，則開成三年戊午十月也。自甘露事後，帝困辱已甚。新書言"太子之立，天下屬心"，而太子特以宴遊小過，遂欲廢之，至此暴薨，安知不死于仇士良之手乎？唐中世以下，惟文宗最賢，以欲誅宦官，爲所深忌，必欲殺其子，它日俳兒緣橦，父畏其顛，環走橦下。帝泣曰："朕反不能全一兒。"則莊恪之非善終，帝固自言之矣。宮掖事祕，史文曖昧，反謂帝欲廢之者，妄也。厥後楊賢妃欲以安王溶爲嗣，士良立武宗，擿其事，殺之。陳王成美，文宗以爲太子，士良又殺之。生殺廢立，皆出閹人，誠古今大變。文宗尚有一子宗儉，史亡其薨年，想亦爲士良所殺。其懷忠飲恨，嗚咽感悼者，惟一下第舉子庭筠而已。

四皓云："商于、甪里便成功，一寸沈機萬古同。但得戚姬甘定分，不應眞有紫芝翁。"此詩用意深曲，指仇士良立武宗，楊賢妃賜死事。故以戚姬爲比。賢妃無傳，然有寵于文宗，請以安王溶爲嗣。武宗立，安王尚被殺，況賢妃乎？此可以意揣也。李義山亦有四皓詩云："羽翼殊勳棄若遺，皇天有運我無時。廟前便接山門路，不長春松長紫芝。"義山借惠帝比文宗，而以"四皓"比裴度，飛卿則借戚夫人比賢妃。若曰宮掖詭祕，只須一寸沈機，足以殺安王母子，此等事古今悲恨皆同，故云"萬古同"。然戚夫人奇冤，當訴之上帝，若果能甘定分，即無紫芝翁，未必不成功也。張良此事，予甚不取。"四皓"亦不足取。立惠帝，枉令戚姬母子慘死，呂后幾亡漢。馮先生箋義山詩，攷史極精，又箋曲江及景陽井詩，以爲賢妃死而棄骨曲江，誠奇絕確絕之語，具此識方足以論世；而飛卿之忠憤，亦千載如見。鶴壽案：李義山曲江詩云："望斷平時翠輦過，空聞子夜鬼悲歌。"馮孟亭謂此傷文宗崩後，楊賢妃賜死而作。賢妃有寵于文宗，晚稍多疾，陰請以安王溶爲嗣，密爲自安地。帝謀于宰相李珏，珏非之，乃立陳王成美。及仇士良立武宗，遂摘此事潛而殺之。詩首句謂文宗，次句謂賢妃也。義山景陽井詩云："腸斷吳王宮外水，濁泥猶得葬西施。"故馮氏以爲賢妃之死，棄骨水中，見解甚妙。若夫入廟過虛，誰非孝子仁人？以莊恪太子、四皓二詩，遂信飛卿爲悲憤忠誠，正恐言不顧行耳。

中書令裴公輓詞，落句云："從今虛醉飽，無復污車茵。"裴度之卒，據舊書，開成四年三月也。自太和九年十一月，誅李訓、王涯、賈餗、舒元輿等四宰相，自是中官用事，衣冠道喪，度不復以出處爲事。東都之第，于集賢里築山穿池，于午橋刱別墅，起綠野堂，與白居易、劉禹錫，以詩酒自樂，當時名士皆從之遊，蓋飛卿在其門。次章落句云："空嗟薦賢路，芳草滿燕臺。"歎度卒無人能薦己也。祕書劉尚書輓詞，極寫投分之深。尚書必禹錫。禹錫，舊書稱開成中檢校禮部尚書、太子賓客分司。分司官無職事，優遊東都，正與飛卿遊處時，會昌二年七月卒，贈户部尚書。不言帶祕書監銜，疑史有闕文。

題裴晉公林亭，公卒後于東都作。攷舊書度傳，度雖以太和八年罷判東都省事，開成二年復爲河東節度，四年正月還京，相隔六年，然仍卒于京師，故云"東山終爲蒼生起，南浦虛言白首歸"。

題李相公敕賜屏風詩："幾人同保山河誓，獨自栖栖九陌塵。"此李德裕貶斥，飛卿爲之憤惋不平也。顧嗣立據贈鄭徵君家匡山首春與丞相贊皇公游止詩"一拋蘭櫂逐燕鴻，曾向江湖識謝公"，以爲曾識贊皇之證，且辨南部新書載飛卿深刺李衛公之作，以爲必非飛卿詩，但贈鄭徵君題不可解，似謂鄭識贊皇，非指己身。要之飛卿之持正論，不與李德裕相乖，亦可見。

獻淮南李僕射，李蔚也。新、舊書皆言蔚嘉謨惠政，豪無玷缺。節度淮南，已當咸通十四年。詩云"稷下期方至，漳濱痛未痊"，自注："二年抱疾，不赴鄉薦試有司。"又云："蕙徑鄰幽澗，荆扉興靜便。草堂苔點點，蔬圃水濺濺。釣罷溪雲重，樵歸澗月圓。"謂淮南僑寓也。又云："旅食逢春盡，羈遊爲事牽。宦無毛義檄，婚乏阮修錢。"飛卿老矣喪偶，欲續娶未得，故云。鶴壽案：舊書李蔚本傳，顧注引之較詳。

投翰林蕭舍人，蕭遘也。舊書本傳：乾符初，召充翰林學士。正拜中書舍人，盛稱其少負大節，風望尤峻。厥後污僞熅之命而死。新書襄王熅傳稱遘執不可，即罷遘。飛卿投遘詩去僖宗幸興元，熅僞立時尚遠。鶴壽案：此條所引本傳，比顧注爲尤詳。

最惡飛卿者，莫如令狐綯。全唐詩話："宣宗愛唱菩薩蠻詞，令狐綯假庭筠修撰密進之，戒勿令洩，而遽言于人，由是疏之。溫有言云'中書堂內坐將軍'，譏相國無學也。"唐詩紀事："令狐綯以舊事訪于庭筠，對曰：'事出南華，非僻書也，或冀相公燮理之暇，時宜覽古。'綯益怒，奏庭筠有才無行，卒不得第。庭筠有詩曰：'因知此恨人多積，悔讀南華第二篇。'"李、溫二人皆爲綯所斥。鶴壽案：此二條全載顧注卷首，先生必采入編中，適見庭筠之浮薄爾。

新書于徐商署巡官之前，先云執政鄙其所爲，授方山尉，至其卒但云"廢卒"。舊書則云"楊收怒之，貶爲方城尉，遷隋縣尉卒"。新書地志，方山屬石州昌化郡，係河東道所轄；方城屬泌洲淮安郡，隋則鄰近隋州漢東郡，係山南道所轄。

其西遊蜀中之蹟，如錦城曲、利州南渡、回中作、馬嵬驛、馬嵬佛寺、奉天西佛寺、經五丈原、旅泊新津，不能定其在何時。集中渚宮詩甚多，又沈參軍招觀芙蓉池，巫山神女廟。咸陽值雨云："咸陽橋上雨如縣，萬點空濛隔釣船。絕似洞庭春水色，曉雲將入岳陽天。"是曾遊湖南，亦不能定在何時。

奉天西佛寺云："憶昔狂童犯順年，玉蚪閑暇出甘泉。宗臣欲舞千金劍，追騎猶觀七寶鞭。"指朱泚犯闕，德宗幸奉天事，詳新、舊書，顧嗣立未注。

城南詩，即昌黎城南聯句地。又有郊居詩，鄠杜、渭城、華陰、新豐、潼關、灃曲、滻水、商山、敷水，皆近京之地，出入必由。

華清宮,明皇遊幸之地,屢屢經過,皆有題詠。洛陽及東都修行里,則留止甚久,雖不能定其先後,亦可約略分編。

約計飛卿一生,遇雖甚困,詩已不朽,直至乾符方卒。黃巢破長安,則不見矣。其壽約六七十。鶴壽案:先生知飛卿卒于僖宗乾符時者,以集中有感舊陳情五十韻獻淮南李僕射詩①也。舊書稱李蔚于懿宗咸通十四年轉揚州大都督府長史淮南節度副大使,知節度事。懿宗在位止十四年,其明年即為乾符元年矣。集中又有開成五年秋以抱疾郊野不得與鄉計偕隆冬自傷書懷奉寄殿院徐侍御百韻詩,自注云:"予去秋試京兆,薦名居其副。"開成,文宗年號也。飛卿試京兆時,約年二十許。自開成四年至咸通十四年,凡三十五年,則乾符時其年約六十許矣。

重遊東峯宗密禪師精廬云:"故山弟子空回首,蔥嶺惟應見宋雲。"顧注但引傳燈録。案通鑑:梁武帝天監十七年、魏神龜元年,胡太后遣使者宋雲與比丘惠生如西域求佛書。

贈李將軍云"又因明易號將軍",明係用漢儒林傳丁將軍寬明易。顧注乃引世説:劉眞長與殷深源談,劉理如小屈,曰:"惡卿不欲作將,善雲梯仰攻。"

獻淮南李僕射云:"未知魚躍地,空愧鹿鳴篇。"新書選舉志:"鄉貢懷牒試已,長吏以鄉飲酒設賓主之禮,歌鹿鳴之詩,因與耆艾敘長少焉。"顧注但引毛詩。

寒食節寄楚望云:"家乏兩千萬,時當一百五。"案古樂府:"一鬢五百萬,兩鬢千萬餘。"

新添聲楊柳枝云"共郎長行莫圍棋",舊書文宗紀:"史臣論中書用鴻臚卿張賈為衢州刺史。賈好博,朝辭日,帝謂之曰:'聞卿善長行。'"顧注但引國史補。

舊書稱飛卿詩韻格清拔。杜詩云:"為人性癖躭佳句。"集外詩為顧嗣立所遺漏者。優古堂詩話載其起句云:"春水碧于天,

---

① "詩"前原本衍"夜"字,據全唐詩删。

畫船聽雨眠。"詩人玉屑句云:"綠樹繞村含細雨,寒潮背郭捲平沙。"生于北而熟游于南,故能狀南中清趣。

觀新書大雅傳:溫氏一門,若振、若挺、若大有、若佶、若造、若璋,皆賢,而河中將溫德彝從造平興元軍亂,亦近屬也,庭筠有傷德彝詩云:"侯印不聞封李廣,別人邱壟似天山。"傷其功不録也。至庭筠之弟庭皓,新書亦附大雅傳。咸通中,署徐州觀察使崔彥曾幕府。龐勛反,以刃脅庭皓,使爲表求節度使,庭皓紿曰:"表聞天子,當爲公信宿思之。"勛喜。歸與妻子决。明日復見,勛索表,倨答曰:"我豈以筆硯事汝邪?其速殺我。"勛熟視笑曰:"儒生有膽邪。吾動衆百萬,無一人操檄乎?"囚之,更使周重草表。彥曾遇害,庭皓亦死,詔贈兵部郎中。又見崔彥曾、康承訓傳。庭皓大節皎然,當入忠義傳。觀此亦足見庭筠必非無行者。鶴壽案:庭皓之忠貞有操,彰彰史册;庭筠之輕薄無行,亦彰彰史册。柳下之賢,不足以蓋東陵之暴也。先生豈能以崔幕府索表之抗節,掩揚子院丐錢之折齒乎?

借韻

唐人今體詩用韻,悉與今廣韻合。惟李義山首句,多借一韻,松陵集亦然。律詩則病中人惠海蟹,用"衣"、"時"、"知"、"蜞"、"持";襲美以魚箋見寄,用"鱗"、"分"、"文"、"雲"、"君",又用"飴"、"稀"、"衣"、"飛"、"妃";和巨魚,用"江"、"霜"、"香"、"光"、"郎";和開元寺佛鉢,用"功"、"重"、"鍾"、"龍"、"峯";懷華陽潤卿博士,用"容"、"翁"、"空"、"紅"、"沖",又用"書"、"無"、"圖"、"爐"、"芻";竹夾膝,用"龍"、"中"、"風"、"筒"、"通";魯望以輪鉤相示,用"輕"、"溟"、"腥"、"經"、"醒";寄滑州李副使,用"重"、"公"、"中"、"風"、"功";南陽廣文于荆襄卜居,用"鄉"、"雙"、"窗"、"缸"、"江";初冬偶作寄南陽潤卿,用"冬"、"空"、"紅"、"籠"、"公";送潤卿博士還華陽,用"旗"、"歸"、"妃"、"肥"、"飛";和臘後送内大德從勗,用"宗"、"通"、"東"、

“風”、“公”；嚴子重以詩遊名勝間，用“春”、“君”、“分”、“文”、
“雲”；和幽居白菊一叢，用“痕”、“羣”、“雲”、“紋”、“裙”；和襲美
悼鶴，用“鳴”、“齡”、“形”、“屏”、“銘”，又用“冥”、“生”、“情”、
“輕”、“京”；傷開元觀顧道士，用“冥”、“清”、“生”、“聲”、“名”。
絕句則浮萍用“明”、“成”、“萍”，館娃宮用“冥”、“平”、“生”，寄
同年韋校書用“都”、“餘”、“書”，文讌招潤卿博士用“翎”、“清”、
“聽”。沿至宋人，東坡、山谷、石湖、放翁、誠齋諸大家，律絕首句
借韻，竟成捷徑，要李、陸爲之作俑也。

蛾術編卷七十八

東坡用韻

東坡用韻,雜亂無章,隨意約略,隨手填寫。其于聲韻實一無所解,而後人因其名高,爭附會以爲不可及。即如開首辛丑十一月十九日既與子由別于鄭州西門之外馬上賦詩一篇寄之,起用"兀"字"發"字,是入聲六月矣,姑就今韻言之,取其易曉。而其下忽入"窶"字,則在十藥,藥與月不相通也。其下又入"惻"字"職"字,則在十三職,職與月亦不相通也。夫職與質、物、月、曷、黠、屑六韻不相通,此其顯然者也。今并十藥及陌、錫、職而通之,則入聲一部,幾幾乎盡通,所存不過三韻而已,蕩然無復隄防界限,前人可以不作韻書,今人可以憑臆用韻,成何紀律乎?平、上、去、入,至東坡時,行之已千餘年矣,東坡亦不能不遵用;既遵用之,又重違之,可乎?且此詩只十六句,除第三句、第十五句用平聲無韻置勿論外,其第五句用"隔"字、第十三句用"昔"字,皆在十一陌;第七句用"薄"字、第九句用"樂"字,皆在十藥,則句句用韻,似柏梁體矣。而其實卻又非柏梁體,進退無據,不可爲訓。東坡用韻之謬,摘之不勝摘,姑就首篇論之。鶴壽案:古韻分五支、六脂、七之爲三部,古音絕不相通。以三百篇證之,如芃蘭之"支""知"、小弁之"斯"、"伎",在五支韻;草蟲之"悲"、"夷",下泉之"蓍"、"師";在六脂韻;綠衣之"絲"、"治",泉水之"淇"、"思",在七之韻,乃柏梁詩所用者。"時"、"治"、"之"、

"詩"、"滋"、"疑"、"箕"、"期"、"持"、"思"、"飴"十一字，皆在七之，而左馮翊盛宣云"三輔盗賊天下危"，則雜入五支矣。古韻分十五灰、十六咍爲二部，古音亦不相通，如卷耳之"嵬"、"隤"，旱麓之"枚"、"回"，在十五灰韻；君子于役之"哉"、"來"，南山有臺之"臺"、"萊"，在十六咍韻，乃柏梁詩所用者。"來"、"材"、"哉"、"臺"、"災"五字，皆在十六咍，而大官令云"枇杷橘栗桃李梅"，則雜入十五灰矣。古音七之與十六咍相通，故柏梁詩通押之，即"梅"字係"每"聲，其本音在十六咍内，故終南、鳲鳩、四月三詩，皆用之。若"危"字則不得與七之通押，此作者之誤也。乃唐人功令，以支、脂、之三部同用，灰、咍二部同用，已全失古人製字諧聲之法，又何論宋人乎？古人詩詞有字字用韻者，史記滑稽列傳：禳田者祝曰："甌窶滿篝，污邪滿車，五穀蕃熟，穰穰滿家"，"甌"、"窶"、"篝"一韻也，"滿"與"蕃"一韻也；"污"、"邪"、"車"、"五"、"家"一韻也，"穀"與"熟"一韻也，"穰"與"穰"一韻也。東坡此詩，除第三句、第十五句外，以今韻言之，"兀"、"發"、"没"、"月"、"忽"五字在六月韻，"宴"、"薄"、"樂"三字在十藥韻，"隔"、"昔"二字在十一陌韻，"惻"、"職"二字在十三職韻，"别"字在九屑韻，"瑟"字在四質韻。若以古音而論，則六月、十藥、十一陌、十三職各自爲部，惟九屑與四質可通，今蘇氏用十四韻，而跨其五部，雜亂無章，誠有如先生所譏者。

次韻和劉京兆石林亭之作云："嗟此本何常？聚散實循環。人失亦人得，要不出區寰。"愛玉女潭中水既致兩缾云："誰知南山下，取水亦置符。古人辨淄、澠，皎若鶴與鳧。"次韻答邦直子由云："城南短李好交游，箕踞狂歌總自由。"送顏復兼寄王鞏云："我衰日病君亦窮，衰窮相守正其理。胡爲一朝舍我去？輕衫觸熱行千里。"生日王郎以詩見慶次其韻云："棠棣並爲天下士，芙蓉曾到海邊邦。不嫌霧谷霾松柏，終恐虹梁荷棟桴。"南都妙峯亭云："新亭在東阜，飛宇臨通闤。古甃磨翠壁，霜林散煙鬟。"子由生日以檀香觀音像爲壽云："旁資老聃、釋迦文，共厄中年點蠅蚊。"峽山寺云："忽憶嘯雲侣，賦詩留玉環。林深不可見，霧雨霾髻鬟。"同紐字連用二韻，似全無知識之人所爲。集中如此逞筆亂寫者甚多，略舉數章以明之。古人韻本，如廣韻、集韻，皆于同紐字另作一圈以爲識別，界限甚嚴，若如東坡，則何不概去其圈，混而爲一？蓋在東坡當日，初不知其爲病；一時後生小子，從風而靡，同紐連用，東坡見之，亦不以爲病，且和其韻存之集中。識既粗極，心又不虛，貽誤千古矣。鶴壽案：古人作詩，不避重韻，況同紐乎？株林連用二“夏南”，采薇連用二“之故”，斯干連用二“之祥”，正月連用二“自口”，十月之交連用二“而微”，牽車連用二“庶幾”，文王有聲連用二“有聲”。同字尚連用之，況同紐乎？司馬相如封禪頌云：“自我天覆，雲之油油。甘露時雨，厥壤可遊。”“油”與“遊”同紐也。漢樂府豔歌行云：“故衣誰當補？新衣誰當綻？賴得賢主人，覽取爲我組。”“組”字即“綻”字，非但同紐，而且重韻，然古人不以爲意，今人則嫌其重複矣。東坡之文，如萬斛泉源，隨地湧出，其詩亦然，未可以用同紐韻少之。

壬寅二月詔令郡吏分往屬縣減決囚禁云：“忽憶尋蟆培，方冬脫麂裘。”自注：“昔與子由游蟆培，時方冬，洞中溫溫如二三月。”案黃山谷詩：“巴人漫説蝦蟇碚，試裹春芽來就煎。”陸游入蜀記：“過扇子峽，登蝦蟇碚。蝦蟇在山麓，頭鼻吻頷絶類，背脊庖處尤逼真。自背上深入得一洞穴，石色綠潤，泉泠泠自洞出，垂蝦蟇口鼻間。”字書、韻書皆無“碚”字，東坡省去“蝦”字，又作“培”，蓋韻書于上聲賄韻“培”字注云：“重也。”時年少，尚稍留意字學。

送劉道原歸覲南康云：“晻來東觀弄丹墨，聊借舊史誅姦強。孔融不肯下曹操，汲黯本自輕張湯。雖無尺箠與寸刃，口吻排擊含風霜。自言靜中閲世俗，有似不飲觀酒狂。”施元之注：“道原名恕，筠州人。介甫執政，道原在館閣，欲引寘條例司，固辭。時介甫權震天下，人不敢忤。而道原憤憤欲與之校。又條陳所更法令不合衆心者，至面刺其過。介甫怒變色，道原不以爲意。或稠人廣坐，對其門生誦言得失無所避。遂與之絶。此詩爲介甫發，以孔融、汲黯比道原，曹操、張湯況介甫，‘口吻排擊含風霜’，蓋著其面折之實也。”愚十七史商榷力表恕史學爲宋人第一。東坡此詩，爲道原出色寫出狂直意態，沈鬱頓挫，詩固佳妙；而道原爲人，亦活現紙上。鶴壽案：宋史文苑傳云：劉恕父渙，爲潁上令，以剛直不能事上官棄去，家于廬山之陽，環堵蕭然，游心塵外。恕未冠舉進士，調和川令，發強摭伏，一時能吏自以爲不及。恕爲人重意義，急然諾，郡守得罪被劾，屬吏皆連坐下獄，恕恤其妻子，如己骨肉。又面數轉運使深文峻詆。篤好史學，自太史公所記，下至周顯德末紀傳之外，私記雜說，無所不覽，上下數千載閒，鉅微之事，如指諸掌。司馬光編次資治通鑑，英宗命自擇館閣英才共修之，光對曰：「館閣文學之士誠多，至于專精史學，臣得而知者，唯劉恕耳。」即召爲局僚，遇史事紛錯難治者，輒以諉恕。恕于魏、晉以後事，考證差謬，最爲精詳。王安石與之有舊，欲引寘三司條例，恕以不習金穀爲辭，因言「天子方屬公大政，宜恢張堯、舜之道以佐明主，不應以利爲先」，又條陳所更法令不合衆心者，勸使復舊，至面刺其過，安石怒，變色如鐵，恕不少屈。或稠人廣坐，抗言其失無所避。方安石用事，呼吸成禍福，高論之士，始異而終附之，面譽而背毀之，口順而心非之，恕奮屬不顧，直指其事得失。光出知永興軍，恕亦以親老，求監南康軍酒以就養，許即官修書。光判西京御史臺，恕請詣光留數月而歸，道得風攣疾，右手足廢，然苦學如故，少閒輒修書，病亟乃止。官至秘書丞卒，年四十七。恕爲學，自稱敷、地理、官職、族姓，至前代公府案牘，皆取以審證，求書不遠數百里，身就之，讀且抄，殆忘寢食。偕光游萬安山，道旁有碑，讀之，乃五代列將，人所不知名者，恕能言其行事始終，歸驗舊史信然。宋次道知亳州，家多書，恕枉道借覽，留旬日，盡其書而去，目爲之瞖。著五代十國紀年，以擬十六國春秋；采太古以來至周威烈王時事史記左氏傳所不載者，爲通鑑外紀。家素貧，無以給旨甘，一毫不妄取于人。自洛南歸時，方冬無寒具，光遺以衣襪及故茵褥，辭不獲，強受而別，行及穎，悉封還之。尤不信浮屠說，以爲必無是事，曰「人如居逆旅，一物不可乏，去則盡棄之矣，豈得齎以自隨哉？」好攻人之惡，每自訟平生有二十失、十八蔽，作文以自警，亦終不能改。死後七年，通鑑成，追録其勞，官其子義仲爲郊社齋郎。今案中閒忤安石一段，當即采諸施元之注，至道原精于史學，當日司馬溫公既力表之于前，後日托克托又力表之于繼，固不待先生力表之矣。

　　次韻柳子玉過陳絕糧云：「風雨蕭蕭夜晦迷，不須鳴叫強知時。多才亦被天公怪，缺食惟應纍婦知。」臺頭寺雨中送李邦直赴史館云：「付君此事寧論晉，感我當時舊過秦。」下又云：「看君兩眼明如鏡，休把春秋坐素臣。」此七律不避重複字也。刁景純席上云："誤入仙人碧玉壺，一歡那復閒親疏？杯盤狼籍吾何敢，車騎雍容子甚都。此夜新聲聞<u>北里</u>，他年故事紀<u>南徐</u>。欲窮風月三千界，願化天人百億軀。"次韻張昌言喜雨云："千里黃流失故居，年來赤地到<u>青</u>、<u>徐</u>。遙聞爭誦十行詔，無異親巡六尺輿。精貫天人一言足，雲興嶽瀆萬雲趨。愛君誰似<u>元和</u>老？賀雨詩成即諫書。"此七律不避出韻也。前一首，或妄指爲出入體，奇怪甚矣。至<u>常潤</u>道中有懷錢塘云："從來直道不辜身，得向<u>西湖</u>兩過春。近上已成曾點服，泮宮初采魯侯芹。"本是七律出韻。在<u>東坡</u>未必知<u>唐</u>韻，而恰與<u>唐</u>韻合，此撞著法也。若游羅浮山示兒子過七言古，用"京"、"鳴"、"明"、"生"、"耕"、"彭"、"橫"、"輕"、"庭"、"經"、"銘"、"卿"、"平"，而中忽雜以"雲谿夜逢痦虎伏，"斗壇晝出銅龍吟"，則吾不知之矣。鶴壽案：唐人功令，九魚獨用，十虞、十一模同用，作律詩者不得出韻。若論古音，則魚、虞、模三部相通，如干旄云："孑孑干旟，在浚之都。""旟"在魚韻，而"都"在模韻是也。姤九二云"包有魚"，九三云"臀無膚"。離騷云："莫我知兮，又何懷乎故都？既莫足與爲美政兮，吾將從彭咸之所居。"哀郢云："當陵陽之焉至兮，淼南渡之焉如？曾不知夏之爲邱兮，孰兩東門之可蕪。"皆魚、虞、模三韻通押。又唐人以十二庚、十三耕、十四清①三韻同用，十五青獨用，不知此四韻古音本通，故沈約郊居賦通押之。若"吟"字在二十一侵，而亦與庚、耕、清通押，不可以訓。

　　<u>金陵</u>阻風得<u>鍾山泉公</u>書云："寶公骨冷喚不聞，卻有<u>老泉</u>來喚人。"俗稱<u>蘇明允</u>爲<u>蘇老泉</u>，又以其<u>嘉祐集</u>爲<u>老泉</u>集。果爾，<u>東坡</u>豈作此語？然<u>南渡陸象山</u>文集，已呼<u>明允</u>爲<u>老泉</u>，則其來已久。

便旋

　　<u>東坡</u>詩，<u>施</u>注殘闕，<u>邵長蘅</u>補注，于出獄詩"出門便旋風吹面"，引定三年<u>左傳</u>"夷射姑旋焉"，<u>杜</u>注："旋，小便也。"政和證類本草載雷公炮炙論序云："囊皺旋多，夜煎竹木。"注云："多小

<hr>

便者,夜煎革薢一件服。"則"旋"訓"小便"固是。但"旋"本"旬宣切",定三年釋文無音,今坡乃讀作去聲,或疑廣雅"徘徊,便旋也"。此字在霰韻,隨戀切,遶也。當從此音。蓋出門而行步周折從容自如之狀,正見欣喜,非謂小便,注誤。予謂韓昌黎石鼎聯句序云"道士起出門,若將便旋然",坡正用此語,而韓集"旋"亦無音,故輒以己意讀作去聲。古既無音,似可兩讀,非邵之誤也。

雲中下蔡

王阮亭論詩云:"林際春申語太顛,園林半樹景幽偏。豫章孤詣誰能解?不是曉人休浪傳。"自注:"山谷謂'氣蒸雲夢澤,波撼岳陽城',不如'雲中下蔡邑,林際春申君'。'疏影橫斜水清淺,暗香浮動月黃昏',不如'雪後園林才半樹,水邊籬落忽橫枝'。""雪後"、"水邊"誠妙,而下蔡者豈指惑陽城、迷下蔡?春申豈指黃歇乎?詞鄙義拙,全不可通。居易錄謂此論最有神解,得毋自欺欺人,實無所見乎?"雪後"、"水邊"見正集,"雲中"云云,見後山居士詩話。宋左圭百川學海、商濬稗海皆云:"黃魯直謂:'白樂天"笙歌歸院落,燈火下樓臺",不如杜子美"落花游絲白日靜,鳴鳩乳燕青春深";孟浩然"氣蒸"云云,不如九僧"雲中"云云。'"據此則"雲中"云云,真九僧詩矣。其意"以闊大處著語,不如閒冷處確實",不知其何謂?且九僧集並無此詩,予藏抄本,是康熙壬辰毛扆斧季所抄,跋稱"歐陽公六一詩話已以九僧詩不傳爲歎,今後公六七百年,乃得宋時足本,晁公武郡齋讀書志九僧詩一卷一百十篇,陳直齋書錄解題則一百七篇,今扆所得凡一百三十四首,比晁多二十四首,比陳多二十七首。又從瀛奎律髓得宇昭曉發山居一首,并爲增入"云云。又吳興錢霨聽默得廣陵馬氏宋本江湖小句,內是聖宋高僧前後續集四卷,其前集即九僧詩,不獨詩數相符,行款亦不異。乃知汲古毛氏所得即此本。又從雲門志略補簡長一首,從湘山野錄補惠崇一首。然則予所藏九僧詩爲最備,而無"雲中"云云。鶴壽案:歐陽永叔謂林逋"疏影橫斜"二語爲前世所未有，涪翁則謂不如"雪後園林"二語，歐取其神韻，黃取其意趣也。"九僧"者，一希晝，劍南人；二保暹，金華人；三文兆，南越人；四行肇，天台人；五簡長，沃州人；六惟鳳，青城人；七惠崇，淮南人；八宇昭，江南人；九懷古，峨眉人。永叔謂"國初浮屠以詩名于世者九人，人各有集，號九僧詩，今不復傳矣"。司馬溫公謂九僧詩集巳亡。元豐元年秋，余游萬安山玉泉寺，于進士閔文如舍得之，直昭文館陳充集而序之。"九僧"中最著名者，莫如惠崇，永叔謂其佳句有"馬放降來地，雕盤戰後雲"，溫公謂其佳句有"劍靜龍歸匣，旌開虎繞竿"。其實此種詞意，毫無天趣，二公無乃過譽之耳。其尤自負者，"河分岡執斷，春入燒痕青"二語，有譏其犯古者嘲之曰："河分岡執司空曙，春日燒痕劉長卿。不是師兄多犯古，古人詩句犯師兄。"可見其勦襲之功多矣。若保暹秋徑詩云"涼生初過雨，靜極忽歸僧"，簡長夜感詩云"長恐浮雲生，奪我西窗月"，意味甚爲幽雅。蓋"九僧"生于唐末，猶有唐風；至宋之詩僧，則更下矣。陸放翁謂"宋興，詩僧皆因諸巨公以名天下，林和靖之于天台長吉，宋文安之于凌雲惟則，歐陽公之于孤山惠勤，石曼卿之于東都祕演，蘇翰林之于西湖道潛，徐師川之于廬山祖、可，蓋不可殫述。潛可得名最重，然世亦以蘇、徐兩公許之太過爲病。今案"林際春申君"，此等不通之句，雖宋之詩僧，亦不出此。

馳驚功名有園不居

李文叔洛陽名園記云："趙韓王園，國初詔將作營治，制俾禁省。韓王以太師歸是第，百日而薨。子孫皆家京師，罕居之，園以扃鑰爲常。高亭大榭，花木淵藪，歲時獨廡養擁篲負畚鍤者其間而已。"陸游劍南詩橐題閭郎中溧水東皋園亭詩云："樂天十年履道宅，贊皇一夕平泉莊。"謂李德裕平泉，生平但止宿一夕也。德裕賢相，豈趙普姦邪之比？而馳驚功名則一。鶴壽案：趙韓王園，邵博聞見後錄亦載之。宋真宗咸平初，追封普爲韓王。宋史本傳論曰："陳橋事定之後，普以一樞密直學士立于新朝數年，范、王、魏三人罷相，始繼其位。獻可替否，惟義之從，偃武修文，慎罰薄斂，三百餘年之宏規，若平昔素定，太原幽州之役，終身以輕動爲戒，後皆如其言。家人見其斷國大議，闔門觀書，取決方冊，他日竊視，乃魯論語耳。晚年廷美多遜之獄，大爲太宗盛德之累，普與有力焉。豈其學力有限，而猶有患失之心與？"觀史氏此論，普之馳驚功名可見;但謂得力于論語二十篇,則不然,論語豈普所能讀哉? 唐文宗太和七年,李德裕以本官平章事進封贊皇伯,食邑七百户。平泉莊在東都,舊唐書本傳云:"于尹闕南,置平泉别墅。清流翠篠,樹石幽奇。初未仕時講學其中,及從官藩服,出將入相,三十年不復重遊,而題寄歌詩,皆銘之于石,今有花木記、歌詩篇録二石存焉。"故陸放翁以"一夕平泉莊"譏之,以視裴度之優游于午橋别墅,與白居易、劉禹錫酣宴終日,高歌放言,以詩酒琴書自樂者,相去遠矣。及宣宗即位,罷相,大中三年貶崖州司户,死于珠崖。然德裕特承武宗恩顧,委以樞衡,決策論兵,舉無遺悔,以身扞難,功流社稷,非如普之馳騖功名者。觀其自敍云:"予嘗遇異人。初掌記北門,管涔隱者謂予曰:'君明年當在人君左右。爲文翰之職,須值少主。'其年秋登朝,至明年正月,穆宗纘緒,召入禁苑。及爲中丞,闕中隱者叩門請曰:'時事非久,公不早去,冬必作相,禍將至矣。若亟請居外,則代公者受患。公後十年,終當作相,自西而入。'是秋出鎮吳門,時年三十六歲。經八稔,尋又仗鉞南燕,有邑子于生引鄴郡道士至曰:'公當爲西南節制,孟冬望舒前符節至矣。'自憲闈竟十年居相位,由西蜀而入,代予持憲者,俄亦竄逐。唯再謫南荒,未嘗有前知之士爲予言之。"據此觀之,一飲一啄,殆有定數。

陸君實輓詩

陸君實秀夫輓詩一卷,詩凡二十九首,作者一十三人,龔聖與開、方萬里回、鄭疇叔範、龍觀復仁夫、湯子文炳龍、盛中文彪、尹聖予應許、俞宗大德鄰、宇文子敬叔簡、郭元德景星、仇仁近遠、侯正卿克中、方韶卿鳳也。萬里、仁近有集,觀復有易傳,宗大有佩韋齋輯聞,韶卿詩見謝皋羽天地間集及金華遊録中。其餘諸公,今人能舉其名者鮮矣。鶴壽案:元世祖至元十六年,張宏範敗宋師于厓山,陸秀夫負宋衛王昺赴海而死。

宋詩紀事

宋計敏夫撰唐詩紀事八十一卷,前明有刻本,予既得其書矣。近樊榭厲鶚太鴻仿之,撰宋詩紀事百卷,所抄撮凡三千八百一十二家。内八十七卷閨媛一門,著録者八十人,亦云博矣。而伊川程子之母侯氏聞雁憶外五言律詩一首,見伊川文集上谷郡君家傳中，此書失載，誠爲闕事。

劉須溪無受業陸象山事

顧嗣立元詩選甲集云：“須溪先生劉辰翁，字會孟，盧陵人。年十七，登陸象山之門。年二十四，補太學生。宋景定壬戌，年二十九，廷試對策忤賈似道，置丙第。以親老請濂溪書院山長。江萬里、陳宜中薦居史館，又除太學博士，皆固辭。宋亡，託方外以歸隱。元大德元年卒，年六十六。”案象山卒于光宗紹熙三年，見門人楊簡所作行狀。須溪即以此年登其門，時須溪年十七，後至六十六歲而卒，則當卒于宋理宗淳祐元年，安得至元大德元年乎？若云宋景定壬戌年二十九，景定是理宗年號，壬戌爲景定三年，是年須溪年二十九，則至六十六而卒，當元大德三年，亦非元年，年數亦不合，然猶約略近之。要之，須溪斷無十七歲登象山門之事。

馬鞍山

顧瑛玉山名勝外集載袁華游崑山聯句詩序：“發界溪，出津義浦，泊舟馴馬橋下，登馬鞍山，入慧聚寺，僧然曳出肅客，上神運殿，見石甃壁，其工出天成，然云：‘此嚮禪師開山時鬼所運也。’已憩翠微軒，觀嚮師虎化石。”此二處古蹟，亦皆無存。馬鞍山首昂脊凹，狀類馬鞍，故以形似得名。俗亦稱崑山。案崑山本在華亭，陸士衡所謂“仿彿谷水陽，婉孌崑山陰”是已。梁大同元年，析婁縣置崑山縣，建治山北。唐天寶十載，吳郡太守趙居貞奏割嘉興海鹽及崑山南境爲華亭，移崑山治馬鞍山陽，于是遂以馬鞍爲崑山，而華亭之山反稱小崑山。唐、宋時山下皆湖。建炎間，宣撫周望失印于臺㠛峯南，築防圩水，遂爲田。見夷堅志。凌萬頃、邊寶志①云“在縣西北三里”，今去縣僅一里，蓋縣治移耳。東妙高峯，西一線天，北鳳皇石，南文筆峯，皆絕處。周涇林太僕更

---

① 凌萬頃、邊實志，增訂四庫簡明目錄標注：玉峰志三卷，宋凌萬頃、邊實同撰。

文筆峯名紫雲巖，謂爲一山之最。舊慧聚寺内，有張愛兒塑毗沙門天王像，蓋嶼山圖、孟郊、張祐、王安石詩石刻。淳熙間，寺燬于火。元宋褧過崑山州城西小寺院浣溪紗詞，賦景蕭寂，蓋舊觀猶未復也。歷明，稍事修葺，補刻三公詩，嵌準提閣壁。今寺又頹落，舊蹟無存，惟一石鑱明正德間巡視江南水利工部郎中上虞朱衮詩而已。山東南麓爲劉改之墓。改之事迹，略見吕大中、楊維正墓表曁詞苑叢談諸書，其詩刊入陳思臨安府棚北大街書籍舖六十家小集，晚客崑山令潘友文幕，卒葬于此，就東齋僧舍立祠，元合肥潘純子素有詩紀之。明初，吕誠敬之亦有陪館士秦文仲陸良貴奉省臣諭祭龍洲先生墓詩，祀猶不廢。今則荒邱敗瓦，一抔僅存矣。

趙昕嘉定志

袁山松爲吳郡太守，孫恩作亂，山松守滬瀆城被害，事見晉袁環、孫恩二傳。元僧如蘭明上海顧彧傳誤作袁崧，趙昕志因之誤。高郵張天永長年避地嘉定，有雪篷行藁，江陰張端希尹有溝南漫存藁，趙氏以溝南藁亦天永著，並誤。鶴壽案：張長年又嘗流寓甫里，張希尹以薦授和靖書院山長，歷官至江、浙行樞密院都事。

蛾術編卷七十九

説 集 五

明詩選

陳子龍明詩選敘云："或謂詩衰于齊、梁，而唐振之；衰于宋元，而明振之。夫齊、梁之衰，霧縠也，唐黼黻之，猶同類也；宋、元之衰，沙礫也，明英瑤之，則異物也，功斯邁矣。"此論甚妙。鶴壽案：晦菴論古今詩凡三變。自漢、魏以上爲一等，自晉、宋間顏、謝以下及唐初爲一等，自沈、宋以後，定著律詩，下及今日，又爲一等。嘗欲取經史中韻語，下及郭景純、陶淵明之作，自爲一編，以立作詩之根本。又于下二等中，擇其近于古者，爲之羽翼，不使流俗言語意思入于胸中，則其爲詩不期高遠而自高遠矣。朱子分古今詩爲三等，其説是也。如臥子之説，則惟明代有詩，而齊、梁、唐、宋、元無詩矣。夫自蘇、李贈別、柏梁唱和，爲五言、七言之權輿；而韋、孟諷諫，以及東京之班孟堅、張平子，皆嗣響卓然；當塗繼之，尤尚風雅，劉公幹、王仲宣輩，號稱七子，尚不及文帝，何況陳思王？而阮步兵之詠懷、嵇中散之幽憤，自然流出，亦魏季極軌也。西晉張茂先、傅休奕，莫能軒輊。兩潘、二陸、三張，亦稱魯、衛。左太冲之儁傑，劉越石之清剛，郭景純之矯健，皆不愧作者。然觀陸士衡詩，緣情而綺靡之言，則恐氣骨不振矣。渡江後，惟南村徵士人品胸次兩臻其勝，陳繹曾所謂情真景真事真意真，有出于十九首之表者。自是而後，體製漸變，聲色大開，宋則鮑參軍抗懷吐音，廉儁無前；謝康樂模山範水，神工獨運。若顏延年雖聲價甚高，而雕鏤太過。齊則謝玄暉[①]

---

① 謝玄暉，原作謝元暉，據南齊書謝朓本傳改。

組織尤工，光華四照，<u>王元長</u>以下無能爲役。梁則<u>沈家令</u>之短章，猶存古體；<u>江屯騎</u>、<u>何水曹</u>詞采斐然，亦一時之傑。由陳而隋，<u>陰子堅</u>、<u>徐孝穆</u>競工琢句，惟<u>庾子山</u>才華富有，悲感之中，自存風骨。迨至空梁燕泥、玉樹商歌之音作，而詩道埽地矣。<u>初唐</u>積習未除，<u>王</u>、<u>楊</u>、<u>盧</u>、<u>駱</u>，惟以妃青儷白爲事。<u>陳射洪感遇</u>三十首，<u>朱子</u>稱其詞旨幽邃，音節豪宕，詩體于以復古。餘則<u>沈雲卿</u>、<u>宋延清</u>開唐律之先；<u>蘇舍人</u>、<u>李巨川</u>擅應制之長。澹雅若<u>王右丞</u>，閒逸若<u>孟山人</u>，悲壯若高常侍，奇偉若岑補闕，各臻其勝。及<u>李</u>、<u>杜</u>出而超前軼後，遂爲萬世詩學之祖。<u>中唐</u>時，清遠則<u>劉文房</u>，溫麗則<u>劉夢得</u>，而韋蘇州、柳柳州風格尤高。若<u>大秝</u>十子外，元微之、白香山之顯明，<u>張文昌</u>、<u>王仲初</u>之典雅，<u>皮襲美</u>、<u>陸天隨</u>之清新，<u>李義山</u>、<u>溫飛卿</u>之綿縟，亦各自成家。<u>韓昌黎</u>以沈博絕麗之才發爲歌行，實中葉之大宗也。<u>晚唐</u>有許用晦、曹堯賓、韓致堯、羅昭諫諸人，專爲近體，古意寖衰，惟司空表聖得味在酸鹹之外，<u>東坡</u>亟賞之。<u>宋</u>初，<u>丁晉公</u>之賞花釣魚，<u>夏英公</u>之上元觀燈，應制之作，粲然稱盛。<u>楊契元</u>、<u>魏仲先</u>、<u>林君復</u>復以其高懷，寫其逸韻，超出塵埃之外。然羣相和從者，獨<u>楊文公</u>、<u>錢思公</u>之西昆體。<u>王元之</u>以蓋世之才，俯就繩尺，所著<u>小畜集</u>，大都祖<u>樂天</u>，已洗西昆之弊，由是作者競起，<u>蘇子美</u>則筆力豪俊，<u>梅聖俞</u>則思致清微，更有<u>王禹玉</u>之宗<u>微之</u>，<u>盛公量</u>之師<u>應物</u>，<u>石曼卿</u>之傲<u>牧之</u>，<u>王介甫</u>之原<u>二謝</u>，彬彬盛矣。而論者必以<u>歐陽</u>爲宗，<u>眉山</u>、<u>豫章</u>皆法<u>少陵</u>，而<u>玉局</u>稍出其範圍，<u>涪翁</u>幾變其繩墨。他如<u>張文潛</u>、<u>晁无咎</u>、<u>秦少游</u>皆學于<u>蘇</u>，<u>李方叔</u>、<u>晁冲之</u>、<u>孔平仲</u>、<u>武仲</u>又相爲羽翼。<u>山谷</u>爲江右之宗，<u>陳後山</u>①師事之；至其甥<u>徐師川</u>，實自成一家，非得力于<u>渭陽</u>者也。南渡後，<u>石湖</u>雅淡，<u>放翁</u>整贍，<u>遂初</u>、<u>誠齋</u>雖似稍薄而有根柢。故<u>尤</u>、<u>楊</u>與<u>范</u>、<u>陸</u>並稱，非<u>蕭東夫</u>、<u>姜石帚</u>、<u>劉後村</u>②詩人所得廁其閒也，然中和渾雅，格律與<u>韋</u>、<u>柳</u>相等者，尤必推<u>朱子</u>。至于<u>九僧</u>、<u>四靈</u>，直僞體耳。在<u>金</u>之時，以<u>元裕之</u>、<u>劉無黨</u>爲最，而<u>裕之</u>之遺山集，更勝于<u>無黨</u>之山林長語。蓋其七古排宕，有大家風範。<u>黨懷英</u>、<u>王庭筠</u>、<u>楊雲翼</u>、<u>趙秉文</u>之徒，豈能望其項背？<u>元代</u><u>虞伯生</u>、<u>揭曼碩</u>、<u>范德機</u>、<u>楊仲宏</u>，聲名並著；<u>黃晉卿</u>、<u>柳道傳</u>又與<u>虞</u>、<u>揭</u>共馳。若<u>薩都剌</u>、<u>趙孟頫</u>，以及<u>楊鐵崖</u>、<u>顧阿瑛</u>，亦風雅之選也。有<u>明</u>之初，<u>劉誠意</u>步趨前哲，深醇典厚，不以富豔爲工，固

---

①　<u>陳後山</u>，原作<u>陳后山</u>。
②　<u>劉後村</u>，原作<u>劉后村</u>。

非解大紳、林子羽、袁景文筆所及，而高季迪、楊孟載、張來儀、徐幼文，稱四傑焉。繼則朝之士大夫，體尚臺閣，李西涯、楊東里以從容雅淡之筆矯之。及李空同、何大復、徐迪功起而詩道大盛。李如金翅摩天，神龍戲海；何如朝霞點水，芙蕖試風；徐如白雲自流，山泉泠然。皆從漢、魏、盛唐而出，故能力挽頹靡，鑑鏗振響，雖邊華泉、唐對山、王渼陂、王浚川同稱七子，亦有不逮也。王元美、李于鱗復祖述李、何，王弇州如射雕健兒，時時命中；李滄溟如閬苑蒸霞，栽眉積雪；而謝茂秦之整雅，與之並駕。若梁公實、宗子相、徐子與、吳明卿，其後七子中之次者乎？外則楊升菴以銅山金埒稱，高子業以流水鼓琴稱，王欽佩以春花靚麗稱，皇甫子安以玉盤露屑稱，猶堪屈指。至其季而三袁、鍾、譚，務爲輕佻，詩體日薄，惟高景逸之五言，顧得陶公遺意；陳人中之格律，聿遵盛唐遺範而已。由此觀之，何代無藺黻英瑤？則亦何代無霧縠沙礫？乃欲以明詩比于漢、魏、晉初、盛唐，而謂其遠出齊、梁、宋、元之上，卧子之言，豈通論哉？

　　明詩選推重李①、何②、王③、李④，以權有明一代之詩必歸于漢、魏、六朝、初盛唐，中、晚曾不屑焉，可云卓矣。顧于韻書未曾夢見，粗陋可笑，如五言近體，"唐"、"龍"、"聱"、"昌"、"用"、"聞"、"雲"、"文"，末忽綴以"勤"；七言近體，吳國倫過鄞弔謝茂秦，起用"君""聞"，三四用"雲"，末用"墳"，其第三韻忽入"勤"，此宋理宗末安人平水劉淵并唐人二百六部爲一百七部者，不知唐人如杜甫輩，凡殷韻皆叶入真、臻、諄，從無押入文者，乃亂并二十文、二十一殷以爲十二文，可乎？連用同紐字，二韻古詩斷斷不可，何況近體！如吳國倫濟瀆，連用"宮"、"功"；劉鳳七夕、立秋，連用"過"、"歌"；張佳允宿黃牛峽，連用"明"、"鳴"；何景明郊觀，連用"瑚"、"壺"；王世貞送方居道之應天，連用"猷"、

---

① 李，李梦阳。
② 何，何景明。
③ 王，王世贞。
④ 李，原作"季"，誤。當指李攀龍（字于鱗，有李滄溟集）。參見本卷李滄溟條："陳卧子選明詩，尤許李滄溟"云云。

"游"，過昌平擬上經略許中丞，連用"篇"、"偏"；徐中行同張省甫送乃兄山人還蜀，連用"柯"、"歌"；姚希孟己巳仲春聖駕視學，連用"鏞"、"容"；李夢陽赴郊觀宿，連用"郊"、"交"，出塞連用"遙"、"姚"；何景明秋興，連用"廷"、"亭"；登樓觀閣時王令明叔邀張用昭段德光王敬夫康德涵四子同遊，連用"蕪"、"無"；王世貞送子與祁康陵，連用"湖"、"糊"，同省中諸君過徐丈連用"州"、"舟"，送周中丞允文遷撫江西，連用"留"、"流"；徐中行紫雲館爲史元康題，連用"湖"、"壺"，屠隆傅侍御自海上戍所召還臺中，連用"中"、"忠"。律止四韻，而重疊用同紐字，凡空同①、大復②、元美③皆然，又何尤乎小家？明詩選所錄止數百家詩，不及千首，其嚴如此，剟詩緝頌，扢雅揚風，議論之高如此，而不堪細覈。卧子自作登岱，亦連用"源"、"元"，則固不知其爲病也。鶴壽案：今人謂唐韻二百六部，宋劉淵并爲一百七部，元陰時夫并上聲拯等韻入迴韻，爲一百六部，其實非也。宋仁宗景祐四年，詔國子監以翰林學士丁度所修禮部韻略頒行，其韻窄者十三處，從賈昌朝請，許令附近通用，于是殷與文同用，隱與吻同用，焮與問同用，迄與物同用，廢與隊、代同用，嚴與鹽、添同用，凡與咸、銜同用，儼與豏、忝同用，范與賺、檻同用，釅與豔、桥同用，梵與陷、鑑同用，業與葉、帖同用，乏與洽、狎同用，然則合殷于文者，乃賈昌朝也。昌朝雖請十三處同用，而部分仍如唐韻之舊。至金哀宗正大時，王文郁又合上聲拯等于迴，去聲證、嶝于徑，又依同用之例，并爲一百六部。至宋理宗淳祐時劉淵不過刊之耳。然則今證嶝于徑者，非劉平水也；合拯等于迴者，非陰勁弦也。

　　首句借一韻，此真宋人陋態，乃明詩選莫如忠任友人補官入楚，用"驅"、"符"、"無"、"都"，首句借虛，王世貞祈雪齋居次峻伯宣長韻，用"氛"、"雲"、"分"、"君"，首句借門。如此其多。其

---

①　空同，李夢陽自号空同子。有空同子集。
②　大復，何景明有大復論、大復集。
③　元美，王世貞字元美。

爲墮落惡道,莫此爲甚。寅長入題良又嗚嗾,若黃希憲上巳書懷,用"時"、"低"、"期"、"思"四韻,方逢時鄭中丞出塞還邀宴閱武堂,用"韓"、"聞"、"闌"、"瀾"、"顏"五韻,吾不知之矣。陳繼儒棲霞寺梯崖躡虎踪,"蹤"作"踪",可駭。總之卧子只有才而無學無識,所以如是。

虎邱築城

元末郲經有虎邱詩云"虎邱山前新築城",周南老有至正丁酉冬督役城虎邱詩。丁酉,元順帝至正十七年也。蓋張士誠于八月降元,故以是冬築城虎邱,欲爲自固之地。

袁凱入遜國諸臣

袁凱,明史但言帝惡之,凱懼,告歸以壽終,與建文事全無干涉,而朱竹垞明詩綜録其詩入遜國忠節之臣,與方正學①之友合爲一卷,且云"河西傭補鍋匠之亞",殊不可解,豈竹垞別有據乎?凱題蘇李泣別圖云:"上林木落雁南飛,萬里蕭條使節歸。猶有交情兩行淚,西風吹上漢臣衣。"王元美評云:"頗見風雅。"李時遠評云:"鎔詞鑄意,妙絶無比。"陳卧子評云:"不減李益。"愚謂"漢臣"二字,明明皮裏陽秋,所以深刺李陵也,殺風景極矣。鶴壽案:袁凱,字景文,明太祖洪武中徵拜御史,以病免歸。詩意蓋謂朋友尚有交情,君臣反無義氣。此固諷刺之體也,何殺風景之有!

"嶬"

"嶬"字,説文山部無,新附亦無,廣韻上聲五旨云:"嶬嶬然,高峻皃。又小山而衆曰嶬。邱軌切。"此字斷無平聲。明初嘉善周鼎伯器林和靖先生墓詩云:"一邱千古獨嶬然,只少梅花傍墓田。"誤矣。鶴壽案:今人下筆,俗字聯翩。陳繼儒詩用"踪"字,此字書所無,無怪先生駭然。若"嶬"字,廣韻平聲六脂內亦收之,注云:"小山而衆。邱追切。""小山而衆曰嶬",本爾雅釋山文,釋文云"邱鬼切"。先生謂此字斷

---

① 方正學,明代學者方孝儒,其廬名正學。

無平聲,是忘卻爾雅,并忘卻廣韻前半部也。

徐溥

徐溥,字時用,宜興人。景泰甲戌賜進士第二,累官少師,兼太子太師、吏部尚書、華蓋殿大學士。徐公鉅人長德,固屬端謹老成,其全集庸陋①,不堪寓目。明人習氣,成進士者必有集録。存其人可矣,竹垞再加詩話②,稱其綽有風致,是何言哉?

李空同

明初詩,青田、青邱、海叟三家而止。永、宣以下,詩教頓衰,沿至化、治,風雅不振。李、何勃興,始進于古。專以詩論,固屬一代眉目;即兼以文論,若果能從通經學古、讀書識字入手,則謂漢後無文,唐後無詩,以復古自命,持論稍偏,未爲不可,惜乎其未能也。鶴壽案:明詩自永樂以下,尚臺閣體,諸大老倡之,後起者和之,相習成風,詩體壞矣。李西涯起而振之,終未能力挽流俗,及李、何出,而風格乃大變。李空同名夢陽,字獻吉,慶陽人。明孝宗弘治癸丑進士,官户部員外。彈壽安侯繫獄,旋釋之。進郎中。代尚韓文草奏劾劉瑾,坐奸黨致仕。起江西提學副使。宸濠見誅,獄詞連及,尚書林俊力持之得免。卒後,弟子私謚文毅,天啓中追謚景文。其詩大半學杜,泰山五律云:"日抱扶桑躍,天橫碣石來。"贈黄子七律云:"十年放逐同梁苑,中夜悲歌泣孝宗。"逼真似子美。而尤長于七古,土兵行云:"豫章城樓饑啄烏,黄狐跳踉追赤狐。北風吹來江怒湧,土兵攫人人叫呼。"胡馬來云:"冬十二月胡馬來,白草颼颼黄雲開。沿邊十城九城開,駕蘭之山安在哉?"送李帥之雲中云:"黄風北來雲氣惡,雲洲健兒夜吹角。將軍按劍坐待曙,紇干山搖月半落。"其于子美非形似,直神似矣。何大復名景明,字仲默,信陽人。弘治壬戌進士,官至陝西提學副使。其詩學杜而稍變之。觀其明月篇序曰:"僕始讀杜子七言詩,愛其陳事切實,布詞沈著,心竊效之,以爲長篇聖于子美矣。既而讀漢、魏以來歌詩及唐初四子者之所爲而反覆之,則知漢、魏固承三百篇之後,流風猶可徵焉。而四子者雖

① 明藝文志載徐溥文集七卷。又有明會典一百八十卷,明徐溥等撰,謙齋文録四卷,明徐溥撰,見增訂四庫簡明目録標注等。

② 詩話,朱彝尊靜志居詩話。

工富麗,去古遠甚,至其音節,往往可歌。乃知<u>子美</u>詞固沈著,而調失流轉,雖成一家語,實則古詩之變體也。"

何大復詩誤

<u>何大復</u>送人<u>武昌</u>推官云:"少年佐郡<u>楚城</u>居,十郡風流盡不如。此去且隨<u>彭蠡</u>雁,何須不食<u>武昌</u>魚?仙人樓閣春雲裏,估客帆檣晚照餘。<u>大別山</u>前<u>漢江</u>水,畫簾終日對清虛。"風格神韻,不減<u>王維</u>、<u>李頎</u>,其學則俗學也。<u>大別</u>,<u>鄭康成</u>注<u>禹貢</u>,以爲在<u>廬江安豐縣</u>,故城在今<u>安徽</u><u>六安州</u><u>霍山縣</u>西。至<u>李吉甫</u><u>元和郡縣志</u>,改以<u>魯山</u>當之,則在今<u>湖北</u><u>漢陽府</u><u>漢陽縣</u><u>漢水</u>入<u>江</u>之口西岸一小山,而言去<u>安豐</u>千餘里矣。自後流俗沿譌,皆從之。<u>吳國倫</u>舟泊<u>漢口</u>司馬陳公載酒渡江夜飲詩"<u>大別山</u>頭月未午,江光千里明于組"亦然,七子詩各名家,而于經史盡屬茫如,甚矣華實並茂之難也。得獻吉<u>江西</u>書,篇法之妙,不見句法,最爲超絕。

顧華玉

<u>顧華玉</u><u>庚辰</u>元日云:"諸侯玉帛會<u>長安</u>,天子旌旗下<u>楚</u>關。共想正元趨紫殿,翻勞邊將從金鞍。<u>滄江</u>飲馬波先靜,黃竹回鑾雪未乾。北極巍巍天咫尺,五雲長護鳳樓寒。"風容色澤俱妙,命意又深遠,惜第二句落韻。<u>鶴壽</u>案:<u>顧華玉</u>名<u>璘</u>,<u>應天</u>人。<u>明孝宗</u><u>弘治</u>丙辰進士,歷官至<u>南京</u>刑部尚書。<u>庚辰</u>,<u>武宗</u><u>正德</u>十五年也。十四年六月<u>宸濠</u>反,八月帝自將擊<u>宸濠</u>,故云"天子旌旗下<u>楚</u>關",今選本改作"天子南巡歷壯觀"矣。十二月帝如<u>南京</u>,十五年正月帝在<u>南京</u>改卜郊,故云"黃竹回鑾雪未乾"。是年十二月誅<u>宸濠</u>,還京師。

姚淶

<u>尚書疏證</u>述<u>徐健菴</u>開書局于<u>洞庭</u>,<u>閻百詩</u>偶談及<u>文衡山</u>爲<u>姚淶</u>所窘:"'吾衡門非畫苑,乃容畫匠處此?'<u>姚淶</u>只會中狀元,更無餘物,今世豈更有道著者?"<u>姜西溟</u>云:"<u>姚淶</u>明山存橐中,有贈<u>衡山</u>先生南歸序,曲盡嚮往之志,安有相輕語?亟呼'僕取我篋衍此序來'"。至則<u>百詩</u>讀其首幅云:"<u>唐</u>承<u>隋</u>敝,設科第籠天下士,

士失自重之節者八百年。猶幸而獨行之士出其間，如唐之元魯山、司空表聖、陸魯望，宋之孫明復”云云，指曰：“新唐書卓行傳，元德秀少舉進士擢第，司空圖咸通末擢進士，豈不從科第者？明狀元乃不讀新唐書。”胡胐明云：“惟不讀新唐書，方中狀元；若讀了新唐書，狀元中不得矣。”閧堂大笑。竹垞與諸公遊，微聞其說，而不得其全。時疏證未刻，無由得見，故明詩綜仍全存此序而辨之，曉曉幾及千言，但删去司空表聖，而元魯山則懶于攷核，故仍存。愚謂訶衡山語，見何元朗小説，自是誣妄。但明進士亂刻文集，唐、宋不由進士起家之人何限？偏舉進士，以爲非進士此等集刻之何爲？即何元朗亦無知，謂姚淶狀元外無餘物，衡山常在天地，其實衡山亦未足稱述。竹垞惟務廣攬，茫無端緒，後生所當深戒也。

李滄溟

陳卧子選明詩，三百年中，尤許李滄溟，其鄭重推挹，視李、何殆有過之若無閒然者，知言哉。滄溟各體取徑最窄，亦最高也。至朱竹垞于詩，解悟不深，李、何推奉甚至，甄録亦多，至滄溟僅録十八首。詩話云：“時章邱李伯華插架萬卷書，海豐楊君謙精五言體，是宜降心相從，大言云微。吾竟長夜，豈非妄人？”愚謂竹垞此言謬矣。詩之一道，豈關學問事？如中麓藏書，想徒誇富有，未必能精；況好詩豈在書多，而責以降心？至于君謙，于滄溟不中作僕耳。卧子曰：“陳眉公徵君語予曰：‘少時見元美先生，云：“往者燕邸之會，于鱗詩必晚出。見他人有工者，即廢己作，不復示人。”’前輩自矜其名乃爾，今人頹唐放筆，便布通都，何其不自好也。”此論得滄溟深處。鶴壽案：先生前譏陳卧子選詩無學無識，又譏李空同作詩未能從通經學古、讀書識字入手，又譏何大復爲俗學，于此忽云“詩之一道，豈關學問事”？何自相背謬若此！李滄溟名攀龍，字于鱗，歷城人，明世宗嘉靖甲辰進士，官至河南按察使。評者謂其七言絶句高華矜貴，脱去凡庸，如塞上曲云：“城頭一片西山月，多少征人馬上看。”明妃曲云：“曲罷不知青海月，徘徊猶作漢宫看。"果然超妙。其實七言律詩，尤爲秀麗，如懷泰山云："河流曉挂天門樹，海色秋高日觀峯。"送皇甫别駕往開州云："人家夜雨黎陽樹，客渡秋風瓠子河。"懷子相云："卧病山中生桂樹，懷人江上落梅花。"此種佳句，在後七子中，未可多得。

五言古詩"浮雲從何來？安知非故鄉"及"來者自爲今，去者自爲昔"，一經卧子摘出，超然神到，功不在作者下。至諭七言絶，卧子曰："于鱗絶句，詞甚練而若出自然，意必渾而每多可思。照應頓挫，俱有法度，未易至也。"舒章曰："于二十八字中，寫數十言所難盡者，于鱗于此處，每絶塵而上。"轅文曰："七言絶，刻意江寧而自出變化，無論元美，即何、李亦爲卻步。"又曰："何、李絶句，多隨筆而出；于鱗每篇必作意，所以獨上。"此尤獨具隻眼。

若擬枯魚過河泣云："大魚咶小魚，小魚咶鰕鮋，鰕鮋咶泪沏。咶多泪沏泅，請君肆中居。"奇妙絶倫。音節與原詞不類，卻不妨。卧子選之，可云具眼矣。但"鮋"字説文魚部無，新附亦無，廣韻上平九魚亦無。何、李、李、王一輩，不讀書，不識字，雖有好詩，無救于妄。

王元美

明詩綜采王元美歸太僕畫像贊"余豈異趨，久而自傷"等語，欲以齮齕李于鱗。予謂元美推重太僕，未爲不是，而于鱗詩之佳自若。若一筆抹倒，則未嘗細看也。即于鱗之詩，太僕之文，亦各成其是，未可因此廢彼。鶴壽案：王元美與李滄溟皆祖述李、何者也。元美名世貞，號弇州，嘉靖丁未進士，官山東副使，以父難解官，後補大名兵備，歷仕至刑部尚書。天分既高，學殖亦富，所作樂府天門開、戰城南等篇，人皆豔稱之，然如"海色鍾山雨，秋聲笠澤濤"，五律何嘗不佳？"西盤瓠子河如帶，東挂扶桑海一杯。高城過雨涼生席，殘夜花明月滿樓"，七律又何嘗不佳？

元美樂府，較于鱗取材取境寬矣，其不及于鱗正在此。袁江流、鈴山岡、當廬江小吏行，用韻雜亂，全然不知古音，乃以支、微叶入魚、虞，以上聲紙與去聲寘爲一，又通入他韻，至入聲之濫通，更不待言。

前、後七子明史文苑皆聚于一處，予皆得其全集，合而觀之，自成體格。

楊用修夫人

楊用修夫人寄夫云：“雁飛曾不到衡湘，錦字何由寄永昌？三春花柳妾薄命，六詔風烟君斷腸。曰歸曰歸愁歲暮，其雨其雨怨朝陽。相聞空有刀環約，何日金雞下夜郎？”明詩選誤作王氏。明詩綫作黃氏，黃簡肅珂之女是也。明詩選起句作衡陽，下“怨朝陽”作“暘”，不如依高寓公之言，以首句改爲湘，第六句仍作“陽”爲妥。

高僧多漏

明詩綜專務廣博，搜采無遺，獨釋子中有圓悟，字宗密，號密雲，宜興人，住雪竇，詩甚富；袾宏，號蓮池，仁和人，住雲棲，有雲棲法彙，中有詩歌偈頌一卷。二人名甚重，而皆未載。

洪武正韻

洪武正韻改自古相傳之韻，別爲部分，然前明一朝，無一人遵用之，而吳梅村古詩獨遵之。梅村詩頗有才調，獨此爲衆論所不許。

“餘不”

王阮亭帶經堂集寄韓武康詩“問俗知餘不”，又寄徐方虎詩“餘不溪光何瀲灔”，“不”字從仄聲讀。方虎名倬，德清人。鶴壽案：“不”者未定之辭，陶淵明詩“未知從今去，當復如此不”，從平聲讀。詩家有平聲字而從仄聲讀者甚多，然皆有所本。韓昌黎詩“舊遊喜乖張，新輩足嘲評”，本周禮平市價也。杜子美詩“浦帆晨初發，郊扉冷未開”，本左傳注“拔旆使不帆風”也。白香山詩“仁風扇道路，陰雨膏閭閻”，本毛詩“陰雨膏之”也。若李義山詩“嘉瓜引蔓長，碧玉冰寒漿”，“冰”字從仄聲讀若“柄”；白香山詩“綠浪東西南北路，紅欄三百九十橋”，“十”字從平聲讀若“諶”，當亦必有所本，今“不”字本係入聲，則“餘不”從仄聲讀亦可。

王、朱連用同紐

唐人用韻甚嚴，無同紐連用。王阮亭、朱竹垞詩格甚美，蔚爲一代宗工，然阮亭精華録白紵詞之"朱"、"珠"，晝堂之"翰"、"寒"，洗象之"霄"、"宵"，趙澄罍峯飛雪圖之"高"、"皋"，袁子仁巴船出峽圖之"舟"、"州"，黄子久王叔明合作山水圖之"託"、"籜"，僅第一卷同紐者，連章累牘，然猶古詩也。今體詩第一卷，南唐宫詞之"殊"、"廚"，登金山之"過"、"戈"，秦郵曲之"乾"、"干"，送禮吉歸濟南之"香"、"鄉"，其同紐者已不勝摘。然猶曰阮亭本精于詩，用韻者出韻者尚多，原不必以此繩之，姑付之一笑而可。若竹垞自居攷據家，乃曝書亭集閑情之"淮"、"懷"，送屠爛入閩之"車"、"居"，送曹方伯還里之"何"、"河"，阻風珠江口之"遥"、"摇"，別陸世楷之"音"、"陰"，庾嶺之"下"、"夏"，寄顧有孝之"途"、"屠"，寇玉之"林"、"琳"，于忠肅祠之"冥"、"溟"、"庭"、"亭"，送曾王孫之漢中之"軍"、"君"，永嘉除日述懷之"隅"、"虞"，苦寒之"居"、"裾"，半翅之"高"、"膏"，風懷之"纕"、"相"，和程邃龍尾硯之"家"、"嘉"，仙霞嶺之"明"、"鳴"，題張子正林亭秋曉之"徽"、"揮"，游攝山之"書"、"舒"，魯太守超席上之"文"、"聞"，送孫卓使安南之"郊"、"交"，送王掞視浙江學政之"臨"、"林"，曹溶輓詩之"鞘"、"筲"、"弰"、"茭"、"蛟"，題王文旦過嶺詩之"鼙"、"鼟"，送毛檢討還越之"焚"、"濆"，寶晉齋硯山之"環"、"寰"，毛封公壽之"舒"、"書"，荅徐永寧之"絡"、"駱"，坐竹簟入九曲之"涯"、"崖"，御茶園之"逃"、"掏"、"皋"、"高"，江瑶柱之"廳"、"聽"，偕諸君過靈隱之"飛"、"扉"，玉蘭之"停"、"庭"，潮生關送魏坤之"齡"、"伶"。同紐連用，其多若此。蓋自宋、元、明以來，七八百年，無人論此，茫茫然同入醉夢中。然唐人所以不倡此論者，不必論也，明明有一圈爲別，而猶曉曉言之，豈不詞費？要以李、杜及義山爲據可矣。鶴壽案：此特將連紐用韻以索王、朱之短，所云"繩之又下石焉"者也。

第四橋

朱竹垞好用第四橋。鴛鴦湖櫂歌云："射襄城北南風起，直到吳江第四橋。"楊謙注但引姜夔吳松江點絳唇詞云"第四橋邊，擬共天隨住"，不言他有所出。竹垞題畫云："第四橋頭楓葉丹，詩翁露頂不知寒。"鱸魚云："背篷圓笠平生慣，準擬抽帆第四橋。"吳江秋泛更漏子詞云："江八溑，柳千條，赤闌第四橋。"題徐電發楓江漁父圖摸魚子云："歸夢準挂，十幅蒲帆，第四橋能認。"葉兒樂府折桂令云："第二泉邊，第三船裏，第四橋頭。"竹垞用之頻數如此，必有所據。但徧攷地志，吳江縣無此橋名，惟楊誠齋荊溪集舟泊吳江詩："獨立吳江第四橋，橋南橋北渺銀濤。"范成大吳郡志土物門："松江水，在張又新水品第六，世傳第四橋下水是，今名甘泉橋。"按其文義，似當在八溑，此村在今縣城南十里。徐崧百城煙水及王阮亭精華録皆作八冊，詢之土人，亦不知有此橋也。予家人生日詩："比肩先拜初三月，攜手閑尋第四橋。"予主震澤書院講席十五年，家人或從，故云。鶴壽案：第四橋，徐師曾新修吳江縣志云：甘泉在石塘第四橋下，去縣治南五里。唐陸羽茶經品爲第四，橋因得名。宋張達明詩云："橋下四榆水，人間六品泉。松陵無臺望，山茗爲誰煎？"以張又新品甘泉爲第六故也。元倪瓚詩云："松陵第四橋前水，風急猶須貯一瓢。熟火烹茶歌白紵，怒濤翻雪少停橈。"觀此知元時其地半爲太湖，今則盡成膏壤矣。王逢亦有詩。先生既在吳江十五年，竟未一見縣志邪？八斥去縣城二十四里，而云"十里"，誤。

"駮蹖"

曝書亭集齋中讀書十二首之九"漢士守一經，其義或駮蹖。真儒起北海，卓哉鄭司農"。案説文"舛"字部首重文"蹖"字注："揚雄作舛①。從足、春。昌兗切。"左思魏都賦"謀蹖駮于王義"，注引司馬彪莊子注曰："蹖讀曰舛。舛，乖也。"戴侗六書故："舛，兩相戾。"揚雄作"蹖"是也，竹垞竟認作"足旁從春②，"而叶入東、冬、鍾。攷廣韻三鍾"蹖"字注"蹋也"。集韻亦收此字。説

---

① 作，原作"説"，據説文解字注與下文改。
② 春，原作"春"，據文意改。

文足部無,惟玉篇始有之,亦訓"躢"。據集韻出于廣雅,從無訓"舛"者,以"蹜"爲"躋",明係譌誤。

"戌""丁"對誤

朱竹垞葉兒樂府金山云:"城頭殘角戌樓開,天際征鴻丁字排。"以"戌"與"丁",作日名干支巧對也。但"戌"從戊從一,"戍"從人從戈,竹垞誤。鶴壽案:"戊含一爲"戌","人荷戈"爲"戍",誰不知之? 安見戌樓必爲戍樓,而與"丁"字作對也?

駏驢

甲戌進士一甲三人,予忝第二。第一莊學士培因,第三倪太僕承寬也。學士卒于己卯秋,越明年庚辰秋,予與太僕扈蹕木蘭,贈之詩有云:"得第真成同隊魚,人琴回首泣漣如。麻傾孰爲扶蓬艾? 蹩鈍還欣倚駏驢。"爾雅釋地云:"西方有比肩獸焉,與卬卬岠虛比①,爲卬卬岠虛齧甘艸,即有難,卬卬岠虛負而走,其名謂之蹶。""岠",本無此字,説文虫部作"蛩蛩巨虛",爾雅傳寫誤,漢書司馬相如傳又誤作"距虛",乃韓昌黎醉留東野詩云"願得終始如駏蛩",割凑趁韻,已屬未妥,忽又加"馬"作"駏";其後宋黃公紹韻會舉要、元陰時夫韻府羣玉皆作"駏驢"矣。馬部無此字也。此字原出爾雅,而各家注韓,皆引孔叢子。孔叢子,漢志所無,乃南北朝人僞託。予始悟南北朝字體大亂,改爲"駏驢",韓公誤據之,而注家相承引之,飲流忘原,習非成是,千餘年矣。類篇又作"狙玃",更謬。

初三月

古以甲子紀日,亦或以數稱一日二日,後人因其語單不成文,加"初"字,漢無名氏古詩爲焦仲卿妻作"初七及下九,嬉戲莫相忘",白樂天詩"可憐九月初三夜,露似珍珠月似弓",則漢、唐人已有之。予家人生日詩用"初三月",已見前。

---

① 比,原作"此",據道光本與爾雅釋地"蹶"字注改。

百八鐘、十三樓

予西湖夜泛詩:"百八鐘聲煙外斷,十三樓影月中斜。"宋僧寺撞鐘,以百八聲爲節,蘇子美滄浪亭詩"聽盡南禪百八鐘"是已。近代曹庭棟宋百家詩序内楊傑無爲集五言絶句有"西河十三樓"之句,吴之振宋百家詩鈔内陳淵默堂集鄧端友臨要閣詩"昔年曾到十三樓,一日西湖十頃秋。寒碧軒中最宜暑,只緣修竹近清流。"自注:"寒碧軒乃十三樓之一。"鶴壽案:撞鐘以百八聲爲節者,釋氏所持念珠一百有八粒,念佛一百有八聲,而數珠已一徧矣,故撞鐘亦以一百有八聲爲節也。西湖名勝之所,有聳翠樓、望湖樓,而十三閒樓在湖之北岸,蘇東坡南柯子詞"山與歌眉斂,波同醉眼流。遊人都上十三樓,不羨竹西鼓吹古陽州"。

珠絡鼓、玉交杯

送春詩:"繡陌罷催珠絡鼓,瓊筵慵勸玉交杯。"案古樂府楊叛兒歌:"七寶珠絡鼓,教郎拍復拍。黄牛細犢兒,楊柳映松柏。"李義山可歎詩:"冰簟且眠金縷枕,瓊筵不碎玉交杯。"朱鶴齡、程夢星、姚培謙、馮浩四家,皆不注。

自壽詩、自賀詩

六十自壽詩:"故山翠色真堪愛,一卧文園十九年。"自癸未數至辛丑也。奉母諱歸,服闋,以疾不能出。"秃尾驢曾逐軟塵,諸生祭酒布衣身。"上用北史揚歆傳選人魯漫漢語,下用漢書班超傳相人者語。"半村半郭繞谿灣,仕隱相兼臕得閒。人在不夷不惠裹,學居亦史亦玄①閒。"首用晉書安平獻王司馬孚傳,三用東漢李固遺黄瓊書,四用文選孔稚珪北山移文語。己酉六十八,兩目皆失明,惟右目僅辨三光。辛亥三月,有醫鍼治,始復見物。自賀先敘盲目之苦云:"獨眼杜欽聊爾爾,良方張湛漫云云。"欽字子夏,偏盲,見漢書本傳。湛字處度,語見晉書本傳。"霧霾三里

---

① 玄,原作"元",據孔稚珪北山移文改。

俄都掃,心目雙清兩不盲。"昌黎<u>代張籍與李浙東書</u>:"籍盲于目,
不盲于心。"其後又有<u>贈籍</u>詩"喜君眸子重清朗",則<u>籍</u>竟復明矣。
"畫①來撚箭非吾事,愛看青山面面殊。""撚箭"見<u>五代史 李克用
傳</u>。是年五月,七十初度,<u>自壽</u>云:"餘生誓墓情逾迫,萬卷紬書計
始成。""誓墓"見<u>晉書 王羲之傳</u>,"紬書"見<u>史記 自序</u>。"頭方瞻
薄易沈淪,握槧懷鉛頗效勤。晝守一詩家法在,史參衆本校讎頻。
乍驚鞶輟翰霜侵鬢,尚冀藏楹火續薪。二十九年閑歲月,天非無意付
閑人。"<u>李元賓 遺文杭州房使君書</u>:"觀,白衣之王臣也,膽薄不敢
以干大人,頭方不足以扇知己。"首句用此。"藏楹"用<u>晏平仲</u>事。
"二十九年",癸未至辛亥也。"休嗤一目强名罷,能視差同<u>那律
陀</u>。賀我爭稱開瞽樂,看人翻笑兩眸多。"<u>淮南子</u>:"羅以多目,故
一目得禽。今爲一目羅,則安得士?"<u>楞嚴經要解</u>:"<u>阿難</u>,汝豈不
知,今此會中,<u>阿那律陀</u>無目而見,<u>跋難陀龍</u>無耳而聽。"<u>温陵</u>比邱
<u>戒環</u>曰:"<u>那律</u>尊者,因精進失明而能見。"<u>宋人小説</u>:"有士人昵
一妓,妓眇一目,其友訝之。士人曰:'美目得一足矣,何必二? 予
觀天下女子皆多一目。'"四暗用此。

---

①　畫,疑"書"字之誤。

蛾術編卷八十

説　集　六

李陵荅蘇武書

李陵荅蘇武書，載入文選，蘇子瞻以爲齊、梁間人所僞託，人皆稱子瞻有識。劉知幾云："此書不類西漢人，殆後來所假也。"則此論不始于子瞻矣。但江文通上建平王書已用"少卿摧心"之語，則似非僞作。鶴壽案：劉子玄史通云："李陵集有與蘇武書，詞采壯麗，音句流靡。觀其文體，不類西漢人，殆後來所爲，假稱陵作也。遷史缺而不載，良有以焉。"蘇東坡答劉沔書云："詞句儇淺，正齊、梁間小兒所擬作，決非西漢文。"浦二田史通通釋云："決陵此書爲假作，具眼在坡老之前。"又言："海虞王侍御峻爲予言：'子瞻疑此書出齊、梁人手，恐亦強坐。江文通上建平王書已用'少卿摧心'之語，豈以時流語作典故哉？當是漢季曁初人擬爲之。"今案先生此條，全録二田説。

文中子推奉曹植

王通作文中子，欲擬論語，推奉曹植，以當泰伯、文王之讓國。抑思泰伯之至德，以不從翦商之志；文王之至德，以其能服事殷也。植雖未奪嫡，觀其求自試表，直欲以滅蜀自效，俘馘諸葛武侯。然則植亦漢賊耳。通之説陋矣哉。袁熙之妻甄氏，丕既奪之，而植爲作感甄賦。此其無行，又何足道！鶴壽案：從來無恥小人未有如王通者，先生胡爲而道之哉？

三易三多

沈休文爲文有三易：易識字，易見事，易讀誦。見顏氏家訓。

歐陽永叔爲文有三多：看多，作多，商量多。見後山詩話。

詩筆

陸游老學菴筆記：南朝詞人謂文爲"筆"，引沈約傳、庾肩吾傳、任昉傳、杜牧之詩。予嘗著語與之暗合，惟遺老杜寄賈至嚴武詩一條。若梁書劉潛傳、南齊書晉安王子懋傳、高逸顧歡傳、北史蕭圓肅傳、梁元帝金樓子立言篇、劉禹錫中山外集祭刑部韓侍郎文、趙璘因話錄，共七條，陸皆遺漏未舉。

文選體

文選補遺四十卷，元陳仁子撰。仁子字同俌，茶陵人。廬陵趙文儀可序，稱同俌少閱文選，即恨其紕繆，以爲存封禪書，何如存天人三策；存劇秦美新，何如存更生封事；存魏公九錫文，何如存蕃固諸賢論列。出師表不當刪去後表，九歌不當止存少司命、山鬼，九章不當止存涉江。漢詔令載武帝不載高、文，史論贊取班、范不取司馬遷。淵明詩家冠冕，十不存一二。此種的是宋、元人議論，中有一段道理，但所謂後出師表者，乃宋、元人爲之題目，據亮本傳，但有一表，後表乃在裴松之注，松之云："此表亮集所無，出張儼默記。"然則昭明不收固當。抑其所取之未合，則不但如同俌所云而已，如任彥升宣德皇后令、殷仲文自解表、繁休伯與魏文帝牋、阮嗣宗爲鄭沖勸晉王牋、阮元瑜爲曹公作與孫權書，此等文似皆可以不存，而蕭氏俱收入文選。陸機、陸雲，吳之世臣，不宜仕晉，潘岳品尤卑，世稱"潘江陸海"，然二子但有麗詞，苦無風骨，而文選取之亦頗多。蓋彼所謂"略其蕪穢，集其清英"者，原但論其文詞之美，而不論其事，亦不論其人也。文選之體固如此。鶴壽案：唐孟利貞有續文選十一卷，卜長福有續文選二十卷，卜隱之有擬文選三十卷，其體例當與昭明太子同，但取其文，不問其人也。宋末陳仁子本講學家，故以真德秀文章正宗之法評論文選，則封禪書、劇秦美新等篇在所必刪矣。至後出師表，題目雖由後人，文章固出孔明，所宜亟錄也。

文章變例

獨孤及至之毗陵集有正議大夫右散騎常侍贈禮部尚書李公墓志銘，至之作志，尚書右丞長樂賈至幼鄰作銘；蘇許公璟墓碑，盧藏用作序，張説作銘；華嶽廟述聖頌，達奚珣作序，吕向作頌：皆一文而兩人共爲之。葉適水心集陳同甫王道甫墓志銘，兩人共一銘；真希元跋永嘉葉公著作正字二劉公志銘，二劉亦同一銘者。此文章之變例，王止仲所未及舉也。

墓志書曾祖

墓志例，書人，先世自曾祖以下。昌黎作中大夫陝府左司馬李公墓志，及其遠祖，以其人其事足書也。

外王父

英華卷第八百二十六，李覬稱昌黎文公"外王父"，又曰"外祖"。鶴壽案：邯鄲淳作曹娥碑，蔡邕題其後曰："黄絹幼婦，外孫齏臼。"楊修曰："外孫女子。"古有"外孫"之稱，則亦早有"外祖"之稱矣。

譔文不繫職司

李義山韓碑詩云："帝曰汝度功第一，汝從事愈宜爲辭。愈拜稽首蹈且舞，金石刻畫臣能爲。古者世稱大手筆，此事不繫于職司。"攷淮西平時，段文昌方爲翰林學士，立碑譔文，是其職業。舊唐書云："裴度奏右庶子韓愈兼御史中丞，充彰義軍行軍司馬。"百官志云："行軍司馬，掌弼戎政，居則習蒐狩，有役則申戰守之法，器械糧糒軍籍賜予皆專焉。"則知譔文非其職也。後因人訴碑詞不實，詔磨去，命文昌重譔勒石。義山不欲顯黜文昌，故以其語託之昌黎之口。鶴壽案：舊唐書段文昌傳："文昌，字墨卿，西河人，元和十一年充翰林學士。"韓愈傳："元和十二年，宰臣裴度爲淮西宣慰處置使兼彰義軍節度使，請愈爲行軍司馬。淮、蔡平，隨度還朝，以功授刑部侍郎。詔愈撰平淮西碑，其辭多敍度事。其時文昌官翰林學士，則撰碑固其職司也。時先入蔡州擒吳元濟，李愬功第一，愬不平之。愬妻出入禁中，因訴碑辭不實，詔令磨愈文，命文昌重撰文勒石。"廣川書跋云："碑言夜半破蔡取元濟以獻，豈嘗泯没懋功？愈以度決勝廟算，請身任之。帝黜羣議，決用不疑，所取遠矣。"

曾鞏與弟布不同居

弟鳴韶云："王臨川文集內有一篇，與友人辨曾子固在京師，與其弟分宅而居，未嘗同處。或疑其疏薄骨肉，臨川因論子固別有意。子固弟布，陰邪反覆，在姦臣傳。就此文觀之，則知布不能累子固。"予案子固有四弟，不同居者不知何人。攷宋史曾鞏傳、曾布傳，並無兄弟不同道話頭。安石之言，要不足信。布乃安石死黨耳。鶴壽案：臨川集答段縫書："鞏在京師，避兄而舍。"並非與其弟分宅而居也。南豐類彙亡兄墓誌銘云："君諱奕，字叔茂。"蓋即其人。鶴溪既誤"避兄"爲"避弟"，又屬之弟布，先生遂從而筆之于書，失攷之甚。

婺學

金華正學編揚州趙鶴輯呂祖謙、何基、王伯、金履祥、許謙五先生集中有關理學者。五先生，皆婺產也。查編修慎行詩："二百餘年婺學，建文以後失傳。"

元黃溍之文

元之爲詩歌文章者，惟虞集、楊載、范椁、揭傒斯、黃溍、柳貫六人，稱詩則虞、楊、范、揭，故汲古閣刻有元四家詩，而虞集謂楊如百戰健兒，范如唐臨晉帖，揭如美女簪花；集自許漢老吏。此爲詩言之也。若文則元史溍傳云"柳貫與溍及臨川虞集、豫章揭傒斯齊名，人號爲'儒林四傑'，其他皆不得與焉。"乃蘇天爵元文類刻于順帝元統二年，時黃溍年五十八歲，蓋位未顯，名亦未爲甚重，故蘇氏因以略之。溍以延祐二年登進士第，困于州縣者二十餘年，元文類成之時，溍蓋初入爲應奉翰林文字。天爵之入仕，雖稍在後，而其入翰林，則在泰定元年，反出溍之前甚久，故文類于溍僅一見其名，蓋于各家爲最少也。其後溍卒于至正十七年，年八十一。黃、柳與宋濂、王禕同鄉里，而宋、王皆出黃、柳之門，故黃、柳之名成于宋、王之口。但溍傳中謂溍之學"博極天下之書，而約之于至精"。此二言者,古今何人足當之,而遂欲以奉澭乎?非必汙私,宋、王學識本淺,所見不過如此。鶴壽案:黃澭字晉卿,義烏人,居官風烈。其文詞布置謹嚴,援據精切,不得以元文纇僅一見其名而少之。先生說集一種,說詩者尚有正卷,說文者止有五頁,則太從略矣。古今文字,何可勝數?無論周秦,漢興以來,賈長沙通左氏春秋,董寬夫以公羊顯,匡穉圭傳齊詩,劉子政明魯詩、穀梁,故其文皆爾雅深醇,動中經法。而司馬子長爲史家弁冕,繼之者有班孟堅。崔亭伯、蔡伯喈而下,體漸卑靡,遂爲六季萌芽。然在東京王仲任之論衡,王節信之潛夫論,仲公理之昌言,皆以詮敘物情,箴砭當世,號爲"三賢"。范蔚宗傳之于前,韓昌黎贊之于後。若荀仲豫之申鑒,桓君山之新論,徐偉長之中論,乃瑕瑜不相掩矣。當塗代興,三曹競響,而陳思王爲最,輔以王仲宣、劉公幹之徒,斐然著作。典午繼之,兩潘則安仁、正叔,二陸則士衡、士龍,三張則孟陽、景陽、季陽,並籍甚一時。摯仲洽①文章流別,當必有備論之者。元嘉而降,迄于義安,謝康樂、謝元暉、顏延年、任彥昇,以及北有溫子昇、邢子才,南有庾子山、徐孝穆,咸稱作者,李延壽南北史載入文苑傳者,無慮數十家;而范彥龍、沈休文諸人,又各有專傳,今其文見于文選、文苑英華、西晉、東晉文苑及諸史中。劉彥和文心雕龍所述,未足以盡之,特其就巧爭奇,大都寫風雲之狀,繪月露之形,而無關于經術。論者所以前推諸葛孔明二表,後推王逸少、陶靖節兩人也。李唐之初,尚沿江左餘習,絺章繪句,則王勃、楊炯、盧照鄰、駱賓王爲之伯。開元時,稍厭雕琢而歸渾雅,則燕國公張說、許國公蘇頲擅其宗,然舊習未盡除也。即柳冕、李翰、獨孤及、梁肅輩自居作手,而其文究不逮古。貞元元和間,英才輩出,韓退之率先倡之,咀道味,遊聖涯,約六經之旨以成文。柳子厚、皇甫持正、李習之、張文昌諸人,翕然和從,猶汗流走僵焉。他若富嘉謨之文囷蜇聲,李嶠之臺閣名體,元次山中興之筆,陸宣公奏議之章,以至元微之、白樂天、常袞、李德裕、權德輿之制冊,孫樵、杜牧、劉蛻、劉禹錫之私著,非不孤標獨出,自名一家,然比昌黎之閫中肆外,因文見道,瞠乎其後矣。宋文華贍,首推楊大年,而納被見譏,穆伯長、柳仲塗實始爲古文,尹師魯、蘇子美繼之,皆開歐陽之先。永叔更以碩德鴻才,鼓行士林,變軋茁之習,復清渾

---

①　摯仲洽,原作摯仲治,據晉書本傳改。

之風，五代史可以追班、馬，內制集可以希謨、誥。于時雄健若蘇明允，醇雅若曾子固，峻潔若王介甫，宏肆紆徐若蘇子瞻、子由，結體各殊，亦皆原本經籍。又況周、張、二程，以道爲文，劉子澄嘗歎濂溪太極、橫渠西銘、伊川易傳、春秋傳兩序，曰：“此有宋以來四大文字。”朱子本孔、孟之學，發心得之言，散體駢體，無一不善；周益公平園集，具有法度；尤、楊、范、陸、蕭雖以詩名，然尤延之遂初小彙、內外制實多見道之言；楊廷秀不肯爲韓侂胄作記，人品尤高；蕭惟斗勤齋文集，侯均所稱“宋有天下百餘年，唯蕭惟斗爲識字人”；范石湖、陸劍南亦各有集。他如陳止齋、陳同父、真西山、魏鶴山、葉石林之文，不皆深于經術者哉！元自至大以還，虞伯生、吳幼清皆工于文者。揭曼碩整嚴博贍，凡朝廷大典册及元勳貴戚隧道碑銘，必出于其手，不獨黃晉卿之日損齋彙稱爲澄湖不波，一碧萬頃也。柳道傳受性理之學于蘭谿，其文沈鬱春容，宏肆演迤，而元復初、歐陽原功、吳淵穎、楊仲宏、范德機萆，咸爭能競爽，質有其文。若論言能載道，則有許衡、吳澂、金履祥、許謙諸人之作存焉。明初，楊廉夫以文豪東南，而王彝斥爲文妖，蓋僞體也。若劉伯溫以學術侍帷幄，宋景濂以安達代絲綸，方希直以忠烈著文章，實爲開國元音。繼則楊東里、李西涯皆從容大雅，擅聲華閣，而解大紳、程克勤、邱仲潛、吳原博、王濟之亦其亞也。迨李崆峒崛起北地，倡言復古，何仲默、徐昌毅羽翼之，學者翕然相從。然茅鹿門謂獻吉輩不無剽竊，若王文成論學及學記諸文，雖程、朱不能爲，江西辭爵及撫田州等疏，雖陸宣公、李忠定不能及。嘉靖中，王元美、李于鱗復祖述李、何，先後揚鑣，然以堆垛爲富，以欹側爲古，故歸熙甫力排之，所謂“一二庸妄人爲之巨子者”也。時又有王遵巖、唐荊川、黃勉之、陳約之均稱作者，而王、唐尤得力歐、曾，無愧正宗，故有晉江、毗陵之目。至于醞釀深醇，言皆合道，必推震川；千載有公，繼韓、歐陽，蓋弇州亦爲心折云。隆、萬以後，則湯若士、鍾伯敬、徐文長、袁伯修兄弟非無著述，然不失之佻巧，即失之枯澀，非復行文正軌。及其季，而艾千之準北宋之榘矱，陳卧子擷東漢之菁華，抑亦可稱文學之選矣。

蛾術編卷八十一

説 通 一

三十而立

漢藝文志依劉歆，首敘六藝，即六經，末總論則變稱五經，并樂入禮，故曰："古之學者耕且養，三年而通一藝，存其大體，玩經文而已，是故用日少而畜德多，三十而五經立也。"論語，夫子自述"十有五而志于學，三十而立"，何晏于此節不載漢注，自爲解云："有所成立也。"晏專尚玄言，此解自必不以"立"爲"五經立"。然皇侃疏仍云："三十而立者，'立'謂所學經業成立也。古人三年明一經，從十五至三十，又十五年，通五經之業，所以成立也。"侃不言據漢注，其實與班志合，必漢注也。禮記經解篇，夫子歷舉經以立教，則夫子之習何疑？或疑春秋夫子自作，何得自習？不知襄二年晉使韓宣子來聘，觀書于太史氏，見易象與魯春秋，曰："周禮盡在魯矣，吾乃知周公之德，與周之所以王也。"夫子，襄二十一年生，宣子所見魯春秋，即夫子所長而習者。且弱冠與南宮敬叔一車兩馬適周，觀柱下史，又嘗求得百二十國寶書，則周魯及各國史記，夫子皆蒐羅，與易、書、詩、禮合爲五。自十五以前，所講皆小學文字；十六以後，則習五經，三十經立矣。一生所欲用世傳教者，胥是物也。朱子云："有以自立，則守之固。而無所事志矣，所立何事？所守何物？"鶴壽案：古者教人之法，只用四經，王制云："樂正崇四術，立四教，順先王詩、書、禮、樂以造士。"術，道路也。言詩、書、禮、樂四者之教，乃入德之路也。四經之名，見于管子。管子曰："內不考孝弟，外不正忠信，澤其四經而誦學者，是亡其身者也。"秦燔詩、書，易以筮卜獨存，蓋當時掌于太卜，未必人人讀之；春秋爲魯之國史，則又藏于太史，故韓宣子適魯，始得見之。他如孟子所云晉之乘，楚之檮杌，墨子所云百國春秋；杜伯執朱弓于圃田，著在周之春秋，莊子儀荷朱杖于祖塗，著在燕之春秋，屬株子之揖祏觀辜，著在宋之春秋，王里國之訟中里徼，著在齊之春秋，此皆列國之春秋，在其本國或見之，他國并未必知之，然則古者教人只用四經明矣。班固曰：古者以易、書、詩、禮、樂、春秋爲六經，蓋易雖爲筮卜之書，而人更三聖，世歷三古，以通神明之德，以類萬物之情，則固聖人之經也。春秋雖爲魯國之史，左傳于隱七年"書名"例云"謂之禮經"，于十一年"不告"例云"不書于策"，明書于策必有常禮，未修之前，舊有此法，故杜預謂周之舊典禮經也。以教人而言，則曰四經；以載籍而言，則曰六經。班固又曰："至秦燔書，樂經亡，今以易、書、詩、禮、春秋爲五經。蓋古人春誦夏絃，彈琴詠風，未有不習于樂者。漢初樂亡，而筮卜之易未亡，春秋既經孔子所修，又爲全經，于是書、詩、禮之外，兼習易、春秋，而稱五經。"藝文志所謂"古之學者耕且養，三年而通一藝，三十而五經立"，此指漢初言之也。其謂後世經傳，既已乖離，博學者又不思多聞闕疑之義，而務碎義逃難，便辭巧說，破壞形體，說五字之文，至于二三萬言，後進彌以馳逐，故幼而守一藝，白首而後能言，此指漢末言之也。"古之學者耕且養，三年而通一經"，蓋本于揚子法言，唯其就漢代言之，故八歲入小學，習六書，十五入大學，習易、書、詩、禮、春秋，至三十而五經備矣。若在三代，則書、詩、禮之外，尚有樂在，故內則曰"十有三年，學樂誦詩舞勺，成童舞象"。是詩與樂，十五以前已習之矣。且詩、書、禮、樂，隨四時而教之，故王制曰"春秋教以禮、樂，冬夏教以詩、書"，亦非三年之內，專習一經也。皇侃據漢志以疏論語則可，若謂春秋時教人之法一定如此，恐未必然。先生又舉禮記經解，以爲夫子舉經立教，實在如此，不知此係後人僞託，並非夫子之辭。而且六經全備，三年而通一經，則十五至三十，尚不得立，況經解明言"入其國其教可知"，則是論各國教人之法，所尚不同，並非謂一人之身，六經皆備也。先生又據夫子弱冠，與南宮敬叔適周觀柱下史，又嘗求得百二十國寶書，與易、書、詩、禮合爲五，十五以前講小學，十六以後習五經。此論尤謬。據公、穀二傳，夫子生于魯襄公二十一年，而適周在魯昭公二十四年，是年五月乙未朔日合，故曾子問有"吾從老聃助葬遇日食"之事，則夫子之年，已三十有五，非弱冠矣。當是時，南宫敬叔有父喪，亦不得同往，家語非是。至閔因公羊敘云："昔孔子受端門之命，制春秋之義，使子夏等十四人求周史記，得百二十國寶書，九月經立。"此蓋本春秋緯感精符、考異郵説。題辭之文，嚴氏春秋引觀周篇云："孔子將修春秋，與左邱明乘如周，觀書于周史，歸而修春秋。"此則更在後來夫子年已七十有二。然則謂周、魯及各國史記，與易、書、詩、禮合爲五，而夫子學之，必不然矣。

吴志宗室孫皎傳：權以書讓皎曰："孔子言'三十而立'，非但謂五經也。"權之意，以皎年已三十，欲委以大任，故言非但謂五經立。然就其言繹之，則知漢人注論語，以"立"爲"五經立"，權之言與藝文志合也。觀吕蒙傳注及孫登傳，權亦讀書，故能知論語説。

學記注云："離經，斷句絶也。辨志，謂別其心意所趨鄉也。知類，知事義之比也。强立，臨事不惑也。不反，不違失師道。"疏曰："視離經辨志者，謂學者初入學一年，鄉遂大夫于年終之時考視其業。離經謂離析經理，使章句斷絶也。辨志謂辨其志意趨鄉，習學何經矣。强立而不反者，謂不違失師教之道。"然則古者舍五經之外，無所謂學，不違失師道，謂家法也。

必也正名

論語：子路曰："衛君待子而爲政，子將奚先？"子曰："必也正名乎。"何晏集解采馬融曰："正百事之名也。"皇侃疏引韓詩外傳：季孫之宰通曰："君使人假馬，夫子言當云'取'，不當言'假'。"疏末卻引鄭注云："正名謂正書字也。古者曰'名'，今世曰'字'。禮記曰：'百名以上，則書之于策。'孔子見時教不行，故欲正其文字之誤。"鄭引禮記，係聘禮記①文，彼下云"不及百名，書于方"，彼注云："名書文也。今謂之字。策，簡也。方，板也。"疏云："鄭注論語：'古者曰名，今世曰字。'春官外史鄭注：亦云'古曰

---

① 聘禮記，儀禮聘禮。

名,今曰字.'許氏説文亦然,言'此者欲見經云"名",即今之文字也'。云策簡、方板也者,皆據一片而言,策是編連之稱,左傳云'南史執簡以往',是簡者未編之稱,此經云'百名以上書之于策';是衆簡相連之名。鄭作論語序云:'易、詩、書、禮、樂、春秋,策皆尺二寸,孝經謙半之,論語四今本刻作"八",以意改。寸策者三分居二,今本刻作一,以意改。又謙焉。'是其策之長短。鄭注尚書'三十字一簡'之文,服虔注左氏云:'古文篆書一簡八字',是一簡容字多少。云'方板'者,以百名以下書于方。若今之祝板,不假連編之策,一板書盡,故言方板也。"北魏術藝江式傳:"延昌三年,式上表論字學,曰皇魏承百王之季,世易風移,文字改變。篆形謬錯,隸體失真,追來爲'歸',巧言爲'辯',小兒爲'颿',神虫爲'蠶',皆不合孔氏古文、史籀大篆、許氏説文、石經三字[1]也。文字者,六藝之宗,五教之始,故孔子曰'必也正名乎'。"北齊儒林李鉉傳:"鉉以去聖久遠,文字多有乖謬,感孔子'必也正名'之言,乃删正六藝經注中謬字,名曰字辨。"隋儒林劉炫傳云:"炫著五經正名十二卷。"文中子中説阮逸注:"劉炫著五經正名十二卷。"陸德明經典釋文自序云:"筌蹄所寄,唯在文言。差若毫釐,謬便千里。夫子有言:'必也正名乎。'"合而觀之,何晏集解雖行之已久,而鄭注論語,唐初巋然尚存,江式、魏收、皇侃、李鉉、劉鉉、李百樂、魏徵、陸德明、賈公彦,皆知尊信鄭注"正名"之義,精妙絶倫。馬融注稍寬泛,然尚不甚相遠。朱子云:"衛君輒不父其父而禰其祖,名實紊矣,故孔子以正名爲先。"徧攷左傳、史記、衛世家,輒無"不父其父而禰其祖"實事,可憑白腹譔造乎？古無"禰"字不必論,若輒之立而告廟,必自稱嗣孫,決不自謂靈公之子,若云據國拒父,即不父其父,則夫子之"正名",直欲使輒迎父歸國爲君,己則退爲世子乎！此事之必不能行者,則夫子亦必不肯爲此

---

① 石經三字,謂三體石經。

言。且果如此，子路雖野，其敢衝口而出，遽云“有是哉子之迂乎”？故知鄭注“正名”欲正其文字，精確之甚，宋儒固不見鄭注；若見之，必大駭笑，以爲何至迂若此？所見與子路同。鶴壽案：鄭以正名爲正其文字，江式、李鉉等用之。今案“名”字有數義，釋云：“名，明也。明實事使分明也。”説文云：“名，自命也。從口從夕。夕者冥也。冥不相見，故以口自名也。”春秋説題辭云：“名，大也。禮稱名山大澤是也。”此皆就字義言之。若其用則有數端，春秋傳云：“名有五，有信有義有象有假有類。”此以號言也。士昏禮云：“請問名。”此以姓言也。乾文言云：“不易乎世，不成乎名。”此以名爲譽也。周語云：“勤百姓以爲己名。”此以名爲功也。至于“正名”之“名”，乃是名教之名。名教者，三綱六紀是也。白虎通云：“三綱者，君臣、父子、夫婦也。六紀者，諸父、兄弟、族人、諸舅、師長、朋友也。綱者張也。君爲臣綱，父爲子綱，夫爲妻綱。紀者理也，師長，君臣之紀也，以其皆成己也；諸父、兄弟、族人，父子之紀也，以其有親恩相連也；諸舅、朋友、夫婦之紀也，以其同志爲己助也。夫子于名教攸關之地，皆直言不諱，故季子然問仲由、冉求，子曰：“弑父與君，亦不從也。”齊景公問政，子曰：“君君臣臣父父子子。”陳成子弑簡公，則請討之。于衛出公亦然。所謂“正名”者，蓋將正其爲子之名。蒯聵得罪而奔晉，靈公既没，輒何得自立？夫子直欲使輒迎父爲君，退居世子，而後父子之名始正。然則子路以爲迂，豈其黨于輒乎？曰：非也。靈公于魯哀公四年夏四月丙子卒，正名之説，即在是時。輒新立，欲待子爲政，子路惑于孫可繼祖之説，故以爲必易其君，其事太迂。若使至六月乙酉，晉趙鞅納蒯聵而輒不受，子路決不以爲然。蓋是時子路猶未爲孔氏宰，則亦未必助輒也。乃先生謂“使輒迎父歸國，己則退爲太子”，此事之必不可行者，夫子亦必不肯爲此言，是直以夫子爲唯唯諾諾之人，而子路爲淪淪訛訛之輩矣。天下古今，亦安賴有聖賢哉？先生又謂徧考左傳、史記衛世家，輒無“不父其父而禰其祖”實事，今案左氏傳云：哀公二年夏，衛靈公卒。夫人曰：“命公子郢爲太子。”對曰：“亡人之子輒在。”乃立輒。輒于此時，並無一言退讓，豈非“禰其祖”之實事乎？晉納衛世子于戚。三年春，齊國夏、衛石曼姑帥師圍戚。非唯不迎而又圍之，豈非“不父其父”之實事乎？史記孔子世家云：是時衛君輒父不得立在外，諸侯數以爲讓，而孔子弟子多仕于衛，衛君欲得孔子爲政云云。此即朱注所本。且先生所以信正其文字者，徒以鄭注故耳。然鄭注夫子爲衛君章云："靈公逐太子蒯聵，公薨而立孫輒。後晉納蒯聵于戚，石曼姑圍之。父子爭國，惡行也。孔子以伯夷、叔齊爲賢且仁，故知不助衛君也。"鄭氏此注。亦與朱子正名章注相同。況子思曰"今天下書同文"，其時未必果有別風淮雨之訛，即使有之，當亦如刪詩、書，定禮、樂，逐時爲之，豈必謀諸衛之新君乎？

"疾没世而名不稱①"，何晏盡去漢注，皇侃遂空空敷衍。其實"名"既訓"字"，則"名不稱"，謂無正名之書傳于後。鶴壽案：令名，德之輿也，故可以達于天下，傳于後世。若以爲文字，則周太史籀作大篆十五篇，後漢許慎作説文解字十五卷，洵君子矣。他如秦李斯作倉頡七章，趙高作爰秝六章，胡母敬作博學七章，漢司馬相如作凡將篇，史游作急就篇，李長作元尚篇，揚雄作訓纂篇。李斯、趙高等，亦得爲君子邪？

爲學病在好博

爲學之病，惟在好博。博而寡要，弊乃叢生。春秋繁露重政篇云："能説鳥獸之類者，非聖人所説也。聖人所説，在説仁義而理之。科分條別，明其所審，勿使嫌疑，是聖人之所貴而已矣。不然，傳于衆辭，觀于衆物，説不急之言，而以惑後進者，君子之所甚惡也。奚以爲哉？聖人思慮不厭，日繼以夜，所察者仁義。於乎！爲人師者，可無慎邪？經傳，大本也。棄營，勞心也。苦志盡情，頭白齒落，尚不合自録也哉！"隋李諤論文體書云："五教六行，爲訓民之本。詩、書、禮、易，爲道義之門。魏之三祖，更尚文詞。下之從上，有同影響。江左齊、梁，其弊彌甚。貴賤賢愚，惟務吟詠。遂違理好異，尋虛逐微，連篇累牘，不出月露之形；積案盈箱，盡是風雲之狀。禄利之路既開，愛尚之情愈篤。于是閭里童昏，貴游總丱，未窺六甲，先製五言；以傲誕爲清虛，以緣情爲勳績；指儒素爲古拙，用詞賦爲君子。大隋受命，聖道聿興。開皇四年，詔天下公私文翰，並宜實録。泗州刺史司馬幼之文表華豔，付所司治罪。"金杜仁傑遺山文集序云："自有書契以來，以文字名世得其全者，

----

① 論語衛靈公：子曰："君子疾没世而名不稱焉。"

幾人耳？六經諸子,在所勿論。姑以兩漢而下至六朝,及隋、唐、前宋諸人論之,上下數千載間,何物不品題過,何事不論量了？大都幾許不重複字,凡經幾手,左摛右撋,横安豎置,搓揉亦熟爛盡矣。噫！後之秉筆者,亦訒乎其言哉！"元吴海請禁雜書議云:"道之不明,學害之也。學之不純,書害之也。今天下之書已多矣,然詩、書、易、禮、樂、春秋、孝經、論語、大學、中庸,聖賢之書,未嘗多也;紀、傳、表、志、編年、記事之不可無者,未嘗多也。所以然者,皆諸子百氏,外家雜言,異端邪説,數之不可計其名,讀之不能盡其卷,無益于身心,不資于國家,徒爲多矣。況其偏蔽邪曲,足以浬正經;炫燿反覆,足以蠱人心。皆書之罪也！其或幽昧難窮、隱謬神怪、誕妄不足信者,俗儒賤工,爭取以爲博物洽聞。夫老、佛諸書,六經之賊也;遺事、外傳,史氏之賊也;蕪詞蔓説,文章之賊也。有王者作,將悉取而禁絶之,然後讀者得以專其力于聖賢之言,精其志于身心之學,玩其意于國家得失成敗之數,考其實于古今治亂興亡之迹,則學正道明,書爲有益。不然,日盛一日,世滋一世,豈有窮哉？"案以上諸家所論,皆切中羣書浮雜之病,而就中李覯,則專以文體浮靡言之。要之,緣情之作,未可盡廢,但詩人之賦麗以則,詞人之賦麗以淫,麗則無妨,淫則不可。至吴海一議,尤爲明快。海字朝宗,元閩中處士,儀封張伯行撫閩,刻其聞過齋集①行世,其末段云:"欲禁之必自上始,使朝廷大臣通經術者,會諸儒講論,定其品目。其他皆禁之。"此議則蔡聞之亦以爲奇創難行,蓋此事若果得大臣通經術者行之,豈不甚善？無如其人千載不可得。如歐陽修請删正義中讖緯,幸而其言不行,倘行之,斯文掃地矣。遼史道宗本紀:"清寧十年,禁民私刊印文字。"明海瑞巡撫應天,撤所屬州縣士子不許妄刻書,載剛峯集,論甚是而亦有未可概論者。遼之君臣及剛峯者,亦非其人也。鶴壽案:此

---

① 聞過齋集,齋,原作"齊",據明史本傳改。

條所引吳朝宗議，良可爲座右銘。至先生謂歐陽修"請刪正義中讖緯，幸而其言不行，倘行之，斯文掃地矣"，是何言哉？今案史記趙世家："扁鵲言秦穆公寤而述上帝之言，公孫支書而藏之，秦讖于是出矣。"秦本紀："燕人盧生使入海還，以鬼神事，因奏録圖書曰：'亡秦者胡也。'"譙敏碑稱其"先故國師譙贛，深明典奥讖録圖緯，能精微天意，傳道與京君明"。則是讖緯始于秦而衍于漢。迨新莽時，丹書白石，全匱銅符，海内四出，于是劉京、謝囂等，爭言符命，遂遣五威將軍王奇等，頒符命四十二篇于天下，光武信之，以致終東漢之世，通五經者反爲外學，通七緯者反爲内學，當時唯桓譚曰："讖出河圖、洛書，但有朕兆而不可知。後人妄復加增依託，稱自孔子，誤之甚也。"張衡曰："春秋元命包中有公輸、墨翟，事見戰國，又別言有益州，置在漢世，往者侍中賈逵摘讖互異三十餘事，諸言讖者皆不能説，此皆欺世罔俗，以昧執位，情僞較然，宜禁絶之。"張衡亦云："然舉世風行，無不言讖。鄭康成注經，所引易説、書説，皆讖緯之文也。"幸而魏明帝太和九年，詔"自今圖讖祕緯，及名爲孔子閉房記者，一皆焚之，留者以大辟論。其後宋武帝大明中，梁武帝天監中，亦屢禁之。而隋煬帝發使四方，搜天下書籍與讖緯相涉者，皆焚之，爲吏所糾者至死。自是無復有其學。然唐初猶存易、書、詩、禮、樂、春秋、論語、孝經七緯，作正義者摭入焉。讖與緯不同，緯但依附六經而已，讖則尤爲誕妄，如孔老讖、老子河洛讖、尹公讖、劉向讖、堯戒舜禹、孔子王明鏡、郭文金雄記、王子年歌、嵩山道士歌，其名目已怪誕，則其文可知矣。故自隋禁之後，今見于隋、唐經籍志、太平御覽者，僅存其目，偶有其文，此固魏、宋、梁、隋諸帝之功也。宋歐陽永叔上書云："唐太宗詔定九經疏，號爲正義，然其所載多引讖緯之書以相雜亂，怪奇古僻，異乎'正義'之名。臣欲乞特詔名儒學官，悉取九經之疏，削去讖緯之文，使學者不爲怪異之言所惑亂，然後經義純一，無所駁雜。"此論極爲正常，而先生反謂"削去讖緯，斯文掃地"者，先生宗仰康成，鄭注多引緯書，今若刪緯，是刪鄭也，故有此論。然而孔、賈作疏，多引緯書，實由康成啓之，則鄭亦不能辭其責。夫所謂"大儒"者，當世將視以爲表率，後儒將奉以爲典型者也，乃鄭氏注禮，于郊邱、明堂諸大禮，亦引緯書以淆亂之；昊天上帝，天也，而以爲北辰耀魄寶；五帝，五行之神也，而以爲青帝靈威仰、赤帝赤熛怒、黄帝含樞紐、白帝白招拒、墨帝汁光紀。六天之説，怪怪奇奇，誠如歐陽公所議，先生豈得阿私所好哉？至于海剛峯之耿介忠貞，可謂卓然自立，明代希有者矣，而先生以爲非其人，甚矣先生之辟也！

書之猥濫，尤莫甚于地理。<u>杜佑</u>通典州郡門序目云“凡言地理者多矣”云云，<u>李吉甫</u>進<u>元和郡縣志</u>表云“古今言地理者凡數十家”云云。詳見<u>十七史商榷</u>。

太極圖及先天圖

元板<u>風俗通</u>載<u>鮑君</u>神事：“<u>汝南鮦陽</u>，有于田得麕者，其主未往取也。商車十餘乘，經澤中行，望見此麕著繩，因持去，持一鮑魚置其處。有頃，其主往，不見所得麕，反見鮑魚。澤中非人道路，怪其如是，大以爲神，轉相告語。治病求福，多有效驗。因起爲祠舍，衆巫數十，帷帳鐘鼓，方數百里，皆來禱祀，號<u>鮑君</u>神。其後數年，置鮑魚者來歷祠下，尋問其故，曰：‘此我魚也，當有何神？’上堂取之，遂從此壞。”<u>抱朴子</u>亦載此事。<u>周濂溪</u>太極圖，本<u>陳搏</u>無極圖，四位五行，自下而上，<u>濂溪</u>取而移其次第，自上而下，遂爲太極圖，且曰“無極而太極”。<u>邵康節</u>取道家所傳先天、後天圖，以先天爲伏羲卦，後天爲文王卦。後人遂推尊太極圖，凡一切理學書，必以冠其首。推先天圖爲作易之本原。此鮑君神之類也。鶴壽案：聖人著作，豈能有二？<u>漢揚雄</u>作太玄極，以艱深文其淺陋，已屬可恥，至<u>宋陳搏</u>之太極圖及道家之先天、後天圖，此不過竊取<u>孔子</u>“無極而太極”，“先天而天弗違，後天而奉天時”歲簡字眼，以名此圖。其所作圖，又不過竊取繫辭中語以圖之耳。有何奇祕，而矜爲獨得？乃<u>周子</u>、<u>邵子</u>，又竊取之變更之，以爲理學祕傳，誠如先生所譏。

七十餘萬日

百年三萬六千日，千年僅三十六萬日[①]。由<u>孔子</u>而來至于今，僅七十餘萬日。以此觀之，一日可虛度邪？靜時當沈思息慮，以養其心；動時當勤學礪行，以進其德。若逐塵勞涸過一日，偷安惰空擲一日，皆深爲可惜。鶴壽案：此即惜分陰之謂，然至言也。古之游者尚炳燭以繼日，而況日中乎？

------

① 十，原作“千”。

窺日視月

“辨析空理，如隙中窺日；考索故事，如廣處視月。”此説出于一村師。愚謂若能切實用功，則廣處視日矣。

罕言仁①

論語，依朱子所分四百九十七章，言仁者凡五十九章，計十之一強。以天下義理之多，仁居十之一強，可謂言之詳矣。乃云“罕言仁”，何也？想古人于仁，亦有一種寂然不動、使心常存、不放話頭，如此方謂之仁。至于仁之發見處，及以一端一節言者，言之甚詳。語樊遲，以“居處恭、執事敬、與人忠”爲仁；語司馬牛，以“其言也訒”爲仁；語子路、子貢，以“一匡九合”爲仁；皆非“仁”之精微及其全體。必如“無終食之間違仁”，方是“仁”之全功，如此者固絶少也。宋儒言仁，過于張皇，説得神奇異常，又或窮究到“紅爐點雪”地位，俱太細太高。

與顔、冉論仁皆成語

僖三十三年左傳，曰季曰：“聞之出門如賓，承事如祭，仁之則也。”昭十二年，仲尼曰：“古也有志，克己復禮，仁也。”夫子與顔、冉論仁，皆取成語，未嘗自吐一言，故曰聖人師萬物。

克己復禮

孫夢逵字中伯，常熟人，乾隆壬戌進士，官宗人府主事，嘗極論朱子于論語“克己復禮”節，數語之間，而兩“己”字忽作異解，殊屬非是，豈有下云“爲仁由己”，而上“己”字乃作“私欲”解者乎？古書“克”多訓“能”，直是能于己身復禮，便是仁耳。此説似直截痛快，但何晏集解引馬融曰“克己約身”。左傳述楚靈王淫侈，感子革諷諫，不食不寐數日，不能自克，以及于難。杜預曰：“克，勝也。”其下即引仲尼曰“克己復禮，仁也”。楚靈王若能如是，豈其辱于乾谿？疏載劉炫云：“克，勝也。己，謂身也。身有嗜

---

① 罕言仁：論語子罕第九：“子罕言利，與命，與仁。”

慾,當以禮義齊之。嗜慾與禮義交戰,使禮義勝其嗜慾,身得歸復
于禮,如是乃爲仁也。"是朱子與劉炫合矣。夫復性之功,在閑情
而已;明善之道,在去惡而已。譬如止水爲泥沙所淤則濁,明鏡爲
塵土所掩則昏。治之者但當去其泥沙塵土,而清明之本體自見。
若不加澄汰刮摩,而遽欲復其本體,將從何處下手? 下節四目,正
指克己而言也。惠氏士奇禮説,以師氏三德,二曰敏德,爲即克己
之謂,其説與中伯合。惠氏之學,專宗漢儒,今于克己之説,痛詆
劉炫,然左氏、馬融已作此解,是特有意與朱子立異,予所不取。
鶴壽案:爾雅釋言云:"克,能也。書康誥云:'克明德'。"此即孫夢逵所據
也。揚子法言云:"勝己之私謂之克。"書洪範云:"沈潛剛克,高明柔克。"此
即杜征南所用也。説文云"克,肩也。"徐鉉以爲肩任也。任者負荷之名,能
勝此物謂之克也。此條與訓爲"能"者相近。左傳云"得勝曰克",此乃戰勝
之詞,此條與"勝己之私"亦似乎相近;但勝己之私,究與戰勝之"勝"不同,然
則劉炫謂"嗜慾與禮義交戰",難以形容,今先生所云"復性之功"一段,可謂
善于形容矣。

回不改其樂,樂是樂道

"回也不改其樂",孔安國注明指"樂道"。皇侃云:"所樂則
謂道也。"弟子列傳引孔安國及衛瓘注,皆明指"樂道"。宋人云
不是"樂貧",亦不是"樂道",鶻鶻突突,成何義理? 下章冉有云
"非不説子之道",因夫子獨美顔淵,故以自解,則知"樂"爲"樂
道"無疑。

"不至于穀",漢人本以"穀"爲"禄"

論語"不至于穀",孔安國注:"穀,善也。言人三歲學,不至
于善,不可得。""言必無及也",刑昺本脱去"及"字,日本皇侃疏
入中國始得之,而彼疏又載孫綽解"穀"爲"禄"。案陸氏釋文引
鄭注,解"穀"爲"禄",孫説本之鄭氏。憲問篇以"穀"爲"禄",則
此亦當同鄭解,實勝孔注。但孫意謂三年學足以得禄,雖時不禄,
得禄之道也。教勸中人已下,尤爲有味。朱子以己意説經,乃暗
與漢人同。

“可與適道”與“唐棣之華”爲一章

論語“可與適道”、“唐棣之華”，宋人分二章。注疏，何晏作一章，謂“思乃知權道”。或且笑其妄。觀春秋繁露竹林篇：“詩云‘棠棣之華’云云，子曰‘未之思也’云云，由是觀之，見其指不任其辭，然後可與適道矣。”乃知董仲舒説已如此。何晏實本之漢人也。適道立權，皆須思而後得，漢學相承，斷不可易；宋人臆説，豈足爲據？鶴壽案：筆解于此章云：“正文傳寫錯倒，當云‘可與共學，未可與立；可與適道，未可與權’。”并六句爲四句。此恐不然。説宛權謀篇引孔子曰“可與適道，未可與權也”，此或是斷章取義，徑省其辭，後人承襲用之，筆解遂以爲錯倒爾。

雅言、執禮

論語“雅言，詩、書。執禮”。鄭注：“讀先王典法，必正言其音，然後義全，故不可有所諱。禮不誦，故言‘執’。”案曲禮“詩書不諱，臨文不諱”，注爲“其失事正”，何允云：“詩、書謂教學時，臨文謂禮執文行事時。論語‘詩、書執禮’，教學惟詩、書有誦；禮則不誦，惟臨文行事，若有所諱，則並失事正，故不諱也。”玉藻亦云“教學臨文不諱”。古人行禮，皆執本于前，按而行之，以防遺忘。周官太史：“祭之日，執書以次位常。諸侯將幣之日，執書以詔王。”賈疏云：“書即上文禮書，若今儀注。詔之使不錯誤，即其事也。”在周公僅爲儀注，孔子則尊爲經，在當時雖祝史有司之屬，皆所通曉，而昌黎且以奇詞奥旨，苦其難讀，古今不同如此。朱子改“正言”爲“常言”，既非其解，以“執”爲“執守”，義似正大，實非古人執文行事之意。

魏志王肅傳注：“魚豢從隗禧問詩，禧説齊、韓、魯、毛四家義，不復執文，有如諷誦。古人于詩、書亦有執文時，但諷誦居多，若禮則必須執文，不可用諷誦。鶴壽案：曲禮云：“居喪未葬讀喪禮，既葬讀祭禮。”則禮亦有時讀之，不僅執文而已。

無爭

君子無所爭。凡事如此，學術亦然。周公之禮、樂，孔子之仁義，鄭、服之訓詁，朱、陸之性理，一而已矣。譬如主伯亞旅，通力以治田；醯醢鹽梅，和齊以成味也。惟聖人爲能觀其會通。大賢以下，各專一美，則各出其能，以合而明道可也；而乃互相訾謷，此是彼非，入主出奴，何其陋也！車一器而工聚焉。輪人不能爲輈，猶輈人不能爲輪也。輪者冒輈，輈者冒輪，車成乎哉？鶴壽案：必如此方爲通人之論。昔人以議禮者爲聚訟，若聞此言，可以息訟矣。

述而 第一、第二、第三章

述而 第一章云云，須知不難于述而不作，難在信而好古也。第二章云云，須知必默而識之，然後可以學而不厭；必學而不厭，然後可以誨人不倦。是故誨不如學，學不如識也。至第三章云云，愚謂三章實一貫，而尤以第三章爲主。詳味聖人之言，不過一修德講學，遷善改過而已矣，別無高深微妙處。蓋默識、學不厭，即是修德；誨不倦，即是講學；述而不作、信而好古，亦是講學。第三章可括上二章。

學不厭，誨不倦，夫子自任，非自謙

"學而不厭，誨人不倦，何有于我哉！"鄭康成曰："人無有是行于我，我獨有之也。"是自任。朱子云："言何者能有于我也。"是自謙。案"若聖與仁，則吾豈敢？抑爲之不厭，誨人不倦，則可謂云爾"，斷無一篇中，忽自謙，又忽自任之理。且夫子此言，孟子公孫丑篇引之，而述而則公西華曰"正唯弟子不能學"，公孫丑則子貢曰"學不厭，教不倦，夫子既聖矣"。然則其言雖同，卻非一時之言，一是語公西華，一是語子貢，可見此二事夫子常以自任。自任即勉人也。且夫子自言"十室必有忠信，不如吾之好學"，"發憤忘食，好古敏求"，"自行束脩，未嘗無誨"，"鄙夫問我，叩端而竭"。其自任屢矣，何獨述而篇作自謙解？子罕篇，子曰："出則事公卿，入則事父兄，喪事不敢不勉，不爲酒困，何有于我哉！"集解于末句

無解者，文與述而同，解亦同也。而朱子云"見第七篇"，則亦以爲自謙矣。

狂

今人動輒以不修檢制、蔑棄禮法者爲狂士，此大謬也。如阮籍、胡母輔之、光逸、畢卓輩，乃正孔子所斥爲蕩者，狂士聞之，羞與爲伍，何足云狂哉！玩孔子云進取者，足見狂士心事。曾點以一時之功名爲不足，尚必欲求至于樂天知命、中心安仁地位，所以有"春風""沂水"一段議論，若作曠達看，大非矣。立志必爲第一等人，故爲進取。孟子云"考其行不掩"，正爲所志過高，所以猝難一一踐其言耳，豈真全不相顧，妄作大言邪？程、朱律己至嚴，故繩人亦似刻。哲宗折柳，程子即進而面諍；朱子論三代以下人物，幾無一免于譏貶者，而于七十子及孟子，亦皆有所貶。如程、朱者，誠狂士也。鶴壽案："狂"字之義，亦非一解。書洪範曰"狂恒風若"，鄭注作"倨慢"解。若阮籍輩并不得謂之倨慢，直是喪心病狂耳。詩載馳"許人尤之，衆穉且狂"，箋云："是乃衆幼穉且狂進，取一揆之義。"疏云："論語注稱仰法古例，不顧時俗，蓋一端不曉變通，以常禮爲防，不聽歸唁，是童蒙而狂也。"

物

中庸"其爲物不貳"，物指天地。僖五年傳"分至啓閉，必書雲物"，物指妖祥。毛詩"有物有則"，物指五行仁、義、禮、智、信。中庸"誠者物之終始"，物指萬物。孟子"萬物皆備于我"，物指萬事。大學"物有本末"，物指明德、新民。惟以人才爲人物，此言起宋以後。

生今反古

中庸："生乎今之世，反古之道，災及其身者也。"鄭注："反古之道，謂曉一孔之人，不知今王之新政可從。"攷桓寬鹽鐵論：大夫曰："通一孔，曉一理，而不知權衡。"鄭注本此。案其文義，似謂今王新政可從，古法亦不可變。故疏云："謂尋常之人，不知大道。

若賢人君子,雖生今時,能持古法。故儒行云'今人與居,古人與稽'是也。"宋人乃以"反"爲"復",方鑿圓枘,去之遠矣。孫星衍曰:"周公思兼三王,以施四事。孔子祖述堯、舜,憲章文、武,述而不作,信而好古。至商鞅變法,乃云:'前世不同教,何古之法?帝王不相復,何禮之循?'又云:'反古者未可必非,循禮者未足多是。'"中庸之"反古之道",正言"變古",解者誤以"反古"爲"復古",則孔子祖述、憲章,皆非邪?觀商君書所云"反古者未可必非",益可證"反古"即"變古"矣。"災及其身",非商君而何?

辭達而已矣

論語"辭達而已矣",孔安國曰:"凡事莫過于實足也。辭達則足矣,不煩文豔之辭也。"此注精絶。

蛾術編卷八十二

說　通　二

方

射者發矢，必以中的爲善。儀禮大射儀"下曰留，上曰揚，左右曰方"，鄭康成曰："留，不至也。揚，過去也。方，出旁也。"惟學亦然。今之學者皆方也，求其能不至、過去者且少焉，況能中的者乎！鶴壽案：古人每專皆借射以爲比喻，而于學問亦然。管子曰："羿有以感弓矢，故殼可得中也。"又曰："羿調和其弓矢而堅守之。其操弓也，審其高下，有必中之道，故能多發而多中，感者深得其妙。所以能中的，審其高下，則無出旁之患矣。"列子曰："紀昌學射于飛衛，以氂縣虱于牖，南面而望之，旬日之間浸大也，三年之後，如車輪焉。以視餘物，皆邱山也。乃以燕角之弧，朔蓬之簳射之，貫虱之心，而縣不絕。"古人之專精于一藝如是，故不至四射而不及于的也。豈惟學射哉？制敵亦然。楚人有好以弱弓微徽，加歸雁之上者。頃襄王召而問之，對曰："昔者三王以弋道德，五伯以弋戰國，故秦、魏、燕、趙者騏雁也，齊、魯、韓、衛者青首也，鄒、費、鄭、邳者羅鶩也，其餘則不足射者。王何不以聖人爲弓，勇士爲繳，時張而射之，此六雙者可得而囊載也。"豈唯制敵哉？讀書亦然。法言不云乎："修身以爲弓，矯思以爲矢，立義以爲的。奠而後發，發必中矣。"今之學者則不然，或沾沾于時蓻講章，一切鄭注孔疏，皆束諸高閣而不觀：是留而不至也；或斷斷于是古非今，務在博聞廣見，而不知所折衷：是揚而過去也；又其甚者，五經、三傳，尚未通曉，僅僅捃摭詞章，而已高談聲韻，自詡名流，豈非方而出旁者乎？然先生所謂"方"，蓋不指此。

侃侃,誾誾

論語鄉黨:"與下大夫言,侃侃如也;與上大夫言,誾誾如也。"孔注:"侃侃,和樂貌。誾誾,中正貌。"先進:"閔子侍側,誾誾如也;子路,行行如也;冉有、子貢,侃侃如也。"鄭注:"行行,剛强之貌。"朱子于鄉黨不用古注,改爲"侃侃,剛直也。誾誾,和悦而諍也"。于先進"行行"則直用鄭注,而"誾"、"侃"則云"已見前篇"。朱子此注,遠勝孔安國義。説文川部云"侃,剛直也。从伭。伭古文信。从川,取其不舍晝夜",即引論語"子路侃侃如"爲證。言部云:"誾,和悦而諍也。从言,門聲。"鄉黨、先進,篇次相接,"侃侃"、"誾誾",文義正同,當無異解。何晏于先進"誾"、"侃"無注,則亦以二文同解明矣。與下大夫言,理當剛直;與上大夫言,自應和悦。孔反以侃侃爲和樂,誾誾爲中正,殊謬。且"侃"既從古文"信",又取川流不舍,絶無和樂意。至"誾"既从言,自有諍義。閔子辭費宰,諫長府,觇其詞氣,和悦與諍兩層都有,則知説文詁訓,實勝孔注。史記魯世家"洙、泗之間,齗齗如也",徐廣曰:"洙、泗之間,民涉渡,幼者扶老者而代其任,俗既薄,幼者患苦長者,長者忿愧自守,故齗齗爭辭。"索隱云:"讀如論語誾誾如。"漢地理志采用史記語,而師古注亦云"齗齗,分辨之意",然則"誾誾"確有諍義,朱子本説文改古注確甚。至論語冉有、子貢侃侃,説文作子路,此古人不拘處。

束脩

論語"束脩",孔云:"言人能奉禮。"皇侃疏以爲"十束脯",刑昺引檀弓、少儀、穀梁傳爲證。案曲禮賀娶妻者,曰"某子使某問子有客使某羞",注亦云:"蓋壺酒束脩及犬也。"正義:"束脩,十脡脯。若無脯,則壺酒及一犬。"穀梁傳"束脩之肉,不行竟中",楊士勛疏:"脩,脯也。"朱子亦從疏説。然孔穎達書正義云:"孔注論語,以束脩爲束帶脩飾。"是皇、刑疏未得孔意也。漢王莽傳"自初束修",師古曰:"束修,謂初學官之時。"後漢延篤傳"吾自束修以來"，注："束修，謂束帶修飾。"鄭康成注論語曰："謂年十五已上也。"伏湛傳：南陽太守杜詩上疏薦湛曰："竊見故大司徒陽都侯伏湛，自行束修，訖無毀玷。"注亦謂"年十五以上"。馮衍傳"豈得束修其身而已哉"，注謂"約束修身"。劉般傳"束修至行爲諸侯師"，注謂"謹束修潔也"。鄭康成注"束修"與孔安國"奉禮"之義同，其意與下章"不憤不啓"相發，疏誤解耳。且此字本當作"修"，唐石經作"脩"，則解爲"脯"矣，疑後人所改。鶴壽案："脩"與"修"非一字。"脩"字从肉。許慎曰："脩，脯也。"劉熙曰："脩，縮也。腊脯乾燥而縮。"陸德明曰："鍛脯加薑桂曰脩。"此皆"脩"字之正義。其有借作"治"者，詩抑云"修爾車馬"是也。其有借作"備"者，周語云"修其簠簋"是也。并有借作"敬"者，魯語云"吾冀而朝夕修我"是也。又周禮天官云"掌百官之誓戒與其具脩"，注云："脩，掃除糞洒。"此亦假借字，其義皆近於"飾"，則其字皆當从彡，唯詩中谷有蓷云"嘆其脩矣"，傳云"脩且乾也"。六月云"四牡脩廣"，傳云"脩長也"。玫工記弓人云"斲目不荼，則及其大脩也，筋代之受病"，注云"脩猶久也"。此于"脩"字之義爲近。蓋"脩"以乾得名，無骨者乾則縮而短，有骨者乾則狹而長，乾則可以久，故以脩言久也。"修"字从彡，許慎曰："修，飾也。"論語云"行人子羽修飾之"是也。鄭康成曰："修，治也。"尚書云"六府孔修"，論語云"德之不修"是也。凡修身、修道、好修、前修之"修"皆當从彡，但今經典皆借用"肉脩"之"脩"，以致"束脩"亦有二解，若據漢王莽傳，字本作"修"，後漢延篤傳、馮衍傳，字亦作"修"；唯伏湛傳、劉般傳，皆誤作"脩"，此則俱以"修飾""修治"解之可也。何晏論語注引孔安國曰"言人能奉禮，自行束脩以上，則皆教誨之也"。所謂"奉禮"者，即奉此束脩耳，豈自己謹身好禮之謂哉？故皇侃疏曰："束脩，十束脯也。古者相見必執物爲贄，表己來至也。"鄭注謂"年十五已上"，則"束脩"之"脩"，自應作束帶修飾解，而其字必从彡，此亦各立一解可也。先生必欲專主鄭注，則不得不貶駁孔注，無奈孔安國又是傳古文尚書之人，不便去貶駁他，于是將孔注刪去其下二句，若以爲何晏潤色者，然而僅留"言人能奉禮"一句，以見孔注與鄭注未嘗不合，遂將"十束脯"之説，歸咎于皇侃誤解耳。

遊必有方

曲禮"人子出必告，反必面，所遊必有常"，玉藻"親老，出不易方，復不過時”，與論語“遊必有方”同。

數

論語“事君數”、“朋友數”，何晏以爲“速數”之“數”，朱子從程子、胡氏以爲“煩瀆”。案爾雅釋詁：“數，疾也。”釋文：“數音朔。”疏云：“謂急疾也。”祭義“祭不欲數”，賈昌朝羣經音辨云：“亟數也，去吏切。又急也，紀力切。”“數”、“急”義雖大同，然經史用此二字，亟數，數急，微有所別。據此則“數”字明係急迫不從容之義。“好從事而亟失時”，及孟子“王公不致敬盡禮，則不得亟見之”，孔安國、趙岐皆以“數”爲“急”。蓋事君貴信而後諫，勿欺而後犯；交友貴忠告而善道，疾速進言，必不能入。改作“煩瀆”，義不如古，雖釋言有“屢數”之訓，則“數”字固有“煩數”之誼，竊以爲此當依釋詁。鶴壽案：“亟數”之説，可以爲不自量不知足者戒。日日諫諍于君公之庭，旦旦奔走于朋友之室，豈不取人之厭乎？“速數”之説，可以爲不得熱中交淺言深者戒。彼立談之閒，而遽欲爲人卿相；傾蓋之交，而輒敢論人骨肉，是何爲者也？兩説不可偏廢。

喪

論語“二三子何患于喪乎”，孔曰：“言何患于夫子聖德之將喪亡邪。”朱子引檀弓“喪欲速貧”，謂“喪”爲“失位去國”。案檀弓秦穆公使人弔重耳曰：“喪亦不可久。”兩處注皆云“失位”，引公羊魯昭公孫①于齊曰：“喪人其何稱？”朱注較孔解特精。

至于犬馬

論語“至于犬馬，皆能有養”，集解有二説。包咸云：“犬以守禦，馬以代勞，皆養人者。人于父母，但能有養，與犬馬何別？”此説甚確。又一説云：“人之所養，乃至于犬馬，不敬則何以別？”以犬馬例父母，有是理乎？朱子反棄包説而用後一説，非也。内則：曾子曰：“父母之所愛，亦愛之；父母之所敬，亦敬之。至于犬馬，

---

① 孫，遜也。

盡然,而況于人乎?"正義言:"父母所敬愛,犬馬之屬,盡須敬愛。"若以養父母比養犬馬,必無此理。鶴壽案:犬馬自然帖人子身上説,此不待言者。人子養父母,而不能將之以敬,誠犬馬之不若也。余獨怪世之爲父母者懷老牛舐犢之愛,存積金滿籯之心,櫌鋤德色,箕帚誂詳,甘爲子孫作犬馬而不悔,豈不可慨也哉!

色難

論語:子夏問孝,子曰:"色難。"何晏采包咸曰:"謂承望父母顏色,乃爲難也。"又采馬融曰:"承順父母顏色,乃是爲難耳。"毛詩凱風疏引鄭注,則云"和顏悦色,是爲難也"。包、馬以"色"字貼父母説,鄭則貼人子説。内則"柔色以溫之",注:"承尊者必和顏色。"匡謬正俗引而釋云:"柔和顏色。"亦皆以"色"字貼人子説。朱注云"孝子之有深愛者必有和氣,有和氣者必有愉色,有愉色必有婉容",本之祭義,卻與鄭注暗合。

無友不如己

論語"無友不如己",則必友勝己。彼勝己者亦以吾不如彼而拒吾,則奈何? 曰:此爲初學言之也。若學成,則誨人不倦,何拒不如己之有? 然猶曰"中人以下,不可語上","不憤不啓,不悱不發","不可與言而與之言,失言",況初學而可妄乎?

體物不可遺

中庸"鬼神體物而不可遺",鄭注云:"言萬物無不以鬼神之氣生。"正義云:"此鬼神,即易繫詞知鬼神之情狀,與天地相似,以能生萬物也。彼注水火之神生物,金水之神終物。彼以春夏對秋冬,故春夏生物,秋冬終物。其實鬼神皆能生物終物,故云'體物不可遺'。此雖説陰陽鬼神,人之鬼神,亦附陰陽之鬼神,故云'齊明盛服,以承祭祀',是兼人之鬼神也。"此段詮釋,道理甚精。至伊川、晦菴則更暢矣。晦菴語録,謂"横渠正蒙説聚散處,其流乃大輪回,其云散入無形,適得吾體,即謝顯道所謂歸根之意;其云知死之不亡,即晁與叔所謂所屈者不亡之意,不獨他書有形潰

反原語也"。伊川云："天地之化,生生不窮。何復資于既斃之形,
既反之氣,以爲造化?"當矣。鶴壽案:伊川數語,方是聖賢之論。自古
秦王、漢武,求仙服藥,以冀長生,毫無效驗。古而無死,其樂何如? 唯有此種
癡人,説出此種癡話,皆由不知鬼神體物之故也。蘭有秀兮菊有芳,懷佳人兮
不能忘。顧帝京而忻然,臨中流而太息。漢武亦明知必死,故末云"少壯幾時
兮奈老何",然露出多少英雄氣短、兒女情長醜態,遠不如"風蕭蕭兮易水寒,
壯士一去兮不復還",千載下令人讀之,猶勃勃有生氣。下視葛稚川、陶宏景
輩,直比三歲小兒耳。抱朴子、參同契諸書,皆言黃白之術。十歲得神仙傳,
晝夜研尋,便有養生之志,自謂"仰青雲,覩白石,不覺爲遠矣",殊不知人之生
也,皆乘天地之氣,氣聚則生,氣散則死,所謂鬼神之體物也。左氏春秋曰"心
之精爽,是爲魂魄"。或夭或壽,皆精氣爲之。精氣即鬼神爲之。鬼神有二,
其一爲造化之鬼神,其一爲祖宗之鬼神。得天地之氣與祖宗之精,合精與氣
而人生焉,及精氣之皆亡而遂死焉。此人所不能自主,而鬼神主之者也。然
此種道理,唯聰明之士知之,愚夫愚婦則不知焉,于是又有造爲輪回之説以扇
惑之者。殊不知人之生,猶物之生也,今年所生者此草,至冬而已枯矣,明年
所生者則又爲明年之草,而斷非今年之草,是即鬼神之體物也。試問葛仙嶺
上句曲山中,自晉、梁以後,曾有稚川、通明之蹤迹否? 讀伊川數語,亦可以
廢然返矣。然則百歲之後,遂默默而已乎? 曰:從古並無神仙,唯有著述可以
壽世。古人著書立説,苟其有裨名教,無不流傳後世;今人終日讀書,所覽者
無非古人之言語,雖隔數千載,恍若在一堂之中,親其笑貌,聞其謦欬,而古人
自此生矣。是故苟著一書,足以正人心,扶世教,爲後人所不廢,如伊川鬼神
體物之説,則此身乃可常存于後世。蓋著述即神仙也,豈攝生服食之謂哉?
若夫稽求訓故,考證是非,此不過尋常著述,其傳與不傳,吾不知之矣。

立言之法

禮記曲禮"毋勦説,毋雷同,必則古昔稱先王",緇衣"昔吾有
先正,其言明且清",二條可爲千古立言之法。祭統"其先祖無美
而稱之,是誣也",尤足爲碑銘志狀溢美者戒。鶴壽案:凡爲碑銘志
狀,未有不溢美者,一則狥孝子之情,二則非溢美則文不華藻;但須得其方寸
耳。向覽新唐書宰相世系表,不覺失笑,當時以門第相誇,遂至于張冠李戴,
作譜者欲爲祖宗溢美,而不知其非我族類也。

孟子"春秋天子之事"

孟子未見周禮,故北宮錡章不合;未見儀禮,故與滕文公説
"齊疏"不合,而毛大可反據以駁儀禮;未見左傳,故尹公佗、庾公
斯倒説。趙岐言長于詩、書,而趙岐未必知孟子,故其説水道多
誤,不合禹貢。惟其研精義理,不暇于攷證上著工夫,所以能卓然
希聖,爲吾道之干城。若其學之最精者,春秋也。觀"春秋天子之
事"一語,與公羊合,與何休合,深得夫子作春秋之旨。大抵孟子
之學,雖不屑屑爲專門名家,然亦是專一經。但于一經中取其大
旨,不爲訓詁,若非于一經中熟精大意,焉能一語破的如是? 鶴壽
案:先生稱鄭康成爲大儒,故能兼通衆經,而以孟子爲專門一經,然則孟子反
不得爲大儒邪? 春秋天子之事也,有天子之位者,行天子之道,此"事"字指道
也,非指權埶也。天子之禮樂征伐不行于天下,于是亂臣賊子敢有悖逆之事。
孔子據魯史之文,遵天子之道,筆則筆,削則削,直書其事,以示天下萬世,使
天下萬世皆知悖逆之不可爲,蓋取義于天子之道也,豈其假天子之權埶以作
春秋哉? 唯孔子無天子之位,爲世道人心計,又不得不竊取天子之道而書之,
故有"知我"、"罪我"之言,所謂"竊取其義"者,乃"竊比"之"竊",非"僭竊"
之"竊"也,乃何休注公羊,遂有黜周王魯之説,其注"君之始年"云"唯王者
然後改元立號,春秋託新王受命于魯,故因以録即位,明王者當繼天奉元,養
成萬物",是直以孔子爲僭竊矣。乃先生猶謂孟子與何休合,恐不然也。

嫁

釋詁:"如、適、之、嫁、徂、逝,往也。"郭注方言云:"自家而出
謂之嫁,猶女出爲嫁。"按列子:"子列子居鄭圃四十年,人無識
者,國君卿大夫眂之,猶衆庶也。國不足,將嫁于衛。"

滕

"滕"訓"虛",周春引易咸卦"滕口説",胡文英 字質餘。武進
人。著天下方言攷。以爲不如作儀禮"騰羞"之"騰",騰去則空也。

徽

爾雅"徽"訓"止",姜兆錫 字上均, 丹陽人。以爲琴製,徽止而
軫動,則"徽"亦"止"也。愚謂易坎上六"係用徽纆","係"則

"止"矣。

居居究究

釋言:"居居、究究,惡也。"郭以爲皆相憎惡也。爾雅既確有明據,朱子注唐風羔裘豹褎"自我人居居"、"自我人究究",缺而不解,不知何故。鶴壽案:此釋訓文,非釋言文。毛傳云:"居居,懷惡不相親比之貌。究究,猶居居也。"孫炎曰:"究究,窮極人之惡。"王逸曰:"究究,不止貌。"

少艾

孟子"少艾",趙注:"艾,美好也。"疏云:"説文'艾,老也。長也'。曲禮'五十曰艾'。是'艾'誠老長之稱。謂之'少艾'安可乎?'艾,美好'者,不知何據?"案曲禮,釋文云:"艾,蒼艾色。"疏云:"年至五十,氣力已衰,髮蒼白,色如艾也。"疏駁趙頗確。但説文止云"艾,冰臺也"。疏自造説文,妄甚。竊以"少艾"當爲"稍盡",慕父母之心,已略衰止耳。離騷有"沛獨擁此幼艾",趙解所從出。

鶴壽案:宋孫奕示兒編云:"徧攷載籍,'艾'字並無美好之説。原孟子之意,即荀子所謂妻子具而孝衰于親。'少'當音上聲,'艾'讀如'夜未艾'之'艾'。'艾'之爲言'止'也。謂人知好色,則慕親之心稍止也。"今先生云"少艾"當爲"稍盡",其説適與之同,殆未見兒編邪?楚辭"竦長劍兮擁幼艾",王逸注"幼,少也;艾,長也。持執長劍,擁護萬民,長少各使得其命也"。則楚辭所謂"艾",即詩閟宮所謂"俾爾者爾艾",荀子所謂"耆艾而不可以爲師"之"艾",皆謂老也。集注謂楚辭義與此同,朱子或不留心于此,若先生則專講攷據者,非唯不引王逸説以駁正之,而反引"沛獨擁此幼艾"以爲趙解所從出,豈王逸注亦未見邪?

執熱

孟子引詩:"誰能執熱,逝不以濯?"趙云:"誰能持熱不以水濯其手?"朱子因之。案左傳:"詩云:'誰能執熱,逝不以濯?'禮之于政,如熱之有濯。濯以救熱,何患之有?"玩此文,無"執持熱物"意,周興嗣千字文"執熱願涼",杜甫北風詩"執熱沈沈在",大雲寺贊公房詩"執熱煩何有",夏夜嘆詩"執熱願相望",毒熱寄簡崔評事十六弟詩"執熱露白頭",大雨詩"執熱乃沸鼎"。又有多病執熱奉懷李尚書之芳詩。張敦實積薪賦"功成執熱",韓愈答張籍書"洒熱若執熱者之濯清風也",陸龜蒙讀襄陽耆舊傳詩"執熱濯清風",皆作"甚熱"解。即朱子遊百丈山詩"執熱倦煩跼",亦以"執熱"爲"甚熱"。然墨子尚賢中篇:"詩曰'孰能執熱,鮮不用濯'? 古者國君之不可不執善,譬猶執熱之有濯也,將休其手焉。"則趙解其來久矣。

折枝

孟子"折枝",朱子云:"折艸木之枝。"趙云:"案摩折手節,解罷枝也。"南史任昉傳、劉孝標廣絶交論云"匍匐逶迤,折支舐痔",梁書作"折枝",唐開成六年段成式譔安國寺寂照和尚碑云"體可折支",皆與趙合。後漢張皓王龔傳論"同折枝于長者",章懷太子引劉熙注孟子曰:"折枝,若今之按摩也。"惟孫奭孟子音義載陸善經注云:"折枝,折艸樹枝。"此則朱子所本。

皇甫持正戒虚張

皇甫湜持正文集答李生第二書:"近風聲偷薄,進士尤甚,迺至有'一謙三十年'之説,爭爲虚張以相高。自讀詩未有劉長卿一句,已呼阮籍爲老兵矣;筆語未有駱賓王一字,已罵宋玉爲罪人矣。書字未識偏旁,高談稷、契;讀書未知句度,下視服、鄭。此時之大病,所當嫉者。生美才,勿似之也。"學者于此,當奉爲紳書韋佩。鶴壽案:魏文帝典論云:"文人相輕,自古而然。持正此書,固足爲輕薄後生戒。但先生此編,半是詆諆古人,譏彈近士,今于篇終忽然引此一條,葢恐此編一出,又被後生貶駮,故特引之以關其口。然是否各隨所見,豈能預防之哉?

聖門事業圖

李國紀聖門事業圖,左圭百川學海以之冠首,自敍題"乾道庚寅"。按:時朱子年僅四十有一,著述尚皆未成,名亦未甚重,而已有玄綱者,別自講學著書,其自述留心道學三十年,則其年必長于朱子。生平與朱子絕不往來,並非聞朱子之風而起,乃其論道統,則自孔子、曾子、子思、孟子下,即接以明道、伊川,乃知道學自彼時風氣使然,朱子特集其成耳。學貴踐履,不在講也。

讀書必有得力之書

惠學士士奇選四書文勸學篇敍有云:"先王父樸菴先生,于前明萬秝末,補博士弟子員,試輒冠儕偶。家有藏書,手自校讎,以故書多善本。一日社會名流羣集,先王父後至,坐中有白鬚老儒,卒然問曰:'子得力何書?'先王父錯愕,無以應也。然心善其言,退而手鈔左氏春秋及太史公書,凡數十通,至老且病猶不廢,其專如此。然則先輩無書不讀,尤必有得力之書。"案:惠說可爲後生讀書之法。鶴壽案:此在蘇長公已然矣。其讀漢書也,第一次先攬其山川人物,第二次再究其制度典章,凡閱數次而始讀訖。眉山父子學問文章,橫絕一時,蓋皆恃有得力之書也。

諸葛武侯、孫思邈語

淮南子主術訓:"非澹薄無以明德,非寧靜無以致遠。"諸葛武侯語本此。"心欲小而志欲大,智欲圓而行欲方。"孫思邈語本此。

抱蜀

管子形埶篇云:"抱蜀不言,而廟堂既修。"俗刻房玄齡注,以"蜀"爲"祠器",非也。方氏苞云:"蜀"與"獨"通。其說是,當從之。"抱蜀"猶"致一"也,此其說雖出于老子,而吾儒之所謂"誠",亦何獨不然?

蛾術編跋

蛾術編九十五卷，外大父西莊先生遺稿也。此書成于晚歲，取平時著述，彙爲一編，分説制、説地、説字、説録、説刻、説人、説集、説物、説通、説系十門。其書囊括經史，牢籠百家，爲先生生平得意之作。先見尚書後案、十七史商榷，久雕板行世，此獨後出。或勸之梓，先生曰："是編之成，一生心力實耗于此，當有知我于異世之後者。"如是者四十年，海内咸想望丰采。間有采入他書，如述庵司寇金石粹編，所取説刻殆半，其他經史諸書，援引甚夥，而原書故未刻也。歲辛巳，于先生文孫耐軒昆季假得此本，繕寫一通，求政于今制府陶雲汀宮保，宮保序之，飭本縣鳩工鐫板，惜未果行。厥後秦君澡石、張君吟樓取承緒所藏本，復于沈君翠嶺。君故風雅好古，嘗彙刻昭代叢書，蒐采極富，旋以先生書刊刻行世，成有日矣，爲述是編顛末寄之。竊謂先生著書不下數十種，當世談經史之學者，必屈指先生，而是編顧遲之又久，幾于泯没無傳，卒賴沈君之力，壽之黎棗，倘所謂異世子雲，其在是乎！是書也成，必有能昌先生之學者，則謂先生之津逮後學，實沈君成之也可。道光戊戌孟秋外孫姚承緒謹跋。

圖書在版編目（CIP）數據

蛾術編：全二冊 /（清）王鳴盛著；顧美華標校. ——
上海：上海書店出版社，2023.8
ISBN 978-7-5458-2306-6

Ⅰ.①蛾… Ⅱ.①王… ②顧… Ⅲ.①雜著－中國－

清代 Ⅳ.①Z429.49

中國國家版本館CIP數據核字(2023)第131024號

責任編輯　顧　佳
封面設計　酈書徑

蛾術編（全二冊）

（清）王鳴盛 著　顧美華 標校

出　　版　上海書店出版社
　　　　　（201101　上海市閔行區號景路159弄C座）
發　　行　上海人民出版社發行中心
印　　刷　上海盛通時代印刷有限公司
開　　本　889×1194　1/32
印　　張　39.125
版　　次　2023年8月第1版
印　　次　2023年8月第1次印刷
ISBN 978-7-5458-2306-6/Z.103
定　　價　228.00